博士生导师学术文库

A Library of Academics by
Ph.D.Supervisors

湖湘刑法学家论文精粹

———·———

马长生　彭新林　主编

光明日报出版社

图书在版编目（CIP）数据

湖湘刑法学家论文精粹 / 马长生，彭新林主编 . --
北京：光明日报出版社，2024.3
ISBN 978 - 7 - 5194 - 7395 - 2

Ⅰ.①湖… Ⅱ.①马… ②彭… Ⅲ.①刑法—法的理
论—中国—文集 Ⅳ.①D924.01 - 53

中国国家版本馆 CIP 数据核字（2023）第 250461 号

湖湘刑法学家论文精粹

HUXIANG XINGFA XUEJIA LUNWEN JINGCUI

主　　编：马长生　彭新林

责任编辑：李　晶　　　　　　　　责任校对：郭玫君　董小花
封面设计：一站出版网　　　　　　责任印制：曹　净

出版发行：光明日报出版社

地　　址：北京市西城区永安路 106 号，100050

电　　话：010-63169890（咨询），010-63131930（邮购）

传　　真：010-63131930

网　　址：http://book.gmw.cn

E - mail：gmrbcbs@gmw.cn

法律顾问：北京市兰台律师事务所龚柳方律师

印　　刷：三河市华东印刷有限公司

装　　订：三河市华东印刷有限公司

本书如有破损、缺页、装订错误，请与本社联系调换，电话：010-63131930

开　　本：170mm×240mm

字　　数：781 千字　　　　　　印　　张：43.5

版　　次：2024 年 3 月第 1 版　　印　　次：2024 年 3 月第 1 次印刷

书　　号：ISBN 978 - 7 - 5194 - 7395 - 2

定　　价：186.00 元

博士生导师学术文库

湖南省刑法学研究会
湖南省刑事法治研究会
联合推出

湖湘刑法学家论文精粹

主　编　马长生　彭新林

副主编　田兴洪　贺志军

序　言

2022年初春,我接到湖南马长生教授电话,获悉他正在策划编辑《湖湘刑法学家论文精粹》,邀请我担任编委会顾问,并为文集作序,我欣然应允。马长生教授是我的老朋友了。早在1995年,他作为湖南省政法管理干部学院分管教学科研的副院长和湖南省刑法学研究会的会长,曾邀请我和王作富教授、赵秉志教授利用暑假到湖南韶山举办刑法学理论高级研讨班,我们在一起工作了十余天。后来,根据湖南省法学教育的发展情况,我建议湖南师范大学与湖南省政法管理干部学院合并,得到两所学校的响应。两校于2001年合并之后,法学教育从质与量两个方面得到了很大提升,先后获得一级学科法学硕士和一级学科法学博士学位的授予权,成为湖南省法学教育的四所名校之一。马长生教授在两校合并后被省委任命为正校级督导员,但是,他没有坐享清闲,而是把全部精力都用在法学教育与刑法学理论研究上,亲自主持法学院新建的刑法学硕士点,是湖南师范大学法学院刑法学科的奠基人。马长生教授还先后被湘潭大学聘为该校法学院兼职教授、硕士生导师和首批博士生导师,指导过不少学生,为学生开设了国际刑法课;被长沙理工大学聘为法学学科的特聘教授、博士生导师,指导该校法学教师开展科研工作,有效提高了青年教师的科研能力。2003年,马长生教授作为湖南省法学会的副会长和刑法学研究会会长,牵头承办了全国刑法学年会,与各地湘籍刑法学者有过很好的接触和交流。所以,由马长生教授组织编辑《湖湘刑法学家论文精粹》,是最好、最合适的安排。

湖南人杰地灵,各方面的人才都很多,老中青三代刑法学者,我认识不少。老一代的如曹子丹教授、欧阳涛教授、宁汉林教授、周道鸾教授等,都为新中国的刑法学奠基与发展做出了自己的贡献。湘籍刑法学者里中青年后起之秀数量也很多,发展势头相当好。这次编辑《湖湘刑法学家论文精粹》,入编作者共计40人,40篇论文,约80万字。我粗看了一下,在40篇文章中,属于刑法基础理论的 9 篇,属于犯罪总论问题的 7 篇,属于刑罚总论问题的 6 篇,属于刑法各论问题的 7 篇,属于刑事司法问题的 6 篇,属于犯罪学问题的 5 篇。这些文章涉及面很广,在刊物上发表后影响较大,对今后的刑法学研究、教学和刑事司法实践都有较大的意义。同时,这些文章也展示了湖湘刑法学家的强大科研能力和以问题为导向攻坚克难的顽强作风,展示了湘楚文化"惟楚有才,于斯为盛"的精神风貌,从而必然成为记载湖湘刑法学文化的宝贵历史资料。

祝愿湖湘刑法学家们再接再厉,不断取得新的成就!

是为序。

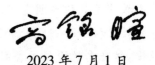

2023 年 7 月 1 日

(高铭暄先生系国家级荣誉"人民教育家",现任北京师范大学刑事法律科学研究院名誉院长、特聘顾问教授、博士生导师,中国人民大学荣誉一级教授、博士生导师,中国刑法学研究会名誉会长)

前　言

多年前,我曾经担任湖南省法学会副会长兼刑法学研究会会长,还曾经作为法学界的代表兼任过湖南省湖湘文化研究会副会长。湖湘文化的丰富多彩,使我想到湖湘人士从事法律、法学工作者为数众多,学术成就突出者大有人在,如李步云、郭道晖、李双元、曹子丹、欧阳涛、宁汉林、谢邦宇、周道鸾等,都是大名鼎鼎的资深法学家。毫无疑问,湘人的法律文化也是湖湘文化的重要组成部分。所以,那时候,我就萌生过为湖湘法律文化的传承做点事情的想法。后经反复思考,并与湖湘同仁商量,决定编辑出版一本《湖湘刑法学家论文精粹》。当然,这样一本书,是不可能涵盖湖湘法律文化的整体的,但也算管窥一豹吧。

早在二十世纪五十年代初,新中国刚刚成立不久,就有曹子丹先生(湖南郴州人)、欧阳涛先生(湖南邵阳人)、宁汉林先生(湖南邵阳人)、周道鸾先生(湖南常德人)、魏克家先生(湖南邵阳人)等先后投身刑法学的学习、研究和教学工作。二十世纪八十年代,党和国家对法学教育、法学研究加强了支持力度,中国法学会的各个学科研究会先后成立。刑法学研究会由高铭暄先生担任总干事(后来改称会长),湘籍的曹子丹先生以及其他省市多位刑法学界前辈先后担任了副总干事(后称副会长),协助高先生开展和推动刑法学研究和刑法学教育事业。高铭暄先生是新中国刑法学的主要奠基人和开拓者,是当代著名的法学大家,为新中国的刑法学发展和刑事法治建设做出了巨大贡献,而曹子丹等诸位刑法学界前辈都参与了新中国刑法学的奠基工作,各自做出了自己的贡献。可以说,湖湘刑法学家一直是新中国刑法学事业的见证者、参与者和推动者。

几十年来,我国的刑法学研究和刑法学教育事业在党的领导和老一辈刑法学家的身体力行之下有了长足发展,其中一个重要的标志就是一大批年轻的刑法学者成长起来。仅仅这次收入《湖湘刑法学家论文精粹》的40篇文章的作者,60岁以下的就占了绝大多数,最年轻的还不到40岁。而且,这些年轻的刑法学家视野开阔,以问题为导向,以马克思主义理论为指导,理论紧密联系实际,说理透彻,其研究成果对刑事法理论的发展和刑事司法实践均有非常积极的意义。例如,在我国改革开放30周年时,中国法学会组织评选的首届中国法学优秀成果奖的40个奖项中,湖南省获得了一个奖项,该奖项两个作者之一,就是湘潭大学的在校硕士研究生彭新林,他是首届中国法学优秀成果奖最年轻的获奖成果作者(他于34周岁时又成为刑法学界最年轻的博士生导师之一)。彭新林经过攻读博士学位和两个专业的博士后研究之后,进一步开阔了视野,增强了科研能力,先后在《法学研究》《中国法学》这两家最有影响力的法学刊物上发表了多篇很有价值的文章,成为北京师范大学刑科院暨法学院青年学者中的佼佼者。在湘籍年轻刑法学者中,特别是已担任中国刑法学研究会副会长的中国社科院法学研究所刑法研究室主任刘仁文教授,在刑法学的研究上成就良多,广受好评,他在储槐植先生刑事一体化的基础上首倡立体刑法学,且对立体刑法学的内涵和意义做了详尽的、颇有说服力的论述,不仅令人耳目一新,而且对今后刑法学的发展必然会起到积极的作用。研究腐败问题和腐败犯罪预防的湖南工商大学王明高教授,1996年开始重点研究中国特色的反腐败对策,1999年写成《关于采取特别行动惩治腐败的思考与建议》一文,先后被新华社、中纪委、中组部、《人民日报》等以内参形式刊发,受到中央有关部门、领导和专家的高度重视,这一建议为后来反腐倡廉课题的系列研究奠定了坚实基础。王明高教授的诸多学术研究成果先后被《人民日报》《光明日报》等中外媒体刊发,成为国内外著名的反腐败专家。

本书所选的文章,可以说篇篇都是精品。这些文章都曾经在《法学研究》《中国法学》《政法论坛》《法学》等国内很有影响的刊物上发表过。

本书主编在审阅书稿过程中,受到很多有益的启发,学到了不少新知识,确实受益匪浅。当然,本书各篇文章的所有观点,也不一定完全代表主编的观点,但主编尊重各篇文章作者的观点,仅对极少量的文字表述作了一些必要调整,并改正了少量的错别字和使用欠当的标点符号,补正了个别有缺陷的注释。

中国法学界的泰斗、获国家级荣誉称号"人民教育家"的高铭暄先生曾经多次到湖南讲学,使湘籍许多刑法学人获益颇多。1995年夏天,我代表原湖南省政法管理干部学院邀请高铭暄教授等一行多人到湖南讲学,高先生了解到湖南省开展刑法学研究与湘潭大学申报刑法学硕士点的有关情况,对湖南省的刑法学研究与刑法学教育寄予厚望。在高先生的支持和关注下,湘潭大学很快获得批准开设了全省第一个刑法学硕士点,先后在这个硕士点毕业的法学硕士,不少人继续攻读博士学位乃至进行博士后研究,至今已有多人陆续成长为颇有建树的学界精英,如前述彭新林以及肖世杰、赖早兴、曾赟等年轻学者,均在刑法学研究上有了不俗的表现。

高先生在湖南讲学期间与湖南师大时任校长、著名教育家张楚廷先生会面时,还建议师大与湖南省政法管理干部学院合并,以加强法学学科。两校经过商谈,并报省委、省政府和教育部批准,最终于2001年实现合并成立新的湖南师大,遂使湖南师大法学教育上了一个新台阶,在该校刑法专业接受过硕士生教育的田兴洪、贺志军、罗开卷等,都已经在刑法学界崭露头角。尤其令人高兴的是,湖南师大和湘潭大学这两所省属高校,与中南大学、湖南大学这两所部属高校,在法学教育上你追我赶、互相学习、共同努力,经过几年的共同发展,这四所高校经过教育部组织专家评审,都获得了法学一级学科博士学位的授予权。这种盛况让我们有理由相信,在今后的岁月里,三湘四水会有更多的优秀青年投身法律、法学事业,当然也会涌现出更多的包括刑法学者在内的中青年法学家。

2003年金秋,全国刑法学研究年会在湖南长沙岳麓山下的麓山宾馆召开,我作为承办单位湖南省法学会的副会长暨刑法学研究会会长,再次迎来了高铭暄先生。武汉大学的马克昌先生、华东政法大学的苏惠渔先生、时任司法部副部长的张军同志等和各地刑法学代表都来到长沙赴会。一时间,岳麓山下,湘江岸边,都闪耀着代表们报到的身影。我在高兴之余,填写了两首词登载于《中国法学会刑法学研究会2003年年会议程安排》的首页与尾页。第一首词是《择宋人句·欢迎各地代表来湘》:"楚天千里清秋,极目江山如画,好景为君留。好是群贤四集,相聚橘子洲头。/秋入长沙,依然绿树红花。十月潇湘未有霜,柑林橘圃郁相望。待客浊酒敬一杯,一年好景君须记,君问何时?恰在橙黄橘绿。"第二首是《诉衷情·贺中国刑法学年会召开》:"湘江秋水拍堤沙,岳麓披彩霞。几声脆管何处?枫林有佳话。/杨柳绿,芳草碧,人已醉。星城明灯,学界泰斗,相映增辉。"这次年会,湖南省多所高校的刑法学教师和刑法专业的研究生分别作为代表和工作人员参加了会议,聆听了高老师的讲话和代表们的发言,均感解惑受益收获满满。

2022年初春,当我向高老师电话汇报编辑本书,请他担任编委会顾问及为本书作序时,高老师非常赞成,欣然应允,令参编人员备受鼓舞。北师大刑事法律科学研究院博士生导师彭新林教授,长沙理工大学法学院硕士生导师田兴洪教授,在文稿的征集和编辑中做了大量工作。田兴洪负责论文的征集和初选分类,彭新林负责对文稿进行复选和文稿的分类调整,并对审阅中发现的问题进行了诸多修改。湖南工商大学法学院青年刑法学者贺志军教授,在本书编辑后期承担了不少审稿任务,有效减轻了我的工作量。我对彭新林、田兴洪、贺志军所付出的辛苦劳动表示衷心感谢!

这部文集的征稿与相关事项,由湖南省法学会刑法学研究会和湖南省刑事法治研究会共同研究决定并组成编委会,我负责具体组织实施文集的征稿和编辑工作。在湖南工作的刑法学家和在省外工作的湘籍刑法学家接到征稿通知后,大多在短时间内向编委会报送了两篇稿件,由编委从中选择 1 篇入编。此外,老一代刑法学家曹子丹教授、欧阳涛教授、宁汉林教授、周道鸾教授已经作古,著名中年刑法学家邱兴隆教授英年早逝,他们的代表作由其子女、家属选送。以上共计 40 篇文章入选。这 40 篇文章涵盖了刑法基础理论、犯罪总论、刑罚总论、刑法各论以及刑事司法和犯罪学的有关问题,内容丰富,文字流畅,理论性、实践性与可读性兼具,确实属于湖湘刑法学家的精粹之作。当然,湖湘刑法学家的高质量论文还有很多很多,编者难以尽数收纳。特别是还可能有个别湖湘刑法学家没有接到征稿通知,未能将大作纳入本书,有的则因工作繁忙和疫情耽误,错过了交稿日期,那就只能等待今后编辑增订版或者第二辑时加以补救了。

最后,我谨代表编委会向我们尊敬的高铭暄先生对这部文集的编辑和出版所给予的关心与支持表示衷心的感谢!向光明日报出版社将本书列入"博士生导师学术文库"给予出版表示衷心的感谢!

马长生

2022 年 12 月 1 日初稿,

2023 年 7 月 13 日修改定稿

(马长生系湖南师范大学原正校级督导员,法学院教授,曾被湘潭大学聘为首批法学博士生导师,被长沙理工大学聘为首位法学特聘教授,是国务院政府特殊津贴专家,首届中国法学优秀成果奖获得者)

目　录
CONTENTS

第一章

01

刑法基础理论问题

立体刑法学：回顾与展望

刘仁文

作者简介：刘仁文（1967—　　），男，湖南邵阳市隆回人。法学博士（中国政法大学），经济学博士后（中国社会科学院），社会学博士后（北京大学）。现任中国社会科学院法学研究所二级研究员、创新工程首席研究员、刑法研究室主任、博士生导师、博士后合作导师，中国社会科学院刑法学重点学科负责人，中国社会科学院大学法学院教授、刑法导师组组长，兼任中国法学会理事、中国刑法学研究会副会长、中国犯罪学学会副会长、最高人民法院特邀咨询员、最高人民检察院专家咨询委员会委员。科研成果曾获中国法学会优秀论文一等奖、中国刑法学研究会优秀著作一等奖、中国刑法学研究会优秀论文一等奖、中国社会科学院优秀研究报告特等奖和一等奖、中国社会科学院法学研究所优秀科研成果一等奖、北京市哲学社会科学优秀科研成果一等奖等。国务院政府特殊津贴专家、中国社会科学院领军人才、全国法学会系统先进个人，并连续十余届获得中国社会科学院研究生院法学系（现中国社会科学院大学法学院）"十佳教师"荣誉称号。

"立体刑法学"自2003年由笔者提出，至今已经走过14年的发展历程。在此期间，"立体刑法学"逐步发展、完善和壮大，不仅受到学界的关注，而且产生了一定的社会影响，所受到的关注甚至超乎了研究者的预料。因此，我们对"立体刑法学"的来龙去脉进行梳理和总结，应是一件有意义的事情。

一、立体刑法学的由来

2003年年初，时任《法商研究》刑法编辑的田国宝先生告知笔者，他们准备就进入21世纪后"中国刑法学向何处去"组织一期笔谈稿。笔者当时一方面与储槐植教授的"刑事一体化"思想产生强烈共鸣，对我国刑法学忽视犯罪学和行刑学的研究很不以为然①。另一方面又不止于此,对当时学界已经开始讨论的刑法的合宪性问题"心有戚戚焉",并深感我国刑法要真正实现现代化,必须使宪法对刑法的制约具有可操作性;同时,对当时司法实践中频繁发生的刑民交叉案件,到底是该"先刑后民",还是"先民后刑",或还是要分情况而论也颇为困惑。② 于是,笔者以刑法为中心,尝试着从不同角度来看刑法,最后提交了一篇3000字左右的笔谈稿,题目就叫《提倡"立体刑法学"》。该笔谈稿提出了立体刑法学的基本框架,即刑法学研究要瞻前望后(前瞻犯罪学,后望行刑学);左看右盼(左看刑事诉讼法,右盼民法、行政法等部门法);上下兼顾(上对宪法和国际公约,下对治安处罚和劳动教养);内外结合(对内加强对刑法的解释,对外给刑法的解释设立必要的边界)③。这组笔谈稿后来被《中国人民大学复印报刊资料:刑法》全文转载。

2009年,《东方法学》特邀编辑游伟教授盛情向笔者约稿,遂与他提起6年前的笔谈稿,想将其扩展成一篇论文,他当即同意。笔者几乎是一气呵成,在原来的基础上完成一篇2万多字的论文,以"构建我国立体刑法学的思考"为题,发表在

① 储槐植教授的"刑事一体化"思想最早见于《中外法学》1989年第1期的《建立刑事一体化思想》,其中心意思是强调刑事学科群(诸如犯罪学、刑事诉讼法学、监狱学、刑罚执行法学、刑事政策学等)的知识融合,疏通学科隔阂。虽然"刑事一体化"思想内涵丰富,但给我印象最深的或者说引发我想在此基础上有所创新的还是它提出的刑法要受犯罪情况的制约和刑罚执行情况的制约。储先生自己在其《刑事一体化与关系刑法论》(北京大学出版社1997年版)一书的前言中也说:"由犯罪学、刑法学和监狱学三部分组成作为署名的'刑事一体化与关系刑法论'比较集中地反映了本人十余年来(1983—1996)发表的数十篇论文的基本精神和主题思想,文稿大致体现了作者思维缓慢进化的历程。"因为"刑事一体化"仅限于刑事学科群,所以并不能包含刑法与宪法、刑法与民法等相关视角,从这个意义上来说立体刑法学的提出有其独立的价值。另外,储先生还追求和推崇"内涵丰富、表述简明"的学术观念表达,在这一点上,"立体刑法学"也可以说与"刑事一体化"的表述有殊途同归之效。

② 例如,同一个案子(如合同纠纷)在甲地被列为刑事案件(合同诈骗),在乙地被列为民事案件(合同欺诈),到底是该哪边先撤案,双方各执一词,学界观点也不一致。这个问题至今没有完全解决,甚至有的本来是民事案件,但当事人抓住这一漏洞,想方设法先让公安立案和抓人,只要公安当做刑事案件来办,欠钱一方就很可能把钱退回来。而在于欢刺杀辱母者的案件中,假如真的当初警察把向于欢母子要债的那几个人抓了,会不会又受到"非法介入经济纠纷"的指责呢? 当然这样说并不意味着在于欢案中警察就只能无所作为了,相反,他们应当解除于欢母子被讨债人非法限制人身自由的状态。民法学前辈江平教授曾不止一次对我说过,民事欺诈和刑事诈骗的界限一直是长期困扰他的一个问题,过去我们的合同法规定有欺诈内容的合同是无效的,但现在改为可撤销,也就是说,即便签订合同时有欺诈内容,也不一定就是无效合同。

③ 刘仁文:《提倡立体刑法学》,载《法商研究》2003年第3期,第11-13页。

《东方法学》2009 年第 5 期。① 该文除对各部分以具体问题切入展开较深入的讨论外，还对某些内容做了一些修正，如把"内外结合"中原来的"对外给刑法的解释设立必要的边界"改为"对外要重视刑法的运作(环境)"。此外，该文还提出"立体刑法学"的两个理论基础：一是系统论和普遍联系的哲学基础，二是刑法效益的经济学基础。随后，这篇发表于并非核心期刊的论文，相继被《中国社会科学文摘》和《高等学校文科学术文摘》转载。

2010 年，笔者把自己的与立体刑法学这一主题相关的论文编辑成《刑法的结构与视野》一书，收入陈兴良教授主编的《中青年刑法学文库》。陈教授在给该书所作的序言中指出："立体刑法学的核心是不能孤立地研究刑法，而要把刑法置于整个法律体系中进行研究，从而拓展刑法学研究的视野。因此，这一命题正好切合该书书名中的'视野'一词。"②该书出版后，立体刑法学进一步引起学界关注，《学术动态》以及《法制日报》《北京日报》均以"我为什么要提倡立体刑法学"等为题约稿并发表了笔者的相关文字。储槐植教授表示，很高兴看到该书在突出刑法主体性的基础上拓展了"刑事一体化"③。

2011 年，笔者以《立体刑法学研究》为自选课题成功申报了国家社会科学基金项目，在接下来的几年中，课题组运用"立体刑法学"的思维，借助《中国社会科学院要报》，分别就《刑法修正案(九)》《反恐怖主义法》《社区矫正法》《治安管理处罚法》《证券法》等多部法律提交立法研究报告。其中多篇研究报告受到中央领导的批示，荣获"中国社会科学院优秀研究报告"第一、二、三等奖等若干奖项。与此同时，课题组形成了 40 余万字的《立体刑法学》书稿，并顺利获得国家社会科学规划办免检结项。

近年来，《立体刑法学》又相继获得学界和社会的一些肯定和鼓励。2016 年，笔者的《立体刑法学》论文荣获中国刑法学研究会优秀论文一等奖。2017 年，《北

---

① 刘仁文：《构建我国立体刑法学的思考》，载《东方法学》2009 年第 5 期，第 3-12 页。两个稿子中间虽然时隔 6 年之久，但"立体刑法学"的思维应当对我的学术研究一直在产生影响。我于 2003 年出版的《刑事政策初步》，2004 年出版的《环境资源保护与环境资源犯罪》，2007 年出版的《刑事一体化的经济分析》，都不是就刑法论刑法之作。关于这一点，陈兴良教授在 2009 年给拙作《刑法的结构与视野》的序中也指出："刘仁文博士在以往的研究中，曾自觉采用了刑事一体化的分析方法。"陈教授认为"立体刑法学的命题与储槐植教授提出的刑事一体化的命题具有异曲同工之妙"，不过在"立体刑法学的命题中，刑法学的主体性地位更为明确"。

② 刘仁文：《刑法的结构与视野》，北京大学出版社 2010 年版，第 3 页。

③ 储槐植：《走在刑法脉动的前沿——读刘仁文〈刑法的结构与视野〉》，载《人民法院报》2010 年 9 月 10 日，第 7 版。

京工业大学学报(社会科学版)》认为该研究有创新价值,约稿并集中推出"立体刑法学"课题组的部分成果。最高人民检察院机关刊《人民检察》也对我们的研究成果非常感兴趣,对笔者做了专访。① 值得一提的是,中国社会科学院重点学科马克思主义法学的负责人莫纪宏教授在给中国社会科学院法学研究所、国际法研究所作的一次马克思主义法学的报告中,也充分肯定立体刑法学的思想,认为它体现了马克思主义的普遍联系、辩证统一等观点。这也让笔者想起恩格斯的一句话,即自然科学家可以采取他们所愿意采取的那种态度,但他们还是得受哲学的支配。②

14年再回首,笔者掩卷沉思:立体刑法学为什么会受到关注? 它的价值究竟在哪里?

二、立体刑法学的生命力分析

"立体刑法学"之所以具有生命力,笔者认为主要有以下几方面的原因。

一是符合马克思主义的世界观、方法论和认识论。唯物辩证法的普遍联系、相互作用的原理和系统论是立体刑法学的哲学基础,尤其是系统论与唯物辩证法本身就有着天然的联系,二者在世界观、方法论和认识论上是一致的。③ 正如现代系统论的创始人贝塔朗菲所言:"虽然起源不同,但一般系统论的原理和辩证唯物主义相类似则是显而易见的。"④我国系统科学的先驱钱学森也指出:"局部与全体的辩证统一,事物内部矛盾的发展与演变等,本来是辩证唯物主义的常理,而这就是'系统'概念的精髓。"⑤法学和法治是一个开放的复杂巨系统,刑法学和刑事法治作为其中的一个子系统,既具有相对整体性、层次性,又有自己的要素、结构和功能,对内有其自组织系统的原理,对外有和环境的关系及其沟通⑥,立体刑法学正是刑法作为一个系统及其隶属于一个更大系统的思维反映,符合系统运作的

---

① 在与该刊记者王渊的对话中,她谈到,《人民检察》在《民法总则》出台后,想做一期"民法总则对刑法的影响"的笔谈,曾先后约过几位民法学者,结果都被对方婉言谢绝了;她们同时也准备做一期"治安处罚法与刑法的衔接"的笔谈,也是苦于很难找到对这两者都有研究的人。所以,她们发现"立体刑法学"的有关报道后,就尤其关注和追踪。

② 物理学家海森堡也说过类似的话,哲学,不管自觉不自觉,总是支配着基本粒子物理学的发展方向。

③ 随着系统科学的发展,唯物辩证法已经由经典形式发展到了现代形式。

④ [美]冯·贝塔朗菲:《一般系统论》,林康义、魏宏森译,清华大学出版社1987年版。

⑤ 吴世宦:《法治系统工程学》,湖南人民出版社1988年版,第39页。

⑥ 当外部环境发生的事件与刑法所要维持的自组织系统发生紧张关系时,就产生了两者的沟通问题,以及刑法子系统是否要因此调整自己的组织结构的问题。

规律性要求。

二是反映了中国刑法发展的时代要求。笔者在 2003 年提出立体刑法学命题时，中国刑法学的发展已经进入了规范化、专业化的时期，但随着学科分工越来越细，学科间日渐形成壁垒，学术研究"碎片化"的现象却出现严重之势。如果说改革开放之初，以及 1979 年中华人民共和国第一部刑法典颁布的时候，我们面临的主要任务是刑法学专业的建立和刑法学知识的自身发展，但经过 20 多年的积累和耕耘后，打破学科壁垒、树立系统思维就又成为一个现实问题，正所谓问题是时代的格言，文随世转是也。科学史也说明了这一点。在笛卡尔时代，科学家的思维是把自己所考虑到的每一个难题都尽可能地分成细小的部分，直至可以而且适于加以圆满解决为止。这种"分析程序"对人类的科学进步曾起到很大作用，但随着人类认识的深入，人们却发现这种研究范式忽略了事物的整体性，特别是它的有序结构和普遍联系，以致把整个世界以及一切事物都看作被分析到极限的不变实体(微粒、质点)的机械聚焦。辩证唯物主义正是看到了这一逻辑的缺陷，指出事物存在的矛盾性质及其普遍联系和转化的辩证过程，为辩证逻辑向系统逻辑的发展创造了思维上的条件。正如恩格斯所指出的那样，随着自然科学领域中每一个划时代的发现，唯物主义也必然要改变自己的形式。如果说 20 世纪 80 年代的系统法学因当时法学的主要任务在于法教义学的恢复和深化而难免昙花一现的命运，那么当法教义学体系建立起来后，系统法学的再次勃兴就成为不可避免的事情。①

事实上，已经有不少学者对我国刑法学研究的面向单一化、言必称德日等弊端展开反思，呼吁回应型刑法学的研究路径。② 刑法学研究本该是多面向的，特别是今天，我们更应多关注中国丰富的立法和司法实践，注意从本土的经验中提升中国自己的刑法理论，而不要只满足和甘心做国外理论的介绍者和引进者。

三是反映了刑法运行的实际状况。立体刑法学既是一种研究方法，也是刑法运行实际状况的反映。例如，甲乙两人在同一个城市的不同区分别实施了容留卖

---

① 再次勃兴的系统法学应当是一种前进式的回归，较之 20 世纪 80 年代法学界对系统论多少有点生搬硬套和流于形式，现在则更强调运用系统论的思维和方法，深入开展接地气的研究，以切实解决我国法治实践和法学研究中面临的各种具体问题。

② 马荣春：《"专业槽"：刑法学知识转型中的一个原本、扭曲与回归》，载《中国政法大学学报》2014 年第 3 期，第 69-78 页。马荣春认为，回应型刑法学对应的是回应型刑法，而所谓回应型刑法，是指刑法的建构与运作应照和尊重社会发展的当下状况，回应型刑法学应在"回应"中实现刑法学命题或主张的突破。

淫的行为,甲被所在的区法院以容留卖淫罪判处有期徒刑 5 年,乙则被所在的区公安分局根据治安管理处罚法处以 15 日拘留、5000 元罚款的行政处罚。为什么性质完全相同的行为,结果会如此不同呢? 原来,《治安管理处罚法》第 67 条与《刑法》第 359 条对引诱、容留、介绍卖淫罪的表述是完全一样的。根据《刑法》第 359 条的规定,情节严重的引诱、容留、介绍他人卖淫的,处 5 年以上有期徒刑;对于只是一般情节或较轻情节的引诱、容留、介绍卖淫行为,判处 5 年以下有期徒刑。而根据《治安管理处罚法》第 67 条的规定,情节较轻的引诱、容留、介绍他人卖淫的,处以 5 日以下的拘留或 500 元以下的罚款;情节严重的上述行为,应该处以 10 日以上 15 日以下的拘留,可以并处 5000 元以下的罚款。也就是说,引诱、容留、介绍卖淫情节严重的,《治安管理处罚法》也做了规定。① 《治安管理处罚法》和《刑法》如此深度竞合的规定,即便是完全出于公心办案,也难以达到执法的协调。但这种法律运行过程中所出现的问题必须解决,否则不仅对当事人不公,也会对法秩序的统一造成损害。这就要求对《刑法》与《治安管理处罚法》的无缝对接进行研究。又如,交通事故的行政责任认定与交通肇事罪的刑事责任认定之间究竟是什么关系,其涉及刑事责任与行政责任在目的、功能、归责方法等一系列问题上的复杂关系。最高人民法院 2000 年颁布的《关于审理交通肇事刑事案件具体应用法律若干问题的解释》规定,违反交通运输管理法规发生重大交通事故,在分清事故责任基础上,对于构成犯罪的,依照《刑法》第 133 条的规定定罪处罚。依据该司法解释,交通肇事罪的成立条件呈现出一个显著的特点,即行为人在交通事故中的行政责任与交通肇事罪的成立与否紧密联系起来,且成为交通肇事罪犯罪构成要件的一部分。因此,分清事故责任就成为认定交通肇事罪的重要依据,甚至可以说,事故责任的大小直接决定着交通肇事罪的成立与否。但行为人对交通事故负有交通运输管理法规上的行政责任是否就直接导致其承担交通肇事罪的刑事责任,却不可一概而论,还需要考察行为人的交通违法行为与交通事故之间是否存在刑法上的因果关系,以及行为人主观上对交通事故的发生是否具有刑法上的过失等。② 再如,刑事诉讼过程中的刑事和解等事实上起到了刑法上

---

① 吴学斌:《同种行为不同语境下的客观解读——寻找治安管理处罚法与刑法的模糊边界》;戴玉忠、刘明祥:《和谐社会语境下刑法机制的协调》,中国检察出版社 2008 年版,第 307 页。

② 刘仁文、王栋:《交通事故的行政责任认定与交通肇事罪的刑事责任认定之关系》,载《刑事司法指南》2015 年第 4 期,第 199-218 页。

的除罪化作用,这再好不过地说明了刑法与刑事诉讼法两者密不可分的关系。①
总之,刑法在关系中运行,刑法在动态中运行,它与相关法的界限、融合和相互协
作,是必须面对和解决的问题。

四是打造中国特色刑法学话语体系的一个重要抓手。当今,我们都在强调构
建中国的法学话语体系,提高设置议题的能力。因而,立体刑法学就是一个较好
的议题,它立足中国,从中国所要解决的问题出发,既服务于中国的刑事立法和刑
事司法,推动我们的刑事法治不断走向良法善治,又面向世界发出中国刑法学的
声音,使中国刑法学不致成为"无声的刑法学"。以交通肇事罪为例,最高人民法
院《关于审理交通肇事刑事案件具体应用法律若干问题的解释》规定,交通肇事
后,单位主管人员、机动车辆所有人、承包人或者乘车人指使肇事人逃逸,致使被
害人因得不到救助而死亡的,以交通肇事罪的共犯论处。这是司法解释确立的过
失犯以共犯论处的特例。另外,该司法解释还全面实行"客观归责",弃用自然的
因果行为论和心理责任论。② 不管理论上如何看待这些规定,但它确确实实在在
地影响着中国刑法的运作。笔者相信,与那些西方已经耳熟能详的理论、学说
相比,这些生动的中国实践更能引发外国学者对中国的兴趣。③ 再如,中国惩罚
危害行为采取行政罚和刑事罚的二元体系,与此相对应,司法机关出台大量的
"立案标准"以及其他司法解释,为刑事司法提供具体而详细的标准,以便区分
违法和犯罪,这使得刑法与治安管理处罚法(以及之前的劳动教养)、刑事司法
与行政执法的区分与衔接成为一个重要的现实问题。对这些问题的深入研究
和妥当处理,不仅对中国的法治有直接意义,也是在国际上发出中国刑法学声
音的绝好素材。

---

① 陈瑞华:《社会科学方法对法学的影响》,载《北大法律评论》2007 年第 8 卷第 1 辑,第 223
页。陈瑞华教授曾经指出,中国司法实践中新出现的刑事和解运动,对犯罪与侵权概念的
划分提出了挑战,传统的刑法、民法是以对犯罪和侵权的严格划分为依据的,而在刑事和
解运动中,它是把轻微犯罪按照侵权方式来处理,将刑事诉讼按照民事诉讼的方式来进行
运行的。

② 阮齐林教授认为,实践出真知,正因为中国海量的交通肇事刑事案件,才逼出了主要依据
行为之交通违章程度认定事故责任大小,进而认定是否成立犯罪以及罪责轻重的先进有
效的司法解释,该司法解释制定于 2000 年,历时 17 年仍游刃有余。阮齐林:《中国刑法各
罪论》,中国政法大学出版社 2016 年版,第 52—53 页。

③ 正如陈瑞华教授所指出的那样,中国作为社会转型期的国家,每个领域都在发生剧烈的变
化,已成为世界上最为丰富的问题策源地,这是中国学者进行研究的最大优势,而中国学
者的最大劣势则是研究方法。他进而提出,中国的法律学者究竟能做出多少自己的贡献
呢? 中国法学研究者可不可以进行一场"法律发现运动"?

三、立体刑法学的最新课题

以刑法为主体,立体刑法学领域近年来出现了一些新的课题。

就瞻前望后而言,在前瞻犯罪学方面,尽管总体来讲,我国犯罪学还不够发达,犯罪学服务于刑法学的能力还有待提升,刑法学对犯罪学成果的自觉吸纳也还不够,但值得一提的是,我国在 2011 年刑法修正案(八)和 2015 年刑法修正案(九)先后两次削减死刑罪名时,都是以实证资料为基础,确信死刑削减不会造成犯罪上涨为前提的。前者的背景是,在 2007 年死刑核准权收归最高法院后,司法实践中死刑大幅下降,而社会治安非但没有恶化,严重暴力犯罪反而呈现出某种程度的下降。后者同样如此,2014 年 10 月 27 日,时任全国人大常委会法工委主任李适时在向全国人大常委会作刑法修正案(九)草案的说明时指出:"2011 年出台的刑法修正案(八)取消 13 个经济性非暴力犯罪的死刑以来,我国社会治安形势总体稳定可控,一些严重犯罪稳中有降。实践证明,取消13 个罪名的死刑,没有对社会治安形势形成负面影响,社会各方面对减少死刑罪名反应正面。"

在后望行刑学方面,我国即将出台的《社区矫正法》应当对刑罚走向开放化起到积极的作用。事实证明,行刑的效果和可操作性会直接影响一种刑罚的适用率。如我国的管制刑之所以在实践中判得不多,主要是执行起来有困难(尤其对流动人员犯罪的)。如果我国通过《社区矫正法》能增强对被判处管制者的监管措施,就能够很好地激活这一刑罚的适用。我们现在常说罚金刑的判决在实践中难以执行,其实关键在于我们应当借鉴国外的做法,从总额罚金制改为日额罚金制,即判处的是被告人的罚金天数,再根据不同被告人的经济能力来决定其每天应交付的罚金数额。这样,同罪同判的只是罚金的天数,乘以每个不同经济能力的被告人的日额罚金,则经济能力好的人要多交罚金;反之则少交。它既能让每个受处罚的人感受到刑罚的效果(防止富人交罚金少失去威慑力),又能改善罚金刑的执行状况(防止穷人交不起罚金)。不仅如此,法律还应有更细致的安排,如犯人判决后失业了,如何解决原来的罚金交不起的问题。如果其失业是好吃懒做等自身原因造成的,那就要折抵刑期去监狱服刑;如果是因为经济危机等非自身原因造成的,那就可以改做公益劳动,甚至当法庭认为有足够的理由时,则可以直接免除。所以,我国亟须制定一部统一的《行刑法》,用以统辖《监狱法》《社区矫正法》

等诸多行刑方面的法律规范。① 另外,刑法修正案(八)对某些严重暴力犯罪确立了限制减刑的制度,刑法修正案(九)又对重特大贪污受贿犯罪确立了不得减刑、假释的终身监禁制度。这些新增的刑罚措施实际效果如何,对犯人改造有什么影响,均亟须跟踪研究。

就左看右盼而言,新的课题就更加丰富。在左看刑事诉讼法方面,以我国2012年修改后的刑事诉讼法新增的"强制医疗特别程序"为例,它对依法不负刑事责任的精神病人实施了危害社会的行为的,就其强制医疗特别程序的适用条件以及启动、审理、复议、执行和解除等程序做了规定,将原来由公安机关一家决定、执行的行政化程序纳入司法化轨道,因而在较大程度上回应和解决了"被精神病"的问题,使刑法中原来简单的一句"在必要的时候,由政府强制医疗"变得更具可操作性。对于这样一种刑法中典型的保安处分措施,通过修改刑事诉讼法落实具体程序,改变其空悬的命运,使得其在实践中的适用率大幅提高。由此,如果刑法中的类似制度,如收容教养制度能通过类似的特别程序加以规范,那么也能激活其在实践中的适用。当前,我国青少年违法犯罪率呈上升趋势,学界和社会上有许多声音呼吁降低刑事责任年龄,但笔者认为,降低刑事责任年龄远非上策,从兼顾对青少年的保护和强化社会治理的角度看,将刑法中的收容教养制度加以司法化改造并激活其适用,应是比较理想的选择。

在右盼民法、行政法等部门法方面,不仅我国2017年出台的《民法总则》(现已废止,后不再做说明)给探讨刑法与民法的关系提供了崭新的素材②,而且诸多行政法领域也显露出不少有价值的话题。此外,刑法修正中本身也有不少条款引

---

① 笔者最近参加了中国法学会组织的《看守所法(征求意见稿)》立法专家咨询会,大家比较集中的一个意见就是,《看守所法》把未决犯和一部分已决犯(余刑3个月以下的有期徒刑犯和被判处拘役的犯人)规定到一部法里,甚至是一个管理模式并不合适,因为二者的功能定位是不同的。前者主要是保障刑事诉讼的顺利进行,后者则肩负着对服刑犯人的教育改造。随着危险驾驶罪等轻罪的入刑、废除劳教后犯罪圈的扩大,短刑犯所占的比重越来越大,此问题就更加凸显出来。因而,制定统一的《行刑法》确有必要。党的十八届四中全会已经做出了"完善刑罚执行制度,统一刑罚执行体制"的战略部署,在司法体制改革取得阶段性胜利的基础上,推进公安体制和司法行政体制的改革也是势在必行的事情。因此,包括笔者在内的许多与会者都建议应把看守所的隶属体制由公安转为司法行政部门。

② 王莉:《民法总则对刑法发展的影响》,载《人民检察》2017年第9期,第41-48页;谢永红:《民法总则对刑事责任年龄认定的影响》,载《检察日报》2017年4月19日,第3版。

发这方面的讨论。① 例如,我国 2017 年出台的《民法总则》第 127 条"规定法律对数据、网络虚拟财产的保护有规定的,依照其规定"。这说明网络虚拟财产具有占有、收益、处分的财产属性,可以作为一种民事权利以物权的方式进行保护。民法对网络虚拟财产的明确规定为刑法进一步按照准财产犯罪的属性处理提供了空间。又如,我国《民法总则》第 111 条规定"自然人的个人信息受法律保护。任何组织和个人需要获取他人个人信息的,应当依法取得并确保信息安全,不得非法收集、使用、加工、传输他人个人信息,不得非法买卖、提供或者公开他人个人信息"。目前,我国刑法只是将侵犯公民个人信息中比较严重的行为,如非法买卖、提供、窃取、骗取公民个人信息等规定为犯罪;民法总则扩大公民个人信息保护的范围之后,刑法有必要及时跟进,将"非法收集、使用、加工、传输、公开"行为与"非法买卖、提供、窃取、骗取"行为做同样的禁止性规定。再如,我国《反恐怖主义法》从性质上来说,属于一部行政法,但它在第 30 条规定了一个刑法上典型的保安处分措施——"安置教育",即"对恐怖活动罪犯和极端主义罪犯被判处徒刑以上刑罚的,监狱、看守所应当在刑满释放前根据其犯罪性质、情节和社会危害程度,服刑期间的表现,释放后对所居住社区的影响等进行社会危险性评估⋯⋯经评估具有社会危险性的,监狱、看守所应当向罪犯服刑地的中级人民法院提出安置教育建议"。这表明,安置教育作为独立于刑罚的保安处分措施在我国得到正式确立,并且是在刑法之外确立的。目前,我国《反恐怖主义法》对安置教育的规定仍然是初步的,规范安置教育对象、行为、程序、机制等内容的制度体系还远未完善。② 我国如此重大的制度变革,竟然在刑法之外的行政法中悄然产生,应当说,刑法学界总体关注还是远远不够的。说到刑法与行政法的关系,晚近的几次刑法修正案还有一个很突出也引起了争议的现象,那就是所谓的用刑法倒逼有关行政法的出台。即在一些法定犯中,本来应当行政法先行,才符合刑法的保障法特点,但现在却倒过来了,先是刑法出台一个罪名,规定违反国家有关规定的某种行为为犯罪,

---

① 《刑法修正案(九)》关于"从业禁止"的规定中有"其他法律、行政法规对其相关职业另有禁止或者限制性规定的,从其规定",学界对此褒贬不一。有人在立法时就提出反对意见,认为让刑法从行政法的规定,显得很不严肃。立法通过后,司法实践中也很少有人民法院依据"从其规定"援引其他法律、行政法规来判处从业禁止,而是大多适用第 37 条之一第一款的"3 年至 5 年"的期限。如有学者统计指出,其所收集的 5 份生产、销售假药罪的判决书宣告的从业禁止期限都是"3 年",而不是《药品管理法》规定的"10 年";8 份生产、销售有毒、有害食品罪的判决书宣告的从业禁止期限也都是"3 年",而不是《食品安全法》规定的"终身";2 份醉酒型危险驾驶罪判决书宣告的从业禁止期限分别是"4 年"与"5 年",而不是《道路交通安全法》规定的"终身"。

② 陈泽宪:《安置教育需要全面坚持法治原则》,载《检察日报》2016 年 10 月 28 日,第 3 版。

然后再来倒逼"国家有关规定"的出台。笔者对此是持批评态度的,因为它违反了社会治理应当遵循的行业自治—行政规制—刑罚制裁的一般位阶和逻辑,更何况有时"倒逼"不一定能马上到位。如2009年的《刑法修正案(七)》就增设了"侵犯公民个人信息罪"(2015年的《刑法修正案(九)》又把本罪的主体由特殊主体修改为一般主体,并提高了法定最高刑),但至今作为该法前置法的《公民个人信息保护法》仍未出台。①

就上下兼顾而言,在上对宪法方面,如何加强宪法和《立法法》等宪法性文件对刑事立法和刑事司法(包括司法解释)的硬约束,仍然是一个亟须从制度上解决的难题。如果不解决这个问题,我国刑法就难以真正实现现代化和法秩序的统一,也无法在刑事法治领域切实树立宪法的权威,落实"依宪治国"。而在上对国际公约方面,随着我国加入的国际公约越来越多,参与国际层面的维和行动、护航行动越来越多,需要研究的问题也越来越多。如《联合国反腐败公约》有效推动了我国晚近几次刑法修正,增设"利用影响力受贿罪""对有影响力的人行贿罪"等罪名。但我国刑法仍然在很多问题上与公约的要求存在差距。如我国刑法仍将贿赂的标的物限于财产性利益,对照《联合国反腐败公约》中的"不正当好处",显然后者并不限于财产性利益,而是包括请托人为受托人亲属安排工作、晋升职位、提供家政服务乃至性服务等非财产性利益。另外,我国刑法至今没有"海盗罪"这一罪名。我国按照联合国安理会的有关决议派遣海军舰艇赴亚丁湾、索马里海域护航后,此问题就逐渐凸显出来。虽然我国刑法中有相关罪名来处理绝大多数海盗行为,但在国际刑事司法合作中,"海盗罪"作为一种公认的国际犯罪,更容易得到国际社会的理解与配合,而如果套用其他罪名,则很可能因各国法律制度的差异,甚至意识形态的干扰而影响合作的顺利进行。2015年,习近平主席签署的特赦令使我国沉睡了40年之久的特赦制度得以复活,但这次特赦决定做出后,各地在执行中表现出一定程度的"乱象",这说明我们的规定还太原则、太粗糙,需要根据宪法制定出一部可操作的具体的赦免法,从实体到程序对赦免的申请、启动、审查、决定等各个环节进行规范。这也是依法治国、依法行政的应有含义。同时,笔者认为,我们还需要建立死刑犯的申请赦免制度,这是一项不同于我国宪法已有规定的自上而下的赦免制度,而是自下而上赋予每一个

---

① 由于我国《公民个人信息保护法》迟迟未出台,只好靠司法解释来解决该罪适用中的一些疑难问题。如自2017年6月1日起施行的最高人民法院、最高人民检察院《关于办理侵犯公民个人信息刑事案件适用法律若干问题的解释》,将侵犯公民个人信息罪的"违反国家有关规定"解释为"违反法律、行政法规、部门规章有关公民个人信息保护的规定",但这将部门规章纳入,超出了刑法第96条关于"违反国家规定的含义"。

死刑犯申请赦免的权利的制度,这也是《公民权利和政治权利国际公约》所明确规定的。考虑到可预见的未来,我国的死刑只可能减少而不可能完全废除,这项制度应当逐步健全完善。①

在下对治安处罚和劳动教养方面,劳动教养制度已经废除,自然不存在刑法与其衔接的问题,但类似劳动教养的一些制度还存在,如收容教育、收容教养等,而刑法与这些制度的关系仍然未完全了断。因而,从强制医疗的司法化改造和有关国际公约的要求来看,对这些剥夺和限制人身自由的措施都应进行司法化改造,纳入未来大刑法中的"保安处分"里。至于治安处罚,目前,我国正在修订的《中华人民共和国治安管理处罚法》如何与刑法衔接好,也是一个现实问题。②

就内外结合而言,在对内加强对刑法的解释方面,为了应对快速发展的社会,我们需要认识到,坚守罪刑法定原则和刑法的谦抑性,与适当发挥司法的能动性并不矛盾。以网络犯罪为例,传统刑法并不是网络时代的产物,但现在网络已远非虚拟社会,而是另一种现实社会。因而,我们必须对有的条款做适当的扩大解释,使之包括有关网络行为在内是当务之急。笔者近期对破坏生产经营罪的一项研究指出:"耕畜"和"机器"固然不能实现网络时代中对于生产经营要素的概括,但"其他方法"可以被合理解释以应对网络时代,即合于破坏生产经营的本质,如通过改变网络影响力对网络空间中的生产经营进行破坏。在全国首例恶意好评案中,网络空间中的商铺的成交量(销售量)和信誉评价就是网络影响力,买家正是通过参照网络影响力做出购买决定。因而,这起案例正是通过反向刷单、恶意好评导致竞争对手的网络影响力降低,进而致使经营损失的出现,故一、二审法院的判决均认定被告人构成破坏生产经营罪。③

---

① 刘仁文:《论我国赦免制度的完善》,载《法律科学》2014年第4期,第152页。

② 作用不是单方面的,而是互相的。例如,治安管理处罚法规定,对使用伪造、变造的国家机关、人民团体、企业、事业单位或者其他组织的公文、证件、证明文件的,应当与伪造、变造或者买卖国家机关、人民团体、企业、事业单位或者其他组织的公文、证件、证明文件、印章等行为一样受到处理,但刑法却只规定了伪造、变造、买卖国家机关的公文、证件、印章罪和伪造公司、企业、事业单位、人民团体印章罪(没有将使用行为入罪)。其实,绝大多数的伪造、变造行为就是为了使用,刑法不将使用行为入罪并不合理(刑法修正案〈九〉在伪造、变造、买卖身份证件罪的基础上增加了使用虚假身份证件罪也恰恰说明了这一点)。不仅如此,它还导致实务中如果对伪造、变造行为无法查证或无法达到证据确实充分标准,同时又找不到实物印模且不存在其他情节的,也只好通过治安管理处罚法按使用来处理了。

③ 刘仁文、金磊:《网络时代破坏生产经营的刑法理解》,载《安全与秩序:互联网"黑灰产"打击与治理会议论文集》,浙江大学互联网法律研究中心等编:2017年7月。

在对外重视刑法的运作环境方面,笔者曾在近期关于"死刑与媒体"的研究中指出:当基本的案件事实确定下来后,案件结果仍然有一定的不确定性。

其中既有因媒体影响由死复生的案例(如吴英案),也有因媒体影响由生人死的案例(如刘涌案、李昌奎案等)。因此,如何建立健全媒体和司法之间的行为规则,增强司法机关抗外部干扰的能力,仍然是我国法学研究一个重要的话题。随着新媒体的发展,人人都是记者、人人都是新闻传播者的时代已经到来,媒体对司法的影响成为一个不容回避的问题。近年来,天津大妈卖气枪案、内蒙古农民收购玉米案、于欢刺死辱母者案,以及前些年的许霆案,原审给人的感觉都是依法办案、于法有据,如果没有媒体炒作出来,案件结果可能会无人挑战。但如今我们身处一个"众声喧哗"的网络时代,如果案件结果显失公平,违背常理常情,即便再于法有据,也将受到社会的质疑及由此带来的压力。正如笔者在于欢案的一次采访中所表达的那样:罪刑法定不能机械化甚至庸俗化地去理解,要把刑法教义学和人的常情常理以及社会对正义的通俗理解结合起来。更进一步说,我国 20 年前为废除类推,确立罪刑法定,强调形式法治有合理的历史背景,但现在则到了需要实质法治的时代,否则就会出现专业与大众的撕裂。由此,对于常理常情以及社会对正义的通俗理解,理论要做的是,以法学的语言把这种常理常情表述出来,提供给立法与司法者参考,发挥社会常情与法律的中介和衔接作用。国外刑法与理论对协调法律和人情有很多行之有效的做法,期待可能性就是一例。从法教义学自身的视角来看,无论是立法还是司法,都必须严格遵循法定程序和要求,不可能完全按照人情与社会认知行事,所以这就需要解释。解释就像是一个翻译,在充分考虑法律基本原则原理的基础上,吸收人情与社会认知,对法律的严峻性进行调和,再把这些用法律的语言和程序表现出来,填充不完善的法条,这就是解释的作用。

四、推动立体刑法学进一步发展的思考

虽然立体刑法学的研究取得了一些成绩,但我们应当看到,立体刑法学所面临的瓶颈性问题也还存在,进一步推动和完善立体刑法学的研究任重而道远。笔者深深地思考目前立体刑法学需要着力解决的问题、困惑和疑问,认为其主要表现在以下几个方面。

首先,突出刑法(学)的主体地位。我们要解决的是其他领域如何更好地为完善我们的刑法理论、刑事立法和刑事司法提供有价值的智力支持。① 我们的研究成果"刑法与宪法""刑法与刑诉法"不能简单地倒过来成为"宪法与刑法""刑诉法与刑法"的研究成果。② 在这方面，借助刑法学者之外的其他学科的力量固然重要，但刑法学的发展毕竟主要靠我们刑法学人自身来完成，即使借助其他学科的力量，也需要我们刑法学者在课题组织、话语转换、知识整合等方面发挥主体作用。③ 这就要求我们刑法学者必须具备立体刑法学的视野和自觉，但我们在此方面，还做得不够。例如，按照有关国际公约的要求，一切剥夺人身自由的措施都应当是刑法的后果（哪怕你给它贴上行政处罚的标签），但我们很多刑法学者对刑法典之外众多剥夺人身自由的措施鲜有关注。如已经废除的劳动教养制度，以及仍在执行的收容教养、收容教育制度等。④ 再如，在刑法修正案（九）的讨论过程中，立法机关曾召集过几次专家座谈会，讨论我国是否要废除嫖宿幼女罪等问题。与民意强烈要求废除该罪名的呼声相反，大部分刑法学者并不赞成废除该罪名。笔者认为，在反对废除嫖宿幼女罪问题上，有的刑法学者的理由确实牵强，站不住脚。因为嫖宿幼女罪的罪名不仅与有关国际公约的要求不符，而且存在对幼女的污名化等许多刑法教义学之外的问题。我国已于 1991 年批准加入联合国《儿童权利公约》。该公约明确规定了对儿童权益无差别保护的原则，但我国刑法规定的嫖宿幼女罪并不符合这一原则。因为卖淫是以行为人具有性自主能力为前提的，根据嫖宿幼女罪的规定，既然幼女可以成为犯罪人的嫖宿对象，就等于间接确认了幼女的性自主能力。然而，我国《刑法》又同时规定，对于与不满 14 周岁的幼女发生性关系的，不论幼女是否"自愿"，均构成强奸罪。此规定的法理基础在于，

---

① 依照刑法和相关司法解释，违反国家烟草专卖管理制度，未经烟草专卖行政主管部门许可，非法经营烟草专卖品，情节严重的，要按非法经营罪来定罪处刑。非法经营罪的规范目的在于禁止未经许可经营法律、行政法规规定的专营、专卖物品等行为。至于烟草为什么要专卖，尽管有的经济法学者认为是基于国家税收控制和利益分配的考虑，而官方可能会从民众健康角度来强调专卖的合理性，但从现代监管理论和反垄断制度来说，烟草专卖却被认为是行政垄断，不具有合理性。如果烟草专卖的合理性越来越受到质疑，那将来就很可能取消这项专卖制度，相应地非法经营罪也就不包括它了。显然，就刑法论刑法，是解决不了这类问题的。

② 一个刑法博士生写"刑法与刑诉法"的博士论文和一个刑诉法博士生写"刑诉法与刑法"的博士论文，虽然是同一个主题，但两者的出发点、侧重点和归宿点应当是不同的。因为前者写的是一篇刑法学博士论文，后者写的是一篇刑诉法学博士论文。

③ 这正如赫尔曼·康特诺维茨所宣称的那样：法社会学只有由法律家以兼职的身份来做才能结出硕果。康特诺维茨的话虽然有些夸张，但至少说明法社会学对社会学家来说要更艰难些。胡水君：《法律的政治分析》，中国社会科学出版社 2015 年版，第 273 页。

④ 甚至有的刑法学者连收容教养、收容教育的区别都没有理清。

幼女并不具备性自主能力,对于性行为不能做出有效承诺,这也是世界各国刑法的立法通例。如此看来,嫖宿幼女罪其实是将幼女进行了"卖淫幼女"与"普通幼女"的分类,并对二者采取了不同的保护态度。这种因幼女身份差异而对其实施不同保护的做法,显然是对无差别保护原则的违背。此外,嫖宿幼女罪还存在对幼女的污名化效果和不利于防治此类犯罪等诸多弊端。从刑法规定可知,由于嫖宿幼女罪的犯罪人以幼女为"嫖宿"对象,因而对犯罪人适用嫖宿幼女罪,与之相对的幼女就被污名化,而且以这样的罪名来办理案件,很容易对受害幼女造成二次伤害甚至终身伤害。与对幼女的污名化效果相反,嫖宿幼女罪对于犯罪人而言,则有可能削弱社会的谴责度。就日常用语来看,"嫖客"和"强奸犯"所承载的社会谴责度显然是很不一样的(在某些落后地方,嫖娼甚至被视为男子有能耐的表现)。因而,以嫖宿幼女罪对犯罪人定罪处刑,其实是将"强奸犯"的标签换成了"嫖客",由此可能削弱社会对犯罪人的谴责度,也不利于从严惩治和防范这类犯罪①。2003 年,曾发生苏力教授与刑法学界的一场学术争议。2003 年 1 月,最高人民法院发布了《关于行为人不明知是不满十四周岁的幼女双方自愿发生性关系是否构成强奸罪问题的批复》,规定"行为人确实不知对方是不满十四周岁的幼女,双方自愿发生性关系,未造成严重后果,情节显著轻微的,不认为是犯罪"。该司法解释出来后,苏力教授撰文对其提出强烈质疑和批评,认为这将在实践中产生可怕的后果,即此举会使社会最为唾弃且无法容忍的同幼女发生性关系的潜在主体得到豁免。由于苏力教授并不是刑法学者,其有些论述确实不专业(如对我国刑法学界已经得到公认的主客观相统一原则提出挑战,认为我国刑法上对奸淫幼女罪的规定属于不问主观过错的严格责任),因而,几乎受到刑法学界异口同声的讨伐。但苏力的观点却得到了全国妇联、团中央等部门的大力支持,受这些人民团体的压力所致,最高人民法院竟然最后以内部发文通知该司法解释暂停执行。事过多年,再看这场争论及其结果,苏力教授固然在刑法上并不十分专,但他抓住了公共政策需要考虑社会效果这一关键(立法、司法解释都是一种公共政策),并且他的担心在当时的社会风气下不是没有道理。而刑法学界捍卫主客观相统一原则并没有错,但简单地因为司法解释符合主客观相统一原则就无条件地为其背书,视野也是略显狭窄。笔者当时对最高人民法院前述批复的表示方式曾提出了质疑,认为这种表述隐藏着一种潜在的消极后果:容易让那些奸淫幼女者以"确实不知道对方是不满 14 周岁的幼女"为借口,进而逃脱法律制裁。我国

---

① 刘仁文:《〈刑法修正案(九)〉应取消嫖宿幼女罪的规定》,载《中国妇女报》2015 年 7 月 21 日,第 A2 版。

台湾地区在此方面的"司法解释"规定,"不以行为人明知被害人未满 14 岁为必要,具有奸淫未满 14 岁女子之不确定故意者,亦应成立本罪"。这里的"不确定故意"相当于我们刑法中的"间接故意"。如果最高人民法院的"批复"也采取此思路,即从正面去警告当事人间接故意就可以构成奸淫幼女犯罪,而不是从反面去强调"不认为是犯罪"的情形,可能其社会效果和命运就会不一样。①

其次,要区分实然和应然。立体刑法学在两个层面展开,一是实然层面,这主要是针对法律适用而言;二是应然层面,这主要针对立法完善而言。例如,我们过去有劳动教养,所以从中国的实际出发,必须研究刑法与劳动教养的界限和衔接,但这并不妨碍我们从宪法(特别是带有宪法性质的《立法法》)和有关国际公约的要求出发,探讨劳动教养制度的改革问题。同理,我们现在一方面要解决实务中的刑法与治安管理处罚法的两法衔接问题,另一方面不妨碍讨论治安拘留、收容教育、收容教养等制度的改革问题。又如,我们现在既要按照法律规定和现有的司法解释来操作刑事附带民事诉讼,同时也有必要从刑法与民法的关系角度来探讨如何完善刑事附带民事诉讼这一刑民混合制度,特别是要借助民法学科的知识来反思这一制度。我们课题组经过研究认为,在完善该制度时可以参考全部赔偿原则。因为在现代民法中,全部赔偿原则是各国立法和司法实践中的通例。全部赔偿原则是指无论侵权行为人主观过错如何,是否已经承担了行政或者刑事上的责任,都应该根据被害人全部财产损失以及精神损害的大小来确定民事赔偿的范围。其主要包括的内容为:第一是财产损失赔偿,比如在犯罪过程中造成财物毁坏的赔偿;第二,由于对人身的损害而引起的财产损失的赔偿,如犯罪人对他人人身造成伤害而伴随着财产损失,对这种损失也应该进行赔偿。显然,我国目前的刑事附带民事诉讼的赔偿范围并不符合全部赔偿原则。当然,在实然和应然之间,还存在一些法规范不明朗的灰色地带,需要理论研究去填补,此时学说见解本身就可成为办案的参考和依据。

再次,关于刑事政策在立体刑法学体系中的地位归属。有学者曾指出,在现有的立体刑法学体系中,虽然在某些具体论述中也曾提及刑事政策,但在理论基本构造的第一层级上没有明确刑事政策的地位,这使刑事政策的地位矮化,刑事政策的地位似乎隐而不彰。相应的,刑事政策学也在其中无立足之地,由此留下了一个应予弥补的缺憾。② 德国刑法学者李斯特的"整体刑法学"思想中,"犯罪

---

① 刘仁文:《奸淫幼女与严格责任——兼与苏力先生商榷》,载《法学》2003 年第 10 期,第 35-43 页。

② 此为焦旭鹏副研究员在 2017 年 4 月 8 日由中国社会科学院法学研究所主办的"立体刑法学的回顾与展望"学术研讨会上发言时所提出的观点。

态势—刑事政策—刑罚"是其基本结构,刑事政策具有贯穿前后的灵魂导引作用。李斯特在广义上界定了"刑事政策",即"所谓刑事政策,是指国家借助于刑罚以及与之相关的机构来与犯罪作斗争的、建立在以对犯罪的原因以及刑罚效果进行科学研究基础上的原则的整体(总称)"①。在这样的构想中,刑事政策成了联结犯罪态势、刑罚执行以应对犯罪的精神机枢。即使到了储槐植教授的"刑事一体化",由于其仍然强调刑事学科群的融会贯通,所以刑事政策仍然可以占据一个核心位置。但到了笔者提出的"立体刑法学",刑事政策却隐身了。这对于一个以研究刑事政策为学术标签之一的学者来说,确实奇怪。我们仔细考量后发现,不能说刑事政策在"立体刑法学"中就完全缺席,它至少隐身在一些角落:一是在前瞻犯罪学中。笔者强调只有把犯罪的原因弄清楚了,才能把准脉,确立科学的刑事立法政策(但对于科学的刑事司法政策和有效打击犯罪似乎缺乏应有的位置)。二是在后望行刑学中。我们同样强调对罪犯的改造和回归要有科学的刑事政策,否则刑罚的效果将不会彰显,甚至前功尽弃。三是在上对宪法和国际公约方面。这其实是对一个国家刑事政策的制定和调整有重要影响的一个视角。我国每一次的宪法修改、每加入一个重要的涉及刑事方面的国际公约,都会牵动刑事政策的定位与反思。四是在对内加强对刑法的解释上。我们特别强调过刑法解释的"第三只眼"——刑事政策,即在所谓的形式解释和实质解释之间,笔者主张用刑事政策来指导刑法解释。当然,即便如此,刑事政策仍然在立体刑法学中找不到一个光明正大出场的位置,而且前述解释也把刑事政策的实然和应然放到了一起。这或许是与笔者过于注重形式美有关,或许与立体刑法学重在一种方法有关(虽然立体刑法学也有运作层面的意思,但似乎更偏重实然。这与用来指导刑事立法和刑事司法的刑事政策仍有一定的距离)。但不管怎样,焦旭鹏博士的提问有道理,也不应回避。笔者曾想到"司法精神病学"等学科,它们是否应在立体刑法学中占一席之地。如确实需要,该归属何处也有待思量。

最后,关于立体刑法学的阶段性目标和远期目标。莫纪宏教授曾经指出,立体刑法学要达到两个目标,其一是远期目标。即明确立体刑法学的学术使命,强调立体刑法学不是要把传统的刑法学知识推倒重来,而是要在方法论上对传统刑法学知识进行整合和改造,以转化成良好的机制,更好地解决刑事立法和刑事司法在现实中所遇到的挑战,并以"立体刑法学"为起点,拓展出"立体宪法学""立体民法学"等其他领域,最终建立有中国特色的"立体法学"研究范式。其二是阶

① [德]弗兰茨·冯·李斯特:《论犯罪、刑罚与刑事政策》,徐久生译,北京大学出版社 2016 年版,第 212 页。

段性目标。即当下应该做什么,指明应该以刑法为内核,与其他部门法配合,把刑法知识放在中国特色社会主义法治体系内来理解,以更好地发挥刑法在社会治理中的作用。① 笔者认为,莫教授指出了"立体刑法学"理论上的目标,其实还有制度上的目标。② 例如,劳动教养制度的废除和强制医疗程序的司法化,就可以视为"立体刑法学"在制度变革方面所取得的阶段性目标;而笔者关于建立中国"大刑法典"的构想就应当属于立体刑法学的一个远期制度目标,即把治安拘留纳入刑法,把收容教养、收容教育等也纳入刑法,在刑法后果上建立刑罚与保安处分的双轨制,而在刑罚里面又建立与重罪和轻罪相对应的重罪罚和轻罪罚。③ 此外,如刑法合宪性审查机制的建立等,也都是立体刑法学相关维度所追求的制度层面的重要远期目标。

五、结语

储槐植教授在2003年的《再说刑事一体化》一文中指出:"刑事一体化思想提出尽管已有十多年,还只能算是粗浅的开头,尚需进一步深入和展开。"④笔者从2003年最初提出立体刑法学思想起,迄今已历经14年。立体刑法学最初提出的问题仍然存在(如我国至今没有官方发布年度犯罪白皮书的做法,使得犯罪学研究成无米之炊;虽然"依宪治国"的提法已经耳熟能详,但我国至今没有建立包括刑法在内的合宪性审查机制),随着新的问题不断产生,立体刑法学本身也需要不断完善发展。对于一个内涵丰富、容量巨大的学术命题,笔者个人的力量是渺小的,远远不能面面俱到,而是更需要有志于此的同道共同参与。由于理解和阐释具有不可消解的公共性,"每一言说都是向他人和同他人的言说",因而"言说在本质上就是共享"⑤。笔者认为,正如我们每个人心中都有一个哈姆雷特、每个人都

① 刘昭陵:《立体刑法学的回顾与展望》,摘自中国法学网报道,2017年6月15日。
② 一般而言,立体刑法学既包括理论层面,也包括制度层面。例如,当我们说刑法与行政法时,其实就是从制度层面而言的(如刑法规范如何与行政法规范相衔接);而当我们说刑法学与行政法学时,则是从理论层面而言的(如刑法与行政法的规范目的与功能有何异同)。但在立体刑法学的某些维度里,可能并不是二者都具备,如犯罪学就应当只有理论层面,不好说它还有制度层面,此时基于对应的考虑,就叫"刑法学与犯罪学";而在另外的维度里,可能着重讨论的是制度层面的,如刑法与治安管理处罚法,就不太好叫"刑法学与治安管理处罚法学"(当然,后者称为"治安管理学"倒也未必不可以)。总之,《立体刑法学》在整个的书稿章节编排和具体行文中,如何把理论层面和制度层面既加区分又有机地糅合到一起,也是一个纠结的问题。
③ 刘仁文:《调整我国刑法结构的一点思考》,载《法学研究》2008年第3期,第151-154页。
④ 储槐植:《刑事一体化》,法律出版社2004年版,第504页。
⑤ [德]海德格尔:《时间概念史导论》,欧东明译,商务印书馆2014年版,第410页。

可以从自己的角度去理解卞之琳的《断章》一样,大家对立体刑法学的思想也尽可以发挥自己的想象力,去思考和丰富它。① 事实上,正如我们课题组最终成果所显示的那样,在立体刑法学的每一个维度下,各个学者均有所发挥,有的研究成果甚至超出了笔者最初的设计,反过来又促进我们对立体刑法学的反思与补充。② 正如莫纪宏教授所言,既然立体刑法学有其生命力,那么"立体宪法学""立体民法学"等就同样会有生命力,因为它们也一定面临与刑法和刑法学相类似的问题。③ 如此,最终打造一门有中国特色的"立体法学"则是顺理成章、水到渠成的事情。

[本文原载于《北京工业大学学报(社会科学版)》2017 年第 5 期,被《中国人民大学复印报刊资料:刑法》全文转载]

---

① 刘昭陵:《立体刑法学的回顾与展望》,中国法学网,2017 年 6 月 15 日。

② 周维明博士提出了与立体刑法学相对应的一个概念"平面刑法学"。我觉得引入这个概念,确实有助于更形象地说明"立体刑法学"这个概念。在周维明博士看来,刑法之内看刑法即属平面刑法学,刑法之外看刑法即属立体刑法学。当然,这里可能涉及的一个疑问是,立体刑法学不也主张对内加强对刑法的解释吗? 不过需要指出的是,它强调的是"内外结合",即要把刑法内部的解释和刑法的外部运作环境有机地结合起来,并强调互动,而不是割裂地、孤立地看问题,这应当是立体刑法学的一个精髓。

③ 除莫纪宏教授有此观点之外,刑诉法学者陈瑞华教授指出,当前法学研究有一个致命的问题,那就是把本来属于一个整体的法学研究肢解了,使得宪法、刑法、民事、行政法和诉讼法的研究相互隔离,出现了"老死不相对话"的局面,于是,不同学科的研究者守着自己的"一亩三分地",对属于自己领域中的法律问题做出解释和评论,对于超出自己学科领域的法律问题,既没有解释的能力,也没有研究的兴趣。而司法实践的经验表明,中国法律制度的主要问题恰恰发生在不同法律学科的交叉地带。他还列举了一系列刑诉法研究中需要求助于多学科理论和知识来解决的问题,如非法证据排除规则,并不要求追究违法侦查的办案人员的个人责任,而只要求宣告违法侦查所得的证据无效,这在传统的民事侵权法中是无法做出解释的;还有附带民事诉讼这个刑事诉讼中的大难题,以及刑诉法与宪法的关系……这简直让我觉得"吾道不孤",似乎一门立体刑诉法学已经呼之欲出了! 此外,商法学者赵磊副研究员在评论《民法总则》中有关商法规范的内容时也指出,绝大多数商法学者认为《民法总则》虽然也规定了一些相关商法问题,但是有很多缺失和不足。面对这种质疑,民法教授很奇怪为什么他们会有这种想法,《民法总则》已经给商法做了很好的安排。这说明,在民法和商法之间,也存在很严重的学科壁垒。

刑事学科系统论

高维俭

作者简介:高维俭(1972—),男,汉族,湖南怀化人。1998 年于华东政法学院获刑法学硕士学位。2004 年于北京大学法学院获刑法学博士学位。2004—2022 年任教于西南政法大学(2004 年评副教授、2007 年评教授、2010 年评博导);2022 年 4 月至今,任华东政法大学教授、博士生导师,青少年犯罪研究所所长。学术兼职:中国法学会刑事诉讼法学会理事、中国犯罪学会理事、中国刑法学会理事、中国法学会检察学研究会未成年人检察专业委员会副主任委员、最高人民法院少年审判专业委员会委员、国务院儿童智库专家等。曾发表学术论文近百篇,出版学术专著《刑事三元结构论》《罪刑辨证及其知识拓展》《少年法学》,译著《美国死刑悖论》《少年司法的一个世纪》《美国少年司法》《少年司法制度》。

导　言

犯罪学、刑法学、刑法哲学、监狱学、刑事政策学、刑事诉讼法学、刑事被害者学、法医学、刑事侦查学等众多的刑事学科形成了一个庞大的刑事学科群落。所有刑事学科的目的及功能是一致的——解决刑事社会问题,因此各刑事学科之间不应当是各自为政的,不应当是割裂的,而应当是具有密切的内在有机关联的,并共同构成一个有着内在关系结构以及相应功能机制的系统整体。各刑事学科和整个刑事学科群之间应当是一种"部分与整体"的辩证关系。刑事学科的科学、协调发展的内在矛盾日益显著,并在客观上要求我们不仅要研究单个的刑事学科,还要同时关注并深入地研究刑事学科的整体,以及整体与部分之间的有机关联。刑事一体化思想正是因此而生,并创造性地提出了整体论、关系论、机制论等方面的重要理论。笔者认为,刑事一体化是被作为一种刑法哲学的基本方法论提出来的。但由于受学科发展的历史阶段所限,"作为刑法研究方法的刑事一体化……

认真看来这仅是一个开端"①。刑事一体化思想及其理论还有诸多值得深入发掘的重要内涵。通过对刑事一体化理论的整体解析、深入追问,并在系统论哲学方法的指引之下,笔者拟为刑事学科系统论,即以系统论的哲学方法来科学、全面、动态、和谐地把握整个刑事学科群落的研究,从而进一步丰富刑事一体化思想的内涵,并推进刑事一体化所倡导的刑法学以及其他刑事学科的理论研究思路、方法和方向,进而发展刑事一体化之刑法哲学方法论,并进一步探索刑事哲学方法论的构建②,是所谓刑事学科系统论之大意。

甲篇　刑事学科系统之历史演化论

　　刑事一体化,即"惩治犯罪的相关事宜形成有机整合"③。刑事一体化思想,按照笔者的理解,其哲学实质为辩证法,即以普遍联系和动态发展的基本观念来研究刑法学以及其他惩治犯罪的学科,从而科学、全面、合理地把握刑法学以及其他惩治犯罪学科发展的内在规律。刑事一体化的理论及实践意义是显著的。然而,刑事一体化思想的历史脉络是怎样的呢? 其现状又是怎样的呢? 这些问题有待于总结和反思。历史及现状的分析、总结和反思有助于发掘事物发展的内在规律和精神,并资以相应事物未来发展的展望和导引。下文中,笔者试图通过对刑事一体化思想的历史脉络进行梳理,并对其理念现状进行分析,从而发掘掩藏在纷繁理论现象中的内在联系及精神,为刑事一体化思想的进一步发展奠定基础。

一、刑事一体化思想的历史脉络
　　刑事一体化思想是随着刑事学科的发展应运而生的。学科发展的一般轨迹为:从无到有,由有而分;分久必合,合久必分;有分有合,分合有致。刑事学科的发展也不例外。中西方刑事学科的发展轨迹有所差异,但有关刑事一体化思想产生的内在学科规律却息息相通。
　　(一)西方的有关历史片段
　　一是刑事学科"从无到有":现代意义上的刑事学科产生的标志为切萨雷·贝

---

① 储槐植:《刑事一体化》,法律出版社 2004 年版,《自序》第 2 页。
② 笔者的博士学位论文《刑事三元结构论——刑事学科研究范式的理论》(北京大学 2004 届博士学位论文)可以被看作笔者在刑事一体化思想的基础上对刑事哲学方法论的初步探索,而本篇则是笔者对刑事哲学方法论的进一步"再探索"。
③ 储槐植:《刑事一体化》,法律出版社 2004 年版,《自序》第 2 页。

卡利亚(Cesare Beccaria,1738—1794)于1764年出版《论犯罪与刑罚》一书。该书为贝氏赢得了巨大的声誉,奠定了贝氏刑事古典学派鼻祖的地位,并给俄国、普鲁士、奥地利等国的刑法改革带来了重大的影响。刑事学科的"有"中,实际上已经包含了"分化"的可能。试看《论犯罪与刑罚》,我们不难发现,该书实际上将后来分化出来的犯罪学、刑法学、刑事诉讼法学、刑事政策学等学科中的诸多重要内容以思想的形式"熔炼于一炉"①。

二是刑事学科的分化:首先是刑法学。杰里米·边沁(Jeremy Bentham,1748—1832)、费尔巴哈(Paul Johann Anselm von Feuerbach,1775—1833)等在刑法学方面做了进一步的深入研究,刑法学取得了独立的地位。费尔巴哈的作用尤为显著——"从以上列举的费尔巴哈著作目录中可以看出,费尔巴哈是一个职业意义上的刑法学家,或者说实定刑法学家。甚至可以说,费尔巴哈是近代第一个真正的刑法学家。……贝卡利亚与其说是一个刑法学家,不如说是一个刑法思想家。只有费尔巴哈才以职业刑法学家的身份,对实定刑法进行了深入研究,建筑了实定刑法学的原则与体系"②。然后是犯罪学。其产生的标志性著作有:龙勃罗梭的《犯罪人论》、菲利的《犯罪社会学》和加洛法罗的《犯罪学》。接下来,"犯罪学的建立,为刑事政策学的发展奠定了基础。但真正使刑事政策成为一门学科的,是李斯特。……在经验人假设的基础之上,李斯特引申出其刑事政策思想,从而使刑事政策之发展进入一个科学的阶段"③。刑事政策学诞生。

三是刑事学科的整合:"只有密切的、组织上有保障的合作,才能期望刑法和犯罪学与其相邻学科,适应纷繁复杂和瞬息万变的社会要求。没有犯罪学的刑法是瞎子,没有刑法的犯罪学是无边无际的犯罪学。为了克服专业的片面性,实现各部分的有机统一"④,"李斯特教授大力倡导刑法的刑事政策化,主张将刑法学研究从狭窄的法律概念中解放出来,以科学主义的实证研究方法研究作为一种自然和社会现象(而不仅仅是作为法律现象)的犯罪,并提出了建立包括刑事政策学、犯罪学、刑罚学和行刑学等在内的'整体刑法学'的主张"⑤。"整体刑法理念

---

① 据此,如果将《论犯罪与刑罚》一书单纯说成是一部刑法学著作,则显得片面;相应的,将贝卡利亚单纯说成是一个刑法学家,也显得片面。笔者认为,将贝氏称为"刑事学家"或"刑事学思想家",而将《论犯罪与刑罚》称为"刑事学(科)"的奠基之作,比较贴切。

② 陈兴良:《刑法的启蒙》,法律出版社2003年版,第98页。

③ 陈兴良:《刑法的启蒙》,法律出版社2003年版,第248页。

④ [德]汉斯·海因里希·耶塞克、托马斯·魏根特:《德国刑法教科书(总论)》,徐久生译,中国法制出版社2001年版,第53页。

⑤ 付立庆:《刑事一体化:梳理、评价与展望——一种学科建设意义上的现场叙事》,2003年12月20日北京大学"刑事政策与刑事一体化"研讨会论文。

的框架是'犯罪—刑事政策—刑法'。依据犯罪态势形成的刑事政策,它又引导刑法的制定和实施,这样的刑法便可有效惩治犯罪。在这三角关系中,李斯特倚重刑事政策"①。在笔者看来,李氏所谓的"整体刑法学"(gesamte Strafrechswissen-schaft),实为刑法学本位意义上的刑事科学(Kriminalwissenschaft)②。可以说,李斯特的"整体刑法学"理念是刑事一体化的一种西方话语。

(二)中国的大致历程

中华人民共和国的刑事学科建设在很大程度上借鉴于西方(主要是苏联),其发展轨迹大致可以分为三个阶段:引进、建设、整合。前两个阶段无须多言,但说到整合阶段,即与刑事一体化有关的论说:

一是甘雨沛先生之"全体刑法学"。甘雨沛先生(1907—1998)曾提出:"成立一个具有立法论、适用解释论、行刑论、刑事政策论以及保安处分法的全面规制的'全体刑法学'。"③"从刑法整体来说,单是依实体法本身的规定或依实体法做出的判决、决定、裁定本身,不能完成刑法的整体性或全体性,当然也不能达到刑法的任务、目的,还需要有个使之实现的过程、手续或方法,这就必须有刑事诉讼法的助成。为了达到刑法的改造教育目的,也必须有行刑法领域的监狱法的措施来保证。为了彻底地、准确地揭发和侦查犯罪以及正确认定犯罪,还需要有侦查学、法医学等的助成。这些都属于刑事法的范围。据此,刑事法可称为'全体刑法'。一句话,凡有关罪、刑的规定者均属之。"④可见,甘老所提倡的"全体刑法学"实为"刑事法学的整体化"。这是中国刑事学科历史上可考证的最早的有关刑事一体化的论说。

二是储槐植先生之"刑事一体化思想"。储槐植教授指出:"拙文'建立刑事一体化思想'⑤,基本之点是刑法和刑法运行处于内外协调状态才能发挥最佳刑法功能。实现刑法的最佳社会效益是刑事一体化的目的,刑事一体化的内涵则是刑法和刑法运行内外协调。所谓内部协调主要指刑法结构合理,外部协调实质为刑法运作机制顺畅。刑法现代化的全部内容便是顺应世界潮流优化刑法结构和刑法机制。刑事一体化观念倚重动态关系中的刑法实践。刑事一体化作为方法,强调'化'(即深度融合),刑法学研究应当与有关刑事学科知识相结合,疏通学科

---

①　储槐植:《再说刑事一体化》,载《法学》2004年第3期。

②　[德]汉斯·海因里希·耶塞克、托马斯·魏根特:《德国刑法教科书(总论)》,徐久生译,中国法制出版社2001年版,第52页。

③　甘雨沛、何鹏:《外国刑法学》(上),北京大学出版社1984年版,前言。

④　甘雨沛、何鹏:《外国刑法学》(上),北京大学出版社1984年版,第4页。

⑤　该文载《中外法学》1989年第1期。

隔阂,彼此促进。"①这时的刑事一体化思想实际上是关于"犯罪—刑罚—行刑"的一体化,以健全刑法运行机制为核心目的。"我国刑法运行只受犯罪情况的制约及单向制约:犯罪→刑罚。这是有缺陷的机制。健全的刑事机制应是双向制约:犯罪情况→刑罚←行刑效果。"②初期刑事一体化视野中的主要学科就包含了犯罪学、刑法学、监狱行刑学以及刑事政策学。刑事一体化思想提出的意义主要在于:将与刑法密切相关的刑事学科联系起来研究,从而理性自觉地开拓刑法学的研究思路。

在信息阻隔的情况下,两位中国刑法学家同万里之遥的李斯特等西方刑法学家的有关理念竟然形成如此大程度上的不谋而合!惊叹之余,合理的解释只能是:学科发展的内在规律使然——从无到有,由有而分;分久必合,合久必分;有分有合,分合有致。

二、我国刑事一体化思想研究的现状分析及其评论

(一)关于刑事一体化的不同理解及其评论

目前我国学界对刑事一体化思想有着多种不同角度和层次的理解,笔者认为,可以大体分为以下三种。

1. 以刑法学为本位的刑事一体化理念

"拙文'建立刑事一体化思想',基本之点是刑法和刑法运行处于内外协调状态才能发挥最佳刑法功能。实现刑法的最佳社会效益是刑事一体化的目的,刑事一体化的内涵则是刑法和刑法运行内外协调。所谓内部协调主要指刑法结构合理,外部协调实质为刑法运作机制顺畅。……刑法学研究应当与有关刑事学科知识相结合,疏通学科隔阂,彼此促进。"③可见,这里所说的刑事一体化是以刑法学为本位的。

2. 以刑事法学为本位的刑事一体化理念

陈兴良教授曾明确将"刑事一体化"作为其主编的具有广泛影响的《刑事法评论》的编辑宗旨,他提出:应当在刑事法的名目下,将与刑事法相关的学科纳入刑事法的研究视野,从而再现大刑事法的风采。④ 按照笔者的理解,这种"大刑事法"的研究实际上就是将刑事法学作为一个整体来看待,一方面,在其内部实现

① 储槐植:《再说刑事一体化》,载《法学》2004 年第 3 期。
② 储槐植:《刑事一体化与关系刑法论》,北京大学出版社 1997 年版,第 302 页。
③ 储槐植:《刑事一体化》,法律出版社 2004 年版,第 491–492 页。
④ 陈兴良主编:《刑事法评论》(第二卷),中国政法大学出版社 1998 年版,"主编絮语"。

"一体化";另一方面,将"相关的学科纳入刑事法的研究视野",从而实现其外部的"一体化"。由此可见,陈兴良教授的刑事一体化理念实际上已经融合并发展了甘、储两位先生的有关理念——既强调"全体刑法"(大刑事法)之内部整体,又强调相关的学科纳入刑事法的研究视野的外部整合,还将刑事一体化的本位扩展至整个刑事法学。

3. 以刑事学科为本位的刑事一体化理念

这是笔者对刑事一体化的一种理解:刑事一体化的本位还可以扩展至整个刑事学科群①以及其中的各个学科。就刑事一体化概念本身而言,较之"整体刑法学""全体刑法学""大刑事法"等,其理论的张力更大,其中蕴含着更为广阔的理论空间。笔者所说的刑事一体化是指整个刑事学科研究的一体化,即"刑事学科的一体化"②。也就是说,整个刑事学科群中的任何一个学科或"子学科群"都可以成为刑事一体化研究方法的本位学科或学科群。易言之,刑事学科群中的任何一个学科或"子学科群"的研究都存在运用刑事一体化哲学方法的问题。

对上述三种刑事一体化理念的基本评价:

刑事一体化中的"刑事"至少包含两方面的意思:一是指一体化的范围,即在哪里进行一体化的问题;二是指一体化的对象,即对什么进行一体化的问题。一方面,作为一体化范围的"刑事",无论是在以刑法学为本位的刑事一体化理念中,还是在以刑事法学为本位的刑事一体化理念中,其含义都是刑事学科。即一体化于"刑事学科"。申言之,所谓刑事一体化,是在整个刑事学科的范围内,以整个刑事学科为信息参考系统的刑事学科研究方法。这一方面是基本共识。另一方面,作为一体化对象的"刑事",即对什么进行一体化的问题,存在不同角度的不同观念:以刑法学为本位的刑事一体化理念强调的是对刑法学进行一体化方法的研究;以刑事法学为本位的刑事一体化理念强调的是对整个刑事法学以及各个刑事法学学科进行一体化方法的研究;而以刑事学科为本位刑事一体化理念则强调对整个刑事学科群以及各个刑事学科进行一体化方法的研究。这方面,学者们各有其本位和侧重点。

---

① 高维俭:《刑事一体化视野中的刑事学科群及其结构》,载《刑事法评论》第 15 卷,法律出版社 2004 年 12 月版。该文中,笔者将刑事学科的内部结构分为三个基本的层次:"形而上"的刑事哲学(学科群)、"形而中"的刑事事实学(学科群)和"形而下"的刑事对策学(学科群)。

② 也有学者提出"刑事科学的一体化",但笔者认为,刑事学科的概念更为全面,如刑事学科中的"刑事哲学"恐非"刑事科学"所能涵盖。科学,其基本方法论即实证分析。而哲学不在实证分析之列。

笔者认为,以上所述的三种不同本位的刑事一体化理念并不抵触,而只是站在不同的学科本位,运用同样的研究方法——刑事一体化。储槐植先生在论述以刑法学为本位的刑事一体化理念时,并没有排斥刑法学以外的其他刑事学科的刑事一体化研究;陈兴良教授在提出以刑事法学为本位的刑事一体化理念时,也没有排斥刑事法学以外的其他刑事学科(如以犯罪学、刑事侦查学或刑事被害学为本位的)刑事一体化研究。对于三种不同本位观的刑事一体化理念,不妨分别称为:狭义的刑事一体化理念、中义的刑事一体化理念和广义的刑事一体化理念。三者各有其理论意义。但笔者主张广义的,因为其理论空间、内涵更为丰富,更能充分体现其理论价值。

(二)刑事一体化理论中的系统论思想内涵

1. 系统论的基本思想及内容

所谓系统,即"相同或相类的事物按一定的秩序和内部联系组合而成的整体。……在自然辩证法中,同'要素'组成一对范畴,指由若干相互联系和相互作用的要素组成的具有特定功能的统一整体;要素指构成系统的组成单位。系统具有整体性、结构性、层次性、历史性等特性。整体性是系统最基本的特性"①。系统论的基本理念可以包括:整体观、要素论、联系观(关系论或结构论)、动态观以及和谐一致观。可以说,系统论是一种典型的辩证法思想。马克思主义哲学认为,辩证法是人们认识世界、改造世界的基本哲学方法论。辩证法的基本观念为:联系观和发展观。联系观认为,事物之间的联系是普遍的、具有层次结构的;发展观认为,事物在联系中相互作用、协调共生、无限发展。对立统一规律、质量互变规律和否定之否定规律是唯物辩证法的三大规律,其中就包含了联系观和发展观的内容。

系统论还可以从中国传统哲学思想中找到根据。中国传统哲学中有着"天人合一""宇宙生命系统整体"等观念。中国传统哲学认为:万事万物,相生相克,互转互化,有机整合,协调有致,无限发展。中国传统哲学中包含了一系列的系统论哲学观念,如整体一统观、有机联系观、动态发展观、尚中和谐观等。

2. 刑事一体化理论中的系统论观念

目前看来,刑事一体化论至少包含四个方面的基本观念及内容:整体论、关系论、学科分组论和功能机制论。

其一,整体论。从文义上来看,刑事一体化强调"一体",或者说,强调刑事学科研究的整体观方法论。关于刑事学科的整体,学界一般认为,所有惩治犯罪的

---

① 《辞海》(缩印本),上海辞书出版社1990年版,第1290页。

学科皆在其中。整体论是刑事一体化基本观念的一个首要方面。

其二,关系论。刑事一体化之"关系论"主要见于"关系刑法论"和"关系犯罪论"等两个方面:一方面,对于刑法学,强调刑法结构以及"刑法存活于关系中","刑法学研究应当突破单向、片面、孤立和静态思维模式,确立由刑法之中研究刑法、在刑法之外研究刑法和在刑法之上研究刑法组成的多方位立体思维"等观念。① 另一方面,即在犯罪学方面,强调"犯罪在关系中存在和变化"②以及"关系犯罪学"③。"关系是哲学的一个最基本的范畴。""关系刑法也是一种方法论,可称关系分析法。"④关系刑法论,实际上是一种刑法学研究的基本思维方法,而哲学即是研究思维的,因此关系刑法论即为一种基本的刑法哲学方法论。同理,关系犯罪论即为一种犯罪学研究的基本哲学方法论。因而,关系犯罪论和关系刑法论的统一,即刑事一体化关系论,其实际上暗示了刑事哲学的一种基本方法论。

其三,学科分组论。刑事一体化主要包含犯罪学和被害人学等事实学科,刑法学和监狱法学等刑事实体法学,刑事程序法学(刑事诉讼法学)、刑事预防法学(保安处分法学)以及刑事政策学等刑事学科,这是刑事一体化论的第三个方面的基本观念。

其四,功能机制论。刑事一体化第四个方面的基本观念为"刑法机制及刑罚机制论",即强调研究刑法的动态功能机制,其中包括关注"刑法运作方式与过程"⑤,强调"健全的刑事机制应是双向制约的:犯罪情况→刑罚←行刑效果"⑥,"探讨刑罚功能实现过程的规律"以研究刑罚机制等观念。⑦

可见,刑事一体化论者虽没有非常明确地提出系统论的观念,但从刑事一体化论上述四个方面的基本观念及内容来看,刑事一体化论和系统论之间有着内在的基本的一致性。可以说,刑事一体化思想及理论自觉或者不自觉地包含了系统论的哲学方法,或者说,融入系统论的研究范式当中,甚至可以说,刑事一体化就是一种关于刑法学、刑事法学以及刑事学科研究的系统论思想。

---

① 储槐植:《刑事一体化》,法律出版社 2004 年版,第 582 页。
② 储槐植:《犯罪在关系中存在和变化——关系犯罪观论纲:一种犯罪学哲学》,载《社会公共安全研究》1996 年第 3 期。
③ 白建军:《关系犯罪学》,中国人民大学出版社 2005 年版。
④ 储槐植:《刑事一体化》,法律出版社 2004 年版,第 332 页。
⑤ 储槐植:《刑事一体化》,法律出版社 2004 年版,第 426 页。
⑥ 储槐植:《刑事一体化》,法律出版社 2004 年版,第 194 页。
⑦ 储槐植:《刑事一体化》,法律出版社 2004 年版,第 605 页。

三、刑事一体化思想的发展展望:引入系统论方法的构想

（一）刑事一体化思想的发展展望以及系统论哲学方法论的引入

从提出到现在,刑事一体化思想已经历时近十五年。刑事一体化,作为目前刑事学科研究的一种导向性理念,已经得到了学界的广泛认同。刑事一体化所主张的是一种整体性的研究方法、一种辩证的思维方法,即辩证地把握刑事学科研究中的内外、整分和动静关联。刑事一体化的研究方法,较之那些故步自封的刑事学科研究方法来说,具有全面、动态的哲学辩证方法论上的优越性。全面,即多学科、宏观的视角;动态,即对有关问题及认识发展的内在动态机制的把握。

关于刑事一体化研究,一方面,有了一些学者的卓有见地的思想;另一方面,还有了《刑事法评论》的群体性实践。① 可以说有关研究的成绩是令人瞩目的,但笔者认为,刑事一体化研究还处于初级阶段,诸多方面有待深化、展开,正如储槐植先生指出的那样:"刑事一体化思想提出尽管已有十多年,还只能算是粗浅的开头,尚需进一步深入和展开。"②

刑事一体化理论中还存在一系列悬而未决的基本理论问题,如刑事一体化的整体范围、刑事学科究竟包括哪些、各刑事学科之间的关系结构如何、整个刑事学科系统的中心脉络何在、刑事学科系统的动态发展机制遵循怎样的规律等。笔者认为,一方面,这一系列问题的解决正是刑事一体化思想"进一步深入和展开"的基本发展方向;另一方面,这一系列问题的解决有待于在刑事一体化思想及理论的基础上,进一步明确、自觉地以系统论的思想及哲学方法来关照刑法学、刑事法学以及其他刑事学科的研究。申言之,前文论及,刑事一体化理论中已经蕴含了系统论的思想及哲学方法论,为了尝试解决刑事一体化理论中的问题,开拓刑事一体化的理论空间,丰富刑事一体化的理论内涵,深化刑事一体化的理论精神,强化刑事一体化的理论导向作用,笔者主张进一步自觉、明确地以系统论的思想及哲学方法来进行刑事学科的研究,构建刑事学科研究的系统论,即刑事学科系统论。

（二）刑事学科系统论的基本构想

刑事学科系统论认为:犯罪学、刑法学、刑事诉讼法学、监狱学、刑事侦查学、

---

① 付立庆:《刑事一体化:梳理、评价与展望———一种学科建设意义上的现场叙事》,2003年12月20日北京大学"刑事政策与刑事一体化"研讨会论文。

② 储槐植:《再说刑事一体化》,载《法学》2004年第3期。

刑事政策学以及刑事被害人学等刑事学科之间不是截然分立的,而是紧密关联组合成一个系统——刑事学科系统。以系统论的哲学方法来研究刑事学科,可以建立刑事学科研究的宏观、有序、动态、和谐的理念。刑事一体化理论的进一步系统化可以从整体范围论、结构关系论、学科分组论和功能机制论等四个基本方面来进行。申言之,刑事一体化的整体范围论有待于进一步扩展、明确化;结构关系论有待于进一步协调、系统化;学科分组论有待于进一步组分、合理化;功能机制论有待于进一步深入、和谐化。于是,刑事学科系统论主要可以包括相应的四个方面的基本内容。

其一,刑事学科系统之"整体论":刑事学科系统论认为,应当将所有的刑事学科置于统一的整体观念中予以研究,并认为,各个刑事学科的发展都相互关联,离不开刑事学科之整体。那么,刑事学科系统的整体范围应当如何合理地划定呢?这是一个亟待解决的基本理论问题。刑事学科系统整体论是刑事哲学的首要方法论。

其二,刑事学科系统之"结构关系论",即研究刑事学科系统应当根据怎样的线索、逻辑脉络和法则,来合理地进行关系结构层次的建构及划分的理论问题。结构关系论,是刑事学科系统论的核心部分。

其三,刑事学科系统之"学科分组论",即根据刑事学科系统的整体范围以及内在结构关系,梳理目前的各刑事学科,对各刑事学科进行合理的学科定位,从而理清刑事学科群及其结构组合。

其四,刑事学科系统之"功能机制论"认为:刑事学科系统具有动态的机制;各刑事学科的发展不是静态、机械、孤立、单向的,而是动态、有机、协同、辩证循环的;各刑事学科协调发展,共同实现刑事学科的社会功能;刑事学科群是一个整体,具有其内部结构,并且与其外部环境因素相互关联、相互作用,呈动态的、共同的发展态势;刑事学科群的动态、协同发展以及功能实现过程具有相应的规律。

另外,刑事学科系统还具有其他相关的内容,如关于刑事学科系统发展历史的"历史演化论"——上文的论说即可视为刑事学科系统之"历史演化论"。下文中,笔者拟在刑事一体化思想及理论的基础上,从整体范围论、结构关系论、学科分组论和功能机制论等四个方面,以系统论的基本哲学方法来构建刑事学科研究的系统理论,即刑事学科系统论。但有关理论的建构还有待于在刑事学科系统的内在发展规律中探寻相应的思路。

乙篇　刑事学科系统之整体范围论

　　整体论,是刑事一体化论以及刑事学科系统论的首要观念或理论。刑事学科系统之整体论强调以宏观、整体、全面、扩展、联系的方法来研究刑法学以及其他刑事学科。从学界有关问题的研究现状来看,刑事学科的整体范围问题仍是一个悬疑。学界多以列举的方式将刑法学、犯罪学、刑事政策学、刑事诉讼法学、监狱学、法医学等学科归入刑事学科的范畴,但刑事学科到底包括哪些? 学界至今还未有一个整体的范式将该问题框定。而该问题就是笔者所谓的刑事学科系统之整体论试图解决的。

　　问题的关键在于整体范式的寻求及确定。笔者拟从横向和纵向两个维度来寻求及确定刑事学科系统整体范式问题。横向维度,即以犯罪中心主义的偏颇及其反思为线索,通过被害人学以及犯罪事件论等的启发,构建"犯罪者-被害者-刑事环境"的刑事学科系统的横向整体范式,即关于犯罪者、被害者、刑事环境以及三者之间互动关系等知识体系或学科都应纳入刑事学科的范围。纵向维度,即以人类学科思维的基本过程"事实认识—对策实践—哲学反思"为线索,构建"刑事事实学—刑事对策学—刑事哲学"的刑事学科系统的纵向整体范式。

一、刑事学科系统的"犯罪者—被害者—刑事环境"横向三元范式

　　20世纪中叶,现代刑事学科的发展历史中出现了一个重要事件——被害人学(victimology)产生。被害人学的产生及发展促进了刑事学科界对被害①问题的全面关注。通过深入的研究,我们不难发现,近代刑事学科对被害问题的关注是全面缺失的。用笔者的话来说,即近代刑事学科系统中的被害者元素是全面缺失的。加之犯罪事件论的启示,笔者还进一步认为,近代刑事学科系统不仅缺乏被害者元素,还同时缺乏对刑事环境的应有关注,即缺乏刑事环境元素。近代刑事学科系统中被害者元素和刑事环境元素的缺乏,皆可归诸"犯罪中心主义"理念及其所带来的刑事学科系统横向范式的单一性,即"刑事"等于"犯罪",刑事学科系统即等同于"犯罪学科系统"。通过对犯罪中心主义的批判,笔者发现,刑事学科系统的横向范式应当是三元性的,即以"犯罪者—被害者—刑事环境"以及三者之间的互动关系为基本范式,从而框定刑事学科系统整体的横向范围。

---

　　① 如无特别说明,此部分所称的"被害"盖指刑事的被害。

（一）被害人学的产生、发展及启示——被害元素的缺失

被害人学的诞生是以第二次世界大战为契机的——二战前后，在人类社会大发展的历史背景下，随着对刑事问题认识的积淀和深入，加之二战的巨大灾难以及犹太人触目惊心的被害遭遇触发了一大批学者对被害问题的深切关注和深刻的理论反思。德国犯罪学家汉斯·冯·亨蒂于 1948 年出版《犯罪人及其被害人》（*The Criminal and His Victim*）一书；耶路撒冷的律师本杰民·门德尔松于 1956 年在《国际犯罪学及警察技术评论杂志》上发表《生物、心理和社会科学的一个新分支：被害人学》（*A New Branch of Bio-psychosocial Science：Victimology*）一文；加上德国精神病学家亨利·艾伦伯格于 1954 年在《国际犯罪学及警察技术评论杂志》上发表了《犯罪人与被害人之间的心理关系》（*Relations Psychologoques Enter Le Criminal et sa Victime*）一文，这三部著述被认为是被害人学产生的标志。被害人学的产生引起了刑事学科界的普遍关注。随着被害人学的深入发展，刑事学科系统中的一系列结构性矛盾问题开始从中寻求出路，一系列与被害人相关的理论问题被逐步深入发掘，其中包括："被害性"（victimity）[1]、"被害行为论"以及"被害学论"[2]；"犯罪（者）-被害（者）"关系模式，门德尔松有所谓的"刑事上的对立者"（penal couple）的类似理念[3]和冯·亨蒂有所谓的"双重结构"（the duet frame of crime）的类似理念[4]；刑法中的被害者过错[5]以及被害者同意（或被害人承诺）[6]问题；刑事诉讼法中的被害人诉讼地位及价值问题[7]；刑事被害国家补偿法律问题[8]；等等。

从上述一系列有关被害人的问题中我们不难发现，刑事学科中的被害问题不仅仅是某一个理论问题的缺漏，更是一系列刑事学科理论问题的缺漏。这不由地令人思考：何以造成这么多的一系列问题呢？ 合理的回答应当是：刑事学科系统理论研究基本范式中的被害者元素的缺失——研究视角上的一个基础性、根本性的缺失。被害人学的产生及发展是刑事学科界反思犯罪中心主义的阶段性、标志性成果。

---

① 徐永强：《论犯罪被害人的法律地位和救助》，北京大学 2002 届博士学位论文，第 49 页。

② 高维俭：《刑事三元结构论——刑事学科研究范式的理论》，北京大学 2004 届博士学位论文，第 16 页。

③ 张智辉、徐名涓编译：《犯罪被害者学》，群众出版社 1989 年版，第 35 页。

④ 郭建安主编：《犯罪被害人学》，北京大学出版社 1997 年版，第 36 页。

⑤ 高维俭：《试论刑法中的被害者过错制度》，载《现代法学》2005 年第 3 期。

⑥ 张明楷：《外国刑法纲要》，清华大学出版社 1999 年版，第 175 页。

⑦ 杨正万：《刑事被害人问题研究——从诉讼角度的观察》，中国人民公安大学出版社 2002 年 8 月版。

⑧ 郭建安主编：《犯罪被害人学》，北京大学出版社 1997 年版，第 300 页。

(二)犯罪事件论及其启示——刑事环境元素的缺失

被害人学的诞生标志着刑事学科界对"犯罪中心主义"理念的根本性反思,也标志着刑事学科基本视角正在从"犯罪人中心"向"犯罪人及其被害人中心"转移。随之,学界提出"犯罪事件论",即"在所有的犯罪案件中,除所谓无被害人的犯罪,必然存在犯罪人、被害人及其双方的相互作用,这三位一体的组合可称为犯罪事件"①。犯罪事件论的提出具有重要的理论意义,即刑事学科研究的基本视角可以基此由"犯罪人中心"转向"犯罪人—被害人互动模式中心"。犯罪事件论的理论意义很重要,但笔者认为,犯罪事件论还存在着相当的局限性,其中之一即犯罪事件论没有明确社会环境的抽象互动作用及其范式功能。

犯罪事件论的有关理念已经涉及犯罪周围的社会环境的影响作用:"同其他任何社会事件一样,犯罪事件的发生也有其背景和环境。其环境是由居民和社会的特点、文化观念、对被害危险的认知以及其他间接影响犯罪事件的因素组成的。被害人和犯罪人与这些环境因素相互作用并受环境的影响。……自20世纪70年代以来,犯罪学理论出现了重大变化,其中一个明显的发展就是关于犯罪的情境性研究和情境研究方法(situational approach)的出现。"②毫无疑问,这些刑事环境因素对刑事事件(犯罪)的发生和发展具有重要的影响作用,但由于犯罪中心主义的影响,刑事环境因素受近代刑事学科研究的重视程度不够。

(三)犯罪中心主义批判以及刑事学科系统研究的横向三元范式

1. 犯罪中心主义批判

现代刑事学科理论体系③,含犯罪学、刑法学、刑事诉讼法学、刑事政策学等,是以犯罪为中心构建起来的学科群。各学科联系的主线即犯罪。这一阶段刑事学科理论的研究以犯罪为出发点和归宿,即几乎所有的研究都围绕犯罪者及其行为来进行。这就是笔者所谓的刑事学科理论体系的"犯罪中心主义"。犯罪中心主义的主要表现如下。

其一,在犯罪中心主义的刑事学科基本概念中,学者们一般认为:刑事等于犯罪。④ 基本概念是对理论的高度概括和反映。"刑事即犯罪""犯罪即刑事"的观念就是对"犯罪中心主义"的最集中概括。也正是这种片面构成了犯罪中心主义的理论基点。仔细分析一下,刑事等于犯罪吗? 笔者认为,刑事之"事"不仅是犯

---

① 郭建安主编:《犯罪被害人学》,北京大学出版社1997年版,第129页。
② 郭建安主编:《犯罪被害人学》,北京大学出版社1997年版,第130页。
③ 笔者这里所谓的现代刑事学科理论体系,盖指产生、发展于近代,定型完善于现代的刑事学科理论体系。
④ 陈兴良:《当代中国刑法新境域》,中国政法大学出版社2002年版,第200页。

罪之事,同时还是被害之事,以及刑事环境"推波助澜"之事,是犯罪者、被害者和刑事环境同为"主角"之事。

其二,在犯罪中心主义的刑事事实学研究中,存在着体系性的重大缺失,即只有犯罪学理论的存在,而没有专门研究被害问题的学科存在。犯罪学学者基本不关注被害问题,被害者的面孔是模糊的。随手翻开一本有关犯罪学的著作,被害问题几乎没有专门的章节论及。西方国家的这种情况大致可以二战结束或20世纪50年代为界;中国的有关情况大致可以1990年为界。之前,没有对被害问题做专门的研究;之后,有了专门的研究,但仍然或多或少地受着犯罪中心主义的影响,还很不成熟。具体表现可以中国犯罪学理论为例:中国犯罪学理论界对被害者问题的正式关注较晚,有关的理论建设在相当程度上是从西方引进的。1990年以后的犯罪学著作开始有了专门章节对被害问题进行论述。这些著作将被害问题或置于概论①,或置于现象论②,或置于原因论③,或分置于现象论和对策(预防)论④,或分置于现象论、原因论和对策(预防)论⑤。这种局面完全可以说是混乱不堪。笔者认为,其内在的根本原因就在于"犯罪中心主义"的影响,以至于对被害问题的理论定位难以确立。总之,有关刑事事实问题的研究基本上围绕犯罪人展开。刑事环境的作用、地位也没有得到应有的重视。

其三,在犯罪中心主义的刑事实体法学理论中,只有关于惩罚罪犯和保障罪犯权益的刑法学,而对被害者的救助、恢复和权益保护以及刑事环境的治理措施等问题却漠不关心。这是一种与上文两点论述相通的体系上的重大缺失。不仅如此,在有关的刑法学理论中,对被害者因素在定罪量刑中的考虑也有着明显的不足和缺漏。如被害人同意问题,西方国家的刑法理论已经有了不少的研究,但仍然不足,安乐死问题在世界范围内悬而未决就是明证⑥;又如被害者过错问题,它对于加害者的刑事责任有着举足轻重的影响,即被害者过错因素是影响定罪量刑的重要因素,但目前中外的刑法学理论对此缺乏应有的理论自觉性和系统性。被害者过错因素主要被作为一种影响定罪量刑的酌定情节来考虑。与此有一定

---

① 张旭:《犯罪学要论》,法律出版社2003年版。
② 周密主编,康树华、储槐植副主编:《犯罪学教程》,中央广播电视大学出版社1990年版;储槐植、许章润等:《犯罪学》,法律出版社1997年版。
③ 康树华主编:《犯罪学通论》,北京大学出版社1992年版。
④ 魏平雄、赵宝成、王顺安主编:《犯罪学教程》,中国政法大学出版社1998年版。
⑤ 张绍彦:《犯罪学》,法律出版社1999年版。
⑥ 对安乐死问题合法化的国家还只有荷兰、比利时等少数几个国家。

关系的研究散见于正当防卫理论、杀人罪理论①等。刑事环境,作为影响犯罪者刑事责任的重要因素,如期待可能性等理论,也没有得到应有的重视。

其四,在犯罪中心主义的刑事程序法学理论中,有关的体系性理论缺失是一脉相承的,即不存在对被害者的救助、恢复和赔偿及国家补偿等权益保护,以及刑事环境治理的程序性保障法学理论。非但如此,在对犯罪进行追诉的程序法学理论,即刑事(犯罪)诉讼法学理论中,被害人的地位及诉讼权利问题很成问题。这尤其反映在公诉案件中,有些国家的被害人曾经竟然不是刑事诉讼的当事人(如我国1979年刑诉法)。现已有所改观,但有关的理论争议远未停止,许多问题还有待于进一步商榷。②

其五,犯罪中心主义的刑事政策对被害者、刑事环境也缺乏应有的关注。如"严打"政策"打"的是犯罪,而并没有或很少明确提出如何"严密"保护被害者和"严格"治理刑事环境,并系统地采取相应的策略。当然,打击犯罪本身就是一种对被害者的保护和对刑事环境的治理,但这只是一种反向治标之策,仅此还远远不够。有关的刑事政策还应当至少包括被害预防、被害救助与恢复、被害赔偿与补偿以及刑事环境的治理战略、举措等多方面的内容和形式。

对于犯罪中心主义的现代刑事学科体系,笔者的基本评价为:一方面,由于一大批有识之士的不懈探索与系统耕耘,加上现代科学研究方法的运用,现代刑事学科在其具体学科理论及实践上取得了不少成就。另一方面,源于对被害和刑事环境问题的漠视,现代刑事学科体系在被害者和刑事环境元素方面存在着重大的结构性缺失,这方面亟待改进。

2. 刑事学科系统研究横向范式的三元性

笔者认为,类似于犯罪者和被害者之间具体层面的互动关系,犯罪者、被害者与抽象的刑事环境(即刑事化的社会环境)之间也存在着一种抽象意义上的互动关系。这种抽象的互动关系可以从两个方面来分析。

一方面,从人格社会化的纵向维度来看,刑事环境是犯罪者和被害者人格形成的环境,二者和刑事(人格)环境之间存在着抽象的互动关系。这种互动关系如何呢?笔者认为,这种互动关系是抽象的,但并不是不可以具体化。笔者认为,这种抽象的互动关系是由主体与周围人的互动活动组合而成的,这种组合具有一种

---

① 陈兴良:《被害人有过错的故意杀人罪的死刑裁量研究——从被害与加害的关系切入》,载《现代法学》2005年第2期。

② 杨正万:《刑事被害人问题研究——从诉讼角度的观察》,中国人民公安大学出版社2002年版。

由近及远、由强及弱的层次结构。犯罪者和被害者的人格就是在这种互动关系层次结构中逐渐形成的。

另一方面,从刑事事件发生的横向维度来看,刑事环境还是犯罪者和被害者互动行为发生的具体情境。这种情境,学界将其称为"犯罪场"。其中,刑事环境和犯罪者、被害者之间也存在着相应的互动关系——"存在于潜在犯罪人体验中,促成犯罪原因实现为犯罪行为"①。笔者认为,这种"促成……实现"的互动关系也适用于被害行为。

综上,刑事学科系统研究的横向范式,即"犯罪者—被害者—刑事环境"的三方互动、三位一体的关系模式。于是,刑事学科系统整体的横向范围即被框定为:关于犯罪者、被害者、刑事环境以及三者之间互动关系的知识体系都可被归入刑事学科的范畴。

二、刑事学科系统的"刑事事实学—刑事环境学—刑事哲学"的纵向三元范式

学科,是人类知识的系统化总结。笔者认为,从纵向的角度来看,人类知识的发展经历着认识对象世界,改造对象世界或者利用、协调对象世界为自身活动服务,以及对自身的认识和实践活动进行哲学意义上的系统反思的过程。概言之,人类知识发展的逻辑过程不外乎三个基本阶段:认识、实践和反思。学科的产生及发展正反映了这一基本过程及规律。据此,人类知识及学科系统的范畴不外乎三个层面:反映人类认识活动的事实学科、反映人类实践活动的对策学科和反映人类系统反思活动的哲学学科。

刑事一体化的研究也构架了相应的纵向研究范式,即"犯罪→刑罚←行刑"或"犯罪学—刑事政策学和刑法学—监狱学"的纵向逻辑顺序及过程。② 但问题是:刑事法哲学、被害人学、刑事诉讼法学等学科如何纳入其中呢? 这些问题悬而未决。

笔者认为,刑事学科系统的纵向范式应当表明的是刑事学科研究的逻辑先后顺序及其过程,申言之,即人们为了系统地解决刑事社会问题,而对刑事社会问题进行认识、采取对策并不断反思改进的内在思维逻辑顺序及其全部过程。申言之,凡是涉及人们关于刑事问题的认识、实践及系统反思的所有学科都可以归入刑事学科系统的范畴。刑事学科系统整体研究的纵向范式为"刑事事实学—刑事对策学—刑事哲学"。

---

① 储槐植:《刑事一体化》,法律出版社 2004 年版,第 70 页。
② 储槐植:《刑事一体化》,法律出版社 2004 年版,目录第 1-3 页。

一是刑事事实学科的层面。刑事事实学科反映了人们对刑事问题的认识阶段。刑事学科研究中的认识对象为:刑事案件以及刑事社会现象及其原因机制等事实情状。刑事事实学科,即研究刑事案件以及刑事社会现象、特点及其原因机制而形成的知识系统。那么,犯罪学、被害(人)学以及刑事社会(环境)学皆可归入刑事事实学,从而解决了被害人学纳入刑事学科系统研究范式中的问题。

二是刑事对策学科的层面。刑事对策学科反映了人们基于对刑事问题的认识,对刑事问题制定并实施相应对策活动的实践阶段。刑事对策学科,即基于刑事事实学科研究而形成的对刑事学科对象的认识,对刑事社会事实问题进行协调、改造的知识系统。刑事对策学主要包括:刑事政策学、刑事法学。从刑事一体化理论以及刑事学科发展的现状来看,刑事政策学主要即针对犯罪的政策学;刑事法学主要即针对犯罪的法学。而笔者认为,应对被害者、刑事环境问题的国家政策也可归入刑事政策学的研究范畴;针对被害者、刑事环境的实体与程序、行政与司法等方面的法律,如刑事被害国家补偿法、社会治安综合治理法、预防未成年人犯罪法等法律,皆可归入刑事法学的研究范畴。

三是刑事哲学的层面。刑事哲学反映了人们对刑事认识(刑事事实)及实践活动(刑事对策)进行系统反思的阶段。系统反思,是哲学的基本内容。哲学体现人们对相关问题把握的智慧。哲学具有整体宏观性、内在和谐性、动态规律性等特性。冯友兰先生说:哲学就是对于人生的有系统的反思的思想。[1] 刑事哲学可以定义为:对人们刑事思想观念的系统化反思的学问。其中的内容包括:刑事哲学的本体论基础、刑事认识论及实践论的基本过程及规律、刑事学科的基本体系构架、刑事哲学方法论等课题。从我国目前学界的著述和提法上来看,刑事哲学主要包括:犯罪学哲学[2]、刑法哲学[3]、刑事诉讼法哲学[4]以及刑事法哲学[5]等。

总之,从纵向维度来看,关于人们认识刑事社会问题、协调和改造刑事社会问题的全部过程中的所有学科,可归入刑事学科系统的整体范围;从横向维度来看,关于犯罪者、被害者以及刑事环境问题的所有学科,也可归入刑事学科系统的整体范围。两方面的纵横交错、结合即为刑事学科系统之整体范围,是为刑事学科系统整体论。

---

① 冯友兰:《中国哲学简史》,北京大学出版社1996年版,第1页。
② 储槐植、许章润:《犯罪学》,法律出版社1997年版,第6页。
③ 陈兴良:《刑法哲学》(修订二版),中国政法大学出版社2000年版。
④ 锁正杰:《刑事程序的法哲学原理》,中国人民公安大学出版社2001年版。
⑤ 刘远:《刑事法哲学初论》,中国检察出版社2004年版。

丙篇 刑事学科系统之结构关系论

刑事一体化关系论指明了刑事学科进一步发展的重要方向——关系犯罪与刑法所赖以存在的关系系统,这也是关于刑事哲学基本方法论的一种初步思考。这一理论的重要意义,尽管目前还没有充分地显现出来,但笔者相信,其意义是非常重大而深远的。笔者认为,它将开启刑事哲学方法论的探索之路有助于刑事哲学理论体系的建立。但由于刑事一体化关系论提出的探索性、初期性,它有待于补充完善、系统整合的方面必然很多。首先,关系犯罪论和关系刑法论分别提出多种多样的关系,这些关系之间的关系如何呢? 这些关系群的关系结构如何呢? 有没有某种使其内在统一的范式工具及运行规律呢? 其次,关系犯罪论和关系刑法论之间有无内在联系? 如果有,其关系如何? 二者如何协调一致,共同为刑事一体化的理论目的服务? 总之,刑事一体化的关系论错综复杂,头绪纷繁。下文中,笔者试图借助于一套结构关系范式——"刑事三元结构论",将上述错综复杂的问题梳理清楚。

上文论及刑事学科系统整体的三元性范式,即"犯罪者—被害者—刑事环境"的横向三元性范式与"刑事事实学—刑事对策学—刑事哲学"的纵向三元性范式的纵横交错结合体。刑事三元结构论实际上是对上述范式基本元素之间关系结构或联系脉络的追问、探索和清理。所谓结构,即事物各组成要素之间相对稳定的关系模式。结构往往具有立体性。结构方法,是一种分析复杂事物内外关系的重要方法。以结构方法分析得出的关系模式,即结构关系。笔者所谓的刑事三元结构论可以分为三个层面:刑事事实的三元结构模式、刑事对策的三元结构模式以及二者的刑事哲学关系问题。

一、刑事事实的三元结构模式

(一)刑事事实三元结构的基本模式

刑事事实结构的基本模式是三元性的:主体三元——刑事环境、犯罪者和被害者;互动关系的三元——犯罪者—被害者、犯罪者—刑事环境、被害者—刑事环境。

刑事事实三元结构如图1所示。

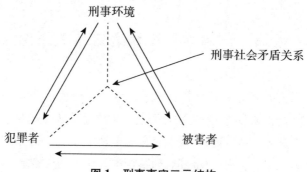

图1　刑事事实三元结构

（二）刑事事实的三元主体

首先，刑事环境，即刑事化的社会环境。一方面，刑事环境是刑事化的，即以刑事问题认识的角度来看待犯罪者和被害者所处的对刑事事件形成和发生起作用的环境因素；另一方面，刑事环境是社会化的，即不是单纯的自然环境。另外，刑事环境之"环境"，是相对于犯罪者和被害者而言的。在刑事事实三元结构模式的理念中，犯罪者和被害者也不外乎于（刑事）社会，二者和刑事环境共同构成完整的（刑事）社会。刑事环境，是相对于个案的犯罪者和被害者而言的，它是与犯罪者和被害者息息相关的各种社会因素的抽象综合体。这些社会因素的基本形态是以一定自然及生产条件为基础的人们的思想意识及行为。刑事环境具有相对性、综合性和主客观统一性等特点。相对性，即相对于犯罪者和被害者而言；综合性，即多种社会因素的聚合；主客观统一性，即刑事环境具有客观性，但同时又存在于具体的犯罪者和被害者的主观体验中，两方面辩证统一。

其次，这里所说的犯罪者近似于所谓构成要件该当性意义上的犯罪者或刑事加害者。犯罪者是刑事事件的"最后一击"的行为者，即刑事损害的最直接的制造者。被害者，是指刑事损害的直接承受者。被害者的概念大于被害人的概念，即被害者不仅仅包括具体意义上的被害人，如自然人、法人，还包括特定的抽象被害者，如某项特定的社会制度或某区域的社会秩序。

（三）刑事事实的横向维度——刑事场——刑事现象

横向结构是以空间为坐标展开的。刑事事实的横向三元结构，即三元互动关系的现实情状，也即刑事场。关于刑事场，笔者借用了犯罪场的理论。刑事场中，存在着三对基本的互动关系：其一，犯罪者和被害者之间存在着具体层面上的社会互动关系；其二，犯罪者和刑事环境之间的情境性的抽象互动关系；其三，被害者和刑事环境之间的情境性的抽象互动关系。这三对基本的互动关系紧密相关，存在着某种内在的规律性和机制性。刑事事实的横向三元结构和刑事现象理论直接相关。

（四）刑事事实的纵向维度——刑事人格生成——刑事原因

纵向结构是以时间为坐标展开的。刑事事实的纵向三元结构，即刑事三元互动关系的人格维度。犯罪者具有犯罪人格；被害者也通常具有被害人格。笔者认为，刑事环境也同样具有相应的人格，不过，这种人格是抽象意义上的，即社会文化品格。在时间的纵向维度上，三者相互作用，相互影响，相互塑造。而且三者往往存在着角色的变化及互换现象。例如，此时的犯罪者往往是彼时的被害者，而此时的被害者可能演变为将来的犯罪者。刑事事实的纵向三元结构和刑事原因理论直接相关。

（五）刑事社会矛盾关系及其伦理基础的中心与统一地位

刑事事实三元互动关系的中心在于刑事社会矛盾关系，或者说，刑事事实三元结构统一于刑事社会矛盾关系。刑事社会矛盾关系中存在着社会伦理及人性基础的问题。陈忠林教授指出："'常识、常理、常情'的核心内容，是人民群众关于社会最基本价值的基本认识，是一个社会最基本的伦理要求的基本形式。""无论是'良心'，还是'常识、常理、常情'都是特定社会中的人性、人心最本源的形态。"①

笔者认为，社会伦理及人性有"常式"而无"定式"。也就是说，对于社会伦理及人性，可以从两个层面来把握：一方面，整个人类社会伦理及人性具有抽象的一致性，即"不害人"的"良心"是人类社会所共通的基本社会伦理及人性，它是人类社会赖以存在的基本价值基础——我们无法想象一个主张"害人"的社会能够长久地存在下去，而不至于崩溃；另一方面，具体社会的伦理及人性是具体的，是特定社会时空内的民众所普遍认同的基本价值观念以及是非标准。社会伦理及人性具有具体的差异性，即"不害人""良心"的具体标准不是亘古不变、四海皆同的，而是具有时空性的，即具有历史时期变化性和地区（人群）文化差异性。而一定的社会伦理及人性正是其社会成员之间互动行为的是非标准及心理基础，严重违背这些社会伦理及人性基础及标准的行为②必然会产生刑事社会矛盾关系，进而引发刑事社会矛盾冲突，导致刑事事件的发生。

据此，笔者认为，社会伦理及人性问题是把握刑事社会矛盾关系以及刑事事实发生规律的"执一"之道。笔者的这种认识方法应合了中国传统哲学方法中的

---

① 陈忠林：《刑法散得集》，法律出版社 2003 年版，第 37-38 页。

② 这里所说的行为，既包括个人行为和单位行为（即犯罪者和被害者的行为），也包括以制度及文化为存在形式的刑事环境的抽象行为。

宏观抽象、尚中和合原则,即如《尚书》所云之"惟精惟一,允执厥中";或如张介宾所云"有善求者,能于纷杂中而独知所归,千万中而独握其一";或"道执一而驭万"。① 有学者认为,道学(中国传统哲学)的精髓即在于此。②

二、刑事对策的三元结构模式

(一)刑事对策三元结构的基本模式

刑事对策三元结构模式大致如图2所示。

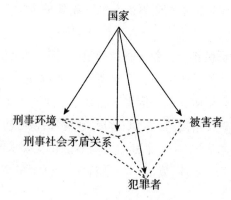

图 2　刑事对策三元结构模式

刑事对策结构的基本模式是三元性的,即刑事对策三元结构涵盖了国家—犯罪者、国家—被害者、国家—刑事环境等三个方面的刑事对策——四面体的三个棱;刑事对策三元结构是以刑事事实三元结构为基础构建起来的——四面体的底面;刑事对策三元结构是以国家为主导的——四面体的顶点;犯罪者、被害者和刑事环境的互动关系统一于刑事社会矛盾关系——四面体底面的中心;那么,国家刑事对策的根本目的也就应当在于刑事社会矛盾关系的化解——四面体的重心线。

(二)刑事对策主体——国家

1. 国家在刑事对策中的主导性

笔者在这里所定义的刑事对策,即国家刑事对策,因此国家在本部分刑事对策中的主导地位为"题中之意"。国家在刑事对策中的主导地位主要表现为:国家

---

① 吕嘉戈:《中国哲学方法——整体观方法论与形象整体思维》,中国文联出版社2003年版,第30、40、52页。
② 梁治华:《〈中庸〉这本书》,载蔡志忠编绘:《蔡志忠古典漫画——大学、中庸、论语》,生活·读书·新知三联书店2001年版,第68—70页。

以及相应的国家机构,通过立法、司法和行政等途径,策划、组织和规范对刑事问题的应对方略。其中包含三个方面:其一,国家立法机关通过立法的途径策划国家刑事对策的方略;其二,国家司法机关通过司法的途径规范国家刑事对策行为,使之合乎法律;其三,国家行政机关通过行政的途径来组织对刑事社会问题的应对举措,如国家在综合治理中对有关部门及群众的组织和领导。

2. 国家在刑事对策中的中立性

在刑事对策三元结构模式的理念中,国家的角色不等同于犯罪者和被害者以外的社会环境(即刑事环境)。国家,除其必要经费、设施和场所等以外,不应当具有实体的利益,所谓"取之于民,用之于民",国家只是社会公共事务的一种代办机构。只有这样,才能保持国家在社会公共事务活动中的中立性以及公正性。而(刑事)社会,即犯罪者、被害者和刑事环境等,都有其各自的实体利益。刑事对策中的国家应当从这些实体利益中超脱出来,并获取一种中立性的角色定位。

(三)刑事对策对象的三元性——刑事事实的三元性

笼统地说,刑事对策的对象为刑事事实。进一步分析,笔者认为,刑事对策的对象可以分为两个层面。

一是具体、直接、表面的层面,即刑事事实的三个基本主体(犯罪者、被害者和刑事社会环境)。根据对刑事事实及其结构的分析,这三个基本主体及其行为是刑事之恶的三个基本来源,因而笔者认为:要解决刑事问题,不应当只做单维度的应对,即仅以犯罪者及其行为为刑事对策的对象,而有必要根据刑事事实发生的客观情状做多维度(三维度)的应对,即将刑事事实结构的三个基本主体(犯罪者、被害者和刑事环境)同时作为刑事对策的基本对象。只有这样才能保证刑事对策对象的全面性,即与刑事事实表面、具体情状的直接符合性。同时,只有这样,才能保证刑事对策的动态性,即针对不同情况采取相应的不同程度和方式的策略。一般来说,造成同样社会危害的不同犯罪,其刑事之恶的总量是基本相当的。这在同类案件中表现更为明显,如同样是杀人罪,谋财害命的杀人、矛盾激化的杀人、大义灭亲的杀人以及正当防卫的杀人,四种加害者刑事责任大小依次递减(从 1 到 0),但笔者认为:四种杀人刑事案件中所蕴含的恶的总量是基本相当的,加害者刑事责任大小的依次递减只是因为被害者因其有责行为而分担了相应的依次递增的责任。

二是抽象、间接、内在的层面,即刑事事实三个基本主体之间所蕴含的刑事社会矛盾关系及其人性、伦理基础问题。根据对刑事事实及其结构的分析,笔者认为:仅将刑事对策的对象定位于具体、直接、表面的层面,即针对刑事事实的三个基本主体,尚不足以真正把握刑事对策问题的要害,只有同时注重刑事事实的抽象、间接、内在的层面——刑事社会矛盾关系,使刑事对策建立在社会伦理的基础之上,使刑事对策符合人性,并在采取刑事对策的时候将两个层面有机地结合起来考虑,才能更有效地保证刑事对策的内在和谐性,以及真正实现社会正义。

(四)刑事对策目的和手段的三元性

刑事对策的目的可以从两个方面来分析。

一是三方面的直接目标及手段:其一,针对犯罪者的刑事对策,即根据犯罪者的人格责任给予其相应的刑罚非难,并对其进行相应程度的隔离、控制,以及对其进行相应的人格矫治等。其二,针对被害者的刑事对策,即根据被害者所受到的刑事损害以及被害者的相应责任等情况,决定对其进行合理的赔偿、补偿、服务,以及对其进行相应的保护、教育、治疗等。其三,针对刑事环境的刑事对策,即根据刑事环境在刑事事件中表现出来的有关问题,以刑事司法建议的形式进行查究,消除有关的不良因素,弥补有关的管理缺漏,追究有关人员的相应责任等。其一的核心手段为"刑罚";其二的核心手段为"救偿";其三的核心手段为"查究"。

二是三元统一的根本目的及手段,即刑事矛盾关系的解决,以及社会正义的实现。这一根本目的可以分为三个基本层次:其一,修复——恢复被破坏的刑事法律秩序,即通过对犯罪者施用刑罚、对被害者给予救偿和对刑事社会环境予以查究,使刑事社会正义得以弥补性地实现。这是对社会形式正义的修复,是对社会秩序价值的恢复。其二,控制——维持现有的刑事法律秩序,即通过对犯罪者、被害者和刑事社会环境之间已经存在的对抗性矛盾关系施加外在的压力,使其不至于演变为破坏刑事法律秩序的刑事事件,使刑事社会正义得以控制性地实现。这是对社会形式正义的维持,是对社会秩序价值的捍卫。其三,治理——使社会运行符合自然法意义上的法秩序,即化解、协调和疏导,避免刑事社会矛盾关系的形成,从而使刑事社会正义得以和谐地、机制性地实现。这是对社会实质正义的理性求索,是对自由价值的终极探求。

(五)刑事对策三元结构(见下表)

刑事对策三元结构

对策的目标		已然刑事事件的司法对策	未然刑事事件的预防对策	
			控制(治标)	治理(治本)
直接目标	犯罪者	刑罚:人格责任 自身一定程度的意志自由 被害者行为的影响 刑事社会环境因素的影响	犯罪者控制: 防卫性的隔离,如监禁、保安隔离 改造犯罪者人格	三者尚处于一种"混沌为一"的状态

续表

对策的目标		已然刑事事件的司法对策	未然刑事事件的预防对策	
			控制(治标)	治理(治本)
直接目标	被害者	救偿:损害的正义恢复 自身过错的相应责任 犯罪者方面:赔偿、劳役、抚慰 刑事社会环境方面:补偿、服务、慰问	被害者控制: 保护性的隔离,如防盗隔离设施 治疗被害者人格的潜在被害倾向性	三者尚处于一种"混沌为一"的状态
	刑事社会环境	查究:消极的因素(司法建议) 自身恶性的责任追究(如行政责任、道德责任等) 刑事场意义上的具体的社会控制疏漏 刑事人格环境意义上的抽象的不良社会机制问题	刑事社会环境控制: 针对刑事场意义上的具体的社会控制疏漏	
根本目的(三个直接目标的统一体)	刑事三元结构(刑事三元关系统一体或刑事社会矛盾关系)	修复: 主要通过对犯罪者施用刑罚、对被害者给予救偿和对刑事社会环境予以查究等途径,恢复被破坏的刑事法律秩序,使刑事社会正义得以弥补性地实现。这是对社会形式正义的修复	控制: 通过对犯罪者、被害者和刑事社会环境之间已经存在的对抗性矛盾关系施以外在压力,使其不至于演变为破坏刑事法律的刑事事件,使刑事社会正义得以控制性地实现。这是对社会形式正义的维持	治理: 化解、协调和疏导,避免刑事社会矛盾的对抗性方面,促成其融合性方面,从而使刑事社会正义得以和谐地、机制性地实现。这是对社会实质正义的终极探求

从上表可以看出:刑事对策的直接对象以及目标包括犯罪者、被害者和刑事环境等三个方面;刑事对策的根本目的在于这三方面的统一体,即刑事社会矛盾关系,这是刑事三元结构的灵魂所在;刑事对策可以分为两个基本的向度:已然和未然;刑事对策可以分为三个基本层次:修复、控制和治理。这三个基本层次和赵国玲教授等学者指出的"三道防线的犯罪预防体系"①,以及一些西方学者提出的"三级预防模式"②,在纵向思路上,是基本一致的。不同的是,在横向思路上,笔者明确地主张以犯罪者、被害者和刑事环境的三元关系为基本立场;而大部分学者主要是站在犯罪中心主义的基本立场。

---

① 赵国玲:《刑事法学三论》,警官教育出版社1998年版,第160-176页。
② 储槐植、许章润等:《犯罪学》,法律出版社1997年版,第293-294页。

（六）刑事对策结构的内在关联

刑事对策的对象、目的、主体以及手段等四个方面之间存在着密切的内在逻辑关联性：首先，刑事对策对象论的主旨为：准确地确定刑事对策的对象及其情状。因为对象即问题所在，也是对策的根据所在，只有找准了对象，并辩证、科学地弄清楚了对象的情状，方能获取刑事对策理性、科学性的基本前提。其次，刑事对策目的论的主旨为：理性地、正确地定位刑事对策的目的。目的是社会行为的主线。刑事对策目的定位的合理程度反映了社会（国家）对自身有关需要的理性认识程度。如果刑事对策的目的定位存在较大的偏差，其手段、结果也就可想而知了。再次，明确了对象，明确了目的，接下来，社会需要明确刑事对策的主体，即由谁来组织、发动和管理刑事对策，以及该主体的性质、角色定位应当是怎样的，这便是刑事对策主体论所要重点解决的问题。最后，根据准确的对象，本着理性的目的，具有合理角色定位的主体应当采取客观性、全面性、系统性、一致性的刑事对策手段来解决刑事问题。刑事对策手段是人们改造刑事问题的工具，因而相对比较具体、庞杂。

另外，刑事对策主体在采取刑事对策手段时，有以下方面的问题需要特别注意：一方面，应当严格根据对象，即刑事事实的具体情状来决定手段的设定、选择和运用，避免"想当然""拍脑袋"的主观臆测。既然刑事对策是严格地根据对象做出的，其客观性就有了相应的保证。同时，对对象的全面、系统认识是保证刑事对策全面性、系统性的基础。另一方面，应当本着理性的目的，以理性的目的为指引，避免刑事对策的盲目性，以免出现迷失根本目的，误将手段当作目的，如人们通常将打击、控制、预防犯罪作为刑事对策的根本目的，即是误将手段当目的的典型表现——目的和手段是相对而言的，打击、控制和预防犯罪可以被理解为刑事对策的直接目的，但相对于刑事对策的根本目的（刑事社会矛盾关系和社会正义）而言，其应当被作为实现刑事对策根本目的的手段和过程来看待。本着这一根本目的，庞杂的刑事对策便有了"主旋律""主心骨"，其系统性、一致性就有了保证，即所谓的纲举目张、一以贯之。

三、刑事事实与刑事对策的刑事哲学关系模式

（一）刑事事实与刑事对策的本体论[①]关系

首先，刑事事实决定刑事对策：没有刑事事实，就没有刑事对策；刑事事实的

---

① 哲学本体论解决的是何为本原或何为决定性因素的问题。如马克思主义哲学在论述物质与意识之间的哲学本体论关系时认为：物质决定意识；物质第一性，意识第二性。

发展变化决定了刑事对策的发展变化。也就是说,没有严重危害社会的事件,也就无所谓对事件的回应之策;事件的情况发生变化,回应之策也就会相应地做出调整。没有对犯罪之事的理性认识,也就没有刑罚的理性可言,那样的刑法必将是恶法。历史上的刑法,其刑罚从野蛮到文明的发展过程中,人们不断提高的对犯罪之事的理性认识起了决定性的作用。这是一种基本的事实逻辑常识。① 申言之,如果没有对刑事事实的全面、理性认识,也就没有刑事对策的全面、理性回应。例如,目前学界将刑事事实等同于犯罪事实,而对被害者和刑事环境的相应地位认识不够,这种片面便造成了对被害者和刑事环境方面对策的缺乏。

其次,刑事对策反作用于刑事事实,影响刑事事实的情状。这一点是明显的,无需详论。

(二)刑事事实和刑事对策的认识论关系

刑事事实和刑事对策的认识论关系的核心问题,即怎样不断提高认识并最终解决刑事问题。对此,笔者拟通过以下"刑事认识辩证运动规律图"展开论述,如图 3 所示。

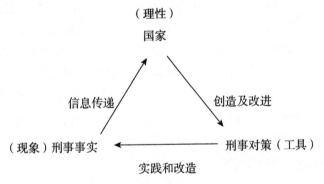

图 3　刑事认识辩证运动规律

如上图所示,刑事认识的辩证运动可以大致分为三个阶段。

笔者将"信息传递"作为第一阶段,即在刑事认识运动的初始阶段中,刑事事实——社会的严重矛盾现象,即严重危害行为和被害结果等现象,作为感性认识层面的信息传递到理性的国家;国家再基于其理性,对信息进行分析,得出理性认识。这样,刑事认识辩证运动的第一阶段完成。

---

① 但从规范刑法学以及罪刑法定主义的概念逻辑角度出发,结论是相反的,即没有刑法,就无所谓犯罪。也就是说,没有刑法规定某行为是犯罪,某行为就不是犯罪。实际上,二者分属于不同层面的问题,并不矛盾对立。

第二阶段开始于国家对刑事问题得出的理性认识，当然这种理性认识不等于真理，而是含有某种程度或方面的真理性的认识。然后，为了控制和解决刑事事实，维持社会机体的正常运作，国家创造了刑事对策（工具）。这就是第二阶段，即刑事对策（工具）的创造阶段。在法治国家中，这一阶段大致相当于刑事立法的过程。

有了作为工具的刑事对策，下一阶段便是利用工具进行实践和改造刑事事实的对策实施活动。这一阶段属于实践论的范畴。实践是国家认识不断提高的必由之路。在刑事认识的辩证运动过程中，刑事对策的实践活动是检验国家对刑事的真理性认识的必由之路，也是国家对刑事的认识不断接近其真理本体的必由之路。这一阶段相当于刑事司法的过程。

在实践过程中，作为对象的刑事事实被刑事对策的实践活动所作用并发生相应的现象改变（或积极，或消极），这种现象的改变又成为新的感性认识层面的信息反馈给国家，从而开始了刑事认识的辩证回复过程的第一阶段。接下来，国家再对先前的关于刑事事实的认识进行理性的反思，并对此认识进行扬弃，即保留被认为是正确的，抛弃被认为是错误的。然后，第二阶段的回复过程开始：基于更进一步地对刑事事实的理性认识，国家开始反思先前对刑事对策的认识，并对之进行扬弃，即保留被检验为正确有效的刑事对策（工具），抛弃被检验为错误无效的刑事对策（工具）。这一过程相当于刑事立法的修正。再接下来，国家再用修正了的刑事对策（工具）来投入再一轮的刑事对策的实践活动中，并检验其对刑事事实和刑事对策的理性反思成果。然后，实践中产生出来信息，再进行下一轮的刑事认识辩证回复过程。

（三）刑事事实和刑事对策的历史论关系

1. 起源阶段——蒙昧与野蛮

刑事事实的起源是怎样的呢？笔者认为，刑事事实是严重的社会矛盾冲突，人类社会产生之际，也就是刑事事实的起源之时。起源阶段中，人们对刑事事实的认识以自发性为主，人类的理性自觉处于一种蒙昧状态。同时，刑事对策的起源，在实际的时间顺序上，与刑事事实的起源几乎是同时的。对刑事事实认识的蒙昧状态，反映在对刑事对策的抉择上，即采用残酷性、报复性的刑罚，如"以命偿命、以牙还牙、以眼还眼"的同态复仇等。这种对刑事事实的回应带有明显的动物本能性反应的意味。有关的描述如"古代人类部落间流行如此广的报血仇的习俗，实滥觞于氏族制度。氏族的一成员被杀害，这就靠氏族去为他报仇了。审问罪犯的法庭以及规定刑罚的法律，在氏族社会中是出现得很晚的；但是在政治社会建立以前，这些已出现了。另一方面，谋杀罪犯与人类社会有同样悠久的历史，而亲族报仇又与谋杀罪犯的历史同样悠久"①。

2. 发展阶段——开化与功利

其大致再划分为初期、中期和晚期等三个阶段：首先，在初期阶段，人们主要是向"上天"或者"神"去寻求原因，如认为犯罪（刑事）是因为恶魔缠身，或是违背天意、神意，于是形成了相应的习惯性规范，如原始社会的禁忌；反映在对刑事对策的抉择上，神意报应刑罚观念占据了重要的地位，同态复仇等刑事对策加上了神意报应的理性色彩。其次，在中期阶段，人们把目光从天上拉回了人世，将刑事事实原因归结于人自身和社会，如认为犯罪（刑事）是因为犯罪人的素质低劣、因为缺乏道德教化、因为社会风气不良等，有关的认识虽不乏经典，但相对比较零散，不具有近代意义上的系统性；反映在对刑事对策的抉择上，道义报应刑罚观念占据了重要的地位，报应的理性色彩进一步加强。同时，这一阶段刑事对策的观念有一个显著的标志——功利性，即通过刑事对策的威吓与强制来预防、阻却犯罪。最后，在开化的晚期阶段，人们对刑事事实的原因进行系统、全面的理性思考，即从人自身、社会以及自然规律等角度综合地考察刑事事实（犯罪）的原因，并将目光聚焦于社会矛盾运动的规律。反映在对刑事对策的抉择上，刑罚的功利性进一步加强，并出现了教育刑等思想。刑罚人道主义、罪刑法定主义、罪刑均衡主义成为这一时期刑事对策的核心原则。

3. 文明阶段——全面与理智

文明，是指一种社会状态，其中的人们对事物有着全面的理性认识及理智的社会实践。首先，人们应当全面充分地认识到：刑事事实的原因主要在于社会矛盾机制的问题。由于社会矛盾的现实因素的多元性和复杂性，即便有了人们对刑事事实的高度理性认识，要最终达到对刑事事实的全面解决还将有一个长期的过程，即刑事事实的全面解决有待于整个社会生产力以及政治、经济、文化等相关上层建筑问题的解决。

其次，文明之刑事对策应当是理智的，即主要着眼于解决刑事事实中所隐含的社会矛盾机制问题，而不是主要着眼于如何打压犯罪。人们可以基于现实的社会人文资源，做出理智的刑事对策抉择，即"对事开刀"，而不是"拿人开刀"。理智的刑事对策应当是公正、中立的，是用来协调刑事矛盾关系、防卫社会的，而不是仅仅代表被害者及社会来惩罚犯罪者。刑事文明阶段的一个基本标志，即死刑的废除。解决刑事问题不能局限于犯罪者的问题，还应当包含解决被害者以及社会环境的有关问题，以及三方面刑事矛盾关系的化解。一边"治标"，一边"治

---

① ［美］摩尔根：《古代社会》，杨东莼、张栗原、冯汉骥译，商务印书馆1971年版，第123页。

本",提高人们的普遍社会理性,完善社会制度和政策,促进刑事社会矛盾关系以及刑事事实问题的全面解决。

4. 归宿阶段——昌明与和谐

刑事问题的归宿即刑事问题的最终命运。对此,笔者的基本观点是:专门的刑事对策可去;刑事社会矛盾关系及刑事事实发生的可能性不可消;刑事治理对策不可除。

人们能够不断地提高对刑事事实的认识,并最终达到对刑事事实认识的充分全面的理性程度,同时,整体社会制度文化也足够昌明。与此相应的,国家通过和谐的社会政策(刑事治理对策)即能充分地化解、协调、驾驭社会矛盾关系,不至于使其演化为刑事社会矛盾,专门的刑事对策会逐渐变得多余而最终被高度文明的社会所废弃。① 但是刑事事实(刑事社会矛盾关系)有着其内在的规律,即自然(包括作为生物的人)的物质世界的自然规律和社会的精神世界的道德规律之间的固有矛盾冲突,刑事社会矛盾关系及刑事事实的可能性无法消除,因为对刑事社会矛盾关系及刑事事实发生可能性的消除至少要消除矛盾冲突中的一方,即不是消除人的自然属性,就是要消除社会及人的社会属性。前者似乎与佛教的灭人欲理念一致;而后者似乎与道教的退避现实社会、回归原始自然状态的理念相近。两者都是违背人性的。前者是不人道的,是违背人的自然属性的,其趋向是人的灭绝;而后者是不现实的,是违背人的社会属性的,其趋向是人类社会发展的倒退以至于回归原始,不利于人们的最大利益、最大幸福的实现。那么,致力于化解、协调、驾驭社会矛盾关系的刑事治理对策(即关照刑事问题的社会政策)也就不可去除了。

丁篇 刑事学科系统之学科分组论

所谓刑事学科系统之学科分组论,即各刑事学科之间的合理划分以及整体组合的理论问题。学界关于刑事学科分组的理论现状还很不完善,归结起来大致有四个方面的问题:其一,有关的理论展开基本以刑法学为中心——其实为"一管之见";其二,有关的论述还基本停留于刑事法学的层面——这反映了有关法学研究者视野的局限性;其三,有关的论述对有关刑事学科之间关系的把握多限于两者

---

① 笔者认为,李斯特所谓的"最好的社会政策就是最好的刑事政策"的论断中即隐含了这层意思。

之间,整个局面比较散乱——有待于系统整体化;其四,对刑事学科群的把握基本停留于一个平面上,层次不明晰——有待于立体结构化。

随着各种刑事学科的产生或兴起,刑事学科分组论的理论局面变得更为错综复杂,问题接踵而来:刑事学科到底应该包括哪些学科,如法医学、刑事侦查学、司法精神病学、刑法哲学、刑事被害者学、刑事政策学等学科是否也可以纳入刑事一体化? 如何纳入? 这一系列的刑事学科之间不应当是某种简单的平铺并列关系,它们之间的关系体系如何构建? 现有的众多刑事学科是否足以覆盖整个刑事学科系统的整体范畴? 现有的众多刑事学科是否都有必要单独分立? 现行的刑事学科群是否与刑事学科系统的功能区域(即相对独立的环节或过程)合理地对应? 这一系列问题的解决有赖于对现行刑事学科群的系统结构化梳理与重组,即构建刑事学科群结构论,或刑事学科系统之学科分组论。

对现行刑事学科群的系统化梳理与重组不是任意的,而应当是有章可循的,或者说应当有一套"一以贯之"(或系统整体)的方法论可用。笔者认为,应当将上文所论及的"系统整体论"和"系统关系结构论"(即刑事三元结构论)的方法论结合起来,即令"系统关系结构"在"系统整体"中分层次、有序地展开,使得相应的结构功能区域与相应的刑事学科合理地对应,从而进一步为刑事学科系统功能机制的协调运行奠定基础。

结构是相对稳定的关系模式。关系有外部关系和内部关系之分,结构也相应地有外部结构和内部结构之分。外部结构通常左右事物的环境;内部结构通常决定事物的性质。内部结构是把握事物的关键。刑事学科群的结构可以从外部结构和内部结构两个方面进行把握。

一、刑事学科群的外部结构

刑事学科群的外部结构,即刑事学科群和相关学科及学科群的相对稳定的关系模式。

一是刑事学科群与法学的关系。法学是由宪法学、刑事法学、民事法学、行政法学、国际法学、法史,以及法哲学等众多学科组成的学科群。刑事学科群与法学是一种交叉关系,二者的重合部分主要是刑事法学。

二是刑事学科群与社会科学的关系。刑事学科群主要归属于社会科学,但不完全是,如刑事学科群中的法医学、犯罪生物学等有着明显的自然科学性质。

三是刑事学科群在整个人类学科体系中的定位。《易·系辞上》云:"形而上者谓之道,形而下者谓之器。"形,即事实;道,即哲理;器,即功用。据此,整个人类学科体系或可大致分为三个层面,即形而中的事实学、形而下的应用(对策)学和形而上的哲学。如果把整个人类学科体系比作一块三层的蛋糕,那么,刑事学科群就是沿着"刑事"这条线的一个纵向切面,它会牵涉到人类学科知识体系的众多层面。

对于刑事学科群的外部结构,笔者在此只做一个简单的背景性的交代,因为问题的关键在于其内部结构。

二、刑事学科群的内部结构

从人们认识刑事问题、解决刑事问题和反思刑事问题的思维逻辑的基本顺序出发,刑事学科群可以分为三个层面:刑事事实学、刑事对策学和刑事哲学。"形而上者谓之道,形而下者谓之器。"我们可以将刑事哲学理解为关于刑事的"形而上之道"(道即哲理);将刑事对策学理解为关于刑事的"形而下之器"(器即功用);而将刑事事实学理解为关于刑事的"形之体"(体即本身)。

(一)刑事事实学层面上的学科组合及分立

从纵向维度来看,刑事事实学可以分为刑事现象学和刑事原因学两个层次。对事物发生、发展内在原因的探寻,总是从事物的表面现象入手的。刑事现象学是刑事原因学的研究基础。

首先,刑事现象学是以刑事社会现象事实为研究对象的。现象,是表面事实,即可以通过直观感受来把握的事实。刑事现象,是犯罪者、被害者和刑事环境等三者的情况以及三者之间的互动关系情状所组合而成的社会现象。所以刑事现象(学)可以派生出犯罪现象(学)、被害现象(学)和刑事环境现象(学)。但笔者基于刑事三元结构论的理念主张将三者整合为一的学科研究——刑事现象学。对刑事现象之表面事实的系统把握,需要借助一些学科及技术知识,其中主要包括:社会学和统计学。社会学,是以个人与社会的关系、社会结构与社会秩序、社会变迁等基本问题为研究对象的科学。统计学,是研究搜集、整理和分析大量事物数量变化和关系的科学。

其次,刑事原因学是以刑事社会现象事实为基础的,并通过系统、宏观的哲思,分析、把握掩藏在现象背后的机理以及本质原因。同上理,刑事原因学也可以派生出犯罪原因学、被害原因学和刑事环境原因学等刑事学科。刑事原因学是以探究刑事事实原因为目的的。对于刑事事实原因,难以仅仅通过直观的感受来把握,而需要通过宏观、抽象、辩证的哲学思维来探寻。因此,刑事原因学的哲学意味是比较浓的,换言之,刑事原因学的研究在很大程度上需要借助于哲学。同时,刑事原因学研究的是掩藏在刑事社会现象背后的机理以及本质原因,其中掩藏着影响或指导有关行为人的社会行为的生物学、心理学、政治学以及社会伦理学等方面的机理。因此,刑事原因学的研究需要借助于生物学、心理学、政治学以及社会伦理学等方面的理论。

揭示刑事事实的客观样态,即刑事事实学的本位目的。尽管刑事事实学所揭示的客观事实现象和规律能够应用于制定相应的对策来解决刑事问题,但这已超出刑事事实学的本位目的,而成为刑事对策学(或者称为刑事应用学)的本位目的。正因为其学科的本位目的在于揭示客观事实现象和规律本身,刑事事实学所要强调的是一种客观科学精神,即在研究中不带主观功用目的,唯一的目的就是客观地揭示刑事事实本身。而至于主观的功用目的,只有建立在对客观事实规律的科学揭示和认识的基础之上,方能科学地实现。

(二)刑事对策学层面上的学科组合及分立

尽管刑事对策学的研究必须用到上述刑事事实学的研究成果,或者说,也必须研究或关注刑事事实学,同时还得运用下述刑事哲学,但这些都不能改变刑事对策学的应用性和功用性的本位目的。在国家社会中,刑事对策主要是由国家来组织的,因而国家是刑事对策的主要主体。刑事对策是国家政治的重要组成部分,因而刑事对策学的研究不可避免地会借助于政治学、政治伦理学等学科。从纵向的维度来看,刑事对策学可以做两种不同的分类:其一,从刑事对策生成(或立定)的角度来看,刑事对策学可以分出两个层次来,即刑事政策学和刑事法学;其二,从刑事对策运作(或执行)的角度来看,刑事对策学可以分出三个层次来,即刑事治理对策学、刑事控制对策学和刑事司法对策学。

1. 刑事政策学和刑事法学

(1)刑事政策学和刑事法学的功用本位问题

将刑事政策学归入刑事对策学的范畴,也就是说,刑事政策是一种刑事对策,是应用性的。这类学科的最主要特征就是以某种社会功用为目的。有学者可能会提出疑问:刑事政策包含有许多抽象的哲学观念和思想,怎么会是对策应用性的呢? 笔者认为,刑事政策的确包含了许多抽象的哲学观念和思想,但这些都是一些宏观性的观念指导性的刑事对策。学界一般认为:"刑事政策的目的是预防、控制犯罪以保障自由、保护秩序、实现正义。"①不难看出,刑事政策学具有明显的社会功用性。当然,这一系列的社会功用性对策的制定离不开哲学提供的观念指导和事实学提供的客观事实依据。于是出现了各学科在上述三个层次的交融,但学科的各自本位还是有必要相对明确的,否则,不利于学科的正确定位及和谐发展。那么,将刑事法学定位为一种应用对策性学科是不是失之偏颇? 刑事法学中

---

① 何秉松主编:《刑事政策学》,群众出版社 2002 年版,第 41 页。

是否也可以包含有刑事法哲学的理念？笔者认为，（刑事）法学应当以（刑事）法为本位，而法是规范性的，故而（刑事）法学是以法律规范的方法来调整社会行为作为其功用目标的。换言之，刑事法学作为一种应用学科，其应用性是很明显的，即以刑事法来规范社会行为。当然，一些（刑事）法学理论的研究也常常超脱于（刑事）法条及其规范之上，研究自由、平等、人道、正义等哲学的超经验的范畴，力图寻求刑事法规范的伦理学及哲学等方面的理论根据，但这些研究已超出了刑事法学研究的本位，而是对伦理学、哲学等学科的倚仗和借助，从而形成了学科上的关联和交叉，但不可因此而将学科的各自本位混淆，不加相对必要的区分。笔者认为，从学科本位上来说，刑事法学是一门对策、应用学科。

（2）刑事政策学的基本概念和学科定位问题

首先，所谓刑事政策学，即以刑事政策为研究对象的学科。而刑事政策，即国家为应对刑事社会问题（包括刑事社会环境、刑事犯罪和刑事被害等三个基本方面）所采取的政治策略。也就是说，笔者这里所说的刑事政策是狭义的，其主体限于政治国家，而不包括所谓的"市民社会刑事政策"①。

关于刑事政策学的学科定位问题，学界众说纷纭。如梁根林教授将刑事政策学界定为集"观察的科学""批判的科学""决策的科学""形而上的知识体系"于一身的刑事科学，强调批判性与建构性是刑事政策学的学科使命从而也是其生命力所在。② 再如中国台湾学者苏俊雄教授指出："刑事政策已逐渐凸显出其政策性格背后的刑法理论、刑法契机及对于犯罪之实证效应的探讨，而充当着刑法与犯罪学领域的桥梁。"③从这些论断中可以看出，刑事政策学具有思想构建性、决策观念性、中介桥梁性等特征。

（3）刑事政策学和刑事法学的关系问题

关于刑事政策学和刑事法学的关系，笔者认为：其一，二者的内容范畴基本一致，具有非常严整的对应性，即凡是刑事法学研究的问题也同时是刑事政策学的理论范畴，如刑事法学研究犯罪法、刑罚法、刑事诉讼法、刑事证据法、刑事执行法、刑事被害补偿法、犯罪预防法等，与此相对应的，刑事政策学则研究犯罪政策、刑罚政策、刑事诉讼政策、刑事证据政策、刑事执行政策、刑事被害补偿政策、犯罪预防政策等。归纳起来，二者的基本内容包括三个方面：（一般性的）刑事社会预

---

① 梁根林：《刑事政策：立场与范畴》，法律出版社 2005 年版，第 49 页。
② 梁根林：《刑事政策：立场与范畴》，法律出版社 2005 年版，序一第 2 页。
③ 苏俊雄：《刑法总论》（Ⅰ），中国台湾大地印刷厂股份有限公司 1998 年版，第 94 页。

防、刑事犯罪处置和刑事被害救偿。① 其二,二者的研究目的一致,即合理、有效地解决社会刑事问题。其三,二者的关键区别在于方法论不同。后者基于法治的理念,运用了法学方法论,融入了明确、规范、公正、稳定、长效等方面的法学价值;前者则是基于刑事事实学的认识,运用了政治学方法论,从而构建出应对刑事社会问题的思想、策略、方法和举措等。其四,二者之间存在着内在有机的关联:一方面,前者是后者的先导,即基于刑事事实学,刑事政策学首先完成应对刑事社会问题的思想、策略、方法和举措等方面构建,然后,基于法治理念,抉择法学方法论,建立相应的刑事法学体系②,从而也完成了刑事政策学在刑事事实学和刑事法学之间的中介作用;另一方面,前者是后者的内在精神,即法治抉择之后,前者"引退"并转化为后者的"潜台词",成为理解刑事法学的重要思路以及解释刑事法律的理论根据等;再一方面,前者是后者的补充,即一些刑事政策学的内容,因为各种现实原因还未上升为刑事法学的,可以成为刑事法学的补充,抑或将来借助合适的时机法学化。

关于此,储槐植先生指出,刑事政策有两种形式的载体:"一种是法律规范,如被包含在宪法、刑法、刑事诉讼法和有关法律、法规之中;另一种为非法律规范,如被包含在政府文件、政党决议之中。"③"刑事法律最终受社会状况的制约,但社会状况不可能简单直接地产生刑事法律,而必须通过刑事政策的中介调节。"④这里所称的"社会状况"和刑事事实学所研究的刑事事实是基本相当的。据此可以认为,刑事政策学在刑事法学和刑事事实学之间实际上起到了一种中介的作用。刑事政策是人们利用刑事事实规律应对刑事社会问题的思想性成果。而刑事法律就是在这种思想成果的指导之下,融入法治理念,利用法学方法,通过立法机构和一定的立法程序得来的。可以说,刑事政策是刑事法律的前期思考,而刑事法律是刑事政策经验和智慧的历史性积淀。

2. 刑事治理对策学、刑事控制对策学和刑事司法对策学

首先,刑事治理对策学的主要任务在于,从刑事政策的层面而言,即采取一定的策略、方法和措施,促进社会政治、经济、文化和谐发展,最大限度地避免刑事社会矛盾以及刑事环境的形成;从刑事法学的层面而言,即将最大限度避免

---

① 笔者关于这三个方面的基本内容及观念和刘仁文博士的有关论述之间存在较高的可参照性。刘仁文:《刑事政策初步》,中国人民公安大学出版社 2004 年版,第 29—36 页。

② 法治,是现代社会以及国家的理性的政治抉择。也可以说,刑事法治以及刑事法学方法的抉择本身,即为刑事政策的思想、策略方面的一种政治抉择。

③ 储槐植:《刑事一体化与关系刑法论》,北京大学出版社 1997 年版,第 368 页。

④ 储槐植:《刑事一体化与关系刑法论》,北京大学出版社 1997 年版,第 379 页。

刑事社会矛盾的刑事对策经验融入国家的法治体系中,指导、调整和影响国家法治大政方针以及其他法律体系的构建。在现代法治国家中,刑事治理对策学的主要目标即建立健全刑事对策经验的反馈机制,使之促进国家其他社会政策的完善以及相应法律制度的完善,减少刑事矛盾,并最终促进和谐社会法治体系的建构。这些社会政策以及相应的法律制度涉及国家管理社会的方方面面,如政治、经济、文化等。而这些社会政策以及相应的法律制度都不同程度地涉及、隐含并吸取着刑事对策的经验,如人民代表大会制、议会制、选举制等基本民主政治(法律)制度就是防止权力腐败刑事案件的根本策略;又如公平的经济分配制度、社会保障制度等即为防止贫富分化、极端贫困现象所引发的刑事案件的基本策略;再如财务会计、审计(法律)制度即为防止贪污、职务侵占、偷税等刑事案件的重要策略。

其次,在现阶段以及目前可以预测的未来,刑事社会矛盾以及刑事环境的形成在所难免,于是有必要研究刑事控制对策学。所谓刑事控制对策学,即既然刑事社会矛盾以及刑事环境已经存在,刑事事件的发生有了现实的可能性,于是便有必要利用社会控制的策略、方法和举措,控制刑事场中可能导致刑事事件发生的犯罪者、被害者和刑事环境等方面的因素。借鉴我国社会治安综合治理的经验,刑事控制对策学的法治形式可以设定为:建立健全"刑事综合控制法律"体系。其主要目标为:加强对潜在犯罪者、潜在被害者和刑事环境的有效控制。于是,刑事控制对策学以及刑事综合控制法律体系就可以派生出三个方面的刑事控制对策及法律制度:着眼于潜在犯罪者控制的保安处分法律制度以及预防未成年人犯罪法等,着眼于潜在被害者控制的弱势、高危人群保护法律制度(如未成年人保护法、妇女权益保障法等),以及着眼于刑事环境控制的特别场所管理法律制度(如戒严法,机场航空、车站码头等特殊公共场所的安全管理法律等)。这三个方面存在着一定程度的交叉混合,如未成年人保护法既有防止未成年人成为被害者的目的,同时也有防止未成年人沦为犯罪者的目的。这是犯罪与被害的一体性的关系所决定的,这也是刑事控制对策学以及刑事综合控制法律体系的综合性、一体性的重要根据所在。

最后,现实中刑事控制对策的疏漏也是难免的,于是就会有刑事事件的发生。那么,就有必要研究如何应对已经发生的刑事事件的刑事司法对策学。刑事司法对策学由三个基本方面组合而成:刑事诉讼程序法学、刑事侦查科学和刑事实体法学。其中,刑事诉讼程序法律又由刑事证据规则、刑事侦查程序、刑事检察程序、刑事审判程序和刑事执行程序等方面组合而成;刑事侦查科学则包含刑事侦查技术学、物证技术学、法医学、司法精神病学和司法会计学等①;刑事实体法学主要由犯罪惩治法学、被害救偿法学和刑事司法建议制度等方面组合而成。而犯罪惩治法学可以进一步划分为刑法学、监狱学等;被害救偿法学可以进一步划分为被害救助劝诫制度、被害赔偿制度和被害国家补偿制度等;刑事司法建议制度可以划分为侦查司法建议制度、检察司法建议制度、审判司法建议制度和行刑司法建议制度等。刑事司法对策学是事后弥补、修复性的。目前看来,刑事司法对策学是刑事对策学体系中最为发达的一个方面,且一些居于末端的刑事学科尤其发达,如监狱学、刑罚学等。这实际上说明了我国刑事对策学"重事后弥补,轻事前预防""重细枝末节,轻根本大体"的总体现状。

总之,如果说刑事治理对策学的目的在于"防患于未然",其主要方法及思路为协调社会关系并使其人性化、和谐化,那么刑事控制对策学的目的即在于"防患于未乱",其主要方法及思路即为疏浚、阻隔刑事社会矛盾关系,并使其不至于激化为现实的刑事之"乱";而刑事司法对策学的目的即在于"治患于已乱",其主要方法及思路即为斩断、处置刑事之"乱",并使被破坏的社会关系得到公正、合理的修复。其中,刑事治理对策学和刑事控制对策学可以同属于刑事预防对策学之列。

(三)刑事哲学层面上的学科组合及分立

冯友兰先生认为,哲学就是对于人生的有系统的反思的思想。② 哲学是形而上的,其基本方法为思辨。哲学是超实证的、超经验的,是人们运用思维理性对未能加以科学实证的感知和思想的系统化分析、归纳和提炼。哲学(philosophy)(爱智之学),是对思想的反思之学,是以人们的思想、智慧本身作为研究目的的。那么,简而言之,刑事哲学就是人们对上述有关刑事问题认识、对策和思想的系统反思。这种反思是理性的、思辨性的、超经验的、非实证的。然后,这种反思的结果

---

① 目前学界对这些学科的界定还存在一些模糊和交叉之处,不够严谨。对有关的文献进行综合分析后,笔者认为:刑事侦查技术学的主要研究对象为刑事侦查所运用的方法、思路和技术手段,如现场勘查、销赃控制、跟踪守候、电子侦查技术等;物证技术学的主要研究对象宜界定为除人体以外的其他物品的证据鉴定技术,其需要借助的科学包括物理学、化学、生物学、动物学、植物学等;法医学的主要研究对象是根据法律需要所确定的与人体密切相关的生物性、医学性物品,如尸体、活体、肤纹、食物、分泌物、伤创、血液、DNA、体内物质等,其需要借助的自然科学主要为生物医学;司法精神病学的研究对象是人的法律意义上的精神状态,即辨别事物的能力和控制自身行为的能力,也即责任能力,其需要借助的科学主要为精神病学;司法会计学的研究对象是具有数理学、会计学和统计学意义的法律证据。总的来看,刑事证据科学的自然科学性很明显。

② 冯友兰:《中国哲学简史》,北京大学出版社 1996 年版,第 1 页。

将作为一种宏观、系统观念再用于对问题的发现、认识和解决。如此周而复始，辩证循环，便形成了人们对刑事问题认识和实践的辩证运动。

宏观、系统的观念是相对的，整个刑事学科系统又可以相对地分为若干个子系统，那么，对这些子系统的宏观反思又可以派生出若干个刑事哲学的分支。于是，刑事哲学可以由刑事事实哲学和刑事对策哲学组合而成。而刑事事实哲学又可以由刑事现象哲学和刑事原因哲学，或者犯罪学哲学和被害学哲学等分支刑事哲学学科组合而成；刑事对策哲学又可以由刑事政策哲学和刑事法哲学，或者刑事治理对策哲学、刑事控制对策哲学和刑事司法对策哲学组合而成。依此还可以划分出刑事诉讼哲学、刑法哲学、刑罚哲学、刑事证据哲学、被害救偿哲学……几乎可以这样说，有多少个具体的刑事学科就可能有多少个刑事哲学的分支学科。但所有这些刑事哲学的分支都不能脱离刑事哲学的系统整体，而必须与之保持协调一致性，并援引其系统整体理念及方法论，如此方能保持其真正的哲学性。也正是因为刑事学科群在哲学意义上的系统整体性，每一个刑事学科的研究都可以（也应当）援引系统整体中其他学科层面上的知识、理论和思想观念等。这也是目前各刑事学科的研究往往都涉及数个层面上的理论问题的缘故所在，如刑法学研究涉及刑法哲学、规范刑法学、理论刑法学、刑事政策学等方面的内容；又如刑事侦查学涉及刑事侦查技术学、刑事证据科学、刑事侦查哲学、刑事侦查程序法学等多方面的学科内容。

刑事学科群的内部结构组合如图4所示。

总而言之，刑事学科群是一个有机的结构化系统，该系统包含了犯罪者、被害者和刑事环境等三个基本点。刑事学科体系应当建立在这三个基点之上，不可偏废。刑事事实学如此，刑事政策学如此，刑事法学如此，刑事哲学亦如此。这是刑事学科群内部结构组合横向展开的基点。同时，刑事学科群内部结构组合的纵向展开是基于事实—对策—反思的基本思维逻辑，并由此派生出刑事事实学、刑事对策学和刑事哲学等三个基本层面。刑事学科群的内部结构决定整个刑事学科群的性状，是把握刑事学科群的关键所在。刑事学科群的外部结构和刑事学科群的内部结构是紧密相关的，它反映了刑事学科群的外部关系，它通过与刑事学科群的内部结构对刑事学科群发生作用。科学地理清刑事学科群的结构组合将为刑事一体化思想以及刑事学科系统论的发展铺平道路。

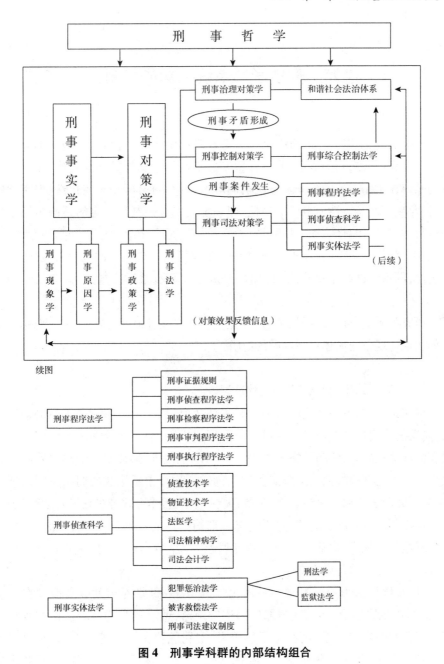

图4 刑事学科群的内部结构组合

注:上述标明的刑事学科为"基本刑事学科";而其他在文中提到的基本刑事学科之下的刑事学科盖为"派生刑事学科",如刑事审判程序法学之于刑事诉讼法学;而文中提到的对刑事学科研究有辅助作用的相关学科,为刑事学科的旁辅学科,如医学之于法医学。

戊篇　刑事学科系统之功能机制论

　　系统机制,是以一定的组织结构为存在基础的,并通过组织结构各部分之间以及与外部环境之间的信息、能量交换来实现其系统功能的动态变化、循环往复过程及内在工作方式的统一。系统机制具有组织结构性、动态变化性、内在功能性、循环往复性等特性。组织结构性,即一定的系统机制以一定的系统组织结构为依托,并与之相对应;动态变化性,即系统机制是系统组织结构的动态形式,其中包含不断的变化;内在功能性,即系统机制是系统功能实现的过程及规律;循环往复性,即系统机制不是直线向前的,而是可以不断循环往复的,具有相对的稳定性。

　　研究某系统(或组织结构体)的功能机制具有显著的理论意义——"意味着对它的认识从现象的描述进到本质的说明"①。

一、刑事一体化"机制论"的现状及评论

　　前文论及,刑事一体化中的一个基本观念为"机制论":机制是关系的动态形式,是功能实现过程的规律。刑罚机制及刑法机制,即刑罚及刑法运作的方式与过程的规律;强调刑法问题的解决,往往不在于刑法本身,而在于刑法之外(之前、之后、之上、之下等方面),以及有关因素的动态运行中所形成的刑罚机制及刑法机制;研究刑法的动态机制,其中包括:关注"刑法运作方式与过程"②;强调"健全的刑事机制应是双向制约的:犯罪情况→刑罚←行刑效果"③;以及"探讨刑罚功能实现过程的规律"以研究刑罚机制等观念。④ 总结起来,刑事一体化"机制论"有如下几个方面的特点。

　　其一,以刑罚为中心。刑事一体化强调"惩治犯罪的相关事宜形成有机整合"。根据犯罪场论、多层次犯罪原因论等理论,惩治犯罪的手段包括控制犯罪场、化解及协调引发犯罪的社会矛盾因素、刑罚惩罚犯罪者等。然而,从目前的研究现状看来,刑事一体化的"机制论"只是主要体现了刑罚的手段,即刑罚机

---

① 《辞海》(缩印本),上海辞书出版社1989年版,第1408页。
② 储槐植:《刑事一体化》,法律出版社2004年版,第426页。
③ 储槐植:《刑事一体化》,法律出版社2004年版,第194页。
④ 储槐植:《刑事一体化》,法律出版社2004年版,第605页。

制、刑法机制或是刑事机制等刑事一体化"机制论"中都是以刑罚(惩罚犯罪者的手段)为中心构建起来的,而没有将控制犯罪场、化解及协调社会矛盾因素等解决刑事社会问题的重要手段纳入其中。综合、全面地关照刑事社会问题,以刑罚(惩罚犯罪者)为中心的刑事一体化"机制论"还有待于在横向方面进一步扩展、完善。

其二,强调"运作方式与过程",即强调刑法惩治犯罪有关事宜的运作方式与过程——"犯罪情况→刑罚←行刑效果"。首先,"犯罪情况"即人们对犯罪客观情况的认识,其中应当包括犯罪现象和犯罪原因等两方面的基本内容;其次,"刑罚"是人们惩治犯罪的对策活动,其中包含了刑事政策层面的刑罚政策以及刑事法律层面上的刑罚设定(立法)、刑罚裁量及适用程序(司法)等方面的基本内容;最后,"行刑效果"即刑法在执行中、执行后的效果,其中主要指对犯罪者产生的实际效果,即刑法功能的实现程度。另外,"→"表示:根据犯罪情况或从犯罪情况出发来制定刑罚;"←"则表示:根据行刑效果的反馈信息来调整、修正刑罚。可见,刑事一体化的"机制论"重点强调了惩治犯罪有关事宜的运作过程及方式,且这一运作过程实际上形成了一种辩证回复的循环,即从认识犯罪情况、确立刑罚政策、制定刑罚、适用刑罚、执行刑罚,一直到通过行刑效果反馈信息。行刑效果主要表现为对犯罪情况的影响作用,然后再影响作用于刑罚,如此周而复始,促使惩治犯罪有关事宜的运作方式与过程不断演进。故而,从纵向流程角度来看,刑事一体化"机制论"还是基本完全的,即有犯罪场论、多层次犯罪原因论、关系刑法论、刑罚机制论等作为理论基础,刑事一体化"机制论"在惩治犯罪相关事宜方面的观念上,不至于产生系统机制的纵向基本过程及环节方面的缺失,但还可以进一步细化、明晰化、条理化。

其三,强调刑罚功能的实现。刑罚的功能包括基本功能和附加功能等两方面。刑罚的基本功能,即刑罚的惩戒功能,其中包括报应功能(惩)和威慑功能(戒);刑罚的附加功能是刑罚在执行过程中通过附加外力投入所产生的作用,主要指矫正(教育、改造)。然而,刑罚功能与解决犯罪(刑事)社会问题的实际需要之间存在着很大的差距——这是刑罚(刑法)社会功能中的一个基本矛盾。也就是说,一方面,人们研究犯罪(刑事)社会问题的目的就在于有效地控制、解决犯罪(刑事)社会问题,即社会需要构建一整套具有相应功能的有效应对机制——刑事机制。另一方面,刑事一体化"机制论"中的刑罚机制(即刑罚功能得以实现的动态运行方式及过程)无法承载相应的功能,即刑罚是惩罚犯罪者的主要手段,但不是治理犯罪(刑事)社会问题的主要手段,充其量也只能说是一种重要手段。申言之,基于犯罪(刑事)社会问题的多层次原因结构理论以及相应的刑事对策理论,从深层次、长远性的视角来看,刑罚在解决犯罪(刑事)社会问题上的作用(功能)是非常有限的。这两方面的悬殊,不能不说是一种缺憾。笔者认为,健全的刑事机制应当能够有效、全面地承载控制、解决刑事社会问题的功能。换言之,刑事一体化"机制论"主要关注刑罚功能的实现,而对整个刑事社会问题的其他两个基本方面(被害者救偿、刑事环境治理)功能的实现缺乏必要的关注,其全面性还有待于进一步发展。

综上,刑事一体化"机制论"还存在一定的缺憾,有待于进一步完善。下文中,笔者将试图在承继刑事一体化"机制论"基本思路的基础上,裨补完善,从而构建完善的刑事机制——刑事学科系统机制。

二、刑事学科系统机制(模型)的构建

首先应当明确的是,刑事学科系统机制的功能定位(或基本目的)应当为全面解决、协调、控制刑事社会问题。这可以说是刑事学科系统机制的"主心骨",即整个机制的运行方式及过程的设定都围绕这一功能定位来进行。

可以说,刑事学科系统的动态机制就是上文所论说的"刑事学科系统的关系结构"的运行过程,在此过程中,刑事学科系统的功能得以体现。

一方面,从横向维度来看,因其组织结构的三元性,刑事学科系统机制也相应地表现出三元性,即包含了犯罪者、被害者和刑事环境等三个基本方面,以及这三个方面的统一体。刑事学科系统机制的每个纵向环节都应当体现这种三元性,如此,刑事学科系统机制方能保持其全面性、互动性、科学性以及和谐性。

另一方面,从纵向维度来看,以人们认识以及社会实践活动的辩证过程为基本线索,刑事学科系统机制可以分为若干基本环节。在每个基本环节的相互关联、之间信息和能量的相互传递,以及整个流程的辩证循环、持续发展中,刑事学科系统的功能得以体现,其机制的整体得以形成。

机制是动态的,它通常以系统各个基本环节及其纵向流程为主要表现形式。故而下文中,笔者将以此为基本线索来构建刑事学科系统机制的基本运作模式(如图5所示)。

如图5所示,刑事学科系统机制可以大体分为四个基本环节。

第一环节——刑事现象学,即以刑事现象为基本研究对象的知识体系。其中,刑事现象是(刑事)犯罪现象、(刑事)被害现象和(刑事)环境现象等三者的统一体。

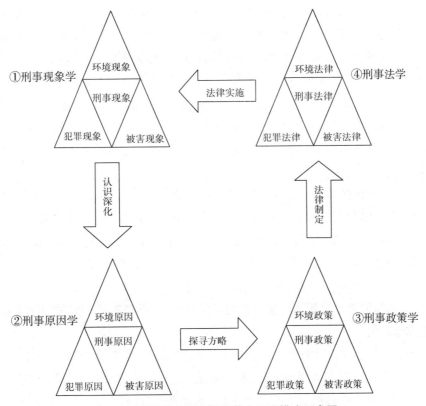

图5　刑事学科系统机制的基本运作模式示意图

刑事学科系统机制进入第二个环节——刑事原因学,即研究刑事现象发生的原因——刑事原因的知识体系。该环节中,基于对刑事现象的系统认识,经过由表及里、由现象到本质(原因)的认识深化过程,系统地把握(刑事)犯罪原因、(刑事)被害原因和(刑事)环境原因等三方面的原因因素,以及三者的辩证统一体——刑事原因。

刑事学科系统机制的第三个环节——刑事政策学,即研究解决刑事犯罪、刑事被害和刑事社会环境等刑事社会矛盾问题的国家政治方法、策略和举措的学问体系。在本环节中,基于对刑事原因的系统、深入认识,以及对整个社会运行机制和相关资源、因素的考察,经过对有关问题的系统化探寻,全面、科学、合理地把握解决刑事社会矛盾问题的系统方略。刑事政策学以思想性、观念性为其主要特征。刑事政策学包含了犯罪政策(即对犯罪者的政策)、被害政策(即对被害者的政策)和环境政策(即对刑事环境的政策)等三个基本方面的内容。

刑事学科系统机制的第四个环节——刑事法学,即研究以法律规范的方式来贯彻刑事政策思想观念,并借此解决刑事社会矛盾问题的学问体系。在本环节中,基于有关刑事政策的思想、观念,本着法律科学知识、方法,科学、系统地制定并实施有关的刑事法律,旨在协调、解决刑事社会矛盾问题。刑事法学以明确性、规范性、稳定性为其主要特征。刑事法学包含了犯罪法律(即惩治犯罪者的法律)、被害法律(即救偿被害者的法律)和环境法律(即治理刑事社会环境的法律)等三个方面的基本内容。同时,有关的刑事法学还包含了刑事实体法学和刑事程序法学两个基本方面。刑事法学还可以包含刑事立法、刑事司法和刑事执法等阶段。

经过刑事法律对策的实施,以及相应社会效果等方面反馈信息的收集、整理和分析,刑事学科系统机制又可以再一次进入第一个环节——刑事现象学……如此周而复始,形成刑事学科系统的关联性、动态性的辩证循环机制,即刑事学科系统机制。其中,第一、二环节属于认识论的范畴;第三、四环节属于实践论的范畴。

三、我国刑事学科系统机制存在的问题——以"严打"、死刑及重刑主义刑事政策思想为例

我国的刑事学科机制存在着某些环节的严重缺失,整体运行机制不畅。我国的"严打"举措比较集中地反映了其中的问题,下文中,笔者试以"严打"为例来"解剖"目前刑事学科机制中存在的若干方面问题。"严打"决策机制如图6所示。

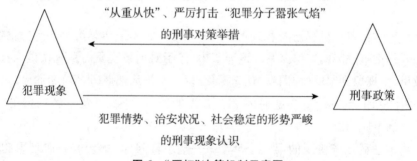

图6 "严打"决策机制示意图

与上述刑事学科系统的运行机制相对照,"严打"决策机制有着如下几方面的缺陷。

其一,对刑事现象认识上的片面性。"严打"的对象是犯罪分子(即犯罪者)。可以说,"严打"刑事政策的认识前提是犯罪分子及其危害社会行为的严重性。而对于被害者得不到及时有效的救治、赔偿及补偿,刑事社会环境还在继续产生新的犯罪和被害发生的"土壤"、原因等现象不太关注。概言之,特定时期的"严打"

刑事政策有失片面,即只见犯罪,不见刑事,割裂了"刑事三元结构"的三个基本方面,从而不能保证其决策体系的全面性、和谐性。例如,"严打"刑事政策主张"从重从快""快审重判""严厉打击犯罪分子嚣张气焰",即多强调刑罚施用的苛厉性,而不是刑事法网的严密性。然而,从犯罪对策的基本理念出发,刑事法网严密性的价值远远大于刑罚施用苛厉性的价值。笔者认为,全面、和谐的刑事政策应当严密地兼顾犯罪者惩治、被害者救偿和刑事环境治理等三个方面,并将三个方面统一、合理地协调起来。

其二,对刑事社会问题认识的浅层性。从现象到本质,从现象到原因,反映了人们对问题认识的深入。而"严打"刑事政策似乎轻视了犯罪(刑事)社会问题的原因,只见表面化的"犯罪情势、治安状况、犯罪形势严峻的刑事现象",其认识停留于浅层次。换言之,对于犯罪场论、多层次犯罪原因论,或者说对犯罪(刑事案件)发生具有原因作用的被害者及其刑事环境因素等,"严打"决策在认识论层面没有给予应有的重视,因而在策略的抉择上过高地估计了刑罚的威力和功效,导致重刑主义的思想,其最终结果将会出现"重刑超饱和"状态。① 参照上述刑事学科系统机制的基本模式,"严打"刑事政策的决策运行过程脱离了或者忽略了"刑事原因"的基本环节,其决策的科学合理性是难以保证的。

其三,决策实践上的超法治性。"严打"刑事政策在实践中发生了某些超越法律规范,随意、不稳定的问题;往往是"政治运动"性的;且刑讯逼供屡禁不止,纠错机制运转不灵,公正性难以保障,从而可能背离法治的基本精神,以致有的错案在真凶认罪交代罪行之后,被错判冤杀者还迟迟得不到纠正。笔者从未违背常理地反对给予犯罪分子坚决、应有的打击,而只是强调有关的打击应当符合法治基本精神,如有关政策的施行应当是司法性的、有法可依的、规范的、稳定的,而不是行政命令性的、超越规范的、不稳定的、运动风潮式的、有违法治精神的。比照上述刑事学科系统机制的基本模式,"严打"刑事政策的决策运行过程的另一个问题,即脱离了"刑事法学"的基本环节,缺乏法治的有效保障,其决策的公正性、稳定性是很难保证的。

其四,决策施行的单向度性。也就是说,"严打"决策施行过程中、过程后,一方面,其决策施行的效果、存在的弊病等信息的反馈渠道不畅,有些重要的信息不能顺畅地为公众及决策者所知悉;另一方面,有关部门的分析往往不够客观理性、

---

① 重刑超饱和状态,即以不断将刑罚加重的方法来回应日益恶化的犯罪情势,以至于到达一种类似于化学中溶液的超饱和状态的极限时,重刑的效能基本丧失的极端状态。其道理通于菲利的犯罪饱和论。

深入全面,而基本上充斥的是"成功破获大案、要案××起;××罪犯伏法""治安形势根本好转""成果卓著"等表功之辞;再一方面,有关的反思及其对认识和决策的影响渠道不畅,作用不大。参考上述刑事学科系统机制的基本模式,"严打"决策机制运行过程中的信息多流于单向传递,而不能形成有效的反馈,即对下一轮的认识基础、策略抉择等环节不能产生积极的影响作用,或者说,这些问题使得"严打"决策系统的辩证回复机制不够顺畅,从而影响决策系统不断演进和完善。①

另外,死刑问题以及重刑主义思想中也存在类似的情况,也可在不同程度上做上述几个方面的解说。

总　结

刑事学科系统论的上述"五论"之间有着内在的紧密关联。首先,刑事学科系统之"历史演化论"以刑事一体化的基本思想及理论为基础,发掘其中的系统论内涵及发展趋向,提出刑事学科系统论的命题。其次,刑事学科系统之"整体范围论"将框定现行刑事学科整体范围的"惩治犯罪的所有相关学科"之单一元素(即犯罪元素)结构范式扩展至"犯罪者—被害者—刑事环境"的三元结构范式,从而横向地扩展刑事学科的整体范围;同时还以"事实认识—对策实践—哲学反思"的纵向思维逻辑层次将整个刑事学科划分为刑事事实学、刑事对策学和刑事哲学等三个基本层面,从而有序地框定刑事学科整体的纵向范围。其三,刑事学科系统之"结构关系论"以所谓的"刑事三元结构论"梳理了整个刑事学科系统的内在关系脉络,构建了刑事事实三元结构模式、刑事对策三元结构模式以及二者之间的刑事哲学关系模式。其四,刑事学科系统之"学科分组论"即在刑事学科系统整体范围内,运用"结构关系论"的关系脉络线索,对刑事学科系统整体进行相应的划分与组合,同时对现行的各刑事学科做相应的定位与重组,从而使其与刑事学科

---

① 关于"严打"问题,有学者曾经指出:对严重刑事犯罪实行严厉打击,本来是无可厚非的,但是,"严打政策在贯彻实施中出现了比较严重的扭曲现象。比如,为了体现'严打'精神,宁枉勿纵,人为的控制和压缩不捕、不诉以及无罪、免刑和缓刑判决,甚至由上级机关规定比例,不得超过;在集中行动中为了造声势,而大量抓捕那些一般违法人员,甚至'游街示众',既侵犯了无罪者的人身自由权利,又造成了司法资源的浪费;在办案中只重视有罪和罪重证据,不重视无罪和罪轻证据,甚至刑讯逼供,因而造成错捕错判甚至错杀;不是以人为本,而是为破案而破案,出现了为破案而对受害人逼取证言,甚至出现了为破案而设计'二次强奸',让受害人再次受辱的荒唐事件,等等。"马长生:《刑事法治的多方位思考》,法律出版社2013年版,第6页。

系统的各个基本功能区域及基本环节进行合理的对应。其五,刑事学科系统之"功能机制论"可以理解为:整个刑事学科,在其系统基本目的的指引下,以系统整体为基本范围,以系统结构关系为基本线索的动态功能表现形式。刑事学科系统功能机制以理性、动态、循环的辩证运动过程来不断推进整个刑事学科系统的完善及和谐化。

总而言之,刑事学科系统之"历史演化论""整体范围论""结构关系论""学科分组论""功能机制论"共同组合为一个有机整体——刑事学科系统论。

(本文部分内容原载于《法学研究》2006 年第 1 期)

论刑事政策的几个问题

魏克家

作者简介:魏克家(1934—　　),男,湖南省隆回县人。1955 年毕业于邵阳市一中,同年考入北京政法学院,1959 年毕业留校,任院党委宣传部干事。1972 年,北京政法学院撤销,分配至安徽省教育局政工组工作。1975 年调湖南省教育干部学校,任教务处主任兼政治理论教研组组长。1980 年年初调回中国政法大学刑法教研室工作,任刑法学讲师、副教授、教授,硕士研究生导师。2000 年退休。在此期间,曾担任刑法教研室党支部书记、中国政法大学本科生院党委宣传部部长、中央政法管理干部学院刑法刑诉法教研室主任、中国政法大学法律系主任等职。

主要著述有:独著或合著《刑法的基本问题》《认知过失犯罪》《犯罪构成论》《定罪与处理罪刑关系常规》等专著 16 部。主编或者参编《刑法学》《刑法教程》《刑法教科书》等高等政法院校刑法学教材 11 部。主编或参编刑法学辞典 3 部。在《人民检察》《政法论坛》等期刊上发表《刑事政策的几个问题》《论量刑方法》《略论教唆犯》《故意犯罪的阶段与故意犯罪的形态》等论文近 20 篇。

一、刑事政策的概念

社会上存在犯罪现象,就有与之做斗争的相应的刑事政策。刑事政策是与国家同时产生的。根据史书记载,我国数千年前就有"明德慎刑""德主刑辅""刑期于无刑"等用语。欧洲早在古希腊时代,柏拉图、亚里士多德等就曾说过:"犯罪不外是一种疾病,故刑罚不应是对既往的,而应当是针对将来的。"这些都是刑事政策思想的萌芽。刑事政策思想、刑事政策是刑法的先导,是先于刑法而存在的。在人类社会产生犯罪现象以后的相当长的历史时期内,是依靠刑事政策,而不是依靠刑法同犯罪做斗争的。人们通常所说的,有犯罪就有刑法,刑法与犯罪同时产生,从严格意义上说,应该理解为有犯罪就有刑事政策思想,就有刑事政策。刑事政策思想、刑事政策是与犯罪现象同时产生的,刑法是人们运用刑事政策同犯罪做斗争的经验的条文化、定型化,是在刑事政策思想、刑事政策产生以后的一段相当长的历史时期才产生的。不仅如此,在新旧社会制度交替、转换,社会发生重大变革的一段时期内,由于旧的刑法被废弃,新的刑法还没有制定,人们同犯罪做斗争也主要依靠刑事政策。适应新的社会经济基础的刑法,是在新的、革命阶级的刑事政策的基础上形成的。

刑事政策思想、刑事政策已经有很长的历史了,而刑事政策一词的出现,乃近二百年的事情。据学者考证,刑事政策一词最早是在 1803 年由德国刑法学者费尔巴哈在其所著刑法教科书中首先使用,继而由李斯特等学者加以普遍推行,逐渐为其他欧陆法系国家所使用。但是,什么是刑事政策? 它的内涵与外延如何界定? 西方国家有各式各样的理解。我国是一个刑事政策思想十分丰富,刑事政策体系十分完整的国家,但由于我国对刑事政策的研究起步较晚,研讨尚不充分,因而认识也不完全一致。我们认为:刑事政策是指掌握国家政权的统治阶级为维护自己的政治统治和社会秩序,实现一定历史时期的路线和任务而制定的,打击、预防、控制犯罪的战略、策略和行动准则。这个概念的科学性在于它揭示了刑事政策的本质特征:(1)刑事政策是掌握国家政权的统治阶级制定的,是为维护其政治统治和社会秩序服务的,具有鲜明的阶级性。在有阶级的社会里,刑事政策总是一定阶级的刑事政策,没有超阶级的刑事政策。敢于公开申明自己的刑事政策的阶级本质,是马克思主义刑事政策观与一切剥削阶级的刑事政策观的根本区别。(2)刑事政策是统治阶级为实现其一定时期的路线和任务而制定的,是实现其路线、任务的重要工具之一。这一特征揭示了刑事政策同统治阶级在一定历史时期的路线和任务的关系是服务与被服务的关系,因此衡量刑事政策是否正确,应以是否有利于实现统治阶级一定历史时期的路线和任务为标准,要服从于实现统治阶级在一定历史时期的路线和任务的需要。毛泽东同志在《中国共产党在民族战争中的地位》一文中告诫全党:"共产党员必须懂得以局部需要服从全局需要这一个道理。如果某项意见在局部的情形看来是可行的,而在全局的情形看来是不可行的,就应以局部服从全局。反之也是一样,在局部的情形看来不可行的,而在全局看来是可行的,也应以局部服从全局。"树立刑事政策为实现一定历史时期的路线、任务服务,服从其需要的观点,对我们政法工作者来说,是十分重要的。在深入改革、开放,建立社会主义市场经济体制,加速发展社会主义经济建设事业的今天,尤应提倡这种顾全局的观点。只有这样,才能打破地区封锁,纠正地方保护主义。(3)刑事政策是统治阶级打击、预防、控制犯罪的政策。统治阶级为实现自己在一定历史时期的路线、任务,动员社会各方面的力量,处理好各种社会关系,除制定刑事政策外,还制定了其他各种政策,如经济政策、文化教育政策、科学技术政策、知识分子政策、宗教政策、民族政策、侨务政策等,这些政策的贯彻执行,有利于打击、预防、控制犯罪,但它的直接功能不是打击、预防、控制犯罪,因而不是刑事政策。刑事政策的这一性质,把刑事政策与其他政策区别开来。(4)刑事政策是打击、预防、控制犯罪的战略、策略和行动准则。所谓战略,是指在一定时期内指导全局的总方针、总计划。策略是指为实现一定的战略任务,根据形势的发展而制定的行动准则和斗争方式,它是战略的一部分,并服从和服务于战略。行动准则是指进行某项活动时应遵循的原则,对刑事政策来说,它是打击、预防、控制犯罪的方针、计划和应遵循的原则,具有较大的概括性、原则性和灵活性。这一特征是刑事政策与其他打击、预防、控制犯罪的手段的根本区别。

二、我国刑事政策的特点

我国的刑事政策,就其阶级性质而言,是工人阶级通过自己的政党——中国共产党,自己的政府——国务院制定的,并以中共中央、国务院的决议、文件,党和国家领导人的报告、讲话形式发布的社会主义的刑事政策。由于中国革命的特点,在长期革命战争环境中,虽然一些革命根据地政府颁布过一些刑事法律,但我们与反革命分子和其他各种刑事犯罪的斗争主要靠政策。中华人民共和国成立以后的很长一段时间内,也是有法律依法律,无法律依政策。中华人民共和国的第一部刑法典是中华人民共和国成立 30 年后颁布实施的。在这 30 年内虽也颁布过少数几个单行刑事法律,但主要是依靠刑事政策。这就决定了我国的刑事政策具有以下特点。

一是高度的原则性与灵活性。我国的刑事政策是为保护国家和人民的利益,打击、预防和控制犯罪而制定的。对于一切罪案必须彻底揭露,使其真相大白,并应依法给予适当的刑罚处罚,使罪犯认罪服法,改过自新,化消极因素为积极因素。这是我国刑事政策的出发点和归宿,是不能动摇的。这就是原则性。至于采取何种策略、方法揭露犯罪,对于已被揭露的罪犯是否逮捕,是否判处刑罚,给予何种刑罚处罚,给予多重的刑罚处罚,则可因犯罪的具体情况的不同而灵活多样。这就是灵活性。这种高度原则性与高度灵活性的统一,是我国刑事政策的重要特点,它体现在我们与刑事犯罪做斗争的各个方面。比如,在揭露犯罪、证实犯罪时,严禁逼供,这是原则性,至于如何揭露、证实犯罪,可以进行政策教育,实行政策攻心,争取案犯如实供述;可以做罪犯的家属、知情人的工作,争取他们的支持;也可以勘查犯罪现场,内查外调,获取证据,也可以多种举措同时进行,这就是灵活性。又如,对严重危害社会治安的犯罪分子,必须依法从重从快惩处,这是原则性;但是,在法律规定的范围内,重到什么程度,快到什么程度,则因具体情况的不同而不同。

二是高度的权威性。我国刑事政策的高度权威性表现在:(1)它对刑事立法、刑事审判和行刑活动具有指导作用,刑事立法、司法工作都必须贯彻刑事政策的精神,不得违背,违背了就会走偏方向,犯错误。(2)它已深入人心,具有崇高的威信,广大政法干警和人民群众深信党和国家刑事政策的正确性,习惯以刑事政策作为规范自己行为、衡量行为正确与否的重要尺度。刑事政策观念强,是我国司法工作者独具的优点,刑事政策在人民群众心目中的权威,是我们同犯罪做斗争的一大优势,刑事政策的权威性是由刑事政策的正确性、党和国家在人民群众中的崇高威信决定的。

三是体系的完整性、内容的广泛性。我国在长期的革命和建设过程中,随着犯罪形态的变化,制定了许多不同的刑事政策,形成了包括基本刑事政策和各种具体刑事政策在内的完整的刑事政策体系。这个体系的完整性是任何国家都难以比拟的,刑事政策的内容涉及打击、预防、减少犯罪的各个方面,涉及刑事立法、刑事审判和行刑的各个环节。可以说,人们与刑事犯罪做斗争的全部活动都有刑事政策的指导,都在执行刑事政策,所以,我国刑事政策内容的广泛性也是其他国家无法比拟的。

四是有效性。有效性是指刑事政策在打击、预防、减少犯罪的斗争中所发挥的高度作用。我国的刑事政策是在马克思列宁主义、毛泽东思想指导下,深入调查研究,把握我国刑事犯罪的实际情况及其活动规律的基础上,集中全党、全国人民的智慧制定的,具有很强的针对性、实用性。我们与犯罪做斗争所取得的伟大胜利,在一定意义上说,就是党和国家的刑事政策的胜利。

我国刑事政策的性质、特点,决定了它在与刑事犯罪的斗争中处于重要的地位,起着重要的、不可替代的作用。

三、刑事政策与刑法

我国的刑法和刑事政策都是在马克思列宁主义、毛泽东思想指导下制定的,都是建立在社会主义经济基础之上的上层建筑,体现了工人阶级和广大劳动人民的意志,都是同犯罪做斗争,保障党和国家的总路线和总任务的实现,巩固和发展社会主义经济基础的工具,刑法和刑事政策本质上的一致性,决定二者不是矛盾的、对立的,而是相互联系、相互促进的。但是,二者是有区别的。其主要区别是:(1)刑事政策是与犯罪做斗争的战略、策略和行动准则,比较原则、概括;刑法是与犯罪做斗争的行为规范,比较具体、明确。(2)刑事政策是根据一定的社会治安形势与同犯罪做斗争的需要制定的,形势变化了,刑事政策也立即随着变化,具有很大的灵活性;刑法一经颁布,就具有相对稳定性,社会治安形势的变化虽对刑法有影响,但这种影响通常表现在刑法适用上,一般不会立即引起刑法条文的变化。(3)刑事政策是党和政府制定的。刑法是由国家立法机关经过法定的程序制定的。(4)刑事政策通常是以党和政府的决议、文件、指示,党和政府领导人的报告、讲话等形式发布的。刑法是以法典、条例、决定、规定等形式颁布的,刑事政策与刑法的差异性,决定了它们在与犯罪做斗争中的地位、作用是不同的。

刑事政策与刑法之间的一致性和差异性,反映在它们的相互关系上,具体表现为:

第一,刑事政策是刑法的灵魂,是刑法保持社会主义方向,实现党和国家的总路线、总任务的根本保证。刑法一旦脱离刑事政策就可能迷失方向;刑法是刑事政策的载体,是刑事政策的存在形式。党章和宪法都明确规定,党组织和各级国家机构都必须在宪法和法律范围内活动,不允许任何超越或者凌驾于法律之上的特权存在。根据这个原则,刑事政策应在刑法规定的范围内运用。例如,党和政府制定的对严重危害社会治安的犯罪分子从重从快惩处的政策,就是指在刑法规定的量刑幅度内从重,在刑事诉讼法规定的程序内从快。当某项刑事政策在刑法中没有明文规定而又必须贯彻时,则应当通过国家立法机关,依照法定的程序,将其转化为刑法,或者由法律解释机关作出符合刑法规定的解释。这样,刑事政策才具有国家强制力,才能发挥政策的威力。例如,为贯彻党和政府关于保护妇女、儿童的人身权利,严厉打击拐卖、绑架妇女、儿童的犯罪分子的政策,全国人大常委会制定了《关于严惩拐卖、绑架妇女、儿童的犯罪分子的决定》。正确认识和处理刑法与刑事政策的这一关系,有利于加强社会主义法制,充分发挥刑法和刑事政策两个方面的作用,稳准狠地打击犯罪分子,预防和减少犯罪。

第二,刑事政策是刑法制定的依据,刑法是刑事政策的具体化、条文化,刑法必须以刑事政策为指导。我国 1979 年《刑法》第 1 条规定:"中华人民共和国刑法,以马克思列宁主义毛泽东思想为指针,以宪法为依据,依照惩办与宽大相结合的政策,结合我国各族人民实行无产阶级领导的、工农联盟为基础的人民民主专政即无产阶级专政和进行社会主义革命、社会主义建设的具体经验及实际情况制定。"这里所说的"惩办与宽大相结合的政策"是党和国家的基本刑事政策,其他的许多具体的刑事政策都是根据这一基本政策制定的,是它的具体化。刑法是执行刑事政策的经验的概括和总结,是实践证明了的正确的刑事政策的定型化、条文化。没有执行刑事政策与犯罪做斗争的实践经验做基础,是难以制定出正确的、符合实际情况的刑法的。例如,我国 1951 年 2 月 20 日公布施行的《惩治反革命条例》,是在总结自革命根据地以来,特别是中华人民共和国成立初期执行党和国家的镇压反革命政策,同反革命做斗争的实践经验的基础上制定的,没有在党和国家的"镇反"政策指导下开展的"镇反"斗争的实践经验,《惩治反革命条例》是制定不出来的。

刑事政策是刑法制定的依据,刑法是刑事政策的具体化、条文化,它们之间的这种关系,决定了刑事政策对刑法的指导地位。刑法必须以刑事政策为指导,这种指导作用贯穿于刑法立法和刑法执行的全过程。

一是刑事政策对刑法立法的指导。犯罪与刑罚是刑法的基本内容,刑法立法包括刑法的修改、补充,就是要解决什么样的行为是犯罪,应当判处什么样的刑罚的问题。刑事政策对刑法立法的指导,就在于为这些问题的解决指明了方向,提供了依据,确定了原则。我国第一部刑法就是在党和国家的刑事政策,特别是惩办与宽大相结合的政策指导下制定的,刑法中有关犯罪和刑罚的各项原则、制度以及对各种具体犯罪的规定,都体现了惩办与宽大相结合,分情况、区别对待的刑事政策精神。《刑法》公布实施以后,由于客观形势的发展变化,犯罪也出现了新情况、新特点,如凶杀、强奸、抢劫、放火、爆炸和其他严重危害社会治安的案件上升,经济领域中的违法犯罪情况严重,团伙犯罪猖獗,各种社会丑恶现象滋长等。针对犯罪的这些新情况、新特点,党和国家制定了对严重危害社会治安的犯罪分子"依法从重从快惩处"、对严重破坏经济的罪犯"依法从重处理"、对团伙犯罪"依法从重从快、一网打尽"等一系列刑事政策。在这些刑事政策的指导下,全国人大常委会制定了一系列条例、决定、补充规定,对《刑法》进行了补充和修改,使我国刑法立法日趋完备。

二是刑事政策对刑法执行的指导。刑法的执行过程,实际上包括定罪、量刑、刑罚的执行三个环节,这三个环节都必须以刑事政策为指导,这是毫无疑义的。由于这三项活动的目的、内容、方式各不同,刑事政策对其进行指导的内容和方式也是有区别的。

(1)刑事政策对定罪的指导。定罪是指人民法院根据事实和刑法的有关规定,确定行为人的行为是否构成犯罪,构成什么罪的活动。在定罪活动中必须严格执行刑法的有关规定,依法办事,这不仅是加强社会主义法治的要求,而且体现了刑事政策。但以下情况的存在,使仅仅依靠刑法条文还难以完全解决定罪问题。首先,犯罪是一种十分复杂的社会现象,任何一部刑法都不可能把所有危害社会,并达到犯罪程度的行为都囊括无遗地加以规定。那么,对于那些刑法没有明文规定的行为,定不定罪,定什么罪? 其次,刑法是与犯罪做斗争的经验的总结,一般不具有超前的性质,而且刑法一经颁布,就具有相对稳定性。但是,犯罪是随着国家的政治、经济形势的发展变化而不断变化的,一些刑法没有规定为犯罪的行为,因其社会危害性的增大而需要以犯罪论处;一些刑法规定为犯罪的行为,因其社会危害性减轻或者消失而不需要按犯罪处罚。特别是在我国,由于正在深入改革开放,建立社会主义市场经济体制,经济基础和上层建筑都在发生急剧而深刻的变化,这种情况尤为突出。对于这类问题如何处理? 最后,我国刑法中规定的一些犯罪,是以"情节严重""情节恶劣"等作为构成要件之一的。对于这一要件的正确理解与评估,是一个关系到罪与非罪,也就是定不定罪的原则界限问题,那么,如何正确理解与评估这一要件呢? 对于这些问题,如果离开了刑事政策的指导,则难以正确解决。

(2)刑事政策对量刑的指导。量刑是指人民法院依法决定对犯罪分子是否判处刑罚、判处哪一种刑罚、判处多重的刑罚的活动。我国刑法总则规定了量刑原则及一系列从重、从轻、减轻、免除处罚的情节,刑法分则对各种具体犯罪都规定了相应的法定刑。量刑时必须切实执行这些规定。但要真正做到量刑准确,罪与刑相适应,还需要刑事政策的指导,这是因为:首先,我国刑法对各种犯罪规定的量刑幅度都相当大,往往跨越几个刑种,甚至有的五种主刑都齐备。在这样大的量刑幅度内,处刑重一些还是轻一些,重到什么程度、轻到什么程度,除根据犯罪行为的社会危害性大小与人身危险性大小外,还必须考虑党和国家的有关刑事政策。因为各个时期、各个地区的社会治安形势不同,打击的重点不同,打击的严厉程度也有区别,治安情况坏时应从重,好时就要从轻。例如,在新中国成立初期,"镇反"运动开始时,对许多血债累累、恶贯满盈的反革命分子,不杀不能平民愤,群众不敢起来,社会秩序很难维持,人民政权难以巩固,处理就非得从重从快不可;到了后期,就提出了可捕可不捕的不捕,可杀可不杀的不杀,尽量少捕少杀的政策。可见,刑事政策的变化,必然引起量刑轻重的变化。其次,我国刑法还以"情节较轻""情节严重""情节特别严重"作为选择适用不同档次的法定刑的标准,而犯罪情节是个综合性概念,是由诸多因素决定的,只有在刑事政策的指导下,才能做出正确的估量。最后,由于犯罪情节千差万别、错综复杂,在司法实践中,存在一些处于可以判处刑罚,也可以不判处刑罚;可以在较高档次的法定刑内判处刑罚,也可以在较低档次的法定刑内判处刑罚的"两可"案件。对于这种"两可"案件,仅靠刑法的规定显然解决不了问题,若以党和国家的"凡介在可捕可不捕之间的人一定不要捕,如果捕了就是犯错误,凡介在可杀可不杀之间的人一定不要杀,杀了就是犯错误"和"就低不就高"的刑事政策做指导,问题就迎刃而解了。

(3)刑事政策对行刑的指导。执行刑罚,依法对犯罪分子实行惩罚,强迫他们劳动改造,这对他们来说,是罪有应得,非此不足以使他们改恶从善、重新做人。但是,我们执行刑罚的目的,主要不是清算过去,实行报应,而是立足将来,改变、转化其过去的人身危险性,防止再犯。不是为惩罚而惩罚,而是要通过刑罚,使他们接受教育改造,化消极因素为积极因素。因此,要正确执行刑罚,必须以党和国家的改造第一、生产第二、惩办与教育改造相结合的政策为指导,把监狱、劳改机关办成教育改造犯人的特殊学校,在强迫他们进行生产劳动的同时,对他们进行政治思想教育、文化技术教育和法制教育;既要严格管理、严格纪律,强迫他们参加生产劳动,又要像父母对待犯错误的子女、老师对待犯错误的学生、医生对待病人那样,满腔热情地帮助他们认罪服法,接受改造。在他们接受改造,确有悔改或者立功表现,符合减刑、假释条件时,及时予以减刑或者假释。在他们刑满释放时,要努力帮助他们就学、就业,巩固改造的成果。只有这样,才能真正达到惩罚、教育改造罪犯,防止再犯,减少犯罪的目的。如果脱离刑事政策的指导把惩办与教育改造对立起来,其结果不是犯惩办主义的错误,就是犯"教育万能"的错误,都不能达到刑罚的目的。

坚持刑事政策对刑法的指导,不是权宜之计,而是必须始终遵循的一项基本原则。不仅在过去因刑法还未颁布实施时,需要刑事政策的指导处理各种刑事犯罪问题,就是在刑法颁布实施后,又制定了一系列单行刑事法律的今天,在改革、开放、建立社会主义市场经济体制的形势下,刑事犯罪出现许多新情况、新问题,刑法立法一时还跟不上时,仍需要刑事政策的指导。即使将来刑法比较完备了,也还要接受党和国家的刑事政策的指导。

四、正确认识和处理刑事政策与刑法关系的意义

正确认识和处理刑事政策与刑法的关系,坚持刑事政策对刑法的指导,对于加强社会主义法治,稳准狠地打击犯罪分子,有效地预防和控制犯罪有重要意义。

正确认识和处理刑事政策与刑法的关系,必须注意防止两种偏向。一种偏向是以刑事政策代替刑法,即片面强调、夸大刑事政策的作用,否认或者忽视刑法的作用,甚至认为刑法可有可无、碍手碍脚,以致造成对法治的破坏。这种错误我们过去犯过,给党和国家的利益造成过严重的损害。今天,在某些地区、某些领导干部中仍然比较严重地存在着以言代法、以权压法,有法不依,执法不严的现象,这些现象正是轻视刑法错误思想的反映。另一种偏向就是在强调法治,依法办事的时候,忽视、贬低,甚至反对党和国家的刑事政策对于刑法的指导,认为强调刑事政策的指导,就是法外有法,就是对法治的破坏。这种错误观点,曾在一部分同志中严重存在。党和国家制定的对严重危害社会治安的犯罪分子"依法从重从快"惩处的政策,曾一度无法贯彻,对犯罪分子打击不力,就是这种错误思想的反映。我们在处理刑事案件,特别是处理经济犯罪案件中,之所以混淆罪与非罪的界限,

造成错案,给经济建设事业造成损失,其根本原因之一,就在于忽视了刑事政策的指导。

防止上述两种错误偏向,充分发挥刑法的打击、预防、减少犯罪,为建立社会主义市场经济体制,发展社会生产力保驾护航的能动作用,其根本途径是努力学习刑法、学习刑事政策,增强法治观念和刑事政策观念,把执行刑法和执行刑事政策有机地统一起来。

（本文原载于《政法论坛》1994 年第 2 期）

刑事政治的元理论探究

周建军

作者简介：周建军(1977—)，男，教授、博士生导师、法学博士，湖南新邵人，2009 年毕业于北京师范大学刑事法律科学研究院，获法学博士学位。现任云南师范大学法学与社会学学院特聘教授，云南师范大学未来法治与国家安全研究中心主任，云南省网络安全战略保障创新团队负责人；兼任云南省法学会学术委员会委员，云南省法学会边境管理法治研究会副会长，云南省委"十三五普法讲师团成员"，《云南法学》副主编，云南省政府法治专家库成员，云南省政府、省委政法委等机关(协会)的专家(顾问)。曾任国家反恐办反恐怖综合训练基地(云南基地)教授、副书记，北京师范大学"京师刑事法学社"首任社长，《京师刑事法学》编辑部常务副主任等职。发表论文一百多篇。代表性论著有：《刑事政治导论》(人民出版社 2021 年)、《刑事司法政策原理》("十二五"国家规划重点图书)、《犯罪治理的斯芬克斯之谜》《变革社会中的刑事政治问题》《"李斯特鸿沟"的误读及其社会政策诠释》《刑事政治理论的构成与体系》《迈向新时代的社会治理法治化》等。曾获中国法学第三届"优秀成果奖"三等奖，享受云南省高级人才引进二等资助。

西语中的"刑事政策"，无论是德语中的 Kriminalpolitik 还是法语中的 lapolitique crinnelle，都是由古希腊语"城邦"(polis)演绎而来的"政策"(politik 或 politique)理论。在此基础上，卢建平教授提出了"刑事政策就是刑事政治"的论断。① 考虑到党的十九大报告提出来的"美好生活"目标，刑事政治理论所具有的"改善犯罪治理，增进民生福祉"的内涵再一次得到彰显。然而，中国刑事政策理论的发展，依然遭遇到"让政治走开"之类的瓶颈。历史总有惊人的相似，在《实践理性批判》中，康德早就提出："一般实践理性批判就有责任去防范以经验为条件的理性想要单独给出意志决定的狂妄要求。只有纯粹理性的应用，倘若这种理性

---

① 卢建平：《刑事政策与刑法》，中国人民公安大学出版社 2004 年版，第 6 页。

的存在得以证明的话,才是内在的;相反,自封为工的以经验为条件的理性应用则是超验的,并且表现在完全逾越自己领域以外的各种无理要求和号令之中。"①康德对实践理性的批判进一步印证了我们对政治抑或刑事政治本意的判断。受此启发,刑事政治理论的倡导,也要在刑事政治本意、历史和逻辑的基础上展开基本理论的思辨,通过元哲学的理性批判②,进一步确立刑事政治理论的科学性质。

一、刑事政治的元理性

在应然层面,刑事政策(刑事政治)具有法的属性。但在实然层面,它仅具有法意的性质。因此,作为批判刑法学,刑事政策理论的发展需要率先澄清一个非常重要的问题——刑事政治的元理性,即刑事政治本意和法意。类似于孟德斯鸠对法意的探寻,刑事政治的本意也需要在政治关怀抑或政治批判的进程中得以澄清,获得成长。在法意的探寻中,孟德斯鸠指出:"由此可见,存在着一个初元理性,法就是初元理性和各种存在物之间的关系,也是各种存在物之间的相互关系……因此,创世看似一种随心所欲的行为,其实它意味着一些不变的法则,就像无神论者所宣称的永恒宿命那样。没有法则世界便不复存在,所以声言造物主可以不凭借这些法则来治理世界,那是谬论。"③在孟德斯鸠所说的"初元理性"中,"元"是最高级的意思。亦如康德在《道德形而上基础》(*Foundations of the Metaphysics Morals*)中提到的,犯罪学的形而上也称犯罪学的"元哲学",即关于犯罪学本身的学问。因此,初元理性应该是指在人类社会中,起到支配作用,地位最高、作用最大的规律。这种规律,用古典自然法学派另一位代表人物约翰·洛克(John Locke,1632—1704)的话说,就是:"自然状态有一种为人人所应遵守的自然法对它起着支配作用;而理性,也就是自然法,教导着有意遵从理性的全人类:人们既然都是平等和独立的,任何人就不得侵害他人的生命、健康、自由和财产。"④这一点,在严复的译本(《法意》)中也说得很清楚:"法,自其最大之义而言之,出于万物自然之理。盖自天生万物,有伦有脊,既为伦脊,法自弥纶,不待施设。宇宙无无法之物,物立而法形焉。天有天理,形气有形气之理。形而上者固有其理,

---

① [德]康德:《实践理性批判》,韩水法译,商务印书馆2003年版,第14页。
② 在《纯粹理性批判》中,康德进一步提出:"理性的批判最终必然导致科学;相反,理性的无批判的独断运用则会引向那些无根据的、可以同样似是而非的主张与之对立的主张,因而导致怀疑论。"[德]康德:《三大批判合集》,邓晓芒译,人民出版社2009年版,第14页。
③ [法]孟德斯鸠:《论法的精神(上)》,许明龙译,商务印书馆2014年版,第9~10页。
④ [英]洛克:《政府论》,叶启芳、翟菊农译,商务印书馆2012年版,第4页。

形而下者亦有其理。乃至禽兽草木,莫不皆然。而于人尤著,有理斯有法矣。"①
再明白不过,万物自然之理就是自然法。换一个角度,古典自然法学派取法于自
然,所探寻的必然也只能是元级别的法律——法的精神。

　　孟德斯鸠取法于自然,将法律的精神抑或性质界定为"源于事物本性的必然
关系",这对刑事政治本意的探寻也有启发。从源于事物本性的角度来看,人类基
于生存抑或更好的生活的需要而生活在一起,形成了城邦(古希腊为 polis,英译为
City-state),即现在所说的政治(policy)。可见,从一定意义上说,政治不过是人类
社会(甚至可以延伸至生物)普遍具有的趋利避害抑或寻求更好生活的本性。正
因为如此,亚里士多德在《政治学》中指出:"人类自然地应该是趋向于城市生活的
动物","人在本性上应该是一个政治动物"。② 换句话说,任何人都不可以独自存
活,否则就谈不上更好的生活了。当然,我们将政治界定为善治抑或公共事务的
公共处理,不仅意味着政治乃人性抑或共同生活的必然要求,而且表明,随着社会
的发展、知识的积累,人性也会对共同生活的事务提出更高的要求。因此,政治
(善治)绝非乌托邦式的最高理想,它也是渐进、发展的生活艺术。

　　既然政治是人性的普遍要求,那么必然产生以下两个方面的结论:第一,政治
是众人之事,众人之事必然需要众人参与,反映众人的利益,实现众人之事的逐步
改善。第二,刑事政治也属于人类社会改善共同生活的本性要求,也需要包括国
家、犯罪人、被害人在内的相关社会力量的参与,反映他们的利益,寻求犯罪治理
事务的逐步改善。概而言之,刑事政治的初元理性即刑事政治的法意——不管是
从自然法的角度,还是从事务的本性出发,刑事政治的本意在于人类社会治理犯
罪、改善共同生活的努力,具有和法律相类但不等同的法意。

　　细说起来,刑事政治的法意也是指作为犯罪治理指南(guideline)的刑事政
策根据犯罪的客观属性和规律,改善犯罪治理实现更好生活的性质。在刑事政
治法意的理解中,需要注意两个方面的问题:第一,刑事政治和法律具有相类的
性质,都是人们追求更好生活的体现。孟德斯鸠的法意探寻给我们一个很重要
的启示,法律之上还存在决定法律、高于法律的本性和规律。在刑事政治的研
究中,我们也发现,从雅典时期开始,基于更好的生活的需要,才产生了城邦和
法律。可见,城邦以及城邦的法律都是民众追求更好生活的体现。换句话说,
没有生活抑或共同事务的改善,城邦和法律就失去了存在的价值和意义。因
此,追本溯源,刑事政治和法律都是人们追求更好生活的体现。从生活的改善

---

① ［法］孟德斯鸠:《法意》,严复译,北京时代华文书局 2014 年版,第 1 页。
② ［古希腊］亚里士多德:《政治学》,吴寿彭译,商务印书馆 2014 年版,第 7 页。

抑或更好地处理公共事务的角度,他们具有共通的本性和目的。第二,法意并不等同于法律。尽管本性、目的相通,但也不能将二者简单混同。在城邦事务的体系中,犯罪治理非常重要但不是全部。刑事政治只是更好地处理犯罪事务的指南,有益于公共事务的改善,既不是事务本身,也不是共同事务的全部。共同事务的改善,不仅取决于各个事务的改善,也取决于对共同事务属性和规律的遵守。犯罪治理这一共同事务的处理,既要服从更好的生活的需要,也要遵守法制的属性和规律。国人常说"发于心而止于理",也是这个意思。因此,基于共同事务的机理,刑事政治具有与法律相类的法意,又不能将二者混同。这也是法治精神的应有之义。

孟德斯鸠对刑法法意和效用的追寻还有一点启示:不管是对严刑峻法的批判,还是论及宗教与刑法的关系,孟德斯鸠都将"刑法是否有效"作为最重要的判断依据。对我们来说,现在的刑法理论越来越复杂,刑事法学的体系也越来越庞大,相关的主张更是推陈出新、举不胜举。在此之中,我们往往忽视了相关法律及其理论的有效性——既然犯罪是对刑法法益的侵犯,那么刑法就该将法益的恢复作为最根本的法意(目的)。从这个角度来讲,刑罚的报应、预防功能都只是法益恢复目的的体现。一旦相关功能与法益恢复的目的发生冲突,就该对它们的作用范围和方式做出调整,使之适应法益恢复目的的需要。考虑到民主的要求,对相关法益的恢复还要以尽可能公开、公平的方式来实现。说到底,刑法的理论和制度,既要搞清真正的被害主体和法益,也要尽可能公开、公平地对他们因犯罪而受损的利益进行恢复。当然,这也是刑事政治理论法意的重要组成部分。

二、刑事政治的元属性

按说在法治传统下,本不需要就公共事务的善治目的与公共参与原则做出特别说明,正如西方主要国家的情况,民生福祉与公共参与乃公共事务不言自明的原则,政策(policy,即政策、公共政策)的制定、施行务必会给予足够的尊重,但在我们的现实生活中,"政治"和"政策"的名义有可能被滥用,公共参与的理念和范式也很缺乏,善治传统远未形成,以至于政治层面的刑事政策理论和适用甚至遭到了部分杰出学者的质疑。因此,以犯罪治理为目的,以商谈、相对、系统为主要范式,以公共参与和系统治理为主要进路的刑事政治理论需要在澄清政治本义的基础上,对犯罪治理的善治本质及其反应的系统化(科学化)和公共参与(民主化)做出专门说明。在此基础上,广义刑事政策理论(即刑事政治理论)也将在犯罪治理目标的确立和实现中以民主化和科学化为主要原则,进一步改善刑事政策理论的合法性,对刑事立法、司法和相关公共政策起到良好的指引作用,协同推动当代中国的治理改革,促进民生福祉的改善。

刑事政策理论与政治(即"善治")理论之间具有密切的关系,这也是一个决定刑事政治初元属性的问题。长期以来,我们习惯于将"政策"理解为执政党和国家的意志(利益)反映,抑或阶级统治的工具。这个意义上的"政策",往往只起到了辅助国家权力发号施令的作用。然而,政治学的研究表明,政治原本是指人类社会追求更好的生活的努力,核心乃公共问题的公共解决。两相比较,后者较好地实现了实质理性与程序理性的统一,更有利于国家权力的控制与法治环境的改善。同时,基于更好的生活的需要抑或公共问题公共解决的要义,多元参与及其利益冲突——妥协也是现代社会的基本准则。更为重要的是,上述基本准则还秉承了市场经济的机理,也将随之成为"良法善治"目标体系下贯穿经济、政治、社会领域的正常生活。然而,从多元参与的角度来讲,国家和执政党都只是社会力量的重要组成部分。唯其如此,才有在自利、自愿的基础上动员尽可能多的社会力量,形成相关社会力量体系的现实可能。因此,在党和国家提出"推进国家治理体系和治理能力现代化"目标的时候,我们不得不思考这样一个重大的理论和现实问题:犯罪治理如何实现治理体系和能力的现代化?窃以为:一方面,治理体系的现代化,首要的是治理主体和力量的多元化;另一方面,治理能力的现代化则离不开治理方法抑或治理反应的体系化。落实到犯罪治理问题,源于犯罪存在的自然属性,消灭犯罪本无可能,犯罪控制的目标亦有失偏颇,为此犯罪治理目标的科学确立,犯罪治理力量和反应的多元化、系统化等,将在犯罪治理体系和能力的现代化方面起到关键性的作用。

相应的,犯罪治理目标的确立既是一个政治问题,也是一种哲学范式。说它是个政治问题,主要是基于民生福祉抑或"生活改善"需要做出的判断。亚里士多德认为,"城邦的长成出于人类'生活'的发展,而其实质的存在却是为了'优良的生活'……又事物的终点,或其极因,必然达到至善,那么,现在这个完全自足的城邦正该是(自然所趋向的)至善的社会团体了",尽管这一观点提出至今达两千多年,但政治学依然将"民生福祉抑或生活改善"作为最核心的内容。例如,俞可平教授提出:"治理和善治思想对于中国的政治改革而言具有特别重要的意义,中国政治发展的基本目标之一,应当是不断走向与社会主义市场经济体制相适应的善治。"①此外,诸如"民有、民治、民享""人民当家作主"之类流传甚广的提法,也都与民生福祉抑或"优良的生活"具有密不可分的关系。我们提出犯罪治理是一个

---

① 俞可平:《增量民主与善治》,社会科学文献出版社2003年版,第161页。

政治问题,也是指犯罪的抗制关联着社会治理与民生福祉,与"优良的生活"的政治诉求之间具有源流的关系。倘若不能考虑到这一点,仅从传统刑事政策理论抑或传统规范刑法学的观点出发,夸大刑法学、刑事政策学的纯粹性和专业性,势必存在"只见树木不见森林"的弊端。简而言之,犯罪治理目标所具有的政治属性既是自利人性的必然要求,与政治科学的核心思想相吻合,又将在指导立法、司法,进而形成系统、科学的犯罪治理反应体系的过程中,确定其灵魂、指南式的法意地位。

三、刑事政治的元范式

相对于犯罪治理目标显而易见的政治本质,它的哲学范式(元范式)要复杂得多。当然,法学界对这一点是有共识的。例如,贝罗尔茨海默尔提出,政治是"法哲学的零钱",反过来说,法哲学是"世纪标准中的政治"。拉德布鲁赫提出:"正如哲学无非是对生命的阐释,法哲学也无非是对日常政治的阐释,或者反过来说,党派的斗争也是一场出色的法哲学讨论。"①然而,从系统理论的角度来看,法哲学及其"零钱"更像是整体轮廓与内在进路的关系。犯罪抗制的整体改善关乎"更好的生活",从属于善治或政治的范畴,这是显而易见的,但整体改善犯罪抗制的哲学进路则要复杂得多。所有这些也都表明从政治本质到哲学范式的研究不仅意味着研究的深入,更意味着犯罪治理目的及其政治本质的可行性。考虑到犯罪治理目标的动态性和系统性,犯罪治理目标的确立至少包含以下三个方面的哲学范式:商谈的范式、相对的范式和系统的范式。

从哲学层面来讲,商谈不仅是一种交往理性,更是自然有效的反应模式。② 更重要的是,类似于市场经济的商品交换理论,商谈的哲学范式还蕴含着以商谈、交往(交换)促进公共参与,进而改善刑事政策民主的进路。需要强调的是,犯罪治理亦属公共事务的范畴,民主化始终都是贯穿于相关事务的重要目的和要求。当然,这一点原本也是哈贝马斯的商谈理论和尼古拉斯·卢曼(Niklas Luhmann,1927—1998)的社会系统理论极为看重的。在事实与规范之间:关于法律和民主法治国的商谈理论》一书中,哈贝马斯明确提出了商谈理论(原则)的关键所在:"公民自我立法的观念不应该被归结为单个个人的道德自我立法。对自主性必须

---

① [德]拉德布鲁赫:《法学导论》,米健、朱林译,中国大百科全书出版社 1997 年版,第 3 页。

② 源于犯罪存在的自然属性,犯罪治理需要在自利人性的基础上确立多元、渐进、妥协的反应模式。与亚氏提出来的城邦(善治)理论相似,相关反应模式也以自然人性的显明,更好的生活抑或至善为目的,反对激进、极端的反应形式。因此,犯罪治理目标体系下的反应模式具有突出的自然有效性质。

做更普遍的和更中立的理解。为此我引入了一条商谈原则,这条原则对于道德和法起初是一视同仁的。商谈原则首先应该借助于法律形式的建制化而获得民主原则的内容,而民主原则进一步赋予立法过程以形成合法性的力量。关键的想法是:民主原则是商谈原则和法律形式相互交叠的结果。"①在其社会理论中,卢曼也提出了"沟通决定社会(系统)的存在性问题"②。若从社会制度上做进一步的考虑,商谈的哲学范式还与卢梭的社会契约理论具有高度的契合性质。"在我们这样一个国家主导,甚至坐拥绝大部分权力资源的国家,市民社会尚未建成,社会权力有待培养,……我们仍然需要从社会契约等国家学说中汲取合理的因素,改善包括犯罪治理在内的各种公共事务的处理。"③不难看出,汲取了社会契约思想、商品交换原理合理内核的商谈范式,将在国家权力的控制和民主原则的"获得"中进一步改善社会制度的机理。

相对范式是相对主义范式的简称,是在相对理性基础上发展起来的,以多元主体和利益折中为主要内容的关系模式。在西方的哲学理论中,普遍认为相对主义(relativism)是一个具有"源于或决定于其他相关事项"含义的概念。④ 法哲学的研究也印证了这一点。例如,拉德布鲁赫在其代表作《法哲学》中提出:"相对主义能够证明多种世界观,它可以在没有自己立场的情况下,坚守对最终的价值评判立场的阐述……相对主义之所以能够放弃各种有争议的价值评判之间的自身立场,是因为它认为所有这些立场,或者这些立场中的每一个所具有的唯一职责特点就是其代表人物都具有相同的权利,还因为它相信,被我们的意识排除在外的,而与更高一层的意识相处和睦的东西,就是我们需要的。"⑤所谓"与更高一层的意识相处和睦的东西",在拉氏的另一本著作中说得更明白一些:"相对主义既讲坚持己见,又讲公正对待异见。""相对主义,同时包含着唤起斗争和提醒尊重,在证实其对手所信奉的观点不可证明时就要对此进行斗争,在表明其对手所信奉的观点不可辩倒时就要对此表示尊重:一方面要做到果敢斗争,另一方面要做到判断宽容和公正——这就是相对主义的品德。""在相对主义、中立性和宽容思想的背后存在着的,是自由的实证价值,是法治国的自由,是作为个性生长之地的自

① [德]哈贝马斯:《在事实与规范之间:关于法律和民主法治国的商谈理论》,童世骏译,三联书店 2003 年版,第 148 页。

② Niklas Luhmann,Theory of Society Volume1.Translated by Rhodes Barrett,Stanford University Press,2012,p.48.

③ 周建军:《刑事法治导论》,人民出版社 2021 年版,第 29 页。

④ Paul O'Grady:Relativism,Acumen Publishing Limited,2002,p. 5;Timothy Mosteller,Relativism:A Guide For The Perplexed,Continuum International Publishing Group,p.2.

⑤ [德]G. 拉德布鲁赫:《法哲学》,王朴译,法律出版社 2005 版,第 13 页。

由,是作为文化创造之基础的自由。"①源于相对主义对其他事项的承认和尊重,及其公正对待异见的要求,相对主义具有突出的多元主义特征。保罗·奥·格雷迪(Paul O'Grady)甚至提出,多元主义特征还是判断相对主义概念是否理性、科学的标志。② 对刑事政治理论来说,相对主义的多元特征将有助于片面、极端化的刑事政策观念的改善。当代中国,市场经济和法治建设的进步是显而易见的,但在不少人的头脑里依然存在片面、极端化的刑事政策观念。众所周知,片面化、极端化刑事政策观念对犯罪抗制与民生福祉的改善极为不利,相对主义甚至因此应当成为刑事政治理论的基本模式之一,具有重要的政治、哲学地位。当代中国的犯罪抗制,当然必须加强执政党的领导。对执政党来说,也存在犯罪抗制路线忽左忽右的危险。因此,能否形成一个主体多元、利益共享的反应模式,以此消弭路线、主义的极端变化,引领犯罪治理的科学发展,切实履行好"更好的生活"的政治本质,确保习近平总书记新倡导的每一起司法案件的办理都要让人民群众感受到公平正义,从而更有利于执政党政治地位的巩固和发展。具体体现到犯罪治理的理念,能否公正对待犯罪人、刑事被害人的利益,尊重其主体资格和"不能辩倒的"利益,也将成为刑事政治理论需要重点关切的模式层面。受此启发,笔者曾以"刑事政策的相对性质""分子抑或分母:犯罪人主体地位的提出"等为题,提出了建构犯罪治理多元模式的初衷。但是,相对主义范式所涉既广且深,政治观念与哲学模式的改善还只是犯罪治理理论和实践最终得以形成"至善"局面的关键所在。其他的,诸如如何进一步形成以商谈、自利、相对为根本特征的哲学模式,使之与以平等、自利、交换为根本特征的市场经济模式协调、一致等,也将成为相对哲学范式和刑事政治理论的重要旨趣。话说回来,正因为犯罪治理事务所涉如此广泛(甚至需要纳入社会治理的范畴),以犯罪治理为主要目标的刑事政治理论也必然得到所涉既广且深的相对范式的支撑。

系统范式是指以功能或利益的增进为目的形成的整体反应模式。众所周知,源于犯罪抗制的复杂性,李斯特提出了"最好的社会政策就是最好的刑事政策"的著名论断。尽管上述论断的具体含义有待进一步挖掘,但它对犯罪治理系统范式的支撑却是不言而喻的。犯罪治理的系统范式,主要是指以犯罪治理功能抑或利益的增进为目的形成的整体反应模式。犯罪治理功能抑或利益的增进,不仅取决于犯罪抗制事务的逐步改善,也取决于在犯罪抗制事务中凸显出来的、各社会边

---

① ［德］G. 拉德布鲁赫:《法律智慧警句集》,舒国滢译,中国法制出版社 2001 年版,第 21-22 页。

② Paul O'Grady,Relativism,Acumen Publishing Limited,2002,p.5.

缘人士主体地位和利益的保障和恢复。亦如社会学"木桶理论"所揭示的,各社会边缘人士地位和利益的保障,既是犯罪抗制的重要内容,也是社会治理水平的标志。因此,犯罪抗制事务的改善与社会治理的整体水平之间存在一种以"最好的社会政策就是最好的刑事政策"的论断为标志的关系。当然,对上述关系的具体理解是系统、动态的。从静态的意义上讲,经由上述关系,不仅可以剖析出社会因素的犯罪学意义,而且可以进一步得出刑事政策的本质——以犯罪治理为目的的社会政策。从动态的意义上讲,上述关系必将成为犯罪治理运动的主要动力。一言以蔽之,犯罪治理的系统范式不仅决定了刑事政策的科学本质,而且经此形成了犯罪治理反应的基本模式——社会治理的整体反应。

在刑事政治理论的研究中,笔者始终都能感受到来自犯罪治理理论和实践层面的迫切需求。不论是刑事政治理论基本范畴的澄清,还是相关哲学范式、研究方法的阐明,都存在突出的现实基础和需求。其中,又以犯罪治理目的的确立和实现最为迫切。一方面,犯罪治理目标的确立具有重大的现实意义。当然,这一点还得从中国犯罪抗制的现实基础说起。当代中国的犯罪抗制,无论理论抑或实践,在一定时期和一定程度上受到以"严打"刑事政策为代表的"管控"思维及地方利益格局的影响。应当说,党中央和中央领导同志在特定时期针对犯罪的严重情况和打击不力的问题提出依法从重从快打击严重犯罪的方针,本是无可厚非的,但是,由于种种原因,"严打"政策"在贯彻实施中出现了比较严重的扭曲现象。比如,为了体现严打精神,宁枉勿纵,人为地控制和压缩不捕、不诉以及无罪、免刑和缓刑判决,甚至由上级机关规定比例,不得超过;在集中行动中,为了造声势而大量抓捕那些不构成犯罪的一般违法人员,甚至游街示众,既侵犯了无罪者的人身自由权利,又造成了司法资源的浪费;在办案中只重视有罪和罪重证据,不重视无罪和罪轻证据,甚至刑讯逼供,因而造成错捕、错判甚至错杀;不是以人为本,而是为破案而破案,甚至出现了为破案而对受害人逼取证言,乃至出现了为破案而设计二次"强奸",让受害人再次受辱的荒唐事件,等等"[1]。还有的地方在扫黑行动中层层加码,放弃公、检、法之间的相互制约,不重视律师的无罪辩护,严重弱化纠错机制,甚至提高律师会见犯罪嫌疑人和被告人的门槛。[2] 由此可见,对于如何正确地运用刑事政策指导刑事司法,确实还需要从理论与实践的结合上进行深入的研究。

从表面上看,"严打"刑事政策不过是犯罪控制思维的体现。时至今日,控制犯罪抑或犯罪控制依然是各国刑事法理论和实践中再频繁不过的思维和词汇。

---

[1] 马长生:《刑事法治的多方位思考》,法律出版社 2013 年版,第 6 页。

[2] 马长生:《刑事法治的多方位思考》,法律出版社 2013 年版,第 47 页。

但是,考虑到各国政制、政策基础的不同,欧洲部分国家的"犯罪控制"(crime control)理论更容易从多元主体、利益妥协的思维出发,通过多元参与、系统治理的方法形成商谈、相对、系统的范式,因而具有犯罪治理(crime governance)的实质。换句话说,他们的犯罪控制思维更多地融合了商谈、相对、系统的哲学范式,更容易形成犯罪治理的思维和进路。然而,西方最强大的国家美国,在国内的"犯罪控制"上却乏善可陈。美国的犯罪率是世界上最高的,关押的犯人也是世界上最多的,仅仅枪击案件每年造成的伤亡人数都多达上万乃至数万人,年复一年,美国政界在禁枪问题上的争论却无止无休。

论者往往意识不到这一点,迄今依然以为:"犯罪控制,是指基于犯罪条件的揭示,由国家与社会采取各种措施与方法,致力于减少、消除犯罪发生的致罪因素,对于个体犯罪现象以及社会犯罪现象,予以限控与遏制的一系列活动。"①尽管上述理念坚持声称其犯罪控制主体具备了从国家、社会组织到个人的"全方位"特征,其方法也具备"综合多样"的特征,但这样一种"致力于减少、消除犯罪发生的致罪因素"的控制理念在初步具备多元主体思维的进步之余,依然存在以下两个方面的不足:其一,存在对犯罪自然存在规律的忽视;其二,对犯罪人、被害人等利益攸关者的地位和作用的研究也存在一定的软肋。要知道,从犯罪自然存在的规律出发,犯罪的地位和作用是相对、复杂的,致罪的因素也是辩证、系统的,且必然存在未必能被减少、消除的部分。申言之,尽管主体貌似已经多元,但"致力于减少、消除犯罪发生的致罪因素"的犯罪控制理念依然存在违背犯罪存在规律,忽视犯罪人、被害人主体地位和利益的局限性。更何况,"综合多样"的方法与理性、系统的犯罪治理方法之间也存在根本性的差别。因此,犯罪治理目标的提出依然具有重要的地位和作用。另外,从"国家治理体系和能力现代化"的政治目标出发,犯罪治理目标的确立和实现也是紧迫、必然的现实要求。2013 年 11 月,我国正式提出了"推进国家治理体系和能力现代化"的总目标,注重改革的系统性、整体性和协调性。根据公共政策和系统理论的研究,现代化的国家治理体系必然是在尊重相关主体地位和利益基础上,全社会广泛参与的社会治理体系。在社会治理体系中,国家不过是其中重要但非唯一的主体。古希腊城邦的历史早就证明,没有国家的时候,社会治理效能达到较高的水平。反观一些国家,虽然"控制"了国家政权,却是民生凋敝、人性凋零,与善治愿景相背而驰。因此,"国家治理体系和能力现代化"既是国家参与社会治理,实现善治目标的主动担当,也是国家放弃单一管理

---

① 张小虎:《犯罪预防与犯罪控制的基本理念》,载《河南政法管理干部学院学报》2008 年第 1 期。

(控制)主体地位,在尊重事务属性和规律的基础上,以商谈、相对、系统的范式确立公共事务反应机理的自我约束。从商谈、相对、系统的范式来说,国家是犯罪治理的重要参与者,但只是犯罪治理的参与者,决不能以犯罪治理事务的包办者自居。在国家包办犯罪抗制事务的情况下,往往很难形成国家与其他社会主体商谈的范式,犯罪抗制的方法也具有非理性、非系统的特点,"头痛医头脚痛医脚""重刑有余轻刑不足"等方面的问题始终不能得到有效的回应。因此,"国家治理体系和能力现代化"本质的澄清、社会治理思维的确立、犯罪抗制事务的改善,都有赖犯罪治理目标的确立和实现。尤其在"国家治理体系和能力现代化"的政治愿景下,犯罪治理目标的确立和实现将在厘清国家治理本质的基础上推行商谈、相对、系统的哲学思维和范式,为社会治理体系和能力的现代化铺开一条现实的路径。考虑到转型中国的实际情况和执政党的改革决心,上述路径无疑是必然与迫切的。

尽管刑事政治理论所承载的理论和现实意义已经引起了部分学者的关注,但缘于意识形态和对罪刑法定原则理解上的片面等思想观念的影响,相关哲学范式和治理进路的确立并非易事。为此,我们有必要对它的历史、基本范畴和学术使命做出说明,借此推动相关理论和实践的逐步改善。在相关历史的研究中,我们以为现代意义上的刑事政策思想大抵属于启蒙时期以后的事情。特别是孟德斯鸠、卢梭、贝卡里亚、费尔巴哈、哈贝马斯、拉德布鲁赫、李斯特等人以国家治理抑或刑法制度为目的展开的理论批判,对广义刑事政策理论的形成、发展起到了突出的支撑作用。其中,孟德斯鸠在"法意的探寻"中将法律的精神界定为"源于事物本性的关系",它也奠定了刑事政策与刑事法律之间"相类而不相同"的二律背反关系的基石。究其实质,刑事政策所具有的改善犯罪抗制以实现更好生活要求的性质,也具有根本层面上的"法意"本性。相形之下,以卢梭的社会契约理论为基础的国家学说对犯罪治理理论的影响力,主要侧重于相关体系和能力完善的启示。尤其是在犯罪治理协议层面,基于社会契约理论,犯罪治理不再是国家一己之力的事务,因契约而生的刑事司法权力也更容易被纳入相对、商谈的界面,进而改善刑事政策的民主基础,提升犯罪治理的内生动力。从形式法治主义出发,罪刑法定原则一向被奉为规范刑法的"最高原则"。但是,考察"近代刑法学之父"贝卡里亚的刑法思想(尤其追求"最大幸福"的刑法思想),作为罪刑法定原则基础的社会契约,其目的主要在于公共利益的改善。申言之,贝氏废除死刑的主张、预防犯罪的目的、正当程序抑或犯罪嫌疑人权利的保障,都建立在公共利益保护、衡量的基础之上。因此,在罪刑法定原则之上还有公共利益的衡量与保护。也就是说,较之罪刑法定原则,公共利益的保护具有更为优先的实质理性地位。和社会契约理论一样,这一点也是现代国家制度及其公共政策的根基之一,本不值得大书特书,但在当代中国,受意识形态、法治虚无主义及其灾难历史的深重影响,僵化的罪刑法定主义思想特别严重,以至于倡导良法善治的刑事政治理论也被误以为是"危险的理论"。注意到这个方面的问题,笔者撰文指出:"根据善治原理的指导,政治不仅具有求善(公共处理的改善)的本质,刑法与政治的结合也不是危险的事物。实际上,阶级统治绝非政治的本义,'政治挂帅'抑或'政治压倒一切'的意识形态不过是滥用了政治的别名,并非真正的政治生活。因此,危险属于泛政治化的传统及其单一、没有制约的利益机制,去政治化只能是泛政治化的纠偏,绝不能因噎废食,曲解了刑事政治理论阐明善治含义,改善公共事务机理的本真。"①一旦确立了刑事政治理论的法意本性和契约基础,作为法意探寻和社会契约共通基础的功利(福利)思想也将随之成为刑事政治理论的重要基石。严格说来,作为刑事政治理论基石之一的功利思想亦应阐释为社会福利思想。区别于一般意义上的利益衡量,社会福利思想更加注重包括机会和结果的系统性改善,即社会福利的系统改善。所谓社会福利的系统性改善,主要包括三个方面的要求:其一,它不是指贫困的消除,而是贫困的改善。市场经济条件下,贫困是相对的,但也是必然的存在。因此,贫困只能被改善,而不能被消除。其二,它是改善性的,而不是结局性的。根据自利的人性,难以划分出社会利益的顶限。加之贫困的界定、相关的因素也都是系统、复杂的,社会福利的改善不存在一劳永逸或终局性的标准。其三,系统性的改善是公共参与条件下的利益实现。没有行为人的自愿参与,财富的增加未必符合行为人的利益诉求。再者,考虑到以竞争促进社会发展的基本规则,社会利益的扩大也离不开公共参与的改善。因此,从系统、动态的意义上讲,社会福利的系统改善也算得上一种公共参与条件下的利益实现。其中,还伴随着底线保障的逐步抬升。此外,建立在社会福利系统改善基础上的刑事政治理论,不仅存在商谈、相对、系统的范式,更强调批判理性与方法的建构。所谓理性,主要是指事务属性和规律。作为公共政策的刑事政策必然具有多元参与、系统治理的特性。因此,源于公共政策的多元利益和批判理性,刑事政治理论具有突出的批判特性。与此同时,广义刑事政策理论的研究也表明,作为批判犯罪学的刑事政治研究有助于犯罪原因和功能的全面揭示;作为批判刑法学的刑事政治理论也将在维护统治利益的目标中保持必要的张力,以满足合法化的要求。考虑到中国社会的实际情况,刑事政治理论还要结合刑法修正、司法改革等现实途径展开理性的批判研究,改善犯罪治理的体系和能力。从最终的意义上讲,没有批判的理性抑或理性的批判就没有科学的批判理论,科学的刑事政治理论也将无从谈起。

---

① 周建军:《刑事政治:生活在别处的法律》,载《法学家茶座》2015 年第 1 期。

四、结语:犯罪治理的目的

在刑事政治理论的系统研究中,既要立足日常政治抑或"更好的生活"等显而易见的知识,诠释好相关理论的"善治"(政治)本质,又要结合相关哲学范式,引导刑事政治理论进入相对、协商的治理进路,推动相关理论的民主化和科学化。

亦如前文所言,汲取了社会契约思想、商品交换原理合理内核的商谈范式,将在国家权力的控制和民主原则的"获得"中进一步改善社会管理的机理。可见,民主本身是个好东西①,民主原则所承担的改善社会管理机理的功能也不容小觑。尤其在执政党提出"国家治理体系和能力现代化"的背景下,亟须结合民主原则的要求准确理解"国家治理"的含义,并将"国家治理"与"作为社会政策的刑事政策"结合起来,探寻"最好的刑事政策"的存在,诠释"社会治理"的机理,推动犯罪治理与社会治理的整体改善。与刑事政治理论民主原则的机理改善相比,刑事政治理论的科学化更侧重于犯罪治理基础的理性化与治理方法的知识积累。犯罪治理基础的理性化,主要是指犯罪治理需要符合犯罪存在的自然基础和客观规律。研究表明,犯罪的自然存在是科学的犯罪抗制的基础。但是,传统的刑事政策理论更习惯于从消灭或控制犯罪的理想出发,试图一劳永逸或采用一种方法彻底解决所有的犯罪问题。然而,犯罪是一种自然存在。因此,科学的刑事政策理论务必要从犯罪的自然基础出发,遵循犯罪问题的属性和规律,为犯罪问题的系统抗制奠定科学的基础。犯罪治理方法的知识积累是指犯罪抗制要在系统理论的指导下,充分汲取犯罪学、刑法学、政治学、经济学等关联学科的知识,改善犯罪抗制的力量和方法,形成犯罪治理的系统反应。可见,犯罪治理需要介入的力量和方法丝毫不亚于任何其他社会问题,相关体系的科学程度也足以达到"最好的社会政策"的要求。究其实质,刑事政治理论也算是我们对"最好的社会政策就是最好的刑事政策"这一至理名言的系统诠释。概而言之,刑事政治理论的任务就是从犯罪存在的自然属性和规律出发,系统研究犯罪地位和功能的相对性质,理性对待必然存在且未必能被减少、消除的犯罪问题,并以商谈、相对、系统的哲学范式开展批判犯罪学、批判刑法学的研究,建构与市场经济、国家治理、社会治理相适应的犯罪治理理论和体系。

(本文原载于《昆明理工大学学报(社会科学版)》2019 年第 2 期,收入本书后主编对个别字句略有修改)

---

① 俞可平:《民主是个好东西》,载《民主》2007 年第 1 期。

关于我国刑事政策改革的一点构想

——论社会主义法治理念下的前科消灭制度

马长生　彭新林

作者简介:马长生(1944—　　),男,山东省莘县人,湖南师范大学法学院教授,湖南省法学会原副会长,湖南省法学会刑法学研究会名誉会长,湖南省刑事法治研究会名誉会长。1961 年 7 月从莘县一中应征入伍,1964 年从原济南军区某部考入北京政法学院(中国政法大学前身),毕业后曾任内蒙古额尔古纳左旗人民法院审委会委员,湖南省检察院研究室副主任、检察员,湖南省政法委调研处处长,湖南省综治办副主任,湖南省政法管理干部学院副院长、法学研究员,湖南师范大学正校级督导员、法学院教授,湘潭大学法学院兼职教授、博士生导师,长沙理工大学特聘教授、博士生导师。曾被中国人民大学国际刑法所、北京师范大学刑科院先后聘为特约研究员、兼职教授。先后出版法学著作(含主编、合著)二十余部,发表论文、调查报告等 140 多篇。先后获奖二十多项,包括首届中国法学优秀成果奖 1 项,最高检颁发的全国检察理论研究优秀成果奖一等奖 2 项、二等奖 1 项,其他省部级奖励 4 项,湖南省法学优秀成果一等奖 1 项。曾主持湖南省和最高检立项的重点课题多项。

马长生教授是我国最早研究经济犯罪的刑法学者之一,曾与我国著名刑法学家欧阳涛教授共同主编了《经济犯罪的定罪与量刑》,后来又主持了《经济犯罪热点问题研究》,对国内外颇有争议的经济犯罪概念做了独到的阐述。2003 年 8 月,曾与武汉大学马克昌教授一起应邀在韩国刑事政策研究院先后发表刑法学术演讲。系国务院政府特殊津贴专家,湖南省检察院首届专家咨询组成员。曾被评为中国政法大学优秀毕业生。

第二作者彭新林,撰写本文时系湘潭大学法学院在校硕士研究生,现任北京师范大学法学院教授、博士生导师。

前科消灭是指曾经受过法院有罪宣告或被判定有罪的人在具备法定条件时,

国家抹销其犯罪记录,使其在规范上的不利益状态消失,恢复正常法律地位的一种刑事制度。这种刑事制度有利于消除社会矛盾,化消极因素为积极因素。我国刑事立法和刑事司法中均未规定和承认前科消灭制度,即使在刑法学理论研究中,前科消灭制度亦是一个相对偏狭而冷僻的领域。然而,随着社会的发展、人类文明的进步,社会所激发地对前科消灭的制度需求却日益凸显。当前,我国正大力推进构建社会主义和谐社会,而和谐社会的构建绝对离不开社会主义法治理念和法治建设的支撑。在社会主义法治理念指导下改革我国的刑事政策,确立前科消灭制度,无疑合上了刑事法治建设春天的"节拍",意义更为异乎寻常。基于此,研究前科消灭制度不仅具有独特的理论价值,而且颇富重要的现实意义。此部分正携此初衷,首先对我国引入前科消灭制度的必要性与可行性进行论证,然后提出我们就构建中国特色的前科消灭制度的初步构想。

一、改革我国的刑事政策,引入前科消灭制度的必要性与可行性

(一)我国引入前科消灭制度的必要性

我国改革刑事政策引入前科消灭制度的必要性主要源于以下几个方面。

1.引入前科消灭制度是构建和谐社会与实现法治文明的需要

构建和谐社会既是一个伟大目标,又是一个长期的历史过程,绝非轻而易举、一蹴而就的。目前影响我国社会和谐与稳定的因素还有很多,如贫富两极分化现象加剧、弱势群体的利益得不到保障、社会整合度低、社会资源分散、贪污腐败现象严重、社会治安形势严峻等。其中,前科人员在"社会之外"的大量存在以及所诱发的较高的重新犯罪率,又成为威胁社会稳定与和谐的重要因素,有时甚至可能在一定时期内会激化社会矛盾,引发社会冲突。而改革我国的刑事政策,引入前科消灭制度,适时实行前科消灭,通过撕掉"罪犯"标签,尽力消除社会对前科者的身份歧视,为其排除更生的障碍,架起其复归社会的"金桥",即通过对这些边缘群体基本权益与再社会化利益的保障,一方面做到社会利益协调整合,体现出社会的公平和正义(公平和正义正是社会主义法治理念的核心),体现出法治的文明;另一方面,可以有效地化解社会矛盾,防止前科人员重新犯罪,从而维护社会的稳定与和谐发展。

2.引入前科消灭制度是发展市场经济的需要

市场经济的自主性、竞争性、契约性决定市场活动主体应当具有平等性和独立性,主体平等、交换自由应当成为经济活动的基本原则。这一市场经济的内在需求反映到制度层面上,必然要求法律为市场主体能够平等、独立、自由参与市场竞争和生产、分配、交换、消费活动提供制度保障和规范性安排。这也是社会主义法治理念与法治文明的具体体现。而前科的永久存续在无形中却形成了对前科者参与正常市场活动的制度阻隔,一系列资格与权利的限制或剥夺以及社会的歧视、不信任感,使得前科人员成了社会的"局外人",无法进入市场成为市场活动的真正主体。如社会对前科人员就业的歧视、排斥,许多行业与职业成了前科人员永远无法进入的畛域,对于这些行业和职业,法律甚至明令禁止,即使前科人员再有能力也终身得不到这样的就业机会。另外一些行业与职业,虽然法律没有这样的明文规定,但却因前科的存在而自然而然地将前科者拒之门外。作为社会生活主体的前科者的个人的自主性与个性受到了极大的压抑与束缚,这显然与市场规律以及市场经济的客观内在需求是不相一致的。所以,在经济体制发生变革时,法律制度也必须做出与之相适应的调整。市场经济不同于计划经济,其本质在于公正、平等、自由竞争,与之相适应,刑事法律也应着力体现与反映这样的内涵,这也是社会主义法治理念与法治文明的必然要求。前科消灭制度无疑正是这合理内涵的一个重要组成部分。

3.引入前科消灭制度是尊重和保障人权的需要

尊重和保障人权,也是社会主义法治理念与法治文明的必然要求。然而,对于有前科的犯罪人来说,前科就是其永远无法和正常人平起平坐的"紧箍咒"。尽管他们非常希望能改过自新、重返社会,过与正常人一样的生活,但社会甚至家人将他们视为异类,使他们在学习、工作和生活等方面遇到许多难以想象的困难,身心备受煎熬,这极大地损害了他们作为社会生活主体所应当享有的基本人权。如果没有前科消灭制度的救济,长此以往,前科者困厄的境遇只会使人们由对罪犯的憎恶变成对刑罚适用者的憎恶,从而使对"犯罪的耻辱"变成"法律的耻辱"。果真如此,刑法便会失去人们对它的尊敬和忠诚,造成自身的生存危机。因此,"作为立法者,应本着改造、完善人格,促进人类健康发展的宗旨,科学地衡量各种犯罪的不同的社会危害程度,并配之以相应合理的刑法调控强度,为罪犯留下后退获得宽恕的回旋余地,以求得新生、向上、向善的希望与权利"[①]。而前科消灭正是这样一种人道、宽恕的措施,其关注犯罪人的人性,尊重其人格与人的价值,为犯罪人架起了一座自省后退的桥梁。这是合乎人道主义的做法,也是与保障前科者人权,促其社会复归的理念相适应的。

4.引入前科消灭制度是刑法走向现代化的需要

作为我国基本法律的刑法,它的现代化无疑是法制现代化不可或缺的一个重要组成部分。中国刑法的现代化是一个庞大的社会系统工程,"它涉及政治、经

---

① 陈正云:《刑法的精神》,中国方正出版社1999年版,第247页。

济、文化生活的方方面面,既需要精神上的超越和观念的重塑,也需要进行制度层面的创新和司法运作的变革。而贯穿始终的根本问题却是:中国刑法现代化应当是对几千年中国传统刑法文明的固守还是彻底抛弃?"①,答案无疑是以国际化为主,本土化为辅,在立足于利用本土资源的同时,着重进行外国刑法、国际刑法的创造性移植与吸纳。这应当是也只能是中国刑法现代化的道路选择,这不仅应当及于现代刑事法律规范的设计,而且应当贯穿于现代刑法观念的培养和现代司法的现实运作。简言之,中国刑法现代化的主要使命在于移植和创造,而不是继承和弘扬。② 前科消灭作为一项为世界上大多数国家所广泛采用的刑事制度,具有蓬勃的生命气息和深远的实践意义,是人类法律文明进步的象征,同时也是一个国家法治成熟的标志。我国刑法要真正走向现代化,就应当勇于创造性地移植和借鉴世界各国立法中代表刑法文明发展方向的先进刑事制度,为我所用。而前科消灭制度就是这样一种先进的刑事制度,我国刑事立法适时增设这一制度,乃是对世界刑事立法潮流的顺应,有利于我国刑法走向国际化、走向世界,从而有利于实现刑法的现代化。

5.引入前科消灭制度是回应司法实践呼唤的需要

虽然我国刑事立法中没有完整意义上的前科消灭的制度化形态,但在我国社会与司法实践中,毋庸置疑,却存在前科消灭的制度实践。特别是随着我国社会依法治国进程的加快,人权保障的入宪,以及面临形势严峻的前科人员重新犯罪浪潮,司法实践中呼唤前科消灭的内在需求日益凸显。

我国司法实践中践行前科消灭最明显也最具有影响力的举措当推 2004 年 1 月河北省石家庄市长安区人民法院首开先河,率先提出《未成年人前科消灭实施办法》,即未成年的孩子因无知或一时冲动犯罪而被判刑,服刑完毕只要在"考验期"内遵纪守法,改好悔过,其"前科"就可以某种方式"消灭"。该未成年人的前科一旦消灭,则视为未曾犯罪,并依法恢复先前的法律地位。相关部门以适当方式处置其前科材料,其刑事处罚法律文书不再记入其户籍及人事档案。在复学、升学、就业等方面与其他未成年人享有同等权利,任何人不得歧视。③ 该办法甫一出台,一石激起千层浪,立刻引发了各种质疑和争论,我们在此姑且不论这种做法是否合理,在现行的法律框架下是否会遇到实践困境与操作困局,但就该制度所具有的实践意义以及因对未成年人进行前科消灭所折射出来的人性化司法理念

① 赵秉志主编:《刑法基础理论探索》,法律出版社 2002 年版,第 111 页。
② 赵秉志主编:《刑法基础理论探索》,法律出版社 2002 年版,第 137 页。
③ 参见《观点碰撞:"浪子回头"污点不入档?》,载"人民网"。

却是令人深思、发人深省的。通过前科消灭的办法,将感性的道义与刚性的法律相融合,为部分有前科的未成年人提供发展的空间,本身就是一种将其拉回社会怀抱而非冷酷地推向歧途的善举,是人道主义的具体体现,同时也是司法文明大趋势,这无疑是值得充分肯定的。

总而言之,我国司法实践中关于前科消灭的这些制度实践已经表明了在我国建立前科消灭制度的必要性和迫切性;立法机关应当对此做出积极的建设性回应,尽早将其列入议事日程。

(二)我国引入前科消灭制度的可行性

我国刑事立法引入前科消灭制度不仅是必要的,而且具有可行性。这种现实可行性主要在于以下几个方面。

1.前科消灭制度的宗旨与我国传统文化观念存在契合性

前科消灭制度要在我国生根发芽,并顺利成长,而不至于因水土不适而胎死腹中,必须在文化的视界下予以考察。也就是说,前科消灭制度在我国的存置必须具有文化上的相容性;否则,难免会产生"南橘北枳"的"抗原排异"反应。在我们看来,前科消灭制度的基本趣旨与我国传统文化观念存在一定的契合性。具体而言,主要表现在以下两个方面:第一,前科消灭制度与我国传统文化观念中"开其自新之路,诱于改过之善"的思想是相一致的。我国传统文化观念比较强调对人自我改造,知错能改,感化、挽救的一面,如"人谁无过,过而能改,善莫大焉"(《左传·宣公二年》);又如"见善则迁,有过则改"(《周易·益》);再如"过而能改者,民之上也!"(《国语·鲁语》)。《水浒传》第89回中亦有"赦其旧过,开以新途"的记载等。总而言之,在我国传统文化的场域下,只要行为人真的愿意回头,"放下屠刀",那么是可以回头是岸,"立地成佛"的。毕竟,"见兔而顾犬,未为晚也;亡羊而补牢,未为迟也"(《战国策·楚策》)。前科消灭制度给前科者一个改过的机会,并非"一棍子打死",实际上是蕴含这一文化思想的。第二,前科消灭制度与我国传统文化观念中"仁者爱人"的思想是一致的。"仁者爱人"的基本含义是"爱人",即"泛爱众,而亲仁"(《论语·学而》)。怎样才能实行"仁者爱人"呢?关键在于"夫仁者,己欲立而立人,己欲达而达人。能近取譬,可谓仁之方也已"(《论语·雍也》)。所谓"仁之方",就是实行仁的方法。"能近取譬",就是要设身处地,将心比心,推己及人。"仁者爱人"思想的提出,是在一定程度上发现了"人",发现了"人性",强调应当"爱人""宽以待人"。可以说,"仁者爱人"思想乃中国传统文化的精髓。前科消灭作为一种保障前科者人权,体现熠熠生辉的人性光辉的刑事制度,实际上也包孕和涵摄了"仁者爱人"的精神,即重视前科者的人性,以及其作为社会生活主体的人之人格与尊严。其实,在我国历史上化敌为友、不计前嫌的许许多多历史典故，也都蕴含了与前科消灭相协调的文化。例如，三国时期蜀国丞相诸葛亮对屡次造反的孟获七擒七纵，并不计前嫌仍安排其担任地方首领。三国时期的名将太史慈曾与吴侯孙策在战场上相互拼命厮杀，而降吴后却被吴侯委以重任。而曹操对待有"前科"的人更是宽宏大量：降将张绣反水后杀死了曹的儿子曹昂、侄子曹安民和爱将典韦，真可以说是有明显的"前科""劣迹"，甚至是"罪大恶极"，但曹操在张绣第二次投降后仍然不计前嫌，委张绣以重任。

正是因为前科消灭制度的趣旨与我国社会中的一些传统文化观念与思想存在契合性和融合之处，所以前科消灭制度在我国立法中的存置并获致成长有了现实的可行性。

2.前科消灭制度的确立符合我国刑事政策的基本精神

任何一个国家或社会的刑事政策均是一个系统，即由若干具体的刑事政策组成的整体。根据刑事政策内容的不同性质，可分为基本刑事政策和具体刑事政策。在我国，基本刑事政策主要是指惩办与宽大相结合的政策，而具体的刑事政策则是指具有独立指导意义，其范围仅限于某一类犯罪人或刑事活动的某一方面，一般具有短期性的各种定罪、刑罚与处遇政策。我们认为，确立前科消灭制度是符合我国基本刑事政策（惩办与宽大相结合的政策）与具体刑事政策（具体是给出路政策）的基本精神的。惩办与宽大相结合政策的基本精神在于"区别对待""宽严相济""惩办少数，改造多数"。而给出路政策就是给在刑罚执行过程中以及刑释以后的犯罪人员以悛悔自新、重做新人的机会，使其看到希望和前途。具体言之，行为人因犯罪而受到国家有罪宣告，承担刑责，并且在一定期限内让其承受前科不利后遗效果，这本身就是"惩办"，"惩办"是"宽大"的前提。但如果行为人事后能够洁身自好、改恶从善、悔过自新，那么在其刑释一定期限后，自应当消灭其前科，以示对其善行的回报；倘若行为人有其他特别积极的善行、立功表现等，还可以在法定期间届满以前给予其撤销前科的待遇，以示"宽大"。可见，前科消灭是符合惩办与宽大相结合的刑事政策的。当然，前科消灭也是给出路政策的题中应有之义。试想，如果让刑释人员终身生活在前科的压力之下，一直被"戴帽"，无法融入社会，这还是"给出路"的政策吗？自此不难发现，"给出路"的政策事实上也是涵摄了前科消灭意蕴的。

也正是因为前科消灭符合我国刑事政策的基本精神，因而使得其在我国的确立有着较好的制度环境与政策基础，在我国是完全可以生根发芽、茁壮成长的。

3.我国政治、经济形势发生了很大变化，确立前科消灭制度的条件已趋成熟

我国刑事立法虽然一直没有正式确立前科消灭制度，但并不代表这一制度没

有引起立法者的注意。其实,早在中华人民共和国成立初期,为了起草新的刑法典,全国人大常委会法律室将能够收集到的苏、蒙、阿、捷、印、法、德、日等国刑法以及以前的《暂行新刑律》和《中华民国刑法》的总则都加以分解,编成"刑法分解资料汇编"。其中就有"前科消灭"一章,罗列了苏俄刑法典、蒙古刑法典、朝鲜刑法典、阿尔巴尼亚刑法典、捷克斯洛伐克刑法典以及日本刑法典中有关前科消灭的规定。① 由此可见,我国当时的立法者对外国前科消灭制度是清楚的。至于后来立法中为何没有规定前科消灭制度则是出于其他原因。那么是什么原因让立法者放弃无论是资本主义国家刑法还是社会主义国家刑法都有的前科消灭制度呢? 我们认为,主要有两个方面的原因:一是当时特殊的政治、经济形势。在当时,反革命分子在社会中还占有一定数量,新生政权在历经战争创伤后还面临诸多威胁,何况当时批判旧法观念的政治运动甚烈,法律虚无主义盛行,因此出于当时特殊的政治、经济环境,以及巩固新生政权之权宜考虑,在立法中不予规定"前科消灭"。二是与当时立法者对作为前科消灭制度之前提的"前科"制度的否定有关。李琪同志在 1957 年召开的《有关草拟〈中华人民共和国刑法草案(初稿)〉的若干问题》的刑法教学座谈会上的报告中指出:"在苏联和蒙古、朝鲜、捷克、阿尔巴尼亚等国的刑法上都有关于'前科'的规定,我国有些同志在司法工作和教学工作中也曾用过或者讲过'前科'这个制度。这个制度原创始于苏联,但是根据苏联多年来的经验,'前科'这个制度有不少缺点,近年来,苏联主张取消这种制度。我们根据我国的实际情况,吸取苏联这一经验,不特别规定'前科'的制度。"②既然立法者因为前科制度存在不少缺点,而在立法中不予规定,那当然谈不上规定前科消灭制度了,正所谓"皮之不存,毛将焉附!"。

如果说中华人民共和国成立初期因考虑到特殊的政治、经济形势以及各种原因而放弃前科消灭制度尚有一定的合理性的话,那么在国际国内形势发生了翻天覆地的变化,特别是在市场经济体制逐步确立,依法治国进程加快的今天,立法再对前科消灭制度无动于衷,则明显不合时宜了。即使"前科"制度存在不少缺点(事实也确如此),也不应"因噎废食"得出否定前科消灭制度的结论。恰恰相反,正是因为"前科"制度存在不少缺点,所以才更需要规定前科消灭制度来救济其弊端,拯救前科者于"水火"之中。

总而言之,我国今天大好的政治、经济形势,以及法治的发展状况已为前科消

---

① 全国人大常委会法律室:《刑法总则分解资料汇编》,法律出版社 1957 年版,第 275-279 页。

② 高铭暄、赵秉志主编:《新中国刑法立法文献资料总览》,中国人民公安大学出版社 1998 年版,第 1964-1965 页。

灭制度的成长提供了肥沃的土壤,我国引入前科消灭制度的条件已趋成熟,立法者应当顺应时代潮流,与时俱进,抓住机遇,适时在刑事立法中确立前科消灭制度,将我国刑事法治的水平推向一个新的高度。

二、构建中国特色的前科消灭制度之基本构想

前科消灭制度在我国的确立具有必要性和可行性,已如前述。但现在的问题是前科消灭制度在我国应否确立是一回事,而如何确立又是另一回事。那么如何在我国刑事立法中确立前科消灭制度呢? 这是一个需要认真思考的问题。在我们看来,前科消灭制度要在我国奠基入土并获致成长,是一项十分复杂的系统工程。从其设立到发挥效力,必须有特定的环境和条件以及配套的制度作保障,这不仅仅是一个立法上如何建构的问题,而且涉及司法上的保障、行政上的支持、文化上的支撑以及社会各方的合力等问题。下面,就让我们转向这些问题。

(一)前科消灭制度之立法建构

1.立法上建构我国前科消灭制度的基本思路

只有理清了在立法上如何建构我国前科消灭制度的基本思路,方能更好地进行适合我国国情的前科消灭制度的微观制度化设计。在我们看来,立法上建构我国特色的前科消灭制度之基本思路应当包括以下几点。

(1)应当对我国《刑法》第100条规定的“受刑记录”报告制度进行修改完善,使之能够与前科消灭制度有机配套、衔接协调,以发挥前科消灭制度在刑事政策上的最大功效。我国1979年刑法无此项规定,该规定是1997刑法修改时新增加的,即“依法受过刑事处罚的人,在入伍、就业的时候,应当如实向有关单位报告自己曾受过刑事处罚,不得隐瞒”。新《刑法》之所以规定“受刑记录”报告制度,主要是因为少数受过刑事处罚的人,由于主观恶性较深,在回归社会后,不吸取教训而重蹈覆辙。为了预防少数主观恶性深的前科人员重蹈覆辙,以及便于有关单位能事前采取防患措施,避免不必要的损失,规定受刑记录报告制度,不失为是一种较好的措施。但就该规定的内容而言,却存在一些问题,如有学者指出:“《刑法》第100条只有命令性规范,没有惩罚性规范,从而使规定变得毫无意义;对如实报告的处理,将陷入两难境地;没有规定解决矛盾的办法。”[1]还有学者指出:“《刑法》第100条之规定,有悖刑法规范的自主性,与刑法的最后手段性相矛盾,背离

---

① 侯国云、白岫云:《新刑法疑难问题解析与适用》,中国检察出版社1998年版,第174—175页。

了宽容精神与谦抑精神等。"①正是《刑法》第100条关于"受刑记录"报告制度存在上述这样或那样的缺陷与不足,因此有学者主张立法中删除第100条之规定。②对此,我们不敢苟同。诚然,《刑法》第100条关于"受刑记录"报告的制度确存在一些缺陷与不足之处,但其积极意义亦不容抹杀,我们不应因噎废食,况且其缺陷完全可以通过立法修改的方式予以克服。具体而言,我们可以对规定的表述方式以及具体内容稍做修改,即明确规定接受报告的主体、报告的内容与方式、受报告单位的保密义务,特别是应当规定违反前科报告义务的处置措施。在立法修改后,再将该报告制度的规定纳入前科消灭的制度框架下。在未消灭前科时,犯罪人应当按规定如实向有关单位报告犯罪记录,否则,应承受不利的制裁后果,而如果前科一旦消灭,则自应免除报告义务。这样既可克服现行第100条规定的许多缺陷,又可以充分发挥其积极作用,并且使之与前科消灭制度配套,作为其前提性、基础性的立法缓冲制度,体现宽严相济、利益平衡的精神。

(2)应当对单位犯罪的前科消灭做出规定。单位能够作为犯罪主体,也会从事犯罪活动,当然也就会有前科消灭的问题。但是单位犯罪毕竟不同于自然人犯罪,情况比较复杂,有其特殊性。将其与自然人犯罪的前科消灭规定在一起,似乎不够科学、妥当,难以体现出单位犯罪前科消灭的特殊性质。故我们主张在我国立法中对单位犯罪的前科消灭做出独立规定,从而为犯罪单位获得前科消灭提供法律依据,以确保前科消灭制度内容的完整性。在这方面,《法国刑法典》第133-14条关于"法人复权"的规定,值得我们借鉴和参照。

(3)应当在立法中规定法定的前科消灭与裁判的前科消灭两种类型,以形成前科消灭完整的制度化形态。就法定的前科消灭而言,应当具有普适性,能够适用于大多数犯罪(包括所有轻微犯罪)和大多数犯罪人,不宜从罪质、刑罚以及对象等角度设置过多的限制,以便能够为大多数犯罪人享受前科消灭提供途径,充分彰显前科消灭的刑事政策意义。另外,对于裁判的前科消灭,应只限于少数较重犯罪或特殊罪质的犯罪以及人身危险性比较大的罪犯类型,以示慎重。此外,还可以借鉴俄罗斯和越南前科消灭立法的相关内容,当前科者有特别明显的善行或有其他立功,或重大立功等表现时,设置特别优待的前科撤销待遇。当然,在这种情况下,应严格控制个案化的撤销前科程序,并且立法应对相关撤销事由做出明确、具体的规定,以便于操作。

---

① 栾晓红:《对〈刑法〉第100条规定之探析》,载《广西政法管理干部学院学报》2002年第1期。

② 刘方权、张森锋:《〈刑法〉第100条之我见》,载《河北法学》2001年第4期。

(4)在我国刑事立法中确立前科消灭制度的同时,应对其与其他相关的法律规范进行调适。只有进行立法上的规范调适(包括立、改、废),才能使前科消灭制度真正运转顺畅,防止立法间相互冲突、抵触的现象发生。首先,应当对前科消灭制度与我国刑法中有关特别累犯(刑法第66条)与特殊再犯(刑法第356条)的规定进行调适。刑法中的特别累犯(危害国家安全罪累犯)与特殊再犯(毒品再犯)制度实际上是让犯有特定罪质的犯罪人之前科在刑法意义上的从重处罚效应终身不能消灭。我们认为,虽然特别累犯与特殊再犯制度对于预防犯有特定罪质之前科的犯罪人再实施同一性质的犯罪有一定的积极作用,但让其前科在刑法上的从重处罚效应终身存续,且无救济途径,似乎不够人道,也没有必要。故我们主张对《刑法》第66条与356条的有关特别累犯与特殊再犯的规定进行相应修改,行为人曾犯这些特定罪质的前科也应当可以消灭(如可规定只能通过裁判前科消灭),前科消灭后,就不应再构成特别累犯与特殊再犯,相应的其在刑法上的从重量刑效应就应当消灭。其次,应当对前科消灭制度与我国的民事、行政法规中对前科人员之资格与权利的限制或剥夺的相关规定进行调适。易言之,应对各个民事、行政法规中设置的前科效应加以清理和整合,使之形成逻辑严密、结构协调的前科效应体系;同时剔除立法中终身剥夺某些资格或权利的绝对规定,可将某些资格或权利的绝对剥夺修改为相对的一定期限内予以剥夺或限制,并设定适当的条件和程序允许恢复相应资格与权利,使前科者看到新生的希望。

2.立法上建构我国前科消灭制度的具体设计

(1)前科消灭立法模式的设计

关于前科消灭的具体立法模式,各国情况不大相同,各有千秋。但总体而言,基本上可以划分为以下几种模式:一是制定专门的前科消灭法。如英国、加拿大、我国香港地区等,即是如此。二是由刑法典规定。这是世界上大多数国家所采取的立法模式,如俄罗斯、日本、瑞士、越南等。三是由刑事诉讼法典规定。采取这种模式比较典型的是保加利亚。四是分别规定在刑法典和刑事诉讼法典中。如法国,其法定的前科消灭规定在刑法典中,但裁判的前科消灭由刑事诉讼法来规定,较有特色。我们认为,我国采取第二种立法模式较为妥当。虽然前科消灭制度会涉及一些程序问题,但归根结底乃一项刑法制度,故不宜规定在刑事诉讼法中。同时,不管是法定的前科消灭,还是裁判的前科消灭,都是前科消灭制度的重要组成部分,宜规定在一起,而不宜分散立法,分别规定在实体法与程序法中,那样会徒增司法实践中操作的困难。最后,单独立法似无必要,不利于刑法统一适用。实际上,只需在刑法典总则中设专章对前科消灭制度的有关基本内容做出明确规定即可。这样,一方面可以使前科消灭制度与其他刑法制度衔接紧凑、逻辑协调;另一方面不至于浪费立法资源,而又便于司法实践操作,因而是比较切合实际的立法选择,况且大多数国家对前科消灭的立法也基本上是采取这种模式。

至于前科消灭制度在我国刑法典中的具体位置,我们考虑在刑法典总则第四章"刑罚的具体运用"之后增设第五章"前科消灭"(原先第五章依次递延为第六章),并将目前刑法第五章"其他规定"中的第 100 条关于前科记录的报告制度置入新增设的"前科消灭"一章之下,使之配套衔接、逻辑协调,以完善前科消灭制度的规范体系。

(2)前科消灭条件的设计

前科的消灭需要满足诸多条件,包括形式条件、实质条件等。国外确立有前科消灭制度的国家对前科消灭条件的设定一般也是从这两个方面着手的。对前科消灭条件的设定应当合理,不宜过严也不宜过宽。条件过严,难以形成一种有效的激励前科者自新的刺激机制;条件过宽,又不利于考察前科者是否真正接受了教育改造、是否已悔改自新。具体言之,我们对前科消灭条件的设定可以从形式条件与实质条件两个方面着手。

一是形式条件。形式条件是指前科消灭的时间限制。在借鉴国外立法例的基础上,我们认为,对于前科消灭的法定期间,可以考虑做如下规定:单纯被宣告有罪而未科处刑罚、单处剥夺政治权利或罚金或没收财产的,消科期间为 1 年;被判处管制、拘役或 3 年以下有期徒刑的,消科期间为 3 年;被判处 3 年以上 10 年以下有期徒刑的,消科期间为 5 年;被判处 10 年以上有期徒刑的,消科期间为 7 年;死缓或无期徒刑减为有期徒刑的,消科期间为 10 年。在上述法定期间内,还可以规定,当行为人有立功或特别突出表现的,可以在法定消科期间届满前向法院申请撤销前科。此外,立法还可以规定对于未成年人犯罪的,消灭前科的期间相应缩短为½或⅓,以便更好地发挥前科消灭对前科者,尤其是未成年前科者的激励作用。

二是实质条件。实质条件又称为前科消灭的表现条件,是决定前科能否消灭的核心要素与关键。我们认为,具体可以设定为前科者在消科期间内未再犯新罪,以与世界各国的立法通例相符合,并与我国刑法中关于撤销缓刑、撤销假释的基本标准相适应。

除上述条件外,我国的前科消灭条件不应再附加罪质和刑罚的限制。这样可以给有任何形式前科的人提供消灭前科的机会,最大限度地发挥前科消灭制度的积极作用。当然,根据我国的实际情况,可以考虑对累犯、惯犯、瘾癖性罪犯以及危害国家安全罪给予前科消灭方式上的限制,即其前科的消灭,只能通过法院撤销的途径才能实现。

（3）前科消灭程序的设计

对于法定的前科消灭来说，如果行为人没有再犯罪，在消科期间届满后，相关罪刑记录由司法机关一并注销，有关其前科的档案材料，只能保存在司法机关，其个人或单位人事档案及记录等均不得显示前科的存在，其程序的启动是根据法律规定自动发生的，不需行为人履行特定的手续。

就裁判的前科消灭而言，其前科消灭的程序应当包括以下几个环节：①申请。申请即相关关系人向法院提出消灭前科的请求。关于申请的主体，在我们看来，从维护前科者的合法权益的角度出发，我国申请前科消灭的主体不妨宽泛些，可以是本人、法定代理人，或监护人、近亲属、所在单位或者基层组织（如村民/居民委员会）等。②受理。根据各国立法的通例，申请一般提交做出最终判决的法院，我们认为是可取的。具体而言，即主张我国前科消灭的受理机关应为最终对行为人做出有罪判决的法院。由它们负责审查并决定是否消灭前科，可以避免重复劳动，以节省司法资源与成本，裁决结果也更公正、更为合理。③审查。做出最终判决的人民法院在接到消灭前科申请后，应当指定专人进行审查，对行为人本人以及行为人前科之犯罪的基本情况、申请消灭前科的事实与理由、行为人的思想认识和实际表现材料逐一核实，并调取有关证据与档案材料进行综合评估，做出是否消灭前科的初步决定。如果初步决定不同意消灭前科的，还应当听取相关单位或组织的意见，允许当事人有申辩的机会。当然，审查应当在一定期限内结束，不宜过长，以充分保障前科人员的利益。④裁决。人民法院应当在审查阶段初步决定的基础上，做出是否消灭前科的正式裁决，并将法律文书送达当事人及相关单位或组织。如果裁决允许消灭前科的，则犯罪记录抹消，与前科有关的档案材料由相关司法机关采取适当的处置措施。如果裁决不允许消灭前科，行为人下次再申请时则应该经过一定的等待期，这方面我们可以借鉴外国立法例的经验，设置为 2 年较妥。⑤监督。这里的监督有两层意思，一方面意指应当接受当事人的监督，当行为人消灭前科的申请被驳回后，应当给其提供救济途径，允许其复议或者上诉。另一方面根据我国的司法体制与实际情况，应确立人民检察院作为前科消灭的法律监督机关。法院做出的是否消灭前科的裁决，应当抄送检察机关备案，以接受检察机关的法律监督。如果人民检察院对于人民法院消灭行为人前科有异议的，应当在一定期限内（可以考虑设为 1 个月）向人民法院提出重新复核的建议，人民法院收到复核的建议后，应当复核并将复核情况通知人民检察院。

（4）前科消灭效力的设计

前科消灭的效力是前科消灭制度的作用实现的关键。关于前科消灭的效力，有学者指出，立法上应当明确规定：第一，前科消灭即是罪刑记录一并注销。第二,前科被消灭后,依法享有各种权利,包括因前科被剥夺和限制的权利。第三,任何企事业单位、机关、团体、社会组织或个人不得歧视前科被消灭的人或给其不公正的待遇。第四,因前科而引起的刑法上的不利因素归于消灭。① 除此之外,我们认为,我国的前科消灭还应当具备以下效力:行为人在法律上应当被视为从未犯过罪,且可依法恢复正常的法律地位,并得到与其他公民同等的社会生活保障与不受歧视的法律评价。当然,应当注意行为人权利与资格的恢复,只针对将来,而不具有溯及力,先前因犯罪而丧失的荣誉、地位、职位、军衔、警衔等是不能恢复的。

(二)前科消灭制度之司法保障

前科消灭制度要从静态的法律规范走向动态的现实生活,要真正能够在司法实践中发挥最大的刑事政策功效,必定离不开司法上的保障。司法保障是确保前科消灭制度在司法实践中运转顺畅、发挥积极作用的关键。具体言之,前科消灭制度的司法保障应当包括以下几个方面。

1.改革刑事诉讼文书格式

目前,我国刑事诉讼文书的格式中,首部一般都有犯罪嫌疑人或被告人基本情况的介绍,而基本情况的介绍中必定少不了行为人前科情况(如果有前科的话)介绍,通常表述为"曾于×年×月×日因犯××罪被×××人民法院判处×××(处刑情况)"。前科情况的记载通常会对司法机关全面了解犯罪嫌疑人或被告人的犯罪史情况,正确求刑、定罪、量刑有一定的积极意义,但也会有一定的负面影响,容易使办案人员产生先入为主的思维定式,影响办案公正,而这又与前科者利益密切相关。因此,我们主张,对于已消灭前科的犯罪嫌疑人或被告人来说,在相关刑事诉讼文书中不应记载其前科以及消灭前科的情况,以更好地保障他们的合法权益。事实上,对于前科没有消灭的犯罪人来说,如何防止因刑事诉讼文书中前科情况的介绍而给办案公正带来负面影响,也是一个值得思考的问题。如可以考虑在案件事实审理结束之前,在诉讼文书中暂时不公开行为人的前科情况,而只有待到事实审查结束之后,审判庭在定罪量刑时才公开,予以酌情考量。

2.法院对于消科者提起的名誉权侵权之诉应予受理

前科被消灭后,行为人在法律上就应当视为未犯罪,享有正常公民所具有的各种资格与权利,其人格尊严应受到尊重,他人未经允许不得随意宣播、散布已消科之人的前科情况,破坏其名誉;否则,要承担相应的法律责任。如英国《1974年前科消灭法》第八部分"破坏名誉的行为"(Defamation actions)专门针对侵犯消科

---

① 于志刚:《刑罚消灭制度研究》,法律出版社2002年版,第758页。

者的名誉权之司法救济问题以及相关免责问题做了明确的规定。即权利人(已消灭前科之人)有权作为原告对宣扬或公开其犯罪历史的诽谤或中伤行为向法庭进行控告。当然,如果被告所做的是公正的评价(不是恶意的)或具有正当理由,或者享有绝对的特权,则不在此限。①

我们认为,英国的这一立法经验值得借鉴。具体而言,当他人恶意披露、宣扬、散布消科者的隐私(犯罪史),造成一定影响,应当允许消科者根据《民法通则》第 101 条以及《最高人民法院关于贯彻执行〈中华人民共和国民法通则〉若干问题的意见(试行)》第 140 条之规定②向法院提起名誉权侵权之诉,法院应当受理。这样才能更好地保护已消科更生之人的合法权益。

3.法院对于消科者提起的平等权侵权之诉应予受理

平等权是宪法规定的公民的基本权利之一。随着社会的发展与文明的进步,平等权对于个人在社会生活中的意义日益凸显。所谓平等权,是指公民在社会生活中的法律地位应当平等,其权利应得到法律的平等保护,而不应受到歧视。行为人在前科消灭之前,受到许多法律上资格与权利的限制或剥夺,在某种程度上,我们还可以说有一定的合理性。但是,如果前科消灭后,继续让其承受各种实际的惩罚,让他们无法平等地享有公民所拥有的各种权利和资格(如平等就业权),那么这实际上是对消科者之平等权的践踏,是对他们人格的歧视,同时也是违背设置前科消灭制度基本初衷的。因此,在行为人前科消灭后,因前科而产生的各种法定不利后遗效果应当随之消灭,而不能在现实生活中继续存在,构成对消科者更生的潜在威胁。职是之故,对于行为人因已消灭之前科而遭受企业、事业单位、机关、团体、社会组织或个人不公正待遇,或者在就业就职上受到不正当的歧视或变相歧视的,应当允许消科者提起平等权侵权(反歧视)之诉。法院也应当义不容辞地予以受理。反歧视之诉可以说是保护消科者平等权,使其顺利融入社会的最有力的保障。因为即使前科消灭制度设计得再完善,如果在司法实践中得不到落实,行为人不利的境域(受歧视)得不到司法救济,那么,前科消灭制度就会失

---

① See Rehabilitation of Offenders Act 1974(1974 chapter 53),Enactment clause (Eng),Butterworths UK statutes.

② 《民法通则》第 101 条规定:"公民、法人享有名誉权,公民的人格尊严受法律保护,禁止用侮辱、诽谤等方式损害公民、法人的名誉。"最高人民法院《关于贯彻执行〈中华人民共和国民法通则〉若干问题的意见(试行)》第 140 条规定:"以书面、口头等形式宣扬他人的隐私,或者捏造事实公然丑化他人人格,以及用侮辱、诽谤等方式损害他人名誉,造成一定影响的,应当认定为侵害公民名誉权的行为。以书面、口头等形式诋毁、诽谤法人名誉,给法人造成损害的,应当认定为侵害法人名誉权的行为。"(民法通则已随民法典的颁布而废止)

去其存在的价值,刑法的生存危机也就发生了。

(三)前科消灭制度之行政支持

行政上的支持对于前科消灭制度在现实生活中的有效运作亦不可或缺,特别是在我国这样一个长期以来以行政占主导地位的国度,行政上的支持更具有特殊的意义。应该说,前科消灭制度的行政支持是多方面、多层次的,包括从宏观的政策方略到微观的具体措施。当然,在此不可能面面俱到,下面我们仅对前科消灭制度在实践中所需行政支持的两个较为重要的方面展开论述。

1.应对户籍制度之前科记载的附加功能进行剥离

我国现行户籍制度是计划经济时代的产物,户籍亦是与公民生活息息相关的特殊证件。每个人的出生、上学、结婚、就业、迁移等无不受到户籍制度的制约。居民户口簿通常还会对一个人从何地转来,在何地服过刑等内容有详细记录。目前,该制度已越来越不适应国家经济和社会发展的需要,存在诸多弊端。其中,最明显的弊端之一乃户籍和政治、经济、文化教育等权利挂钩,被人为赋予了太多的"附加值",而这"附加值"中最主要的一项乃对前科情况的记载。在我们看来,在居民户口簿上记载行为人的违法犯罪以及服刑情况(前科情况)是很不妥当的。因为户口其实就是本地区居民的一种身份和户籍证明,人口登记不应涵括过多的计划管理职能。人为地在户籍制度上增加太多的"附加值",只会使户籍本身的功能弱化,甚而可能异化为制造各种歧视和不平等的"罪魁祸首",成为前科人员新生的制度障碍。故我们主张对我国目前户籍制度之前科记载的附加功能进行剥离,使户籍与政治、经济、文化教育等权利脱钩,以恢复其本来的面目(户口的记载)。

2.发挥政府主导作用,积极落实、做好安置就业工作

应该说,对于刑满释放人员的安置帮教工作,我国政府历来是十分关心和重视的,也制定了一系列有关前科人员安置帮教的法律、法规和政策。但从实际情况来看,这项工作效果并不明显,突出问题是落实不够,流于形式。当然,也存在客观方面的原因,主要是国家关于安置帮教的政策、法律、法规规定太过笼统、抽象,缺乏可操作性,又没有相应的责任、监督、反馈以及奖惩机制作保障,使得众多规定实际上只是字面上的"具文",这无疑在很大程度上加大了顺利开展安置帮教工作的阻力和难度,客观上导致国家关于安置帮教的法律、法规和政策的"虚置化"。而国家关于安置帮教的法律、法规和政策的"虚置化"又会影响到社会治安的综合治理,势必难以巩固行刑效果,防止前科人员重新犯罪,以保护社会。故此,我们认为,要真正使前科消灭制度在我国现实生活中运转顺畅,发挥积极功效,促进前科人员尽快顺利复归社会,就应当进一步落实好国家的社会就业安置、推荐帮教工作。政府应当充分发挥其在行政上的主导作用,履行其监督、指导、协

调职能,对前科人员给予扶助,为其平等竞争提供机会,创造条件。

(四)前科消灭制度之文化支撑

前文已述,前科消灭制度因与我国传统文化观念存在契合性的一面,而使得其在我国的存置具有一定的可行性。但是可行性并非现实性,前科消灭制度在我国要真正实现从"可行"走向"现实",除本身的制度设计以及一系列的配套制度保障外,还需仰仗其赖以生发与运作的文化环境。就我国目前的现实国情而言,以下三个方面的文化支撑对于前科消灭制度在我国的存置以及有效运作是至关重要的。

1.权利文化观念的生成

虽然我国传统文化博大精深、源远流长,有重人文、重人性的一面,但是却始终难有权利文化存置的生命空间。正如有学者所言:"中国文化特别强调'人',有悠久的人文传统,但这里的人不是个体的人,而是集体的人,不是知、情、意、欲、信等方面规定性相统合的人,而只是纯粹的道德人。"①在中国传统文化中,个体对于集体没有独立的意义,个体永远只能是附属于集体的个体。同时个体又不得不生活在以等差为核心的道德伦理秩序的规约之下,讲求人际关系的和谐,追求人的道德价值。道德之于人具有决定性的意义,一个人的品性也主要决定于其道德表现,而不是取决于能力和情感等因素,一个没有道德品性的人,就不是人,在集体中亦无法立足。个人相对于集体,有的只是义务,没有权利。而义务本位又恰是道德基本原则的核心与原旨。这样道德与集体融于一体,共同辖制着集体中的个体,因而使得"中国传统文化完全不承认个人的存在"②。在这样一种文化观念的浸溢下,自然难有个体的独立自主与人格平等,个人权利则被放置在一个微不足道的位置上,缺乏应有的人文关怀,更遑论以人为本,以张扬人的价值、人格、人性为旨归的权利文化的生成了。而权利文化的生成与发达,毋庸置疑,又是前科消灭制度生长的文化沃土,前科消灭制度所蕴含的人道主义思想与人文关怀的精神,实质上也是与权利文化观念相暗合的。因此,在我国要确立前科消灭制度并使其焕发出蓬勃生机,就应当大力弘扬以人为本的权利文化理念,注重强调个人的权利与自由,重视对个人的人文关怀。

2.报应文化观念的淡化

报应文化观念在我国根深蒂固,存在着广泛的民众基础,如"杀人者死,伤人

---

① 赵秉志主编:《刑法基础理论探索》,法律出版社 2002 年版,第 294 页。

② 梁治平:《寻求自然秩序中的和谐——中国传统法律文化研究》,上海人民出版社 1991 年版,第 122 页。

者刑""恶有恶报,善有善报"等观念意识已深深地熔铸、沉积于民族的文化心理结构之中,成为左右人们思想,影响人们行动的潜意识因素。在报应文化观念的视界下,前科者承受各种规范内与规范外的不利犯罪后遗效果之影响,饱受各种心灵上的煎熬,似乎是"罪有应得""咎由自取""应有下场""早知今日,何必当初!",这也是为什么现代社会比较文明的隐形标签——前科,至今还能够"深入人心"、堂而皇之存在的深层文化心理根源。然而,随着现代社会文明的进步、"政治社会"向"市民社会"的逐渐转变、公民权利意识的增长,这种报应文化观念也相应地应当淡化。毕竟,"报应"文化观念虽是一种客观的存在,却并非人类理性的产物,而是社会精神文明程度低下的一种反映。如果我们不从整个人类进步以及人类理性觉醒的角度来进行理性的思考,而只是从个人的感觉和义愤情绪出发来表态,是不会有多少人赞成前科消灭的。总而言之,在我们看来,淡化社会的报应文化观念,应当成为我国前科消灭制度之文化支撑的重要内容。

3.人道文化观念的培养

人道或称人道主义本身也是一个历史范畴,每一个历史时期都有与之相适应的人道标准,但不管人道或人道主义如何演变发展,其基本的要求乃尊重人的人格,把人当成人来看待,给予其合乎人性的待遇。随着时代的发展,人道化已经成为历史发展的必然趋势,并且成为国际社会的共识。前科者也是人,作为人,前科者也有其人格的尊严,对于前科者的任何非人对待都是不人道或反人道的。然而在现实社会生活中,前科者遭受不人道或反人道待遇却是司空见惯的现象。社会对他们往往是怀疑多于信任,偏见多于理解,歧视多于尊重,排斥多于容纳,人为地在前科者与社会之间筑起一道心理鸿沟,使他们背负着沉重精神包袱。这不仅是相当不人道的,而且会增加甚至激化社会矛盾。因而,要在我国引入折射着熠熠生辉的人性光辉的前科消灭制度,必定离不开对人道或人道主义文化观念的培养。

(五)前科消灭制度之社会合力

前科消灭制度欲在现实生活中有效运作,除有司法上的保障、行政上的支持、文化上的支撑以外,还少不了社会各方面的合力。社会各界应当从战略的高度来重视前科消灭制度,意识到其对于社会健康发展的重要意义。对于前科消灭制度之社会合力,我们认为,应当着重强调以下几个方面。

1.社会歧视心理的消除

长期以来,基于对犯罪的极度憎恶,社会大众对于"高墙内"出来的前科者一般都有一种"退避三舍"的天然排斥感和歧视心理,不愿同他们交往,在内心里把他们当成社会的"另类",进行自觉的角色化处理。前科者,可以说其整个的人生与思想都处于社会的"边缘",这种边缘状况又注定了他们一生充满荆棘坎坷的命运,似乎他们曾经灰色的人生让其未来的路永远难以涂抹别的色彩。而这种社会心理只能扩大社会矛盾,危害社会本身。因此,我们认为,为了避免"自食恶果",也是为了拯救我们社会自身,就应当把消除社会中的歧视性心理,并树立正确认识和对待前科人员的思想观念作为当前前科消灭制度之社会合力的重要内容。

2.社会舆论的正确导向

社会舆论影响大、速度快、范围广,特别是当今信息时代,更具有特殊的威力,被称为独立于立法权、司法权、行政权之外的"第四种权力"。正是因为社会舆论具有如此大的影响力,所以应当坚持正确的导向,始终以正确的思想引导人,以优秀的事迹鼓舞人,以实际的行动来关爱人,使前科者处处感受到社会大家庭的温暖,看到希望、看到光明。亦即要尽力为前科者走向新生营造宽松的社会环境和舆论氛围,宣传先进典型,传播社会互爱、仁善理念,对前科者要善于晓之以理、动之以情、导之以行、持之以恒,去点燃他们的心灯,呵护他们脆弱的心灵。而对于社会各种不正之风以及各种腐朽的意识形态,社会舆论则应当旗帜鲜明地坚决予以抵制、批判。

3.出狱人保护事业的扶持

前科人员属于社会中的特殊群体,他们的特殊在于他们的经历和身份不同于普通公民,其乃从"高墙"内出来的"刑余之身"。这种身份和经历决定了他们在社会生活中,往往受到歧视、侮辱,他们的一些合法权益会受到侵害,就业、生活、学习等都会遇到实际的阻力。其中一些犯罪思想和恶习尚未得到彻底矫正的人,受不良刺激,还会重蹈覆辙,危害社会。因此,这些"高墙内"出来的特殊公民更需要得到社会的关护和帮助,对其提供就业培训、职业训练、医疗救助、物质帮助以及社会救济等,使其能够尽快步入社会生活的正轨。而这些又不能全依赖政府的安排与处置,必须有广大社会公众,特别是社会组织机构的自愿参与,热心这方面的事业,才能发挥显著的社会功效。相对于域外某些国家而言,我国在这方面的工作还很滞后,对提供这些服务的民间组织、机构、团体等扶持力度还不够。我们认为,国家以后应当在这个方面适当加大法律上的支持、政策上的倾斜以及经济上的援助力度,鼓励广大社会公众积极参与出狱人保护事业,使出狱人保护事业在我国尽快发展壮大起来,尽力为前科者——这些中华人民共和国的公民——铺就一条走向新生的"金桥",而非通往毁灭的人生"断桥"。

(本文原载于《法学》2007年第2期,入选中国法学会编《首届中国法学优秀成果奖获奖论文集》,法律出版社2012年版)

中国奴隶社会刑法基本原则初探

宁汉林

作者简介:宁汉林(1925—2002),男,湖南邵东人,中国政法大学教授,著名刑法学家。1950年毕业于北京大学法律系,1952年院系调整,调北京政法学院(现为中国政法大学),曾任讲师、副教授、教授、硕士研究生导师,长期从事中国刑法的教学和研究,独著、合著出版的专著有《中国刑法通史》第二、三分册、《中国刑法简史》、《定罪与处理罪刑关系常规》、《中华人民共和国刑法论》(上篇)、《杀人罪》等多部,在国内重要报刊上发表《论无罪推定》《中华人民共和国刑法中的自首》《浅论犯罪构成理论的由来》《罪刑法定原则的由来与发展》等论文多篇。曾任中国法学会第一、二届理事,中国法学会刑法学研究会干事,中华全国总工会法律顾问。

原始公社进入奴隶社会,出现了国家,也就出现了刑法。而当时的刑法只是将原始公社时期各氏族或各部落长期实践所形成的自我约束纪律转变为刑法,将氏族或者部落个别成员违反自我约束纪律因而受到惩治的行为规定为犯罪。然而,在原始公社时期的自我约束纪律转变为奴隶社会刑法之际,是不可能形成刑法基本原则的。《尚书·舜典》记载:"蛮夷猾夏,寇贼奸宄,汝作士。五刑有服,五服三就。五流有宅,五宅三居。""蛮夷猾夏"是指沿边少数民族对华夏民族进行骚扰,"寇"是为杀人吃人而劫持人,"贼"是杀人吃人,"奸"是内盗,"宄"是外盗,这些都是罪名。"汝作士"的"汝"是指皋陶,"作"是制定,"士"者事也,事者理也。理与豊音同,理借为豊,以刑法条文刻于豊竹上,也称之为豊。"汝作士"就是汝作豊,也就是命令皋陶制定刑法。"五刑有服,五服三就。五流有宅,五宅三居",就是执行肉刑和流刑的方法。可见,虞舜中期以前的刑事立法,尚未形成刑法的基本原则。

虞舜中期后,经夏、商、周三代,随着刑事立法和刑事审判经验的积累逐渐形成了刑法的基本原则。而奴隶社会刑法基本原则的形成,不是自觉创立的,只是在与犯罪做斗争的过程中,适应其需要被动产生的。而这段历史时期刑法史料残缺不全,散见于《尚书》《周礼》等古文献中,难窥其全貌。因此,只能将现存史料与封建社会刑律相联系,对其进行探讨。

一、罪刑法定原则

虞舜以前,是由巫觋代表天神在人间主掌刑事审判权,也就是主掌刑罚权。至虞舜时期,君主统治趋于巩固,巫觋丧失了刑罚权,君主集立法权、行政权和刑罚权于一身,臣僚则根据君主授权审理刑事案件。

巫觋审理刑事案件时,传说是以能通人性的独角神兽触不直而决断是非曲直的。巫觋被废除后,代之以由君主授权的臣僚审理刑事案件。有的臣僚借此谋取私利。《韩非子·扬权篇》黄帝有言曰:“上下一日百战。”这就是指君主因限制臣僚滥用刑罚权徇私舞弊而与臣僚形成了上下之间的“一日百战”。由此,在刑法中产生了罪刑法定的原则。

《尚书·舜典》记载:“慎徽五典,五典克从。”慎与瘨音近,应借为瘨。瘨是病,引申为责难。徽与非音近,应借为非,也就是非议或者非难。五和乂在古字中都写为乂,因此,五是乂的误写和借字。乂是治,即惩治。典的古字和豐的古字相似,应是豐的借字。豐是竹名,将治罪的条文刻于豐竹上也称为豐。“慎徽五典,五典克从”,也就是斥责不按照刑法简条定罪处刑,必须按照刑法简条论罪处刑。这是以罪刑法定原则作为刑法基本原则的明证。

据《尚书·胤征》记载,有扈氏作乱,商汤授命征讨,在《胤征》中宣布其罪状,“威虐五行”是一条主要罪状。威是力,引申为暴力,虐是象形字,象征虎后脚站立,前脚扑撕人,以抓人而食之,引申为撕毁。五是乂的误写和借字。行是符的省笔和借字。符是竹名,将法刻于符竹之上,也称之为符。“威虐五行”实是威虐乂符,也就是以暴力毁弃刑法,即不按照罪刑法定原则定罪处刑。由此可见,诸侯国的君臣不遵循罪刑法定论罪处刑,作为天子的共主即可兴兵征讨。不仅如此,君主毁弃罪刑法定原则,诸侯也可以兴兵推翻君主的统治。据《尚书·汤誓》记载,商汤伐桀时,以夏桀“威虐五行”作为其罪状之一。由此证明,夏王朝的刑法也是以罪刑法定作为其一项基本原则。

《礼记·王制篇》,“邮罚丽于事”。这应是殷商时刑法中奉行的一项基本原则。邮与訧音近,应借为訧,訧是罪。罚借伐,即处罚。丽和隶音近,应是隶的借字。隶即书写。事即理,理借为豐,可引申为刑律简册。由此可见,“邮罚丽于事”就是处罚犯罪必须是依据刑法的条文。

《周礼·秋官司寇之职》记载:“墨辟五百,劓辟五百,刖辟五百,宫辟五百,大辟五百。"可见,周代初期刑法共规定了二千五百个罪刑单位。依据当时的具体历史条件,是会将所有罪名概括无遗的。由此推定,在刑法中贯彻了罪刑法定原则。《尚书·吕刑》记载:"墨辟一千,劓辟一千,剕辟五百,宫辟三百,大辟二百。"罪刑单位达三千条之多,进一步说明前一推断是完全符合历史实际的。《吕刑》还宣布"无简不听"。西周时期,将法刻于竹简上,因而将律条称为简。听借为定。"无简不听",就是没有律条规定的,不定罪。这和资本主义国家刑法所规定的"行为时法无明文规定者,不为罪",其表述方法虽有所不同,但含义是一致的。

应当说明的是,罪刑法定在奴隶社会尚处于萌芽时期,远不像资本主义罪刑法定主义原则那样完备。因此,奴隶社会刑法既采用罪刑法定原则,又以判罪成例作为补充。《尚书·吕刑》记载:"刑罚世轻世重,惟齐非齐,有伦有要。"伦是判罪的成例,要是成文的刑法典。这句话是说,刑罚年轻年重,以判罪的成例作为裁量的标准,不是以成文的刑法典作为裁量的标准。刑法和判罪成例同时并存,而判罪成例又优先于律而适用。这确实是对罪刑法定原则的破坏,然而不能据此否定我国奴隶社会曾在刑法中确定罪刑法定的原则。

奴隶社会刑法在采用罪刑法定原则的同时,也派生出类推适用的原则。《尚书·洪范》载:"皇则受之。"皇与仿音近,应借为仿。仿是比拟。则和勒音近,应借为勒,勒是刊刻。将刑法条文刊刻在竹简上,称之为勒。受和报是事物的两个方面,受是接受,接受后就有报命,所以受就报命,即批准。之和訧同属于先韵,因此,之借为訧。訧,就是罪,引申为犯罪。由此可见,"皇则受之",实是仿勒报訧。也就是在刑法中没有规定为犯罪,比照类似的刑法条文定罪处刑的,就予批准。这应是我国刑法史上类推制度的最早起源。类推是以刑法有明文规定为前提,以类似为条件,以呈报君主批准为程序。因此,这种类推适用相当于现代刑法中的司法解释。同时,这种类推适用应是罪刑法定原则的补充。

尽管我国奴隶社会在刑法中采用罪刑法定的原则,但是由于君主集立法权、行政权和刑罚权于一身,他的命令就是法律,优先于刑法而适用。因此,在刑事审判实践中不可能坚持罪刑法定原则。特别是在奴隶社会解体阶段,即春秋时期,诚如《孔丛子·刑论》所指出的那样:"人君异度,国不同法,断狱无伦,己意为定。"在此情况下,罪刑法定原则就成为空文。

二、法律面前公开不平等原则

奴隶社会,奴隶犹如牛马一样,成为奴隶主的权利客体。奴隶主可以任意宰杀奴隶,甚至以奴隶作为牺牲以祭鬼神,奴隶主死后还以奴隶殉葬。奴隶不受法律保护,而奴隶主阶级则受法律保护,其犯罪必须通过国家审判机关依法处罚。

由此表明,奴隶主国家的法律只是调整奴隶主之间的关系,其中突出地体现了奴隶主阶级与奴隶阶级在法律面前公开不平等的原则。

随着历史的发展,奴隶主阶级分为奴隶主贵族阶层和奴隶主庶族阶层。在奴隶主贵族阶层中,有的属于统治集团的核心成员,也有的不属于统治集团核心成员。统治集团的核心成员是奴隶主阶级的政治代表,协助君主进行统治,因而受到法律公开的特殊保护。《尚书·洪范》规定了"农用八政",是指有八种人犯罪应当请求酌减刑处罚。这八种人包括天官大冢宰、地官大宗伯、春官司徒、夏官大司马、秋官大司寇、冬官大司空、统率军队的将帅、承先代后裔而为国宾者。"农用八政"是我国封建社会法律中八议制度最初的萌芽,集中体现了法律面前公开不平等的原则。

随着奴隶主阶级统治经验的积累,只对八种人在法律上给予特殊保护,尚不能维持奴隶主阶级统治集团内部的关系,需要扩大刑法上特殊保护的范围。不仅如此,还需要提高奴隶主阶级贵族阶层在奴隶主阶级中的地位,严格区分贵族阶层和庶族阶层的界限,以巩固奴隶主阶级的统治。至殷商时期,据《尚书·伊训》记载,伊尹作"官刑",分为"三风十衍"。风是篇名,衍是犯罪,也就是将"官刑"分为三篇,其中有十类犯罪是惩治官吏犯罪的。《左传·鲁昭公四年》:"昔先王议事以制,不以刑辟。"刑是刑法的名称,指《尚书·伊训》中的"官刑",专门规定卿大夫犯罪的处罚。辟(pì)在当时是一种竹子的名称,在这种竹子上刻上刑法条文,成为文字纪录的刑法典,这种刑法典也被人们简称为辟(不过,后来的人们还是将这种辟竹的辟字加上了竹字头)。与称为"刑"的"官刑"不同,被称为"辟"的这部刑法是处理庶民犯罪的。贵庶各有处理犯罪的专门法典,也反映了法律面前公开不平等原则。

周武王建立周王朝后,封同姓及伐纣有功的人为诸侯,屏藩周室的统治。诸侯国的君主称为邦君,周王朝的君主受命于天,称为王。辅佐周王及诸侯国君主统治的人有卿大夫。《周礼·秋官·司寇之职》载:"凡诸侯之狱讼以邦典定之,凡卿大夫之狱讼以邦法断之,凡庶民之狱讼以邦成弊之"。不仅如此,邦法又设有八议制度。《周礼·秋官·司寇之职》:"以八辟丽邦法"。所谓八辟,即议亲、议故、议贤、议能、议功、议贵、议勤、议宾。对于这八类人犯罪,先奏请议,议定奏裁,取决于君主,而不由审判机关直接论罪处刑。这又是法律面前公开不平等原则的体现。

在奴隶社会,贵贱有别,尊卑有秩,长幼有序。这种别、秩、序都反映在刑法之中。之所以如此,是由于奴隶主阶级在人口中是占极少数的,以极少数的奴隶主阶级统治广大的奴隶阶级,需要在刑法中维护奴隶主阶级的特权。孔丘斥责赵鞅子铸刑书说,贵贱无别,长幼失序,国就不成为国,其国必亡。战国时,商鞅、韩非等人提出"王子犯法,与庶民同罪""法不阿贵,绳不绕曲,一断于法",旨在反对奴隶社会法律面前公开不平等原则,具有历史的进步意义。但秦汉以后,封建社会又恢复了这一原则。由此证明,君主个人专制统治,必然在法律中贯彻法律面前公开不平等的原则。这是由其阶级属性所决定的。

三、阶级镇压与阶级软化相结合的原则

在奴隶社会,与占人口绝大多数的奴隶阶级相比,奴隶主阶级只是极少数。而在奴隶阶级中,奴隶主贵族阶层又是极少数,其中直接参与奴隶制国家管理的统治集团成员人数则更少。由此可见,奴隶社会的统治集团从政权根基来看是极为虚弱的。因此,他们乞援于严刑峻法,以维护其统治。

罪莫大于死,至死不能复加。然而,在奴隶社会为加强刑罚的威慑作用,采取了极为残酷的方法执行死刑。依据《尚书·舜典》的记载,被虞舜废除的执行死刑的方法就有"友邦、兢兢业业、一日、二日"等。《尚书·大禹谟》上记载的死刑就有"五服五就,五刑五用"等方法。在肉刑方面,据《尚书·舜典》记载,也有"五刑有服,五刑三就",即将罪人处以墨、劓、剕、宫等刑罚。

西周奴隶社会,刑罚不仅非常残酷,而且往往轻罪重刑。孔丘曾经提出"刑中"的观点,就是有感于当时刑罚畸重而提出的。

据《尚书·大禹谟》记载,在虞舜时期,有所谓"罚弗其嗣,赏延于世"之说。其含义是刑不株连后嗣,而功却延于后人。这应是原始公社时期留下的遗风旧俗。舜殛鲧而用禹正是适用这一原则的著例。然而,从夏王朝起,不仅罚及后嗣,而且罪及无辜。《尚书·胤征》载,成汤奉命讨伐有扈氏,因参加有扈氏叛乱的人数较多,竟宣布"玉石俱焚",将有扈氏这个部落斩尽杀绝。《尚书·盘庚》载,盘庚迁都时,不少人反对,谣言四起。盘庚将他们视为罪人,命令"无遗育,无俾易种于兹新邑",就是对他们进行"门户"之诛,灭其族类。不仅如此,对于小罪也是必罚的。《尚书·康诰》:"厥罪虽小,乃不可不杀。乃有大罪,眚哉。"此处杀是刑的意思。整句话是说,小罪如果不罚,就会犯大罪,这是处罚犯罪应当深思的事。

《尚书·洪范》:"凡厥庶民,有猷有为有守。"厥是撅的借字,是击的意思,即处罚。猷是指有预谋的犯罪。为即犯罪行为。守即首,也就是犯罪后自首之意。整句话是说,处罚庶民中的罪犯,要分清预谋的,实施犯罪行为的,犯罪后自首的。《尚书·胤征》:"歼厥渠魁,胁从罔治。"渠是巨的借字,是大的意思。魁是首。渠魁实是巨魁,即首恶。胁是胁迫,从即随从。"歼厥渠魁"实是首恶必办。"胁从罔治",则是被胁迫而随从犯罪的,不治罪。这些都体现了阶级软化的政策。

《尚书·康诰》:"既道极厥辜,时乃不可杀。"道在古籍中为异字的省笔和借字。导有正的意思。极有反的意思。辜是古罪字。厥是代词,是指罪犯。时和是谐韵,时借为是。杀是刑的意思。整句话意思是对中止犯罪,不可以处罚。这应是中止犯罪在我国刑法史上最初的起源,同时,也属于阶级软化的范畴。

在刑法中,既以残酷的刑罚严惩犯罪,又施以阶级软化政策,促使犯罪人接受奴隶主的统治,巩固奴隶主阶级专政的国家,这表明我国奴隶社会的刑罚确已达到一定程度的成熟。同时,在阶级镇压和阶级软化的关系上,阶级镇压为主、阶级软化为辅,这既是奴隶主阶级统治经验的总结,也是其阶级属性决定的。

四、罚不及众的原则

所谓罚不及众,是指当一种犯罪成为社会相当普遍的现象时,一概绳之以法,伤人必多,而且也非刑罚所能制止。为了有效地维护奴隶主阶级的统治,对此即采取罚不及众的原则。奴隶社会刑法采取这一基本原则,是在较长的历史时期内不断实践,总结经验的基础上逐步形成的。

由原始公社进入奴隶社会初期后,其所遗留的杀人吃人现象仍较为普遍。依据《尚书·舜典》的记载,在虞舜中后期制定了一条法律:"眚灾肆赦,怙终贼刑。"眚和sheng(女旁加省字,系缺少之意,但这个冷僻字在电脑上打不出,故以拼音代之)音近,眚是sheng的借字。sheng是缺少,含义是因水旱风虫等自然灾害或因兵荒马乱,田里荒芜,以致粮食缺乏,处于饥馑之年。灾是指人祸,因灾被人杀吃。肆和噬音近,是噬的借字。噬是吞食,引申为杀人吃人。属于上述几种杀人吃人的,即舍而不问罪。然而,因饥馑或者复仇而杀人吃人的,也给予一定的限制,亦即"怙终贼刑"。怙和固都是以古字为组成因素,因此怙借为固。固释为二次以上。终与众谐韵,终借为众,三人为众。贼与蟊同音,贼是蟊的省笔和借字。蟊是禾苗的蝗虫,引申为杀人吃人。刑与到音近,刑借为到,到是割喉,即割喉而不断头的死刑。"怙终贼刑",实是怙众蟊,刑,也就是因饥馑或者复仇二次杀人吃人的,或者一次杀人吃人三人以上的,就处以割喉而不杀头的死刑。显然,这是以罚不及众为基本原则的体现。

平定叛乱集团时,由于被胁迫参加叛乱集团的人必多,如果一概以叛乱处理,不仅不能分化瓦解叛乱集团,而且会促使叛乱集团更加负隅顽抗,不利于平定叛乱。《尚书·胤征》载:"歼厥渠魁,胁从罔治。"即对胁从者不问其罪,也就是罚不及众原则的例证。

在荒年时,粮食奇缺,饿殍载道。饥民为自救,盗取粮食者必众,因而实施"荒政"。《周礼·地官司徒》规定了"荒政"十二条,其中第三条就是"缓刑"。缓有省的意思,省就是减少。由此可见,"缓刑"就是减少刑罚的适用。之所以如此,是因为荒年犯盗罪者甚多,而采用常法处理盗罪,必然会官逼民反,这对维护奴隶主阶级的统治是非常不利的,故对盗罪则减少刑罚的适用。

西周初期,创立嘉石和圜土这两种行政处罚的方法。依据《周礼·秋官司寇之职》记载,对于危害乡里而又不丽于法的罢民,经过三让而罚,三罚而坐诸嘉石,役诸司空或者置于圜土。"罢民"即癃民,相当于现代的流氓。让即训诫,罚即笞打。经过三次训诫,仍然不改,然后予以笞打。经过三次笞打,仍然不改的,或者坐诸嘉石,役诸司空,或者置诸圜土,以充劳役。由此可见,对危害乡里的"罢民",其情节没有达到严重程度的,经三次训诫又经三次笞打后,只给予行政处罚,而不论罪处刑。这样做,原因在于"罢民"的一般流氓行为较为普遍,不宜一律得罪。

五、"三典刑三国"的原则

周武王建立周王朝后,是以偏居西方的诸侯国成为万民之君主的。随着疆域的不断开拓,新建的诸侯国亦愈来愈多。为了强化周王朝的统治,在刑法中采用了"三典刑三国"的原则。

《周礼·秋官司寇之职》:"刑新国用轻典,刑平国用中典,刑乱国用重典。"此即所谓以三典刑三国。刑的含义是治。新国是指新开拓的疆域,民心未服,因而用轻典,以取得万民的拥戴。平国是指承平的诸侯国,也就是处于承平时期的国家,其阶级矛盾尚未达到尖锐化的程度,因而用中典。乱国是指秩序混乱的国家,阶级矛盾已经到尖锐的程度,犯罪现象日趋严重,因而用重典。不论是用轻典、中典还是用重典,其目的都是维护其统治,只是基于形势的需要而异刑罚的轻重。

西周初期确定的"三典刑三国"的原则,不仅贯穿于奴隶社会刑法中,而且为历代封建王朝的刑法所继承。刘邦入驻咸阳后,认为民苦秦苛法久矣,遂约法三章:杀人者死,伤人及盗抵罪。李渊进驻长安后,尽废隋炀帝的苛法,约法十二条。这些都体现了"刑新国用轻典"的精神。汉王朝的统治巩固后,遂认为是平国,制九章汉律。司马炎建立晋王朝后,自认为是平国,制定属于中典范畴的刑法。这又是"刑平国用中典"的明证。秦末隋末都适用重法。在隋炀帝时,盗一钱者弃市,五人共盗一瓜,并处死刑,充分表明了"刑乱国用重典"的原则。

"三典刑三国"是依据国家的具体情况,分别采用轻典、中典、重典。这就证明刑法是适应形势的变化而变化,是不拘一格的。如果拘守一格以治国家,是不可能治好国家的。韩非子讲过,势变法就应当变;势变而法不变,意图治理国家犹如守株待兔。由此可见,刑法上采用以三典刑三国,也是有合理因素的。我国奴隶社会刑法的基本原则,是在我国历史上刑法萌芽时期和奠基时期逐步形成的。

虽然它零碎而又散见于不同历史时期的古籍中,但它反映了奴隶社会刑法的实质。因此,研究奴隶社会刑法的基本原则,并且以此为指导研究奴隶社会刑法的发展演变史,是有重要意义的。西汉时期,虽然以儒家思想作为地主阶级的统治思想,以儒家经义注释汉律,但儒家仍是"祖述尧舜,宪章文武"的。因此,通过对奴隶社会刑法基本原则的阶级改造,又移植为封建社会刑法的基本原则,这是法律继承性的反映。因此,研究奴隶社会刑法基本原则,对于研究封建社会刑法史也具有重要意义。基于上述原因,依据《尚书》《周礼》等古籍,本部分对奴隶社会刑法的基本原则做了以上初步探讨,只是一孔之见,是否符合历史实际,尚待发掘更多的史料以为佐证。

(本文原载于《政法论坛》1997 年第 1 期)

论刑法立法的价值取向

张智辉

作者简介:张智辉(1954—　　),男,陕西武功县人。法学博士,国务院政府特殊津贴享有者,首批"当代中国法学名家"。现任湖南大学特聘教授、博士生导师,最高人民检察院咨询委员会委员,中国刑法学研究会学术委员会副主任,国际刑法学协会中国分会副主席。曾任最高人民检察院司法体制改革领导小组办公室主任,最高人民检察院检察理论研究所所长,《中国刑事法杂志》主编,中国检察官协会秘书长,中国法学会检察学研究会秘书长。主要研究领域:中国刑法学、国际刑法学、刑事诉讼法学、检察学、犯罪学。代表性著作主要有:《刑事法研究》《国际刑法通论》《刑事责任通论》《刑法理性论》《检察权研究》等。在《中国法学》等报刊上发表学术论文 200 多篇,代表性论文主要有《论司法责任制综合配套改革》《论司法职权内部关系的优化配置》《司法体制改革的重大突破》《论刑事立法的明确性原则》《论刑法公平观》《中国特色检察制度的理论探索——检察基础理论研究 30 年述评》《受贿罪立法问题研究》等。

伴随着《刑法修正案(十一)》的颁布实施,刑法立法问题再次成为法学理论界和法律实务界共同思考的重大问题。刑法如何面向社会发展的现实,不断满足国家治理现代化的法治需求,是未来刑法立法不得不考虑的问题。对此,学者们可能会给出许多不同的答案。从价值取向上看,笔者认为,未来的刑法立法应当坚持以下方向。

一、坚持刑法立法的危害性原理

危害性原理是刑法立法不可动摇的原则。所谓危害性原理,是指刑法适用的对象是危害社会的行为,并且刑罚适用的程度取决于危害性的严重程度。行为对社会的危害性作为犯罪的本质特征,对刑法立法中有没有必要把某种行为犯罪化具有决定性的制约功能。只有具有严重的社会危害性的行为,才是需要用刑法来禁止的,才有刑事立法的必要。只有对严重危害社会的行为适用刑罚,才具有惩罚的合理性。

危害性原理是刑法正当性的根据。在刑法立法中,之所以要坚持危害性原理,是因为刑法是以恶止恶的工具。刑法的适用必然给当事人造成自由、财产、权利等方面的损失。因此,把某种行为规定为犯罪,必须具有充分的理由,而这种理由,从根本上讲,就是它对社会具有危害性,为了社会上更多人的利益,不得不对这种行为动用严厉的制裁手段来禁止。"人类之所以有理有权可以个别地或者集体地对其中任何分子的行动自由进行干涉,唯一的目的是自我防卫。这就是说,对于文明群体中的任一成员,所以能够施用一种权力以反其意志而不失为正当,唯一的目的就是要防止对他人的危害。"①在社会治理体系中,预防性、疏导性、规范性的对策,因为不会给公民自由和社会利益造成直接的损害而被认为是治理的良策,动用刑罚,通过侵害公民自由和权利的方式来禁止某种行为则被认为是"不得已而为之"的下下策。因此,凡是能够通过其他社会治理手段禁止的行为,就不应当首先动用刑法。否则,就可能造成刑法的过度适用而丧失其正当性。

危害性原理也是程序公正的必然要求。刑法的价值在于适用,刑法规范只有在社会生活中真正被用于惩罚犯罪的司法实践,才能发挥其引导人们行为的作用。为此,就不能只考虑立法上的需要,而必须同时考虑司法上的可能。而危害性具有客观性,可以通过客观存在的证据加以证明,能够满足司法实践中追究行为人刑事责任的程序需要。对能够通过证据证明其危害社会的行为追究刑事责任,可以让人们看到公平正义的实现过程,加深对刑法禁止规范的认知和认同。相反,对于本身没有危害性的行为,如果通过立法将其规定为犯罪,在司法实践中往往难以获得能够证明其具有社会危害性的客观性证据,难以通过证据来证明犯罪的存在。对犯罪人的刑事追究就很可能是司法人员主观臆断的结果,更有可能使这些规定变成"僵尸条款"。

正如有的学者指出的那样,危害性原理对刑法立法的限制包括两个方面:一方面是对实体内容的限制,即通过立法予以犯罪化的行为必须是具有危害的行为,如果危害不那么明显或者显著,立法者就应该做出不予犯罪化的决定;另一方面是对程序的限制,即证明某行为是否具有重大或严重的危害的责任,应该由主张把该行为犯罪化的支持者承担。②

近年来,在刑法理论研究中出现了一种"风险刑法"理论。有人认为,当工业

①　[英]约翰·密尔:《论自由》,许宝骙译,商务印书馆1959年版,第1页。

②　姜敏:《论犯罪化的根据》,载《中国刑事法杂志》2019年第3期。

社会走向成熟,原来潜在于工业社会的危险无法再掩盖下去并破坏工业社会的存在基础时,社会就开始进入风险社会。在风险社会中,由高速交通、科技、医疗、食品卫生、恐怖主义等产生的风险无处不在。传统刑法已疲于应付,等到风险已经显现、出现危害结果时才启动刑法,已经不能实现对社会的保护了。因而刑法不再仅仅把自由价值作为追求,而必须考虑安全价值的深切诉求,在自由与安全价值的平衡中实现正义的刑法秩序。① "风险的不确定性和后果的巨大性决定了风险治理的预防性,也决定了刑法对策在事实上的提前介入。风险规制将不再退缩在实害的范围内,而将以主动出击的方式,对风险制造要素进行事前的规制和调整,以达到风险预防的目的。""风险的特点决定了立足于实害的反应型调整模式必将走入重刑威慑与刑法无效的怪圈",而"风险刑法的调整对象从风险直接制造行为向风险规制失灵原因的扩张消除了政策性刑法的盲目性。风险关键环节的犯罪化兼顾了主体的风险地位、风险能力和风险利益,通过权义对等的风险责任设置,将逃避传统归责视线的风险关键环节纳入刑法规制的范畴"②。传统刑法的规范构造以规制实害犯、结果犯为核心,而对危险犯、行为犯的规制较少,风险刑法规范更多地考虑规制危险犯、行为犯,不再依赖于实害结果的发生以及行为人对危害结果是否存在故意过失。风险刑法要求刑法提前介入,这对于严密风险控制层级具有重要意义。在此基础上,一些学者提出了积极的刑法立法观或预防性刑法立法观,认为刑法立法应当积极介入社会生活,更充分地发挥刑法在社会治理中的作用。③

当然,也有学者并不赞同风险刑法理论。如有学者认为,"风险刑法突破了传统的罪责理论,将刑事政策的考量作为一种立法的基本判断依据,否定了法律自身正当性和体系性的一系列需求,是对刑法工具化的一种重拾,脱离了主观罪责要求的刑法无疑是非常危险的"④。亦有学者认为,"风险社会的风险是后工业社会的技术风险,这种风险具有不可预知性与不可控制性,根本不可能进入刑法调整的范围。风险刑法理论将风险予以泛化,并且主要是以工业社会的事故型风险为原型展开论述与论证,但这与风险社会的风险并无关联"⑤。

---

① 劳东燕:《公共政策与风险社会的刑法》,载《中国社会科学》2007 年第 3 期。
② 程岩:《风险规制的刑法理性重构——以风险社会理论为基础》,载《中外法学》2011 年第 1 期。
③ 高铭暄、孙道萃:《预防性刑法观及其教义学思考》,载《中国法学》2018 年第 1 期;付立庆:《论积极主义刑法观》,载《政法论坛》2019 年第 1 期。
④ 孙万怀:《风险刑法的现实风险与控制》,载《法律科学》2013 年第 6 期。
⑤ 陈兴良:《风险刑法理论的教义学批判》,载《中外法学》2014 年第 1 期。

值得注意的是,在我国近年来的刑法立法中,也出现了一些把中性行为(即本身并不具有危害性的行为)、预备行为、帮助行为直接规定为犯罪的立法。如刑法第291条之一规定的"投放虚假的爆炸性、毒害性、放射性、传染病病原体等物质"的行为。这种行为只有当它与散布恐怖信息的行为相结合时,才能制造恐怖气氛,扰乱社会秩序。仅仅是实施了投放虚假物质的行为,很难证明它本身对社会具有什么样的危害性。仅仅实施了这种行为而没有进一步的活动,就将其规定为犯罪,有失刑法的危害性原则。又如刑法第287条之一规定的非法利用信息网络罪,其中包括"设立用于实施诈骗、传授犯罪方法、制作或者销售违禁物品、管制物品等违法犯罪活动的网站、通讯群组的"行为。如果设立网站或者群组,并进而利用这个网站或者群组进行违法犯罪活动,那么,其社会危害性就是显而易见的。但是如果只是设立了网站或者群组,还没有实施进一步的活动,很难说这个设立网站或者群组的行为就是危害社会的行为,尽管立法者在此使用了"用于实施诈骗、传授犯罪方法、制作或者销售违禁物品、管制物品等违法犯罪活动的"来限定设立网站或者群组的行为。问题在于:在一个人设立网站或者群组的时候,如何证明该网站或者群组是用来干什么的? 如果设立了网站或者群组,并且用它进行了违法犯罪活动,无疑会因为他所实施的违法犯罪活动而受到法律的制裁,此时承担责任是因他所实施的违法犯罪活动而不是设立网站或者群组的行为。但是在其还没有实施任何进一步的行为之前,如何证明该网站或者群组是用于实施违法犯罪活动的? 如果仅仅凭借行为人的口供,一方面有违我国刑事诉讼法明文规定的只有犯罪嫌疑人口供不得认定有罪的原则,很容易助长实践中刑讯逼供的发生;另一方面必然导致主观归罪,使"坦白从宽、牢底坐穿;抗拒从严,回家过年"再次成为现实。如果仅仅凭借办案人员的"内心确信",则可能导致任意出入人罪的后果。类似的,如刑法第120条之二规定的准备实施恐怖活动罪中包含的"为实施恐怖活动准备凶器、危险物品或者其他工具的"行为,也是在司法实践中很难证明的。在日常生活中,一个人到商店买了一把菜刀,他究竟是为了实施恐怖活动,还是为了回家切菜,仅仅根据他买菜刀的行为是无法判定的,必须有进一步的行为。在他买了菜刀但还没有实施进一步的行为之前,要对其定罪,只能根据他的口供或者办案人员的主观臆断。这就为任意出入人罪留下了法律空间。这种预防性立法,由于忽视了对进一步的能够证明其具有社会危害性的行为的要求,在刑法理论上,缺乏正当化理由;在司法实践中,将是十分危险的。

与之相关的问题是如何看待我国刑法中的犯罪圈? 有的学者认为,我国刑法立法中已经出现了过度犯罪化的现象(有的称为情绪化立法现象),今后的刑法立法应当停止进一步的犯罪化。①

相反，有的学者认为，刑法未来的方向是进一步扩大犯罪圈。"从转型时期社会发展的现实来看，在未来相当长时期内，立法者削减现有罪名的非犯罪化任务并不紧迫，相反要进行相当规模的犯罪化，保持刑法立法的活跃姿态。"②有的学者认为，我国刑法立法已经出现了适度犯罪化的总体趋势，这"也决定了刑罚积极地介入社会生活符合中国当下犯罪圈变化的基本走向"③。风险社会的到来对传统刑法体系提出诸多新要求，限制处罚观的坚守仅是其一，释放刑罚有效性命题的积极预防功能等措施更为关键。因此，应围绕当代刑法的社会背景演变、时代使命变迁等内容，不断优化和完善风险社会中的刑法干预机制，树立刑法应当积极干预社会的治理思维，释放积极刑罚观的潜能。④

也有学者认为，基于我国社会的快速发展和我国刑法规定的犯罪类型的有限性，我国刑法未来立法应当适度扩大犯罪圈。"未来我国不仅要继续坚持适度犯罪化的方向，还要坚持适度非犯罪化的方向。"⑤"不考虑现实的社会发展，对我国刑法自身的发展与完善持绝对化的批判态度是过于保守的。但是，只强调风险社会、全球化、网络社会等新背景之下的新型社会需求，却没有看到我国的刑事法治建设还处于初级阶段，忽视我国法治基础与人权保障意识依然薄弱的事实，对我国刑法结构、刑法立法水平不做充分考虑的做法，也是蕴含着侵犯人权之重大风险的。"因此，应当提倡稳健性刑法立法观。⑥

所谓的保守型刑法立法观、激进型刑法立法观（活性化刑法立法观、预防性刑法观）、稳健性刑法立法观，不仅都有自己的观点和主张，而且都有各自的论据和理由，很难证明哪一种刑法立法观是绝对正确的或者绝对错误的。笔者认为，对于现实生活中出现的可能威胁到国家安危、社会稳定、公民权利自由的现象，任何国家的立法者都不会无动于衷。我们国家从 1979 年颁布第一部刑法以来，刑法不断修改完善，本身就是积极介入社会生活的表现。刑法随着社会的发展而发展，必然要介入社会生活、融入社会发展。问题在于：何时介入、在什么情况下介

---

① 何荣功：《社会治理："过度刑法化"的法哲学批判》，载《中外法学》2015 年第 2 期；刘宪权：《刑法立法应力戒情绪——〈刑法修正案（九）〉为视角》，载《法学评论》2016 年第 1 期；齐文远：《修订刑法应避免过度犯罪化倾向》，载《法商研究》2016 年第 3 期。

② 周光权：《转型时期刑法立法的思路与方法》，载《中国社会科学》2016 年第 3 期；《积极刑法立法观在中国的确立》，载《法学研究》2016 年第 4 期。

③ 付立庆：《论积极主义刑法观》，载《政法论坛》2019 年第 1 期。

④ 高铭暄、孙道翠：《预防性刑法观及其教义学思考》，载《中国法学》2018 年第 1 期。

⑤ 赵秉志：《中国刑法立法晚近 20 年之回眸与前瞻》，载《中国法学》2017 年第 5 期。

⑥ 黄云波、黄太云：《论稳健性刑法立法观》，载《中国刑事法杂志》2019 年第 3 期。

入、介入到什么程度？这个问题，不是遵从某一种刑法观或者贴上某种立法观的标签所能解决的。面对现实社会中的问题，刑法立法不是要坚持什么立场或者遵从某种学说，而是应当考虑以下三个因素。

第一，行为的危害性。如前所述，一种现象在社会上出现，是否需要用刑法来规制，一定要考虑导致这种现象的行为是否具有危害性。如果其行为本身的实施对于社会是有害的或者可能产生严重的危害后果，就可以考虑用刑法来规制。如果行为本身没有危害性或者它的实施没有产生危害性，仅仅基于所谓抽象的危险（毋宁说是假象的危险），就动用刑法来规制，显然是过度的、不必要的。国家走向现代化的过程，必然是一个多元化的过程。在这个过程中，对于没有现实危害的行为，特别是对于那些可能影响到每个人的正常工作或生活的行为，如果仅仅因为它可能具有所谓的抽象危险，就对其适用刑法，势必会妨害人们的正常工作和生活，阻碍科技进步和社会发展。因此，任何一个犯罪化的立法，都应当充分考虑行为的危害性，据此判断刑法介入的必要性。这既不是一个积极或消极（刑法立法的立场）的问题，也不是一个多或少（犯罪化）的问题，而是刑法介入的前提是否具备的问题。

第二，法律体系的协调性。我们国家经过 70 年的法治建设，已经形成了相对完备的法律体系。在现行有效的法律体系内，刑法与其他法律部门之间存在着既相互联系又彼此区分的关系。每一个部门法，都应当遵守现有的法律体系架构，不懈怠，也不越位，按照自己在现有法律体系内的定位来发挥其在社会治理体系中的功能作用。刑法立法一旦超越了自己的范围，就可能侵蚀其他部门法的领域，造成法律体系内部的不协调，可能出现"越俎代庖"的效果。在应对新出现的社会问题时，刑法与行政管理性法规，尤其是治安处罚法之间，甚至是与民法、经济法之间的关系与界分，不能不成为刑法立法时必须考虑的因素。法律体系之间的协调性，还应当包括同类型的行为是否受到同样的规制，以保证法律制裁的公平性。如果片面强调刑法介入社会生活的独立性，而不考虑部门法之间的协调性，就可能打破我国现行的法律体系，造成法律制裁体系中的交叉或者漏洞。这样做，既不利于构建严密科学的制裁性法网，也不利于实现社会的公平正义，此外还可能给刑事司法与行政执法造成难以合理衔接的尴尬局面。因此，如果每个部门法都坚持所谓"优先原则"，而不考虑法律体系的内在协调，势必导致不同的部门法对同一问题的立法出现"碎片化""零乱化"，法律适用的结果也就完全有可能背离立法者的初衷。

第三，刑罚制裁的必要性。把一种行为规定为犯罪，就意味着实施这种行为的人将要受到刑罚的制裁。而刑罚的严厉性决定了它不应当用来对付一般性的危害行为,这就给立法者提出了一个刑罚制裁的必要性问题。① 哪些行为是需要用刑罚来制裁的? 哪些行为是不需要动用严厉的制裁而可以通过一般的法律制裁来禁止的? 如果不考虑这种界分,对什么样的危害行为甚至没有现实危害的行为都一律采取刑罚制裁的措施加以禁止,不仅不符合刑法自身的逻辑,而且会侵蚀法律制裁体系的完整性,对公民权利造成不应有的损害。因此,在刑法立法的过程中,立法者一方面应当考虑这种制裁可能对人们的社会生活产生的普遍性影响,需要在正面影响与负面影响之间寻求立法的必要性;另一方面必须考虑实现这种制裁可能需要花费的成本以及采取其他制裁措施的可能性,在预期的效果与可能付出的代价之间寻求刑法立法的必要性。只有在这两种权衡中都能得出确实必要的结论时,动用刑法才具有合理性。

充分考虑了这三个方面的因素之后,认为有必要动用刑法,那么,刑法立法就应当进行,犯罪圈的扩张就具有合理性;否则,犯罪圈的扩张就是不必要的,刑法立法就是过度立法。

基于这种考虑,笔者认为,未来的刑法立法应当严格控制犯罪圈的扩张。其理由有三。

第一,犯罪圈的无限扩张不符合中国传统法律文化。在中国的传统文化中,人们总是把罪与恶联系在一起,认为犯罪是一种恶。一旦某人被法院判刑,人们往往会把他视为"恶人""坏蛋",弃而远之。即使是那些与社会伦理基本上不相干的行为,也会因为被"判刑"而使行为人背上"污点",受到其他人的鄙视甚至疏远。犯罪圈的扩大,必将使更多的人陷入犯罪的泥潭,给其家庭及社会关系带来阴影。尤其是在我们这样一个人情世故特别浓厚的"熟人社会"里,"犯罪之人"给人们的社会生活所带来的影响是任何人都不可低估的。因此,如果不是十分必要,立法就不应当把某种行为规定为犯罪,以便尽可能地减少使人进入犯罪圈的机会,减少给某种行为贴上"犯罪"的标签。

第二,犯罪圈的无限扩张成本过高,司法不堪重负。一旦立法把某种行为规定为犯罪,司法机关就会为了完成刑法的任务而投入大量的人力物力来侦查、起诉和审判这种行为,看守所、监狱也难免要为触犯这种行为的人准备吃住等条件。特别是把大量的轻微违法行为犯罪化之后,需要增加的司法成本必然随之大量增加。尽管立法机关设置了速裁程序和简易程序来快速办理这类刑事案件,但同样

① 也许有人会说,刑罚可以不严厉,把某种行为犯罪化,不一定要对其规定重刑。实际上,刑罚的严厉性是相对于其他制裁措施而言的,即使是最轻的刑罚,在法律评价体系中,也比其他处罚要严厉。

需要付出大量的人力物力财力。因为惩罚犯罪的仪式感在客观上需要有一定的形式，即使是"走过场"的仪式，也需要通过一定的形式（开庭审理）来表现，以体现司法的严肃性和权威性。在司法资源相对比较紧缺的情况下，与这种大量的司法资源投入相比，国家和社会可能从中获得的利益究竟有多大，是否真的有必要、真的值得把某种行为规定为犯罪，就不能不在成本与效益之间权衡，这是立法者必须谨慎考虑的问题。

第三，我国现行的三元制裁体系无须改变。中华人民共和国成立七十多年来，我们国家逐渐形成了以治安处罚和行政处罚为基础、以刑事制裁为补充的三元制裁体系。对于违法犯罪行为，我们的法律制度是首先考虑行政处罚，即对违反治安行政管理的行为，由公安机关通过治安行政处罚来制裁；对违反行政管理法规的行为则由行政执法部门通过行政处罚来制裁；只有违反治安管理法规或者行政管理法规情节严重或者行为本身的社会危害性比较严重的行为，刑法才将其规定为犯罪予以刑事制裁。所以，进入刑法视野的行为都是严重违反治安管理法规或者其他行政法规需要用刑法加以规制的行为。正因为这样，刑法在理论上被称为"二次法""保障法"。与这种法律体系相适应，我国刑法对犯罪的规定大多采取了"定性加定量"的方式，把具有危害性但危害程度没有达到一定量的行为留给了其他部门法去调整。在法律制裁体系不变的情况下①，对于可能出现的危害社会的行为，应当首先考虑将其纳入行政法规禁止的范围，对之规定必要的治安处罚或者行政制裁措施，而不是破坏现有的制裁体系，直接将其规定为犯罪予以刑事制裁。尤其是对于那些仅仅具有抽象危险的行为，更应当通过行政管理或行业规范加以规制，而不是直接规定为犯罪用刑法手段来禁止。如果不顾及部门法之间的分工与衔接，仅仅根据所谓"最优原则"就动用刑法，让刑法冲在社会治理的最前沿，主动应对社会风险，刑法立法的无限扩张就将不可避免。

因此，未来刑法在面对转型时期的社会问题时，不应当是不断地扩张犯罪圈，而应当保持谦抑的理性的态度，在纷繁多元的时代变迁中，给其他社会治理手段留下充分的施展空间，尽可能地避免用刑法代替其他社会治理手段，尽可能地控制刑事制裁规范的创设。当然，严格控制犯罪圈的扩张并不是轻视甚或否定刑法

---

① 如果像某些学者构想的那样把所有需要制裁的行为统统纳入刑法的范围，用重罪、轻罪、违警罪来构建一元化的违法行为制裁体系，那么，对现行法律中的某些违法行为犯罪化或者对未来可能出现的抽象危险行为犯罪化，似乎并无不可。问题在于我们国家并没有改变现行有效的法律制裁体系，在治安处罚、行政处罚与刑事处罚并存的法律体系下，犯罪圈的扩张必然涉及法律部门之间的冲突。

立法的必要性,只是强调在国家治理现代化的过程中刑法立法不应当冲在社会治理的最前面,不应当把刑事制裁作为社会治理的首选,动不动就修改刑法。对于那些新出现的本身具有严重的危害社会性或者已经造成严重危害的行为,通过刑法立法,及时地加以制裁性的规制,是十分必要的。

二、坚持刑法立法的科学化

关于刑法立法的发展方向,许多学者提出了科学化的问题。正如有的学者所言,"刑法立法科学化是我国刑事法治发展的内在需求,也是在现代社会不断发展、民众法治意识增强的情况下,民众和司法对科学立法的理性需求"①。但对于什么是刑法立法的科学化,鲜有论述。②

科学本身是一种具有内在逻辑性、合理性的知识体系。刑法立法的科学化,既包括每一个刑法规范构建的必要性、严密性,每一项刑法制度设置的合理性,也包括刑法规范在整体上的协调统一性,以及刑法规范与其他法律规范的协调性问题。③ 在某种意义上讲,刑法规范体系的内在统一性、协调性,对于保持刑法规范在整体上的合理性尤为重要,是刑法科学化的显著标志。只有保持内在的统一性,相同的原理原则能够在整部刑法中一以贯之,不同的规范之间能够相互协调,才有可能使刑法所建立的规范体系具有自身的合理性,才能形成令人信服的内在逻辑。没有体系上的协调统一,就不会有法律规范上的科学性。特别是对于像刑法这样一部庞大的法律体系而言,协调统一尤其重要。

---

① 何群:《论我国刑法立法的科学化发展》,载《学术论坛》2016 年第 9 期。

② 周光权教授在《转型时期刑法立法的思路与方法》(载《中国社会科学》2016 年第 3 期)一文中提及未来的刑法立法要"在立法总体思路和罪刑设置上注重科学性"。刘艳红教授在《以科学立法促进刑法话语体系发展》(载《学术月刊》2019 年第 51 卷)一文中专节论述了"以科学立法促进高质量的刑事立法:良法善治与立改废释";但都没有对科学性或者科学立法的含义做出说明,也没有论述如何实现科学性的问题。赵秉志教授在《中国刑法立法晚近 20 年之回眸与前瞻》(载《中国法学》2017 年第 5 期)一文中专节提到"刑法立法的科学性问题",从刑法立法理念的科学化、刑法立法政策的科学化、刑法重要制度的科学化、罪刑关系的科学化四个方面回顾了晚近 20 年的刑法立法;但其所论述的问题似乎也与科学性无关,如"始终坚持以解决实践问题为主的立法导向"和"始终坚持以解决重点问题为重心的立法方向"被称为"刑法立法理念的科学化";"实现了刑事制裁措施的多元化""促进了刑罚制度的实质化改革""推动了刑罚体系的轻缓化"被称为"刑法重要制度的科学化"。这些现象说到底是一种立法事实,很难说这样做就是科学的,更谈不上"化"的问题。

③ 这个问题涉及的范围太大,此处仅就刑法规范体系自身的协调性加以论述。

　　然而,令人遗憾的是,这些年来,我们的刑法立法更多地重视刑法规范的严密性①(这当然也是十分必要的),而很少重视刑法规范体系的协调性。例如:

　　一是关于"金融机构"的含义。在刑法分则第三章第四节"破坏金融管理秩序罪"中,刑法修正案(一)把刑法第174、185条中的"银行或者其他金融机构"修改为"商业银行、证券交易所、期货交易所、证券公司、期货经纪公司、保险公司或者其他金融机构"和"国有商业银行、证券交易所、期货交易所、证券公司、期货经纪公司、保险公司或者其他金融机构"。但该节的其他条款包括刑法修正案(六)修改后的第186、187条,仍然使用"银行或者其他金融机构"。这些条款中的"银行"是否包括人民银行? 是否仅指商业银行?"其他金融机构"是否包括"证券交易所、期货交易所、证券公司、期货经纪公司、保险公司"? 如果包括,第185条的修改就没有意义;如果不包括,就缺乏合理性。

　　二是关于"终身监禁"。刑法修正案(九)对刑法第383条做了重大修改,使贪污罪贿赂罪法定刑档次的划分更加合理,但是该修正案却出现了"终身监禁"的规定。"终身监禁"既不是刑法总则中规定的刑种,也不是刑罚的执行方式。如果说,刑法为贪污罪贿赂罪特设了这种刑罚,那么,为什么不对其他比贪污罪贿赂罪更严重的犯罪,如危害国家安全的犯罪、危害公共安全的犯罪做出同样的规定? 有没有必要为一种犯罪设置一种独立的特有的刑罚种类?"终身监禁"与刑法总则中规定的无期徒刑又将是一种什么关系? 这些问题无论是对普通公民而言,还是对司法人员而言,都是令人十分费解的。

　　三是关于经济犯罪的数额。经济犯罪通常都涉及一定的数额,要不要把具体数额作为构成犯罪和区分法定刑档次的标准? 刑法中对它的规定很不一致:对某些经济犯罪,1997刑法规定了相对确定的数额作为定罪(包括区分法定刑档次)的标准。在刑法修改的过程中,一些罪名取消了相对确定的数额标准,代之以"数额较大""数额巨大""数额特别巨大"的区分标准,如走私普通货物、物品罪(刑法

---

① 1997年刑法之后,立法机关在完善刑法规范的严密性方面下了很大的气力:一是通过增加新罪名分解细化犯罪构成要件,如贿赂犯罪,从1997刑法规定的一个条文3个罪名到现在的12个条文10个罪名;渎职罪从1997刑法的4个条文4个罪名,到现在的23个条文27个罪名。二是通过犯罪主体完善条文的涵盖面,如刑法第168条规定的"国有公司、企业直接负责的主管人员"修改为"国有公司、企业的工作人员",并增加了"国有事业单位的工作人员",从而使该罪的犯罪主体包括了除国家机关工作人员之外的所有国有单位的工作人员。三是通过修改犯罪构成的客观方面严密刑法法网,如把危害公共安全罪中有关投毒罪的"毒"进一步明确化,即改为"投放毒害性、放射性、传染病病原体等物质";把"固体废物"修改为"固体废物、液态废物和气态废物"等,都使刑法规定所涵盖的范围更加周延。四是完善法定刑的结构,如完善有关贪污罪贿赂罪的处罚等。

第 153 条）；贪污罪、受贿罪（刑法第 382、385 条）。但是也有一些罪名依然是以相对确定的数额作为定罪标准的，如刑法第 140、203、347、348、351 条规定的犯罪。在刑法立法中到底要不要规定相对确定的数额作为定罪标准，就是一个不无疑问的问题。

四是关于罚金刑。在近 20 年的刑法立法中，立法机关在对具体犯罪规定的刑罚中大量增加了罚金刑。但是，关于罚金刑的规定，缺乏内在的协调一致性。刑法分则第三章规定的 110 个罪名，都是经济犯罪。其中 102 个罪名规定了罚金刑，但有 8 个罪名没有规定罚金刑；42 个罪名的规定方式是在主刑之后规定"并处或单处罚金"，60 个罪名规定了相对确定数额的罚金（按倍数罚的 22 个罪名，按相对数罚的 38 个罪名）。从整部刑法看，关于罚金刑，有 10 种规定方式：其一是"并处或者单处销售金额百分之五十以上二倍以下罚金"（6 个）：第 140 条规定的生产、销售伪劣产品罪；第 142 条规定的生产、销售劣药罪；第 145 条规定的生产、销售不符合标准的卫生器材罪；第 146 条规定的生产、销售不符合安全标准的产品罪；第 147 条规定的生产、销售伪劣农药、兽药、化肥、种子罪；第 148 条规定的生产、销售不符合卫生标准的化妆品罪。其二是"并处一倍以上五倍以下罚金"（6 个）：第 153 条规定的走私普通货物、物品罪；第 175 条规定的高利转贷罪；骗取贷款、票据承兑、金融票证罪；第 180 条规定的内幕交易、泄露内幕信息罪；利用未公开信息交易罪；第 202 条规定的抗税罪；第 203 条规定的逃避追缴欠税罪；第 227 条规定的伪造、倒卖伪造的有价票证罪；倒卖车票、船票罪。其三是"并处或者单处虚报注册资本金额百分之一以上百分之五以下罚金"（3 个）：第 158 条规定的虚报注册资本罪；第 160 条规定的欺诈发行股票、债券罪；第 179 条规定的擅自发行股票、公司、企业债券罪。其四是"并处或者单处百分之二以上百分之十以下罚金"（1 个）：第 159 条规定的虚假出资、抽逃出资罪。其五是"并处或者单处洗钱数额百分之五以上百分之二十以下罚金"（2 个）：第 191 条规定的洗钱罪；第 228 条规定的非法转让、倒卖土地使用权罪。其六是"并处或者单处一万元以上十万元以下罚金"（3 个）：第 181 条规定的编造并传播证券、期货交易虚假信息罪；诱骗投资者买卖证券、期货合约罪；第 186 条规定的违法发放贷款罪；第 198 条规定的保险诈骗罪。其七是"并处或者单处二万元以上二十万元以下罚金"（2 个）：第 162 条之一、之二规定的妨害清算罪，隐匿、故意销毁会计凭证、会计账簿、财务会计报告罪，虚假破产罪；第 208 条规定的非法购买增值税专用发票、购买伪造的增值税专用发票罪，虚开增值税专用发票、出售伪造的增值税专用发票罪、非法出售增值税专用发票罪。其八是"并处三万元以上三十万元以下罚金；情节特别严重的，并处五万元以上五十万元以下罚金"（1 个）：第 185 条之一规定的违法运用资金罪。其九是根据犯罪数额决定罚金数额（与法定刑档次相适应）①。其十是"并处或者单处罚金"，这是绝大多数罪名中的规定。

这种立法在法理上讲不通：如果罚金的数额应当在刑法中做出具体规定，为什么绝大多数罪名的罚金没有规定？如果罚金的数额要根据犯罪的具体情况来确定，为什么有些罪名的罚金数额有具体的确定的规定？如果犯罪的性质不同，判处罚金的标准就应当不同，为什么同一章甚至是同一节规定的罪名中判处罚金的标准都不同？如果判处罚金的标准应当根据犯罪情节的轻重来确定，为什么法定刑档次相同的罪名，判处罚金的标准不相同？这种规定，在司法实践中带来的问题，必然是判决的公正性不断受到质疑。

五是关于行政机关的责任。刑法在立法时，为了缩小打击面，对一些行政犯设置了前置性规定，即违反有关行政管理法规的行为，首先由行政管理部门提出责令改正的意见，如果有关单位或者个人拒不改正，造成严重后果的，才作为犯罪追究刑事责任。如刑法第139条规定的消防责任事故罪："违反消防管理法规，经消防监督机构通知采取改正措施而拒绝执行，造成严重后果的，对直接责任人员，处三年以下有期徒刑或者拘役"。刑法修正案（八）对刑法第343条规定的非法采矿罪、破坏性采矿罪，删除了"经责令停止开采后拒不停止开采，造成矿产资源破坏"的规定。这就意味着，违反行政法规的行为是否经过行政机关的处罚不再作

---

① 根据犯罪数额决定罚金数额（与法定刑档次相适应），分三种情况：第一种，数额较大的，并处二万元以上二十万元以下罚金；数额巨大的，并处五万元以上五十万元以下罚金；数额特别巨大的，并处五万元以上五十万元以下罚金或者没收财产（15个）：第171条规定的出售、购买、运输假币罪，金融工作人员购买假币、以假币换取货币罪，伪造货币罪；第174条规定的擅自设立金融机构罪，伪造、变造、转让金融机构经营许可证、批准文件罪；第176条规定的非法吸收公众存款罪；第177条规定的伪造、变造金融票证罪，第177条之一妨害信用卡管理罪；第178条规定的伪造、变造国家有价证券罪；第187条规定的吸收客户资金不入账罪；第192条规定的集资诈骗罪；第193条规定的贷款诈骗罪；第194条规定的票据诈骗罪、金融凭证诈骗罪；第195条规定的信用证诈骗罪；第196条规定的信用卡诈骗罪、盗窃罪；第197条规定的有价证券诈骗罪；第206条规定的伪造、出售伪造的增值税专用发票罪；第207条规定的非法出售增值税专用发票罪；第209条规定的非法制造、出售非法制造的用于骗取出口退税、抵扣税款发票罪，非法制造、出售非法制造的发票罪，非法出售用于骗取出口退税、抵扣税款发票罪，非法出售发票罪。第二种，数额较大的，并处或者单处一万元以上十万元以下罚金；数额巨大的，并处二万元以上二十万元以下罚金；数额特别巨大的，并处五万元以上五十万元以下罚金或者没收财产（3个）：第172条规定的持有、使用假币罪；第177条之一规定的窃取、收买、非法提供信用卡信息罪；第178条规定的伪造、变造股票、公司、企业债券罪。第三种，数额较大的，并处或者单处一万元以上十万元以下罚金；数额巨大的，并处二万元以上二十万元以下罚金（1个）：第173条规定的变造货币罪。

为犯罪成立的前置条件。但在增设的刑法第 276 条之一拒不支付劳动报酬罪中却设置了"经政府有关部门责令支付仍不支付的"规定。刑法修正案（九）增设的第 286 条之一拒不履行信息网络安全管理义务罪，也设置了"经监管部门责令采取改正措施而拒不改正"的规定。这就涉及行政机关的监管责任对犯罪成立的意义。在有行政监管部门的情况下，行政监管部门的监管是否应当作为处罚行政犯的前置条件？

上述种种现象表明，我们的刑法立法对相同的问题在制裁体系中缺乏相同的逻辑和协调一致的规定。这在一定程度上影响了刑法规范体系的科学性、合理性。造成这种现象的原因，不得不说与近年来采取的"缺什么补什么"式的刑法立法模式有关。

有鉴于此，笔者认为，未来刑法立法的一个重要任务是提高刑法立法的科学性，着力解决刑法规范体系内在的协调性问题。

首先，要进一步完善刑法条文设计的严密性，构建科学的犯罪构成体系。

近年来，通过刑法修正案的形式先后修改了百余个犯罪的罪状，使刑法规定的犯罪具有更强的概括力，促进了法网的严密度。但是应当看到，现有的刑法条文中还有一些犯罪的罪状表述并不科学。例如，我国刑法中有许多关于犯罪主体的规定，这些规定是否科学、有无必要，就是一个值得研究的问题。刑法第 165 条规定的非法经营同类营业罪，犯罪主体限定为"国有公司、企业的董事、经理"，而实际上一些国有公司、企业的管理人员的头衔并不称为"董事"或者"经理"，如监事（监理）、总监、部长、主任、厂长，甚至党委书记、纪委书记等，都可能实施该条规定的行为。仅仅因为称谓的不同就把在国有公司、企业中握有实权的其他管理人员排除在犯罪主体之外，显然不合理；如果不把这些人员排除在犯罪主体之外，就必须对刑法条文的规定做扩张解释，而这种扩张解释明显超出了条文用语的字面含义，有违反罪刑法定原则之嫌。刑法第 180 条规定的利用未公开信息交易罪的主体是"证券交易所、期货交易所、证券公司、期货经纪公司、基金管理公司、商业银行、保险公司等金融机构的从业人员以及有关监管部门或者行业协会的工作人员"；第 185 条规定的挪用资金罪的主体是"商业银行、证券交易所、期货交易所、证券公司、期货经纪公司、保险公司或者其他金融机构的工作人员"，挪用公款罪的主体是"国有商业银行、证券交易所、期货交易所、证券公司、期货经纪公司、保险公司或者其他国有金融机构的工作人员和国有商业银行、证券交易所、期货交易所、证券公司、期货经纪公司、保险公司或者其他国有金融机构委派到前款规定中的非国有机构从事公务的人员"。对金融机构的从业人员有没有必要进行如此详细的列举，排列的顺序是否合理、有没有遗漏等，都在拷问着刑法立法的科学性。又如,关于犯罪客观方面的规定,要不要规定得十分具体,同样拷问着刑法立法的科学性。刑法第133条之一规定的危险驾驶罪,尽管从设置该罪[刑法修正案(八)]到罪状的修改[刑法修正案(九)]间隔只有四年时间,但仍然存在漏洞。如"违反危险化学品安全管理规定运输危险化学品,危及公共安全的"。该规定把违反规定运输危险品限定为"化学品",实际上就等于排除了其他危险品,如违反有关管理规定运输枪支弹药、爆炸品等行为。刑法第169条之一规定的背信损害上市公司利益罪在客观方面包含五个要件:"违背对公司的忠实义务""利用职务便利""操纵上市公司""从事下列行为之一""致使上市公司利益遭受重大损失",只有同时具备这五个要件,才能构成犯罪。但是有没有必要这样规定,实际上是值得研究的,因为客观方面的这五个要件中前三个要件对于行为构成犯罪来说,究竟是独立的,还是包含在"下列行为"之中的,不无疑问。再如,刑法中关于编造虚假信息的行为,刑法修正案(三)规定了编造、故意传播虚假恐怖信息罪,刑法修正案(九)又增加了编造、故意传播虚假信息罪。前者包括"爆炸威胁、生化威胁、放射威胁等恐怖信息";后者包括"险情、疫情、灾情、警情"。如果以后再出现编造、故意传播虚假的其他信息,如战争、政变、民族矛盾等虚假信息情况时,还要不要再增加新的罪名?刑法条文用语的涵盖性不强所导致的挂一漏万,从形式上看是一个立法技术问题,实质上则反映了刑法立法的科学性问题。

其次,要着力解决刑法制度的协调性问题,构建原理相通的刑法规范体系。

如前所述,由于刑法修改的频繁性,每次修改都是带着问题导向,根据社会现实中亟需修改的问题进行的,以至于很少考虑刑法制度的前后一致性问题。同样是罚金刑,不同的条文中规定的适用原则就很不相同(如前文)。同样是单位犯罪,对单位犯罪中自然人的处罚原则也是不相同的。有的条文对单位犯罪中的自然人设置了独立的法定刑,有的条文对单位犯罪中的自然人规定了依照自然人犯罪来处罚的原则。刑法中规定的同一种制度在具体犯罪中的这种差异,就破坏了制度的同质性,难以对其做出体系化的解释,难以保持刑法适用的公平性。因此,未来刑法立法的一个重要方面,就应该是尽可能地对相同的制度做出基本相同的规定,避免同一种制度在适用原则上的明显差异,以保持刑法内在逻辑的一致性。尤其是对于"数额犯"定罪量刑的数额标准、对罚金刑的适用原则、对单位犯罪的定罪标准和对其自然人的处罚原则等问题,应当按照相同的原理、原则修改有关规定,以便保持刑法制度和适用原则的一致性。同时,也需要对像"终身监禁"、资格刑等问题进行体系化的修改,使其能够在刑法体系中面对相同或者类似问题时保持平衡。这样才可能保证刑法中确立的具体制度具有体系上的协调性。这是刑法科学化的重要表征,也是未来刑法立法的重要任务。

最后,要科学设置法定刑,构建公平合理的罪刑关系阶梯。

在刑法中,法定刑的设置是根据犯罪的严重程度确定的。立法者认为严重的犯罪,就会给其设置较重的法定刑;立法者认为较轻的犯罪,就会给其设置较轻的法定刑。我国刑法中的法定刑也是遵循这样的原理设置的。问题在于,如何确定犯罪的严重程度及其与法定刑之间的对应关系。科学的方法,应该是根据犯罪的严重程度(犯罪所侵犯的客体的重要程度、犯罪所造成的危害结果的严重程度、犯罪人的罪责程度等)对犯罪进行综合评价和分类,同时根据刑罚的轻重对刑罚等级进行划分,并按照犯罪的严重程度分别设置相应的刑罚等级。这些就会形成犯罪等级与刑罚等级之间的对应关系,使较轻的犯罪可能受到的处罚较轻,使较重的犯罪可能受到的处罚较重。

就我国刑法中罪刑关系来看,存在着两个突出的问题。

一是法定刑体系的科学性问题。这个问题直接面向的是法定刑的设置与其所对应的犯罪的严重性之间是否具有均衡性。目前,在我们的刑法中,法定刑的设置有拘役的,有 1 年以下有期徒刑或者拘役的,有 1 年以下有期徒刑、拘役或者管制的;有 2 年以下有期徒刑或者拘役的,有 2 年以下有期徒刑、拘役或者管制的,有 3 年以下有期徒刑、拘役、管制或者剥夺政治权利的;有 3 年以下有期徒刑、拘役或者管制的,有 3 年以下有期徒刑或者拘役的;有 5 年以下有期徒刑、拘役、管制或者剥夺政治权利的,有 5 年以下有期徒刑或者拘役的,有 5 年以下有期徒刑;有 7 年以下有期徒刑到拘役的,有 7 年以下有期徒刑到拘役或者管制的;有 10 年以下有期徒刑到拘役的,有 10 年以下有期徒刑到拘役或者管制的,有 10 年以下有期徒刑到拘役、管制或者剥夺政治权利的;有 15 年以下有期徒刑①到拘役、管制或者剥夺政治权利的,有 15 年有期徒刑到拘役或者管制的,有 15 年有期徒刑到拘役的,有 15 年有期徒刑到 3 年以上有期徒刑的,有 15 年有期徒刑到 5 年以下有期徒刑的;有无期徒刑到拘役、管制或者剥夺政治权利的,有无期徒刑到拘役的,有无期徒刑到 3 年有期徒刑的,有无期徒刑到 5 年有期徒刑的,有无期徒刑到 10 年有期徒刑的;有死刑到拘役的,有死刑到 3 年有期徒刑的,有死刑到 5 年有期徒刑的,有死刑到 10 年有期徒刑的。这些不同等级的法定刑,面临着两个方面的拷问:第一,法定刑的设置是否具有内在的合理性? 根据刑法设置的法定刑,人们在很多情况下无法判断某种犯罪究竟是轻罪还是重罪(其法定刑可以轻到拘役甚至不需要判处主刑,也可以重到无期徒刑甚至死刑)。人们在这样的法定刑结构

---

① 我国刑法规定的有期徒刑,除特别规定之外,最高为 15 年。所以刑法中规定"处……以上有期徒刑的",就意味着法定最高刑为 15 年有期徒刑。

中很难找到设置的规律性,很难判断法定刑的设置有无客观性的根据。第二,这种对不同犯罪所设置的法定刑所构成的法定刑体系是否具有统一的逻辑性? 刑罚所设置的法定刑相互交叉,不同法定刑之间无法形成彼此衔接的刑罚阶梯。这种法定刑体系与犯罪的严重程度之间有没有对应关系,同样是无法判断的。

二是法定刑档次划分的科学性。对刑法分则规定的每一个具体犯罪,刑法都规定了相应的法定刑,但是法定刑档次的划分则是千姿百态的。我国刑法中划分法定刑档次时,最常见的是"三年以下有期徒刑或者拘役"为一个刑度,"三年以上十年以下有期徒刑"为一个刑度,"十年以上有期徒刑或者无期徒刑(死刑)"为一个刑度。但是,最低的刑度,也有 2 年以下有期徒刑、1 年以下有期徒刑、拘役的,甚至还有 5 年以下有期徒刑的。中间刑度,除"3 年以上 10 年以下有期徒刑"之外,也有"3 年以上 7 年以下有期徒刑"的。最高刑度,除"10 年以上有期徒刑或者无期徒刑(死刑)"之外,也有 5 年以上有期徒刑的、7 年以上有期徒刑的。当法定刑划分为三个档次时,有的条款划分为 3 年以下有期徒刑或者拘役、3 年以上 7 年以下有期徒刑、7 年以上有期徒刑或者无期徒刑三个档次(如第 147 条);有的条款划分为 3 年以下有期徒刑或者拘役、3 年以上 7 年以下有期徒刑、7 年以上有期徒刑三个档次(如第 209 条);有的条款划分为 3 年以下有期徒刑或者拘役、3 年以上 7 年以下有期徒刑、7 年以上 10 年以下有期徒刑三个档次(如第 391 条之一);有的条款划分为 3 年以下有期徒刑或者拘役、3 年以上 10 年以下有期徒刑、10 年以上有期徒刑或者无期徒刑三个档次(如第 145 条);有的条款划分为 5 年以下有期徒刑或者拘役、5 年以上 10 年以下有期徒刑、10 年以上有期徒刑或者无期徒刑三个档次(如第 177 条);有的条款划分为 3 年以上 7 年以下有期徒刑、7 年以上有期徒刑、无期徒刑三个档次(如第 151 条第 1 款),甚至有的条款划分为 5 年以上 10 年以下有期徒刑、10 年以上有期徒刑或者无期徒刑、死刑三个档次(如第 240 条)。法定刑划分为两个档次时,对于较轻的罪,通常划分为 3 年以下有期徒刑或者拘役、3 年以上 7 年以下有期徒刑两个档次,或者 3 年以下有期徒刑或者拘役、3 年以上 10 年以下有期徒刑两个档次,但也有划分为 5 年以下有期徒刑或者拘役、5 年以上 10 年以下有期徒刑两个档次(如第 180 条)的,还有划分为 2 年以下有期徒刑或者拘役、2 年以上 7 年以下有期徒刑两个档次(第 209 条第 2 款)的,更有划分为 5 年以下有期徒刑或者拘役、5 年以上有期徒刑两个档次的(第 134 条第 2 款)。对于较重的罪,通常划分为 3 年以上 10 年以下有期徒刑、10 年以上有期徒刑或者无期徒刑(死刑)两个档次,也有划分为 3 年以上 7 年以下有期徒刑、7 年以上有期徒刑的(如第 124 条),有划分为 5 年以上 10 年以下有期徒刑、10 年以上有期徒刑或者无期徒刑两个档次的(如第 122 条),有划分为 10 年以上有期徒刑或者无期徒刑、死刑两个档次的(如第 121 条),但是也有划分为 2 年以上 7 年以下有期徒刑、7 年以上有期徒刑或者无期徒刑的(如第 318 条)。此外,刑法中通常是把"十年以上有期徒刑、无期徒刑或者死刑"作为有两个或三个法定刑档次时最重的一个档次规定的,但也有在只有一个法定刑档次时规定了"十年以上有期徒刑、无期徒刑或者死刑"(如第 127 条第 2 款)。相反,"三年以下有期徒刑、拘役或者管制"通常是被作为一个法定刑档次来配置的,但也有个别罪,在法定最高刑为 3 年有期徒刑的情况下,还划分 1 年以下有期徒刑、拘役或者管制与 1 年以上 3 年以下有期徒刑两个档次的(第 322 条)。

刑法中关于法定刑档次的这种划分,似乎适应了犯罪多样化的需要,但实际上混淆了犯罪轻重的划分标准,造成法定刑体系上的混乱。当某种犯罪最低档的法定刑为 5 年以下有期徒刑或者拘役时,是否意味着它比最低档的法定刑为 3 年以下有期徒刑或者拘役的犯罪要重? 如果是,那么,第二个档次的法定刑也就应当比最低档为 3 年以下有期徒刑或者拘役的犯罪要重,但实际上在多数场合,刑法规定的第二档次的法定刑都是 10 年以下有期徒刑,似乎并没有什么区别。当某种犯罪的法定最低刑为 2 年(如第 318 条)或 3 年有期徒刑时,是否意味着它比法定最低刑为 5 年有期徒刑(如第 122 条)的犯罪要轻? 然而,它们的法定最高刑有时都是无期徒刑,甚至有的法定最低刑为 3 年以上有期徒刑的,法定最高刑是死刑(如第 125 条),比法定最低刑为 5 年以上有期徒刑的犯罪还要高。从这种法定刑档次的划分中,人们看不到犯罪的轻重,这种现象很难说法定刑档次的划分是科学的、合理的。不仅如此,我国刑法对故意杀人罪(第 232 条)配置的法定刑,一个是死刑、无期徒刑或者 10 年以上有期徒刑,另一个是 3 年以上 10 年以下有期徒刑,但是对拐卖妇女、儿童罪配置(第 240 条)的法定刑,一个是 5 年以上 10 年以下有期徒刑,一个是 10 年以上有期徒刑或者无期徒刑,再一个是死刑。从中可以看出,拐卖妇女儿童罪的法定最低刑要高于故意杀人罪的法定最低刑,而法定最高刑是相同的。那么,真的是拐卖妇女儿童罪比故意杀人罪还要重吗? 这就使人不得不拷问刑法对犯罪轻重的评价标准到底是什么?

鉴于这些情况的存在,未来刑法立法的一个重要方面,应当是根据犯罪的轻重程度,修改完善法定刑的配置,构建科学合理的罪刑关系阶梯。一方面要合理划分刑度(法定刑单元),构建完备的刑罚体系。目前,我国刑法中规定的五个主刑,一般都是两个或者三个主刑同时出现在一个刑度中(拘役和死刑被作为独立的刑度仅出现在极个别的犯罪中)。这与主刑在刑罚体系中的地位是极不相称的(主刑不仅仅是在司法中独立适用,首先在立法中应当独立存在)。比如,管制、拘役,本身都有一定的幅度,作为主刑,完全可以作为独立的刑度存在。遗憾的是,整部刑法中只有两个犯罪的法定刑是拘役(第 133 条之一规定的危险驾驶罪和第 284 条之一第 4 款规定的代替考试罪)。有期徒刑的幅度比较长(从半年到 15 年),可以分为几个刑度,但应当有一定的规律可循。另一方面要合理划分法定刑档次,对不同犯罪设置的法定刑档次能够与犯罪的严重程度相适应。我国刑法对相同性质的犯罪往往规定为一个罪,其所包含的轻重程度也因此差别较大,对之规定不同档次的法定刑是完全有必要的。但法定刑档次的划分应当遵循一定的规律,并且应当与犯罪的严重程度相适应。比如,第一档次的法定刑为 1 年或者 2 年以下有期徒刑时,第二档次的法定刑为 5 年或 7 年以下有期徒刑;第一档次的法定刑为 3 年以下有期徒刑时,第二档次的法定刑为 7 年或 10 年以下有期徒刑;第一档次的法定刑为 5 年以下有期徒刑时,第二档次的法定刑为 10 年或 15 年以下有期徒刑。第三或第四档次的法定刑,也相应地予以限制。这样就有可能形成一个与犯罪的严重程度相对应的法定刑阶梯,既可以避免立法的任意性规定,也可以保证司法中刑罚选择的合理性。

三、坚持刑法立法的轻缓化

从 70 多年来我国刑法立法的历程看,我们已经从重刑主义刑罚的泥潭中走了出来,刑罚的轻缓化逐步成为现实。如果说,1979 刑法以后颁布的每一个单行刑法,几乎无一例外地是对原有犯罪加重刑罚甚至规定死刑,死刑罪名不断增加,那么,在 1997 刑法之后,刑法立法的指导思想明显地从重刑主义倾向中退出来,出现了轻刑化的趋势。这种轻刑化的趋势主要表现在以下几个方面。

一是减少可以适用死刑的罪名。1997 年刑法以后,刑法的多次修改都没有增加新的可以适用死刑的罪名,并且从刑法修正案(八)开始刻意减少可以适用死刑的罪名。继《刑法修正案(八)》取消 13 个经济性非暴力犯罪[1]的死刑之后,《刑法修正案(九)》进一步取消 9 个犯罪[2]的死刑。通过两次修正案的刻意废除,我国刑法中可以适用死刑的罪名从 68 个减少到 46 个。

二是废除绝对确定刑的死刑。刑法第 239 条第 2 款关于绑架罪的规定中,原来规定"犯前款罪,致使被绑架人死亡或者杀害被绑架人的,处死刑"。这个规定

---

[1]　走私文物罪,走私贵重金属罪,走私珍贵动物、珍贵动物制品罪,走私普通货物、物品罪,票据诈骗罪,金融凭证诈骗罪,信用证诈骗罪,虚开增值税专用发票、用于骗取出口退税、抵扣税款发票罪,伪造、出售伪造的增值税专用发票罪,盗窃罪,传授犯罪方法罪,盗掘古文化遗址、古墓葬罪,盗掘古人类化石、古脊椎动物化石罪。

[2]　走私武器、弹药罪,走私核材料罪,走私假币罪,伪造货币罪,集资诈骗罪,组织卖淫罪,强迫卖淫罪,阻碍执行军事职务罪,战时造谣惑众罪。

意味着,凡是以勒索财物为目的绑架他人的或者绑架他人作为人质的,只要造成了被绑架人死亡的后果,无论基于什么原因,都只能判处死刑。但是在实践中,被绑架人死亡,可能是基于绑架者的原因,也可能是基于绑架者无法控制的原因,如被绑架人逃跑、自杀,第三人行为的介入,意外事件等。如果不论基于什么原因,只要发生了被绑架人死亡的后果,就一律对绑架者适用死刑,不仅过于严酷,而且无法适应犯罪案件的多样性,可能导致司法适用的不公正(绑架者过失致人死亡的,也要判处死刑)。因此,《刑法修正案(九)》对这种绝对确定的法定刑做了修改,规定:"犯前款罪,杀害被绑架人的,或者故意伤害被绑架人,致人重伤、死亡的,处无期徒刑或者死刑,并处没收财产。"

三是限制死刑适用的条件。刑法第 383 条关于贪污罪受贿罪的法定刑,原来规定:"个人贪污数额在十万元以上的,处十年以上有期徒刑或者无期徒刑,可以并处没收财产;情节特别严重的,处死刑,并处没收财产。"《刑法修正案(九)》对此做了修改,明确规定:"贪污数额特别巨大或者有其他特别严重情节的,处十年以上有期徒刑或者无期徒刑,并处罚金或者没收财产;数额特别巨大,并使国家和人民利益遭受特别重大损失的,处无期徒刑或者死刑,并处没收财产。"一方面,对仅仅是贪污受贿情节特别严重(包括数额特别巨大或者有其他特别严重情节)的,不再适用死刑;另一方面,对不仅情节特别严重,而且使国家和人民利益遭受特别重大损失的,除可以适用死刑之外,也可以适用无期徒刑。这样就大大限制了贪污罪受贿罪适用死刑的范围。

四是缩限死刑适用的对象。《刑法修正案(八)》在原刑法第 49 条规定的"犯罪的时候不满十八周岁的人和审判的时候怀孕的妇女,不适用死刑"的基础上,进一步规定:"审判的时候已满七十五周岁的人,不适用死刑,但以特别残忍手段致人死亡的除外。"这就从死刑适用的对象上限制了死刑适用的范围。

五是完善死缓变更执行制度。按照刑法原第 50 条规定,被判处死刑缓期执行的犯罪分子,在死刑缓期执行期间,如果故意犯罪,就要执行死刑。该条经过两次修改,在死刑缓期执行期间,虽然故意犯罪,但若不是情节恶劣,就可以不执行死刑。这也在一定程度上限制了死刑的适用。

除控制死刑之外,1997 年以后的刑法立法,没有增加一个可以适用死刑的罪名,新增加的罪名法定最高刑为无期徒刑的也只有 1 个。相反,新增加的罪名中法定最高刑在 3 年以下有期徒刑的有 24 个(3 年以下有期徒刑的有 19 个罪名,1年以下有期徒刑的有 3 个罪名,拘役的有 2 个罪名),占新增加罪名的 32.9%(1997 刑法 412 个罪名中,法定最高刑在 3 年以下有期徒刑的有 82 个:3 年以下有期徒刑的 69 个,2 年以下有期徒刑的 11 个,1 年以下有期徒刑的 2 个,占罪名总数的 19.9%）。

这些情况表明，1997 年刑法以后，立法机关在修改刑法的过程中，有意识地抑制重刑主义立法思想的泛滥，采取了刑罚轻缓化的立场，对刑法中原有的一些法定刑过重的规定进行修改，并在新设置的犯罪中不再设置最重的刑罚。

轻缓化的立法取向，是社会发展过程中人们对刑法价值判断的必然要求，也是刑法发展的必然趋势。一方面，对美好生活的需求使人民群众不断提升了对人的生命、自由、财产价值的认知和保护意识。这些年来，随着人们生活水平的提高、对美好生活的向往，人们越来越认识到自身的价值，越来越看重自身的权利和自由，对人权保障的要求也就越来越高。以前那种"命不值几个钱""坐三五年牢无所谓"的想法早已消失殆尽。现在，人们对人身自由受到任何限制都很在意。另一方面，随着对自身的生命、自由和财产的珍视，以及法律意识的增强，人们对刑法的畏惧感也会明显增加。一种行为一旦被刑法规定为犯罪，人们就会小心翼翼地不去触犯，唯恐受到牢狱之灾。所以，在当今社会，较轻的刑罚就可以达到威慑和预防犯罪的效果，无须像"民不畏死"的年代那样，非得用重刑才能禁止危害社会的行为。况且，刑法的有效性，本来就不在于它的残酷性，而在于它的严密性和不可避免性。

不仅如此，随着国家治理现代化进程的推进，一些轻微犯罪被纳入刑法的视野，这些犯罪本身不是特别严重的犯罪，不需要特别严重的刑罚。

过去那种重刑主义的刑罚显然与社会发展、与人民群众的要求格格不入，因此，轻刑化也就不可避免地成为立法上的一种明智的选择。

在未来的刑法立法中，继续坚持轻刑化的立法取向，除进一步废除那些几乎不用的死刑罪名之外，应当更多地在分解含有死刑的法定刑档次上下功夫。

目前，我国刑法中保留的 46 个死刑罪名的法定刑，基本上都是用"处十年以上有期徒刑、无期徒刑或者死刑"的模式来规定。这种规定方式存在着三个弊端：一是不科学。我国刑法规定的主刑一共只有 5 个，一个法定刑档次中就包括了两个半（即死刑、无期徒刑和部分有期徒刑）。对本应判处死刑的罪犯，一旦具有法定减轻处罚的情节，就要从死刑减到 10 年以下有期徒刑，跳跃过大，影响法律的严肃性，并且容易导致法律适用的不公平。司法实践中亦曾出现过抢劫杀人案的从犯被判处死刑，而主犯却因有立功表现被判处九年有期徒刑的案例，让被害人、其他被告人甚至连检察官都无法接受。而这种案例就源自刑法规定的法定刑档次使法院在"法定刑以下"量刑时，不得不对本该判处死刑的犯罪分子在 10 年以下选择应当判处的刑罚。二是适用标准不一致。按照刑法的规定，"死刑只适用于罪行极其严重的犯罪分子"。对于什么是罪行极其严重的犯罪分子，虽然刑法中没有规定,但司法实践中总得有一个标准,或者说必须把握一个标准。问题在于,对于符合这个标准的犯罪分子,只能判处死刑,还是既可以判处死刑,也可以判处无期徒刑,甚至10年有期徒刑。如果对三种主刑适用相同的标准,就必然导致刑罚适用的不公正;如果对三种主刑适用不同的标准,那就不应当把它们规定为同一个法定刑档次。三是给法官(法院)预留的自由裁量权过大。这样的规定赋予了法官(法院)在10年以上有期徒刑、无期徒刑和死刑之间选择适用刑罚的裁量权。在司法实践中,对一个罪行极其严重的犯罪分子,判处死刑并不违反刑法的规定,判处无期徒刑也不违反刑法的规定,判处10年有期徒刑还不违反刑法的规定。这样的法定刑实际上已经失去了法定刑档次划分的意义。从立法的本意上看,这样的规定,也许是为了给法院更多的裁量权,以便对虽然罪行极其严重但可以不判处死刑的犯罪分子判处无期徒刑或者有期徒刑的机会,然而实际上也可能赋予了法院对本应判处有期徒刑或者无期徒刑的犯罪分子判处死刑的权力。

基于这些理由,笔者认为,刑法立法的一个重要方面就是改革目前刑法中的这类规定,至少把适用有期徒刑的标准与适用死刑的标准区别开来,进一步明确规定死刑适用的标准。规定的方式,可以区分三种情况:第一,对于起刑点在10年有期徒刑的犯罪,可以规定:"……的,处十年以上有期徒刑;情节严重的,处无期徒刑;情节极其严重的,处死刑。"第二,对于起刑点在3年有期徒刑的,可以规定:"……的,处三年以上十年以下有期徒刑;情节严重的,处十年以上有期徒刑或者无期徒刑;情节极其严重的,处死刑。"第三,对于起刑点在管制或者拘役的,可以规定:"……的,处三年以上十年以下有期徒刑;情节较轻的,处三年以下有期徒刑或者拘役、管制;情节严重的,处十年以上有期徒刑或者无期徒刑;情节极其严重的,处死刑。"

这样规定可以避免同一个法定刑档次中刑罚轻重差别过大带来的问题。当然,也可能有学者会质疑这是不是意味着刑法规定了绝对确定的法定刑。笔者认为,这种法定刑档次的划分,第一,不是绝对确定的法定刑。刑法第239条原来规定的"犯前款罪,致使被绑架人死亡或者杀害被绑架人的,处死刑,并处没收财产"是一种绝对确定的法定刑,是因为对于一个结果即被绑架人死亡,无论什么原因都要处死刑,并且只能处死刑,没有可以选择适用的其他刑罚。但是,本部分所主张的分解法定刑,是可以选择适用的,既犯同一个罪,审判人员可以根据犯罪情节的轻重选择适用不同的法定刑,只有在情节极其严重的情况下才可以适用死刑。第二,死刑只适用于罪行极其严重的犯罪分子,本身是刑法总则规定的原则,分则的规定应当与总则的规定保持一致,而不应当把死刑适用的对象与有期徒刑、无期徒刑的适用对象相混同。原来那种"处十年以上有期徒刑、无期徒刑或者死刑"

的规定方式,实际上把死刑适用的对象与有期徒刑、无期徒刑的适用对象混在一起,这就给法官或者法院在具体案件中适用死刑还是适用有期徒刑、无期徒刑留下了选择的法律空间,从而淡化了死刑只适用于罪行极其严重的犯罪分子的要求。第三,这样规定,避免了死刑适用的标准与其他刑种适用标准相混同的立法,便于司法实践中更准确地把握死刑适用的标准,同时避免了同一个法定刑档次幅度过大导致的减轻处罚跨度过大的问题。

事实上,我国刑法已经出现了把死刑作为一个独立的法定刑档次来规定的先例。如刑法第 121 条规定的劫持航空器罪,法定刑就是 10 年以上有期徒刑或者无期徒刑一个档次,死刑一个档次。又如:刑法第 240 条规定的拐卖妇女、儿童罪,其法定刑档次的划分则是:5 年以上 10 年以下有期徒刑;10 年以上有期徒刑或者无期徒刑;死刑。再如,1997 年刑法第 383 条关于贪污罪贿赂罪的法定刑中亦有"情节特别严重的,处死刑"的规定。因此,把死刑作为一个独立的法定刑档次,并不违背刑法立法的传统做法。

因此,把死刑从法定刑档次中独立出来,既避免了法定刑档次跨度过大的问题,也有利于进一步明确死刑适用的标准,同时又有先例可以遵循,不失为刑罚轻缓化的一个方法。

（本文原载于《湖湘法律评论》2021 年第 1 期）

法律的民众认同、功能期许与道德承载

——对《刑法修正案(八)》的一个复眼式解读

肖世杰

作者简介:肖世杰(1972—),男,汉族,湖南新化人,法学博士,中国社科院法学研究所博士后,国家重点基地广州大学人权研究院教授。社会兼职:国家社科基金重大招标课题评审专家、广东省人民政府法律顾问专家组成员、广州市人民检察院专家咨询委员、广州市涉案企业合规第三方监督评估专家。在《法学研究》《法学家》《现代法学》《法学论坛》等法学核心期刊发表论文 30 余篇,科研成果获省部级以上奖励多项。主要研究领域:刑法哲学、人权理论、法社会学。

一条在思辨中可能看来对社会最有利的规则,在实践中可能发现是完全有害的和毁灭性的。

——[英]休谟

法律和道德不仅随着社会类型的变化而变化,而且就是在同一个社会类型里,如果集体生存的条件发生了变化,法律和道德也要发生变化。但要是这种变化能够实现,作为道德基础的集体感情就不抵制这种变化,从而只能克制自己。

——[法]迪尔凯姆

时间使共识得以拓展。

——[美]理查德·A. 波斯纳

作为我国法律体系中非常重要的一部法律——刑法,其修改可谓万众瞩目,亿人关注,因为它不仅与每一位普通公民的日常生活密切相关,而且在很大程度上承载了一个国度的法治进步与科学文明的期待。经过立法机关三次极其慎重的酝酿、审查与修改,《刑法修正案(八)》(以下简称"修正案")在 2011 年 2 月由全国人大常委会通过、公布并于 5 月 1 日正式实施。这是我国于 1997 年全面修订刑法以来对刑法的又一次规模较大的修改。整体上看,修正案一方面在削减和限制死刑、规范罪刑结构、调整刑罚体系等多方面有较大动作,使刑法体系和罪刑规范在形式上表现得更为合理,一定程度上顺应了刑罚轻缓化和法治进步的世界潮流和总体方向;另一方面,修正案对社会转型时期复杂的国情民意在敏锐洞察基础上进行很大程度回应的同时,也体现了官方和主流民意对刑法的功能期待,承载了社会基本的集体道德情感,从而使得修正案无论是在内在的思想特质还是外在的表现形式上均显现出吊诡的多重面向。也许正由于此,修正案甫一出台,便受到了来自理论界完全不同的正反两方面的评价。正面的评价认为修正案较好地体现了当今刑法的变革趋向,突出了对民生问题的保护,显现了宽严相济的刑事政策的指导作用,特别在死刑的削减上具有里程碑的意义。① 负面的评价则认为,此次刑法修正仍是始终支配我国刑法修改指导思想的严刑峻罚的体现,过于迁就庸俗的民粹主义,甚至假借民意之名来体现立法者的意志,以致不能立足于刑法所应有的理性,因而是一个"忧多于喜"的修正案。② 诚然,现代社会的高度复杂性使得许多看似法律方面的问题往往不再仅仅是一个法律问题,即便有的法律问题也会有许多因素纠结其中,因而相应的,作为一种重要的社会生活调节器的法律,就难免要综合和权衡各方面的因素。此次刑法修正案,在某种意义上也可以被认为是各种不同刑法价值观指导与妥协下的产物。因此,光是立足于法学和逻辑等视角,恐怕难以提供具有足够说服力的解释,更谈不上对其予以同情的理解或有效的解读。例如,上述持负面评价的学者便立足于法律与逻辑的视角对修正案进行了较为全面的规范分析,继而得出结论认为此次刑法修正案仍是承续了以往刑法修改的一切非理性因素。③ 首先,不管这种判断是否有理,但至少其问题意识是颇有价值的,这种判断不禁令我们反思:对某些行为予以入罪或对部分犯罪行为处以较高的刑罚是否便是不理性的体现? 刑法(刑罚)的理性与否是否完全可由逻辑方法证成?④ 如果此次刑法修正案真是遵循了不理性的路径,到底是立法者迁就其或是假借了不理性的民意,或是立法者本身的不理性使然,还是

---

① 高铭暄、苏惠渔、于志刚:《从此踏上废止死刑的征途——〈刑法修正案(八)草案〉死刑问题三人谈》,载《法学》2010年第9期;卢建平:《加强对民生的刑法保护——民生刑法之提倡》,载《法学杂志》2010年第12期。

② 代表性的观点请详参邢馨宇、邱兴隆:《刑法的修改:轨迹、应然与实然——兼及对刑法修正案(八)的评价》,载《法学研究》2011年第2期。

③ 邢馨宇、邱兴隆:《刑法的修改:轨迹、应然与实然——兼及对刑法修正案(八)的评价》,载《法学研究》2011年第2期。

④ 如上述论者从刑法所应具有的价值(效益、公正与人道)出发对实定刑法理性的证成与评判。

立法者与民众彼此均不理性下的"默示性共谋"？同时,我们是否可以立足于其他视角做出相反的判断:此次刑法修正案某种程度上也是一种理性精神的体现？鉴于此,除了规范的法学与逻辑学等视角,本部分主要导入了法律社会学、社会心理学和法律经济学等多维度的复眼化视角,以求对此次刑法修正案乃至我国刑法的指导思想提供某些其他向度的解释框架。

一、刑法理念与民众认同

可能由于此次刑法修正案无论在规模还是力度上均超过以往,这次修正案的出台与审议,立法机关显得更为审慎。据有关部门报道,从 2009 年下半年开始,全国人大常委会法制工作委员会即着手对我国当前刑事犯罪中出现的新情况和新问题进行深入的调查研究,反复与最高人民法院、最高人民检察院、国务院法制办(已撤销)、公安部、国家安全部、司法部等部门进行研究,多次听取一些全国人大代表、地方人大代表、地方人大常委会以及专家学者的意见,在充分论证并取得基本共识的基础上,首先形成刑法修正案(八)(草案)。草案出台之后,立即在全国范围公开并征求社会公众意见。这种一改以往偏重专家理性的立法模式①,其意义当然不在于形式主义的作秀或走过场,而是确确实实彰显了立法部门的审慎稳健及其对民意的尊重。

法律必须反映民意,亦必须经过人民同意,这是人民主权理论的当然之义。此次刑法修正案,整体来说,可谓较为充分地考虑了民生要求和较好地汇集了民众意见。诸如"危险驾驶""恶意欠薪""组织买卖人体器官"等行为,即是近年来广大民众所关注的焦点话题,这次将之悉数予以入罪,不能不说是立法机关对中央近年来有关重要精神的正确贯彻和对民生问题的高度重视,因为这些问题都在很大程度上关涉到弱势群体权利与利益的保护。

与刑事诉讼法的再修改类似,尽管此次刑法修正案的出台亦面临重重困难、种种阻力,但毕竟经由千呼万唤,最终出台。因为到底不像前者,其修改的着重点在于如何保障犯罪嫌疑人的权利而至少难以让公众从情感上予以接受。刑法的指导思想当然不尽如此,其目的在于通过打击和惩治犯罪来保护国民的生命、自由与财产等权益。从此意义上说,刑法当然不仅仅是或主要不是犯罪人的"大宪章",可能更是广大国民的"大宪章"。本来,就刑法的最终目的来说,保护"犯罪

---

① 简单地说,我国以往立法惯于遵循专家理性模式,即在专业系统内部充分酝酿后,将法案直接提交立法机关审议,而很少把相关草案向社会公布以及征求意见,甚至很少交全国人大代表在人大会上讨论审议,而是直接在人大常委会上通过。

人"与保护"国民"之间不存在必然矛盾。① 毋宁唯是,此二者之间应是高度统一的,在某种意义上说,保护"犯罪人"就是保护"国民",因为这里的"犯罪人"在很大程度上可以理解为"潜在的犯罪人"。在理论上,由于每一个人都可能是潜在的犯罪人,因而"保护犯罪人"的命题就可以被置换为"保护潜在的犯罪人",而保护潜在的犯罪人就是保护我们每一个人。不过,需注意的是,这只是理论上的逻辑,实践中的逻辑可能并不如此。从社会心理学上来说,一般人很少会将自己假设为一名罪犯,以致设想自己在罹患法网时可能会遭到何种惩罚,因而总会认为刑法更多的是为他人而设。② 明乎此理,我们对于近代著名刑法思想家贝卡里亚的下列论断也就不难理解了。贝氏告诉我们,即便完全沉湎于最基本情感的人也仍然爱好严酷的法律,因为他们担心侵犯的心情比实施侵犯的愿望更为强烈。③

于是,我们就能逐渐明白,为什么许多刑法改革者关于废除死刑或大幅度削减死刑以及非犯罪化、轻刑化的主张难以得到民众的认同,尽管他们的论证在理论上是那么的有力,逻辑上是那么的雄辩。因为按照社会学家迪尔凯姆④的判断,这仅仅可能纯属逻辑上的必然性,与真正的自然规律的必然性毫无共同之处。真正的自然规律所表现的是真正使事实联系起来的关系,而不是按照人们的希望使事实联系起来的关系。⑤ 实际上,人类行为的最终目的都绝不能通过理性来说明,而完全诉诸人类的情感和感情。⑥ 当前我国正处于经济社会转型时期,利益主体日益多元,各种矛盾纷繁复杂,社会治安形势严峻,犯罪率居高不下。因此,普通民众当然会对刑法充满着厚望与期待,而这种情感的自然流露便是通过严刑峻法来达到所谓的"辟以止辟、刑期无刑"的目的,而鲜有人去思考"法律的宽和化对于

---

① 德国著名法学家拉德布鲁赫曾言:刑法不仅要面对犯罪人保护国家,也要面对国家保护犯罪人。[德]拉德布鲁赫:《法学导论》,米健、朱林译,中国大百科全书出版社 1997 年版,第 96 页。

② 所以正是在此意义上,康德认为,一个臣民,即便他作为立法者之一制定了刑法,他也不认为他自己就是根据这项法律而受到惩罚的那个人,他忍受刑罚不是由于他愿意受刑罚,而毋宁是他肯定了一种应受刑法惩罚的行为。[德]康德:《法的形而上学原理——权利的科学》,商务印书馆 1991 年版,第 169 页。

③ [意]贝卡里亚:《论犯罪与刑罚》,黄风译,中国大百科全书出版社 1993 年版,第 82 页。

④ E.迪尔凯姆(Emile Durkheim,1858—1917),法国著名民族学家、社会学家、哲学家,法国社会学年刊学派创始人。主要著作有:《社会分工论》(1893)、《社会学方法的规则》(1895)、《自杀论》(1897)、《宗教生活的基本形式》(1912)等。他主编的《社会学年刊》,在西方社会学与民族学界形成了有名的法国社会学派。关于其名字的中译版本有"迪尔凯姆""涂尔干""杜尔干"等多种,本部分按照文中引用文本的中译进行引述,请读者诸君留意。

⑤ [法]E.迪尔凯姆:《社会学方法的准则》,狄玉明译,商务印书馆 1995 年版,第 46 页。

⑥ [英]休谟:《道德原则研究》,曾晓平译,商务印书馆 2001 年版,第 145 页。

每个受到严酷法律制约的人都是有益的"①这一命题所蕴含的刑法哲理。面对如此的社会治安态势，人们甚至宁愿牺牲一部分自由，也不愿意为自由支付一种无限高的代价，甚至不愿意支付非常高的价格。② 其实，这一心理不但符合大众心理学的原理，也与以下朴实的经济学命题暗合，即眼前的利益（而不是更为长远的利益）才是最大的利益！因为与眼前的、时刻可能遭受的刑事侵害相比，罹患刑事法网的可能性毕竟与普通公民相距太远。

当然，尽管如此，此次修正案还是对刑法分则多个个罪的死刑进行了削减（将我国现有刑法中的 68 个死刑罪名削减了 13 项，比率高达 19.1%），如对票据诈骗罪、信用证诈骗罪、传授犯罪方法罪以及对盗窃罪（盗窃金融机构和珍贵文物）等犯罪，均取消了死刑。这些罪名的死刑的取消，尽管有刑法修正案（八）（草案）之"说明"所陈方面的考量，如一是有些罪名较少适用或基本未适用过，可以适当减少；二是根据我国现阶段经济社会发展实际，适当取消一些经济性非暴力犯罪的死刑，不会给我国社会稳定大局和治安形势带来负面影响等③，但在笔者看来，这些修订不见得便是上述精致的精英意识的体现，其积极意义恐怕更重要的还体现在它们能较好地契合了广大民众的价值认同，以至于人们对于这些罪名的死刑配置之取消并无太多反感。细心人可能会发现，在刑法分则第三章第五节的"金融诈骗罪"中，唯一保留了死刑的是集资诈骗罪。与其他金融犯罪相比，集资诈骗罪的最大不同在于其侵害对象的不同。前者更可能是金融机构，后者一般则是广大民众。法律对集资诈骗罪规设死刑，不仅仅意味着集资诈骗罪的社会危害性比其他金融犯罪更为严重，而且在于以下功利方面的考虑，一是着重保护风险防范意识与防范能力远远不如金融机构的广大民众；二是向社会宣告，公民个人的财产所有权和国家、集体的财产所有权具有同等的，甚至更加重要的法律地位。在以上两个方面中，第二个方面的意义是极为重要的。相信前几年发生在广东的许霆案在社会上引起的轩然大波还没有在人们的记忆中淡忘。为什么一向对犯罪人恨之入骨的国人竟然对许霆起了怜悯之心？为什么人们对作为被害人的银行反而表达出异常的反感情绪？为什么此时的社会正义感与法律正义发生了背离？

---

① ［意］贝卡里亚：《论犯罪与刑罚》，黄风译，中国大百科全书出版社 1993 年版，第 82 页。

② ［美］理查德·A. 波斯纳：《法理学问题》，苏力译，中国政法大学出版社 2002 年版，第 473 页。情况似乎倒是相反：人们甚至愿意为糟糕的社会治安状况付出高昂的代价，哪怕是冤假错案！这也暗合了威廉·帕里的隐喻："谁要为错误的刑罚而倒下了，便可视为对祖国的牺牲。"参见 Moral and Political Philosophy, in *the Works of William Paley*, London, vol.3, new ed., 1838, p.315.

③ 《关于〈中华人民共和国刑法修正案（八）（草案）〉的说明》，2010 年 8 月 29 日。

这恐怕与民众对我国现行法律在产权保护上的不平等所存的反感有很大关系。令人欣慰的是,在这次修正案中,我们也看到了盗窃金融机构和盗窃珍贵文物犯罪行为的死刑的取消,其中实际上包含着同样的逻辑:既然公民个人的财产所有权受宪法保护,则理当具有与集体和国家财产所有权在法律上的平等地位。因此,对于盗窃普通民众的财产没有配置死刑,又凭什么对盗窃金融机构(的财产)和盗窃珍贵文物配置死刑呢?凭什么国有财产和集体财产应当得到比公民个人财产更为严格和特别的保护呢?凭什么说明盗窃金融机构(的财产)和盗窃珍贵文物行为在社会危害性方面要比其他方面的盗窃行为更为严重呢?

与以上罪名的死刑配置之取消相比,贪污贿赂犯罪方面是否可以取消死刑的讨论可谓相映成趣。尽管近年来许多学者从"等价报应论""死刑功能有限论""非必要性论"或结合国际人权公约标准对我国的死刑制度存废进行了充分的论证,并极力主张对经济犯罪应当废除死刑,但是此次修正案却没有将这些意见纳入,在某种意义上亦是对民意的尊重与认同,这当然不能让一些刑法改革者满意。不过,笔者认为,除了法律学视角,此处恐怕还需导入社会心理学的分析方法,注意个人与整体、理论与实践、理想与现实之间的张力与互动关系,然后方可对现行规范进行评判。在当今我国社会转型时期,确实存在不少社会问题,如贪渎横行,官商勾结,腐败成风,强者恒强,弱者愈弱,分配制度很不合理,贫富分化十分严重。在这种社会结构中,民众逐渐形成了"仇富""仇官"的畸形心理。自然的,人们对于落马的贪官污吏,不但不存在任何同情怜悯心理,反而觉得大快人心、拍手称快。因此,对于拟将贪污贿赂犯罪取消死刑的主张,民众自然持强烈的排斥心理。相反,人们认为对贪官判处死刑是当然之理。近年来,基于有的地方对于贪污贿赂数额特别巨大的案件的犯罪人没有适用死刑的情况,民间便盛传着"窃钩者诛,窃国者侯""贪官的命越来越值钱""州官可以点火,百姓不能点灯"的黑色讽刺,表达出极大的抱怨情绪。从过去人们对盗窃犯判处死刑所表达的快感与现今对盗窃罪废除死刑的接受,再到人们对罪行严重的贪官不被判处死刑时对政府所表达出的埋怨与不解,都可反映出现时人们对贪官的憎恨胜过了过去对窃盗的反感。因此,对其适用死刑,不一定如有的论者所说的"除了有侵犯财产的性质外,贪污贿赂罪还有损害国家公职人员职务行为廉洁性、公正性的成分,动摇公众对国家工作人员的信赖,甚至动摇我们的执政根基,因此和市场交易中出现的经济犯罪相比,危害要大一些"等似是而非的所谓报应论意义上的理由,而正是通过极刑来宣泄人们的这种嫉贪如仇的强烈情感。德国学者布鲁诺·赖德尔曾立足于死刑沿革的角度深刻地指出,要求死刑的呼声不是来自追求正义的欲望,而是来自要求发泄压抑的冲动的深层心理。① 其实,社会公众的这种社会心理现象不是精确的理性推导和周密的逻辑论证能够说明的,毕竟法学不是数学。在此,人们也许更愿意相信"法自上而犯之"的朴素道理,或者愿意将法律视为社会需要的仆从。② 因而其道理也并不令人费解:只要贪官们有理由利用人民赋予他们的职权腐化堕落、鱼肉百姓或为非作歹,人民就有理由运用刑法作为武器予以防卫,直至剥夺腐化者的生命。

也许正缘于此,才使得许多刑法改革者对此次修正案仍不甚满意,认为立法机关过多地迁就了不甚理智的民意,或者说民众的呼声过多地影响了立法者的理性分析与冷静判断。也有学者认为,民众内心中的刑罚报应观念之所以如此根深蒂固,实际上是因为政治领导人在科学文明的法治理念的引导和倡扬上做得不够。诚然,我们当然必须正视,以民愤、民意、舆论、正义感等表现出来的公共意旨,往往是交织着理智与情感、意识与潜意识、理性与非理性、正义与非正义的矛盾统一体,具有相当的情绪性、不可捉摸性、甚至可能陷入歇斯底里和集体无意识的状态。③ 而且,一味地迁就情绪性的或不理性的民意,难免会在社会上形成一种极不正常的重刑文化,纵容社会怠于反思深层结构中导致犯罪的基本矛盾与犯罪生成的各种原因与机理,为政治领导人开脱应予进行社会改革的责任,以致反过来误导公众以为对罪犯施加重刑即等于正义的实现,从而陷入恶恶相报、万劫不复的恶性循环。也许,正是在这个意义上,对民意和舆论的正确引导与适当去魅是相当必要的。对此,贝卡里亚早给世人警醒,人们只有在亲身体验到关系着生活和自由的最重要事物中已充满谬误之后,并在极度的灾难把他们折磨得筋疲力尽之后,才会下决心去纠正压迫他们的混乱状况,并承认最显而易见的真理。④此次修正案在正式通过之前,立法机关将草案连同关于草案的"说明"公之于众,让民众畅所欲言,各抒己见,使来自社会各个方面的各种不同观点得到充分表达并能够相互激荡、彼此博弈,不能不说是对民众刑法观念的一次良好的检测、疏解、引导与冶铸,以更好地重建社会转型时期比刑法修订本身更为重要的基本共识。

---

① [德]布鲁诺·赖德尔:《死刑的文化史》,郭二民译,生活·读书·新知三联书店1992年版,第182页。

② 波斯纳语。See, Richard A. Posner, *The Problematics of Moral and Legal*, Cambridge, Mass.: Belknap Press of Harvard University Press,1999,p.159.

③ 梁根林:《公众认同、政治抉择与死刑控制》,载《法学研究》2004年第4期。

④ [意]贝卡里亚:《论犯罪与刑罚》,黄风译,中国大百科全书出版社1993年版,第5页。

二、功能期许与刑法修订

美国联邦法院大法官霍姆斯在其名著《普通法》中提出了一个精辟的论断,即当复仇不再流行时,法律的其他目的(诸如震慑和赔偿)就会凸显出来。①

经过启蒙浸淫之后的近现代刑法,尽管逐渐褪掉了远古时代报应刑法的复仇特色,但却披上了功利主义的外衣。

总的说来,这次刑法修正案对功利主义(工具主义)价值取向的体现也是较为明显的。②

与往常类似,修正案寄予了刑法较强的功能期待——通过刑罚手段来降低犯罪率、改善社会治安状况。贝卡里亚认为,刑罚的目的仅仅在于,阻止罪犯重新侵害公民,并规诫其他人不要重蹈覆辙。③ 贝氏之论断往往为后人所误读和扭曲,以为运用重刑即可收到一般预防之效。④ 当然,这种重刑威吓论无论从我国的历史传统还是国民心理来说,确实亦有其存在理由。从历史中我们可以找到许多相关的文化理据,从心理学意义上说,对新风险比旧风险更加害怕是符合理性的。因为改革现有重刑结构(而取轻刑)至少会涉及新的风险(如减轻刑罚或废除死刑或许真有可能导致犯罪率上升),而当这一风险是新型的时候,其意义与变化均难以估计。⑤ 因此,我们也不难理解立法机关在修订刑法时所抱持的稳健与审慎,这种态度在刑法修正案(八)(草案)的"说明"中即有清晰的体现:"根据我国现阶段经济社会发展实际,适当取消一些经济性非暴力犯罪的死刑,不会给我国社会稳定大局和治安形势带来负面影响。"很显然,这种理由完全契合以上思路:因为"不会给我国社会稳定大局和治安形势带来负面影响"(对新风险有较准确的估计),所以才可考虑"适当取消一些经济性非暴力犯罪的死刑"。

此外,最能体现对本次修正案所被赋予功能期许的也许是修正案对黑社会性质组织犯罪所持的立场与态度。在修正案(八)(草案)的"说明"中,即有如下的

---

① ［美］理查德·A. 波斯纳:《法理学问题》,苏力译,中国政法大学出版社 2002 年版,第 21 页。

② 实际上许多罪名的死刑不过是因为实践中较少适用或基本未适用才予以取消的,参见《关于〈中华人民共和国刑法修正案(八)(草案)〉的说明》,2010 年 8 月 29 日,这正是一种典型的工具主义倾向。

③ ［意］贝卡里亚:《论犯罪与刑罚》,黄风译,中国大百科全书出版社 1993 年版,第 42 页。

④ 请别忘记贝卡里亚氏理论的重心应在关于刑罚的限度上——刑罚不应超过保护集体利益之限度。参见［意］贝卡里亚:《论犯罪与刑罚》,黄风译,中国大百科全书出版社 1993 年版,第 9 页。

⑤ 关于人们对新旧风险的评估与态度的进一步分析,详见 Richard A.Posner, *Frontiers of Legal Theory*, Cambridge, Mass.: Harvard University Press, 2001, p.127.

明确说明:"近年来,随着经济社会的发展,黑社会性质组织犯罪出现了一些新的情况,为维护社会治安秩序,保障人民利益,有必要进一步加大对黑社会性质组织犯罪的惩处力度,经与有关部门共同研究,建议对刑法作以下修改……"。此外,在对敲诈勒索罪、强迫交易罪、寻衅滋事罪等与黑社会性质组织犯罪的关联罪名的罪刑规范进行调整时,修正案(八)(草案)均分别有如下的理由说明,如认为敲诈勒索是黑社会性质组织经常采取的犯罪形式;对于强迫交易罪,由于以暴力或者暴力威胁等手段非法攫取经济利益,是当前黑社会性质组织犯罪的一种重要犯罪形式,严重侵害公民合法权益,破坏经济社会秩序,因此建议对其做出修改:一是将以暴力、威胁手段强迫他人参与或者退出投标、拍卖,强迫他人转让或者收购公司、企业的股份、债券或者其他资产,强迫他人进入、退出特定的经营领域行为具体列举,增加规定为犯罪。二是将法定最高刑由3年有期徒刑提高到7年有期徒刑。由于寻衅滋事这类滋扰群众行为的个案难以构成重罪,即使被追究刑事责任,也关不了多长时间,抓了放,放了抓,社会不得安宁,群众没有安全感,因此建议调整其处罚力度等。在具体的罪刑配置方面,修正案基本全部沿袭了修正案(八)(草案)"说明"的思路。

第一,明确黑社会性质组织犯罪的特征,加大惩处力度。例如,对于组织、领导黑社会性质的组织的,将法定刑从3年以上10年以下有期徒刑提高至7年以上有期徒刑,且增设了并处没收财产;对于积极参加的,则处3年以上7年以下有期徒刑,且可以并处罚金或者没收财产(参见修正案第43条)。

第二,调整敲诈勒索罪的入罪门槛,完善法定刑。敲诈勒索罪的构成条件由"数额较大"修改为"数额较大或者多次敲诈勒索";将敲诈勒索罪的法定最高刑由十年有期徒刑提高到十五年有期徒刑,并增加罚金刑(参见修正案第40条)。①

第三,修改强迫交易罪的规定,加大惩处力度。修正案对于"强买强卖商品的""强迫他人提供或者接受服务的"等五种情况加大了处罚力度(参见修正案第36条)。

第四,调整寻衅滋事罪的规定,从严惩处首要分子。修正案增加规定,对于纠集他人多次实施寻衅滋事行为,严重破坏社会秩序的,处5年以上10年以下有期徒刑,可以并处罚金(参见修正案第42条)。

第五,扩大了特殊累犯的范围,加大对恐怖活动犯罪、黑社会性质组织犯罪的惩处力度(参见修正案第7条)。

---

① 修正案(八)(草案)在"说明"中指出,敲诈勒索是黑社会性质组织经常采取的犯罪形式,因此建议加大其处罚力度。

由此看来,无论是在立法者还是在国人眼中,刑法的威慑功能仍具有重要地位。人们总认为刑罚具有无穷的威慑力,可以震慑所有潜在犯罪人不敢跨越雷池。尽管国内外许多实证研究表明,刑罚投入量与犯罪率的升降没有必然的正相关关系,国人仍是对重刑威慑论深信不疑。当然,话又说回来,由于在分析刑罚成本与犯罪率之间关系时,其中所涉变量颇多,如社会发展、经济水平、就业状况等,因而要在刑罚量与犯罪预防效果之间做出精确的量化分析和相关分析是很难的,特别是对于死刑案件,更是如此。① 也许正缘于此,人们才更愿意相信自己的直觉——重刑总是有利于预防犯罪的。

其实,也不仅仅是基于直觉,重刑思想也符合一定的经济学理性。对发案率高的、最经常发生的案件配置较为严重的刑罚量,至少与贝卡里亚、布莱克斯东和边沁以来的法律经济学原理基本相符。根据这一理论,(潜在犯罪人)预期的惩罚成本应等于惩罚概率与惩罚严厉性之乘积。② 由于发案率高的犯罪一般不太容易被发现或被查处(惩罚概率低),因而必须配置较为严厉的刑罚来增加潜在犯罪分子的预期惩罚成本,以实现预防犯罪的功能。然而,其中又包含一个巨大的悖论,即如果对某一犯罪配置过重的刑罚,犯罪分子就会反过来利用刑法来对自己的罪行进行规避,如通过多次犯罪(特别是犯重罪)来逃脱法律对其行为的制裁。③ 因为对于犯罪行为,刑罚手段总是具有局限性的。于是,贝卡里亚完全有理由担心,严峻的刑罚可能造成更为糟糕的局面,即罪犯所面临的恶果越大,也就越敢于规避刑罚。为了摆脱对一次罪行的刑罚,人们会犯下更多的罪行。④ 因此,重刑威慑论不但起不到预防犯罪的效果,反而可能导致犯罪率的上升。毋宁唯是,如果一味倚赖重刑,国家不愿意看到的更严重的情况甚至也可能发生:刑罚最残酷的国家和年代,往往就是行为最血腥、最不人道的国家和年代。因为支配立法者双手的残暴精神,恰恰也操纵着杀人者和刺客们的双手。⑤

从某种意义上说,重刑威慑论者所极力推崇的死刑也面临一个巨大的悖论。若要发挥重刑威慑论的功能,除需要发挥立法方面的威慑外,司法阶段的威慑也是必不可少甚至更为重要的。对于死刑,道理不二。因此,若想发挥死刑的司法

---

① 如邱兴隆教授曾言,欲在死刑和某类犯罪发案率之间进行量化实证分析,基本成为不靠谱的虚妄。参见《传奇刑法学者见证:中国死刑变迁》,载《新世纪周刊》,2010 年 9 月 1 日。

② See Richard A. Posner, *The Economics of Justice*, Cambridge, Mass.: Harvard University Press, 2001, p.27.

③ 如不法分子犯多个可处无期徒刑的罪行,数罪并罚之后其结果最多也只是无期徒刑。于是,不法分子至少有几个罪行似乎便逃脱了刑法的制裁。

④ [意]贝卡里亚:《论犯罪与刑罚》,黄风译,中国大百科全书出版社 1993 年版,第 43 页。

⑤ [意]贝卡里亚:《论犯罪与刑罚》,黄风译,中国大百科全书出版社 1993 年版,第 43 页。

威慑功能,国家必须经常适用死刑,因而也就要求经常有罪该处死的重大犯罪的出现。如果情况真是如此,死刑的威慑作用也就大打折扣了。也就是说,如果要想死刑有用,就应当是同时无用的。①

这里暂时剔开重刑对犯罪率到底是何种因果影响不说,也不探讨人道主义者坚决反对重刑时所持的一些渲染性的大词,仅从上述重刑(或死刑)所具有的悖论角度来说,一味强调重刑威慑的观念当然并不值得推崇。因为对法律威慑进行评价不但要看其对行为的威慑效果,更要看政策的威慑效率。② 在农耕社会,古人便早有"民不畏死,奈何以死惧之"的告诫。况且随着社会情势的变化,政治经济的巨大转型,仅仅凭靠严刑峻罚的举措当然未必能真正根除那种类似冒险资本主义的癌症。③ 前面论及,刑罚手段总是有限的,而犯罪的原因、方式和类型却日新月异。因此,以有限的刑罚手段对付无限的犯罪,总会有捉襟见肘之虞。④ 实际上,法律是调整社会关系的一种重要手段,但它不能调整所有的社会关系,更不能期望由刑法来解决所有社会问题,况且刑法又只是众多法律中的一个分支。对此,我们应深刻理解,刑法与其他法律的重要区别在于其补充性与最后性。谓之补充性,就是说在违法行为发生后,如果能够由其他法律予以解决的,就没有必要运用刑法来进行调整;所谓最后性,也即是刑法所应具有的谦抑性或节俭性。如果说犯罪是各种具有社会危害性行为中的一种最为极端的表现形式,那么,刑法治理不过是社会为了自身生存而进行防卫所采取的最后手段。最后的手段只有在万不得已的情况下才使用,因为既然是"最后的手段",它往往是一柄双刃剑,如使用不当,国家与个人将均受其害。其实,我们先剔开迪尔凯姆关于犯罪是社会的一种正常现象从而应在某种意义上予以宽容的论断不论,即便从经济学的意义上讲,作为"最后的手段"的刑罚也只能在"最后的关头"才使用,否则不但起不到预期的效果,而且可能陷入计穷智竭之境地。孟德斯鸠早就告诫人们,"如果在一个国家里,有什么不便的事情发生的话,一个暴戾的政府便想立即加以消弭。……但是因为政府的动力被用尽了,人们对严刑峻法在思想上也习惯了,正如对宽法轻刑也会习惯一样;当人们对轻刑的畏惧减少了,政府不久便不得不事事都用严刑"⑤。实际上,历史上的这种教训我们经历得不少。例如,从 1979 年刑法颁行后,面对社会治安形势之恶化与犯罪率的激增,国家采取了一波又一波的"严打"

---

① [意]贝卡里亚:《论犯罪与刑罚》,黄风译,中国大百科全书出版社 1993 年版,第 48 页。
② 戴昕:《威慑补充与"赔偿减刑"》,载《中国社会科学》2010 年第 3 期。
③ 季卫东:《法制的转轨》,浙江大学出版社 2009 年版,第 138 页。
④ 因此,德国著名刑法学家李斯特曾言:最好的社会政策是最好的刑事政策。
⑤ [法]孟德斯鸠:《论法的精神(上)》,张雁深译,商务印书馆 1961 年版,第 85 页。

运动。然而,正如有的学者指出,在如是高成本的代价下换来的却不是人民所热望的路不拾遗、夜不闭户的太平盛世,而是犯罪量与刑罚量螺旋式的交替上升、刑罚投入几近极限而刑罚功能却急剧下降的罪刑结构性矛盾和刑法的基础性危机。① 当然,随着后来综合治理措施的大力落实和经济的高速发展及民众生活水平的普遍提高,全国许多地方出现了刑事犯罪明显减少的趋势。这也说明,应对犯罪,提高打击力度并非根本之策。

三、集体情感与道德承载

社会学家涂尔干从社会学的角度对犯罪进行了界定。他认为,社会成员平均具有的信仰和感情的总和,构成了他们自身明确的生活体系,这种生活体系便是集体意识或共同意识,而当一种行为触犯了强烈而又明确的集体意识时,这种行为就是犯罪了。② 自然,根据涂尔干的理论,只要一种行为侵犯的集体意识或集体情感愈是强烈,这种犯罪行为就表现得越为严重。特别在一个道德同质性程度较高的共同体或社会中,这种犯罪的严重性就更为明显。相应的,人们对这种行为的谴责就愈加强烈。于是,正是在此意义上说,涂尔干得出结论认为,明确而又强烈的共同意识才是刑法的真正基础所在。③

也许,从涂尔干所谓的社会学意义上说,亦使得此次修正案难免令很多人,特别是难免令许多刑法改革者不甚满意,认为这次修订过于迁就庸俗的民粹主义,仍然体现了较为强烈的重刑主义倾向,乃至未能体现和发挥政治领袖在引领道德方面的作用,使修正案落后于我国现时的道德水准。但是,上述学者也许没有注意到笔者在上文曾经述及的一种社会文化现象,尽管随着我国社会的急速转型而在价值理念上越来越呈现出明显的多元化趋势,但在对其基本情感构成严重侵犯的犯罪这一问题上,人们还是具有较强的道德同质性的,也就是说,对于犯罪特别是严重的犯罪行为,人们基本具有同样的价值判断和心理反应。特别是我国目前尚处于劳动分工程度还不高的传统社会,由于人们具有更多的共同经验和共享信念,社会对违法犯罪的谴责程度肯定会比一个道德多元化的自由社会更为严厉。如果要使人们对其深恶痛绝的犯罪能够在心理上予以一定程度的容忍或完全能

---

① 梁根林:《公众认同、政治抉择与死刑控制》,载《法学研究》2004 年第 4 期,第 18 页。
② [法]埃米尔·涂尔干:《社会分工论》,渠东译,生活·读书·新知三联书店 2000 年版,第 42–43 页。
③ [法]埃米尔·涂尔干:《社会分工论》,渠东译,生活·读书·新知三联书店 2000 年版,第 113 页。

够容忍①,"就得让被损害的感情毫无例外地在所有人的意识中得到恢复,并有必要的力量来遏制相反的感情"②。而且,值得注意的是,这种观点同样也得到了许多道德哲学家的首肯。如美国学者伯恩斯认为,对罪犯愤怒并公开地、正式地以适当方式表达何种愤怒,在道德上是正当的,而且同样出于这种愤怒,人们完全可以要求对严重的犯罪处以死刑。此外,他甚至认为,愤怒乃唯有人类才具有的道德能力,人类之尊严亦由此而彰显。如果人类对诸如抢劫、谋杀等之类的犯罪行为甚至没有愤怒的表示,则意味着道德共同体不复存在,因此愤怒甚至是和人类的正义感相联系的。③

此外,值得我们注意的是,即便从伦理学的角度出发,我们也不能把刑罚的德性(或道德性)与去死刑化和轻刑化简单画等号。著名道德哲学家休谟认为,国内法的目标是规定一切关于正义的问题,所有法学家的辩论、政治家的反思、历史和档案记载中的先例,全都会指向这一目的。④ 尽管人们对于正义的内涵、标准与正义的实现方式有着不同理解,但是,无论如何,正义的德性基础均离不开其对于维护社会的必需性。⑤ 于是,公共的效用因素自然便成了道德性的所有规定中最为重要的因素。⑥ 在这个意义上说,只要人们认为死刑或重刑对于维护社会稳定和减少预防犯罪是有效的⑦,只要社会的共识认为严刑峻法有利于社会正义的实现,就很难说它不是一种德性或道德的体现。当然,这种道德的真实性与美感到底如何,也许不能由我们当代人遽下结论,而最好按照波斯纳的说法,即由竞争性的斗

---

① 这里所说的"完全能够容忍",即是指涂尔干所说的"犯罪行为不再发生",因为这时这些所谓的犯罪行为根本就不被视为犯罪。按照他对犯罪的界定,一种行为不是因为是犯罪才触犯了集体意识,而是因为它触犯了集体意识才是犯罪。也就是说,不是因为某种行为是犯罪才去谴责它,而是因为应受谴责它才是犯罪。参见[法]埃米尔·涂尔干:《社会分工论》,渠东译,生活·读书·新知三联书店2000年版,第44页。

② [法]E.迪尔凯姆:《社会学方法的准则》,狄玉明译,商务印书馆1995年版,第85页。

③ See Walter Burns, the Morality of Anger, *Punishment and Death Penalty*, ed.by Robert M.Baird, 1995, p151.

④ [英]休谟:《道德原则研究》,曾晓平译,商务印书馆2001年版,第138页。

⑤ [英]休谟:《道德原则研究》,曾晓平译,商务印书馆2001年版,第55页。

⑥ [英]休谟:《道德原则研究》,曾晓平译,商务印书馆2001年版,第32页。

⑦ 刑罚的有效性也是刑法改革者反复强调的观点,详参邢馨宇、邱兴隆:《刑法的修改:轨迹、应然与实然——兼及对刑法修正案(八)的评价》,载《法学研究》2011年第2期。但是,某一种刑罚手段对某些社会行为是否有效或其有效性到底如何,却不是一件容易测度的事,我国法学界对于这方面的实证研究较少,即便在西方许多学者的相关研究中,其结论往往并不一致,甚至常常得出相反的结果。因此,刑罚的有效性往往蜕变为一项主观测度的指标。

争和时间的考验去决定。①

其实,从历史来考察,刑罚的强度实际上与道德之进化没有必然联系。而且,甚至恰恰相反,道德之进化往往可能带来刑罚的强度的增加。因为如果说随着人类文明的进步,人们对惩罚所带来的痛苦日渐感到厌恶,但是,同样的情感也可能支配着人们,那就是,野蛮的犯罪行为给人类带来的侵害也同样会激起人们的愤恨。而且,人们对罪犯的同情必然会少于对受害者的同情。因此,民德的完善必然会转化为刑罚的加重,至少对那些伤害他人的罪行如此。所以,我们也不难看到,公共意识昨天还漠不关心的欺诈行为和非法行为,今天却激起了公众意识的极大震惊和厌恶。② 实际上,真正能够让刑罚缓和的因素是对犯罪憎恨和愤慨和与之相反地对受惩罚的人在人们心中所唤起的怜悯感之间能够相容,使前者不再消解后者的力量,即一方面是对犯罪的愤恨与恼怒,另一方面是对罪犯的怜悯与同情。而且,在这对悖反变化中,罪犯甚至比受害者获得更多的好处。③ 也许,道德进步与刑罚进化的真正标志正是对犯罪的严厉谴责与对罪犯的深表同情这对背反的并行不悖。

明乎以上关于法律与道德情感或德行伦理之关系后,我们就不难理解我国当下之集体意识在此次修正案中的体现了。在此次修正案中,既有令许多刑法改革家很不满意的工具主义体现,又有让许多其他学者大加赞赏的道德原则之表征。如修正案中"怜老恤幼"之传统道德原则的体现,实际上说到底无非是社会公众对于老人和未成年人犯罪,能够从情感上予以一定程度的接受和理解,对其予以从宽处罚不至于从情感上采取抵制态度。

死刑存废与限缩问题一直是近年来我国刑法学界的热点和难点。尽管均有各自的充分的理由,但无论是死刑保留论者还是死刑限制或死刑废除论者,均未能从论理上彻底说服对方。自 1997 年刑法以来,就死刑方面我国立法基本未有过松动。此次刑法修正案,被社会各界喻为第一大亮点的是死刑的较大削减。除了在分论个罪方面做了大量削减之外(达到 19.1%),修正案还将年满 75 周岁的老年人与未成年人以及怀孕的妇女并论,做出了有条件免死的规定④,这基本与目

---

① Richard A.Posner, *Frontiers of Legal Theory*, Cambridge, Mass.: Harvard University Press, 2001, p.87.

② [法]E.涂尔干:《刑罚演化的两个规律》,载《乱伦禁忌及其起源》,汲喆等译,上海人民出版社 2003 年版,第 444 页。

③ [法]E.涂尔干:《犯罪与社会健康》,载《乱伦禁忌及其起源》,汲喆等译,上海人民出版社 2003 年版,第 462 页。

④ 使用特别残忍的手段致人死亡的除外。

前的国际公约精神相契合。不过,这些规定与其说是与国际公约的接轨,倒不如说是社会集体意识向我国道德传统的复归①;与其说是现代道德的体现,不如说是传统伦理的遗迹。因为在我国古代刑法中就不乏关于老年人犯罪从宽处罚和不适用死刑的规定。这次修改中,刑法照顾到了对老年人的特殊保护,从而继承和发扬了我国尊老爱幼的优良传统和儒家"仁义"的法律道德观。

对于怜幼方面的道德性规定,修正案在刑法原有规定基础上做了进一步规定,如规定对于犯罪的时候不满 18 周岁,被判处 5 年有期徒刑以下刑罚的,免除入伍、就业前的前科报告义务。此外,修正案还规定,对犯罪时不满 18 周岁的人不作为累犯处理;对于不满 18 周岁的人,只要符合缓刑条件的,应当予以缓刑等。

综观社会各界对此次修正案的看法,尽管赞誉甚多,但来自各方面的质疑也不少。许多刑法改革家批判认为,这次修正案过于迁就庸俗的民粹主义以致走群众尾巴路线。也有学者指责修正案的出台过程甚至是借民意之名而行重刑主义之实,以致没有充分发挥政治领袖的道德引领作用。对于这些理据,在某种意义上当然是可以理解的,因为此次修正案毕竟有待完善之处。对于民意,我们在上文论及,它具有较强的非理性、不稳定性和不可捉摸性,因此一味迁就这种意义上的民意当然难以称之为理性或睿智。同样,对于社会的平均道德水准,也难以准确把握和揣摩,对于一定社会时期所表现出来的各种现象,不能说它即是该时期社会道德的体现。因为一种行为表面上与道德相适应,并不意味着它已经就是道德的了。只有当它也内在地与道德相适应,当它出于对道德法则的尊重,即由于良知的缘故而出于义务感,它才是道德的。② 不过,刑法改革论者也需要明白以下道理,法律和道德当然会随着社会类型的变化而变化,而且即便是在同一个社会类型里,如果集体生存的条件发生了变化,法律和道德也可能发生变化。不过,这种变化只是一种可能性,并不是必然的。社会学家迪尔凯姆告诉我们,要使这种变化能够实现,作为道德基础的集体感情就不能抵制这种变化,从而只能克制自己。③ 因此,这里似乎又陷入了一个逻辑上的循环:欲使道德观念进化,需要集体情感的不抵制;而要使集体感情不抵制法律与道德的进化,实际上依赖于整个社

---

① 其实中国法制国际化之最大困难可能就在于国际公约中许多规定与中国现时之道德观念与思维模式不大契合。

② [德]拉德布鲁赫:《法学导论》,米健、朱林译,中国大百科全书出版社 1997 年版,第 5 页。所以,正是在此意义上说,康德认为,只有当一种行为与伦理的法则一致时才是它的道德性。参见[德]康德:《法的形而上学原理——权利的科学》,沈叔平译,商务印书馆 1991 年版,第 14 页。

③ [法]E.迪尔凯姆:《社会学方法的准则》,狄玉明译,商务印书馆 1995 年版,第 88 页。

会的道德意识的发展与进化。按照迪尔凯姆的理论,欲使道德意识能够向前发展,就必须使个人的独创精神能够实现,而欲使这种精神得到实现,不但既要让意欲超越自己时代的理性主义者的独创精神表现出来,而且要让落后于自己时代的犯罪的独创精神能够实现。这两者相互依存,缺一不可。① 于是,我们可以得出结论说,只有对社会中的犯罪现象予以一定的理解与宽容时,才有可能引起整个社会的道德之进化。② 在一个对于违法与犯罪现象不甚宽容的社会,政治领导人的任务便是进行正确的引导以及在引导不能时从法律外寻找原因,对社会基本结构和基质进行某种合理的改革或改造,而不是一味倚仗手中的权力或过分倚赖刑罚手段。③ 然而,刑法改革者也许更需要耐心,因为这个过程注定将是一个"艰难困苦,玉汝于成"的漫长的蜕变过程。而且,这个过程中所发生的一些变化,当然也不仅仅是通过某些简单的规范分析便可以得到充分的解释的。正是在此意义上,笔者才有理由对此次修正案乐观其成,因为此次修正案毕竟在一定程度上体现了"宽严相济"这一基本的政策导向和价值取向,在刑罚配置原则的选择上,除注重"重其重者",也没有忽视"轻其轻者"的积极意义,特别是在部分犯罪的削减死刑和轻刑化方面,迈出了重要的和历史性的步伐。这完全可能影响到今后我国刑事立法对以往旧有的惯性思维和陈腐的指导思想的纠偏,在某种程度上消解严刑峻罚的重刑主义观念和一味只是遵循做"加法"(犯罪化和重刑化)而不做"减法"(非犯罪化和轻刑化)的传统思路,即便在根据所谓的形势需要而增设新罪时,也不会动不动就对之配置死刑或其他重刑。因此,正是从这个意义上说,立法机关在修订刑法时亦兼及在引领我们现时代的新道德上颇下了功夫。

四、结语

人们常说,政治是一门平衡的艺术。如果把立法过程视为政治过程的话,则立法过程也是一门需要讲求平衡的艺术。此次刑法修正案中所蕴含的多重刑法理念,莫不体现出这种平衡术的重要性:它既要照顾到学界各种刑法改革的呼声以及刑罚轻缓化与人道化的国际潮流,又要兼顾现时的道德观念与公众集体情

---

① [法]E.迪尔凯姆:《社会学方法的准则》,狄玉明译,商务印书馆1995年版,第88页。

② 如果说犯罪是对现行道德的背离,则只有对之予以必要的理解与容忍时,方可导致道德的进步。涂尔干问道:"人们怎么能够偏离道德而改变道德呢?"参见[法]E.涂尔干:《犯罪与社会健康》,载《乱伦禁忌及其起源》,汲喆等译,上海人民出版社2003年版,第464页。

③ 在权力集中的地方,刑罚也是更为严厉的。迪尔凯姆考察认为,刑罚的强度与权力的集中成正比关系。参见 Steven Lukes, *Emile Durkheim: His Wife and Work*, London: Allen Lane, the Penguin Press, 1973, p.258.

感,更要尊重民众的价值认同,并契合人们对刑法的功能期待。因此,这就要求立法者具有灵巧的建筑师一般的智识与灵性,他的责任就在于纠正有害的偏重方向,使形成建筑物强度的那些方向完全协调一致。① 然而,艺术是一种实践理性,只有在实践中不断地操练、试错和磨砺方可逐渐完美,最后臻于至美。在这次刑法修正案中,立法者对于这门平衡术掌握如何,其美感到底怎样,仍有待于修正案在实践中进一步检验。

（本文原载于《法学研究》2011 年第 4 期）

---

① ［意］贝卡里亚:《论犯罪与刑罚》,黄风译,中国大百科全书出版社 1993 年版,第 66 页。

安乐死与立法

欧阳涛

作者简介:欧阳涛(1924—2016),湖南隆回县人,中国共产党的优秀党员,著名刑法学家,我国刑法学事业的奠基人之一,中国刑法学研究会顾问,中国社会科学院法学研究所研究员,享受国务院政府特殊津贴。曾任中国社会科学院研究生院法学系教授、研究生导师,培养出了一批日后成为全国政法系统高级干部或高校、科研机构的领军人才,为繁荣刑法学研究、完善刑事立法和刑事司法做出了许多贡献。先后独著、主编或合著30多部刑法学和犯罪学方面的著作,独自或与他人合作发表学术论文200余篇,撰写过数十余份极具价值的内部研究报告,主持、参与了多项国家级和中国社科院院级重点科研项目,是刑法学界公认的多产学者。

安乐死是一个极为复杂的问题。国外争论不休十年,才在荷兰、澳大利亚出现两个安乐死立法。在我国,安乐死也已日益引人注目,并展开了激烈的争论。但是,由于安乐死涉及伦理学、医学、法学、社会学、心理学等学科,牵连医生、病人、家庭、社会等方面的关系,亟须深入探讨研究,广泛宣传,使安乐死中的许多问题得到妥善解决,以推动安乐死的合法化。现就安乐死中的一些问题,谈一点粗浅看法,供大家在研究中参考。

一、安乐死的概念和历史沿革

安乐死一词,源于希腊文(原意为无痛苦死亡、尊严的死,又称安死术)。根据《牛津法律大辞典》,安乐死是指在不可救药的患者或病危患者自己的要求下,所采取的引起或加速其死亡的措施。我国学者认为,安乐死是指"患不治之症的病人在危重濒死状态时,由于精神和躯体的极端痛苦,在病人或其亲友的要求下,经过医生认可,用人为的方法使病人在无痛苦状态下度过死亡阶段而终结生命的全过程"。

从一般意义上来说,安乐死既有广义和狭义之分,又有主动与被动之别。广义的安乐死,除包含狭义安乐死的内容外,还指对于一些出生时即为重残、痴呆的婴幼儿,社会上的一些重度精神病患者,重度残疾人及处于不可逆的昏迷中的"植物人",实施使其在无痛苦感受中死亡的方式。狭义的安乐死,指对于身患绝症,处于极度痛苦之中的病人,实施促使其无痛苦迅速死亡的一种方式。主动与被动安乐死,又称积极与消极安乐死。主动或积极安乐死,是指医生为解除重病垂危患者的痛苦而采取某种措施加速病人死亡。被动或消极安乐死,是指医生对身患绝症而濒临死亡的病人,中止其维持病人生命的措施,任病人自行死亡。

安乐死的本质,不是决定生与死,而是决定死亡时是痛苦还是安乐,目的是通过人工调节和控制,使死亡过程避免精神和肉体的痛苦折磨,达到舒适和幸福的感受。也可以说,这是对死者自我感觉状态的改善。

根据安乐死的概念和本质,我们认为安乐死具有以下特点。

第一,根据病患者或家属的要求,其疾病在当时条件下确实无法治愈,而且疾病已到晚期,以病患者痛苦不堪为前提。

第二,安乐死是出于对病患者的同情与帮助和对病患者死亡权利及个人尊严的尊重,人为地干预他人生命的一种行为。

第三,安乐死与其他各种类型的死亡不同。一是安乐死与自杀不同。自杀是自杀者一个人独自实施的行为,而安乐死在致死过程中有了其他人的作用。二是安乐死与委托杀人不同。委托杀人是指被委托人接受他人委托或请求而将委托人杀死,没有任何附加情节;而安乐死是以病人身患绝症,痛苦难忍为绝对必要前提。三是安乐死与谋杀不同。安乐死是绝症患者无法治愈,而痛苦难忍,惨叫不停,在患者或家属的要求下所实施的行为;而谋杀是行为人事先有预谋地将他人杀死的行为。这里的预谋,即设计或计划,也就是说,预谋人是有目的、有计划地将他人杀死。四是安乐死与逼人自杀也不同。安乐死是出于对绝症病患者无法治愈而又痛苦难忍的同情和对其死亡权利的尊重而实施的行为;而逼人自杀,行为人在主观上具有杀人的故意,在客观上表现为凭借权势或者采取暴力、威胁的方法,致使被害人陷于绝境而被迫自杀。这种借被害人之手达到杀害被害人的目的的情况,即我们通常所说的"借刀杀人",在形式上表现为"自杀",实质上是他杀,应定故意杀人罪。

安乐死有着同人类一样古老的历史。有人认为,安乐死在古老的神殿里亦可以找到它的原型。在两千五百多年前,释迦牟尼创立的佛教,就宣扬"涅槃"。许多佛门高僧,在行将辞世之时,更衣沐浴,盘坐合十,用意念控制肉体,达到"无我"的境界,无痛苦地安详死去。尽管"涅槃"的目的、方式与安乐死不同,但"涅槃"

所达到的死亡状态是快乐、舒适和安静,在这一点上与安乐死十分相似。

据我国历史小说记载,唐太宗的大将尉迟恭见偏将三保被敌兵断去四肢,虽目光仍在流动,却已口不能言,气息奄奄。他不忍爱将惨受痛苦,遂刺其胸而死,唐太宗并未对尉迟恭降罪。这也与当代安乐死没有什么本质上的区别。

早在公元1世纪,古罗马哲学家塞卡尔就说过:"如果我能够在痛苦的死亡和安逸的死亡之间进行选择的话,我为什么不选择后者呢?当我能够使自己摆脱一切痛苦的时候,我为什么要强忍着病痛去拼命挣扎呢……如果我知道我将永远受折磨我会去死,因为它阻碍了我为之生活的一切。"16世纪,英国空想社会主义者莫尔在《乌托邦》中提出有组织的安乐死,患有痛苦的无望的疾病的人可以根据教士和法官的建议,通过自杀或由当局采取行动而加速死亡。他还提出了"节约安乐死"的概念,即社会可以用某种手段了结那些"不适当的"耗费有关资源的生命。17世纪,英国著名哲学家弗朗西斯·培根在他的著作中提出"无痛致死术"。他说:"长寿是生物医学的最神圣目的,安乐死是医学技术的重要领域。""医生的职责不但要治愈病人,而且要减轻病人的痛苦和悲伤,这样做有利于康复,而且也可能在他需要的时候安逸地死去。"现代西方精神分析学派的创始人、奥地利心理学家西格蒙德·弗洛伊德,在1933年9月自感疾病已无可挽救时,曾向医生提出安乐死的要求,他说:"如果我不能坚持活下去的话,你将尽力帮忙。现在我万分痛苦,这样继续下去是毫无意义的。"1988年1月,邓颖超同志在给中央人民广播电台的信中指出:"我认为安乐死这个问题是唯物主义者的观点,我在几年前已经留下遗嘱,当我的生命将要结束,用不着用人工和药物延长生命的时候,千万不要用抢救的办法。"1989年10月16日她又委托赵炜同志在向中央的报告中说:"一个共产党员在死时再作一次革命。当我的生命快要结束时,千万不要用药物来抢救,那是浪费人力物力的事,请组织批准给予安乐死。"

从上述历史事例和一些哲学家的名言看出,他们是渴望临终摆脱痛苦和庄严死亡的。我们认为,人不但有生的权利,也应当有死的权利,在生已无望之际,给人以死的权利,完全是唯物主义的观点。死亡是不可抗拒的自然客观规律,现代科技可以延长寿命,但却无法使人永生。当一个人身患不治之症而无法忍受极端痛苦时,应有选择死亡方式的权利,这是完全正确的。

二、安乐死在外国的争论与现状

随着科学技术的发展和人们思想观念的更新,人们能够以科学的态度对待死亡问题,安乐死是人类认识的一大突破。20世纪以来,安乐死更为人们所重视,甚至发展成一项新的人权运动——安乐死运动。

从20世纪30年代开始,人们要求在法律上允许安乐死。1936年,英国率先成立了自愿安乐死协会。同年英国上院提出了一个方案:要求人们签署一份申请书,申请者必须超过21岁,患有伴随严重疼痛的不可治疗的致命疾病。签署时需要有两个证明人在场,递交由卫生部任命的"安乐死审查人"审查。1937年,瑞典做出了可以帮助自愿安乐死的法律规定。同年,美国内布拉斯加州立法机关讨论了安乐死法案,波特尔牧师建立了美国安乐死协会。1933年,希特勒借口安乐死,建立了安乐死中心,杀死20多万人。这实际上是以安乐死之名,行种族灭绝之实。这种惨无人道的行径,不仅遭到了全世界正义力量的一致的愤慨与谴责,而且使安乐死蒙上了恐怖的阴影。

第二次世界大战以后,安乐死运动重新兴起。1946年,在美国将近2000名医师在纽约集会申请自愿安乐死的合法化,但以失败告终。1967年,美国建立了安乐死教育基金学会。1969年,英国国会辩论安乐死法案,声明"医生给一个做出宣布的合格病人实行安乐死"是合法的。合格的病人是指"有两位医生用文字证明因患绝症而痛苦"的人。病人的宣布要求写明:"在我指明或规定的时间和条件下实行安乐死,或者我已不能发出指令,由医生代表我来处置"。类似这样的法案,后来美国爱达荷州和俄勒冈州的立法机关也提出过。1970年,医生萨基利向佛罗里达州议会提出一项立法建议:"任何人遵循与法律对执行遗嘱所要求的同样程序,可执行一项文件。文件指示他有尊严地死去的权利,并且,他的生命不应延长到超过有意义的存在。如无亲属则由三个医生的意见决定。"1972年,西弗吉尼亚议会也提出了一个类似的法案,但这些法案都没有通过。1976年,在东京举行了国际安乐死的讨论会,会议宣称要尊重人的"生的意义"和"尊严的死"的权利。当今,"自愿安乐死"团体在世界上大量出现,已遍及欧美20多个国家。这些团体的会员迅速增加,如荷兰的"自愿安乐死"团体已迅速发展,并拥有25000名会员。

安乐死的出现,在欧美引起了激烈的争论。主要有以下两种观点。

第一种观点认为,随着科学技术的发展,人们以科学的态度对待死的问题。一个人既有生的权利,也有死的权利,对患有不治之症、临近死期、受尽痛苦的患者实行安乐死,不仅有社会基础,而且社会效果好。其主要理由如下。

一是现代科学技术的发展可以延长寿命,但却无法使人永生。人既有生的权利也应有死的权利。一个身患不治之症而又无法忍受痛苦的病人,完全有权选择安乐死的死亡方式,这是对他死亡权的尊重。尊重病人庄严的死与医学、伦理学应遵循的原则是一致的。

二是安乐死符合病人自身利益。因为安乐死的对象仅限于生命垂危、身患晚期绝症的病人。延长这些病人的生命实际上是对他们的折磨、虐待,为什么不让病人停止"活受罪"的痛苦呢?

三是死亡并不都是坏事。因为它是不可抗拒的自然规律,与其把有用物资用在毫无希望的病人身上,还不如允许他安乐地死去。这样有利于节约医疗费用,减轻社会和家属的负担。

第二种观点认为,安乐死是关系到人的生与死的选择,而这种选择权利不应由本人及本人意志以外的任何人来决定。其主要理由如下。

首先,救死扶伤是医生的职责,赐人以死亡是和医生的职责不相称的。医务人员对病人实行安乐死,实际上是变相杀人,因此安乐死是不人道的。

其次,从医学发展的历史来看,没有永远根治不了的疾病,研究医学科学的目的就在于揭示疾病的奥妙并逐步攻克之。现在是不治之症,将来可能成为可治之症,认为无法救治就不去救治,无益于医学的发展。

最后,安乐死可能导致错过三个机会。即病人可以自然改善的机会;继续治疗可望恢复健康的机会;某种新技术、新方法使疾病得到治疗的机会。

关于安乐死的法律问题,英国首先在立法上承认了"死的权利"。1976 年 9 月 30 日,美国加利福尼亚州州长签署了第一个自然死亡法(《加利福尼亚州健康与安全法》),规定"任何成年人可执行一个指令,旨在临终条件下中止维持生命的措施"。指令是愿望的陈述:"我的生命不再用人工延长"。条件是"我有不可医治之病,有两个医生证明我处于临终状态,使用维持生命的措施只是为了人工延长我的死亡时间,而我的医生确定我的死亡即将到来,不管是否利用维持生命的措施"。这个法令还明确规定,要在处于临终状态 14 天后执行这个指令,医生必须遵循它,除非病人撤回,否则医生就犯有失职的罪责。这些法令尽管未能实施,但对推动全球安乐死的发展起到了一定的作用。

当今世界的安乐死立法,是于 1993 年 2 月 9 日在荷兰参议院通过一项关于"没有希望治愈的病人有权要求结束自己的生命"的法案,从而成为世界上第一个通过"安乐死"立法的国家,而且在这项法律中规定了严格实施"安乐死"的条件。

第一,医生在听取病人提出"安乐死"的要求时,其他任何人不得在场,以保证病人有绝对的"完全主动性",而不受其他任何人的诱惑和威胁。

第二,医生必须将其病情详细、准确无误地告诉病人,让他考虑是否还有其他治疗办法和一线生机,防止病人因悲观失望或一时冲动而提出"安乐死"。

第三,医生必须理智地判断病人的病痛确实是不可忍受的,在同意病人提出的安乐死的要求后,医生必须依法征求 1 至 3 名同级医师或高一级医师的意见,最后由主任医师或院长批准。

第四,在实施"安乐死"之前,主治医师必须填写一式三份有 28 项内容的体检表,证明患者确已身患绝症,并因无法忍受痛苦而主动提出"安乐死"。这三份表格,一份交法院备案,一份留在医院存档,一份给患者家属。此外,该法案还有一些限制性的规定。

这个"安乐死"法律,规定于1994年1月1日开始生效。该法的出台,使"安乐死"合法化运动得到了进一步发展。一些经济发达的国家也准备学习荷兰的经验,在近年内完成"安乐死"立法。

澳大利亚北部地区也通过了"安乐死"的法律。在通过这项法律的过程中,澳大利亚议会还是遇到不少阻力。这一法律经过了6个月的讨论,最后讨论者表决时,议会还为此进行了16个小时的讨论,最后以15票赞成10票反对而获得通过。这项法律规定:一个成年的病人可要求结束其痛苦,可以注射毒针或是服用药丸。其条件:一是必须有两名医生共同决定他所患的是不治之症,其中一名医生必须具备精神病医生的资格;二是经过7天之后,如果病人仍然坚持"安乐死",那么病人还要自写一份申请书,他自己在这份申请书上签字之后,还要再等48小时;三是在这期间,病人仍然坚持自己的意见,那么"安乐死"就可以正式实施。

据有关报道,克林顿总统夫妇已决定立遗嘱,在患重病丧失决断力和知觉无法唤回之时,由医生协助实现安乐死。美国在过去支持安乐死的只占53%,现在表示如果知道自己快要死了便不愿采用特别医疗措施来延长生命的占90%。丹麦人中一旦患不治之症就立下选择安乐死的遗嘱向官方登记的越来越多,荷兰立下了患致命疾病时授权医生实施安乐死遗嘱的人就有10万,日本、瑞士等国支持实施安乐死的人也与日俱增。可见,一些发达国家的民众对安乐死经历了一个从不理解到理解,从看他人实施安乐死到自己提出申请的转变,赞成安乐死的人数逐年增加,立下选择安乐死遗嘱的也大有人在。

三、安乐死在我国的争论与现状

安乐死在欧美的争论,始于20世纪30年代,而我国对安乐死的探讨起步较晚。20世纪80年代中期,在我国有两个安乐死案例(一个是陕西汉中市,另一个是上海),提起诉讼,对簿公堂,震荡了中国大陆。几十年前,在西方各国沸沸扬扬争论过的问题,又同样摆在我们面前,人们开始对安乐死进行探讨。1987年12月24日在北京举行了安乐死问题讨论会,多数与会者倾向于安乐死在我国可行,但必须对此持非常慎重的态度。1988年1月22日,中央人民广播电台在《午间半小时》节目中播出了这次讨论会的采访录音,电台主持人还欢迎广大听众对安乐死是否可行自由发言。4天以后,节目主持人收到邓颖超同志寄来的第一封听众来信。其主要内容是:"今天你们勇敢地播出了关于'安乐死'的问题并希望展开讨论,我很赞成。""我认为'安乐死'这个问题,是唯物主义的观点。我在几年前已经留下遗嘱,当我的生命将要结束,用不着用人工和药物延长生命的时候,千万不要用抢救的办法。这是我作为一个听众参加讨论的一点意见。"该信在报上刊出后,讨论有关安乐死的文章逐渐增多。1988 年 2 月至 3 月,中央人民广播电台收到几百封来信,其中85%以上的听众赞成实施安乐死。1988 年 7 月,我国第一次全国性的安乐死问题学术讨论会在上海举行。来自全国 17 个省市的哲学、法学、社会学、伦理学、医学的近百名专家、学者参加,这标志着安乐死问题全国性的跨学科研究拉开了帷幕。

这次讨论会和社会各界对安乐死问题的争论,概括起来,主要有以下两种观点。

第一种观点认为,在我国实施安乐死已具有一定的社会基础,其社会效果也是积极的,其主要理由是。

其一,死是人生的必然现象,人不但有生的权利,也应当有死的权利。人们希望优化自身,不仅需要"优生",也需要"优死"。某些身患绝证、临近死亡的病人常因痛苦难忍而备受折磨,求生不得,求死不能,与其受尽痛苦而死,不如按其愿望实施安乐死,让其怀着高雅与尊严告别人世,不但使其愿望得以实现,而且使其至死保持人格的尊严。这对于一个即将死亡的人来说,是对他要求死亡权利的尊重。这样做,比那种靠人工方法维持生命从而延长其痛苦的历程,更符合人道主义。

其二,对身患绝症,已无法治愈,可能濒临死亡的病患者进行毫无效果的抢救,给病人、亲属带来了精神上的痛苦和经济上的负担,也是人力、物力和财力上的极大浪费,把不足的资源过多用于这类人而使他人得不到应有的治疗,这实际上损害了一般病人的利益,既违背了公正原则,也违背了病人的自愿原则。安乐死,一方面尊重了病患者要求死亡的权利和病人的自主原则,使其得到安乐死的享受;另一方面在客观上减轻了患者的痛苦和家属的负担,也符合病人的利益。

其三,现代医学的发展,不是仅靠抢救病患者才能实现,即使按照一些身患绝症,已无治愈可能的病患者的要求实行安乐死,也并不妨碍对重病人抢救的研究。只要通过立法确认安乐死合法化,建立一套完整、科学的安乐死制度,就完全可以防止错死现象。同时对那些怀有恶意,借安乐死之名,行杀人之实的犯罪分子予以严惩,是完全可以消除这方面的消极因素的。

其四,在我们人民民主专政的社会主义国家里,任何一种行为构成犯罪,必须具备三个基本特征,即行为具有严重的社会危害性、刑事违法性和应受惩罚性。具有严重的社会危害性,这是犯罪最本质的特征。如果某行为不具备严重的社会危害性就不构成犯罪。而有严格条件限制的安乐死,不仅没有什么社会危害性,而且对社会、家属和身患绝症、无法医治的病患者均有利。同时,我国刑法也没有明确规定安乐死的问题是犯罪。因此,对实施安乐死的行为以犯罪处理,是毫无法律依据的。

第二种观点认为,我国不应当实行安乐死,它不具有积极的社会效果。实施安乐死,应当以故意杀人罪论处。其主要理由是:

其一,好生恶死是人之常情,在社会上有个传统观念,"好死不如赖活着",可见安乐死不符合我国国情和传统的伦理道德观念。保障人的生命也是人道主义最基本的原则。实行安乐死,既违背了我国传统的伦理观念,又与现代人道主义的最基本原则相悖。所以,还是沿着自然死的办法,使人自生自灭,各尽天年为宜。

其二,医生的职责在于救死扶伤,这是我国医学上的光荣传统。医生对无可救活的绝症患者实施安乐死,既违背了医生的职业道德,又不符合医生的职业要求。

其三,从现代医学发展的角度来看什么是绝症,本来就没有定论。如今的一些疾病已不再像癌症那样令人生畏,相信癌症以及所有不治之症,在不远的将来也不会是难题,特别是实施安乐死难免会导致医务人员失职,发生错死现象。

其四,从刑法的目的与刑法的规定来看,刑法保护一切人的生命,只要未犯死罪,任何人都不能结束他的生命。刑法第 132 条规定的"故意杀人罪"并没有排斥安乐死,实施安乐死于法不容。

我国近几年来对实施安乐死的争论,越来越引起社会各界人士的关注,报刊发表这方面的文章也越来越多。据北京、上海、河北、广东等省市的民意测评,赞成率很高。如上海对 200 位老人进行问卷调查,赞成率为 73%;北京市的 500 例问卷,赞成的有 399 人,占 79.8%;河北职工医学院对保定市 4001 名工人、农民、干部和医务工作者进行调查,赞成安乐死的占 61.59%。电台和报刊讨论时收到的读者来信中,大多数人认为安乐死在我国具有可行性。阮魏文 1994 年在《文汇报》发表的文章称:"在上海,有 90%以上的人支持安乐死;其中医务人员对安乐死的支持率最高,达到 98%;普通市民和司法人员中,有不少于九成的人认为有必要对安乐死进行立法。"

在没有法律规定的情况下,不到万不得已,人们不敢对他人实施安乐死。如河南宁陵县刘沙波的妻子肝癌剧痛惨叫,苦苦哀求他找些药物,尽早结束痛苦,否则就一头撞墙死去。刘看着妻子痛苦欲绝,心里不忍,就含泪翻找安眠药,却没有找到。听到妻子惨叫,他急得在屋里团团转。这时,他发现立柜下面有一瓶

"1605"剧毒农药,就用茶杯倒了半杯,双手递给妻子,妻子从丈夫颤抖的手中接过,一口气将农药全部喝下。不一会儿刘把妻子紧紧地搂在怀里,悲痛地看着妻子死去。之后人民检察院以故意杀人罪提起公诉。人民法院认定"刘沙波帮助妻子自杀,虽然是在妻子的诚恳要求下,出于解除痛苦使之安乐而死的动机,但依照法律规定,仍构成故意杀人罪,依法判处刘沙波有期徒刑 3 年"。

由于安乐死在法律上没有明确规定合法化,一些医院或绝症患者只能采取"自然死亡法"。据调查,上海某大医院危重病人的死亡中,有 28% 的绝症病人是在本人或家属主动要求停止治疗后死亡的,这实质上就是采取消极的安乐死。据对一些大城市医院对垂危病人死亡数的调查,采取这种安乐死的病人均有相当数量。这种形式的安乐死已是当今我国医务人员采取的常规措施,而且没有受到反对,但使绝症病患者增加了痛苦的折磨。

四、安乐死是否符合伦理道德和人道主义原则

"伦理",是指处理人们之间相互关系应当遵循的道理和规则。长期以来,因伦理与道德的意义相近,所以人们常常把两者通用。道德是一种意识形态,属于社会的上层建筑。它是人们关于善与恶、正义与非正义、诚实与虚伪、公正与偏私、光荣与耻辱的观念和行为规则的总和。在一定社会里,由于人们所处的社会地位不同,人们的道德观念也是各不相同。而且社会历史条件是不断变化和发展的,比如在人类实行群婚制的初期,母子、父女、兄妹等之间的某些关系被认为是正当的,后来,随着婚姻制度的发展,其被认为是不正当的。可见,道德评价的标准,是随着人类社会的历史发展而不断变化的。

几十年来,西方国家的民众对安乐死的认识经过了从不理解到理解,从反对到支持的历程。由于我国对安乐死的讨论研究刚刚起步,有人认为安乐死不符合伦理道德观念和人道主义原则,这也是完全可以理解的。但是,随着我国社会的不断发展和进步,必须明确道德评价的标准是什么。在当今社会,道德评价的标准除善与恶、正义与非正义、诚实与虚伪、光荣与耻辱等外,生与死的社会价值也应是道德评价的标准。具有社会价值的死亡是符合道德的,不具有社会价值的死亡,则是不道德的。安乐死的实行,首先是为病人着想的,是为了生还无望即将死去的人,而不是为了还将活下去的人。一个健康的人、神志清醒的人,有选择死亡的自由,为什么一个患有绝症不能治愈的病人,就没有选择死亡的权利呢? 这不公平。应该让身患绝症的病人有选择的自由,这是人的权利。而对某些身患绝症、临近死期的病患者实行安乐死,既尊重了病患者要求死亡的权利,使其免受痛苦和折磨得到安乐死的享受,又在客观上减轻了社会和病患者家属的负担,具有

一定的社会价值,这完全符合社会道德要求。相反,那种依靠人工方法延长身患绝症病人的生命使其"活受罪"的做法是不道德的。

再从人道主义来讲,在近代的伦理道德发展中,人们通常把爱护人、关心人、尊重人的价值、保护人的权利等作为人道主义的要求。一个人的生命固然应当受到保护,但是,当一个患有绝症的病人濒临死亡时,延长其生命,实际上是延长其死亡的痛苦历程,对这样的患者由其选择安乐死是尊重他的愿望和权利。医生按其愿望、尊重其权利帮助他实施安乐死,是符合"关心人、尊重人"的人道主义原则的。就我国目前的医疗状况来说,有些病确实是不治之症,如果本人提出结束生命,而医生也确切肯定无法医治、回天无术的话,为减轻病人痛苦,实行安乐死就是一种人道主义的做法。

在我国"好死不如赖活着"这种传统观念源远流长、世代沿袭,又与社会心理、民族感情交织在一起,从而具有特殊的作用。在这种传统观念的影响下,有的人不同意让绝症病患者有选择死亡方式的权利,不同意让他们借助安乐死去寻求解脱,这实在是不道德和不明智的。我们对待传统观念要进行具体分析,抛弃一切消极的、落后的、腐朽的旧传统观念,树立符合社会主义道德规范的新观念。"移风易俗,改造中国",是我们思想领域内一项长期而又艰巨的任务,也是发扬社会主义道德、建设精神文明必不可少的条件。

五、实施安乐死的行为是否构成故意杀人罪

刑法是指掌握国家政权的统治阶级,为了维护和巩固本阶级在政治、经济等方面的统治,把那些侵犯统治阶级利益和统治秩序的行为规定为犯罪,并规定刑罚予以处罚。犯罪与刑罚是刑法的基本内容,而犯罪又是刑法中的核心问题,因为没有犯罪,也就不能适用刑罚。因此,要正确掌握和运用刑法,不仅要正确掌握犯罪的一般概念,而且要正确掌握一般的犯罪构成和每一种犯罪的具体犯罪构成。只有这样,才能正确区分罪与非罪的界限。

根据我国刑法规定的犯罪概念和一般犯罪构成及各种犯罪的具体犯罪构成,我们认为,实施安乐死行为不构成故意杀人罪。

我国刑法没有明文规定安乐死行为是犯罪。因此,将实施安乐死行为当作犯罪来处理,找不到法律依据。在我们人民民主专政的社会主义国家里,任何一种犯罪,必须具备三个基本特征:一是行为的严重危害性,它是犯罪最本质的特征,而有严格条件限制的安乐死,不仅没有什么社会危害性,而且可以解除绝症病患者的痛苦,减轻社会和家属的物质、精神负担,对社会有利。因此,安乐死行为不符合具有严重社会危害性的本质特征。二是刑事违法性。刑事违法性,是指犯罪

行为违反刑法规范的特征。安乐死在我国刑法中没有明文规定,因而它就不具备刑事违法性。同时,刑事违法性与严重社会危害性具有内在的联系。凡是具有严重社会危害性的行为,就必然具有刑事违法性。由于安乐死不具有社会危害性,因此也就不具有刑事违法性。所以,刑法也就没有规定安乐死是犯罪。三是应受惩罚性。应受惩罚性,是指犯罪行为应该受到刑事惩罚的特征。既然安乐死行为不具有社会危害性,也就不具有刑事违法性,理所当然地就不应该受到刑罚处罚。这三个基本特征是紧密联系、不可分割的整体。严重的社会危害性是后两个特征的基础,缺乏这一基础,刑事违法性和应受惩罚性也就不能存在。

现在我国司法机关对安乐死的行为,是以故意杀人罪定罪量刑的。依据我国刑法第 132 条规定,故意杀人罪,是指故意非法剥夺他人生命的行为。构成故意杀人罪的主要特征:一是侵犯的客体为他人的生命不受侵犯的权利;二是在客观方面,表现为非法剥夺他人生命的行为;三是这种犯罪的主体,依照刑法第 14 条第 2 款的规定,已满 14 岁不满 16 岁的人犯此罪的,应当负刑事责任;四是在主观方面,必须具有非法剥夺他人生命的故意,即行为人明知自己的行为会造成他人死亡的结果,并且希望或者放任死亡结果的发生。这就是说,既可以是直接故意,也可以是间接故意。构成故意杀人罪,必须具备这四个特征,缺乏其中的任何一个特征,都不构成故意杀人罪。安乐死的行为,是绝症患者由于面临死亡,在异常痛苦中挣扎而要求实施安乐死的行为。为患者解除痛苦,也是对患者要求死亡的尊重,我国现行法律虽未对安乐死做出认可,但也没有明文禁止。而且卫生部(现为卫健委)关于对晚期癌症病人一再放宽使用麻醉药限度的规定,实际上是我国法律或政策在一定范围内对安乐死的认可。加之我国刑法分则条文对安乐死也没有明文规定为犯罪,对安乐死以故意杀人罪定罪判刑,是没有法律根据的。

六、立法建议与实施安乐死的条件和程序

1987 年、1988 年,我国在北京、上海对安乐死问题进行了两次学术讨论,一些专家、学者在会上呼吁尽快给"安乐死"立法,使之早日在法律制约下实行。从我国的实际情况来看,通过法律来确定安乐死的合法化是十分必要的。

对某些身患绝症根本无法治愈的人来说,每多活一分钟都要遭受巨大痛苦的折磨,他们中许多人唯一的希望是早点结束这种"活受罪"的痛苦局面,安详尊严地离世。为了替寻求安详尊严离世者打开大门,给实施者以法律保障,又不使个别心术不正的人钻空子,就需要以法律为依据。所以,建议全国人大或国家有关法律部门尽快制定有关安乐死法律。如果全国人大或国家有关法律部门认为立法条件还不成熟,也可以先在某些省、自治区、直辖市制定地方性法规,以积累经

验,逐步推广。

我们认为,无论由哪个部门进行安乐死立法,对实施安乐死的条件与程序,都必须加以明文规定。

实施安乐死应包括下列条件:一是被实施安乐死的对象必须是身患绝症,痛苦难忍,已经临近死期的人,以及有严重畸形或严重先天性疾病的新生儿等。二是只能对极端痛苦,且已达到不堪忍受程度者实施。比如,在死亡的过程中异常痛苦,打一针,能缓解一下,药力消失后又面临巨大痛苦的病患者。三是病患者主动提出安乐死的请求,或同意对自己实施安乐死结束自己的生命。在病人不能提出请求的情况下,只要病人的家属提出申请,医生也可以实施安乐死。四是医生对病人消除痛苦的一切措施均已采用过,仍不能解除病患者遭受剧烈痛苦的折磨。五是医生必须认真、理智地判断病人的痛苦确实是不可忍受的,在同意病人提出安乐死的申请要求后,医生必须依法征求三名同级医生或高一级医生的意见,最后由主任医师或院长批准才能实施安乐死。

实施安乐死的程序:一是绝症病患者或家属在实施安乐死的决定文件上签字,然后送管辖区的司法机关对该决定进行司法审查。二是在实施安乐死之前,主治医生必须填写四份有关证明病患者确已身患绝症,且因无法忍受折磨和痛苦而主动提出申请安乐死的检验表。这四份表,一份交人民法院备案,一份留在医院存档,一份交给公证机关公证,一份给病患者家属。三是最后由主治医生对绝症病患者施以安乐死。

通过严格的条件与程序实施安乐死,不仅完全必要,而且可以防止错死现象。同时,对怀有恶意,借口安乐死而实施犯罪之徒,也要依法予以严惩。这样做,不仅可以消除实施安乐死的消极因素,而且符合客观发展规律,又利于促进社会文明进步。

(本文原载于《政法论坛》1996年第6期)

第二章

02

犯罪总论问题

法益理论的问题与出路

陈家林

作者简介:陈家林(1975—),男,湖南省郴州市人,法学博士。主要从事中国刑法学、比较刑法学、犯罪学方面的教学与研究。现为武汉大学法学院教授、博士生导师,兼任中国刑法学会常务理事、湖北省刑法学研究会副会长、湖北省犯罪学研究会副会长。出版《外国刑法理论的思潮与流变》《共同正犯研究》《不能犯初论》等专著六部,在国内外学术期刊发表论文数十篇。主持国家社科基金项目、教育部人文社会科学研究项目等多项国家级和省部级科研项目。曾荣获"钱端升法学研究成果奖""湖北省社会科学优秀成果奖""全国刑法学优秀学术著作奖"等多项省部级奖励,曾获评第十届"武汉大学杰出青年(教职工)"。

一、法益理论何以重要

法益概念是很多国家刑法学的最基础性概念。德、日等国的通说认为,法益既是刑法建立刑罚正当化的前提条件,亦是特定行为入罪化的实质标准。整部刑法就可以说是一部法益保护法。我国刑法学界自接触法益概念之后,虽然存在从传统社会危害性与犯罪客体理论角度的批评意见,①但主流观点迅速认可并将其视为刑法理论的基石。法益保护原则因此也被视为刑法的基本原则之一。

不过,刑法理论何以必须建构一套精致甚或烦琐的法益理论(法益保护原则)？这是自法益理论概念产生以后就如影随形的质疑。事实上,连什么是法益这一简单的问题,也往往令提倡者为难。顾名思义,法益概念中最简洁的定义是"法所保护的利益"。但问题却远没有这么简单。"法益的定义至今仍然没有得到成功而明确的说明"②。一个内涵、外延都不甚明了的概念,原本是应该"不能提

---

① 刘仁文:《再返弗莱堡》,载《法制日报》2017 年 12 月 27 日第 9 版;杨兴培、鲍新则:《法益理论的辨析与批评》,载《人民检察》2018 年第 5 期。

② [德]克劳斯·罗克辛:《德国刑法学总论》(第 1 卷),王世洲译,法律出版社 2005 年版,第 14 页。

供一个可以在法律上作为基础的和内容上令人满意的界限"①的术语,但它居然成为刑法学的基石。其中缘由究竟何在？或许我们可以从中国刑法理论20世纪90年代的发展脉络看出端倪。

毋庸置疑的是,对任何一个国家而言,都需要一种为刑法立法提供正当化根据的原则。目前可见的几个主要原则是德日刑法的法益保护原则、英美刑法的危害原则以及苏俄刑法的(严重)社会危害性原则。

起源于苏俄刑法的(严重)社会危害性原则,在我国一度非常盛行。但随着时代的变迁和理论研究的深入,其思想内核被认为与现代法治精神、内涵和诉求背道而驰,从而饱受诟病和质疑,甚至被认为"在实践中对于国家法治起着反作用",因此,已难以担当保证我国刑法立法正当化之责任。同时,中国刑法学者对英美刑法的研究历来并不热衷,因此对英美系刑法中的危害原则也关注较少。于是,审视的视角自然而然地就转向了法益理论。正因如此,围绕着1997年刑法的修改,有学者就大力提倡以法益理论来检视和适用立法。其主要理由是："首先,以法益侵害说为根据确定刑法的处罚范围与界限,可以使处罚范围适当、使处罚界限明确。……其次,采取法益侵害说有利于同时发挥刑法的法益保护机能与自由保障机能。……再次,采取法益侵害说有利于合理区分刑法与道德。……又次,采取法益侵害说有利于正确评价行为的社会危害性。……最后,坚持法益侵害说有利于正确理解和适用刑法规范。"②由此可知,法益理论之所以重要,是因为它被认为可以同时承担规制立法和解释立法两方面的功能。

法益理论的核心命题是"刑法的目的在于保护法益"。它一方面意味着,一旦缺乏值得保护的法益,这种刑事立法就是不具有合理性的恶法。于是,法益具备了指引、检验、批判立法的功能,即所谓立法规制机能。这种意义上的法益概念被称为自由主义的法益概念、实质的法益概念或者批判立法的法益概念。法益的立法规制机能,意味着在进行刑事立法时,法益概念能使立法正当化并划定其合理性边界。只有当某种行为具有法益侵害性时,国家才能够将其规定为犯罪,没有法益侵害就没有犯罪。

另一方面,它意味着需要根据刑法的规定来理解各个具体罪名的保护法益,从而准确理解其构成要件。这种意义上的法益,被称为实定的法益概念,或者叫形式的法益概念、方法论的法益概念。由此,法益具有解释规制机能,即法

---

① ［德］克劳斯·罗克辛:《德国刑法学总论》(第1卷),王世洲译,法律出版社2005年版,第14页。

② 张明楷:《新刑法与法益侵害说》,载《法学研究》2000年第1期。

益能规制法院等司法机关对刑法的解释。司法机关在进行刑法解释时,应选择最能保护法条所意图维护的法益的解释,这就是所谓的目的论解释。因此,司法机关只有明确了刑法各条文的保护法益,才有可能在解释论上得出合理的结论。

随着近几十年来社会形势的急剧变化,人类社会重新处于百年未有之大变局之中。法益理论的立法规制机能和解释规制机能都同时受到挑战。在立法层面,像金字塔一样沉默的各国刑事立法机关日益变得活跃也是不争的事实。"凡是通过对刑罚法规的解释来进行对应会感到困难或者不可能的场合,就会出现立法论。而实际上(这些立法论)现在也有为数颇多的被作为特别刑法规定而加以了具体化(现在被称为'刑事立法的时代')。"①由此带来的犯罪化、处罚的早期化、重刑化等现象,与传统刑法理论所理解和坚持的法益保护原则之间不可避免地出现落差。在解释论上,过于宏观的法益解读以及集体法益犯罪的大量出现,都使法益借由目的解释的路径变得肆意与扩张。因此,我们不得不对法益所应当具有和能够实现的功能重新加以审视。

二、法益立法规制机能:不切实际之期待

没有批判精神的学术是没有生气的。或许正因如此,刑法学理论尤其注重对立法的批评。而批评立法的任务相当程度地被寄托在自由主义的法益概念之上。于是,在关于法益中的"法"是刑法,还是包括刑法在内的整个法律体系,抑或是先于实定法的自然法的争论中,现在主流的观点为了确保法益理论能够检验立法,抛弃了刑法性法益概念,而拥抱所谓宪法性法益概念。这一概念认为,法益是存在于宪法之后、刑法之前的概念。法益不是由刑法来建构而应当在宪法的框架内进行讨论,即主张应当在宪法的框架下对利益进行规范评价,从宪法中寻找法益的内容。② 所谓法益,是"在以个人及其自由发展为目标进行建设的社会整体制度范围之内,有益于个人及其自由发展的,或者是有益于这个制度本身功能的一种现实或者目标设定"③。"法益,是指根据宪法的基本原则,由法所保护的、客观上可能受到侵害或者威胁的人的生活利益。"④"通过这种方式,该法益概念要达

① [日]上田正和:《保护法益论(Rechtsgutstheorie)的前途与展望》,载《大宫法学评论》2011年第7号。
② 刘孝敏:《法益的体系性位置与功能》,载《法学研究》2007年第1期。
③ [德]克劳斯·罗克辛:《德国刑法学总论》(第1卷),王世洲译,法律出版社2005年版,第15页。
④ 张明楷:《刑法学》(上)(第5版),法律出版社2016年版,第63页。

到这样的目的:告诉立法者合法刑罚处罚的界限。"①

赞成法益立法规制机能的观点认为:"放弃法益保护原则的批判潜力将会使得刑法再次回到启蒙之前的水平。"②反对者则认为:"随着对一种显著区别于刑法迄今所对付的所有危险的威胁的认识的不断增加,将刑法限制于保护可衡量的(fassbar)法益成为一种毫无希望的做法,因为这种威胁是由人类实施的、对现实生活基础不间断的毁灭。"③"批判立法的法益思想简直是一种'令人不安的伪民主'。"④

笔者认为,法益并非不能成为批判立法的工具,但其要发挥这种工具效用,需要具备一系列的前提。而随着时代的变迁,这些前提基本都已消逝。在 21 世纪的当下,仍然寄望于用法益来限制立法,只能是镜花水月。

(一)曾经的历史贡献

1.法益概念实体化的努力

众所周知,法益概念的演化大体经历了权利到利益的过程。早期的学者如费尔巴哈认为犯罪是对权利的侵害。费尔巴哈的权利概念包括从国家契约中产生的国家权利与私人权利。他将犯罪限定为侵害权利的行为,从而要求进行事后的归责。这有利于限制国家权利的恣意,从而保障市民的自由,并由此奠定了法益保护说浓厚的个人主义色彩。"就历史的角度来看,法益概念导入刑法学,原本是为了防止犯罪概念的不当扩张,拦堵非个人概念的宗教教义写进刑法典,并透过国家权力确保个人自由,维护个人权利,具有自由主义的色彩。"⑤但由于无法用权利的观念来解释实定法上的所有犯罪,权利逐步被其修正形态——法益所取代。

毕尔巴模(Birmbaum)认为犯罪是对作为权利对象的由国家所保护的"财"的侵害或侵害的危险。他所说的"财",基本上指的是一种具体的对象物。毕尔巴模的观点此后得到宾丁和李斯特等的继承和发展。李斯特将法益从具体的事物提升为价值性概念,将法益与行为客体加以区分,从而实现了法益与"财"的理念分

---

① [德]克劳斯·罗克辛:《刑法的任务不是法益保护吗?》,樊文译,载陈兴良主编:《刑事法评论》第 19 卷,第 152 页。

② Scheneniarm,in:Hefendehl/Hirsch/Wohlers(Hrsg.),Die Rechtsgutstheorie,2003.S.133,145.

③ [德]冈特·施特拉腾韦特、洛塔尔·库伦:《刑法总论 I》,杨萌译,法律出版社 2006 年版,第 33 页。

④ [德]阿敏·库宾希尔:《通过宪法振兴实质的法益理论?》,马寅翔译,载赵秉志等编:《当代德国刑事法研究》第 1 卷,法律出版社 2017 年版,第 92 页。

⑤ 黄国瑞:《法益论之解构》,载《辅仁法学》2012 年第 12 期。

离。① 李斯特将"益"解释为"利益",既通俗易懂,又避免了"权利"概念的缺陷,因而产生了很大影响,成为法益概念的典型描述之一。但是,李斯特将法益界定为利益,严格区分行为客体与作为保护客体的法益,使法益摆脱自然主义的建构而成为一种价值,成为抽象的、观念上的概念,使法益概念"去实体化",这也直接导致法益内容出现精神化倾向。"法益不需具有必要的物的具体现实性,财产所提供的物的使用权,或者通过强制禁止所保护的意志活动自由,都不是有形有体的对象,但是它们确实是经验现实的组成部分。"②

到第二次世界大战之前,法益概念的精神化倾向曾一度成为法益理论最大的特色。学者受新康德主义的影响,更倾向于认同法益产生于社会共同体所认可的生活价值和文化价值,依据社会共同体的评价而形成。这就有可能使法益内涵逐渐由具体的利益转化为某种价值观念。尤其在一些与道德关系较为密切的犯罪中,如何理解其法益就成为问题。例如,如果认为风化类犯罪的保护法益是"健康的两性风俗",那么法益的概念就基本等同于社会价值观了。"方法论的、目的论的法益概念将保护法益解释为'在每一个刑法命题之中,由立法者所认可的目的',这就祛除了法益概念所有的实质内容。"③

二战后,刑法理论力图将法益概念再度实体化,"法益是将需要刑法加以保护的事物具体化、对象化……它必须是在经验上可以把握的实体……"④。于是,法益被理解成个人的生命、身体、自由等具体利益。即便是国家法益、社会法益,也被认为最终是可以还原为个人的法益。基于这种理念,学者们开始用法益理论来驱逐刑法中的道德性犯罪规定。

2.非犯罪化运动中法益理论的作用

如果将法益与具体的个人利益相结合,那么一旦没有对具体利益造成损害或损害的危险,就可以认为该种行为不属于犯罪,也不应该被规定为刑法中的犯罪。如果刑法已经对其做出了规定,则应将其除罪化。欧洲大陆 20 世纪后半叶的刑法改革方向,与这种法益理论基本一致。例如,德国在 1973 年进行刑法第四次大幅修正时,将第十三章章名由"妨害风化罪"修改为"妨害性自由罪",强调本章保护的法益是性的自主决定自由以及青少年性的健全发展及性观念;同时将具有浓

---

① [日]大塚仁:《刑法概说(总论)》第 4 版,有斐阁 2008 年版,第 91 页。
② [德]克劳斯·罗克辛:《刑法的任务不是法益保护吗?》,樊文译,载陈兴良主编:《刑事法评论》第 19 卷,第 151 页。
③ [日]嘉门优:《行为原理与法益论》,载《立命馆法学》2009 年第 5·6 号。
④ [日]松原芳博:《危险社会与刑事法》,载《危险社会与法(法哲学年报)》,有斐阁 2010 年版,第 86 页。

厚伦理意味的"猥亵行为"及"猥亵文书"等表述,改为价值中立的"性行为"和"色情文书",以此表明有关性伦理风俗的维持不是刑法的目的,刑法只处罚社会上无法忍受的行为。德国政府在提案理由书中指出:"应该注意到,刑法只是保护社会上态度的外部秩序。在今日社会上,有关于婚姻、家庭及性等价值观具有极大的多样化。因而在此领域中,人们的态度、动机及表现具有极大个别化性质,导致常常无法正确地判断。所以,刑事立法者,在此非谦让抑制不可。"①提出自由主义法益概念的学者往往据此认为,法益理论能够对并已实际对刑事立法的废、改、立发挥作用。例如,罗克辛认为,德国1969年废除了关于同性恋的罪刑规定,是因为"当行为人在协商一致的情况下,在私人领域内实施这种举动时,该举动并没有损害到任何人的发展自由,也没有以任何的方式对人们自由的共同生活造成干扰。因此,对立法持批判态度的法益概念会提出一个要求,即成年人之间在协商一致的情况下所实施的同性恋行为不可罚"②。

问题在于,非犯罪化运动并不起源于德国和欧洲大陆,而是起源于罗克辛教授自己也承认的"法益概念毫无影响"的英美等国。一般认为,非犯罪化运动在世界的真正兴起始于1957年英国下院议员沃尔芬登领导的"同性恋与卖淫委员会"所发表的沃尔芬登报告。该报告认为:"同性恋是当事人在相互同意状况下,所发生的私人同性恋行为,不应科处刑罚。法律的目的纵使是维持公共秩序及美德,然而除非基于社会要求为了弥平犯罪,保护个人免受非法侵害及避免堕落和腐化,才能借由法律的规定来达到此目的;至于属于私人道德与不道德问题,并非法律的事务。"③此报告在英国引起了激烈的争论。但基于该报告的建议,英国通过《1967年性犯罪法》,将年满18周岁且双方同意的私下同性恋行为予以了除罪化。④ 沃尔芬登报告的影响力也波及美国。1962年美国法学会起草的《模范刑法典》中将同性恋、卖淫及通奸行为除罪化了。1967年美国总统执法与司法委员会在《自由社会中的犯罪挑战》报告中提出对部分少年犯罪除罪化而采取所谓"转向处分"来加以处置。随后联邦和部分州陆续对公然酗酒、卖淫、堕胎实行了除罪化甚至合法化。美国的非犯罪化运动反过来深刻地影响了欧洲大陆的刑法改革,尤其表现在对性刑法的修正上。

发端于英美的非犯罪化运动是法律与道德关系论争的后果之一,它与是否使

---

① 许福生:《犯罪与刑事政策学》,中国台湾元照出版社2010年版,第80~81页。

② [德]克劳斯·罗克辛:《对批判立法之法益概念的检视》,陈璇译,载《法学评论》2015年第1期。

③ 许福生:《犯罪与刑事政策学》,中国台湾元照出版社2010年版,第78页。

④ 谢望原主译:《英国刑事制定法精要》,中国人民公安大学出版社2003年版,第220页。

用法益概念,尤其是自由主义的法益概念确实没有直接联系。当然,能否认为其与法益理论暗合,这可能就是仁者见仁智者见智的问题了。在哈特与德夫林那场关于法律与道德关系的著名论战中,"危害原则"(harm principle,也被译为损害原则、危害性原则等)被反复提及。哈特赞成密尔的观点,"在文明世界中,强力(power)能够正当地适用于一个文明了的社会的任何成员的唯一目的,就是防止对他人造成伤害"①。

危害原则与法益理论的内涵、外延都不一致。危害原则的全称是"危害他人原则",即认为"刑事立法可以有效防止(消除、减少)对行为人(实施禁止行为的那个人)之外的其他人的损害"②。危害原则强调的是危害他人,法律家长主义不在危害原则涵盖范围之内。而法益保护原则则没有"他人"的限制,自我损害亦可包含在内。

不过,也有英美法系的学者认为:"如果把对于'损害原则'的核心概念——损失,定义为损害一种资源,对于这种资源他人有某种请求权或者一种权利,那么,由此也就规定了德国讨论中的核心概念——'法益'的组成部分,二者具有很大的相似性。"③"盎格鲁撒克逊刑法所提出的'损害原则'(harm principle)——即把刑法的制裁仅限定在制造损害的举动方式上——与法益保护原则具有相似之处。"④如果基于这种立场,也可以认为英美法中的非犯罪化运动发挥作用的理论依据类似于德国的法益理论。

不过,此处仍然残留几点疑问。第一,立法上的变革是因为某种理论发挥了作用,还是因为社会状况发生了深刻变化?历来就有学者认为,之所以出现这种立法上的变革,不是因为批判立法的法益概念获得了承认,而是因为在同性恋行为是否当罚的问题上,公众的观念发生了变化。⑤ 虽然罗克辛教授并不认可此批评意见,但它却是一个值得深思的好问题。以我国为例,清末修律时围绕"无夫奸"应否入律,礼派与法派互相辩驳,各不相让,其背景与实质在于应否淡化法律的道德性。1979 年刑法制定后,随着改革开放的深入,学界开始关注国外的非犯罪化运动。但其介绍的角度仍集中在法律与道德的关系问题上,早期的学者甚至

---

① [英]H.L.A. 哈特:《法律、自由与道德》,支振锋译,法律出版社 2006 年版,第 5 页。

② [美]乔尔·范伯格:《刑法的道德界限》第 1 卷,方泉译,商务印书馆 2013 年版,第 28 页。

③ [英]安德鲁·冯·赫尔希:《法益概念与"损害原则"》,樊文译,载陈兴良主编:《刑事法评论》第 24 卷,第 194 页。

④ [德]克劳斯·罗克辛:《对批判立法之法益概念的检视》,陈璇译,载《法学评论》2015 年第 1 期。

⑤ [德]克劳斯·罗克辛:《对批判立法之法益概念的检视》,陈璇译,载《法学评论》2015 年第 1 期。

认为"非犯罪化是资本主义社会道德堕落的最明显、最深刻、最实质的体现……当代资本主义道德败坏由于有了非犯罪化的推进,就不仅是社会过程中无意的结果,而且也是资产阶级利用法律有意强制其败坏的结果,完全可以说明:非犯罪化的趋势,就是一个强化了的非道德化趋势"①。这种观点体现出浓厚的时代色彩。此后,部分学者在关注刑法与道德的关系问题的同时,也关注到犯罪相对性的观念、刑法的不完整性观念、刑法经济观念、刑法手段的最后性观念等刑法谦抑性原则内容,但都未涉及法益保护原则。② 及至现行刑法修订时,法益概念在我国仍属于陌生的舶来品。③ 可以认为,当时刑法罪名的增减与"刑法应当保护法益"的认识无关。

第二,即便认为立法的变革受到法益理论或者危害原则的影响,那么充其量也只能认为这些理论机缘巧合地在某些罪名领域发挥了作用,或者说立法者为己所用地剪切了理论的某些部分。因为如果遵循法益理论或者危害原则的逻辑,各国立法中还有大量的犯罪应当被除罪化,但立法者并没有这么做,公众也基本支持立法者的选择。例如,毒品犯罪。哈森默认为,刑法上关于毒品犯罪的规定,表面上看保护的是公共健康,但将侵犯这种法益的行为犯罪化实际上是一种家长主义的作风,没有考虑到那些没有参与其中的个人。罗克辛也认为,国民健康是个"虚构的"保护对象,只是用来掩盖刑法保护的是国家多个个体成员而已,但是,这些多个个体成员的健康只有在其实施故意的自伤行为时才能被犯罪化。④ 这种理解恐怕无论如何也不会被中华民族所接受。

第三,法益理论或者危害原则发挥除罪化作用的前提是法益或危害本身被实体化理解。而一旦这一前提不复存在,就会出现伯纳德·哈考特(Bernard Harcourt)教授所说的"危害性原则的崩溃"或者大陆法系所广泛讨论的法益理论的危机。

(二)无法承受的现实之重

当我们将目光拉回今日之世界,或许只能面对残酷的现实:主张法益具有立法规制机能的观点只不过是刑法学理论的一厢情愿,它除表达批判的姿态外难以产生实际的效用。

---

① 敬大力:《资本主义社会道德堕落的新阶段——非犯罪化》,载《吉林大学社会科学学报》1984 年第 3 期。

② 黎宏、王龙:《论非犯罪化》,载《中南政法学院学报》1991 年第 2 期。

③ 张明楷:《法益初论》,中国政法大学出版社 2000 年版,第 1~5 页。

④ 转引自王永茜:《论集体法益的刑法保护》,载《环球法律评论》2013 年第 4 期。

1.法益之立法规制机能缺乏法律依据

对于一个现代国家而言,宪法及宪法性法律都会对公民的权利与义务、国家机关的产生程序与权力范围做出明确的规定。立法机关自然应受到宪法所规定的基本原则约束,除此之外,很难再设想存在其他制约立法者权力的因素。正因如此,德国联邦宪法法院在2008年的"乱伦案判决"中,"多数法官在第39行及以下解释道:'对所追求的目标,由于宪法的原因,刑法规范不会被逾越比该目标要求更严格的限制。需要特别指出的是,这些要求也无法从刑法法益理论中找到。甚至对法益概念本身也没有统一的意见。'"①德国联邦最高法院在2014年5月8日的判决中也指出:"基于刑法规范所追求的目标以及宪法上的原因,刑法规范并没有被以超越比例原则为基础更严格要求的限制,这些目标从刑法法益理论中并不能引导出来。"②

法益概念在德国尚属法定概念,德国刑法典中明确将"法益"作为刑法术语加以规定。③ 但"能否从《德国基本法》中推导出清晰明确的刑法法益,相当可疑"④。德国宪法法院因而认为,立法者并不受刑法上法益理论的限制。而在我国,法益概念仅是一个理论概念,中国宪法乃至各部门法从未有只言片语规定过"法益"这个概念。因此,指望立法机关接受法益保护这一原则的约束更于法无据。更何况,我国宪法规定的内容有些明显涉及道德问题。例如,《宪法》(2004年修正)第24条规定:"国家通过普及理想教育、道德教育、文化教育、纪律和法制教育,通过在城乡不同范围的群众中制定和执行各种守则、公约,加强社会主义精神文明的建设。国家提倡爱祖国、爱人民、爱劳动、爱科学、爱社会主义的公德,在人民中进行爱国主义、集体主义和国际主义、共产主义的教育,进行辩证唯物主义和历史唯物主义的教育,反对资本主义的、封建主义的和其他的腐朽思想。"这些规定与刑法理论法益的范畴完全不吻合,能否从我国宪法中推导出清晰明确的刑法法益,较德国而言更加可疑。

事实上,我国的宪法规定,国家尊重和保障人权。《立法法》规定:"立法应当体现人民的意志,发扬社会主义民主,坚持立法公开,保障人民通过多种途径参与

① ［德］阿敏·库宾希尔:《通过宪法振兴实质的法益理论?》,马寅翔译,载赵秉志等编:《当代德国刑事法研究》第1卷,法律出版社2017年版,第203页。

② ［德］阿敏·库宾希尔:《通过宪法振兴实质的法益理论?》,马寅翔译,载赵秉志等编:《当代德国刑事法研究》第1卷,法律出版社2017年版,第207页。

③ 参见德国刑法第6条、第34条等。

④ ［德］埃里克·希尔根多夫:《德国刑法学:从传统到现代》,江溯等译,北京大学出版社2015年版,第234页。

立法活动。""立法应当从实际出发,适应经济社会发展和全面深化改革的要求,科学合理地规定公民、法人和其他组织的权利与义务、国家机关的权力与责任。法律规范应当明确、具体,具有针对性和可执行性。"这些规定足以构成对立法机关的制约与限制,而不必拘泥于法益理论。

以法益理论来约束立法的思想,其理论前提是存在置于立法者之上的法益。即某个特定法益及其面临的危险早在立法者之前就已存在。但问题在于,"立法者在经过判断之后,将某些利益通过(刑事)法律保护起来,而这些利益就上升到(刑法)法益的高度。法益并非与立法者相联系,相反,应与立法行动相联系。这一决定性问题使得限定刑罚界限的法益概念至今无法令人信服。……不能因为人们假想中先于立法者存在的法益,或是凌驾于立法者之上的存在所'承认'的法益,来限制立法者的这一权限。相反,如果是并且只要是……排除了预先实现先某一特定目的的可能性,立法者只受……宪法本身的约束"①。

以法益理论来制约刑事立法,表露的是一种对立法者的根本性不信任。"即如果不想刑法陷入混乱,就不应完全任由立法者去做出是否运用刑罚手段的决定。对立法者的怀疑导致的后果是,尽管有宪法的约束,人们还是从刑法出发来寻求和维护独立的界限,并且或多或少地表达出对约束力的强烈要求。一个举止必须具备什么性质,国家才有权对其设置刑罚,这不应当仅仅掌握在立法者的手中,而是应当根据实质性的标准来决定,这些标准先于立法者而存在,并在任何情况下都从一开始就对刑法的运用划定了边界。"②可是,一个现代国家的宪法原本就是为了给国家权力划下边界而存在。主张以刑法的某一理论而不是宪法的规定或宪法的共通理论来对立法机关进行限制的构想,明显不妥。换言之,如果一个国家的宪法性规定仍不能阻止立法者制定不合理之犯罪与刑罚规定,法益理论就更不可能对立法者形成约束。

2.法益立法规制机能缺乏理论支撑

如前所述,如果要保持法益的立法规制机能,就必须坚持实体性的法益概念,由此才有充分的理论依据去批判立法设置的某项罪名缺乏法益或者法益过于抽象。但立法不由教授们的学说所限定。"对立法者产生约束性限制作用的,不可能是教授们的观点,而只能是宪法。""认为立法者在法律上有义务只处罚损害法益的举动,这种想法如果无法解释成令人信服的宪法上的论据,而这一点确实并

---

① [德]埃里克·希尔根多夫:《德国刑法学:从传统到现代》,江溯等译,北京大学出版社2015年版,第232页。

② [德]伊沃·阿佩尔:《通过刑法进行法益保护?——以宪法为视角的评注》,载赵秉志等编:《当代德国刑事法研究》第1卷,法律出版社2017年版,第58页。

不明显,那它就不符合民主体制下立法者的行动自由。"①在各种刑事新设罪名不断增加,其效力无从通过违宪审查等法律机制加以否定的背景下,刑法学界的主流观念其实转向了进一步扩充法益概念的内涵与外延,使每一个罪名至少从形式上看起来是侵害某一种法益的。例如,近年来各国的刑事立法陆陆续续地将诸如"社会生活的平稳""环境""竞争秩序""人的尊严"等都称为法益。立法和理论上经典的表述就变成"×××这种利益是现代社会中特别重要的利益,所以对它进行侵害或使之危殆化的场合,使用刑事处罚这副猛药就是正当的"②。然而,众所周知,这只不过是为法益立法规制机能披上一层遮羞布罢了。

为了避免法益的立法规制机能空洞化,罗克辛教授曾经提出法益原则具体化的九条准则:恣意的、纯粹建立在意识形态之上的刑法条文,或者违反基本权利的刑法条文所保护的绝不是法益;不道德的或者值得谴责的举动本身,还不能作为认定成立法益侵害的根据;侵犯自身人格尊严的行为,并不属于法益侵害;只有在因为胁迫而产生了现实的恐惧时,我们才能认为,对感情的保护是对某种法益的保护;对他人有意识的自陷风险予以协助或者支持的行为,并没有侵犯(他人的)法益;在绝大多数情况下,象征性的刑法规范不具有法益保护的功能;禁忌并非法益;若保护的对象抽象得无法让人把握,则该对象也不能被看作法益。③ 我国张明楷教授也提出:"(1)不能将单纯违反伦理的行为规定为犯罪。(2)对于没有被害人或者自己是被害人,也没有侵犯可以还原为个人法益的国家法益或者社会法益(超个人法益)的行为,不得规定为犯罪。(3)对于参与处分权的自我损害行为,不能规定为犯罪。(4)对于单纯有损某个国家机关的权威性,但并没有侵犯相关法益的行为,不得规定为犯罪。"④

不过,我们仔细分析罗克辛教授的九条准则可以发现,有些是纯粹法与道德关系问题,与是否使用法益理论无关;有的是违反宪法的行为,当然应认为无效;有的则根本不可能得出统一的结论(如:若保护的对象抽象得无法让人把握,则该对象也不能被看作法益。但能否把握,完全取决于解释者的认识);有的因国而异,明显是国民意识问题而非利益有无问题(对他人有意识的自陷风险予以协助

① [德]克劳斯·罗克辛:《对批判立法之法益概念的检视》,陈璇译,载《法学评论》2015年第1期。
② [日]上田正和:《保护法益论(Rechtsgutstheorie)的前途与展望》,载《大宫法学评论》2011年第7号。
③ [德]克劳斯·罗克辛:《对批判立法之法益概念的检视》,陈璇译,载《法学评论》2015年第1期。
④ 张明楷:《刑法学》(上),法律出版社2016年版,第64-65页。

或者支持的行为,是否侵犯法益,我国、日本等很多国家做出了肯定的回答,而德国则持否定意见)。张明楷教授的观点也存在同样的问题。比如,聚众淫乱行为是不是单纯违反伦理的行为,这可能因人而异,因国而异;赌博行为是否属于自己就是被害人的行为,角度不同也可能得出不同结论。单纯有损某个国家机关的权威性的行为,张明楷教授所列举的非法采伐行为,是解释学而非立法学的事例。

就某些具体罪名而言,如德国刑法中的亲属相奸罪,罗克辛等持法益保护说的学者认为它缺乏具体法益因而违宪。但也有的法益保护论者认为可以借助家庭的构造这一法益,来说明处罚亲属相奸罪的合理性。可见,这只是个解释角度的问题。如果认为罗克辛的观点更有利于发挥法益的立法规制机能,那么他对于德国刑法虐待动物罪的解释则明显出现解释思路上的不一致。对于虐待动物罪的保护法益,德国也有法益保护论者认为是"合法的感情",即可罚的虐待动物的行为都会产生"令人不适的感情"。但罗克辛认为,禁止虐待动物的命令首要的并不是想照顾我们的感情,而是想使动物免受不必要的痛苦。因此,其法益是人不给它们造成痛苦。可是,这种对法益的解读,既偏离人本主义的法益观,事实上也不过就是为了解释法益而解读法益。

我国学者同样对法益的立法规制机能充满期待,并以此对多次刑法修正提出疑问。例如,有学者以醉酒驾驶为例认为《刑法修正案(八)》体现的是立法浪漫主义思维[1];有学者认为"近年来,随着社会转型的加快,风险社会观盛行,我国的刑事立法与司法解释都在加快步伐以适应不断变化的社会环境,对此,需要发挥法益的立法批判功能,对立法条文进行价值评析",并进而认为,"从刑事立法看,有些条文变化有过度回应社会民意和政策诉求的嫌疑,比如,危险驾驶罪中的超载与超速入刑,准备实施恐怖活动罪的厘定,扰乱国家机关秩序罪的医闹与上访入罪,虐待被监护人员、看管人员罪的立法规定等"[2];有学者认为,"若保护的对象抽象得无法让人把握,则该对象也不能被看作法益。例如,将无法还原为具体法益的社会秩序、工作秩序、社会心理秩序等作为保护法益,必然导致处罚范围的不确定。就此而言,近几年来的刑事立法也值得商榷。例如,《刑法》第286条之一第1款增设的拒不履行信息网络安全管理义务罪,包括"致使违法信息大量传播"和"致使刑事案件证据灭失"等行为类型。可是,如果为了防止违法信息大量传播,就会删除这些信息;而一旦删除这些信息,又可能致使刑事案件证据灭失。

---

[1] 付立庆:《刑法修正案八中的浪漫主义思维——以醉酒驾驶入罪为切入的反思》,载《云南大学学报》(法学版)2011年第5期。

[2] 赵运峰:《刑法法益的认识定位与功能分析——兼论法益分析对以刑制罪的影响》,载《北方法学》2017年第1期。

具有行为规范作用的刑法不应当让行为主体左右为难。

"刑法之所以存在这样的规定,也是因为将抽象的网络安全作为保护法益。再如,《刑法》第287条之一第1款规定的非法利用信息网络罪,包括发布各种犯罪与一般违法信息的行为,导致发布有关销售毒品、枪支的犯罪信息与销售其他管制物品信息的行为,受到相同的处罚。形成这种罪刑不均衡局面的实质原因,在于本法条将信息网络的正当利用这一过于抽象的法益当作本罪的保护法益。"①

但是,其一,立法者立法时必然着重于整体性思维,考量某一行为对社会整体的危害程度,而不会思考其具体侵犯的是某一个人的利益。能否或者是否应当将其还原成具体法益,这是解释学的任务,不是立法学的任务。刑法学界不应简单粗暴地批判某一立法没有保护法益。

其二,立法者所创设的罪名,即便从刑法法益保护的角度分析,也一定可以认为存在某一种意义上的法益侵害。"正是立法者通过自己的立法活动使社会利益上升为法益……利益之所以成为法益,正是通过立法者的决定而实现的。"②当然,立法者所创设的法益可能是整体性法益,也可能这种法益侵害较为抽象或者遥远。整体性法益问题将在后文中专门论述,在此不赘。至于法益抽象化的问题,既然法益概念原本就已经精神化,又有什么立场来指责立法针对的法益抽象呢?法益保护早期化的问题,则往往是谦抑性或比例性的问题,并非没有保护法益。举例而言,并非所有国家都作为犯罪处罚的聚众淫乱罪,究竟有无保护法益?德国学者或许认为没有,而我国学者哪怕是持法益保护说的学者也基本会持肯定态度,只是具体认识不尽相同。如有的认为侵害的是"社会风化",也有的认为"本罪所保护的只能是一种众人不得在一起聚众淫乱的性风俗"。还有的认为是"性行为非公开化的社会秩序"。但这些理解一方面说明法益的立法批判功能是非常流动和相对性的;另一方面则基本是个解释问题而非立法批判问题。

其三,立法是严肃的国家工作,其效果如何往往需要时间检验,不宜以个人长期形成的思维定式来急于批判立法。刑法学强调刑法的谦抑性,那么批判立法也应该谦抑,先等一等,看一看,何必急于表态? 例如,醉酒驾驶入罪的问题,经过时间的检验,其效果日益体现,也得到多数民众的肯定,其衍生出的问题基本限于执行方法层面。批判立法浪漫的学者或许是因为自身对于严峻的交通事故态势过

---

① 张明楷:《法益保护与比例原则》,载《中国社会科学》2017年第7期。
② [德]埃里克·希尔根多夫:《德国刑法学:从传统到现代》,江溯等译,北京大学出版社2015年版,第174页。

于乐观浪漫了。何况，相对于发达国家普遍将酒驾入刑，我国的交通犯罪立法已经足够自制和循序渐进了。又如，拒不履行信息网络安全管理义务罪的致使违法信息大量传播和致使刑事案件证据灭失等行为类型，是否自相矛盾的问题，跟保护法益是否抽象并无关系。论者所说"为了防止违法信息大量传播，就会删除这些信息；而一旦删除这些信息，又可能致使刑事案件证据灭失。具有行为规范作用的刑法不应当让行为主体左右为难"，其实只是误解。因为删除违法信息，只是让公众无法再看到这些信息，并不意味着后台无法保留这些证据。这个问题对于网络服务商而言只是非常简单的技术流程而已。非法利用信息网络罪是否存在罪刑不均衡，也只是罪责刑相适应的问题，不是有无法益和法益保护早晚的问题。

既然法益理论并不能实际承担起法益批判机能，那么是否意味着立法者在立法时拥有无限的权力可以随意制定任何罪名呢？这个问题的答案对于现代法治国家而言几乎是不言自明的，谁也不会怀疑立法者同样是戴着镣铐跳舞。但指望法益保护原则成为这一镣铐，则只能是自欺欺人了。刑法理论可以借助宪法学以及其他公法学上的相关理论来展开对立法规制问题的探讨，而没有必要将这一功能强加给法益理论。迄今为止，学者已经展开不少有意义的讨论，如思考比例性对刑事立法的适用①，或者认为"单个法益概念担当不起恰当犯罪化的理论任务"，因此还需要进一步考虑，是否可能还有其他的"法益概念之外的犯罪化理由"。如对他人的侵扰原则、温情主义原则（保护免于自我行为的后果）以及最后的法律道德主义原则等。②

如何规制刑事立法是一个重大课题，笔者无力在本文中做全面展开，但至少可以形成以下结论。

其一，刑法学在探讨法益理论时贡献了非常有益的一些观点，但这些观点并非只能依据法益理论才能推演出来。事实上，它和法律与道德的讨论、危害原则、比例性原则、刑法谦抑性原则等得出的结论完全一致。这就意味着我们无须借助法益保护理论这一刑法学的概念来探讨刑事立法问题，而可以基于包含度更广的宪法性理论来加以探讨，这也更有利于被立法者所承认和接纳。

其二，认可法益立法规制机能的学者都表现出将法益理论作为规制刑事立法的帝王理论的倾向。但是，这显然是对法益理论的过高评价。对立法的评估，是

---

① 参见陈晓明：《刑法上比例原则应用之探讨》，载《法治研究》2012年第9期；姜涛：《追寻理性的罪刑模式：把比例原则植入刑法理论》，载《法律科学》2013年第1期；于改之、吕小红：《比例原则的刑法适用及其展开》，载《现代法学》2018年第4期，等等。

② ［英］安德鲁·冯·赫尔希：《法益概念与"损害原则"》，樊文译，载陈兴良主编：《刑事法评论》第24卷，第194页。

一个复杂的工程,不是法益理论这种单一视角能解决的。"近年来,我国刑法立法的活跃化已充分显示出刑法干预性与工具性的增强。在这种情况下,如何最大限度地避免出现象征性立法就成为重要的立法课题。为此,应着重注意进行以下几个方面的考察:第一,前置立法效果的科学评估。从某种意义上讲,罪名的增设或刑法介入时点的提前基本源于立法者和民众对民法、经济法,尤其是行政法等前置立法效果的失望。但前置立法效果不彰的原因多样……对此,应仔细鉴别,不能仅以现实结果反证立法威慑力的不足。原则上,应优先评估短期内提升前置立法效果的可能性与可行性。只有当前置手段在具备充足的保障条件下仍然无法遏制某种行为的泛滥时,或者前置立法在可预见的期间内无法通过行政部门的努力而提升实际效果时,才可以考虑刑法的介入。第二,罪名设置存在空间的考量。在法律制裁体系的链条中,将某种行为犯罪化一定要考虑其是否有存在的空间。……第三,社会公众犯罪化诉求的理性过滤。……第四,刑法立法'实效性'与'妥当性'的鉴别。"①

　　其三,法益概念包摄力不断扩展的现状已然使其无力承担立法规制功能。"即使是罗克辛,充其量也只是坚持批判的姿态,因为德国刑事制定法中所有的犯罪都通过他的法益标准的检验,没有哪个条款因为未保护法益而被认为不正当,不符合罗克辛法益标准的制定法或者政策,要不就是虚构的,要不就是已经废除的。"②正因如此,有些力主法益立法批判功能的学者也不得不承认,"即使认为不能援引法益概念来限制立法者的权限,罪刑规范所追求的目的无法从刑法上的法益理论中推导出来,但仍然存在保护法益的问题"③。这个论述当然是可以被接受的。因为刑法学界除纯粹一元的规范违反说论者之外,都不否认法益概念本身的解释学重要性。

　　其四,学者们提出宪法性法益概念,其目的固然重在批判刑事立法,但一方面宪法性法益概念,也只是说明某种行为如果没有侵害法益就不应被刑法纳入犯罪范畴,而无法说明有法益侵害性的某种行为是否应被刑法纳入犯罪范畴。"宪法仅说明了什么不能成为法益,却没有积极地确定什么能够被提升到法益的行列。在宪法积极地认可特定对象的场合,这种认可也不是从刑法的视角做出的……即便是在宪法积极认可一项财富的场合,无论如何也不意味着立法者有义务以刑法

①　程红:《象征性刑法及其规避》,载《法商研究》2017年第6期。
②　劳东燕:《风险社会中的刑法》,北京大学出版社2015年版,第43页。
③　张明楷:《法益保护与比例原则》,载《中国社会科学》2017年第7期。

手段保护这项财富。"①例如,醉酒驾驶在我国已经属于犯罪,而酒后驾驶并未入罪,向驾驶员销售酒品或与醉酒者同乘也未入罪,后面这些行为并非没有侵害到某种具体利益,不少发达国家将其纳入犯罪圈范畴就可见一斑。可见,在法益理论之外,一定存在制约刑事立法的因素。例如,社会对于某一类行为的容忍度高低、一个国家监管设施与人员的实际能力等。另一方面,如果过于注重宪法性法益概念的立法规制或者批判功能,可能并不利于有效地探讨具体的刑法解释问题。因为它必然导致以批判立法的法益概念来解释现行法的刑法规定,从而随意增减刑法所规定的构成要件,模糊立法者和司法者的角色界限。② 事实上,采用宪法性法益概念,也可以完全致力于其解释规制机能。立法的规定重在树立某种行为规范,其保护法益是什么,如何对之进行解读,不是立法者关心的事情。解释者也不应将研究重心放在批判立法不符合法益理论,而应侧重在行为具体要件的解读上,使每个个罪的法益及构成要件符合宪法和刑法的规定。

三、法益解释规制机能:祛理想化

与颇具争议的法益立法规制机能相比,法益具有解释现行法的机能在刑法学上甚少受到质疑。不过,如何发挥刑法的解释机能,尤其是在一些牵涉集体法益,涉及罪与非罪界限的问题上,则存在着明显的观点对立。

对于集体法益,不同文献的表述有整体法益、超个人法益、公共法益、社会法益等。这些概念是否存在差异? 我国学者多认为其含义相同,即立足于传统的法益三分法(个人法益、社会法益和国家法益)理论,将其视为社会法益或者国家法益的一种,并主张在解释学上将其还原成个人法益加以理解。③ "虽然法益包括个人法益、社会法益与国家法益(公法益),但是,社会不是独立于个人之外的实体,而是个人的利益与行为的各种过程与作用的总和,终究是由个人的利益与行动支撑的,因而并不存在超越个人的'社会'利益与价值。国家是保护个人基本权利的机构,也不存在自身的利益。……因此,只有当某种公法益与个人法益具有同质性,能够分解成或者还原成个人法益,是促进人类发展的条件且具有重要价值时,才是值得刑法保护的法益。"④国外学者则往往认为,与近代刑法中的社会法益不同,现代刑法中的公共法益,是为了保护诸如社会本身或"生态多元化"这

---

① [德]克努特·阿梅隆:《法益侵害与社会损害性》,吕翰岳译,载《中德法学论坛》(第14辑)(下卷),法律出版社2018年版,第16页。
② 高巍:《刑法教义学视野下法益原则的畛域》,载《法学》2018年第4期。
③ 孙国祥:《集体法益的刑法保护及其边界》,载《法学研究》2018年第6期。
④ 张明楷:《宪法与刑法的循环解释》,载《法学评论》2019年第1期。

种环境体制、"自由经济秩序"这种经济体制,具有独立的性质。这些法益不能还原于不特定多数人的个人利益,这些体制本身就是受到刑法保护的具有社会价值的东西。因此,在德国,有学者将不能被传统的国家、社会法益所必然包含的现代社会中复杂的社会利益称为"普遍法益"。这种"普遍法益"以保护社会体制或者对体制的信赖为基调,相对于保护个人财产更侧重于保护资本市场免受破坏,相对于防止个人身体侵害更侧重于保护国民健康免遭危殆。①

由此可见,现在国外刑法理论所探讨的公共法益的问题,或许未必就能直接等于传统刑法理论上的国家、社会法益,这个问题值得进一步思考。本部分目前暂且采用同义说,即在同一含义上论述这些概念。

集体法益能否都还原成个人法益? 这是一个待解决的问题,而不是必然的结论。例如,德国刑法学存在法益一元论和二元论之争。一元论的代表如米歇尔·马克斯认为,集体法益其实是个人法益的衍生,集体法益的本质也是个人法益,集体法益只具有"传导出来的机能"。二元论的代表如克劳斯·梯德曼则认为个人法益与集体法益视为质量不同的两个种类,经济刑法体系或者其他刑法体系可以独立于个人法益所形成的刑法体系,因此可以将经济法益(集体法益)予以抽象化,并且将经济秩序的维护与保护列为刑法的另一"自我目的"②。有学者认为,一元论和二元论之争本质上是古典刑法和现代刑法之争。在古典刑法中,法益在市民社会中创立,也以保护个人自由为己任;而现代刑法,除了保护个人法益,刑法还要保护集体法益,还体现了刑法的秩序建构功能和安全塑造功能,并维护国民对该制度体系的信赖。在此基础上,集体法益在现代刑法的发展中获得了独立于个人法益的地位。由古典刑法向现代刑法的演变是不可阻挡的法治潮流,现代刑法也与二元论深深契合。③ 因为"欲以 19 世纪的刑法手段来制裁 21 世纪的犯罪,如果没有事先对后现代社会的重要基础加以改革,保护法益实际上的实现可能性看起来是不可能的,从而保护法益目前应该被理解成一个具体的乌托邦"④。

笔者赞成部分情况下集体法益是可以还原成个人法益的。不过,如果认为所有的集体法益都可以还原成个人法益,那无疑是对刑法的规定做了为我所用的裁

---

① ［日］曾根威彦:《刑事违法论的展开》,成文堂 2013 年版,第 31 页。

② 陈志龙:《法益与刑事立法》,作者 1997 年自版,第 136-145 页。

③ 马春晓:《使用他人许可证经营烟草的法教义学分析——以集体法益为进路》,载《政治与法律》2016 年第 9 期。

④ ［德］许逎曼:《从下层阶级刑法到上层阶级刑法在道德要求中一种具示范作用的转变》,陈志辉译,载《法治国刑事立法与司法——洪增福律师八十五寿辰祝贺论文集》,成阳印刷股份有限公司 1999 年版,第 30-32 页。

剪。国家、社会固然源于个体，也为了个体福祉而存在，但这和国家法益、社会法益是否都可以还原成个人法益不是一回事。尤其是随着现代社会的发展，刑法除保护个人法益之外，还需要承担秩序建构功能和安全塑造功能，并维护国民对该制度体系的信赖。集体法益的独立地位已不可否认。德国法兰克福学派所主张的，除对个人法益（如生命、人类身体发肤的保全以及自由）的保护以外，刑法在其他方面的正当性都应受到质疑的观点，基本只能视为一个乌托邦。"他们倡导一个'传统'的法治国刑法，但这也正是其受到批判之处，因为刑法从未以这样的形式存在过。"①

例如，即便标榜以"个人保全"作为正当化依据的德国正当防卫制度，也不得不认可：当现实的国家利益受到直接威胁，而主管机关在特定场合又无法保护这一国家利益时，为了保护作为主权象征的国家法益，也可以进行正当防卫。② 这事实上就是肯定为了保护公法益所进行的正当防卫。正当防卫制度尚且如此，其他刑法制度就更毋庸置疑了。

又如，环境犯罪多具有累积犯的特征。"对于许多活在今天的人而言，环境保护是无关紧要的，但对整个社会的持续发展来说显然并不是这样。"③大量的科学实证研究数据表明，环境风险的存在尽管对当下人类并未构成现实侵害，但环境风险所显现的特点决定了它已经对未来人类的生命、健康与公共财产等利益构成严重威胁，并且如果任由环境风险不断发展，现在的威胁终将演变成未来的实害。因此，"未来人类"即"子孙后代"被主流刑法观点认为应纳入环境刑法所保护的法益主体的范围。④ 如有学者指出，环境法益"最终必须与人的法益具有关联性，不能还原为人的生命、身体、健康、自由、财产的环境法益，必须从生态学的人类中心的法益论中予以排除"⑤。然而，既然环境犯罪的刑事立法与"未来人类"相关联，"未来人类"又并非现实存在，因此认为这种公共法益也都可以还原成个人法益，无异于对"未来人类"的生命以及身体生理机能的侵害进行评价。在侵害主体尚未现实存在的情况下，这种理解其实根本性地颠覆了法益的概念。

再如，我国某科技工作者擅自进行以生殖为目的的人类胚胎基因编辑活动，

① ［德］埃里克·希尔根多夫：《德国刑法学：从传统到现代》，江溯等译，北京大学出版社2015年版，第174页。

② ［德］乌尔斯·金德霍伊泽尔：《刑法总论教科书》，蔡桂生译，北京大学出版社2015年版，第162页。

③ ［德］京特·雅各布斯：《保护法益——论刑法的合法性》，赵书鸿译，载赵秉志等编：《当代德国刑事法研究》第1卷，法律出版社2017年版，第13页。

④ ［日］长井园：《环境刑法的基础、未来世代法益》，载《神奈川法学》2000年第2期。

⑤ 张明楷：《污染环境罪的争议问题》，载《法学评论》2018年第2期。

最终有 2 名志愿者怀孕,其中 1 名已生下双胞胎女婴"露露""娜娜",另 1 名在怀孕中,在国内外造成恶劣影响,从而导致生物技术的刑法规制问题再次被公众所关注。事实上,不少国家已有相关立法。如日本的克隆技术规制法第 1 条规定:本法的目的在于,通过限制利用操作人或者动物胚胎或者生殖细胞技术之中的克隆技术及其他一定技术(以下称"克隆技术等")等造出特定的人或具有相同基因构造的人(以下称"克隆人个体")或者人或动物两者不明的个体(以下称"杂交个体"),及人为生成与此类似的个体,来阻止对保持"人的尊严",确保人的生命及身体安全及维持社会秩序(以下称"保持人的尊严等")产生重大影响的可能性,并在禁止将利用克隆技术或特定融合、集合技术做成的胚胎移植入人或动物胚胎之内的同时,规制做成、受让及进口利用克隆技术所作的胚胎,并为确保适当处理胚胎而采取对策。力图防止生成克隆人个体及杂交个体并规制人为生成的与此类似的个体,使科学的发展更加与社会及国民生活相协调。该法第 16 条规定对于利用克隆技术生成"克隆人个体及杂交个体",侵害"人的尊严"的处以"10 年以下徒刑或者 1000 万日元以下的罚款,并可合并处罚"①。该罪名的法益是"人的尊严",这显然指的是人类作为一个种族的尊严,而非可还原的某个个人的尊严。否则,某人与生物科技工作者合作,自愿克隆出另一个自己,就会因为没有侵害到法益而不能做犯罪处理,这种罪名的解读方式显然不会被认可。

更重要的问题是,刑法规定社会法益和国家法益的犯罪的目的往往在于维护某一种制度或者秩序。虽然我们可以认为这种制度和秩序的构建最终是为了每个国民的生活利益,但它与国民具体利益之间的连接是非常间接与曲折的,是经过多次提炼与抽象的结果。如果一味主张将集体法益还原成个人法益,那本质上还是在否定集体法益的价值,而仅将其视为个人法益的累积。例如,刑法对非法经营罪的规定,本质上是在维护市场经济秩序。我们当然可以认为一个健全的市场经济秩序最终有利于每一个市场参与者的利益,但立法绝非着眼于个人利益而设置这类犯罪,否则就直接安置在侵犯个人利益的犯罪之中了。比如,未经许可经营专营专卖物品如烟草的行为,无论将其法益理解为"市场秩序""市场经营和管理秩序"还是"市场准入秩序""国家特许经营制度",都很难认为它侵犯哪一个具体的个人的利益。正因如此,有的学者认为,"烟草制品虽然是专卖物品,但即使未经许可而经营的,也不会对公众的法益造成任何威胁,只要'责令停止经营烟草制品零售业务,没收违法所得,并处罚款'(《烟草专卖法》第 32 条),就足以达到行政法的目的。因为未经允许经营烟草制品,无非是为了营利或者为了省事

---

① 程红:《人体实验的刑法学分析》,载《中外法学》2010 年第 6 期。

（不办理行政许可），而没收违法所得并处罚款，就足以抑止这类行为。即使不能完全抑止，也没有必要动用刑罚。"①这已经是在行使法益的立法规制机能了，其难以如愿已如前述。关键的问题是，应否用刑罚的手段来处罚非法经营烟草数额巨大、情节严重的行为，其关涉国家的经济运行模式和人民的整体利益，因而必然仰仗于刑法的保障功能。而按照论者的逻辑，现实发生的非法经营烟草的行为都可以认为没有侵犯到具体公民的利益，无论具体情况如何都不以犯罪论处，这种看法未免脱离实际，也有悖于人民的整体意志。

那么，在刑法解释学上如何确定此类个罪的保护法益呢？笔者主张原则上还是应该将其认定为集体法益，即承认某种制度或者秩序是该类犯罪的保护法益。

例如，生产、销售假药罪的保护法益还是应理解为药品管理秩序这种公法益，而不应径直将其理解为对个人或公众生命、健康权的保护。我国近些年的陆勇案、聊城医生假药案等，引发了社会舆论和刑法学界的极大关注。目前学界流行的观点日益倾向于"保护药品管理秩序这一公法益，是为了保护公众的健康。如果对药品管理秩序的保护不利于保护公众的健康，这种法益就不值得刑法保护。反过来说，'打算以维护一般市民的健康为目的，以某种药物对健康产生恶的影响为根据禁止、处罚对该药物的贩卖等行为时，设置刑罚法规的前提是确定该药物真实有害具有一定的盖然性。'所以，没有经过批准进口的合格药品，必须排除在《刑法》第 141 条的假药之外。换言之，在陆勇案及类似类件中，行为人出售的药品虽然没有取得进口批准，但事实上，其针对特定人出售特定合格药品的行为，不可能危害国民的个人法益。因此，对这种行为不应以销售假药罪论处"②。

笔者认可这一无罪的结论，但论者的论据中似混淆了几个不同性质层次的问题，还值得进一步辨析。

第一，刑法概念与他法概念的关系。我国刑法中的法律术语主要可以分为三大类：第一类是需要根据刑法已经做出的相关规定进行解释，典型例子即总则第五章的其他规定。第二类是刑法明确规定了应当依照其他法律法规，主要是行政法规予以认定的概念。第三类为数最多，是除前两种以外的其他所有情况，刑法并没有明确指明其应当依据的法律规范。第一类概念刑法已经自行做了解释，基于这种解释，其内涵、外延完全可以不同于其他法律的规定。如，第 93 条关于"国家工作人员"的定义，就与《公务员法》的规定不尽相同。第三类概念，需要解释者

---

① 张明楷：《避免将行政违法认定为刑事犯罪：理念、方法与路径》，载《中国法学》2017 年第 4 期。

② 张明楷：《避免将行政违法认定为刑事犯罪：理念、方法与路径》，载《中国法学》2017 年第 4 期。

结合该条款的立法目的、保护范围、时代变迁等因素进行解释，其结论自然也可能不同于其他法律的相同概念。例如，行政规章认为"不特定的异性之间或者同性之间以金钱、财物为媒介发生不正当性关系的行为，包括口淫、手淫、鸡奸等行为，都属于卖淫嫖娼行为"。而刑法中的卖淫概念，目前仍应限缩为进入性的行为，并不包括手淫等接触性行为。

不过，第二类概念则不应做出差别性解释。刑法在第141条、第142条中明文规定："本条所称假药，是指依照《中华人民共和国药品管理法》的规定属于假药和按假药处理的药品、非药品。""本条所称劣药，是指依照《中华人民共和国药品管理法》的规定属于劣药的药品。"如此明确的指引，显然不能在刑法解释中视若无物。若此时再通过所谓的目的解释来限缩其范围，无异于对刑法规范的藐视。况且，行政法同样存在法律目的解释或者说法益解释的问题，如果认为它不属于刑法上的假药，完全也可能认为不属于行政法上的假药。但事实上，我国最终是通过对《药品管理法》的修改来变更法律中假药、劣药的概念。法律解释终有其不能逾越的藩篱。

第二，刑法保护法益的有无。"保护药品管理秩序这一公法益，是为了保护公众的健康。如果对药品管理秩序的保护不利于保护公众的健康，这种法益就不值得刑法保护。"这一论断实质上否定了刑法对"药品管理秩序这一公法益"的独立保护意义，其思想核心还是认为应将药品管理秩序这一集体法益还原为个人健康这种私法益。既然这样，何不径直将这些犯罪规定为对个人生命身体健康的犯罪？目前的规定方式岂不多此一举？而且如论者所言"这种法益就不值得刑法保护"，那么行为人的行为就是因为没有侵犯刑法法益而无罪。一个明显属于分则第三章破坏社会主义市场经济秩序的行为，却被认为没有侵犯刑法法益，这样的解释路径恐怕会令实务工作者无所适从。

第三，无罪化的依据。事实上，完全没有必要否定此类行为对于药品管理秩序的侵犯。药品作为一类特殊的商品，任何国家都有其严格的监管制度。在中国行之有效的中药材或中药制品，如果作为药物在美国等西方国家贩卖，同样有可能会被视为犯罪行为。那么，为何此类行为最终没有必要以犯罪来论处呢？因为刑法中还存在优越的利益原则。诸如陆勇案所涉及的，实质上是国家药品管理秩序与患者的生命健康权之间的比较权衡问题。他们的行为并非没有侵犯刑法法益，并非完全不具有刑事违法性，只是因为个案的特殊性而必须进行法益的比较。毫无疑问，患者的生命健康权属于更应当优先保护的利益。因而，基于优越的利益原则，其行为不应当在刑法中被视为犯罪。事实上，司法解释也完全遵循着这一路径。如最高人民法院、最高人民检察院2014年联合颁布的《关于办理危害药品安全刑事案件适用法律若干问题的解释》中明确规定:"销售少量根据民间传统配方私自加工的药品,或者销售少量未经批准进口的国外、境外药品,没有造成他人伤害后果或者延误诊治,情节显著轻微危害不大的,不认为是犯罪。"这明显是认定此类行为属于刑法上的销售假药的行为,肯定其对药品的管理秩序造成侵害,所否定的只是其达到了刑法意义上的可罚的违法性。

第四,《药品管理法》修改后的问题。刚刚修订的《药品管理法》第98条对假药概念做了修改,将未经批准进口的药品排除在了假药的范畴之外。于是,销售此类药物的行为,不再成立销售假药罪。这是否契合上述论者的观点呢?笔者对此持否定态度。首先,通过行政法的修改,避免了之前刑法适用行政法概念所带来的争论,这恰好说明刑法第141、142条的规定应该继续予以遵守,而非相反。其次,由于未经批准进口的药品不再直接被视为假药,所以销售这种药品的行为也不再属于销售假药罪的客观行为。但行政法并未将这种行为合法化。《药品管理法》第124条规定:"违反本法规定,有下列行为之一的,没收违法生产、进口、销售的药品和违法所得以及专门用于违法生产的原料、辅料、包装材料和生产设备,责令停产停业整顿,并处违法生产、进口、销售的药品货值金额十五倍以上三十倍以下的罚款……未取得药品批准证明文件生产、进口药品;……未经批准进口少量境外已合法上市的药品,情节较轻的,可以依法减轻或者免予处罚。"可见,即便修法后,仍然对此类行为设置有处罚规定。这就使刑法处罚这种行为并不违反法秩序的统一原则。那么刑法在何种情况下仍然需要处罚这种行为?笔者认为,诸如行为人利用境内外价差,大量销售未经批准进口的药品,并因此谋取了巨额利益的情况,仍然可以认为其侵犯了市场管理秩序这一公法益,并以非法经营罪对此予以处罚,同时依据刑法第64条的规定对其违法所得予以追缴。

(本文原载于《法学》2019年第11期,个别字句有修改)

四要件犯罪构成理论的坚守
与完善：以共犯论为视角

黄明儒

作者简介：黄明儒(1967—　)，男，湖北监利人，汉族，法学博士，现任湘潭大学法学院教授，博士生导师，刑法学位点负责人，校学术委员会委员，法学学部学术委员会副主任，学术评价与道德委员会主任，湘潭大学通程刑事法律研究中心主任，法治湖南建设与区域社会治理协同创新中心研究员。湖南省青年社会科学研究人才"百人工程"学者，湖南省法学法律专家库专家。曾任日本国立一桥大学法学研究科客座研究员(2011年6月—2012年6月)，主要兼任中国犯罪学学会常务理事、中国刑法学研究会常务理事、湖南省刑事法治研究会会长、湖南省法学会第六届学术委员会委员、湖南省经协法律服务中心高级顾问、湖南省委普法讲师团成员、湖南法院扫黑除恶审判咨询专家、湖南省人民检察院第三届专家咨询委员会委员等职。先后主持或参加国家、省部级社科基金项目多项，并在《法商研究》《法律科学》《法学评论》《法学家》等学术刊物上发表100余篇论文，独撰著作3部，主编或组织编写30余部学术著作。主要研究领域为中国刑法(特别是刑事立法、行政犯基本理论)、比较刑法(特别是中日刑法比较)。

一、问题的提出

按照我国刑法学的通说，成立共同犯罪，必须具备以下要件：(1)行为人为二人以上。共同犯罪的主体，必须是两个以上达到刑事责任年龄、具有刑事责任能力的人或者单位。(2)共同的犯罪行为。从犯罪的客观方面来看，所谓共同的犯罪行为，指各行为人的行为都指向同一犯罪，相互联系，相互配合，形成一个统一的犯罪活动整体。(3)共同的犯罪故意。从犯罪的主观方面来看，所谓共同的犯罪故意，是指各共同犯罪人认识到他们的共同犯罪行为和行为会发生的危害结果,并且希望或者放任这种结果发生的心理态度。① 不难看出,这是通说将其在认定单人犯罪时采用的四要件犯罪构成理论在共犯论领域的直接适用。在很长一段时间内,这种理解都不存在争议,但近年来随着阶层犯罪构成理论支持者的增多,通说的上述观点受到了前所未有的质疑和挑战。② 结论是,用大陆法系国家刑法理论所创设的以"构成要件符合性、违法性、有责性"为主体的阶层犯罪构成理论③来取代四要件犯罪构成理论势在必行(以下称取代论)。面对取代论者的"强势入侵",主张四要件犯罪构成理论并不应该被舍弃的学者也积极进行反驳,认为无论是从现实合理性、内在合理性还是比较合理性来看,运用四要件犯罪构成理论同样能够对罪与非罪、此罪与彼罪做出合理的判断,因此没有用阶层理论来取代四要件理论的必要性,中国刑法学既有的理论体系应当得以坚守(以下称坚守论)。双方就此展开了激烈的论战,这场论战以 2009 年国家司法考试大纲改革为导火索并一直持续至今。

客观而言,在我国刑法学知识的转型过程中,不论是苏俄刑法学还是德日刑法学,都只是刑法教义学意义上的一种工具,而工具的选择无疑要以问题的妥善解决为指针,这意味着,中国刑法学到底是要继续坚守四要件犯罪构成理论,还是"另起炉灶"、转而选择阶层犯罪构成理论,则要以能够为"中国问题"找到合适的解决方法为根本标准。就结论而言,笔者认为四要件犯罪构成理论无论是在认定犯罪的理念还是具体方法上,都有其独到之处,也能够满足司法办案的实践需求,取代论对四要件犯罪构成理论的某些批判可能并不成立。当然,为了更好地实现理论自洽,质疑观点中的部分内容也值得借鉴,需要对四个要件按照司法认知的

① 高铭暄、马克昌主编:《刑法学》(第 8 版),北京大学出版社、高等教育出版社 2017 年版,第 163-166 页。另外《刑法学》编写组编写的马克思主义理论研究和建设工程重点教材《刑法学(上册·总论)》中对共同犯罪的表述尽管文字有所不同,但观点完全相同(高等教育出版社 2019 年版,第 229-232 页)。

② 批判观点直指四要件犯罪构成是"耦合式"的犯罪构成,是"没有构成要件"的犯罪构成,是"平面化"的犯罪构成,"对犯罪的形式判断和实质判断,糅合在一起",如果将这种认定犯罪的方法适用于共犯论领域,会导致共同犯罪成立范围的不当扩大或缩小,既不利于打击犯罪分子,也不能有力地保护被害人的合法权益。(可参见周光权:《刑法总论》(第 3 版),中国人民大学出版社 2016 年版,第 78 页。)

③ 在阶层犯罪构成理论的体系当中,存在着古典三阶层体系(贝林—李斯特体系)、新古典三阶层体系、新古典二阶层体系、目的论综合体系、目的理性阶层体系、实质的阶层体系之差别。究竟应该采用哪一种阶层论来取代传统的四要件理论,我国学者至今还未取得较为一致的看法。为了论述上的方便,本部分所称阶层犯罪构成理论主要是指我国多数学者赞成的构成要件符合性、违法性、有责性的三阶层理论。

过程进行重新排序。是故,拟选取取代论和坚守论论战中的一个子课题——共犯论①为研究场域,对四要件犯罪构成理论相较于阶层犯罪构成理论的优势进行说明(坚守四要件犯罪构成理论的必要性),同时对该理论适用于共犯论时所面临的批判进行回应(坚守四要件犯罪构成理论的可能性)。在此基础上,找到妥善解决诸如未达刑事责任年龄者与有责任能力者共同侵害法益等特殊的犯罪类型的可行路径。

二、坚守的必要:四要件犯罪构成理论适用于共犯论的优势

从一定意义上说,犯罪是规范评价的产物。所以,有学者指出,"刑法解释论的任务是,通过对法令的解释,明确何种行为属于犯罪"②,认定犯罪的过程因此成为能否将某一法益侵害后果归责于某人以及应该责令该人如何负责的过程。在单人犯罪的情形中,谁的行为支配了法益侵害的后果,谁就要对此负责。而在共同犯罪中,由于构成要件该当行为是由多个犯罪人共同分担的(共同正犯情形),法益侵害的后果也是由多个犯罪人共同支配的(教唆犯、实行犯、帮助犯情形),因此法益侵害的后果是否可以以及在多大程度上可以归责于某个共同犯罪人,就需要进行规范理解。对此,四要件犯罪构成理论基于自身的理论基础、体系构造以及我国《刑法》第 25 条第 1 款有关共同犯罪概念的规定,认为共同犯罪的成立在客观上必须有"共同的犯罪行为",主观上必须是"数个达到刑事责任年龄、具有刑事责任能力"的犯罪人、基于"共同的犯罪故意",这一观点的典型表述是:"成立共同犯罪,必须具备以下三个条件:一是二人以上,这是主体条件;二是共同行为,这是客观要件;三是共同犯罪故意,这是主观要件。上述三个要件之间密切联系、缺一不可。"③在笔者看来,运用这种方法来认定共同犯罪时具有理论和实践上的双重优势。

(一)理论优势:四要件犯罪构成理论认定共同犯罪的方法恪守着最彻底的罪刑法定

与封建时代的罪刑擅断相比,现代刑法最大的进步之处就在于将罪刑法定奉

---

① 有日本学者指出,"共犯论是体系论的试金石,犯罪论体系是随着有关共犯论的现实需要而变迁的,不存在超越历史和社会的不变的犯罪体系。"([日]松宫孝明:《日本的犯罪体系论》,冯军译,载《法学论坛》2006 年第 1 期)应该说,这种观点既点明了犯罪构成理论与共同犯罪之间的密切联系,也提醒理论研究者在判断某种犯罪构成理论的合理性时,共犯论是最好的检讨领域。这也是笔者选择在共同犯罪领域对四要件犯罪构成理论和阶层犯罪构成理论进行对比研究的重要原因。

② [日]山口厚:《刑法总论》(第 3 版),付立庆译,中国人民大学出版社 2018 年版,第 2 页。

③ 黎宏:《刑法学总论》(第 2 版),法律出版社 2016 年版,第 286 页。

为自己的铁则,"罪刑法定主义推动了法治原则的形成"①。尽管随着时代变迁并受制于自身的理论预设,罪刑法定原则在实践中并未充分发挥自由保障价值,在惩罚犯罪的确定性方面也不断动摇,但是"作为现代法治体系的重要原则,罪刑法定原则也应当得到坚持和维新"②。如何对罪刑法定原则加以维新当然不是本部分所要探讨的主题,此处想要说明的是,将四要件犯罪构成理论适用于共犯论时,得出的出(入)罪结论是否最符合我国刑法的规定,是否有助于发挥罪刑法定原则形式侧面的积极效果、维护形式法治。

例如,被告人刘某因与丈夫金某不和,离家出走。某日,其女(时龄 12 周岁)前来刘某住处,刘某指使其女用家中的老鼠药毒杀金某。其女回家后,即将老鼠药拌入金某的饭碗中,金某食用后中毒死亡。③

在未达刑事责任年龄者(无刑事责任能力者)与有刑事责任能力者共同导致法益侵害的情形中,由于四要件犯罪构成理论主张"犯罪客体、犯罪客观方面、犯罪主体和犯罪主观方面一般是通过积极的入罪评价确定"④,因此一般就会以犯罪主体要件不具备而直接否定共同犯罪的成立,即"犯罪是行为人应当负刑事责任的行为,犯罪主体必须具备相应的条件才承担刑事责任,任何不具备犯罪主体要件的自然人和单位实施的行为……都不是犯罪行为"⑤,有刑事责任能力者绝不可能和一个没有实施犯罪行为的人构成共同犯罪,这同时也是四要件犯罪构成理论出罪功能的重要彰显。但在取代论者看来,四要件犯罪构成理论的上述主张是"看似有理,但实属'顾头不顾尾'的简单化思维,是缺乏体系思考的表现",应该按照阶层犯罪构成理论,将未达刑事责任年龄者(无刑事责任能力者)与有刑事责任能力者视为不法层面的共同犯罪,然后在有责性阶段再分别判断他们各自的刑事责任。只有这样才能实现单人犯罪与共同犯罪的相同处理。⑥ 笔者认为这种批判意见不能成立,对阶层犯罪构成理论的提倡也有言过其实之嫌,具体而言:

一方面,取代论者认为阶层犯罪构成理论是体系化思考的必然结果,但事实

---

① 张明楷:《罪刑法定与刑法解释》,北京大学出版社 2009 年版,前言。

② 高巍:《重构罪刑法定原则》,载《中国社会科学》2020 年第 3 期。

③ 最高人民法院刑事审判第一庭、第二庭编:《刑事审判参考》(总第 16 集),法律出版社 2001 年版,第 74-75 页。

④ 彭文华:《犯罪的价值判断与行为的归罪模式》,载《法学》2016 年第 8 期。

⑤ 姚建龙、林需需:《四要件犯罪构成理论的出罪功能》,载《人民检察》2018 年第 18 期。

⑥ 周光权:《阶层犯罪论及其实践展开》,载《清华法学》2017 年第 5 期。

恐怕并非如此。按照取代论的观点,刑法总则有关共同犯罪的立法所解决的问题是,应当将不法事实归属于哪些参与人,只是认定二人以上的行为是否造成法益侵害结果(危险)的原因。只要认定共同犯罪成立,就要将法益侵害结果客观地归属于参与人的行为,而不论参与人是否具有主观责任。至于各参与人对归属于他的结果是否要承担主观责任,则需要个别判断。① 这种处理方法看似坚持了"从不法到有责""从客观到主观"的犯罪认定思路,具有合理性,但笔者认为该主张可能有脱离我国《刑法》规定之嫌疑。仍以上述案例为例,如果将刘某及其女儿认定为不法层面的共同犯罪,再将大陆法系阶层犯罪构成理论贯彻到底,那么接下来的任务就在于判断刘某及其女儿谁是正犯、谁是共犯。按照阶层犯罪构成理论主张的区分制观点,"正犯是实现符合构成要件的实行行为这一过程的中心人物或者核心人物"②,结论自然是刘某的女儿是故意杀人罪的正犯,刘某是帮助犯(教唆犯),这符合了日本刑法第61条和62条的规定,但我国《刑法》中并没有使用正犯和共犯的概念,取代论者对此的解决方法是将正犯等同于我国《刑法》中的主犯,将共犯等同于我国《刑法》中的从犯。③ 如此,在案例中,刘某的女儿就是主犯,刘某是从犯。但是将一个根本就不构成犯罪的未成年人认为是在共同犯罪中起主要作用的主犯,将具有完全刑事责任能力的人认为是在共同犯罪中起次要作用的从犯,这种结论的合法性与合理性何在? 如此可见,"客观先于主观"的认定犯罪的阶层主张在现实中的大部分情形中其实都是步履维艰,无法一以贯彻到底的。最根本的原因在于,构成要件的解释,一者必须根据犯罪构成的整体目的来进行,如此一来,违法阶层中的价值观念就必然渗透于构成要件的解释之中,使其成为实质的、价值的、规范的判断;二者必须立足于违法性,但是要准确判断行为可能侵犯的法益,又必须参照行为人的内心态度,即罪责要素。④ 以上二者,使阶层犯罪构成理论中的构成要件符合性、违法性和有责性三个阶层其实是相互依存,你中有我、我中有你的关系,任何一个阶层的判断都离不开其他两个阶层的渗透与协助,三者之间并不可能完全做到如取代论者所主张的那样层层递进、界限分明。也正是因为如此,才导致了在将阶层犯罪构成理论运用到具体的案件当中

① 张明楷:《共同犯罪的认定方法》,载《法学研究》2014年第3期。
② [德]克劳斯·罗克辛:《德国刑法学总论》(第2卷),王世洲等译,法律出版社2013年版,第10页。
③ 周光权:《"被教唆的人没有犯被教唆的罪"之理解——兼与刘明祥教授商榷》,载《法学研究》2013年第4期。
④ 庄劲:《递进的犯罪构成体系:不可能之任务》,载《法律科学》2015年第5期。

时会出现许多矛盾和冲突之处。①

另一方面,从犯罪的本质来看,自比恩鲍姆(Johann Michael Franz Birnbaum)倡导由法益侵害来取代权利侵害而作为犯罪的本质以后,法益侵害说基本成为各个国家刑法理论关于犯罪本质的通说。在这种背景下,犯罪的本质被概括为"对法益的侵害、威胁"②。而犯罪构成作为认定犯罪的"准据",自然要能够体现犯罪的本质,即经由犯罪构成认定的犯罪必须是侵害或者威胁了法益的行为。但这一结论似乎存在着一定程度上的不完善之处,像案例中犯罪人刘某的女儿,其行为客观上也对一定的法益造成了侵害(威胁),但恐怕无论是四要件犯罪构成理论还是阶层犯罪构成理论,都不会把她的行为认定为犯罪。这说明行为侵害了法益,只是认定犯罪的必要条件,而不是充分条件,即"犯罪行为一定侵害(威胁)了法益,但侵害(威胁)了法益的行为不一定会构成犯罪"。既然如此,犯罪的本质是侵害(威胁)法益,恐怕就不是一种周延和严谨的说法。同时,这一事实也说明仅从客观上来认定犯罪是不全面的,容易将不值得刑法处罚的情形作为犯罪来处理。有必要在侵害法益的基础上,再增加一定的限定词,才能对犯罪的本质进行合理界定。关于这一问题,阶层犯罪构成理论阵营中的一位学者指出,当行为先后符合了构成要件符合性、违法性和有责性之后,才能构成犯罪。那么,犯罪的本质是生成于哪一阶层呢? 答案当然不是构成要件该当阶层,因为按照贝林的观点,构成要件该当只是反映犯罪的表面,只是对犯罪成立所做出的形式判断,也不是违法性阶段,因为一般的违法行为通常也具有违法性。于是,犯罪的本质只能生成于有责性阶段。③ 换言之,只有结合责任论中的部分内容,才能够给犯罪的本质下一个准确的定义。这说明,行为侵害或威胁了特定法益还不足以使刑法启动,只有在此基础之上,从规范层面看这种法益侵害后果可以归责于该行为人时,犯罪才宣告成立。这一定律同时适用于单人犯罪和共同犯罪。这一结论也能在我国《刑法》的相关规定中找到依据——从《刑法》第 14 条至 18 条的规定来看,构成我国刑法所规定的犯罪的行为,必须是具有完全刑事责任能力者实施的、具有法定

---

① 高铭暄:《对主张以三阶层犯罪成立体系取代我国通行犯罪构成理论者的回应》,载《刑法论丛》2009 年第 3 卷。

② [日]大塚仁:《刑法概说(总论)》,冯军译,中国人民大学出版社 2003 年版,第 91-92 页。

③ 马荣春:《行为共同说的法教义学批判》,载《法律科学》2018 年第 5 期。

故意或者过失的侵害或者威胁法益的行为,是完全意义上(实质意义上)的犯罪概念。[①] 而共同犯罪规定在犯罪之后(第 25 条),《刑法》的这种结构安排说明构成共同犯罪的前提是行为必须构成犯罪,共同犯罪中的犯罪也应该是实质意义上的。这一立法现实决定了所有的共同犯罪人必须都是具有刑事责任能力的人,且各共同犯罪人之间必须具有相同的犯罪故意(至于这种相同的犯罪故意能在多大程度内实现重合,则是另一个问题)。这也意味着,取代论者意图通过阶层犯罪构成理论来构建多元化犯罪概念(即违法·有责意义上的犯罪概念和违法意义上的犯罪概念)的主张,至少在目前的刑法规定中难以找到依据,是缺乏实定法支撑的。如此看来,阶层犯罪构成理论将未达刑事责任年龄者(无刑事责任能力者)与有刑事责任能力者共同导致法益侵害的情形作为不法层面共同犯罪的主张,存在实定法上的障碍。与之相对,四要件犯罪构成理论的主张则与刑法规定保持了高度的一致性,坚持了罪刑法定原则的形式侧面,使其得出的结论能够找到实体法上的依据。

(二)实践优势:四要件犯罪构成理论认定共同犯罪的方法有助于提升司法效率

法律作为人类社会发展到一定阶段的产物,(刑事)立法的目的就在于通过对非正义现象(犯罪)的否定性评价来维护社会正义,即"一部正义的法律就是对相同的情形给予一视同仁的待遇的法律"[②],解释法律的过程和适用法律的过程都

[①]　当然,也有观点认为,从《刑法》第 17 条第 4 款以及第 18 条第 1 款的规定来看,未达刑事责任年龄者或者无刑事责任能力者实施的危害行为,在客观上仍具有法益侵害性,可谓"违法意义上的犯罪"(参见钱叶六:《我国犯罪构成体系的阶层化及共同犯罪的认定》,载《法商研究》2015 年第 2 期)。但笔者认为,恰恰是这两个刑法条文说明在我国现行《刑法》中不存在"违法意义上的犯罪"。原因在于,从犯罪与刑罚的关系来看,有犯罪必有刑罚,科处刑罚的前提是存在犯罪,犯罪与刑罚同时存在,没有刑罚的犯罪不能称其为犯罪,同样,没有犯罪的刑罚就是对人权的侵害。未达刑事责任年龄者或不具有刑事责任能力者造成危害后果后,一般会责令其家长或者监护人严加看管和管教,必要的时候由国家收容教养(或者强制医疗)。由此可见,未达刑事责任年龄者与不具有刑事责任能力者侵害法益(或者给法益创设风险)后,一般不会伴随有刑罚处罚措施。这也就说明二者实施的不是犯罪。再结合我国民众对犯罪一词的普遍认知来看,如果未达刑事责任年龄者 A 实施了法益侵害行为后,司法机关要求其父母严加管教,试问,在一般的社会公众眼中,是因为 A 犯了罪才会被父母严加管教吗? 答案显然是否定的。恐怕多数社会公众会认为 A "做了错事",但"做了错事"和行为构成犯罪,是两个完全不同的概念。一言以蔽之,基于我国《刑法》的现实规定和社会公众对犯罪一词的普遍认知,还是不宜承认"违法意义上的犯罪"概念。

[②]　[美]E. 博登海默:《法理学:法律哲学与法律方法》,邓正来译,中国政法大学出版社 2004 年版,第 279 页。

应该体现对正义的追求。而在法现象的诸种价值形态中,公正与效率一直被视为司法制度设计与运作的基本价值目标,社会正义的实现不仅要求实体公正,而且要求实现这种实体公正的过程也应该是及时的、有效率的,"对纠纷的解决不仅应当是公正的,而且应当是尽可能迅速的,在这里,效率就意味着公正的迅速实现"①,司法效率因此成为司法正义的题中之意。就刑事司法而言,由于"特定的时间点上一国的司法资源是定量而不是变量,这就一定会出现程序的正当化和司法资源之间的紧张关系"②。这就意味着在现实的司法活动当中,让法官对每一起刑事案件都从始至终保持高度谨慎、不留下任何合理的怀疑尽管"看上去很美",但基本难以全面实现。因此,对于一些明显不需要进入刑事诉讼程序的案件(如未满14周岁的未成年人伤害、杀害他人的案件),可以直接得出出罪的结论,而不需要再阶层式地考察每一个构成要件是否全部满足。

例如,2003年9月6日上午,因同在"喀什餐厅"打工的被害人艾山江酒后拿鸡腿让被告人吐尔逊吃,引起吐尔逊的不满,遂对艾山江拳打脚踢。当晚,被告人乌斯曼江和艾山江在暂住处,因艾山江硬劝乌斯曼江喝酒,引起乌斯曼江的强烈不满,喝醉后遂抓住艾山江的头往墙上撞,并用夹煤用的铁夹子、铁锹等凶器殴打艾山江,铁锹柄断裂后继续殴打艾山江致使其瘫倒在地上被他人抬到床上。次日8时左右,吐尔逊来到暂住处见艾江山未起床,遂向其身上踹了一脚后离开。后他人发现艾山江死亡并报警。经鉴定,被害人艾山江系在醉酒状态下遭受钝器打击,致创伤性休克引起多器官功能不全死亡,醉酒加速其死亡。③

审理此案的司法机关认为,我国刑法规定,共同犯罪是指两人以上共同故意犯罪,构成共同犯罪要求既要在主观上有共同犯罪的故意,又要在客观上有共同犯罪的行为。就案例而言,从主观上分析,其一,两被告虽然都有故意伤害被害人的行为,但两人对此事前没有预谋和分工,事后也没有一起出逃。两人之间的犯意没有相互沟通,彼此协调,而是在独立的犯意下实施的,相互之间也没有配合。其二,两被告人伤害艾山江的目的也不相同。被告人乌斯曼江伤害艾山江是因为艾山江硬逼自己喝酒,违背了其戒酒的誓言而发泄愤恨和不满,被告人吐尔逊伤害被害人艾山江是因为他喝酒成性,影响了餐厅的生意,二人并不具有共同犯罪故意,而不能构成共同犯罪。但是,如果依照阶层犯罪构成理论,共同犯罪的认定必须遵循构成要件符合性→违法性→有责性的判断顺序,则会增添很多不必要的

① 姚莉:《司法效率:理论分析与制度构建》,载《法商研究》2006年第3期。
② 汪建成:《以效率为价值导向的刑事速裁程序论纲》,载《政法论坛》2016年第1期。
③ 最高人民法院刑事审判一至五庭:《中国刑事审判指导案例1:刑法总则》,法律出版社2017年版,第121-122页。

司法环节,造成诸多司法资源的浪费。在类似于案例的很多情形中,完全可以通过强调共同犯罪人必须具有相同的犯罪故意来将其直接排除在共同犯罪以外,再根据各参与人的客观行为与主观意图,按照单人犯罪进行处理,而不必非要"以不法为中心",将二人认定为不法层面的共同犯罪后,再在有责性阶层来单独判断他们各自的责任。"聪明的操作审查架构不会是指不顾后续步骤地始终用同样的方式彻底分析讨论每个步骤"①,而"仅就认定犯罪的步骤而言,阶层性很可能是过度的坚持,如果可以更容易地否定后面的阶层,(共同)犯罪就被否定了,没有必要拘泥于各阶层之间内在认定逻辑的递进性,而对认定的步骤也要求递进性,这是审查经济性的要求"②。换言之,面对未满 14 周岁的未成年人与有刑事责任能力者"共同"实施的侵害法益的行为,侦查机关难道还要机械地按照阶层犯罪构成的顺序,先考察二人的行为是否具有构成要件该当性,然后再把二人"违法层面"的犯罪事实提交给检察院依法提起公诉? 当犯罪活动中的一名或多名参与者明显未达刑事责任年龄,检察官还有审查行为的该当性和行为的违法性要件的必要吗? 答案显而易见是否定的。概言之,"自古以来、古今中外……不去先考察行为人刑事责任年龄、刑事责任能力等主观责任要素,不去将主观和客观有机地结合起来做不断来回穿越、反复推敲、相互印证的司法实践应当说也是不多的"③。我们当然要追究刑事司法的实体公正,但在追求实体公正的同时,司法效率也是重要的参考因素,健康、良性的刑事诉讼过程应该是实体公正与诉讼效率协调配合的"两条腿走路",而不可偏废其一,尤其是在我国目前案多人少的现实环境下,司法过程的经济性更应该被强调。在这一方面,与阶层犯罪构成理论相比,四要件犯罪构成理论显然更胜一筹。

三、坚守的可能:四要件犯罪构成理论适用于共犯论时面临的批判及完善路径

(一)四要件犯罪构成理论适用于共犯论时面临的主要批判

一般来说,所谓认定犯罪,"就是把某一种社会事实用法律来加以评价,把它评价为犯罪,这个评价过程就是定罪,定罪活动是一个从社会事实转化为法律上的犯罪事实的过程,在这个过程中,为了使定罪活动法治化与规范化,就要提供一

---

① [德]英格博格·普珀:《法学思维小学堂》,蔡圣伟译,北京大学出版社 2011 年版,第189 页。

② 何庆仁:《共犯论领域阶层思考的现实意义》,载《华东政法大学学报》2018 年第 6 期。

③ 杨兴培:《"三阶层模式"工具效用局限性的反思与批评》,载《上海政法学院学报(法治论丛)》2017 年第 4 期。

个统一的犯罪规格"①。如果把犯罪作为一种产品,那么犯罪构成就是产品生产流水线,它提供的是一种模型、一种范式,犯罪就是根据这种模型和范式生产出来的产品,犯罪构成对于犯罪的认定具有"准据"的意义。这也从另外一个角度说明,犯罪认定过程的合法性与合理性,很大程度上取决于犯罪构成这个"准据"是否标准。就四要件犯罪构成理论能否作为认定共同犯罪的"准据",取代论者提出了严肃的批判与质疑。

批判之一:四要件犯罪构成理论给刑法主观主义留下了可乘之机,不当扩大了刑法的处罚范围,有侵犯人权之虞。正如上文所述,由于四要件犯罪构成理论主张采用同样的方法与逻辑来认定单人犯罪和共同犯罪,共同犯罪的成立也应该和单人犯罪的情形一样,满足客体、客观方面、主体和主观方面四要件齐备的条件,即"共同犯罪是二人以上以共同的犯罪故意和共同的犯罪行为联系起来的犯罪整体"②。但是,四要件犯罪构成理论的这种主张招致了取代论者的猛烈批判,认为这是四要件犯罪构成理论在认定单人犯罪时即具有的"平面式"(缺乏阶层性)的思考方式在认定共同犯罪过程当中的自然延续,若据此来认定共同犯罪,将导致四个要件在判断顺序上逻辑混乱,看不出哪一个要件要优先判断。而这种判断顺序上的模糊性又给刑法主观主义的入侵留下了可乘之机——在部分案件中,极容易导致将没有法益侵害但行为人具有主观恶性的身体动静作为犯罪来处罚,进而扩大了共同犯罪的成立范围,不利于保障人权。③

例如,甲邀请富二代乙去峨眉山旅游,二人在金顶(峨眉山主峰,海拔3077米)上的宾馆里住了几日,如愿观赏到了云海后下山。甲在出发以前告诉丙:"乙已经被我和几个兄弟绑了,你明天给他老爸打个电话,要他在12小时内给我的账号打款50万,否则我们就撕票。"丙信以为真,遂在甲出发后的第二天给乙的父亲打了电话。乙父亲接到丙的威胁电话之后立刻给乙打电话求证,但由于金顶上信号不好,乙的电话一时难以接通,情急之下,只得给甲的账户打款50万元。几天后,乙从峨眉山回到家,乙父方知上当。④

取代论者认为,案例中,如果按照四要件犯罪构成理论,从犯罪的主观方面来看,甲具有绑架的故意,丙具有协助甲实施犯罪的故意,客观上又可以将甲"控制"乙人身自由、丙打电话向乙的父亲索要钱财的行为解释为绑架罪的实行行为,然

---

① 陈兴良主编:《犯罪论体系研究》,清华大学出版社2005年版,第11页。

② 马克昌主编:《犯罪通论》,武汉大学出版社1999年版,第503页。

③ 周光权:《犯罪构成理论:关系混淆及其克服》,载《政法论坛》2003年第6期。

④ 梅传强、李邦友主编:《刑法实务教程》,中国人民大学出版社2013年版,第44-45页。笔者对原案例进行了部分修改。

后再借助主客观相统一的犯罪构成理论,甲和丙齐备了成立犯罪必须具备的主体、主观及客观和客体四要件,结论当然是甲和丙构成绑架罪的共同犯罪。但这一结论存在着明显缺陷——按照我国《刑法》第 239 条的规定,绑架罪在客观上表现为"以勒索财物为目的绑架他人的,或者绑架他人作为人质的",本罪的实行行为之一必须是以实力控制他人,其手段经常表现为暴力、胁迫或者麻醉等方法。①而该案中,甲并没有使用暴力或者麻醉等方法对乙的人身自由进行控制,乙也没有意识到自己的人身自由被甲控制,仅仅通过甲让丙向乙父亲索要钱财的客观行为以及甲主观上"想绑架"就将其认定为绑架罪的共同犯罪人是缺乏法律上的依据的,如果不是凭借甲的供述,本案显然是无法定罪的。因此,四要件犯罪构成理论在要件排列和判断顺序上的模糊性,导致该理论认定共同犯罪的过程"很大程度上以主观为先导,在客观事实还似有似无的情况下,往往都是通过主观要素的蛛丝马迹来认定犯罪的成立与否"②。

批判之二:运用四要件犯罪构成理论来处理疑难复杂的共同犯罪案件,有时会得出令人难以接受的结论,由此带来的不利后果是,"运用四要件理论来处理99%的案件都没问题,但在处理剩下的 1% 的案件时可能会产生疑问。中国每年刑事案件有 100 多万件,如果 1% 有疑问的话则是一个很大的数字"③。取代论与坚守论都承认,在绝大多数的案件中,双方基本都会得出相同的处理结论,存在争议和对立的只是一小部分案件,而在这一小部分案件中,共同犯罪案件又占据着绝大部分的比重。正是这一小部分疑难复杂的共同犯罪案件,使得四要件犯罪构成理论潜在的弊端暴露无遗。

例如,2012 年 3 月 5 日下午,被告人陆晓华与谢某某(未满 16 周岁)至苏州市清塘新村 50 幢某室,由陆晓华望风,谢某某采用扳窗栅栏、钻窗入户的手段,窃得被害人吴某某人民币 11 万元。盗窃得手后,陆晓华分得赃款人民币 6000 元。案发后,赃款人民币 78698 元被追回,已由公安机关发还被害人,剩余部分赃款,已被谢某某挥霍。

取代论者认为,如果按照四要件犯罪构成理论的观点,由于谢某某未达刑事责任年龄,其与陆晓华就不构成共同犯罪,结果就是要么宣布陆晓华无罪(因为欠缺盗窃罪的实行行为),要么认为陆晓华成立盗窃罪的间接正犯。但很显然,本案中陆晓华并没有把谢某某作为自己实施犯罪的工具,也没有支配盗窃罪的法益侵

---

① 陈兴良主编:《刑法各论精释(上)》,人民法院出版社 2015 年版,第 166 页。

② 刘艳红:《犯罪构成体系平面化之批判》,载《法学研究》2011 年第 5 期。

③ 陈兴良、周光权、付立庆、车浩:《对话:刑法阶层理论的中国司法前景》,载《中国应用法学》2017 年第 4 期。

害过程,反倒是被谢某某作为犯罪工具而利用。所以将陆晓华作为间接正犯处理恐怕并不合适。① 无罪的结论更加不能接受,原因在于,如果陆晓华是为已满 16 周岁的人望风,毫无疑问成立盗窃罪的帮助犯,在案例中,陆晓华为未满 16 周岁谢某某望风,社会危害程度更大,更需要处罚。② 结果就是,由四要件犯罪构成理论得出的无罪结论让人无法接受,由其得出的有罪结论又缺乏足够的说理力度。

批判之三:四要件犯罪构成理论难以容纳期待可能性等出罪事由,不利于实现裁判文书说理部分的细致化、体系化和实质化。期待可能性理论起源于德国的"癖马案",其核心要义在于,综合行为时所有的具体情况,只有在能够期待行为人实施合法行为、避免犯罪行为时,才可以将法益实害或者危险的结果归责于他,反之,即便行为人对犯罪事实具有认识,具有违法性意识的可能性,也不能够要求其承担故意或过失的刑事责任。③ 期待可能性作为一种出罪事由,其最大的优势就在于可以在小部分特殊案件中限制刑法的发动,为犯罪圈划定合理的边界,即"在极少数情况下,由于行为人行为时所处的情境异常,即便其认识到或者可能认识到符合构成要件的违法事实,却依然不能对其提出遵从法律规范、实施合法行为的意志期待,此时就不得对行为人加以非难"④,换言之,从"法不强人所难"的角度来看,在特殊的情形下,如果法规范无法期待行为人放弃实施犯罪行为而选择适法行为,则不能追究其刑事责任。就体系地位而言,阶层犯罪构成理论一般把期待可能性放在有责性阶层,作为一种责任阻却事由来讨论,如果缺乏期待可能性,即便行为该当了特定罪名的构成要件,也不具有正当防卫等违法阻却事由,法

---

① 有观点指出,在这种情形下即便是四要件犯罪构成理论将乙作为间接正犯也是不合适的,因为这种"先考虑行为人是否成立教唆犯或者帮助犯,只有在行为人既不成立教唆犯又不成立帮助犯时,才考虑行为人是否构成间接正犯"的思维方式,对间接正犯进行了错误的理论定位——间接正犯与直接正犯并无本质上的差别,因此其应该获得独立的、积极的、第一次的判断(参见钱叶六:《我国犯罪构成体系的阶层化及共同犯罪的认定》,载《法商研究》2015 年第 2 期)。对此,笔者的看法是,这种情形中确实不应该将陆晓华作为间接正犯,但原因既不是陆晓华没有支配法益侵害的过程,也不是"替补论"的错误定位,而是间接正犯概念本身就不应该被承认。原因有二:一是现行刑法中没有对间接正犯做出明文规定,其更多的只是一个刑法理论中的名词;二是间接正犯本身也存在着理论根基不稳的弊端,间接正犯概念内涵的泛化导致许多新的问题(更为详细的原因阐述以及此种情形下对陆晓华、谢某某二人的司法处理,可参见黄明儒、王振华:《论单一正犯体系视域下间接正犯概念之否定》,载《东南大学学报(哲学社会科学版)》2017 年第 6 期)。

② 陈洪兵:《"二人以上共同故意犯罪"的再解释——全面检讨关于共同犯罪成立条件之通说》,载《现代法学》2015 年第 4 期。

③ [日]大谷实:《刑法讲义总论》(第 2 版),黎宏译,中国人民大学出版社 2008 年版,第 321 页。

④ 钱叶六:《期待可能性理论的引入及限定性适用》,载《法学研究》2015 年第 6 期。

官依然可以做出罪处理,这一过程体现了对人性弱点的关注以及司法裁判的智慧。也正是因为如此,期待可能性理论一经引入,就在我国获得了众多学者的认可与支持。当然,期待可能性理论自身也存在着多种不足且在域外审判实践中已然呈现出日薄西山的格局①,但却始终"衰"而不"落"。这一现象的背后是该理论对犯人教唆他人顶替、湮灭证据、教唆伪证、诬告或逃脱,或者因遭受自然灾害外流谋生而重婚的,因配偶外出长期下落不明造成家庭困难又与他人结婚的,被拐卖后再婚的,因强迫、包办婚姻或者婚后受虐待外逃而又与他人结婚等情形不应被刑法处罚之原因的合理说明,这意味着,期待可能性理论是一种"有用的理论",因此无论在阶层犯罪构成理论还是四要件犯罪构成理论中,都应该为其预备合理的体系位置。但由于四要件犯罪构成理论特殊的体系构造,无法将期待可能性等出罪事由纳入其中,对于一些可以不作为犯罪来处理的情形,坚守论者多以"情节轻微、危害不大、主观恶性较小"来说明。这样的结论当然是正确的,但问题在于,"情节轻微、危害不大、主观恶性较小"的表述过于笼统,以至于缺少违法性的正当防卫、紧急避险,缺少有责性的缺乏预测可能性等都可以是"情节轻微、危害不大、主观恶性较小",难以与刑法的规范性、精确性要求相匹配。此外,与理论上的"过热"相比,或许是因为目前四要件理论仍旧是法官认定犯罪的主要方法与范式,期待可能性理论在我国遭遇了"冷实践",以缺乏期待可能性为由直接对被告人做无罪处理的案件极为少见。在这种情况下,裁判文书的说理部分大量充斥着"情节轻微""主观恶性小""社会危害不大"等表述,既不利于实现对犯罪人的特殊预防,也不利于对普通社会公众的一般预防,四要件犯罪构成理论由于难以容纳期待可能性等出罪事由而隐含的弊端在此显露无遗。共同犯罪作为特殊的犯罪类型,虽然各个参与人的"违法是连带的",但"责任是个别的",实践中完全可能会存在部分参与人的行为虽与法益实害或者危险的结果存在引起与被引起的关系,但由于不具有期待可能性而需要做出罪处理的情形。

例如,甲绑架了乙的儿子,要求乙在街头的某公园埋放爆炸物,乙为了救儿子,迫不得已按照甲的命令去做。

此种情形中,法规范没有期待乙放弃犯罪行为而选择适法行为的可能性,即便他与甲共同造成了危害公共安全的危险,也不能追究其刑事责任,阶层犯罪构成理论一般会在有责性阶层对乙做出罪处理。但如果按照四要件犯罪构成理论,

---

① 例如,期待可能性理论在判断标准与适用范围上潜含的弊害以及无期待可能性,是仅适用于过失犯,还是既能适用于过失犯,又能适用于不作为犯或故意犯等问题,都给该理论的合理性与自洽性带来挑战。(参见梁云宝:《四要件犯罪论体系下期待可能性理论之否定》,载《政法论坛》2013年第3期)

乙在客观上实施了爆炸罪的实行行为,主观上也明知自己的行为会对公共安全造成危险,主客观四个要件齐备,毫无疑问构成犯罪,即便在量刑阶段可以依据《刑法》第28条的规定按照胁从犯来减轻或者免除处罚,也与阶层犯罪构成理论直接把乙的行为做出罪处理存在着较大差别。我国有观点认为,"四要件说在讨论共犯的成立条件时,名义上是在分析共同故意、共同行为,但实质上沿用了讨论单独犯的故意、行为的简单套路,对很多复杂问题采用'绕开走'的办法,导致对很多问题的讨论只能是浅尝辄止"①,四要件犯罪构成理论难以接纳期待可能性等出罪事由,对于特殊的共同犯罪情形多以"情节轻微、危害不大、主观恶性较小"等来作模糊处理或许就是对此最好的征表。

(二)四要件犯罪构成理论适用于共犯论时面临的批判之回应

在笔者看来,要判断坚守论与取代论双方孰是孰非(又或者说判断取代论对四要件犯罪构成理论之批判是否具有合理性),关键在于对两个问题的回答:一是,我们为什么需要体系化的犯罪构成理论? 二是,我们需要什么样的犯罪构成理论? 就第一个问题而言,所谓犯罪,并非像水在化学上是由氢气和氧气构成那样单纯由几个元素构成的。犯罪构成要件的体系安排,是作为法官对其思考予以整理、对其判断予以规制的手段而存在的。将犯罪是由什么样的要素构成的予以明确,对于具体的事实属于何种要素予以检讨,据此,能够区分出与具体的事实相关的各种事情之中哪些是重要的、哪些是不重要的。更进一步,由于对诸要素的关系予以体系性的思考,该种事实所具有的意味就会变得明确。由于预先设立了理论的体系,法官在各个事件的处理之时,能够不拘泥于感情和事件的特殊性,做出适当、齐一的判决来。② 换言之,社会科学与自然科学最大的区别就在于,社会科学中对某一问题的看法和结论并不具有唯一正确性且时常伴随着判断者个人的主观取向。犯罪的判断更是如此,社会生活复杂多样,一起刑事案件发生后,与之相关的事实因素千丝万缕,需要考虑其中的哪些因素、考虑的先后顺序,往往能够影响罪与非罪、此罪与彼罪的判断。更为关键的是,判断者个人(法官)的价值观念和法治素养也影响着最终的结论。随着人权保障观念的逐渐兴起,为了避免犯罪认定过程中的主观性和随意性(最大化地确保客观性和一贯性),现代刑法理论主张预先设定一种认定犯罪的模型作为大前提,具体的案件发生后,判断者即可根据事先设立的体系来判断哪些事实因素是重要的、哪些是不需要考虑的,犯

---

① 周光权:《犯罪构成四要件说的缺陷:实务考察》,载《现代法学》2009年第6期。

② [日]平野龙一:《刑法总论》,有斐阁1972年版,第87页。转引自黄明儒主编:《刑法总论》(第2版),北京大学出版社2019年版,第76-77页。

罪构成理论就是在这一过程中逐渐形成的。可以认为，所谓的犯罪构成，就是刑法规定的、经规范化理解后的、为构成犯罪所必需的客观要件与主观要件的有机统一①，犯罪构成最根本的作用就在于帮助司法者认定犯罪。对此，无论是三阶层犯罪构成理论还是四要件犯罪构成理论都是认同的。② 在明确了这一点后，讨论就来到了更深的层次，即上文提及的第二个问题——既然犯罪构成是必要的，也是必需的，那么我们需要什么样的犯罪构成理论呢？纵观当今世界，成文法国家主要有两种犯罪构成理论，一种是苏联和我国现行的犯罪构成理论（即四要件犯罪构成理论），另一种是德日等大陆法系国家的犯罪构成理论（即阶层犯罪构成理论）。这两种犯罪构成理论在逻辑结构上的表述不同直接导致了二者在适用方法上的差异，使得支持、主张其中之一的学者都津津乐道地认为只有自己主张的那一种才是最好的，而对另一种则嗤之以鼻。然而，正如所言，"两种犯罪构成模式基本功能的一致性，表明了二者之间存在可比性……任何一种犯罪构成的建立，都必须以犯罪的主观罪过与犯罪的客观行为作为各自模式的核心内容"③，既然犯罪构成存在的价值是事先描述犯罪类型、便于（法官）认定犯罪，那么只要能够做到定罪科学、量刑精准，无论是一体化的四要件犯罪构成理论还是阶层化的犯罪构成理论，就都可以在我国适用。这一现实说明，不能先入为主地认为阶层式的思考就一定比一体式（平面式）的思考更先进、更科学。正如美国刘易斯·鲍威尔大法官所言，"有罪抑或无罪，是一个具有客观真实性的问题，即被告人事实上有没有实施所指控的犯罪行为。从被告人最初被怀疑是否有罪，到最终判决其是否有罪，我们设计了一套刑事司法制度，以使事实裁判者能够依据法律发现真相。"④四要件犯罪构成理论与阶层犯罪构成理论同时作为帮助司法者发现真相、认定犯罪的"准据"，只有好不好用，而没有位阶上和价值上的差异。只有明确了这一点，才能有对四要件犯罪构成理论和阶层犯罪构成理论更进一步的比较和

---

① 陈兴良：《本体刑法学》（第3版），中国人民大学出版社2017年版，第143页。

② 前者例如，作为刑法理论史上第一个成形的阶层犯罪体系的首创者贝林就认为，"犯罪类型是规范性指示，与不法和有责一样是规范性的，且存在于不法、有责之中"（[德]恩施特·贝林：《构成要件理论》，王安异译，中国人民公安大学出版社2006年版，第3页），阶层犯罪理论就是为了塑造一种"违法·有责"的犯罪类型；后者例如，苏联学者特拉伊宁认为，犯罪构成乃苏维埃刑法规定的、说明社会危害行为（犯罪）特征的诸要件的总和（参见米铁男：《特拉伊宁犯罪构成学说之刍议》，载《刑事法评论》2011年第2期），也强调了犯罪构成具有描述犯罪类型的作用。

③ 杨兴培：《犯罪构成原论》（修订版），北京大学出版社2014年版，第109页。

④ 转引自[美]拉里·劳丹：《错案的哲学：刑事诉讼认识论》，李昌盛译，北京大学出版社2015年版，第1页。

评判。

如果说上述观点能够得到赞同,那么关于取代论者对四要件犯罪构成理论容易给刑法主观主义留下可乘之机的批判就是一种似是而非的观点——从域外的司法经验来看,据学者统计,在美国,已经确认从1989年至2003年间有340例错案被昭雪;在英国,成立于1997年的刑事案件复审委员会把444例涉嫌错判的案件发回至上诉法院重新审理;在加拿大,包括大量知名错判在内的错案意识也在增长,促使最高法院于2001年推翻了1991年的先例,至少有6个涉及调查的委员会提出了建议,可以由政府来建立常设性的刑事案件复审委员来调查关于错案的申请。此外,从错案产生的共同成因来看,主要集中在"目击证人的错误识别""说谎的证人或目击者""虚假供述与错误认罪""错误的法医鉴定证据""视野狭隘或确认偏误""辩护律师的不当代理"等方面。① 以上事实说明,刑事错案并不是只在我国才存在的特殊现象,而是困扰世界各个国家的共同难题。综观学者们总结的错案发生原因,基本没有将犯罪认定理念上的差异(即阶层式、一体式抑或是欧美法系中的双层次犯罪构成模式)作为一个影响因素。从我国的司法实践来看,一个最直接的现实是,目前还未见到哪一起刑事错案是因为法官采纳了四要件犯罪构成理论而不是阶层犯罪构成理论导致的。就取代论者所举之案例②,充其量也只能说明办理该案件的司法工作人员在人权保障和法治素养方面存在不足和欠缺,误将事实上没有法益侵害的社会越轨行为作为犯罪来处罚。可以说,是司法者错用了四要件犯罪构成理论,而不是四要件犯罪构成理论本身存在错误——从逻辑上说,犯罪成立与否的判断依附于客观事实,客观事实经过司法者的提炼和价值判断形成在刑法上具有重要意义的规范事实,客观事实与规范事实协调统一是正确认定犯罪的前提与保障。而之所以会出现入罪上的扩大化(客观事实与规范事实之间发生错位),主要是立法者和司法者在思维方式上存在差异,立法者是以法益保护为价值取向的,设立罪名的目的在于保护相对应的法益,而司法者以打击犯罪、维护社会秩序稳定为直接目的,二者在大多数情况下都是可以吻合和相互促进的,只有在极个别特殊情形下,保护法益和维护社会秩序二者之间会存在龃龉。考虑到司法权暗含的扩张属性,极易对立法者划定的入罪边界形成入

---

① [加]肯特·罗奇:《错案问题比较研究》,蒋娜译,中国检察出版社2015年版,第2—16页。
② 案情梗概:甲男暗恋邻居乙女。某日,甲趁乙独自在家时潜入其院落内爬上树窥探乙。甲在树上艰难度过4个多小时以后,意外遇到闪电雷雨。乙察觉到甲的行为并报警。"我爬上树,确实想强奸她。"面对民警,甲坦白了他爬上树的主观意图,表示愿意接受刑法处罚。该地方法院经审理判决甲构成强奸罪,判处有期徒刑1年,缓刑1年。(参见《成都男子爬树偷窥女邻居被判强奸罪获刑一年》,载《广州日报》2009年4月15日。)

侵,入罪扩大化、刑事错案也就在这一过程中产生。而这,似乎与认定犯罪的"准据"关联不大,更多的是司法价值层面的内容。由此看来,四要件犯罪构成理论仍旧可以在我国认定犯罪的司法过程中占据一席之地。①

(三)四要件犯罪构成理论的完善路径

经过上文的分析,可以认为四要件犯罪构成理论无论是认定共同犯罪的理念还是具体的方法,其实都并不像取代论者所认为的那样一无是处。当然这也并不表明四要件犯罪构成理论做到了尽善尽美,没有继续提升的空间。"刑法学是最精致的科学",刑法虽然是维护社会公众利益的最后一道防线,但作为一种"带刺的玫瑰",刑罚与生俱来的惩罚性和剥夺性,决定了做出任何一次罪与非罪、此罪与彼罪的结论都必须基于事实和证据进行谨慎小心的推理和论证。而犯罪构成作为认定犯罪的"准据",其自身科学与否直接决定着最终结论的合法性与合理性。我国有学者认为四要件犯罪构成理论是一种"大众话语",因为像类似于客体、客观方面,主体、主观方面这样的理论概念,并不是一种为刑法专业所独有的概念,甚至都不是法律专业独有的概念。而且在理论的逻辑层次方面,四要件理论中四个要件之间是一种简单的耦合,彼此之间没有像大陆法系的犯罪论那样有复杂的关联,甚至没有形成真正的理论体系,专业色彩比较淡化。因此,随着法治国家建设步伐的日益加快,对法律知识专门性、专业性的要求越来越高,一个更注重保障人权的社会必将更加谨慎和细致地对待公民定罪(入罪)的标准,这两方面的现实注定了由一个"人人可判案"的大众话语主宰的时代向"加深专业槽"的精英话语主宰的时代的转型。② 这种对待四要件犯罪构成理论和阶层犯罪构成理论的态度以及对刑法发展方向做出的预测,基本是客观并具有一定道理的。笔者之所以在阶层犯罪构成理论"日渐深入人心"的时候仍旧强调四要件犯罪构成理论中的合理成分,并不是认为该理论完美无缺,而是主张刑法观念和刑事司法办案程序的转变虽然是必须的,但要尽量做到"和风细雨""润物细无声",切不可是"疾风骤雨"式的,就连旗帜鲜明主张阶层犯罪构成理论的学者也不得不承认,"现

---

① 同样的结论也可以适用到批判之一的案例中。按照四要件犯罪构成理论的观点,"危害行为是犯罪客观方面的核心要素。没有危害行为,行为人就不会对刑法所保护的社会关系造成侵害或者威胁,亦即没有犯罪"(陈伟、郑自飞:《四要件视域下正当防卫出罪论》,载《吉首大学学报(社会科学版)》2016年第4期)。从事后的角度来看,甲邀富二代乙去峨眉山旅游一事中,乙在全过程当中都没有意识到自己的人身自由被甲以暴力、胁迫或者其他方式所控制,换言之,甲根本就没有实施绑架罪的实行行为,因此完全可以运用犯罪的客观方面这一要件来对甲做出出罪处理。司法实践中之所以会得出有罪的结论,是因为司法者错用了四要件犯罪构成理论,而不是该理论不存在出罪功能。

② 车浩:《阶层犯罪论的构造》,法律出版社2017年版,第58—73页。

有的理论不是轻易就会被打翻的,它不但在现有的司法人员的思维定式里,而且在现有的研究者的思考范式里,还有着相当顽强的生存空间"①。理论研究者要给司法工作人员和普通民众足够的时间去吸收、消化新事物、新理论,使他们能够跟得上理论研究者的步伐,不让理论研究和司法实践脱钩过于严重,而在这一过程中,往往伴随着一国民众法治素养的形成和不断提高。

就完善四要件犯罪构成理论具体的路径选择,笔者认为,为了同时实现进一步完善四要件犯罪构成理论的体系构造并避免给司法者留下错用的机会这两个目标,应该遵循司法认知的过程来对四要件犯罪构成理论进行体系微调,具体而言:在发现某一法益遭受侵害时②,司法体系才会开始运作,首先需要查明是不是人的行为(客观要件),如果是人的行为,再继续关注是谁的行为(主体),如果是具有责任能力的人的行为,则还需继续查明行为人为什么行为(主观要件),层层递进,从而达到证明犯罪成立的效果。这样的顺序调整具有四个方面的优势:一是基本保持了四要件犯罪构成理论的整体框架,对于已经熟悉了该理论体系的司法实务部门而言,可接受的程度较高,不会由于认定犯罪理论体系的骤变而使司法实务部门感到无所适从。二是直接将批判之一的案例和取代论者所举之客观上没有法益侵害的情形排除在犯罪认定的对象之外。类似的情形中,刑事司法体系根本不会启动和运转,也就降低了入罪扩大化的可能性。三是给期待可能性等出罪事由留下了体系位置。由于调整后的四要件理论要按照司法认知的过程来展开,因此当进入"行为人为什么行为"这一阶段后,就可以将正当防卫、紧急避险、违法性认识可能性、期待可能性等出罪事由纳入进来,进而把一些不值得刑法处罚的行为排除在犯罪之外。例如,批判之三案例,当考察"行为人为什么行为"时,考虑到乙是因为儿子被甲绑架、被逼无奈才实施埋藏炸弹这一情节,就可以认为乙的行为不具有期待可能性,直接做出罪处理。"定罪不是一个从主观到客观而是一个从客观到主观的逻辑过程"③,只有客观上对法益造成了实害或者危险,主观上具有故意或者过失,且不具有正当化的出罪事由时,才可以肯定犯罪的成立。四是借鉴和吸收了阶层犯罪构成理论中的有益成分和先进经验。事实上,同样作为认定犯罪的"准据",四要件犯罪构成理论与阶层犯罪构成理论并不是水火

---

① 付立庆:《犯罪构成理论——比较研究与路径选择》,法律出版社 2010 年版,第 313 页。
② 考虑到犯罪客体概念存在的空洞性和抽象性,应该将其替换为更为规范的法益概念,限于篇幅,此处不赘,可参见陈兴良:《犯罪客体的去魅——一个学术史的考察》,载《政治与法律》2009 年第 12 期。
③ 许发民:《二层次四要件犯罪构成论——兼议正当化行为的体系地位》,载《法律科学》2007 年第 4 期。

难容,二者的相融之处其实有很多。科学对待二者的态度应该是多考虑其融通之处,通过对阶层犯罪构成理论合理内容的有益借鉴来完善现有的四要件犯罪构成理论,在吸收域外(主要是大陆法系)经验的同时,"坚持中国刑法学的既有体系"。我国也有类似的观点认为,从历史视角、逻辑视角、应用视角、文化哲学基础等方面来看,四要件犯罪构成理论与阶层犯罪构成理论存在"体系共生"的可能性,二者在知识形态属性上并不是非此即彼的排斥关系,完全可能在共存的基础上形成一种拾遗补阙、良性互动的共生关系。① 应该说,这种观点与笔者主张对四要件犯罪构成理论进行体系微调的整体思路是一致的,既承认四要件犯罪构成理论的应有价值,也直面其存在的种种不足并试图找到改进的思路。不可否认的是,司法认知过程对四要件犯罪构成理论进行的微调,其实带有着阶层思考的影子,可以认为是一种"阶层化了的四要件犯罪构成理论",这样既照顾到了我国目前刑事司法实践的现实,也吸收了域外先进的理论研究成果和司法实践经验,在刑法知识不断转型的今天,不失为一种在坚守论和取代论之间的折中选择。

　　论述至此,本部分的基本立场已然明了,但仍有一个问题没有解决,那就是对于取代论者提出的未达刑事责任年龄者(无刑事责任能力者)与有刑事责任能力者共同实施了侵害(威胁)法益的情形,依照我国《刑法》的规定到底该如何解决。如果本着"刑法规范应该严格解释"的立场,那么"根据我国《刑法》第 25 条第 1 款的规定,共同犯罪仅限于二人以上共同故意犯罪的情形,这就将其他一些数人参与犯罪的情形排除在共同犯罪之外"②。换言之,我国《刑法》中的犯罪与共同犯罪,都是完全意义(实质意义)上的,即"如何去确认共同故意和在共同故意支配下的共同行为,才是同一个犯罪构成中的应有内容"③。但这就在不经意之间将数人共同导致法益侵害的很多情形排除在共同犯罪的规制范围之外了,如取代论者反复强调的未达刑事责任年龄者(无刑事责任能力者)与有刑事责任能力者共同实施侵害(威胁)法益的情形,以及由共同过失导致法益侵害的情形(《刑法》第 25 条第 2 款的规定),甚至是同时犯的情形。立法者之所以做出这样的规定,最主要的原因是,共同犯罪的法理是"部分实行全部责任""共同犯罪在共同故意范围不仅对本人行为承担责任而且对他人行为承担责任"④,而只有主观要件和客观要件的结合,才能使各个共同犯罪人的犯罪活动形成有机联系的整体,构成一个

---

① 周详:《四要件与三阶层犯罪论体系共生论》,载《中外法学》2012 年第 3 期。
② 刘明祥:《不能用行为共同说解释我国刑法中的共同犯罪》,载《法律科学》2017 年第 1 期。
③ 杨兴培:《犯罪构成原论》(修订版),北京大学出版社 2014 年版,第 290 页。
④ 陈兴良:《共同正犯:承继性与重合性——高海明绑架、郭永杭非法拘禁案的法理分析》,载陈兴良主编:《刑事法评论》(第 21 卷),北京大学出版社 2007 年版,第 42 页。

比单个人犯罪具有更大社会危害性的共同犯罪。① 可见,在立法者看来,法益侵害过程中各个参与人之间主观和客观方面(尤其是主观方面)的有机连结,才是共同犯罪与单人犯罪最本质的区别。未达刑事责任年龄者(无刑事责任能力者)与有刑事责任能力者共同侵害(威胁)法益、共同过失导致法益侵害等情形中,由于各参与人之间缺乏主观方面的联系(或者说是缺乏具有规范意义的主观联系),因而在解释论上不属于共同犯罪,而属于立法所要解决的问题。这是刑事立法的实然。但是从应然方面来看,未达刑事责任年龄者(无刑事责任能力者)与有刑事责任能力者共同侵害(威胁)法益等情形是客观存在的,《刑法》不能对此置之不理,反而需要对其正确定罪和量刑。那么,在充分尊重现有立法规定的前提下,该如何实现对这类问题的科学处理?

从比较法的视野来看,域外(包括我国台湾地区)刑事立法和刑法理论在处理多人犯罪问题时,一直存在着"犯罪参与"概念。在这一概念下,又主要有"正犯·共犯区分体系"和"单一正犯体系"两种不同的立法模式与理论主张。前者是指"法律条文之中,不仅在犯罪的成立条件方面,于概念上区别正犯与共犯(教唆犯与帮助犯),于刑罚评价上亦对两者加以区分之体系"②。在该体系中,正犯与共犯(教唆犯与帮助犯)不仅在犯罪成立的条件上存在着区别(区分制认为共犯对正犯具有从属性),而且二者的区分直接影响着刑罚裁量的轻重(正犯的处罚一般重于共犯)。典型的立法如德国刑法第 25 条至第 27 条的规定;后者又可称为"单一制",是指"对作用于同一犯罪事实的所有犯罪人,不论其是单独完成犯罪还是与他人共同完成犯罪或加功于他人的犯罪,均视之为同等的参与者,称之为'正犯'或'犯罪人',而不区分其究竟属于何种参与形式,也不根据参与形式来确定处罚原则"③。在该体系中,只要是行为与法益实害(或危险)结果之间存在着引起与被引起的关系就成立犯罪,实施该行为的参与人就是刑法要处罚的对象,至于各参与人刑罚的轻重,则是刑罚裁量阶段需要考虑的问题。对此,典型的立法例可见意大利刑法第 110 条的规定。

显然,采用不同的犯罪参与体系,就会对相关案件做出不同的规范评价和司法处理。可能由于同样源于德日等大陆法系国家,取代论者在主张用阶层犯罪构成理论来取代四要件犯罪构成理论的同时,基本主张在共犯论领域要全盘接受正

---

① 高铭暄:《中华人民共和国刑法的孕育诞生与发展完善》,北京大学出版社 2012 年版,第 28 页。

② 陈子平:《刑法总论》(2008 年增修版),中国人民大学出版社 2009 年版,第 309 页。

③ 刘明祥:《论中国特色的犯罪参与体系》,载《中国法学》2013 年第 6 期。

犯·共犯区分制,共同犯罪的认定要以正犯为中心。如张明楷教授就明确指出,"刑法总则规定了哪些参与人,刑法对共犯人如何分类(参与类型),是两个不同的问题"①,考虑到"犯罪的本质是侵害或者威胁法益,其具体表现为对法益造成侵害结果(包括危险),而支配这种结果发生的人正是正犯。所以,在处理共同犯罪案件时,先确认正犯,在正犯的行为符合构成要件且违法的前提下,再判断是否存在教唆犯、帮助犯,就变得相对容易"②。但在笔者看来,这种观点具有明显的立法缺失和理论不足。一方面,纵观刑法全文,没有任何法条使用了正犯、帮助犯的用语,那么论者所主张的以正犯为中心,在我国的刑法话语中究竟是以什么为中心? 极有可能因为核心对象的立法缺位而沦为一种单纯的学理上的解释观点。③另一方面,大陆法系刑法理论中对何为正犯一直存在着激烈的争论,从最初的客观说(形式客观说、实质客观说)、主观说(故意说、目的说)到近来的犯罪支配说,正犯认定标准的不确定性以及由此带来的处罚漏洞,让区分制学者疲于应付,甚至不惜创造出间接正犯的概念来充当"替补角色",使其自身的理论体系烦冗复杂且矛盾丛生。换言之,即便是在明确采用了区分制立法的德国与日本,关于正犯的认定标准尚且是一个争论不休的问题。面对此种现实,强行采用区分制理论来处理我国的共同犯罪问题恐怕并不妥当,也不明智;而犯罪参与概念下的单一正犯体系在认定共同犯罪时,则更加注重法益实害(或危险)结果与行为之间的因果联系,从结果出发,借由因果关系,找到需要为法益受损结果负责的人,至于行为人之间主观方面的联结以及参与人各自的责任能力,则是量刑阶段需要重点讨论的问题。不难看出,单一正犯体系在认定共同犯罪时的思路与方法,与笔者主张的根据司法认知过程进行重组后的四要件犯罪构成理论具有高度的相似性,二者都重点关注行为、结果以及它们之间引起与被引起的关系。甚至可以说,如果在共同犯罪的成立条件上继续坚守四要件犯罪构成理论,那么单一正犯体系就应该成为认定共同犯罪的唯一方法选择。事实上,依据这一理论也能够实现对共同犯罪案件的正确定罪与量刑。此处以批判之二案例为例进行说明。

公私财物被盗的案件发生后,司法机关需要根据被害人的陈述以及遗留在现场的证据来倒推、寻找与财产法益受损的结果存在引起与被引起关系的行为和行为人,只要行为与法益侵害后果(基本结果和加重结果)存在因果关系④,该参与

---

① 张明楷:《共犯人关系的再思考》,载《法学研究》2020 年第 1 期。
② 张明楷:《共同犯罪的认定方法》,载《法学研究》2014 年第 3 期。
③ 关于在我国确立单一制之立法依据的详细讨论,可参见黄明儒、王振华:《我国犯罪参与体系归属单一制的立法依据论》,载《法学杂志》2017 年第 12 期。
④ 至于因果关系判断标准的选择,如条件公式、客观归责理论等,还需进一步讨论。

人就是归责的对象,即在案例中,陆晓华与谢某某二人需要共同对财产法益受损的结果负责。但是,我国刑法第 25 条明确将共同犯罪的成立范围限定在"二人以上共同故意犯罪",谢某某因为未达刑事责任年龄(不符合犯罪主体要件、犯罪主观要件)而不能被追究刑事责任①,换言之,陆晓华与谢某某不构成共同犯罪,此时就需要运用犯罪参与理论来单独追究陆晓华的刑事责任。按照单一正犯体系的基本观点,"所谓多数人参与犯罪,只是现象。在目的思考上,犯罪的支配形态永远是单独正犯""谁和法益侵害有因果关系,那么谁就应该为法益侵害而负责"②,因而陆晓华需要对财产法益受损的结果负责就是理所当然的。但问题在于,要求陆晓华对财产法益受损的结果负责存在一个理论障碍,即陆晓华只实施了望风行为,明显缺乏盗窃罪的实行行为(犯罪客观要件),对此该如何进行解释?我国有学者认为,"我国的共同犯罪只是数人参与犯罪的一种特殊类型,还有许多不成立共同犯罪的情形也在数人参与犯罪的范围之内……应当适用单一正犯的处罚规则,即根据构成犯罪的参与人参与犯罪的性质程度,给予轻重不同的处罚"③,但这种观点依旧没有说明在类似的情形中,陆晓华的实行行为性,即犯罪的客观要件是怎么满足的——运用四要件犯罪构成理论来处理这样的案件时,关键是要论证为什么可以把未达刑事责任年龄者(无刑事责任能力者)的行为视为有刑事责任年龄者的行为,进而使犯罪的客观要件得以满足。对此,笔者认为,我国刑法总则与分则采取的是一种二元的立法模式,即刑法分则对具体罪名罪状的表述都是以单人犯罪的既遂样态为模式(即犯罪客观要件的实行行为),但是考虑到现实的犯罪活动中,实行行为既可能由一个人来单独完成,也可能由数个犯罪参与人来共同完成,因此刑法总则(第 25 条)对分则的规定进行了部分修正,在多人共动的场合中,是所有参与人共同实施的"整体行为"(如案例中陆晓华的望风行为与谢某某的入户盗窃行为)满足了犯罪的客观要件。换言之,犯罪参与场合中的"整体行为"就是其犯罪客观要件中的实行行为。在这样的立法背景下,只要参与人对"整体行为"有所加功、具有因果关系(如共同实行行为、教唆行为、帮助行为),其犯罪客观要件就已满足,就需要对法益受损的结果承担相应的刑事责任。至于部分参与人因具有特殊的出罪事由(如未达刑事责任年龄、不具有刑事责任能力)而不需要承担刑事责任的,并不会对其他参与人需要承担的刑事责任

---

① 但这并不意味着刑法对谢某某的行为就没有否定性的评价,依据我国刑法第 17 条相关条款的规定,不处罚未满 16 周岁的未成年人实施的侵害(或者威胁)法益的行为,更多的是一种基于刑事政策考量以后的结果,并不能否定刑法对这种行为的否定性评价。

② 黄荣坚:《刑罚的极限》,元照出版公司 1999 年版,第 124、125 页。

③ 刘明祥:《不能用行为共同说解释我国刑法中的共同犯罪》,载《法律科学》2017 年第 1 期。

产生影响,这也正好顺应了单一正犯体系"刑事责任的评价始终是单独进行"的立论根基。① 至于对陆晓华的量刑问题,根据单一正犯体系的观点,需要法官根据各个参与人对法益侵害结果所起作用之大小的不同,综合评价各个参与人的情况后做出轻重不同的刑罚处罚。笔者的这种观点也得到了该案审理法院判决结果的支持与印证,审理该案的苏州市金阊区人民法院认为,"从本案盗窃犯意的发起(谢某某提出犯意)、犯前安排分工(谢某某安排陆晓华在外望风)、盗窃行为的实施(谢某某本人自行实施)、赃款的分配(谢某某分得近 95%的赃款)等全部核心环节看,在整个盗窃过程中,谢某某均处于主导和支配地位,而陆晓华则处于从属地位。综上,可以得出以下结论:同案人员谢某某实际掌控着本起盗窃,整个盗窃过程也充分体现了其支配性主体意识,而并非被陆晓华操控而实施了盗窃行为。谢某某不构成犯罪系因法定年龄问题,不影响对其支配和主导地位的认定,故本案被告人陆晓华虽被单独起诉,仍应被认定为从犯,否则也明显有悖于罪刑相适的刑法原则"②,即陆晓华虽然满足了成立盗窃罪的四个要件,但考虑到他对法益侵害结果所起到的作用较小,因此可以从轻处罚。③ 其实从这个案件也可以看出,四要件犯罪构成理论与单一正犯体系之间具有较高的契合度,将前者作为认定犯罪之"准据"的一个自然推论就是要将单一制作为处理犯罪参与问题的基本立场,既符合我国刑法的规范表述、坚持了罪刑法定原则,也顺应了我国大多数司法工作人员的思维方式,能够取得较好的实践效果。

四、结语

犯罪作为一种复杂的社会现象,其构成并非像化学反应中水由氢元素和氧元

---

① 事实上,关于这一问题,目的行为理论也可以给我们提供一些思路——按照这种理论,"行为之所以具备'目的性'或者有目的性,其根据在于,人能够按照他对因果关系的认识,在一定范围内预测其活动可能造成的结果,在此基础上设定不同的目标,并且有计划地引导其活动朝着实现该目标的方向发展"([德]汉斯·韦尔策尔:《目的行为论导论——刑法理论的新图景》(增补第 4 版),陈璇译,中国人民大学出版社 2015 年版,第 1页)。换言之,刑法上的行为都是人的有目的的活动,人的活动的这种目的性体现在两个方面,一是人根据因果关系所设定的行动方式,二是人根据因果关系所预期的行动目标。以此来看,在部分案件中,特定的参与人尽管没有亲自实施实行行为,但如果其他参与人行动的方式能为他所接受,其他参与人行动的结果也正是他所预期的目标,那么就可以将其他参与人实施的行为视为该特定参与人的行为。在案例中,尽管陆晓华没有亲自实施盗窃罪的实行行为,但无论是谢某某入户盗窃的行为方式,还是谢某某取得 11 万元现金的结果,都能够被陆晓华所接受和认可(也可以说是陆晓华积极追求的目标),那么就可以将谢某某的入户盗窃行为视为陆晓华的行为,从而肯定其满足了盗窃罪的客观要件。

② 参见(2012)金刑二初字第 0105 号刑事判决书。

③ 就此来看,在我国可能出现"无主犯的从犯"的情形。

素组成那样具有唯一性、直观性,一起犯罪活动中可能会存在很多的情节与要素(共同犯罪更是如此),但真正值得刑法关注的只是其中与法益实害或危险具有因果关系的那一部分,"法益概念使国家对每一个形式上违反刑法规范行为的惩罚权变成不是理所当然的"①,这时就需要确立一定的标准来对所有的案件事实进行筛选和检讨,以便留下重要的,剔除不重要的。在现代刑法理论中,犯罪构成就起着这样的作用——行为满足了犯罪构成,则证明其社会危害程度已经达到了犯罪所必须具备的条件,"构成要件,是一种将社会生活中的事实加以类型化的观念形象,并且进而将其抽象为法律上的概念"②——犯罪构成不是具体事实,其在认定犯罪的过程中承担着"准据"的作用。就犯罪构成的类型而言,目前主要存在着四要件犯罪构成理论和阶层犯罪构成理论之间的争论,前者本属我国的通说,但近年来受到了阶层犯罪构成理论的强力冲击,理论支配地位正逐渐式微。然而,通过分析可以得知,对四要件犯罪构成理论的某些批判均可以做出妥当回应,而且将四要件犯罪构成理论适用于共同犯罪的认定时所体现出的理论与实践上的双重优势也是显而易见的。因此,为了给司法工作人员和普通民众足够的时间去吸收、消化新事物、新理论,使他们能够跟得上理论研究者的步伐,不让理论研究和司法实践脱钩过于严重,四要件犯罪构成理论具有坚守的必要性和可行性,只需要按照司法认知的过程对四个要件的排列顺序进行微调即可(排列顺序的调整当然意味着司法认定顺序的改变)。此外,对于诸如未成年人与有刑事责任能力者共同实施的侵害法益的案件,宜在坚持四要件犯罪构成理论的前提下,结合单一正犯体系的基本立场进行妥善处理,贯彻落实"违法是共同的、责任是个别的"原则,重点分析行为与法益实害或者危险之间引起与被引起的因果关系——只要行为与法益实害或者危险之间具有因果关系,行为人就是引起了法益实害或者危险的参与人,就是刑法要处罚的对象,由此也可以得出这样的结论,即我国刑法规定的共同犯罪只是犯罪参与的一种特殊类型。至于部分参与人由于未达刑事责任年龄、不具有刑事责任能力等特殊原因而不需要处罚的,则应该结合这些特殊情况分别进行判断。四要件犯罪构成理论与单一正犯体系之间具有高度的协调性与统一性,将我国的犯罪参与体系归属于单一正犯体系是坚持四要件犯罪构成理论的必然结论之一。

(本文原载于《法商研究》2021年第5期)

---

① 李海东:《刑法原理入门(犯罪论基础)》,法律出版社1998年版,第16页。

② [日]小野清一郎:《犯罪构成要件理论》,王泰译,中国人民公安大学出版社1991年版,第6-7页。

我国犯罪构成模式改革的
路径争论与建议

陈志军

作者简介:陈志军(1975—　　),男,湖南省新邵县人,中国人民公安大学法学院副院长、教授,法学博士,博士生导师,专业技术二级警监。北京市高等学校青年教学名师。兼任中国刑法学研究会理事、海峡两岸关系法学研究会理事、中国法学会法学教育研究会理事。主要从事刑法学理论与实务研究。主持国家社会科学基金重点项目、教育部人文社会科学研究项目等省部级以上项目8项。著有《刑法司法解释研究》《共同犯罪的理论与实践》等独立专著6部,《希腊刑法典》《巴西刑法典》等独立译著23部。在《法学研究》《法学》《法商研究》《法学家》《法学杂志》《政治与法律》等刊物上发表专业学术论文50余篇。

中华人民共和国成立前夕做出了废除"六法全书"另起炉灶建设社会主义法制的抉择。20世纪50年代初,中华人民共和国的法学教育也走上了以俄为师的道路,以贝斯特洛娃为代表的一批刑法学者来到中国政法院校讲授刑法学课程,授课使用苏联的刑法教科书,这就是为中华人民共和国刑法学的创立进行理论和人才准备。体现将苏联刑法理论中国本土化精神的中华人民共和国刑法学最初的几本教材[如1957年《中华人民共和国刑法总则讲义(初稿)》等]重点介绍的就是四要件犯罪构成理论,这标志着四要件犯罪构成理论在中国落地生根。在社会主义法制经历长期曲折之后,20世纪70年代末各大政法院校陆续恢复招生,1979年中华人民共和国第一部《刑法典》颁布,因而迫切需要一部新的刑法学教材,于是司法部组织各大高校著名刑法学者编写的第一部全国统编刑法学教材《刑法学》于1982年出版,该教材的编者一致认为中国刑法学理论应当以四要件犯罪构成理论为基本框架。① 从20世纪80年代开始就有论者主张对四要件犯罪

---

① 高铭暄:《论四要件犯罪构成理论的合理性暨对中国刑法学体系的坚持》,载《中国法学》2009年第2期。

构成模式进行改造,在苏联解体以后这种主张日益增多,但这些主张大多总体上仍然认同四要件模式,只是对四要件模式进行局部改造。进入21世纪以后,随着德日等外国刑法理论著述的翻译和引入,出现了直接移植德日三阶层模式等彻底另起炉灶的改革主张。中国犯罪构成模式的改革路径如何抉择已经成为中国刑法学需要理性回答的重大时代课题。

一、我国犯罪构成模式的改革路径争论

我国犯罪构成模式的改革路径存在各种不同的主张,笔者综览近四十年来的有关著作、论文,按照其对传统四要件模式的变动程度,大致可以概括为以下三类。

(一)重新排列四要件顺序论

我国刑法学界通说认为,基于司法机关认定犯罪的一般过程,犯罪构成四要件的排列顺序为:犯罪客体→犯罪客观方面→犯罪主体→犯罪主观方面。1957年《中华人民共和国刑法总则讲义(初稿)》中就采用这一排列顺序[1],至今一直被绝大多数刑法教科书所采用。但从20世纪80年代开始,陆续有学者对这一排列顺序提出了质疑,主张采取新的排列顺序。

对于如何重新排列四要件的顺序,具体又有以下不同主张:(1)犯罪主体→犯罪主观方面→犯罪客观方面→犯罪客体。这种主张认为应当以犯罪行为的发生过程来排列构成要件顺序。[2] (2)犯罪主体→犯罪客体→犯罪主观方面→犯罪客观方面。有论者基于系统论提出了这一排列顺序。[3] (3)犯罪客观方面→犯罪客体→犯罪主观方面→犯罪主体。有论者认为我国的犯罪构成要件应该遵循从客观要素到主观要素、从形式要素到实质要素、从行为到行为人的顺序排列。[4] (4)"犯罪客观要件→犯罪主体要件→犯罪主观要件→犯罪客体要件"和"犯罪主体要件→犯罪主观要件→犯罪客观要件→犯罪客体要件"两种排列方式并行说。有论者认为前一种排列方式符合司法认定犯罪的过程,具有司法指导意义;后一种排列方式符合犯罪行为发展过程,具有完善刑法学科体系的理论意义。

---

① 赵秉志:《论犯罪构成要件的逻辑顺序》,载《政法论坛》2003年第6期。
② 赵秉志、吴振兴主编:《刑法学通论》,高等教育出版社1993年版,第84~85页;陈明华主编:《刑法学》,中国政法大学出版社1999年版,第108页;苏惠渔主编:《刑法学》,法律出版社2001年版,第79页。
③ 何秉松:《犯罪构成系统论》,中国法制出版社1995年版,第112页。
④ 王充:《从理论向实践的回归——论我国犯罪构成中构成要件的排列顺序》,载《法制与社会发展》2003年第3期。

两种排列方式具有不同的功用,不能彼此替代。① 可以说,重新排列四要件顺序论是一种最为保守的犯罪构成模式改革方案。

(二)在原四要件基础上增减要件论

我国也有论者主张对通说四要件中的部分要件进行合并、分拆或者剔除后,构建新的犯罪构成模式。这种主张基本上认同通说的基本理论框架,但要对部分要件进行调整。根据对通说模式的改变程度大小,又可以分为以下四类。

一是合并某些要件。即对原四要件的部分要件予以合并。具体包括以下两种不同的主张:(1)"行为要件+主体要件"说。这种主张把原四要件中的客体、客观方面和主观方面合并为行为要件。② (2)"主体+危害社会的行为+客体"说。这种主张把原有的主观方面和客观方面合并为危害社会的行为这一要件。③ 这种主张形式上减少了构成要件的数量,实质上并没有改变构成要件的具体内容。

二是分拆某些要件。即对原四要件的部分要件予以分拆。例如,有论者认为,犯罪构成包括下列五个要件:危害社会的行为、危害社会的客体、危害社会的结果及其与危害行为之间的因果关系、危害行为的主体条件、危害行为的主观罪过。④ 这实际上是将客观方面要件进行拆分。这种主张形式上增加了构成要件的数量,实质上并没有改变构成要件的具体内容。

三是剔除某些要件。即将原四要件的部分要件予以剔除。具体有以下不同主张:(1)剔除客体要件。即主张只保留客观方面、主体和主观方面三大要件。⑤ (2)剔除主体要件。即主张只保留客体、客观方面和主观方面三大要件。⑥ (3)剔除客体和主体要件。即主张只保留客观方面和主观方面两大要件。⑦

四是分拆、合并、剔除并用。即对原四要件的部分要件综合运用分拆、合并、剔除中的多种方法进行重组。具体有以下不同主张:(1)犯罪主体+犯罪行为+犯罪结果。首先,剔除犯罪客体。即认为犯罪结果也是对刑法所保护的社会关系的侵犯,不存在没有犯罪结果的犯罪,犯罪结果的内容可以包括犯罪客体的全部内

---

① 赵秉志:《论犯罪构成要件的逻辑顺序》,载《政法论坛》2003 年第 6 期。

② 何秉松:《建立具有中国特色的犯罪构成理论新体系》,载《法学研究》1986 年第 1 期。

③ 顾永忠:《犯罪构成理论新探》,载《政法论坛》1985 年第 3 期。

④ 周密:《试论"构成犯罪"》,载《政法论坛》1987 年第 6 期。

⑤ 张文:《犯罪构成初探》,载《北京大学学报》1984 年第 5 期;胡家贵:《关于犯罪构成的客体与对象之我见》,载《政法论坛》1989 年第 5 期;肖中华:《犯罪构成及其关系论》,中国人民大学出版社 2000 年版,第 155 页。

⑥ 傅家绪:《犯罪主体不应是犯罪构成的一个要件》,载《法学评论》1984 年第 2 期;陶积根:《犯罪主体不是犯罪构成要件》,载《政治与法律》1986 年第 2 期。

⑦ 杨兴培:《犯罪构成原论》,中国检察出版社 2004 年版,第 61-136 页。

容,因而原四要件中的犯罪客体与犯罪结果重复,应予以剔除。其次,将客观方面拆分为犯罪行为和犯罪结果两部分。最后,将原客观方面中的行为和主观方面合并为"犯罪行为"要件。① （2）主体+犯罪行为+主观要素+犯罪行为侵犯的对象。首先,剔除犯罪客体。其次,将客观方面改称犯罪行为,突出行为的重要地位。最后,犯罪对象是每一个犯罪不可或缺的,应给予其要件地位。② 虽然我国刑法理论上对应将犯罪对象归入犯罪客体还是客观方面要件存在不同的看法,但对犯罪对象是某些犯罪的必备构成要件要素存在共识。因此,该论者将犯罪对象升格为三大构成要件之一,也可看作一种特殊形式的分拆。

（三）另起炉灶论

我国也有论者主张彻底抛弃传统四要件说,借鉴境外理论构建全新的犯罪构成模式。大致可以分为以下两种类型。

一是借鉴英美法系论。英美法系的构成模式可以称为双层控辩平衡模式。其犯罪构成要件包括两个层次:第一层次是犯罪本体要件（行为和心态）,第二层次是责任充足条件（辩护理由）。第一层次侧重体现国家意志,表现为公诉机关的权力,发挥刑法的维护秩序和保卫社会的功能;第二层次侧重体现公民权利,表现为被告人的辩护权利,发挥刑法的保障人权的功能。这种犯罪构成模式与英美法系控辩平衡的对抗式刑事诉讼模式相契合。③ 这种犯罪构成模式实际上是将犯罪构成的积极要件和消极要件分别概括为犯罪构成的两大要件。我国有论者借鉴英美法系的犯罪构成模式,提出了相类似的犯罪构成模式改革方案:（1）犯罪的基本要件+排除刑事责任阻却要件。犯罪的基本要件由客观要件和主观要件构成。客观要件具体可包括犯罪行为、犯罪结果、附随情状等;主观要件则具体指犯罪的故意和过失。排除刑事责任阻却要件包括排除违法性阻却和排除责任阻却两种。④ （2）犯罪基础要件+犯罪充足要件。其中犯罪基础要件由危害行为的客观要素、危害行为的主观要素和行为能力构成;犯罪充足要件包括各种正当行为。⑤ （3）犯罪客观要件+犯罪主观要件+犯罪阻却事由。⑥ 这种主张实际上只是将英美法系犯罪构成中的犯罪本体要件中的"行为"和"心态"两个要素上升为与责任充

---

① 周其华:《犯罪构成三要件论》,载《中国刑事法杂志》2000 年第 5 期。
② 谢望原:《关于犯罪构成模式论的反思与构想》,载《文史哲》1993 年第 5 期。
③ 储槐植:《美国刑法》(第 2 版),北京大学出版社 1996 年版,第 64—65 页。
④ 于改之、温登平:《比较、反思与重塑:犯罪构成理论再探》,载《政法论坛》2002 年第 3 期。
⑤ 田宏杰:《刑法中的正当化行为与犯罪构成关系的理性思考》,载《政法论坛》2003 年第 6 期。
⑥ 周光权:《刑法总论》,中国人民大学出版社 2007 年版,第 104 页。

足要件并列的要件而已。因而从表象来看与大陆法系三阶层模式类似,实则与英美法系双层控辩平衡模式更为相近。

二是借鉴大陆法系论。我国有论者借鉴大陆法系的犯罪构成模式,提出了相类似的犯罪构成模式改革方案:(1)构成要件符合性+违法性+有责性。[①] 这种主张直接全盘引入德日刑法理论中的居于通说地位的三阶层犯罪构成模式。(2)罪状该当性+违法性+有责性。有论者认为,犯罪构成理论应当多元化,在四要件模式之外主张上述三阶层模式,但第一个犯罪成立条件的名称应由"构成要件"替代为"罪状",这样更能体现其法定性。[②] (3)事实+违法+责任。有论者认为,可以将传统四要件理论中的犯罪客观方面、犯罪主观方面分别改为行为的客观方面、行为的主观方面,构造为第一层次的事实要件;违法性是第二层次的要件;将传统四要件中的犯罪主体要件改造为第三层次的责任要件。[③] 和德日三阶层体系相比,这种主张的特点在于将故意和过失从有责性中剥离,并入事实要件中。(4)典型事实+违法判断+归责理由。有论者主张以意大利的"典型事实+客观违法性+罪过"模式为基础,构建上述犯罪构成模式。[④] 可以说这种模式与典型的三阶层模式差异不大。(5)不法+责任。这种主张看似只有两大要件,但该论者指出其中的"不法"是指符合构成要件并且违法(构成要件+违法)[⑤],因而实际上仍然是德日典型的三阶层模式。

二、应当澄清的犯罪构成模式学说史中的五个问题

针对我国当前对犯罪构成模式改革的理论聚讼,笔者认为只有澄清犯罪构成模式学说史中的以下五个问题,才能就改革路径的抉择做出理性判断。

(一)"犯罪构成"和"构成要件"的概念

溯源"犯罪构成"是苏联(包括俄罗斯)、中国等采用四要件模式国家所特有的概念,采用三阶层模式的德日刑法理论上通常使用"构成要件(Tatbestand)"一词,并无"犯罪构成"这一概念。[⑥] 经过文献考察和思考,笔者认为,我国刑法学界对四要件模式和三阶层模式看似激烈的理论交锋的根源就在于俄罗斯和苏联的

---

① 陈兴良主编:《刑法学》,复旦大学出版社 2003 年版,第 49-52 页。
② 阮齐林:《应然犯罪之构成与法定犯罪之构成——兼论犯罪构成理论风格的多元发展》,载《法学研究》2003 年第 1 期。
③ 劳东燕:《罪刑法定视野中的犯罪构成》,载陈兴良主编:《刑事法评论》(第 10 卷),中国政法大学出版社 2001 年版,第 37—38 页。
④ 许道敏:《犯罪构成理论重构》,载《中国法学》2001 年第 5 期。
⑤ 张明楷:《刑法学(上)》(第 5 版),法律出版社 2016 年版,第 103-104 页。
⑥ 张明楷:《犯罪构成理论的课题》,载《环球法律评论》2003 年第 3 期。

四要件模式创立者对前期旧派时期德国刑法理论上的纯客观的"构成要件"概念的误读。在刑法学说史的视野下,对今天中国刑法理论中的"犯罪构成"和"构成要件"两个重要概念进行溯源,就能拂去纷争的尘埃还原历史真相,彻底看清四要件模式和三阶层模式之间的真实关系。

一是"构成要件"的概念溯源。我国刑法理论上使用的"构成要件"以及"构成要件该当性"等概念都是直接从日本刑法理论中照搬而来的。一般认为,德日三阶层模式中的"构成要件"概念最早来源于中世纪意大利纠问程序中通过一般纠问所证明的犯罪事实(corpus delicti)。这一概念传到德国后,1796 年德国学者克莱因(Ernst Ferdinand Klein)把它译成德语的 Tatbestand。赋予 Tatbestand 一词实体法意义的是德国刑法学家斯鸠贝尔(C.C.Stübel,1764—1827)和费尔巴哈(Anselm von Feuerbach,1775—1833)。① 后来德国刑法理论传入日本,日本学者将 Tatbestand 翻译成"构成要件"②。至于日本是谁最早使用"构成要件"概念的目前无法考证,但被视为日本刑法学界构成要件理论先驱的大场茂马在 20 世纪10 年代出版的《刑法总论》中已经开始使用今天意义上的构成要件概念。③ 由此可见,在刑事实体法意义上而言,"构成要件"概念的内涵源头是 19 世纪上半叶刑事古典学派的费尔巴哈等人所使用的 Tatbestand 一词,汉字形式源头是 20 世纪初叶的日本。

二是"犯罪构成"的概念溯源。我国刑法理论上使用的"犯罪构成"概念,汉字形式源头是 20 世纪 50 年代中华人民共和国法学教育草创初期翻译过来的苏联刑法教科书,如 1952 年 9 月印行的《苏维埃刑法总论(四)》(中译本)就开始使用"犯罪构成"概念。④ 该词译自苏联刑法理论中的 coctab преступления 一词。因而其内涵源头自然应当往苏联甚至沙皇俄国时期追溯。在四要件模式形成中起了重要作用的苏联著名刑法学家 A.H.特拉伊宁于 1946 年出版的《犯罪构成的一般学说》中,也使用 состав преступления 一词。⑤ 进一步追溯到十月革命以前的 19 世纪中叶,俄罗斯刑法学家斯巴索维奇(B.Спасович)、季斯甲科夫斯基

---

① [日]大塚仁:《刑法概说(总论)》(第 3 版),冯军译,中国人民大学出版社 2003 年版,第111 页。
② 张明楷编:《外国刑法纲要》,清华大学出版社 1999 年版,第 71 页。
③ [日]小野清一郎:《犯罪构成要件理论》,王泰译,中国人民公安大学出版社 1991 年版,第4-6 页。
④ [苏]贝斯特洛娃:《苏维埃刑法总论(四)》(中译本),中国人民大学出版社 1952 年版,第12-13 页。
⑤ 该书的中译本于 1958 年在中国出版。见[苏]A.H.特拉伊宁:《犯罪构成的一般学说》,王作富等译,中国人民大学出版社 1958 年版。

（Кистяковский）等人将已被德国刑法学家赋予实体法含义的 Tatbestand 一词引入本国刑法学研究中并译成 состав преступления，认为这一概念集犯罪的外部客观方面与内部主观方面于一身，意指犯罪概念中所包含的所有要件的总和。①

（二）对斯鸠贝尔和费尔巴哈的犯罪论体系观念的考察

通过上述溯源可知，我国刑法理论上的"犯罪构成"和"构成要件"的含义源头是相同的，均为 19 世纪上半叶被斯鸠贝尔和费尔巴哈赋予了刑法学含义的 Tatbestand 一词。众所周知，现在德日居于通说地位的"犯罪是符合构成要件的、违法的和有责的行为"的犯罪概念以及与之相对应的三阶层模式，定型于 19 世纪末 20 世纪初。因而斯鸠贝尔和费尔巴哈的犯罪论体系观念，还只能说是对现代犯罪论体系的初步构想。

一是斯鸠贝尔的犯罪论体系观念。斯鸠贝尔主张区分行为的不法和归责问题。② 斯鸠贝尔进一步将 Tatbestand 界定为"应当判处法律所规定的刑罚的所有事实情况的总和，因为这些事实是同责任能力无关的"③。这就意味着斯鸠贝尔主张将犯罪成立的条件区分为客观面（行为的不法）和主观面（行为的归责）两大部分，并将客观面"行为的不法"称为构成要件（Tatbestand）。

二是费尔巴哈的犯罪论体系观念。费尔巴哈的《现行德国普通刑法教科书》总论卷第一编相当于现代刑法学所说的犯罪论，分为六章，其中第二章是"关于犯罪可能的主体"，第三章是"关于犯罪的必要的条件"，第四章是"关于违反刑罚法规的差异"［其中包括依存于行为本身之内的（心理的）根据的差异，即论述故意、过失问题］。④ 由此可以看出，费尔巴哈也是认为犯罪的成立需要具备主体、构成要件、罪过等条件，但其将"关于犯罪的必要的条件"称为 Tatbestand。

由此可见，斯鸠贝尔和费尔巴哈都认为（Tatbestand）构成要件是纯客观的，不包含主观要素。此后三阶层模式的重要创立者贝林格（Beling）早期所持的构成要

---

① 庞冬梅：《俄罗斯刑法学中犯罪构成理念的多维分析及功能定位》，载赵秉志主编：《刑法论丛》（2011 年第 2 卷），法律出版社 2011 年版，第 393-394 页；庞冬梅：《俄罗斯犯罪构成理论研究》，中国人民大学出版社 2013 年版，第 1 页。

② ［德］汉斯·海因里希·耶赛克、托马斯·魏根特：《德国刑法教科书（总论）》，徐久生译，中国法制出版社 2001 年版，第 248 页。

③ ТРАЙНИН А.Н. Общее учение о составе преступления［M］.М.：Госюриздат，1957. P. 20，转引自龙长海：《德日、俄中犯罪构成理论哲学基础研究》，载《求是学刊》2010 年第 6 期。

④ ［德］安塞尔姆·里特尔·冯·费尔巴哈：《德国刑法教科书》（第 14 版），徐久生译，中国方正出版社 2010 年版，第 37-66 页；［日］山口邦夫：《19 世纪德国刑法学研究》，八千代出版股份有限公司 1979 年版，第 95-96 页、第 89 页。转引自马克昌主编：《近代西方刑法学说史》，中国人民公安大学出版社 2016 年版，第 149-150 页。

件是纯客观的主张①,与前述两位学者的主张一脉相承。

(三)沙皇俄国和苏联学者对 Tatbestand 的不准确翻译

19世纪中叶,沙皇俄国刑法学家斯巴索维奇、季斯甲科夫斯基等人在将斯鸠贝尔、费尔巴哈所用的仅指纯客观要件的 Tatbestand 一词引入俄罗斯刑法学时,将其译成 состав преступления,其中 состав 是"constitution(构成)"之意,преступления 是"crime(犯罪)"之意,并且都认为 состав преступления 这一概念是集犯罪的外部客观方面与内部主观方面于一身的犯罪所有要件的总和,成为一个包括主观要素和客观要素在内的概念,不再是纯客观要素的集合。此后的塔甘采夫(H.C.Таганцев)、皮昂特夫斯基(A.A.Пионкоbский)、特拉伊宁等刑法学家都在主客观相统一的意义上沿用这一概念。② 这显然已经改变和超出了斯鸠贝尔、费尔巴哈所指的含义。笔者认为,在从德语 Tatbestand 到俄语 состав преступления 的翻译过程中,存在不准确之处,误将费尔巴哈等人仅作为犯罪成立条件之部分的 Tatbestand 翻译成"犯罪成立条件"(состав преступления)之整体。沙俄和苏联学者对德国刑法理论上的 Tatbestand 一词的误读,可以从特拉伊宁的代表作中找到确凿的证据:(1)基于误读对费尔巴哈的批判。"费尔巴哈给犯罪构成下了如下的定义'犯罪构成乃是违法的(从法律上看来)行为中所包含的各个行为的或者事实的诸要件的总和……'。可见费尔巴哈在这里十分肯定地列入犯罪构成的只是表明行为的特征。费尔巴哈并没有忽略责任的主观根据——罪过的意义。可是,根据他所下的定义,罪过却处在犯罪构成的范围之外。"③特拉伊宁之所以进行上述批判,显然是觉得费尔巴哈将"罪过"置于"构成要件"之外的做法不可理解,原因就在于其将 Tatbestand 误读为犯罪构成。(2)基于误读对斯鸠贝尔的批判。"费尔巴哈的同代人斯鸠贝尔在1805年出版的犯罪构成的专著中,也只把客观因素列入犯罪构成。"④可见,特拉伊宁对斯鸠贝尔所说的"构成要件"也存在相同的误读。除此以外,特拉伊宁还对后期旧派的贝林格、迈耶(Max Ernst Mayer)和麦兹格(Edmund Mezger)将罪过置于犯罪构成(实为构成要

---

① [德]恩施特·贝林格:《构成要件理论》,王安异译,中国人民公安大学出版社2006年版,第1页。

② 庞冬梅:《俄罗斯刑法学中犯罪构成理念的多维分析及功能定位》,载赵秉志主编:《刑法论丛》(2011年第2卷),法律出版社2011年版,第393-395页。

③ [苏]A. H.特拉伊宁:《犯罪构成的一般学说》,王作富等译,中国人民大学出版社1958年版,第15页。

④ [苏]A. H.特拉伊宁:《犯罪构成的一般学说》,王作富等译,中国人民大学出版社1958年版,第15页。

件)之外的做法进行了批判,认为都是"人为地割裂犯罪构成的统一"①。

(四)俄苏中模式本质上是"犯罪构成+违法"二阶层模式

一个国家不管采取何种犯罪成立条件模式,必须具备彻底区分罪与非罪界限的功能,如果自身不能完成这一区分功能,还需诉诸其他制度,就无法指导刑事司法实践,这种模式注定会失败。我国刑法学界长期以来都认为苏联(包括沙皇俄国末期)、中华人民共和国以及今天的俄罗斯联邦在犯罪成立条件上采取的是平面化的耦合模式。② 笔者认为,在采取四要件模式的国家,实质上采取的是"犯罪构成+违法"二阶层模式。苏联、中华人民共和国和俄罗斯的刑法教科书都在犯罪构成之后有"正当行为"一章。③ 原因就在于,对于存在正当防卫等排除犯罪性事由的案件,犯罪构成无法彻底完成罪与非罪的区分,必须进一步诉诸该章做违法性判断(法益衡量),才能完成罪与非罪的区分。在苏联、中华人民共和国法律虚无主义盛行时期,有人将犯罪构成理论等贴上资产阶级的标签进行批判,但从未有人质疑正当防卫、紧急避险等正当行为制度在罪与非罪区分中的作用。形式上采取的是四要件模式,实质上采取的是"犯罪构成+违法"二阶层模式,使俄苏中四要件模式未造成司法适用障碍,反而因为其相对于三阶层模式而言较为通俗易懂而受司法实务部门欢迎。④

---

① [苏]A. H.特拉伊宁:《犯罪构成的一般学说》,王作富等译,中国人民大学出版社1958年版,第15-16页。

② 陈兴良:《刑法知识的去苏俄化》,载《政法论坛》2006年第5期;刘艳红:《犯罪构成体系平面化之批判》,载《法学研究》2011年第5期。

③ 该章的内容都是正当防卫、紧急避险等,但在该章的名称上各不相同:有的称之为"排除责任的理由",根据在于缺乏违法性,见[苏]涅米罗夫斯基:《苏维埃刑法》,1926年版,第120页以下,转引自[苏]A. H.特拉伊宁:《犯罪构成的一般学说》,王作富等译,中国人民大学出版社1958年版,第271页;有的称之为"排除行为的社会危害性的情节",见[苏]П.И.库德利雅夫采夫主编:《苏联法律词典:第二分册(刑法部分)》,邢芳译,法律出版社1957年版,第144页;有的称之为"排除行为社会危害性和违法性的情况",见[苏]H. A.别利亚耶夫、М. Л.科瓦廖夫主编:《苏维埃刑法总论》,马改秀、张广贤译,群众出版社1987年版,第171页;有的称之为"排除社会危害性的行为",见高铭暄主编:《刑法学》,法律出版社1984年版,第162页;有的称之为"排除犯罪性的行为",见赵秉志、吴振兴主编:《刑法学通论》,高等教育出版社1993年版,第266页;有的称之为"正当行为",见高铭暄、马克昌主编:《刑法学》,北京大学出版社、高等教育出版社2000年版,第128页。

④ 高铭暄:《对主张以三阶层犯罪成立体系取代我国通行犯罪构成理论者的回应》,载赵秉志主编:《刑法论丛》(2009年第3卷),法律出版社2009年版,第4-6页;高铭暄:《关于中国刑法学犯罪构成理论的思考》,载《法学》2010年第2期。

（五）缓解内部主客观要素在体系上的紧张关系是犯罪构成模式的发展方向

一是主观客观相统一原则是现代犯罪构成模式的共同哲学基础。四要件模式的基本框架在沙皇俄国时期就已经诞生，并非在十月革命之后在批判三阶层模式的基础上所形成。俄国刑法学家季斯甲科夫斯基在1875年的《普通刑法初级读本》中就明确指出：“作为类的犯罪构成（состав преступления）是由下列各项必要的与本质的因素组成的：（1）犯罪的主体或犯罪实施人；（2）客体或犯罪加于其上的对象；（3）主体的意志对犯罪行为所持的态度，或是它所表现的活动；（4）行为本身及其结果。”①这种论述已经建立起“主体+客体+主观方面+客观方面”这一四要件模式的基本框架。需要特别注意的是，此时三阶层模式尚未在德国形成。可见，四要件模式比三阶层模式形成的时间还要早。从苏联时代开始，就有论者批判刑事古典学派（从费尔巴哈、斯鸠贝尔到贝林格、迈耶、麦兹格包括属于黑格尔刑法学派的学者）的犯罪构成理论存在将主观和客观对立起来的哲学方法论错误，主要的理由就是其将罪过和构成要件并列作为犯罪成立条件。值得注意的是，特拉伊宁并未对诞生于沙皇时期的四要件模式框架进行批判，反而称赞有关的论述“比较深刻”。这也是后来对之予以继承和发展的原因所在。② 我国也有论者进行这种批判，认为德日三阶层模式的哲学基础是康德哲学，十月革命前俄罗斯的犯罪构成理论的哲学基础是黑格尔哲学，苏俄和中国传统犯罪构成理论的哲学基础是马克思主义哲学。③ 笔者认为，这种观点值得商榷：第一，黑格尔主义刑法学者贝尔涅尔、凯斯特林同样将罪过与构成要件作为并列的犯罪成立条件，特拉伊宁也对之一并进行了批判。④ 因而将黑格尔哲学作为十月革命前俄罗斯的犯罪构成理论的哲学基础的看法欠妥。第二，将犯罪构成模式理论基础意识形态化的主张不利于不同犯罪构成模式之间的相互借鉴和发展完善。犯罪构成理论都以贯彻罪刑法定主义，限制国家刑罚权的恣意发动为宗旨。犯罪构成模式是法律技术层面的东西，不具有政治意识形态色彩。既不能像法律虚无主义盛行时代那样给犯罪构成理论贴上“资产阶级专利”的标签，也不能给来自苏联、今天中国仍在沿用的四要件模式贴上“无产阶级阶级斗争的产物”的标签。第三，不存

---

① ［俄］季斯甲科夫斯基：《普通刑法初级读本》，1875年俄文版，第59页。转引自杨兴培：《犯罪构成原论》，中国检察出版社2004年版，第21页。

② ［苏］А. Н.特拉伊宁：《犯罪构成的一般学说》，王作富等译，中国人民大学出版社1958年版，第14-18页。

③ 龙长海：《德日、俄中犯罪构成理论哲学基础研究》，载《求是学刊》2010年第6期。

④ ［苏］А. Н.特拉伊宁：《犯罪构成的一般学说》，王作富等译，中国人民大学出版社1958年版，第16-17页。

在将主观和客观对立起来的现代犯罪构成模式。三阶层模式、四要件模式、英美双层控辩平衡模式都是坚持主客观相统一原则所构建起来的犯罪构成模式。对三阶层模式把罪过和构成要件放到不同的成立条件中的做法，显然不能简单地斥之为主客观对立。就像四要件模式也将主观方面和客观方面作为两个不同的要件，而不能对其扣上主客观对立的帽子一样。

二是三阶层模式出现了主客观界限模糊的发展趋势。虽然现代犯罪构成模式都坚持主客观相统一原则，但在其内部对主客观要素的不同位置安排，使得主观要素和客观要素在体系上的关系呈现出不同的局面。四要件模式下，虽然也存在主观要素侵入客观要素的情形，如将有意性作为危害行为的三大特征之一，将防卫意图作为正当防卫的成立条件，但这种关系相对缓和，不会对理论体系造成重大障碍。在三阶层模式中，德国的古典犯罪论体系认为构成要件中违法是客观的，责任是主观的。这种截然区分主客观要素的体系安排，从一开始就决定其内部主客观要素的体系关系将处于极度紧张的状态。为了缓解这种紧张关系，三阶层模式出现了一些体现出主客观融合的发展趋势：(1)将故意、过失、目的、犯罪倾向、心理状态作为主观的构成要件要素引入构成要件。例如，新古典犯罪论体系的代表人物麦兹格认为，目的犯中的"目的"、倾向犯中的"犯罪倾向"、表现犯中的"心理状态"等属于主观的构成要件要素。目的行为论的犯罪论体系的代表人物威尔泽尔(H.Welzel)将故意、过失也纳入构成要件要素。[1] 尤其是将故意和过失纳入构成要件的做法，有导致三阶层体系坍塌的危险。为了避免这一局面，不得不将故意和过失进行解构，将其分别置于构成要件和责任之中。[2] 有论者认为，在实质内容本无变化的情况下，这种把故意、过失同时置于构成要件和责任中的做法，除了烦琐哲学式的体系构建的需要，实在看不出有什么必要。[3] (2)因果关系理论中引入了主观要素。在日本居于通说地位的相当因果关系说就需要考虑以一定的认识标准来判断相当，这就介入了主观的内容。[4] 上述发展趋势反映出无法截然区分犯罪成立主客观要素的客观事实。三阶层中的构成要件和责任已经因为故意、过失、目的、犯罪倾向等诸多因素交叉重叠的现状，对当今中国选择犯罪构成模式改革路径具有重大警示意义。

---

① 马克昌：《简评三阶层犯罪论体系》，载赵秉志主编：《刑法论丛》(2009年第3卷)，法律出版社2009年版，第19.22页。

② 许玉秀：《当代刑法思潮》，中国民主法制出版社2005年版，第156.161页。

③ 高铭暄：《对主张以三阶层犯罪成立体系取代我国通行犯罪构成理论者的回应》，载赵秉志主编：《刑法论丛》(2009年第3卷)，法律出版社2009年版，第19.22页。

④ 张明楷：《外国刑法纲要》，清华大学出版社1999年版，第215页。

三、建议采用"构成要件符合性+违法性+刑事当罚性"模式

通过对上述改革路径争议的分析、对犯罪构成模式学说史中的五个问题的澄清,以及基于中国对犯罪成立条件的"立法定性+立法定量"立法规定模式,坚持立足于中国刑事法治的现状和主动吸收其他犯罪构成模式的先进成果的原则,笔者对我国犯罪构成模式的改革提出以下建议方案。新的犯罪构成模式由三大部分组成:构成要件符合性+违法性+刑事当罚性。首先,以现有的客体、客观方面、主体、主观方面四大要件为基础,统称为"构成要件"作为第一层次的犯罪成立条件;其次,融入刑法学体系中的正当行为部分,称为"违法"作为第二层次的犯罪成立条件;最后,将刑法分则具体犯罪基本构成中的"情节严重""情节恶劣"和刑法总则犯罪概念中具有普适性的但书"情节显著轻微危害不大的,不认为是犯罪",统称为"刑事当罚"(也可简称为"当罚")。

(一)构成要件

一是应当将"犯罪构成"一词溯源还原为"构成要件"。如前所述,由"客体+客观方面+主体+主观方面"四要件组成的犯罪构成不具备彻底区分罪与非罪的功能,俄苏中模式本质上是"犯罪构成+违法"二阶层模式。因而,"犯罪构成"和"违法"一样,只是犯罪成立的条件之一。就像犯罪客观方面中的危害行为、危害结果不能称为犯罪行为、犯罪结果一样,作为该二阶层模式第一层次条件的"犯罪构成"就不宜使用"犯罪"一词。笔者建议,应当溯源"犯罪构成"一词从德语 Tatbestand 误读为俄语 состав преступления 之时,改译为其当时的准确含义即中文的"构成要件"。因此,笔者认为,俄苏中模式本质上是"犯罪构成+违法"二阶层模式,更准确地说是"构成要件+违法"二阶层模式。

二是将四要件统称为"构成要件"的必要性。将"客体+客观方面+主体+主观方面"四要件统合为构成要件,具有如下合理性:第一,避免了三阶层模式中主客观要素在体系上的关系紧张。从三阶层模式中构成要件和责任中的主客观要素界限模糊的现状来看,四要件模式当初没有将主观和客观要件置于不同阶位上,而是置于同一平面上的做法有其合理性,从根本上避免了三阶层模式所出现的上述弊病。第二,符合德语中 Tatbestand(构成要件)一词发生变化后的现代内涵。古典的三阶层模式中构成要件是纯客观的,而现今三阶层模式中的构成要件既包括客观要素,也包括主观要素。三阶层模式中的构成要件由纯客观向主客观相统一的这种转变,反证了四要件模式创立之初就将主客观要素统于一体的合理性。第三,基于中国刑法立法的现状,只有包括客体、客观方面、主体、主观方面四大要素的新的"构成要件",才能彻底地将需要刑法惩罚的行为类型化。例如,可以很

好地解决古典的三阶层体系之"构成要件"无法类型化的下列情形:危害公共安全的放火行为和不危及公共安全的放火杀人行为;过失杀人行为和故意杀人行为;国家工作人员的受贿行为和国有单位的受贿行为;已满14周岁不满16周岁之人的绑架杀人行为和已满16周岁之人的绑架杀人行为。

三是新的"构成要件"具体要素的完善。需要强调的是,在构建新的犯罪构成模式的过程中,必须坚持开放原则,积极吸收三阶层模式的先进成果。除客体、主体要素基本不用变动外,尤其需要注意在下列两大要素中吸收德日刑法三阶层模式中的先进成分:(1)客观要素的局部完善。第一,因果关系理论的完善。传统中国刑法理论在因果关系理论的研究上存在短板,将因果关系区分为必然因果关系和偶然因果关系,在研究方法上也存在重大缺陷。原因和结果、必然和偶然,是辩证法中的两对基本范畴。用其中一对范畴去解释另一对范畴,不但理论上说不清楚,也不具有司法可适用性。应当引入德日刑法理论中的因果关系理论。第二,引入客观归责理论。[①] (2)主观要素的局部完善。第一,借鉴德日刑法理论中的被允许的危险、危险分配、信赖原则等理论,适当限制过失的处罚范围。第二,借鉴德日刑法理论中的期待可能性理论。

(二)违法

正当行为一直都是我国刑法学理论中一个独立的组成部分,也对正当防卫、紧急避险等具体的正当行为类型进行了非常深入的研究。在三阶层模式中,正当行为是违法性的内容,在英美法系双层控辩平衡模式中,正当行为属于责任充足要件(辩护理由)的内容。把正当行为置于犯罪构成之外,被视为四要件模式在体系上的最大缺陷。[②] 笔者认为,尽管正当行为在俄苏中的刑法理论里没有犯罪成立条件的名分,但却在司法实践中客观地发挥着区分罪与非罪界限的犯罪成立条件功能。因而,应当给予正当行为所对应的违法性以犯罪成立条件的名分,从而解决长期困扰四要件模式的最大体系缺陷。

(三)刑事当罚

笔者主张在苏联和中华人民共和国实质上采取的"犯罪构成+违法"的二阶层模式基础上,中国应当增加"刑事当罚性"作为第三层次的犯罪成立条件。主要理由是:

第一是中国罪与非罪界限区分标准"立法定性+立法定量"立法模式的客观

[①] 陈兴良:《口授刑法学》,中国人民大学出版社2007年版,第162-176页。

[②] 陈兴良:《四要件犯罪构成的结构性缺失及其颠覆——从正当行为切入的学术史考察》,载《现代法学》2009年第6期。

要求。罪与非罪的区分是刑事司法犯罪认定的首要问题,是一个定性和定量结合的过程。在大陆法系国家,通行的是"立法定性,司法定量"的方法。因而刑法立法上规定的犯罪构成是行为的质的构成,而不规定一般性的罪量要素。① 在同样采取四要件模式的苏联的刑法中:刑法分则具体犯罪构成没有一个规定"数量"要件,包含"情节严重"或"造成严重后果"这类内含定量因素要件的具体罪状也为数不多。刑法总则中虽然在犯罪概念条款的"附注"中规定"形式上虽然符合刑事法律所规定的某种行为的要件,但是由于显著轻微而对社会并没有危害性的作为或不作为,都不认为是犯罪",但这与中国刑法上犯罪概念"但书"(情节显著轻微危害不大的,不认为是犯罪)在功能上存在重大差别。前者是指没有社会危害性才不认为是犯罪,所以苏联刑法犯罪概念中的"附注"不具有定量功能。② 如前所述,苏联和中华人民共和国实质上都采取"犯罪构成+违法"的二阶层模式。但是与苏联采取"立法定性,司法定量"的通行做法不同的是,中国对犯罪构成条件采取"立法定性+立法定量"立法规定模式:一方面,刑法总则犯罪概念"但书"对分则所有犯罪都具有普遍适用效力;另一方面,刑法分则规定了大量的"情节严重""情节恶劣"等定量要素。有论者指出这种立法模式存在最高司法机关司法解释权的膨胀和地方司法机关自由裁量权的萎缩、导致刑事法网粗疏不利于控制和预防犯罪等弊端。③ 笔者认为,中国的这种立法模式有助于适当限缩犯罪圈,符合刑法谦抑原则,利大于弊。

第二,对案件的"情节"做综合的程度判断是刑事当罚性的具体内容。笔者不赞成将所有的罪量要素都纳入"刑事当罚性",如数额、数量等都属于客观要素。只有"情节"这一综合性要素才能纳入当罚性中。我国刑法理论一般认为,"情节严重""情节恶劣"中的"情节"是一个综合性的犯罪成立条件,无法完全归属于客体、客观方面、主体或者主观方面之中,也不是一个独立的构成要件要素。它包括但不限于犯罪构成四要件中的要素,如犯罪动机等非构成要件要素都可能包括在内。但刑法教科书在对具体犯罪构成特征的论述中,大多在客观方面要件中具体分析情节的具体含义。这种状况让"情节"陷入一个客观上是犯罪成立条件但却无法归入四大要件的"有实无名"的尴尬境地。将"情节"纳入笔者主张的"刑事当罚性"中,取得独立的犯罪成立条件地位,就能解决上述难题。正如有论者所指

---

① 陈兴良:《作为犯罪构成要件的罪量要素——立足于中国刑法的探讨》,载《环球法律评论》2003 年第 3 期。

② 储槐植:《我国刑法中犯罪概念的定量因素》,载《法学研究》1988 年第 2 期。

③ 储槐植、汪永乐:《再论我国刑法中犯罪概念的定量因素》,载《法学研究》2000 年第 2 期。

出的那样,在我国现有的立法模式下,将"情节"作为整体的评价要素具有不可避免性。①

第三,刑事当罚性判断的类型。刑事当罚性的判断包括两种类型:(1)积极判断。对于刑法分则的罪状中规定有"情节严重""情节恶劣"要件的犯罪而言,需要进行是否符合刑事当罚性的积极判断。(2)消极判断。对于其他犯罪,具备构成要件符合性和违法性的,原则上就具备刑事当罚性,但如果进行综合评价被认为符合犯罪概念"但书"(情节显著轻微危害不大的,不认为是犯罪)规定的,就应认为不具备刑事当罚性,不以犯罪论处。

(本文原载于《法学杂志》2018 年第 10 期)

---

① 张明楷:《犯罪构成体系与构成要件要素》,北京大学出版社 2010 年版,第 238-248 页。

犯罪论体系本土化完善中
各元素的取舍分析

谢治东

作者简介：谢治东（1969—　），男，湖南衡南县人，浙江工商大学法学院教授，硕士生导师，兼职律师，法学博士。主要从事刑事法学教学研究，代表性专著有：《单位犯罪中个人刑事责任研究》《公害犯罪刑法理论创新研究》；主持国家社会科学基金项目、司法部课题、中国法学会课题等国家和省部级5项。在《政法论坛》《政治与法律》《刑法论丛》《浙江社会科学》等刊物发表论文40余篇，其中，多篇论文被《中国社会科学文摘》、中国人民大学复印报刊资料《刑事法学》转摘。

认定犯罪成立的条件，在我国刑法理论中一般称为"犯罪构成"，德日刑法理论中则一般概括为犯罪论体系。犯罪论体系不仅被誉为整个刑法理论的"皇冠上的明珠"，同时又被刑法理论视为整个刑法体系的"基石"，对犯罪判断与证成思维模式的建立具有基础性作用。然而，如何将犯罪论体系这一"皇冠"编织得更加完美，或将这一"基石"打造得更为坚实，以实现刑法社会保护和人权保障功能的动态平衡，各国刑法理论乃至同一国度不同学者的认识不尽相同。就中国来说，自20世纪50年代以来，平行四要件犯罪论体系在中国刑法理论中一直占据统治地位，并为司法实践所接受。然而，随着德日刑法理论在中国传播和影响的逐步深入，特别是中国刑法理论自身研究的加强，传统的平行四要件犯罪论体系日益受到挑战，直接引进论、重构论或改良论等各种犯罪论体系竞相提出，使我国犯罪论体系的构建呈现百花齐放之态势。尤其是2009年的《国家司法大纲》弃传统四要件犯罪构成模式而采纳德日三阶层犯罪论体系，更是将刑法理论界对犯罪论体系之争引向了高潮。但从论战结果来看，似乎并无绝对取胜一方，在犯罪论体系的构建上也未能达成多数人认同的共识。在犯罪论体系的构建上，仍是"事业尚未成功,刑法学人仍需努力"①。基于此,笔者拟立足于中国刑事立法,对平行四要件犯罪论体系和德日三阶层犯罪论体系的利弊进行理性分析,构建一种"构成要件符合性、违法性、罪量符合性"新型的递进三阶层犯罪论体系。

一、"构成要件"在犯罪论体系中的基石地位应予以确立

在德日犯罪论体系中,"构成要件"是犯罪在法律上的类型或定型,是犯罪轮廓的观念形象。自费尔巴哈把"构成要件(Tatbestand)"当作实体刑法上的概念,并将之定义为"违法的(从法律上看)行为中所包含的各个行为的或事实的诸要件的总和"以来,"构成要件(Thatbestand)"一直是德日阶层犯罪论体系的基石与核心概念。尽管在从以贝林为代表的古典派犯罪论体系,到麦耶、麦滋格为代表的新古典派犯罪论体系,以及后来威尔泽尔为代表的目的主义犯罪论体系中,构成要件在内涵、外延和功能上经历了行为构成要件说、违法类型说和违法有责类型说的嬗变过程;但构成要件符合性作为犯罪成立的第一条件,它是三阶层犯罪论体系建构的逻辑起点,其在整个犯罪论体系中的基础地位仍不可动摇。从某种程度上说,否定构成要件概念,就是动摇了德日三阶层犯罪论体系的根基。因为在德日阶层犯罪论体系中,作为违法性和有责性的连接点,构成要件具有人权保障机能、犯罪个别化机能、违法性推断机能和故意规制机能,这不仅仅是整个德日刑法理论的共识,在我国刑法学界也获得普遍认可。

目前在我国刑法学界占通说地位的犯罪论体系是源于苏联的平行四要件犯罪构成模式。在该犯罪构成模式的语境中,尽管也存在"犯罪构成""犯罪构成要件"或"构成要件"概念,但三个概念在内涵、外延和机能上并无实质性区分,都是指成立犯罪所有基本条件的总和(有机整体),因此在平时使用时也时常互换。在四要件犯罪构成模式中,犯罪客体、犯罪客观方面、犯罪主体、犯罪主观方面作为犯罪构成的四大要件,它们依序排列,互相依存,四大要件的整体对犯罪成立与否具有决定作用,从而建立一种"块块分割、逐块分析、综合评价"的犯罪认定思路。与德日犯罪论体系中的"构成要件"相比,尽管二者在名称上相似,然而其内涵和功能却存在本质上的区别:在德日阶层犯罪论体系中,"构成要件"只是一种行为类型的事实,它作为犯罪成立的形式要件,只是犯罪成立的前提,而非终局性条件。因为行为构成犯罪,除具备构成要件符合性之外,还须进行违法性与有责性

---

① 笔者以"犯罪论体系"、"犯罪构成"和"构成要件"作为篇名的检索条件,在中国期刊网检索,2014 年度国内各刊物发表有关犯罪论体系的论文约 60 篇。其中,陈兴良教授、赵秉志教授、刘艳红教授、欧锦雄教授等国内知名刑法学者都围绕如何构建犯罪论体系在本年度再次发表论文。

的判断。而在四要件犯罪构成模式中,"犯罪构成"或"构成要件"则是犯罪成立唯一和终局性的标准,是认定犯罪成立的总规格。因此,在四要件犯罪构成模式中,构成要件并非作为犯罪在法律上的类型而存在,构成要件所体现的类型化思维在四要件犯罪构成模式中并未得到体现。因此,陈兴良教授将四要件犯罪构成体系评价为"四要件是没有构成要件的犯罪构成",并认为在我国犯罪论体系的构建上,"构成要件论的复活是至关重要的",应该"从犯罪构成向构成要件的转变,以构成要件论为逻辑起点建构我国的犯罪论体系"[①]。笔者欣然赞同陈兴良的以构成要件论为逻辑起点建构我国犯罪论体系的主张。因为在犯罪论体系的构建中,只有维持构成要件的存在和基石地位,并以此为基础构建阶层性的犯罪论体系,才能使事实判断先于价值判断、形式判断先于实质判断、定型判断先于个别判断,并为这些人类社会的进步成果和科学经验在定罪过程中的适用提供制度保障。而这种分离既是严格实现罪刑法定原则,保障人权的要求,又能更恰当、客观地反映犯罪认定的思维过程。

在中国犯罪论体系中引入构成要件理念,必须面对一个问题:构成要件中是否应该包括故意、过失、目的、动机等主观要素,即构成要件与违法性、有责性是一种什么样的实体性、体系性的关系。在德日三阶层犯罪论体系中,这也是一个最根本、最有争议的问题,这一问题的解决先后经历了行为构成要件说、违法类型说和违法有责类型说的嬗变过程。三阶层犯罪论体系的首创者、德国古典刑法学者贝林格认为,构成要件是一纯粹形式的、记述的、客观的、价值中立的行为类型,它与法的价值判断是相分离的,应该完全排除故意、过失等主观要素和违法价值判断的因素,并在此基础上构建了"构成要件符合性、违法性、有责性"三阶层犯罪论体系。然而,如果将故意、过失、目的等主观要素完全排除在构成要件之外,在很多罪名中,构成要件就无法实现其类型化的功能,如故意杀人罪和过失致人死亡罪,二者的区分就在于其主观要素的不同。基于此考虑,刑法学者麦耶、麦滋格不断丰富和填充构成要件的内容,认为构成要件除记述的、客观的要素之外,还应该包括主观要素和规范要素,从而使构成要件不仅是违法性认识根据,而且是违法性存在根据。此后,日本学者小野清一郎以威尔泽尔的目的行为论为基础提出了违法有责类型说,认为"所谓构成要件,是指将违法并有道义责任的行为予以类型化了的观念形象(定型),是作为刑罚法规中科刑根据的概念性规定"[②]。据此,构

---

① 陈兴良:《构成要件:犯罪论体系核心概念的反拨与再造》,载《法学研究》2011年第2期。

② [日]小野清一郎:《犯罪构成要件理论》,王泰译,中国人民公安大学出版社1991年版,第9页。

成要件的内容就不再局限于客观的、记述的范围,主观的、规范的内容也应包含于构成要件之中。通过构成要件学说的演变轨迹,我们不难发现,在当今德日犯罪论体系中,构成要件已经由最初的纯粹客观的记述性要件,演变成含有主观因素和规范性评价的要件,亦使构成要件在性质上具有主客观统一性的特征。

目前,中国犯罪论体系重构论者大多主张以违法与责任为支柱构建犯罪论体系,如陈兴良教授提出了"罪体、罪责、罪量"三位一体的犯罪论体系①,张明楷教授将犯罪论体系分为客观构成要件和主观构成要件②,曲新久教授主张犯罪论体系在结构上应分为罪行、罪责与正当化事由三个部分③,阮齐林教授构建了"罪状""违法""有责任(或者有罪过)"三要件犯罪论体系④。在陈兴良教授看来,上述的"罪体""客观构成要件""罪行""罪状"都是对构成要件的中国本土化改造。⑤ 在上述以违法与责任为支柱构建的犯罪论体系下,各重构论者试图以"罪体""客观构成要件""罪行""罪状"实现构成要件的类型化功能,但又认为它们仅仅是一种客观违法类型,应该排除故意、过失、目的等主观心理要素。然而,正如前文所述,行为人主观上的故意或过失、目的犯的特定主观目的、表现犯的心理过程等主观要素,对构成要件的类型性有决定性意义。因此,要维持构成要件犯罪类型化的定位,以实现犯罪个别化之功能,则应该将客观与主观要素都纳入构成要件中。

在构成要件的具体设置上,除借鉴德日构成要件论的理念外,笔者认为也应该传承中国四要件犯罪论体系本身所具有的合理价值,并在其基础上加以创新,博采众长,构建一种有中国特色的构成要件论,服务于我国的刑事司法实践。现行的四要件犯罪构成模式能在 20 世纪 50 年代的中国落地生根,虽同当时特定历史条件具有密切的关联性,但时至今日,该体系在中国能开花结果并枝繁叶茂,与该体系本身在一定程度上契合认识规律,具有逻辑合理性,在实务上操作便利等优势密不可分。"客体、客观方面、主体、主观方面四个要件的排布不是随意的,而是遵循一定的规律。"⑥这一犯罪论体系已经为广大的司法人员所熟悉,实务操作

---

① 陈兴良:《规范刑法学》,中国政法大学出版社 2003 年版,第 61-101 页。
② 张明楷:《刑法学》(第 3 版),法律出版社 2007 年版,第 115-276 页。
③ 曲新久:《刑法学》,中国政法大学出版社 2009 年版,第 75-80 页。
④ 阮齐林:《评特拉伊宁的犯罪构成论——兼论建构犯罪构成论体系的思路》,载陈兴良主编:《刑事法评论》(第 13 卷),中国政法大学出版社 2003 年版,第 14 页。
⑤ 陈兴良:《构成要件:犯罪论体系核心概念的反拨与再造》,载《法学研究》2011 年第 2 期。
⑥ 高铭暄:《论四要件犯罪构成理论的合理性暨对中国刑法学体系的坚持》,载《中国法学》2009 年第 2 期。

便利,"四要件理论的确简洁明快,易于学习和掌握,便于司法实务操作"①。这也是平行四要件犯罪论体系的反对者也不得不认可的优势。因此,在犯罪论体系的建构上,对这些合理价值都应该加以传承。在现行四要件犯罪论体系中,除客体要件属于纯价值性要件之外,其余三要件都属于事实性要件,均表现为一种事实性样态。因此,在构成要件的具体设置上,我们完全可以将现行四要件犯罪论体系进行构成要件化改造,删除犯罪客体要件,而保留客观要件、主体要件和主观要件三个子要件,且保持三要件内容和顺序不变。从内容上看,这些要件既存在客观的、记述性要素,又包含主观的、规范要素。因此,构成要件符合性判断既是客观判断,同时又是主观判断,从而使构成要件成为一种违法有责的类型,体现了罪刑法定的要求,同时也避免了德日犯罪论体系所存在的构成要件符合性、违法性和有责性三者间纠缠不清的关系,并由此引发的主观违法和客观违法、形式违法和实质违法的冲突。从顺序上看,客观要件、主体要件和主观要件有序排列,也遵循了从客观到主观的认识规律,并且使传统上四要件犯罪论体系的"简洁明快,易于学习和掌握,便于司法实务操作"的优点得以保持。同时,在构成要件三个子要件的名称上,删除"犯罪"二字,而简称为客观要件、主体要件和主观要件,从而避免造成有罪推定的印象。

二、违法性阻却事由在犯罪论体系中应有独立的地位

违法性,是指行为对刑法所保护的合法权益或者整体法秩序的实质侵害性。在德日犯罪论体系中,行为构成犯罪,除在形式上具备构成要件符合性外,还须具有实质上的违法性。由于构成要件是违法的行为类型,具有违法性的推定功能,因此一般情形下,行为符合构成要件,就可以推定该行为具备实质违法性。但如果行为具有刑法上所规定的或者法秩序所认可的违法性阻却事由,则该行为不构成犯罪。

在我国平行四要件犯罪论体系中,正当防卫等违法性阻却事由与犯罪构成的关系,即在犯罪论体系中如何定位,一直面临尴尬和争议:如欲维持四要件犯罪构成模式在定罪上的唯一性标准地位,则应当将正当防卫、紧急避险等犯罪阻却事由纳入犯罪论体系中,这也是刑法理论与审判实践中居于优势性地位的观点。然而,"正当防卫""紧急避险"之类的正当化事由又无法为四要件犯罪构成模式任何单一要件所容纳,在现行的四要件犯罪论体系中很难为其找到合适的位置。基于此原因,现行刑法教材通常在论述全部犯罪构成之后,再对正当防卫、紧急避险

---

① 周光权:《犯罪论体系的改造》,中国法制出版社 2009 年版,第 9 页。

之类违法性阻却事由另行专章进行论述。对这一安排之弊端,张明楷教授指出:"在所有构成要件之后论述所有的排除犯罪的事由,并不是一个妥当的做法;在犯罪论的最后论述排除犯罪的事由,更不合适。"①因为既然犯罪论体系是定罪的唯一规格和标准,就应该"一切符合构成要件的行为都是犯罪行为,那么,又何来正当防卫、紧急避险等行为'符合犯罪构成要件',却又'不成立犯罪'呢?"②。因此,在平行四要件犯罪论体系中,违法性阻却事由缺乏合适"住所",而只得"四处游荡"。要实现在犯罪论体系内终结性地解决行为的刑法定性问题,避免传统四要件犯罪论体系所存在的逻辑上的漏洞,在犯罪论体系的构建上,必须将正当防卫、紧急避险等违法性阻却事由纳入犯罪体系。

然而,如何将违法性阻却事由纳入犯罪论体系中?从我国现有的犯罪论体系重构或改良方案来看,除直接依照德日三阶层论体系,将违法性作为一独立要件纳入犯罪论体系之外,还有部分学者主张将违法性作为客观要件的不法阻却事由。如陈兴良教授在《规范刑法学》(第2版)中,将罪体界定为犯罪成立的客观不法要件,并将正当防卫、紧急避险作为罪体的排除事由纳入客观不法要件。张明楷教授在2007年出版的《刑法学》(第3版)中提出了客观违法构成要件和责任要件的二阶层犯罪论体系,将正当防卫、紧急避险作为违法性阻却事由置入违法构成要件中。在这些方案中,虽然将正当防卫、紧急避险之类违法性阻却事由纳入了犯罪论体系中,从而维系了犯罪论体系在犯罪成立上的唯一规格和终局标准的地位,但它只是客观构成要件的阻却事由,在整个犯罪论体系中并不具有独立的地位。

笔者认为,在中国犯罪论体系的构建上,不应该将正当防卫、紧急避险等违法性阻却事由作为客观构成要件的阻却事由,而应该维持违法阻却事由在犯罪论体系中的独立地位,其理由如下。

第一,正当防卫、紧急避险作为违法性阻却事由更多体现一种"价值冲突""法益衡平"原则,考虑的是各种法律容许与禁止以及多项法益之间的价值衡量问题,并非单属于客观构成的描述问题,从而很难归位于构成要件的范畴之中。③

第二,违法性阻却事由并非与主观要素完全无关。在违法性本质上,随着威尔泽尔的目的行为论的提出,主观违法性要素已经得到学界的普遍承认,违法性不再单纯是客观的,同时也是主观的。"过去之学说,以为违法判断应限于构成要

---

① 张明楷:《犯罪论体系的思考》,载《政法论坛》2003年第6期。

② 周光权:《犯罪论体系的改造》,中国法制出版社2009年版,第71页。

③ 苏俊雄:《刑法总论》,作者发行1998年修正版,第75页。

件该当行为之外部侧面,即客观要素,而主观要素,即构成要件行为之心理侧面,应成为责任判断之对象。唯自学者发现目的犯之目的或倾向犯之倾向等主观违法要素,亦视为构成要件之主观要素以来,违法判断之对象已不限于行为之外部侧面,尚包括其心理侧面,从而今日所谓违法判断,一反过去之见解,其判断之对象,乃构成要件该当行为之全体,而非其某一部分而为之评价。"①例如,在正当防卫中,防卫人主观上必须具有防卫意思,对侵害人实施的急迫、不法侵害行为有所认识,是其行为正当化的主观要素。在偶然防卫、防卫挑拨、互相斗殴的场合,之所以不能认定为正当防卫,就是因为行为人主观上缺乏防卫意思。基于这点考虑,"世界上所有的法律体系,在事实上都对自我防卫和紧急避险的辩护要求一种主观要素,这种做法看来是正确的"②。

第三,能更好地反映动态的定罪思维过程。"先形式判断,后实质判断;先原则,后例外",在构成要件符合性判断之后,再进行违法性判断,逐步递进,层层过滤,这是德日犯罪论体系优势和价值所在,也是我国不少学者推崇和借鉴德日犯罪论体系的理由。因此,维持构成类型性判断的定位,使之成为完全形式上的定型判断,将违法性判断独立于构成要件之外,使违法性判断成为实质意义的非类型性判断,从而能更好地反映这一动态的定罪思维过程。

三、应增设"罪量符合性",以体现中国立法特色

"立法既定性又定量"是中国刑事立法的特色。我国《刑法》第 13 条"但书"规定,"情节显著轻微危害不大的,不认为是犯罪"。在刑法分则中,大约三分之一的罪名都要求行为构成犯罪,必须达到"情节严重""情节恶劣"或者"数额较大"的程度。我国刑法理论通常将这些影响犯罪成立的"情节严重""情节恶劣"和"数额较大"等因素概括为"罪量"因素。在这些罪量因素中,除"数额较大"等客观要素外,同时也存在大量"情节严重""情节恶劣"等包含行为人主观恶性的综合性评价。而在现行的四要件犯罪论体系中,无论是客观要件还是主观要件都无法将罪量因素的内容全部涵摄。因此,在现行平行四要件犯罪论体系中,难以给罪量因素以恰当容身之地。目前,在一般的教科书中,总论部分没有在犯罪构成要件中给罪量因素一席之地,分论中论述各罪的犯罪构成时对罪量因素的安排也

---

① 蔡墩铭:《刑法总论》(修订 4 版),三民书局 2000 年版,第 154-155 页。
② 〔美〕乔治·P.弗莱彻:《刑法的基本概念》,蔡爱惠等译,中国政法大学出版社 2004 年版,第 133 页。

没有一定之规。① 对此，即使四要件犯罪论体系积极维护论者也不得不承认，现行犯罪构成四要件说"对于符合犯罪构成四要件，但其综合社会危害性尚未达到犯罪程度而不入罪的情形，还不能较科学地以该理论予以解释"②。基于这一原因，我国传统刑法理论大多将罪量要素置于在犯罪论体系外加以考虑。如有观点认为，我国刑法中情节严重或情节恶劣等罪量因素，只是一种提示性的规定，而很难说是一种构成要件。因为就规定的众多情节看，有的属于客观方面，有的属于主观方面，还有的属于客体或对象，有的属于主体，既然犯罪构成的四个方面都有情节，就不好把情节作为一个独立的要件。③ 也有观点主张借鉴德国刑法中的客观处罚条件理论，认为我国刑法中关于情节与数额等罪量要求并非犯罪的成立条件，其本身不能决定犯罪成立与否，只是客观的处罚条件，只具有阻却刑罚处罚的性质。因此，缺乏客观的处罚条件，犯罪仍可成立，只是不生刑罚之效果而已。④然而，在我国刑法中，罪量因素是决定行为是否构成犯罪的条件之一，要维持犯罪论体系作为判定犯罪成立唯一的和终局性标准，必须将罪量因素纳入犯罪论体系。因此，将罪量因素仅仅作为提示规定而排除在犯罪论体系之外并不妥当。客观处罚条件说将不符合罪量因素的行为评价为"犯罪"，然而，无论从我国刑法关于犯罪立法的规定，还是从司法机关认定犯罪的实际状况来看，达不到罪量要求的行为，都应该评价为根本不构成犯罪，而非不生刑罚效果。从理论上讲，犯罪论体系作为判定犯罪成立唯一的和终局性标准，必须对定量因素有所反映。因此，合理建构一种涵摄罪量因素的犯罪论体系，不仅是当下我国刑法理论界的共识，也是刑法学界必须解决的一个理论难题。对此，目前我国刑法理论上有两种不同的路径选择。

一是构成要件要素说。该观点认为，罪量因素从不同的方面表明了行为的法益侵害程度，是与不法相关的犯罪成立条件。在犯罪论体系中，应该将罪量因素归位为构成要件要素。其中，数额型罪量因素与结果型罪量因素，应该归位客观要件要素，情节罪量因素可归位责任要素。如果将罪量因素定位为与不法甚至责任无关的客观处罚条件，则可能在相当程度上瓦解责任主义原则。⑤

---

① 王政勋：《论定量因素在犯罪成立条件中的地位——兼论犯罪构成理论的完善》，载《政法论坛》2007 年第 4 期。

② 欧锦雄：《走"平民仁道"还是"精英霸道"——现代民主法治视野下犯罪构成理论的理性选择》，载《福建警察学院学报》2011 年第 6 期。

③ 高铭暄：《中国刑法学》，中国人民大学出版社 1989 年版，第 83 页。

④ 高铭暄、王作富主编：《新中国刑法理论与实践》，河北人民出版社 1988 年版，第 594-595 页。

⑤ 梁根林：《但书、罪量与扒窃入罪》，载《法学研究》2013 年第 2 期。

二是独立的犯罪成立条件说。陈兴良教授在其建构的"罪体、罪责、罪量"犯罪论体系中,首次给予罪量因素在犯罪论体系中独立的地位。在该体系中,犯罪成立要件由罪体、罪责和罪量三要件组成。罪量因素除客观性要素外,还包括主观性要素。罪量是在行为具备犯罪构成的罪体和罪责要件的前提下,表明行为对法益的侵害程度。罪体要素是行为人认识的对象,因而对于判断犯罪故意或者过失具有重要意义。如果将罪量要素当作罪体要素,行为人对此没有认识就不能成立犯罪故意而属于犯罪过失,由此而使罪责形式的判断产生混乱。①

在上述两种观点中,笔者赞同陈兴良教授将罪量因素独立于构成要件之外,单独作为一要件纳入犯罪论体系的主张。构成要件要素说将罪量因素还原于构成要件要素,其目的是维护犯罪论体系的完整性,捍卫责任主义原则。但笔者认为,将罪量因素归位于构成要件要素并不妥当。

第一,罪量因素与构成要件在性质和功能上有着明显的差异。构成要件是对生活事实的抽象,是对不法有责行为的类型化概括,它作为一种纯粹的定性构造,规范性和事实性是构成要件的特征,其目的是确定刑法评价和干预不法行为的范围边界,以实现罪刑法定、保障人权的机能;而罪量因素的设定更多是基于刑法的谦抑性或刑法经济性的考量,是对行为的违法有责性程度的整体性评价。内容的多样性、形式的非规范性、评价的整体性是罪量符合性判断的特征。实现刑法预防犯罪的效果、控制刑事责任的范围、实现刑事政策的目的,是罪量因素所追求的目标。罪量因素与构成要件在性质和功能上这种明显差异,决定着罪量因素在犯罪论体系中的定位应该不同于构成要件。

第二,罪量因素综合性特征,决定着它难以归位于构成要件。罪量因素作为一综合性整体评价,其需要考虑众多因素。如在情节犯中,除犯罪目的、动机、悔悟等主观因素外,更多地包含行为方式、行为对象的特殊性,行为发生的特定场域、时间等,后果的轻重、行为导致结果发生原因力的大小,被害人本身的过错,行为所造成社会影响等因素。这些因素,从内容上看,既有主观因素,也有客观因素;从时间上看,有事前因素,有事中因素,也有事后因素。在"数额犯"中,犯罪数额虽然明显属于客观事实特征,但是在司法实践中,即使在分则明确规定"数额"的所谓数额犯中,数额之外其他影响行为的法益侵害性、人身危险性程度的"情节",也可能决定行为是否最终构成犯罪。如在盗窃罪中,数额较大是盗窃罪的定量因素,盗窃数额较大的财物就应构成犯罪,但依据 1997 年 11 月最高院《关于审

---

① 陈兴良:《作为犯罪构成要件的罪量要素——立足于中国刑法的探讨》,载《环球法律评论》2003 年秋季号。

理盗窃案件具体应用法律若干问题的解释》的规定,盗窃公私财物虽已达到数额较大的起点,但情节轻微,也可不作为犯罪处理。与此相反,盗窃公私财物接近数额较大的起点,但造成严重后果或者情节恶劣的,也可追究刑事责任。因此,将数额型罪量因素归位于客观要素也并不适当。罪量因素这一综合性、多样性特征决定着无法将罪量因素归位于构成要件之中。

第三,将罪量因素归位于构成要件,将导致追诉上的困难。构成要件对犯罪故意具有规制机能,将罪量因素作为构成要件要素,则意味着罪量因素是故意的认识内容,公诉机关需要证明行为人对罪量因素在主观上必须有认识,并持希望或放任态度。然而,罪量因素的多样性和非规范性,使得行为人在主观上不可能对此都有认识。对控诉方来说,这种证明也是十分困难的和不现实的。

第四,将罪量因素独立于构成要件之外并不意味着对责任原则的否定。从体系性地位来讲,罪量符合性的判断必须以行为具备构成要件符合性为前提,而构成要件对行为的故意具有规制机能,因此将罪量因素独立于构成要件之外并不意味着对责任原则的否定。

四、"有责性"不应具有独立的体系地位

"有责性"作为德日犯罪论体系第三阶层要件,主要包括责任能力、故意、过失、违法性的意识与期待可能性。我国犯罪论体系的重构论大多主张以违法与责任为支柱构建犯罪论体系,要确立"有责性"在犯罪论体系中之独立地位。笔者认为,构成要件论作为犯罪论体系的基石和逻辑起点,是行为违法有责类型化,本身无法将责任内容排除在外。在"有责性"的基本要素已在"构成要件符合性"中得到体现下,不应该再维持有责性在犯罪论体系中的独立体系地位,其理由主要有:

其一,可以消解德日阶层犯罪论体系所存在的逻辑缺陷。

在德日犯罪论体系中,构成要件符合性是否包含规范的要素和故意、过失等主观要素,在违法性本质上究竟应该坚持客观违法性论还是主观违法性论,一直是德日刑法学理论葛蔓纠结,难于化解的难题。为了保留构成要件符合性、违法性与有责性各自阶层的不同内涵与界限,维持"违法是客观的,责任是主观的"这一古典纲领,则有必要坚持构成要件是中性的,且与违法性和有责性相独立的形式类型,赋予其与违法性和有责性相分离的意义。然而,要维持构成要件的犯罪类型化功能,在构成要件的内容上,又不得不放弃构成要件仅仅由客观的记述性要素所组成的见解,而朝着也包含主观的规范的要素这一方向进行修改,以维持与犯罪类型之间的关系。因此,为了维持构成要件犯罪类型化功能,承认构成要件是违法性类型和存在根据,在构成要件的内容上,必须肯定规范评价要素和故

意、过失和犯罪目的这些主观要素,违法性本质就不再是客观的,而必须包含主观要素。构成要件实际上已经承担违法和责任的部分甚至全部的评价功能,如此一来,传统三阶层犯罪体系在违法有责类型的构成要件论之下就不能得到维持。但为了保持"有责性"独立存在的价值,又必须将违法性和有责性分开,坚持客观违法的立场。对此,日本刑法学者西原春夫先生也曾经担忧:"必须注意到,构成要件论发展的历史,实际上也正是构成要件论崩溃的历史。"①我国台湾刑法学者柯耀程也叹言:"吾人不得不怀疑形式上的三阶段评价的架构是否仍能维持?"②

在德日犯罪论体系中,由于"有责性"这一要件的独立存在,并位于"构成要件符合性""违法性"之后,在理论上必然导致故意、过失等主观要素体系地位混乱,客观违法和主观违法的冲突等始终无法解决的结构上的逻辑缺陷。因此,笔者认为,在构成要件中已经包含责任能力、故意、过失、违法性认识因素等责任要素前提下,删除有责性这一独立要件,从而使德日犯罪论体系所存在的逻辑困境自然得到消解。

其二,引入期待可能性不是主张有责性独立之体系地位的理由。

在德日犯罪论体系中,期待可能性通常作为责任阻却事由而纳入犯罪论体系中,即行为具备构成要件该当性、违法性,也具有责任能力和责任意思,但也可能因不具有期待可能性而阻却责任。在我国现行四要件犯罪论体系中,由于缺乏责任阶层,使期待可能性在犯罪论体系中处境尴尬,甚至无处栖身,从而致使不能因为一种行为欠缺期待可能性而阻却"责任",进而不认定为犯罪的可能性存在。这也是我国不少学者主张改良或废止我国现行四要件犯罪论体系,而引进德日三阶层犯罪论体系的理由之一。③ 但笔者认为,引入期待可能性不能成为主张有责性独立之体系地位的理由。

首先,尽管期待可能性理论滥觞于德国,在日本得到发扬。然而,随着经济、社会的发展,期待可能性理论在德日刑法理论中已经日渐式微,在司法适用上也受到严格限定。在德国,缺乏期待可能性已在刑法理论上公认为不能作为超法规的责任阻却事由,如需援引期待可能性理论作为出罪根据,必须以刑法上有明确规定为限。对此,德国学者认为:"不可期待性作为免责依据,只能在法律案件的框架下被认可……因为刑法规则的普遍预防作用不能造成一种'理解一切,意味着宽宥一切'的印象"。实践中,"这种被主观化的不可期待性学说,鉴于对刑事司

---

① [日]西原春夫:《构成要件的价值性特征》,丁相顺译:《刑法问题与争鸣》(第七辑),中国方正出版社2003年版,第292页。

② 柯耀程:《变动中的刑法思想》,中国政法大学出版社2003年版,第177页。

③ 付立庆:《犯罪构成理论的比较研究与路径选择》,法律出版社2010年版,第69-78页。

法的稳定性和均衡性的危险,未能被贯彻"①。在日本,虽然理论上一般认为期待可能性属于超法规的责任阻却事由,在实践中一度也曾经发生过应用、运用期待可能性理论,对于数起超法规欠缺期待可能性阻却责任案件宣判无罪;但时至今日,"在日本判例中,大审院、最高法院根据不可能期待行为人实施合法行为而宣告无罪的判例没有出现过;大审院根据期待可能性的减少而减轻刑罚处罚的判例则出现过。……最高法院对于期待可能性理论持保留态度。即便在维持原审的无罪判决的场合,也采用别的理论进行处理。"②

其次,将缺乏期待可能性作为超法规的责任阻却事由与我国现行立法规定相抵触。我国刑法第28条规定:"对于被胁迫参加犯罪的,应当按照他的犯罪情节减轻处罚或者免除处罚。"由此可见,即使行为人意志自由受到一定程度的抑制,只要没有完全丧失意志自由,如果实施或参与犯罪,仍要追究刑事责任。更何况,在缺乏期待可能性场合,行为人意志自由受到的抑制程度通常情形下要远远低于共同犯罪中的胁从犯。

最后,在风险社会的今天,适用期待可能性理论的社会成本太高。期待可能性理论产生于19世纪末,资本主义工业得到迅猛发展,但劳动者安全和权益保障却被社会忽略。在这一特定背景下,期待可能性作为在刑法上谋取补偿弱者的制度,具有补偿性的价值取向。刑法理论及实践中将期待可能性作为免责事由,在当时具有其合理性和必要性。然而,时至今日,时过境迁,社会保障制度与救助制度的完善以及宪法、劳动法等对弱者的保护,使期待可能性理论的适用范围和适用必要性大打折扣。另外,随着社会一体化和生活复杂性的增强,整个社会面临的风险日益加剧。单位犯罪、有组织犯罪也日益成为社会无法承受之重,这需要期待每个雇员、个体尽到合理的注意义务。例如,生产有毒、有害食品罪涉及重大公共利益,能否因为雇员担心失去工作而通过期待可能性否认其责任?如果我们肯定雇员的无期待可能性,则必定会产生极大的恶果。③

(本文原载于《政治与法律》2015年第8期)

---

① [德]汉斯·海因里希·耶塞克,托马斯·魏根特:《德国刑法教科书(总论)》,徐久生译,中国法制出版社2001年版,第602-603页。

② 黎宏:《日本刑法精义》,中国检察出版社2004年版,第183-184页。

③ 高艳东:《期待可能性理论的不可期待性》,载《金陵法律评论》,2008年春季卷。

企业刑事合规视野下的单位犯罪构造及出罪路径

赵 赤

作者简介:赵赤(1967—),男,湖南邵阳人,法学博士,现为常州大学史良法学院教授,刑法研究所所长,法学院党委委员,常州大学合规研究中心主任。研究领域为刑法学、犯罪学、反腐法治等。先后主持国家社科基金资助课题一项、省部级课题五项,参与国家科技部项目一项,出版专著四部、译著一部、合著一部。在《法商研究》《法学评论》《政法论坛》《检察日报》等学术刊物及重要报刊上发表学术论文近50篇。曾经援藏挂职担任西藏自治区检察院林芝分院副检察长。担任中国犯罪学学会理事、北京师范大学中国企业家犯罪预防研究中心研究员、江苏省法学会案例法学研究会副会长、江苏省法学会刑法学研究会常务理事、江苏省法学会犯罪学研究会常务理事等。多年来从事反腐败法治、企业反腐及企业合规研究,出版企业反腐合规方面的专著一部、合著一部,在多家报刊发表企业刑事合规论文10余篇,被北京友邦律师事务所、大成(北京)律师事务所单位犯罪研究中心、大成苏州律师事务所、广东君言律师事务所、德恒深圳律师事务所、大成南京律师事务所等聘为合规专家或顾问,还应邀到中国人民大学、北京师范大学、苏州大学、中国贸促会、江苏省贸促会、安徽省律师协会等单位讲解企业合规法律问题,在企业刑事合规研究领域具有较大影响。

众所周知,当前我国企业刑事合规已经进入深度探索、改革发展及法治建构的关键阶段,由此期待我国企业刑事合规研究领域更加丰富的成果支撑。近年来,我国法学界,尤其是刑法学界持续研究企业刑事合规,成果斐然,然而目前我国学界的企业刑事合规研究,尤其是全球视野研究依然存在着进一步拓展深化的必要和空间:一是研究视野方面,我国学者在企业刑事合规全球视野研究中主要聚焦于美国、欧洲等个别国家企业刑事合规的考察研究,比较缺乏关于OECD(经济合作与发展组织)等相关国际或地区性规约以及广大发展中国家企业刑事合规的考察研究,从而难以全面领略当代企业刑事合规的全球趋势及其内涵、要义;二是研究方法方面,现有研究还存在着较为明显的平面式研究旨趣,动态式、发展性研究明显不够,从而难以全面把握企业刑事合规的发展历程、内涵嬗变及其趋势规律。

以全球视野考察研究企业刑事合规(简称刑事合规,下同)有助于厘清刑事合规的基本原理、法律体系及关键制度。鉴于此,笔者以全球视野考察研究刑事合规形成发展的基本轨迹及关键制度,重点探讨单位犯罪内涵构造的预防转型在刑事合规法律制度中的体系地位,以及刑事合规发展历程与企业合规出罪路径之间的互动关系两个焦点问题。首先,当代国际社会及多数国家已经广泛认同并明确规定了单位犯罪内涵构造的预防转型,单位犯罪内涵构造的预防转型堪称刑事合规的核心制度。其次,国际社会刑事合规不断发展的三个阶段与企业合规出罪路径有着颇为清晰的内在契合与对应关系,先后表现为基于刑法原理的个案出罪、基于刑法规定的当然出罪,以及基于起诉策略的不起诉出罪三种企业合规出罪路径。基于前述刑事合规的基本原理及关键制度,笔者认为我国构建刑事合规法律制度的关键问题是:一方面需要实现单位犯罪内涵构造的预防转型,同时出台企业与企业高管或员工之间刑事责任合理分割的刑法规范;另一方面应当在企业刑事合规理念下确立聚焦于"企业合规出罪为主"的起诉策略,同时在"起诉策略"的指导下构建"企业合规不起诉"这一专门性、规模性、拓展型企业合规出罪路径。

一、刑事合规全球考察下单位犯罪内涵构造的预防转型

企业刑事合规视野下的单位犯罪内涵构造主要包括两个方面的内容:一是刑法所有罪名中单位主体构罪范围的显著扩张;二是企业预防内部违法犯罪的组织性监管控制机制(合规计划)切入单位主体刑事责任认定及追究(包括单位入罪及单位出罪两个方面)的模式尺度。据全球考察,以美国 1991 年《组织量刑指南》率先推行刑事合规为发端,至 21 世纪初刑事合规已经成为全球趋势。[①] 伴随着刑事合规的全球发展,当代国际社会一方面显著扩张了单位主体在刑法所有罪名中的构罪范围,另一方面已经广泛认同并明确规定了单位犯罪内涵构造的预防转型。本部分略过单位主体构罪范围显著扩张这一基础性方面,仅就单位犯罪内涵构造的预防转型这一内涵性方面予以重点研究。

(一)单位犯罪内涵构造预防转型的制度范式

所谓单位犯罪内涵构造的预防转型,是指企业等组织预防内部违法犯罪的组

---

① 赵赤:《企业刑事合规:全球趋势与中国路径》,载《检察日报》2018 年 8 月 22 日第 3 版。

织性监管控制机制(合规计划)得以成为刑法中认定单位是否构成犯罪,以及是否起诉单位或者说切割企业与高管或员工刑事责任的重要乃至关键依据。根据全球考察,二三十年以前各国刑法均以自然人模式理解和规定单位犯罪,即在单位犯罪的内涵构造中强调单位中自然人的身份(单位代表人或高管)、行为的职务属性(职务行为)及主观目的(单位的利益)这些构罪因素。然而,20世纪80年代起源于美欧发达国家且持续三十余年的"合规运动"带来了企业反腐及经济刑法的重大变迁,集中表现为犯罪预防成为企业法治及经济刑法的突出主题,由此使得企业腐败的组织性预防机制(合规计划)日益切入企业管理及经济刑法。在此背景下随着国际社会企业刑事合规的不断发展,20世纪90年代以来多个国际或地区性组织及多数国家纷纷在反腐规约及国内立法中实现了单位犯罪内涵构造的预防转型。典型的是,2002年7月开始生效的《OECD关于腐败的刑法公约》这一反腐领域影响深远的国际公约明确规定,在反腐战略中应当将单位犯罪内涵构造的预防转型视为反腐刑法的焦点问题。一方面,该公约在反腐战略上将国家反腐的顶层内涵划分为国家层面需要采取的措施、国际合作、对公约实施的监督三个层次及内容,其中将防控腐败的国家责任即国家层面需要采取的措施这一内容置于首要位置,同时将单位犯罪内涵构造的预防转型当作"国家层面需要采取的措施"的中心内容。另一方面,该公约更是规定了单位犯罪内涵构造预防转型的基本内涵及具体要求。如该公约第18条第2款专门规定了法人未能制定和实施犯罪预防性制度的刑事责任:各成员国应当采取必要措施确保法人就由于单位内部缺乏监督而可能导致腐败犯罪发生因而承担刑事责任①。总的来看,20世纪90年代至21世纪前10年,世界上多数国家已经在国内立法中实现了单位犯罪内涵构造的预防转型。

(二)单位犯罪内涵构造预防转型的动因考察

首先,单位犯罪内涵构造的预防转型是监管主导型企业犯罪对策的刑法回应。20世纪90年代以来,国际社会日渐形成了一种关于应对企业腐败犯罪的政策性认知,即公司犯罪法律应对的关键性措施不是刑罚而是监管。② 其原因主要有三个方面:一是虽然处罚企业犯罪的经济刑法日益严厉,但企业犯罪依然高发,这就表明单纯依赖严厉刑罚的传统企业犯罪对策遇到了瓶颈,应当开辟新的预防性路径;二是企业预防内部腐败的传统内控机制往往不具有预防特定风险的针对

---

① Colin Nicholls,Corruption and Misuse of Public Office,Second Edition,Oxford University Press,2011.p.486-487.

② John A.Winterdyk,Crime Prevention:International Perspectives,Issues and Trends,CRC Press,2017,p.355.

性及有效性,企业内部腐败依然频发,实际上造成了所谓的"虚假的安全感";三是政府部门和司法机关受到介入条件门槛偏高、配套资源有限以及自身腐败寻租等因素的制约,在监管行业及企业腐败方面难以完全胜任社会的期待和信赖。显然,监管主导型企业犯罪对策渗透到经济刑法当中,就要求实行组织模式的公司犯罪及刑事责任制度,即将公司犯罪及刑事责任的主要依据奠基于组织性监管(合规计划),而不是公司高管或员工的职务行为、主观目的(为单位谋取利益)、违法程度及危害结果等传统的犯罪构成要件。

其次,单位犯罪内涵构造的预防转型是经济刑法凸显预防性整合的必然指向。据全球考察,单位犯罪内涵构造的预防转型还有着较为深刻的社会背景及知识支撑,这就是 20 世纪 80 年代起源于美欧发达国家且持续 30 余年的"合规运动"[1]。这场"合规运动"由此成为过去几十年以来全球商业领域的重大风向,一方面在基础理论上给各国经济刑法的内涵嬗变带来深刻影响,另一方面在法治实践方面使得犯罪预防成为企业管理与企业法治的突出主题。例如,德国法学家克劳斯·蒂德曼于 20 世纪 80 年代末提出了经济刑法整合理论,认为一方面经济刑法以公司企业这一组织性主体为规制对象,以公司企业腐败的组织性预防为着力方向;另一方面为了适应这一趋势,应当针对经济刑法进行预防导向的系统整合。蒂德曼进而认为,不到位的组织监管就是公司刑事责任的核心内容。实际上,蒂德曼不但是负责起草《保护欧洲共同体金融利益公约的第二个协议》等欧盟反腐规约的主要法律专家,其观点深刻影响着欧盟众多反腐规约及指引的制定出台,而且 20 世纪 90 年代以后制定的《联合国反腐败公约》、OECD、欧盟、南美、非洲等国际及地区性反腐规约也体现了类似的企业责任理念。[2] 可见,蒂德曼的经济刑法理论认为,企业合规计划就是企业避免刑事责任的关键依据。

最后,单位犯罪内涵构造的预防转型是自然人主体与单位主体之间不同犯罪防控路径的内在要求。犯罪学研究表明,作为组织的公司企业有着与自然人显著不同的犯罪原因、责任内涵及预防路径:自然人犯罪传统上以街头犯罪为主要违法行为类型,其犯罪原因主要源于人格环境,如家庭环境、同伴交友、学校教育等,性质上具有回溯性和非当前控制性。与此不同,公司企业犯罪属于组织性犯罪,其犯罪原因除体制机制、社会环境等宏观原因之外,主要是由于企业内控合规及企业文化等组织性因素欠缺,这些内部致罪因素具有当前性和可

---

① 赵赤:《反腐败刑事法治全球考察》,法律出版社 2020 年版,第 106-108 页。

② John A. Winterdyk, Crime Prevention: International Perspectives, Issues and Trends, CRC Press, 2017, p.355.

控制性。以上分析使我们得到如下三个启示:一是需要结构性审视和区分自然人犯罪及企业单位犯罪的犯罪原因及其刑事责任内涵,尤其是应当聚焦公司企业的组织性特点来构建企业的刑事责任制度;二是着力构建防控公司企业腐败的组织性预防机制,即企业合规计划;三是应当对自然人主体、单位主体之间的犯罪构成、刑事责任及定罪量刑制度予以新的结构性区分。例如,自美国以出台 1991 年《组织量刑指南》为契机对自然人与单位两类主体的刑事责任追究制度予以结构性区分之后,21 世纪以来欧洲国家及众多发展中国家的法律制度也日益彰显了这种区分。①

(三)单位犯罪内涵构造预防转型的体系地位

单位犯罪内涵构造的预防转型作为刑事合规的核心制度,不但成就了刑事合规的生成及发展,更是激励和促进了企业合规计划的普遍实行及有效实施。例如,一项 1999 年的调查显示:那些已经实施了合规计划的公司,其内部发生不道德或违法行为的概率显著降低,同时征求道德意见、向管理层举报违法行为以及更好地为公司效力的职工比例明显增加。② 从原理上看,如何激励企业主动制订和实施有效的合规计划,是企业合规,尤其是刑事合规法律实践中的主要考量及焦点问题。对企业而言,单位犯罪内涵构造的预防转型使得合规计划得以成为认定单位犯罪以及是否起诉的主要依据,从而起到了激励企业制订和实施有效合规计划的显著促进作用:一方面,企业犯罪发生之前的有效合规计划使得企业得以实现与高管或员工之间刑事责任的切割分离,由此保障企业行稳致远;另一方面,企业犯罪发生之后的涉罪企业同样可以通过有效的合规计划获得刑事责任的减免(如企业合规不起诉),由此激励企业在吸取教训的同时更加重视有效合规计划。从原理上讲,有效激励企业合规,决策者通常运用两个政策工具,即法律强制与责任制度。责任制度包括企业合规管理中的责任制度以及企业合规的法律责任制度,其中企业合规法律责任制度,尤其是企业合规刑事责任制度是激励企业合规的核心制度③。总之,理论观念及法律实践中认识到单位犯罪内涵构造的预

---

① 英国量刑委员会于 2014 年 5 月发布了《欺诈、贿赂及洗钱犯罪:权威指南》(*Fraud*,*Bribery and Money Laundering Offences:Definitive Guideline*)这一主要针对企业犯罪的刑法规范,该指南为检察官及法官评估被告单位的罚金数额提供了详细的操作指南。Polly Sprenger, Deferred Prosecution Agreement: the Law and practice of negotiated corporate criminal penalties,1st Edition,Thomson Reuters,2015,p.154–155.

② Amanda Pinto Q.C.and Martin Evans,Corporate Criminal Liability,Third Edition,Thomson Reuters,2013,p.366.

③ Sharon Oded, Corporate Compliance: New Approaches to Regulatory Enforcement, Edward Elgar,2013,p.101–102.

防转型对于有效激励合规计划的关键作用,对于企业合规,尤其是刑事合规而言具有重要意义。

二、刑事合规全球考察下涉罪企业合规出罪的三种路径

刑事合规与企业合规出罪路径之间的演变历程与互动关系,是刑事合规研究领域,尤其是发展性研究中的重点内容,值得特别关注。需要指出的是,目前我国学者倾向于以平面式方法研究企业合规出罪路径,其不足之处是难以揭示国际社会企业刑事合规的发展历程及其阶段性特征,尤其是未能揭示刑事合规的不同发展阶段与企业合规出罪路径之间的内在联系与对应关系。鉴于此,笔者主张就国际社会的企业刑事合规进行动态式、发展性研究,将国际社会刑事合规的发展进程划分为三个阶段,继而概括不同阶段企业合规出罪路径的法律特征:一是前刑事合规阶段企业合规的出罪路径:基于刑法原理的个案出罪;二是刑事合规前期阶段企业合规的出罪路径:基于刑法规定的当然出罪;三是刑事合规当前阶段企业合规的出罪路径:基于起诉策略的不起诉出罪。

(一)前刑事合规阶段企业合规的出罪路径:基于刑法原理的个案出罪

前刑事合规阶段是指已经存在企业合规基础性制度,然而尚未出台系统的刑事合规法律制度这一阶段。在这一阶段,由于企业合规计划尚未系统性地切入单位犯罪定罪量刑,因而此时国家仅仅通过民事法律及行政手段来规制和激励企业合规。显然,此种情况下由于刑法中尚未出现企业合规计划如何影响单位主体定罪量刑的明文规定,即尚不存在企业合规予以出罪的法定路径,这使得审判实践中只能依据刑法原理将企业合规作为个案审判中的酌定情节(通常作为单位犯罪构成要件的阻却事由)予以考量和出罪。可见,将企业合规计划作为单位犯罪构成要件的阻却事由予以考量并出罪,一方面并非基于刑法的明文规定(不是法定情节或事由);另一方面只能以个案审判形式呈现,不具有当然性和普遍性。笔者将此种企业合规出罪路径称为"基于刑法原理的个案出罪"(简称个案出罪)。例如,在美国企业合规制度形成之后刑事合规出台之前(美国 1991 年《组织量刑指南》首次规定企业刑事合规)的 20 世纪 50 年代中期至 20 世纪 90 年代初,其企业合规依据"构成要件阻却事由"这一刑法原理以个案判例形式出现,具体又包括如下三种情形①:一是企业合规计划作为公司罪过的阻却事由;二是企业合规计划作为影响公司员工为了公司利益之目的这一单位犯罪构成要素的司法认定;三是企

① Sharon Oded, Corporate Compliance: New Approaches to Regulatory Enforcement, Edward Elgar, 2013, pp.134-136.

业合规计划作为认定公司员工身份范围的影响因素。①

（二）刑事合规前期阶段企业合规的出罪路径：基于刑法规定的当然出罪

所谓刑事合规前期阶段，是指出台刑事合规法律制度之后、企业合规适用起诉策略路径出罪（也称审前分离路径）之前的阶段。刑事合规法律制度出台之后，由于单位刑法（单一法典刑法模式）或经济刑法（附属刑法模式）中规定了企业与企业高管或员工之间刑事责任的分割制度，因而此一时期的企业合规出罪路径得以采取单位刑事责任法定减免这一当然性质的出罪路径。例如，美国1991年出台的《组织量刑指南》规定单位犯罪适用严格责任，即只要企业发生了应当追究单位刑事责任的腐败犯罪，即使单位拥有有效的合规计划，也只能减轻单位的刑事责任，而不能免除单位的刑事责任。再如，意大利2001年颁布的第231号法令规定，公司只有在实施犯罪之前采取了有效的合规计划的才能免于公司刑事责任，实施犯罪之后采取了有效合规计划的，只能减轻公司刑事责任，不能免除公司刑事责任，同时还可以免除针对单位的资格刑。在澳大利亚，合规计划虽然可以成为免除公司刑事责任的考量因素，但主要还是公司刑事责任的减轻因素。② 可见，刑事合规前期阶段各国企业合规的出罪路径具有如下两个明显特点：一是除美国在企业犯罪中采取严格责任因而企业合规只能减刑不能出罪外，其他国家的企业合规均可以成为企业出罪（免除刑事责任）的法定依据及当然事由；二是在多数国家，只有犯罪实施之前的企业合规计划才能成为企业出罪的法定事由，犯罪实施之后的企业合规计划只能减轻企业刑事责任，不能免刑出罪。综上，笔者将刑事合规前期阶段企业合规的出罪路径称为基于刑法规定的当然出罪（简称当然出罪），同时此阶段的企业合规出罪路径还存在着明显的局限性及不充分性特点，有着进一步拓展的空间及潜力。

（三）刑事合规当前阶段企业合规的出罪路径：基于起诉策略的不起诉出罪

21世纪以来，随着美国、欧盟等国家地区涉罪企业刑事司法制度深入体现预防理念，以"暂缓起诉协议"（DPAs）和"不起诉协议"（NPAs）为代表的新型企业

---

① 在美国1970年的 American Radiator 一案及1983年的 the United States v. Basic Construction Co. 一案中，法庭认为关于合规管理制度的真实性的证据可以用于支持公司的主张，即公司员工实施犯罪不是为了公司的利益。Sharon Oded, Corporate Compliance：New Approaches to Regulatory Enforcement, Edward Elgar, 2013, pp.138-139.

② Stefano Manacorda. Francesco CentonzeGabrio FortiEditors, Preventing Corporate Corruption, The Anti-Bribery Compliance Model, Springer International Publishing Switzerland 2014, pp. 435-437.

合规出罪制度规模性适用于涉罪企业,由此形成涉罪企业起诉策略的迅速崛起以及企业合规出罪路径的显著拓展态势。鉴于此,笔者将此阶段的企业合规出罪路径称为基于起诉策略的不起诉出罪(简称不起诉出罪)。所谓"起诉策略",是指检察起诉机关依据起诉指南及起诉规则将已经拥有企业合规计划或者承诺做好企业合规计划的涉罪企业予以附条件不起诉的专门性起诉理念及制度。在涉罪企业起诉策略理念下,国家针对涉罪企业构建专门的附条件不起诉制度,一方面在涉罪企业刑事司法中强化了检察起诉机关的权限职能及能动作用,另一方面出台专门的涉罪企业起诉标准及合规监管评估标准。例如,美国、欧盟分别于2003年、2013年开始推行涉罪企业起诉策略,其中美国、英国的相应制度称为"暂缓起诉协议"(DPAs)和"不起诉协议"(NPAs)。从原理上看,预防性理念在企业刑事司法中的延伸拓展促成了涉罪企业起诉策略的当代崛起。实际上,检察机关针对涉罪企业的司法理念在过去的几十年时间历经了重大变迁。以美国为例,20世纪中叶美国检察机关的起诉观念是,公司的内控合规努力(合规计划)并不是公司刑事责任的影响因素,此时的美国检察机关甚至对法官在认定企业刑事责任时考虑企业内控合规的裁判意见持强烈的批评态度。[①] 然而,随着美国20世纪80年代、90年代"合规运动"的持续兴起,美国检察机关逐渐接受了起诉企业时考虑合规计划这一新的理念。此种背景下,美国司法部欺诈处早在1987年就颁布了一个起诉指南(备忘录),要求所有的检察官在针对企业予以起诉时,将企业自愿披露犯罪并实施合规计划的认定为企业刑事责任的减轻因素。之后,美国司法部反垄断处于1993年出台《公司宽大政策》(*Corporate Leniency Policies*)这一针对涉罪企业的起诉政策性文件,该文件鼓励涉罪企业将自己的违法犯罪行为向有关机构举报,同时规定对将自己的反垄断、税收等违法犯罪行为予以举报的企业在某些情况下予以刑事不起诉处理。[②] 21世纪之交及以后,美国量刑委员会先后出台了1999年6月的联邦《商业组织起诉原则》(也称《霍尔德备忘录》)以及2003年的新版联邦《商业组织起诉原则》(也称《汤普森备忘录》)。以上两个公司起诉规范

[①] Sharon Oded, Corporate Compliance: New Approaches to Regulatory Enforcement, Edward Elgar, 2013, pp.139-141.

[②] Sharon Oded, Corporate Compliance: New Approaches to Regulatory Enforcement, Edward Elgar, 2013, p.142.

一方面规定了起诉商业组织所需要考虑的八个因素①,另一方面使得企业合规计划在涉罪企业的起诉裁量中发挥更加突出的作用。《汤普森备忘录》发布之后,"暂缓起诉协议"和"不起诉协议"的适用范围及适用力度显著扩张,尤其是适用于严重的公司犯罪。②

除美国外,2013 年之后欧洲也迅速兴起公司犯罪起诉策略。③ 2013 年 7 月 17 日,欧盟委员会出台了两个强化检察公诉职能的重要规范:一是修订并发布《欧洲检察署条例》,以此在强化欧洲检察署管理制度及责任框架的基础上更好地应对跨国犯罪;二是出台《欧盟委员会关于建立"欧洲公诉检察官办公室"的理事会条例的建议》。以上两个规范标志着欧盟刑事司法政策及检察公诉制度的重大发展,尤其是带来了欧盟检察公诉机关起诉裁量权的显著扩张以及涉罪企业起诉策略的迅速崛起。例如,德国近年来公诉机关的起诉裁量权显著扩张,德国检察官仅仅将不到 20% 的涉罪企业刑事案件提交法庭审判。④

综上可见,企业合规出罪路径的显著拓展是当代国际社会刑事合规法律实践的显著趋势与突出特点。具体而言,可将 20 世纪 60 年代至今的国际社会刑事合规理念下企业合规出罪路径历经三个阶段的内涵变迁归纳为如下两个方面:一是企业合规出罪路径的法律属性方面,由前刑事合规阶段基于刑法原理的个案出罪(通常作为单位犯罪构成要件的酌定阻却事由),到刑事合规前期阶段基于刑法规

---

① 八个主要因素:一是公司犯罪的性质及其严重性程度,包括对公众的可能损害;二是违法犯罪行为在公司内部的普遍性程度;三是此前公司类似违法犯罪的前科情况;四是公司是否及时、自愿地披露内部的违法犯罪,以及在识别违法犯罪人及提供证据方面与司法机关的合作程度;五是公司预防和发现违法犯罪的合规计划的有效性程度;六是公司在发现违法犯罪时所采取的补救措施;七是就予以公司定罪的可能伴随后果,包括对第三方的不利后果;八是适用起诉之外的非刑罚替代措施的充分性情况。Francis T. Cullen, Gray Cavender, William J.Maakestad, Michael L.Benson, Corporate Crime Under Attack, The Fight to Criminalize Business Violence, Routledge 2015, pp.326-327.

② 主要表现在三个方面:一是 DPAs 的适用数量显著增加。如该备忘录出台最初两年的数量为 40 件、32 件,2000 年之后达到 230 件以上。至今,DPAs、NPAs 已经成为应对严重公司犯罪的重要执法工具。二是 DPAs、NPAs 的适用范围扩大到众多法律领域,如卫生健康、海外腐败、税收、会计、贷款、网络赌博、洗钱、移民、销售腐败、环境、保险欺诈、性标示、采购欺诈等。三是司法部不再是适用 DPAs、NPAs 的唯一机构,如美国证券交易委员会(SEC)于 2010 年正式予以采用。Sharon Oded, Corporate Compliance: New Approaches to Regulatory Enforcement, Edward Elgar, 2013, pp.209-218.

③ L.H.Erkelens, A.W.H.Meij, M.Powlik, Editors, The European Public Prosecutor's Office, An Extended Arm or a Two-Headed Dragon? Springer, 2014, p.11.

④ Cyndi Banks, James Baker, Comparative, International and Global Justice: perspectives from criminology and Criminal Justice, SAGE, 2016, p.129.

定的法定出罪,再到刑事合规当前阶段基于起诉策略的不起诉出罪,总的来看企业合规出罪路径显著拓展;二是企业合规出罪路径的模式效果方面,由前刑事合规阶段的个案出罪及偶然出罪(以个案判例形式出现,不是当然出罪),到刑事合规前期阶段的法定出罪及当然出罪(尽管出罪路径存在局限性及不充分性),再到刑事合规当前阶段的审前出罪及大规模出罪。一方面涉罪企业合规出罪的时间场景显著前移,另一方面在企业合规法律效果上表现为由从宽为主的出罪路径演变为出罪为主的出罪路径。可见,以全球视野研究企业刑事合规时应当重点考察不同阶段企业合规出罪路径的法律属性及其模式效果,尤其是需要关注当代国际社会涉罪企业起诉策略的迅速崛起对于企业合规出罪路径的重大影响。

(四)国际社会企业合规出罪路径显著拓展的合理性分析

第一,企业合规出罪路径的显著拓展是刑事政策的"出罪化战略"在企业刑法中的呈现样态。有必要从整体刑法层面审视和理解企业合规出罪路径的不断拓展。20世纪下半叶,尤其是21世纪以来,国际社会正在历经一场刑法领域的"过罪化危机"[1]。域外学者普遍认为,造成这场危机的主要原因是:一方面犯罪化给刑事司法系统性运行带来了人力、财力等成本的大幅增加;另一方面刑事司法系统却未能给予真正的抗辩机会,从而带来关于犯罪化并不值得投入巨大成本的质疑,因此刑事法律应当注重出罪化的路径拓展。[2] 鉴于此,各国开始注重从刑法基本制度、企业刑法等领域积极探索拓展相应的出罪路径。实际上,除企业合规出罪这一出罪路径之外,各国还在刑法总则性制度、分则性罪名以及判例等多个领域探索推进出罪路径的不断拓展,如各国刑法中的抗辩事由或行为正当化事由的种类不断增加,体系分类更加完备。可见,出罪路径的拓展延伸已经成为当代国际社会推行"出罪化战略"的必然要求,而企业合规出罪路径的显著拓展不过是"出罪化战略"在企业刑事法治中的呈现样态。

第二,企业合规出罪路径的显著拓展是此种路径契合法治要求的必然走向。前述研究表明,半个世纪以来国际社会的企业合规出罪路径在三个阶段中先后呈现为个案出罪、当然出罪及不起诉出罪三种路径。比较而言,个案出罪、当然出罪两种出罪路径均有着明显的缺陷,只有不起诉出罪这一出罪路径优势突出。其一,个案出罪这一出罪路径的显著缺陷:一是个案出罪依据的是酌定情节而不是

---

[1] Adan Nieto Romero, Marta Munoz de Morrales Romero, Editors, Towards a Rational Legislative Evaluation in Criminal Law, Springer, 2016, p.351.

[2] Edited by R. A. Duff, Lindsay Farmer, S. E. Marshall, Massimo Renzo, Victor Tadros, The Boundaries of the Criminal Law, Oxford University, 2010, p.8.

法律规定,存在法律依据方面的缺失;二是个案出罪属于审判阶段的单个案件出罪,具有偶然性和不确定性,难以满足法定性和确定性这一法治化要求;三是个案出罪因为其偶然性及不确定性特点,更是难以有效激励企业主动制订和实施合规计划。正是以上三个特点决定了,随着企业刑事合规的不断发展,个案出罪这一出罪路径必然为新的法定出罪路径所取代。其二,与前刑事合规阶段的个案出罪路径相比,刑事合规前期阶段基于刑法规定的当然出罪这一出罪路径虽然具有法定性这一突出特点及优势,然而依然存在着不足,尤其是当然出罪路径下企业合规的刑法意义主要是减刑从宽,而不是免刑出罪,因而仍然存在着难以彻底有效激励企业主动制订和实施合规计划的不足。其三,与前刑事合规阶段的个案出罪以及刑事合规前期阶段的当然出罪相比,刑事合规当前阶段企业合规的不起诉出罪路径优势显著,集中表现在如下两个方面:一是得益于企业反腐领域预防性理念的深度贯彻,企业合规这一组织预防性措施成为企业与高管或员工之间刑事责任彻底切割的重要乃至关键依据,从而更好地彰显企业合规在涉企刑法,尤其是涉企刑事司法中的作用及地位;二是将企业合规出罪路径从此前的个案审判环节出罪及刑法规定环节出罪显著前移至起诉裁量环节出罪,企业合规出罪路径更加简约彻底,同时企业合规出罪比例及规模显著提高,涉企刑事司法对企业合规的激励作用进一步增强。可见,只有从企业与高管或员工之间刑事责任的明确规定与彻底分割、涉罪企业合规出罪的路径前移与规模提高,以及涉企刑法,尤其是刑事司法对企业合规的深度激励三个层面,才能深切把握刑事合规发展进程当中企业合规出罪路径显著拓展这一趋势的合理性所在。也就是说,基于起诉策略的不起诉出罪这一出罪路径正是由于实现了企业与高管或员工之间刑事责任的彻底分割,以及深度激励企业合规两个关键突破,因而契合了规范性、明确性以及稳定预期的法治要求,从而彰显出刑事合规当代阶段基于起诉策略的不起诉出罪这一出罪路径的内在合理性与强大生命力。

三、我国企业合规改革中单位犯罪内涵构造的预防转型

总的来看,我国当下如火如荼的企业刑事合规改革探索已经遭遇到了经济刑法基本原理,即合规不起诉教义学根基支撑明显不足的瓶颈问题,因而亟待直面并深化企业刑事合规基础理论与基本原理的研究。正如有学者所言:"当前的合规不起诉制度研究也许考虑到改革尚处于探索阶段,于是尝试从制度功能、刑事政策、立法论等多个维度揭示该项改革的正当价值和完善路径,而鲜少直面合规不起诉的教义学困境,呈现出明显的反教义学化趋势。对这些研究成果有必要做

出阶段性梳理和总结,以便在此基础上展开关于合规不起诉教义学根基的讨论。"①鉴于此,本部分以下基于前述全球视野企业刑事合规考察研究,着重从单位犯罪内涵构造、企业合规出罪路径两个方面探讨企业刑事合规的教义学根基及我国企业合规不起诉改革发展中的焦点问题。就第一个问题而言,前述研究表明单位犯罪内涵构造的预防转型是企业刑事合规中的核心制度。那么,刑事合规理念下我国企业合规改革中为何以及如何实现单位犯罪内涵构造的预防转型?

(一)我国亟待实现单位犯罪内涵构造预防转型的政策思考

聚焦单位犯罪内涵构造的预防转型来推进我国企业合规的改革发展,不仅是企业刑事合规的核心要义,也是我国推进国家治理体系与治理能力现代化、推进反腐败以及贯彻涉企刑事政策的必然要求。总的来看,预防转型是我国新时代法治发展尤其是刑事法治现代化的基本面向。尤其是,2020 年 11 月首次提出的"习近平法治思想"就包含了"完善预防性法律制度"这一直接指向预防性法治的明确要求。从全球视野来考察,过去几十年以来"合规运动"兴起以及企业刑事合规的孕育形成及发展,本身就蕴含着企业腐败犯罪学研究的成果、犯罪学家的智慧以及预防理念的贯彻,可以说企业刑事法治聚焦于企业腐败的预防性规制,注重犯罪预防的犯罪学知识发挥了关键性作用。② 可见,预防导向鲜明的刑事合规与我国新时代所倡导的刑事法治预防转型存在着内涵上的高度契合,正如我国刑法学泰斗、人民教育家、北京师范大学刑事法律科学研究院名誉院长高铭暄教授所指出的那样:刑事合规作为 21 世纪新的国际刑事政策趋势,预示着原先主要作为事后惩罚之法的刑法,开始向事前预防之法转型,并因此拓展了刑法参与社会治理的深度和广度。这种趋势与我国推进国家治理体系与治理能力现代化这一全面深化改革的总目标高度契合,也是我国经济社会进入高质量发展阶段治理法人犯罪的必然要求,值得我们高度重视。③ 总之,我们要从国家治理体系和治理能力现代化这一战略高度来领会和把握企业刑事合规这一预防性法律制度的重要意义,从而自觉促成单位犯罪内涵构造的预防转型。诚如学者所言,"推进国家治理体系和治理能力现代化,就是要形成一套体现良法要求的制度体系,并通过善治确保这套制度的贯彻实施,切实将制度优势转化为治理效能,实现具有中国特色的中国之治"④。

---

① 刘艳红:《企业合规不起诉改革的刑法教义学根基》,载《中国刑事法杂志》2022 年第 1 期。
② 赵赤:《全球视野下刑事合规的犯罪学供给研究》,载《犯罪研究》2021 年第 3 期。
③ 转引自张远煌、梁涛:《深化基础理论推进刑事合规改革发展》,载《检察日报》2021 年 5 月 13 日第 3 版。
④ 周佑勇:《推进国家治理现代化的法治逻辑》,载《法商研究》2020 年第 4 期。

（二）我国实现单位犯罪内涵构造预防转型的刑法要领

单位犯罪内涵构造的预防转型作为有效激励合规计划的关键性制度,在完善的刑事合规法律制度下需要同时体现在单位刑法的总则性制度及分则罪名两个方面。本部分集中探讨单位刑法总则性制度的预防转型,具体从单位犯罪及刑事责任的基本内涵、企业与高管或员工之间刑事责任的合理切割两个层面予以展开。

首先,我国刑法亟待实现单位犯罪及刑事责任基本内涵的预防性规制。就单位刑法总则性制度而言,我国刑法典总则第四节仅有两个条文(第30条、31条)予以规定,然而这两个条文并未就单位犯罪的内涵构造予以明确规定。具体来看,其中规定公司犯罪实体内涵的是第30条:"公司、企业、事业单位、机关、团体实施的危害社会的行为,法律规定为单位犯罪的,应当负刑事责任。"除以上刑法条文以外,近年来最高人民法院和最高人民检察院先后发布了一系列关于认定单位犯罪的司法解释。这些司法解释认为构成单位犯罪,除能够代表单位的相关人员实施了犯罪行为这一客观要件之外,还要具备相应的身份条件,即也以单位名义实施或者经过集体决策,以及主观条件即为了单位利益。可见,我国刑法总则并未就单位犯罪及刑事责任的实体内涵或构成要件予以规定,同时司法解释依然秉持传统的自然人模式对单位刑事责任内涵进行解读。显然,我国现行刑法未能体现出单位犯罪内涵构造的预防转型这一旨趣,这种情况一方面不符合前述企业刑事合规的基本原理及本质要求;另一方面更是难以为我国当前着力推进的企业刑事合规提供法律支撑及有效激励,亟待兑现我国单位犯罪内涵构造的预防转型。就此,结合我国实际并借鉴国际社会在单位犯罪内涵构造预防转型的基础上日益注重单位与员工之间刑事责任的切割这一趋势,我国单位犯罪刑法总则性制度的预防转型包括两个方面:一是在刑法总则中就预防导向的单位犯罪及刑事责任内涵构造予以原则性、纲领性规定;二是就单位与单位员工之间刑事责任的合理分割予以原则性规定,尤其是应当使得有效企业合规计划成为阻却或减轻单位刑事责任的重要依据。具体而言,可以在刑法第30条中或之后增加如下两点内容:第一,单位犯罪在犯罪构成及刑事责任的内涵构造及认定规则方面有别于自然人犯罪。单位刑事责任的内涵不仅包括公司主要管理者为了实现法人之利益而实施的违法行为,而且包括由于公司主要领导在监管控制方面的缺失导致处于其监管之下的公司成员为了实现法人之利益而实施的违法行为。第二,单位犯罪及刑事责任追究包括两种情形:一是单位高管实施了某一犯罪,该单位要承担刑事责任,除非该单位能够证明自己拥有旨在预防此种犯罪且得到有效实施的合规计划;二是公司低级别员工或普通员工实施了犯罪,如果原因是公司没有实行有效的合规计划的,则公司需要承担刑事责任。如此规定,一方面实现了我国单位犯罪内涵构造的预防转型,另一方面也为企业单位依据有效合规计划予以出罪从宽提供了原则规定和法律依据。当然,长远看我国可能需要从立法技术层面予以通盘考虑,由此实现对自然人、单位两种主体之间在犯罪构成、刑事责任、刑罚处罚、定罪量刑、企业合规计划如何影响或阻却单位刑事责任等多方面内容进行更为全面、精细的结构性区分。

其次,我国刑法应当实现企业与企业高管、员工之间刑事责任的合理切割。也就是说,为推进和支撑企业刑事合规的法治发展,我国刑法应当在前述区分单位与员工刑事责任的原则性规定的基础上,进一步制定企业与高管、员工之间分割刑事责任的细化规定。全球各国在实体刑法中就企业与企业高管或员工之间的刑事责任予以合理分割,在法律规定上既有基本特点上的相同,也有具体做法上的差异,其中意大利 2001 年第 231 号法令专门规定的公司刑事责任制度①周全而细腻,备受各国学者称赞,值得重点关注。就企业与企业高管、员工之间刑事责任的合理切割而言,前述意大利刑法的显著特点是规定了公司合规出罪的两种情形,即公司高管犯罪之下的公司合规出罪与公司员工犯罪之下的公司合规出罪。所谓公司高管犯罪之下的公司出罪,是指当公司代表人、经理或者公司高管实施了犯罪行为时,公司在如下几种情况下不承担刑事责任:一是在犯罪行为实施之前,公司已经制订并有效实施了旨在预防此种犯罪的合规计划的;二是公司已经任命了监督委员会监督合规计划的运行、完善及其遵守的;三是行为人以欺诈方法规避合规计划之手段实施犯罪的;四是公司监督委员会已经妥当履行其工作职责的。所谓公司员工犯罪之下的公司出罪,是指当公司员工因为受到公司高管的控制而实施犯罪时,公司在下列情况下不承担刑事责任:一是公司已经于犯罪实施之前制订并有效实施了旨在预防此种犯罪的合规计划的;二是公司员工未能遵守合规计划的。总的来看,意大利的公司刑事责任制度聚焦于公司合规出罪,制度设计合理而缜密,能够实现企业与企业负责人或相关责任人之间刑事责任的合理分割,不但获得国外学界的一致好评,而且意大利的公司刑事责任立法在出台之后很快被西班牙等国移植和借鉴。②

笔者认为,我国企业刑事合规理念下构建单位犯罪及刑事责任法律制度,应当聚焦于单位犯罪及刑事责任内涵的预防性规制、企业与企业高管或员工之间刑事责任合理分割等重点内容,同时也要考虑到目前我国仍处于试点探索阶段这一

---

① Stefano Manacorda, Francesco Centonze, Gabrio Forti, Editors, Preventing Corporate Corruption: The Anti-Bribery Compliance Model. Springer, 2014. pp.398-400.

② Amanda Pinto Q.C. and Martin Evans, Corporate Criminal Liability, Third Edition, Thomson Reuters, 2013, p.339.

实际情况。具体而言,笔者主张借鉴前述意大利立法经验,同时区分试点探索阶段、合规立法之后两种情形,分别把握企业与企业高管或员工之间的刑事责任的合理分割,具体提出如下设想和建议:第一种情形即我国目前企业刑事合规试点探索阶段的制度安排。在我国目前企业刑事合规试点探索阶段,由于针对企业合规计划的相关立法尚未出台,广大企业不熟悉企业合规,也没有遵守企业合规计划的相关法律义务,因而试点阶段宜在企业合规出罪方面采取宽容立场,即企业于犯罪实施之后或之前采取合规计划的,都可以予以出罪处理。当然,两种情况下应当注意把握合规计划的不同要求,即犯罪实施之后的合规计划把握更严,要求更高,而犯罪实施之前的合规计划则可以适当宽松,要求稍低。第二种情形即我国刑事合规试点探索结束,出台企业合规相关立法生效之后的法律规定。此一时期,应当规定更为严厉的企业合规出罪制度,包括企业出罪基本制度及企业出罪具体制度两个方面。企业出罪基本制度是指:公司必须在犯罪实施之前制订并有效实施了合规计划,才能免除其刑事责任;公司于犯罪实施之后制订并有效实施了合规计划的,只能减轻刑事责任,但可以阻却针对单位适用资格刑。企业出罪具体制度包括公司高管犯罪之下的公司出罪与公司员工犯罪之下的公司出罪。其一,当公司法定代表人、经理或者高管实施了犯罪行为时,公司在如下几种情况下不承担刑事责任:一是在犯罪行为实施之前,公司已经制订并有效实施了旨在预防此种犯罪的合规计划的;二是公司已经建立了合规委员会或监督委员会监督合规计划的运行、完善及其遵守的;三是行为人以欺诈方法规避合规计划之手段实施犯罪的;四是公司合规委员会或监督委员会已经妥当履行其工作职责的。其二,当公司员工因为受到公司高管的控制而实施犯罪时,公司在下列情况下不承担刑事责任:一是公司已经于犯罪实施之前制订并有效实施了旨在预防此种犯罪的合规计划的;二是公司员工未能遵守合规计划的。

四、我国企业合规改革中企业合规出罪路径的刑法完善

前述全球视野考察研究表明,企业合规出罪路径的显著拓展是当代国际社会刑事合规继续发展的显著特点。在我国,一方面有着企业合规不起诉试点前后关于企业合规出罪路径的实践探索,如在我国检察机关探索推进企业合规不起诉之前就已经出现采用企业合规"个案出罪路径"的个别案例,即在个案审判中将合规计划认定为阻却"为本单位谋取非法利益之目的"这一单位犯罪的构成要件或要素①;

---

① 参见兰州市城关区人民法院(2016)甘102刑初605号刑事判决书;兰州市中级人民法院(2017)甘01刑终89号刑事裁定书。

另一方面学界存在着对此问题的不同见解,如有学者主张企业合规的"个案出罪路径",具体做法是将企业合规计划视为企业文化因素来影响单位刑事责任的认定。① 那么,刑事合规理念下我国企业合规改革中如何实现企业合规出罪路径的刑法完善? 下文结合企业合规出罪路径、合规不起诉是否适用于单位重罪、合规不起诉中相关责任人的处理模式三个重点问题展开分析并提出见解。

(一)我国应当实行"企业合规出罪为主"的涉罪企业起诉策略

如前所述,企业合规出罪路径的显著拓展是国际社会刑事合规不断发展的突出特点,同时当前国际社会刑事合规理念下主流的企业合规出罪路径是基于起诉策略的不起诉出罪。那么,我国刑事合规理念下应当如何构建企业合规出罪路径的制度框架? 就此,笔者认为应当重点把握好如下两个制度要点。

首先,我国应当在企业刑事合规理念下确立"企业合规出罪为主"这一属性定位。从法律属性上说,对企业而言,企业合规究竟应当是出罪依据还是减轻依据,这是我国探索推进企业刑事合规中的一个焦点问题。笔者认为,我国探索推进企业刑事合规的过程中应当明确"企业合规出罪为主"这一属性定位。也就是说,我国推进企业刑事合规的背景下,企业合规不仅应当成为减轻企业刑事责任的依据事由,而且应当成为规模性免除企业刑事责任的主要依据,主要理由如下:一是刑事合规基本原理及全球实践表明,企业合规的出罪定位是当代国际社会刑事合规的基本特点与普遍实践。对此,前面已经有所阐述。显然,我国探索推进企业刑事合规的过程中,那种认为企业合规只能成为减轻企业刑事责任的依据而不能成为免除企业刑事责任的观点并不足取。二是从我国刑法中的出罪路径整体情况看,尤其是与域外刑法中出罪路径日益拓展的发展趋势相比较,我国目前刑法中明文规定的出罪路径主要有刑法总则第 13 条"但书"以及正当防卫、紧急避险三种情形,出罪路径明显偏少,亟待增加企业合规出罪等新兴出罪路径。正如学者所言:"当前我国刑法出罪机制最需要的不是如何解释'但书',而是在现有的出罪事由的基础上增补新的出罪事由,使之发挥分担但书之出罪功能的效用,同时也能遏制但书被过度适用。"②可见,我国刑法中增加企业合规出罪这一出罪路径,不仅契合了企业刑事合规的本来含义,而且能够在整体上显著改善我国刑法的出罪格局。三是我国确立"企业合规出罪为主"这一属性定位,是推进我国涉企检察

---

① 该学者认为,"在我国《刑法》规定的背景之下,还是应当将《刑法》第 30 条、第 31 条的规定与责任原则结合起来,将企业合规建设作为企业文化建设的一部分,并将其作为判断企业刑事责任有无和大小的依据之一,而不是全部。"参见黎宏:《合规计划与企业刑事责任》,载《法学杂志》2019 年第 9 期,第 19 页。

② 刘艳红:《实质出罪论》,中国人民大学出版社 2020 年版,第 35 页。

职能能动发展及企业刑事合规改革完善的内在要求及关键所在。众所周知,当前我国试点推进企业刑事合规的过程中,一些地方还存在办案机关及办案人员由于现有制度支撑不够,以及理解认识不够到位等出现办案积极性及办案质量不高等现象。笔者认为,破解以上问题可以有多种抓手,其中十分关键的是在明确企业刑事合规的创新品质以及"企业合规出罪为主"这一属性定位的基础上,积极稳健地开展探索试点工作。也就是说,"企业合规出罪为主"这一属性定位不但是我国当前企业刑事合规试点改革中的可行样态,也是我国未来刑事合规法律制度的合理定位。

其次,我国应当在涉企刑事司法中实行有利于企业合规规模性出罪的起诉策略。前述研究表明,企业刑法预防性理念拓展延伸至涉企刑事司法领域,由此形成企业刑事合规的不断发展以及涉罪企业起诉策略的当代崛起。在我国当前探索推进企业合规不起诉的背景下,深入探讨单位犯罪内涵构造的预防转型以及涉罪企业起诉策略尤为必要。当前,能动司法检察开始成为我国刑事法治研究的触角,同时涉企刑事司法检察已经成为探索推进能动司法检察的重点场域。从司法实践来看,当前我国检察机关在试点探索企业合规不起诉中,一些司法机关还不太敢于或善于适用涉罪企业合规不起诉,涉罪企业合规不起诉案件总体数量及比例偏低,同时办案质量有待提高。造成这种情况的原因有多个方面,其中一个重要原因就是我国目前还欠缺诸如"起诉策略"这样预防导向的创新性刑事司法理念。实际上,企业刑事合规的改革发展以及单位犯罪内涵构造的预防转型为我们思考和凝练涉企刑事司法创新理念提供了良好契机。一方面,全球视野的企业反腐合规研究使我们认识到,企业反腐担当及内控合规,尤其是单位刑事责任的预防转型,使得涉企刑事司法拥有了前所未有的新视野、新立场和新作为,在鼓励企业致力反腐以及激励企业有效合规的背景下生成了"起诉策略"这一创新理念;另一方面,国家可以在"起诉策略"这一新的理念指导下推进企业合规不起诉的不断发展,同时优化企业合规不起诉的顶层设计并加强相应的规范指引。总之,我国在涉企刑事司法中应当努力探索并实行涉罪企业"起诉策略"理念,尤其是在"起诉策略"的理念指导下重点探索并制定"企业合规不起诉出罪"这样有利于企业合规规模性出罪的新兴出罪制度,进而倡导和推动涉企能动司法检察的创新发展。

(二)我国企业合规不起诉可以适用于单位重罪的主要理由

我国企业刑事合规改革试点中的另外一个重要问题是,企业合规出罪从宽是否可以适用于单位重罪?众所周知,我国检察机关 2020 年的企业合规不起诉试点中,合规不起诉主要适用于那些犯罪嫌疑人可能被判处 3 年有期徒刑以下刑罚的轻微刑事案件。2021年以来企业合规不起诉进入改革发展新阶段,一些地方的检察机关尝试将合规不起诉扩大适用到法定刑为3年以上10年以下的单位犯罪案件。① 对这一扩大企业不起诉适用范围的做法,学界有质疑和反对意见。从国外看,就企业合规不起诉的适用对象而言,主要有"适用于企业主体所有犯罪""适用于企业主体经济犯罪"两种代表性模式。其中,多数国家采用前一种模式,采用后一种模式的国家较少,以英国为代表。例如,英国借鉴美国的做法于2014年开始针对企业采用"暂缓起诉协议"(DPAs),其"暂缓起诉协议"仅仅适用于公司主体实施的经济犯罪。不仅如此,英国《2013年犯罪及法庭法》第二部分附件17还专门列出了适用DPAs的39个具体罪名,如欺诈罪、盗窃罪、洗钱罪、贿赂罪、腐败罪、伪造罪、直接或间接性税收犯罪,以及上述犯罪的共谋、未遂、教唆、帮助形态。② 鉴于此,笔者认为,我国应当借鉴国际社会的通行做法,将企业合规不起诉的适用范围规定为所有企业主体构成的犯罪,包括轻罪与重罪,而不仅仅是法定刑为3年以上10年以下的单位犯罪。主要理由有:一是前述研究表明,预防观念的深度贯彻要求,认定单位犯罪及刑事责任或者说切割单位与高管或员工之间刑事责任的主要或关键依据是企业合规计划,而不是企业涉罪罪名的轻重。这就表明,即使企业涉嫌重罪,依然可以依据合规计划予以出罪;二是只有使涉嫌重罪的单位可以依据合规计划予以出罪从宽,才能从根本上激励所有企业制订和实施合规计划;三是由于我国现行刑法及刑事诉讼法已经规定了适用于轻罪的出罪从宽制度(如附条件不起诉等),这就使得如果仅仅适用于单位轻罪的话,显然不足以彰显企业合规不起诉这一重大制度的独特价值和功能,从而难以发挥这一制度的重要作用;四是单位重罪合规不起诉也是当代国际社会的普遍做法,我国可以借鉴这一做法来推进企业合规不起诉的改革发展。

(三)关于我国企业合规不起诉制度基本特点的新解读

企业合规不起诉除针对涉罪企业外,是否还针对企业家? 就这一焦点问题,我国业界及学界观点分歧较大,有必要在深入研究的基础上形成共识。

首先,有必要准确理解和把握国际社会企业合规不起诉的核心特点。国际社会企业合规,尤其是刑事合规的核心特点是什么? 我国学者注意对此予以总结和概括,主流观点认为,企业合规或刑事合规的核心特点是"放过涉案企业,但严惩

---

① 陈瑞华:《企业合规不起诉制度研究》,载《中国刑事法杂志》2021年第1期。

② Polly Sprenger, Deferred Prosecution Agreement: the Law and practice of negotiated corporate criminal penalties, 1st Edition, Thomson Reuters, 2015, pp.197-198.

责任人"①。着眼于我国企业刑事合规法律实践的科学发展,理论界有必要就企业刑事合规的核心特点进行深入研究和准确把握。实际上,国际社会刑事合规历经半个世纪的发展,其法律制度不断完善,司法实践持续发展,总的来看对企业而言既有出罪从宽的有利方面,也有严惩不贷的严厉侧面。从实体刑法看,对企业而言有利的方面主要包括:一是随着企业合规出罪路径的显著拓展,企业不仅可以依据有效合规计划予以减刑从宽,而且更多地可以免刑出罪;二是随着涉罪企业起诉策略的迅速崛起,企业出罪在此前的实体刑法路径的基础上增加了合规不起诉或审前分流这一出罪路径,出罪路径多元化趋势明显。另外,随着企业刑事合规的当代发展,对企业而言仍然也有日益严厉的侧面:一是刑法中企业主体构罪罪名范围显著扩张,一些国家针对企业犯罪采用严格责任;二是多数国家刑法规定涉罪企业犯罪只有在犯罪实施之前的合规计划才能予以出罪,犯罪实施之后的企业合规计划只能减刑,不能出罪;三是一些国家在企业刑事合规中依然严惩顽固性企业,不但不予以出罪从宽,而且加重处罚,如美国 1991 年《组织量刑指南》的相关规定。此外,还要注意到,之所以目前以美国为代表的发达国家的多数企业已经较好地制订和实施了企业合规计划,是因为美国早在 1977 年就出台了以立法方式要求企业制订实施合规计划的《反海外腐败法》(FCPA),如果没有这么长时间的法治历练和实践,此种局面难以想象。综上可见,从国际上看,即使在企业刑事合规迅速发展的今天,仍然还有相当比例的涉罪企业(包括事后合规的企业、依然予以起诉的企业以及顽固性企业)不能得到出罪处理。综上,似乎可以将当代国际社会企业刑事合规的核心特点归纳为"放过合规企业,企业责任人按自然人模式处罚"而不是"放过涉案企业,但严惩责任人"。

其次,我国在企业合规不起诉的同时,应当从宽处理企业高管,尤其是企业家。如何合理区分及准确把握企业与企业家或责任人之间的刑事责任,是刑事合规中的中心问题。众所周知,考虑到我国当前予以合规不起诉的企业主要是民营企业这一特点,同时我国企业经营制度与国外不同,即企业所有者与经营者通常并不分离,因而我国企业合规不起诉试点探索中往往将从事实际经营的企业家一并予以从宽处理,也就是"既放过企业,又放过企业家"。对于这一做法,我国学界多有质疑及反对意见,从目前看反对意见似乎占据主导。这些反对意见认为合规

---

① 我国学者认为,美国企业合规的内核在于"放过涉案企业,但严惩责任人"。参见陈瑞华:《企业合规不起诉改革的八大争议问题》,载《中国法律评论》2021 年第 4 期。另有学者认为,刑事合规的特点是"放过企业,严惩企业责任人"。参见孙国祥:《单位犯罪的刑事政策转型与企业合规改革》,载《上海政法学院学报(法治论丛)》2021 年第 6 期。

出罪应当仅仅局限于单位,不能及于企业家或者高管,其主要论据还是基于企业合规或刑事合规的基本原理。其中,代表性的观点认为"根据企业合规的基本原理,对企业适用合规激励机制,要以严厉惩罚实施犯罪行为的内部责任人为前提。据此,西方国家检察机关与涉案企业达成暂缓起诉协议的前提之一是,企业对实施犯罪行为的内部责任人给予严厉惩戒,将其送交司法机关加以定罪判刑"①;"我国检察机关目前借助企业合规所欲达致的目标是,既放过企业又放过企业家。这种目标,与企业合规的理念冲突,也有违反罪刑法定原则之嫌。更为重要的是,对国内企业实施这种特别的企业合规优遇,不仅会和我国政府鼓励到海外投资的企业以及央企按照国际标准进行合规建设的政策冲突,而且不利于我国企业以平和的心态到海外参与国际市场的竞争"②。

笔者认为,我国在企业合规不起诉中往往将从事实际经营的企业家一并予以从宽处理的做法具有相当的合理性。理由如下:一是我国企业合规不起诉制度实践应当考虑到我国国情。如前所述,我国企业经营制度与国外不同,国外实行企业所有者与经营者相分离的制度,而我国企业,尤其是民营企业的所有者与经营者通常并不分离。如果不考虑这一实际情况,将涉罪企业的企业家一律予以起诉定罪,则很可能导致整个企业崩溃破产,从而对企业员工及出资人造成无法挽回的损失。二是国外最新企业合规法律已有可资借鉴的类似规定。例如,英美等国涉罪企业起诉标准中还有一个有利于企业出罪的制度性趋势,即企业起诉标准中要高度重视"随附后果"这一因素。如美国于2008年增加到《起诉商业组织联邦原则》之中的所谓起诉企业的"随附后果",是指如果处罚一个还行的公司企业,同时避免给那些无辜的员工、股东、债权人造成不应当的损失,这是阻却起诉企业并采取替代性措施的重要理由。③ 以上表明,企业起诉中考虑并重视"随附后果"这一因素是适用企业合规不起诉的突出特点。我国企业合规不起诉实践中将承担责任的企业家一并予以从宽处理,实质上主要也是基于"随附后果"这一考量。三是还要考虑到中外企业刑事合规在法治模式、发展阶段等方面的重要差异。国外企业刑事合规已有长达半个世纪的发展历程,如美国早在1977年就出台了以立法方式要求企业制订实施合规计划的《反海外腐败法》(FCPA)。正是经过这么长时间的沉淀积累,才有当今企业合规总体良好的实际表现。与其不同的是,我国目前还没有出台企业合规立法或者权威规范,许多企业及企业家甚至对企业合规

---

① 陈瑞华:《企业合规不起诉制度研究》,载《中国刑事法杂志》2021年第1期,第87页。
② 黎宏:《企业合规不起诉:误解及纠正》,载《中国法律评论》2021年第3期,第185页。
③ Polly Sprenger, Deferred Prosecution Agreement: the Law and practice of negotiated corporate criminal penalties, 1st Edition, Thomson Reuters, 2015, p.17.

只闻其名,不悉其道。在这种情况下,如果不考虑中外企业合规法治历练上的重要差异,而是亦步亦趋地效法作为"舶来品"的"域外版"企业刑事合规制度,这对于我国企业经营者而言似乎有失公允。总之,我国企业合规不起诉实践中将承担责任的企业家一并予以从宽处理这一做法相当在理。

五、结语

本部分已经表明,为了把握企业刑事合规的基本原理及框架内涵,全球视野研究十分必要。总的来看,由于刑事合规蕴含单位主体构罪范围的显著扩张、单位犯罪内涵构造的预防转型、企业合规出罪路径的显著拓展、涉企刑事司法的策略凝练等多方面重要内容,因而刑事合规并不是企业合规的简单延伸,而是蕴含涉企刑事法律内涵嬗变及系统整合的企业合规升级版本。此外,刑事合规全球视野研究还有助于揭示如下几个方面的内涵特点:一是起源于美欧国家企业腐败典型案件并历时三十余年的"合规运动",深化了关于企业腐败的学科交叉性研究(涵盖犯罪学、管理学、组织行为学等学科方向),由此推动了企业腐败防控的观念提升及对策完善。二是企业反腐败法治发展与经济刑法的理论拓展密切相关。也就是说,如何在犯罪样态及原因分析、防控对策及法律制度、立法技术等方面结构性区分自然人犯罪与组织体犯罪,是未来需要研究的重要课题。三是刑事合规法律制度不仅表现在涉企刑法基本制度方面,还需要体现在反贿赂、健康安全、投资贸易、环境税务等重点领域。我国在推进刑事合规改革发展的同时如何带动这些重点领域刑事合规的法律完善及制度细化,同样值得我们深入研究。

(本文原载于《政法论坛》2022 年第 5 期)

不作为正犯与共犯之区分:实践发现与理论形塑

姚　诗

作者简介:姚诗(1981——　),女,湖南长沙人。毕业于清华大学法学院,先后获得法学学士、硕士、博士学位,现为湖南大学法学院教授,博士生导师,湖南省高级人民法院审判专家库成员,湖南省刑法学会秘书长,CLSCI、SSCI 期刊审稿人。主要从事刑法学研究,在《法学研究》《中国法学》等期刊发表学术论文20余篇,多篇获中国人民大学复印报刊资料《刑事法学》全文转载。曾获全国刑法学博士论文二等奖、湖南省哲学社会科学成果三等奖。出版著作5部,其中独著1部。主持国家级课题1项,省部级课题3项。

一、引言

根据我国刑法规定,共同犯罪中正犯与共犯的区分以行为人"所起的作用大小"为判断标准,不作为参与共同犯罪的场合亦无例外。① 基于作为和不作为在存在论上的巨大差异,不作为人参与作为犯罪时所起的作用应当如何评价,就成为刑法研究的经典疑问。近年,这一主题在我国学界的热度不断攀升,《法学家》《中外法学》等期刊都连续刊登了不少佳作,它们专注于各种具体理论,条分缕析②,极大地开阔了知识视野,但鲜少对本国的判决加以探讨,憾为现有研究之共同疏漏。反观司法实践,似将学界的自娱自乐原样炮制,怠于在任一判决中引用、探讨不作为正共犯区分理论来支撑其结论。理论界和实务界互相绝缘的现象,是

---

① 所谓不作为的共同犯罪包括多种形式,本部分集中讨论以不作为参与作为的共同犯罪。另需说明,德日刑法中的正犯是共同犯罪中的核心人物,起着重要作用,与我国对主犯的判断标准相同。本部分在这个意义上认为正犯和主犯,共犯和从犯是相当的。

② 孙立红:《论共同犯罪中的不作为参与》,载《法学家》2013 年第 1 期;欧阳本祺:《论不作为正犯与共犯的区分》,载《中外法学》2015 年第 3 期;温登平:《以不作为参与他人的法益侵害行为的性质》,载《法学家》2016 年第 4 期;何龙:《不阻止他人故意犯罪的行为性质认定》,载《中外法学》2017 年第 6 期。

笔者展开不作为正犯与共犯区分研究之肇因。

对于司法实务来说,教义学不可缺少。"教义学被期待之实践功能在于,为法律规范适用于个案时不可避免的评价性判断余地给出智识上可检验、公开和合理的操作标准"①。理论具有"更普遍的解释力",能够"对事实进行模式化或者说是类型化的解释"②。缺乏刑法理论指导的司法判决说服力严重不足,更难以确保案件得到公平、公正的处理。对于理论研究而言,不关照司法实践立场而创造的理论,不可能指导实践。理论和实践之间并非单向的指导与被指导、决定与被决定的关系,在某种意义上可能甚至恰好相反。与教学案例所扮演的服务于理论、诠释理论的角色完全不同,司法判决能够传达"活的法理",能够展开自发性运用③,是理论研究的源泉所在。

笔者欲就不作为正共犯区分问题开展理论与实践的对话式、交互式研究。具体步骤如下:首先,对现有理论进行有效描述,阐明不同理论所处的阵营及其背后的价值立场,并以规范法学方法检验各种具体理论的逻辑自洽性。其次,借助理论维度对我国司法判决进行整体描述,分析我国判决更倾向于何种价值立场,以此确定我国的理论阵营。笔者将论证这样一个观点,选择与司法实践的价值立场具有亲缘性的理论,是推动理论和司法实践互动的关键。最后,围绕实践立场所确定的阵营及其核心概念构建具体理论,并就其主要推论展开论证。

二、三维度框架下的理论梳理

对理论进行有效描述是展开理论创新的前提。有效的描述绝不仅限于简单复述④,而要求达到模式化的高度。⑤ 为此,笔者拟从基础立场、核心概念、根本主张三个维度,对目前的重要理论按照原则帮助犯阵营、原则正犯阵营和具体判断阵营进行梳理。

(一)原则帮助犯阵营

原则帮助犯阵营的根本主张是,不作为参与作为的故意犯罪时原则上应当成立帮助犯,只在极其例外的情况下才会成立正犯。这一阵营拥有最多的支持者。

---

① [德]乌伟·迪特里希森:《法教义学的道路》,雷磊译,载舒国滢主编:《法理》(总第4卷),商务印书馆2018年版,第168页。

② 陈瑞华:《论法学研究方法》,法律出版社2017年版,第16页。

③ 顾培东:《判例自发性运用现象的生成与效应》,载《法学研究》2018年第2期。

④ 目前的研究都只借助一个标准对理论进行简单分类,再逐个介绍具体理论。参见欧阳本祺:《论不作为正犯与共犯的区分》,载《中外法学》2015年第3期;何龙:《不阻止他人故意犯罪的行为性质认定》,载《中外法学》2017年第6期。

⑤ 陈瑞华:《论法学研究方法》,法律出版社2017年版,第41页。

　　原则帮助犯阵营的基本立场是,在刑事治理体系中,作为犯处于核心地位,不作为犯处于从属性地位。据此,在不作为的认定上应采取谨慎态度①,不作为必须等价于作为,适用作为的构成要件,或者说与作为适用共同的构成要件。在判断不作为是否成立正犯时,也要适用作为的正犯标准。② 在作为犯中,主流观点认为应当采取犯罪行为支配理论来判断正犯,所谓支配,是指正犯作为整个犯罪的"核心人物",将整个事态发展流程掌握在手中。③ 因此,不作为犯中的正犯也必须以"支配"为核心概念。

　　根据对"支配"的不同理解,原则帮助犯阵营中的理论可以分成两大类:一是以犯罪行为支配理论直接否定不作为的"支配"。当不作为参与犯罪,在某一故意行为作为正犯支配着事实发生的时候,原则上来说,不作为者就只是"边缘人物",只能成立帮助犯。④ 例如,耶塞克认为,作为人实施故意犯罪,保证人可能的阻止行为增加了作为犯的困难度和风险程度,其不阻止的行为具有帮助意义,只有当该作为人不再支配行为进程时,保证人才成立正犯。⑤ 加拉斯认为,积极作为者通过作为直接导致构成要件结果,阻挡了保证人通往法益侵害结果的通道,迫使其停留在附属的地位上,故保证人仅成立帮助犯。⑥ 二是从不作为犯因果支配大小的角度来看。日本的主流观点认为,所谓对事态流程的支配,实质是对行为危险性以及因果性大小及其方式的评价。⑦ 由于存在论视角下的不作为是什么也不做,在行为危险性上无须做出判断,所以关键落实在因果性大小上。有的认为,相对于作为直接引起结果而言,不作为人在因果性的贡献上并不重要⑧,"帮助性"

①　Andrew Ashworth, Positive Obligations in Criminal Law, Oxford and Portland: Hart Publishing Ltd, 2013, pp.16-18.

②　Wilhelm Gallas, Beitraege zur Verbrechenslehre, Berlin: Walter de Gruyter, 1968, S.186.

③　Claus Roxin, Srafrecht AT Band 2, Besondere Erscheinungsformen der Straftat. Muenchen: Beck, 2003, S.9.

④　也有少部分学者根据犯罪行为支配理论,认为在存在实施干预的可能性时,单纯放任结果发生的不作为的情形,也具备犯罪行为支配,应论以正犯。相关介绍参见[德]乌尔斯·金德霍伊泽尔:《刑法总论教科书》,蔡桂生译,北京大学出版社2015年版,第406页。

⑤　Hans-Joerg Schwab, Taeterschaft und Teilnahme bei Unterlassungen, Frankfurt am Main: Peter Lang, 1996, S.136.

⑥　Wilhelm Gallas, Beitraege zur Verbrechenslehre, Berlin: Walter de Gruyter, 1968, SS.187-188.

⑦　[日]甲斐克则:《正犯与共犯的区别——"因果区别模式"与"作用分担模式"的相生相克》,载《第四届中日刑事法研讨会论文集》,西北政法大学2013年。

⑧　[日]佐伯仁志:《刑法总论的思之道·乐之道》,有斐阁2013年版,第432页;[日]松原芳博:《刑法总论》,日本评论社2013年版,第433页以下;[日]岛田聪一郎:《关于不作为的共犯(1)》,载《立教法学》第64号(2003年),第57页以下;[日]山口厚:《刑法总论》(第2版),有斐阁2007年版,第362页 。

是不真正不作为构造的实体。① 有的认为,不作为在少数能够切实避免结果发生的场合,应成立正犯;在仅仅使得结果的发生变得困难的场合成立共犯。② 这一学说在我国也有众多拥趸。③

上述两种对"不作为支配"的阐释都并不完美。它们存在体系上、逻辑上的疑问。就犯罪行为支配理论而言,罗克辛在设计支配概念时,原本就是以作为犯为蓝本。犯罪行为支配的三种具体形态,行为支配、意志支配和组织支配都带有明显的存在论色彩,不作为犯天生就与其不相融合。直接将上述支配概念运用于不作为犯,当然会陷入循环论证,得出不作为缺乏支配的结论。

以因果支配大小作为区分标准,也值得商榷。首先,持该观点的学者往往将不作为犯的既未遂区分、保证人认定④、正共犯区分问题均诉诸因果关系,这使得各要素的判断混乱不清,互相"拖累"。例如,在不作为帮助犯的认定上,为了维护原则帮助犯说,他们不得不对共犯的保证人地位之成立放松要求,导致保证人地位面临回归形式法义务的指责。⑤ 其次,该观点会导致对类似情形做出不合理的差异评价。例如,母亲不阻止猛犬伤害自己的女儿的,即使没有结果回避可能性,也应当认定为单独正犯,这一点,持原则帮助犯说的学者必然赞同。但他们同时认为,母亲不阻止第三人故意有责地伤害自己女儿的,因为没有结果回避可能性,只能认定为从犯。上述两种情形中,行为人本身的不作为没有变化,客观的结果

---

① [日]保条成宏:《对儿童虐待的刑事处罚及其界限(1):关于以不作为帮助的事件》,载《中京法学》2003年38卷2号,第86-88页。转引自何龙:《不阻止他人故意犯罪的行为性质认定》,载《中外法学》2017年第6期,第1492页。

② [日]桥爪隆:《有关不作为与共犯的几个问题》,王昭武译,《苏州大学学报》2018年第1期;[日]西田典之:《不作为的共犯》,载《江海学刊》2006年第6期,第31页。

③ 张明楷:《刑法学(上)》,法律出版社2016年版,第438页;周光权:《刑法总论》,中国人民大学出版社2016年版,第367页;温登平:《以不作为参与他人的法益侵害行为的性质》,载《法学家》2016年第4期,第138页;等等。

④ 持该说的学者基本上也认为,保证人的判断同样要诉诸因果关系,不作为人对法益侵害的整个因果流程有所支配时才属于保证人。

⑤ 例如,X女明知Y男(姘居关系)正在责打其3岁的孩子B,却装着若无其事的样子在厨房做晚饭,而没有制止Y男的暴行。判决举出了下述几点来认可X的作为义务:第一,X具有亲权人地位;第二,深知有遭受Y男暴力的危险,但仍然将B置于Y男的掌控之下;第三,在当时的情况下,不可能由其他人来避免结果(札幌高判平成12年[2000年]3月16日判时1711号,参见[日]桥爪隆:《有关不作为与共犯的几个问题》,王昭武译,《苏州大学学报》2018年第1期,第129页)。该做法实际上已经去掉了因果经过支配说的核心内容,去掉了对不作为帮助犯的保证人地位的要求。

回避可能性也没有区别,行为人获得的法律评价却相差甚远,恐怕不无疑问。① 最后,即使在作为犯的共同正犯中,也"不要求各个共同正犯的参与均与结果引起之间存在结果避免可能性"②,在不作为共同犯罪中同样不应要求达到这种程度。作为人和不作为人有共同意思联络的,不作为人将作为人的因果流程视为自己的因果流程,没有必要再去衡量不作为人的结果回避可能性。对此,有学者认为,凡是共犯人之间有意思联络的就必然存在"作为",不应在不作为犯的框架下讨论。③ 这种将不作为附属于作为的立场推到极致,否定或者基本否定不作为与作为可能成立共同犯罪的做法,不可能为实践所接受。

(二)原则正犯阵营

原则正犯阵营的根本主张是,不作为参与作为的故意犯罪时应当成立正犯,只在极为特殊的情况下成立共犯。

该阵营的基础立场是,虽然作为犯的数量更多,但是不能据此认为,不作为犯是作为犯的子集④,也不能一概认为它违反了自由主义而必须被限制适用。不作为属于本来的不作为,而不是被伪装的作为,适用的是要求保证人地位的构成要件。⑤ 不作为犯体现的是另一种处罚面向,其独特的构造要求人们对它采用特殊的标准来区分正共犯。基于这一立场,原则正犯阵营把理论建构的核心放在不作为犯最为重要的特征保证人(义务)上,并且认为,作为犯与不作为犯无法共用一套标准,也不能进行相互比较。

该阵营中,围绕保证人、义务概念而建构的一体正犯理论和义务犯理论引人注意。前者认为,作为和不作为是 A 与非 A 的关系,当不作为参与犯罪时,不可能

---

① 桥爪隆显然有所保留,认为要"慎重讨论";加拉斯认为,在存在第三人侵害的场合,不作为人通往结果的直接通道被阻挡了,但是,在猛犬侵害的场合,不作为人也面临"被阻挡"的局面。具体参见[日]桥爪隆:《有关不作为与共犯的几个问题》,王昭武译,《苏州大学学报》2018 年第 1 期,第 133 页;Wilhelm Gallas, Beitraege zur Verbrechenslehre, Berlin: Walter de Gruyter, 1968, SS.187-188.

② [日]桥爪隆:《有关不作为与共犯的几个问题》,王昭武译,《苏州大学学报》2018 年第 1 期,第 131 页。

③ [日]西田典之:《不作为的共犯》,载《江海学刊》2006 年第 6 期,第 31 页,第 27 页;[日]桥爪隆:《有关不作为与共犯的几个问题》,王昭武译,《苏州大学学报》2018 年第 1 期,第 133 页。桥爪隆的观点略缓和,认为不作为的共同犯罪仅限于极其例外的情形,即共犯人之间形成意思联络时完全没有依靠身体的动作。

④ Armin Kaufmann, Die Dogmatik der Unterlassungsdelikte, Goettingen: Otto Schwartz, 1959, S. 291ff.

⑤ Armin Kaufmann, Methodische Probleme der Gleichstellung des Unterlassens mit der Begehung, JuS 1961, 173f.

将其认定为对作为犯的帮助。① 因为帮助犯的成立只需要帮助行为与侵害结果之间存在因果关系就可以了,不需要具备其他的构成要件特征,而不作为犯的成立始终要求具备保证人地位。因此,只要主体是保证人,能够避免法益侵害,就满足了不作为正犯的条件。② 后者认为,在不法内涵上,负有特定义务之人比其他参与人有更特殊的地位,是义务犯的核心人物。③ 义务犯的正犯性在于义务违反,这些义务是行为人承担某类社会角色之表现,违反义务、制造了构成要件之结果或者没有避免法益侵害的,都应论以正犯。

原则正犯阵营强调不作为犯的独立性,避免对不作为和作为这两个存在论上差异极大的概念进行比较,在逻辑上更为顺畅。可是,一方面,它的体系性缺陷非常明显。犯罪的本质是法益侵犯,这是目前大陆法系占据绝对主流的观点,持原则正犯说的罗克辛也赞同这一点。然而,原则正犯阵营认为正犯判断的核心是有无义务,却不分析义务违反对法益的影响究竟有多大,尤其是不同的主体身份如何对法益产生影响、产生多大的影响。原则正犯说的学者主张所有义务对于正犯的判断都一视同仁④,实质上抛弃了其教义学体系上的根本立场,并没有坚持以侵犯法益的大小作为判断正共犯的标准。另一方面,原则正犯阵营的一些结论难以为司法实践所接受。在多个不作为构成的共同犯罪的场合,原则正犯阵营认为无法比较各不作为的作用大小,不能区分正犯与共犯,这恐怕不符合事实。⑤ 而且,由于我国司法实践倾向于承认共犯人基于共犯行为而产生的作为义务⑥,采原则正犯阵营将会导致所有的教唆、帮助者都可能成为不作为正犯,过于扩大正犯的范围。

(三)具体判断(义务区分)阵营

具体判断阵营认为,不作为在共同犯罪中成立正犯还是共犯需要具体判断,不可能出现一边倒地成立正犯或者共犯的局面。根据具体判断的路径,该阵营又可以分为两派:一是避开作为和不作为在存在结构上的区别,以其他要

---

① Armin Kaufmann, Die Dogmatik der Unterlassungsdelikte, Goettingen: Otto Schwartz, 1959, S. 291ff.

② Armin Kaufmann, Die Dogmatik der Unterlassungsdelikte, Goettingen: Otto Schwartz, 1959, S. 294ff.

③ Claus Roxin, Srafrecht AT Band 2, Besondere Erscheinungsformen der Straftat. Muenchen: Beck, 2003, S.106.

④ 张明楷:《刑法学(上)》,法律出版社 2016 年版,第 439 页。

⑤ [日]大塚仁:《犯罪论的基本问题》,冯军译,中国政法大学出版社 1993 年版,第 270 页。

⑥ 参见青海省囊谦县人民法院(2015)囊刑初字第 01 号判决书,浙江省高级人民法院(2014)浙刑一终字第 148 号判决书等。

素作为正共犯区分标准,包括因果区分说、主观说等。① 前者缺乏具体的内容,无法提供某个不作为是条件还是原因的客观判断标准,因而没有市场。② 后者过去是德国法院的通说,但德国法院目前不再采取纯粹的主观说,而是转向了主观说与犯罪行为支配理论混同的标准。③ 基于这些原因,在此不对这两个学说做进一步讨论。

二是以义务的不同类型作为区分正共犯的标准。义务区分说的根本主张是,根据义务类型的不同,有的义务人参与共同犯罪时应构成正犯,有的则应认定为共犯。义务区分说的立场较为独特,它否定不作为犯的附属性,反对原则帮助犯说将不作为犯纳入作为犯的轨道并受作为犯标准检验的做法;肯定不作为犯的独立性,但又认为不作为犯和作为犯并非处在两条完全平行的轨道上,而是具有本质上的共同,交汇于共同的上位概念。正因如此,不作为犯和作为犯才能够放在一起进行比较。义务区分阵营认为,在判断不作为的正共犯时应当从义务出发,同时还应以不作为犯与作为犯共同的上位概念对义务进行区分评价。

围绕"义务区分"这一核心概念,学者们就区分根据、如何区分等问题展开各自的理论建构。机能二分说是义务区分阵营的"前辈",认为保护法益的义务人在共同犯罪中将构成正犯,而监督危险源的义务人则成立共犯,这一学说目前仍然有诸多拥趸④,但其二分标准模糊、理论基础薄弱是不争的事实⑤,更重要的是,它没有找到不作为犯和作为犯在本质上的共同点,不能回答不作为既然是独立的,又该在什么基础上和作为进行比较的问题。由此,出现了另外两种有力的学说。

许乃曼的结果原因支配理论希望通过统一的正犯标准来整合作为犯与不作为犯,以便能够在承认不作为犯的独立性前提下,对两类犯罪展开比较。许乃曼利用了罗克辛所创造的支配概念,认为支配既包括在作为的场合对犯罪行为的支配,也包括不作为的场合保证人对保护法益和危险源的支配。两种支配的内核一样:行为人对造成结果的重要原因有支配,并且这种支配的基础要素是所谓的"支

---

① Hans-Joerg Schwab, Taeterschaft und Teilnahme bei Unterlassungen, Frankfurt am Main: Peter Lang,1996,SS.89-90.

② Hans-Joerg Schwab, Taeterschaft und Teilnahme bei Unterlassungen, Frankfurt am Main: Peter Lang,1996,S.90.

③ [德]约翰内斯·韦塞尔斯:《德国刑法总论》,李昌珂译,法律出版社 2008 年版,第 292 页;[德]乌尔斯·金德霍伊泽尔:《刑法总论教科书》,蔡桂生译,北京大学出版社 2015 年版,第 400 页。

④ [日]松宫孝明:《刑法总论讲义》,钱叶六译,中国人民大学出版社 2013 年版,第 206 页。

⑤ 许玉秀:《当代刑法思潮》,中国民主法制出版社 2005 年版,第 682 页。

配意志",它将社会意义的支配领域从虚无的因果关系中区分出来。① 在不作为的共同犯罪中,不作为人对结果原因的支配可区分为,不作为人是直接导致结果发生,还是通过第三人自由决定的积极行为而间接导致结果的发生。前者系对被害人无助状态的支配,应成立正犯;后者系对危险源的支配,应成立帮助犯。据此,当父亲不救助溺水的孩子时,他对造成该结果的原因具有直接的支配,成立正犯;但护士没有阻止自己看护的危险物品被用于一场谋杀时,其对结果原因的支配是通过一个自由的第三人行为获得的,只能认定为从犯。不作为者对于第三人有监督义务的,以第三人是否达到刑事责任年龄为限,未达到时不作为者成立间接正犯,而达到时成立教唆犯。②

这一观点的内部逻辑出现了混乱:根据该理论,父亲 V 看见他的敌人 F 将 V 的儿子 S 推下深渊的,父亲对儿子的支配原则上成立正犯,但是,另一方面,这个结果是通过第三人自由的行为所导致的,按其观点又只能成立帮助犯。在既存在对无助法益的保护,又存在第三人自由行为时,都会发生上述疑问,究其原因,这类犯罪面临两个标准的适用,一个是不作为犯中的支配标准,一个是作为犯中的支配标准。③ 许乃曼的一元正犯体系理论建立在罗克辛的多元正犯体系之上,用"保证人身份犯"取代"义务犯",看似在理论上实现了不作为和作为在支配项下的统一,但这种统一更多只是修辞意义上的,其对不作为犯的支配仍然是义务犯的本质。④ 于是,当不作为参与作为犯罪,两种"支配"碰撞在一起时,许乃曼的理论无法回答哪种支配才成立正犯。

另一个努力是尝试抛弃存在论的立场,站在规范论的角度,用义务概念来消解作为和不作为的区别,或者说对两者进行统领。雅各布斯根据义务是否专属于主体,将义务分为积极义务和消极义务,以此区分组织管辖和体制管辖。⑤ 组织管辖对应于消极义务,即所有人都要承担的义务。雅各布斯认为人在自由社会中可

① Schunemann,Grund und Grenzen der unechten Unterlassungsdelikte,Goettingen:Otto Schwartz,1971,S.277ff.

② Hans-Joerg Schwab,Taeterschaft und Teilnahme bei Unterlassungen,Frankfurt am Main:Peter Lang,1996,SS.91-92.

③ Hans-Joerg Schwab,Taeterschaft und Teilnahme bei Unterlassungen,Frankfurt am Main:Peter Lang,1996,S.111.

④ 从罗克辛对许乃曼的支配犯体系的评价也可以得到证明。罗克辛认为,义务犯的支配与传统支配的区别不能被抹杀,而许乃曼也在其支配犯体系中很好地注意到了这种区别。Vgl.Claus Roxin,Srafrecht AT Band 2,Besondere Erscheinungsformen der Straftat.Muenchen:Beck,2003,S.108.

⑤ Günther Jakobs,Die strafrechtliche Zurechnung von Tun und Unterlassen.Opladen:Westdeutscher,1996.S.29ff.

以实施任何自由的行动来扩大自己的生活圈,即组织圈,但同时法律也为人在组织圈中的自由行动划出了不侵害他人的界限,这样的义务多是消极的注意不侵害他人的义务。体制管辖对应于积极义务,即某些主体专属的义务。这里所称体制,指为维系一个社会所存在的体制,在这样的体制中被赋予角色的人,都有维护该体制的义务,旨在"保障团结"。父母子女之间的义务、公务员的义务皆属此类。雅各布斯认为,积极义务属于体制管辖,专属于行为人自身,不论是作为还是不作为,行为人对这类义务的违反都应成立正犯。但监督危险源、前行为等义务属于消极的义务,应按照支配犯的要求,根据这些义务主体对犯罪事实的支配程度来判断正共犯。①

雅各布斯的学说,面临以下无法回避的诘问:一是将刑法的保护目的由法益更改为"体制"等其他价值,以及无视不作为和作为的存在论差异的做法,违反人们在犯罪论上的基本共识;二是在义务区分的根据上既不合理也不明确,所谓维护一个社会所存在的体制究竟是什么,何谓制度管辖,是说不清道不明的概念,即使雅各布斯对此也往往游移不定。②

(四)小结

本部分通过基础立场—核心概念—根本主张三个维度,将目前的理论类聚为三个阵营。不同的立场决定了不同的核心概念,最终导致各阵营根本主张的差异。原则帮助犯阵营认为不作为应当是作为的附属存在,是站在作为犯的轨道上,要求不作为犯向作为犯靠拢,以支配标准来要求不作为犯。原则正犯阵营和义务区分阵营则认为不作为犯具有独立性,但前者将不作为犯视为作为犯的对立面,并站在不作为犯的角度来区分正共犯;后者认为不作为犯和作为犯有同质性,并以此对义务违反进行区分评价。此外,本部分还对每一阵营中各个重要的理论以规范法学方法进行了评价,即以体系上是否协调一致、理论逻辑是否缜密、能否避免不公平不正义的结论等标准来衡量学说的影响力和生命力。目前来看,无论哪一阵营的具体理论建构都远未完善。

三、阵营选择

(一)实践发现的方法

从前述理论梳理来看,基础立场—核心概念—根本主张这三个维度是周延界

---

① Günther Jakobs, Strafrecht AT, 2. Aufl., Berlin: Walter de Gruyter, 1991, 29. Abschnitt, RN 102.

② Hans-Joerg Schwab, Taeterschaft und Teilnahme bei Unterlassungen, Frankfurt am Main: Peter Lang, 1996, SS.120-121; [德] 班德·许乃曼:《德国不作为犯法理的现况》,陈志辉译,载许玉秀、陈志辉合编:《不疑不惑献身法与正义》,台北春风煦日学术基金 2006 年版,第 644 页以下。

定不同阵营的关键。从理论的演进、形成过程来看,基础立场是确定后两个维度的根本。笔者曾采取比较分析和历史分析方法,通过对德日刑法条文、教义学和司法实践的对比,分析两国在不作为犯问题上的立场由来,并站在我国的社会发展、刑法理论和实践上,推论我国的不作为犯定位:在我国,不真正不作为犯和作为犯没有必要达到等价的程度,只需要达到"相当"的程度,不真正不作为犯适用的是扩张的构成要件,是独立于作为犯的一种刑事处罚形态;我国应当期待不真正不作为犯在现代刑事治理体系中发挥更为广泛的作用。① 由此演绎,我国应充分考虑不作为犯的特性,以义务或者义务区分作为核心概念,进一步构建正共犯区分的具体理论。但是,本部分不打算采取演绎路径。其一,不作为犯的定位是笔者在所观察到的事实上做出的一种应然的价值推断。当一种价值命题提出以后,就踏上了需要被不断证伪的命运。不能以该价值命题作为理论建构的大前提,相反,它才是需要被证明的对象。其二,以价值为大前提演绎的理论,被弃置的风险很大。当理论与实践的做法大相径庭时,后者不可能改弦易辙,而是会毫不犹豫地把理论丢弃到一边。

故此,本部分拟探索实践所呈现的整体价值取向,以实践立场作为不作为正共犯区分的理论建构基点。只有与司法裁判的立场"存在逻辑上具有亲缘性的法教义学理论,才可能被司法实务所认可与接收,与它的运作逻辑相矛盾的理论,则自始就不会纳入考虑的范围"②。这并非基于犬儒主义,而是因为整体司法判决实际上构筑了"一定时间和地点的社会秩序的图画"③,在进行理论选择时具有决定性意义。具体来说,法官在没有教义学的系统指导下做出的判决,极大可能是一个法外要素互相博弈的最终呈现。这里所谓的法外要素,包括"法哲学、法政策、宗教、社会、经济和生态的价值与目的"④。霍姆斯的表述则更为极端,认为"被意识到的时代需求、占主导地位的道德或政治理论,甚至法官和他的同行所持的偏见"等要素外在于法律,但却是用以确定法律含义的更为重要的内容。⑤ 在与某个问题对峙的过程中,法官、律师和检察官各方引入的社会价值对最终判决做出了形塑,其中,教义学或者说理论服务于法官在价值衡量中所倾向做出的结

---

①　姚诗:《不真正不作为犯的边界》,载《法学研究》2018 年第 4 期,第 109–110 页。

②　劳东燕:《正当防卫的异化与刑法系统的功能》,载《法学家》2018 年第 5 期,第 86 页。

③　[美]罗斯科·庞德:《通过法律的社会控制》,沈宗灵译,商务印书馆 2010 年版,第 26 页。

④　[德]乌伟·迪特里希森:《法教义学的道路》,雷磊译,载舒国滢主编:《法理》(总第 4卷),商务印书馆 2018 年版,第 169 页。

⑤　雷磊:《规范、逻辑与法律论证》,中国政法大学出版社 2016 年版,第 2 页。

论。① 易言之,一个理论最终是否能为司法实践所接受,转而对司法实践进行指导,取决于该理论与"法外要素"的契合度。一个与司法实践完全不相容的立场和理论,逻辑再完美也只是屠龙之术。

要确定我国司法实践的立场,最为直接的方式是从所有判决理由中搜集能够反映其观点的表述,从中确定主流观点。可惜这一方式未能奏效。笔者收集 1995 年至 2018 年的不真正不作为犯判决共 160 份②,涉及共同犯罪的有 40 份。在这 40 份判决中,基本找不到有理论观点倾向的判决理由,认定行为人"起辅助作用"或"主要作用"时,也并未交代其基于哪些因素做出该判断。③ 也就是说,这些判决实质上越过论证部分而直接跳到了结论。

从方法论来看,既然判决没有直接表态,只能通过具体事实来论断实践的阵营取向。论断过程的实质是"评价",需要完成从事实到评价的"飞跃"。这一过程是否正确,取决于评价者是否考虑了"所有应考虑的情形",并且"赋予这些情形正确的重要性"④。那么,哪些是应该考虑的重要情形?由于基本立场—核心概念—根本主张三个维度能够周延划定理论阵营,从三维度之形成先后来看,基础立场固然是确立另外两个维度的历史根基和理论支柱,但从三维度的内在逻辑来看,只要能够确定核心概念和根本主张,就足以反推基本立场,进而决定阵营归属。因此,要了解我国司法实践的价值取向,应当通过考察司法判决所呈现的整体核心概念究竟是义务还是支配、司法判决对于不作为参与共同犯罪倾向于认定作为犯还是不作为犯这两个因素来展开研究。

需要注意的是,在通过核心概念和根本主张两个维度确定了不作为正共犯区分的实践立场以后,还有必要进行一定的消极判断。某种实践立场之所以能够形成,是因为它承载了一定的社会功能,在这个意义上,存在就具有合理性。⑤ 但当这一社会功能存在疑问,在公平正义的观念上被认为是错的,进而导致出现了大量无法容忍的判决结果,那么就不应坚持这一立场,而应从理论上论证这一立场

---

① [美]艾德华·H. 列维:《法律推理引论》,庄重译,中国政法大学出版社 2002 年版,第 9-12 页。

② 笔者主要通过在中国裁判文书网、北大法宝以"不作为"进行全文检索,在北大法意和无讼网以"不作为"+"义务"进行全文检索后,再对搜索结果进行判断筛查,确定不作为犯的判决。最后访问时间 2019 年 7 月 14 日。

③ 山东省青岛市黄岛区人民法院(2016)鲁 0211 刑初 193 号、上海市奉贤区人民法院(2011)奉刑初字第 879 号等 8 个判决。

④ [德]英格博格·普珀:《法学思维小学堂》,蔡圣伟译,北京大学出版社 2011 年版,第 13、18 页。

⑤ 陈瑞华:《论法学研究方法》,法律出版社 2017 年版,第 44 页。

的错误。正当防卫问题就是如此。赵军通过定量分析的方法,发现司法实践中苛刻地认定正当防卫的立场,肇生于警务驱动、控强辩弱的"政法协作型办案机制"①;陈璇和劳东燕指出这一立场与司法实践中维稳的功能导向、解决个案纠纷的任务导向有关。② 显然,所有这些"社会功能",与人权保护和公平正义的观念相违背,此时,在理论上予以纠偏才是正确的选择。但是,若通过消极判断,实践立场背后的社会功能并不面临这样的质疑,就应当基于前述理由,在维持该立场的基础上去建构理论。

(二)我国司法实践的阵营取向

首先,在根本主张这一维度上,原则帮助犯阵营、原则正犯阵营和具体判断阵营的区别,体现在不作为参与共同犯罪的正犯与共犯的比例上。若判决中认定正犯的比重极大,则我国司法实践可能契合原则正犯阵营;若该比重极小,则可能更符合原则帮助犯说;若这一比例居中,则可能倾向于具体判断的主张。笔者搜集的 40 个不作为参与共同犯罪的判决可分为三类:第一,涉及作为加功不作为犯的案件有 1 个,法院认为不作为人为主犯,作为人教唆帮助其不作为的构成从犯。③这一结论在理论上并无争议。第二,涉及两个以上不作为共同犯罪的案件共有 14个,其中 7 个案件法院明确区分了主从犯,另外 8 个案件法院认为各共犯人作用相当,不必区分主从犯。第三,涉及不作为加功作为的案件有 25 个。有 9 个案件对不作为人认定了主犯,16 个案件认定了从犯。

上述数据能够让我们得出以下结论:第一,有的学者推测,我国司法实践可能与日本一样,存在法官滥用裁量权而偏向认定主犯的现象,因此应通过采取原则帮助犯理论进行纠偏。④ 但是从数据来看显然不是这样。第二,我国司法实践对于二个以上不作为人共同犯罪的,并非全部认定为正犯,而是既有正犯也有共犯,说明其认为不同义务类型的违反对于共同犯罪所起的作用大小不同,这与原则正犯阵营存在明显区别。第三,也是最为关键的,不作为参与作为犯罪的判决中,不作为主从犯的认定比例接近 1:2,这说明实践中既没有全盘采取原则正犯说,也没有全盘采取原则帮助犯说,而是要么偏向具体判断阵营,要么倾向于原则帮助

---

① 赵军:《正当防卫法律规则司法重构的经验研究》,载《法学研究》2019 年第 4 期,第 169 页以下。

② 陈璇:《正当防卫、维稳优先与结果导向》,载《法律科学》2018 年第 3 期,第 81-82 页;注45,第 85 页。

③ 黑龙江省海伦市人民法院(2015)海刑初字第 25 号判决书。

④ 温登平:《以不作为参与他人的法益侵害行为的性质》,载《法学家》2016 年第 4 期,第140 页。

犯阵营为主、各种阵营混合的做法。

其次,在核心概念这一维度上,可通过检测各阵营的核心概念在判决中的解释力度,亦即哪一概念能够更好地解释判决规律,来勾勒整体判决立场。若实践更契合原则帮助犯的立场,以支配概念应该能够解释绝大部分判决结果;反之,若与原则正犯、义务区分的立场相符,则从义务、义务区分的角度去解释判决将更为顺畅。分析如下。

一是以"支配"梳理判决。一方面,从行为支配角度来看,在不作为参与作为犯罪的 25 个判决中,有 3 个案件明确指出不作为人"没有直接参与"或者说"没有实施"具体的构成行为,情节较轻,构成从犯。① 从理论上来解读"未直接参与",可以认为判决采取了犯罪行为支配理论。可是,更多的判决对于那些没有直接参与的案件也认定为主犯。例如,在蒋某君等故意伤害案中,被告人莫某放任蒋某君伤害二人共同所生的儿子,一直旁观而没有参与的,判决认定为主犯②;在兰某洋等故意伤害案中,两被告人在捆绑"小偷"后,村民将小偷殴打致死的,在这个过程中,兰某洋等并没有实施殴打行为,同样被认定为主犯③;在孙某某等故意伤害案中,"孙某某肩负管理维护秩序和规范其他保安行为的双重职责,但是在本案中孙某某既没有对其先行行为产生的不良后果予以有效制止,也没有对保安殴打乘客的行为予以遏制,孙某某的不作为行为扩大了危害结果的发生",也被认定为主犯。④ 可见,整体判决未能肯定行为支配。

另一方面,从因果支配、结果回避可能性的角度来看,没有一个判决以不作为人履行义务所能避免结果发生的概率来确定其构成主犯还是从犯。实际上,很多案件中行为人有极高的结果避免可能性,法官也仅认定其为从犯。例如,在叶某诈骗案中,被告人能够轻易地阻止交通肇事者冒用自己的身份进行保险理赔,但并没有阻止的,法院认定其成立从犯。⑤ 再如,在熊某某、欧某某诈骗案中,被告人作为合约采购部经理和车间主管,明知他人在电子秤上弄虚作假,只要履行职责就几乎可以确定阻止该犯罪的发生,但法院仍然将被告人认定为从犯。⑥

二是以"义务(义务区分)"梳理判决。司法实践中一半以上的判决将不作为

---

① 参见广东省深圳市中级人民法院(2010)深中刑二终字第 611 号判决书等 3 个判决。

② 参见广东省广州市萝岗区人民法院(2012)穗萝法刑初字第 355 号判决书。

③ 参见广西壮族自治区河池市中级人民法院(2013)河市刑一终字第 78 号判决书。

④ 参见吉林省长春市中级人民法院(2018)吉 01 刑终 69 号判决书。该案一审认定被告人有授意和指使其他被告人殴打被害人的行为,但二审仅就其不作为认定了主犯。

⑤ 参见浙江省金华市中级人民法院(2017)浙 07 刑终 691 号判决书。

⑥ 参见湖南省株洲市天元区人民法院(2017)湘 0211 刑初 214 号判决书。

人认定为从犯,显然没有采用原则正犯的立场。值得考虑的是判决是否呈现出依据不同义务来认定正共犯的规律。本部分将判决按照义务类型进行分类分析。

案例群一:关于场所管理的判决共有 3 个。在徐某某强奸案中,被害人和实施强奸行为者(被告人的外甥)均在被告人住所内夜宿,被告人对其外甥强奸行为未加阻止①;在张某等强奸案中,被告人为被害人提供住宿,但没有阻止他人在其住所内对被害人实施强奸行为②;在杨某某组织卖淫案中,作为涉案浴场的实际经营者,对于员工组织的卖淫行为不闻不问,按时收取经营收入。③ 上述三个案件,法院均将被告人认定为从犯。

案例群二:关于监督他人的判决共 5 个,其中法院认定保证人为主犯的有 4 个,包括:蒲某某破坏生产经营罪中,被告人身为组长有义务制止事态扩大,竟不履行职责,最终酿成恶性群体事件④;隋某某销售假药案中,被告人作为法定代表人对其兄(总经理)销售假药行为予以纵容⑤;孙某某故意伤害案中,被告人作为队长,没有制止其他保安对被害人的伤害⑥;杨某、高某贵危险驾驶案中,被告人作为驾校教练明知学员醉酒仍放任其驾驶。⑦ 不过,在吴某甲故意杀人案中,被告人作为酒店保安经理,放任员工殴打被害人的,法院认为行为人没有直接参与殴打行为,构成从犯。⑧ 总的来看,在监督他人类案件中,法院判定为主犯的占绝大多数。

案例群三:关于保护类义务,可以分为对人身的保护和对财产的保护。前者仅有 1 个判决,涉及亲子间保护义务,即蒋某君等故意伤害案,被告人莫某在蒋某君伤害二人共同的孩子时仅在旁边观看。法院认定被告人莫某构成主犯。不过,人身保护类犯罪样本过少,还难以认定判决持任何立场。后者共 13 个判决,均为有管理、保护财产义务的行为人不履行其职责,不阻止他人盗窃所保护的财产的类型。其中有 10 个判决认定了从犯,3 个判决认定了主犯。从判决比例来看,似乎在财产犯罪中更偏向原则帮助犯理论,但是,这类判决中有如下两个重要的现象引人注意:一是关于"不作为"本身的认定。义务人事前和实施者进行过商议,事后收取了一定好处费的,法院均将谴责重点放在不履行职务上,认定其成立

① 参见上海市奉贤区人民法院(2011)奉刑初字第 879 号判决书。
② 参见浙江省海盐县人民法院(2018)浙 0424 刑初 346 号判决书。
③ 参见上海市闵行区人民法院(2018)沪 0112 刑初 1136 号判决书。
④ 参见贵州省施秉县人民法院(2015)施刑初字第 1 号判决书。
⑤ 参见上海市第三中级人民法院(2018)沪 03 刑终 20 号判决书。
⑥ 参见吉林省长春市中级人民法院(2018)吉 01 刑终 69 号判决书。
⑦ 参见四川省成都市新都区人民法院(2013)新都刑初字第 289 号判决书。
⑧ 参见湖北省武汉市洪山区人民法院(2014)鄂洪山刑初字第 00279 号判决书。

不作为犯[1],只有当义务人在共同犯罪中还积极实施了大量的作为时,判决才不再坚持其不作为犯的性质。[2] 从这一点来看,法院非常重视义务不履行在整个犯罪中的角色,这和原则帮助犯阵营只要有作为就认定为作为犯的做法截然不同。二是义务人所处的地位对正共犯的成立发挥着重要影响。义务人系保安、押车员、装卸工等具有一般监管职责的,往往成立从犯。义务人所处的监管地位比较高,或者与财产具有更紧密的关联时,往往成立主犯。例如,在吴某等盗窃案中,被告人证实,如果自己不同意同案犯偷煤,后者就不能偷走煤。这一因素非常重要。进入厂区偷煤需要用挖掘机装载,无论如何都会被发现,只有被告人不履行义务甚至进行一定程度的遮掩,才可能使得犯罪顺利进行。[3] 再如,在逯某某职务侵占案中,被告人利用自己经手废旧物资外卖的职务便利,与同案犯商议、配合,在检查车辆时故意不作为,与同案犯共同侵占本单位财物。[4] 被告人的职务与财产具有非常紧密的联系,成立主犯。在骆某某等盗窃案中,这一特点体现得更为明显。法院重视骆某某作为公司护矿队长这一重要的监管职责,以及其前期参与的磋商,认定其不作为成立正犯,但对于普通护矿人员、负有一般监管义务的宋某,即使参与了磋商,也认定为从犯。[5]

案例群四:涉及先前行为保证人的有 3 个判决,一是兰某洋等故意伤害案,兰某洋、兰某欢二人控制身份不明的被害人后,未承担其应当承担的保护被害人责任,未能有效阻止其他人群殴被害人,致其死亡。法院认定二被告人为主犯(作用较小的主犯)。二是南某某故意伤害案,被告人与其他同案犯在与被害人发生冲突后,被害人逃离。被告人跟随其他同案犯到达第二现场后,明知可能会发生伤害结果但并未阻止。法院认定被告人成立从犯。[6] 三是范某某故意杀人案,范某某打伤被害人后没有阻止他人殴打和焚烧被害人。法院认定范某某成立从犯。此类型的案件数量较少,且互相冲突,未能呈现明显的判决规律。

综上,通过对核心概念、根本主张这两个维度的分析,可了解司法实践的阵营选择。首先,从主从犯的判决比例分析可以初步推断,司法实践中没有一边倒地

---

[1] 参见广东省深圳市中级人民法院(2010)深中法刑二终字第 611 号、河南省开封市中级人民法院(2010)汴刑终字第 60 号、广东省韶关市浈江区人民法院(2015)韶浈法刑初字第 333 号判决书等。

[2] 参见江苏省淮安市清河区人民法院(2013)河刑初字第 0388 号判决书。

[3] 参见宁夏回族自治区石嘴山市中级人民法院(2014)石刑终字第 21 号判决书。

[4] 参见新疆维吾尔自治区昌吉回族自治州中级人民法院(2014)昌中刑终字第 124 号判决书。

[5] 参见内蒙古自治区乌拉特中旗人民法院(2014)乌中刑初字第 62 号判决书。

[6] 参见青海省囊谦县人民法院(2015)囊刑初字第 01 号判决书。

采用原则帮助犯说和原则正犯说。其次,以原则帮助犯说的核心概念"支配"来梳理司法判决是"梳不通"的,极少数的判决似乎向支配靠拢,但更多的判决体现了完全不同的思路和相反的判决结果,以"义务"概念来梳理司法判决更是如此。不过,根据不同的义务对判决分类后,可观察到各类案例群在多数情况下能够呈现出较一致的结论或者至少是判决规律。具体而言,在监督他人类义务中,倾向于成立正犯;在监督危险源如场所管理类义务中,法院没有争议地认为义务人成立从犯;在保护财产法益类犯罪中存在判决规律,法院重视对义务履行的独立评价,并且是否成立正犯与义务人所处的地位有关。但是,保护人身法益的义务和先前行为义务类型中,暂时没有发现相关判决规律。综合上述内容,可以推断实践中的主张最接近义务区分阵营。

(三)消极判断

我国司法实践更契合于义务区分阵营,说明其认可不作为犯具有独立于作为犯的价值和特质。站在义务角度、重视义务履行对正共犯判断之影响的立场,承载着通过推进不作为犯罪的处罚来强化社会治理的社会功能。这种社会功能本身没有问题,并不违反公平正义的基本理念。不作为犯是否被期待发挥更重要的作用,取决于不同的社会发展阶段。传统刑法以"暴力犯罪"作为核心,且强调严格的罪刑法定,不作为自然难以和作为相比。但现代以来,犯罪的整体形态分布发生了变化,暴力犯罪依然存在,同时更为"文明"的犯罪急剧增多,通过打击不作为犯罪来保障社会的需求持续上升。根据不同时代的犯罪特点,对不同犯罪形态的打击力度进行调整,这是对刑事司法的必然要求。诚然,对这一功能的过度诉求可能会出现问题。例如,对于行为人追赶小偷,致其跌倒受伤后没有救助而离开的,也认定为不作为的故意杀人罪或者过失致人死亡罪,这就有违背基本的法感情嫌疑,学者应当思考如何正确划定保证人地位的成立标准,才能避免民众的普遍质疑。但是,对共同犯罪中不作为参与的法律评价进行调整,并未涉及罪与非罪、合法与违法的基础问题,不同阵营只是侧重于不同的经验事实,或者对同样的经验事实赋予了不同的比重,进而得出了自己的价值主张。基于此,笔者认为没有理由反对采用义务区分阵营。

四、面向法益侵害的义务区分理论

在确定我国应采取义务区分阵营之后,需要建构具体理论。一方面,该理论应遵循义务区分阵营的基本体系逻辑,即以作为和不作为的实质共性来指导义务区分;另一方面,既然阵营的确定来自实践立场,该理论的逻辑推论就应当与经验现象外洽①,最大限度地尊重既有实践规律,并能够解释实践中模糊不清的地带。

(一)基本观点

依据我国刑法第 26 和 27 条,我国对于主犯和从犯的判断,是以行为人在共同犯罪中起主要作用,还是次要作用或者辅助作用为标准。据此,不论是作为的共同犯罪,还是不作为参与作为、作为参与不作为的犯罪,都需要通过比较各行为人在共同犯罪中所起的作用、贡献来区分主从犯。比较基点、如何比较是解决问题的关键。

本部分提倡面向法益侵害的义务区分理论。首先,关于作为和不作为的比较基点。基于大陆法系"犯罪是行为、犯罪的本质是法益侵害"这一主流认识,不论是作为犯还是不作为犯,对犯罪的贡献大小都应当理解为行为对法益侵害的贡献大小,在这个意义上,作为和不作为即使在存在论上千差万别,也有实质的共性,即都借助改变或不改变因果流程,对法益施加影响。据此,"应当充分考察各个行为人的行为危险性或者风险性在因果链的流程中具有什么程度的强弱以及大小问题",确定"河的本流与支流"②。在不作为犯中,就是考虑其不作为的危险性在因果流程中可能发挥的作用。

其次,关于不作为的贡献之衡量方法。在作为犯中,作为的形态千变万化,每一个样态的行为在因果流程中发挥着何种作用、程度如何、与其他作为的强弱关系如何,都无法事先确定,需要放在个案中进行实质的具体的判断。但是,在不作为犯中则完全不同。不作为犯的行为形态表面上看只有一种,即不作为,但是,这并非不作为的行为实质。不作为并非单纯的什么也不做,而是不履行特定义务的行为,由于义务的种类是有限的,因而不作为的行为样态也是预设的、有限的。从存在论来看,不作为在因果流程中没有任何位置,但实际上不作为并非游离于因果流程之外,而是根据义务类型的不同,被法律预设了其原本应该在因果流程中所起的作用,在作为犯制造了河的本流之后,有的义务被期待在河的本流发挥阻断作用,有的则仅被期待截断河的支流。义务的不同反映了其在因果链的流程中所起的作用不同,也导致了行为危险程度的不同。在义务和法益发生关联的方式中,就预设了不同的义务在因果流程中的贡献大小。综言之,应根据义务类型来判断正共犯。

---

① 林毅夫:《论经济学方法》,北京大学出版社 2005 年版,第 12 页。

② [日]甲斐克则:《正犯与共犯的区别——"因果区别模式"与"作用分担模式"的相生相克》,载《第四届中日刑事法研讨会论文集》,西北政法大学 2013 年。

（二）一般规则

根据义务与法益的关联方式和程度的不同,面向法益的义务区分理论存在两个具体规则。一般规则是,以各义务原本被期待在因果流程中所处的位置来判断不作为对法益侵害的作用大小。

首先,当义务内容是保护人身法益时,作为人制造了"河的本流"后,义务人是因果流程中的一道全面屏障,无论作为者采取何种方法,义务人都必须与其"对冲",全面切断"河的本流"。义务人与作为人的因果贡献是相当的,应当成立主犯。例如,父母一方对未成年子女进行伤害、杀害,另一方不加阻止的,应当认定为主犯;当侵害由第三人实施,父母与该第三人存在共同犯罪的故意时,也应当构成主犯,在缺乏共同故意时成立同时犯;当父母明知第三人在侵害自己的未成年子女,但因为恐惧缺乏作为可能性时,不构成犯罪。① 在夫妻存在保护义务的场合也是如此。实际上,即使在极度强调去规范化的日本,相关判决也通过对不作为的保护者论以正犯,显示出对这类主体要素的看重。②

其次,在义务内容是保护财产时,由于义务主体和财产法益之间存在不同的紧密程度,情况较人身保护更为复杂,不能一概而论。义务人处于对财物全方位控制的地位时,实施财产犯罪者必须以不作为人为核心来筹划犯罪,此时不作为人当然属于正犯;反之,像保安、仓库管理员等对财产不具有完全的支配,仅仅是财产安全保护中的某道防线,其不阻止他人盗窃的,实质上相当于为窃贼打开大门,为实行犯提供便利、契机,这一义务内容自始决定了其在整个犯罪过程中起配合作用,成立从犯。

最后,监督危险源的情况下,当危险源是实施犯罪者时,或者说当该危险源开启了河的本流时,义务人被期待起到阻止该犯罪人行为的作用,即切断"河的本流",因此该义务人也应当是主犯。例如,上级对于下级在职责范围内的犯罪有阻止的义务,父母对于未成年子女犯罪亦然,不阻止时均成立主犯。当危险源是被第三人用于犯罪的工具,为第三人的犯罪提供契机、便利时,义务人所起的作用仅

---

① 在不作为犯中,作为可能性与期待可能性的判断资料相同,欠缺期待可能性就意味着欠缺作为可能性。当行为人面对第三人的犯罪行为产生了恐惧,法规范无法期待他实施阻止犯罪的行为时,行为人欠缺作为可能性,不构成犯罪。反之,若行为人的恐惧没有达到上述程度,则并不影响行为人成立正犯。例如,母亲因为害怕受到同居男友的责打而没有阻止后者杀害自己的孩子,根据附随情况和母亲的个人能力来看仍具有作为可能性时,其不作为可能成立正犯。而且,由于不作为犯的处罚一般轻于作为犯,对母亲论以不作为的正犯也能够做到罪刑相适应。

② ［日］桥爪隆:《有关不作为与共犯的几个问题》,王昭武译,《苏州大学学报》2018年第1期。

限于切断工具与第三人的关联,这种关联属于"河的支流",义务人成立共犯。例如,场所管理人有阻止他人借助场所实施犯罪的义务,不履行该义务时均成立共犯。从前述总结的案例群一、二来看,笔者的理论能够较好地解释司法实践中体现的规律。

关于一般规则,需要说明以下两点:第一,通过不同义务类型进行正共犯区分,是以不作为人具备保证人地位为前提的。也就是说,在具体案件中,应先根据保证人理论判断行为人是否具有义务,再考虑其构成正犯还是共犯。笔者在保证人地位上赞同结果原因支配说,故通过判断不作为人是否对造成结果的重要原因存在事先的支配(这种事先的支配与犯罪行为支配理论中的支配显然不同)来决定是否成立保证人地位。① 进一步的,再判断该保证人地位对于法益的影响属于"河的本流"还是"支流",来考虑其构成正犯还是共犯。在保证人地位上采取结果原因支配理论,但在正犯判断上采取义务种类区分说,这并不矛盾,反而可以避免以结果原因支配说同时作为正犯判断标准的不足。②

第二,本部分的义务区分不同于义务区分阵营的任一理论,而是以法益侵害作为上位概念,以义务在因果流程中的位置所决定的对法益之预期影响为判断标准。虽然在分析过程中借助了机能二分说,但避免了机能二分说"仅仅是一种分类,缺乏法理依据"的质疑,也避免了该说"一刀切"导致的不合理结论。③ 此外,还存在其他质疑,在此一并回应。一是如何合理区分保护法益和监督危险源的保证人。诚然,"刑法上的保证人义务的本质在于,无论是从哪种关系来推导保证人义务,最终都会指向结果的发生这一点"④。但是,本部分在正共犯的判断上强调的是义务主体如何与结果发生关联,即义务的产生根据是行为人和被保护法益之

---

① 姚诗:《不真正不作为犯的边界》,载《法学研究》2018 年第 4 期。

② 一些持结果原因支配说、因果经过支配说的学者,都认为不作为的正犯判断标准实质上就是不作为犯保证人地位的判断标准。(参见欧阳本祺:《论不作为正犯与共犯的区分》,载《中外法学》2015 年第 3 期,第 730 页)。笔者不同意这一看法。在结果原因支配说中,倘若认为对结果的重要原因有支配既是成立保证人地位的支配,也是正犯要求的支配,就会使得其理论自相矛盾。例如,行为人对于枪支的管理具有保证人地位,但在其他人利用该枪支来犯罪的场合,对于结果的发生来说,该枪支是否不再属于"重要"原因?继而行为人在这一场合也不再具有保证人地位?在因果经过支配说中也是如此,将保证人地位和正犯捆绑在一起,又完全站在存在论的立场的话,最终将会淡化不作为的本质,使得保证人这个概念的认定不再确定。

③ 例如,在"甲目睹自己的孩子乙暴力殴打小女孩丙,丙的父亲丁在现场观望,甲和丁都未阻止乙的暴行"的场合,根据机能二分说可能得出不合理结论,但根据笔者的观点,甲和丁两者都成立正犯。

④ [日]神山敏雄:《关于不作为的共犯论》,成文堂 1994 年版,第 177 页。

间的关系,还是和侵害源之间的关系。① 泳池救生员并不能像对狗、对枪支、对危险腐蚀品那样,对水这种危险源进行控制、管理,其救生义务并非来源于与水这种危险源的联系,而是源于与被保护者之间的关联。消防员也是如此。消防员无法扑灭火时,显然对火缺乏支配,但此时仍然存在救人的义务。二是机能二分说"人为地导致同一构成要件划分为分别适用于保护者保证人和监督者保证人的构成要件"的问题。② 在笔者的理论中,这一质疑也不成立。不作为犯构成要件的成立必须根据保证人地位的有无来判断,构成要件在此并没有划分为两类。至于正共犯的判断,还需要考察义务本身和法益的关联程度,不论在保护法益还是监督危险源类型的不作为中,都既有正犯也有共犯。

(三)特殊规则

先前行为人参与共同犯罪的,也需要借由该义务与法益的关联方式和程度来判断正共犯。不过,先前行为具有特殊性,无法适用前述一般规则。

不作为的本质是义务违反,由于其他义务和法益之间存在事先的关联,其关联方式和程度能够被预测。但是先前行为是一个事件,与所要保护的法益或者危险源之间仅存在单向关系,缺乏建立相互关系的基础。先前行为人与最终法益侵害的关联方式和程度是随机的。也正因为如此,先前行为难以根据机能二分说的分类进行定位。有的学者认为它是监督危险源的类型,有的则认为是保护法益的类型③,有的认为它表面上是监督危险源但实质上起到了保护法益的作用。④ 还有的认为它既可能是保证人类型,也可能是监督危险源类型。⑤ 应该说,先前行为的"事件"属性决定了它与法益的关联无法被明确归类。

笔者认为,先前行为型义务既然由行为人的行为所创设,其义务违反的作用大小就取决于先前行为本身对法益侵害的贡献。具体而言,在先前行为人开启了法益侵害流程之后,本只需要按照先前行为构成何种犯罪来承担责任即可,但在责任主义原则下可能出现法益保护不均的现象。为此,在风险分配的思想指导下,要求先前行为人消除先前行为本身制造的法益侵害危险。⑥ 可见,先前行为型

---

① [日]桥爪隆:《有关不作为与共犯的几个问题》,王昭武译,《苏州大学学报》2018 年第 1 期。
② [日]松生光正:《不作为的参与和犯罪阻止义务》,载《刑法杂志》1996 年 36 卷 1 号。转引自何龙:《不阻止他人故意犯罪的行为性质认定》,载《中外法学》2017 年第 6 期。
③ 许玉秀:《当代刑法思潮》,中国民主法制出版社 2005 年版,第 683-685 页。
④ Claus Roxin, Srafrecht AT Band 2, Besondere Erscheinungsformen der Straftat. Muenchen: Beck, 2003, S.760.
⑤ Harro Otto, Grundkurs Strafrecht, neubearbeitete Aufl.6, Berlin: Walter de Gruyter, 2000, S.168f.
⑥ 姚诗:《不真正不作为犯的边界》,载《法学研究》2018 年第 4 期,第 119 页。

义务与前行为是一体两面的,前者的违法性来自后者,先前行为的违法程度不同,其义务的违法程度也就相应变化。实际上,不少学者对先前行为本质有同样的认识。例如,布哈姆森认为先前行为应按作为犯来处理,认为先前行为人开启因果流程之后,直到结果回避可能性丧失,实行行为才完全结束,这里实行行为的违法性当然地取决于先前行为的违法性[①];金德霍伊泽尔站在管辖说的立场上,认为先前行为属于监督类型的保证人,基于风险支配而产生,应当像作为犯一样来区分正共犯。[②]

联系司法实践中关于数个先前行为人共同不作为的判决,也可以发现以先前行为本身的违法程度来认定正共犯的做法。张某立等故意杀人案中,多被告人追打被害人,致其跳入水中后不救助,导致被害人溺亡的,法院根据追打过程中各被告人的违法程度大小来判断主从犯。[③] 而在另一些案件中,由于无法区分先前行为的违法程度,判决不区分主从犯。[④] 由此,在先前行为参与作为犯罪的场合也宜认为,先前行为对最终法益侵害的作用越大,越可能被认定为正犯,反之则应被认定为共犯。至于先前行为对法益侵害结果的贡献大小,本部分初步认为,可根据先前行为客观上发生作用的途径来判断。先前行为类型性地引发他人实施新的犯罪的场合,前行为人对最终的法益侵害结果仅起到帮助作用,故仅成立共犯;前行为人使被害人丧失自我保护能力,实行犯利用该状态实施新的犯罪的场合,前行为人对被害人承担保护义务,是否成立正犯取决于行为人对被害人自我保护功能的削弱程度。

（本文原载于《法学家》2020 年第 4 期）

---

① Joerg Brammsen, Die Entstehungsvoraussetzungen der Garantenpflicht, Berlin: Duncker & Humblot, 1986, S.394ff.

② ［德］乌尔斯·金德霍伊泽尔:《刑法总论教科书》,蔡桂生译,北京大学出版社 2015 年版,第 406 页。

③ 参见浙江省高级人民法院(2014)浙刑一终字第 148 号判决书。

④ 参见广东省东莞市第一人民法院(2013)东一法刑初字第 1888 号判决书等。

监督过失中因果关系的"二阶判断"

谢雄伟 郑 实

作者简介:谢雄伟(1976—),广东财经大学研究生院院长,武汉大学刑法学博士,教授、硕士研究生导师,中南财经政法大学博士研究生校外合作导师;先后在《法学评论》《政治与法律》等法学核心期刊发表学术论文多篇;主持教育部和广东省哲社课题及地方立法横向项目十余项;出版学术专著、法学教材三部;研究成果获广东省哲学社会科学优秀奖二等奖;两篇案例入选全国工商管理教育指导委员会评选的优秀百篇案例;教研成果获省教学成果二等奖;兼任中国刑法学研究会理事、广东省法学会医药食品法学研究会副会长、广州市法学会刑法学研究会副会长、广东省人民检察院专家咨询委员。

郑实(1988—),写作本文时系在校研究生,现任湖北汽车工业学院法学系主任,副教授,法学博士,十堰市应急管理专家。

监督过失,"是指处于让直接行为人不要犯过失的监督地位的人,违反该注意义务的过失"①。监督过失理论,主要是由日本学者提出,"它为追究对于企业事故发生具有监督关系者的过失责任,提供了法理基础"②。在我国,学理上尽管没有明确采用这一概念,但其在刑法分则的罪名中却早有体现,如第138条教育设施重大安全事故罪与第139条消防责任事故罪等。并且,随着近年来重大安全责任事故的频发,许多相关案件在具体处理和认定上,亟须更为合理的理论予以解释,因此监督过失理论也逐步成为刑法学界所研讨的热点话题。

作为过失犯罪的一种独立的犯罪类型,监督过失犯罪的成立,以行为与结果之间存在因果关系为必要。与一般过失犯罪因果关系不同,在监督过失中,监督者与结果之间的因果关系,由于存在被监督者过失行为介入的情况,因而在认定

---

① 黎宏:《日本刑法精义》(第2版),法律出版社2008年版,第221页。
② 陈兴良:《教义刑法学》(第2版),中国人民大学出版社2014年版,第529页。

上形成了一定的困难。尤其在司法实践中,许多监督过失犯罪案件,如重大责任事故犯罪、渎职犯罪等,因难以肯定监督者与结果之间存在因果关系,而造成无法追究监督者刑事责任的局面。如2013年备受社会关注的广州建业大厦火灾事故一案,起火直接原因是电源线短路引燃可燃物,因大厦消防设施等整体工程未完工、火灾荷载大等原因,造成火灾蔓延迅速扩大;而间接原因则是大厦消防安全主体责任不落实,存在违法经营行为,以及大厦日常消防安全管理不到位,导致火灾隐患长期大量存在。因此,负有监管职责的6名公职人员因涉嫌玩忽职守罪被检察院逮捕,但最后法院认定该罪名不成立,法院做出该认定的主要理由是:是否构成玩忽职守,关键在于其行为与造成的重大损失之间有无内在、必然的直接因果关系。被告人没有履行其职责与事故没有直接、必然的因果关系,不具有刑法上关于玩忽职守罪的构成要件。[①]

可见,如何正确认定监督过失中的因果关系,对于司法实践中正确处理此类案件具有重大意义。笔者试从因果关系认定的基本理论出发,结合监督过失犯罪的具体特征,阐述监督过失中因果关系的认定问题,以期为司法实践提供一个可供参考的视角。

一、监督过失中因果关系的含义与特点

(一)监督过失中因果关系的含义

关于刑法中的因果关系,学理上存在两种不同的理解:广义的因果关系概念与狭义的因果关系概念。前者包括事实的因果关系与规范判断,后者则限定为不包含规范判断的事实因果关系。[②] 换言之,在广义上,因果关系涵盖了两个部分:事实因果关系与结果归属;而狭义上,因果关系则仅指事实因果关系。基于研究的需要,本部分中的监督过失因果关系是就广义上而言的。

对于监督过失因果关系,学界存在不同的观点:有学者主张,监督过失因果关系应当是监督过失行为与被监督者过失行为之间的因果关系[③];也有学者认为,"监督过失因果关系表现为监督者的监督过失行为与构成要件结果之间的关系"[④]。笔者赞同后者的看法,理由在于:刑法上的因果关系,一般即指危害行为

---

① 金羊网:《建业大厦火灾6公职人员因玩忽职守被捕　仅以受贿入罪》,http://gd.sina.com. cn/news/b/2015-01-09/detail-iczmvun4830437.shtml,最后访问日期2015年10月29日。

② 张明楷:《也谈客观归责理论:兼与周光权、刘艳红教授商榷》,载《中外法学》2013年第2期。

③ 彭凤莲:《监督过失责任论》,载《法学家》2004年第6期。

④ 易益典:《监督过失犯罪论》,华东政法大学2012年博士学位论文。

与危害结果之间的因果关系,而并非发生在行为与行为之间;并且,认为监督过失因果关系,仅存在于监督过失行为与被监督者过失行为之间,片面强调监督过失行为导致被监督者过失行为,忽视了监督行为本身引起危害结果发生的作用力。因而,本部分所称监督过失中的因果关系,就是指监督者过失行为与构成要件危害结果之间的因果关系。

(二)监督过失中因果关系的特点

依据我国现行刑法的规定,过失犯罪均属于结果犯,即过失犯的成立必须具备法定危害结果的实现。因此,过失行为与危害结果之间是否存在因果关系直接决定过失犯罪的成立与否。在大多数普通过失犯罪中,因果关系的判断并不复杂,原因在于:多数普通过失犯罪的因果关系表现为过失行为与结果之间的直接关系,而不存在其他因素的介入。然而,不同于普通的过失犯罪,监督过失作为过失犯罪的一种特殊类型,其因果关系的样态则呈现出一定的特殊性。因此,必须先对其因果关系的特点予以阐述,具体而言,其主要特点如下。

1.监督过失的行为方式涵盖作为与不作为

监督过失行为以不作为形式为主,也存在作为的形式。在监督过失中,"被监督者的过失行为直接造成了结果,但监督者对被监督者的行为负有监督义务,即有义务防止被监督者产生过失行为,却没有履行这种义务(如没有对被监督者做出任何指示,或者做出了不合理的指示),导致了结果发生"①。也即,从犯罪的行为方式上看,由于监督过失行为违反了命令性规范,因而一般表现为不作为的形式。以玩忽职守罪为例,依据2006年7月26日最高人民检察院《关于渎职侵权犯罪案件立案标准的规定》(以下简称《立案标准》),所谓玩忽职守,指的是"国家机关工作人员严重不负责任,不履行或者不认真履行职责,致使公共财产、国家和人民利益遭受重大损失的行为"。其中,不履行职责便是典型的不作为形态的监督过失行为,即国家机关工作人员应当履行职责,且具有履行的可能性,而违背职责没有履行。

尽管在司法实务中,多数监督过失犯罪表现为不作为的形态,但仍存在以作为的行为方式构成监督过失的情形。如《立案标准》中关于滥用职权罪的规定,"滥用职权罪是指国家机关工作人员超越职权,违法决定、处理其无权决定、处理的事项,或者违反规定处理公务,致使公共财产、国家和人民利益遭受重大损失的行为。"此处,滥用职权行为即是指在客观上实施了履行职责的行为,但其所实施的履职行为却存在超越职权、违法决定乃至无权处理的情形。例如,监督者违背

---

① 张明楷:《刑法学》(第4版),法律出版社2011年版,第272页。

禁止性规范,即以作为的方式,向被监督者做出超越职权、违法决定乃至无权处理的指令,导致被监督者实施过失行为,并最终引发危害结果发生。

2.监督过失的因果形式通常表现出多因一果

在监督过失的场合,监督者行为与结果之间,一般都存在被监督者行为的介入因素,这使得其因果关系的表现形式呈现出多因一果的特点。在刑法因果关系的认定中,"除了要对自己的行为负责,人们有时候还需为第三方造成的结果负责。此种情形下结果被归责于行为人,不是因为其行为直接操控了因果流程,而是因为它为介入者实施危害行为提供了行动理由或制造了机会"[1],监督过失因果关系即属于这种情况。事实上,监督者的行为并非直接引起结果发生的原因,而是在监督者行为与结果之间,介入了被监督者的行为,并且由被监督者行为直接导致了危害结果的发生。这一点,也是监督过失与普通过失犯罪在因果关系上最为显著的区别。从司法实践来看,法院的做法也肯定了此类案件危害结果发生系多方面原因造成,并且法院认为,这种因果关系所表现出的多因一果,在量刑时可以作为考虑因素。[2]

案例一:被告人李某泉任重庆市北碚区金刀峡镇财政办公室统管会计期间,没有按照《会计法》以及该镇制定的统管会计职责,认真监督、制约原财政办公室出纳郑某华(另案处理),没有做到每月与出纳郑某华核对银行存款和库存现金余额,并且在此期间也没有及时登记会计账目。由于李某泉在监督出纳郑某华的过程中,不认真履行工作职责,疏于监督,致使原财政办公室出纳郑某华有机会挪用单位公款,截至案发共挪用单位公款合计621110元。法院认为,被告人李某泉对郑某华贪污、挪用案件的发生负有不可推卸的责任,系多因一果的直接责任者。[3]

在本案中,负有监督职责的被告人,在不履行职责的行为过程中,介入了被监督出纳郑某华的挪用单位公款行为,最终导致单位巨额公款被挪用的结果发生。因此,法院在判断监督者即被告人行为与巨资公款被挪用结果之间的因果关系时,作为介入因素的被监督出纳郑某华的挪用单位公款行为,便成为认定的关键因素。也即,被监督者挪用单位公款行为的介入,成了监督者行为与结果之间不可或缺的桥梁,并由此形成了监督过失因果关系多因一果的特殊表现形式。

---

[1] 劳东燕:《事实因果与刑法中的结果归责》,载《中国法学》2015年第2期。

[2] 四川省万源市人民法院(2013)万源刑初字第103号刑事判决书;四川省南充市中级人民法院(2014)南中法刑终字第160号刑事判决书;四川省宜宾市中级人民法院(2014)宜中刑二终字第28号刑事判决书;江苏省泰兴市人民法院(2014)泰刑初字第0354号刑事判决书。

[3] 重庆市北碚区人民法院(2008)碚法刑初字第428号刑事判决书。

3.监督过失的因果流程呈现为两个阶段

监督过失因果关系的发生过程,表现为前后两个阶段。如有学者指出,监督过失的因果关系,从监督者行为到危害结果发生,整个过程存在两个阶段。"第一个阶段是监督过失行为引起被监督者的行为,第二阶段是被监督者行为引起危害结果。监督过失犯罪的成立,显然以第二阶段存在因果关系为前提。"①也即,从时间维度对监督过失因果关系进行考察,在客观上,先有了监督者所实施的过失行为,并由其过失行为引发了被监督者行为的产生,而后再由被监督者的行为导致危害结果的发生。前一阶段的重心,在于监督者行为与被监督者行为间的牵连关系;而后一阶段的关键,则在于被监督者行为与危害结果间的因果关联。正是这一前一后的共同作用,构筑了监督过失中因果关系的全部过程。

案例二:被告人李某邑作为宝鸡市财政局局长,对其下属监管企业宝证公司的经营情况偏听偏信,放弃职守、长期失察,从未安排过年度审计和指派专人进行监督检查。特别是将市国债办业务委托给宝证公司以后,放弃监管职责,致使全市国债发行业务失去控制,导致宝证公司1993年至1998年共计超发国债本金17744.227万元。法院认为,被告人李某邑不履行职责,放弃职守,对宝证公司的经营情况失察,致使宝证公司多年大量违规超额发行国债,并将超发国债所得的巨额资金投向外地搞房地产开发等项目,导致巨额资金难以收回,实际亏损人民币1亿余元的严重后果,其行为已构成玩忽职守罪。②

从本案可以看到,被告人玩忽职守犯罪的因果流程,在事实上表现为前后两个阶段。在第一个阶段,作为监督者的被告人实施了"放弃职守、长期失察"的行为,引起了被监督企业"超发国债本金"的行为。在第二个阶段,被监督企业"大量违规超额发行国债……导致巨额资金难以收回",即被监督者行为直接导致危害结果的发生。这一前一后两个阶段,构成了监督过失因果关系的基本样态。

二、监督过失中因果关系的认定标准

在明晰了监督过失因果关系的基本特点之后,采取何种标准对这一因果关系进行判断,便是本文下一步研讨的重点。刑法因果关系的认定标准,历来在学理上处于新论迭出、聚讼纷纭的境况。一方面,受到哲学因果关系的影响,我国传统刑法理论一直存在着必然因果关系说与偶然因果关系说之争;另一方面,随着德日刑法理论的引介,学界对各类认定标准的取舍,如条件说、相当因果关系说、客

---

① 易益典:《论监督过失理论的刑法适用》,载《华东政法大学学报》2010年第1期。
② 《最高人民检察院公报》2003年第3号(总第74号),第25页。

观归责理论等,尚未形成共识。因而,本部分无意在此争论个中纠葛,只是从解决问题的角度出发,试图借助因果关系认定标准的基本理论,阐明监督过失中因果关系的认定问题。

如前所述,因果关系包含两个层面的内容。第一个层面,是事实因果关系的判断,也即,排除了规范评价的狭义因果关系认定问题。这一层面所要解决的是,行为人所实施行为与危害结果之间,在经验事实上是否存在因果关联。以此为基础,第二个层面,则是对结果归属的判断。其目的在于,肯定了行为与结果间的事实因果关系之后,再对其进行规范上的评价,从而考察该结果能否归责于该行为。也即,行为人的行为与结果之间,是否存在刑法上的因果关联。① 概言之,通过对因果关系进行事实因果关系与结果归属划分,进而分别予以事实与规范的判断,来对刑法因果关系进行整体而全面的把握。这种从事实因果关系到结果归属的认定模式,以及从事实判断到规范评价的认定立场,便是本部分所要借鉴,并用以解决监督过失因果关系认定问题的基本方法。

进而言之,在确立了上述事实因果与结果归属二分的认定方法后,采用何种认定标准对其进行判断,便是问题的关键所在。首先,对于我国传统刑法理论所存在的必然因果关系说与偶然因果关系说之争,学界已经做出了一定的检讨与反思,并且在一定程度上达成了共识,即"刑法因果关系也根本不是哲学因果关系的具体运用,刑法因果关系的定型性、规范性,都是作为一门规范学科的刑法学所独有的"②。这意味着,要寻求认定因果关系的合理标准,应当走出必然说与偶然说的无谓争论,而朝向刑法学本身的规范向度进行探索。其次,对于如何借鉴德日刑法理论中的各种因果关系理论,我国刑法学界也进行了一系列的探讨。而讨论的核心内容,则是围绕条件说、相当因果关系说与客观归责理论这三种有力学说展开的。

(一)条件说

条件说的基本含义是:对于具体结果的发生,不能想象其不存在的所有条件,均为造成结果的原因。一如有学者所指出的,"条件说求助于一种思维上的'排除法',即设想在该条件不存在时,结果是否同样发生:如果答案是否定的,该事实就是结果的必要条件;如果所得结论相反,就可将该事实排除于原因之外。"③尽管

---

① 林东茂:《客观归责理论》,载《北方法学》2009 年第 5 期。
② 陈兴良:《刑法因果关系:从哲学回归刑法学——一个学说史的考察》,载《法学》2009 年第 7 期。
③ 周光权:《客观归责理论的方法论意义:兼与刘艳红教授商榷》,载《中外法学》2012 年第 2 期。

一般对条件说提出的批评认为,条件说可能会无限扩大因果关系的范围,从而导致处罚上的不当扩张。然而,事实上这却是对条件说在功能上的一种苛求。条件说的基本旨趣在于,对于结果的发生,在经验上划定一个可供刑法规范进行评价的事实范围,而并非直接对行为与结果间的关联进行价值判断。换言之,"在因果论层次,条件理论提供了简洁便利的公式,但其所筛选出来的众多等价条件,何者属于刑法上可以归责给行为人的成果,那就留待归责论来处理"①。由此可见,条件说恰恰是一种针对事实因果关系的认定标准,而无关结果归属的判断。

(二)相当因果关系说

"相当因果关系说主张,于行为与结果间存在有条件关系之前提下,参照社会生活之经验,而被认为通常从该行为皆会发生该结果(通常皆如此)者,则有刑法上之因果关系。"②相当说的实质在于,对已由条件说所确定的事实因果关系进行价值上的评价,从而得出该结果能否归属于该行为的结论。也即,依照社会生活的一般观念,如果在通常情况下,某行为引起某结果具有相当性,则认为行为与结果间具有因果关系。进一步来说,"相当因果关系说实际上可以分为两个部分,一是构成归责基础的'条件关系',二是以条件关系为前提的'相当关系',前者找因果关系之事实,后者则对事实进行相当性的价值判断"③。由此可知,相当因果关系说,实际上是以条件说所确定的事实因果为基础,针对结果归属所提出的认定标准。

此外,围绕"相当性"的判断资料,学理上存在一定的争议,并形成了三类观点:(1)主观说。该说认为,应当以行为人行为时认识到的以及可能认识到的情况,作为判断相当性的依据。(2)客观说。该说认为,应当以行为时存在的全部情况以及一般人可能预见的行为后的情况,作为判断相当性的依据。(3)折中说。该说认为,应当以行为时一般人可能认识到的情况以及行为人特别认识到的情况,作为判断相当性的依据。笔者赞同客观说的立场,理由在于,因果关系是作为犯罪的客观要素存在,原本作为客观要件的因果关系却被行为人的主观认知所左右,这显然是相互矛盾的。因此,站在客观主义的立场,笔者认为"相当性"的判断,应当以行为时的全体客观情况为依据。

(三)客观归责理论

客观归责理论的基本内涵,包括三个思考层次:(1)以"行为人是否制造法规

---

① 林钰雄:《新刑法总则》,中国人民大学出版社 2009 年版,第 120 页。

② 陈子平:《刑法总论》(2008 年增修版),中国人民大学出版社 2009 年版,第 122 页。

③ 刘艳红:《客观归责理论:质疑与反思》,载《中外法学》2011 年第 6 期。

范所不容许的风险"为判断的起点;(2)继续追问,"行为人是否实现了不被容许的风险",也即,危险行为是否与结果的发生有常态上的关联性;(3)针对少部分案例,还要再追问,危险行为所引发的结果,是否在"构成要件的效力范畴内"①。应当说,客观归责理论作为一种日渐勃兴的归责理论,因其层次分明的逻辑构造和深入细致的检验规则,而具有得天独厚的理论优势。然而,这并不意味着该理论本身不存在疑问。并且,就本部分的议题而言,笔者也不赞同采用客观归责理论来对监督过失中的因果关系进行认定。理由如下。

首先,客观归责理论的内容十分庞杂,在一定程度上远远超出了因果关系认定标准的范畴。换言之,该理论并非仅仅是一种归责理论,实际上,它已经不再是单纯的因果关系归责理论,而是把目光投向了整个构成要件,因此成了一种实质的构成要件理论。② 这使得其在犯罪论中的体系定位产生紊乱,进而在具体判断过程中,会产生重复认定的情形。再者,考虑到我国传统的四要件犯罪论体系的现实状况,更加会造成客观归责理论体系定位不明的尴尬。因此,就本部分所探讨的监督过失因果关系而言,运用客观归责理论更有大材小用之嫌。

其次,作为客观归责理论前提的被允许危险的法理,存在着混淆立法政策与构成要件符合性判断之嫌。根据被允许危险的法理,因社会发展的需要,而允许某些必然存有风险的行为发生,据此认为这类行为不符合犯罪的客观构成要件。然而,这种观点实际上把立法政策与刑法解释论混作一谈。立法政策关心的是,某类行为发生侵害法益危险时,出于政策的考量,立法上是否应当禁止该类行为;刑法解释论考虑的则是,某个具体的行为是否具有法益侵犯的危险,以及其是否符合某一犯罪的具体构成要件。所以,正如有学者指出的那样,"就不可能以一般性的结论为根据,判断具体事例是否符合某种犯罪的构成要件"③。

最后,客观归责名为客观,实为主观,似乎名不符实。客观归责理论,顾名思义,其立场乃以客观的角度做出结果归责与否的判断。但在解决因果流程偏离的案件时,客观归责需要考察行为人的主观认知,以此作为判断基础,这表明客观归责理论并不是纯粹客观。换言之,客观归责理论所标榜的客观立场,实际上也需要依赖行为人的主观认知与行为时的客观情况进行综合判断,而并非单纯以所谓纯然客观的视角进行认定。因此,该理论的客观立场也为学者所诟病,称其所采

---

① 林东茂:《客观归责理论》,载《北方法学》2009 年第 5 期。

② 许玉秀:《主观与客观之间:主观理论与客观归责》,法律出版社 2008 年版,第 206 页。

③ 张明楷:《论被允许的危险的法理》,载《中国社会科学》2012 年第 11 期。

取的客观视角并无理由,而主张应从客观归责转向主观归责。①

综合以上,本部分从解决实际问题的角度出发,认为运用客观归责理论来解决监督过失因果关系的思路,仍然值得商榷。进而言之,由上述可知,本部分用以解决监督过失因果关系的认定标准已然呈现。从因果关系的概念出发,将因果关系的判断分为两个层面的问题逐一解决,并在不同层面采取事实判断与规范评价的不同立场进行认定,具体而言:其一,在行为与结果的事实因果关系层面,从存在论的角度出发,运用条件说对其进行事实上的判断,进而考察行为与结果间是否存有经验上的因果关联;其二,在行为与结果的结果归属层面,从规范论的角度出发,运用相当因果关系说对其进行价值上的评价,进而考察行为与结果间是否存有刑法上的因果关联。概言之,通过这一认定方法和标准,对监督过失中的因果关系进行"二阶判断":先在事实因果的层面,以条件说检讨被监督者行为与结果间,以及监督者行为与结果间的因果联系,而后在结果归属的层面,以相当因果关系说检讨监督者行为与结果间的客观归责,进而在整体上对监督过失因果关系进行全面检视,以期解决前述司法实践中难以肯定监督者与结果间因果关系存在的认定难题。

三、监督过失中事实因果关系的认定

对于监督过失中事实因果关系的认定,区分为两个层面的问题:其一,被监督者行为与结果间的事实因果关系;其二,监督者行为与结果间的事实因果关系。前者的认定,乃后者判断的前提。也即,只有肯定了被监督者行为与结果间存在着事实上的因果关系,才能进一步判定监督者与危害结果之间的事实因果关系。以此,为后续监督过失的结果归属认定提供事实因果关系的基础。

（一）被监督者行为与结果间的事实因果关系

1.以条件说为标准进行判断

有学者认为,"监督人的行为只有通过被监督人的行为,才能对结果的发生产生间接的影响。对监督人追究过失责任的前提,需要被监督人实施了过失行为。"②这表明,在认定监督过失中的因果关系时,必须以肯定被监督者行为与结果之间存在事实上的因果关系为基础。而对这一事实因果关系的认定,一般而言,采用条件说作为认定标准,即可妥善处置。比如,在涉及监督过失的渎职犯罪

---

① 周漾沂:《从客观转向主观:对于刑法上结果归责理论的反省与重构》,载《台大法学论业》第 43 卷第 4 期。

② 谭淦:《监督过失的一般形态研究》,载《政法论坛》2012 年第 1 期。

中,被监督者行为与危害结果间的事实因果关系,用条件说进行判断即可得出结论。在案例二中,被监督企业行为与结果之间的事实因果关系,以条件说"没有前者就没有后者"的公式进行认定可知:如果没有被监督企业违规超额发行国债的行为存在,那么也就没有巨额资金难以收回的结果发生,因而,被监督者行为与危害结果间存在事实上的因果关系。

2.以疫学因果关系补充判断

此外,需要指出的是,在被监督者行为与危害结果间的事实因果关系中,除上述以条件说即可认定的一般情形外,也存在着一些条件说无法直接认定的、特殊的事实因果关系存在。比如,在环境监管渎职犯罪中,由于监督者行政机关不履行监督职责,被监督企业向河流中违规超标排放污水,致使周围居民的身体健康受到损害。此时,对于被监督企业行为与危害结果间是否存在事实上的因果关系,仅由条件说"没有前者就没有后者"的判断公式似乎难以判定。理由在于,导致居民身体健康损害结果的原因纷繁复杂,并不能说,没有工厂违规排污便没有居民健康受损,进而主张二者间存在事实因果上的关联。因而,此种情况下,只能借助有关疫学的因果关系予以认定。即,"某个因素与基于它的疾病之间的关系,即使从医学、药理学等观点不能符合法则地证明,但是,根据统计的大量观察方法,肯定其间存在高度的盖然性时,就可以肯定因果关系"[①]。需要说明的是,尽管有学者指出,疫学因果关系是相当因果关系运用的一环,与之没有本质的不同,但实际上,二者分属不同层面的标准:疫学因果关系根据疫学统计的事实推定因果关系的存在,属于事实因果关系层面的认定标准,而相当因果关系说则是在肯定了事实因果关系的前提下,依据相当性的标准,进行规范上的评价,乃属于结果归属层面的认定依据。[②] 因此,笔者认为,疫学因果关系是作为条件说的补充,对特殊的事实因果关系进行判断。

根据疫学因果关系理论,虽然通过条件说无法肯定排污行为与健康受损结果间的事实因果关系,但借由疫学的因果关系标准,则可以确定被监督企业违规排污的行为,与周围居民健康上所患疾病之间存在着事实上的高度盖然性。换言之,通过对居民生活的经验观察,可以得知,在被监督企业实施违规超标排放污水行为之后,居民所赖以生活的水源受到了不可避免的污染,尽管无法在医学上查明其所患疾病与水源污染间的必然联系,但在客观上可以肯定,被监督企业的违

---

① ［日］大塚仁:《刑法概说》(总论)(第3版),冯军译,中国人民大学出版社2003年版,第192页。

② 马骏:《环境犯罪中疫学因果关系理论探究》,载《政法学刊》2014年第3期。

规排污行为,提升了居民患病的概率,即与健康损害结果之间存在高度盖然的因果联系。因此,便可认定被监督者行为与危害结果之间存在着事实因果关系。

(二)监督者行为与结果间的事实因果关系

在确定了被监督者行为与结果间的事实因果关系之后,接下来就需要对监督者行为与结果间的事实因果关系进行判断。而这一判断,不仅是后续监督过失结果归属认定的前提,也为追究监督者的刑事责任奠定了客观归责的基础。如前所述,监督过失行为,一般表现为不作为的形式,也存在以作为方式构成监督过失的情况。

对于作为形式监督过失因果关系的判断,径直采用条件说,就可以获得合理的解决。例如,在监督者不当履职,强令被监督人员违规作业而导致安全事故发生的情况下,监督者的不当履职行为,违反了安全监管的禁止性规范,即表现为典型的作为型监督过失。而此时,对监督者不当履职行为与事故结果间事实因果关系的认定,采用条件说即可清晰判断,即,如果没有监督者不当的强令行为,那么也就没有最终安全事故的危害结果发生,二者在事实上具有因果关联。因此,以条件说认定作为型监督过失的事实因果关系,是较为妥当的做法。

然而,在大多数情况下,监督过失则是以不作为形式存在的,因此如何认定不作为形式的监督过失因果关系,就是一个更为根本的问题。一般而言,与作为的情况不同,在判断不作为犯因果关系时,由于在客观上并不存在直接与结果发生相关联的行为,因而不得不对其采取一种假设的因果关系法则来辅助判断。"即不作为的'条件关系'可以判断为'一旦履行了一定的作为义务的话,该结果就不会发生'这样的'假定的条件关系'(称之为假定的因果关系)"①。换言之,不作为并非毫无作为,而是不作应作之为,因此对不作为监督过失行为与结果间的事实因果关系认定,就转化为在假定监督者实施了法定监督义务的情况下,危害结果是否仍会发生的判断。

案例三:被告人王某团、杨某、王某明负责动物的防疫、检疫工作,但疏于职守,对出境生猪应检疫而未检疫,运输工具应当消毒而未消毒,且没有进行盐酸克伦特罗(俗称瘦肉精)检测,就违规出具《动物产地检疫合格证明》《出县境动物检疫合格证明》《动物及动物产品运载工具消毒证明》《牲畜一号、五号病非疫区证明》,致使3.8万余头未经瘦肉精检测的生猪运到江苏省南京市、河南省济源市等地,且部分生猪喂养了瘦肉精。法院认为,三被告人作为防疫员和检疫员,有负责

---

① [日]松宫孝明:《刑法总论讲义》(第4版补正版),钱叶六译,王昭武审校,中国人民大学出版社2013年版,第53页。

对出境生猪进行瘦肉精检测和检疫,对运输工具进行消毒的职责,而三被告人不履行职责,未经检测、消毒,就为他人开具或让不具备检疫资格的人员代开有关证明,导致大量未经瘦肉精检测的生猪流向市场,且部分生猪喂养了瘦肉精,客观上对广大消费者的身体健康造成了严重危害。①

本案中,被告人的不履职行为,违反了食品监管中的命令规范,属于典型的不作为监督过失。而对被告人这种不履职的不作为行为与消费者健康危害间的事实因果关系,采取条件说难以直接认定。因此,采取假设的因果关系法则,假设此案中的被告人履行了职责,对生猪进行瘦肉精检测和检疫,那么不法分子所生产的有害生猪就不会流入市场,进而也不会引起消费者健康上的损害。据此,可以肯定被告人不履职的不作为行为与危害结果之间存在事实上的因果关系。

四、监督过失中结果归属的认定

在肯定了监督过失中的事实因果关系之后,最终要解决的问题,便是对监督过失中的结果归属进行认定。也即,在监督者行为与结果间存在着事实因果关系的基础上,对该结果是否可以归属于监督者行为,进行刑法规范上的评价。具体而言,根据前述对监督过失中因果关系特点的描述,在认定监督过失因果关系中所面临的最大疑难在于,监督者行为与结果之间,有被监督者行为这一介入因素的存在。而诚如前述,相当因果关系说不仅着重解决因果关系中结果归属的部分,并且,其主要解决的难题便是存在介入因素的场合。

具体来说,相当说站在事后的客观立场,通过综合考察四方面因素,来处理存在介入因素的因果关系中结果归属问题:(1)行为人行为导致结果发生的危险性大小;(2)介入因素的异常性大小;(3)介入因素对结果发生的作用大小;(4)介入因素是否属于行为人管辖范围。② 概言之,在判断时,应当基于行为时一切客观事实,对这四方面因素进行全面综合的考量,最终得出结果归属于何行为的结论。而结合本部分的议题,在对监督过失中结果归属的认定时,同样需要从这四个方面着手。

但需要指出的是,基于前述监督过失因果关系的诸多特点,笔者认为,应当以这四方面因素为判断资料,而对被监督者行为与监督者行为分别进行考察:对被

---

① 最高人民法院中国应用法学研究所编:《人民法院案例选(季版)》2012 年第 1 辑(总第 79 辑),人民法院出版社 2012 年版,第 122-125 页。

② 张明楷:《刑法学》(第 4 版),法律出版社 2011 年版,第 185 页。

监督者行为的判断,需要考虑被监督者行为与监督者行为间的关联性,被监督者行为对危害结果的发生具有的作用,以及被监督者行为是否处在监督者的监督范围内;对监督者行为的判断,则最终落脚于监督者行为与结果发生的关联性认定上,换言之,监督者行为是否与危害结果的发生具有关联性,以及具有何种程度的关联性,方可达到将危害结果归属于监督者行为所要求的标准。

(一)被监督者行为的判断

1.被监督者行为与监督者行为间通常存在紧密关联性

对被监督者行为与监督者行为间关联性的判断,实际上归结于对被监督者行为这一介入因素异常性的判断。即,监督者行为与被监督者行为间的关联越紧密,就表明被监督者行为的介入因素异常性越弱,进而就越容易肯定监督者行为与结果间的结果归属;反之,则结论相反。因此,在具体考察作为介入因素的被监督者行为异常性时,就需要对监督者行为与被监督者行为间关联性的紧密程度做出认定。

然而,实际上,在监督过失中,这种关联性的判断,可得出的结论却是有限的。不同于一般的介入因素存在之情形,监督过失因果关系中,监督者行为与被监督者行为,原本就因监督与被监督这一特定关系而具有密不可分的联系。并且,也正是基于二者间这种紧密关联的考虑,才会进一步追究监督者的监督过失责任。倘若监督者的不履职行为与被监督者的过失行为之间,不存在规范上的联系,那么被监督者行为造成的危害结果,也无须归责于监督者的过失行为,据此,也就没有监督过失这一理论存在的客观基础。因此,就监督者行为与被监督者行为间的关联性判断而言,结论是唯一的,那就是二者之间具有规范上的关联性,且这种关联性是较为紧密的。这表明,被监督者行为这一介入因素并非异常,而是由监督者行为通常可以引起的。

案例四:被告人杨某自2001年10月开始担任同乐派出所所长。同乐派出所三和责任区民警在对舞王俱乐部采集信息建档和日常检查中,发现王某无法提供消防许可证、娱乐经营许可证等必需证件,提供的营业执照复印件上的名称和地址与实际不符,且已过有效期。杨某得知情况后没有督促责任区民警依法及时取缔舞王俱乐部。2008年6月至8月间,广东省公安厅组织开展"百日信息会战",杨某没有督促责任区民警如实上报舞王俱乐部无证无照经营,没有对舞王俱乐部采取相应处理措施。舞王俱乐部未依照《消防法》《建筑工程消防监督审核管理规定》等规定要求取得消防验收许可,未通过申报开业前消防安全检查,擅自开业、违法经营,营业期间不落实安全管理制度和措施,导致2008年9月20日晚发生特大火灾,造成 44 人死亡、64 人受伤的严重后果。①

被告人作为监督者,对辖区内的娱乐场所负有监督管理职责,其明知被监督企业未取得合法的营业执照擅自经营,且存在众多消防、治安隐患,却不认真履行职责,使本应停业整顿或被取缔的舞王俱乐部持续违法经营,最终发生特大火灾,造成严重后果。从此案可以清晰地看到,作为监督者的被告人,其不认真履职的行为与被监督企业违法经营行为间,具有紧密的关联性。换言之,类似这种监督者负有监督管理职责而不履行的行为,在通常情况下,便会直接引起被监督企业违规、违法经营的行为,因而可以肯定二者间的关联性。

2.被监督者行为对导致结果的发生一般具有决定性作用

至于对被监督者导致结果发生作用力大小的判断,实际上如同监督者行为与被监督者行为间关联性的判断一样,由于监督过失因果关系本身的特殊性,因此得出的结论也较为单一。从前述归纳的监督过失因果关系特点来看,其因果关系发生的过程具有阶段性,前一阶段是监督者行为引起被监督者行为,而后一阶段便是被监督者行为引起结果的发生。这一特点表明,最终危害结果的发生都是由被监督者行为直接导致的,也即被监督者行为对结果的发生往往具有决定性的作用。

详细而言,从前面所引用的各个案例来看,无论案件在具体事实中怎样千差万别,对于最终危害结果发生起到直接的决定作用的,毋庸置疑,始终都是被监督者的行为。比如,在案例二中,最终导致巨额资金难以收回这一危害结果的,是被监督企业宝证公司多年大量违规超额发行国债的行为;而案例三中,被监督者生产、销售有害生猪的行为,便对消费者健康受损这一结果起到了直接的决定作用;在案例四中,被监督的俱乐部违法经营行为,对重大火灾的发生也具有至关重要的作用力。因此,可以说,在监督过失犯罪中,被监督者行为导致结果发生的作用力,一般都具有直接性和决定性。

3.被监督者行为通常处在监督者的监督范围内

对于被监督者行为是否在监督者监督范围的认定,也直接影响着监督过失行为与结果间是否存在结果归属关系的判断。一般来说,即便是介入因素具有较大的异常性,如果该介入行为发生在前行为人监督范围内的话,仍然可以肯定前行为与结果间的因果关联。因而,在监督过失中,假若被监督者行为发生在监督者的监督范围内,那么,就可以把危害结果的发生归属于监督者的行为。

---

① 《最高人民检察院发布第二批指导性案例》《最高人民检察院关于印发第二批指导性案例的通知》,2012 年 11 月 15 日发布。

案例五:被告人程某、周某在任职期间内对所辖水域进行巡视检查过程中,未对戴某甲伙同姚某未持有合格的检验证书、登记证书和必要的航行资料擅自航行和未经泰兴市地方海事处批准进行散装液体污染危害性货物过驳作业的船号为赣抚州化×××号危险品运输船进行巡视检查,并采取必要的行政处罚;自2012年1月至2012年12月19日间发现船号为赣抚州化×××号危险品运输船所停泊的某运河过船闸至入江口门航道水域严重污染后,未进行初步调查,未及时向上级汇报,致使戴某甲伙同姚某将运出的尾气吸收液15564.935吨运输至某运河码头排放,严重污染运河水体。①

在本案的判决要旨中,法院认为,两上诉人具有对事发水域船舶进行监管的法律职责,因两上诉人在履职过程中存在严重不负责任的情形,对应当发现的问题没有发现,对应当做出处置的问题没有充分关注和及时处置。上诉人的失职行为与水污染后果之间存在法律上的因果关系。换言之,法院之所以肯定了监督者上述人失职行为与水污染后果之间存在法律上的因果关系,较为关键的一点便在于,"两上诉人具有对事发水域船舶进行监管的法律职责"。也就是说,作为介入因素的被监督船舶之水污染行为,发生在了监督者具有监管职责的水域内,落入了监督者的监督范围内,因此就可以肯定水污染结果与监督者失职行为间的结果归属关系。

(二)监督者行为的判断

在监督过失中,对于最终结果的发生,在事实上具有因果关系的,除了直接导致结果发生的被监督者行为,还包括间接导致结果发生的监督者行为。在肯定了监督者行为与结果具有事实因果关系后,仍需对这二者间在刑法上是否具有结果归属关系做出规范评价。而在这一评价中,最为核心的一点便是考察监督者行为与结果发生之间的关联性大小。也即,监督者行为与危害结果的发生,是否应当具有关联性,以及具备何种程度、何种性质的关联性,仍需结合相当因果关系理论做出进一步的判断,以作为整体判断监督过失结果归属的重要依据。

从司法实践来看,在一般的监督过失案件中,涉及因果关系部分的辩护,大都以被告人的行为与危害结果之间无直接、必然的因果关系作为主要辩护意见。②与之相应,也有法院以二者间是否具有直接、必然的因果关系作为认定其结果归

---

① 江苏省泰州市中级人民法院(2014)泰中环刑终字第00002号二审刑事裁定书。
② 安徽省泾县人民法院(2014)泾刑初字第00115号刑事判决书;贵州省施秉县人民法院(2014)施刑初字第73号刑事判决书;河南省三门峡市湖滨区人民法院(2014)湖刑初字第212号刑事判决书。

属的主要根据。①

案例六:被告人包某安在担任南京市劳动局局长期间,未经集体研究,擅自决定以南京市劳动局的名义,为下属企业南京正大金泰企业(集团)有限公司(以下简称正大公司)出具鉴证书,致使该公司以假联营协议的形式,先后向南京计时器厂、南京钟厂、南京长乐玻璃厂借款人民币 3700 万元,造成 3 家企业共计人民币 3440 余万元的损失。②

本案一审法院认为,正因为包某安以市劳动局名义出具了"鉴证书",相关企业间非法拆借资金行为得以实行,也同时产生了巨大的资金使用风险,且造成有关企业实际损失人民币 3400 余万元的客观后果,该后果与包某安的不法行为间具有因果关系。而此案经过上诉,二审法院则认为,包某安违反规定同意鉴证的行为是一种超越职权行为,但尚构不成犯罪。对此,有法官指出,"应当追究刑事责任的,是滥用职权行为与造成的严重危害结果之间有必然因果联系的行为。否则,一般不构成滥用职权罪,而属于一般工作上的错误问题。"③

与之相近,也有法院根据最高人民检察院、国家税务总局《会议纪要》的规定进行认定,即"要准确把握一般工作失误与渎职犯罪的界限,严格遵循法定犯罪构成的主、客观要件,认真查清已造成的损失与税务人员的行为是否有法定的因果关系。要区分一般违反内部规定和触犯刑法的关系,要根据违规的程度和造成的危害综合考虑,不能笼统和简单地把税务机关内部的工作规定作为认定税务人员渎职犯罪的依据"④。这表明,司法实践中,许多法院对于监督者行为与危害结果发生间的关联性要求是,二者必须具有直接、必然的关联;并且,根据是否具有直接、必然的关联,来界分一般工作中的失误、错误与应当追究刑事责任的犯罪行为。

然而,问题在于,以直接、必然的关联作为监督者行为与危害结果发生之间的条件要求,虽然在一定程度上提高了监督过失犯罪的入罪标准,可以有效地与一般工作中的失误、错误导致的行政责任相区分,但却使得监督过失犯罪的因果关系要求过于严苛,造成了处罚上的漏洞。因此,基于这种考虑,也有法院认为,尽

① 四川省宜宾市中级人民法院(2014)宜中刑二终字第 139 号刑事裁定书;安徽省砀山县人民法院(2013)砀刑初字第 00274-1 号;山东省济宁市中级人民法院(2014)济刑终字第 230 号刑事裁定书。
② 最高人民法院刑事审判第一、第二、第三、第四、第五庭编:《刑事审判参考》2004 年第 6 辑(总第 41 辑),法律出版社 2004 年版。
③ 最高人民法院刑事审判第一、第二、第三、第四、第五庭编:《刑事审判参考》2004 年第 6 辑(总第 41 辑),法律出版社 2004 年版。
④ 山东省枣庄市中级人民法院(2014)枣刑二终字第 24 号刑事裁定书。

管被告人的渎职行为与危害结果之间不存在直接的因果关系,但客观上是有关联的,至于渎职行为与危害后果之间是否存在直接的或者必然的联系,则并不影响因果关系的认定,在责任追究和量刑上可以酌情考虑。① 并且,实践中也有根据二者间存在关联性来认定其因果关系的做法。② 同样,还有法院直接指出,尽管存在直接导致危害结果发生的介入因素,但并不能就此否定监督者行为与危害结果间有一定的因果关系,即二者间存在着客观关联性,因此可以据此认定二者存在刑法上的因果关系。③ 再比如,在食品监管渎职罪中,有学者主张,"在直接负责的主管人员和直接责任人员均存在滥用职权或玩忽职守的情况下,导致严重危害结果发生的直接或必然的原因是直接责任人员的渎职行为,主管人员的渎职行为通过直接责任人员渎职行为的具体实施发挥作用,因此追究主管人员食品监管渎职犯罪的刑事责任,不以其渎职行为与造成的危害结果之间存在'直接或必然'因果关系为必要条件,只要存在间接或偶然的因果关系即可。"④

事实上,如前所述,以相当因果关系说的标准进行审视,可以认为监督者行为与危害结果间只需存在一定程度上的关联性即可,而并不以直接或必然的关联性为必要条件。详细而言,在肯定了监督者行为与危害结果间存在事实因果关系的基础上,依照一般经验法则,综合行为时存在的一切客观情况做事后判断:如果认为,同一条件下,均会发生相同的结果,便可认定二者间存在相当因果关系。而这种相当性的认定,实质上就是一种通常性的判断。这意味着,从客观的角度对监督过失犯罪做事后审查,如果在一般情况下,监督者行为能够通常地引起危害结果的发生,那么二者的因果关系就具有相当性,因之,危害结果的发生就可以归咎到监督者的行为上去。在此,通过相当性的检验可以获知,在监督者行为与危害结果间的关联程度上,其并没有要求必须具备直接或必然性,而是在追问,二者间是否具有一般、通常的关联性。这就表明,前述实践中,要求二者间必须具备直接、必然的关联性方可成立刑法上因果关系的做法存在疑问。因为相当性的标准,要评价的并不是行为与结果间究竟是否有必然、直接或偶然、间接的程度关系,而是要检讨二者之间是否具有社会生活经验法则上的一般、通常的概率关联。因此,在监督者行为的判断上,结合相当因果关系说的认定标准,只要监督者行为与危害结果间具备一般、通常的关联性即可,而无须以直接、必然的关联为必要。

① 河北省邱县人民法院(2014)邱刑初字第32号刑事判决书。
② 江苏省南通市中级人民法院(2014)通中刑二终字第00124号刑事判决书。
③ 河南省光山县人民法院(2014)光刑初字第00026号刑事判决书。
④ 谢望原、何龙:《食品监管渎职罪疑难问题探析》,载《政治与法律》2012年第10期。

〔本文系 2015 年度国家社科基金青年项目,教育部 2011 年人文社科研究青年基金项目,发表于《政治与法律》2016 年第 5 期。本文系 2015 年度国家社科基金青年项目《97 刑法以来刑事立法理由的实证分析与反思》(15CFX024)、教育部2011 年人文社会科学研究青年基金项目"风险社会中事故型犯罪的监督过失研究"(项目号 11YJC820136)的研究成果。本文第一、第二部分由谢雄伟撰写,第三、第四部分由郑实撰写。〕

第三章

03

刑罚总论问题

累犯制度比较研究

唐世月

作者简介:唐世月(1962——   ),男,瑶族,湖南省江华瑶族自治县人。中共湖南省委依法治省委员会办公室成员、湖南省司法厅一级巡视员。中国人民大学法学院刑法专业博士研究生毕业,刑法学博士,湖南师范大学法学院兼职教授、硕士研究生导师。曾担任省政法管理干部学院专业课部副主任、法律系主任、教务处处长,湖南师范大学法学研究所所长,法学院硕士研究生导师、教授,湖南行政学院教育长、党委委员、教授,省委党校(湖南行政学院)校(院)务委员、纪检组组长、教授,省人民政府法制办公室党组成员、副主任,省司法厅党组成员、副厅长,省司法厅巡视员等。曾兼任中国法学会会员、中国法学会刑法学研究会理事、中国法学会行政法学研究会理事、湖南省法学会刑法学研究会副会长兼秘书长、湖南省法学会邓小平民主法制思想研究会会长、湖南省法学会副会长。出版《数额犯论》《贪污罪研究》等著作多部,主编《刑法学》等教材多部,在《中国法学》《法学家》《法学评论》《法学杂志》《政治与法律》《当代法学》《现代法学》《法制与社会发展》《中国刑事法杂志》等刊物发表学术论文 20 多篇,多篇文章被《新华文摘》及中国人民大学复印报刊资料等转载。曾于 1993 年 9 月获湖南省优秀教师称号,2007 年获湖南省首届"优秀中青年法学家"称号。

一、累犯概念的比较

刑法如何界定第二次以上犯罪的人是累犯? 是仅根据其实施了两次以上的罪行,还是根据行为人的行为反映出来的特定的人身危险性来确定其为累犯? 这在不同的国家着眼点是不同的。对各国累犯的界定标准进行概括,理论上一般将累犯概念分为三种类型:一是行为中心的累犯概念(又称客观的累犯概念);二是行为人中心的累犯概念(也称主观的累犯概念);三是混合的累犯概念(主客观统一的累犯概念)。

（一）行为中心的累犯概念

所谓行为中心的累犯概念，是指以犯罪行为为中心，不考虑行为人的主观因素或者其人身危险性的累犯概念。按照中国台湾学者高仰止的说法："曾受有罪判决确定，只需已开始执行后，再犯罪者，即成立累犯，至其前犯罪之刑罚执行完毕与否，则非所问。"①《日本刑法典》第56条规定："被判处惩役的人，自执行完毕或免除执行之日起，5年内又犯应当判处有期惩役之罪的，是再犯。"《韩国刑法典》第35条规定："被判处徒刑以上的刑罚，刑罚执行完毕或者被免除以后三年以内再犯应处徒刑以上刑罚之罪的，以累犯论处。"《朝鲜民主主义人民共和国刑法》第47条规定："累犯是指在前科消灭前或者时效尚未完成前犯第三次或三次以上罪行。"《巴西刑法典》第46条规定："犯人在国内或国外因犯前罪已被判决又犯新罪，称为累犯。"《法国刑法典》（1994年）采用的也是行为中心的累犯概念。

行为中心的累犯概念在规范累犯的条件上均以犯罪的客观要素为依据，强调犯罪的次数、受处罚的程度、两次犯罪的时间有无间隔或者间隔长短等，而对行为人的主观要素不予过问。以行为为中心的累犯概念其理论依据究竟是什么，在我国刑法理论界研究得不够深入。有的认为行为中心的累犯概念在刑罚观念上代表的是报应刑思想。② 这对我们进一步探讨此问题提供了一个可借鉴的视角。问题是，刑法学界一般认为，报应刑是建立在对已实施的犯罪所造成的既成损害基础上的，"刑罚没有特别希冀达到的目的，刑罚的意义就在于报应犯罪行为的害恶，给犯罪人以惩罚，以其痛苦来均衡犯罪人的罪责，从而实现正义的理念。如果刑罚必须考虑预防犯罪等刑事政策上的目的和因素，那么，公正就不成其为公正"③。而累犯概念的确定是受对累犯从严处罚这一立法目的左右的，如果行为中心的累犯概念是建立在报应刑思想上的，则对累犯从严处罚的依据就只能在其第二次犯罪的事实上去寻找。这显然无法解释累犯为什么要比初犯受更重的处罚其背后体现的刑事政策思想。因此，与其说行为中心的累犯概念代表的是报应刑思想，倒不如说它反映的是客观主义刑法思想或者说是客观主义刑法理论的反映结果。

（二）行为人中心的累犯概念

行为人中心的累犯概念，是指在认定累犯时，不仅要求具备犯罪的一定客观要素，更强调行为人的主观要素，如主观犯意、人身危险性、人格等并以此为中心

---

① 高仰止：《刑法总则之理论与实用》，台北五南图书出版公司1986年版，第369页。
② 郝守才：《关于累犯的比较研究》，载《法商研究》，1996年第5期。
③ 马克昌、杨春洗、吕季贵：《刑法学全书》，上海科学技术文献出版社1993年版，第669页。

构建累犯的条件。例如,原《德意志联邦共和国刑法典》第48条规定:"(1)行为人以前至少两次在本法效力范围内因故意犯罪受刑罚处罚的,且因一次或数次犯罪被判处三个月以上自由刑、现在又故意犯罪,并根据其犯罪种类及情况,如认为以前判处的刑罚对其未起警戒作用,最低自由刑为六个月⋯⋯",即认定为累犯。这里"如认为以前判处的刑罚对其未起警戒作用",对于累犯的认定具有至关重要的意义。又如,我国《澳门刑法典》第69条规定:"因故意犯罪而被确定判决判处超逾6个月之实际徒刑后,如单独或以共同犯罪之任一方式,实施另一应处以超逾6个月实际徒刑之故意犯罪,且按照案件之情节,基于以往一次或数次之判刑并不足以警戒行为人使其不再犯罪,故应对其加以谴责者,以累犯处罚之。"显然"按照案件之情节,基于以往一次或数次之判刑并不足以警戒行为人使其不再犯罪,故应对其加以谴责者",是认定累犯的最重要的要素。行为人中心的累犯概念是目的刑、教育刑论,特别是刑罚特别预防论的产物。

(三)混合的累犯概念

混合的累犯概念,是指在规范累犯的条件时,既强调行为的客观要素或者以客观要素作为基础,同时又要求具备特定的主观罪过要素,将主观罪过要素与客观要素结合起来作为累犯的认定标准。这种累犯概念基本上是主客观相统一的刑法理论在累犯问题上的反映。我国刑法上的累犯可以说是一个典型的混合的累犯概念。[1] 我国《刑法》第65条规定:"被判处有期徒刑以上刑罚的犯罪分子,刑罚执行完毕或者赦免以后,在五年以内再犯应当判处有期徒刑以上刑罚之罪的,是累犯,应当从重处罚,但是过失犯罪除外。"这一累犯概念将故意这一主观要素与其他客观要素结合起来作为累犯的认定条件,避免了行为中心累犯概念和行为人中心累犯概念的弊端,合理地限定了累犯的范围。

二、累犯制度种类的比较

根据构成条件的不同,可以对累犯制度做不同的分类。常见的分类主要是两种。一是根据后罪发生的时间起点不同,将累犯制度分为前罪刑罚宣告后成立累犯制、前罪刑罚确定后成立累犯制、前罪刑罚执行后成立累犯制和前罪刑罚执行完毕后成立累犯制。二是根据前后罪的性质是否要求相同,将累犯制度分为普通累犯制、特别累犯制和混合累犯制。考虑到两种分类之间存在交叉,以后一种分

---

[1] 当然,对我国刑法中的累犯概念是否混合的累犯概念,在学界还存在一些不同认识。有的认为,我国刑法的累犯概念是行为中心的累犯概念(参见莫洪宪:《论累犯》,载《中央检察官管理干部学院学报》1996年第2期)。笔者认为,此种观点是值得商榷的。

类为基础更能体现出各国刑法累犯制度的特色,叙述上也较为方便,故在对累犯制度种类的比较上采第二种分类法。

(一)普通累犯制

所谓普通累犯制,是指刑法对构成累犯的前后两罪在性质上或者犯罪种类上不要求是同一种犯罪,只要是受过一定刑之宣告或者刑之执行,在特定条件下再次犯罪,均可构成累犯的累犯制度。《澳门刑法典》《日本刑法典》《韩国刑法典》《瑞士刑法典》等采取的都是普通累犯制。普通累犯制着重于犯罪的次数而对前后罪罪质不做同一要求,其"力求与刑罚目的相一致。但是,普通累犯制对所有累犯不加区别,一律同等对待,不利于刑罚个别化的实现,是普通累犯制存在的弊端"①。

(二)特别累犯制

所谓特别累犯制,是指在刑法中不设累犯制度的一般性规定,只规定屡次犯某种罪或者某几种罪,刑法规定加重其处罚标准的一种累犯制度。特别累犯制度的立法例多见于刑法分则规范之中,单采特别累犯制度的国家,其刑法典总则一般不设累犯制度的规定。例如,1871 年《德国刑法典》第 224 条规定,累犯盗窃、强盗或赃物罪,加重其刑。又如,1886 年《荷兰刑法典》第 421 条、第 423 条规定,累犯盗窃、侵占、诈欺及侵害生命、身体罪,加重其刑。再如,1996 年《波兰刑法典》第 60 条规定,再犯同样之罪或者同样目的之罪,是累犯。综观各国对特别累犯制度的规定,不难发现有以下特点:(1)前后罪系同一种性质的犯罪,而且这种犯罪一般具有较大的危害性或者具有易反复实施性。(2)一般不设前后罪的时间间隔,或者间隔较长(均在 5 年以上)。

特别累犯制由于规定前后罪必须是同种犯罪或者同种目的的犯罪,反映的立法思想在于犯罪人因犯罪受过刑罚处罚或者刑罚宣告,又犯同种罪行,这足以证明他第一次所受之刑罚没有对他产生惩戒效果,有必要对他加重处罚,以实现刑罚个别预防的目的。当然,也有学者对此持反对意见。在这些反对者看来,刑罚目的尽管强调预防犯罪,但预防犯罪是指通过对犯罪人适用刑罚后使其不再犯罪而不是仅仅是使其不犯某种特定的犯罪,特别累犯制是对刑罚目的的极端误解。②

目前,刑法上在总则不规定普通累犯制度而只在分则规定特别累犯的国家已极为少见。

---

① 莫洪宪:《论累犯》,载《中央检察官管理干部学院学报》,1996 年第 2 期。
② 陈兴良:《刑法适用总论》(下卷),法律出版社 1999 年版,第 416 页。

（三）混合累犯制

所谓混合累犯制，就是指在刑法典中既规定普通累犯制又规定特别累犯制，两种累犯制度并存的累犯制度模式。采用混合累犯制的国家一般对普通累犯的条件与特别累犯的条件分别进行规定，而且在处罚上一般也有重大差别。以 1994 年《法国刑法典》为例，该法典对自然人累犯就做了混合累犯的规定。该法典第 132-8 条规定："自然人因重罪或因法律规定当处 10 年监禁刑之轻罪已经最终确定判决，再犯重罪者，如法律对该重罪所定最高刑为 20 年或 30 年，应受之最高刑为无期徒刑或终身拘押；如该重罪最高刑为 15 年，应受之最高刑加至 30 年徒刑或拘押。"第 132-9 条规定："自然人因重罪或因法律规定当处 10 年监禁刑之轻罪已经最终确定判决，自前刑期满或完成时效起计算，10 年期限内，又犯当处相同刑罚之轻罪者，应受之最高监禁刑及罚金刑加倍。""自然人因重罪或因法律规定当处 10 年监禁刑之轻罪已经最终确定判决，从前刑期满或时效届满起计算，5 年期限内，又犯当处 1 年以上 10 年以下监禁刑之轻罪者，应受之最高监禁刑及罚金刑加倍。"第 132-10 条规定："自然人因轻罪已经最终确定判决，从前刑期满或时效届满起计算，5 年期限内又犯相同轻罪，或依累犯之规则，犯相类似之轻罪的，应受之最高监禁刑及罚金刑加倍。"第 132-11 条规定："条例有规定之场合，自然人因犯第五级违警罪已经最终确定判决，前刑期满或完成时效起计算，1 年期限内，又犯同级违警罪者，应受最高罚金刑加至 2 万法郎。"可见，《法国刑法典》对自然人累犯规定了五种情形，其中三项涉及因重罪或者因最严重的轻罪（10 年监禁刑，即轻罪最高刑）已经被判过刑的人，其他两种情形涉及因轻罪或者第五级违警罪被判过刑的人。按照第 132-8 条规定，"自然人因重罪或因法律规定当处 10 年监禁刑之轻罪已经最终确定判决，再犯重罪者"即构成累犯。按照第 132-9 条规定，尽管前罪是当处 10 年监禁刑的轻罪，只要后罪是重罪，也构成累犯。这都是普通累犯的规定，而且是无法定间隔期限的普通累犯。按照第 132-10 条规定，自然人因轻罪被判过刑，自该前刑刑期届满或者完成时效之日起计算，5 年期间又犯相同之轻罪或者犯相近之轻罪，构成累犯，这种累犯是特别累犯。[①] 同样，该法典第 132-11 条对第五级违警罪累犯的规定也是特别累犯。不仅如此，法国除在刑法典中规定了上述混合累犯制外，在其他的法规中还有惩治累犯的特别制度。例如，法国《农村法典》第 228-11 条对狩猎犯罪构成累犯的前后罪时间上规定为 1

---

① 称其为特别累犯，完全是参照我国刑法学界对我国刑法第 66 条关于危害国家安全罪累犯的规定，已普遍认为它是特别累犯这一习惯概念而言。

年,突破了《法国刑法典》对轻罪累犯前后罪间隔5年的规定。① 这些特别累犯制度也是法国累犯制度的组成部分。

由于混合累犯制克服了普通累犯制和特别累犯制的弊端,更加便于统治阶级运用刑罚手段有效地同累犯做斗争,近来受到世界许多国家的关注,一些国家晚近制定的刑法典或者修订的刑法典纷纷采纳了混合累犯制。

我国刑法学界基本一致地认为,我国刑法中的累犯制度也属于混合累犯制。我国刑法第65条规定:"被判处有期徒刑以上刑罚的犯罪分子,刑罚执行完毕或者赦免以后,在五年以内再犯应当判处有期徒刑以上刑罚之罪的,是累犯,应当从重处罚,但是过失犯罪外。"这是对普通累犯的规定。第66条同时规定:"危害国家安全的犯罪分子在刑罚执行完毕或者赦免以后,在任何时候再犯危害国家安全罪的,都以累犯论处。"这是特别累犯的规定。我国刑法除危害国家安全罪的特别累犯外,究竟是否还存在其他犯罪的特别累犯? 这里主要涉及对刑法第356条的理解问题。该条规定:"因走私、贩卖、运输、制造、非法持有毒品罪被判过刑,又犯本节规定之罪的,从重处罚。"这一规定是否属于特别累犯? 目前学界存在两种截然不同的观点。一种观点认为,刑法第356条规定的是特别再犯,不是特别累犯。② 其主要理由是"累犯制度的立法可以各不相同,但是一国法律中却不能同时并存两种或者两种以上的累犯制度,这是一项基本的立法原则。我国的累犯制度立法上很明确,有其特定的内容,与其不符合的,就不能认为是累犯"③。另一种观点认为,我国刑法对毒品犯罪实质上规定了特别累犯。④ 笔者认为,这两种观念都有一定道理,但都存在一些值得商榷的问题。这里涉及如何看待累犯概念的问题,如果坚持"累犯"就是我国刑法第65条规定的定义,或者说将累犯问题的研究目的仅仅局限于为适用我国刑法的规定这一层面上,认为刑法第356条不是特别累犯是有其一定解释论依据的,毕竟我国刑法第65、66条规定了累犯制度⑤,没

---

① [法]卡斯东·斯特法尼等:《法国刑法总论精义》,罗结珍译,中国政法大学出版社1998年版,第571页。

② 赵秉志:《新刑法教程》,中国人民大学出版社1997年版,第348页。

③ 徐安住、韩耀元:《对累犯制度及其适用的思考》,载《刑法问题与争鸣》2001年第2期。

④ 莫洪宪:《论累犯》,载《中央检察官管理干部学院学报》,1996年第2期;林维:《毒品累犯辨析》,载《法学杂志》1994年第5期。这两篇文章均发表于1997年修订刑法前,是针对《关于禁毒的决定》第11条第2款的规定而作,1997年修订刑法时将《关于禁毒的决定》的这一规定予以吸收,即为刑法第356条。

⑤ 但是,如果认为"一国法律中不能同时并存两种或者两种以上的累犯制度"并断言"这是一项基本的立法原则"则有些牵强,因为国外刑法中同时规定几种累犯制度的立法例并不鲜见。

有对第 356 条是什么性质的规定进一步说明。但是，如果我们从比较法角度来看待累犯问题，如本部分一开始采用的"受过刑之宣告或者刑之处罚又犯罪法律规定给以从严处罚的刑罚制度"是累犯的实质性内容，我国刑法第 356 条的规定也不失为特别累犯的规定，而且从国外立法例看，也存在在总则规定累犯制度的同时在分则甚至在其他法律中规定特别累犯制度的立法例。① 我国刑法没有对再犯制度做规定，认为第 356 条是特别再犯制度的理由也不够充分。② 从比较刑法角度（或者从应然角度）来看，笔者倾向认为刑法第 356 条是毒品犯罪特别累犯的规定。当然，我们将第 356 条视为特别累犯，并不否认在适用时会产生诸多矛盾和疑问，最突出的问题是按照第 356 条构成的毒品累犯能否适用缓刑和假释。如果按照第 65 条和第 356 条都构成的毒品累犯，肯定是不能适用缓刑和假释的，而超越第 65 条规定但按第 356 条构成累犯的，按照罪刑法定原则，不能排除对累犯适用缓刑和假释。这样一来，立法目的上和构成条件上特别累犯比普通累犯严厉，结果处罚起来反而比普通累犯轻了。

在对累犯制度类型进行比较研究时，还有一个比较有特色的累犯类型应引起我们的注意。这就是《俄罗斯刑法典》对累犯的划分。1997 年生效的《俄罗斯联邦刑法典》第 18 条将累犯划分为"累犯""危险的累犯"和"特别危险的累犯"三种。累犯就是"因实施故意犯罪而有前科的人又实施故意犯罪的"。危险的累犯是指有下列情况之一的累犯："（1）一个人实施应判处剥夺自由的故意犯罪，而以前又曾因故意犯罪被两次以上判处剥夺自由的；（2）一个人实施严重的故意犯罪，而以前又曾因严重的故意犯罪被判刑的。"所谓特别危险的累犯，是指有下列情况之一的累犯："（1）一个人实施应判处剥夺自由的故意犯罪，而以前又曾三次以上因严重的故意犯罪或者中等程度严重的故意犯罪被判处剥夺自由的；（2）一个人实施严重的故意犯罪，而以前又曾因严重的故意犯罪被两次判刑或者因特别严重的犯罪被判刑的；（3）一个人实施特别严重的犯罪，而以前又曾因严重的故意犯罪或者特别严重的犯罪被判刑的。"值得注意的是，苏联时期的《苏俄刑法典》对累犯也采取同样的划分法，但是，对于"特别危险的累犯"是选择性的规定，即司法上有权认定或者不认定一个人是"特别危险的累犯"。而《俄罗斯联邦刑法典》在这一问题上显然有所发展，"特别危险的累犯"不再是可以认定或者不认定的累犯类型，而是强制性的规定。这从一定程度上反映了 20 世纪 90 年代俄罗斯日益严峻

---

① 如前引《法国刑法典》的规定和法国《农村法典》的规定。

② 因为从逻辑上讲所谓"特别"是相对于"一般"而言的，刑法没有规定一般的再犯，又何来特别再犯？再说，累犯应是再犯中最严重的一种，可是这一（特别）再犯比累犯处理还严厉，岂不矛盾？

的社会治安状况和当权者对待屡次犯罪者严厉惩处的刑事政策。当然,如果按照前文"特别累犯"的定义衡量,俄罗斯刑法上述三种累犯制度仍属于"普通累犯"范围。

三、累犯成立条件的比较

累犯的成立条件,亦即累犯的规格或者标准。由于各国累犯制度规定各异,其成立条件也存在较大差别。考虑到普通累犯制度是各国刑法累犯制度的普遍现象,这里我们只对普通累犯制度的累犯成立条件进行研究。

(一)普通累犯的主观方面的条件

概括各国刑法的规定,普通累犯在主观方面的成立条件主要涉及三个内容,一是主观罪过形式,二是行为人的人格因素,三是主体资格。

1.罪过形式

依据各国关于普通累犯的具体规定,在罪过形式上存在两种模式。一是规定普通累犯的罪过形式只能由故意构成,过失不成立累犯。即对于构成累犯的前后罪都要求是故意犯罪,其中之一罪如果是过失犯罪就不能以累犯论处。例如,1997 年《俄罗斯联邦刑法典》第 18 条规定:"因实施故意犯罪而有前科的人又实施故意犯罪的,是累犯。"我国《澳门刑法典》第 69 条规定:"因故意犯罪而被确定判决判处超逾 6 个月之实际徒刑后,如单独或以共同犯罪之任一方式,实施另一应处以超逾 6 个月实际徒刑之故意犯罪,且按照案件之情节,基于以往一次或数次之判刑并不足以警戒行为人使其不再犯罪,故应对其加以谴责者,以累犯处罚之。"又如,原《德意志联邦共和国刑法典》第 48 条规定:"行为人以前至少两次在本法效力范围内因故意犯罪受刑罚处罚的,且因一次或数次犯罪被判处三个月以上自由刑、现在又故意犯罪,并根据其犯罪种类及情况,如认为以前判处的刑罚对其未起警戒作用,最低自由刑为六个月。"①刑法理论一般认为,故意犯罪由于反映出犯罪人的主观恶性较深,受过刑罚宣告,甚至受过刑罚执行的人仍然不知悔改,再次故意犯罪,证明其有较强的犯罪意识,有必要对其加重处罚,因而,对于前后罪都是故意犯罪构成累犯,在道理上是无可厚非的。

普通累犯在罪过形式上除故意之外,另一种规定模式就是前后罪是故意还是过失在所不问。采取这种模式规定的刑法典为数不少。例如,《日本刑法典》第

---

① 需要说明的是 1999 年 1 月 1 日开始生效的新《德国刑法典》废除了第 48 条的累犯规定,这是一个值得注意的立法现象。但是,德国刑法这一变化背后的刑事政策因素是什么,限于资料不足,暂无从研究。

56 条规定:"被判处惩役的人,自执行完毕或免除执行之日起,5 年内又犯应当判处有期惩役之罪的,是再犯。"《韩国刑法典》第 35 条规定:"被判处徒刑以上的刑罚,刑罚执行完毕或者被免除以后三年以内再犯应处徒刑以上刑罚之罪的,以累犯论处。"《朝鲜民主主义人民共和国刑法》第 47 条规定:"累犯是指在前科消灭前或者时效尚未完成前犯第三次或三次以上罪行。"《巴西刑法典》第 46 条规定:"犯人在国内或国外因犯前罪已被判决又犯新罪,称为累犯。"《意大利刑法典》第 99 条规定:"对于在因某一犯罪受到处罚后又实施犯罪者,可将本应对新罪科处的刑罚增加六分之一。""有下列情况之一的,刑罚可增加三分之一:(1)新罪具有同样的性质;(2)新罪是在受到前一处罚后的 5 年内实施的;(3)新罪是在刑罚执行期间或者之后实施的,或者是在被判刑人有意躲避刑罚的执行期间实施的。"再如,《印度刑法典》第 75 条规定,"曾被印度某一法庭判决为犯了依照本法典第 7 章或者第 17 章应受 3 年或者 3 年以上任何一种监禁刑罚的罪的任何人,如犯依照本法这些章中任何一章应受相同期限的相同监禁的任何一个罪"就是累犯。1909 年《澳大利亚刑法典》第 38 条也规定:"依特定犯罪两次以上被处惩役,其最终之刑罚执行后,5 年内再犯重罪者,是累犯。上述这些刑法典的规定在构成累犯的前后罪罪过形式上均没有作特别的规定,即既可以是故意的也可以是过失的。"①

我国刑法对普通累犯前后罪罪过形式的要求作了特别限制,即要求前后罪必须是故意犯罪。这与我国一贯实行的"惩办与宽大相结合"的刑事政策中惩治少数、教育多数的政策精神是一致的,也是与我国刑法理论认为故意与过失在行为人的主观恶性上存在本质差异、过失犯罪的行为人几乎没有人身危险性的主流观念相一致的。

2.行为人的人格因素

有些国家的刑法典,对普通累犯的主观条件要求有特定的人格因素。例如,原《德意志联邦共和国刑法典》第 48 条就明确要求"根据其犯罪种类及情况,如认为以前判处的刑罚对其未起警戒作用"才能认定为累犯;我国《澳门刑法典》第 69 条也规定行为人要具备"按照案件之情节,基于以往一次或数次之判刑并不足以警戒行为人使其不再犯罪,故应对其加以谴责者"这一要素才能作为累犯论处。人格因素作为累犯的成立条件是"行为人中心累犯概念"刑法典的普遍性规定。

我国刑法对普通累犯的主观构成条件除对罪过形式有要求之外,没有对行为人特定的人格因素做规定。但是,我国刑法理论界似乎已经普遍认为,我国累犯

---

① 我国学者过去基本上持"绝大多数国家刑法中的累犯只能由故意犯罪构成"的观点。笔者对此持保留意见。

制度的设立其理由在于"累犯较之于初犯或者其他犯罪分子,具有更深的主观恶性和更大的人身危险性,因而,所实施的犯罪行为具有更为严重的社会危害性,故依据罪刑相适应和刑罚个别化原则,应当对累犯从严惩处"①。这说明累犯制度的存在与行为人有特定人身危险性具有不可分离的关系,只不过是法律上并没有将特定的人身危险性作为累犯构成要件进行规定而已。笔者认为,考虑我国累犯范围较小,在目前的执法条件下,刑法未将"人身危险性"作为普通累犯条件加以规定,有利于防止司法机关认定累犯时的任意性,有利于执法的统一。

3.主体资格

构成普通累犯是否在主体资格上有所要求?这在国外存在不同的立法例。大致分为两种情况:一是规定普通累犯只能由自然人构成。二是规定普通累犯既可以由自然人构成也可以由法人构成。

关于自然人累犯主体。目前,绝大多数国家刑法典规定,累犯只能由自然人作为主体。② 在规定只能由自然人构成累犯主体的立法例中,又分为对自然人资格有限制和对自然人资格无限制两类。大多数国家的累犯主体与初犯主体或者其他普通犯罪主体没有区别,即能够作为其他犯罪主体承担刑事责任的人也就能够作为累犯主体。但是,有些国家的刑法典对累犯的主体范围做了一些限制。例如,《俄罗斯联邦刑法典》第 18 条第 4 项规定:"一个人在年满 18 岁之前实施犯罪的前科,……在认定累犯时不得计算在内。"按照这一规定,在 18 岁前实施的犯罪,不管次数多少,不构成累犯;满 18 岁之后实施的犯罪才能成为"累犯"构成中的前罪,这实际上将累犯的年龄限制在 18 岁以上。笔者认为,《俄罗斯联邦刑法典》的这一规定是可取的,它较好地解决了未成年人犯罪应从宽处罚的问题。我国刑法的累犯主体是没有年龄限制的,理论上讲,未成年人是完全可以构成累犯的,按照累犯的处罚规定,对构成累犯的未成年人"应当从重处罚"。可是,按照刑法第 17 条规定,对不满 18 周岁的人犯罪,"应当从轻或者减轻处罚"。由此,对于未成年人累犯便产生量刑上的"情节冲突"问题。如果我国刑法也作出对不满 18 岁的人不构成累犯的规定,就很好地解决了这一矛盾。再者,对未成年人认定为累犯后,累犯既不能适用缓刑又不能适用假释,其后果十分严重,与我国一贯的对未成年人犯罪实行"重教育、轻惩罚"的从宽处理的刑事政策也极不协调。因此,《俄罗斯联邦刑法典》关于不满 18 岁的人犯罪不构成累犯的规定,值得我国立法机关借鉴。

---

① 高铭暄、马克昌:《刑法学》,北京大学出版社、高等教育出版社 2000 年版,第 278 页。
② 这大概是由于对法人犯罪问题在各国尚存认识分歧,影响了这一问题的立法进程。

关于法人作为累犯主体问题。如前所述,世界各国刑法中明确规定法人累犯的较为少见。1994 年《法国刑法典》在这方面堪称代表。该法典第 132-12 条至第 132-15 条规定:"法人因法律规定当处自然人 70 万法郎罚金之重罪或轻罪已经最终确定判决,又因重罪应负刑事责任者",或者"法人因法律规定当处自然人 70 万法郎罚金之重罪或轻罪已经最终确定判决,自前刑期满或完成时效起计算,10 年期限内,又犯当处相同刑罚之轻罪应负刑事责任者",或者"法人因法律规定当处自然人 70 万法郎罚金之重罪或轻罪已经最终确定判决,自前刑期满或完成时效起计算,5 年期限内,又因法律规定当处自然人 10 万法郎以上罚金之轻罪应负刑事责任者",或者"法人因轻罪已经最终确定判决,从前刑期满或时效届满起计算,5 年期限内,又犯相同轻罪,或依累犯之规则,因相类似之轻罪应负刑事责任者"或者"条例有规定之场合,自然人因犯第五级违警罪已经最终确定判决,前刑期满或完成时效起计算,5 年期限内①,又因同一级违警罪应负刑事责任者",都可以构成累犯。依据这些规定可以看出,在法国,法人构成累犯有四种情况:其一,前罪为重罪或者被视为重罪的轻罪(即当处自然人 70 万法郎罚金的轻罪),又犯重罪。这种情况下的法人累犯其构成条件上没有前后罪间隔时间的要求,而且后罪的发生只要在"前罪的判决已最终确定"之后即可。属于无法定期间的一般累犯。其二,前罪为重罪或者被视为重罪的轻罪(即当处自然人 70 万法郎罚金的轻罪),又犯轻罪。这种情况下的法人累犯其构成条件上有些不同。自前刑期满或完成时效起计算 10 年期限内又犯轻罪而且新罪的刑罚与前罪刑罚相同,或者自前刑期满或完成时效起计算 5 年期限内,又因法律规定当处自然人 10 万法郎以上罚金之轻罪。两者具备其中之一即可。这种累犯被称为有法定期间的一般累犯。其三,前后罪均为轻罪,也构成累犯。这种情况下的法人累犯其构成条件与前两种又有不同,一是时间上要求后罪是在前刑期满或时效届满起计算 5 年期限内实施的;二是要求前后罪的犯罪性质相同或者相类似。至于什么叫"性质相同或者相类似",应当理解为罪名相同或者相近。因为《法国刑法典》第 132-16 条规定:"盗窃、勒索、敲诈、诈骗以及滥用他人信任,依累犯之规则,视为同一犯罪。"其四,法人犯违警罪构成的累犯。法国刑法规定自然人因违警罪可构成累犯,同样,规定法人也可以因违警罪成立累犯。法人实施第五级违警罪受到刑罚处罚,自前刑期满或者完成时效起计算 5 年内又实施同级的违警罪,就可以成立累犯。

---

① 需要指出的是,笔者此处引用的是由罗结珍翻译、高铭暄专业审校,中国人民公安大学出版社 1995 年版的《法国刑法典》。而[法]卡斯东·斯特法尼等著,罗结珍译:《法国刑法总论精义》(中国政法大学出版社 1998 年版)一书中关于法人违警罪累犯的前后罪间隔是 1 年而不是 5 年(见该书第 571 页)。两者何为正确,有待考证。

当然,这种情况下的累犯须以条例有明确规定为前提。

我国刑法虽然规定了单位犯罪,但是,对于单位能否成为累犯的主体问题,刑法并没有做出明确而具体的规定。早在1997年修订刑法前,我国就有部分学者针对单位犯罪的严重情况,提出在我国刑法上应当增设单位累犯制度的立法建议。但是,这些建议在修订刑法时没有被采纳。1997年刑法修订后仍然有不少学者提出要增设单位累犯的建议。① 当然,也有个别学者早在1990年全国人大常委会颁布《关于禁毒的决定》后,鉴于该《决定》第11条第2款的规定,提出毒品累犯可以由单位构成,即刑法已经设置了特殊的单位累犯制度。②

笔者认为,我国刑法确实没有对单位累犯做出一般性的规定,说我国存在一般的单位累犯制度显然与立法实际不符。但是,正如前文提到的,站在比较刑法的角度看,如果我们将刑法第356条的规定视为特别累犯的规定的话,无疑,因为刑法分则第六章第七节规定的毒品犯罪中大多数都可以由单位构成,单位再犯毒品罪,实质上即构成单位累犯。当然,承认它是单位累犯,并不是认为这种立法方式是尽善尽美的。相反,笔者认为,第356条的规定存在诸如造成罪与罪间的不平衡且带有明显的运动式立法的痕迹等缺陷。我国刑法应当借鉴《法国刑法典》的立法经验,将单位累犯做出一般性规定,具体可以以前后罪的性质(如某些严重的经济犯罪)或者以单位犯罪所受处罚的标准(如罚金数量)作为构成条件进行设计;对某些特别严重的犯罪还可以设置为单位特别累犯。

(二)成立普通累犯的客观条件

综观各国普通累犯制度的规定,普通累犯的成立在客观方面的要件主要包括罪次条件、罪质条件和时间条件三个方面的内容。

1.罪次条件

累犯,顾名思义,是指屡次犯罪的人或者犯罪情况。因此,各个国家对累犯的规定均以行为人曾经实施过犯罪为前提,不仅如此,大多数国家还要求受过刑罚宣告或者刑罚执行后,再次犯罪才构成累犯。因而,罪次条件是普通累犯制度中十分重要的要件。

各国在普通累犯构成要件的罪次条件上究竟有何具体要求?通过对各个国家刑法规定进行比较分析,不难看出,大致存在两种立法例。一是明确规定两次

---

① 这方面的论文主要有,马荣春:《论单位累犯》,载《河北法学》,1999年第1期;沙君俊、刘孟骐:《论法人累犯》,载《人民检察》,1997年第4期;陈国兴:《创制单位累犯制度的构想》,载《河北法学》2000年第3期。

② 《关于禁毒的决定》第11条第2款规定:"因走私、贩卖、运输、制造、非法持有毒品被判过刑,又犯本决定规定之罪的,从重处罚。"

犯罪即构成累犯，即从第二次犯罪开始即以累犯论。采用这种立法模式的国家有日本、韩国、法国、俄罗斯、意大利等大多数国家。与大多数国家一样，我国刑法采取的也是两次犯罪即可成立累犯的立法模式。二是明确规定三次犯罪才构成累犯。正如我国台湾学者张灏所言："一人先犯一罪，之后又犯一罪，通常称之为再犯，再犯嗣后又实施犯罪行为者，皆属累犯之范畴。"①从第三次犯罪始才构成累犯的立法例，只是少数国家刑法的规定。如《朝鲜民主主义人民共和国刑法》第47条规定："累犯是指在前科消灭前或者时效尚未完成前犯第三次或三次以上罪行。"1930年《比利时社会防卫法》第25条规定，"受有罪之宣告者，在其宣告前15年内而三次以上为相当于6个月以上徒刑之行为"即构成累犯。再如，《澳大利亚刑法》(1909年)第38条规定，"依特定犯罪两次以上被处惩役，其最终之刑罚执行后，5年内再犯重罪者"是累犯。② 学术界对三次犯罪才规定为累犯的立法例多持批评态度。例如，有的学者指出："三次犯罪虽然能完全证明行为人的社会危害性及人身危险性大，并据此构成累犯，但它无疑缩小了累犯的适用范围，对那些社会危害性及人身危险性大，但仅两次犯罪者却不能以累犯从重处罚，这与刑法设立累犯制度的宗旨相悖。"③还有的学者认为，三次犯罪才叫累犯"是一种不负责任的立法模式"④。笔者认为，屡次犯罪问题是一个十分复杂的社会问题，不仅涉及刑罚轻重及执行效果，还涉及受刑人的心理因素、社会对犯罪人的态度等问题。同样，如何对付屡次犯罪者也是一个综合性的问题。从法律制度规范设计而言，可采多种方式。可以规定再犯制度，规定累犯制度，也可以在再犯制度的基础上再规定累犯制度，还可以考虑用重刑对付屡犯者会产生副作用转而严格限制累犯的范围等。这完全取决于一个国家的刑事政策导向。在没有全面了解一国刑事法律制度的整体构造，尤其是不完全了解其社会政策和刑事政策背景的情况下，对三次犯罪始称累犯的立法模式过多的批评是欠严谨的。⑤

在普通累犯构成条件的罪次问题上，《俄罗斯联邦刑法典》有与其他国家刑法典不同的规定，即"累犯"以两次犯罪为条件，而"危险的累犯"的认定一般从第三次犯罪开始，但是如果前后罪都是故意的严重犯罪，则第二次犯罪也成为"危险的

① 张灏:《中国刑法理论及其适用》，三民书局1980年版，第261页。
② 比利时、澳大利亚的规定原文无法考证，系转引自《刑法问题与争鸣》，中国方正出版社2001年第2辑，第195页。
③ 郝守才:《关于累犯的比较研究》，载《法商研究》1996年第5期。
④ 于志刚、郭海英:《论普通累犯的构成要件》，载《刑法问题与争鸣》，中国方正出版社2001年第2辑，第131页。
⑤ 当然，由于资料阙如，或者笔者自己孤陋寡闻，笔者也没有能够对这些国家上述规定的背景做出令人满意的研究。

累犯"；"特别危险的累犯"则一般是从第四次犯罪才开始认定的,但是如果前两次罪都是故意的严重犯罪,第三次犯罪又是严重的故意犯罪,那么,第三次犯罪成立"特别危险的累犯";如果前罪是特别严重的犯罪,那么,第二次又犯严重的故意罪,第二次犯罪也成立"特别危险的累犯";如果前罪是严重的故意犯罪或者是特别严重的犯罪,第二次又犯特别严重的罪,那么,第二次罪同样构成"特别危险的累犯"①。俄罗斯对累犯成立的罪次条件作如此复杂的规定,反映了在这一问题上较高的立法水平。

依据我国刑法第 65 条的规定,行为人第二次犯罪才可能构成累犯。但是,对于行为人第三次犯罪是否认定累犯? 如果第二次犯罪是两个以上的罪,但是这些罪均不应处有期徒刑以上刑罚,是否可认定为累犯? 诸如此类的问题,刑法均无明确规定。从理论解释来看,对于前一个问题,只要符合第 65 条规定的其他条件,应当认定为累犯。对于后一问题,依据第 65 条规定,还不能认定为累犯。但是,受过有期徒刑处罚之后,又犯几个故意罪(包括先后犯数罪和同时犯数罪),虽然分别看每个罪都不重,但却明显地反映出行为人的反社会倾向或者有较大的人身危险性,实质上其反社会倾向或者人身危险性与认定为累犯的人没有什么区别。因此,我国刑法累犯制度在这一点上有进一步完善的必要。

2.罪质条件

罪质条件,是指各国刑法对于构成累犯的前后罪在罪的性质上必须达到的要求。累犯制度设立的目的是要对累犯从严处罚,因此部分国家的刑法对前后罪都强调必须是严重的犯罪。是否严重犯罪,则是通过对前后罪的处罚标准的规定来体现的。例如,《日本刑法典》规定前罪必须是被判处惩役的罪,后罪是应当判处有期惩役的罪。《韩国刑法典》规定前后罪是被处徒刑以上刑罚或者应处徒刑以上刑罚的犯罪。《瑞士联邦刑法典》规定前后罪的刑罚必须是"重惩役或监禁刑"。我国《澳门刑法典》规定前后罪的刑罚是"超逾 6 个月之实际徒刑"。我国刑法也规定前后罪的刑罚是"有期徒刑以上刑罚"。

但是,也有部分国家刑法典对前后罪的性质要求不完全一致。例如,《法国刑法典》对自然人累犯规定了三类不同的累犯构成条件。其一,前罪是重罪或者严重的轻罪,再犯罪的构成累犯。具体而言,第 132-8 条规定:"自然人因重罪或因法律规定当处 10 年监禁刑之轻罪已经最终确定判决,再犯重罪者,如法律对该重罪所定最高刑为 20 年或 30 年",构成累犯。这里的前罪是重罪或因法律规定当

---

① 俄罗斯联邦总检察院编:《俄罗斯联邦刑法典释义》(上册),黄道秀译,中国政法大学出版社 2000 年版,第 32 页。

处 10 年监禁刑之轻罪,而后罪要求是重罪。第 132-9 条规定:"自然人因重罪或因法律规定当处 10 年监禁刑之轻罪已经最终确定判决,自前刑期满或完成时效起计算,10 年期限内,又犯当处相同刑罚之轻罪者",也构成累犯。此种情况下其前罪是"重罪或因法律规定当处 10 年监禁刑之轻罪",而后罪则是应受"相同刑罚之轻罪"。该条还规定:"自然人因重罪或因法律规定当处 10 年监禁刑之轻罪已经最终确定判决,从前刑期满或时效届满起计算,5 年期限内,又犯当处 1 年以上 10 年以下监禁刑之轻罪者",也属于累犯。其前罪是"重罪或因法律规定当处 10 年监禁刑之轻罪",后罪却是"当处 1 年以上 10 年以下监禁刑之轻罪"。其二,因前罪是轻罪而再犯罪构成的累犯。第 132-10 条规定:"自然人因轻罪已经最终确定判决,从前刑期满或时效届满起计算,5 年期限内又犯相同轻罪,或依累犯之规则,犯相类似之轻罪的",而构成的累犯。其前罪要求是"轻罪",后罪要求"相同轻罪"或者"相类似之轻罪"。其三,违警罪累犯。即第 132-11 条规定:"条例有规定之场合,自然人因犯第五级违警罪已经最终确定判决,前刑期满或完成时效起计算,1 年期限内,又犯同级违警罪者",也构成累犯。这种累犯的前后罪都是第五级违警罪"。再以《俄罗斯联邦刑法典》为例,其"累犯"前后罪要求是"故意犯罪"。"危险的累犯"中一种情况要求前两次罪和后一次罪都是"故意犯罪",另一种情况要求前后两次罪都是"严重的故意犯罪"。"特别危险的累犯"则比较复杂,下列情形之一都可以成立:前罪是"判处剥夺自由的故意犯罪",后罪是"严重故意犯罪"或者"中等严重的故意犯罪",前两次罪和后一次罪都是"严重的故意犯罪";前罪是"特别严重的故意犯罪"而后罪是"严重的故意犯罪";前罪是"严重的故意犯罪"或者"特别严重的犯罪",而后罪是"特别严重的犯罪"。

此外,还有极少数国家对普通累犯前后罪的性质不作规定,而只强调只要是两次犯罪即可。例如,《巴西刑法典》第 46 条规定:"犯人在国内或国外因犯前罪已被判决后又犯新罪,称为累犯。"1930 年《意大利刑法典》第 99 条规定,也是采用这种立法例。当然,这种立法模式,由于对构成累犯的前后罪性质不做规定,累犯的范围比较广,打击面较大。

3.时间条件

构成累犯的时间条件,是指各国法律规定构成累犯在时间上的要求,包括后罪发生的时间和前后罪之间设定的时间间隔等问题。

第一,后罪发生的时间。前次犯罪实施之后,什么时候实施后罪才能以累犯论处?从各国规定来看,这个问题颇不一致。归纳起来,有以下几种立法例。(1)规定从前罪实施时起计算。我国《澳门刑法典》采此规定。(2)规定从前罪刑罚宣告之后起计算。采此模式的国家主要有巴西、法国、意大利、土耳其等。(3)规定从前罪刑罚执行开始计算。包括已部分执行和已全部执行,但刑罚是否执行完毕在所不问。这种方式下构成累犯的犯罪可以是执行中又犯罪,也可以是执行完毕之后再犯罪。其累犯的范围较大。但是,比较前一种方式其范围要小。(4)规定从前罪刑罚执行完毕或者免除执行后开始计算。这种立法模式为当今世界大多数国家所采纳。我国刑法以及《日本刑法典》《韩国刑法典》等均采此规定方式。

　　第二,前后罪的时间间隔。各国在对普通累犯前后罪的时间间隔规定方面,总的看,有两种做法。一是不规定时间,即任何时候再犯罪都可以构成累犯。1930 年的《意大利刑法典》《巴西刑法典》等即采此方式。二是规定一定的时间间隔。大多数国家采此方式。在具体规定方法上各国存在较大差异。有规定统一的时间段的,如《韩国刑法典》规定累犯的前后罪间隔时间为 3 年。《瑞士联邦刑法典》《日本刑法典》以及奥地利、比利时、荷兰、英国的法律对累犯前后罪的时间间隔都统一规定为 5 年。瑞典、丹麦、芬兰、埃及等国家统一规定为 10 年。有些国家刑法对累犯不规定统一的时间间隔段,而是根据不同构成条件下的累犯规定不同的时间间隔。如土耳其和古巴的刑法都规定重罪为 10 年,轻罪为 5 年。在不统一规定时间间隔的立法模式方面尤以法国和俄罗斯最为典型。《法国刑法典》对自然人累犯和法人累犯均依据其前后罪的性质不同而规定不同的时间间隔。前后罪都是重罪的没有间隔,任何时候再犯重罪都以累犯处理。其他情况下的累犯,分别规定 10 年、5 年和 1 年的时间间隔。《俄罗斯联邦刑法典》在第 18 条关于累犯的规定中没有规定统一的前后罪间隔时间,而是依据前科规定来确定。按照《俄罗斯联邦刑法典》第 86 条关于前科的规定,不同性质的犯罪其前科存在的时间长短是不同的。在下列情况下,前科消灭:(1)被判缓刑的人,考验期届满;(2)被判处比剥夺自由更轻的刑种的人,服刑期满后过 1 年;(3)因轻罪或者中等程度严重犯罪被判处剥夺自由的人,服刑期满后过 3 年;(4)因严重犯罪而被判处剥夺自由的人,服刑期满后过 6 年;(5)因特别严重的犯罪被判处剥夺自由的人,服刑期满后过 8 年。被判刑的人服刑期满后,在前科消灭期限届满前,如果表现良好,也可以申请法院撤销前科。据此,在俄罗斯等国家,因不同性质的犯罪而构成的累犯有别,其前后罪的间隔时间也大不相同。相对而言,《法国刑法典》和《俄罗斯联邦刑法典》关于累犯前后罪间隔时间的规定,虽然较为烦琐、操作起来复杂,但却更能体现刑法设置累犯制度的目的,也更具有针对性。包括我国刑法在内的其他采取对累犯前后罪间隔时间做统一规定的刑法典,则具有规定简单明了、操作方便的特点,但存在针对性不强的缺陷,不能真正贯彻刑罚的个别化原则。

普通累犯在客观条件方面除在罪次、罪质和时间条件上各国规定不一外,有些国家还对在国外犯罪之后又犯罪的能否构成累犯问题做了规定。例如,《巴西刑法典》第 46 条规定:犯人在国内或者国外已被判决后又犯新罪,称为累犯。又如《瑞士联邦刑法典》第 67 条第 2 款规定:"如果外国之判决不与瑞士的法律原则相抵触,在外国执行的刑罚或处分视同在瑞士的执行",也将国外犯罪作为前罪予以认定。我国刑法没有对在国外实施的犯罪能否视为累犯构成条件中的前罪直接做出规定。理论界对此存在肯定和否定的观点。笔者认为,按照我国刑法第 10 条规定的精神,我国对外国的刑事判决原则上是不予承认的。如果我们在认定累犯的条件上直接将国外的犯罪作为前罪认定,会有违这一原则。因此,只有在国外犯罪后,依照我国刑法再行处理的,才可以作为构成累犯条件的前罪对待;前罪如果是在国内实施的,后罪在国外实施,后罪虽然经过国外判决或者在国外执行了刑罚,我国法院如果依照刑法第 10 条予以重新审理,也可以将该国外实施的犯罪视为构成累犯条件的后罪。

四、对累犯的处罚原则的比较

各国设立累犯制度的主要目的在于,通过特别的处理方式充分运用刑罚或者其他社会防卫手段同具有较大人身危险性和社会危害性的犯罪人做斗争。受此立法目的的影响,各国基本上均将累犯作为加重刑罚的一般事由。但是,由于各国刑法理论不同,刑事政策思想不同,具体对累犯的处罚原则设计也是不同的。归纳起来,各国对累犯的处罚原则大致存在以下几种立法例。

(一)加重本刑

即规定构成累犯后,对累犯的处罚在原刑的基础上加重刑罚。① 具体的加重方法有:第一,在后罪应判处的刑罚基础上,按比例加重本刑。如《意大利刑法典》第 99 条规定对累犯"可将本应对新罪科处的刑罚增加六分之一"。有下列情况之一的,刑罚可增加三分之一:(1)新罪具有同样的性质;(2)新罪是在受到前一处罚后的 5 年内实施的;(3)新罪是在刑罚执行期间或者之后实施的,或者是在被判刑人有意躲避刑罚的执行期间实施的。如果同时存在以上列举的数项情形,刑罚可增加一半。"如果累犯者再次实施犯罪,在本条第一款规定的情况下,刑罚增加一半;在第二款(1)和(2)项规定的情况下,刑罚可增加三分之二;在第二款(3)项规定的情况下,刑罚可在三分之一至三分之二的幅度内增加。"

第二,规定提高新罪法定刑的最低限度而维持其最高限。例如,我国 1995 年

---

① 这里的加重与我们原来理解的"加重处罚"不是同一意思。

《澳门刑法典》第 70 条规定:"如属累犯之情况,须将对犯罪可科处之刑罚之最低限度提高三分之一,而其最高限度则维持不变,但上述之加重不得超逾以往各判刑中所科处之最重刑罚。"1997 年《俄罗斯联邦刑法典》第 68 条第 2 款规定:"对累犯所处的刑期不得低于法定刑最重刑种最高刑期的 1/2,对危险的累犯不得低于 2/3,而对特别危险的累犯,不得低于法定刑最重刑种最高刑期的 3/4。"这些都是在维持法定刑最高刑的前提下通过限制对累犯判处的最低刑期而对累犯的加重。

第三,规定在新罪法定刑幅度内处以较重或者较长的刑期。这与前一种情况不同,它不规定最低限,究竟如何确定其具体的刑罚标准,交由司法人员裁量。我国刑法就是这种类型立法例的代表。我国现行刑法典第 65 条规定对于累犯,"应当从重处罚"。但是,对累犯具体如何从重处罚,法律不做规定,由司法工作人员根据案件的具体情况掌握。对此,我国刑法理论界至少提出过三种不同的从重处罚的意见:有的提出应当在新罪法定刑的中线以上判处。有的提出,对累犯的处罚是以初犯为参照的从重,当累犯所实施的犯罪行为与某一初犯所实施的犯罪行为相似时,比照该初犯应判处的刑罚从重。还有的提出,对累犯从重是讲先不考虑行为人是累犯,按照其犯罪行为应承担的刑罚确定一个刑期之后,再考虑他是累犯再加大其刑罚量。① 笔者认为,所有这些观点都有各自的合理性。但是,"从重是指在中线以上判处",显然于法无据,且过于机械。"将累犯与另一个初犯对比",则难得找到条件合适的初犯,缺乏可操作性。相比之下,后一种观点更有道理。为了使对累犯的处罚更科学、更具体,也便于司法统一,借鉴他国规定,完善我国刑法关于累犯的处罚制度是非常必要的。

(二)加倍本刑

所谓加倍本刑,是指规定在新罪的基础上对累犯可加倍判处刑罚。采取这种立法例的多是大陆法系国家的刑法典。例如,《韩国刑法典》第 35 条第 2 款规定:"对于累犯的处罚,得加重至本刑的二倍。"《日本刑法典》第 57 条规定:"再犯的刑罚,是对其犯罪所规定的惩役的最高刑期的二倍以下。"《法国刑法典》则根据自然人累犯的各种构成条件设置不同的加倍处罚的标准。具体而言,对自然人累犯加倍处罚的规定是:其一,前罪是重罪或者严重的轻罪,再犯罪构成的累犯。后罪的最高刑为 20 年或者 30 年,那么,对后罪应判处之最高刑为无期徒刑或终身拘

---

① 这些意见在我国许多学术著作中都有不同程度的反映。具体参见高铭暄:《刑法学原理》(第 3 卷),中国人民大学出版社 1994 年版,第 297 页;马克昌:《刑罚通论》,武汉大学出版社 1995 年版,第 438 页及以下;陈兴良:《刑法适用总论》(下卷),法律出版社 1999 年版,第 449 页。

押;如后罪最高刑为 15 年,应判处之最高刑加至 30 年徒刑或拘押。其二,因重罪或因法律规定当处 10 年监禁刑之轻罪又犯当处相同刑罚之轻罪者,应受之最高监禁刑及罚金刑加倍。其三,因重罪或因法律规定当处 10 年监禁刑之轻罪已经最终确定判决,从前刑期满或时效届满起计算,5 年期限内,又犯当处 1 年以上 10 年以下监禁刑之轻罪者,应受之最高监禁刑及罚金刑加倍。其四,因轻罪已经最终确定判决,从前刑期满或时效届满起计算,5 年期限内又犯相同轻罪,或依累犯之规则,犯相类似之轻罪的,应受之最高监禁刑及罚金刑加倍。其五,条例有规定之场合,自然人因犯第五级违警罪已经最终确定判决,前刑期满或完成时效起计算,1 年期限内,又犯同级违警罪者,应受最高罚金刑加至 2 万法郎。与对自然人累犯加倍处罚模式不同,对法人累犯,《法国刑法典》不管其成立条件如何不同都规定可加处 10 倍罚金。具体是:(1)法人因法律规定当处自然人 70 万法郎罚金之重罪或轻罪已经最终确定判决,又因重罪应负刑事责任者,适用之罚金最高额为惩治该重罪的法律所定最高罚金额的 10 倍。(2)法人因法律规定当处自然人 70 万法郎罚金之重罪或轻罪已经最终确定判决,自前刑期满或完成时效起计算,10 年期限内,又犯当处相同刑罚之轻罪应负刑事责任者,适用罚金最高定额为惩治该轻罪的法律所定最高罚金额的 10 倍。(3)法人因法律规定当处自然人 70 万法郎罚金之重罪或轻罪已经最终确定判决,自前刑期满或完成时效起计算,5 年期限内,又因法律规定当处自然人 10 万法郎以上罚金之轻罪应负刑事责任者,适用罚金最高定额为惩治该轻罪的法律所定最高罚金额的 10 倍。(4)法人因轻罪已经最终确定判决,从前刑期满或时效届满起计算,5 年期限内又犯相同轻罪,或依累犯之规则,因相类似之轻罪应负刑事责任者,罚金最高定额为惩治该轻罪之法律规定当处自然人之最高罚金额的 10 倍。(5)条例有规定之场合,自然人因犯第五级违警罪已经最终确定判决,前刑期满或完成时效起计算,5 年期限内又因同一级违警罪应负刑事责任者,适用之罚金最高额为惩治该违警罪之条例规定当处自然人之最高罚金额的 10 倍。

(三)变更本刑

变更本刑,是指规定将新罪的刑种提高为更重的刑种。例如,《土耳其刑法》第 88 条规定:"从一种刑变为另一种刑是对累犯规定适用的主刑。"第 82 条又规定:"对以前曾被判处终身监禁的罪犯,如再次犯同样的重罪并受到同样惩罚的,则对该犯执行死刑。"1871 年《德国刑法典》也规定,初犯之罪被判处有期重惩役,经执行完毕,再犯应处有期重惩役之罪时,可以判处无期重惩役。其实,1994 年《法国刑法典》第 132-8 条关于自然人因前罪是重罪或者严重的轻罪,再犯应处最高刑为 20 年或者 30 年的新罪而构成的累犯,对后罪应判处之最高刑为无期徒刑或终身拘押的规定,也属于变更本刑的立法例。

(四)并科主义

并科主义,是指规定对累犯处以刑罚的同时给以保安处分。累犯由于是受过刑罚宣告或者刑罚执行后,又重新犯罪的人,从其一犯再犯的犯罪经历中体现出他与初犯所不同的人格特征。他再次犯罪的事实足以使司法当局确信该行为人需要受比前罪更重的惩戒,方可达改造之目的;而为防其再犯(三犯)还需要给以必要的预防性的措施,按此理念,有部分国家对累犯采取了并科主义的处罚模式。例如,英国1908年《犯罪预防法》就规定,受到累犯宣告的人,在因累犯而被判处的刑罚执行完毕之后,还需接受5年以上10年以下的保安拘禁。

(五)代替主义

代替主义就是指刑法规定对累犯以保安处分代替其本应判处的自由刑。例如,《瑞士联邦刑法典》第42条第1款规定:"行为人曾经多次故意实施重罪或轻罪,且因被科处重惩役、监禁刑或劳动教养处分,至少已执行2年自由刑,或者已作为习惯犯被执行保安处分以代替执行自由刑,且自释放后5年内又故意犯重罪或轻罪,足以表明他具有犯重罪或轻罪倾向的,法官可命令对其执行保安处分来代替执行重惩役或监禁刑。"在具体如何适用代替刑上,有的国家规定对累犯科处一定期限的保安处分,如1948年英国《刑事审判法》第30条规定,对累犯可以按年龄不同处以不同期限的矫治训练或者预防拘禁,用以代替自由刑的执行。而有的国家规定对累犯判处不定期的保安处分,如1930年丹麦刑法典、1945年瑞典刑法典等,都规定对累犯可以处以不定期的保安处分以代替自由刑的执行。

(六)不定期刑

这是指刑法规定对累犯处罚时只宣告判处刑罚但是不确定其具体的刑期,或者仅宣告其应执行的刑期的上限和下限,具体执行的刑期待执行机关根据累犯在服刑中的悔改表现最终确定。例如,1921年由菲利起草的意大利刑法草案第29条规定,犯三次轻惩役之罪或者两次重惩役之罪的累犯,应该适用不定期刑。1974年《日本改正刑法草案》第59条规定"对于常习累犯,可以宣告不定期刑",并且对该不定期刑,"在处断刑的范围内确定最高刑期与最低刑期予以宣告,但处断刑的最低刑期不满1年的,定为1年"。①

通过对各国刑法累犯处罚原则的比较,可以看出对累犯从重处罚或者加重处罚仍然是各国刑法的基本原则。但是,在个别国家,如瑞士、英国等国家的"代替主义"也出现了一些不同于其他国家的累犯处罚政策。笔者认为,对这些不同应

---

① 《日本刑法典》,张明楷译,法律出版社1998年版,第113页。

当给予充分关注。犯罪分子受过刑罚处罚之后为什么又会犯罪？是因为原来的刑罚量不足以防止其再犯罪，还是另有其他原因？加重其刑罚就一定能够预防他第三次犯罪了吗？这显然是十分复杂的问题。在加重累犯的刑罚之外，考虑累犯屡次犯罪刑罚未收到应有之效果，改采保安处分重在教育与矫正也不失为治理累犯问题的另一手段。

　　反观我国 1997 年修订刑法对累犯处罚制度的修改，基本上采取的是对累犯进一步从严的政策，不仅规定对累犯应当从重处罚，而且按照第 74 条规定和第 81 条规定，对于累犯，不得适用缓刑，也不得适用假释。缓刑由于是量刑时适用的制度且受我国缓刑实质条件的制约，对于累犯不适用缓刑仅从两种制度的协调性上看并无不可①，但是，假释是刑罚执行过程中由于犯罪分子人身危险性减小、不再危害社会而给予犯罪分子附条件提前释放的制度。剥夺累犯假释资格，意味着累犯失去了积极改造争取早日出来的制度动因。窃以为，取消累犯的假释资格并不是治理累犯问题的良策，其效果是值得怀疑的。

　　（本文原载于《岳麓法学评论》2001 年第 2 卷）

---

　　① 当然，从刑事政策角度考虑，累犯能否适用缓刑仍然可以进一步研究。

试论我国管制刑存在的根据

曹子丹

作者简介:曹子丹(1929—2019),湖南永兴人,中华人民共和国刑法学科奠基者和开拓者之一,1950 年考入北京大学法学院,1959 年获苏联法学副博士学位,1987 年被评为教授。曾任中国政法大学法律系主任、研究生院常务副院长,兼任中国法学会理事、中国刑法学研究会副总干事、国际刑法学协会中国分会秘书长、全国人大法工委刑法专家小组成员等职务。与他人共同主编的《犯罪构成论》,是国家法学重点项目,对犯罪构成中的重要理论和实践问题做了开拓性研究,被同行誉为"集系统性、创新性、实践性于一体",是"一部填补空白的力作"。该书1991 年获北京市哲学社会科学优秀成果一等奖。代表性论文,如《试论我国管制刑存在的根据》《我国刑法中贪污罪贿赂罪法定刑立法发展及其完善》等。

管制,是对犯罪分子不予关押,在公安机关管束和群众监督下进行教育改造的一种刑罚方法。它是我国刑法中规定的五种主刑之一。我国长期同犯罪分子做斗争的实践证明,管制是行之有效的刑罚方法。其一,对于罪行较轻,但又不必关押的犯罪分子,适用管制,放在群众中监督改造,可以发挥群众监督的威力,达到惩罚和教育改造犯罪分子的目的;其二,对犯罪分子判处管制,不予关押,可以少捕人,减轻监狱和劳改场所的负担;其三,犯罪分子被判处管制后,在原居住地劳动或原单位工作,"在劳动中同工同酬",不致影响其家庭生活,有利于社会秩序的安定。

一、管制刑是我国刑法的独创

管制,是具有中国特色的限制人身自由的刑罚方法,是我们党和国家依靠人民群众同犯罪做斗争的一项成功的经验。早在新民主主义革命时期,管制刑即已具雏形,当时称之为"回村执行",在同地主、富农和反革命分子的斗争中广为适用,发挥了重要的作用。中华人民共和国成立后,管制刑得到很大发展,司法实践对管制刑的运用也更加广泛。在镇压反革命运动中,对那些没有现行活动,罪恶不大,但又须给以一定惩罚的历史反革命分子普遍适用了管制刑。"三反""五反"运动中,依据《中华人民共和国惩治贪污条例》的规定,把管制刑扩大适用到罪行较轻的贪污、受贿、行贿、介绍贿赂和以牟取私利为目的的收买、盗取国家经济情报的犯罪。1956年,鉴于我国城乡的社会主义改造已基本完成,肃反斗争已取得伟大胜利,人民民主专政已进一步巩固,社会秩序更加安定,全国人大常委会于同年11月16日就管制的性质和对象又做出了新的决定。在此之前,管制具有双重性质,既是人民法院适用的刑罚方法,又是公安机关采用的行政强制措施,管制作为刑罚只适用反革命犯罪和贪污等侵犯公共财物的犯罪。根据新的决定,管制一律由人民法院判决,即管制只具有刑罚性质,改变了过去既可作为刑罚又可作为行政强制措施的具有双重性质的处罚方法。管制除适用于反革命罪外,还适用于一般刑事犯罪。此后,在司法实践中,管制作为刑罚又扩大适用到盗窃、诈骗、流氓等犯罪。当时判处管制的犯罪分子,不论是反革命罪还是一般刑事犯罪,都必须剥夺政治权利。1959年后,根据1958年3月20日中央批准的《全国政法工作会议关于当前对敌斗争几个问题的规定》,管制对象"主要是可捕可不捕的反革命分子和坏分子,监督劳动中表现不好、屡教不改的地、富、反、坏分子,以及其他构成犯罪,但捕后尚不够判处徒刑的反革命分子和坏分子"。最高人民法院在1960年4月的批复和1964年8月的通知中又一再重申,把管制刑当作专政的一种手段,只适用于敌我矛盾性质的犯罪,不适用于人民内部矛盾性质的犯罪。管制期限为3年以下,必要时可以延长。判决执行以前先行羁押的,羁押1日折抵刑期1日。

1979年7月1日,第五届全国人民代表大会第二次会议通过的《中华人民共和国刑法》,认真地总结了中华人民共和国成立以来采用管制刑惩罚和教育改造犯罪分子的经验,并吸取了"文化大革命"中滥用管制刑的教训,进一步发展了管制刑,对管制的性质、对象、内容、期限以及管制的执行做了系统明确的规定。

二、管制刑不能废除

关于管制刑的存废问题,在起草制定我国刑法过程中即曾有过争论。刑法把管制作为一种主刑肯定下来以后争论暂告平息。近几年来,随着刑法的修改与完善,管制刑的存废之争,又在新的历史条件下提出来了。持废除论者认为,"管制作为一种主刑,在理论上难于解释,在实践中问题也很多"①,"现实社会情况表

---

① 载《法学与实践》1988年第4期第16页。

明,管制刑已无法有效地实施"①。下面,我们先从理论上做些探讨,然后就实践中的问题进行分析。

管制刑存在的理论根据,我们认为至少可举出以下几点。

第一,管制刑的存在,符合我国刑罚目的的要求。我国是人民民主专政,实质上是无产阶级专政的国家。我国刑罚,作为人民民主专政的工具之一,其职能是通过惩罚一切反革命和其他刑事犯罪分子,以保卫国家和人民的利益。适用刑罚的目的不是基于报复主义和惩办主义,而是从无产阶级基本刑事政策和无产阶级改造社会、改造人类的历史使命出发,将惩罚与教育改造结合起来,改造罪犯,预防犯罪。刑罚的这一目的决定了我们在同犯罪做斗争中,必须依靠群众,坚持"专门工作与群众路线相结合"的方针,充分发挥人民群众在监督改造犯罪分子中的威力。管制刑是把犯罪分子置于公安机关管束和群众监督下进行教育改造的刑罚方法,是"专门工作与群众路线相结合"的方针在刑罚方法上的运用和具体体现。它对罪行较轻而又不必关押的犯罪分子的教育改造已收到良好的效果,是实现我国刑罚目的行之有效的手段。

第二,管制刑的存在,符合我国刑法罪刑相适应原则的要求。马克思说过:罪犯"受惩罚的界限应该是他的行为的界限"②。只有坚持罪刑相适应的原则,以罪量刑,重罪重判,轻罪轻判,罚当其罪,才能使犯罪分子受到真正合理的惩罚。犯罪是一种复杂的社会现象,轻重不同,情节各异,对社会的危害有大有小。犯罪的复杂性、差别性不仅要求我们在审判实践中贯彻惩办与宽大相结合的刑事政策,而且要求刑罚体系的科学性和刑罚方法的多样性。不具备刑罚体系的科学性和刑罚方法的多样性,要坚持罪刑相适应原则就无法实现。我国现行的刑罚体系中,有主刑和附加刑。在主刑中,有管制、拘役、有期徒刑、无期徒刑、死刑;附加刑中有罚金、剥夺政治权利、没收财产。主附配合,各个刑罚之间相互区别而又相互衔接,组成了完整的科学的刑罚体系。作为不剥夺自由,只是限制一定自由的管制刑,在刑罚体系中有其独特的作用。它对那些罪行较轻,无须关押,但又要给以一定惩罚的犯罪分子是最适宜的手段。管制刑的作用是不能为其他刑罚方法所代替的。有人认为,我国刑法中的缓刑与管制在作用上有异曲同工之效,主张以广泛适用缓刑取代管制刑。对此,我们不敢苟同。首先,在我国,缓刑不是刑种,而是对原判刑罚有条件的不执行的刑罚制度,它和管制是两个不同的概念。其次,适用缓刑是以罪行应判处剥夺自由(拘役或 3 年以下有期徒刑)为前提的,而

---

① 载《法学评论》1988 年第 5 期,第 13 页。
② 《马克思恩格斯全集》第 1 卷,人民出版社 1956 年版,第 141 页。

适用管制则是以罪行较轻无须剥夺自由为前提的。最后,对被宣告缓刑的犯罪分子,在缓刑考验期内,并没有执行刑罚,只是对他进行考察,保留执行刑罚的可能性。而对判处管制的犯罪分子则是在执行刑罚,必须遵守有关规定,不得违反,他的人身自由是受到一定限制的。既然有上述本质上的区别,怎能以缓刑代替管制刑呢?

第三,管制型的存在,符合刑罚发展的方向。当今世界各国刑罚发展的趋势有两大特点:一是由严厉向缓和方向发展,二是由封闭型向开放型发展。在一些国家中逐步以不剥夺自由刑(包括罚金刑)替代剥夺自由刑的中心地位,这是人类历史的共同经验,世界文明进步的表现。早在 1917 年苏联十月社会主义革命胜利取得政权初期,列宁就提出了一个建立社会主义国家刑罚体系的伟大构想。其中一个重要内容是:"以监外强迫劳动代替监禁"①。列宁的这一光辉思想在苏联的刑事立法中得到了反映。在 1922 年通过的第一个苏俄刑法典中就规定了不剥夺自由的劳动改造刑罚方法,后来为全苏刑法所肯定并一直沿用至今。到了 1977 年,苏联最高苏维埃主席团又规定了一项特殊的缓刑制度即所谓"剥夺自由、宣告缓刑、强制劳动"②,以扩大"监外强迫劳动"的比重。1988 年公布的《苏联和各加盟共和国刑事立法纲要》(草案),在苏联刑罚体系中,新添了一个"限制自由"的刑罚方法,以此代替前述特殊的缓刑制度。其他社会主义国家对不剥夺自由的劳动改造和限制自由刑也表示了浓厚的兴趣,有的在刑事立法中做了类似苏联的规定。从 20 世纪 50 年代开始,西方不少国家在司法实践中和刑事立法中对此作了广泛的运用和尝试。我国刑法独创的管制刑,是具有中国特色的不剥夺自由的劳动改造和限制自由刑,它符合刑罚的开放性、社会性的发展方向,在长期的司法实践中已经证明了它具有许多其他方法和刑罚制度所不能替代的优点,它将会在今后同犯罪做斗争中日益发挥其独特的作用。

管制刑在实践中提出的问题主要有以下两个。

一是管制刑与我国城乡经济体制改革的现实状况不相适应的问题。管制刑的适用与国家经济体制改革的现实状况的矛盾是客观存在的。这一矛盾主要表现在:原有的大一统集体生产模式被破除,生产和行政管理分家,管制刑的执行没有组织保证;随着改革、开放、搞活政策的实施,人口流动加剧,也给管制刑的执行带来困难;经营管理者重视经济效益,思想政治工作明显弱化,监督改造工作往往

---

① 《列宁全集》第 36 卷,人民出版社 1985 年版,第 397 页。

② 《苏联和各加盟共和国刑事立法纲要》第 23 条,原载《苏联最高苏维埃公报》1977 年第 7 期第 116 号。

流于形式。然而,能不能以此作为废除管制刑的理由呢? 我们认为是不能的。管制刑的最大特点是对犯罪分子不予关押,放在社会上依靠群众进行监督和教育改造,在任何时候、任何地方,不管是在经济体制改革之前或是经济体制改革以后,是大一统的集体生产还是分散的非集体生产,只要有群众的地方,就可以适用这一刑罚。当然,困难是有的,但并非不可克服,问题在于如何组织群众,加强群众的思想政治工作,提高群众对监督、教育改造被管制分子的认识,并根据变化了的情况,及时采取相应的组织形式和具体措施,使管制刑的执行能落到实处。

二是管制刑近些年来判得很少,逐渐丧失了其适用价值,成了"多余的刑罚"。近几年来,管制刑的确判得很少。从全国来看,1986 年判处管制的人数占刑事处罚总人数的 0.73%,1987 年判处管制的人数占刑事处罚总人数的 0.6%,1988 年判处管制的人数与刑事处罚总人数之比仍为 0.6%。能不能据此得出管制刑已逐渐丧失了其适用价值,形成"多余的刑罚"之结论? 我们认为是不能的。对此,我们还要研究一下管制刑近些年来判得少的原因。据我们了解,原因是多方面的,既有客观方面的原因,也有主观方面的原因,后者是主要的。从主观方面来说,一个重要的原因是在一部分司法人员中存在一些思想认识问题。

(1)"宁重勿轻"的思想。怕判处管制被说成是"打击不力",这是"宁左勿右"思想在量刑上的反映。

(2)以劳动教养代替管制的思想(劳动教养制度已经于 2013 年废除)。错误地认为,管制轻于劳动教养,与其判管制,不如送去劳动教养,混淆了作为行政强制措施的劳动教养与作为刑罚的管制之间的质的界限。

(3)怕麻烦图省力的思想。认为判处管制要交公安机关管束和组织群众监督,管制期满后,执行机关要向本人和群众宣布解除管制,不如判处徒刑痛快,一判了之。

解决以上思想认识问题后,随着管制刑的修改完善,措施得力,判处管制人数同刑事处罚总人数的"比例失调"情况就会得到改变。

三、完善管制刑的几点建议

一是适当扩大适用管制的条文。为了充分发挥管制刑的作用,有必要适当扩大适用管制的条文。现行刑法规定有罪刑单位的条文 98 条,而可以适用管制的条文只有 20 条。占有罪刑单位条文总数的 20.4%。在适用管制的 20 个条文中,妨害社会管理秩序罪占 14 个条文,反革命罪占 3 个条文,其余 3 个条文分散在妨害婚姻家庭罪(2 个条文)和侵犯财产罪(1 个条文)中。在危害公共安全罪,破坏社会主义经济秩序罪,侵犯公民人身权利、民主权利罪和渎职罪中没有一个条文。

我们认为这几类犯罪中的交通肇事罪、厂矿重大责任事故罪、偷税抗税罪、盗伐滥伐森林罪、非法捕捞水产品罪、非法狩猎罪、非法拘禁罪、非法管制罪、侵犯通信自由罪以及妨害婚姻家庭罪中的干涉他人婚姻自由罪、重婚罪等条文，都可考虑在其法定刑中增加管制刑。

二是修改有关管制内容的规定。管制，其实质乃限制犯罪分子的人身自由。因此，对管制内容的规定，应围绕限制人身自由进行。刑法第 34 条关于管制内容的第一项规定，我们认为，没有充分反映对被管制的犯罪分子人身自由的特殊限制。因为这项规定的"遵守法律、法令"是对所有公民的起码要求，谈不上是对被管制犯罪分子的人身限制。"积极参加集体劳动生产或者工作"，也不是关于对人身自由的限制。另外，该内容是以城乡经济体制改革前的集体生产方式为前提规定的，已不适合今天经济改革后的情况。有同志建议把"劳动生产"前面的限制同"集体"两字删掉，亦非良策。笼统地提"积极参加劳动生产"，实际意义不大。还有，管制必须以"积极参加劳动生产或工作"为内容，那么，没有劳动能力的，或者有劳动能力而在待业的，是否适用管制刑？为此，我们建议将此规定改写为："遵守监管法规，服从群众监督，有劳动能力的每月必须到指定地点参加 1~2 天的无偿的集体生产劳动。"这样，既反映了对被管制的犯罪分子人身自由的特殊限制，又可以使犯罪分子通过无偿的集体生产劳动，接受群众监督并得到改造。参加生产劳动只限于有劳动能力的人，不是对被管制的犯罪分子的普遍要求，从而使管制适用的对象可以不受到限制。

三是制定管制实施细则。这是完善管制刑的重要组成部分，也是使管制落到实处的必要手段。实施细则应在总结司法实践经验的基础上，结合经济体制改革变化了的形势，对管制的组织形式、管制的任务、管制工作人员的职责、管制的方法以及对被管制的犯罪分子的具体要求、奖惩制度做出明确、具体的规定。特别要对恶意不遵守监管规定，不服从群众监督，逃避义务劳动，擅自外出的行为做出相应的惩罚性的规定，以促使被管制的犯罪分子进行自我改造。公安机关是管制刑的执行者，应在制定、修改管制实施细则，落实对被管制的犯罪分子的监督改造中发挥主导作用。

（本文原载于《中国法学》1990 年第 1 期）

死刑的德性

邱兴隆

作者简介:邱兴隆(1963—2017),湖南湘乡人,法学博士。1998 年 12 月始执教于西南政法大学,1999 年破格晋升为法学研究员、硕士研究生导师,2001 年 4 月被评定为刑法专业博士研究生导师。2001 年 4 月调入湘潭大学法学院,任教授、博士研究生导师;2002 年 9 月任法学院院长、院学位委员会主席、校学位委员会委员;2003 年 1 月始,兼任湖南省人民代表大会代表、常务委员会委员、法制委员会委员,湖南省社会科学界联合会常务理事、中国法学会理事、中国法学会刑法学研究会理事暨刑事政策专门委员会副主任,湖南省法学会刑法学研究会副会长,湖南省法学会副会长,中国人民大学刑事法律科学研究中心研究员等职。2005 年 1 月辞去湘潭大学教职,创办湖南醒龙律师事务所,任主任律师、合伙人,兼任湖南师范大学法学院教授、研究生导师,湖南省律师协会刑事辩护专业委员会主任。2006 年 9 月调入厦门大学法学院,任教授、博士研究生导师。2009 年 9 月调入湖南大学法学院,任教授、博士研究生导师,刑法学科与律师学科学术带头人;创立湖南大学刑事法律科学研究中心,任主任。2016 年 7 月调入湖南师范大学法学院,任潇湘学者特聘教授、博士研究生导师。邱兴隆教授曾获评第四届全国杰出青年法学家。

死刑的德性涉及两个问题:第一,死刑是否符合道德,或者从道德的角度是否能证明它是正当的;第二,我国应不应该、能不能够废除死刑。

一、死刑是否符合道德

从道德的角度来评价一种刑罚制度,看它是否正当,可有多个视角。从西方死刑存废之争来看,有关死刑是否正当的争议有十余个。笔者认为,我们可以找一个既定的分析框架,即刑罚的正当化根据,按照传统刑罚理论中的报应与功利这两个视角,来考察死刑的德性。

首先从报应的角度来看死刑是否必要。英国法理学家哈特为报应下了一个经典的定义,认为报应解决了以下三个问题:在什么样的条件下,对什么样的人施加刑罚? 所施加的刑罚应多重? 所施加的刑罚为什么是正当的? 第一个问题实际上是讲应不应施以刑罚,即刑罚的分配资格。对此,报应论的回答是,刑罚只能在一个人有罪的情况下对犯罪者本人施加。第二个问题指的是所分配的刑罚的分量。对此,报应论的回答是,刑罚应该与犯罪的严重性相适应。第三个问题针对的是用什么来证明刑罚的正当性,报应论认为,使犯罪者得到罪有应得的惩罚,本身便是正当的,因为它表达了对犯罪的恰当的谴责。至于这样适用的刑罚有没有用,不在正当根据考虑之列。

在报应论所回答的以上三个问题中,在笔者看来,第一个问题与死刑是否正当没有关系。它解决的是刑罚应在何时对何人发动,讲的是刑罚的发动的条件,它不涉及对某种刑罚是否正当的评价,因而与对死刑的正当性的评价关系不大。第三个问题也与死刑无关,因为它是一种抽象的评价,抽象地回答刑罚为什么应该存在,针对的是所有刑罚,而不单独针对某一种刑罚,当然也不是单独针对死刑。唯一也是至关重要的是第二个问题,即刑罚应该多重。这一问题之所以与死刑的正当性结合在一起,是因为众所周知,刑罚是剥夺人的权益的,而作为剥夺人的生命的死刑,当然是最严厉的。正因为是最严厉的,所以我们要质问,是不是有这个必要? 因此,死刑的正当性与刑罚的分量问题即第二个问题最为相关。传统的报应主义者对这个问题的回答基本上是肯定的。

从罪刑相适应的角度,即罪罚均衡的角度,传统的报应主义者认为死刑是实现报应正义的必要手段,因而是正当的。洛克是这样主张的:生命权是一种自然的权利,不能剥夺、不能转让、不能放弃。由此,我们似乎可推论出死刑是不正当的,因为死刑也是对人的生命的一种剥夺。然而,这样理解洛克的作为自然权利的生命权学说,便大错特错。因为他有一个补充:尽管包括生命在内的自然权利不可剥夺,但可以丧失,因为你的生命不被剥夺是以你不剥夺他人生命为前提。若你剥夺了他人的生命,则你就丧失了自己的生命权。他从杀人与死刑在所剥夺的价值的对应性的角度证明了死刑的存在是正当的。康德是报应论在近代的杰出代表。他认为,罪刑相适应是一种等害的对应,即你让他人失掉什么,你自己便失掉什么。拿他的话来说,便是你偷了别人的东西,就是偷了自己的东西;如果你杀了别人,你就是杀了你自己。这实际上是讲刑罚所造成的损害应该与犯罪所造成的损害有一种对应关系。基于此,他认为死刑对于谋杀罪是绝对必要的,即使一个市民社会要解体。例如:生活在荒岛上的一个民族决定解散,分散到世界各地去,在此之前,也应把监狱中的最后一名罪犯处以死刑。如若不然,人们便会成为这名杀人犯的共犯。因为你放纵了他,社会正义没有得到实现。黑格尔是报应主义者的另一重要代表人物,但他与康德在具体主张上有分歧。原则上,他反对康德的等害报复主义,但他留了一个遗憾,认为在侵害生命的情况下是一种例外。因为生命的价值是至高无上的,没有任何东西可与之兑换,生命与生命才是等价的。所以他主张对于杀人,死刑是正当的。可见,这三个经典作家从报应的角度是这样论证死刑的正当性的:死刑之所以正当,是因为它所剥夺的权益与杀人所侵害的权益是相对应的。从以上三位报应论者的经典论述来看,报应论之所以认为死刑是正当的,就在于他们认为死刑与杀人具有等价对应性,符合罪刑相适应的要求。那么,这个命题是否成立,即报应正义是否必然要求犯罪所侵害的权益是什么,刑罚剥夺的权益就是什么。笔者认为并非如此。理由是:

其一,从等害的角度来看,要求犯罪侵害什么,刑罚就剥夺罪犯什么,即使逻辑上成立,实际上也是做不到的。与危害国家安全犯罪等害对应的惩罚是什么?对盗窃他人钱财的身无分文的人,如何剥夺他的财产?既然这两种情况下,上述原则无法实现,那么,对于杀人,又为什么一定要适用死刑呢?而且,刑法的历史已告诉我们,等害报复是原始复仇习惯的一个遗迹。到今天,不应成为维护死刑的一个理由。假如立足等害报复来维护死刑,那么,必然就应以等害报复伤害为由维护包括宫刑的肉刑。

其二,从现实的角度看,是不是所有杀人者,所有剥夺他人生命者都得处死刑呢?并非如此。我国刑法对故意杀人罪并未规定绝对死刑。在现实生活中,杀人者未处死刑的也很多。美国学者赛林对美国各州被判死刑数与实际执行数做了对比分析,得出结论:死刑仅仅是有象征性的意义。绝大部分杀人犯并未处死刑。日本尽管未废除死刑,但一年执行的死刑充其量也就 2~3 起,但发生的杀人案却不少。如果说对杀人者只有处死刑才是正当的,那么,在中国、美国与日本,对大部分杀人案件所适用的并非死刑的其他刑罚便是不正当的吗?肯定不是的。因此,笔者认为,假如承认对杀人者只有处死刑才是正当的,那么,同时承认对杀人者所处的非死刑也是正当的,便构成一种悖论,因为它既肯定对杀人者应该处死刑,又肯定对杀人者可以不处死刑。

那么,究竟应该怎样理解罪刑相适应?作为报应正义的核心的这个原则怎样解读?通俗的解释是重罪重刑,轻罪轻刑。重罪、重刑、轻罪、轻刑并没有一个具体的标准,而是一个抽象的标准。一方面,是把所有的犯罪放到一个尺度里面。这个尺度叫作犯罪的严重性。综合评价各种犯罪的严重性以后,按轻重次序排一个序列。刑罚也是,将所有的刑罚方法即刑种放到一个尺度里面,这一尺度叫刑罚的严厉性。将严重性与严厉性分别划分等级,使得两者在轻重次序上相对应。

所谓罪刑相适应,就是二者之间的这种轻重次序的对应关系。因此,罪刑相适应只提供了一个模糊的而非具体的标准,强调的只是罪与刑在轻重次序上的相对对应,亦即最重的犯罪应该受到最重的刑罚,但未具体要求最重的刑罚是什么。在有死刑的情况下,死刑肯定是最严厉的刑罚,只要它被适用于最严重的犯罪,我们就理解为公正的、正当的。但在没有死刑的情况下,比如废除了死刑,无期徒刑(国外的终身监禁)就成了最严厉的刑罚。只要这种最严厉的刑罚分配于最严重的犯罪,这也是罪刑相适应。因此,罪刑相适应的意义仅仅在于严禁对轻罪适用重刑,对重罪适用轻刑。它讲的是次序对等,不可颠倒。所以,报应并不要求死刑的存在。换言之,死刑并非实现报应正义的必要手段。即我们不否定它是一种手段,但也不肯定它是一种必不可少的手段,没有它,照样可以实现罪刑相适应,照样可以实现报应正义。

再从功利的角度来分析死刑正当与否。从刑罚功利论来讲,基本上分为两大派系:一是一般预防论,一是个别预防论。一般预防的途径多种多样,但主要是刑罚的威吓作用。那么,从威吓的角度来看,死刑是否必要呢?这要看死刑作为比无期徒刑即终身监禁更为严厉的一种刑罚方法,有没有边际效益。所谓死刑的边际效益,是指既然死刑比无期徒刑更严厉,它便应该带来更大的效果。不是讲死刑有没有效,而是讲是否比无期徒刑更有效。强调的是"更",而不是"有没有"。关于死刑的这种边际效益,贝卡里亚与边沁都持否定态度。而且,他们正是主要以死刑不具有大于终身监禁的边际效益为根据最先吹响了废除死刑的号角。而废除死刑的最重要的命题是死刑的威吓效果并不大于终身监禁。反对这个命题的功利主义者也大有人在。比如说,在历史上有英国著名的刑法史学家史蒂芬,在当代有美国主张保留死刑的强硬分子哈格。他们都认为死刑的威吓效果要大一些。这些人之所以认为死刑的威吓大于终身监禁,是由一种简单的三段论得出的结论。他们认为,刑罚的威吓作用来自人们对受刑罚惩罚之苦的一种畏惧。而刑罚越严厉,有理性的人就越害怕,所以威吓的作用就越大。而死刑是最严厉的刑罚,因此其威吓作用便越大。这种结论是否成立?从表面上看,这是一种必然结论,但实际上其中存在着两个问题。第一个问题是,刑罚的严厉性是否为决定刑罚效果的唯一因素。笔者认为不是。举个简单的例子:如果盗窃5块钱要处死刑,但要是行为人觉得做得天衣无缝,谁也发现不了,那么,死刑尽管是最严厉的,但对他根本没有威吓作用。对刑罚的畏惧被受惩罚的不可能性抵销了。所以,刑罚的严厉性并非威吓的唯一决定因素。第二,姑且承认严厉性是唯一决定因素,我们仍然可以再追问,与刑罚的严厉性同时增长的,仅仅是它的积极效果吗?刑罚越严厉,罪犯越想逃避,于是便采取杀人灭口等极端行动,因而使刑罚的消极效果增加。假如死刑的威吓虽然制止了一起杀人，但同时又促成了另一起杀人（灭口），那么，它的威吓效果实际上便是零。在这两个问题没有解决之前，我们不得不说，主张死刑的威吓力大于终身监禁的前提是不能成立的，其三段论是很难令人信服的，其结论自然是值得推敲的。

那么，从个别预防的角度来看，死刑又是否必要呢？提出反论的有很多，个别预防论者也好，古典功利论者也好，相互之间都有争论。贝卡利亚、边沁与菲利便主张，有了终身监禁，死刑就没有必要。但加罗伐洛以及美国的哈格等认为，终身监禁不足以达到防止犯罪人再犯罪的目的。他们的论据有三：（1）被关押的犯人并非生活在真空之中，还有机会对同监犯实行暴力。如杀、伤其他犯人。（2）由于监管关系的存在，在监禁期间，罪犯必然要接触监管工作人员，所以在与工作人员接触的过程中，他们对监管人员也有机会实行暴力。（3）被监禁的杀人犯还可能逃跑。这样的立论看来似乎有道理，但是很难经得起推敲。因为我们完全可以追问，是否所有的谋杀犯都可能再犯罪？美国学者帕克曾举例：假如我姑妈写了遗嘱让我继承她的遗产但她老是不死，我想要早日得到遗产，于是毒死姑妈。在这样的情况下，没有第二个给我遗产的姑妈，我也就不可能为了继承遗产再去杀人。这个观点是否能站得住脚姑且不论，但至少回答了我们提出的问题，即并非所有杀人者都可能再杀人。既然并非所有谋杀犯都会再杀人，那么，可能再杀人的便只是一部分杀人犯。而我们怎样来区分哪些谋杀犯会再犯罪，哪些又不会呢？既然区分不了，又怎能既有效地将死刑适用于可能再杀人的杀人犯，又避免死刑适用于不可能再杀人的杀人犯呢？这会造成什么样的结果呢？很可能在 100 个杀人者中，只有 1 个可能再实施杀人。这样，为了遏制 1 个谋杀犯再杀人，只有将这100 名杀人者全部处死，也就是说，要多处决 99 个本不用杀掉的人。须注意，个别预防论是不讲报应的，它不管行为人以前犯的是什么罪，只管他将来要干什么。它对死刑的正当性的证明不在于犯罪人犯了死罪，而在于它可以制止他再犯罪。因此，个别预防论主张，如果死刑被适用于没有再犯罪可能性的人或者不是非适用死刑便不可阻止其再犯罪的人，即使他所实施的是死罪，这样的死刑也是没有根据的。既然这样，为了制止一个人再杀人，要错杀 99 个人，所追求的是一种什么样的功利？所以哈格提到的三种情况，只有以死刑才可能阻止，在逻辑上应该是这样的：用了死刑肯定可以制止，人死了当然不会再犯罪。但死刑是不是唯一的手段呢？不用死刑是否就不能制止犯罪呢？退一步讲，在采取了更安全的措施，尽了最大的努力的情况下，仍然发生了少得可怜的几起谋杀犯再犯罪，这也不足以成为对所有谋杀犯处死刑的理由。

以上，我们既从报应的角度也从功利的角度考察了死刑是否必要的，得出的结论是:死刑,从报应正义的角度是不必要的;从功利目的的角度也是不必要的。既然作为刑罚正当根据的两项内容都不要求有死刑的存在,或者说都不能证明死刑是正当的,自然,死刑是经不起道德检验的。也就是说,死刑是应该废除的。

二、我国能否废除死刑

既然我们得出了死刑没有道德根据的结论,那么,在中国便应该废除死刑。但是在中国废除死刑的道路上,可谓困难重重。至少,如下四方面因素的存在决定了我们无法废除死刑。

第一,从人文精神来看,西方之所以能废除死刑(现在有 110 多个国家实际上废除或者停止适用死刑),是有其历史传统原因的,这个传统蕴含了浓厚的人文精神。但是,在我们国家,学者尚未普遍对人的生命的价值表示强烈的人文关怀。

第二,是信仰基础。废除死刑不管是外国还是中国,都是早有其事的。古罗马共和国最后 100 年,法律上虽有死刑,但实际上并未执行。中国的唐玄宗时期,大量削减了死刑,虽然没有最终废除,但最少的一年只有 15 起。尤其值得我们注意的是,日本,在公元 724 年,开始实际废除死刑,在日本历史上留下了 347 年没有死刑的奇迹。大家会问,为什么在古代会有废除死刑的实践? 这实际上是有一种信仰主义的基础。例如,在古罗马共和国之所以废除死刑,是基于基督教对生命神圣的信仰。按照基督教教义,生命是上帝所给,除了上帝,谁也不能剥夺,国家当然也不能通过死刑来剥夺。古罗马共和国最后 100 年,正是基督教兴盛之时,世俗法律难免受基督教教义的影响,在生命神圣说的影响下废除死刑,顺理成章。我国和日本在 8 世纪有一个很大的共同点,即那段时间,是佛教成为国教的时期,而佛教忌杀生。中国之所以在唐代产生了大量削减死刑的实践,是因为受了佛教忌杀生的戒律的影响。日本之所以那么长时期废除死刑,也是如此。在西方,这种对生命神圣的信仰后来被启蒙思想家们发展成社会契约学说,并成为废除死刑的一个重要根据。比如,贝卡里亚所主张的废除死刑的重要根据之一便是死刑违背社会契约,因为人们在订立社会契约组成国家时,并未交出自己的生命权,国家因而没有以死刑剥夺人的生命的权利。在当代,生命神圣说演变成了人权理念,即认为保障人权首先必须做到不剥夺人不可剥夺的基本权利。罪犯是人,因而拥有作为人的不可剥夺的基本权利。不管基本人权如何界定,生命都是其中之一。没有生命神圣的理念,是谈不上废除死刑的。

第三,是立法导向。在我国新刑法中,死刑罪名还有 67 个,难保以后不会增加。可以说我们的法律正在强制推行并培植这样一种道德观念:要有死刑存在,并强化它的适用。立法导向如此,谈不上死刑的废除。

第四,从司法的角度讲,废除死刑也是不可能的。由于受立法乃至政策导向的影响,中国的司法实践不但一直在适用死刑,而且在极力扩大死刑的适用。

(本文原载于《政治与法律》2002 年第 2 期)

论民事赔偿与死刑的限制适用

彭新林

作者简介：彭新林(1983—)，湖南湘乡人，北京师范大学法学院党委委员、党政联席委员、教授、博士生导师。英国牛津大学犯罪学中心访问学者，美国约翰杰刑事司法学院访问学者。兼任中国廉政法制研究会常务理事兼副秘书长、北京市法学会常务理事暨北京企业法律风险防控研究会会长、中国刑事诉讼法学研究会理事、中国法学会案例法学研究会理事、中国法学会董必武法学思想研究会理事、中国行为法学会理事、中国法学会刑事执行法学研究会理事、海峡两岸关系法学研究会理事等社团职务；兼任《刑事法判解研究》主编、《刑法论丛》专业编辑等期刊职务；兼任 G20 反腐败追逃追赃研究中心创始研究员、中国人民大学犯罪与监狱学研究所研究员、北京教育法治研究基地(北京教育学院)青少年法治教育指导专家等学术职务。系中央广播电视总台内参舆情中心特约专家、《今日说法》主讲专家，《廉政瞭望》智库专家，海德智库主任专家。在《法学研究》《中国法学》《HONG KONG LAW JOURNAL》《人民日报》《光明日报》等重要期刊、报刊上发表中英文文章 140 余篇，出版独著 7 部，主持国家社科基金青年项目、后期资助项目等国家级、省部级课题 10 余项。曾获首届"全国刑法学优秀博士学位论文奖一等奖"、北京市"百名法学英才"、"北京师范大学彭年杰出青年教师"等奖励。

一、前言

在我国现阶段全面废止死刑还不现实的情况下，要使死刑政策、死刑制度与死刑适用成为一种理性的实践，当务之急就是应当加强死刑的司法控制，即要切实减少和严格限制死刑的适用。而如何切实减少和严格限制死刑的适用，根据相关司法实践及其研究，酌定量刑情节就是最为关键的突破口和切入点。通过酌定量刑情节限制死刑的适用是死刑司法控制的一条非常重要而又现实的路径。相比于其他的死刑司法控制路径，这一重要路径对死刑的控制侧重于对个案中死刑的限制适用，在运作上更为内敛和缓和，更容易获得社会的广泛认同而为将来我国废除死刑奠定良好的社会基础。在司法实践中,法定量刑情节一般易受到重视,但对酌定量刑情节的重视则不够。其实,对于刑事法官来说,能够让其发挥自身的主观能动性,有效地降低死刑适用的,正是酌定情节。如果刑事法官都能在认真地考虑酌定从轻情节的基础上,从严控制死刑的适用,那么可以预计,我国死刑判决的数量一定会大大降低。① 著名刑法学家高铭暄教授精辟地指出:"重视酌定量刑情节在控制死刑适用中的作用,理论上是有根据的,实践中是可行的。"②因此,我们应当积极通过酌定量刑情节严格限制死刑的适用,而非被动和消极地等待立法上削减和废止死刑。因为这不仅是具有可操作性的现实之举,而且是切实推进我国死刑由限制向废止之路实质性迈进的重要举措。可以说,高度重视酌定量刑情节限制死刑的适用,必定会对减少和严格控制我国的死刑发挥重要作用。

众所周知,民事赔偿是我国司法实践中非常重要而又备受关注的酌定量刑情节。在刑事诉讼中,侵犯公民人身权利犯罪案件通常都附带有被害方提起的民事赔偿之诉。如何处理好民事赔偿与量刑特别是死刑适用的关系,是当前刑事审判工作亟待解决的一大课题。民事赔偿与死刑适用的关系重大而脆弱:一方面,处理好二者的关系能够使附带民事诉讼原告人尽可能获得物质赔偿并减少死刑适用,有利于弱化被害方的激愤情绪和贯彻"少杀、慎杀"的刑事政策,促进社会和谐;另一方面,二者的关系处在正义的边缘,把握不好则会造成处刑上的贫富差距,甚至出现"以钱赎命"现象,违背法律适用的平等原则,并损害公众对刑法无偏私性的认同与忠诚。③ 可见,正确处理好民事赔偿与死刑适用的关系,直接关系到死刑的限制适用以及适用刑法人人平等原则,关系到死刑政策的贯彻、正义的维护乃至社会的和谐稳定。因此,深入研究民事赔偿情节限制死刑适用的问题,是有重要意义的。那么,如何通过民事赔偿限制死刑的适用呢? 不无遗憾的是,目前我国刑法学界对此问题的探讨研究还很薄弱,更遑论有深入的理论研究。有鉴于此,本着为切实推进我国死刑限制乃至废止进程贡献力量的初衷,笔者拟展开对民事赔偿与死刑限制适用问题的理论探索。

---

① 莫洪宪:《民意与死刑司法相互作用的机制分析——兼论死刑司法控制的路径》,载《"死刑改革的趋势与适用标准——国际社会的经验与中国的实践"学术研讨会学术文集》(2009 年 6 月 17 日至 18 日·北京),北京师范大学刑事法律科学研究院编印,第 117 页。
② 高铭暄:《宽严相济刑事政策与酌定量刑情节的适用》,载《法学杂志》2007 年第 1 期。
③ 方文军:《民事赔偿与死刑适用的平衡规则探微》,载《法律适用》2007 年第 2 期。

二、民事赔偿影响刑事责任的依据

我国刑法典和刑事诉讼法典并没有明确规定民事赔偿可以影响被告人的刑事责任。相反，依据刑法典第 36 条第 1 款的规定，对于"由于犯罪行为而使被害人遭受经济损失的，对犯罪分子除依法给予刑事处罚外，并应根据情况判处赔偿经济损失"。可见，赔偿经济损失是犯罪分子应履行的法定义务之一，并不是一种权利。然而，在我国的司法实践中，对于被告人积极主动赔偿被害人经济损失的，法院一般都会酌情从宽处罚。易言之，民事赔偿可以影响到被告人刑事责任的承担。那么，民事赔偿影响被告人刑事责任的依据何在呢？在我们看来，大致可以从两方面来分析，一是民事赔偿影响刑事责任的法律依据，二是民事赔偿影响刑事责任的理论根据。

（一）民事赔偿影响刑事责任的法律依据

虽然现行立法并没有对民事赔偿这一情节进行明确规定，但这只能说明民事赔偿不是一种法定量刑情节，并不代表这一情节对被告人刑事责任大小的影响没有法律依据。事实上，民事赔偿影响被告人刑事责任的轻重是有充分的法律依据的。

第一，依据刑法典第 61 条（量刑根据）的规定，"对于犯罪分子决定刑罚的时候，应当根据犯罪的事实、犯罪的性质、情节和对于社会的危害程度，依照本法的有关规定判处"。可见，犯罪行为对于社会的危害程度是法院量刑时必须考虑的重要因素。显然，被害人遭受的损害大小是包括在犯罪行为对社会的危害程度的评价之中的，故而如果被告人或者其亲属积极赔偿被害方的经济损失，减轻对被害方的损害，也就表明了行为的社会危害性程度有所降低。此其一。其二，按照刑法学界的理论通说，该条中所指的情节是指量刑情节。量刑情节当然包括犯罪后是否积极进行民事赔偿这一酌定量刑情节在内，因此民事赔偿影响被告人刑事责任的大小是有法律依据的，只是基于法律语言的精练和高度概括而未具体明确。

第二，从有关司法解释和司法规范性文件来看，法院可以把民事赔偿的情况作为量刑情节予以考虑。如最高人民法院于 1999 年 10 月印发的《全国法院维护农村稳定刑事审判工作座谈会纪要》指出，"对于起诉到法院的坑农害农案件，要及时依法处理。对犯罪分子判处刑罚时，要注意尽最大可能挽回农民群众的损失。被告人积极赔偿损失的，可以考虑适当从轻处罚"；最高人民法院于 2000 年 12 月颁布的《关于刑事附带民事诉讼范围问题的规定》第 4 条规定，"被告人已经赔偿被害人物质损失的，人民法院可以作为量刑情节予以考虑"；最高人民法院于

2004 年 6 月颁布的《关于依法惩处生产销售伪劣食品、药品等严重破坏市场经济秩序犯罪的通知》第 3 条指出,"被告人和被告单位积极、主动赔偿受害人和受害单位损失的,可以酌情、适当从轻处罚";最高人民法院于 2006 年 1 月颁布的《关于审理未成年人刑事案件具体应用法律若干问题的解释》第 19 条第 2 款规定,"被告人对被害人物质损失的赔偿情况,可以作为量刑情节予以考虑";最高人民法院于 2010 年 2 月初出台的《关于贯彻宽严相济刑事政策的若干意见》第 23 条也明确指出:"被告人案发后对被害人积极进行赔偿,并认罪、悔罪的,依法可以作为酌定量刑情节予以考虑。"由此不难看到,上述司法解释和司法规范性文件都明确反映了一个基本精神,即民事赔偿情况对被告人刑事责任的承担是有重要影响的,法院可以据此对被告人适当从轻处罚。

(二)民事赔偿影响刑事责任的理论根据

关于民事赔偿影响刑事责任的理论根据,主要表现在三个方面。

其一,积极进行民事赔偿反映了被告人有一定的悔罪表现,表明其人身危险性有所降低,这是民事赔偿情节影响刑事责任的首要理论根据。被告人积极进行民事赔偿,裁量刑罚时考虑到这一情节,适当对被告人从宽处罚,不仅可有效地避免"空判"现象,有利于节约司法资源,而且便于对被告人进行教育改造,使其认罪服法,预防其再犯罪,从而更好地实现刑罚的目的。德国刑法学家汉斯·海因里希·耶赛克和托马斯·魏根特曾精辟地指出,行为人为损害赔偿和被害人和解所做的努力,使得犯罪的物质的或非物质的后果减轻,它基于不同的原因降低了处罚的必要性。首先,预防的刑罚需要被降低:行为人通过其损害赔偿的努力表明,他承认其罪责(和因此被其以前违反的规范的社会有效性),以至于不需要用刑罚来证明规范的有效性。此外,自愿的损害赔偿还常常表明,就预防行为人继续犯罪目的而言,不需要对他施加持续的影响。再者,行为人通过损害赔偿的努力,如提供物质的(或在其他和解努力中非物质的)给予被害人以补偿,这样事实上他已经将一部分刑罚服刑完毕。也就是说,由于行为人的损害赔偿努力,刑罚的多种目的已经实现,制裁可被(在特定的情况下明显地)减轻。①

其二,积极进行民事赔偿也在一定程度上减轻了犯罪行为对于社会的危害。从社会危害性的角度看,被告人赔偿不仅仅是履行法律规定的义务,也是在积极弥补损失,减少犯罪的危害后果。社会危害程度的衡量当然应当包括损失的大小、被害方实际受到影响的大小。虽然损害赔偿目前仅限于物质损失,但至少可

---

① [德]汉斯·海因里希·耶赛克、托马斯·魏根特:《德国刑法教科书》,徐久生译,中国法制出版社 2001 年版,第 1068-1069 页。

以在客观上缓解犯罪造成的实际损害,这也意味着被告人所实施的犯罪行为的社会危害性在减小。① 根据犯罪行为社会危害性的这种趋轻变化,在量刑时对被告人适当从宽处罚,正是贯彻罪责刑相适应和刑罚个别化原则的体现。

其三,积极进行民事赔偿具有重要的刑事政策意义。犯罪在形式上直接表现为犯罪人与被害人之间的夹杂着严重情绪对立的一种社会冲突。刑事政策的任务就在于消解这种社会冲突,而能否消解关键在于能否在犯罪人与被害人之间直接对立的利益冲突中寻找利益的平衡点。利益的平衡点首先表现在通过公正的刑事追诉程序给予犯罪人依法应得的惩罚,使被害人的报复欲望和正义诉求通过公正程序以及适当的惩罚得到满足,从而缓解其复仇心理,强化其对法律的尊重和认同。其次,利益的平衡点还应当表现在通过合理的刑事被害人赔偿机制,补充被害人因犯罪而遭受的损害,从而给犯罪人一个直面悔罪、重新做人的机会。② 如果明确规定民事赔偿可以影响刑事责任,就可以充分保护被害人的合法权益,促进社会稳定,实践中不乏其例。③ 如实践中我们经常遇到的难题是,犯罪行为致使一个家庭的经济支柱陨折,导致小孩无钱读书,老人无人赡养。而犯罪人往往是没有任何经济基础的年轻人,即使法院判处犯罪人一定数额的刑事赔偿,一般也难以兑现。同时,由于犯罪人被判处了死刑,犯罪人的亲属即使有条件、有能力,也不愿意帮助犯罪人履行赔偿义务。导致的结果是,判决的刑事部分被执行了,而附带民事赔偿部分却是一纸空文,被害人或者其亲属只能依靠民政部门一点微薄的补助或者乡邻的接济生活,生活的艰难可想而知,从而造成了社会新的不和谐。如果法院能在生命刑上给犯罪人以机会,同时责令或者同意犯罪人(或其亲属)给被害人足额的经济赔偿(或补偿),使幼有所养、老有所靠,则有利于维护社会的和谐与稳定。④ 如就比较典型的故意杀人案件而言,因为犯罪行为非法侵害了公民的生命权利,被害人的死亡不仅给害人亲属带来了巨大的精神创伤,而且使他们遭受不同程度的物质损失,容易在被告人与被害方之间造成对立情绪。如果被告人真诚悔罪,其本人或者亲属积极地进行民事赔偿,就能在一定程度上缓解被害方与被告人的矛盾冲突,实现在依法打击犯罪的同时更有力地保护被害方的利益,从而更好地体现社会的公平正义,实现社会的和谐稳定发展。事实上,被告人积极赔偿经济损失,往往也是被害方同意谅解的重要原因。

① 于同志:《死刑裁量》,法律出版社 2009 年版,第 252 页。
② 史小峰:《积极赔偿损失适当从轻处罚的适用依据》,载《人民法院报》2007 年 9 月 5 日。
③ 李文平:《民事赔偿与刑事责任》,载《人民检察》2008 年第 13 期。
④ 雷光醒:《酌定从宽情节与死刑限制》,载 http://www.gd.jcy.gov.cn/znbm/scqs/gssc/gsxx/200812/P020081226785532064041.doc

总而言之,民事赔偿作为一种罪后酌定量刑情节,主观上反映了被告人有一定的悔罪表现,人身危险性有所降低;客观上减轻了犯罪行为对社会的危害,并且具有化解社会矛盾、促进社会和谐的重要刑事政策意义。因此,其对被告人刑事责任大小的影响是有充分理论根据的。

三、民事赔偿之于死刑适用的影响力分析

前文已述,民事赔偿影响被告人刑事责任的大小有充分的法律依据和理论根据,那么,在死刑裁量中,这一情节对于死刑适用的影响力到底如何呢? 这是接下来需要探讨的问题。

首先,从规范层面看,相关司法解释和司法规范性文件都明确认可了民事赔偿情节对于死刑适用的影响。如最高人民法院于 2007 年 1 月 15 日颁布的《关于为构建社会主义和谐社会提供司法保障的若干意见》(法发〔2007〕2 号)明确提出,要"严格执行'保留死刑、严格控制死刑'的政策,对于具有法定从轻、减轻情节的,依法从轻或者减轻处罚,一般不判处死刑立即执行;对于因婚姻家庭、邻里纠纷等民间矛盾激化引发的案件,因被害方的过错行为引发的案件,案发后真诚悔罪并积极赔偿被害人损失的案件,应慎用死刑立即执行"。最高人民法院于 2007 年 9 月 13 日颁布的《关于进一步加强审判工作的决定》也明确规定,"要正确处理严格控制和慎重适用死刑与依法严厉惩罚严重刑事犯罪的关系。……案发后真诚悔罪积极赔偿被害人经济损失的案件等具有酌定从轻情节的,应慎用死刑立即执行"。此外,最高人民法院、最高人民检察院、公安部和司法部于 2007 年 3 月 9 日联合颁布的《关于进一步严格依法办案确保办理死刑案件质量的意见》明确要求,"对死刑案件适用刑罚时,既要防止重罪轻判,也要防止轻罪重判,做到罪刑相当,罚当其罪,重罪重判,轻罪轻判,无罪不罚。……对具有酌定从宽处罚情节的也依法予以考虑"。由上可见,最高司法机关的上述《意见》和《决定》都强调在对死刑案件适用刑罚时,对被告人具有民事赔偿等酌定从宽处罚情节的,要依法予以考虑。被告人真诚悔罪并积极赔偿被害人损失的,一般应慎用死刑立即执行。应当说,这些《意见》和《决定》为司法实践中发挥民事赔偿情节对死刑适用的调节作用提供了依据。

其次,从实践层面看,民事赔偿这一罪后酌定量刑情节对于死刑的适用确实产生了显著影响。最高人民法院刑五庭高贵君庭长在北京师范大学刑事法律科学研究院主办的"死刑公众论坛"上发言时曾指出,在我们处理的死刑案件当中,很多案件都要关注附带民事赔偿问题解决得好不好。应该说民事赔偿和量刑特

别是和死刑的关系一直是广受关注的。① 另外,据重庆有关实务部门的人士介绍,在 2007—2008 年,由重庆市人民检察院办理的死刑二审上诉案件中,因被告方赔偿而改判的案件,就占死刑二审上诉改判案件的 57.89%。在因被告人方赔偿而改判的死刑案件中,由死刑立即执行改为死刑缓期执行的占到 63.64%。② 在重庆死刑二审上诉案件中,因民事赔偿情节而改判比例之高,由上可以窥见一斑。应当说,重庆的情况在全国是有一定代表性的。此外,有学者对某地审结的 83 件故意杀人案件进行了实证分析,结论显示:民事部分达成调解的被判死缓的概率是 87.5%,不承担民事责任的被判死缓的概率是 41.9%,法院判决赔偿的被判死缓的概率是 37.8%,不积极赔偿的被判死缓的概率是 14.3%。民事部分调解结案的被判死缓的概率最大,不积极赔偿被害人的被告人被判死缓的概率最小。P(卡方检验值)小于 0.05,说明民事部分的赔偿情况对判死刑还是死缓有显著影响。③ 应当说,学者得出的上述结论基本是可信的。如另有学者对某地法院审结的 440 件死缓案件共 507 名死缓犯的"不是必须立即执行"的情节逐一进行了分析,其中,因"民事部分已和解或积极赔偿经济损失"这一酌定情节而适用死缓④的考量次数为 24 次⑤,适用比例约占情节(法定情节和酌定情节)总数的 5%。这也可进一步佐证司法实践中民事赔偿情节对死刑适用的重要影响。

当然,在司法实践中,也应当理性而节制地考量民事赔偿对于量刑,尤其是死刑适用的影响。在办理具体案件时,应认真分析犯罪性质、情节和手段,综合犯罪的起因、被告人认罪悔罪的态度及被害人的谅解,结合被告人方的赔偿情况,正确适用死刑。⑥ 值得注意的是,当前司法实践中一定程度上存在着为了争取民事赔偿而"被迫"对本应判处死刑的被告人不适用死刑的情况。有些刑事被害人事实上是不愿意与被告人和解的,但碍于经济上十分困难,急于得到一些赔偿,所以同意对被告人实施判前赔偿从轻、减轻处罚。⑦ 这样的案件不多,但并非个别。在这种案件中,法院因被告人民事赔偿对被害方的重要性而选择判处死缓,尽管动机

---

① 参见高贵君在北京师范大学刑事法律科学研究院主办的"促进死刑系列改革论坛"第 19 期(死刑公众论坛:中美死刑制度的比较与考察——死刑的适用标准)上的发言。

② 于天敏等:《因被告人方赔偿而改判的死刑案件情况分析》,载《人民检察》2009 年第 8 期。

③ 欧阳玉静:《死刑缓期执行和死刑立即执行的量刑依据——以故意杀人罪为例的实证分析》,载《刑事法评论》第 21 卷,北京大学出版社 2007 年版,第 179 页。

④ 包括"仅因单一的该情节适用死缓"和"与其他从轻情节并存适用死缓"两种情况。

⑤ 陈兴良主编:《宽严相济刑事政策研究》,中国人民大学出版社 2006 年版,第 53 页。

⑥ 于天敏等:《因被告人方赔偿而改判的死刑案件情况分析》,载《人民检察》2009 年第 8 期。

⑦ 高庆国:《浅析判前赔偿从轻、减轻处罚制度》,载《郑州经济管理干部学院学报》2008 年第 1 期。

良好,从息讼止争的角度看社会效果也不错,但仍对刑事司法自在的正义有所损害,因为法院判决对被告方而言起到了"以钱赎命"的效果。这种案件的客观存在并不能成为批评法院工作的"把柄",相反,它们表明了法院在处理民事赔偿与死刑适用关系上的一种困境。① 要走出这种困境,我们认为,首要的是应当树立正确的民事赔偿影响死刑适用的观念,即被告人或其亲属给予民事赔偿并不等同于在刑事责任上当然应予从宽处罚,其只是法院量刑时应当考虑的一个酌定情节。至于是否从宽以及从宽的幅度,则取决于所犯罪行的严重程度以及案件情节的具体情况。易言之,民事赔偿影响死刑的适用是存在限制条件的,对被告人最终是否判处死刑并不以被害方是否接受了民事赔偿为转移。对于应当判处死刑的,不能因其有赔偿能力而不适用死刑。否则,就不是实事求是的态度。正如有学者所言:"将赔偿被害人损失作为可以考虑的量刑情节正是对被告人赔偿行为的一种积极鼓励和引导。这里特别值得注意的是被告人不可以拿民事赔偿作为筹码,与法官讨价还价,以获取量刑上的利益。否则,就是赤裸裸的以钱换刑了,这是应坚决反对的。"②

谈到民事赔偿对死刑适用的影响力,尚需澄清的一个问题是:不能将对积极赔偿的被告人慎用死刑立即执行简单等同于"以钱买命"或者"以钱减刑"。近年来,有不少因被告人积极赔偿被害方经济损失而被判处死缓或者无期徒刑的典型案例。如北大学生安某杀死同学案、方某威等故意杀人案、孟某恋爱不成杀死女友案、孙某铭以危险方法危害公共安全案、张某宝以危险方法危害公共安全案等,引起了社会的广泛关注,影响较大,法院对被告人的死缓或者无期徒刑判决也引发了社会各界的热议,并招致一片"以钱买命""以钱减刑"的质疑声。如何看待这个问题? 在我们看来,如果被告人仅有赔偿之举,并无真诚悔罪或者其他从轻情节,那么,司法机关因此对被告人不适用死刑立即执行的确有"以钱买命"之嫌。不过,如果被告人积极赔偿是其真诚悔罪的充分反映,或者被告人仍有其他从轻情节,那么就不能简单将之等同于"以钱买命"。因为在此情形下,对被告人不适用死刑立即执行并非仅仅因为其在犯罪后积极赔偿,而在于其真诚悔罪表现乃至人身危险性的降低,在于切实贯彻"保留死刑,严格控制和慎重适用死刑"的政策要求。③ 如在最近发生的两起醉酒驾车犯罪案件④中,被告人黎景全、孙伟铭都对被害人给予了积极的经济赔偿。这样会不会造成"以钱买命"?不少网友提出了

---

① 方文军:《民事赔偿与死刑适用的平衡规则探微》,载《法律适用》2007 年第 2 期。
② 李文平:《民事赔偿与刑事责任》,载《人民检察》2008 年第 13 期。
③ 阴建峰:《故意杀人罪死刑司法控制论纲》,载《政治与法律》2008 年第 11 期。
④ 即"黎景全以危险方法危害公共安全案"和"孙伟铭以危险方法危害公共安全案"。

这样的担忧。最高人民法院有关负责人对这一说法给予了驳斥:对于罪行极其严重的犯罪分子,即使赔偿了被害人的经济损失,也是可以适用死刑的。但是,在有些情况下,罪行不是极其严重的,如果他犯罪后真诚悔罪,积极赔偿被害人的经济损失,可以考虑不适用死刑。① 所以,社会上针对被告人真诚悔罪并积极赔偿被害人经济损失而未被判处死刑的案件,认为这是"以钱买命""以钱减刑",实际上是一种误解。另有论者也指出,刑事附带民事诉讼中的刑事和解不能叫"私了",并非"花钱减刑",因为主导权仍然掌握在司法机关。和解制度是否启动取决于司法机关而非个人,和解制度是一项非常严肃的司法程序,有相当严格的条件和范围。② 被告人与被害方达成谅解,是在被告人的罪责已经确定的前提下,在人民法院的主持下,在相关人员的参与下解决对被害人的赔偿问题,这与民间中所说的"私了"是有本质区别的。③

四、民事赔偿如何限制死刑的适用

民事赔偿对死刑的适用有显著影响,前文我们已就民事赔偿之于死刑适用的影响力进行了分析,顺着思维的逻辑,下文我们拟展开对民事赔偿情节如何限制死刑适用问题的探讨。具体来说,我们认为,要充分发挥民事赔偿这一酌定量刑情节在限制死刑适用中的作用,同时也为防止出现"以钱买命"等负面现象,应当强调以下几个方面。

(一)理性确定民事赔偿适当从宽处罚的案件范围

诚然,做好民事赔偿工作是实现"保留死刑,但严格控制和慎重适用死刑"刑事政策、减少死刑案件数量的一条现实而有益的途径。需注意的是,民事赔偿与死刑适用之间的关系极为敏感,工作中必须把握好二者之间的平衡规则,尤其不能突破刑事司法正义的底线,出现"以钱赎命"现象。在力争被告人及其亲属交纳赔偿款的过程中,一方面要理性遵循亲属自愿帮赔原则,避免民赔责任累及无辜;另一方面,尊重被害方的求偿意愿,不能强迫被害方接受民事赔偿以对被告人不判处死刑。民事赔偿亦如一把双刃剑,用之得当,当事人双方均受其益;用之不当,则损害司法公正。④ 与一般案件不同,死刑案件中公众的报应情感希望得到满足的心理往往会超越功利性追求。因而,在现阶段大力提倡刑事和解在死刑案件

① 洪奕宜:《为何要改判? 是否"以钱买命"?》,载《南方日报》2009 年 9 月 9 日。
② 曲昌荣:《杀人案适用刑事和解引争议 达成谅解就能"花钱减刑"?》,载 http://www.cnr.cn/allnews/200910/t20091027_505542672_1.html
③ 于同志:《死刑裁量》,法律出版社 2009 年版,第 254 页。
④ 方文军:《民事赔偿与死刑适用的平衡规则探微》,载《法律适用》2007 年第 2 期。

中的适用确实超越了民众的接受度,大张旗鼓地提倡死刑案件的刑事和解总是难以避免"以钱买命"之嫌。毕竟我们的社会还没有完全进化到超越报应与复仇的特定语境,民众正当的报应诉求在死刑案件中仍是需要得到关照的。① 著名刑法学家周道鸾教授也指出,被告人赔偿被害人经济损失,用现在的话讲,就是刑事和解。刑事和解是好事,不过有争议的就是刑事和解的范围。笔者倾向于要搞刑事和解,要特别慎重,否则它会引起社会上的误解,甚至强烈的不满。② 因此,对涉及民事赔偿的案件在量刑时应该权衡各种利益关系,处理上要从维护社会治安、维护公共利益和社会稳定多方面来考虑。从社会效果方面考虑,要防止"以钱买刑"这种现象,避免导致公众、媒体负面的宣传报道。哪些被告人积极地赔偿可以考虑从轻,哪些不考虑从轻,需要认真地把握。③ 一言以蔽之,就是要理性确定民事赔偿适当从宽处罚的案件范围。

就目前司法实践中的情况看,一般认为,对因恋爱、家庭矛盾、邻里纠纷或生活琐事引发的故意杀人、故意伤害致人死亡案件;被害人有一定过错的故意杀人、故意伤害致人死亡案件;被告人具有自首、立功等法定或酌定从轻情节的案件,可进行附带民事诉讼赔偿调解,并将赔偿情况作为从轻处罚的量刑因素考虑。但对于抢劫、绑架、爆炸、涉黑、雇凶杀人伤害、预谋报复杀人等严重暴力犯罪,即使被告人积极赔偿了也不能从轻判处。④ 另有论者指出,对于真诚悔罪、积极赔偿损失并获得被害人及其亲属谅解而从轻处罚的,仅限于那些并非罪大恶极的被告人,对于那些黑恶势力犯罪和严重危害社会治安犯罪的重大故意杀人案件,被告人尽管给予了赔偿,一般也不因此而考虑从轻。⑤ 还有论者认为,一般来讲,被告人赔偿被害人物质损失的情况,可以作为量刑情节予以考虑。对于因婚姻家庭、邻里纠纷等民间矛盾激化引发、事出有因、侵害对象特定的案件,如果被告人积极履行赔偿义务,获得被害人谅解或者被害人方没有强烈反应,可以依法从轻判处;对于侵害不特定公众、严重危害社会治安、严重影响人民群众安全的暴力犯罪,不能因

---

① 朱文超:《死刑案件中"积极引导刑事和解"的适用及其限制条件——王锁明故意杀人案》,载《审判前沿观察》2008年第2辑,上海人民出版社2008年版。
② 参见周道鸾教授在北京师范大学刑事法律科学研究院主办的"促进死刑系列改革论坛"第19期(死刑公众论坛:中美死刑制度的比较与考察——死刑的适用标准)上的点评发言。
③ 参见时任最高人民法院刑一庭副庭长李武清法官在北京师范大学刑事法律科学研究院主办的"全国刑法重大疑难热点问题高级研修班"上的发言(2008年5月10日·大连)。
④ 柴建国、王宇辉:《刑事附带民事调解中的几个问题》,载《人民法院报》2009年7月1日。
⑤ 聂昭伟:《刑事和解对死刑是否适用——浙江高院判决方强威等人故意杀人案》,载《人民法院报》2007年10月12日。

为赔偿到位,或者得到了被害人的谅解就不适用死刑。① 最高人民法院刑五庭庭长高贵君同志在北京师范大学刑事法律科学研究院主办的"死刑公众论坛"上发言时指出,我们在办理死刑案件复核当中,对于因为婚姻家庭、邻里纠纷等民间矛盾引发的案件,对于那些事出有因、侵害的对象很特定的案件,如果被告人积极赔偿被害人的损失,能够取得被害人谅解,一般是不适用死刑的。这与"花钱买刑""以钱赎刑"不是一回事。我们掌握一个原则,对于危害社会治安的和危害不特定对象的犯罪,不能仅仅因为被告人愿意做出赔偿而无原则地从宽处罚。主要是考虑到两类犯罪的危害程度是不一样的。对于婚姻家庭、邻里纠纷等民间矛盾引发的案件,只要附带民事赔偿解决得好,对被告人是可以从轻处罚的。② 最高人民法院刑三庭副庭长戴长林法官在北京师范大学刑事法律科学研究院主办的"死刑公众论坛"上发言时也指出,我们现在强调建设和谐社会,在死刑适用上也会考虑到和谐社会的建设。一般的民事纠纷引起的案件,只要被害人谅解,被告人或者家属同意拿出钱财赔偿被害人损失,尽管有一些达到了适用死刑的条件,但只要双方能够达成和解,我们也考虑不适用死刑。对这个问题我们也在研究。死刑核准权收回之后,才把这个问题明确地提出来。原来死刑核准权收回之前,各地法院也在尝试着实践这类做法。但现在我们在区分哪些案件可以由当事人自己来行使这个权利——杀与不杀,也就是说被告方同意赔偿,被害人也同意谅解他,什么样的案件可以不适用死刑? 什么样的案件尽管双方达成谅解,但是法院还是应该判处死刑? 对于严重危害社会治安的抢劫、投毒、爆炸等重大的危害社会安全的犯罪,是不是可以适用这个条件? 我们一般还是只对民间纠纷引起的、双方能够达成谅解的案件,不适用死刑。所以,哪些案件和解能够影响到死刑案件的裁判,我觉得还是有研究的空间。③

应当说,上述见解基本反映了我国司法实践中民事赔偿影响死刑适用的案件范围,特别是上述最高人民法院相关业务庭室负责同志的见解,更是直接地披露了最高人民法院办理死刑复核案件过程中对民事赔偿影响死刑适用的案件范围的把握情况,值得下级法院参考和借鉴。当然,从刑法学研究的角度讲,正如戴长林法官所言,哪些案件的民事赔偿能够影响到死刑案件的裁判,确实还存在值得研究的空间。

① 贺恒扬:《提高死刑案件质量要把好"五关"》,载《人民检察》2009 年第 8 期。
② 参见高贵君在北京师范大学刑事法律科学研究院主办的"促进死刑系列改革论坛"第 19 期(死刑公众论坛:中美死刑制度的比较与考察——死刑的适用标准)上的发言。
③ 参见戴长林在北京师范大学刑事法律科学研究院主办的"促进死刑系列改革论坛"第 19 期(死刑公众论坛:中美死刑制度的比较与考察——死刑的适用标准)上的发言。

　　笔者认为,上述从犯罪的危害程度来划分民事赔偿影响死刑适用的案件范围,尽管不无合理之处,但似乎不利于民事赔偿情节限制死刑适用作用的发挥,而且没有足够的说服力,其司法审判的法律效果和社会效果并不见得一定都很好。例如,上述司法实践中比较重视民事赔偿情节适用的婚姻家庭、邻里纠纷等民间矛盾引发的案件,其中有不少当事人本就是一家人,被告人与被害人有的就是夫妻关系,家庭财产是共同共有的,此种案件中进行民事赔偿似乎意义并不大,该情节发挥限制死刑适用作用的空间也很少。事实上,在这种案件中,"因婚姻、家庭等民间矛盾激化引发"本身就是司法解释明确强调的一个酌定从宽情节,故而应慎用死刑立即执行,而被告人积极进行民事赔偿只不过是加大了适当从宽处罚的分量和力度。相反,对于危害社会治安的和危害不特定对象的犯罪,被告人真诚悔罪并积极赔偿的,并非就不能适当从宽处罚。如近来在社会上引起广泛关注的"张明宝以危险方法危害公共安全案""孙伟铭以危险方法危害公共安全案"等,可以说都造成了多人死伤的极其严重的危害后果,严重危害社会治安秩序,危害和威胁不特定或者多数人的生命、健康或者重大公私财产安全,因而是社会危害性和危险性较大的犯罪,但毋庸讳言的是,民事赔偿情节在上述案件中发挥了重要作用,是法院最终没有判处被告人死刑的一个重要因素。如在孙伟铭案中,一审以危险方法危害公共安全罪判处其死刑,二审以同一罪名改判其为无期徒刑。虽然该案终审判决书给出的五条改判理由条条在理,但实际促成孙免死的,在于"另查明,案发后孙伟铭委托其父变卖名下财产筹款,其父亲亦全力筹款,倾力赔偿被害人经济损失,获得了被害人及亲属的谅解"这一导致量刑出现重大转折的关键情节。这一关键情节发生于一审判决之后。如是,孙免死之关键理由才从法律层面得以确认。就为何终审对孙免死之理由,最高人民法院将其解释为"贯彻宽严相济的刑事政策",有意回避了孙及家属在一审判决后"倾力赔偿被害人经济损失"这一关键情节对改判的直接作用——很显然,有关方面另有难言之隐:顾忌舆论将长期存在的"以钱买刑"之司法腐败与孙案改判直接对号入座,以至于弄成有口难辩之尴尬。① 有鉴于此,考虑到犯罪后被告人积极赔偿经济损失,一方面表明其有一定的悔罪表现,另一方面能在一定程度上减轻犯罪行为对于社会的危害,故而对其适当从宽处罚的案件范围不应做过多的限制。我们主张,从案件的性质看,除严重侵害国家法益的犯罪之外,其他犯罪案件中都存在民事赔偿影响死刑适用的空间,被告人真诚悔罪并积极赔偿经济损失的,一般都可以考虑不判处死刑立即执行。因为在严重侵害国家法益的犯罪中,刑法保护的法益是国家安

---

　　① 鲁宁:《"以钱买刑"论有损司法公正》,载《东方早报》2009 年 9 月 9 日。

全,受害人相对来说比较抽象,被告人进行民事赔偿的实际意义不大,并不能有效地减轻犯罪行为对于社会的危害程度。易言之,即使被告人愿意给予民事赔偿,但由于侵犯国家法益的刚性,也难以达到修复受损社会关系的目的。而且这样的犯罪行为直接针对国家主权、领土完整以及人民民主专政的政权和社会主义制度,社会危害性十分严重,是刑法打击锋芒所指,在考量民事赔偿情节影响死刑的适用时,理当有所限制,似应更加慎重处理。

(二)准确衡量民事赔偿情节的分量

被告人赔偿被害人经济损失的情况不同,对死刑适用的影响力度也是存在差异的。要充分发挥民事赔偿在限制死刑适用中的作用,首先就必须准确衡量民事赔偿情节的分量。从司法实践中的情况看,准确衡量民事赔偿情节的分量,可以重点从以下几个方面考虑。

一是赔偿的数额。依据刑法典第 36 条之规定,犯罪行为给被害人造成经济损失的,对犯罪分子除依法给予刑事处罚外,并应根据情况判处赔偿经济损失。关于赔偿经济损失的范围,最高人民法院于 2000 年 12 月 13 日颁布的《关于附带民事诉讼范围问题的规定》做了明确规定,即可以提起附带民事诉讼的限于因人身权利受到犯罪侵犯而遭受的物质损失或者财物被犯罪分子毁坏而遭受的物质损失,被害人因犯罪行为遭受精神损失而提起的附带民事诉讼,人民法院不予受理。被害人因犯罪行为遭受的物质损失,是指被害人因犯罪行为已经遭受的实际损失和必然遭受的损失。毋庸置疑,犯罪后被告人应当全部赔偿被害人因犯罪行为已经遭受的实际损失和必然遭受的损失。在司法实践中,有的被告人及亲属确实能够全部赔偿被害人遭受的物质损失,有的甚至能够超额赔偿被害人的物质损失,但是由于受各种主客观情况的影响,有的被告人只能赔偿极小的一部分甚或无力赔偿。就赔偿的数额对量刑的影响来说,因为法官裁量空间过大,致各地对依法从轻处罚幅度的掌控相差甚远,有的赔偿额过高,从轻的幅度过大或过小;有的同样判决结果的案件,赔偿数额相差过于悬殊等。诚然,因地域、经济贫富差异的客观存在,不同地区、不同的赔偿主体之间赔偿额存在一定差距是正常的,但如果法院不正确掌控赔偿数额与减轻处罚的幅度,必然产生诸多问题,不同程度地影响公众对司法公正的认同感,引发"同案不同判""同命不同价"的怀疑①,在一定程度上抵消了民事赔偿情节限制死刑适用功效的发挥。有学者建议,最高人民法院在深入调研基础上,抓紧制定关于死刑案件乃至刑事案件附带民事诉讼赔偿调解的赔偿数额参考标准及从轻处罚的基本幅度范围,由各省、市、自治区高级法

---

① 柴建国、王宇辉:《刑事附带民事调解中的几个问题》,载《人民法院报》2009 年 7 月 1 日。

院在规定幅度内,结合本地经济与社会发展状况和司法实际,确定本辖区的执行标准。① 我们认为,这一建议是合理的,值得重视。

二是赔偿的态度。需要注意的是,确定民事赔偿在具体案件中对死刑适用的影响力时,不能仅以赔偿数额为标准,赔偿数额只是其中的一个参考因素。正如有学者所说,被告方具有足够赔偿能力的案件在实践中并不多见,多数被告人及其亲属均无令人满意的赔偿能力,这时就不能唯数额论,还要看被告人及亲属的努力程度。② 被告人及亲属的努力程度,实际上说明的是被告方的赔偿态度问题。具体来说,有的被告人及其亲属积极筹措钱款、不惜变卖家产倾力给予赔偿,有的被告人及其亲属有赔偿能力但恶意变卖转移财产、拒不赔偿,有的被告人及其亲属一拖再拖、不停讨价还价以压低赔偿金额,还有的被告人及其亲属确实愿意赔偿但因家庭贫困没有足够的赔偿能力,等等。赔偿的态度反映出被告人的悔罪程度以及人身危险性的大小,故而在确定民事赔偿情节的分量时应充分考虑这一因素。

三是赔偿的时间。从司法实践中的情况看,有的在侦查起诉阶段就积极给予赔偿,有的在起诉后、一审判决前给予赔偿,有的在法院一审判决后才赔偿,还有的是上诉后在二审阶段给予赔偿。赔偿的时间不同,反映出被告人悔罪的程度和早晚就存在差异。赔偿的时间同样是衡量民事赔偿情节的价值和分量时不可忽视的一个参考因素。

(三)案发后真诚悔罪并积极赔偿被害人损失的,应慎用死刑立即执行

前文已经提到,最高人民法院于2007年1月15日颁布的《关于为构建社会主义和谐社会提供司法保障的若干意见》等司法解释都明确强调,案发后真诚悔罪并积极赔偿被害人损失的案件,应慎用死刑立即执行。时任最高人民法院院长肖扬同志在第五次全国刑事审判工作会议上也特别强调:"凡是可杀可不杀的,一律不杀,杀了就是犯错误。要更加注重贯彻执行宽严相济的基本刑事政策……案发后真诚悔罪并积极赔偿被害人损失的案件,应慎用死刑立即执行。"③在这里,需要注意的是,考虑到当前我国死刑适用的现实状况,对被告人慎用死刑立即执行要以其案发后真诚悔罪为前提。也就是说,一方面,被告人必须积极进行赔偿。即被告人及其亲属积极主动地赔偿被害人的损失或者为赔偿被害人损失做出了

---

① 柴建国、王宇辉:《刑事附带民事调解中的几个问题》,载《人民法院报》2009年7月1日。

② 方文军:《民事赔偿与死刑适用的平衡规则探微》,载《法律适用》2007年第2期。

③ 转引自王斗斗:《肖扬要求严格掌握和统一死刑适用标准》,载《法制日报》2006年11月9日。

诚挚努力。案发后被告人赔偿是否积极,涉及赔偿的态度问题。司法实践中被告人具有足够赔偿能力的案件不多,多数被告人及其亲属均无令人满意的赔偿能力,此时,被告人及其亲属为赔偿被害人经济损失所做出的努力,就能在很大意义上说明被告方的赔偿态度问题。另一方面,被告人真诚悔罪。对于并不是出于真诚悔罪,而是为了"以钱赎刑"或者"花钱买刑"的被告人,则不能简单地将民事赔偿情况作为对其从轻处罚的理由,即使其给了了超额赔偿,也不宜从轻处罚。因为此时被告人进行赔偿只不过是其逃避死刑适用的借口,而其人身危险性并没有降低,对其适当从宽处罚没有充分根据。诚如有学者所说,有关司法解释将一个单纯附带民事赔偿情节上升为刑法意义上的量刑情节,主要是考虑了通常情况下积极赔偿从一定程度上体现了被告人的悔罪表现,而悔罪本身又是刑法上量刑应考量的因素。如果被告人没有明确赔偿意愿,没有真诚悔罪,仅由其亲属代为赔偿后就予以从轻处理,难以消除"以钱赎刑"和"花钱买刑"的负面效应。[1] 案发后被告人是否出于真诚悔罪的心态并积极进行赔偿,不仅能在一定程度上反映出被告人的悔罪程度以及人身危险性的大小,而且是衡量其是否属于犯有"极其严重"的罪行且有该种犯罪最严重情节(即非杀不可)的一个依据。虽然被告人所犯罪行极其严重,达到了死刑适用的标准,但是,符合罪行极其严重的犯罪行为之间,还是存在程度上的区别的。如故意杀害未遂与故意杀害致死 1 人甚至多人,可以说都属于罪行严重,但两者的严重程度显然是不同的,在适用刑罚时当然必须根据情节区别对待。因为死刑适用的对象不应仅仅被理解为犯有"极其严重"的罪行的人,而应是犯有"极其严重"的罪行且有该种犯罪最严重情节的人。对于"罪行极其严重"但并不属于该种犯罪最严重情节的被告人,理当慎用死刑立即执行。因为这不仅可以在一定程度上软化公权力,更好地贯彻"少杀、慎杀"的方针政策,从而有效地限制死刑的适用,而且也有利于社会的和谐与稳定。在此不妨结合典型死刑案例"方强威、陈战峰故意杀人案"[2]稍做分析。该案由于具有相当的代表性和典型意义,《人民法院报》曾于 2007 年 10 月 12 日辟专栏对该案进行了重点发布,以作为今后司法实践中处理类似案件的导向性参考。在该案中,被告人方强威的行为构成故意杀人罪,犯罪情节严重,社会危害性极大,加之其又系人身危险性较大的累犯,论罪当处死刑。但由于案发后被告人能够真诚悔罪,其家属积极代为赔偿被害方经济损失,安抚被害人家属的悲伤情绪,由此获得了被害人家属的谅解并达成了和解协议。二审法院在充分考虑被告人方强威认罪态度较好,

---

① 柴建国、王宇辉:《刑事附带民事调解中的几个问题》,载《人民法院报》2009 年 7 月 1 日。
② 该案详细案情可参见浙江省高级人民法院编:《案例指导》(试刊)第 2 期,第 15—18 页。

其家属积极赔偿被害人家属损失等诸多可以酌定从宽处罚的情节的基础上，最后对本来罪该处死的主犯方强威"刀下留人"，适用死缓。可以说，该案的终审判决鲜明地体现了"案发后真诚悔罪并积极赔偿被害人经济损失"这一酌定从宽情节对死刑的限制适用作用，取得了良好的法律效果与社会效果，体现了宽严相济基本刑事政策的精神。

（四）正视被害方不予谅解或拒绝接受赔偿时的死刑适用问题

一般来说，被告人案发后真诚悔罪并且积极赔偿经济损失，大都能在一定程度上获得被害方的谅解，法院通常也会根据被告人的具体情节和悔罪表现，不判处其死刑立即执行。但是，在有些案件中，被告人真诚悔罪并且也积极赔偿经济损失，但被害方不同意谅解或者拒绝接受赔偿，而是坚决要求"杀人偿命"，有的甚至通过上访闹访等各种途径向法院施加压力，要求判处被告人死刑立即执行。那么，这种情况该如何处理呢？有的学者认为，如果被害方不接受民事赔偿，而坚决要求判处被告人死刑，法官在说服无效的情况下，如果坚持不判处被告人死刑则会受到极大的压力。这样一来，是否判处死刑就不是纯粹的规范适用问题，而要融入超规范的因素进行权衡，以取得相对较好的社会效果。① 道理固然不错，但罔顾被告人真诚悔罪并积极赔偿经济损失之表现，一味迁就被害人亲属的意见，迫于被害方的压力判处被告人死刑立即执行，则是十分不妥的。一则，被告人真诚悔罪并积极赔偿经济损失，表明其有一定的悔罪表现，人身危险性有所降低，而且对减轻犯罪行为给被害方带来的物质损害也有一定的价值，故而量刑时适当从宽处罚无可非议。再则，审判虽需要聆听来自被害方的意见，但判决本身却不应以此为转移，不可简单地迁就被害方要求一判了之。试图在刑罚裁量尤其是死刑裁量中为息事宁人而一味迎合被害方态度的做法是片面的，对整个刑事法治必然会带来消极影响。刑法学者陈兴良教授也曾指出，实际上，在可杀可不杀的情况下，被害人亲属的意见发挥作用，还在可容忍范围之内。可怕的是，在根本不应杀的案件中，法院过分迁就被害人亲属的意见，满足其要求判处死刑的愿望而杀，则是在法律上没有任何根据的。②

至于被害方亲属在接受民事赔偿方面意见存在分歧时该如何处理，我国有学者指出，处理此类案件，应针对具体情况区别对待：对于附带民事诉讼赔偿调解案件存在多名原告人的，如果多名原告人共同委托一名原告人或其他代理人，且系

---

① 方文军：《民事赔偿与死刑适用的平衡规则探微》，载《法律适用》2007年第2期。
② 陈兴良：《被害人有过错的故意杀人罪的死刑裁量研究——从被害与加害的关系切入》，载《当代法学》2004年第2期。

具有代为承认、放弃、变更诉讼请求,进行和解,提起反诉或者上诉代理权限并具有特别授权委托书的,则原则上可直接由特别代理人与被告人或其委托的人签订赔偿协议。对于多名原告人直接参加诉讼的,则应分别取得各原告人的同意并全部签署意见才能签订赔偿协议。如果出现意见分歧,则应以各被害人亲属按照法律规定应判赔的扶养费数额的大小作为最后确定调解是否成功的依据。[①] 我们基本赞同上述观点,在此不再赘述。

在这里,我们还想强调的一点是,尽管死刑裁量时不应以被害方的态度为转移,不可简单地迁就被害方的要求一判了之,但并不代表不能考虑或关注被害方的谅解态度。

首先,被害方愿意对犯罪人给予谅解,不强烈要求判处其重刑或死刑的案件中,犯罪人往往有一定的悔罪表现,如及时给予民事赔偿或者认罪态度好等,这在一定程度上反映出犯罪人的人身危险性有所降低。当然,在这种情况下,如果对犯罪人适当从轻处罚,与其说是考虑了被害方的谅解态度,毋宁说是因为犯罪人的认罪态度较好。

其次,从刑罚目的的角度考虑,在被害方愿意谅解的情况下,对犯罪人量刑考虑适当从轻处罚,不用担心稳控方面的问题,也容易息诉服判,有利于实现刑罚特殊预防与一般预防的目的。

最后,从有利被告的原则出发,在量刑时对被害方的谅解态度予以考虑,对于贯彻严格限制和慎重适用死刑的政策,有非常积极的意义,这也是国外司法实践中通行的做法。如美国杀人罪被害人家属和解组织(Murder Victims' Families for Reconciliation)和希望之旅(Journey of Hope)等一些非政府组织,本着"自身失去亲人的经历而反对用更多杀害行为回应其他人失去亲人"的观念,在一定程度上影响着刑事司法实践中是否适用死刑的方向。对于那些反对适用死刑的被害人家属而言,检察官尊重他们不以死刑罪行起诉的意见,并得到法院不适用死刑判决的认可,从而在司法实践中减少了死刑的适用数量。[②] 又如,在英国,受害者家属的意见或愿望对判决的影响到底有多大?英国法院目前对这个问题已经考虑了一段时间。上诉法院称,受害者家属的意见与正当的判决无关,而且判决法官应当漠视受害者家属的意见。显然,受害者家属持有的应对罪犯处以死刑的意见作为加重罪行的因素是不能获得认可的,因为这些意见具有主观性。但是受害者的死亡对其家属的影响程度可能对判决存在一定程度的影响。而且在有些案件

---

① 柴建国、王宇辉:《刑事附带民事调解中的几个问题》,载《人民法院报》2009 年 7 月 1 日。

② 王秀梅:《论刑事司法对死刑的影响》,载《河北法学》2008 年第 2 期。

中,受害者家属请求不要对罪犯处以死刑。虽然这很罕见,但确实存在。应当如何处理这些案件呢? 就这些案件而言,至少可以认为法官不应当漠视受害者家属所有的意见。① 由上可见,在英国,尽管法官考虑被害方的谅解意见可能使得判决带有一点任意性(因为这些因素具有一定的主观性),但是,排除依法可减轻刑罚的因素显然也是不恰当的。

(本文原载于《中国法学》2010 年第 5 期)

---

① ［英］死刑项目有限公司、Simons Muirhead & Burton 律师事务所:《死刑案件量刑指南》,英国牛津 Holywell 出版社 2007 年版,第 19 页。

资格刑制度新探

——外国人在中国境内犯罪的刑罚设定与适用

高长富

作者简介:高长富(1965—　),男,湖南省龙山县人,1987年6月毕业于中南工业大学社会科学系,现为吉首大学法学与公共管理学院教授,硕士生导师,校教学督导,湖南省刑法学研究会副会长,湘西州中级人民法院刑事审判专家咨询委员会委员。在三十余年教研生涯中,共主持思想政治教育法制化研究等省级以上项目10余项;出版《中国刑罚体系泛论》等专著5部;发表《关于设立思想工作渎职罪的思考》《资格刑制度新探——外国人在中国境内犯罪的刑罚设定与适用》等论文40余篇;承担的本科课程《刑法总论》获湖南省线上线下混合式一流课程。为《酉水河保护条例》等地方法规的出台提供了支持。

不同于自由刑所具有的普遍适用性,各国资格刑的设定和适用大都采用一定的差别效力规则,如中国刑法规定的驱逐出境之刑罚即仅适用于外国人①。尽管如此,由于中国现行资格刑种类量小、针对性不强,加之大量具有资格剥夺性质的处罚游离于刑罚体系之外,资格刑在发挥打击涉外犯罪方面所起的作用甚为微弱。尤其在现阶段,随着经济全球化、政治社会生活国际化的进程加快,中国境内的外国人犯罪事件频发,如何防范打击这类犯罪分子,单一的驱逐出境刑显然难以有效应对当前中国涉外刑事司法实践所面临的现实需求,探索和改良中国现行的资格刑制度,有效防范外国人在中国境内犯罪就成了一个亟待解决的重要课题。笔者不揣浅陋,就此做一探析,以求教于同人。

一、我国现行资格刑适用的困境

面对日趋严重的外国人入境犯罪,撇开对外国人施以自由刑中的相关问题不

---

① 是指居住在中国国境之内而没有中国国籍的自然人,包括拥有他国国籍的人、无国籍人、双重国籍人或多重国籍人。但是享有外交特权和豁免权的外交代表及其家属除外。

做讨论,仅就外国人在中国境内犯罪可适用的资格刑而言,现行《刑法》的相关规定的确很不完善,主要面临三大困境。

(一)刑种单一

依据中国《刑法》第35条"对于犯罪的外国人,可以独立适用或者附加适用驱逐出境"之规定,"驱逐出境"是中国唯一适用于外国人的资格刑种类。困境在于:该资格刑仅限于"驱逐类",缺乏"非驱逐类";"驱逐出境"作为一个刑种,缺少其下位之刑;"驱逐出境"理应存在期限,而该刑罚的设定既无有期与无期之分,更无刑期长短之别。如此"三无"资格刑,其制度上的预设就是:当一个外国人在境内实施犯罪行为被法院判以资格刑,主权国家唯一的选项便是将其"驱逐出境"。面对单一的刑种或刑元素,应对形形色色、千差万别的犯罪,加上受多种因素的制约,法院的判决常常无所适从。从刑罚的效果来考察,驱逐出境的适用将产生两方面的实效:一方面,将直接导致被驱逐的外国人因为出境而使其应享有的居留权及其相应的权利无法行使;另一方面,将直接导致其应该承担的义务因被迫离境而难以履行。事实上,随着各国间科技、教育、商贸、文化等各个领域的交往和合作日益深入,基于国家经济主权和贸易自由权之考虑,政府理应更加切实地保障外籍公民在境内的居留权,其中也包括某些理应承担刑事责任的外国人的居留权。可以想象,如果司法机关对外国人动辄适用驱逐出境刑,各种重大的科研项目以及各种合同的履行势必难以为继,最终损害国家的利益。因此,如何探索适宜的"非驱逐类"资格刑以弥补现行适用于外国人的资格刑之不足,亟待深入研究。

(二)内涵模糊

考察中国刑事立法,"驱逐出境"作为资格刑,其内涵具有明显的模糊性。首先,适用对象模糊。"驱逐出境"适用于"犯罪的外国人",这显然是一个笼统的规定,意味着该刑既没有明确区分罪名,也没有区分罪度,即犯罪程度。也意味着其既可适用于政治犯,也可适用于非政治犯。而按照国际惯例,政治犯一般不予引渡,当然适用驱逐出境也就没有必要了。其次,期限规定匮缺。执行期限既可理解为立即执行,也可诠释为能够延缓执行,极易导致实践中产生分歧。最后,效力范围不明。既没有明示其时间效力,也没有规定相应的复权效力。悖论在于:适用"驱逐出境"的外国人在被驱逐后,如果马上再次入境,法律并没有明确的禁止性规定,可见,该规定并不十分严密,有一定的法律空隙。此外,也有学者看到:中国刑法规定了对于犯罪的外国人,可以独立适用或者附加适用驱逐出境,这里使用的是"可以"而不是"应当"。对于什么样的案件是可以适用的,什么样的外国人犯罪案件又是不可以适用的,并没有权威的解释,极易引发适用上的偏差。① 实际上,驱逐出境的适用,不仅要考虑到犯罪的性质、情节及本人的情况,还要适当顾及国际斗争的形势及两国之间的关系,其中不仅仅涉及法律问题,还涉及复杂的政治和外交问题,至少可以说,这不仅仅是一个国内法上的问题,还是一个国际法上的问题。② 因此,对于如何适用驱逐出境,在中国法律规定尚具有模糊性的情况下,人民法院的确难以驾驭。

(三)可行性缺失

在中国的涉外刑事司法实践中,驱逐出境资格刑的适用率并不高,其重要原因就是:第一,减刑制度缺失。减刑制度作为降低罪犯刑罚量的措施,是根据惩办与宽大相结合、惩罚与教育相结合刑事政策所构建的,体现的是刑罚个别化理念和刑罚的人道主义精神,为各国刑法所青睐。中国《刑法》虽有减刑制度立法,但可减刑种并不包括"驱逐出境"。如果某一外国人被判驱逐出境附加刑,就意味着罪犯无论在主刑执行期间表现有多么好或多么坏,主刑执行完毕后,一律享受同等待遇,即丧失在中国的居留权。该规定直接影响着罪犯对刑罚的信仰,也不利于罪犯改恶从善,因而具有不可忽视的消极作用。第二,驱逐出境相关程序缺失。从严格的刑罚程序的要求来看,法院判决驱逐刑后,应进入交付程序,即交付执行机构执行。然后,执行机构要进入证件查验及收缴程序,即查验被驱逐者的有效护照或其他替代护照的身份证件,收缴其持有的准予在中国居留的证件。查验及收缴完毕,应进入禁入登记程序,必须将被驱逐出境的外国人,列入不准入境人员名单。登记结束,应进入通报程序,即请示告知外事部门。最后才是强制驱逐程序。执行中如有特殊情况,需要延期执行的,还要报省、自治区、直辖市公安厅、局核准。③ 然而,中国刑事立法却无涉该刑罚执行的程序问题,导致实践中对于该刑罚的适用程序无章可循,影响了该刑罚的可行性。

二、适用于外国人的资格刑体系之重构

完善的资格刑体系应拥有齐备的刑类和足够的刑元素。因而,重构"资格刑"体系事实上涵盖刑类和刑元素新设两方面的工作。

(一)刑类新设

借鉴国际公约和其他国家的相关规定,笔者认为,适用于外国人的资格刑应

① 吴平:《论驱逐出境》,载《浙江师范大学学报》2000年第4期。
② 莫非:《我国驱逐出境的立法分析》,载《法制与社会》2007年第7期。
③ 黄淑娥:《论驱逐出境的适用及其制度完善》,载《社科纵横》2007年第2期。

在保留和完善现行驱逐出境刑的基础上增设非驱逐类刑种。正如《公民权利和政治权利国际公约》规定的：只有在危害国家安全、公共秩序或是在事关国家安全并在紧急情况下，对外国人的驱逐才被认为是正当合理的。为此，笔者建议将适用于外国人的资格刑类型设定为两大类：驱逐类和非驱逐类。对于驱逐类资格刑的设定，实际上可以参照《中华人民共和国外国人入境出境管理法》第 16 条的规定，"对不遵守中国法律的外国人，中国政府主管机关可以缩短其在中国停留的期限"，确定以下类别：第一类，缩短居留权利类；第二类，剥夺在中国从事某种特定职业的权利类；第三类，剥夺在中国从事某种行为的权利类；第四类，剥夺其在中国获得的各种荣誉、职衔和称号类。设置缩短居留权利类是因为通过缩短罪犯居留权可以实现惩罚犯罪之目的。设定剥夺从事某种行为或某种特定职业类是基于外国人有可能利用在中国享有的从事某种特定职业或某种行为权再次实施同类犯罪。设立剥夺荣誉、职衔和称号类，则是由于外国人的某些犯罪可能辱没已经取得的荣誉、职衔和称号或利用这些荣誉、职衔和称号实施犯罪。只有使驱逐类资格刑与非驱逐类资格刑互为补充，相得益彰，才能使适用于外国人的资格刑体系得以完善。

（二）刑元素新设

关于资格刑的刑元素设定，就驱逐类和非驱逐类资格刑的刑元素，国外一般都采取分立制。如《瑞士联邦刑法典》规定了资格刑中"不能担任公职""剥夺选举权与监护权""禁止执业或禁止经商"等三类①；《意大利刑法典》则规定了"褫夺公职、禁止从事某一职业或技艺……禁止担任法人或企业的领导职务……"②。鉴于中国的实际情况，笔者建议将驱逐类资格刑分设两种刑元素，即永久性驱逐刑和阶段性驱逐刑。这种有高低位阶之分的刑元素设置，旨在为减刑制度的构建创造可能性，在实践中可以各得其宜，便于其发挥相应的刑罚作用。与之相对应，非驱逐类资格刑则可分设更多的刑元素。借鉴其他国家的刑事立法经验以及中国其他部门法的有益做法，笔者建议设立三种缩短居留权利类的资格刑，即缩短永久居留权利刑、缩短一般居留权利刑和缩短临时居留权利刑；设立三种剥夺从事特定职业类的资格刑，即剥夺担任公司、企业高级管理人员（包括董事、经理、监事、财务主管等）权利刑，剥夺从事中介服务（包括担任律师、注册会计师、审计师、拍卖师、清算师、验资师等）权利刑和剥夺担任教师、医生权利刑；设立两种剥夺从事行为类资格刑，即剥夺驾驶权利刑和剥夺公共场所饮酒权利刑；设立三种剥夺

---

① 参见《瑞士联邦刑法典》第 51 条、第 53 条和第 54 条。

② 参见《意大利刑法典》第 19 条的规定。

荣誉、职衔和称号类的资格刑,即剥夺一定荣誉(如天津设立的适用于外国人的
"海河荣誉奖"、湖北设立的"黄鹤友谊奖"和"编钟奖"等)刑、剥夺头衔(如名誉院
士、名誉教授等)刑和剥夺称号刑。之所以设置这么多刑元素,是因为居留权有永
久、一般和临时之分;"三种特定职业和两种行为"牵系国计民生;荣誉、职衔和称
号更是与国家尊严相互依存,遂均能发挥其各自的作用。

三、完善适用于外国人资格刑的具体规则

(一)完善"资格刑"刑期、适用对象和适用方式

明确规定适用于外国人的资格刑刑期、适用对象和适用方式有利于该刑的有
效适用,因而,这已成为各个国家刑事立法的通例。如《法国刑法典》第130—30
条规定:"在法律有规定时,对犯重罪或轻罪之任何外国人,得宣告永久性或最长
10年期间,禁止进入法国领域;禁止进入法国领域,依法当然引起将被判刑人遣送
出境;在相应场合,至该人受监禁刑或徒刑服刑期满,遣送出境。"下面将以驱逐类
和非驱逐类的资格刑分类为基础,重新设定资格刑刑期、适用对象和适用方式。

1.驱逐类资格刑刑期、适用对象和适用方式的设定

就驱逐类资格刑而言,永久性驱逐刑和阶段性驱逐刑的法律适用制度应有所
区别。第一,永久性驱逐刑法律适用制度设定。(1)刑期。永久性驱逐又称终生
驱逐或无期驱逐,是将外国人驱逐出中国,使其终生不得进入中国境内的刑种。
终生驱逐,其刑期自然为终生,无须考虑刑期计算问题。但当依附的主刑减刑,资
格刑从无期减为有期,刑期从余下主刑执行完毕之日起开始计算。(2)适用对象。
依据驱逐出境理由在实践中往往表现为"有一些事实存在,从这些事实发生下列
结果:该外国人的行为或者状况构成对居留国的重大扰乱或者危害"的论断分析,
驱逐类资格刑适用对象是罪行严重或性质严重犯罪。因为只有这两种行为才可
能对居留国造成重大扰乱或者危害。以此为逻辑起点,继承中国《刑法》第81条
视10年以上有期徒刑犯罪为严重犯罪的理念以及中国《刑法》视危害国家安全罪
为性质最严重犯罪的观念,我们可以将永久性驱逐刑适用对象确定为:因罪行严
重、主观恶性极大而被判10年以上有期徒刑、无期徒刑和死刑缓期两年执行的罪
犯以及犯危害国家安全罪的犯罪分子。(3)适用方式。由于"可以独立适用或附
加适用"的立法符合刑罚个别化原则,既可独立适用,也可附加适用,但必须以立
法或司法解释的形式明确独立适用的情形,即不宜在中国服其他可判刑种。至于
对"不宜"的含义,笔者认为,应以犯罪分子自身条件为基础,以刑罚经济原则为补
充,具体情形可进一步研究。第二,阶段性驱逐刑法律适用制度设定。(1)刑期。
阶段性驱逐刑又称有期驱逐,是指将罪犯驱逐出中国境内一段时间,禁入期满,可

再申请进入中国的一种刑罚措施。其刑期设定必须以中国国情为出发点,没有必要照搬外国的做法。阶段性驱逐刑的刑期不宜超过 10 年。综合考虑各种因素,笔者认为,应将阶段性驱逐刑刑期设定为 1 年以上 5 年以下。附加适用的,刑期从主刑执行完毕之日起计算;独立适用的,自判决之日起计算。(2)适用对象。基于永久性驱逐刑适用对象之设定,笔者认为,阶段性驱逐刑适用对象应确定为:犯危害国家安全之外罪而被判不满 10 年有期徒刑的犯罪分子。(3)适用方式。阶段性驱逐刑可与永久性驱逐刑的适用方式相同,不再赘述。值得注意的是,在驱逐类资格刑适用过程中,还应考虑一些例外情形。因为过于机械地强调符合"条件"即适用该刑罚,则可能违背刑罚个别化原则,不符合刑罚设定的价值准则。据此,建议将某些"准中国公民"①列为不得驱逐的对象。笔者此处界定的"准中国公民"至少包括以下几类:第一类,8 岁之前就在中国居留的外国人;第二类,配偶有中国国籍,且共同在中国居住的外国人;第三类,子女或父母仍在中国居留的外国人;第四类,其他不宜适用驱逐类刑罚的外国人。如此规定,不但符合国情和民情,而且更加彰显刑罚的人性化倾向。

2.非驱逐类资格刑刑期、适用对象和适用方式的设定

一般而言,驱逐类资格刑既可适用于重罪也可适用于轻罪,而非驱逐类资格刑则只能适用于轻罪。关于"轻罪"的界定,笔者将其诠释为:情节轻微、社会危害性不大、主刑为 3 年以下有期徒刑、拘役刑或管制刑的犯罪,这也是学界的共识。以此为前提,可将非驱逐类资格刑适用条件确定为:(1)应判 3 年以下有期徒刑、拘役刑或管制刑;(2)犯罪分子无不宜服可判主刑之情况。考虑到非驱逐类资格刑刑元素较多,非驱逐类资格刑刑期、适用对象和适用方式的设定将以小类为基点进行展开。第一,缩短居留权利刑法律适用制度设定。(1)刑期。缩短居留权利,顾名思义就是将罪犯在中国居留的权利期减少,这是一种通过减少罪犯居留权,实现惩罚犯罪的措施。在其刑期设定上,由于各罪犯犯罪时居留权剩余期限长短不统一,不能用整数规定缩短罪犯多少居留期限,因而,可以分数的形式将刑期确定为:被判 3 年以下有期徒刑的,缩短居留权剩余期限的 2/3;被判拘役刑的,缩短 1/2;被判管制刑的,缩短 1/3。(2)适用对象。基于具体罪名必须以类罪名适用条件为条件和没有居留权就没有缩短居留权之定论,可将适用对象表述为:适用于在中国享有居留权,被判 3 年以下有期徒刑、拘役刑或管制刑的犯罪分子。(3)适用方式。只能附加适用。理由是这一刑种设立以犯罪分子"被判 3 年以下有期徒刑、拘役刑或管制刑"和"无不宜服可判主刑之情况"为前提。第二,剥夺从

① 指不具有中国国籍,但与中国有着深厚交往的外国人。

事特定职业权利刑与剥夺从事某一行为权利刑法律适用制度设定。考虑两小类资格刑刑期与适用方式完全相同,仅在适用对象上存在差异,下面采用合并方式加以确定。(1)刑期。剥夺从事特定职业权利刑和剥夺从事某一行为刑是指剥夺犯罪分子居留期间在中国享有的从事某些特定职业或从事某些具体行为的刑罚措施。这是对犯罪分子剩余居留期内从事"职业"或"行为"权的剥夺,没有剩余居留期便没有剩余居留期权利的剥夺。因而,刑期的设定不仅要与犯罪分子所判主刑相协调,而且要与犯罪时的剩余居留权相衔接。借用缩短居留权利刑刑期设立的方法,借鉴管制附加剥夺政治权利的立法思路,可将剥夺从事特定职业刑和剥夺从事某一行为刑的刑期共同设定为:被判 3 年以下有期徒刑的,剥夺从事特定职业或某一行为的时间为剩余居留期的 2/3;被判拘役刑的,剥夺时间为剩余居留期的 1/2。刑期自主刑执行完毕之日起计算,剥夺的效力施用于主刑执行期间。被判管制刑的,剥夺时间与管制的期限相等,同时执行。(2)适用对象。应以类罪名的适用条件为大前提,再辅以犯罪分子利用这一职业而实施犯罪,或因为这一行为犯罪或引起犯罪。以上述两项为逻辑起点,可将适用对象确定为:剥夺从事特定职业刑适用于利用这一职业而实施犯罪,且被判 3 年以下有期徒刑、拘役刑或管制刑的犯罪分子。剥夺从事某一行为刑适用于因为这一行为而犯罪或引起犯罪,且被判 3 年以下有期徒刑、拘役刑或管制刑的犯罪分子。(3)适用方式。只能附加适用。具体理由同上,不再赘述。第三,剥夺荣誉、职衔和称号刑法律适用制度设定。由于剥夺荣誉、职衔和称号不可能今天剥夺明天不剥夺,今天收回明天回授,因此一经剥夺即为终身剥夺,不得回授。因而,不存在刑期的问题。当然,这并不排除罪犯刑满释放或被赦免后,通过自身努力重新获得相同的荣誉、职衔和称号。适用对象,既可是重罪,也可是轻罪;既可是驱逐类犯罪,也可是非驱逐类犯罪。实质性条件是犯罪分子的犯罪有辱所获荣誉、职衔和称号或有可能利用这些荣誉、职衔和称号实施犯罪。适用方式,既可附加驱逐刑适用,也可附加非驱逐刑适用。值得注意的是,由于缩短居留权利刑、剥夺从事特定职业权利刑和剥夺从事某一行为权利刑均以罪犯享有居留权为前提设置,为了防止主刑尚未执行完毕,罪犯居留期限已满而带来刑罚虚置,必须设立居留时效中止制。① 只有建立了这一制度,缩短居留权利刑才有缩短的余地,剥夺从事特定职业刑和剥夺从事某一行为刑才有实施的空间;才能化解罪犯居留期限已满,居留权已经丧失,但

---

① 是指主刑执行期间,罪犯的剩余居留期自然中止,主刑执行完后,居留期继续计算的制度。以享有 5 年期居留权的外国人犯下 3 年有期徒刑罪为例,如犯罪前,已经在中国居住了 2 年,那么,剩余的 3 年居留期从 3 年主刑执行完开始计算,也就是说,该罪犯执行完 3 年主刑后仍享有 3 年的剩余居留期。

罪犯却依旧在中国的矛盾。

(二)构建"资格刑"的同步减刑制度

从理论上看,减刑制度分为同步减刑制和分减制两种模式。前者是指作为附加刑的资格刑的减刑次数、减刑时间完全与主刑的减刑次数、减刑时间相同的制度。即主刑减,资格刑亦减,主刑减一次,资格刑亦减一次,而且减刑步调一致。按照其他国家的一些做法,同步减刑制还可以进一步划分为:绝对同步减刑法①和相对同步减刑法②。后者又涵盖异比异量法和同比异量法等两种具体的方法。异比异量法是指主刑减刑与资格刑减刑使用的"比例尺"和最终所减刑罚量的大小均存在差异的方法。附加于死刑缓期执行和无期徒刑适用的剥夺政治权利刑之减刑法便属这类方法。同比异量法是指主刑减刑与资格刑减刑使用的"比例尺"相同,但最终所减刑罚量的大小存在差异的方法。同步减刑制度实施过程中,应根据资格刑类型和刑元素的不同选用不同方法;分减制则指作为附加刑的资格刑与主刑的减刑分别适用。具体而言,就是指主刑执行期间减主刑,主刑执行完毕再视具体情况减资格刑。中国现行的减刑制度实行的就是典型的分减制。分减制的问题在于:不正当地剥夺了罪犯在执行主刑期间减少其附加资格刑刑罚量的权利。因为罪犯执行主刑的同时,实际上也在执行附加的资格刑,既然执行主刑刑罚可以得到减少主刑的资格,就没有理由不赋予罪犯执行资格刑刑罚减刑权利。毕竟"确有悔罪表现或有立功表现"才是减刑的实质性条件。因此,笔者建议推行同步减刑制,其具体做法如下。

1.驱逐类资格刑的减刑

这类资格刑的减刑,事实上是减少"禁入期",包括永久性驱逐减为高位阶性驱逐和高位阶性驱逐减为低位阶性驱逐。前者减刑可采用相对同步减刑法中的异比异量减刑法,将终生驱逐减为3年至10年的阶段性驱逐。后者的减刑,则应采相对同步减刑法中的同比异量减刑法。之所以推行同比异量减刑法,是因为主刑与资格刑的刑量往往存在较大的差异。如果等量,很可能导致某种主刑只减1/2,而对应应减资格刑可能已经减完了的尴尬局面。

2.非驱逐类资格刑的减刑

由于剥夺荣誉、职衔和称号刑不存在刑期的问题,因而,需要减刑的包括缩短居留权利刑和剥夺从事特定职业权利刑与剥夺从事某一行为权利刑。缩短居留

---

① 指资格刑与主刑的减刑次数、时间和减刑量完全相等的减刑法,又称为同步等量减刑法。目前,附加于管制刑适用的剥夺政治权利刑所隐意的减刑制度事实上运用的便是这种方法。

② 指资格刑与主刑的减刑次数、时间相同,但减刑量不同的减刑方法,又称同步异量减刑法。

权利刑减刑实际上是减少缩短的既判期,从而为罪犯增加居留在中国的时间。其减刑法可采用相对同步减刑法中的同比异量减刑法。剥夺从事特定职业权利刑与剥夺从事某一行为权利刑的减刑,应分两种情况做出不同的选择:附加有期徒刑或拘役刑适用的,采相对同步减刑法中的同比异量减刑法;附加于管制刑适用的,采绝对同步减刑法。同步减刑法的实施将使罪犯在执行主刑过程中,既可实现主刑刑罚量的减少,又可实现附加资格刑刑罚量的减少,对调动罪犯改造积极性,发挥刑罚功能,无疑大有裨益。

笔者最后强调,适用于外国人的资格刑的完善是一个宏大的系统工程,还存在很多值得进一步思考和论证的问题,如缩短后的剩余居留期间是否需要进行监督?各资格刑与财产刑是否需要并罚?资格刑之间能否并罚?如何并罚?可否设立资格刑缓刑制度?这些都尚待进一步研究解决。唯有面对现实和循序渐进,方能使中国的资格刑制度达致完善。

(本文原载于《江西社会科学》2008 年第 3 期)

试论我国社区矫正中的社区参与模式及其优化路径

——以中美社区矫正中的社区参与模式比较研究为视角

田兴洪

作者简介:田兴洪(1969—   ),男,土家族,湖南省保靖县人,中共党员,北京师范大学刑法学博士,现任长沙理工大学法学院党总支书记、教授、硕士生导师,兼任湖南省刑法学研究会副会长、湖南省法学法律专家库专家、湖南省应急管理专家、国际刑法学协会会员、亚洲犯罪学会会员。主持研究国家级等各级科研项目10多项,出版学术著作5部,主编、参编教材8部。在CSSCI来源期刊等报刊上发表学术论文70多篇。荣获湖南省第十一届哲学社会科学优秀成果二等奖1项、最高人民检察院2012年度检察理论研究优秀成果三等奖1项、湖南省第十五届社会科学优秀成果奖三等奖2项、长沙理工大学第一届社会科学优秀成果一等奖1项、中南地区大学出版社2011—2012年度优秀教材一等奖1项。曾应邀赴韩国首尔、菲律宾宿务以及我国台湾地区台北大学等地参加学术会议并做专题发言。

　　社区矫正是非监禁刑罚执行方式,在我国是指将符合法定条件的罪犯置于社区内,由专门的国家机关在相关社会团体、民间组织和社会志愿者的协助下,在判决、裁定或决定确定的期限内,矫正其犯罪心理和行为恶习,促使其顺利回归社会的非监禁刑罚执行活动。所谓社区,是指一定数量居民组成的、具有内在互动关系与文化维系力的地域性的生活共同体。① 目前我国城市社区一般是指经过社区体制改革后做了规模调整的居民委员会辖区,农村社区一般是指行政村或自然村。社区参与则是指社区主体依照宪法和法律的有关规定,通过一定的组织或渠道,参与社区政治、经济、文化和社会生活管理,影响社区公共权力运行,维护自身

---

① 徐永祥:《社区发展论》,华东理工大学出版社2000年版,第34页。

权益,增进社会福利的行为和过程。① 社区参与是社区矫正的前提和基础。目前我国社区矫正中的社区参与还存在诸多问题。这些问题的主要根源在于缺乏科学参与模式的建构及实践。

一、社区矫正中的社区参与模式的理论构建

(一)社区矫正中的社区参与模式的概念

所谓"模式",一般是指"某种事物的标准形式或使人们可以照着做的标准样式"②。显然,这是从静态角度揭示"模式"的"典型性"和"可模仿性",主要指事物的标准样式。而现在,"模式"的语义已经发生改变,它在原来特指实物的基础上拓展到非实物标准样式的含义,逐渐演变成一种方法体系、范式体系、结构体系等。社区参与模式是指在既定的时空范围内,不需要外部力量的强制性干预,各种利益相关者通过民主协商,相互增进信任,整合资源,采取合作行为,单独或者共同治理社区事务的状态或形式。③ 社区矫正中的社区参与模式(以下正文中简称"参与模式")是社区参与模式的下位概念,是指社区矫正中的社区参与的状态或形式。

(二)社区矫正中的社区参与模式的构成要素

社区矫正中的社区参与(以下正文中简称"社区参与")是由许多环节、多种因素交互作用的复杂结构系统,而参与模式是社区参与的一种简化、抽象和类比表示。因此,可以借助系统理论来分析参与模式。贝塔朗菲认为:"系统是相互联系、相互作用的诸元素的综合体。"④参与模式的主要元素(要素)包括:(1)参与目标。参与目标由参与方向和参与规格两部分组成,参与方向是指将社区矫正人员改造成什么人,而参与规格是指社区矫正人员的人格、素质等方面应达到的标准。(2)参与主体。即指社区矫正中的社会参与力量,但仅指社区矫正工作主体中与"官方"主体对应的"民间"主体。(3)参与对象。即社区矫正人员,是社区矫正工作直接针对的对象。(4)参与客体。即指参与主体的具体任务。(5)参与质量。即指社区参与的实际效果,其衡量标准是参与目标的实现状况,具体考核指标是社区矫正人员重新犯罪率等。

① 李笑:《社区管理实用手册》,经济管理出版社 2011 年版,第 69 页。
② 中国社会科学院语言研究所:《现代汉语词典》,商务印书馆 1981 年版,第 791 页。
③ 李霞:《中国城市社区参与模式研究》,华中师范大学 2007 年硕士学位论文,第 8 页。
④ 转引自苗东升:《系统科学精要》(第 2 版),中国人民大学出版社 2006 年版,第 21 页。

（三）社区矫正中的社区参与模式各要素内外关系分析

参与模式是结构范畴和过程范畴的统一，结合系统论，参与模式各要素内外关系特征如图所示。①

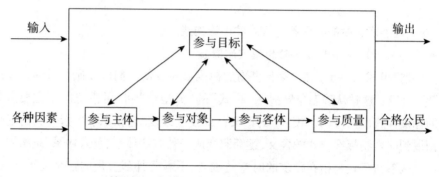

社区矫正中的社区参与模式各要素内外关系

上图说明：（1）参与模式诸要素之间形成相互联系、相互制约的多元性、层次性和结构性的逻辑关系。② 其中，参与目标是系统的核心要素，对其他要素进行引导和制约。参与对象在一定程度上制约着培养目标，参与对象不同，参与目标应当有所差异。参与对象在一定程度上也制约着参与客体。参与客体是实现参与目标的关键环节，其合理程度直接影响到培养目标的实现。不同的参与客体蕴含着不同的质量产出。参与质量是对参与过程的监控，也是保证参与目标实现的最终环节。（2）参与模式是一个开放系统，随着国家刑事政策调整等外界因素的变化而不断优化。只有所有要素达到基于目标取向上的逻辑联系的优化组合，参与模式才能实现整体优化，并产生整体功能大于部分功能之和的参与功效。

二、中美社区矫正中的社区参与模式之比较

我国社区矫正的实施机构是司法部社区矫正管理局，各地司法行政机关设立对应机构。《社区矫正实施办法》（以下简称《办法》）第3条规定："县级司法行政机关社区矫正机构对社区矫正人员进行监督管理和教育帮助。司法所承担社区矫正日常工作。社会工作者和志愿者在社区矫正机构的组织指导下参与社区矫正工作。有关部门、村（居）民委员会、社区矫正人员所在单位、就读学校、家庭成员或者监护人、保证人等协助社区矫正机构进行社区矫正。"可见，我国社区矫正工作队伍的组建模式是"一体双翼"："一体"，是指以司法所行政人员为主体；"双

---

① 胡玲琳：《我国高校研究生培养模式研究》，复旦大学出版社 2010 年版，第 31 页。
② 苗东升：《系统科学精要》（第 2 版），中国人民大学出版社 2006 年版，第 21 页。

翼",是指以专职社会工作者和社区矫正志愿者为辅助。

在美国,处在联邦监狱释放前监禁状态中的犯人的社区矫正工作由美国司法部联邦监狱局矫正计划处管理①;处在非监禁状态的犯人的社区矫正主要由联邦地方法院管理。② 美国大多数州政府下设有矫正局,承担对监禁和非监禁的罪犯的管理,但是市、县一级一般不设社区矫正的行政管理机构③,只设立社区矫正工作机构。美国社区矫正工作队伍的组建模式是"专兼结合、以专为主",即兼职社区矫正工作者在专职社区矫正工作者的指导下开展工作。参与模式则是工作队伍组建模式的子模式,体现的是"专""兼"组合中"兼"即社区力量的结构特征。总体上说,美国的参与模式深深扎根于市场和民间,具有主动性的特征,社区参与性较强;而我国的参与模式具有被动性、政府强制性等特点,社区参与性较弱。现将中美参与模式构成要素简要比较如下。

(一)参与目标比较

社区参与是为了助推社区矫正,因而社区矫正的目标就是社区参与的目标。根据《办法》等规定,我国的参与目标是:第一,维护社会和谐稳定;第二,合理配置行刑资源,提高刑罚执行效率,降低行刑成本;第三,将社区矫正人员改造成为守法公民等。美国《明尼苏达州社区矫正法》规定的社区矫正的目标是维护社会公共安全、促进罪犯顺利回归社会和促进实现刑罚执行经济化。④《美国社区矫正示范法》规定的社区矫正目标是:第一,提高公众安全和取得经济效益;第二,确保刑事惩罚的适当性;第三,提高社区意识和参与度以及对矫正体系管理的责任心;第四,确保罚当其罪;第五,为罪犯提供教育、培训、处遇;第六,使罪犯在社区中为他们的犯罪行为承担责任;第七,尽量减少监禁刑的适用。⑤ 另外,杰克森等人认为美国多数社区矫正计划的主要目标是保护社会公众利益、节省社区财政资源和减少监狱囚犯人数过多现象。⑥ 相较而言,中美两国的参与目标大体一致,只是美国已由法律规定参与目标,权威性更高,有利于操作和落实。

(二)参与主体比较

我国的参与主体是"2+N"模式:"2"是指我国社区矫正中的社区参与主体由

---

① 赵秉志:《社区矫正法(专家建议稿)》,中国法制出版社 2013 年版,第 242 页。

② Cromwell, Paul F. 2003. Community - Based Corrections Belmont, CA: Wadsworth/Thomson Learning, p.100.

③ 刘强:《社区矫正组织管理模式比较研究》,中国法制出版社 2010 年版,第 9 页。

④ 种若静:《美国社区矫正制度》,载《中国司法》2008 年第 10 期。

⑤ 刘强:《社区矫正评论》(第 1 卷),中国法制出版社 2011 年版,第 264-265 页。

⑥ Jackson, J.L., de Keijser, J.W., &Michon, J.A.: "A critical look at research on alternatives to custody", Federal Probation, 1995, p.59.

社会工作者和志愿者组成;"N"是指有关社区力量协助社区矫正机构进行社区矫正。在这种参与模式下,各地形成了颇具特色的地方模式。第一,北京市的"3+N"模式:"3"是指社区矫正中的社区参与主体由抽调监狱劳教人民警察、社会工作者和志愿者组成,"N"是指参与社区矫正的其他社会力量。① 第二,浙江省枫桥镇的"4+1"模式:所谓"4",是指该镇社区矫正中的社区参与主体由社区民警、驻村指导员、村责任人和社区矫正人员的监护人担任;"1"则是指代社区矫正人员本人。② 为此,该镇成立了84个村社区矫正工作组。工作组由村民委员会主职干部任组长,村治保主任、调解主任以及团妇负责人、村会计等为成员。工作组设在基层行政村,主要依托社区力量开展工作。③

美国的参与主体采用"市场主导、社团协作"模式。社区参与主体主要有以下几个。

第一,社区自治组织。1992年《美国社区矫正示范法》规定,社区是指地方的司法执法管辖区、结合的司法执法管辖区以及在符合法案的宗旨和要求的前提下,与政府共同努力和分别承担社区矫正执行责任的司法执法管辖区。④ 在美国,社区事务通常由社区董事会进行自治管理。比如,《纽约市社区董事会章程》规定,全市59个社区分别成立社区董事会。社区董事会下属职能委员会、代理委员会和区域委员会等负责执行具体事务。⑤ 美国社区参与社区矫正的途径一般包括:一是参与社区矫正立法、决策与规划。各州成立负有监督政府刑事执法政策和方案职责的政府刑事执法委员会,其15个委员中必须包括4位一般社区公众代表;每一个社区都应当建立的社区矫正委员会,其组成人员应当至少包括3位或3位以上一般公众代表。⑥ 二是在每一个社区至少聘用一名兼职的社区矫正信息员,建立有效的信息反馈网络,为司法所掌握矫正对象动态提供快速、准确的信息,同时在每一个街乡聘用一定数量的专职矫正社工,专门为矫正对象提供服务。⑦

第二,私营机构。美国社区矫正主要包括各州主办的综合性社区矫正、地方主办的社区矫正以及私人主办的社区矫正三种基本形式。美国社区矫正制度的

---

① 司法部基层工作指导司:《全国社区矫正工作会议文件汇编》,法律出版社2010年版,第55页。

② 曾赟:《论中国农村社区矫正之模式与路径》,载《浙江社会科学》2006年第3期。

③ 陈立峰:《农村社区矫正模式的构建》,载《经济视角(下)》2010年第6期。

④ 刘强:《社区矫正评论》(第1卷),中国法制出版社2011年版,第265页。

⑤ 谢芳:《美国社区》,中国社会出版社2004年版,第67页。

⑥ 刘强:《社区矫正评论》(第1卷),中国法制出版社2011年版,第267-270页。

⑦ 林仲书:《美国伊利诺伊州的社区矫正工作及启示》,载《中国司法》2011年第2期。

最大亮点就是市场化运作,允许私立社区矫正制度的存在和发展,将开办企业与解决犯人矫治问题联系起来,将文化、劳动技能培训与改造罪犯紧密结合起来。私立的社区矫正制度既收押法院判令到社区矫正机构中服刑的缓刑犯,又为监狱的假释犯提供契约服务。它们都必须达到美国《成年犯社区居住服务工作标准手册》中所列的 195 条标准,以保证向社区矫正人员提供高质量的服务。① 比如,美国《明尼苏达州社区矫正法》强调社区矫正的市场化运作,以保证社区矫正运行的有效性。② "从经济学的眼光看,明尼苏达州社区矫正事业更像是一种产业。在这一产业中存在市场准入和退出,存在投入和产出的效益比,存在财政援助和费税支付,存在产业协会,存在标的物(监管)的购买、租赁和转让,存在固定资产投入,存在购买服务等。可以说,通过市场化运作,调动了全社会的相关力量,使明尼苏达州社区矫正工作有条不紊地进行。"③美国迪兰西街矫正中心则是社区矫正市场化运作的典范。该中心于 1971 年成立后采取完全自治的模式,由自身成立的董事会和社区矫正人员组成的多个理事会进行全面管理,先后创办了 23 家公司,年产值已达 2000 万美元,并已将成千上万的社区矫正人员培养成守法公民。④

第三,社会团体。美国《亚拉巴马州社区矫正法》规定,社区矫正机构的设立不限于县政府下设的社区惩治和矫正中心,也可以由符合一定条件的非营利性机构主办。它们参与管理社区矫正的形式主要包括两种:一种是对社区矫正人员的全程管理;另一种是非政府组织或社团组织与官方的组织和机构通过签订合同设立中途之家等方式承担部分社区矫正工作。⑤ 美国 90% 以上的中途之家是私营的,而且私营中途之家中的犯罪人占全部中途之家中犯罪人总数的 60%。⑥ 私营中途之家可以选择它们愿意接受的犯罪人类型,而适合在私营中途之家安置的犯罪人,则由监狱中的个案管理员或者缓刑官推荐,州或者县政府按照每个犯罪人

① [美]克莱门斯·巴特勒斯:《矫正导论》,孙晓雳等译,中国人民公安大学出版社 1991 年版,第 83—90 页。
② 刘强:《各国(地区)社区矫正法规选编及评价》,中国人民公安大学出版社 2004 年版,第 129—131 页。
③ 刘强:《各国(地区)社区矫正法规选编及评价》,中国人民公安大学出版社 2004 年版,第 131 页。
④ 颜九红:《美国社区矫正的成功典范——迪兰西街矫正中心》,载《北京政法职业学院学报》2005 年第 2 期。
⑤ 刘强:《对美国社区矫正管理机构和人员配备的借鉴与思考》,载《湖北警官学院学报》2008 年第 1 期。
⑥ Belinda Rogers McCarthy, Bernard J. McCarthy, Jr. & Matthew C. Leone, Community-based corrections, 4thed. (Belmont, CA: Wadsworth/Thomas Learning, 2001), p.241.

每天的一定标准向私营中途之家支付费用,犯罪人自己也会每日按照一定标准向私营中途之家进行一定资助。①

第四,志愿者。"美国的缓刑就是作为一种志愿人员服务而兴起的。"②美国已制定社区矫正法的州都规定市民应参与社区矫正,并且规定市民在社区矫正中可以发挥的特别作用。③ 据统计,在美国的3000多个司法管辖区中,每年有约30万到50万的公民自愿参与社区矫正。④ 例如,在奥兰治县,有500多名志愿者帮助该县缓刑部运行缓刑志愿者计划;在志愿者的帮助下,每名缓刑官可以监督很多名缓刑犯,典型的案件量为每名缓刑官监督80~120名缓刑犯。⑤ 美国社区矫正志愿者主要按照一对一模式(即志愿者个人帮助当事人顺利地在社会中生活和发展)、监督模式(即志愿者担任缓刑官和假释官的案件助手,在缓刑官和假释官的指导下为几名当事人提供服务)、专业模式(即志愿者利用自己的专业技能帮助当事人)、管理模式(即志愿者帮助承担项目管理工作,间接地为当事人服务)等四种模式来提供服务。⑥

(三)参与对象比较

我国的参与对象包括被判处管制、宣告缓刑、假释或者暂予监外执行等四种社区矫正人员。美国的参与对象范围比较宽泛。美国《明尼苏达州社区矫正法》规定的参与对象包括:第一,成年犯和青少年犯;第二,审前未决犯;第三,已决犯;第四,刑满释放人员。⑦ 曾被美国全国执法和刑事审判研究所树为典型的艾奥瓦州波克县《得梅因社区矫正法案》中,也包括了对未决犯的审前释放和监督释放两个部分。⑧《美国社区矫正示范法》规定的社区矫正对象则包括:其一,轻罪;其

---

① Paul F.Cromwell,Leanne Fiftal Alarid & Rolando V.del Carmen,Community-based corrections,6th ed.(Belmont,CA:Thomas Wadsworth,2005).p.162.

② Howard Abadinsky,Probation and parole:Theory and practice,8th ed.(Upper Saddle River,NJ:Prentice Hall,2003),pp.340.

③ M.Kay Harris,"Key differences among community corrections acts in the United States:An overview,"The Prison Journal 76(2,1996):202.

④ 李素琴、谭恩惠:《美国社区矫正制度对我国的借鉴》,载《中国人民公安大学学报(社会科学版)》2012年第5期。

⑤ Todd R.Clear Harry R.Dammer,The offender in the community,2nd ed.(Belmont,CA:Thomson/Wadsworth,,2003),p.460.

⑥ Eric Carlson & Evalyn Parks,Critical issues in adult probation:Issues in the probation management(Washington,DC:U.S.Government Printing Office,1979),p.237.

⑦ 贾学胜:《美国社区矫正制度对我国的借鉴》,载《法治论坛》2008年第1期。

⑧ [美]大卫·E.杜菲:《美国矫正政策与实践》,吴宗宪等译,中国人民公安大学出版社1992年版,第88页。

二,非暴力重罪犯人,包括需要特殊治疗的毒品滥用者;其三,符合以上两种条件的罪犯或违反缓刑、假释和社区矫正期间规定的罪犯;其四,即使罪犯不符合以上三条标准,但法庭认为可以作为符合本法案要求处理的个案类型。[①] 相较而言,我国的参与对象明确、固定,但是范围较为狭窄;美国的参与对象范围比较宽泛。要充分发挥社区矫正制度设计的功能,扩大参与对象是必然趋势。

(四)参与客体比较

我国的参与客体包括教育矫正、监督管理和帮困扶助。同时,管制犯、缓刑犯和假释犯还要严格遵守我国《刑法》的禁止令等规定。美国社区矫正项目具有比较完整的结构性,包括对罪犯的强制要求、承担责任的标准和方法,以及对于不遵守强制性措施的制裁。[②] 美国社区矫正工作者对社区矫正人员的行为管理包括监管和矫治两方面内容:日常管理方式是为了对其实行监督,体现社区矫正的惩罚功能;矫治则强调应用社会工作的理念和技术对其进行矫治,从而体现社区矫正的教育转化功能。[③] 可见中美两国参与客体基本一致,只是我国更注重教育和帮扶,而美国更注重监管和矫治。

(五)参与质量比较

参与质量是我国社区参与的薄弱环节,我国自 2003 年试行社区矫正以来已经有十多年了,但是至今尚未有国家层面的绩效评估和数据分析。美国则很重视对管理过程的评价并催生出大量研究成果,运用这些研究成果形成系统的量化评估体系,并用于指导和调整下一阶段的管理方案。[④] 为了保证社区参与的质量,美国除采取加强危险的控制等方式保证矫正和参与质量以外,还有专门的质量控制和保证计划。[⑤] 美国的立法对于参与质量一般都有明确的要求。比如美国联邦监狱局《社区矫正的使命与责任》规定了专门的"质量控制计划"和"质量保证计划":前者是指通过检查和评价方法监控矫正计划结果的一种制度或者过程;后者旨在向负责的矫正计划管理人员提供关键信息,以便帮助评估他们领导下的某个矫正计划管理人员和工作人员的工作质量。[⑥] 美国的上述做法值得我们借鉴。

---

① 刘强:《社区矫正评论》(第一卷),中国法制出版社 2011 年版,第 270-271 页。

② Lucken, K. Dynamics of Penal Reform, Crime, Law, and Social Change, 26 (4), 1997, pp. 367-384.

③ 张金武:《美国北卡罗来纳州社区矫正简况》,载《中国司法》2009 年第 2 期。

④ Mackenzie, Doris Layton. 2006. What Works in Corrections: NY: Cambridge University Press. pp. 18-19.

⑤ 吴宗宪:《论社区矫正中的危险控制》,载《中国司法》2005 年第 1 期。

⑥ 赵秉志:《社区矫正法(专家建议稿)》,中国法制出版社 2013 年版,第 387-388 页。

三、优化我国社区矫正中的社区参与模式的路径

相较于美国社区,我国社区更具有动员社区人力、财力、物力参与社区矫正的权威和优势。因为美国实行自下而上的社区自治,社区自治程度高,但是社区的组织化程度较低;我国则实行自上而下的社区自治,社区自治程度低,但是社区的组织化程度高,社区基层群众性自治组织实际上是"准行政机关"。但是我国现行社区矫正制度设计对发挥社区基层群众性自治组织的作用重视不够。依据《办法》第3条规定,我国的村(居)民委员会仅为社区矫正的"协助"主体,还不够资格当"参与"主体。这种规定一定程度上脱离了我国国情。由于长期受城乡"二元制"社会结构制约,我国广大偏远农村社区的经济社会发展远远落后于城市社区,农村社区的社会工作者组织、志愿者组织等很不健全。所以,目前我国农村社区矫正中的社区参与主体实际上是村民委员会而非社会工作者和志愿者。为此,我国应立足国情优化社区参与模式,注重发挥村(居)民委员会等基层群众性自治组织的作用。在农村社区,应构建以村民委员会为主导的参与模式,笔者称之为"村民委员会"模式;在城市社区,则应构建以居民委员会为主导的参与模式,笔者称之为"居民委员会"模式。"村民委员会"模式和"居民委员会"模式合称为"基层群众性自治组织"模式。实现路径是:由社区矫正机构直接将社区矫正中社区参与的具体任务全部委托给村(居)民委员会,再由村(居)民委员会组织其他社会力量参与社区矫正。现将参与模式构成要素的优化路径阐述如下。

（一）科学设定参与目标

保留"将社区矫正人员改造成为守法公民",同时做以下优化:第一,增加"惩罚犯罪人"。社区矫正是一种刑罚制裁形式,对犯罪人应具有惩罚性。第二,用"保护公众"取代"社会稳定",因"保护公众"的表述更为明确、直接,也更接近我国《刑法》"惩罚犯罪,保护人民"的立法目的。[①] 第三,建议删除"合理配置行刑资源,提高刑罚执行效率,降低行刑成本"。主要原因:一是这些属于工作效率和方法的范畴,不应该成为社区参与的追求目标;二是我们并非把原本的被监禁者施以缓刑或假释,而是把实际上处于"相对脱管"状态的管制、缓刑、假释、暂予监外执行的罪犯加以更加严格的监督和管理。因此,行刑总成本必然上升而非下降。[②]

（二）合理强化参与主体

首先,采取有效措施鼓励更多的企业参与社区矫正。企业社会责任理论认

---

① 吴宗宪:《社区矫正比较研究》,中国人民大学出版社 2011 年版,第 23-28 页。

② 孔一:《中国农村社区矫正的困惑》,载《江西公安专科学校学报》2005 年第 5 期。

为,企业必须超越把利润作为唯一目标的传统理念,强调在生产过程中对人的价值的关注,强调对消费者、环境、社会的贡献。① 就社区参与而言,企业应该通过为社区矫正人员提供就业岗位等方式承担社会责任。鉴于我国企业的社会责任整体水平很低的现状②,我国应对积极接纳社区矫正人员就业的企业给予税收减免等优惠政策,以调动这些企业社区参与的积极性。其次,完善我国的中途之家:一是其规模不宜太大,一般可容纳 20 余名矫正对象,管理人员与社区矫正人员的比例为 1∶5 左右比较合适;二是提高其法制化、规范化、制度化水平,对接受对象等应有明确的法律规定;三是彰显其福利功能,着力为社区矫正人员等适时适度提供帮助;四是大力建设民营中途之家,充分利用社会资源,开展社区矫正。③ 最后,增强我国民间组织的参与能力:一是政府应确立与民间组织平等合作伙伴关系的新理念,为民间组织发展创造优良环境,并给予政策优惠和激励;二是增强民间组织的社会责任感,并强化其内部财务及人力资源管理。

(三)适度扩大参与对象

有学者认为,如果不将刑罚、劳动教养、治安处罚通盘考虑,中国的社区矫正终究走不远。④ 随着劳动教养制度的废除,我国应独立制定《违法行为教育矫治法》,以剔除劳动教养制度的沉积诟病,承继其应然功能,对教育矫治对象实施社区矫正⑤;同时,应通过一定的机制和措施,筛选出社区矫正解矫人员、监狱刑满释放人员中再犯风险较大者,将其纳入社区矫正,及时予以教育、监督和帮扶。所以,我国应以现有的社区矫正为基准,向前延伸至监狱开放式处遇,向后延伸至出狱人员保护事业,并相应拓展社区矫正适用对象,将监狱的开放式处遇对象、刑满释放人员和劳动教养人员纳入社区矫正人员的范围。⑥

(四)深度落实参与客体

落实参与客体应以社区矫正人员的"社会化"为基本指向。⑦ 美国学者总结

---

① 田书源等:《企业责任与"互动责任说"》,载《湖南师范大学社会科学学报》2011 年第 4 期。
② 徐纯先:《基于提升中国企业社会责任的思考》,载《湖南社会科学》2009 年第 6 期。
③ 张荆:《日本社区矫正"中途之家"建设及对我们的启示》,载《青少年犯罪问题》2011 年第 1 期。
④ 张昕航:《试论社区矫正适用对象的完善》,载《中国司法》2006 年第 2 期。
⑤ 李晓燕:《论劳动教养制度的存废及违法行为教育矫治法的制定》,载《法学杂志》2013 年第 3 期。
⑥ 周国强:《论我国社区矫正对象的拓展》,载《江苏大学学报(社会科学版)》2008 年第 4 期。
⑦ 段启俊等:《从社区矫正立法化看我国刑罚趋势》,载《湖南师范大学社会科学学报》2011 年第 3 期。

出能够达到社会化目标的一系列有效原则,如把握犯人的风险、认知犯人的犯罪需求、使用犯人风险及犯罪需求的评估工具、进行有针对性的矫正、给予鼓励及信任和将矫正和惩罚相结合,等等。① 克里斯·特罗特教授提出有效降低重新犯罪率的罪犯监管模式应该包含四个要素,即帮助罪犯认识监管的目的,建立亲社会模式,帮助罪犯解决那些导致其实施犯罪行为的问题,监管人员掌握与罪犯的交往技能。② 循证矫正理论则提出了对社区中罪犯的监管水平应当由他们被评估得出的风险水平决定的论断。③ 借鉴上述经验和理论,我国的社区参与应着重把握以下要点:第一,洞悉社区矫正人员的需求和特点,有针对性地开展管教和帮扶;第二,采用鼓励和赋权的方法激发社区矫正人员的潜能和优势,帮助他们树立重返社会的信心。

（五）着力提升参与质量

首先,高度重视参与质量,开展全方位评估:既进行整体工作、具体制度的评估,又进行具体做法的评估;既进行全国范围和不同行政区域的评估,又进行不同类型地区的评估等。其次,从五个环节完善质量评估指标体系:一是社区矫正质量评估体系的概念;二是社区矫正评估体系的基本功能和定位;三是社区矫正质量评估体系的基本指标及其相互关系;四是质量评估体系的评估标准及评估方式;五是质量评估体系的基本规范。④ 再次,采用超级分析方法(meta-analysis)等在国际社会中发展起来的一些新的先进的评估方法,以保证评估结果的科学性。最后,引入第三方评价机制,选择与社区矫正没有利害关系且专业资质优良的评估机构进行评估,以增强评价结果的客观性、公正性。⑤

[基金项目:国家社会科学基金项目"社区矫正中的社区参与模式研究"(12BFX046);湖南省哲学社会科学基金项目"转型时期社区矫正与社区建设研究"(11YBB005);湖南省教育厅高等学校科学研究重点项目"社会管理创新视阈下的社区矫正与社区建设研究"(11A002);司法部国家法治与法学理论研究项目"我国社会力量参与社区矫正机制研究"(12SFB2024)。本文原载于《湖南师范大学社会科学学报》(CSSCI 来源期刊)2015 年第 2 期,中国人民大学复印报刊资料《社会工作》2015 年第 7 期全文转载。]

---

① 刘强、姜爱东:《社区矫正评论》(第 3 卷),中国人民公安大学出版社 2013 年版,第 326 页。
② 刘强、姜爱东:《社区矫正评论》(第 3 卷),中国人民公安大学出版社 2013 年版,第 306 页。
③ 刘强、姜爱东:《社区矫正评论》(第 3 卷),中国人民公安大学出版社 2013 年版,第 310 页。
④ 刘强:《社区矫正评论》(第一卷),中国法制出版社 2011 年版,第 16 页。
⑤ 吴宗宪:《社区矫正比较研究》,中国人民大学出版社 2011 年版,第 782-783 页。

第四章

04

刑法各论问题

论恐怖主义犯罪在刑法分则中的地位

喻义东

作者简介：喻义东（1966—　），男，湖南岳阳人。湖南理工学院法学院党委书记、教授、硕士研究生导师。湖南省犯罪学研究会副会长、湖南省法学会理事、岳阳市人民政府智库专家。主要从事刑事法学理论的教学与研究工作。获得省级教学成果二等奖1项；出版学术著作《恐怖主义犯罪与社会稳定的刑事政策分析》《有组织犯罪研究》等，在《法学》《清华法治论衡》《湖南社会科学》《求索》《河海大学学报》《犯罪研究》等刊物上发表学术论文30多篇。主持、参与国家级、省部级科研课题20多项。多次应邀出席中国社会科学院、厦门大学、中南财经政法大学、中国人民公安大学等单位举办的高端学术会议并作主题发言，个人相关研究成果在全国形成一定的影响。

2001年12月29日，全国人民代表大会常务委员会通过了《刑法修正案（三）》，对刑法第114条、第115条、第120条、第125条、第127条、第191条、第291条的规定做了较大幅度的补充与修改，在我国刑法中第一次明确提出了"恐怖活动罪"的概念。然而，迄今为止无论是在刑法典中还是在其他刑事法律中，都没有明确"恐怖活动罪"的含义。"恐怖活动罪"是否就是"恐怖主义犯罪"？它是什么性质的犯罪？它在刑法分则中的地位如何？不回答这些问题就无法在司法实践中把握恐怖主义犯罪活动，也就无法制定正确有效的惩治恐怖主义犯罪的法律措施。基于上述考虑，笔者不揣简陋，对恐怖主义犯罪在刑法分则中的地位问题做如下探讨。

一、恐怖主义犯罪的概念

从字面上看恐怖主义犯罪由"恐怖""主义""犯罪"三个部分组成。"恐怖"在汉语里是指一种心态。《辞源》解释"恐怖"的意思是"极度恐惧"。《英汉辞海》中"恐怖"的英文是 terror，意为高度吃惊或恐惧状态。显然它们的解释是一致的。

从这两种解释的含义来看,"极度恐惧"可以说是"恐怖"的基本的和普遍的含义。"主义"是一定的思想体系或信念,以及为实现这一信念所进行的运动。因此,"恐怖主义"从字面上看应指一定的思想体系及其指导下进行的一种运动(恐怖行为)。"犯罪"从学理上看其含义有多种不同的理解,但通常理解为危害社会的行为。因此,"恐怖主义犯罪"字面上的含义应指为实现一定的信念或理想通过制造恐怖而实施的犯罪行为。

最早关于恐怖主义定义的国际性文件源于1937年国际联盟制定的《防止和惩治恐怖主义公约》,公约第1条第2项把恐怖主义定义为:"是指直接反对一个国家而其目的和性质是在个别人士和个别团体或公众中制造恐怖的犯罪行为。"①20世纪60年代后,随着国际恐怖主义犯罪日益猖獗,各国政府纷纷出台自己的恐怖主义定义。英国饱受爱尔兰共和军之苦,因而是较早制定反恐法案的国家。英国《预防恐怖主义法》中对恐怖主义的定义(1974年和1989年)是:"为了政治目的而使用暴力,并且包括为了使公众或公众的一部分置于恐惧之中而使用定期暴力。"②美国是当代恐怖主义重点攻击的对象,那么美国政府是如何界定恐怖主义犯罪的呢?《美国法典》第22条[Title 22, Section 2656f(d)]对恐怖主义的界定是:恐怖主义是指"亚国家或者秘密代理人对非战争人员实施的有预谋的,基于政治动机的,通常意图影响公众的暴力"③。在西方国家除英美外,俄罗斯关于恐怖主义的定义也是较有代表性的。俄罗斯联邦犯罪法案将恐怖主义界定为:"指在侵犯公共安全、恐吓公众或强迫政府改变决定的爆炸、纵火、枪击,或其他造成人员危险或丧生、重大财产损失或引发其他社会危险后果的行为,以及相应的威胁行为。"④

学者们关于恐怖主义的界定最具学术性,他们可以不偏不倚地以比较客观的视角分析恐怖主义。美国著名的国际关系学者卡尔·多伊奇认为:"恐怖主义是对个人或集团使用暴力行动或威胁以改变某一些政治进程结局的策略。"⑤德国著名的犯罪学者汉斯·约阿希姆·施奈德在其《犯罪学》一书中指出:"政治恐怖主义指为了某个政治目的对个人和事物施以暴力或以暴力相威胁。实施暴力的可能是某个人或某一组织,他们受命于某个政府或者是反对某一个政府的组织。

---

① 张智辉:《国际刑法通论》,中国政法大学出版社1993年版,第157页。

② 胡联合:《当代世界恐怖主义与对策》,东方出版社2001年版,第6页。

③ 何秉松:《恐怖主义·邪教·黑社会》,群众出版社2001年版,第59页。

④ 胡联合:《当代世界恐怖主义与对策》,东方出版社2001年版,第7页。

⑤ [美]卡尔·多伊奇:《国际关系分析》,周启朋、郑启荣等译,世界知识出版社1992年版,第244页。

恐怖主义者通过对某一个直接受害者的伤害实现对另一个目标（一个间接的，或者是真正的受害者）的打击，进而迫使对方做出有利于他们的（并为他们坚持要求的）行动。"①我国学者对恐怖主义的研究起步较晚，从 20 世纪 90 年代起，借鉴欧美研究成果对恐怖主义做了一般性界定。赵英在其《新的国家安全观》一书中指出："恐怖主义活动是某些国家、组织或个人，出于政治目的，而使用非战争暴力手段的活动。"②李少军在其《国际安全警示录》一书中给恐怖主义下的定义是，"恐怖主义是武装者基于政治目的对非武装者有组织地使用暴力或以暴力相威胁的行为，其目的是把一定的对象置于恐怖之中，逼迫其做出原本不会做的事情"③。

从上述定义看，虽然各国政府及学者对恐怖主义的认识颇有出入，但在以下两点上是一致的：一是恐怖主义的政治性，二是恐怖主义的恐怖性（工具性）。所谓恐怖主义的政治性，是指恐怖主义是基于政治确信、带有政治目的的行为；所谓恐怖性，是指恐怖主义犯罪总是通过制造社会恐怖的方式以图实现自己的最终犯罪目的，而社会恐怖是指恐怖分子所追求的，在犯罪行为的受害人及其以外的一般社会公众中普遍存在的，以严重担心、害怕类似的犯罪会继续发生为主要内容的恐怖心理，因而恐怖性又可以称为工具性。至于恐怖主义犯罪的行为方式是什么，上述定义所给出的理解则颇不一致，如英国政府的定义认为恐怖主义犯罪的行为方式是"为了政治目的而使用暴力"；而俄罗斯政府的定义所列举的行为方式包括"爆炸、纵火、枪击，或其他造成人员危险或丧生、重大财产损失或引发其他社会危险后果的行为，以及相应的威胁行为"；各国学者对恐怖主义犯罪行为方式的理解也包括暴力和以暴力相威胁的行为。笔者认为，恐怖主义犯罪的特殊性在于它的政治目的性和恐怖威胁的工具性，至于其采用何种方式并不重要，恐怖主义犯罪的行为方式既可以包括暴力也可以包括非暴力的方式，因为恐怖主义犯罪的本质在于通过恐怖行为实现其政治目的。基于上述分析，我们可以把恐怖主义犯罪定义为：为实现一定的政治目的，通过暴力或暴力威胁以及其他非暴力手段制造社会恐怖，侵害他人生命财产的犯罪行为。

基于上述对恐怖主义犯罪概念的界定，联系下文将要讨论的问题，笔者认为有必要把恐怖主义犯罪与恐怖犯罪区别开来。恐怖主义犯罪与恐怖犯罪是两个不同的概念，但经常被当作相同概念不加区别地使用。什么是恐怖犯罪？笔者以为，恐怖犯罪是指一种以令人恐怖的方法实施的犯罪行为，是一种能引起社会恐

---

① ［德］汉斯·约阿希姆·施奈德：《犯罪学》，中国人民公安大学出版社、国际文化出版公司 1990 年版，第 949 页。

② 赵英：《新的国家安全观》，云南人民出版社 1992 年版，第 264-266 页。

③ 李少军：《国际安全警示录》，金城出版社 1997 年版，第 264 页。

怖的犯罪,是从犯罪学的角度按其对受害人心理影响所划出的一种犯罪类型,因而可以将恐怖主义犯罪以外,一切能引起人们心理恐惧的犯罪都划归这一类。例如:2003年3月29日,山西朔州市朔城区某村村民刘某金因生活贫困而嫉恨富裕村民,在同村一户人家办喜事时制造了一起惊天大爆炸,炸死37人①,这就是一例典型的恐怖犯罪案件。从犯罪本质上分析,恐怖主义犯罪与恐怖犯罪都是侵犯他人的生命财产的行为;从行为方式上看都采用暴力或非暴力制造社会恐怖。但是两者的区别是明显的:第一,目的不同。恐怖主义犯罪具有明显的政治动机,这是恐怖主义犯罪构成的必要条件;恐怖犯罪则没有政治动机,上述刘某金案显然就没有政治动机,因而谈不上恐怖主义犯罪。第二,恐怖效应在犯罪行为中的地位是不同的。在恐怖主义犯罪中,制造社会恐怖效应是犯罪分子所追求的直接目标;而恐怖犯罪虽然也能产生恐怖效应,但制造社会恐怖不是犯罪分子所追求的目标,上述刘某金案确实产生了恐怖效应,但这种恐怖效应不是犯罪分子所追求的目标。

二、恐怖主义犯罪在刑法分则中的地位分析

界定恐怖主义犯罪的概念为我们分析恐怖主义犯罪在刑法分则中的地位奠定了理论前提,因为恐怖主义犯罪概念为我们研究恐怖主义犯罪的性质及其侵害的客体提供了一个基本的方向。笔者认为,某类犯罪在刑法分则中的地位取决于两个因素,一是该类犯罪的性质;二是该类犯罪所侵害的客体。而且,这两个因素总是相互联系、相互依存的。例如:我国刑法第104条规定的武装叛乱罪和武装暴乱罪,就其性质而言是典型的政治犯罪,就其所侵害的客体而言是中华人民共和国的国家制度、主权领土完整,这就决定了上述两罪在我国刑法分则中危害国家安全罪的地位。要分析恐怖主义犯罪在刑法分则中的地位,同样要从这两个方面入手。

(一)恐怖主义犯罪的性质分析

根据笔者对恐怖主义犯罪概念的界定,恐怖主义犯罪是一种政治犯罪。恐怖主义犯罪为什么是一种政治性的犯罪呢?

第一,让我们看一看什么是政治犯。从最广义的角度上讲任何犯罪都可以称为政治犯,因为从本质上讲"犯罪是孤立的个人反对统治关系的斗争"②。显然在这里我们不能做这种理解。德国犯罪学家施奈德指出:"政治犯罪的范畴取决于

---

① 何贵初:《自杀性暴力犯罪》,中国人民公安大学出版社2003年版,第30页。
② 马克昌主编:《犯罪学通论》,武汉大学出版社1999年版,第3页。

制度,在这一制度下的犯罪行为,可在另一制度下,同样的事也许成了一件了不起的英雄行为。"①因此,政治犯可以定义为侵害某种政治制度的犯罪行为,只是这种政治制度必须做广义的理解,它既可以表现为国家的政治体制,又可以表现为阶级间、政党间、民族间甚至国家间的关系。

第二,恐怖主义犯罪是政治斗争的产物。自古以来恐怖主义就被人类社会作为政治斗争的特殊手段而运用于各个历史时期。在古代,恐怖行为最早可追溯到古罗马时期恺撒大帝被刺事件。在中国历史上,史学家司马迁在其名著《史记·刺客列传》中记载了战国时代鲁人曹沫、吴人传诸、晋人豫让、轵人聂政,以及卫人荆轲等五名舍生取义的著名刺客的事迹,其中荆轲刺秦王的故事成了弱者反抗强者的典型政治手段。在近代,恐怖作为明确的政治工具,最早应该是在法国大革命时期,"恐怖主义"一词也是最早出现在 18 世纪末的法国大革命时期。当时法国革命者雅各宾派为了消灭封建权贵,巩固革命政权,对反动的旧贵族采取了坚决的镇压措施,史称"红色恐怖"。此后,西班牙人民反抗拿破仑帝国的统治、希腊人民反抗土耳其的民族压迫、印度人民反抗英国殖民统治都采取过令人恐怖的斗争方式,因而被称为恐怖主义。

第三,把实现政治目的作为犯罪所追求的最终目标是各国政府和学者对恐怖主义的共识。1937 年国际联盟通过的《防止和惩治恐怖主义公约》将恐怖主义的目的简明地概括为"直接反对一个国家",此后的联合国大会通过的有关恐怖主义犯罪的决议几乎一致地肯定恐怖主义犯罪是"为了政治目的"。英国政府在其制定的《预防恐怖主义法》中指出,恐怖主义犯罪是"为了政治目的而使用暴力";《美国法典》指出恐怖主义犯罪是"基于政治动机的,通常意图影响公众的暴力";美国著名的国际关系学者卡尔·多伊奇认为:"恐怖主义是……改变某一些政治进程结局的策略"。德国著名的犯罪学者汉斯·约阿希姆·施奈德指出,"政治恐怖主义指为了某个政治目的"的行动。我国学者赵英在其《新的国家安全观》一书中指出,恐怖主义是"出于政治目的,而使用非战争暴力手段的活动"。显然,各国政府、学者大都认为恐怖主义具有一定的政治目的。

第四,从恐怖主义犯罪的主观心理状态看,实现政治目的是恐怖主义犯罪的内在动机。西班牙恐怖组织"埃塔"的恐怖活动是要在西班牙巴斯克地区建立独立的巴斯克国;我国"东突"恐怖组织在新疆等地实施恐怖犯罪的目的就是要建立所谓的"东突厥斯坦国";俄罗斯车臣恐怖分子的目的就是要脱离俄联邦而建立独

---

①　[德]汉斯·约阿希姆·施奈德:《犯罪学》,中国人民公安大学出版社、国际文化出版公司1990 年版,第 940 页。

立的"车臣共和国";本·拉登的基地组织对美国发动的一系列的恐怖袭击都是对美国中东政策的回应。正如一位美国学者所言:"本·拉登经常诉说的不满包括美国军队在沙特阿拉伯的领土上驻扎,这亵渎了穆罕默德的圣地;美国支持以色列,特别是支持以色列对巴勒斯坦人的政策;美国对伊拉克的政策。"①1972年发生的杀害11名以色列运动员和教练的恐怖主义活动中,巴勒斯坦黑色九月恐怖分子宣称:"我们只是想让世界承认犹太复国主义者统治我们的可怕的现实。"②基于上述分析,笔者认为政治性是恐怖主义犯罪的本质特征,因而恐怖主义作为政治犯罪应是不争的事实。

但是,在恐怖主义犯罪日益猖獗的今天,在如何看待恐怖主义的问题上却出现了一种"非政治化"的趋势。这种"非政治化"的趋势从国内来看主要体现在对待恐怖犯罪活动一般不是按政治犯(危害国家安全罪)处理,而是按一般的刑事犯罪,如危害公共安全罪,侵犯公民人身权利、财产权利罪处理。从国际社会来看,这种"非政治化"趋势体现在1970年《海牙公约》和1971年《蒙特利尔公约》中的"或引渡或起诉"原则。两个公约是通过使危害民用航空安全的行为成为"可引渡"之罪,间接地使之非政治化。③ 出现这种"非政治化"的趋势主要有下面两个原因:一是对恐怖主义犯罪的政治犯罪的性质缺乏清醒的认识;二是由于国际社会的公约和习惯中限制性规定如"政治犯不引渡"原则,使得政治犯罪在某种程度上获得免于处罚、免受特定刑种处罚或从轻处罚的庇护。应该说为了有效地打击恐怖主义犯罪,避免恐怖主义犯罪分子凭借政治犯庇护伞逃避应有的处罚而不将"政治犯不引渡"的原则适用于恐怖主义犯罪本是无可厚非的,何况"政治犯不引渡"也不是铁律,然而,有观点却借此否认恐怖主义犯罪的政治性,如我国有学者就认为"恐怖主义犯罪非严格意义的政治犯罪"④。笔者认为,恐怖主义虽日益受到国际社会的广泛关注,但尚未严重到对其采取非政治化的绝对性原则的程度。在当今的历史条件下,如果否认恐怖主义犯罪的政治性,势必模糊恐怖主义犯罪与恐怖犯罪的界限,这既不利于打击真正的恐怖主义犯罪,也不利于保护人权。因而我们不能否认恐怖主义犯罪政治犯罪的性质。

(二)恐怖主义犯罪侵害的客体分析

犯罪的客体是犯罪所侵犯而为刑法所保护的社会关系。恐怖主义犯罪所侵

---

① [英]理查德·克罗卡特:《反美主义与全球秩序》,陈平译,新华出版社2004年版,第73页。

② 黄涧秋:《恐怖主义的内涵及其惩治原则》,载《社会科学家》2002年第2期。

③ 黄志雄:《反恐怖主义:国际法的发展与挑战》,载《法学》2000年第6期。

④ 王秀梅:《论恐怖主义犯罪的惩治及我国立法的发展完善》,载《中国法学》2002年第3期。

犯的客体是什么呢？俄罗斯联邦犯罪法案规定,恐怖主义"指在侵犯公共安全、恐吓公众或强迫政府改变决定的爆炸、纵火、枪击,或其他造成人员危险或丧生、重大财产损失或引发其他社会危险后果的行为,以及相应的威胁行为"。西班牙刑法规定的恐怖活动罪包括:(1)意图破坏国家安全、领土完整、国家团结、社会秩序或公共秩序,破坏或毁坏公共或私人建筑物、交通运输线、电线或其他动力线,或实施其他类似犯罪行为;(2)意图使某阶级或某地区之居民陷入恐怖状态,或为达到社会或政治性报复或复杂目的,使用爆炸性或燃烧性之物质或武器,对个人生活或身体造成严重损害,或使用其他方法,对铁路、火车或其交通工具等造成严重损害;(3)为达到第(1)项之目的,使用强制或威胁方法对抗某人;(4)合伙行为,意图破坏公共安宁、改变秩序或对个人造成伤害或侮辱、对私人财产造成破坏、妨碍公共交通或占据建筑物等。① 显然,从俄罗斯和西班牙两国对恐怖主义犯罪的界定看,恐怖主义犯罪客体包括国家安全、公共安全、社会管理秩序、社会经济秩序等多个方面,因而恐怖主义犯罪的客体是复杂客体。对此,我国学者大多持同样的观点,如有学者认为:"恐怖主义犯罪作为一类犯罪,不仅侵害了不特定多数人的生命权,侵害公共财产权和私人财产权,而且破坏公共安全和社会秩序。"② 有的学者认为恐怖主义犯罪侵害的客体是公共安全,"包括国际社会和平与安宁、国家安全与发展以及人(不特定多数人或针对特定的个人)的生命、健康和重大财产安全"③。还有的学者指出,世界各国立法例都把恐怖主义犯罪归于危害国家及公共安全或妨害公共秩序的犯罪之中,恐怖活动是以不特定多数人的生命、健康和重大公私财产安全为侵害对象,是对国家、社会安全与秩序的破坏。④ 由此看来,恐怖主义犯罪侵害的客体是复杂客体。恐怖主义犯罪既可能侵害国家安全、公共安全,又可能侵害社会管理秩序和经济秩序。那么恐怖主义犯罪侵害的这些客体是否有轻重之分呢？毫无疑问,答案是肯定的,因为就某一犯罪而言,不管其侵害的客体有多么复杂,其中必然存在一种为该犯罪所侵害的主要客体,而这一主要客体也就决定了该罪在刑法分则中的地位。如我国刑法第104条所规定的武装叛乱罪,其侵害的客体可能包括国家安全、公共安全、社会秩序,但其侵害的主要客体是国家安全,这就决定了武装叛乱罪在我国刑法危害国家安全罪中的地

① 马克昌主编:《刑法学全书》,上海科技文献出版社1993年版,第697页。
② 刘华:《当代恐怖主义犯罪研究》,载陈明华等主编:《刑法热点问题与西部地区犯罪研究》,中国政法大学出版社2003年版,第1051页。
③ 王秀梅:《论恐怖主义犯罪的惩治及我国立法的发展完善》,载《中国法学》2002年第3期。
④ 于志刚主编:《热点犯罪法律疑难问题解析》(第1集),中国人民公安大学出版社2001年版,第272页。

位。虽然恐怖主义犯罪侵害的客体是复杂客体,但其侵害的主要客体是国家安全。这是因为:第一,这是由恐怖主义犯罪的性质决定的。上文中我们分析了恐怖主义犯罪的性质,得出了恐怖主义犯罪是政治性犯罪的结论。如前所述,政治犯罪是侵害政治制度的犯罪,这种侵害政治制度的犯罪主要侵害的就是国家安全。恐怖主义犯罪虽然会侵害公共安全、社会管理秩序和社会经济秩序,但由于其政治犯罪的性质决定其犯罪的矛头必然指向国家政治制度,因而必然危害国家安全。我们知道,我国刑法分则第一章危害国家安全罪实际上是由我国旧刑法中的反革命罪演变而来的,其中所规定的罪名实际上就是旧刑法中的反革命罪,因而都是政治性的犯罪,这种政治性质的犯罪决定了它们侵害的主要客体就是我国的国家安全。第二,是由恐怖主义犯罪目标的层次性决定的。恐怖主义犯罪在外在形式上表现为普通的刑事犯罪,如杀人、爆炸、投毒、劫持人质等,因而其对犯罪行为直接结果的追求与一般的刑事犯罪无异,但是如果我们撇开国际恐怖主义犯罪的具体目标就会发现,任何恐怖主义犯罪都是以制造社会恐怖为目标,这一点也是恐怖主义犯罪之所以被称为恐怖主义犯罪的原因。然而,恐怖主义犯罪的目标一般不会停留在仅仅制造社会恐怖这一层面,实现某种政治目的才是他们实施恐怖活动的最终目标。因而恐怖主义犯罪的目标可以分为具体犯罪目标、制造社会恐怖目标、实现政治目的目标三个层次。恐怖主义犯罪目标的层次性一方面决定了恐怖主义犯罪客体的复杂性;另一方面,我们必须看到恐怖主义犯罪侵害的客体毕竟是具有层次性的,恐怖主义犯罪的最终目标在于实现其政治目的,这就决定了恐怖主义犯罪侵害的主要客体必然是国家安全。第三,从恐怖主义犯罪的实际危害来看,恐怖主义犯罪最主要的危害就体现在它对国家安全的威胁。2001年,发生在美国的"9·11事件"中的系列袭击案共造成三千多人死亡,直接经济损失数以亿计。从表面上看,这只是一起典型的危害公共安全和社会管理秩序的恐怖事件,因为它侵害的是不特定多数人的生命、财产的安全和美国的社会管理秩序、经济秩序,然稍做分析,我们就会发现"9·11事件"给美国社会的影响远不止这些,它给整个美国人的心理造成了强烈的震荡,给美国社会经济的发展造成了严重的影响,也给美国人所信奉的价值观念带来了强烈的冲击,进而给美国的社会稳定和国家制度带来了严重的威胁。正因为如此,"9·11事件"后时任美国总统布什发表声明说美国已进入战争状态,这准确地表明了"9·11"恐怖袭击的活动规模和危害性。可见,"9·11恐怖袭击事件"侵害的主要是美国的国家安全。俄罗斯长期以来受到车臣恐怖组织的袭击,这些恐怖袭击事件不仅造成了俄罗斯大量无辜平民的伤亡和难以计数的经济损失,更主要的是给俄罗斯国家的政治稳定、国家主权、领土完整构成了严重威胁。东南亚的一些国家如菲律宾、印度尼西亚、泰国等因遭受恐怖主义的打击,造成这些地区长期经济停滞、政治不稳、社会动荡。冷战结束后,西方敌对势力培植和收买国内外敌对势力和反对派,加紧对我国的渗透,各种民族分裂主义势力、宗教极端势力的恐怖主义活动对我国国家安全与稳定构成了严重威胁。如新疆分裂主义分子艾沙集团在境外敌对势力支持下召开"东土耳其斯坦民族代表大会",拼凑"流亡政府",1990 年以来,策划实施了多起暴力恐怖活动。特别是在 20 世纪 90 年代,境外"疆独"恐怖分子趁机兴风作浪,制造了一系列恐怖主义事件。其日益猖獗的分裂破坏行径和恐怖活动,对新疆的社会稳定和民族团结造成现实的危害,对我国领土完整和国家主权构成严重挑战。据此,谁又能否认恐怖主义犯罪最主要的危害在于对国家安全的侵害呢?

通过上述分析,我们认为恐怖主义犯罪是一种以侵害国家安全为主要客体的政治犯罪,恐怖主义犯罪侵害的客体虽然包括复杂客体,但恐怖主义犯罪侵害的主要客体是一个国家的国家安全。因此,恐怖主义犯罪应属于刑法分则中危害国家安全罪的犯罪,这就是恐怖主义犯罪在刑法分则中的地位。

三、确立恐怖主义犯罪在我国刑法分则中的正确地位

(一)我国刑法中恐怖活动罪的性质

恐怖主义犯罪是一种危害国家安全的政治犯罪,那么,我国刑法中的恐怖活动罪是否就是我们所说的恐怖主义犯罪呢? 从字面上看,恐怖活动罪是一个外延极其宽泛的概念,几乎一切能使人产生恐惧心理的犯罪都可以被称为恐怖活动罪。它既可以包括恐怖主义犯罪,也可能包括我们在上文中提及的恐怖犯罪,甚至可能包括一般的刑事犯罪。显然,对我国刑法中的恐怖活动罪不能做这样的理解。2001 年月 12 月全国人大常委会通过的《刑法修正案(三)》没有对恐怖活动罪的性质做出明确的解释,而是以列举方式指出了恐怖活动罪所包括的罪名。这些罪名主要包括刑法第 114 条、第 115 条、第 120 条、第 125 条、第 127 条、第 191 条、第 291 条所规定的犯罪。然而,如果说我国《刑法修正案(三)》中规定的恐怖活动罪等同于该修正案所列举的那些犯罪,是不符合立法精神的。这是因为:(1) 修正案所列举的犯罪就其表现形式可能成为恐怖活动罪的形式,但这些行为不可能全是恐怖活动罪。例如,放火罪有可能成为恐怖活动罪的表现形式,但放火罪也可能成为一般的刑事犯罪。(2)该修正案所列举的犯罪没有囊括我国刑法中所有的恐怖活动罪。如恐怖主义的杀人罪就可能是恐怖活动罪的主要形式之一,但该修正案就没有提及。(3)该修正案规定的一些犯罪就其性质来讲并不是恐怖活动罪,而只是恐怖活动罪的关联罪。如组织、领导、参加恐怖组织罪只是恐怖活

罪的预备罪,而资助恐怖活动犯罪组织罪也只是恐怖活动罪的帮助罪。这样,我国刑法中的恐怖活动罪不是等同于其所列举的犯罪,而是包含于这些罪名之中。显然,从我国刑法中恐怖活动罪所涉及的罪名看,恐怖活动罪并不等同于恐怖主义犯罪。

为了弄清我国刑法中恐怖活动罪的性质,我们还得从我国反恐立法的历史沿革看起。从严格意义上说,1997 年现行刑法颁布实施前我国刑事法律关于恐怖主义犯罪的规定是空白的。但不可否认,此前的刑事法律关于恐怖活动的规定还是有的。当时的立法目的主要是"同反革命犯罪做斗争,打击国内外阶级敌人,惩治反革命分子,争取革命战争的胜利"。例如,第二次国内革命战争时期规定的以反革命为目的的"谋杀革命工作人员""杀害民众、抢夺民众财物"的行为,以及"爆炸、放火、决水"等反革命破坏行为。① 及至 20 世纪 80 年代,随着我国缔结和参加有关的国际条约,立法部门才开始考虑恐怖主义犯罪的问题。1987 年 6 月,国务院法制局局长孙琬钟在向全国人大常委会作关于提请做出《中华人民共和国对于其缔结或参加的国际条约所规定的罪行行使管辖权的决定》的说明时说:"60 年代以来,国际恐怖主义活动不断加剧,受到国际社会的严重关注……中华人民共和国对于其缔结或参加的国际条约所规定的犯罪行为,将视为国内法上的犯罪,在其承担条约义务的范围内,对上述犯罪行为行使刑事管辖权。"②随后,最高立法机关通过了对非法劫持航空器的行为、危害民用航空安全的非法行为和侵害应受国际保护人员包括外交代表的行为行使刑事管辖权。因此,从历史沿革看,我国反恐立法一方面是为了惩治反革命罪的需要而制定的,另一方面是为适应惩治国际恐怖主义犯罪的需要而制定的。我们知道,反革命罪的政治性是显而易见的,恐怖主义犯罪的政治性我们也做了分析。因此,我国反恐立法所规定的恐怖犯罪都是具有政治性的犯罪,而不是一般的刑事犯罪。再从我国现行反恐立法的背景来看,《刑法修正案(三)》是为了适应日益严重的国际恐怖主义犯罪和国内"疆独"势力日益猖獗的恐怖犯罪活动的形势而制定的。最后,从恐怖活动罪所侵害的客体看,《刑法修正案(三)》明确宣布是为了"惩治恐怖活动犯罪,保障国家和人民生命、财产安全,维护社会秩序,对刑法作如下补充修改",显然,恐怖活动罪所侵害的客体是以国家安全为主的复杂客体,也即恐怖主义犯罪的客体。因而,从我国刑法规定恐怖活动罪的历史沿革、立法背景和恐怖活动罪的犯罪客体

① 张希波:《中华人民共和国刑法史》,中国人民公安大学出版社 1998 年版,第 3、457、480 页。

② 高铭暄、赵秉志:《新中国刑法立法文献资料总览》,中国人民公安大学出版社 1998 年版,第 581 页。

看,恐怖活动罪是政治性的犯罪,也就是说我国刑法规定的恐怖活动罪就是我们所认定的恐怖主义犯罪。可以说,恐怖主义犯罪作为类罪,在我国刑事法律体系中虽无其名,但确有其实。

(二)确立恐怖主义犯罪在我国刑法中的危害国家安全罪的地位

我国刑法分则体系划分的依据是犯罪行为所侵害的同类客体。1997 年刑法将涉及恐怖主义的犯罪列入危害公共安全罪一章,《刑法修正案(三)》对恐怖主义犯罪条款的增补和修改则从第 114 条到第 291 条,跨越了危害公共安全罪和破坏社会主义市场经济秩序罪两章,同时,根据恐怖主义犯罪所侵害的客体,在侵犯公民人身权利、民主权利罪和侵犯财产罪等章中也包含了恐怖主义犯罪的具体的行为方式。显然,在我国现行立法中恐怖主义犯罪在刑法分则中因为没有单独归类,其地位难免有些模糊。出现这种局面,一方面是由人们对恐怖主义犯罪性质的模糊认识造成的;另一方面是由于在恐怖主义行为刑事化过程中,为及时惩治恐怖主义犯罪而采取的"临时措施"。这种局面的存在不利于对恐怖主义犯罪的认定,不利于制定正确的惩治恐怖主义犯罪的措施,也不利于在反恐怖主义犯罪的斗争中打击真正的恐怖主义、保护人权,同时也使我国反恐怖主义犯罪的立法缺乏明确的可操作性。以爆炸罪为例,我国刑法中明确规定爆炸罪的是第 114 条。爆炸,既可以是一般炸弹的爆炸,也可以是核裂变或核聚变引起的爆炸;既可以是以制造社会恐怖为目的的爆炸,又可以是以泄愤、报复为目的的爆炸。如果爆炸是犯罪分子用作泄愤报复的一般手段,这种爆炸肯定是对公共安全和社会秩序的侵害;如果爆炸被恐怖分子用来作为制造社会恐怖、实现政治目标的手段,这种爆炸所侵害的客体就不再是公共安全和社会秩序,而是国家安全。我们知道,危害国家安全罪的社会危害性要比危害公共安全罪的社会危害性大,因而其处刑的幅度也必然比危害公共安全罪重,如果不分清行为的性质而一概以危害公共安全罪论处,既可能放纵恐怖主义犯罪分子又可能侵犯人权,同时还有可能违背罪刑相适应这一刑法的基本原则。因此,明确恐怖主义犯罪在我国刑法分则中的地位是十分必要的。

实际上,在我国颁布的第一个涉及恐怖主义犯罪的法律文件《中华人民共和国国家安全法实施细则》(1994 年 6 月 4 日生效)中就规定"组织、策划或者实施危害国家安全的恐怖活动的"行为是国家安全法规定的"其他危害国家安全的行为",在这里实际上已经明确了恐怖主义犯罪在危害国家安全罪中的地位。令人遗憾的是,这一立法成果没有被 1997 年颁布实施的现行刑法所采纳,而《刑法修正案(三)》也未能对恐怖活动罪的概念、性质和法律地位做出明确的解释,以至于在司法实践中对一些刑事案件不问性质,只依法条进行处理。这种做法虽然并不违背罪刑法定原则,却使刑法丧失了惩治恐怖主义犯罪的应有的作用。随着国际反恐怖主义犯罪的形势日益严峻,我国"疆独"势力的恐怖主义犯罪活动渐趋猖獗,对我国领土主权的完整和国家安全构成了严重的威胁。同时,"藏独""台独"势力的破坏活动也构成了对我国国家安全的潜在威胁。"9·11 事件"后,我国及时加入了《关于制止恐怖主义爆炸的国际公约》,签署了《制止向恐怖主义提供资助的国际公约》,并与有关国家进行磋商和对话。2001 年,中、俄、哈、吉、塔、乌六国元首签署了《打击恐怖主义、分裂主义和极端主义上海公约》,进一步明确了对恐怖主义、分裂主义和极端主义的打击。因此,无论是从我国反恐怖主义犯罪的形势看,还是从反恐怖主义犯罪的国际合作看,都必须明确恐怖主义犯罪的政治犯罪的性质,进而确立恐怖主义犯罪在我国刑法分则中危害国家安全罪的地位。当然,从理论上说,虽然危害国家安全罪不一定都是恐怖主义犯罪,但恐怖主义活动罪必然会危害国家安全,因此可以考虑将我国刑法典"危害国家安全罪"一章罪名修改为"危害国家安全与恐怖主义活动罪",如此,不仅显示了恐怖主义活动罪与危害国家安全罪在内涵上的联系,而且可以凸显恐怖主义活动罪在刑法分则中的地位。不过,鉴于国际上"政治犯不引渡"的规则,而且极个别国家出于私利对恐怖主义活动往往采取"双标"原则,对危害我国的恐怖主义活动如"疆独""藏独""港独"等反动势力的恐怖主义活动给予多方纵容与支持,所以,我们在外宣及从国外引渡涉恐罪犯时,完全可以忽略政治犯之性质,仅强调涉恐犯罪即可。实际上,面对恐怖主义以及分裂主义、极端主义的严重危害,及时依法给予严厉打击就是讲政治的表现。

　　总之,根据对我国刑法中的恐怖活动罪性质的分析,我们认为,我国刑法中的恐怖活动罪就是恐怖主义犯罪。恐怖主义犯罪侵害的客体虽然是复杂客体,但恐怖主义犯罪侵害的主要客体是国家安全,因此应该确立恐怖主义犯罪在我国刑法分则中危害国家安全罪的地位。

　　(本文原载于《法学》2005 年第 2 期,收入本书后略有修改)

刑法中的"假冒他人专利"新释

贺志军

作者简介：贺志军(1977—)，男，汉族，湖南娄底人，法学博士、博士后。现为湖南工商大学廉政法治研究所所长、法学院教授、硕士生导师。德国马普刑法研究所访问学者。获湖南省"121"创新人才工程人选、普通高校"青年骨干教师""教学能手"、法学本科教学"十大标兵"，湖南工商大学"麓山青年学者"、"151"人才和"感恩优秀教师"。任中国犯罪学学会常务理事、中国刑法学研究会理事、湖南省刑法学研究会常务理事兼副秘书长、湖南省律师协会知识产权专业委员会委员，兼任北京德和衡(长沙)律师事务所律师、法律英语翻译。主持(完成)国家社科基金课题 2 项、省部级课题 10 余项。著作有《知识产权刑事司法：中国特色实证研究》《我国著作权刑法保护问题研究》等 4 部，主编教材 1 部。在《法商研究》《政治与法律》《法学论坛》《中国刑事法杂志》等发表论文 50 余篇。获湖南省社科成果奖等 6 项奖励，成果鉴定达到"省内领先水平"和"省内先进水平"。

一、问题的提出

保护知识产权就是保护创新。专利法律保护正日趋受到关注，刑法保护作为"最高等级的法律保护"①无疑是法律保护的重要组成部分。1984 年《中华人民共和国专利法》(以下简称《专利法》)第 63 条就"假冒他人专利"行为创设了附属刑法规范，后被 1997 年《中华人民共和国刑法》(以下简称《刑法》)第 216 条吸收并设置假冒专利罪，成为保护专利的专门刑法规范。随着 2008 年《专利法》取消"假冒他人专利"和"冒充专利"概念而设立外延更广的"假冒专利"概念，2020 年《专利法》维持了这一做法。由此，作为前置法的专利法与作为保障法的刑法在"假冒他人专利"的含义方面形成了一定的"法域冲突"，即出现不同法域中的法律规范

---

① ［德］罗克辛：《德国刑法学总论》(第 2 卷)，王世洲等译，法律出版社 2013 年版，第 1 页。

对同一事项所做的规定不一致或者相抵触的情形。①《专利法》对"假冒专利"行为除规定没收违法所得、罚款等行政处罚外,还规定"构成犯罪的,依法追究刑事责任",意味着在附属刑法意义上专利法的修改提出了假冒专利罪的扩容问题。相反,1997年《刑法》对"假冒他人专利"行为构成要件的规定已丧失原本明确的、前置法上的准确依据。由于侵犯知识产权罪属于典型的法定犯或行政犯,"知识产权法律法规制度成为知识产权刑法的前置法,前置法及其变动决定着知识产权犯罪边界如何被厘定及调控"②,专利法的变动产生了在刑法上进行相应立法或解释调整的需求,而目前关于假冒专利行为的刑法调整呈现出较明显的滞后性。

虽然学界对上述现象已有所关注,但是现有的研究成果多是站在立法论上入罪的立场来展开的,主要涉及:一是冒充专利行为的入罪问题。有论者提出应通过立法完善将冒充专利行为纳入刑法规制范围。③ 二是非法实施专利行为的入罪问题。有论者以加强专利权的刑法保护为由,提出要增设"非法实施专利罪"④。从立法论方面进行研究固然具有推动刑法规范变革的意义,但是2020年《刑法修正案(十一)》对侵犯知识产权罪进行了全面修法,唯独未涉及专利犯罪的修改。由于"释法优于造法有助于发现法律的真实含义",同时释法也更经济可行,因此更值得用刑法学理论来回答的"先决问题"是:是否存在对刑法中"假冒他人专利"本身含义的"释法失当"? 考察2004年最高人民法院、最高人民检察院《关于办理侵犯知识产权刑事案件具体应用法律若干问题的解释》(以下简称《知识产权刑事解释》)可知,该司法解释第10条对"假冒他人专利"含义的界定可概括为"专利号假冒"和"专利文书假冒"两大类型。前者指标注或使用"他人的专利号"的行为,后者指伪造或变造"他人的"关于专利的有关文件的行为。此后,直至2020年《关于办理侵犯知识产权刑事案件具体应用法律若干问题的解释(三)》的出台,都再未对该用语解释进行过变动。然而,随着专利法上的概念再造,刑法中的"假冒他人专利"概念已经演变为"假冒专利"的下位概念,并与"假冒自己专利"及"非假冒专利"形成意义上的对立。由此,"假冒他人专利"行为侵害的法益变得不甚明确,作为行为方式之"假冒"究竟具有何种本质属性和实质内容,作为行为对象之"他人专利"又该怎么界定,都面临着进行合理而精细的重新解释之任务。

---

① 于改之:《法域冲突的排除:立场、规则与适用》,载《中国法学》2018年第4期。
② 贺志军、袁艳霞:《知识产权刑事司法:中国特色实证研究》,北京大学出版社2016年版,第227页。
③ 孙伟:《假冒专利罪的立法现状与完善》,载《人民检察》2016年第8期。
④ 黄玉烨、戈光应:《非法实施专利行为入罪论》,载《法商研究》2014年第5期。

鉴于此,笔者拟坚持刑法与专利法之间应进行有效的法域沟通的思维,以罪刑法定原则下的实质解释论为分析工具来展开研究。一方面,理论上就刑、民"法域冲突"解决,有"从属性说"与"独立性说"(合称"绝对说")与"相对从属性说"与"相对独立性说"(合称"相对说")的对立。基于贯彻体系性思考与问题性思考和兼顾法秩序统一性与各法域目的自主性的考虑,"相对从属性说"更具有合理性,应根据刑法、民法规范保护目的是一致还是相异,来确定刑法是绝对从属于还是相对从属于民法。[1] 具体到假冒专利罪来说,虽然现行法上"假冒他人专利"是刑法特有的概念,但是其作为专利法上"假冒专利"的下位概念,除具备后者的全部基本内涵特征外,还额外地具有自身特有的内涵特征,故应当且可以通过刑法概念从属于专利法概念来实现构成要件要素解释上的法域沟通。另一方面,理论上就构成要件解释存在形式解释论与实质解释论的分野,二者在理论基础、判断标准、解释方法及解释态度上均存在重大区别。[2] 前述司法解释规定以专利号或专利文书等外部形式要素为标志来判定"假冒他人专利"行为,在一定程度上加剧了法域冲突,比如符合"形式假冒"特征的假冒专利行为是否一概都必然具有"假冒他人专利"的实质内容? 对不具有此类外部形式要素的其他假冒专利行为,是否可能也会具有"假冒他人专利"的实质内容? 因此,无疑需要进一步从法益侵害的实质意义方面来考察,这也正是以实质解释论来反思和探寻其真实含义的理论和实践意义之所在。我国持通说的学者认为,实质解释有三项基本内容:构成要件解释须以法条的保护法益为指导;行为违法性须达到值得科处刑罚的程度,应当排除那些符合构成要件字面含义而实质上不具有可罚性的行为;在遵循罪刑法定原则前提下,对不处于刑法用语核心含义之内但具有处罚必要性与合理性的某种行为,可以做出不利于被告人的扩大解释,以实现处罚的妥当性。[3] 基于此,笔者就"假冒他人专利"的解释研究拟集中在以下问题:第一,从法域沟通的视角考察,"假冒他人专利"行为侵害的法益是什么? 第二,以所确定的法益内容为标准,哪些行为是构成要件的"实质的排除行为",哪些行为是"实质的可罚行为"? 第三,如何对"假冒他人专利"进行规范文本的界定? 下文将对这些问题展开分析。

---

[1] 于改之:《法域冲突的排除:立场、规则与适用》,载《中国法学》2018 年第 4 期。

[2] 张军:《形式解释与实质解释争议辨析》,载赵秉志主编:《刑法论丛》(第 37 卷),法律出版社 2014 年,第 29 页。

[3] 张明楷:《刑法学(上)》(第 6 版),法律出版社 2021 年版,第 70 页。

二、"假冒他人专利"行为侵害的法益:专利标示制度安全

(一)观点检视:专利权个人法益之否定

学界对假冒专利罪的法益确定并未达成完全的共识。主流观点是"专利管理秩序+专利权人的专利权"之"复合法益说"。如有论者表述为:"本罪侵犯的客体是国家的专利管理秩序和他人的专利专用权。"①也有论者指出:"刑法规定假冒专利罪,不只是为了保护他人的专利权,而且是为了保护市场竞争秩序。换言之,本罪不只是对个人法益的犯罪,而且是对超个人法益的犯罪。"②与主流观点形成对照的有二:一是"专利权人的专利权"之"个人法益说"。有少数学者曾主张本罪的法益只是专利权人的"专利权"③。由于 2004 年《知识产权刑事解释》界定的"假冒他人专利"实行行为种类中未包含侵犯专利权情形,这种观点已日渐式微。二是明确否定"个人法益"内容的"超个人法益说"。如有论者早年曾主张"'侵犯知识产权罪'的法益是超个人法益,而不是个人法益"④。有论者认为刑法规定"侵犯知识产权罪"这类犯罪是为了保护市场竞争秩序,知识产权权利人的私权可以视为刑法保护的对象而不是犯罪客体。⑤ 严格来说,这种单纯的"超个人法益说"尚算不上是针对假冒专利罪的具体法益厘定。上述各种观点的最大分歧在于:专利权人的专利权是不是该罪实行行为"假冒他人专利"所侵害的法益(或其组成部分)。

假冒专利罪法益厘定不清给其构成要件解释带来方向性困惑,根本上源于刑法学界在确定法益时忽略了该罪刑规范与前置法规范之间的沟通。刑法中的"假冒他人专利"行为是否"侵犯专利权"之个人法益,需要通过专利法上位概念"假冒专利"之法益来考察;如果专利法"假冒专利"不构成"侵犯专利权",就可以得出刑法中"假冒他人专利"也不"侵犯专利权"。展开考察的前提是准确界定所涉的概念:其一,就"侵犯专利权"所指而言,《专利法》第 60 条采取"未经专利权人许可,实施其专利,即侵犯专利权"的"即"字连接之表述;关于专利侵权法律责任的规则采取"侵犯专利权"和"专利侵权"两种措辞,无一不是指"非法实施专利"之含义。这表明,"侵犯专利权"系与"非法实施专利"为全同关系的概念。"实施

---

① 高铭暄、马克昌:《刑法学》(第 10 版),北京大学出版社、高等教育出版社 2021 年版,第 443 页。

② 张明楷:《刑法学(下)》(第 6 版),法律出版社 2021 年版,第 1069 页。

③ 马克昌:《经济犯罪新论》,武汉大学出版社 1998 年版,第 521 页。

④ 张明楷:《法益初论》,中国政法大学出版社 2003 年版,第 224 页。

⑤ 谢焱:《知识产权刑法法益分析》,载《北方法学》2017 年第 4 期。

专利"概念则在该法第 11 条以"不得实施其专利，即不得……"之表述做了详细界定。因此，"侵犯专利权"指的是侵犯专利权人实施专利的独占权，其指向对象是专利技术本身。其二，就"假冒专利"所指而言，2010 年《中华人民共和国专利法实施细则》（以下简称《专利法实施细则》）第 84 条第 1 款列举界定为五种情形：在产品（及包装）上假冒、对假冒型产品之销售、在材料中假冒、证书文件假冒及其他行为假冒。依据是否有可能"侵犯专利权"及其明确程度，这些情形可简单划分为两类：第一类是根本没有"侵犯专利权"之可能的行为，因为所涉产品或技术、设计根本就"未被授予专利权"（相当于旧法上"冒充专利"行为）。第二类是有无"侵犯专利权"之虞尚值得进一步判断的行为，大致包括"专利号假冒"和"专利文书假冒"两种（相当于旧法上"假冒他人专利"行为）。由此，分析"假冒专利"是否"侵犯专利权"，主要便是对后一类情形中两种行为的判断了。

　　第一种是"专利号假冒"行为。此类标注或使用"他人的专利号"的行为具体包括：《专利法实施细则》第 84 条第 1 款第 1 项中"未经许可在产品或者产品包装上标注他人的专利号"（及第 2 项所述的相应销售行为）；第 3 项中"（在产品说明书等材料中）未经许可使用他人的专利号，使公众将所涉及的技术或者设计误认为是专利技术或者专利设计"情形。专利号假冒是刑法上所广泛认同的最主要"假冒他人专利"行为，主流观点认为其侵犯"专利标记权"，从而侵犯专利权人的专利权。笔者对此持否定看法，理由如下：其一，《专利法》第 17 条第 2 款规定"专利权人有权在其专利产品或者该产品的包装上标明专利标识"，即使承认这里的"专利标记权"，也只是"专利权人的权利"[1]，即专利权之外的、专利权人所享有的与专利相关的某些其他权利，而不属于"专利权"这一范畴中的法定权能。其二，《专利法实施细则》第 83 条规定，对专利标识不符合规定方式的应当"责令改正"；2012 年国家知识产权局《专利标识标注办法》更是详细规定了专利标注的主体、对象、内容等要素，同时设置了注意规定将专利标识标注不当行为与假冒专利责任相"连结"。在某种意义上，此类规范已具有将专利权人正当标示行为"义务化"之实质。在学界，有学者呼吁我国应明确采用专利标示义务的立法模式。[2]在比较法上，美国、日本等国专利法律均规定，标明专利标识是专利权人的义务。其三，专利号假冒行为的本质是虚假专利标示之违法犯罪。它既不同于专利权人在其采用"专利技术的产品"上行使的所谓"专利标记权"行为，又不同于专利权人的标示不当行为，其只是"非专利权人"的专利标示不实行为而已，被"假冒"的

①　刘春田：《知识产权法》，中国人民大学出版社 2014 年版，第 214 页。
②　梁志文：《论专利公开》，知识产权出版社 2012 年版，第 441 页。

"他人"在作为犯罪对象的产品上根本不涉及"专利标记权"问题。与著作权法上通过禁止"制售假冒他人署名的作品"从反面确认被署名者免受虚假署名的权益①同理,《专利法》第63条"假冒专利"规范从反面确认了专利权人"免受虚假专利标示"这一未上升为权利的竞争法益,但与侵犯专利权已相去甚远。

第二种是"专利文书假冒"行为。《专利法实施细则》第84条第1款第4项列举了"伪造或变造专利证书、专利文件或者专利申请文件",这里的"专利证书、专利文件或者专利申请文件"可概括为"专利文书",其异于"专利标识"这种直接的专利标示形式,实质上是间接的专利标示形式。在这种意义上,专利文书假冒也是广义的专利标示领域的违法犯罪,有学者称其为"假冒行为的预备行为";还可能涉及伪造文书类违法犯罪。由于专利文书假冒尚未涉及"实施专利"本身,故不可能被《专利法》第11条专利权之法定权能所涵摄,"非侵权"性质不言自明。

由此,在作为前置法的专利法上,无论是根本没有侵犯专利权之虞的假冒行为,还是专利号假冒抑或专利文书假冒行为,都找不到"假冒专利"可能内含"侵犯专利权"的任何实质性要素,因而并不侵犯"专利权"。从"法域沟通"的角度看,刑法作为辅助性的法益保护手段,与其前置法所保护的无疑是共同的法益,依据"三段论"推理可得出下位的"假冒他人专利"也不"侵犯专利权"。可见,假冒专利罪规范的保护法益不是也不包含"专利权"个人法益,故前述"复合法益说"及"个人法益说"都有失妥当。在此意义上,那种常见的"专利权犯罪"提法②也是不妥当的。

(二)观点修正:"专利标示制度安全说"之提倡

从体系位置看,假冒专利罪处于"破坏社会主义经济秩序罪"一章。基于此,前述"超个人法益说"将该罪法益主要概括为"专利管理秩序"或者更广义的"市场竞争秩序","复合法益说"也将其作为法益表述的组成部分。笔者认为,这种概括的不足在于笼统而不精准,存在如何区分行政责任和刑事责任的难题。"集体法益的刑法保护应具有相对清晰的边界"③,假冒专利的"行—刑"保护法益既有共同性,又有差异性,其界限缺乏"需要根据法益侵害的性质分别运用质的差异和量的差异妥当地划定行政不法与刑事不法的范围"④。一方面,刑法保护的经济秩序主要是最基本价值而非一般价值意义上的。有论者从刑法体系协调角度将

① 吴汉东:《知识产权法》,北京大学出版社2014年版,第103页。
② 于志强:《我国网络知识产权犯罪制裁体系检视与未来构建》,载《中国法学》2014年第3期。
③ 孙国祥:《集体法益的刑法保护及其边界》,载《法学研究》2018年第6期。
④ 孙国祥:《行政犯违法性判断的从属性和独立性研究》,载《法学家》2017年第1期。

"破坏社会主义市场经济秩序罪"侵害的法益概括为"经济安全"①。这种"安全说"至少合理地揭示出,"安全"是法律价值体系中最基本的价值,故值得刑法予以特别保护。这启示我们,专利制度安全是专利制度秩序的基础或曰最根本的专利制度秩序,相对于假冒专利之"行政违法"来说,假冒专利"犯罪"的法益门槛应当提高到"专利制度安全"的标准。另一方面,该罪刑规范保护的"专利制度安全"是专利标示这一特定领域的法益。由于"专利制度"涉及面甚广,如专利申请、受理、审核、标示、救济等诸多方面,因此"专利制度安全"的表述仍显内容过宽和空洞笼统。正如上市公司的信息披露具有重要法律意义那样,专利标示是法定的权威信息,对揭示其权利的法律属性和保护竞争者、消费者及其他不特定人的合法权益至关重要。以刑法来禁止"假冒他人专利"这一专利标示领域的犯罪行为,正是为了保障"专利标示制度安全"的超个人法益。

"刑罚是为了保护国民的利益而存在就应当考虑把公共利益还原为个人的法益"②,作为超个人法益的"专利标示制度安全"具有可将"内容还原"成个人法益的特点,以"从现行规范的抽象层面回归到利益冲突的实质层面"③。理论上就个人法益和制度法益的关系有一元论和多元论之争,在多元论内部也有阶段法益论和多重法益论之争。由于个人法益具有不同于制度法益的独立意义和位阶差别,"多元的阶段法益论"更具有可取性,即应当通过保护制度法益来保护个人法益,以制度法益为直接目标,以个人法益作为终极追求。④ 刑法学界提出的"主次法益论"也与之有大致相似的旨趣,刑法规制某一经济犯罪行为的保护法益被划分为保护个人法益为主/社会法益为辅、保护社会法益为主/兼顾个人法益、单纯维护某一领域抽象秩序/不涉及个体法益直接保护等类型。⑤ 那么,"专利标示制度安全"该如何将"内容还原"成个人法益?

对此,学界提出的"知识产权法益论"可以提供合理的启发。该理论在"知识产权"界定上有别于传统的"权利论",主张其内涵是"权利"这一内核与非权利的"法益"所结合而成的,外延包括"知识财产权利"和"知识财产相关法益",从而为

---

① 董秀红:《金融安全的刑法保护》,法律出版社 2015 年版,第 63 页。

② [日]西原春夫:《刑法的根基与哲学》,顾肖荣等译,法律出版社 2009 年版,第 151 页。

③ [意]劳伦佐·彼高狄:《信息刑法语境下的法益与犯罪构成要件的建构》,吴沈括译,载赵秉志主编:《刑法论丛》(第 23 卷),法律出版社 2010 年版,第 313 页。

④ 张小宁:《论制度依存型经济刑法及其保护法益的位阶设定》,载《法学》2018 年第 12 期。

⑤ 时方:《我国经济犯罪超个人法益属性辨析、类型划分及评述》,载《当代法学》2018 年第 2 期。

未定型的、值得保护的知识产品法益提供保护依据①，在效果上有利于实现更高的确定性（提供充分保护）并更妥当地兼顾行为自由。② 进一步地，为实现"对知识产权私权论的包容与超越"③，笔者主张对"知识财产相关法益"的主体范围进行适度扩展，虽然公众等"其他主体"对作为私权的知识产权本身并无"权利"可言，但是知识产权的运用和保护过程中的利益平衡制度体现了未上升为权利的法益，故除保护知识产权权利人的权利及其有关的其他私法益之外，还保护"其他主体"所享有的、与知识财产相关的私法益。由此，寓居"知识产权"之上的"法益"便发生深刻演化，作为"私权"的知识产权便承载起了超个人之公法益使命，也使所承载的超个人法益可还原为个人法益。

就具体"内容还原"而言，应当主要是与专利标示相关且范围不特定的竞争者（包括被假冒的专权利人）、消费者等利益相关者的个人法益。从本罪设立的缘起看，1984 年《专利法》立法审议时，全国人大法制工作委员会认为"对假冒他人专利的行为，因损害了一般消费者的利益，似可以与假冒商标同样处理"④。这显示出本罪立法"初心"在于保护包括消费者权益在内的竞争法益。正如学者分析商标法对市场力量的不当强化问题时所指出的那样，"法权形式与经济优势两者有机统一所形成的商标市场力量于社会而言是否可欲，关键在于商标法的法权外衣是否与消费公众的识别行为相一致"⑤，专利标示正是这样的"法权外衣"，对消费者、竞争者等"其他主体"的识别行为有着有力影响。"市场的有效性关键取决于消费者获得的信息的质量"⑥，在虚假专利标记"外衣"之下，实质上损害的是公众对专利标示信息这种特定市场信息的知情，从而侵害与专利有关的所涉竞争者、消费者等的个人法益；从规范的形式层面则指向危害"专利标示制度安全"这一超个人法益。学界有种观点认为，现行法对严重的侵犯专利权未设置刑事责任，却对保护专利权而言不甚重要的假冒他人专利行为予以入罪，这是立法上的"本末倒置"，因而是"可以删除"的。⑦ 显然，这种观点对假冒专利行为侵犯公众的个人

---

① 谭华霖：《知识产品法益保护模式探讨——兼论法益与权利之冲突》，载《政治与法律》2011 年第 7 期。

② 于飞：《权利与利益区分保护的侵权法体系之研究》，法律出版社 2012 年版，第 1 页。

③ 李海昕：《知识产权法益论——包容与超越》，载《电子知识产权》2009 年第 2 期。

④ 汤宗舜：《回忆专利法的起草》，载刘春田主编：《中国专利法二十年》，专利文献出版社 1998 年版，第 105 页。

⑤ 章凯业：《商标保护与市场竞争关系之反思与修正》，载《法学研究》2018 年第 6 期。

⑥ Robert P. Merges et al., Intellectual Property in the New Technological Age (5th ed.) , Aspen Publishers, 2011, p.21.

⑦ 董涛：《专利权保护网之漏洞及其弥补手段研究》，载《现代法学》2016 年第 2 期。

法益存在严重的误读。可以说,与专利标示相关且范围不特定的利益相关者的个人法益便是立法设立本罪的终极追求,维护"专利标示制度安全"之正当竞争秩序反倒成了实现这一目的的手段。

由上可知,关于假冒专利罪法益观点应当修改为"专利标示制度安全说",其法益内容还可进一步还原为"与专利有关的不特定主体的个人法益"。不过,这种被还原的个人法益内容本身与"专利标识制度安全"之超个人法益并不在同一意义层面,故不应当并列为复合法益。至此,"假冒他人专利"行为乃至整个该罪刑规范被赋予了新的法益内涵。

三、"假冒他人专利"之实质解释:"专利标示制度安全说"的展开

"专利标示制度安全说"可对"假冒他人专利"构成要件行为的解释产生重大影响,需要对现行释法进行实质解释论的考察。按所涉专利之真假及是否实施专利技术为标准,"专利号假冒"和"专利文书假冒"等虚假专利标示行为大致分为三种情况:真实专利、并未实施,真实专利、已经实施,虚假专利、并无实施。第一种情况构成"假冒他人专利"并无争议,但第二、三种情况则值得进一步考察。由于"专利权"被逐出刑法法益结构之外,对符合"形式假冒"字面特征的"真实专利、已经实施"情形,到底是应当纳入还是排除于构成要件之外?对于"虚假专利、并无实施"情形属于单纯的冒充专利行为,又是否具有纳入构成要件处理的可能?

(一)"非法实施专利"对"假冒他人专利"构成行为符合性之否定

关于"真实专利、已经实施"的"虚假专利标示"情形,学界对假冒他人专利与非法实施专利之间存在竞合论和非竞合论的分歧。竞合论是主流的观点,认为非法实施专利后又假冒他人专利(如同时实施专利号假冒)属于竞合情形,比单一假冒他人专利行为侵害更严重,依照"举轻以明重"及刑事责任不能被民事责任吸收的原理,应当将其纳入刑法调整范围。[①] 非竞合论则认为,非法标注他人专利号同时非法实施该专利的行为客观上没有欺骗消费者,这种竞合已经使得"假冒"名不符实,行为演化成一种单纯的专利侵权行为,不具有假冒的内涵,因而不能以犯罪论处。[②]

在笔者看来,只有在专利法与刑法规范之间进行"目光往返流转",才能厘定上述两种行为的准确边界与应然的关系。前述竞合论将视角局限于孤立的刑法

---

① 刘宪权、吴允锋:《侵犯知识产权罪理论与实务》,北京大学出版社 2007 年版,第 264 页。

② 周宜俊:《专利权刑法保护的现状及法律对策》,载游伟主编:《华东刑事司法评论》(第 5 卷),法律出版社 2003 年版,第 265 页。

法域之内,其结论并不妥当;相反,非竞合论应当得到支持,能认定"非法实施专利"应当成为对"假冒他人专利"构成要件符合性的排除事由。

从形式逻辑看,专利法中"假冒专利"与"非法实施专利"两类违法行为是不相容的对立关系,刑法中的"假冒他人专利"作为专利法中"假冒专利"的下位概念,这种对立关系理应同样适用。就概念关系而言,逻辑学上任何两个概念间的基本外延关系必然是也只能是全同关系、属种关系、种属关系、交叉关系和全异关系这五种中的某一种。专利法上"假冒专利"的法律后果除民事责任外,尚有行政责任乃至刑事责任,而"非法实施专利"则只有民事责任,显示两个概念在专利法上具有质的规定性差异。一个专利侵权违法行为,要么是"假冒专利",要么是"非法实施专利",要么都不是,不可能出现同时构成"假冒专利"与"非法实施专利"的"交叉关系"情形。就判断的推理而言,根据前文论证已经得出了以下性质为真的判断:(在专利法上)"所有的假冒专利都不侵犯专利权"。在逻辑学上,这一判断属于"全称否定直言判断",根据换位法变形直接推理的有效逻辑形式"SEP→PES"①,可以推出以下性质为真的判断:(在专利法上)"所有的侵犯专利权都不是假冒专利"。相应的,这一判断应当适用于刑法中"假冒他人专利"的认定过程,即(在刑法上)"所有的非法实施专利行为都不是假冒他人专利",该两种行为在逻辑上是互相对立、互相排斥的。

从法益内容看,"虚假专利标示"行为同时介入"非法实施专利"行为的,法益侵害性并非二者的叠加,而是发生了由"假冒"到"侵权"的质变。以"非法实施专利+未经许可的专利标识"为模型来说明:一方面,跟单纯侵权相比,这种组合行为额外地标注了一个与所非法实施的专利技术相一致而不属于行为人的专利标识。在技术意义上,此时的侵权产品及其非法标识名实相符,对与该专利标示相关的"其他主体"不构成欺骗。有论者认为这种行为几乎不会对公民造成有形的、个性化的伤害,不会导致扰乱社会构造。② 虽然所涉侵害的法益除专利权外,还侵犯专利权人的专利标识法益,但并不改变"专利侵权"的根本属性,故宜只需向专利权人承担民事责任。另一方面,跟单纯假冒相比,原本"使混淆误认"的"假冒专利"再加上"非法实施专利"后,所涉公众知情、竞争者公平竞争等法益因"真专利"的涉入而不再受到值得刑法保护程度的关注;相反,专利权成为首要保护的法益。所谓的"侵权型"假冒他人专利情形,虽然似乎符合"形式假冒",但实际上并不发

---

① 史鸿敏:《普通逻辑学教程》,国防工业出版社2015年版,第67页。

② See Irina D. Manta, The Puzzle of Criminal Sanctions for Intellectual Property Infringement, 24 Harvard Journal of Law&Technology, 504 (2011).

生对上文所述"专利标示制度安全"法益(还原后即指"与专利标示有关的不特定主体的个人法益")侵犯的结果,即不符合"实质假冒"特性。这种法益上的异质变化即侵害法益转变为主要是侵犯专利权人的私权利,为对所谓的"竞合"情形按照"专利侵权"进行民事处理提供了依据。"法益保护并不会仅仅通过刑法得到实现,而必须通过全部法律制度的手段才能发挥作用。在全部手段中,刑法甚至只是应当最后予以考虑的手段。"①"刑法谦抑的真正含义是,对于民事违法行为同时危害了社会的情况首选的公法调整是行政法而不是刑法。"②由此,基于法秩序的统一性原理和公法调整的层次性要求,那种主张越过民法和行政法保护而突兀地将专利权直接上升为刑法法益的做法,是有违刑法保障法性质及谦抑原则的。

就出罪路径而言,需要在考虑法条的法益保护目的、国民的自由保障和法条间的关系协调等诸多因素基础上,宜对刑法上"假冒他人专利"中的"假冒"进行合理的限制解释,即限定为具有"使混淆误解"之本质属性以缩小处罚范围。2010年《专利法实施细则》第 84 条第 1 款对"假冒专利"含义的界定,为对刑法中的这一"假冒"概念进行限制解释提供了前置法的规范依据。"要回答'某个特定事实是否实现了某个特定概念'这个问题,最简单并且也是最快的途径,经常是经由这个概念的局部定义。局部定义是对于概念的实现宣告一个充分条件。"③该前置法条款采取的是"列举+兜底"模式,前四项列举情形分别是一个个"局部定义",按照同类解释规则都应当具有第五项兜底条款所表述的"使公众混淆"和产生"误解"(将未被授予专利权的技术或者设计"误认"为是专利技术或者专利设计)的共同属性,即"使混淆误解"应当是"假冒专利"的质的规定性。该四项列举所涉的在产品及其包装上被标注或在产品说明书等材料中被说明的"产品",都应当合理地限制为"非专利产品"。在技术属性上,"假冒专利"行为人所实施的不是"真"专利技术或方案,"使混淆误解"是公众就产品的技术属性(专利产品还是非专利产品)"误解为是真专利";相反,"非法实施专利"是在法律层面系"未经许可"的"实施",但在技术层面则是"真"的专利技术或方案,而不存在使人"误认"为是专利技术或方案的问题。换言之,二者存在"真专利"还是"假专利"的根本区别,"非法实施专利"则使专利法上"假冒专利"的"使混淆误解"这一本质属性条件不能成就,能构成"假冒"的只能是标注他人的专利号之产品为假的专利产品,不能是已经实施该专利技术的真的专利产品。从刑法体系看,对"假冒"进行

① [德]罗克辛:《德国刑法总论》(第 1 卷),王世洲等译,法律出版社 2005 年版,第 23 页。

② 夏勇:《刑法与民法——截然不同的法律类型》,载《法治研究》2013 年第 10 期。

③ [德]普珀:《法学思维小学堂:法律人的 6 堂思维训练课》,蔡圣伟译,北京大学出版社 2011 年版,第 41 页。

限制解释也是合理可行的:"假冒"一词在《刑法》中共使用了三次,另外两处分别是"销售假冒注册商标的商品"和"制作、出售假冒他人署名的美术作品",可以说都具有以"假"冒充"真"的含义和"使混淆误解"之本质属性。因此,在假冒专利罪领域"非法实施专利"可产生排除构成要件符合性的效果,从而使专利侵权被彻底逐出刑事规制领域。

(二)"冒充他人专利"被"假冒他人专利"行为所涵摄

1.入罪基础:"冒充专利"行为刑事处罚的合理性

假冒专利罪规范系建立于旧《专利法》"假冒—冒充"之"二分立"框架上。随着专利法修改带来"假冒—冒充"的"二合一","冒充专利"概念虽然在法律上已被取消,但事实上仍是"假冒专利"这一上位概念的最主要类型之一,故作为理论概念仍有研究的必要。对现行《专利法》第 63 条以附属刑法规范形式提出的假冒专利罪扩容问题,破解关键便是能否对"冒充专利"行为予以刑事制裁。自 1992 年《专利法》起至 2008 年取消前,"冒充专利"均被界定为"以非专利产品冒充专利产品、以非专利方法冒充专利方法",属于"虚假专利,无从实施"的"虚假专利标示"情形;相应的,作为理论概念,其原立法所指涉之含义并无实质变化。传统理解是,在侵犯对象上,冒充专利是"无中生有"即冒充不存在的专利,而假冒他人专利是"以假乱真";在损害客体上,冒充专利不像假冒他人专利那样还侵害了专利权人的有关个人法益(如免受虚假专利标记)。笔者认为,从"目的—手段"维度看,将严重的"冒充专利"行为纳入假冒专利罪处罚范围,具有实质的正当性。

从法益保护目的看,冒充专利行为的法益内容与假冒专利罪的"专利标示制度安全"法益具有同质性。在专利法上,传统的"冒充专利"与"假冒他人专利"能被"二合一"成为"假冒专利"的单一概念,法理原因在于二者具有法益同质之根本属性。相关"立法说明"就二者为何要合并曾指出,由于专利申请量和授权量巨大,即使偶然性地杜撰一个专利号(冒充专利),也可能形式上与他人专利号相同(假冒他人专利),两者在实践中有时会难以区分;从社会危害性看,冒充专利在欺骗公众、扰乱市场秩序层面并不亚于假冒他人专利,两者在行政处罚方面可归为一类等同对待而没有区分的必要。① 这表明,旧《专利法》中将二者作为对立概念分别规制具有不当性,"二合一"乃对"冒充专利"之"假冒专利"实质的理性回归;"立法说明"只言及二者在实践中难以区分和行政责任上无区分必要,但进一步拓

---

① 国家知识产权局条法司:《〈专利法〉第三次修改导读》,知识产权出版社 2009 年版,第 78 页。

展至刑事责任也同样如此。"二分立"下的"冒充专利"与"假冒他人专利"都表现为用专利标识、借用专利名义来欺骗公众的作假行为即"虚假专利标示"行为,具有前述的"使混淆误解"之本质属性,"一方面会让公众误认为假冒人推销的产品或方法是专利产品或专利方法,并出于对专利的信任而与之交易,从而上当受骗;另一方面也会导致真正的专利权人声誉受到损害或使公众丧失对真正专利产品或专利方法的信任"①。与此同时,专利权人的专利权不属于假冒专利罪的侵害法益,也为"冒充专利"行为纳入构成要件行为提供了空间。

从刑法评价手段看,对严重的冒充专利行为予以刑法规制体现了法益辅助保护原则的要求。一方面,前置法上行政处罚的假冒专利案数逐年飙升。从 2010年 728 件稳步增至 2017 年 3.9 万件,8 年间增至 50 多倍;与之对照,2001 年至2016 年各年度全国法院审结的假冒专利罪案数都在个位数(唯 2012 年例外),绝大多数年度只有一两件。此种"行"升"刑"滞现象表明,行政执法救济已呈现出一定的"无效"状态(更勿论民事手段因受害对象具有非特定性而难以实现了)。另一方面,以"二分立"模式来对行政处理的假冒专利案件分类考察可知,刑事门槛以下"假冒他人专利"发生频率不及"冒充专利"的十分之一。原因大致在于,专利号并无商标的"识别效应"②,冒充虚假的专利标识和假冒他人的特定专利号在市场作用上无显著区别。但是,前者在违法成本上远低于后者,收益却基本相同。有论者对此质疑道:"在造假风盛行的社会背景下,将近 10 年以来每年全国法院对假冒专利案件的评价都没有突破个位数,这正常吗?!"③严重的冒充专利行为游离于刑法规制之外,导致专利标示制度安全问题进而最终意义上所涉个人法益遭受重大侵害而刑法相应介入极为罕见,故对此提供刑法救济是现实之所需。在比较法上,广义的假冒专利行为被纳入犯罪范围具有可资借鉴的依据。例如,《美国法典》设有两种专利犯罪,即第 35 编第 292 条之"虚假专利标示罪"和第18 编第 497 条之"伪造专利特许证罪"④,其中冒充专利与假冒他人真实专利行为被合并规定于"虚假专利标示罪"中。类似的,多数国家在刑法规范上都并未区别对待冒充专利与假冒他人真实专利的行为。可以说,从作为前置法的专利法上"二合一"发展到作为保障法的刑法上"二合一",不失为符合国际通行做法又体现我国法律体系协调的合适选择。

---

① 王迁:《知识产权法教程》(第 7 版),中国人民大学出版社 2021 年版,第 486 页。

② 柏浪涛:《侵犯知识产权罪研究》,知识产权出版社 2011 年版,第 100 页。

③ 储槐植:《1997 年刑法二十年的前思后想》,载《中国法律评论》2017 年第 6 期。

④ Peter Toren, Intellectual Property and Computer Crimes, Law Journal Press, 2016, (Chapter 6) pp.52-53.

在司法实践中,已出现对冒充专利行为予以刑事制裁的某些迹象。例如,在"张某甲、朱某假冒专利案"(下称"锅炉清灰剂案")中,被告人是涉案发明专利炉窑添加剂之专利权人某厂的前员工,以该某厂宣传册为蓝本印刷其自己公司的宣传册并委托制作公司网页(均载有案涉发明专利号),来宣传推介自己的锅炉清灰剂产品。该判决书认为,被告人"将产品冒充为专利产品,易使社会公众产生误认,侵害了专利权人的合法权益,且危害国家对专利的管理制度"而构罪。① 又如,在"熊某假冒专利案"(下称"眼镜案")中,被告人盗用专利权人的"一种防蓝光光学镜片"专利申请文件并将专利号"X1"篡改为"X2",用于自己控制的某旗舰店所销售防蓝光眼镜产品的广告宣传页面来误导消费者。该判决书认为,被告人"擅自篡改专利权人的专利号""变造专利申请文件"并"在其销售的产品宣传资料上使用"而构罪。② 在笔者看来,"锅炉清灰剂案"判决揭示出擅自使用他人专利号的行为具有"冒充专利产品"和"使公众产生误认"的属性,既强调涉案产品在技术意义上与专利侵权无涉,又认同"冒充专利"也是"假冒他人专利"的可能行为表现。"眼镜案"判决将"擅自篡改专利权人的专利号"这一并非"标注他人专利号"的行为当作构成要件事实予以强调,有将"冒充专利"纳入"假冒他人专利"涵摄范围之意。这两个案件的判决说理体现出实务界宁愿一定程度上偏离"形式假冒"的司法解释规范而自发关注"实质假冒"内在本质的趋势。

2.入罪路径:合理扩大解释"假冒他人专利"来涵摄"冒充他人专利"

目前学界就冒充专利行为如何实现入罪处理有不同主张。在立法论上,冒充专利入罪论学者认为,应采取"修法"的进路来实现其入罪化:一种观点是对1997年《刑法》第216条所规定的"假冒他人专利"罪状删除其中的"他人"二字,修改为"假冒专利",使之包含假冒他人专利和冒充专利这两种行为;另一种观点是在刑法中增设冒充专利罪。③ 在解释论上,主流观点主张冒充专利行为依刑法不能构成假冒专利罪,否则就超出了"条文所能涵括的最大意义范围,属于类推解释"④。笔者认为,上述观点彼此之间貌合神离,均否定通过释法途径而主张只能通过修法方式将冒充专利行为入罪,存在对"假冒他人专利"内涵采僵化的形式解释之嫌。勿论"修法"模式成本过高,更重要的是并无采此种模式之必要:一方面,

---

① 参见江苏省南通市中级人民法院(2015)通中知刑初字第0001号刑事判决书。

② 参见福建省漳州市龙文区人民法院(2016)闽0603刑初139号刑事判决书。

③ 余高能:《对我国侵犯知识产权犯罪刑事立法系统性的考量》,载《知识产权》2013年第12期。

④ 最高人民法院刑事审判第一、二、三、四、五庭主办:《中国刑事审判指导案例3:破坏社会主义市场秩序罪》,法律出版社2017年版,第1167页。

法解释需要追求法律之间体系协调,前置法之专利法修改(冒充专利被假冒专利同质吸收)为刑法规范含义的相应调整与重新解释创造了新契机;另一方面,法律条文的真实含义并不随着法律创制带来的文本化而固化,如果通过释法进路能实现规范的扩容,则自然更为可取。

在实质解释意义上,有必要且可以通过对"假冒他人专利"这一构成要件要素进行扩大解释,来完成对主要的冒充专利行为入罪的任务。从语文含义看,这里所要认定的"他人专利"具有扩大解释的空间,既可包括"真实他人专利",又可包括"虚假他人专利"。理由在于:其一,依照常识"专利"不应当是无主的;"冒充专利"涉及"虚假专利",既然不是"自己专利"("冒充自己专利"),就可以推定是行为人以外的、被拟制出的"他人专利",即"冒充他人专利"。其二,由于专利与商标的属性和功能存在重大区别,究竟是"真实他人专利"还是"虚假他人专利",并非对"他人专利"的"假冒"行为之质的规定性所在;相反,是否"使混淆误解"才是其本质。从罪名演进看,将 1997 年《刑法》第 216 条罪名确定为"假冒专利罪",系将此前 1985 年《最高人民法院关于开展专利审判工作的几个问题的通知》规定的"假冒他人专利罪"罪名省去"他人"二字所得,表明"假冒他人专利"罪状与"假冒专利罪"罪名具有实质的相当性和无混淆性。其三,从证明看,被"假冒"的"他人专利"有两种证明情形:一种是可"证实"的情形,即证明是某个实际存在的"他人"所享有的某个真实存在的有效专利;另一种是只需"证伪"的情形,即证明被行为人标示为"专利"的技术或方案对于行为人而言却不是"自己专利",这实质上构成对可"证实"情形的某种扩张。刑法学界不乏类似于这种扩张解释的理解。比如,针对《中华人民共和国刑法修正案(五)》就信用卡诈骗罪所进行的修改,即把《刑法》第 196 条第 1 款第 1 项由原来的"使用伪造的信用卡的"修改为"使用伪造的信用卡,或者使用以虚假的身份证明骗领的信用卡的"。有论者认为:这一修改本可以通过释法来完成而不必进行修法,因为伪造一个客观上不存在的对象进行骗领和用他人的真实身份证明进行骗领两种情况具有共同点,即骗领的信用卡是真实有效的且不是"自己"的而是"他人"的,故本质上都符合该条款中第 3 项"冒用他人信用卡"的规定。[①] 在笔者看来,该论者所述的"以虚假的身份证明骗领的"信用卡客观上便是"虚假他人"的信用卡,通过合理扩大解释可以纳入"冒用他人信用卡"范围。类似的,"冒充他人专利"是"假冒虚假他人专利",同样可以合理地涵摄于"假冒他人专利"之中。

扩大解释以遵守罪刑法定原则为前提,其合理性须受文义最大射程范围的限

---

① 杨柳:《释法抑或造法:由刑法历次修正引发的思考》,载《中国法学》2015 年第 5 期。

制,不能逾越国民预测可能性。从文字上看,"假冒"包含"假称"和"冒充"等义,在外延上至少与冒充具有交叉关系,而"冒充他人专利"与"假冒他人专利"更是具有实质的相当性。由此,"冒充他人专利"就是"假冒虚假他人专利",涵摄于"假冒他人专利"之中并不违反罪刑法定原则。值得探讨的可能排除情形主要是"冒充自己专利":一种是"失效型",即专利权人在专利已经过期或无效后,再在该类产品上标注原来的专利号的行为;另一种是"未实施型",即专利权人在未实施自己专利的产品或其包装上标注自己的专利号等行为。前者因已无"自己专利"且属于"假冒专利",故可以扩大解释为"假冒他人专利"。后者虽然从技术属性而言属于"(自己的)真实专利、并未实施"的虚假专利标示行为,但文义解释上不属于刑法"假冒他人专利"行为:其一,专利权人"假冒自己专利"系与"假冒他人专利"相矛盾的全异关系概念,虽然同属"假冒专利",但已超出"他人专利"的文义最大射程范围。其二,从理性人的角度分析,专利权人"假冒自己专利"不符合行为理性,因而发生概率极低,而"法律不处理罕见之事"。其三,专利权人"假冒自己专利"因主体特定,保留在民事和行政责任领域来救济即已足够,如 2019年国家知识产权局《专利标识标注不规范案件办理指南(试行)》便将"专利标识标注不规范"和"专利假冒"区分为两类不同案件,这恰好体现出刑事处罚范围的不完整性。在这种意义上,前述删除罪状中"他人"二字或增设冒充专利罪的立法论主张尚未考虑"假冒自己专利"情形而有失妥当。

当然,"假冒他人专利"扩大解释为涵摄"假冒虚假他人专利"并不意味着其他侵犯知识产权罪都要进行类似的扩大解释。相反,商标、著作权及商业秘密犯罪罪状中的"他人"均只能指真实的"注册商标所有人""著作权人"和"商业秘密权利人",理由在于:侵犯著作权罪、侵犯商业秘密罪等都属于"因侵权而犯罪"①,这种"侵权型"犯罪的特质决定了所涉的他人作品或商业秘密等必须是真实有效的。假冒注册商标罪等商标犯罪有特殊性,对比《刑法》第213条至第215条罪状与作为前置法的《中华人民共和国商标法》第57条可知,这三个罪的构成要件行为都符合商标法上"侵犯注册商标专用权"的属性。虽然假冒注册商标罪等罪名中有"假冒"二字,但实质上却是"侵权",即"商标侵权"与"商标假冒"具有同质性,故亦须是真实的他人注册商标。与此对照,假冒专利罪属于"假冒型"犯罪而不属于"侵权型"犯罪,其"使混淆误解"本质可以存在于"虚假他人专利"的载体之上。

---

① 李兰英、蒋凌申:《论"因侵权而犯罪"和"因犯罪而侵权"》,载《现代法学》2012年第5期。

四、"假冒他人专利"之规范重构:相关司法解释规则的检视与完善

(一)相关司法解释规则的批判性检视

上述关于"专利标示制度安全说"主张及关于"假冒他人专利"的实质出罪与入罪行为等观点,在解释论上和对指导司法实践方面具有重要意义。以此为基础来审视关于"假冒他人专利"的现行司法解释规定,可以发现以下主要问题值得探讨。

第一,《知识产权刑事解释》第4条就本罪的"情节严重"明确列举了"专利权人损失"根据。但是,按照"专利标示制度安全说"及"专利假冒与专利侵权互斥"的观点,"假冒他人专利"不必然(一般也不会)导致"专利权人损失",故该种根据有失妥当。"知识产权犯罪罪量设置的科学性和合理性问题,关键在于对知识产权犯罪危害本质的把握。"①该司法解释建立的非法经营数额、违法所得数额这两个定量根据主要着眼于专利秩序危害程度的考量,但其关注个人法益保护的定量根据却是"专利权人损失"似有失当,背后的思维仍是专利侵权的思维。"专利侵权行为不是犯罪行为,因此给专利权人造成的损失并不必然是假冒专利行为侵害的结果。"②在超个人法益"内容还原"意义上,假冒专利造成损失应当确定为相关的竞争者和消费者等"他人"的损失,故现行《专利法》第65条关于"侵犯专利权的赔偿数额"规则也不应当用于计算"假冒专利"所致的"专利权人损失",更不用说计算"他人损失"了。

第二,《知识产权刑事解释》第10条就"假冒他人专利"界定的诸情形均设置了"未经许可"要素,但根据前述"专利标示制度安全说",这种从专利权"个人法益"的立场上来进行解释的做法显得有失妥当。"专利权人许可"的法律意义是"实施专利"的免责事由,非法实施专利行为正是法律层面的"未经许可";然而,"专利权人许可"根本不能成为侵犯超个人法益的"假冒他人专利"行为的免责事由。对于非专利产品,即使是专利权人自己,也不能实施虚假专利标识行为,否则需承担相应的假冒法律责任;若是被许可人实施此类行为,则构成"假冒他人专利"。如前文所述,这里"假冒"具有"使混淆误解"的本质属性,着眼的是使公众就产品的技术属性(专利产品还是非专利产品)"误解为是真专利",而不是就其法律属性(经过授权的合法产品还是未经授权的非法产品)"误解为经过许可"。从保护法益看,前者旨在保护与不特定公众的利益相关的超个人法益,后者则局

---

① 田宏杰:《知识产权案件刑事司法疑难问题研究》,载《人民检察》2009年第12期。

② 王志广:《中国知识产权刑事保护研究(实务卷)》,中国人民公安大学出版社2007年版,第206页。

限于专利权人的专利权个人法益。因此,"未经许可"这一事实不能满足"使混淆误解"的要求。在此意义上,"假冒专利"的构成条件无须考察是否"经过许可"这一要素。

第三,《知识产权刑事解释》第 10 条仅以专利号或专利文书的外部形式要素进行"形式假冒"的界定,忽略了虽然不处于刑法用语核心含义之内但具有处罚必要性与合理性的"假冒虚假他人专利"(即冒充他人专利)行为。对此,宜在罪刑法定原则的基础上,将刑法"假冒他人专利"的内涵合理地扩大解释为"标注他人的或者虚假的专利标识,使人混淆和将未被授予专利权的技术或者设计误认为是专利技术或者专利设计的行为"。这样,"假冒他人专利"可涵摄"冒充他人专利",从而使达到刑事门槛的绝大多数"冒充专利"行为可纳入构成要件中,以刑法解释为途径而无须经过修法即可实现该罪刑规范的扩容,而罪名仍维持"假冒专利罪"。

第四,《知识产权刑事解释》对"非法实施专利"与"假冒他人专利"的互斥关系缺乏明确的规则设定,已导致司法实践中"非法实施专利"频繁地"寓居"在"假冒专利罪"构成要件之中,这种局面与"专利侵权非犯罪化"相悖。该解释第 10 条确立"专利侵权不是假冒专利"理念后,此前"专利侵权即是假冒专利"的实践做法得到纠正,但"专利侵权和专利假冒竞合"的做法仍大行其道。如杜某某假冒专利案(下称"火锅案")①中,被告人销售专利权人为江某某、标有其专利号的一种实用新型专利火锅炉,被害人"邮寄了要求其停止侵权的律师函"。判决书认为,被告人"违反国家专利法的有关规定,未经专利权人许可,而销售他人的专利产品,情节严重"而构罪。该判决强调被告人未经许可实施对他人专利产品的"销售"行为,用意无疑是以专利"侵权"来刻画专利"假冒"之构成要件行为,但在法律适用上却有些"南辕北辙"了。很明显,"火锅案"体现的正是前文所述及的侵权与假冒"竞合论",实质上跟过去的"专利侵权即是专利假冒"的做法如出一辙。在当前专利侵权并不罕见的情况下,容易造成实践中刑事责任之"选择性司法"的不公局面。由于缺乏上文所论证的专利标示制度安全法益这一刑法介入的必要条件,专利侵权应当被排除出刑法规制的范围。因此,有必要在司法解释规则中明确:假冒专利罪案件中查明有"非法实施专利"行为的,应当按照非法实施专利来处理而不再认定为构成假冒专利罪。

(二)相关司法解释规则的修改方案

由于我国刑法立法模式采取单一的刑法典而无真正的附属刑法,容易在前置

---

① 参见湖南省常德市鼎城区人民法院(2016)湘 0703 刑初 321 号刑事判决书。

法与保障法之间形成"法域冲突"问题,在假冒专利罪规范上已得到鲜明体现。面对专利法概念再造带来刑法中的"假冒他人专利"解释变动需求,《知识产权刑事解释》以其"稳定不变"似乎冻结了有创见的理论回应。2023 年"两高"正在制定新的统一的知识产权刑事司法解释,对假冒专利罪的内容亦有所涉及,但就"假冒他人专利"的阐释尚不完善。正如学者所指出,《专利法实施细则》"只是国务院颁布的行政法规,能否实现对刑法条文的有效解释还存在疑问……司法解释的再次修正,对保持部门法之间的协调还是十分必要的"①。从有效的法域沟通的角度看,"假冒他人专利"构成要素尚需进一步充分运用实质解释论,做好相应的解释调整,现阶段更应当结合正在制定中的新的相关司法解释来落实其规范文本的界定。

基于上文的论证,笔者拟提出如下具体修改建议:第一,将原《知识产权刑事解释》第 10 条的内容修改为:"实施下列行为之一的,属于《刑法》第二百一十六条规定的'假冒他人专利'的行为:(一)在未被授予专利权(含专利权被宣告无效或者终止后)的产品或者其包装上标注他人的或者虚假的专利标识,使人混淆或将未被授予专利权的技术或者设计误认为是专利技术或者专利设计的;(二)销售第(一)项所述产品;(三)在产品说明书等材料中将未被授予专利权的技术或者设计称为专利技术或者专利设计,将专利申请称为专利,使公众将所涉及的技术或者设计误认为是专利技术或者专利设计;(四)伪造或者变造专利证书、专利文件或者专利申请文件;(五)其他使公众混淆,将未被授予专利权的技术或者设计误认为是专利技术或者专利设计的行为。""具有前款行为之一,同时非法实施他人专利的,依照侵犯专利权行为处理。""专利权人在未被授予专利权的产品或者其包装上标注其自身的专利标识的,依照《专利法》第六十三条规定进行行政处罚。"第二,将该解释第 4 条第 2 项涉"专利权人损失"的规定予以删除。

这样,假冒专利罪规范就过渡为真正打击侵害专利标示制度安全及损害与专利有关的公众利益的行为,从而发挥刑法保护专利制度的应有作用。为了使扩容后的假冒专利罪案件数量不至于对刑事司法造成很大压力,根据刑事政策需要,可以对"专利标识"和"产品说明书等材料"等具体构成要素适时进行合理的限制解释,还可以对发明、实用新型和外观设计的"情节严重"之数额标准进行差异性规定,以动态合理地调节假冒专利的犯罪圈。

(本文原载于《法商研究》2019 年第 5 期,中国人民大学复印报刊资料《刑事法学》2020 年第 3 期全文转载。编入本书时有少量适当修改。)

---

① 马克昌主编:《百罪通论》(上卷),北京大学出版社 2014 年版,第 423 页。

论买卖人口犯罪的立法修正

罗　翔

作者简介：罗翔(1977—　　)，男，湖南耒阳人，现为中国政法大学刑事司法学院教授，博士生导师，刑法学研究所所长。2005 年毕业于北京大学法学院，2008 年至今获评历届中国政法大学最受本科生欢迎的十位教师。已经发表和出版多项科研成果，其中学术论文多篇，学术专著和普法书籍多部，并多次获得社会奖励。

收买被拐卖的妇女、儿童罪是否应当提高法定刑在法学界引起激烈的争论，基本上形成"提高派"和"维持派"两种观点。争议的焦点在于：现行刑法关于收买被拐卖的妇女、儿童罪的规定是否出现了无法弥补的漏洞，而有修订之必要。刑法修订问题兹事体大，逻辑比民意舆论更为重要，虽然这并不代表民意舆论毫无意义。因此，有必要在全面梳理我国买卖人口犯罪①立法演进脉络及考察域外立法经验的基础上，探究现行刑法的规定是否存在体系性的缺陷、是否与刑法基本理论无法兼容，以至于必须修改相关规定。

一、买卖人口犯罪刑事立法的回顾与反思

一切历史都是当代史，思考立法修订问题离不开对立法变迁的回顾。1979 年刑法对于拐卖犯罪，只有两个条文：一是第 141 条的拐卖人口罪——拐卖人口的，处 5 年以下有期徒刑；情节严重的，处 5 年以上有期徒刑。二是第 184 条的拐骗儿童罪——拐骗不满 14 岁的男、女，脱离家庭或者监护人的，处 5 年以下有期徒刑或者拘役。尽管 1979 年刑法的起草准备时间有 20 多年，但从 1978 年法制恢复到 1979 年刑法出台，立法时间过于仓促，加上立法经验不足，导致这部法典整体较为

---

①　主要涉及《刑法》第 240、241、242、244、262、416 条等条款。

粗疏①,因此它不可避免地要接受立法机关常态性的修正。

1983年全国人大常委会通过《关于严惩严重危害社会治安的犯罪分子的决定》,对于严重危害社会治安的犯罪分子可以在刑法规定的最高法定刑以上处刑,直至判处死刑,其中也包括拐卖人口罪。经过"严打"之后,拐卖人口犯罪有所遏制。但是随后又触底反弹、犯罪飙升。② 20世纪90年代初,拐卖人口犯罪尤为猖獗。③ 在此背景下,1991年全国人大常委会通过《关于严惩拐卖、绑架妇女、儿童的犯罪分子的决定》(以下简称《严惩拐卖决定》)。为了突出对妇女、儿童的保护,该决定规定了拐卖妇女、儿童罪,并将法定刑提高到5年以上10年以下有期徒刑,对于6种加重情节处10年以上有期徒刑或者无期徒刑,情节特别严重的处死刑。该决定首次增加了收买型犯罪,收买被拐卖、绑架的妇女、儿童的,处3年以下有期徒刑、拘役或者管制。为了避免打击过猛,《严惩拐卖决定》规定了免责条款——收买被拐卖、绑架的妇女、儿童,按照被买妇女的意愿,不阻碍其返回原居住地的,对被买儿童没有虐待行为,不阻碍对其进行解救的,可以不追究刑事责任。同时,该决定还增加了绑架妇女、儿童罪;聚众阻碍解救被拐卖、绑架妇女、儿童罪;利用职务阻碍解救被拐卖、绑架的妇女、儿童罪;绑架勒索罪;偷盗婴幼儿罪等罪名。《严惩拐卖决定》的内容几乎完全被1997年刑法所继受。

1997年刑法在《严惩拐卖决定》的基础上稍有调整。首先,将拐卖妇女、儿童罪中加重情节从6种调整为8种,将《严惩拐卖决定》中以出卖为目的的绑架勒索和偷盗婴幼儿变为拐卖妇女、儿童罪的加重情节,非出卖目的的绑架勒索则成为一个新罪,也即第239条的绑架罪,不再保留绑架妇女、儿童罪。其次,取消了原有的拐卖人口罪,结束了拐卖人口罪和拐卖妇女、儿童罪并存的局面,增加了强迫职工劳动罪。通过对买卖人口犯罪立法演进脉络的梳理,发现有两个特点值得关注。

第一,收买型犯罪的立法具有强烈的实用主义导向。《严惩拐卖决定》是为了应对当时拐卖妇女、儿童犯罪突增的现象。因此,法律的重心是打击卖方,而对买方则网开一面。《严惩拐卖决定》虽然将买方规定为犯罪,试图威慑买方市场,传

---

① 张志钢:《新中国刑法学70年的变化与展望》,载《人民法院报》2019年12月5日第6版。

② 1985年这类犯罪被控制到最低限度,但1986年开始反弹,1987年全国逮捕的拐卖人口犯罪分子与1986年比较上升46%。1988年至1990年继续上升。参见刘伟:《人之殇:全景透视下的拐卖人口犯罪》,山东人民出版社2017年版,第22页;刘宪权主编:《打击拐卖人口犯罪的法律对策》,上海人民出版社2003年版,第19页。

③ 1990年拐卖人口犯罪立案数26507件,占全部刑事案件立案总数的1.12%,几乎是官方数据可考以来的巅峰。参见朱新力、石肖雪等:《中国治理人口贩运的法治化策略研究》,法律出版社2017年版,第44页。

递收买有罪的信号;但又害怕对买方打击过猛导致解救被拐妇女、儿童的难度增大,所以《严惩拐卖决定》规定了免责条款。只能说这是一个权衡利弊之下的无奈之举。由于免责条款的存在,对于收买方的打击力度过于轻缓,很长一段时间大多数收买被拐卖妇女、儿童的行为都没有被追究刑事责任,以至于民众误认为拐卖有罪,收买无罪,这无疑助长了拐卖妇女、儿童犯罪的蔓延。① 2010年最高人民法院、最高人民检察院、公安部、司法部联合发布了《关于依法惩治拐卖妇女儿童犯罪的意见》(以下简称《惩治拐卖意见》),加大了对买方市场的打击力度,对于免责条款也进行了一定的司法限定,认为"可以不追究"不等于一律或者必须不追究。② 但是,司法的修补无济于事。无论如何限定免责条款的适用,都无助于加大对买主的打击力度。《惩治拐卖意见》施行以来,对买主实际追究刑事责任的案件数量并没有明显上升,加大对买方市场打击力度的政策目标未能实现。③ 当立法出现了巨大的漏洞,想要通过司法手段进行修复,几乎是一个不可能完成的任务。因此,2015年《刑法修正案(九)》将免责条款修改为从宽条款。

第二,拐卖犯罪的立法比较仓促,存在明显缺陷。社会转型期,新问题随时出现,法律的稳定性受制于灵活性的挑战。每一次法律修改都是为了解决现实中的突发现象,仓促在所难免,法律漏洞可以视为常态。法律不是嘲笑的对象,但并不意味着不能批评。只是批评和嘲笑的界限,往往见仁见智。但可以肯定的是,批评不自由,则赞美无意义。《严惩拐卖决定》是为了应对拐卖妇女、儿童犯罪现象并喷的现象,因时就势,仓促立法,漏洞不可避免。现行刑法大体上照搬《严惩拐卖决定》,因袭旧有漏洞,又出现新的不足。这突出体现在:

(1)绑架条款顾此失彼。《严惩拐卖决定》规定了拐卖、绑架妇女、儿童罪,利用职务阻碍解救被拐卖、绑架的妇女、儿童罪,但是现行刑法取消了绑架妇女、儿童罪,以出卖为目的绑架妇女、儿童成了《刑法》第240条拐卖妇女、儿童罪的一种加重情节。但是,《刑法》第416条却依然规定了不解救被拐卖、绑架妇女、儿童罪,阻碍解救被拐卖、绑架妇女、儿童罪。显然,1997年,立法者在照搬《严惩拐卖决定》的时候,虽然删掉了绑架妇女、儿童罪,但是第416条却没有进行相应的删除。

---

① 周峰等:《〈关于依法惩治拐卖妇女儿童犯罪的意见〉的理解与适用》,载《人民司法》2010年第9期。
② 陈国庆等:《〈关于依法惩治拐卖妇女儿童犯罪的意见〉解读》,载《人民检察》2010年第9期。
③ 赵俊甫、孟庆甜:《关于修改〈刑法〉收买被拐卖妇女儿童犯罪相关条款的思考》,载《公安研究》2014年第2期。

（2）渎职条款缺乏协调。《刑法》第416条所规定的两个罪名属于渎职条款，它来源于《严惩拐卖决定》。据此决定，不解救被拐卖、绑架的妇女、儿童构成玩忽职守罪，阻碍解救被拐卖、绑架妇女、儿童则构成阻碍解救被拐卖、绑架的妇女、儿童罪。现行刑法照搬了该决定的规定，但为了强调对妇女、儿童的特殊保护，不解救被拐卖、绑架妇女、儿童不再以玩忽职守罪论处，而成为一个新的罪名，但其刑罚依然和1979年《刑法》第187条规定的玩忽职守罪刑罚保持一致——处5年以下有期徒刑或者拘役。然而，现行刑法中玩忽职守罪的法定刑从以前的一档变成了两档：基本刑是3年以下有期徒刑或者拘役；情节特别严重的，处3年以上7年以下有期徒刑。换言之，玩忽职守罪可以处7年以下有期徒刑。因此，《刑法》第416条并未体现对妇女、儿童的特殊保护，按照普通罪玩忽职守罪处理，刑罚反而还可能更重。另外，由于现行刑法不再保留绑架妇女、儿童罪，对于绑架罪的被害人（包括妇女、儿童），如果负有解救义务而拒不解救，或者阻碍解救的，其实是一种放纵犯罪的行为，可能构成玩忽职守罪或徇私枉法罪，而徇私枉法罪的最高刑是15年。总而言之，《刑法》第416条所导致的体系性缺陷都很难得到合理的解释，唯一的理由就是当时的立法者在照搬法条时，缺乏对法条逻辑关系的通盘考虑，立法并不严谨。

（3）拐卖人口罪废除不当。《严惩拐卖决定》规定了拐卖妇女、儿童罪，但这并不意味着1979年刑法的拐卖人口罪被废止。拐卖人口罪和拐卖妇女、儿童罪可谓普通法和特别法的关系，如果拐卖14周岁以上的男子，依然可以拐卖人口罪定罪处罚。这种立法是比较合理的。事实上，在1997年修订刑法过程中，也有保留拐卖人口罪的声音。"有学者和部门提出，只规定拐卖妇女、儿童罪，完全取代拐卖人口罪，对拐卖妇女、儿童以外的人的犯罪，就不好处理，实践中也存在拐卖男子当劳动力的情况，建议还是规定拐卖人口罪，对拐卖妇女、儿童的，可以从重处罚。立法机关经研究，考虑到拐卖男子属于极其罕见的情况，直接规定拐卖妇女、儿童罪具有惩治的针对性，有助于提高立法的威慑力，因此最终没有采纳这种意见。"[①]1997年刑法废除了拐卖人口罪，增加了强迫职工劳动罪，法定刑最高为3年有期徒刑。这也就必然出现法律漏洞，如果以出卖为目的，拐卖14周岁以上的男子，还没有找到买家即被抓获，按照1979年的刑法规定构成拐卖人口罪，可以处5年以下有期徒刑。但是按照1997年刑法的规定，却可能不构成犯罪。虽然2011年《刑法修正案（八）》将强迫职工劳动罪修改为强迫劳动罪，法定最高刑调

---

① 王爱立主编：《中华人民共和国刑法条文说明、立法理由及相关规定》，北京大学出版社2021年版，第906页。

整到 10 年有期徒刑,同时增加了"明知他人实施前款(强迫劳动)行为,为其招募、运送人员或者有其他协助强迫他人劳动行为的,依照前款的规定处罚"的规定,但是法律漏洞依然没有得到填补。学界对于新增条款属于注意规定还是拟制规定争论不休。有学者认为,上述规定属于帮助犯的量刑规则,依然要符合共犯从属说。如果没有强迫劳动的实行行为,招募、运送人员或者有其他协助强迫他人劳动的行为就不构成犯罪。① 即便将该条款理解为帮助行为的正犯化,无论是否存在强迫劳动的实行行为,只要实施了招募、运送人员或者有其他协助强迫他人劳动的行为就构成强迫劳动罪。虽然以招工为名,拐卖 14 周岁以上的男子就可以构成强迫劳动罪,但是,如果行为人拐卖男子的目的不是强迫劳动,而是器官移植、卖血等其他目的,如果还没有故意伤害、强迫卖血的实行行为,也未剥夺人身自由,就只能评价为故意伤害罪、强迫卖血罪的犯罪预备,即便处理,其刑罚也明显低于原来拐卖人口罪的规定。

二、买卖人口犯罪的法益衡量与侵犯客体

正是因为立法相对仓促,没有通盘考虑法条之间的逻辑关系,以至于刑法出现大量的体系性漏洞,其中一个重要的缺陷就是对人的保护力度还不如物。

(一)买人与买物之比较

单纯的收买被拐卖的妇女、儿童,最高只能判 3 年有期徒刑。与动物相比,同样是收买行为,《刑法》第 341 条第 1 款规定的危害珍贵、濒危野生动物罪,买卖同罪同刑,基本刑是 5 年以下有期徒刑或者拘役。有时收购一只一级保护动物或动物制品就属于情节特别严重,可判 10 年以上有期徒刑;与植物相比,刑法对妇女、儿童的保护力度也偏低。《刑法》第 344 条规定了危害国家重点保护植物罪,无论是出售,还是购买重点保护植物或植物制品,买卖同罪同刑,最高可判 7 年有期徒刑;与赃物相比,亦是如此。同样是犯罪所得,如果收买赃物,构成《刑法》第 312 条的掩饰、隐瞒犯罪所得、犯罪所得收益罪,基本刑是 3 年以下有期徒刑、拘役或者管制;情节严重的,处 3 年以上 7 年以下有期徒刑。但如果犯罪所得不是物,而是被拐的妇女、儿童,收买者的刑罚最高仅为 3 年有期徒刑。虽然《刑法》第 241 条第 2 款到第 4 款有数罪并罚的规定,收买被拐卖的妇女、儿童又实施非法拘禁、强奸等罪的,应当数罪并罚,但是,实施危害珍贵、濒危野生动物等罪后又实施其他犯罪,比如收购大熊猫后走私的,购买赃物后诈骗的,同样可以数罪并罚。因此,从表面的观感来看,法律很难摆脱人不如物的指责。

---

① 张明楷:《刑法学(下)》(第 6 版),法律出版社 2021 年版,第 1178-1179 页。

（二）不同性质法益的衡量

有学者认为人和动物保护的法益属性不同，不能进行简单的比较。这种观点并不恰当，在刑法中对不同性质法益进行比较是必须的。比如，当妻子突患重病，丈夫迫不得已在醉酒时驾车送妻子就医（醉驾送医案）；又如歹徒以杀害行为人妻子相威胁，行为人万般无奈提供国家秘密（提供秘密案）；再如一级保护动物和幼儿同时落水，都有溺死危险，动物管理员先救幼儿导致动物淹死（救助幼儿案）。类似案件都必须进行法益衡量，判断罪与非罪。

法益衡量是一个悬而未决的老问题。法益论者认为，"大体可以肯定，生命法益重于身体法益、身体法益重于财产利益，但现在还难以形成一般的、具体的标准，只能根据社会的一般观念进行客观的、合理的判断"①。但是什么是"社会的一般观念"呢？论者并未明示。很多时候，我们往往以个人的意见替代社会一般观念。法益衡量之所以成为问题，与法益理论的哲学基础以及其实证法本色有关。法益理论诞生的目的是论证实证法的合理性。法益概念以社会利益、国家利益等超个人法益的名义为实证法提供全面的辩护。边沁的功利主义和卢梭的社会契约论也为其进行了哲学加持。边沁的功利主义哲学认为人类由痛苦和快乐主宰，道德的最高原则就是使幸福最大化，使快乐总体上超过痛苦。② 法律的根本目的在于追求"最大多数人的最大幸福"。这种哲学最明显的缺陷在于对个体权利和人类尊严的忽视。"最大多数人的最大幸福"不仅容易导致多数人的暴政，更为可怕的是，少数也可能假多数之名，肆意侵犯人权。当此哲学与卢梭式的社会契约论相结合，情况就更为恶劣。社会契约论认为人们为了保护自己不受他人的伤害，必须让渡一部分权利，达成社会契约，接受社会控制。人们在服从共同体的时候，实质上只是在服从他们自己，并且仍然像以往一样自由。基于社会契约的主权，除了追求公共幸福，不会有其他目的。③ 根据该理论，民众选举的立法者颁布的法律具有天然的正当性，因为这是公共意志的体现，公共意志是不会有错的。边沁的哲学为卢梭的社会契约论提供了完美的辩护，公共意志的代表自然体现了"最大多数人的最大幸福"。在这些哲学观念的支撑下，法益理论越来越失去立法批判功能，笃定地坚持立法即正确。

法益衡量背后的哲学观念冲突也与功利主义自身有关量与质的快乐的争论有关。在边沁看来，快乐没有质的区别，只有量的不同，感官之乐、作恶之乐等是

---

① 张明楷：《刑法学（上）》（第6版），法律出版社2021年版，第293页。
② ［英］边沁：《道德与立法原理导论》，时殷弘译，商务印书馆2015年版，第58页。
③ ［法］卢梭：《社会契约论》，何兆武译，商务印书馆2005年版，第19、40页。

简单的快乐,复杂的快乐只是简单快乐量的扩大,两者没有本质区别。但是穆勒却认为,快乐有质的区别,功利主义应当区别高级快乐和低级快乐,越能体现人的尊严的快乐就越是一种高级的快乐。① 低俗小说、通俗小说和高雅艺术,同样都能给人带来快乐,但是对于体验过这三种快乐的人,都会觉得高雅艺术是一种更加值得追求的快乐。边沁用同一尺度衡量快乐与痛苦,但是如果快乐只有量的区别,那么幸福的最大公约数也就很容易退化为经济上的一般等价物。利益衡量也就演变为物质利益的考量。然而,按照穆勒的修正,快乐是有质的区别,越体现人性尊严的快乐越是一种高级快乐,那么,越与人性尊严有关的利益就越重要。从这个意义上讲,人之尊严就高于一切物权。因此,在上文所提及的三个案件中,行为人都应该以紧急避险论处。②

我国刑法曾经规定盗窃罪可以判处死刑,2011 年《刑法修正案(八)》才取消了盗窃罪的死刑规定。法律修改的原因就是要提倡人高于物的理念——无论多么珍贵的财产,都不能和人的生命相比。1997 年刑法颁布之前,猎捕珍贵野生动物也可以判死刑。1997 年刑法取消了危害珍贵、濒危野生动物罪的死刑规定。直到 2015 年,《刑法修正案(九)》才取消走私珍贵动物、珍贵动物制品罪的死刑条款。这背后的精神就是人高于物,熊猫是国宝,但人是无价之宝,无论多么卑微的人都高于一切财与物。

(三)法益与权利的转化

第二次世界大战后,为避免刑罚无节制地扩张,法益侵害说发展出法益还原理论。该理论主张超个人法益仅当可以还原为个人法益时,才值得刑法保护。③法益还原理论的哲学基础就是穆勒的功利主义。穆勒用自由主义对功利主义进行修正,他将人的尊严引入功利主义。穆勒认为,从长远来看,尊重个体自由会导向最大的人类幸福。如果按照大多数人的意愿让异议者保持沉默或抑制自由思考,可能会使目前的功利最大化,可是从长远来看,这会使社会变得更坏。④ 只有在自由的环境中,才能诞生天才。天才往往怪异,比一般人更难以适应社会的既定模式,但他们非凡的创造力能够给社会带来巨大的福祉。⑤ 故此,穆勒得出刑法惩罚的根本原则——损害原则:人们若要干涉群体中任何个体的行动自由,无论

---

① [英]约翰·穆勒:《功利主义》,徐大建译,上海人民出版社 2008 年版,第 9 页。

② [英]克劳斯·罗克辛:《法益讨论的新发展》,许丝捷译,载《月旦法学杂志》2012 年第 211 期。

③ [美]迈克尔·桑德尔:《公正》,朱慧玲译,中信出版社 2012 年版,第 55 页。

④ [英]约翰·穆勒:《论自由》,孟凡礼译,广西师范大学出版社 2011 年版,第 76-77 页。

⑤ [英]约翰·穆勒:《论自由》,孟凡礼译,广西师范大学出版社 2011 年版,第 10 页。

干涉出自个人，还是出自集体，其唯一正当的目的乃保障自我不受伤害。① 没有损害就没有刑罚，法益还原理论就是以这种哲学为根据的。法益还原理论是在向权利侵犯说回归。如果用个人权利替换个人法益，那么法益还原理论就是权利侵犯说。根据民法学界的通说，权利就是一种法律所保护的利益。从一般利益、法益再到权利，是一个逐渐将利益类型化的立法技术处理过程。② 法益是受法律所保护的、概括性的、不确定的利益，并无具体的权利形态，对其是否应该以权利加以保护并无普遍性的一致意见。③ 当法益上升为权利，就成了一种法律所保护的类型化利益。

在我国刑法学界，法益概念一般被定义为：根据宪法的基本原则，由法所保护的、客观上可能受到侵害或者威胁的人的生活利益。④ 作为定罪量刑的核心要素，立法者所确定的法益应当尽可能明确，不能掺杂难以捉摸的不确定利益，否则也就无法为定罪量刑提供清晰的尺度。虽然法律问题充满着利益平衡⑤，但是利益考量不能过于宽泛，以至无从把握。拐卖妇女、儿童罪，收买被拐卖的妇女、儿童罪属于刑法分则第四章侵犯公民人身权利、民主权利罪中的犯罪，既然立法者已经明示本章罪名所侵犯的是人身权利，那就没有理由在人身权利中添加其他模糊的利益内容，否则必将导致定罪量刑的混乱。比如，拐卖妇女罪有一款加重情节是"将妇女、儿童卖往境外的"。当前多发的案件是从越南拐卖妇女卖到中国，这是否属于加重情节？从文义解释来看，无论是将中国妇女卖往中国境外，还是将越南妇女卖往越南境外都是"将妇女卖往境外的"行为。从被害人的角度来看，这些妇女身处异国他乡，言语不通，不仅解救困难，也会对其造成巨大的身心伤害。如果认为拐卖妇女罪侵犯的是人身权，那么无论是中国妇女还是越南妇女，都拥有平等的人身权，将越南妇女拐卖到中国自然也属于拐卖妇女的情节加重犯。但如果在人身权之外考虑其他政策性利益，就可能得出不同的结论，甚至不同的政策背景，结论也会有所不同。

另外，从收买方来看，无论所收买的是中国妇女，还是外国妇女，所侵犯人身权都是相同的，本应进行相同的刑罚评价；但是，如果在人身权之外考虑其他模糊

---

① 熊谓龙：《权利，抑或法益？——一般人格权本质的再讨论》，载《比较法研究》2005 年第 2 期。

② 王利明：《论民事权益位阶：以〈民法典〉为中心》，载《中国法学》2022 年第 1 期。

③ 王利明：《论民事权益位阶：以〈民法典〉为中心》，载《中国法学》2022 年第 1 期。

④ 张明楷：《刑法学（上）》（第 6 版），法律出版社 2021 年版，第 78 页。

⑤ 梁治平：《立法、监管与国家治理——基于制度个案的观察与思考》，载《东南法学》2020 年第 2 期。

的利益内容,就可能得出不同的评价。事实上,检索中国检察网公布的收买被拐卖的妇女、儿童罪的不起诉决定书共有 188 份。其中,收买被拐卖的妇女罪有 59 份不起诉决定书,在这 59 份不起诉决定书中,有 40 份涉及的是外国妇女。被害人分别为越南人(24 人),柬埔寨人(10 人),老挝人(4 人),缅甸人(2 人)。① 我们无法揣摩司法人员全部的判断逻辑,但可以肯定的是,他们一定是考虑了人身权以外的其他利益。但是,这种判断的尺度是不明确的,很容易出现价值漂移。假设被拐妇女为发达国家的女性,该国外交部门提出强烈抗议,新闻媒体大肆宣传,那么,对于收买者是否又应该适用不同的刑罚评价呢? 其实,被拐卖到海外的中国妇女人数也在不断增加②,法律基于人身权进行对等保护也有利于国外法律对我国妇女的保护。事实上,如果在人身权以外考虑其他利益,而出现价值漂移,也会导致国内不同族群人身权的刑罚保护不平等。

(四)收买被拐卖的妇女、儿童罪保护的客体

关于收买被拐卖的妇女、儿童罪保护的客体,学界有三种代表性观点:(1)人身不受买卖的权利③;(2)被害妇女、儿童的人身自由与身体安全④;(3)人身自由、人格尊严和被收买者家庭的稳定。⑤ 笔者赞同第一种观点,另外两种观点都不具有客体(法益)的区分功能。第二种观点无法和绑架罪、非法拘禁罪进行区分;第三种观点则无法解释司法实践中常常发生的卖儿鬻女现象。与收买被拐卖的妇女、儿童罪相似,学界关于拐卖妇女、儿童罪保护的客体也有大致相同的争论。⑥ 值得注意的是,不少学者在描述收买被拐卖的妇女、儿童罪和拐卖妇女、儿童罪所保护的客体时都使用了相同的表述。⑦ 或许有人认为拐卖妇女、儿童行为除侵犯人身不受买卖的权利以外,还可能危及身体活动自由,因为拐卖犯罪会包容非法拘禁行为,所以较之收买犯罪更为恶劣。但是一方面,在收买犯罪中同样会高度伴随非法拘禁行为;另一方面,拐卖并不必然包容非法拘禁,比如将妇女骗卖至工厂做苦力,或者骗卖到色情场所卖淫,这都并不一定存在非法拘禁的现象,但这并不影响拐卖妇女罪的成立。总之,无论是收买,还是拐卖妇女、儿童罪,其保护的

---

① 参见湖南省湘阴县人民检察院湘阴检公诉刑不诉〔2020〕40 号不起诉决定书;河南省社旗县社检一部刑不诉〔2019〕63、64、67、68、69、70、71、72 号不起诉决定书等。

② 周俊山:《国家反拐行动研究》,中国人民公安大学出版社 2018 年版,第 43-44 页。

③ 高铭暄、马克昌主编:《刑法学》(第 10 版),北京大学出版社、高等教育出版社 2022 年版。

④ 张明楷:《刑法学(下)》(第 6 版),法律出版社 2021 年版,第 1171 页。

⑤ 王作富主编:《刑法分则实务研究》(中),中国方正出版社 2010 年版,第 894 页。

⑥ 陈洪兵:《拐卖妇女、儿童罪的实行行为只有"拐卖"》,载《辽宁大学学报(哲学社会科学版)》2012 年第 4 期。

⑦ 张明楷:《刑法学(下)》(第 6 版),法律出版社 2021 年版,第 1166 页。

都是人身不受买卖的权利。人不是商品,不能被买卖。买卖人口是对人的彻底物化,行为本身就从根本上亵渎了人性的尊严。无论拐卖还是收买,两者所侵犯的法益(权利)没有任何区别,在立法上,保持相同的刑罚是合理的。

权利是一种类型化的法益,它剔除了各种模糊的利益内容,可以让定罪量刑的尺度变得更为客观。刑法的人身权是一种消极自由,也即拒绝他人侵犯自己人身的自由。无论是拐卖妇女、儿童罪,还是收买被拐卖的妇女、儿童罪,刑法所保护的都是拒绝他人将自己作为商品出卖的自由,这种权利的利益内容就是任何人都不得将其作为商品进行买卖。在司法实践中,有不少法律人士对追究买主刑事责任存在一定的同情态度,认为买主也是弱者,大多出于结婚或者收养目的收买妇女、儿童,让其人财两空,甚至对其追责判刑,会影响社会稳定。① 无论这种观点是否合理,都是在权利以外考虑了其他模糊的政策利益,这些利益与权利没有关系,没有必要在定罪中进行考量。如果法益不被权利类型化,权利以外的大量利益内容,会让法益的权衡成为一项无法完成的任务。有学者担心提高收买被拐卖的妇女、儿童罪的法定刑会导致大量的衍生问题,比如解救困难、被拐妇女没人照顾、所生的孩子缺乏关爱,等等。这些问题当然需要解决,但它并非刑法学科所能解决的问题。在权利之外进行利益考量是没有边界的,我们必须接受人类理性的有限性。任何基于结果的功利考虑都是不稳定的,总是存在源源不断的变量可以修正之前的计算。

利益法学的代表人物耶林提醒我们:主张权利不仅仅是为了捍卫自己的物质利益,更重要的是维护自己的道德存在和人格。"任何目睹恣意侵犯权利的行为,而感到义愤填膺、道德愤怒的人们,都会具有权利的理念感……这种愤怒感是对亵渎权利的具有道德性质的强有力反抗;是法感所产生的最美丽、最振奋人心的证言。"②法感与道德生活密切相关,学术研究不能破坏民众有关健全法感的朴素思维,否则就令人悲愤。当民众朴素的法感认为刑法存在体系性的漏洞,我们不能以法律理性之名拒绝聆听,法感本身就具有批判实证法的宝贵功能。③ 法律绝非精英的智力游戏,它必须接受道德观念的约束。法益论者所谓的"社会的一般观念"其实就是民众朴素的法感觉,它让民众为权利而斗争,也就是为法律而斗

---

① 赵俊甫、孟庆甜:《关于修改〈刑法〉收买被拐卖妇女儿童犯罪相关条款的思考》,载《公安研究》2014 年第 2 期。

② [德]耶林:《为权利而斗争》,刘权译,法律出版社 2019 年版,第 37-38 页。

③ 吴从周:《初探法感(Rechtsgefühl)——以民事案例出发思考其在法官判决中之地位》,载《台北大学法学论丛》2014 年第 92 期。

争。① 总之,刑法对于收买被拐卖的妇女、儿童罪的刑罚存在着体系性的不匹配,人不如物的立法缺陷伤害了民众朴素的法感情。

三、买卖人口犯罪惩罚失衡:对向犯理论的审视

无论是拐卖还是收买妇女、儿童,都侵犯了人之不可被买卖的权利,本应被同等评价;但是仓促立法的另一个问题就是买卖妇女、儿童犯罪的刑罚失衡,与共同对向犯理论不兼容。值得一提的是,最近几次的刑法修正,当立法者将片面对向犯升格为共同对向犯,刑罚基本上都保持了平衡。比如《刑法修正案(九)》规定的买卖身份证件罪②和对有影响力的人行贿罪。

(一)买卖妇女、儿童的刑罚失衡

《刑法》第 240 条拐卖妇女、儿童罪的基本刑是 5 年以上 10 年以下有期徒刑,有 8 种加重情节可以判处 10 年以上有期徒刑或者无期徒刑,甚至死刑。《刑法》第 241 条第 1 款收买被拐卖的妇女、儿童罪的最高刑为 3 年有期徒刑。有学者认为,不能以孤立的视角看待收买被拐卖的妇女、儿童罪,因为《刑法》第 241 条的 6 款条文整体构成了重罪。这种观点值得商榷。虽然《刑法》第 241 条其他条款规定了数罪并罚条款,但是,无论在逻辑上还是经验上,较之卖方,买方所受的刑罚评价要轻得多。从逻辑上来看,收买被拐卖的儿童的刑罚偏低。收买被拐卖的儿童,一般不会伴随非法拘禁、虐待、强奸等重罪。无论收买者是否悉心照顾被拐儿童,都会对被害人家庭带来摧毁性的打击。然而,拐卖儿童的基本刑是 5 年以上 10 年以下,但收买被拐卖的儿童则最高只能判 3 年有期徒刑。从司法实践的经验来看,收买被拐卖的妇女、儿童的刑罚整体偏低。在笔者统计的收买被拐卖的妇女、儿童罪的案例中,数罪并罚的案件极少,绝大部分案件仅判收买被拐卖的妇女、儿童罪,大部分被告人都被适用缓刑或免于刑事处罚。③

在数罪并罚的案件中,除了收买被拐卖的妇女后又强迫卖淫、组织卖淫的有

---

① [德]耶林:《为权利而斗争》,刘权译,法律出版社 2019 年版,第 39 页。
② 原来是伪造居民身份证罪,一般认为这是一种片面对向犯。
③ 以"刑事""收买被拐卖""判决书"为关键词在中国裁判文书网上进行检索,总共收集到了 901 份刑事判决书。去除重复判决、不予公开判决、无关判决后,实际作为样本的刑事判决为 855 份。在 855 份刑事判决书中,被以"收买被拐卖的妇女、儿童罪"进行定罪的被告人共计 1528 人,其中只有 26 人以《刑法》第 241 条被数罪并罚,仅为 2%。另有 79 人被免于刑事处罚,1094 人被宣告缓刑。

几例在数罪并罚后刑期突破了 10 年①,其余的几乎没有突破 10 年有期徒刑的。在 1528 人中,只有 16 人同时被追究了强奸罪的责任,但所处刑罚最高的是有期徒刑 4 年零 7 个月,一般都只判 3 年有期徒刑,数罪并罚最高刑为 6 年半②;有 11 人同时被追究了非法拘禁罪的责任,除一例因非法拘禁导致妇女被活活烧死,适用非法拘禁致人死亡的加重情节,数罪并罚被判 11 年③,其余的案件数罪并罚最高为 6 年半④;只有 3 人被同时追究了强奸罪和非法拘禁罪的刑事责任,数罪并罚后的最高刑为 6 年。⑤ 事实上,即便严格贯彻第 241 条数罪并罚的规定,依然无法和第 240 条情节加重犯的刑罚相比。拐卖过程中强奸妇女,起点刑就是 10 年;但收买被拐卖的妇女又强奸的,很难达到拐卖妇女罪加重情节的起点刑,甚至还可能被宣告缓刑。⑥

(二)对向犯理论的审视

刑法中的对向犯有两种:一是共同对向犯,二是片面对向犯。前者所对向的双方都被刑法规定为犯罪,而后者是只有一方被规定为犯罪。在逻辑上,共同对向犯可以分为同罪同刑、同罪异刑、异罪同刑和异罪异刑四种情况。同罪同刑的现象比较常见,如重婚罪、非法买卖枪支罪;同罪异刑在德日刑法中存在,但在我国没有。⑦

异罪同刑的现象主要出现在选择性罪名中,比如出售假币罪和购买假币罪。

---

① 在以收买被拐卖的妇女、儿童罪定罪的案件中,有 8 例以容留卖淫罪、组织卖淫罪、强迫卖淫罪数罪并罚,其中 1 例判处无期徒刑,参见浙江省金华市中级人民法院(2013)浙刑一终字第 91 号刑事判决书;4 例数罪并罚刑期在 2011—2017 年之间,参见贵州省贵定县人民法院(2016)黔 2723 刑初 187 号刑事判决书、云南省红河哈尼族彝族自治州中级人民法院(2014)红中刑一初字第 29 号刑事判决书、广东省湛江市赤坎区人民法院(2014)湛赤法刑初字第 10 号刑事判决书、浙江省金华市中级人民法院(2013)浙刑一终字第 91 号刑事判决书(前无期徒刑同案)。

② 参见山东省商河县人民法院(2018)鲁 0126 刑初 74 号刑事判决书。

③ 参见河南省禹州市人民法院(2010)禹刑初字第 678 号刑事判决书。案情简介:2010 年 8 月 1 日下午,被告人连某以 200 元的价格收买王某(另案处理)等人拐卖的一名妇女(身份不详)。2010 年 8 月 2 日上午 9 时许,为防止该名妇女逃跑,被告人连某将该名妇女锁在连某家西屋内。下午 1 时许,连某家西屋失火,该名妇女被烧死。

④ 参见江苏省睢宁县人民法院(2011)睢刑初字第 29 号刑事判决书(三罪数罪并罚 4.5 年);河南省汝南县人民法院(2010)汝刑初字第 215 号刑事判决书(三罪数罪并罚 3.5 年);河北省行唐县人民法院(2017)冀 0125 刑初 21 号刑事判决书(三罪数罪并罚 6 年)。

⑤ 参见安徽省临泉县人民法院(2016)皖 1221 刑初 621 号刑事判决书。该案被告同时还犯拐卖妇女罪,三罪数罪并罚为 6 年半有期徒刑。

⑥ 参见山西省忻州地区(市)中级人民法院(2014)忻中刑终字第 159 号刑事判决书。

⑦ 比如《德国刑法》第 173 条规定的乱伦罪,尊亲属与卑亲属乱伦,适用相同罪名,但刑罚不一样。

《刑法》第171条规定了出售、购买、运输假币罪,这种选择性罪名可以看成一个大的罪名,将其视为同罪同刑的现象也无不可。事实上,司法解释也有意地将一些冗长的选择性罪名变得更为简洁,比如《刑法》第341条第1款规定的危害珍贵、濒危野生动物罪,原来的罪名是非法猎捕、杀害珍贵濒危野生动物罪,非法收购、运输、出售珍贵濒危野生动物、珍贵濒危野生动物制品罪;又如《刑法》第344条规定的危害国家重点保护植物罪,原来的罪名是非法采伐、毁坏国家重点保护植物罪,非法收购、运输、加工、出售国家重点保护植物、国家重点保护植物制品罪。因此,基于选择性罪名而导致罪名不同刑罚相同的现象也可以看成同罪同刑的对向犯。其余的异罪同刑的现象很少,比如《刑法》第345条规定的滥伐林木罪和非法收购、运输滥伐的林木罪。两罪的刑罚,无论主刑、附加刑、基本刑还是加重刑都完全一样。

异罪异刑的范例就是拐卖妇女、儿童罪和收买被拐卖的妇女、儿童罪。有学者认为还有一种现象是罪名不同但法定刑是否相同不确定,比如出售和购买假币。理由是以出售为目的购买假币属于购买假币罪,但如果以使用为目的购买假币则属于使用假币罪。虽然出售者的行为成立出售假币罪,但购买者的行为可能要根据实际情况构成购买假币罪或持有、使用假币罪。[①] 这其实属于概念的竞合,完全可以将其视为同罪同刑和异罪异刑的竞合。需要说明的是,出售假币罪和持有、使用假币罪的基本刑,在主刑方面完全一样,只是附加刑有所不同。同时,前者的最高刑可达无期徒刑,后者的最高刑是15年有期徒刑,刑罚相差并不悬殊。总之,我国刑法中的共同对向犯大致可以分为同罪同刑和异罪异刑两种类型,同罪同刑由于所对向的双方适用相同罪名相同刑罚,没有讨论必要。只有异罪异刑的现象才值得关注。异罪异刑的对向犯,我国刑法中主要有三类[②]:一是贿赂犯罪中受贿与行贿的对向关系(见表1);二是渎职犯罪中的对向关系(见表2);三是其他犯罪中的对向关系(见表3)。

表1 贿赂犯罪的对向

罪名	基本刑	罪名	基本刑
§385 受贿罪	3-、拘[③]	§389 条行贿罪	5-、拘
		§393 条单位行贿罪	5-、拘

① 张明楷:《对向犯中必要参与行为的处罚范围》,载《比较法研究》2019年第5期。
② 陈志军:《对向犯研究》,载赵秉志主编:《刑法论丛》(第33卷),法律出版社2013年版,第212-213页。
③ 为了节约篇幅,3年以下有期徒刑用"3-"代替,3年以上用"3+"代替,拘役用拘代替,管制用管替代,单处剥夺政治权利用剥替代,附加刑不统计,下同。

续表

罪名	基本刑	罪名	基本刑
§387 单位受贿罪	5-、拘	§391 对单位行贿罪	3-、拘
§388 之一利用影响力受贿罪	3-、拘	§390 之一对有影响力的人行贿罪	3-、拘
§163 非国家工作人员受贿罪	3-、拘	§164 对非国家工作人员行贿罪	3-、拘

表 2　渎职犯罪的对向①

罪名	基本刑	罪名	基本刑
§167 签订、履行合同失职被骗罪	3-、拘	§224 合同诈骗罪	3-、拘
§406 国家机关工作人员签订、履行合同失职被骗罪	3-、拘		
§294.3 包庇、纵容黑社会性质组织罪	5-	§294.1 组织、领导、参加黑社会性质组织罪	7+(组织、领导)
			3-7(积极参加)
			-3、拘、管、剥(其他参加)
§400.2 失职致使在押人员脱逃罪	3-、拘	§316.1 脱逃罪	5-、拘
§411 放纵走私罪	5-、拘	§151-155 走私罪②	3-、拘
§415 放行偷越国(边)境人员罪	3-、拘	§322 偷越国(边)境罪	1-、拘、管

---

① 渎职犯罪的对向犯在学界有一定争议,比如私放在押人员罪和脱逃罪,表面上属于共同对向犯,但是从期待可能性理论考虑,脱逃者一般不宜追究刑事责任,那么这就属于片面对向犯。

② 走私罪为类罪名,其中包括多种走私犯罪。此处只统计走私普通货物、物品罪的基本刑。

表3 其他犯罪的对向

罪名	基本刑	罪名	基本刑
§206 出售伪造的增值税专用发票罪	3-、拘、管	§208.1 购买伪造的增值税专用发票罪	5-、拘
§207 非法出售增值税专用发票罪	3-、拘、管	§208.1 非法购买增值税专用发票罪	5-、拘
§120 组织、领导、参加恐怖组织罪	10+、无(组织、领导) 3-10(积极参加) 3-、拘、管、剥(其他参加)	§120 之一 帮助恐怖活动罪	5-、拘、管、剥
§308 之一 泄露不应公开的案件信息罪	3-、拘、管	§308 之一 披露、报道不应公开的案件信息罪	3-、拘、管
§318 组织他人偷越国(边)境罪	2-7	§322 偷越国(边)境罪	1-、拘、管
§339.1 非法处置进口的固体废物罪	5-、拘	§339.2 擅自进口固体废物罪	5-、拘
§345.1 盗伐林木罪	3-、拘、管	§345.3 非法收购、运输盗伐的林木罪	3-、拘、管
§171 出售、购买、运输假币罪	3-、拘	§172 持有、使用假币罪	3-、拘

在异罪异刑的对向犯中,所对向的双方很少像拐卖妇女、儿童罪(5-10)和收买被拐卖的妇女、儿童罪(3-、拘、管)这样,基本刑相差过于悬殊。可能还有两组罪名需要说明:一是组织、领导、参加恐怖组织罪和帮助恐怖活动罪的对合,组织、领导、参加恐怖组织罪中的组织、领导者的基本刑是10年以上有期徒刑或者无期徒刑,但帮助恐怖活动罪的基本刑是5年以下有期徒刑、拘役、管制或者剥夺政治权利。其看似轻重悬殊,但是,帮助恐怖活动罪属于帮助行为的正犯化,它在恐怖组织中作用较小,如果比较刑罚,应该和组织、领导、参加恐怖组织罪的帮助犯进行对比,这种帮助犯在恐怖组织中类似于一般参加者。恐怖组织的一般的参加者刑罚是3年以下有期徒刑、拘役、管制或者剥夺政治权利,与帮助恐怖活动罪的基本刑相差不大。

二是组织他人偷越国(边)境罪和偷越国(边)境罪,前者的基本刑是2年以上7年以下有期徒刑,而后者的基本刑是1年以下有期徒刑、拘役或者管制。无论在基本刑还是最高刑方面,两罪的刑罚都相差较大。然而,偷越国(边)境大多只是一种自损行为,并没有直接或间接侵犯他人的权利,按照法益还原理论,很难归结到对个人法益(权利)的侵犯。它所侵犯的只是一种行政管理秩序,这种道德中性的行为本不应该作为法定犯论处,施以行政处罚就足够;但是,组织他人偷越国(边)境的行为则是对他人自损行为的严重剥削,类似组织卖淫行为,同时也严重危及了他人人身、财产安全,规定为重罪是合理的。换言之,这种犯罪本应属于片面对向犯,而非共同对向犯。偷越国(边)境完全不同于收买被拐卖的妇女、儿童的行为,后者是自然犯,具有明显的反道德性,侵犯了妇女、儿童的人身权利。

总之,在共同对向犯中,很难找到像拐卖妇女、儿童罪与收买被拐卖的妇女、儿童罪这样刑罚失衡的现象,其中原因,令人费解。在1979年刑法中,拐卖妇女、儿童属于拐卖人口罪的特殊类型,它原本属于片面对向犯,收买方不构成犯罪。1991年《严惩拐卖决定》将其修改为共同对向犯,但是基于当时的打拐背景,为了加大对卖方的打击力度,避免在解救被拐卖的妇女、儿童时遭遇太大阻力,所以买方的刑罚明显偏低。同时,由于免责条款的存在,拐卖犯罪成为事实上的片面对向犯。虽然2015年《刑法修正案(九)》将免责条款修改为从宽条款,此罪变为了真正的共同对向犯,但是,和其他的共同对向犯相比,对向双方刑罚明显失衡,很难找到合理的解释。作为共同对向犯,拐卖妇女、儿童罪与收买被拐卖的妇女、儿童罪的刑罚严重失衡,与共同对向犯的理论很难兼容,实有调整之必要。

四、买卖人口犯罪的域外立法经验借鉴

梳理国际公约和其他国家、地区关于买卖人口犯罪的刑事立法,发现对拐卖与收买两种行为适用不同的刑罚幅度的现象在域外比较少见。

(一)国际公约

联合国大会于2000年通过了《联合国打击跨国有组织犯罪公约关于预防、禁止和惩治贩运人口特别是妇女和儿童行为的补充议定书》(以下简称《贩运人口议定书》),我国2010年成为缔约国。《贩运人口议定书》规定:"贩运人口,系指为剥削目的,而通过暴力威胁或使用暴力手段,或通过其他形式的胁迫,通过诱拐、欺诈、欺骗、滥用权力或滥用脆弱境况,或通过授受酬金或利益取得对另一人有控制权的某人的同意等手段,招募、运送、转移、窝藏或接收人员。"按照该规定,贩运人口既包括"拐卖"常见的招募、运送、转移、窝藏行为,也包括接收行为。因此,贩

运人口既包括卖,也包括买。《贩运人口议定书》强调贩运人口必须具有剥削目的。剥削应至少包括利用他人卖淫进行剥削或其他形式的性剥削、强迫劳动或服务、奴役或类似奴役的做法、劳役或切除器官。①

（二）大陆法系

《德国刑法典》第 232 条规定了人口贩运犯罪,利用他人人身的或经济的困境或身处国外的无助状态,无论是招募、运送、转手、容留或接收不满 21 岁者,都构成人口贩运罪,根据不同情形,可处 6 个月以上 5 年以下有期徒刑或 6 个月以上10 年以下有期徒刑,无论买卖,都是同罪同罚。②《日本刑法典》第 226 条之二规定了买卖人口罪,买卖同罪同刑。一般收买人口的,处 3 个月以上 5 年以下惩役;收买未成年人的,处 3 个月以上 7 年以下惩役。如果以营利、猥亵、结婚或加害生命、身体为目的收买人口的,处 1 年以上 10 年以下惩役。出卖人口的,和前述处罚一致。③ 我国台湾地区 1999 年对"刑法"进行了修正,在第 296 条使人为奴隶罪后增加一款为买卖、质押人口罪,买卖、质押人口者,处 5 年以上有期徒刑,并处 50万元以下罚金;意图使人为性交或猥亵之行为而犯前项之罪者,处 7 年以上有期徒刑,得并科 50 万元以下罚金;以强暴、胁迫、恐吓、监控、药剂、催眠术或其他违反本人意愿之方法犯前两项之罪者,加重其刑至二分之一。④ 我国澳门特别行政区在《打击贩卖人口犯罪》(第 6/2008 号)中,也采用了国际公约关于贩运人口的定义,以剥削为目的送交、引诱、招募、接收、运送、转移、窝藏或收容他人的,基本刑可判处 3 年至 12 年徒刑,法律还规定了其他加重情节。⑤

（三）英美法系

英美法系大多采用国际公约的定义,买卖人口属于贩运人口罪的范畴,在刑罚设置上,大多没有区分买与卖。《加拿大刑法典》第 279 条第 1 款规定,任何为了剥削或便利剥削而招募、运输、转移、接收、持有、隐藏或窝藏人口的行为最高可以处 14 年监禁刑。英国《北爱尔兰议会法案》(*Acts of the Northern Ireland Assembly*)和《苏格兰议会法令》(*Acts of the Scottish Parliament*)都规定了奴役和贩运人口罪(Slavery and Human Trafficking Offences),行为方式也和国际公约保持一

---

① 柳华文:《〈联合国禁止贩运人口议定书〉研究》,社会科学文献出版社 2011 年版,第190 页。

② 徐久生译:《德国刑法典》,北京大学出版社 2019 年版,第 163 页。

③ 陈子平等译:《日本刑法典》(第 2 版),元照出版有限公司 2018 年版,第 154 页。

④ 陈子平:《刑法各论(上)》(第 4 版),元照出版有限公司 2019 年版,第 147-148 页。

⑤ 朱新力、石肖雪等:《中国治理人口贩运的法治化策略研究》,法律出版社 2017 年版,第199-200 页。

致。比如前者认为贩运人口包括"招募、运输或转移、窝藏或接收、转移或交换控制权",但是必须使被害人受到剥削,包括奴役和强迫劳动、性剥削、摘除器官等。后者认为贩运人口罪的行为方式包括"招募、运输或转移、窝藏或接收、交换或转移控制权",同样要以剥削为目的,刑罚最高都是终身监禁。美国大部分州的刑法同样参考了国际公约的规定,以剥削为目的的接受行为属于贩运人口。① 有些州在贩运人口罪中虽然没有使用接受的表述,但认为任何人以奴役为目的剥夺或侵犯他人人身自由,即犯有贩运人口罪,打击范围其实更大。代表性的立法是加州,该州《刑法》第 236 条第 1 款规定,任何人为了获得强迫劳动或服务而剥夺他人人身自由,即犯有贩运人口罪,应处 5 年、8 年或 12 年的监禁刑和 50 万美元以下的罚金,在量刑上并不区分出售和接收(购买)。个别州②甚至认为即便没有剥削目的的购买行为、资助行为、获利行为也构成贩运人口罪。③

总之,在世界范围内,不少国家和地区都采取了国际公约的做法,以剥削为目的的买卖人口都构成贩运人口罪,买方与卖方的刑罚并无明显区别。在历史上,旧中国的法律也曾对买卖采取同罪同刑的立法进路④,这些经验都值得我们借鉴。世界性的眼光可以让我们走出地域性的偏见,而历史性的思考则让我们走出时代性的洞穴。

五、提高买卖人口犯罪中买方的法定刑

贩运人口犯罪现象不容乐观。虽然当前全国拐卖妇女、儿童案件总体呈下降

---

① 美国有 42 个司法区在贩运人口罪中将接受(obtain)行为作为一种行为方式。
② 印第安纳州、内华达州认为单纯的收买行为构成犯罪。如《印第安纳州刑法》规定:"明知或故意向人口贩运受害者支付、提议支付、同意支付金钱或其他财产,或以某种其他方式使另一人受益,以换取人口贩运受害者的行为,即犯有人口贩运罪。"
③ Andrea J.Nichols, Prosecuting Buyers in Human Trafficking Cases, Dignity: A Journal of Analysis of Exploitation and Violence, Vol.2, Iss .4(2017).
④ 1915 年北洋政府《暂行新刑律补充条例》中规定略卖和买人口罪,买卖人口都构成犯罪。对于买方,如果和卖方有预谋,同罪同刑,最高可处无期徒刑;如果没有预谋,最高可以处一等有期徒刑,即 10 年以上 15 年以下。1928 年南京国民政府颁布《刑法》,第 313 条规定使人为奴隶罪,使人为奴隶者,处 1 年以上 7 年以下有期徒刑。1935 年《刑法》第 296 条规定了类似的犯罪,使人为奴隶或使人居于类似奴隶之不自由地位者,处 1 年以上 7 年以下有期徒刑。无论卖方还是买方,只要使人为奴隶或类似奴隶的不自由状态,均构成使人为奴隶罪。参见民国法律编查会:《中华民国新刑律影印本》,中国政法大学馆藏典藏第四册,第 11-12 页;黄源盛:《晚清民国禁革人口买卖再探》,载《法治现代化研究》2017 年第 2 期。

趋势①,但是在历史上也曾出现下降之后数次反弹的现象。② 同时,传统的以出卖为目的的拐卖犯罪虽然逐渐得到控制,但是以劳动剥削和性服务为目的的拐卖人口犯罪却呈上升趋势。③ 因此,一方面,必须用足用好现有法律规定,保障公民的人身权利;另一方面,应适时进行立法修订,审慎提高买方的法定刑。

在世界范围内,有关贩运人口犯罪的立法,有单一制和复合制两种形式。前者以一个罪名涵盖贩运人口犯罪的所有行为类型,后者则区分为多个罪名。④ 我国采取复合制,这种做法是比较合理的。组织出卖人体器官、组织卖淫等犯罪与买卖人口侵犯的法益不同,没有必要规定在一个犯罪中。但是对于侵犯人身不受买卖权利的犯罪则有必要进行体系性的整合,具体有两种方案。

第一种方案是将侵犯人身不受买卖权利的犯罪合并为一个罪名。无论何种性别、年龄,买卖行为都是对人的物化,亵渎了人性尊严,都侵犯了人之不可买卖的权利。现行刑法取消了拐卖人口罪,表面上是为了强调对妇女、儿童的保护,但是这其实考虑了人身权以外的其他利益。有学者指出,当时制定法律主要为了对"弱者利益"的保护,这虽然有现实性的合理性,但是不应该用牺牲某种利益的方式来突出这一点,否则就会出现与立法原意相违背的情况。在拐卖人口犯罪中,无论何种性别、年龄的被害人,其实都是弱者。⑤ 因此,可以将《刑法》第 240 条、241 条、244 条、262 条进行整合,将拐卖妇女、儿童罪,收买被拐买的妇女、儿童罪,强迫劳动罪,拐骗儿童罪统一为买卖人口罪,形式上实现同罪同刑,也与国际公约接轨。需要说明的是,同罪同刑只是说相同罪名、相同量刑幅度,并不意味着卖方和买方适用完全一样的宣告刑。共同对合犯并不排斥在量刑时参考总则共同犯罪的原理区分主犯和从犯。⑥ 比如买卖枪支罪,虽然买卖双方罪名和量刑幅度相同,但是在量刑时还是可以根据在共同犯罪中的作用分配刑罚。事实上,在任意共犯中,虽然共同犯罪人适用相同的罪名和量刑幅度,但也不代表所有人的刑罚都完全一样。

买卖人口罪可以限定为剥削目的,无论是基于性剥削、强迫劳动还是营利等

---

① 樊巍、曹思琦:《实现"天下无拐",两会代表委员有话说》,载《环球时报》2022 年 3 月 8 日第 7 版。

② 《严惩拐卖决定》出台后,从 1992 年开始,拐卖人口犯罪大幅下降,直到 1999 年。2000 年突然上涨,直逼峰值。2001 年到 2008 年,立案数重新回落,但是 2009 年立案数又开始猛增,在 2013 年达到顶点,2014 年开始回落。参见朱新力、石肖雪等:《中国治理人口贩运的法治化策略研究》,法律出版社 2017 年版,第 45—46 页。

③ 周俊山:《国家反拐行动研究》,中国人民公安大学出版社 2018 年版,第 43 页。

④ 郭晶:《跨国贩卖人口犯罪研究》,法律出版社 2017 年版,第 119 页。

⑤ 刘宪权:《论我国惩治拐卖人口犯罪的刑法完善》,载《法学》2003 年第 5 期。

⑥ 钱叶六:《对向犯若干问题研究》,载《法商研究》2011 年第 6 期。

目的,都可以解释为剥削。对于剥削目的的帮助和促进也可以解释为具有这种目的,具有剥削目的买卖人口均构成此罪。对于司法实践中亲父母出卖子女的问题,一般以"非法获利目的"作为区分借送养之名出卖亲生子女与民间送养行为的界限,①如果出卖方不具有营利性的剥削目的,不构成买卖人口罪,情节严重的,可以构成遗弃罪。对于购买方,如果没有剥削目的,也不构成此罪。② 情节严重的,如果属于超出类型化的对向行为,可以考虑以遗弃罪的共同犯罪论处。对于拐骗人口行为,如果有剥削目的,也构成买卖人口罪;如果没有剥削目的,但有剥夺人身自由的行为,构成非法拘禁罪。剥削目的是一种主观超过要素,并不需要实际实现,因此以让妇女卖淫为目的的收买被拐妇女,同样构成买卖人口罪。如果又实施了强迫卖淫、组织卖淫等行为,则应数罪并罚。买卖人口罪的基本刑依然为5年以上10年以下有期徒刑,同时设有加重情节,根据不同情节规定不同的刑罚。另外,取消《刑法》第416条的规定,相关行为直接论以玩忽职守罪或滥用职权罪。

第二种方案则无须变动刑法的基本结构,仅修改《刑法》第241条第1款,增设第二档加重法定刑,"情节严重的,处三年以上十年以下有期徒刑",与第244条强迫劳动罪的刑罚基本保持一致。相较于第一种方案,第二种方案变动较小,修法成本较低。

六、结语

1991年《严惩拐卖决定》将收买人口规定为犯罪,至今不过只有30年的历史。在中国历史上,制度性地彻底禁绝人口买卖是清末修律,迄今也不过百余年。站在历史的角度,一切的立法缺陷都可以被理解,只是对于每个个体,历史的宏大叙事也许都是个人的不可承受之重。1906年,年近古稀的沈家本力排众议,在《革禁买卖人口变通旧例议》中奏请"永禁买卖人口,买者卖者均照违律治罪",试图根除历朝历代人口买卖的恶习,取缔奴婢制度,对标国际潮流。1909年,清宣统元年出台《禁革买卖人口条例》,明确买卖罪名宜酌定。次年,沈家本编修《大清现行刑律》时,将上述条例11项办法悉数纳入律条之中,彻底废除奴婢制度,加大对买方的打击力度,同时还增加了父母鬻卖子女的处罚。③ 虽然清末政局不稳,风雨飘摇,法律规定很难实际执行,但文本上的观念革新依然具有深远的历史意义。人

---

① 刘艳红:《法秩序统一原理下未成年人保护制度的刑民衔接适用》,载《现代法学》2021年第4期。

② 司法实践中,对于亲父母出卖子女的行为,买受方大多不被追究刑事责任。在司法实践中,当送养和出卖无法区分的时候,还是应该做有利于行为人的推定。

③ 黄源盛:《晚清民国禁革人口买卖再探》,载《法治现代化研究》2017年第2期。

口买卖,尤其是奴婢买卖在历史上存在时间太长,痼疾沉疴非法律单方面能够解决,但是法律必须有所作为。1913年北洋政府大理院议决《关于买卖人口适用法律各问题》商讨人口买卖契约的效力,同时决议亦言:"此层非刑事法所能补救,须社会救贫事业发达,始足以济其穷。"①但是法律并未采取虚无主义的立场,仍然在勉力而为。

我国现行刑法在保护妇女、儿童权利方面的进步有目共睹,但是任何法律一经制定,就已经滞后,当法律的漏洞无法通过解释学予以弥补,修改法律就是一个合理的选择。无论多么完美的社会,都无法根除犯罪,但这并不代表对严重犯罪施加严厉的刑罚是错误的。很多人经常从效果论的角度来看待法律,但是这种逻辑的不稳定在于:如果法律无法保障底线的正义,那么民众很有可能采取私力救济来恢复正义,导致不可预测的严重后果。这个世界存在着太多我们无法把握的利益变量,人类的有限性决定了我们无法进行通盘考虑,我们只能考虑有限的内容。作为立法者,所需要考虑的法益只能是权利过滤后的类型化利益,符合道德的功利才是最佳的功利。柏拉图在《理想国》借苏格拉底之口早就提醒我们:追求正义的人生活最幸福,而不正义者最不幸。同样,根据道德规则所衍生的权利观点进行功利计算,也许才能让法律获得最大的功利。

法律的安定性和灵活性始终存在张力。赫拉克利特说万物皆流变,唯一不变的就是万物皆变化,但巴门尼德认为变化只是一种幻觉,如果某物确实存在,它就不可能发生变化。柏拉图试图在两种立场中寻找折中,他认为物质的现象世界是变化的,但是理念世界是不变的。问题在于,法律解决的只是现象世界的乱象。我们并不拥有洞穴以外的知识,终其一生,我们都是在走出洞穴。现行刑法通过至今,已经修改了11次,只要我们不活在实证法立法无缪的自欺之中,就必须接受现象世界的千变万化,审时度势,因时而变。

刑法中的法益是一种类型化的利益,不能过度飘逸。法益具有解释论功能,也应具备立法批判的机能,立法从未绝对正确,不宜对其偶像崇拜。买卖人口侵犯了人之不可被买卖的权利,不能在权利以外考虑其他利益,买卖行为本身就是错误的。刑法有关收买被拐卖的妇女、儿童罪的规定存在着人不如物、买卖人口刑罚失衡的漏洞,不符合共同对向犯的基本理论,背离了民众朴素的法感情,对于人身权的保护并不充分。综合考虑历史经验和大部分国家和地区的法律状况,有必要慎重考虑修改法律的建议。

（本文原载于《政法论坛》2022年第3期）

---

① 黄源盛:《晚清民国禁革人口买卖再探》,载《法治现代化研究》2017年第2期。

网络诽谤犯罪若干问题研究

段启俊　郑　洋

作者简介:段启俊(1966—　　),男,汉族,中国致公党党员,湖南省武冈市人,中国人民大学法学博士,美国俄克拉何马城市大学法学院访问学者,在湖南大学法学院工作22年,法学教授。2017年9月辞职创办北京德和衡(长沙)律师事务所,任主任,一级律师。担任长沙市律师协会副监事长、湖南省律师协会刑事专业委员会主任、上海国际贸易仲裁委员会仲裁员、曾任湖南省监察厅特邀监察员、长沙市政协委员、兼任中国刑法学研究会理事、湖南省刑法学研究会副会长、湖南省刑事法治研究会副会长、湖南省华夏廉洁文化研究会副会长、湖南省法学教育研究会副会长等职。出版《疑罪研究》等专著4部,发表论文60余篇。获中国刑法学研究会首届科研成果(专著类)二等奖,获省级教学成果一等奖一次、省级科研成果一等奖一次,多次获致公党湖南省委会优秀党员称号。

郑洋(1988—　　),写作本文时系湖南大学在读硕士研究生,现系北京理工大学法学院助理教授、硕士生导师。

随着信息时代的到来,信息网络在给人们提供极大方便的同时,也不可避免地为种族主义、网络赌博、网络诽谤等相关非法行为提供了滋生的土壤。诽谤罪作为日常生活中常见多发的一种犯罪形态,同样在网络空间内寻找到了助其滋生的"养料",网络诽谤行为借助于网络技术的发展和网民数量的增加,正呈现出日益多发的态势。网络不是法外之地,为有效惩治网络诽谤等非法行为,最高人民法院、最高人民检察院于2013年9月联合发布《关于办理利用信息网络实施诽谤等刑事案件适用法律若干问题的解释》(以下简称为"解释"),该解释为厘清网络言论的法律边界提供了相对明确的判断标准。但是不可否认,其在具体适用中仍存在有待进一步明确和探讨的地方。笔者将结合该解释的相关规定,对于网络诽谤犯罪的若干问题做进一步的分析和研究,以期对学理研究和司法实践有所裨益。

一、网络诽谤犯罪中的"诽谤行为"的认定

网络诽谤犯罪是指行为人利用信息网络作为平台所实施的诽谤犯罪。由于借助了信息网络这一平台，导致其"在行为主体、行为对象、发布载体、传播途径以及案件启动程序等方面呈现出有异于传统诽谤行为的新型特征"①。但是严格意义上而言，其并不是一种全新的犯罪类型，而仅是传统诽谤罪在网络空间内一种异化的表现。所以，对其进行认定时仍应以传统诽谤罪的犯罪构成为基础。具体而言，应注意把握好以下三个方面。

（一）正确区分事实和意见

根据相关解释，事实是指事情的真实情况，意见是指对事情的一定的看法或者想法。② 因此，事实是第一性的，意见是第二性的，意见是主体对于事实的反映状态。在处理网络诽谤犯罪中正确区分事实与意见的重要性在于"事实或意见是各国诽谤罪与侮辱罪的真正分野"③。诽谤罪处罚的是以损害他人名誉为目的的捏造并散布虚假事实的行为。所以，在基于事实的基础上，进一步发布相关的侮辱性意见或者看法并且公然散布的行为，若达到一定程度可能构成侮辱罪，但本质上与诽谤犯罪无关。因此，在司法实践中，行为人在网络空间内就某些党政机关、相关地方领导以及其他公民的决策或者行为发表个人意见或看法的，即使部分意见或看法用词严厉，观点偏激，但是"只要行为人是以客观事实为依据或者有合理的根据认为是真实的事实为依据所表达的意见或者评价，不能构成诽谤罪"④。而且，公民利用一定的途径来合理表达诉求、发表相关意见或者看法正是言论自由的表现，这对于社会的良性发展是有益的，因而应该予以鼓励。

（二）准确理解诽谤行为的主观目的

诽谤罪的犯罪构成要求行为人主观上必须具有损害他人名誉的目的。因此，在客观方面，行为人必须明知该事实是其捏造的虚假事实并且进一步加以散布。问题在于若某一结论是行为人通过合理推测或者根据其他材料进行推理而得出的并将其散布于众，而该结论实际上被证明为虚假时，能否认定行为人构成诽谤罪。笔者认为不应认定。

---

① 于冲：《网络诽谤行为的实证分析与刑法应对——以 10 年来 100 个网络诽谤案例为样本》，载《法学》2013 年第 7 期。

② 中国社会科学院语言研究所：《现代汉语词典》，商务印书馆 2005 年版，第 1246、1617 页。

③ 陈姗姗：《论诽谤罪的价值抉择与检验逻辑——以彭水案为发端》，载《中国刑事法杂志》2008 年第 1 期。

④ 郑金火：《信守诽谤罪构成的底线——从"王鹏案"说起》，载《法学》2011 年第 5 期。

首先,假如某一结论是行为人通过推测或推理而得出,哪怕此种推测或推理仅有行为人自认为的合理性,即使该结论最终被证明是虚假的,仍难以认定行为人主观上的"明知"。毕竟其在推测或者推理时主观上履行了一定的判断义务,因此充其量只能认定是一种过失。

其次,我们不可能要求每位公民对于某一件事情都有绝对准确的分析和判断,只要其尽到合理的注意义务,则应认定其行为属于一种基于合理分析而进行的合理怀疑,因此不能认定其主观上具有故意损害他人名誉的故意。① 当然,合理地推测或者推理是否定主观恶意的前提,因此行为人用来做出推测或者推理的事实或者材料不应该是主观臆造或者自行伪造的,也就是说行为人不能借怀疑之名行诽谤之实。

(三)未捏造而仅散布虚假事实的行为不宜认定为诽谤行为

解释第1条第2款规定,明知是捏造的损害他人名誉的事实,在信息网络上散布,情节恶劣的,以"捏造事实诽谤他人"论。该款规定实际上将没有捏造行为而仅实施散布虚假事实的行为也认定为诽谤行为。② 根据通说的见解,诽谤罪的行为方式要求必须同时具备捏造行为和散布行为,二者缺一不可。③ 对于没有捏造行为而仅实施散布行为的,虽然有学者支持将其认定为诽谤行为④,但是,在恪守罪刑法定原则和严格解释刑法的前提下,笔者并不认同此观点。

刑法第246条明文规定,诽谤罪的行为方式为"捏造事实诽谤他人"。因此,从字面含义即可得出诽谤行为的认定首先必须要求行为人捏造虚假事实,此外,行为人欲达到损害他人名誉的目的,还必须将捏造的虚假事实散布于众,也就是说必须存在公然性的实施方式。但是假如在具体适用过程中,如解释所规定的那样,人为裁减掉捏造行为而仅凭借散布行为即认定诽谤行为的成立,此种人为缩减构成条件的解释有违反罪刑法定原则之嫌。

客观而言,行为人明知为虚假事实而广为散布的行为确有可能对刑法所保护的法益造成严重损害,因此将此行为认定为诽谤行为并且纳入刑法规制范围具有其实质合理性。但是,"法益侵害的判断是一种价值判断,也是一种实质违法的判

① 周光权:《刑法各论》,中国人民大学出版社2011年版,第62页。
② 从实际而言,可能存在两人以上共同谋划诽谤他人,根据分工分别捏造诽谤信息和散布诽谤信息从而构成共同犯罪的情况。但是这仅是一种特殊情况,不能涵盖该规定可能包括的所有情形,而且对此种情况的规制也非属本规定的主旨所在。
③ 全国人大常委会法制工作委员会:《中华人民共和国刑法释义》,法律出版社2011年版,第446页;高铭暄、马克昌主编:《刑法学》,北京大学出版社2011年版,第483页。
④ 张明楷:《刑法学》,法律出版社2011年版,第823页。

断,它应当受到构成要件判断的限制。只有在具备构成要件该当性的基础上,才能进行这种实质判断"①。而且,实质合理性的判断与实质合理性的具体适用分属于两个不同层次,前者是一种见仁见智的价值判断过程,而后者是在价值判断的基础上将价值判断的结论引入适用法律的具体过程,此过程具体到刑法语境内必须以不违背罪刑法定原则为前提。对于价值判断的问题可以进行学理上的探讨,但是假如某种行为刑法未有明文规定,其在价值判断上又能够认定为严重侵害法益,于是便通过解释刑法的手段来重塑相关犯罪构成,以达到将此行为纳入刑法规制范围的目的,这不是应当提倡的解释思路。

所以,对于实质上有严重的法益侵害性,但是刑法没有规定为犯罪的行为,应该且只能通过刑事立法的方式来弥补此缺陷。在刑事立法之前,只可通过民事或者行政手段来进行规制。因此,对于上述没有捏造行为而仅为散布虚假事实的行为,虽然"散布者的散布行为对他人名誉权的损害有实质的社会危害性"②,但是依据现行刑法的规定,对类似行为只能做无罪处理。③

二、认定网络诽谤犯罪"情节严重"应注意的问题

对于情节严重在犯罪构成中的地位,虽然有不同观点,但是一般将其作为构成要件要素来看待。④ 因此,诽谤罪中情节严重与否的判断关系到罪与非罪的界限。而长久以来,对于诽谤罪中"情节严重"的规定并没有出台相关针对性的司法解释,以至于在司法实践中任意解释的情况时有发生。本解释通过第 2 条对于网络诽谤犯罪中"情节严重"的认定明确了三种情形⑤,这无疑具有很大的现实意义。但是具体到此规定,尤其是对于第 1 款和第 2 款两种情形,笔者认为在具体适用中存在若干应注意的问题。

(一)通过统计数字来认定"情节严重"时应注意的问题

解释第 2 条第 1 款规定,"同一诽谤信息实际被点击、浏览次数达到五千次以上,或者被转发次数达到五百次以上的",应认定为情节严重。该款规定本意应是通过统计点击、浏览以及转发的次数来界定诽谤信息散布的范围和受众的人数,

---

① 陈兴良:《形式解释论的再宣誓》,载《中国法学》2010 年第 4 期。
② 最高人民法院刑三庭课题组:《利用网络实施的诽谤犯罪研究》,载《人民司法》2012 年第 21 期。
③ 付立庆:《恶意散布他人捏造事实行为之法律定性》,载《法学》2012 年第 6 期。
④ 段启俊:《疑罪研究》,中国人民公安大学出版社 2008 年版,第 44 页。
⑤ 即"(一)同一诽谤信息实际被点击、浏览次数达到五千次以上,或者被转发次数达到五百次以上的;(二)造成被害人或者其近亲属精神失常、自残、自杀等严重后果的;(三)二年内曾因诽谤受过行政处罚,又诽谤他人的。"

并据此判断该诽谤行为的具体影响。此种解释思路是客观有效而且具有可操作性的,对此应加以肯定。但是由于该款规定没有一并列明相关除罪事项,所以在具体适用的过程中可能导致将实际上不应处罚的行为纳入其中,对此应引起注意。

1.应根据形式和实质的双重判断来认定“情节严重”

从形式上看,此款规定可能涵盖了某些虽然达到次数要求但是实际上不值得处罚的情形。比如 A 捏造一条诽谤信息并发布于某一冷门的论坛内,欲借此方式诽谤其仇人 B,但是由于其将该诽谤信息放错了“地方”,导致实际上几乎无人点击浏览。然而 A 又不想就此放弃,于是通过自己不断地点击、刷新等手段想营造一种已经受到广泛关注的假象,且最终点击或者浏览次数超过 5000 次,那么能否据此认定 A 的行为属于“情节严重”呢? 答案应该是否定的。因为虽然点击或者浏览次数多,但实际上受众人数是很少的,所以其行为在客观上无法导致诽谤信息被广为散布的结果,进而对于 B 的名誉损害也是微乎其微的。

此外,此款规定从形式上而言还可能导致有学者所担心的“一个人是否构成犯罪或者是否符合‘诽谤罪’的标准并不完全由犯罪人自己的行为来决定,而是夹杂进其他人的行为推动,甚至最终构罪与否要看他人实际被点击或转发的次数”①的情形,也就是说行为人构成犯罪与否可能取决于他人背后的恶意推动作用,对此认定行为人构成犯罪也有所失当。因此,我们认为,对于诸如此类的情形应依据刑法第 13 条但书的规定,认定为“情节显著轻微危害不大”,不认为是犯罪。

所以,根据统计数字来认定是否达到情节严重的标准时,不应仅凭统计数字来进行形式判断,而应该结合实际影响进行综合考量下的实质判断。也就是说达到相关的次数要求是第一层次的形式判断,而诽谤行为的实际影响则是第二层次的实质判断,只有通过两个层次的判断才能排除掉实际上不值得刑罚处罚的行为,从而将“情节严重”的行为严格限制在具有严重法益侵害的行为之内,以避免罪刑失当。

2.应排除适用“传播性理论”的情形

在适用本款规定的过程中可能产生符合“传播性理论”的情形。传播性理论是日本刑法学界在探讨毁损名誉犯罪时广泛涉及的一种理论。根据传播性理论,

---

① 李晓明:《诽谤行为是否构罪不应由他人的行为来决定——评“网络诽谤”司法解释》,载《政法论坛》2014 年第 1 期。

"即使是向特定的人或者少数人披露事实,但存在传播可能性的,也应认定具有公然性"①,传播性理论涉及的是"公然性"的认定问题。根据日本刑法的规定,诽谤行为的行为方式为"公然指责事实、毁损他人名誉"②,其行为方式中对公然性的要求相当于我国刑法中对于散布行为的要求。传播性理论的适用逻辑在于:行为人向特定的人或者少数人散布虚假事实,但是该特定的或少数人,也就是初次受众群体,又将该虚假事实广而告之的,应当认定"公然性"的存在,也就是说应当认定行为人的行为属于诽谤行为。

在将传播性理论置于网络空间内进行讨论时,可能产生与该款规定相一致的情形。比如 A 为了报复其仇人 B,在 QQ 空间或者其他类似的半封闭网络空间内捏造并散布关于 B 的诽谤信息,且 A 的空间设置为仅其好友才能看到其发布的相关信息。假设 A 好友人数为 50 人,那么 A 发布诽谤信息的初次受众最多为 50人,且该受众群体是特定的。随着事情的发展,A 好友中的若干人(不管基于何种目的)将此诽谤信息进行了大量转发,且最终达到了相关次数要求。根据此款规定以及传播性理论,对此均应认定为诽谤行为。虽然日本判例在司法实践中对于传播性理论的适用持肯定态度,但是学界对其一般是否定的,我们同样认为利用传播性理论来判断公然性的存在与否有失妥当。

首先,公然性意味着行为人散布诽谤信息的行为有广而告之之意。但是,公然性是指由法条所规定的针对行为样态的要件,并非指作为结果的公然性③,所以不能根据结果的形态去反推行为一定具有公然性。否则,在日常生活中几位友人私下聊天时所谈及的关于他人的一些不实信息,如果友人们均无法绝对保密的话,就会有构成诽谤罪的可能,这是不合适的。其次,行为人在特定空间内针对特定或少数人发布诽谤信息的做法,很难将其评价为一种公然性的散布行为。而且,如果初次受众有进一步传播的意思并事实上造成该诽谤信息广为传播的,就认定行为人的行为属于诽谤行为,这可能导致行为人的行为性质由初次受众是否会进一步传播来决定的局面。最后,诽谤犯罪属于抽象危险犯,如果肯定传播性理论的适用,"把偶然地传播后结果造成不特定多数人能够知道其旨意的状态都一般地解释为'公然性',那么,就会有不当地扩张'公然'的概念之嫌"④。这无疑会使本罪的危险性又进一步地抽象化,导致对于诽谤行为认定的人为扩张。综

---

① [日]西田典之:《日本刑法各论》,王昭武、刘明祥译,法律出版社 2013 年版,第 110 页。
② 《日本刑法典》(第 2 版),张明楷译,法律出版社 2006 年版,第 86 页。
③ [日]山口厚:《刑法各论》,王昭武译,中国人民大学出版社 2011 年版,第 157 页。
④ [日]大塚仁:《刑法概说(各论)》,冯军译,中国人民大学出版社 2003 年版,第 163 页。

上,应该"否定所谓的传播性理论"①的适用。

因此,行为人在仅对好友开放的 QQ 空间、微信朋友圈等相对封闭的信息网络空间内发布诽谤信息,即使初次受众的转发行为使得该诽谤信息被广为散布,仍不应认定行为人构成诽谤罪。当然,对于相对封闭的网络空间内"特定的和少数人的范围"应从实质上进行把握,同样不应该仅根据表面统计数字进行形式判断,而应结合初次受众的人数、诽谤信息初次扩散的实际范围等情况进行综合判断。

(二)将造成近亲属的相关伤害情形认定为"情节严重"时应从严把握

依据解释第 2 条第 2 款之规定,行为人利用信息网络诽谤他人,"造成被害人或者其近亲属精神失常、自残、自杀等严重后果的",应认定为"情节严重"。笔者认为,将造成被害人的相关伤害情形认定为情节严重是适当的,但是将造成被害人的近亲属的相关伤害情形认定为情节严重时应格外慎重、从严把握。

根据因果关系理论,对因果关系进行认定,"意味着将结果归属于某个实行行为"②。因此,因果关系的认定考虑的是实行行为与危害结果二者之间的关系,也就是说能否将危害结果归因于行为人的实行行为。根据本款规定,若 A 欲通过捏造并散布诽谤信息的方式来损害仇人 B 的名誉,假设在 B 本人对此反应不大的情况下,B 的近亲属却因为受到旁人的非议等原因出现心理问题而自杀的,同样应该将该结果归责于 A。但实际上,A 的诽谤行为仅是导致 B 的近亲属自杀的间接因素,二者之间仅存在较弱的原因力,难以认定存在刑法上的因果关系。

第一,A 的实行行为所针对的犯罪对象是 B,因此对 B 的近亲属而言,不存在实行行为的实施。第二,因果关系理论的主要意义在于"任何人都必须对自己的行为所导致的后果负责,但又要排除各种形式的株连"③。因此,在其认定过程中,行为人只应对自己行为所导致的后果负责,假若将实际上难以构建因果关系的行为与结果之间认定因果关系的存在,则存在株连嫌疑。况且,此款规定关系到情节严重的认定,也就是罪与非罪的界限,更应慎重把握和适用。因此,将 B 的近亲属的自杀结果一概归责于 A 的诽谤行为,是不适当的。

此外,就个人责任原则而言,个人责任原则要求"刑法之非难必须是针对行为人自己之行为,故行为主体与受刑主体亦须有一致性"④。因此,其在蕴意上与因果关系理论是相通的,意即刑法所非难的对象必须是行为人自身的行为。这一方

---

① ［日］西田典之:《日本刑法各论》,王昭武、刘明祥译,法律出版社 2013 年版,第 110 页。

② 张明楷:《刑法学》,法律出版社 2011 年版,第 181 页。

③ 陈兴良、周光权:《刑法学的现代展开》,中国人民大学出版社 2006 年版,第 124 页。

④ 陈子平:《刑法总论》,中国人民大学出版社 2009 年版,第 47 页。

面要求不能由他人承担行为人之罪责;另一方面要求不能由行为人承担超出其犯罪行为之结果,也就是说行为人只应对自己的行为负责,以使行为主体与受刑主体相一致。当然,司法实践中对于造成被害人的近亲属精神失常、自残、自杀等后果的,在一定条件下可以作为量刑情节予以参考,但是一般不应将其作为犯罪构成的一部分来参与罪与非罪的认定。

三、对网络诽谤犯罪中"社会秩序"的理解

与"情节严重"相一致,对诽谤罪中"严重危害社会秩序和国家利益"的立法语言,此前学界同样给予了严厉批评。如有学者认为,"由于有了'严重危害社会秩序和国家利益'这样语焉不详的法律规定,只要公民的言论引起某些地方官员的不快,不问言论内容是否真实,不分是否出于善意,惯于我行我素甚至一手遮天的地方要员,便可以动用他们手下机构齐全的司法力量,针对不甘沉默的公民开启刑事追究"[1]。学者的批评固然直接和严厉,却不失理性。近些年实践中屡次发生具有广泛影响的诽谤犯罪案件,其中一部分就是行政机关或司法机关对于"严重危害社会秩序和国家利益"这一关系到自诉和公诉界限的规定进行任意解释,然后在被害人未提起自诉的情况下,将案件认定为属于公诉的范围,从而利用公权力对行为人展开刑事追诉。如此前引起重大社会影响的灵宝王帅案件、曹县段磊案件等即是适例。虽然该解释对于"严重危害社会秩序和国家利益"做了较为明确的规定,但对于该条解释的若干内容,尤其是如何理解第 3 条第 2 款中规定的"公共秩序",笔者认为仍存在探讨和明确的必要。

解释第 3 条第 2 款将"引发公共秩序混乱的"认定为"严重危害社会秩序"的情形之一,但是对于如何理解此处所指的公共秩序,尤其是其仅指现实中的社会秩序还是同样包括虚拟的网络秩序,学者们存在不同意见。

如于志刚教授认为此处的公共秩序应当包括网络秩序。其指出:"在'双层社会'的全新背景下,人类社会的'公共秩序'被赋予了全新的含义,它包括网络公共秩序和现实公共秩序两个部分。"[2]而孙万怀教授则认为公共秩序严重混乱是指公众日常生活被迫中断或不能正常进行的状况。网络空间不是公共场所,网络空间秩序不属于公共秩序。[3] 因为对"公共秩序"的界定问题关系到网络诽谤犯罪

---

① 邓子滨:《中国实质刑法观批判》,法律出版社 2009 年版,第 112 页。
② 于志刚:《"双层社会"中传统刑法的适用空间——以"两高"〈网络诽谤解释〉的发布为背景》,载《法学》2013 年第 10 期。
③ 孙万怀、卢恒飞:《刑法应当理性对待网络谣言——对网络造谣司法解释的实证评估》,载《法学》2013 年第 11 期。

自诉与公诉的界限,而且可能影响到诸如聚众扰乱社会秩序罪、聚众扰乱公共场所秩序、交通秩序罪以及本解释中规定的网络寻衅滋事等相关犯罪的司法解释方向和具体理解,所以对于本款所指的公共秩序进行准确界定便显得尤为必要。

由于本款所指的"公共秩序"是对于刑法条文中"社会秩序"进行解释的结果,在对"社会秩序"进行解释时,通过一定的技术手段实现在法律层面内构建现实秩序与网络秩序的某种关联,从而为刑法调控范围从现实社会向网络社会的过渡提供法律依据,然后借用现有的刑法资源来解决相关网络犯罪的难题,这不失为一种及时且行之有效的解释思路;但是问题在于,在具体解释的过程中,预想达到刑法触角从现实社会向网络社会延伸的目的,则必须运用扩张解释的手段,从刑法用语的传统语境中尽量发掘其可能的语义。在此过程中如何把握扩张解释的界限,则是在解释和适用的过程中应当慎重权衡的问题。综合若干方面的考量,我们认为此款规定的"公共秩序"不应包括网络秩序。

(一)网络诽谤犯罪的成立应以对现实社会产生影响作为客观要件

诽谤罪的成立要求行为人主观上必须具有通过散布诽谤信息以达到损害他人名誉的目的。因此,日常生活中发生的诽谤行为,为降低他人对于被害人的名誉评价,行为人散布诽谤信息的环境一般选择在被害人的生活环境或者与其有一定关联的环境之内。所以,在认定诽谤罪时应参考诽谤行为是否会对他人的名誉造成损害或者损害的危险,而且对此进行判断时应基于现实社会的层面展开,如果行为人的诽谤行为在客观上不存在损害他人名誉的危险,则难以认定构成犯罪。

具体到网络诽谤犯罪,固然从虚拟性向现实性过渡的网络空间内实施的网络行为被赋予了越来越多的社会意义,而不再是单纯的虚拟行为。[1] 但是网络空间并不能简单等同于现实空间,网络行为也并不必然产生与现实行为相一致的影响。虽然网络社会与现实社会的双层空间有进一步融合的趋势,但是从现在的节点而言,二者仍然是不同属性、不同层次的空间。比如由于对某一问题观点不合,导致不同观点的人在网络空间内相互攻击和谩骂,这与现实社会中双方互相攻击和谩骂对行为人的影响是存在明显差异的,所以对于网络行为和其所对应的现实行为应分别进行评价和定性。对于网络社会和现实社会仍然应该从区分的角度进行认识和判断,行为人在网络空间内散布诽谤信息的行为并不必然能够通过网络空间渗透进入现实空间而对他人名誉产生损害。只有当网络诽谤行为突破网

---

[1]　于志刚:《"双层社会"中传统刑法的适用空间——以"两高"〈网络诽谤解释〉的发布为背景》,载《法学》2013 年第 10 期。

络的虚拟界限,对现实生活产生实际影响并且该影响与相关罪名的法益侵害性相当时,才有纳入刑法规制范围的必要。此外,网络只是人类随着技术的发展而创造和使用的一种工具,网络空间的存在是人类使用网络的创造成果。因此,人应该被视为使用网络的主体而不应成为网络空间的组成部分。而在现实社会中人则是组成社会的基本单位,不能因为网络社会与现实社会二者关系的日益紧密而否定人在网络社会中的主体性和控制性。

由此可见,网络秩序应该被视为与社会秩序相区别的一种形态,并不能被置于与社会秩序相等同的地位。网络秩序的变化只有对现实社会秩序造成损害或者损害的危险时,才能将其视为刑法保护的对象。"网络秩序不能独立成为刑法的公共秩序性的法益"①,也不应将网络秩序等同于社会秩序。

(二)应基于双层社会的前提来理解诽谤犯罪抽象危险犯的定性

一般认为,诽谤罪等毁损名誉型的犯罪属于抽象危险犯,而抽象危险犯的要旨在于"人们经过对无数事例的反复观察及经验归纳后,有鉴于这种附随于特定行为的典型危险,直接由立法方式推定'只要从事该行为即具危险性'"②。具体到诽谤罪中,也就是说行为人公然性地散布诽谤信息的行为一经完成,即可认定该行为对于法益造成了某种危险,当推定危险存在时,即认定行为已达既遂。之所以将诽谤罪认定为抽象危险犯,是因为诽谤行为一经完成,就可能对被害人的名誉有损害的危险或者降低他人对于被害人的名誉评价。而实际上对于名誉是否造成损害,造成损害的程度如何,取决于他人的主观想法,客观上是难以准确量定的。因此,将诽谤罪认定为抽象危险犯,以降低证明法益侵害所存在的现实困难,而不是像其他大多数危险犯一样,因为法益重大而对其予以特别保护。③

虽然诽谤罪属于抽象危险犯,但是在网络犯罪这一传统犯罪的变异形式中,应该基于双层社会的前提来理解其抽象危险犯的定性。也就是说,不应像现实中大多数诽谤罪一样,只要行为人散布所捏造的诽谤信息的行为一经完成,即认定该行为具有抽象危险性,从而认定行为已达既遂。由于网络社会与现实社会的双层属性,网络行为的完成并不必然导致与现实行为相同的影响。网络诽谤信息虽经散布,但就现实社会而言对于诽谤对象的名誉可能不会产生实际损害的危险,而"如果具体案件中的特别情况导致行为根本不存在任何危险,则不能认定为抽

---

① 孙万怀、卢恒飞:《刑法应当理性对待网络谣言——对网络造谣司法解释的实证评估》,载《法学》2013 年第 11 期。

② 林钰雄:《新刑法总则》,中国人民大学出版社 2009 年版,第 76 页。

③ 〔日〕大谷实:《刑法讲义各论》,黎宏译,中国人民大学出版社 2008 年版,第 145 页。

象的危险犯"①。导致此情况可能出现的原因在于,网络行为的影响需要通过一定的媒介才能向现实社会过渡,而媒介具体存在与否、媒介传递功能的强弱,决定了网络行为对于现实社会所产生影响的大小。

因此,诸如 A 在网络空间散布诽谤信息以损害仇人 B 的名誉,但是该诽谤信息实际上只有很少人关注或者关注该诽谤信息的人事实上与 B 不存在任何交集,由于网络空间与 B 的生活环境二者之间不存在任何过渡的媒介,客观上就不会对于 B 的名誉造成损害,也不会影响到 B 在现实社会中的生活安宁,难以认定对 B 的名誉产生了抽象的危险。故我们认为,对于网络诽谤行为抽象危险性的认定,应有别于传统的诽谤行为,即不能根据诽谤行为一经完成就认定存在抽象危险性,而应该基于现实社会的层面进行考量,只有直接侵害公众人格、名誉和生活安宁秩序的,才应属于严重危害社会秩序。

综上,我们认为本解释第 3 条第 2 款规定的"公共秩序"仅指现实社会秩序而不包括网络空间秩序。基于刑法谦抑性的要求,刑法的触角不能过度干涉正常的社会生活。而且"网络伦理秩序的真正实现除了依靠法律、制度等调控手段,最根本的还需要网络道德主体把网络伦理规范内化为自身的东西,发挥道德的调节作用"②。在此意义上,单纯注重刑法的治理效果未必明显。同理,对于本解释第 5 条关于网络寻衅滋事犯罪的解释结论中所称的"造成公共秩序严重混乱"所指的"公共秩序",同样不应包括网络空间秩序。

四、网络诽谤犯罪自诉案件有罪证据的获取

根据刑法规定,诽谤罪除了严重危害社会秩序和国家利益的,均属于告诉才处理的犯罪,即属于刑事诉讼法规定的自诉案件类型。具体到网络诽谤犯罪,由于其借助于网络技术,存在极大的隐蔽性,因此被害人对于行为人身份的确认以及相关证据的获取一般存在较大困难。而根据刑事诉讼法第 49 条的规定,自诉案件中被告人有罪的举证责任由自诉人承担,因此假如被害人在没有足够证据支持的情况下提起刑事自诉,人民法院可以根据刑事诉讼法第 205 条的规定,在对自诉案件进行审查后,对缺乏罪证的自诉案件,如果自诉人提不出补充证据,应当说服自诉人撤回自诉,或者裁定驳回。这就导致实践中产生两难的局面:一方面这属于自诉案件,另一方面被害人又通常难以凭借自身能力获取足够证据来提起自诉。由于诽谤罪一般不属于公安机关的管辖范围,导致其又难以向公安机关寻

---

① 张明楷:《刑法学》,法律出版社 2011 年版,第 168 页。

② 关洁:《论网络道德与网络伦理》,载《湖南大学学报(社会科学版)》2014 年第 5 期。

求帮助。

对于此种两难局面的解决办法，此前有学者主张将网络诽谤犯罪附条件地列入公诉案件的范围。我们认为，此建议虽具有一定的建设性，但并不可取。事实上，之所以将诽谤罪设置为达到情节严重的标准才构成犯罪，而且一般设置为自诉案件，就是因为诽谤罪实际的法益侵害性相对较小，又比较多发，若将网络诽谤犯罪纳入公诉案件的范围，一方面可能导致司法资源的不必要浪费，另一方面可能为如前所述的借公权打压言论自由的情形提供便利。为了更好地解决这一问题，新近发布的《刑法修正案（九）》明确了相对具体的处理方法。根据《刑法修正案（九）》第16条的规定，通过信息网络实施侮辱或者诽谤行为，被害人向人民法院告诉，但提供证据确有困难的，人民法院可以要求公安机关提供协助。据此，在涉及网络诽谤犯罪，被害人想提起刑事自诉但又难以提供证据时，可以申请人民法院要求公安机关提供协助。对此规定，正如有学者所称："在刑法修正案中，尤其是在解决刑法实体问题中规定程序性问题，这在过去并不多见。"①虽然这一规定对于被害人的权利保障无疑具有重大意义，但是实践操作中，可能存在如何与刑事诉讼法解释的相关规定相契合的问题。

有关刑事自诉案件中举证责任的分配以及证据的取得途径等问题，因为均为程序事项，实际上均应属于刑事诉讼法规定的范畴。最高人民法院《关于适用〈中华人民共和国刑事诉讼法〉的解释》第268条规定："自诉案件当事人因客观原因不能取得的证据，申请人民法院调取的，应当说明理由，并提供相关线索或者材料。人民法院认为有必要的，应当及时调取。"据此，诸如网络诽谤犯罪一类的自诉案件，自诉人因为客观原因不能取得的证据，在符合条件时可以申请法院帮助调取。而根据上述修正案的相关规定，网络诽谤犯罪的被害人想提起刑事自诉但是又难以提供证据时，可以申请法院要求公安机关提供协助。从表面上看这两项规定似乎有冲突或不协调的嫌疑，但实际上，二者并无实质性冲突，主要是因为自诉案件的有罪证据有些是需要通过技术侦查手段才能获得的，而对于该部分证据，人民法院要想成功调取，也存在很大的困难。考虑到人民法院收集有罪证据的局限性，修正案规定人民法院（在收集有罪证据困难时）可以要求公安机关提供协助。这就是说，自诉人向人民法院申请调取证据符合条件后，人民法院能够自行调取的，自行调取；不能自行调取的，要求公安机关提供协助。

① 李晓明：《网络侮辱、诽谤在定罪、举证与审理上的新变化》，载《法治研究》2015年第6期。

五、结语

信息网络的发展催生了部分犯罪在网络空间内的异化,对此类现象进行规制时,"以扩张解释的方式完全可以解决大多数问题"①。但是在运用解释的方法来应对网络犯罪时,由于罪刑法定原则是刑法解释论生成与解释规则设计的出发点②,因此应该在恪守罪刑法定原则的前提下进行谨慎的扩张解释,坚持刑法形式理性的优先性,排除在实质判断影响下违背罪刑法定原则的解释结论。此外,名誉保护与言论自由保障二者之间存在难以缓解的紧张关系,对于任何一方的过分偏向必然导致对于另一方的现实侵害,应注意二者之间的平衡与协调。综上所述,在结合相关学者已经建议展开关于缩小诽谤罪的犯罪圈或者将诽谤行为非罪化的讨论这一大背景下③,对于网络诽谤犯罪的认定应从严把握。对于网络诽谤自诉案件自诉人收集有罪证据确有困难的,可以申请人民法院要求公安机关提供协助。

[本文原载于《湖南大学学报(社会科学版)》2016 年第 5 期,中国人民大学复印报刊资料《刑事法学》2017 年第 2 期全文转载。]

---

① 于志刚:《网络犯罪与中国刑法应对》,载《中国社会科学》2010 年第 3 期。
② 梁根林:《罪刑法定视域中的刑法适用解释》,载《中国法学》2004 年第 3 期。
③ 林山田:《刑法各罪论(上册)》,北京大学出版社 2012 年版,第 183 页。

人工智能时代网络诽谤
"积量构罪"的教义学分析

刘期湘

作者简介:刘期湘(1972——   ),男,湖南隆回人,中共党员。湖南大学刑法学硕士,武汉大学刑法学博士,北京师范大学政治学博士后。湖南工商大学法学院院长、教授,硕士生导师。兼任湖南刑法学会副会长、湖南法学教育研究会副会长、湖南省检察院司法体制改革咨询专家、长沙市人民检察院人民监督员、长沙市委法律专家库专家。主持国家社会科学基金项目 2 项,含重点项目 1 项、湖南省哲学社科基金重大项目 1 项、湖南省教科重大委托项目 1 项、司法部课题 1 项、湖南省社科基金资助项目 2 项,其中国家社科基金项目《高危行业监督过失犯罪研究》结题鉴定为优秀。在《光明日报》等权威刊物和《法学评论》等 CSSCI 刊物上发表论文 30 余篇,出版学术专著 4 部,研究成果先后被湖南日报、红网等刊发和转载。多次参与省内公检法司部门和知名律所重大刑事案件的论证,应邀参与《中华人民共和国反腐败法》等法律的起草和修订工作。兼任长沙市委法律顾问、株洲市政府法律顾问、新邵县政府首席法律顾问。研究领域为:廉政法、中国刑法、立法法规。

  "当前网络犯罪呈现'积量构罪'特征,表现形式为利用信息网络大量实施低危害行为,累积的危害后果或者危险已达到应处刑罚的严重程度。"①在信息化背景下,网络诽谤行为呈现泛化趋势,信息传递性导致行为人在地球一个角落里实施操纵,而该行为能够通过数据连接在一个或几个国家同时产生后果,这种"法律的去领土化"已发生在虚拟世界里②,作为诽谤罪法益社会名誉的评价标准面临解构与重构的局面。为了应对科技发展带来的风险,2013 年 9 月 10 日"两高"联

---

① 皮勇:《论新型网络犯罪立法及其适用》,载《中国社会科学》2018 年第 10 期,第 126 页。

② [德]乌尔里希·齐白:《全球风险社会与信息社会中的刑法》,周遵友等译,中国法制出版社 2012 年版,第 287 页。

合出台了《关于办理利用信息网络实施诽谤等刑事案件适用法律若干问题的解释》(以下简称《解释》),其中第 2 条第 1 款将"同一诽谤信息实际被点击、浏览次数达到五千次以上,或者被转发次数达到五百次以上的"作为"情节严重"认定条件之一,这标志着网络诽谤行为具有了"积量构罪"特征。我国《宪法》关于"中华人民共和国公民的人格尊严不受侵犯"的规定是责任主义的宪法根据;责任主义是宪法原则,刑法理论不得做出违反责任主义的解释。① 但在人工智能时代,虚拟空间中机器人点击、转发、评论等"言论"与"行为"如何定性,是智能化时代对网络诽谤行为"积量构罪"模式提出的新挑战。当前仍处于弱人工智能时代,智能化机器人仅具备工具属性,作为最严厉、最后手段的刑法,在前沿科技的狂热中应坚持审慎与谦抑态度。因此,笔者仅在弱人工智能框架下探讨虚拟空间中智能化机器人转发诽谤信息"积量构罪"问题。

一、网络诽谤"积量构罪"的合理性争议

依据我国《刑法》第 246 条第 1 款规定,诽谤行为情节严重才构成犯罪,该罪侵害的法益是他人的名誉,对此处的名誉存在三种理解:一是外部名誉(社会名誉),是指社会对个人的评价;二是内部名誉,是指客观存在的人的内部价值;三是主观名誉(名誉情感),是指本人对自己所具有的价值意识、感情。② 而诽谤罪法益的名誉应限于社会名誉,但如何认定社会对个人的事实评价仍过于模糊,导致司法实践中难以认定"情节严重"。进入信息时代后,虚拟空间突破了物理距离,在网络空间中"社会名誉"概念重构之时涉及不同空间内诽谤信息传递速度、距离、范围等变异因子。例如,在互联网上发布一条诽谤信息,几秒之内可以传至全国各个省份,甚至漂洋过海抵达国外,并且接受对象既有转发、评论的显性人群,也有瞬时浏览的隐性群体,导致虚拟空间诽谤行为"情节严重"难以明确。

为了破解网络空间诽谤罪认定困境,"两高"通过《解释》对网络诽谤行为"情节严重"标准予以明确,其中最富争议的是"同一诽谤信息实际被点击、浏览次数达到五千次以上,或者转发次数达到五百次以上"这种"积量构罪"模式,对此主要存在三种截然不同的观点:第一种观点认为在网络诽谤场合,即使事实上有少数人点击、浏览、转发诽谤信息内容,但从客观上看多数人随时都可能点开、浏览、转发诽谤内容,被害人的名誉总是面临被毁损的危险,所以当行为人在网络上发表诽谤言论时,其行为就已经既遂,而《解释》中点击、浏览、转发需达到一定数量本

---

① 张明楷:《责任论的基本问题》,载《比较法研究》2018 年第 3 期。
② 张明楷:《刑法学》,法律出版社 2016 年版,第 916 页。

质上缩小了诽谤罪的处罚范围。① 第二种观点认为这种量化模式实质上突破了司法的权限,且点击、浏览、转发行为是由第三人决定的,行为人无法实际控制结果,这种规定属于不纯正的客观处罚条件,扩大了诽谤罪的处罚范围。② 第三种观点则认为网络诽谤"情节严重"认定,应当考虑平台影响力、浏览总量、发帖量、跟帖量以及虚假事实产生的网络影响力,《解释》所采取的量化模式具有合理性。③ 不可否认,将诽谤信息发布到网络平台上会导致被害人名誉处于一种危险状态,但诽谤罪明确规定了情节严重构成要件,不能认为一旦将诽谤信息发布到网上便构成诽谤罪,还必须达到 500 次的转发或浏览、点击 5000 次等标准。法律具有抽象性,对网络诽谤"情节严重"标准以"500 次"或"5000 次"进行量化,本质上是在法条范围内细化标准,目的是增强司法实务的可操作性,并不存在突破司法权能问题,而网络时代行为具有痕迹化特点,这为量化社会危害提供了可能性,因此网络诽谤"积量构罪"具有合理性。但基于合宪性考量,转发的信息必须确实具有诽谤他人人格名誉性质,以保持解释的合法性。④

二、机器人转发诽谤信息是否能够作为"积量构罪"的考量因素

人类经历每一次重大技术革命,都使其肢体或心智在摆脱自然束缚上进行一次飞跃。⑤ 而每一次重大技术革命都要求我们用一个新的角度去理解社会规则的运作,迫使我们超越传统法学家的视野去观察、超越法律,甚至超越社群规范。⑥ 弱人工智能时代机器人已具备深度学习能力,深度学习概念最早于 2006 年由辛顿(Hinton)等人提出,机器研究的主要目的是建立模拟人脑分析学习的神经网络,进而模拟人脑运作机制来解释数据。⑦ 当前通过深度学习的机器人已经能够模拟人的言论与行为,在物理空间中出现了击败人类围棋职业选手的 Alpha Go、无人驾驶汽车以及机器人外科医生等人工智能,在虚拟空间中则出现了社交机器人、机器人"水军"等特殊"群体"。科技哲学通说认为,科技并非中立意义的存

---

① 张明楷:《刑法学》,法律出版社 2016 年版,第 920 页。

② 陈小彪、田文军:《论网络诽谤的刑罚限度》,载《吉首大学学报》(社会科学版)2015 年第 2 期。

③ 曲新久:《惩治网络诽谤的三个刑法问题》,载《人民检察》2013 年第 9 期。

④ 刘艳红:《刑法解释原则的确立、展开与适用》,载《国家检察官学院学报》2015 年第 3 期。

⑤ 何明升:《中国网络治理的定位及现实路径》,载《中国社会科学》2016 年第 7 期。

⑥ [美]劳伦斯·莱斯格:《代码 2.0 网络空间中的法律》,李旭、沈伟伟译,清华大学出版社 2018 年版,第 5 页。

⑦ 刘宪权:《人工智能时代的刑事责任演变:昨天、今天、明天》,载《法学》2019 年第 1 期。

在,而是具有二重性①:一方面人工智能技术为人类社会带来了极大的便利;另一方面根据人工智能所带来的利益,我们需要接受伴随其开发和利用中的某些风险。② 但当社会治理效果不彰时,人们便将目光习惯性地投向刑法③,由此亦导致"两高"为网络诽谤行为"量身打造"的构成"情节严重"之一的转发诽谤信息500次。在人工智能时代人们可能面临如下新的困惑。

第一,诽谤信息转发500次的"量"应采取形式解释还是实质解释。"500次"标准可称为网络诽谤入罪的"生命线"之一,机器人转发诽谤信息能否作为网络诽谤"积量构罪"的"量"?从形式解释角度来看,行为人将诽谤他人人格信息发布到网上,只要转发数量达到司法解释的500次规定,便符合了诽谤罪违法性构成要件,即使转发者是机器人。这样既可以保证法的可预测性,又维护了罪刑法定原则。但从实质解释角度来看,对构成要件的解释必须以法条保护的法益为指导,而不能仅停留在法条的字面含义上。④ 智能化机器人转发行为仅增加了转发数量,并未真正加深受害人法益侵害程度,而且在虚拟空间中"以量取胜"的情况已屡见不鲜。以"网络水军"为例,其实施刷单、控评、炒作等行为均是如此,而虚拟空间中智能化机器人可在24小时内不停转发,在"人数"、转发数量等方面都远超于自然人"水军",要达到"500"次数量可能仅需几分钟,因此易导致入罪门槛过低。

第二,诽谤信息转发500次的"转发者"能否包含智能化机器人。刑法强调主客观相一致原则,有学者指出转发500次的行为属于他人行为,而不是由犯罪人自己的行为来决定入罪与否⑤,虽然我国刑法并不排斥"他人行为"介入对行为定罪产生影响,如《刑法》第129条规定的丢失枪支不报罪;但在人工智能时代,智能化机器人转发、评论行为能否等同于"他人行为"需仔细斟酌,法律作为调整人的行为的社会规范,能否直接将实施转发行为的机器人作为调整对象,实际上关乎法律对机器人主体定位、定性问题。

第三,智能化机器人转发诽谤信息行为法益侵害程度与自然人转发行为法益侵害程度是否具有对等性。不可否认,智能化机器人转发行为亦是由自然人所操

---

① 王禄生:《大数据与人工智能司法应用的话语冲突及其理论解读》,载《法学论坛》2018年第5期。

② 储陈城:《人工智能时代刑法的立场和功能》,载《中国刑事法杂志》2018年第6期。

③ 刘艳红:《法定犯与罪刑法定原则的坚守》,载《中国刑事法杂志》2018年第6期。

④ 张明楷:《实质解释论的再提倡》,载《中国法学》2010年第4期。

⑤ 李晓明:《诽谤行为是否构罪不应由他人行为决定——评"网络诽谤"司法解释》,载《政法论坛》2014年第1期。

纵,但《解释》并未将自然人的转发行为与智能化机器人的转发行为进行区分,将机器人与自然人转发行为所造成的法益侵害性置于同等地位并不妥当。诽谤罪的法益为社会名誉,而社会名誉本身应当是社会人对被害人的评价,从目的解释来看,《解释》规定的点击、浏览5000次、转发500次,是对自然人转发诽谤信息导致对被害人社会评价降低的行为进行规制,若转发行为并非社会人,且未实质侵害被害人的法益,则不应直接与自然人的转发行为对等。

三、网络诽谤"积量构罪"机器人转发行为的三重否定

在时代与科技的推动下,人工智能迅速由技术概念演变为社会概念,并进入刑法学的视野。[①] 面对智能化机器人是否具有转发资格,其转发行为能否减损被害人社会名誉,以及能否予以刑事处罚等行为所引发的网络诽谤"积量构罪"困惑,如何理解这些问题不仅关乎诽谤罪在人工智能时代的教义学解构,更关乎刑法对人工智能属性的定位与规制态度。笔者认为在人工智能法律探讨热潮中,既要展望未来,更应回归当下。人工智能时代刑法应对需要进行前瞻性思考,但不能过于超前。刑法作为调整现实社会关系最严厉的法律,更不能依据科幻小说中的情节修改规定或设置刑罚。

（一）智能化机器人"转发行为"主体资格之否定

从局部的意义上说,刑事责任是指作为犯罪成立要件之一的有责性,是对主观心理的规范评价要素。[②] 智能化机器人不属于社会学范畴的"人",其不存在人类的真实情感,所谓"转发",也并非刑法视域下需要规制的网络诽谤"转发"行为。社会中的"人"应具备三大特征:第一,具有个人生物识别信息,且能代代相传。我国《网络安全法》将"个人生物识别信息"作为个人信息的重要类型之一,但智能化机器人仅存在识别编码,而不具有生物学意义上如遗传信息(DNA)等生物识别信息,也不可能像生物一样将个人识别信息代代相传。第二,具有创新、创造能力,能够"无中生有"。智能机器人可以进行深度学习,掌握一些人类习惯性言论及行为。尽管算法可能在某一方面类似于思维,但不能等同思维,机器人不可能像人一样思考、创造,其只能以既定程序为指引来做出反应。第三,具有思维能力与情感表达,能够将内心所想转化为行动。人工智能强调计算主义,认为人的思维本质上也是一种计算,甚至有观点认为"人脑不过是一台计算机,人心不过

---

① 王肃之:《人工智能体"刑事责任"的教义学结构》,载《西南政法大学学报》2019年第1期。

② 陈兴良:《刑法中的责任:以非难可能性为中心的考察》,载《比较法研究》2018年第3期。

是一种计算机程序"①,但人工智能技术机械式计算不可能与人脑思维一样。笛卡尔提出"我思故我在",意在表明人类思维能力,思维能力与情感表达应当专属于生物,非生命体实施的行为不能与人类的行为等同。人类和机器人之间隔着生物与非生物的"鸿沟",这是不可能跨越的。虽然网络诽谤"积量构罪"的"量"由他人行为决定,但智能化机器人不能理解为"他人",其转发行为亦不能理解为他人转发行为。

人是机器的尺度,机器人只能以工具属性出现在人类生活中,其不应具备对自然人评价的资格。智者学派代表人物普罗塔哥拉说过"人是万物的尺度",虽然存在主观主义与相对主义倾向,但也反映了人的主体性与能动性。智能化机器人虽然能通过深度学习提升算法的精确性与逻辑性,对人的感官、意识与心理进行模拟,但人工智能在思维上无法超越人类思维与意识整体性,其模拟人类本质上是机械性的,更不可能超越人类主体性所依赖的社会关系与实践基础。② 人的社会评价必须由其他社会人进行,智能化机器人即使通过深度学习,其思维并未突破既定的程序,本质上仍属于机器范畴。人不可能因机器人对其否定而感到极度痛苦,机器不应具有对技术的创造者——人类进行评价的资格。

另外,科技产品是为人类服务的,人工智能本质上属于科技产物,从工业时代到网络时代,再发展至当前互联网、区块链、大数据、人工智能交叉融合,形成了颠覆与创新并存的智慧时代。③ 每一次代际跨越均是强调以人为中心,从功利主义视角来看,人类所有的活动都是为了追求幸福与快乐,人工智能技术亦是如此。人工智能技术只能在人类可控制的范围内发展,其法律属性也只能作为人类的工具。

(二)智能化机器人"转发行为"法益侵害之否定

诽谤行为表现为散布捏造虚假信息,败坏他人名誉。所谓败坏名誉,实质上是指在他人获知虚假事实后传播、评论以及对被害人产生负面情绪等,而机器人的行为不属于"败坏名誉"范畴,其在网络空间中评论与转发行为不属于"言论",仅是一种算法而已。赞同机器人发表属于言论的有两种观点:一种观点认为只要表达的是正确的,能够促进人类进步的都应予以保护,不要求言论必须出自自然人或公民。④ 这种观点存在偷换概念之嫌,机器人算法是不是言论是一个问题,言

① [美]约翰·赛尔:《心、脑与科学》,杨音莱译,上海译文出版社 1991 年版,第 20 页。

② 张劲松:《人是机器的尺度——论人工智能与人类主体性》,载《自然辩证法研究》2017 年第 1 期。

③ 马长山:《面对智慧社会的法学转型》,载《中国大学教学》2018 年第 9 期。

④ 左亦鲁:《算法与言论——美国的理论与实践》,载《环球法律评论》2018 年第 5 期。

论好不好是另一个问题,以此观点从逻辑上会推导出若自然人或公民的观点不正确就不属于言论范畴的悖论。另一种观点认为强调机器人也是由自然人操纵,其将智能化机器人作为工具发表自己的观点,其中的算法亦是自然人言论自由的体现。此观点看似具有一定合理性,实际上需要考虑程序员是否确实是为了表达观念而编写程序,并且程序一旦被编写后,原来的"人—算法—言论"的结构便成为"算法—言论"的结构,这便又回到了机器人的算法不是言论的起点上。言论自由主体必须是"鲜活的、由血与肉构成的人,即康德所说必须被视为目的的人"①。自然人必须作为目的,机器人可以作为手段,机器人可以像人一样行走、说话,但这些行为并非其自主行为,其所有的行为均建立在程序员写出智能算法的基础之上。

否定机器人转发诽谤信息不存在法益侵害主要是基于三方面的考虑:第一,智能化机器人自身并不理解诽谤信息的内涵,不会直接降低被害人的社会评价。从机器人行为本身来看,其"转发行为"不存在价值判断,无论是诽谤信息,还是颠覆国家政权的言论,只要设定相应程序,智能化机器人都会直接转发,其接收诽谤信息没有获悉与理解过程。换句话说,转发行为虽然有传播之形,但没有传播之实。比如,诽谤信息在网络空间中转发了500次,其中有499次是智能化机器人转发的,这类行为虽然在形式上达到了传播500次的效果,但实质上仅有一个自然人获悉了该条诽谤信息。第二,相较于自然人转发行为,智能化机器人转发行为情节明显要低得多。我国《刑法》第13条"但书"规定了"情节显著轻微危害不大的,不认为是犯罪",诽谤罪构罪要求为"情节严重",从情节考量角度来看,自然人转发行为的社会危害性比智能化机器人转发行为的社会危害性更大。虚拟空间中智能化机器人无法进入物理空间进行传播,但自然人不仅可以传播,还有可能在现实世界见到被害人,对被害人产生二次伤害。第三,对于被害人及其近亲属而言,智能化机器人"转发行为"使其产生的负面情绪较低。《解释》第2条第2项规定"造成被害人或其近亲属精神失常、自残、自杀等严重后果的"认定为"情节严重",该规定可理解为转发行为使被害人及其近亲属产生负面情绪的量变程度,若被害人及其近亲属在知道仅是机器人转发,其产生的负面情绪便会降低。

(三)智能化机器人"转发行为"机器人可罚性之否定

《解释》的目的是打击信息捏造者与转发者,在人工智能时代转发信息的机器

---

① CC.Edwin Baker,The First Amendment and Commercial Speech,Vol.84,Issue 3,Indiana Law Journal,981,987—88,2009.转引自左亦鲁:《算法与言论——美国的理论与实践》,载《环球法律评论》2018年第5期。

人称为"转发者",对其可罚性笔者持否定态度。一方面,从法律规范调整范围来看,虽然法律规范有不同接受对象与不同目标,它可能针对公民、法人,也可能针对法院或其他国家机构①,但本质上法律规范接受对象还是以人为基础,特别是最严厉的刑法,强调处罚的对象必须是人②,机器人作为刑事处罚主体难以与刑罚基本原理相契合,不应划为刑罚制裁范围;另一方面,从刑罚的功能来看,对作为转发者的机器人予以刑事处罚达不到教育与预防的作用。当前,网络空间中智能化机器人通过深度学习仅能达到模拟人类发表言论、点赞、转发等行为,不具有人的感情,在实施具体行为时不存在价值判断,删除数据或其他刑罚对其并不能产生任何震慑作用,并且当前机器人转发行为控制是由编程者决定的,其行为不存在可选择的情况,对其施以刑罚并不能实现刑法的教育机能。但需明确一点,弱人工智能时代网络空间的智能化机器人是由人进行操纵的,虽然实施"转发行为"的机器人不具有可罚性,但笔者并不否定自然人利用智能化机器人转发、点赞、评论的行为的可罚性。

四、结语

世界上没有不变的刑法,也没有不变的理论;刑法与理论总是要随着社会的发展而不断变化。③ 网络领域"积量构罪"是治理网络犯罪的一种新型探索。人工智能不仅改变了人类生产和生活方式,也对人类的法律制度产生深刻的影响,④但智能化机器人终究不能与自然人画等号,司法机关在利用转发诽谤信息 500 次构成"情节严重"时,应排除智能机器人转发次数。本文虽未深入探讨强人工智能时代机器人转发诽谤信息的刑法属性,但从功利主义视角来看,无论是弱人工智能还是强人工智能,都是人类在科技领域探索的成果,应为人类追求快乐与幸福服务,不能赋予人工智能与人类相同的法律人格,更不能让科学技术反过来控制人类,由技术风险变为刑法风险。正如霍金所说:"强大的人工智能的崛起,要么是人类历史上最好的事,要么是最糟的。"⑤人工智能是何走向,我们拭目以待。

（本文原载于《东方法学》2019 年第 5 期）

---

① ［德］魏德士:《法理学》,丁晓春、吴越译,法律出版社 2002 年版,第 59 页。
② ［日］西原春夫:《刑法的根基与哲学》,顾肖荣等译,中国法制出版社 2017 年版,第 2 页。
③ 张明楷:《刑法理论与刑事立法》,载《法学论坛》2017 年第 6 期。
④ 王利明:《人工智能时代对民法学的新挑战》,载《东方法学》2018 年第 3 期。
⑤ 霍金:《当我们站在一个世界的新入口》,载《新华日报》2017 年 5 月 23 日第 15 版。

侵犯公民个人信息罪的法益重构：
从私法权利回归公法权利

欧阳本祺

作者简介：欧阳本祺(1972—)，湖南耒阳人，东南大学法学院教授，博士生导师，江苏省法学会犯罪学研究会会长。入选教育部"新世纪优秀人才支持计划"、江苏省政府"333 高层次人才培养工程"、江苏省政府"六大人才高峰"、江苏省"十大优秀青年法学家"。先后主持国家社科基金项目、最高人民法院重大项目、教育部项目、司法部项目、江苏省社科基金重点项目、江苏省高校哲学社会科学重大项目等国家和省部级项目 10 余项。在《法学研究》《中国法学》等刊物上发表论文 70 余篇。多篇论文被《中国社会科学文摘》《中国人民大学复印报刊资料》《高等学校文科学术文摘》转载。出版学术专著《目的犯研究》《刑事政策视野下的刑法教义学》《实质刑法的基本立场与方法》3 部。研究成果获教育部高等学校人文社科优秀成果奖三等奖、江苏省哲学社会科学优秀成果奖二等奖、江苏省法学优秀成果奖一等奖等。

我国学界对于侵犯公民个人信息罪的法益存在激烈的争论[1]，《民法典》的颁行和个人信息保护法立法进程的推进，进一步深化了刑法学界关于本罪法益的争论。大体来说，围绕侵犯公民个人信息罪，存在个人法益观与超个人法益观的争论。其中，个人法益观认为本罪的保护法益是公民个人信息权，超个人法益观认为本罪的保护法益是公共信息安全或者其他集体法益。在个人法益观内部，又存在私法法益观与公法法益观之争。私法法益观认为个人信息权的内涵是个人信息自决权，强调个人信息权的排他性。公法法益观在"公民权利—国家义务"的关系中理解个人信息，认为个人信息权的内涵是个人信息受保护权。侵犯公民个人

---

[1] 我国学者列举了八种不同的法益观，并认为"该罪是个罪中极为少见的有关侵害法益分歧之大的一种犯罪"。参见刘艳红：《侵犯公民个人信息罪法益：个人法益及新型权利之确证》，载《中国刑事法杂志》2019 年第 5 期。

信息罪的法益观之争,直接影响到本罪构成要件符合性和违法性的判断,进而决定了本罪犯罪圈的大小。而本罪犯罪圈的大小,又进一步制约着个人信息或个人数据控制与共享之间此消彼长的态势,这直接关系到数据产业的经济活力。因此,有必要深入研究,正确界定本罪的保护法益,合理划定其犯罪圈的大小。

一、侵犯公民个人信息罪私法法益观的批判

我国刑法学界的主流观点认为,侵犯公民个人信息罪保护的法益是个人信息权。① 具体来说,是个人信息权中的个人信息自决权,其核心内容是个人有权自行决定其个人信息是否公开、对谁公开、公开到何种程度。② 我国民法学者对个人信息(自决)权做了进一步的解释,认为"个人信息权主要是指对个人信息的支配和自主决定权"③,其内涵是"自然人对于自己的个人信息,自我占有、自我控制、自我支配,他人不得非法干涉,不得非法侵害。因而个人信息权是排他的自我决定权,是绝对权"④。当然,也有民法学者认为,个人信息上凝结的不是权利,而是利益。⑤ 但是,在扩大权利保护范围,将某些尚未被权利化的利益纳入权利保护范围的趋势下,"没有必要严格区分权利和利益"⑥。总的来说,把侵犯公民个人信息罪的法益界定为私法上的个人信息自决权,对于深化本罪的研究具有一定的意义,但是这种私法法益观存在很大的迷惑性和缺陷。

(一)私法法益观关于行为对象的理解值得商榷

侵犯公民个人信息罪的对象是"个人信息",依据我国个人信息保护法(草案)、《中华人民共和国网络安全法》(以下简称《网络安全法》)第76条以及最高人民法院、最高人民检察院《关于办理侵犯公民个人信息刑事案件适用法律若干

---

① 刘艳红:《侵犯公民个人信息罪法益:个人法益及新型权利之确证》,载《中国刑事法杂志》2019年第5期;黎宏:《刑法学各论》,法律出版社2016年版,第269页;周光权:《侵犯公民个人信息与妥当的刑罚处罚》,载《检察日报》2020年1月13日,第3版。

② 刘艳红:《民法编纂背景下侵犯公民个人信息罪的保护法益:信息自决权》,载《浙江工商大学学报》2019年第6期。持相似观点的还有张勇:《App个人信息的刑法保护:以知情同意为视角》,载《法学》2020年第8期;曾粤兴、高正旭:《侵犯公民个人信息罪之法益研究》,载赵秉志主编:《刑法论丛》总第55卷,法律出版社2018年版,第219—220页;冀洋:《法益自决权与侵犯公民个人信息罪的司法边界》,载《中国法学》2019年第4期。

③ 王利明:《论个人信息权的法律保护——以个人信息权与隐私权的界分为中心》,载《现代法学》2013年第4期。

④ 杨立新:《个人信息:法益抑或民事权利——对〈民法总则〉第111条规定的"个人信息"之解读》,载《法学论坛》2018年第1期。

⑤ 程啸:《论我国民法典中个人信息权益的性质》,载《政治与法律》2020年第8期。

⑥ 王锴:《论宪法上的一般人格权及其对民法的影响》,载《中国法学》2017年第3期。

问题的解释》(以下简称《侵犯公民个人信息罪解释》)第 1 条的规定,个人信息的关键特征在于其"识别性"。识别的客体包括两类:一是识别个体的身份,用来表示"你是谁";二是识别个体的特征,用来表示"你是个什么样的人"。识别的标准也包括两类:一是直接识别,如单独根据身份证号码、手机号码一般就能识别具体的个人;二是间接识别,如姓名需要和性别、单位等信息结合起来才能识别特定个人。那么,"识别性"是否意味着个人信息属于个人私有信息呢? 私法法益观对此持肯定态度。私法法益观把"个人信息"理解为"个人所有或者私有的信息",并且认为全部个人信息都具有同等重要的意义。但是,这种私法法益观值得商榷。

1.个人信息不等于个人私有信息

围绕个人信息的刑法保护,存在很多争议问题,其中前提性的问题是个人信息究竟是归属个人私有,还是社会公有。① 对此,理论与实务界存在四种观点:个人私有说、平台私有说、个人和平台共有说、社会公有说。② 显然,私法法益观采取的是个人私有说,认为识别性特征使得个人对其信息拥有排他性的支配权和自决权。微软总裁兼首席法务官史密斯的观点是个人私有说的典型代表。他认为,"人们存储在我们数据中心的信息并不属于我们。用户才是他们的电子邮件、照片、文档和即时消息的主人。我们只是他人之物的管理者,而不是这些数据的所有者"③。美国学者莱斯格教授甚至提倡"通过财产权来保护个人数据"④。

但是,认为个人信息属于个人私有的观点值得商榷。首先,从信息生产的角度来看,很多个人信息是在个人的社会交往活动中产生的。尤其是在网络时代,各种智能设备生产和记录了大量个人信息,如行踪轨迹、通信记录、支付信息、上网痕迹等。这些个人信息是个人与智能设备互动的产物,是"关于个人的信息",但不是"个人私有的信息"。其次,从信息控制的角度来看,除隐私、秘密信息等可以被个人控制外,大量信息是个人无法控制的。相反,网络平台控制了海量的个人信息,个人甚至对这些信息一无所知。个人无法像控制个人财产那样控制个人信息。最后,从信息政策的角度来看,强调个人对其信息的私有,无异于制造信息孤岛、禁锢思想。在人类历史上,信息共享是原则,信息控制是例外。为了协调信

---

① 劳东燕:《个人数据的刑法保护模式》,载《比较法研究》2020 年第 5 期。

② 丁晓东:《数据到底属于谁?——从网络爬虫看平台数据权属与数据保护》,载《华东政法大学学报》2019 年第 5 期。

③ [美]布拉德·史密斯、卡罗尔·安·布朗:《工具,还是武器?》,杨静娴、赵磊译,中信出版集团股份有限公司 2020 年版,第 27 页。

④ [美]劳伦斯·莱斯格:《代码 2.0:网络空间中的法律》,李旭、沈伟伟译,清华大学出版社 2018 年版,第 245 页。

息主体的个人利益与社会公共利益之间的平衡,人类设计了很多法律制度。例如,著作权制度、专利权制度,在赋予权利主体某种专有权的同时,刻意将创新成果的信息予以公开。①

2.不同领域的个人信息并非具有同等重要性

私法法益观所采取的个人信息自决权理论来源于德国 1983 年人口普查案的宪法法院判决,在这个案件中,德国联邦宪法法院改变了 1969 年人口普查案的立场。在 1969 年人口普查案中,法院区别了私密领域和私人领域。私密领域是个人生活最内部的核心领域,直接涉及个人尊严,个人对其私密领域的信息享有自决权。而在私密领域外围的私人领域,个人对其信息没有自决权,有义务配合国家进行调查统计。这种区分私密领域和私人领域,个人对其私密领域享有自决权,对私人领域负有社会义务的理论,被称为"领域理论"②。但是,在 1983 年人口普查案中,宪法法院放弃了之前的领域理论,认为在自动化数据处理时代,不存在不重要的个人信息,全部个人信息都具有"识别性",都可以被用于"人格画像",因此不应该区分私密领域信息和非私密领域信息,个人对其全部信息都具有自决权。③

但是,认为全部个人信息都具有同等重要意义,个人对其全部个人信息都具有自决权的观点,并不符合我国民法和刑法的相关规定。首先,我国民法典明确区分了个人私密信息与非私密信息。《民法典》第 1034 条第 2 款明确规定,"个人信息中的私密信息,适用有关隐私权的规定"。而隐私权属于绝对权和支配权,具有对世效力。④ 可见,私密信息与非私密信息在民法上具有不同的重要性。即使认为个人对其私密信息具有排他性自决权,也不能认为个人对其非私密信息也具有排他性自决权。其次,个人对私密信息与非私密信息拥有不同的同意权。依据《民法典》第 1033 条和第 1035 条的规定,处理他人私密个人信息,需要"权利人明确同意",而处理他人非私密信息,只需要"征得该自然人或者其监护人同意"。一方面,私密信息只有权利人本人才具有同意权,监护人也无权处理被监护人的私密信息。另一方面,"明确同意"与"同意"的含义和表达形式也不同。⑤ 最后,《侵

---

① 高富平:《个人信息保护:从个人控制到社会控制》,载《法学研究》2018 年第 3 期。

② 刘金瑞:《个人信息与权利配置——个人信息自决权的反思与出路》,法律出版社 2017 年版,第 70–75 页。

③ 刘金瑞:《个人信息与权利配置——个人信息自决权的反思与出路》,法律出版社 2017 年版,第 102 页;杨芳:《个人信息自决权理论及其检讨》,载《比较法研究》2015 年第 6 期。

④ 张新宝:《从隐私到个人信息:利益再衡量的理论与制度安排》,载《中国法学》2015 年第 3 期。

⑤ 程啸:《论我国民法典中个人信息权益的性质》,载《政治与法律》2020 年第 8 期。

犯公民个人信息罪解释》对私密信息与非私密信息进行区别对待,分别以 50 条、500 条、5000 条作为构成犯罪的标准。

(二)私法法益观关于信息权权能的理解值得商榷

持私法法益观的学者普遍重视个人对其信息的自决权,并将信息自决权理解为一种排他权和支配权。例如,有的学者指出,信息自决权是"一种排他的、积极的、能动的控制权和利用权"①;有的学者认为,"个人信息权是排他的自我支配权,是绝对权"②;或者承认"知情同意是个人信息自决权的核心"③,信息自决权"核心内容是同意权"④。但是,认为信息自决权是对个人信息排他性的支配权和同意权的观点值得商榷。

1.信息自决权并非排他性的绝对权

持私法法益观的学者认为,信息自决权是抽象自我决定权在个人信息领域方面的具体体现。⑤ 就像以性行为自主权作为强奸罪的法益一样,以信息自决权作为侵犯公民个人信息罪的法益,正是抽象的自我决定权在刑法个罪中的贯彻和落实。⑥ 但是,无论是抽象的自我决定权,还是具体的性行为自主权,抑或信息自决权,都不可能是完全的排他性绝对权。

作为抽象人格权的自我决定权是权利人针对自己的生命、身体、健康等具体人格要素进行自我决定和塑造的权利,以保护权利人的意志自由为目的。⑦ 但是,自我决定权并非绝对的排他权,而是要受到政府权力的制约,由此形成了自我决定权与政府规制权之间的冲突,各个部门法理论都致力于探索如何解决这一冲突。⑧ 具体到刑法而言,这一冲突体现为自我决定权与刑法家长主义之间的冲突和协调。⑨ 例如,自杀参与行为是否构成犯罪的问题,涉及的问题就是如何理解生命自我决定权的效力范围。如果认为生命的自我决定权具有绝对性,就会认为自杀不具有违法性,自杀参与行为不构成犯罪⑩;如果认为生命的自我决定权受到限

---

① 王利明:《论个人信息权的法律保护——以个人信息权与隐私权的界分为中心》,载《现代法学》2013 年第 4 期。
② 杨立新:《个人信息:法益抑或民事权利》,载《法学论坛》2018 年第 1 期。
③ 张勇:《APP 个人信息的刑法保护:以知情同意为视角》,载《法学》2020 年第 8 期。
④ 冀洋:《法益自决权与侵犯公民个人信息罪的司法边界》,载《中国法学》2019 年第 4 期。
⑤ 王利明:《数据共享与个人信息保护》,载《现代法学》2019 年第 1 期。
⑥ 刘艳红:《民法编纂背景下侵犯公民个人信息罪的保护法益:信息自决权》,载《浙江工商大学学报》2019 年第 6 期。
⑦ 杨立新、刘召成:《论作为抽象人格权的自我决定权》,载《学海》2010 年第 5 期。
⑧ [日]松井茂记:《论自己决定权》,莫纪宏译,载《环球法律评论》1996 年第 3 期。
⑨ 车浩:《自我决定权与刑法家长主义》,载《中国法学》2012 年第 1 期。
⑩ 王钢:《自杀的认定及其有关行为的刑法评价》,载《法学研究》2012 年第 4 期。

制,就会认为自杀参与行为构成犯罪。① 各国立法的态度不同,德国刑法尊重生命的自我决定权,不处罚自杀参与行为;日本刑法限制生命的自我决定权,明确规定了参与自杀罪;我国刑法以故意杀人罪处罚自杀参与行为,体现了对生命自决权的限制态度。再如,性行为自主权在我国刑法中也不具有绝对性。得到妇女同意的性行为之所以不构成强奸罪,是因为两人私下的性行为属于隐私权的范围,隐私权属于绝对权,既对抗他人的干涉,也对抗国家的干涉。但是,三人以上聚众淫乱的行为则构成犯罪,此时,妇女的性行为自主权就要受到国家权力的限制。之所以刑法会采取这种区别对待的立场,是因为性行为自主权具有相对性,不同领域自主权受到的限制不同。对于个人核心领域中的隐私行为,如婚内性行为、同性恋行为,自我决定权应受到国家权力的尊重。对于个人外围领域的行为,如聚众淫乱,自我决定权完全被国家权力否定。对于个人中间领域的行为,如卖淫嫖娼,自我决定权受到有限的承认,刑法不处罚卖淫嫖娼行为本身,但要处罚卖淫嫖娼的组织行为和容留行为。②

2.信息同意权难以实现

持私法法益观的学者认为,同意权是信息自决权的核心内容,未经权利人同意授权,任何人不得收集、处理、使用其个人信息。但是,这种信息同意权在实践中往往难以落实,而不得不沦为"纸面上的权利"。具体来说,在权利的开端,同意权被虚化为不必阅读具体内容的点击操作;在权利的末尾,用户的损害赔偿难以举证;在权利的维护上,站在维权第一线的都是监管机构,而不是权利人。③ 调查显示,虽然92%受访者重视自己的个人信息安全,但其中大多数人并不阅读网站或者 App 中的服务条款("TOS"),因为他们觉得这些服务条款冗长而无效。④ 同时,阅读服务条款需要花费相当多的时间。如果一个人把他所访问的网站上的隐私政策都阅读一遍,那一年得花费 244 个小时。而对一个国家来说,这些时间成本累计起来非常大,高达数千亿美元。⑤

综上所述,私法法益观认为个人信息是个人私有的信息,个人对其全部信息

---

① 钱叶六:《参与自杀的可罚性研究》,载《中国法学》2012 年第 4 期。

② 田芳:《个人性自由决定权的边界——以德国宪法基本权利衍射效力理论为基础》,载《南京大学学报(哲学·人文科学·社会科学)》2016 年第 4 期。

③ 张新宝:《我国个人信息保护法立法主要矛盾研讨》,载《吉林大学社会科学学报》2018 年第 5 期。

④ Brittany A.Martin,The Unregulated Underground Market for Your Data:Providing Adequate Protections for Consumer Privacy in the Modern Era,105 Iowa L.Rev.865,887(2020).

⑤ Jay P.Kesan et al.,A Comprehensive Empirical Study of Data Privacy,Trust,and Consumer Autonomy,91 Ind.L.J.267,289(2016).

拥有私法上的信息自决权,信息自决权的核心内容是同意权。但是,这种私法法益观具有很大的缺陷和不足。个人信息的"识别性"并不意味着个人信息属于该个体所有,"识别性"主要是在规避风险源的意义上使用的,是为了防止通过对相关信息的挖掘而将个人识别出来。同时,"同意"也并非意味着个人对其信息拥有排他性的支配权,"同意"也是在风险规避的意义上使用的,主要是让个人来评估自身是否愿意承担信息处理的相应风险。① 因此,侵犯公民个人信息罪的法益研究应该从私法角度转向公法角度。

二、侵犯公民个人信息罪公法法益观的提倡

既然侵犯公民个人信息罪的法益观应该从私法角度转向公法角度,那么,应该如何理解和把握公法上的个人信息权呢?

（一）公法信息权与私法信息权的区别

虽然私法上个人信息权与公法上个人信息权都是个人的信息权,但两者在规范目的、权利特征、法律依据等方面都存在很大差异。概言之,公法上的个人信息权的含义是"个人信息受保护权",而不是排他性的"个人信息自决权"。即使采取"个人信息自决权"的概念,也应该回归其原本的公法属性。

1.规范目的不同

私法的目的在于确权,公法的目的在于规制风险。如前所述,私法法益观试图把个人信息权理解为一种类似于物权的私权,其目的是排斥他人对个人信息的侵犯,权利的指向是作为平等民事主体的其他自然人。但是,权利主体对其个人信息并不享有如同物权那样的排他支配权,也无权要求他人如同尊重物权那样尊重其个人信息。② 个人信息不仅具有个人性,也具有社会性,如果把个人信息权设计为支配性的私权,实际上这种支配已不再是对自己信息的支配,而是对他人行为的支配。③ 公法上个人信息权的目的不在于通过确权来划定他人行为的边界,而是通过规制数据处理者的行为来规避对个人信息的侵犯风险。在网络时代,侵犯个人信息的风险主要不是来自其他自然人,而是来自政府和数据平台。政府和数据平台拥有强大的"数据权力"（data power）。④ 根据权利对抗权力的思路,公法上的个人信息权主要是用来对抗政府和数据平台的数据权力,"要防范和化解

---

① 梅夏英:《在分享与控制之间:数据保护的私法局限和公共秩序构建》,载《中外法学》2019年第4期。
② 程啸:《民法典编纂视野下的个人信息保护》,载《中国法学》2019年第4期。
③ 杨芳:《个人信息自决权理论及其检讨》,载《比较法研究》2015年第6期。
④ 王锡锌:《个人信息国家保护义务及展开》,载《中国法学》2021年第1期。

的主要是计算机与网络技术带来的风险"①。例如,在数据堂公司侵犯公民个人信息一案中,涉案的数据堂公司在 8 个月内日均传输公民个人信息 1.3 亿余条,累计传输数据压缩后高达 4000GB 左右。② 有关责任人分别被追究侵犯公民个人信息罪的刑事责任。③

2.权利特征不同

首先,私法上的个人信息权具有"先在性",即私法上的个人信息权先于法律规定而存在,不受法律规定与否、承认与否的影响。公法上的个人信息权具有"法定性",即公法上的个人信息权必须由法律明文设立。④ 公法设立个人信息权的方式主要有两种:一是正面规定个人所拥有的权能;二是反面规定政府和数据平台等数据权力(data power)所应负的义务。例如,全国人大常委会 2021 年 4 月公布的《中华人民共和国个人信息保护法(草案二次审议稿)》第四章规定了"个人在个人信息处理活动中的权利",第五章规定了"个人信息处理者的义务"。这两章分别从正反两个方面设立了公法上的个人信息权。再如,《网络安全法》第 41条、第 42 条从反面规定了网络运营者保护个人信息的义务,第 43 条从正面规定了个人对其信息拥有的删除权和更正权。另外,我国刑法第 253 条之一中"违反国家有关规定"的表述实际上也证明了刑法采取的是公法法益观,而不是私法法益观。《刑法修正案(九)》(草案一次审议稿)把侵犯公民个人信息罪的前提条件设置为"未经公民本人同意"。很显然,《刑法修正案(九)》(草案一次审议稿)采用的是私法法益观,是否经过公民本人同意是决定行为是否构成犯罪的关键。但是,正式通过的《刑法修正案(九)》把"未经公民本人同意"修改为"违反国家有关规定"。"违反国家有关规定"的表述,表明只要行为人没有违反国家有关规定,即使未经公民同意,也可能不构成犯罪。这显然是一种公法法益观。进一步来说,如果认为侵犯公民个人信息罪保护的是私法上的信息权,立法上就不可能规定"违反国家有关规定"。正如我国刑法关于侵犯私法法益的强奸罪、侮辱罪、诽谤罪、侵犯通信自由罪的规定中,没有也不可能有"违反国家有关规定"的要素。例如,奸淫行为是否构成强奸罪,关键在于是否有妇女的同意,而不可能考虑是否违

---

① 丁晓东:《个人信息私法保护的困境与出路》,载《法学研究》2018 年第 6 期。

② 王旭英:《知名大数据企业"数据堂"被查 涉嫌侵犯数百亿条公民个人信息》,https://m.21jingji.com/article/20180710/herald/c8dcd1f153e3d6c11048b7809cd351d6.html,访问时间:2021 年 4 月 2 日。

③ 参见山东省临沂市中级人民法院(2018)鲁 13 刑终 672 号刑事裁定书;山东省临沂市中级人民法院(2018)鲁 13 刑终 549 号刑事判决书。

④ 周汉华:《个人信息保护的法律定位》,载《法商研究》2020 年第 3 期。

反国家相关规定。

其次,权利的行使方式不同。私法上的个人信息权以对信息的占有和控制为权利行使的前提,一旦失去对信息的占有和控制,权利就难以实现。而且,私法上的个人信息权是一种消极的事后救济权,权利针对的主要是其他自然人。因此,对私法上个人信息权的侵犯以造成实际损害为要件,并由权利人承担侵权行为和侵权结果的举证责任。但是,公法上的个人信息权不以对个人信息的占有和控制为行使前提,也不以发生实际的损害结果为救济要件。而且,公法上的个人信息权是一种积极的事前防御权。① 从侵犯公民个人信息罪的司法实践来看,本罪的成立并不以个人失去对其信息的控制为前提,也不以造成实际损害后果为条件,而是以信息类型、信息数量、违法所得等情节为标准。所以,本罪并不是为了保护私法权利的行使,而是为了规制信息处理行为,防范数据处理行为对个人信息的侵犯风险。

(二)个人信息权原本就是公法权利

如前所述,我国"个人信息自决权"的概念直接来源于德国1983年第二人口普查案的宪法判决。在1983年的第二人口普查中,德国政府除统计人口总数以及收集基本个人信息(姓名、住址、性别、婚姻状况、宗教隶属等)之外,还要求公民在问卷中填写他们的收入来源、职业、兼职、教育背景、工作时间、交通方式等事项。于是,一些个人直接提起宪法诉讼。德国联邦宪法法院根据《基本法》第1条第1款("人的尊严不受侵犯")以及第2条第1款("人人享有人格自由发展的权利")判定本次人口普查违宪,并提出了"个人信息自决权"的概念。② 可见,"信息自决权"原本就是由宪法法院提出的公法上的概念,其目的是限制国家公权力,其依据是宪法上的人格权。换言之,"信息自决权"是"宪法人格权"在个人信息领域中的具体表现。然而,我国学者却直接把"信息自决权"定性为私法上的权利,并进一步把这种私法上的信息自决权作为侵犯公民个人信息罪的保护法益。这可能存在对信息自决权的误解,至少是存在论证不足的问题。

在我国,可以证成存在公法上的个人信息权,但不足以证成私法上的个人信息权。从宪法角度来看,我国《宪法》第33条规定了"国家尊重和保障人权",第38条规定了"中华人民共和国公民的人格尊严不受侵犯"。我国宪法中的"人格尊严"可以扩张解释为类似于德国宪法中的人格权,从而为宪法上的个人信息权

① 周汉华:《个人信息保护的法律定位》,载《法商研究》2020年第3期。
② 刘金瑞:《个人信息与权利配置:个人信息自决权的反思与出路》,法律出版社2017年版,第70-71页;杨芳:《个人信息自决权理论及其检讨》,载《比较法研究》2015年第6期。

提供基础。① 从行政法角度来看,我国《网络安全法》第41条、42条规定了网络运营者处理个人信息时应负的义务,第43条规定了个人的相关权利。这种宪法和行政法上的个人信息权主要是为了限制政府和网络平台等数据权力对公民个人信息的侵犯,而不是为了限制其他自然人对个人信息的侵犯。所以,无法从公法上的个人信息权直接推导出私法上的个人信息权。

从私法上来看,虽然《民法典》第1034条规定了"自然人的个人信息受法律保护",但是,该规定"并未确立一项私法权利,而是宪法上信息保护国家义务在具体法律中的规范表述"②。再如,《民法典》第1035条移植了《网络安全法》第41条的规定,要求处理个人信息时遵守合法、正当、必要原则,并明确了相应的处理条件。但问题是《网络安全法》第41条的义务主体是网络运营者,属于特殊主体,而《民法典》第1035条却将特殊主体扩张为一般主体,"结果就会非常荒谬,与生活常识不符"。例如,在家庭生活和朋友聚会中收集、存储他人信息并不受民法典的限制。出现这一问题的"深层次根源在于权利定性错位,将一项新型公法权利简单归入传统民事权利范畴,忽略了个人信息保护与人格权两项权利的本质差别"③。即使是在德国,关于能否从宪法上的信息自决权推导出私法上的信息自决权,理论与实务中都存在分歧和争议。Nipperdey法官首次提出宪法上的一般人格权同时就是民法上一般人格权的观点,引发了整个侵权法体系的震动。但是,拉伦茨等多数学者旗帜鲜明地反对从宪法上一般人格权引出私法上一般人格权。④ 实际上,"认为欧洲确立了民法上的个人信息权的观点,其实属于对域外经验的误读"⑤。"欧盟并未创设一种私法上的个人信息权或个人数据权"⑥。"当代各国普遍将个人信息权界定为新型公法权利,为数据控制者规定广泛的法律义务"⑦。

(三)公法上个人信息权不是超个人法益

关于侵犯公民个人信息罪的保护法益,我国存在个人私法法益观与超个人法益观之间的争论。本文主张侵犯公民个人信息罪的保护法益不是私法上的个人信息自决权,而是公法上的个人信息受保护权。但个人信息受保护权,并非超个

---

① 赵宏:《信息自决权在我国的保护现状及其立法趋势前瞻》,载《中国法律评论》2017年第1期。

② 王锡锌:《个人信息国家保护义务及展开》,载《中国法学》2021年第1期。

③ 周汉华:《个人信息保护的法律定位》,载《法商研究》2020年第3期。

④ 周云涛:《论宪法人格权与民法人格权》,中国人民大学出版社2010年版,第115—116页。

⑤ 王锡锌:《个人信息国家保护义务及展开》,载《中国法学》2021年第1期。

⑥ 丁晓东:《个人信息私法保护的困境与出路》,载《法学研究》2018年第6期。

⑦ 周汉华:《个人信息保护的法律定位》,载《法商研究》2020年第3期。

人法益,仍然属于个人法益。正如我国刑法分则第四章所规定的"民主权利"属于个人的公法权利,但绝不是超个人法益。

持超个人法益观的学者认为,"侵犯公民个人信息罪的法益并不是个人的人身权利,而是社会的公共安全,具体来说是信息公共安全"①。因为个人信息不仅事关个人的信息安全与生活安宁,而且关系到社会公共利益、国家利益乃至信息主权。② 或者有学者认为,本罪的法益"是具备实质权利内涵的集体法益,具体为信息专有权,也就是法定主体对于所占有个人信息的处分权限"。③ 但是,笔者认为侵犯公民个人信息罪旨在保护超个人法益的观点值得商榷。

首先,这种观点在法益理论上倾向于集体法益一元论。"集体法益一元论"是与"个人法益一元论"相对而言的。个人法益一元论坚持古典法治国理念,认为国家的任务在于保障个人自由,因此刑法中的所有法益都是个人法益。超个人法益只有在其能够被还原为个人法益时,才具有正当性。集体法益一元论采取社会国理念,认为国家的任务在于维护社会秩序,因此刑法中的所有法益都是社会法益。"法益一直都是整体法益(Rechtsgut der Gesamtheit),不是个人法益","刑法只用于服务整体的利益,与整体相对,个人利益如萤火不可与日月争辉,小到可以忽略"④。按照集体法益一元论,刑法保护个人法益只是刑法保护集体法益的映射效果。但是,刑法学界通说认为刑法既要维护社会秩序,更要保障个人自由。因此,个人法益与集体法益同时存在于刑法中,两者之间存在此消彼长的紧张关系,尤其需要警惕集体法益的扩张性潜能。⑤

其次,侵犯公民个人信息罪的法益不是信息公共安全。刑法中的公共安全具有特定的含义,公共安全属于国家法益和个人法益之间的社会法益。这里的"公共"即"公众",是指不特定人或者多数人;这里的"安全"仅限于生命安全、身体健康安全以及重大财产安全,"不能增扩或者缩小"⑥。而侵犯公民个人信息罪的犯罪对象并不局限于"不特定人或者多数人",完全可能是特定个人或者少数人。同时,公共安全的内容并不包括信息安全,虽然侵犯公民个人信息的行为可能会导致他人的人身、财产受到损害,但是对人身、财产的损害往往是下游信息利用行为

---

① 皮勇、王肃之:《大数据环境下侵犯个人信息犯罪的法益和危害行为问题》,载《海南大学学报(人文社科版)》2017 年第 5 期。
② 曲新久:《论侵犯公民个人信息犯罪的超个人法益属性》,载《人民检察》2015 年第 11 期。
③ 敬力嘉:《大数据环境下侵犯公民个人信息罪法益的应然转向》,载《法学评论》2018 年第 2 期。
④ 钟宏彬:《法益理论的宪法基础》,元照出版公司 2012 年版,第 236—237 页。
⑤ 孙国祥:《集体法益的刑法保护及其边界》,载《法学研究》2018 年第 6 期。
⑥ 曲新久:《论刑法中的"公共安全"》,载《人民检察》2010 年第 9 期。

的犯罪结果,单纯的提供或者获取个人信息的行为无论如何不会侵犯人身、财产的安全。因此,认为信息安全属于公共安全,并以之作为侵犯公民个人信息罪法益的观点,是对公共安全概念的误解。

　　从安全角度来看,现代的信息安全主要是计算机数据安全。虽然从信息论的角度来看,信息与计算机数据不具有同一性,信息是内容,计算机数据是载体,信息既可以以计算机数据作为载体,也可以采用其他载体。从非洲人的鼓、希腊人的烽火、埃及的象形文字、印度的贝叶书、西亚的羊皮纸,到近代印刷品,都曾被作为信息的载体。① 但是,网络时代的信息安全主要体现为计算机数据安全,因此"个人信息"与"个人数据"这两个概念基本上具有同一含义,也可以互换使用。例如,欧盟《通用数据保护条例》(GDPR)第 4 条规定,"个人数据(personal data)是指与已识别或者可识别的自然人(数据主体)相关的任何信息(information)"②。随着用户对个人数据控制权的减少和服务商控制权的增大,"人们时常担心由此产生的数据安全(保密性、完整性、可用性)问题"③。但是,各国立法都没有把数据安全作为侵犯个人信息犯罪的法益,而是将其作为计算机犯罪的保护法益。例如,欧盟《网络犯罪公约》第 1 节第 1 目规定了侵犯计算机数据保密性、完整性、可用性的五种犯罪:非法侵入罪、非法拦截罪、数据干扰罪、系统干扰罪、设备滥用罪。④ 同样,我国《刑法》第 285 条和第 286 条规定的计算机犯罪保护的法益也是数据安全。

　　最后,侵犯公民个人信息罪的保护法益不是网络平台对所占信息的专有处分权。网络时代,网络平台确实占有海量的个人数据。例如,Facebook 上每一个月新增 20 亿张以上的照片。⑤ 但这些网络平台所占有的个人数据究竟属于谁,是一个很有争议的问题。⑥ 断定网络平台对于其所占信息享有专有权的判断,缺乏法律依据。云计算时代网络平台上的个人信息主要包括两类:第一类是用户上传到云上的信息,这类信息产生于云服务之外;第二类是用户在使用云服务的过程中产生,并存储在云上的信息。总的来说,"云服务商极少对产生于云服务之外或由

---

①　梅夏英:《在分享和控制之间:数据保护的私法局限和公共秩序构建》,载《中外法学》2019年第 4 期。

②　Article 4(1),General Data Protection Regulation.

③　[英]克里斯托弗·米勒德:《云计算法律》,陈媛媛译,法律出版社 2019 年版,第 26-27 页。

④　Article 2-Article 6,Convention on Cybercrime,23.Ⅺ.2001.

⑤　[英]克里斯托弗·米勒德:《云计算法律》,陈媛媛译,法律出版社 2019 年版,第 207 页。

⑥　丁晓东:《数据到底属于谁?——从网络爬虫看平台数据权属与数据保护》,载《华东政法大学学报》2019 年第 5 期。

用户产生于云上的内容主张权利。但是,服务商普遍对数据完整性、保密性等安全负有责任"①。

三、公法法益观下侵犯公民个人信息罪的重新解释

根据本文所提倡的公法法益观,侵犯公民个人信息罪的法益是公法上的个人信息受保护权,而不是私法上的个人信息自决权。这种法益观的变化将直接影响本罪构成要件符合性和违法性的判断。既然侵犯公民个人信息罪的法益是个人信息受保护权,那么不同类型的个人信息就应该受到不同程度的保护,而不是一律同等对待。基于同样的道理,既然侵犯公民个人信息罪的法益不是私法上的信息自决权,那么就需要反思个人同意在犯罪构成中的地位。

(一)行为对象的领域化区分

法益与犯罪对象紧密相关,不同的法益观会直接影响犯罪对象的认定。私法法益观认为所有的个人信息都具有同等重要性,刑法同等保护所有的个人信息。公法法益观认为个人信息分属不同领域,不同领域中的个人信息具有不同的重要性,刑法对不同领域中的个人信息采取不同的保护立场。那么,如何把个人信息进行领域化区分呢?对此,可以借鉴前述德国的"领域理论"(Sphaerentheorie)。

领域理论按照私密性程度的高低把个人活动划分为三个领域:最核心层的隐私领域(Intimsphaere)、中间层的私人领域(Privatsphaere)、最外层的社会领域(Sozialsphaere)。② 最核心层的隐私领域属于个人生活的最内层,该领域中个人活动的私密性最高,社会性最低;该领域中的活动不会侵犯他人的权利、宪法秩序和道德法则,不应该受到限制。③ 中间层的私人领域的私密性低于隐私领域,社会性高于隐私领域,因此国家公权力可以基于比例原则和公共利益原则对该领域进行干涉。④ 最外层的社会领域包含与社会紧密相连的利益,几乎没有私密性。例如,与追查犯罪或者防疫相关的个人信息,就属于该领域。⑤ 可见,从最核心层的隐私领域到中间层的私人领域,再到最外层的社会领域,个人信息的私密性逐渐降低而社会性依次增加。领域理论的要义在于区别对待个人信息,协调个人信息的私人

---

① [英]克里斯托弗·米勒德:《云计算法律》,陈媛媛译,法律出版社 2019 年版,第 235 页。

② 王锴:《论宪法上的一般人格权及其对民法的影响》,载《中国法学》2017 年第 3 期。

③ E.J.Eberle,Observations on the Development of Human Dignity and Personality in German Constitutional Law:An Overview,Liverpool Law Rev.33,213 (2012).

④ 钟宏彬:《法益理论的宪法基础》,元照出版公司 2012 年版,第 203 页。

⑤ 刘金瑞:《个人信息与权利配置——个人信息自决权的反思与出路》,法律出版社 2017 年版,第 127 页。

性与社会性、信息控制与信息共享之间的平衡关系。我国有学者提出个人信息保护"两头强化、三方平衡"的构想,即强化个人私密信息的保护,强化个人一般信息的利用,协调信息主体利益、信息处理者利益、社会公共利益三方的平衡。① 该构想正是领域理论的具体体现。

实际上,我国司法实践也接受了领域理论的合理内涵。《侵犯公民个人信息罪解释》根据个人信息的不同类型,分别规定了不同的立案标准。第一类信息是个人行踪轨迹信息、通信内容、征信信息、财产信息,非法获取或者提供该类信息50条即可构成犯罪;第二类是个人住宿信息、通信记录、健康生理信息、交易信息等可能影响人身、财产安全的个人信息,非法获取或者提供该类信息500条构成犯罪;第三类是其他个人信息,非法获取或者提供5000条构成犯罪。很明显,这三类个人信息的私密性依次递减,社会性依次递增。第一类信息处于个人最核心层的隐私领域,属于隐私权的保护客体。具体来说,行踪轨迹信息属于私密空间信息,通信内容属于私密活动信息,征信信息和财产信息属于其他私密信息。由于这类信息私密性最强,法律保护最为严格,因此司法解释明文列举四种信息,不允许司法适用再予以扩张。② 德国宪法法院也严格限制个人核心隐私领域的范围,"宪法法院至今仅承认极少数事项属于核心领域"③。第二类信息处于中间层的私人领域,其私密性有所降低,社会性有所增加。司法解释对该类信息采取"明文列举+兜底概括"的规定方式,即在明文列举四种信息之外,另行规定"其他可能影响人身、财产安全的公民个人信息"。第三类信息属于最外层的社会领域,信息的私密性最低,社会性最高。司法解释对该类信息没有列举,而是采取开放性规定。可见,我国司法解释和司法实践采取的是公法法益观,不同领域的个人信息在侵犯公民个人信息罪构成要件符合性判断中具有不同的意义。

既然个人信息的领域化区分直接影响罪与非罪的认定,那么如何确定个人信息所属的具体领域,就成了司法实践的重点和难点。例如,个人使用百度搜索"减肥、丰胸、人工流产"三个关键词而形成的搜索记录,是否属于个人信息?如果属于个人信息的话,属于哪一领域的个人信息?司法实践对此分歧严重。一审判决认定该信息属于个人隐私的范围。④ 准此,则该搜索记录至少处于中间层的私人领域,甚至可能处于最核心层的隐私领域。但是,二审判决认为这些搜索记录不

---

① 张新宝:《从隐私到个人信息:利益再衡量的理论与制度安排》,载《中国法学》2015 年第 3 期。
② 喻海松:《网络犯罪二十讲》,法律出版社 2018 年版,第 223 页。
③ 钟宏彬:《法益理论的宪法基础》,元照出版公司 2012 年版,第 202 页。
④ 参见南京市鼓楼区人民法院(2013)鼓民初字第 3031 号民事判决书。

属于个人信息。① 再如,对于 cookie 信息是否属于公民个人信息,司法实践也存在很大分歧。

一般来说,个人信息的领域化区分应立足于具体场景。"脱离具体场景谈论隐私权益或个人信息权益,不但无法为权益提供有效保护,还有可能引发过度保护或保护不足的弊端"②。例如,保险业务员为了推销车险,向他人购买了 400 条公民个人车辆信息,包括姓名、联系方式、车型、车牌号等。如果认为车辆信息属于"财产信息",那么行为就会构成犯罪;如果认为车辆信息属于"其他可能影响人身、财产安全的公民个人信息",那么行为就不会构成犯罪,因为该案中购买的信息未达到 500 条。因此,本案不能从抽象的概念来认定其是否构成犯罪,而应该根据具体场景,即行为人使用车辆信息的场景来判断。由于行为人使用车辆信息是用来推销车险,而不是为了侵犯财产,所以在这种场景下应以 500 条作为立案标准。③ 有的学者进一步指出,场景判断需要考虑的因素包括信息的关联性程度、信息的重要性程度、行为人的主观目的等。④

（二）同意效果的相对化

对于"同意"在侵犯公民个人信息罪中的地位,我国司法实践存在两种完全相反的立场,两种立场反映了两种不同的法益观。第一种立场把是否获得个人的同意或授权作为行为是否构成犯罪的决定性标准。不仅获取或者提供他人的非公开信息需要取得个人的"原始授权",而且获取或者提供他人的公开信息需要取得个人的"二次授权"。这种立场可以称为"同意决定论",其背后的法益观是私法意义的个人信息自决权。第二种立场认为个人的同意与否不影响本罪的成立。这种立场可以称为"同意否定论",反映了集体法益观的要求。但是,我国司法实践中的"同意决定论"与"同意否定论"都值得商榷,本文坚持公法法益观,倡导"同意相对论"。

1.同意决定论的反思

对于个人非公开信息,同意决定论要求"原始授权",具有较大的合理性。但是,对于个人公开信息,同意决定论要求"二次授权",则存在过度犯罪化的嫌疑。我国司法实践中出现大量以未取得"二次授权"为由而认定侵犯公民个人信息罪成立的判决。例如,在徐某成等侵犯公民个人信息案中,被告人通过国家企业信

---

① 参见南京市中级人民法院(2014)宁民终字第 5028 号民事判决书。
② 丁晓东:《个人信息私法保护的困境与出路》,载《法学研究》2018 年第 6 期。
③ 尹振国:《侵犯公民个人信息罪司法适用疑难问题探析》,载《人民检察》2018 年第 18 期。
④ 喻海松:《网络犯罪二十讲》,法律出版社 2018 年版,第 215 页。

息公示系统收集企业法人的手机号码等个人信息,并未经他人同意就公布在自己开设的"企查查"网站上供人查询。法院判决认定被告人构成侵犯公民个人信息罪。① 在范某林等侵犯公民个人信息案中,被告人利用"爬虫"软件从"天眼查"等网站上获取企业法人的联系方式等信息,整理成 Excel 表格后出售给网友,该出售行为未经个人同意,其行为被法院认定为侵犯公民个人信息罪。② 在赵某军等侵犯公民个人信息案中,行为人未经被收集人同意,将网络公开的工商企业登记信息出售给他人,被认定为侵犯公民个人信息罪。③ 在柯某成侵犯公民个人信息案中,被告人直接从房产中介门店收购房源等个人信息,未经个人同意便把这些信息在其创建的"房利帮"网站和 App 上打包出售,被认定为侵犯公民个人信息罪。④ 在这些案件中,法院判决都非常重视个人的"知情同意",要求行为人获取或者提供已经公开的个人信息也应该获得个人的"二次授权"。例如,有的承办法官认为,个人同意其信息在国家企业信息公示系统中进行公开,并不意味着同意其他人收集和出售这些信息。⑤ 还有的承办法官认为,房东同意将其房产信息挂牌至中介门店,并不意味着同意把该信息在网上公开。⑥

但是,这种过度犯罪化的做法值得反思。首先,从规范论角度看,要求处理个人公开信息仍需获得"二次授权"的做法,违反了法秩序的统一性原则。法秩序统一性原则要求对同一部门法的内部规范进行体系性解释,对不同部门法之间的规范进行一致性解释,以消解部门法内外规范之间的矛盾。虽然《民法典》第 1038 条规定"未经自然人同意,不得向他人非法提供其个人信息",《侵犯公民个人信息罪解释》第 3 条也规定,未经被收集人同意,将合法收集的公民个人信息向他人提供的,仍然属于侵犯公民个人信息罪中的"提供公民个人信息"。但是,对这两条规范中的"同意",应该做体系解释。依据《民法典》第 1036 条的规定,处理自然人自行公开或者其他合法公开的信息无须承担民事责任,除非该自然人明确拒绝或者该处理行为侵害其重大利益。从《民法典》第 1036 条与第 1038 条之间的关系来看,第 1038 条中的"未经自然人同意,不得向他人非法提供其个人信息"是针对他人未公开信息而言的;对于他人的公开信息,直接适用第 1036 条,无须承担民

---

① 参见福建省泉州市中级人民法院(2020)闽 05 刑终 155 号刑事裁定书。
② 参见福建省安溪县人民法院(2019)闽 0524 刑初 397 号刑事判决书。
③ 参见重庆市开县人民法院(2017)渝 0154 刑初 342 号刑事判决书。
④ 参见上海市金山区人民法院(2018)沪 0116 刑初 839 号刑事判决书。
⑤ 陈峰:《公开的工商企业登记信息也可成为公民个人信息》,载《人民司法(案例)》2018 年第 32 期。
⑥ 舒平锋、金淑琴:《未经同意传播房源信息构成侵犯公民个人信息罪》,载《人民司法(案例)》2020 年第 23 期。

事责任。因此,应该认为《民法典》第1036条明确否定了"二次授权"规则。① 基于同样的道理,对《侵犯公民个人信息罪解释》第3条也应该限制适用,即该条只适用于提供未公开个人信息的场合。如果是将合法收集的个人公开信息提供给他人,即使未经被收集人同意,也不应该构成犯罪。

其次,从法益论角度看,上述判决采取私法法益观,把个人信息权理解为私法权利,缺乏对个人信息权公法属性的理解。私法法益观把个人信息权理解为绝对的排他权,个人对其信息,不论是公开信息还是未公共信息,不论是私密信息还是非私密信息,都具有同意与否的权利。这种看法存在两个缺陷:一是未理解信息领域的复杂性。按照前述的领域理论,个人信息领域从核心到外围可以分为三层:最核心层的私密信息、中间层的私人信息、最外层的个人公开信息。个人对其核心层的私密信息拥有绝对的自决权,私密信息的每一次处理都需要获得自然人的同意或授权;处理最外层的个人公开信息则无须再获得二次授权;处理中间层的私人信息则需要根据具体的情景来判定是否需要获得自然人的同意或授权。二是忽略了个人信息的合理使用制度。如果个人信息权属于私法权利,则不存在合理使用的可能,就像对妇女的性自主权不存在合理使用的问题一样。但如果个人信息权属于公法权利,那么该权利就要受到合理使用制度的限制。例如,新闻报道和舆论监督的行为、维护公共利益的行为都可能会对个人信息权形成制约,而无须取得自然人的同意。②

2.同意否定论的反思

第二种立场认为,即使经过个人同意,获取或者提供个人信息的行为也会构成犯罪。在宋某娟等侵犯公民个人信息案中,被告人宋某娟等人收购他人实名注册的淘宝店铺信息(包括店主个人信息、支付宝账号、银行卡信息等),然后将这些淘宝店铺信息卖给被告人邓某明,邓某明再把这些淘宝店铺信息在网上销售牟利。淘宝店铺的注册人对于宋某娟、邓某明等人收购、出售包括个人信息在内的淘宝店铺知情并同意。但是法院判决被告人的行为构成侵犯公民个人信息罪,理由是"本罪名侵犯的客体不仅仅是公民个人的人身权利和民主自由权利,还包括

---

① 全国人大常委会2021年4月发布的《个人信息保护法(草案二次审议稿)》第28条规定:"个人信息处理者处理已公开的个人信息,应当符合该个人信息被公开时的用途。超出与该用途相关的合理范围的,应当依照本法规定取得个人同意。个人信息被公开时的用途不明确的,个人信息处理者应当合理、谨慎地处理已公开的个人信息。利用已公开的个人信息从事对个人有重大影响的活动,应当依照本法规定取得个人同意。"可见,该条也没有要求处理个人公开信息一律应获得"二次授权"。

② 程啸:《论我国民法典中的个人信息合理使用制度》,载《中外法学》2020年第4期。

社会管理秩序,故即使被出卖个人信息的注册人是同意的,且有获得对价,仍侵犯了本罪的客体"①。可见,与前述认为本罪保护法益是私法上信息权的判决完全相反,该判决认为本罪的法益不是个人法益,而是超个人法益。如前所述,断定本罪法益属于超个人法益的观点值得商榷。因此,基于超个人法益观的上述判决结论也值得商榷。

3.同意相对论的提倡

笔者认为,侵犯公民个人信息罪的保护法益既不是私法上的个人信息自决权,也不是超个人的集体法益,而是公法上的个人信息受保护权。按照本文所提倡的公法法益观,经过个人同意的行为当然不可能成立犯罪,因为个人的同意意味着其放弃了个人信息受保护的权利。② 未经个人同意的行为是否构成犯罪,需要具体分析。具体来说,未经个人同意,获取或者提供其核心领域私密信息的行为,成立犯罪;未经个人同意,获取或者提供最外层领域公开信息的行为,不成立犯罪;未经个人同意,获取或者提供中间层私人信息的行为是否构成犯罪,要看该行为是否符合合理使用规则,只有未经同意又不符合合理使用规则的行为才成立犯罪。

四、结论

侵犯公民个人信息罪的法益不是超个人法益,而是个人法益,但也不是个人法益中的私法法益,而是个人法益中的公法法益。应该按照从私法权利回归公法权利的逻辑重构侵犯公民个人信息罪的法益观,并重新解释本罪的构成要件符合性和违法性。

个人信息并非个人私有信息,个人对其信息并不拥有排他性的支配权,个人无法像支配其性自主权一样支配其个人信息。私法上个人信息权与公法上个人信息权虽然都是个人的信息权,但两者在规范目的、权利特征、法律依据等方面存在很大差异。公法上的个人信息权的含义是"个人信息受保护权",而不是排他性的"个人信息自决权"。即使采取"个人信息自决权"的概念,也应该回归其原本的公法属性。

个人信息既具有私密性,也具有社会性。根据私密性的逐渐降低和社会性的

① 广东省开平市人民法院(2018)粤 0783 刑初 215 号刑事判决书。
② 公民个人信息受保护权与公民劳动权、公民受教育权不同。劳动权和受教育权既是公民的权利,也是公民的义务,因此公民无法完全放弃自己的劳动权和受教育权。但是,公民个人信息受保护权只具有权利属性,而不具有义务属性,因此公民的放弃行为应该在规范上得到认可。

逐渐升高,个人信息分属三个不同领域:最核心层的隐私领域、中间层的私人领域、最外层的社会领域。最核心层的隐私领域属于个人生活的最内层,该领域中个人活动的私密性最高,社会性最低;中间层的私人领域的私密性低于隐私领域的,社会性高于隐私领域的;最外层的社会领域包含与社会紧密相连的利益,几乎没有私密性。

不同领域中的个人信息,具有不同的构成要件该当性判断和违法性判断的基础。我国司法实践实际上采取了领域理论,不同领域中个人信息的定罪标准不同。同时,不同领域中的个人信息具有不同的违法阻却事由。例如,未经个人同意,获取或者提供其核心领域私密信息的行为,成立犯罪;未经个人同意,获取或者提供最外层领域公开信息的行为,不成立犯罪;未经个人同意,获取或者提供中间层私人信息的行为是否构成犯罪,要看该行为是否符合合理使用规则,只有未经同意又不符合合理使用规则的行为才成立犯罪。

(本文原载于《比较法研究》2021 年第 3 期)

执行判决、裁定失职罪和执行
判决、裁定滥用职权罪探析

周道鸾

作者简介：周道鸾（1930—2013），男，湖南省津市人，中共党员，教授。1958 年毕业于北京大学法律系。曾任最高人民法院审判委员会委员、研究室主任、办公厅主任、新闻发言人等职。从事审判和法律政策研究达四十年，有丰富的司法实践经验。享受国务院政府特殊津贴。曾受聘担任北京大学、中国人民大学兼职教授，中国政法大学研究生院民事诉讼法专业硕士生导师，中国法官协会理事、中国法学会海峡两岸法律问题研究会理事。中国刑法学研究会、中国法学会案例研究会学术顾问。刑法学著作主要有《中国刑法》《刑法的修改与适用》《中国刑法分则适用新论》《刑法罪名精释》等，还发表了大量论文。

第九届全国人大常委会第 31 次会议通过并公布的《中华人民共和国刑法修正案（四）》（以下简称《刑法修正案（四）》）第 8 条规定：在《刑法》第 399 条第 2 款后增加一款，作为第三款：在执行判决、裁定活动中，严重不负责任或者滥用职权，不依法采取诉讼保全措施、不履行法定执行职责，或者违法采取诉讼保全措施、强制执行措施，致使当事人或者其他人的利益遭受重大损失的，处 5 年以下有期徒刑或者拘役；致使当事人或者其他人的利益遭受特别重大损失的，处 5 年以上 10 年以下有期徒刑。准确理解这一新增内容，对于正确实施这一条款，具有重要意义。本文做如下探析。

一、《刑法修正案（四）》第 8 条第 3 款规定的立法精神

1997 年《刑法》第 399 条第 1 款和第 2 款分别规定了徇私枉法罪和民事、行政枉法裁判罪。在《刑法》执行过程中，有关部门提出，司法工作人员徇私舞弊的情况除在侦查、起诉、审判阶段存在外，在执行阶段也同样存在。有的司法工作人员徇私舞弊，对能够执行的案件故意拖延执行，或者违法采取诉讼保全措施、强制执行措施,给当事人或者他人的利益造成了重大损失,社会危害较大,也需要追究刑事责任,对此,《刑法》应有明确规定。全国人大常委会法制工作委员会与有关部门、专家学者研究后认为,上述行为,按照《刑法》第397条规定的滥用职权罪和玩忽职守罪是可以追究的,在司法实践中对这种行为没有及时追究刑事责任,主要是由于《刑法》对这种行为未做具体规定,司法机关在适用法律时认识不明确。有关部门、专家学者还提出,这种行为与《刑法》第399条规定的犯罪行为在性质和表现形式上更接近,建议在该条中做出明确规定。2002年12月28日,第九届全国人大常委会第31次会议决定在该条第2款后增加一款,规定"在执行判决、裁定活动中,严重不负责任或者滥用职权,不依法采取诉讼保全措施、不履行法定执行职责,或者违法采取诉讼保全措施、强制执行措施,致使当事人或者他人的利益遭受重大损失的",应当依法追究行为人的刑事责任。

二、如何确定《刑法修正案(四)》第8条第3款规定的犯罪罪名

最高人民法院有关主管部门在起草最高人民法院、最高人民检察院《关于执行〈中华人民共和国刑法〉确定罪名的补充规定(二)》征求意见过程中,对于《刑法修正案(四)》第8条第3款规定的行为,如何确定罪名,曾有过两种不同的意见。一种意见建议将该款的罪名确定为"执行人员失职罪、执行人员滥用职权罪",强调犯罪主体。主要理由是:该款与《刑法》第168条和《刑法》第九章规定的其他渎职犯罪的区别,侧重于犯罪主体的不同。《刑法》第168条已由"两高"司法解释确定为"国有公司、企业、事业单位人员失职罪"和"国有公司、企业、事业单位人员滥用职权罪"。因而本条款也可以相应地确定为"执行人员失职罪"和"执行人员滥用职权罪"。另一种意见则建议,将该款的罪名确定为"执行判决、裁定失职罪"和"执行判决、裁定滥用职权罪",强调犯罪行为。主要理由是:第一,该罪的罪状实际上规定了在执行判决、裁定活动中的两种犯罪行为:一是失职行为,即严重不负责任,不依法采取诉讼保全措施,不履行法定执行职责;二是滥用职权行为,即违法采取诉讼保全措施、强制执行措施。据此,"失职"和"滥用职权"是对该款罪状的重要描述。第二,该款犯罪与其他渎职犯罪的区别,侧重点并不主要在于犯罪主体的不同,而主要在于犯罪行为的客观方面不同。

此外,有的学者主张将该款的行为分别确定为"执行判决、裁定失职罪""滥用判决、裁定执行职权罪"。

经2003年8月6日最高人民法院审判委员会讨论,一致赞同第二种意见。2003年8月15日,最高人民法院、最高人民检察院联合发布的《关于执行〈中华人民共和国刑法〉确定罪名的补充规定(二)》(简称《补充规定(二)》),依据《刑法修正案(四)》第8条第3款规定的罪状,将本罪的罪名确定为"执行判决、裁定失职罪""执行判决、裁定滥用职权罪"。

笔者认为,《补充规定(二)》符合确定罪名的原则,是正确的。所谓罪名,是指刑法规定的某种犯罪的名称。《刑法》分则规定的犯罪,都有具体的罪状和具体的法定刑,但罪状并不等于罪名。罪名应当主要反映犯罪行为的本质特征,一般应当以犯罪行为侵犯的直接客体来确定,尽量避免在罪名中出现犯罪主体、罪过。因此,罪名应当在罪状的基础上,选择最能反映某一犯罪本质特征的名称,对罪状进行高度的概括。《补充规定(二)》将《刑法修正案(四)》第8条第3款的行为确定为"执行判决、裁定失职罪""执行判决、裁定滥用职权罪",显然突出了犯罪行为,而没有突出犯罪主体,符合确定罪名的法定原则、准确原则和简括原则。[①]

三、执行判决、裁定失职罪与执行判决、裁定滥用职权罪的构成

执行判决、裁定失职罪,是指人民法院从事执行工作的人员,在执行生效判决、裁定活动中,严重不负责任,致使当事人或者其他人的利益遭受重大损失的行为。

执行判决、裁定滥用职权罪,是指人民法院从事执行工作的人员,在执行生效判决、裁定活动中滥用职权,致使当事人或者其他人的利益遭受重大损失的行为。

这两种犯罪是《刑法修正案(四)》第8条第3款新增设的罪名。1997年《刑法》并没有规定此罪名。它们的构成要件是:

第一,侵犯的客体是人民法院正常的执行活动。犯罪对象是"判决、裁定"。按照全国人大常委会《关于〈中华人民共和国刑法〉第三百一十三条的解释》[②],《刑法》第313条规定的"人民法院的判决、裁定",是指人民法院依法做出的具有执行内容并已发生法律效力的判决、裁定。人民法院为依法执行支付令、生效的调解书、仲裁裁决、公证债权文书等所作的裁定属于该条规定的裁定。立法机关做出的立法解释与现行法律具有同等的法律效力,人民法院应当遵照执行。

执行,是指人民法院的执行机构依照法定程序,对已经发生法律效力的判决、裁定,在具有义务的一方当事人拒不履行义务时,强制其履行义务,保证实现判

---

① 黄京平、石磊:《论〈刑法修正案〉(四)新增犯罪罪名的确定》,载《人民法院报》2003年2月10日,第3版。

② 周道鸾:《论罪名的规范化、统一化及其认定》,载《法律适用》1998年第2期。

决、裁定内容的活动。就民商事案件而言,申请人要求人民法院强制执行法律文书所确定的内容,就是执行工作所指向的客体,即执行标的。由于执行工作涉及强制处理被执行人的财产,限制其部分民事权益,因此法律规定,不论何种生效法律文书,只能由享有执行权的人民法院依法执行,其他任何单位和个人均不得行使执行权,以维护社会主义法制的统一。

执行是审判活动的继续。这说明,执行和审判既有密切联系,又有一定区别。在现行司法体制下,执行工作是人民法院工作不可分割的部分。《人民法院组织法》规定:"地方各级人民法院设执行员,办理民事案件判决和裁定的执行事项,办理刑事案件判决和裁定中关于财产部分的执行事项。"三大诉讼法对判决和裁定的执行都做了相应的规定。在司法实践中,大多数当事人能够自觉履行裁判所确定的义务;但也有少数当事人无视法律和人民法院的权威,故意逃避或者拒绝履行自己应尽的义务。在这种情况下,如果没有国家的强制力做后盾,以强制执行做保证,生效的法律文书就会成为一纸不能兑现的空文。正如列宁所说的那样:"如果没有一个能够迫使人们遵守法权规范的机构,法权也就等于零。"执行人员的职责就是依法办理民事案件、行政案件判决、裁定的执行事项和刑事判决、裁定中关于财产部分的执行事项,以实现判决、裁定确定的内容,维护当事人的合法权益,维护法律的权威。执行人员在执行活动中如果不认真履行自己的职责,严重不负责任,或者滥用职权,必然使正常的执行秩序受到破坏,使当事人和其他人的利益遭受重大损失。

第二,客观方面表现为在执行判决、裁定活动中,严重不负责任,或者滥用职权,不依法或违法采取诉讼保全措施、不履行法定执行职责,致使当事人或者他人的利益遭受重大损失的行为。"严重不负责任",是指对依法应当采取诉讼保全措施的而不采取,对依法应当采取强制执行措施的而不采取,不履行法定执行职责(即不作为)。滥用职权,是指违反法律规定的权限和程序,超越职权范围行使手中的职权。按照《民事诉讼法》的规定,人民法院对于可能因当事人一方的行为或者其他原因,使判决不能执行或者难以执行的案件,可以根据对方当事人的申请,做出财产保全的裁定;当事人没有提出申请的,人民法院在必要时依职权也可以裁定采取财产保全措施。但财产保全限于请求的范围,或者与本案有关的财物。这些财产保全措施有:查封、扣押、冻结或者法律规定的其他方法。同时,《民事诉讼法》规定,被执行人未按人民法院发出的执行通知书履行法律文书确定的义务时,人民法院有权采取冻结、划拨被执行人在银行、信用合作社的存款,扣押、提取被执行人应当履行义务部分的收入,查封、扣押、冻结、拍卖、变卖被执行人应当履行义务部分的财产等强制执行措施。但这些诉讼保全措施和强制执行措施都必须严格依照法定程序进行。如果执行人员依法应当采取诉讼保全措施或者强制执行措施而不采取,或者滥用职权,致使当事人或者其他人的利益遭受重大损失的,则应当追究行为人的刑事责任。但重大损失与严重不负责任或者滥用职权的行为之间必须存在着刑法上的直接因果关系,才能构成犯罪。这里的"当事人",是指原告、被告;"其他人",是指本案当事人以外的第三人,通常称为"案外人"。

第三,犯罪主体为特殊主体,即司法工作人员。司法工作人员是指在人民法院从事执行工作的人员(执行员)。虽然在有些情况下,有的人民法院的审判人员和其他工作人员也从事一些执行活动,但这时他们的身份应当是执行人员而不是审判人员或者其他工作人员。

第四,主观方面表现为,执行判决、裁定失职罪只能由过失构成,即行为人应当预见到自己在执行工作中的失职行为会使当事人或者其他人的利益遭受重大损失,因为疏忽大意而没有预见,或者已经预见而轻信能够避免。故意(包括间接故意)不构成本罪。执行判决、裁定滥用职权罪,一般由过失构成,即行为人应当预见自己在执行判决、裁定中滥用职权的行为可能使当事人或者其他人的利益遭受重大损失,由于疏忽大意而没有预见,或者已经预见而轻信能够避免,以致这种重大损失发生的心理态度,但也不排除故意的存在。

四、对执行判决、裁定滥用职权罪罪过形式的探讨

在研究《刑法修正案(四)》第 8 条第 3 款规定的执行判决、裁定滥用职权罪的罪过形式时,涉及《刑法》第 397 条第 1 款规定的滥用职权罪的罪过形式问题。1997 年修订《刑法》时增设的滥用职权罪,由于没有明确滥用职权罪主观方面的罪过形式,引起刑法理论界的不同看法,概括起来有"过失说""故意说"和"过失、间接故意并存说"或者"间接故意、过失并存说"三种观点。

持过失说的观点认为,"行为人滥用职权行为本身往往是故意的,但对损害结果,则是过失的"①。持故意说的观点认为,"本罪在主观方面是故意,既可以是直接故意,也可以是间接故意。其故意的具体内容是行为人明知自己滥用职权的行为会发生公共财产、国家和人民的利益遭受重大损失的结果,而希望或者放任结果的发生"②。持过失、间接故意并存说的观点认为,"主观上,行为人滥用职权是

---

① 载《中华人民共和国最高人民法院公报》2002 年合订本,第 148 页。

② 何秉松主编:《刑法教科书》(下卷),中国法制出版社 2000 年 6 月第 1 版,第 1142-1143 页。赵秉志主编:《刑法新教程》,中国人民大学出版社 2001 年 2 月第 1 版,第 853-854 页。

故意的,但对造成的危害结果往往是过失的,当然也不排除间接故意"①。持间接故意、过失并存说的观点认为,"本罪在主观方面是间接故意或者过失"②。有学者认为,将《刑法》第397条第1款规定的滥用职权行为和玩忽职守行为确定为两罪的根本原因在于,"刑法理论通说认为,滥用职权罪是故意犯罪,而玩忽职守罪是过失犯罪"。笔者认为,在刑法学界,玩忽职守属过失犯罪可以说是一种通说,滥用职权属故意犯罪就不是通说了。

笔者之所以认为执行判决、裁定滥用职权罪在主观方面一般由过失构成,主要考虑三点:一是依据我国《刑法》第14条、第15条的规定,判断故意还是过失,应当以行为人对其所实施的行为的危害结果所持的心理态度为标准,而不是以行为人对行为本身的心理态度为标准。行为人对滥用职权的行为本身,如同酒后开车、闯红灯一样往往是故意的,但对由此发生的损害结果则是过失的。二是在我国的刑事立法中,过失犯罪都是结果犯,而按照《刑法》第397条第1款的规定,不论行为人是滥用职权还是玩忽职守,均以"致使公共财产、国家和人民利益遭受重大损失"为构成犯罪的要件。三是两罪的法定刑(包括情节加重犯)均一样。如果一个罪为故意,一个罪为过失,前者的主观恶性要大于后者,而法定刑却相同,这显然违背了罪刑相适应的原则。有的学者指出,《刑法》第432条规定的故意泄露军事秘密罪和过失泄露军事秘密罪的法定刑也相同,因此这并不足以说明滥用职权罪是由过失构成。笔者认为,这是由于立法不严谨造成的。实际上,立法部门的专家对此曾强调指出,滥用职权行为和玩忽职守行为是渎职犯罪中最典型的两种行为。"两种行为的构成要件,除客观方面不一样以外,其他均相同"③。

但是,从《刑法》第九章关于渎职罪的规定体例看,除规定滥用职权罪外,还将若干特殊的滥用职权行为规定为其他犯罪,如徇私枉法罪,招收公务员、学生徇私舞弊罪等。对这些特殊条款不能涵盖的滥用职权行为,只能依照《刑法》第397条滥用职权罪定罪处罚。对于《刑法》规定的其他滥用职权犯罪不排除可以由故意构成,如招收公务员、学生徇私舞弊罪。同理,对于徇私舞弊招收法官、检察官滥用职权的行为,由于没有单独规定罪名,只能按《刑法》第397条滥用职权罪定罪处罚,在这种情况下,不能完全排除故意构成。而且从《刑法》第397条第2款"国

---

① 黄京平、石磊:《论〈刑法修正案〉(四)新增犯罪罪名的确定》,载《人民法院报》2003年2月10日,第3版。

② 欧阳涛等主编:《中华人民共和国新刑法注释与适用》,人民法院出版社1997年版,第777页。

③ 高西江主编:《中华人民共和国刑法的修正与适用》,方正出版社1997年版,第875页。

家机关工作人员徇私舞弊,犯前款罪的"规定看,从逻辑上分析,也不能完全排除故意的存在。

五、司法机关在认定这两种犯罪时应当注意划清的界限

司法机关在认定本罪时,应当注意划清以下界限。

一是划清罪与非罪的界限。本罪在犯罪形态上属结果犯,只有在执行活动中因严重不负责任或者滥用职权致使当事人或者其他人的利益遭受重大损失的,才构成犯罪;否则不构成犯罪。所谓使当事人或者其他人的利益"遭受重大损失",有待最高人民法院做出解释。笔者认为,重大损失一般应当理解为财产利益的重大损失,且应仅指直接损失,如导致应当执行的款物灭失等。

二是划清有无罪过和罪过大小的界限。当前,"执行难"是困扰司法审判工作,引起全党、全社会关注的重要问题。"切实解决执行难问题"甚至写进了党的第十六次全国代表大会的报告。但执行难的原因是多方面的,既有执行人员严重不负责任、滥用职权的原因,也有外界因素干扰,特别是地方和部门保护主义的干扰的原因;甚至有的被执行人以种种理由为借口抗拒执行的。对此,在涉及本罪的案件侦查、起诉、审判过程中,要全面了解案情,充分听取当事人、其他人和涉案执行人员的意见、辩解,分清责任、罪过的有无和大小,严格依法做出决定和裁判。

三是划清执行判决、裁定滥用职权罪与国有公司、企业、事业单位人员滥用职权罪的界限。1999 年 12 月 25 日,第九届全国人大常委会第 13 次会议通过的《中华人民共和国刑法修正案》第 2 条将《刑法》第 168 条修改为两个罪名,一个是国有公司、企业、事业单位人员失职罪,另一个是国有公司、企业、事业单位人员滥用职权罪。本罪与后罪的区别主要在于犯罪主体的不同,前者的主体是国家机关工作人员,而后者的主体则为国有公司、企业、事业单位的工作人员。

四是划清执行判决、裁定滥用职权罪与徇私枉法罪,民事、行政枉法裁判罪的界限。其一,犯罪主体不同。虽然这三种犯罪都是特殊主体,但前者是执行人员,后者是指在刑事诉讼活动中的侦查、检察、审判人员,或者是在民事、行政诉讼活动中的民事、行政审判人员。其二,主观方面的内容不同。前者一般由过失构成,后者由故意构成。其三,侵犯的客体不完全相同。前者侵犯的是人民法院正常的执行活动,后者侵犯的是国家司法机关正常的侦查、检察、审判活动。其四,客观方面的表现形式不同。前者表现为在执行活动中滥用职权,后者表现为违背事实和法律,在追诉或者刑事审判活动中做枉法决定或者裁判,或者在民事、行政审判活动中做枉法裁判的行为。

五是划清一罪与数罪的界限。依照《刑法修正案(四)》第 8 条第 4 款,司法工作人员收受贿赂,有本条第 3 款行为,同时又构成《刑法》第 385 条规定的受贿罪的,应当按照处理牵连犯的原则,依照处罚较重的规定定罪处罚。

(本文原载于《法学杂志》2005 年第 6 期)

第五章

05

刑事司法问题

未成年人刑事司法制度适用之比较

孙喜峰　谷　婧

作者简介:孙喜峰(1965—　),女,汉族,安徽省黟县人,长沙大学法学院教授,主编或副主编法学教材三部,并被定为国家级、省级教材;出版法学专著两部;在国家级、省级刊物上发表法学专业论文近20篇。

第二作者谷婧,女(1965—　),湖南耒阳市人,湖南省高级人民法院二级高级法官。

保护是少年司法的总目的。随着社会的进步和人权观念日益深入人心,犯罪人的权利保护越来越受到社会的关注;未成年犯罪人作为特殊的犯罪群体,其权利的司法保护更成为社会关注的焦点。未成年人犯罪问题,究其根源与其权利受到侵害或权利得不到必要的保护相关,因此许多法学专家提出,在刑事司法的各个阶段,包括刑事侦查、起诉、审判等都要注重对未成年犯罪人利益的保护。我国原来关于未成年人的刑事法律规定较分散,经2018年修正后的现行《刑事诉讼法》第五编已设置了"未成年人刑事案件诉讼程序"专章。本文试图从刑事诉讼审判阶段的未成年人刑事司法制度入手进行分析,通过对未成年人刑事司法制度适用的比较,探讨在适用这些制度时如何更好地保护未成年犯罪人的合法权益。

一、审判不公开制度的适用比较

审判公开是我国刑事诉讼法的重要原则。我国刑事诉讼法规定,人民法院审判案件,除法律另有规定的以外,一律公开进行。与审判公开原则相反,未成年人犯罪案件的法庭审理应坚持不公开原则。审理不公开原则是指人民法院审理未成年人犯罪案件或者有未成年人的案件时,审理过程不向社会公开的制度。具体说来,审理不公开是指人民法院审理未成年人刑事案件时,不公开进行,不允许公民旁听和记者采访报道,各种公开出版物不得披露未成年被告人的姓名、年龄、住址、照片或其他重要资料。1996年《刑事诉讼法》第152条第2款规定,14周岁以上不满 16 周岁未成年人犯罪的案件,一律不公开审理。16 周岁以上不满 18 周岁未成年人犯罪的案件,一般也不公开审理。现行《刑事诉讼法》第 285 条规定:"审判的时候被告人不满十八周岁的案件,不公开审理。"这就是未成年人案件审判不公开原则的法律依据。

2001 年 4 月 12 日施行的最高人民法院《关于审理未成年人刑事案件的若干规定》(以下简称《若干规定》)第 11 条第 2 款规定:"对在开庭审理时不满十八周岁的未成年人刑事案件,一般也不公开审理。如果有必要公开审理的,必须经过本院院长批准,并且应限制旁听人数和范围。"第 20 条规定:"开庭审理前,审判未成年人刑事案件的审判长认为有必要的,可以安排法定代理人或者其他成年近亲属、教师等人员与未成年被告人会见。"第 30 条规定,"休庭时,可以允许法定代理人或者其他成年近亲属、教师等人员会见被告人"。第 33 条规定,"如果未成年被告人的法定代理人以外的其他成年近亲属或者教师、公诉人等参加有利于教育、感化未成年被告人的,合议庭可以邀请其参加宣判后的教育"。这些规定是否突破了不公开审理原则的限制呢?笔者认为并非如此,对于这一原则应掌握其精神实质,而不能片面地、狭隘地理解。

对未成年人案件实行不公开审理,主要考虑的是维护未成年人名誉,防止公开审理对其造成精神创伤而导致不利于教育改造的不良后果。从这个意义上讲,对未成年人案件审理不公开也是教育、感化、挽救方针在司法程序上的体现。而《若干规定》中允许未成年被告人的成年近亲属和教师到庭,主要是考虑到他们与被告人所具有的特殊关系。他们参加庭审不仅有利于缓解未成年人的精神压力和紧张心态,而且能够采用更可为未成年被告人所接受的方式对其进行教育,容易消除未成年被告人与法庭之间的隔阂。因此,两者在精神实质上是完全一致的。

通观各国立法例,对于未成年人案件的审理均规定了不公开审理原则;同时,有些国家的法律做出了准许某些人员参加审判的规定,目的也是加强法院审理未成年人案件的教育作用。例如,根据《日本少年法》第 22 条的规定,"审判不公开进行,除法律规定应参加的人员外,闲杂人员一律不准例席审判"。《日本少年审判规则》第 29 条规定,"审判时,如认为少年的亲属、教员以及其他人出席适当时,可以允许出席"。《德国青少年刑法》第 48 条第 2 款规定,"除参与诉讼程序的人员外,许可出庭的还有被害人、刑事警官以及管教监护人等"。出于特殊的原因,尤其是为了教育,审判长还可以许可其他人出庭。另外在情况适宜时,法庭还应当将程序的开始和终结通知未成年被告人的学校。

至于判决是否公开,学术界存在两种不同的观点。一种观点认为,宣告判决应当公开进行,公开审判是我国刑事诉讼法的通行做法,对于未成年人犯罪案件也应当公开宣判,但不宜在宣判大会上进行宣判。另一种观点是不要公开宣判,如德国青少年刑法就规定,对于未成年人刑事案件,进行不公开审理和宣判。笔者认为,未成年人刑事案件可以在法庭上公开宣判,但不宜在群众大会上宣判,也不能在报刊、电视台上披露未成年人的姓名、住址等,以追求审判的社会效果和法律效果的统一。

二、法定代理人制度的适用比较

未成年人刑事案件的审理有个显著的特点,就是允许法定代理人参加,即依据刑事诉讼法的规定在讯问和审判时可以通知未成年人犯罪嫌疑人、被告人的法定代理人到场。法定代理人是指被代理人的父母、养父母、监护人和负有保护责任的机关、团体的代表。这些规定既是赋予未成年犯罪嫌疑人、被告人的一种诉讼权利,也是对其诉讼权利的一种特殊保障。因为未成年人的法定代理人在讯问和审判时在场,可以稳定未成年人的情绪,尤其是初犯和偶犯没有接受讯问和审判的经历,允许未成年人的法定代理人到场可以维护被代理人的诉讼权益,以及用最有效的教育方式进行庭审教育。虽然法律规定的是"可以"通知未成年人的法定代理人到场,但笔者认为,在刑事诉讼的侦查起诉阶段,只要不妨碍查明案件事实,在讯问未成年犯罪嫌疑人时,应尽可能通知其法定代理人到场;在法院审判时,一般应通知其法定代理人到场。在《若干规定》中也有体现这种精神的法律规定,如第19条规定:"开庭审理前,应当通知未成年被告人的法定代理人出庭。法定代理人无法出庭或者确实不适宜出庭的,应另行通知其他监护人或者其他成年近亲属出庭。经通知,其他监护人或者成年近亲属不到庭的,人民法院应当记录在卷。"据此,法定代理人在未成年被告人审判中的出庭成为必然,而只有在其无法出庭或者确定不适宜出庭时,才允许其不出庭。笔者认为,当有这种不出庭情形出现时,法院也应保证有其他监护人或者其他成年近亲属出庭。

在《联合国少年司法最低限度标准规则》(又称《北京规则》)中,也有与《若干规定》相似的规定。《北京规则》第15条规定:"父母或监护人应有权参加诉讼,主管当局可以要求他们为了少年利益参加诉讼,但是如果有理由认为,为了保护少年的利益必须排除他们参加诉讼,则主管当局可以拒绝他们参加。"

目前,各国立法例均对未成年人审判时法定代理人的出庭问题做了肯定性的规定,并赋予法定代理人广泛的诉讼权利,以协助未成年被告人进行诉讼。典型的如德国青少年刑法规定,被告人的家长和其他法定代理人经传唤如果不出庭,则适用关于证人不出庭的规定。具体来说,被告人的家长或其他法定代理人经依法传唤而不出庭的,可以对他处以罚款。在他不交纳罚款时,可以处以6个星期以下的拘留,也可以强制他到庭。依据该法第67条的规定,"只要被告人享有陈述、发问和提出申请或者在侦查行动时出席的权利,家长和法定代理人也享有这些权利;如果向被告人发出通知,相应的通知也应抄送给他的家长和法定代理人;家长享有法定代理人所有的选择律师和提出申诉或上诉的权利;如果家长和法定代理人有参与被告人过错的嫌疑或者因参与过错而判刑,法官可以剥夺他们在这方面的权利。如果法官担心家长或法定代理人有可能滥用选择律师、提出申诉或上诉的权利,可以宣告剥夺他们的权利。在家长和法定代理人不再享有他们的权利时,少年监护法官应指定一名监护人在悬而未决的刑事诉讼程序中来代表被告人的利益;在指定监护人以前,刑事诉讼程序应当中止;如果被告人有数名家长,他们每个人都可以行使本法为家长规定的权利"。笔者认为,明确法定代理人在诉讼中的地位及其权利义务是健全法定代理人制度的应有之义。我国刑事诉讼法及《若干规定》中对于法定代理人的权利及义务规定需要进一步明确。从保护未成年人的合法权益出发,法定代理人在刑事诉讼中应具有独立的诉讼地位,是独立的诉讼参加人。概括起来,法定代理人除享有与未成年人相同的诉讼权利外,其权利和义务主要包括:有权参加法庭审判;有权在少年被告人最后陈述阶段发言;有义务进行自我教育,不得推卸责任;有义务向法庭全面提供未成年被告人的情况;等等。

三、简易程序的适用比较

未成年人刑事案件的简易程序,即规定第一审程序中的基层人民法院在审理简单、轻微的少年刑事案件时适用刑事审判简易程序。所谓简单、轻微,是指事实清楚、情节简单、危害性小、影响不大的案件。依据这一规定,符合适用简易程序条件的未成年人刑事案件可以适用简易程序,这是从法律的角度讲;换个角度,从学理的角度来说,两者程序的立法目的与未成年人案件的处理宗旨不仅并无冲突,而且在某种意义上有共通之处。因此,笔者赞同只要未成年人刑事案件符合适用简易程序条件的,就可以适用。

在未成年人刑事案件中适用简易程序,是由未成年人的年龄、生理特征决定的,目的在于保证未成年人免受长时间诉讼过程的困扰,减轻其思想负担。如果诉讼进行的时间长,会给未成年人造成不必要的精神压力,有些还会使未成年人产生抵触情绪,给诉讼的顺利进行带来困难,对以后的教育改造不利。诉讼实践表明,未成年人在诉讼阶段停留越长,矫正起来越加困难,长期监禁和反复庭审往往造成其难以愈合的心理创伤。采取简易程序,可以有效地防止这种不良结果发生,有利于对未成年被告人的教育、矫正和改造,能够有效地预防犯罪。此外,简易程序的设立将避免产生目前审判中程序过于笼统的弊端,使案件及时合理地分流,让法庭将充足精力投入复杂案件的审理中去。

在《北京规则》中也有与《若干规定》精神一致的规定,其第 20 条规定,"每一案件从一开始就迅速处理,不应有任何不必要的拖延"。在该条的说明中将这样做的原因解释为:"在少年案件中迅速办理正式程序是首要的问题,否则法律程序和处理可能会达到的任何好效果都会有危险。随着时间的推移,少年理智和心理上就越来越难以(如果不是不可能)把法律程序和处置同违法行为联系起来。"

应当注意的是,简易程序中的简化并不意味着法庭教育的简化。《若干规定》第 37 条规定,适用简易程序审理的案件,对未成年被告人进行法庭教育适用《若干规定》第 33 条。法庭教育作为未成年人审判制度的一个显著特色,已成为未成年人审判制度的核心内容,当然不能简化。相反,简易程序的庭审不受普通程序中讯问被告人、询问证人及法庭辩论的限制,这使得少年法庭能够将主要精力放在对未成年被告人的教育上;而且,适用简易程序的庭审不具有控辩双方激烈对抗的情形,可以使法庭气氛达到严肃与缓和相济,使审判形式同未成年被告人的心理承受能力相适应,有利于未成年被告人案件的审理。

另外,虽然是简易程序,但公诉人一般也应出庭参与教育未成年被告人,法定代理人应到庭,未成年被告人享有的辩护权应得到充分保障。例如,《若干规定》第 36 条规定,"适用简易程序审理的案件,应当通知未成年被告人的法定代理人、辩护人出庭"。依据《德国青少年刑法》第 78 条的规定,少年诉讼简易程序的特点之一就是,"只要不损害查明事实真相,在简易程序中,可以不完全按照程序规定办理,但被告人出庭、家长和其他法定代理人的法律地位和决定的通知等,必须遵照规定执行"。

四、全面调查制度的适用比较

所谓全面调查,是指司法人员在办理未成年人案件的过程中,不仅要调查案件事实,而且要对未成年人的生理和心理特征、性格特点及其生活和对社会环境的依存关系进行全面、彻底的社会调查,必要时还要对其进行医疗检查和心理学、精神病学的调查分析,目的在于全面了解和审查未成年人、家长、监护人或有关家庭成员的人格、素质、生活经历和所处环境,在查明犯罪事实的同时,了解犯罪的原因和条件,根据全面审查的结果选择最恰当的处理方法,以便对症下药取得最佳效果。《若干规定》第 21 条规定:"开庭审理前,控辩双方可以分别就未成年被告人性格特点、家庭情况、社会交往、成长经历以及实施被指控的犯罪前后的表现等情况进行调查，并制作书面材料提交合议庭。必要时，人民法院也可以委托有关社会团体组织就上述情况进行调查或者自行进行调查。"这就是司法人员在办理未成年人案件的过程中对未成年被告人进行全面调查的法律依据。

《北京规则》第16条也规定："所有案件除涉及轻微违法行为的案件，在主管当局做出判决前的最后处理阶段，应对少年生活的背景和环境或犯罪的条件进行适当的调查，以便主管当局对案件做出明智的判决。"全面调查，是由未成年人心理、生理的特点决定的。未成年人正处在成长发育过程中，生理、心理等方面尚未完全发育成熟，辨别是非能力和自我控制能力差，缺乏社会经验，富于幻想，容易受外界事物和环境的影响，具有较大的可塑性和接受教育的可能性。通过全面调查，找到犯罪原因，就可以找到适合其改正的办法，就可以有针对性地教育感化未成年人。如果不进行全面调查，就难以对症下药。

对未成年被告人进行全面调查是世界上大多数国家普遍规定的一种做法，典型的如《日本少年法》第9条规定，"家庭裁判所考虑对该少年应当审判时，应对案件进行调查，在调查时，务必调查少年、监护人或者有关人员的人格、经历、素质、环境，特别是要有效地运用少年鉴别所提供的关于医学、心理学、教育学、社会学以及其他专门知识的鉴定结果"。又如《美国青少年教养法（补充规定）》规定，"要查明少年的年龄和社会背景，被指控罪行的性质，少年的违法犯罪经历等"。由此可见，我国的全面调查制度与世界各国的发展趋势是一致的，多年来的司法实践也充分证明对未成年人进行全面社会调查是一项卓有成效的工作，它有助于找准感化点，对未成年被告人准确定罪量刑。

但是，长期以来，我国没有未成年人诉讼程序的专门立法，致使许多司法机关没有对全面调查制度给予应有的重视，没有认识到未成年人诉讼程序同成年人诉讼程序的区别，全面调查仅局限于法庭审判阶段。实际上，全面调查应当贯穿于诉讼全过程。它不仅仅体现于法庭审判中，还体现于法庭审判前；不仅局限于犯罪事实，更多地还涉及未成年人的生活教育环境、心理性格特征以及犯罪的动机、原因和犯罪后的思想状况等；不仅包括了解案情事实和作案动机目的，深究其作案原因，更重要的是调查其成长过程、身心状况、家庭状况、日常表现以及与教师、同学、朋友交往关系等。因此，应将全面调查作为一项制度提出来，在具体、明确、规范化的诉讼程序上加以保障。

五、前科报告制度的适用比较

为了保证从事特定职业、行业人员的纯洁性，《刑法》第100条规定了前科报告制度,即"依法受过刑事处罚的人,在入伍、就业的时候,应当如实向有关单位报告自己曾受过刑事处罚,不得隐瞒"。根据这一制度,受过刑事处罚的人,在入伍、就业时,应当如实报告,其结果是当事人必然会受到资格的限制、权益的丧失、名誉的损害,以及就业、社会评价等方面的负面影响。从这个层面来讲,前科报告制度增加了未成年人回归社会的难度。

由于未成年人正处于生理和心理发育急剧变化的时期,伴随着生理上的变化,心理也发生较大变化,自我意识增强,产生了很强的独立性意向,但又缺乏真正的独立活动和处理问题的能力,容易上当受骗;好奇心增强,使其具有很大程度的模仿性和依赖性,容易受到外界的感染;对外界事物反应敏锐,且自控力、辨别是非能力差,加之思维方法往往带有片面性和表面性,因而易走极端。这种处于幼稚、未定型阶段的个性心理特征,导致未成年人往往因一时冲动而酿成大错,因而对未成年被告人的处罚目的重在教育、改造、挽救,同时应尽力为其铺就回归社会之路。

因此,世界上许多国家如日本、德国的少年法都对少年时受到有罪判决的效力做了特别规定,即实际消灭前科制度,也称取消刑事污点制度。其法律后果是:当事人在法律上应被视为没有犯罪的人,在就业、求学与担任公职等方面应与其他公民享有同等的待遇。《日本少年法》第60条规定,"少年犯刑期执行完毕或免予执行,适用有关法律的规定,在将来得视为未受过刑罚处分"。在德国青少年刑法中也有在法定情况下可以将刑罚判决不计为被告人犯罪前科的规定。在司法实践中,当少年犯罪刑期满或免刑2年后,法官必须考虑是否取消该少年的刑事污点。少年刑事法官可以向少年所在学校或行政主管部门等单位、少年的家长或法定代理人等进行调查,也可以直接询问少年本人。根据调查结果,法官如果确信该少年已改邪归正,就可以根据他的家长或法定代理人、检察官等人的申请,通过决议的形式取消少年的刑事污点。如果法官认为尚不存在取消刑事污点的前提条件,可以暂缓做出这一决议,但推迟做出决定的时间不得超过2年。笔者认为,这一制度的合理内核应当为我国所用,即为了促进少年犯的改造及巩固教育改造的成果,消除少年犯重新步入社会时的内心阴影,减少其再犯可能性。对于那些已经认罪悔罪的初犯、偶犯或者有重大立功表现的少年犯,经向原审法院提出申请,由法院审查决定,可以免除少年犯的前科报告义务,并把这一内容在有关少年刑法中做出明确规定。

其实,未成年人违法犯罪,究其根源与其权利受到侵害或权利得不到必要的保护有关,因此少年司法制度是允许非理性的东西存在的,也就是说,允许一些感情介入。未成年人司法需要进行大量的有关被告人生活经历、犯罪原因方面的调查,监护权、诉讼权等涉及权益的程序必须经立法给予保障,并区别于成人刑事司法。通过分析比较未成年人刑事司法制度的适用,可以看出,各国对未成年人违法犯罪问题都非常重视,未成年人的司法制度也各具特色,我国刑事立法和刑事司法制度尚待完善。

（本文原载于《人民司法》2006 年第 3 期,中国人民大学复印报刊资料《中国共产党》全文转载。编入本书时有少量修改。）

系列杀人犯罪侦查分析模型的
创建与检验

曾　赟

作者简介:曾赟(1970—　　),男,湖南祁阳人,法学博士,博士生导师,广州大学法学院教授,广州市法学会法学人才库专家。曾兼任浙江省刑法学会副会长,现兼任广东省刑法学会常务理事。主要从事刑事法学研究,在刑事实证研究、数据法学、智慧司法等领域有一定造诣。在《法学研究》《中国法学》等期刊发表论文50余篇,其中中国人民大学复印报刊资料全文转载10篇;主持国家社科基金等省部级以上项目9项;出版学术专著两部;获浙江省高等教育教学成果二等奖1项(排名2/5)。理论研究方面,提出并证立"逐级年龄生平境遇理论""预防行政"等学说;应用研究方面,创立"再犯风险预测量表""系列杀人犯罪预测量表""刑事法治指数"。

党的十八届四中全会提出"以审判为中心"的刑事诉讼制度改革,从而为提高刑事司法公信力和司法公正指明了正确方向。2016年10月,最高人民法院、最高人民检察院、公安部、安全部、司法部联合下发《关于推进以审判为中心的刑事诉讼制度改革的意见》(以下简称《意见》),对以审判为中心的刑事诉讼制度改革做出全面部署。根据党的十八届四中全会精神和《意见》要求,保障无罪的人不受刑事追究和做到案件事实清楚及证据确实、充分,被置于刑事诉讼活动的首要地位。那么侦查机关在侦办故意杀人案件中如何做到既能及时侦破案件,以防止系列杀手再次作案,又能准确侦破案件,以保障无罪的人不受刑事追究、防止冤假错案呢? 通过对现有冤假错案的简单分析,我们可以发现一些冤假错案中的杀人真凶后来往往被证实为系列杀人凶犯。例如:呼格案的真凶为系列杀手赵志红、聂树斌案的真凶为系列杀手王书金、浙江"两张案"的真凶为系列杀手勾海峰。如果我们假设:对任一故意杀人案件,侦查机关根据系列杀人犯罪侦查分析模型能够及时、准确判定该案为系列杀人案件的概率值,那么一旦通过分析模型得出该案为系列杀人犯罪,侦查机关就既能及时侦破案件,从而保证"命案必破",又能准确办理案件,从而确保司法公正、防止冤假错案。以甘肃白银高承勇案为例①,如果假设:在高犯第一次作案时侦查机关就能根据案件事实得出该案为系列杀人犯罪的结论,则高犯就不可能制造那么多起人间惨案。这是因为一旦我们建立起系列杀人犯罪侦查分析模型,侦查机关就可通过对故意杀人现有案件事实分析推知杀人凶犯再次实施犯罪的概率。假设根据系列杀人分析模型,得出甘肃白银案凶犯再次实施杀人犯罪的概率较高,那么根据系列杀人犯罪的显著特征,侦查机关就能及时划定凶犯再次作案的范围,并可快速锁定犯罪嫌疑人。以王书金案(聂树斌案)为例②,如果侦查机关基于康某被害现场就能判定该案为系列杀人犯罪,那么司法机关就有理由相信该案很可能并非聂树斌所为,因为聂树斌的人生轨迹非常清晰,并不具有系列杀人犯罪的显著特征。若假设成立,则侦查机关一开始就不应将聂树斌列入该案的怀疑对象。

基于上述,对于任一已发生的故意杀人案件,准确分析和判别该案是否属于系列杀人犯罪可谓及时、准确侦破案件和确保司法公正、防止冤假错案的基础和前提。由是观之,科学创建系列杀人犯罪侦查分析模型无疑具有重要的实践意义。当然,本研究对于维护社会公共安全和防止类似人间悲剧重演来说亦具有重要的社会意义。为便于侦查机关及时、准确地判别某一故意杀人是否属于系列杀人犯罪,兹在界定系列杀人犯罪概念基础上,试图采用聚类分析、方差分析、二元逻辑回归分析等方法创建系列杀人分类模型和回归模型。首先,通过整群抽样、多阶抽样方法共收集单独个体多重杀人案例 181 件;其次,采用文本分析方法对所收集案例数据逐一进行编码,得到单独个体多重杀人犯罪数据编码表;再次,采用 K 均值聚类方法,创建系列杀人犯罪分类模型,采用交叉列表分析对分类模型的准确性进行检验;最后,采用二元 logistics 回归分析方法,创建系列杀人犯罪回归模型,同时采用交叉列表分析对回归模型的准确性进行检验。

---

① 犯罪人高承勇自 1988 年 5 月至 2002 年 2 月 14 年间实施强奸杀人 11 起,杀害 11 人。高犯作案手段极其残忍,其犯罪行为在甘肃白银一度引起公众恐慌。根据已有资料,高犯第一次犯罪时间是 1988 年 5 月 16 日,直至 2004 年 8 月 5 日,公安部门才组织专家对案件进行会诊,将白银、包头两地案件并案处理,确定为甘蒙"8·05"系列强奸杀人案。2016 年 8 月,在距高犯首次作案 28 年后,侦查机关将高犯抓获。2017 年 7 月 19 日,白银市中级人民法院不公开审理了此案,检察机关指控被告人高承勇犯故意杀人罪、强奸罪、抢劫罪、侮辱尸体罪等 4 项罪,法院将择日宣判。

② 王书金一案中,被害人康某被司法机关认定为聂树斌所杀。1995 年 3 月,聂树斌被石家庄中级人民法院判处死刑。在聂树斌被执行死刑 21 年后,2016 年 12 月,最高人民法院再审改判聂树斌无罪。

一、模型数据的来源和编码

创建系列杀人犯罪侦查分析模型需要运用定量研究方法。定量研究的前提是必须有可据以统计与分析的样本。当然,样本的选取依赖于概念界定的标准,研究者对概念界定的标准不同,其所选取的样本也就各异,所得出的结论也就不尽相同。兹在界定系列杀人、多重杀人概念标准基础上,采用多阶抽样方法收集多重杀人案例 347 件,采用整群抽样方法抽取单独个体多重杀人案例 181 件。一般认为,多重杀人犯罪概念涵盖系列杀人和特大杀人两个不同子类。为科学创建系列杀人犯罪侦查分析模型,并据此得出判定某一故意杀人为系列杀人犯罪的概率计算公式,需要根据统计学的一般原理区分实验组和对照组。基于多重杀人概念界定标准,我们将系列杀人犯罪作为实验组,特大杀人犯罪作为对照组来分析和处理 181 件多重杀人案例数据。换言之,如果样本中没有对照组——特大杀人案例,则无法创建系列杀人犯罪侦查分析模型。基于此,通过文本分析方法对所选取的 181 件单独个体多重杀人案例数据逐一进行编码,得到单独个体多重杀人犯罪数据编码表。

（一）系列杀人概念的界定

20 世纪 70 年代中期,美国联邦调查局研究员罗伯特·雷斯勒（Robert K. Ressler）首创"系列杀手"这一术语。自此,系列杀人犯罪便开始进入刑事法学者的研究视域。但是在如何界定系列杀人犯罪概念方面,学者之间仍有着各自不同的见解,其中最常被引用的是美国学者雷斯勒（Ressler）、伯吉斯（Burgess）和道格拉斯（Douglas）等关于系列杀人的定义。他们认为,所谓系列杀人,是指在犯罪人实施杀人后的情感冷静期,连续实施三起或以上杀人事件,且每起杀人事件均发生在不同地点的暴力犯罪。[①] 然而这一定义中,有关犯罪地点、情感冷静期等概念要素的内涵却难以确定。质言之,在如何界定"犯罪地点"的个数和两起犯罪之间"情感冷静期"的时间间隔长度方面,学者相互之间难以达成一致意见。由于犯罪地点个数的计算标准难以确定,故有学者干脆提出将其从概念要素中予以剔除,如美国弗吉尼亚大学法学院教授帕克·埃利奥特·迪茨（Dietz）即持此观点。[②] 对于"情感冷静期"时间间隔长度计算标准,多数学者采用模糊标准。例如,美国西北大学教授詹姆斯·安拉·福克斯（Fox）和杰克·列文（Levin）认为,所谓系列

---

① R.K.Ressler, A.W.Burgess & J.E.Douglas, *Sexual Homicide: Patterns and Motives*, at 139（Lexington Books, 1988）.

② Park Elliott Dietz, *Mass, Serial and Sensational Homicides*, 62 Bulletin of the New York Academy of Medicine 479（1986）.

杀人,是指在几天、几周、几个月或几年时间内,由一人或几个犯罪人连续实施四次或以上杀人的暴力犯罪。①

我国学者在界定系列杀人犯罪概念时主要考虑了以下要素:一是犯罪主体的同一性;二是杀人案件起数;三是犯罪时间的持续性;四是犯罪手段、模式的相似性。相较于国外论述,我国学者在界定系列杀人概念时增设了犯罪手段、模式要素,而略去犯罪地点要素。对于系列杀人犯罪起数的计算标准,我国学者有采用两起的计算标准,也有采用"多起"这种模糊标准的。② 我国学者关于系列杀人概念界定存在的主要问题是:没有从统计学角度给予该概念一个可据计量的具体标准。基于国内外已有研究成果,我们认为,系列杀人犯罪概念宜界定为:同一犯罪人在二个以上犯罪事件中,杀害三个以上被害人,且多个杀人犯罪之间有情感冷静期的暴力犯罪。犯罪事件个数的计算以 24 小时为标准,在 24 小时之内无论发生多少起杀人犯罪,均为一个犯罪事件。两个犯罪事件之间"情感冷静期"的计算以间隔三天为标准。一般来说,学者在研究系列杀人犯罪时往往将其视为多重杀人犯罪的子类。那么何谓多重杀人犯罪? 所谓多重杀人,是指多个犯罪事件或单个犯罪事件中故意或者有预谋地杀害三人以上的暴力犯罪。当然,多重杀人犯罪还包括另一子类——特大杀人。所谓特大杀人,是指在单个犯罪事件中,有三个以上被害人被杀害,且一般仅有一个犯罪地点的犯罪。

(二)数据来源

为创建系列杀人犯罪分类与回归模型,首先,我们采用整群抽样与多阶抽样方法,从百度百科"刑事案件"名录中抽取自 1980 至 2016 年间发生的多重杀人案例名 369 件。③ 其次,通过搜索百度网站和中国知网上有关多重杀人犯罪方面的相关报道和论文,在删除相同案例名后,共收集多重杀人案例名 34 件。经上述两种方法,共收集 403 件多重杀人案例名。对于所收集的 403 件多重杀人案例名,通过检索百度和中国知网中有关文献,逐一收集每件多重杀人案例的详细内容。案件内容收集完毕后,经初步整理,删除了 56 件内容无法查实的案例,保留了 347

---

① See James Alan Fox and Jack Levin, *Multiple Homicide: Patterns of Serial and Mass Murder*, 23 Crime & Just.410(1998).

② 我国有学者认为,所谓系列杀人案件,一般是指由同一个或同一伙犯罪分子实施的、手段相同或相近的二起以上的杀人案件。另有学者认为,所谓系列杀人案件,是指在一段时间内,连续发生的由一个或一伙人所作的多起杀人案件。参见吕云平:《系列杀人案件的成因、特点及侦查对策》,载《政法学刊》2005 年第 3 期;姚丙育:《杀人案件的侦破与实例》,中国人民公安大学出版社 2006 年版,第 115 页。

③ 《历史上有哪些著名的杀人案?》,载 https://www.zhihu.com/question/37238382/answer/228724154,最后访问时间:2023 年 4 月 15 日。

件数据资料齐全的案例。在此基础上,从 347 件多重杀人案例中整群抽取由单独个体实施的多重杀人案例 181 件。根据系列杀人、特大杀人犯罪概念界定标准,181 件单独个体多重杀人案例中有 69 件为系列杀人,有 112 件为特大杀人,分别约占样本总量 38.1%、61.9%。之所以选择由单独个体实施的多重杀人案例作为分析样本,主要基于以下两个方面的原因。

第一,自 2000 年始,由单独个体实施的多重杀人犯罪明显高于由共同犯罪人实施的多重杀人犯罪。据统计,在 1990—1999 年 10 年间,由共同犯罪人实施的多重杀人犯罪明显高于由单独个体实施的多重杀人犯罪,但自 2000 年始,由单独个体实施的多重杀人犯罪却明显高于前者。①

第二,自 2000 年开始,由单独个体实施的多重杀人犯罪呈明显上升趋势。据统计,虽然说自 2010 年始,多重杀人案件有所减少,但根据现有数据,由单独个体实施的多重杀人犯罪明显高于共同犯罪人实施的多重杀人犯罪这一趋势并未改变。就此而言,以单独个体实施的多重杀人犯罪案件为分析样本显然具有代表性。

(三)数据编码

对所收集的 181 件单独个体实施的多重杀人案例材料,采用文本分析法对案例内容逐一进行编码。编码的依据主要来自对案例研究的经验总结和对相关文献的梳理分析。一般认为,较早对系列杀人犯罪现场展开研究的当属美国联邦调查局国家暴力犯罪分析中心、行为科学研究处约翰・道格拉斯(John Douglas)、帕特里克・马尼拉(Patrick Mullany)等,其于 20 世纪 70 年代创设了有序犯罪现场(organized crime scenes)和无序犯罪现场两种类型。② 虽然他们关于故意杀人犯罪现场特征的规整有助于侦查机关分析案件的性质类型和凶犯的社会特征,但因为有序和无序的类型划分视角过于狭窄,且有关两类人格特征的划分范围亦过于

---

① 根据描述统计,1990—1999 年,由共同犯罪人实施的多重杀人案例共 60 件,单独个体实施的共 33 件;2000—2009 年,由共同犯罪人实施的多重杀人案例共 68 件,单独个体实施的共 83 件。

② 据其研究,有序犯罪现场类型中杀人凶犯显著的人格特征是:精神变态者,显著的社会特征有六个方面:(1)智商高于平均值;(2)具有社会技能;(3)受过一定的教育;(4)出生于城市;(5)流动性较强;(6)性生活随意。无序杀人现场类型中杀人凶犯显著的人格特征是:将被害人非人化,显著的社会特征有五个方面:(1)低于平均智商;(2)高中阶段即退学;(3)缺乏社会能力;(4)没有稳定的家庭关系;(5)具有虐待情感和退缩型人格障碍。*See* Albert R. Roberts, Kristen M. Zgoba, Shahid M. Shahidullah, *Recidivism among four types of homicide offenders: An exploratory analysis of 336 homicide offenders in New Jersey*, 12 Aggression and Violent Behavior 497(2007).

狭小,故其适用范围较小。基于此,我们主要基于对所收集案例的经验总结,通过开放式编码方法的采用,提取首犯时间等34个概念范畴。① 如下表所示,在34个概念范畴中,变量的类型包括四种:一是离散型变量,如首犯时间等;二是连续型变量,如第一次犯罪所处刑期等;三是二分类变量,如性别等;四是多分类变量(名义变量),如犯罪位置等。案例数据编码过程中,由于所编多分类变量的不同水平无法穷尽事物自身所有范围,因此需要研究者持续编码。质言之,我们需要根据新的案例内容持续增加多分类变量的不同水平,从而最终形成接近穷尽事物所有范围的编码表。例如:对于犯罪位置这一概念范畴,如果某个多重杀人案发地为矿井,则就需增加"矿井"这一编码。

采用开放式编码方法对案例数据进行初始编码是数据分析和理论发现的起点,因此初始编码的范围和内容也就较为宽泛。基于此,经初始编码所得到的概念范畴,其抽象程度明显较低,故需要采用主轴编码方法提取抽象程度更高的范畴。通过对34个概念范畴进一步提炼,得到犯罪时间等14个抽象程度更高的主范畴。基于统计分析一般原理和数据分析处理初步结果,我们从中只提取8个主范畴作为创建分类模型与回归模型的因素指标,包括犯罪地点、犯罪现场、犯罪过程、犯罪行为、犯罪动机、被害人状况、犯罪人生平境遇、犯罪人前科状况等。其理由主要有:一是作为实验组的系列杀人犯罪和作为对照组的特大杀人犯罪二者之间的所有变量因素需要基于相同的假设。由于初始编码范围广,而经提炼出的主范畴虽然抽象程度高,但范围依然较广,故研究者需要排除实验组和对照组不一样的假设条件。由于系列杀人凶犯一般未被当场抓获,而特大杀人凶犯则往往被及时抓获,故在创建系列杀人犯罪侦查分析回归模型时,我们需要将案发情形、犯罪人基本状况、犯罪人精神状况等因素指标予以排除。需要说明的是,虽然我们保留了犯罪人前科状况因素指标,但是在创建系列杀人犯罪回归模型(y_2)时将其予以删除。二是根据数据处理初步结果,有些数据缺失太多,无法通过均值补全,如犯罪时间等。三是经初步统计分析,一些因素指标因为与其他因素指标之间高度相关,如动机行为,故亦将其予以排除。

① 编码主要区分为三种类型:一是开放性编码,主要发生在编码的起始阶段,其目的在于提炼概念和范畴。二是主轴编码或关联性编码,其目的在于提炼抽象程度更高的概念和范畴,以确定现象及其属性的维度。三是选择性编码或重点编码,其目的在于系统处理诸范畴之间的关系。参见曾赟:《犯罪学中定性与定量研究》,载《山东警察学院学报》2015年第3期。

　　由于8个主范畴所涵盖的因素指标有些属于多分类变量,有些属于离散型变量,故为科学创建二元逻辑回归模型,需要将其转化为二分类变量。对于8个主范畴所涵盖因素指标的转换,我们主要基于经验概括与理论抽象,并通过采用重点编码方法,将其依次转换为18个二值变量,由此得到18项测量指标。基于前述三种编码方法,最终形成"单独个体多重杀人犯罪数据编码表"。

单独个体多重杀人犯罪数据编码表

概念范畴 (开放式编码)	主范畴 (主轴编码)	观测范畴 (二值编码)
1.首犯时间	a.犯罪时间	
2.犯罪时点:①凌晨(0—5);②早上(5—11);③中午(11—13);④下午(13—17);⑤傍晚(17—19);⑥晚上(19—24)		
3.犯罪季节:①春天;②夏天;③秋天;④冬天		
4.犯罪位置:①火车站、广场、城门口、银行门口、岗亭、街道、马路、村落等人群密集地区;②被害人家(办公室、宿舍);③犯罪人家(办公室、宿舍);④菜地、玉米地、果园、防空洞等荒郊野外;⑤街道、马路、院落、村落等偏僻处;⑥招待所、茶馆、饭店、电影院、寺庙、敬老院等公共服务设施内;⑦网吧、游戏厅、酒吧、红灯区等敏感地区内;⑧出租车、地铁、电车、火车、船只、飞机等公共交通设施内	1.犯罪地点	1.犯罪地是否偏僻
5.犯罪区域:①特定地点;②同一区域;③区域不定		
6.被杀害人数	b.危害结果	
7.财产损失		
8.作案工具:①钝器;②锐器;③枪支;④爆炸物、易燃物;⑤毒物;⑥绳子等细长物;⑦交通工具	2.犯罪现场	2.是否未携带凶器作案 3.尸体是否不在犯罪现场
9.尸体处置:①尸体在犯罪现场;②埋尸;③藏尸;④分尸;⑤焚尸;⑥抛尸		

续表

概念范畴 （开放式编码）	主范畴 （主轴编码）	观测范畴 （二值编码）
10.犯罪手段：①绞杀；②扼杀；③钝器重击；④锐器刺戳；⑤割喉；⑥砍头；⑦电击；⑧毒杀；⑨枪击；⑩纵火；⑪爆炸；⑫锐器砍杀；⑬驾车冲撞	3.犯罪过程	4.是否采用绞杀、扼杀方法 5. 是否侮辱、损毁尸体
11.犯罪标记：①折磨、拷打；②殴打；③拘禁、捆绑；④塞、堵（嘴）、蒙蔽（眼）；⑤威胁被害人；⑥用刀戏谑刺划；⑦多次用力砍杀；⑧用力穿透目标；⑨切割生殖器；⑩损毁生殖器；⑪切挖腹部；⑫切挖胸腔；⑬切挖面部（眼睛）；⑭奸尸；⑮食被害人身体部位；⑯喝被害人血；⑰切割乳头；⑱火烧阴毛；⑲切挖心肺；⑳解剖尸体；㉑侮辱、摧残尸体；㉒烹尸；㉓鸡奸；㉔扒光衣物		
12.犯罪行为：①强奸；②抢劫；③盗窃；④放火；⑤投毒；⑥猥亵；⑦绑架；⑧爆炸；⑨盗窃、抢夺、抢劫枪支、弹药、爆炸物；⑩劫持；⑪故意伤害	4.犯罪行为	6.是否有强奸行为 7.是否有抢劫行为
13.犯罪动机：①权力与控制；②信仰与使命；③伪理性型；④家庭杀伐；⑤追求刺激；⑥追求利益；⑦心怀愤恨；⑧精神病人	5.犯罪动机	8.是否为追求刺激 9.是否为追求利益 10.是否为心怀愤恨 11. 是否为权力和控制
14.动机行为：①变态杀人；②强奸杀人；③抢劫杀人；④套保杀人；⑤重罪杀人；⑥恐怖袭击；⑦报复杀人；⑧疯狂滥杀	c.动机行为	

续表

概念范畴 （开放式编码）	主范畴 （主轴编码）	观测范畴 （二值编码）
15.被害人性别	6.被害人状况	12.被害人心智是否未达成熟 13.被害人是否属于易遭受攻击群体 14.犯罪人与被害人是否为熟人
16.被害人生理特征：①智障者；②年老疾病者；③儿童；④少年		
17.被害人社会特征：①妓女；②独行妇女；③其他独行者；④求职妇女；⑤其他求职者；⑥乘客；⑦旅客；⑧顾客；⑨雇员；⑩雇主；⑪警察；⑫家庭成员；⑬居民；⑭同村、同事、同学、生意合作者		
18.被害人与犯罪人关系：①家庭成员（或亲戚）关系；②其他熟人关系；③陌生人关系		
19.案发情形：①相互之间的争吵；②感情纠纷；③家庭纠纷；④债权债务纠纷	d.案发情形	
20-25.犯罪人出生日期、性别、民族、文化程度、职业、婚姻	e.犯罪人基本状况	
26.犯罪人早年生平境遇：①疾病；②父母一方或双方去世；③父母离异；④被遗弃；⑤虐待；⑥身体缺陷；⑦孤独；⑧贫穷	7.犯罪人生平境遇	15.个体早年是否遭遇不幸 16.个体成年是否遭遇不幸 17.情感是否长期得不到安放
27.犯罪人成年生平境遇：①遭遇解雇或解雇威胁；②同所爱的人分离；③离异；④破产；⑤失业		
28.犯罪人情感支持状况		
29.精神病史	f.犯罪人精神状况	
30.自杀史		
31.犯罪前科次数	8.犯罪人前科状况	18.是否有犯罪前科
32.第一次罪名		
33.第一次刑期		
34.第一次犯罪时间		

二、分类模型的创建及检验

在完成对系列杀人犯罪现场等数据的编码之后，需要首先考虑的问题是如何

497

利用编码表创建一个能使侦查机关直观判定某一故意杀人是否为系列杀人的数学模型。我们认为,采用聚类分析方法创建分类模型是实现上述目的的原初路径。之所以首先选择聚类分析方法创建分类模型,而不是首先采用回归分析方法创建回归模型,是因为案发当时如果嫌疑人未被及时抓获,那么侦查机关当然无法根据犯罪人相关资料来判定案件类型;即便嫌疑人被当场抓获,侦查机关亦难以判断犯罪人将来是否会再次实施杀人犯罪。就此而言,如要创建用于测量某一故意杀人是否为系列杀人犯罪的数学模型,就应以未知杀人案件属于何种类型为理论预设的前提。显然,针对未知事件类型的判别理当选择聚类分析法。兹根据上表,在确立 8 个主范畴名下 18 项二值变量基础上,采用 K 均值聚类法,创建系列杀人犯罪分类模型。

(一)聚类分析变量的确定

如上表所示,8 个主范畴所涵盖的因素指标可以用作聚类分析的变量。兹基于对 181 件多重杀人案件的经验分析,就 8 个主范畴名下 18 项二值变量的确立做如下说明。

一是犯罪地点。[①] 根据上表,犯罪地点因素属于无序多分类变量。基于经验判断,其可转换为"犯罪地是否偏僻"二值变量。犯罪地为荒郊野外、街道、院落等的偏僻处,其均可被定义为犯罪地偏僻。犯罪地为犯罪人家(办公室、宿舍)的,也可被定义为偏僻场所,因为被害人一旦受蒙骗来到犯罪人家(办公室、宿舍)内,就难以摆脱犯罪人的控制。当然,其余诸项则可被定义为非偏僻场所。根据描述统计,181 件多重杀人案例中有 44 件犯罪发生地为偏僻场所,约占样本总数的24.3%。

二是犯罪现场。根据上表,犯罪现场因素包括犯罪工具和尸体处置等两项无序多分类变量。基于案件事实,其可分别转换为"是否未携带凶器作案""尸体是否不在犯罪现场"等两项二值变量。对"是否未携带凶器作案"因素指标,凡凶犯未携带钝器、锐器、枪支、爆炸物、易燃物、毒物、交通工具等作案,重新编码为"是",余则为"否"。需要说明的是,我们将使用随身携带的布料、皮鞭等细长物品作案视为未携带凶器作案。对"尸体是否不在犯罪现场"因素指标,凡凶犯有埋尸、藏尸、分尸、焚尸、抛尸、买卖尸体等行为的,重新编码为"是",余则为"否"。即便被害人尸体确实是在犯罪现场被发现的,但如果杀人凶犯有埋尸、藏尸、分

---

① 对于犯罪地点的研究,我国有学者采用犯罪制图和地理信息技术来绘制犯罪地图,以精准描述犯罪空间分布、组合、数量、密度等方面的特征。参见单勇:《犯罪地图的公开》,载《国家检察官学院学报》2016 年第 5 期。

尸、焚尸等行为,从而导致被害人尸体不易被人们发现的,亦被视为被害人尸体不在犯罪现场。根据描述统计,181 件多重杀人案例中凶犯未携带凶器作案的共 23 件、尸体不在犯罪现场的共 45 件,分别约占样本总量的 12.7%、24.9%。

三是犯罪过程。根据上表,犯罪过程因素包括犯罪手段、犯罪标记等两项无序多分类变量。基于案件事实,其可分别转换为"是否采用绞杀、扼杀方法""是否侮辱、毁损尸体"等两项二值变量。对于前者,凡凶犯采用绞杀、扼杀方法作案的,重新编码为"是";采用诸如钝器重击、锐器刺戳、割喉、枪击、纵火、爆炸等方法作案的,则编码为"否"。对于后者,凡凶犯具有相关行为的,重新编码为"是",余则为"否"。根据描述统计,181 件多重杀人案例中凶犯采用绞杀、扼杀方法作案的共 29 件①,有侮辱、损毁尸体行为的共 28 件,分别约占样本总量的 16.0%、15.5%。

四是犯罪行为。根据上表,基于统计分析,犯罪行为因素可转换为"是否有强奸行为""是否有抢劫行为"等两项二值变量。根据描述统计,181 件多重杀人案例中仅有故意杀人行为的共 62 件,约占样本总量的 34.3%;除故意杀人行为之外,既有抢劫行为,又有强奸行为的共 21 件,约占样本总量的 11.6%;除故意杀人行为之外,还具有强奸行为、抢劫行为的分别为 32 件、56 件,约占样本总量的 17.7%、30.9%。

五是犯罪动机。根据上表,犯罪动机因素属于无序多分类变量,其可转换为"是否为追求刺激型""是否为追求利益型""是否为心怀愤恨型""是否为权力和控制型"等四项二值变量。根据描述统计,181 件多重杀人案例中犯罪动机为追求刺激型、追求利益型、心怀愤恨型、权力和控制型的分别有 30 件、40 件、98 件和 13 件,约占样本总量的 16.6%、22.1%、54.1% 和 7.2%。②

六是被害人状况。根据上表,被害人状况因素包括被害人生理—心理特征、被害人社会特征、被害人与犯罪之间关系等三项多分类变量。基于案件事实,其可分别转换为被害人心智是否未达成熟、被害人是否属于易遭受攻击人员、被害人与犯罪人是否为熟人等三项二值变量。对于被害人生理—心理特征因素的二值编码,凡被害人为智障者、年老疾病者、儿童、少年等,编码为"心智未达成熟",

---

① 由于有些案件中的杀人凶犯既携带凶器,同时又采用绞杀、扼杀方法杀害被害人,因此采用绞杀、扼杀方法的案件数与未携带凶器作案的案件数不尽相同。

② 98 件"心怀愤恨型"多重杀人犯罪案件中,系列杀人仅 1 件,余则为特大杀人案件。对于"心怀愤恨型"特大杀人犯罪,我国有学者将其归入独狼恐怖主义犯罪序列中,并将"纠正个人冤屈"作为独狼恐怖主义犯罪的动机目的之一。我国另有学者在论述恐怖主义的个体罪因时,将仇恨和报复作为恐怖主义的动机因素之一。参见曾赟:《论独狼恐怖主义犯罪的构成要素》,载《政法论坛》2016 年第 5 期;兰迪:《恐怖主义的个体罪因》,载《国家检察官学院学报》2016 年第 9 期。

余则为"否";对于被害人社会特征因素的二值编码,凡被害人为妓女、独行妇女、其他独行者等,编码为"易遭受攻击人员",余则为"否"。根据描述统计,181件多重杀人案例中被害人心智未达成熟、被害人为易遭受攻击人员、被害人与犯罪人为熟人的分别有49件、24件、78件,约占样本总量的27.1%、13.3%和43.1%。

七是犯罪人生平境遇。根据上表,犯罪人生平境遇因素包括个体早年生平境遇、成年生平境遇、情感支持状况等三项无序多分类变量。对于个体早年生平境遇因素的二值编码,凡个体早年时期遭遇疾病、父母一方或双方去世、父母离异、遗弃、虐待、身体缺陷、孤独、贫穷等不幸事件者,重新编码为"早年遭遇不幸",余则为"否";对于个体成年生平境遇因素的二值编码,凡个体成年时期遭遇解雇或解雇威胁、同所爱的人分离、离异、破产等不幸事件的,重新编码为"成年遭遇不幸",余则为"否";对于个体情感支持状况的二值编码,可直接将其转为"个体情感是否长期得不到安放"。根据描述统计,181件多重杀人案例中个体早年遭遇不幸事件、成年遭遇不幸事件、情感长期得不到安放的分别有31件、49件和50件,约占样本总量的17.1%、27.1%和27.6%。

八是犯罪人前科状况。根据上表,犯罪前科状况因素可转换为"是否有犯罪前科"二值变量。需要特别说明的是,凡犯罪人曾受过强制戒毒、行政拘留等行政处罚的,均被视为有犯罪前科记录。根据描述统计,181件多重杀人案例中犯罪人有前科记录的共57件,约占样本总量的31.5%。

(二)分类模型的创建

如果假设181件单独个体多重杀人案例相互之间存在着程度不同的相似性(亲疏关系),那么依据可以度量案例之间相似性的统计量,就可以把相似程度较大的案例聚合为一类,把另外一些相似程度较大的案例聚合为另一类。显然,案例之间的这种"亲疏程度"是重要的,因为它直接影响最终聚类结果。本研究中我们采用K均值聚类方法对181件多重杀人案例进行分类。K均值聚类方法采用欧式距离作为相似性测度的统计量,认为两个案例之间的距离越近,相互之间的相似度就越大。在样本容量较大时,研究者需要选择一批凝聚点或给出一个初始分类,让案例按照最短距离原则向凝聚点凝聚。向凝聚点凝聚的过程就是一个不断修改凝聚点或进行迭代的过程,这一过程将一直持续至分类比较合理或迭代稳定为止。

将基于重点编码和二值编码方法取得的18项测量指标作为聚类分析的变量,将181件多重杀人案例序号作为个案依据,采用K均值聚类方法,可得初始聚类中心。经第一次迭代后,二个类的中心点分别偏移了1.770和1.237。经第七次迭代后,二个类的中心点偏移均小于系统判定标准(0.02),聚类结束。根据聚类分析结果,第一类多重杀人犯罪的显著特征有:一是犯罪地偏僻;二是被害人尸体不在犯罪现场;三是杀人凶犯在杀害被害人后还有抢劫行为;四是杀人凶犯有犯罪前科。除此之外,第一类还具有以下非典型特征:一是一些杀人凶犯在作案时未携带凶器;二是杀人凶犯具有权力和控制动机欲望。第二类多重杀人犯罪的显著特征有:一是杀人凶犯的犯罪动机表现为心怀愤恨型;二是犯罪人与被害人是熟人。基于概念分析与经验观察,第一类多重杀人犯罪为系列杀人,第二类多重杀人犯罪为特大杀人。基于此,根据多重杀人犯罪最终聚类分析结果,得到系列杀人犯罪分类模型。依据系列杀人犯罪分类模型,侦查机关可以初步从犯罪地是否偏僻、被害人尸体是否不在犯罪现场、凶犯是否有抢劫行为、是否有犯罪前科等四个方面直观判别某一故意杀人是否属于系列杀人犯罪。当然,为能全面分析案件属性,侦查机关需根据18项二值变量,通过系列杀人犯罪分类模型来判别某一故意杀人案件是否属于系列杀人犯罪。

(三)分类模型的检验

根据系列杀人犯罪分类模型的分类结果,181件多重杀人案例中有72件被判定为系列杀人,109件被判定为特大杀人犯罪。依据系列杀人和特大杀人犯罪概念,181件多重杀人案例中有69件为系列杀人,112件为特大杀人犯罪。为便于区分,将基于分类模型所做分类称为统计分类,将基于概念界定所做分类称为概念分类。为检验系列杀人犯罪分类模型的准确性,采用交叉列表分析法进行检验。根据交叉列表检验结果,统计分类中被确定为系列杀人犯罪的72件案例中有66件被概念分类定义为系列杀人犯罪。质言之,被分类模型预测为系列杀人犯罪的72件案例中有66件被准确预测,因此系列杀人犯罪分类模型的预测准确率为95.7%。统计分类中被确定为特大杀人的109件案例中有3件被概念分类定义为系列杀人犯罪。质言之,被分类模型预测为特大杀人的109件案例中有3件案例被预测错误,因此系列杀人犯罪分类模型的预测错误率为4.3%。

根据系列杀人犯罪分类模型,若以聂树斌案中康某被害犯罪事实和甘肃白银案中高某勇所犯第一起犯罪事实作为文本分析对象,那么聂树斌案(王书金案)和甘肃白银案都被测定为系列杀人犯罪。假设在聂树斌案侦查、起诉或审理三个阶段中的任何一个阶段,尤其是侦查阶段,司法工作者能够依据系列杀人犯罪分类模型将该案判定为系列杀人犯罪,那么他们就有充分理由怀疑聂树斌案处理结论的正确性,因为根据聂树斌的人生轨迹,其不具有系列杀人犯罪的显著特征。假如根据高某勇所犯第一起犯罪事实,侦查机关就能确定该案为系列杀人犯罪,那么他们就可根据系列杀人犯罪特征来确定案件侦查的范围和划定杀人凶犯再次实施犯罪的重点区域。果真如此,高犯很可能不会在距其首次作案28年后才被侦查机关抓获。可以想象,如果侦查关能够依据统计分析模型来科学判定某一杀人案件的类型,那么类似的人间悲剧很可能会得以避免。

三、回归模型的创建及检验

根据前述,依据系列杀人犯罪分类模型,侦查机关可以直观判定某一杀人案件的类型属性,亦可据此测量某一故意杀人是否为系列杀人犯罪。但分类模型的不足之处亦显而易见:其一,据以创建模型的测量指标有 18 项之多,而其对因变量的影响却未经检验;其二,聚类结果往往会受凝聚点选择好坏的影响,从而使得系列杀人分类结果不够稳定;其三,模型的拟合效果无从检验。一言以蔽之,系列杀人犯罪分类模型最大的不足之处是稳定性不够。解决这一问题最好的办法是:基于聚类分析模型的分类结果,利用回归分析方法,创建回归模型,以准确计算出某一杀人案件为系列杀人犯罪的概率值。所谓回归分析,实际上就是基于已知事件建立数学测量模型(概率模型),然后将其推至未知事件。然而由于未知事件不可能完全与已知事件完全相同,故回归模型测量结果的准确性常受质疑。但如果基于聚类分析结果,我们就可以克服回归分析法的这一不足,因为用于创建回归模型的测量值指标是通过聚类分析得到,而分类模型又是基于未知事件得到的。鉴于此,首先,利用聚类分析结果创建方差分析模型,以拣选出创建回归模型的测量指标。其次,采用二元逻辑回归方法,创建二元逻辑回归模型。再次,根据回归方程,计算出 181 件多重杀人为系列杀人犯罪的概率值。最后,通过交叉列表分析,检验回归模型的准确性。

(一)回归模型测量指标的提取:基于方差分析

在创建二元逻辑回归模型之前,我们采用方差分析方法来提取对因变量具有显著影响的测量指标。依据系列杀人犯罪分类模型所得分类结果,将是否为系列杀人犯罪作为因变量,8 个主范畴名下的各二值变量作为自变量,利用 SPSS18.0 统计软件,采用方差分析方法,创建 8 个方差分析模型。在此基础上,从中分别提取 $P<0.05$ 的变量作为创建系列杀人犯罪回归模型的测量指标。

一是犯罪地点。通过对统计分类的描述统计,72 件系列杀人案例中有 13 件发生在犯罪人家(办公室、宿舍),有 10 件发生在菜地、玉米地、果园、防空洞等荒郊野外,有 16 件发生在街道、马路、院落、村落等地的偏僻处,即犯罪发生在偏僻场所的案件共有 39 件,约占系列杀人犯罪样本总量的 54.2%。通过方差分析,创建犯罪地点方差分析模型。模型检验为:$F=84.247$,$P=0.000$,说明模型具有统计学意义。根据方差分析表,犯罪地是否偏僻(x_1)对因变量具有显著影响。基于此,系列杀人犯罪地点的一个显著特征是:多数案件发生在较为偏僻的场所。

二是犯罪现场。通过对是否未携带凶器作案、尸体是否不在犯罪现场等 2 项测量指标的描述统计,72 件系列杀人案例中未携带凶器作案共 20 件,尸体不在犯罪现场共 40 件,分别约占系列杀人犯罪样本总量的 27.8%、55.6%。通过多因素方差分析,创建犯罪现场方差分析模型。模型检验为:$F = 34.548$,$P = 0.000$,说明所用模型具有统计学意义。根据方差分析表,是否未携带凶器作案(x_2,$F = 9.376$,$P = 0.003$),尸体是否不在犯罪现场(x_3,$F = 27.657$,$P = 0.000$)等 2 项自变量对因变量有显著影响。基于此,系列杀人犯罪现场的显著特征有:一是凶犯一般未携带凶器作案;二是尸体一般不在案发现场。

三是犯罪过程。通过对是否采用绞杀、扼杀方法,是否侮辱、损毁尸体等 2 项测量指标的描述统计,72 件系列杀人案例中采用绞杀、扼杀方法作案的共 26 件,有侮辱、损毁尸体行为的共 29 件,分别约占系列杀人犯罪样本总量的 36.1%、40.3%。通过多因素方差分析,创建犯罪过程方差分析模型。模型检验为:$F = 41.114$,$P = 0.000$,说明所用模型具有统计学意义。根据方差分析表,是否采用绞杀、扼杀方法(x_4,$F = 15.295$,$P = 0.000$),是否侮辱、损毁尸体(x_5,$F = 27.368$,$P = 0.000$)等 2 项自变量对因变量具有显著影响。基于此,系列杀人犯罪过程的显著特征有:一是杀人凶犯一般采用扼杀、绞杀的方法作案;二是凶犯在完成杀人犯罪行为后往往还有侮辱、损毁尸体行为。

四是犯罪行为。通过描述统计,72 件系列杀人案例中杀人凶犯除有故意杀人行为外,还有强奸行为的共 31 件,有抢劫行为的共 55 件,同时有强奸、抢劫两个行为的共 21 件,分别约占系列杀人犯罪样本总量的 43.1%、76.4% 和 29.2%,此处将同时具有强奸、抢劫两个行为的案件分别重复计入强奸、抢劫行为总量中。基于方差分析,创建犯罪行为方差分析模型。模型检验为:$F = 243.719$,$P = 0.000$,说明模型完全具有统计学意义。根据方差分析表,是否有强奸行为(x_6,$F = 91.443$,$P = 0.000$)、是否有抢劫行为(x_7,$F = 119.315$,$P = 0.000$)等 2 项自变量对因变量均具有显著影响。基于此,系列杀人犯罪行为的一个显著特征是:杀人凶犯除具有故意杀人行为之外,还具有强奸、抢劫等犯罪行为。

五是犯罪动机。通过描述统计,72 件系列杀人案例中犯罪动机为追求刺激型 30 件、追求利益型 37 件、心怀愤恨型 1 件、权力和控制型 4 件,分别约占系列杀人样本总量的 41.7%、51.4%、1.4% 和 5.6%。系列杀人案例中仅有 1 件系列杀人凶犯出于报复动机。基于方差分析方法,创建犯罪动机多因素方差分析模型。模型检验为:$F = 689.239$,$P = 0.000$,说明模型具有统计学意义。根据方差分析表,犯罪动机是否为追求刺激型(x_8,$F = 913.799$,$P = 0.000$)、是否为追求利益型(x_9,$F = 788.853$,$P = 0.000$)、是否为权力和控制型(x_{10},$F = 332.067$,$P = 0.000$)等 3 项自变量对因变量均具有显著影响。基于此,系列杀人犯罪动机的一个显著特征是:杀人凶犯一般出于追求刺激、利益等而实施系列杀人犯罪。

六是被害人状况。根据描述统计,72 件系列杀人案例中被害人心智未达成熟、被害人为易遭受攻击人员、被害人与犯罪人为熟人的分别有 19 件、22 件和 8 件,约占系列杀人犯罪样本总量的 26.4%、30.6% 和 11.1%。基于方差分析方法,创建被害人状况多因素方差分析模型。模型检验为:$F = 17.670, P = 0.000$,说明模型具有统计学意义。根据方差分析表,被害人是否属于易遭受攻击人员($x_{11}, F = 8.854, P = 0.003$)对因变量具有显著影响,其余 2 项因素对因变量不具有显著影响。基于此,系列杀人犯罪被害人状况的一个显著特征是:被害人多为易遭受攻击人员。

七是犯罪人生平境遇。根据描述统计,72 件系列杀人案例中个体早年遭遇不幸、成年时期遭遇不幸和情感长期得不到安放的分别为 14 件、17 件和 22 件,约占系列杀人样本总量的 19.4%、23.6% 和 30.6%。基于多因素方差分析方法,创建犯罪人生平境遇方差分析模型。模型检验为:$F = 0.769, P = 0.614$,说明模型完全不具有统计学意义。根据方差分析表,个体早年是否遭遇不幸($P = 0.982$)、个体成年是否遭遇不幸($P = 0.186$)和个体情感是否长期得不到安放($P = 0.264$)等 3 项因素对因变量均不具有显著影响。

八是犯罪人前科状况。根据描述统计,72 件系列杀人案例中有犯罪前科的案例共 39 件,约占系列杀人样本总量的 54.2%。基于方差分析,创建方差分析模型。模型检验为:$F = 33.443, P = 0.000$,说明模型具有统计学意义。根据方差分析表,是否有犯罪前科(x_{12})对因变量具有显著影响。基于此,系列杀人犯罪人前科状况的一个显著特征是:系列杀人凶犯多数有犯罪前科记录。

综合上述,通过方差分析,从 8 个主范畴方差分析模型中初步提取了 12 项因素作为系列杀人犯罪回归模型的测量指标,具体包括:(1)犯罪地是否偏僻(x_1);(2)是否未携带凶器作案(x_2);(3)尸体是否不在犯罪现场(x_3);(4)是否采用绞杀、扼杀方法(x_4);(5)是否侮辱、损毁尸体(x_5);(6)是否有强奸行为(x_6);(7)是否有抢劫行为(x_7);(8)是否为追求刺激型(x_8);(9)是否为追求利益型(x_9);(10)是否为权力和控制型(x_{10});(11)被害人是否属于易遭受攻击人员(x_{11});(12)是否有犯罪前科(x_{12})。

(二)系列杀人犯罪回归模型的创建:基于二元逻辑回归分析

在拣选出系列杀人犯罪回归模型测量指标后,需要通过多重共线性诊断来判断各自变量之间的显著相关性。通过多重共线性诊断,那些可以通过其他自变量来解释的因素将被从模型中剔除。在此基础上,通过二元逻辑回归分析方法创建系列杀人犯罪回归模型。

1.多重共线性诊断

在创建二元逻辑回归模型前,需要通过多重共线性诊断来检验各自变量之间的相关性,因为二元逻辑回归的参数估计要求各自变量之间相互独立,即一个自变量不能用其他自变量来解释。也就是说,多重共线性问题会掩盖检验的显著性,从而导致模型不稳定。据以判定多重共线性的统计量主要有方差膨胀因子(VIF)、条件指数(CI)、方差比例等。一般的,当 VIF>10 时被认为存在严重的多重共线性,也有人主张用 VIF>5 作为判定严重的多重共线性的标准。当 CI>10 时,被认为存在弱多重共线性;当 CI>30 时,被认为存在中等多重共线性;当 CI>100 时,被认为存在严重的多重共线性。对于方差比例判定标准而言,一般认为方差比例的值越大,则多重共线性越强。依据系列杀人概念所得的概念分类结果,将是否为系列杀人作为因变量,同时将基于方差分析所得的 12 项测量指标作为自变量,通过多元回归分析方法,可得多元回归模型系数和共线性诊结果。据此,我们发现:其一,x_8 的方差膨胀因子值最大(VIF = 5.284);其二,CI 最大值 = 9.248,接近 10;其三,x_8、x_9 的方差比例最大,分别为 0.83.0.78。基于此,x_8、x_9 等 2 个自变量被认为同其他 9 个自变量之间存在多重共线性。

对于 x_8、x_9 等 2 个自变量同其余自变量之间的多重共线性问题,我们还可以通过多元回归分析方法来进一步检验。将 x_8、x_9 分别作为因变量,将其余 11 个变量作为自变量,创建犯罪动机是否为追求刺激型和追求利益型等 2 个多元回归模型。根据前者,x_8 同 x_1($P = 0.001$)、x_2($P = 0.005$)、x_3($P = 0.000$)、x_5($P = 0.000$)、x_6($P = 0.026$)、x_7($P = 0.000$)、x_9($P = 0.000$)、x_{10}($P = 0.000$)、x_{12}($P = 0.000$)等 9 个自变量之间存在显著相关性。质言之,x_8 可以通过其余 9 个自变量来解释。根据后者,x_9 同 x_3($P = 0.000$)、x_7($P = 0.000$)、x_8($P = 0.000$)、x_{10}($P = 0.000$)、x_{12}($P = 0.028$)等 5 个自变量之间存在显著相关性。质言之,x_9 可以通过其余 5 个变量来解释。基于前述,在创建二元逻辑回归分析模型时,将是否为追求刺激型(x_8)、是否为追求利益型(x_9)等 2 项因素指标予以剔除。在剔除 x_8、x_9 等 2 项自变量后,我们发现 10 个自变量中 VIF 最大值仅为 1.956,条件指数最大值为 4.55。基于此,多重共线性问题得以消除。

2.系列杀人犯罪回归模型的创建

将基于系列杀人概念所得的概念分类——是否为系列杀人作为因变量,将 x_1、x_2、x_3、x_4、x_5、x_6、x_7、x_{10}、x_{11}、x_{12} 等 10 项测量指标作为自变量,通过二元逻辑回归分析,采用逐步向前进入法(似然比),运用 SPSS18.0,创建系列杀人犯罪回归模型。所谓逐步向前进入法是指在每次引入一个新变量时对先前引入方程的老变量逐个进行检验,将对因变量不具有显著影响的变量从中剔除,直至没有剔除的变量方再引入新的变量。通过逐步向前回归,模型中仅保留了4项对因变量具有显著影响的自变量指标,具体包括:犯罪地是否偏僻(x_1,$P=0.000$)、尸体是否不在犯罪现场(x_3,$P=0.001$)、是否有抢劫行为(x_7,$P=0.005$)、是否有犯罪前科(x_{12},$P=0.000$)。根据回归模型结论,可得系列杀人犯罪回归方程:$y_1 = -5.454 + 4.608 * x_1 + 3.669 * x_3 + 5.583 * x_7 + 2.686 * x_{12}$。经检验:模型的−2倍对数似然值为50.651,说明模型具有统计学意义;模型的 Nagelkerke R^2 为 0.884,说明模型的拟合效果极佳。[1]

当采用该模型来测量某一故意杀人是否为系列杀人犯罪时,上述模型(y_1)所面临的一个问题是:在不知道凶手是谁的情况下,是否有犯罪前科这一测量指标并不具有实际测量功能。鉴于此,将是否有犯罪前科(x_{12})这一指标予以剔除,保留 x_1、x_2、x_3、x_4、x_5、x_6、x_7、x_{10}、x_{11} 等9项测量指标。将前述9项测量指标作为自变量,再次创建二元逻辑回归模型。经逐步向前回归,模型中仅保留了4项对因变量具有显著影响的测量指标,包括:犯罪地是否偏僻(x_1,$P=0.000$)、尸体是否不在犯罪现场(x_3,$P=0.003$)、是否采用绞杀或扼杀方法(x_4,$P=0.045$)、是否有抢劫行为(x_7,$P=0.000$)。根据回归结果,系列杀人犯罪二元逻辑回归方程为:$y_2 = -4.683 + 3.974 * x_1 + 3.014 * x_3 + 2.762 * x_4 + 5.650 * x_7$。经检验:模型的−2倍对数似然值为 56.193,说明模型具有统计学意义。Nagelkerke R^2 为 0.869,说明模型的拟合效果极好;采用 Hosmer—Lemeshow 检验,sig=0.958>0.05,说明模型的拟合度极强。[2]

(三)系列杀人犯罪回归模型的运算

根据系列杀人犯罪二元逻辑回归方程(y_2),可以计算出某一故意杀人犯罪为系列杀人的概率,概率公式为:$P = ez/1+ez$($z = -4.683 + 3.974 * x_1 + 3.014 * x_3 + 2.762 * x_4 + 5.650 * x_7$)。以聂树斌案(王书金案)为例,根据案发现场,可做如下认定:犯罪地偏僻(x_1);被害人尸体在犯罪现场被发现(x_3);凶犯采用布条绞杀方法致被害人死亡(x_4)。因为被害人所穿连衣裙不在案发现场(根据王书金的供述,在当时他想要把连衣裙拿回家给他的妻子穿,后担心被侦查机关发现,故又将

---

[1] Nagelkerke R^2 被称为伪决定系数,以有别于多元回归方程中决定系数这一称谓。Nagelkerke R^2 越接近1,模型的拟合效果就越强。

[2] 它是一种 Logistic 模型拟合优度的检验方法,由 Hosmer 和 Lemeshow 在 1989 年提出。其原假设为模型能很好地拟合,因此当 sig.>0.05 时,接受原假设,即认为模型能够很好地拟合数据。

连衣裙就地埋藏),故可认定凶犯有抢劫行为(x_7)[1];也可以认定为没有抢劫行为,因为当时的侦办干警可能并未想到这一细节。根据计算,如果认定凶犯除故意杀人外还有抢劫行为,则该案被判定为系列杀人犯罪的概率值约为 0.999;如果认定凶犯没有抢劫行为,则被判定为系列杀人犯罪的概率约为 0.886。根据任一计算结果,王书金案(聂树斌案)被判定为系列杀人案无疑。对甘肃白银高承勇第一起犯罪案件,根据案发现场,可作如下认定:犯罪地(在被害人家)偏僻;被害人尸体在犯罪现场;采用锐器刺戳;现场有侵财迹象。[2] 根据计算:该案为系列杀人的概率值约为 0.997。根据计算结果,甘肃白银案被判定为系列杀人犯罪。

(四)系列杀人犯罪回归模型的检验

根据概率公式 $P = ez/1 + ez$($z = -4.683 + 3.974 * x_1 + 3.014 * x_3 + 2.762 * x_4 + 5.650 * x_7$),分别计算出基于概念分类所得 69 件系列杀人案件的概率值。通过计算,69 件系列杀人案件的概率值分布为:①有 3 件 < 0.5;②有 23 件 < 0.95,但 > 0.5;③有 43 件 > 0.95。一般认为,概率值大于 0.5 时,被认为某事很可能发生。基于此,根据系列杀人犯罪回归模型计算结果,有 3 件预测错误,有 66 件预测准确,模型预测的准确率约为 95.7%。当然,我们还可以采用交叉列表方法来检验模型的准确性。根据交叉列表分析,181 件多重杀人案例中有 69 件为系列杀人、112 件为特大杀人。69 件系列杀人案件被模型准确预测为系列杀人犯罪的有 66件,错误预测为特大杀人犯罪的有 3 件,模型预测准确率为 95.7%;模型的总体预测准确率为 95%。112 件特大杀人案例被模型准确预测为特大杀人犯罪有 106件,错误预测为系列杀人犯罪有 6 件,模型预测准确率为 94.6%。

四、结语

综合全文,在通过文本分析法得到多重杀人犯罪数据编码表的基础上,采用 K 均值聚类方法创建系列杀人犯罪分类模型;采用方差分析、多重共线性诊断、二元回归分析等方法创建系列杀人犯罪回归模型。依据系列杀人犯罪分类模型,侦查机关可以简单而又直观判定某一故意杀人是否为系列杀人犯罪;依据系列杀人犯罪回归模型,侦查机关可以精准计算某一故意杀人为系列杀人犯罪的概率,从

---

① 焦新波、张君:《十年前王书金案采访实录》,载《民主与法制》2015 年第 7 期。

② 1988 年 5 月 26 日,白银市公安局白银分局刑警王磊在工农路派出所接到报案后赶赴案发现场,经勘验,床上都是血,被害人身上二十多处伤,颈部被切开,手上也有搏斗伤。现场有侵财迹象,受害人屋里被翻得乱七八糟。根据办案民警回忆,"从尸检情况看,没有发生性行为,但有猥亵迹象"。参见《老刑警曝光白银命案细节:没有受害人穿红衣服》,http://news.youth.cn/sh/201608/t20160831_8608673.htm,最后访问时间:2017 年 5 月 30 日。

而准确判定案件的属性。总的来看,系列杀人犯罪侦查分析模型的创建是刑事诉讼实践活动中的一项重要发现,它为提升我国刑事司法公信力和公正性提供了一个可具体测量的科学路径。然行文至此,尚有以下两个问题需要说明和厘清。

第一,系列杀人犯罪分类和回归模型赖以创建的基础数据既非官方资料,也非第一手调查或访谈资料,而是来自媒体的纪实报道或中国知网上的相关论文,那么据此创建的模型可信吗?我们认为,据此创建的模型十分可信,因为模型所用的数据均是客观的。显然,对于犯罪地点(x_1),被害人尸体身在何处(x_3),是否采用绞杀、扼杀方法(x_4),杀人凶犯是否还具有抢劫行为(x_7),犯罪人是否有前科(x_{12})等5项自变量数据资料,我们相信媒体报道和相关论文不存在虚假的、错误的陈述。就此而言,基于系列杀人犯罪分类模型与回归模型,侦查机关只需要根据犯罪现场客观事实就可直接测量某一故意杀人是否为系列杀人犯罪,而无须高深的刑事侦查技术和复杂的实验设备。

第二,系列杀人犯罪分类模型与回归模型究竟孰优孰劣?纵观全文,二者间有相同点:一是两者对某一故意杀人是否为系列杀人的预测准确率均高达95.7%;二是分类模型中的核心解释变量与回归模型中的4项测量指标基本相同。两者间也有不同点:一是前者中的18项测量指标均来自经验判断,后者中的4项测量指标则是通过方差分析、多重共线性诊断、二元逻辑回归分析等统计方法的综合应用得到的,故后者对因变量的解释力明显优于前者。二是前者的拟合效果未经任何检验,后者则经似然比检验、Nagelkerke R^2 和 Hosmer—Lemeshow 等三种不同方法检验,故后者的可靠性明显优于前者。

(本文原载于《中国法学》2018 年第 1 期)

犯罪工具没收研究

王飞跃

作者简介:王飞跃(1969—),男,湖南省洞口县人,刑法学博士,中南林业科技大学政法学院教授,兼职律师。曾先后在洞口县石江学区、长沙市中级人民法院、中南大学等单位工作多年,主要社会兼职有湖南省第十三届人大常委会立法咨询委员会咨询专家、湖南省人民检察院咨询委员会咨询委员。先后在《中国法学》《中外法学》《法学家》《法学》《法律科学》《法学评论》等刊物发表学术论文 30 余篇,出版学术专著 2 部,主编教材 1 部,参与撰写学术著作和教材多部。

作为打击犯罪的重要措施,对犯罪工具、违法所得等予以没收既受到立法机关的重视,也受到执法机关的青睐:首先,在犯罪的"现代化""高科技化""产业化"以及有组织犯罪日益猖獗等形势下,剥夺犯罪分子的犯罪经济能力并使犯罪无利可图、得不偿失从而有力预防犯罪是一种适宜的刑事政策,因此美国联邦一方面扩大了民事没收(civil forfeiture)的适用范围以打击犯罪;另一方面于 1970 年通过的"有组织犯罪控制法案"中的"反勒索与受贿组织法"(RICO)对刑事没收(criminal forfeiture)予以恢复。其次,没收的犯罪工具等是一笔很大的财政收入,均用于联邦、州以及当地执法机关,执法机关故而乐此不疲。当然,对犯罪工具等予以没收显然也是一柄"双刃剑"。自 20 世纪 90 年代以来,美国联邦政府对没收的广泛适用就一直受到各种质疑与批判,不少没收因为过于严厉而被批为"恐怖",同时,联邦最高法院通过适用第八修正案、第五修正案中的禁止罚金畸重条款(Excessive Fines Clause)、禁止双重危险条款(Double Jeopardy Clause)等对政府的没收行为进行规范。我国刑法第 64 条规定,"供犯罪所用的本人财物"也即犯罪工具应当予以没收。但由于犯罪工具的没收尚缺乏系统的理论,个案中对某一财产应否认定为犯罪工具歧义丛生,犯罪工具的没收问题也因此逐渐受到理论界的关注。

一、没收的范围：犯罪工具的判断依据

犯罪往往涉及各种各样的物，如何将犯罪工具区分于犯罪过程中涉及的其他合法财产，是合法财产权利得以保护的首要问题。

（一）犯罪工具认定规范化之比较

显然，仅明确对犯罪工具予以没收的法律规定存在导致滥用的风险，保护合法财产权利免受没收必然需要对犯罪工具的范围设定合理的边界。在我国，司法解释对犯罪工具的明确以列举的方式进行（如关于赌博犯罪中的犯罪工具），权威刑法学教材也以列举方式作为规范犯罪工具认定的路径，对犯罪工具的具体形态予以列举的方式有其一目了然的优势，但由于缺乏抽象原则的指导，一方面无法将形式上属于列举范围而实际上与所列类型有显著差别的物排除在外，从而无法有效保护财产权；另一方面，由于列举者的认识局限，无法通过列举的方式穷尽犯罪工具的所有具体形态。

在我国台湾地区，规范犯罪工具认定的理论通说为"直接专门论"。"直接"是指与犯罪必须有直接关系，仅有间接关系的不属于犯罪工具而不得没收，如以贩卖油酒为名乘机盗窃的，仅起掩饰作用的马车、油篓等不属于犯罪工具；所谓的"专门"则排除将平常有其他合法用途仅偶尔用于犯罪的物作为犯罪工具对待，如对平时用于载客偶尔夹带赃物的客车，不得以犯罪工具予以没收。与"直接"的限定类似，我国有大陆学者对犯罪工具从犯罪"实行"的角度进行解释："……犯罪工具，是指实行犯罪所使用的一切物品"。在美国联邦法律体系中，并没有对犯罪工具予以专门界定。《布莱克法律词典》将 criminal instrument 界定为：制造或者改造以用于犯罪的物；一般用于犯罪以及在特定情形下反映非法目的物，也称为"instrument of crime"。《布莱克法律词典》将 instrumentality 定义为：是指用以实现某一目的的物。但在美国联邦法院有关没收的判例中仅在"实行工具"这一含义上使用 instrumentality 一词。有些国家如法国、日本的刑法将犯罪工具界定为"实行犯罪之物"。"直接专门论"与"实行行为论"使得犯罪工具的范围过于狭窄；并且，何谓"直接"或"专门"、犯罪工具的使用在什么情形下才属于"实行"犯罪，研究尚待深入。另外，instrumentality 的一般含义中并未明确为非实行行为使用的物在什么情况下才与实现"犯罪目的"有关。

（二）促进理论

1.促进理论的基本内容

促进理论（facilitation theory）为美国针对洗钱罪、毒品犯罪中没收犯罪工具所适用的一种重要理论。如针对毒品犯罪规定"行为人以任何方式使用的或者部分

使用的,用以实行犯罪、打算用以实行犯罪,或者促进犯罪实施的一切财物",认定是否"促进犯罪"必须根据物是否与犯罪活动有足够联系(sufficient nexus)或者密切联系(substantial connection)。促进理论经由一系列判例已经相对成熟,典型的有 Smith 案和 Rivera 案。促进理论经由 All Monies 案、Certain Funds 案、Certain Accounts 案等得以在没收洗钱犯罪的犯罪工具中应用:同一账户中合法来源的款项因为实际上起到掩盖赃款转移的作用,促进了洗钱活动,因而应当予以没收。法院一般将"促进"解释为"使得某一犯罪活动的实施难度降低,或者或多或少排除了实施犯罪活动的阻碍或者障碍"。但由于对何谓"足够联系"或者"密切联系"认识不一,促进理论在实践中被过度扩张。不过,随着限制政府滥用没收权力呼声的高涨,促进理论中"足够联系""密切联系"等概念在司法实践中还是逐渐得以统一和具体化。第二巡回法院认为,在判断"足够联系"时,首先应当区分实行犯(perpetrators)与非实行犯(nonperpetrator)。判断实行犯的某一物应否没收,应当考虑:某一物与犯罪的联系以及该物在犯罪中的作用;该物的使用是否有意;该物对犯罪的实施是否重要;该物在犯罪中使用的时间和空间范围;该物是反复使用还是偶尔使用;该物的获得、维持以及使用是否出于实施犯罪的目的。除此之外,还应当考虑该物的所有权人在犯罪中的地位及责任大小,该物中犯罪实施物(offending property)与其他物的分离可能性。而对于非实行犯,应当考虑如下因素:一是对该物没收的严厉程度与犯罪的危害大小、对实行犯可能判处的刑罚进行比较。二是该物与犯罪的联系。

2.若干评析

促进理论为划定犯罪工具与合法财产的界限提供了一个方向,并且"足够联系"或者"密切联系"的要求显然有利于进一步限定犯罪工具的范围。第二巡回法院等法院就判断"足够联系"主要因素的归纳使得这一判断更为具体。但该理论也有其局限性:其一,促进理论由于仅关注对实施犯罪的"促进"而不关注犯罪的"实施"本身,对"利用犯罪工具实施犯罪"的判断无法发挥指导。实际上,犯罪工具的使用如何才构成犯罪的"实施"本身亦需要讨论。其二,美国现有运用促进理论的判例基本围绕非实行行为如何掩饰实行行为的实施为中心,但犯罪过程中对物进行使用的目的还包括用以掩饰行为人面貌特征、身份信息等,用以教唆(如买凶杀人中的金钱)等,这些情形并未在促进理论中得到合理的解释。其三,司法实践关于"足够联系"的讨论是在对财产的没收应否有一定程度的限制这一背景下展开的,因而"是否属于犯罪工具"与"犯罪工具没收的程度"两个问题被交织在一起。从逻辑上来说,应当先有"犯罪工具"的认定,才有"对其没收是否超过必要限度"的问题。故而,关于"足够联系"的判断方法在逻辑上并不严谨。其四,其对物与犯罪的"足够联系"以"实行犯"与"非实行犯"为标准进行分类,明显不妥。因为某一物与犯罪的联系应当是客观的,不会因为该物物主在犯罪中的作用而发生改变。如帮助犯向实行犯提供杀人的刀,该刀自然应当认定为犯罪工具,不能因为物主在犯罪中起次要作用而改变。当然,在讨论犯罪工具的没收是否超过必要限度时,区分物主是实行犯还是非实行犯有重要意义,因为这一区分使得物主的责任成为判断对物的没收是否超过必要限度的重要内容。

(三)关联理论

针对前述理论的局限性,本文提出关联理论。关联理论的内容包括两个方面:其一是关联点;其二是关联强度。关联点是指物被用于整个犯罪过程中的哪一阶段、物的使用构成犯罪在侵害合法权益方面的哪一功能或者构成哪一功能的一部分,是实行行为还是非实行行为。关联强度是指物与非实行行为相联系的情况下,该物与犯罪联系的紧密程度。

1.实行工具

其使用功能构成实行行为侵害能力的工具就是"实行工具"。犯罪行为之所以应当禁止并予以惩罚,就在于犯罪行为侵害了刑法所保护的法益,而对法益的侵害是由实行行为实现的。因而在确定是否为犯罪工具时,就应当考虑犯罪过程中的某一物是否与实行行为直接关联。换言之,是否为犯罪工具的判断,应当考虑某一物的使用是否直接构成实行行为的侵害能力。所谓实行行为的侵害能力,是指实行行为作用于犯罪对象从而使刑法保护的法益直接受到侵害的能力。对同样是平常用于装载旅客的汽车,在用来直接撞击被害人的场合,该汽车的使用直接构成实行行为的侵害能力;而对仅用来接送凶手的场合,该汽车的使用不构成实行行为的侵害能力。其使用功能直接构成实行行为侵害能力的物,不论在何种情况下,都应当认定为犯罪工具。因为否认此种物为犯罪工具,就意味着对实行行为的否定,而否定了实行行为就不可能对犯罪追究刑事责任;其使用功能不构成实行行为侵害能力的物,是否为犯罪工具的判断,则要综合考虑关联强度。

2.非实行工具

犯罪行为除实行行为外,可能还包括预谋行为、帮助行为等。与实行行为以外的其他行为关联的物是否属于犯罪工具,首先应当判断与该物联系的具体行为是否属于非实行行为。非实行行为并非泛指实行行为以外的所有无关轻重的行为,而是指对犯罪实行行为具有"促进作用"而应纳入整个犯罪过程进行整体评价的行为。实行行为外的其他行为对犯罪是否具有促进作用,也即是否属于非实行行为的判断,可借助改造后的促进理论。

如前所述,美国联邦法院对"促进"的解释本身十分精当,只是由于判例的范围导致其适用受到限制。明确其适用范围、摒弃其前述的局限性,促进理论即可在与非实行行为相联系的物的认定方面发挥指导作用。故意犯罪行为是犯罪决意驱使下人的身体动静,实行行为以外的非实行行为对实行行为的促进,体现为两个方面:一是体现在主观方面,也即强化犯罪决意。二是体现在客观方面,也即便利实行行为侵害能力的发挥。

因此,在非实行行为中物的使用也同样体现在对实行行为主观方面的促进和对实行行为客观侵害能力的促进两个方面。与非实行行为相联系的物包括如下类型:第一,对实行行为主观方面产生促进作用的物,具体包括:一是犯意形成型。有些物的使用虽与实行行为无直接联系,但对实行行为中行为人的犯意形成具有促进作用。教唆犯用以教唆他人产生犯意的物属于此种类型。如买凶杀人中,用以刺激职业杀手的报酬。二是心理障碍排除型。某些物的使用使得行为人逃避惩罚的可能性增大从而强化其犯罪的决意,因而对实行行为产生了促进作用。这一类型的物主要有:一是掩饰型,即掩饰行为人的容貌特征或者真实身份,如假发、墨镜;或者掩饰其犯罪行为的性质,如以收购旧货的幌子骑着三轮车四处游荡伺机偷窃的。二是交通运输型,即用以快速逃离现场、转移赃物的,如驾驶汽车逃跑的、驾驶汽车运送赃物的。三是毁灭罪证型,如使用洒水车冲洗作案现场的。第二,对实行行为的侵害能力产生促进作用的物,这些物的使用客观上能够便利实行行为的实施,使得犯罪实施的难度降低或者犯罪实施的障碍减少,包括两种:一是正面促进型,即从正面直接促使实行行为的实施。如驾驶摩托车抢夺过程中行为人所驾驶的摩托车等。二是障碍排除型,即用以排除对实行行为实施的干预和障碍,从而使得实行行为按照原定计划实施的。如放火过程中,用以隔断救援人员的器具。

显然,在非实行行为实施过程中使用的物,不能都作为犯罪工具对待,还应当通过关联强度加以限制,如被告人为在雪地里盗窃而专门穿上的棉袄虽然对盗窃的实施也有一定帮助,但认定该棉袄为犯罪工具显然过于宽泛。判断与非实行行为相关联的物是否为犯罪工具时,其关联强度可以从三个方面进行考察:一是与物相结合的非实行行为对犯罪实行行为的促进程度,二是物与非实行行为的结合程度,三是物与非实行行为的结合频次与存续时间。第一,对非实行行为促进实行行为实施的程度考察,应当考虑非实行行为的性质以及其对实行行为能否顺利完成的影响大小。非实行行为对实行行为的实施影响大的,在该非实行行为实施中使用的物与犯罪的关联强度高。在同为故意杀人的场合,行为人驾驶汽车开枪追杀乘坐汽车的被害人的,行为人是否开车影响到故意杀人能否顺利实现,行为人所驾汽车对犯罪实行行为能否实施的影响大,因而该汽车与犯罪的关联强度高;而如果开枪射击处于特定地点的被害人的,行为人如何达到该地点对能否顺利开枪射击被害人影响不大,如果行为人驾车达到该特定地点的,该汽车与犯罪的关联强度低。第二,对物与非实行行为结合程度的考察,应当考虑对非实行行为能否实现产生的影响大小。如盗窃商店大宗货物的,运送所盗大宗货物的汽车对该货物能否顺利转移影响很大,因而该汽车与赃物的转移关联强度高;而扒窃商店顾客携带的现金的,是行为人驾车逃离商场还是乘坐公交车逃离商场,对转移所窃取的现金影响不大,如果行为人驾车逃离商场的,该汽车与赃物转移的关联强度低。第三,物与非实行行为的结合频次及存续时间也能体现关联强度的高低,经常用于犯罪的物,即便每次与非实行行为的关联强度不高,与物结合的非实行行为对实行行为的完成促进作用也不大,但如果经常性地与非实行行为相结合且结合的存续时间长的,其关联强度就会增强。如参加赌博,是开车还是乘公用交通工具与到达赌场的关联强度不高,如何到达赌场与赌博的实施关联强度也不高,但如果经常开车去赌场,则导致该汽车与赌博的关联强度增强。因此,为非实行行为使用并且与犯罪具有足够关联强度的物为非实行工具。

综上,关联理论的基本观点是:犯罪工具有两种,其使用功能构成犯罪实行行为侵害能力的物,属于犯罪工具中的实行工具;为非实行行为所使用且与犯罪具有较高关联强度的物,属于犯罪工具中的非实行工具。

二、没收的程度:没收严厉程度与罪行危害程度的均衡

犯罪工具能否全部没收? 我国已有个案涉及这一问题。在美国联邦法院体系中,1989 年 Browning-Ferris 一案最早讨论罚金畸重条款对没收程度的限制。Alexander 一案确定了刑事没收不得违反禁止罚金畸重条款,Austin 一案确定了具有惩罚性的民事没收亦不得违反禁止罚金畸重条款。关于没收应否适度的问题,Bajakajian 一案讨论得较为充分,基本覆盖了没收应否适度问题的重要内容。

(一)美国联邦关于没收程度的理论与实践

1.三种理论:关于没收的性质之辨

在美国,关于没收应否适度问题的讨论是以没收的性质为基础展开的。关于没收性质的理论主要有三种:有罪财产理论(guilty property theory)、补偿理论(remedial theory)和惩罚理论(punitive theory)。

Story 大法官在 The Palmyra 一案中,根据英国法中传统的赎罪物没收制度提出了有罪财产理论。有罪财产理论认为:没收的实质在于追究作为责任主体(offender)的物的责任,由于特定的物是责任的主体,其应当没收。此后,在 Austin 一案中,Scalia 大法官认为判断某一没收是否过度,应当采用注重财产与犯罪联系的

"工具路径"。决定某一物应否没收,关键在于该财产是否与犯罪有足够的联系而属于"实行工具",而不在于其价值大小。补偿理论在 One Lot Emerald Cut Stones 一案中为法院所采用。补偿理论的主要观点是,政府因为查处犯罪存在开销,或者因此而致收入减少,没收的目的就是补偿这些方面的损失,因而不受罚金畸重条款的限制。惩罚理论为 Bajakajian 案中的多数意见所支持。此案之前,1993 年 Austin 一案的多数意见改变了"民事对物没收因为是追究物的责任而非追究人的责任,因而不受宪法的限制"这一法理传统。在该案中多数法官认为:如果民事没收的适用具有刑罚的目的,就受罚金过重条款的限制。以 Austin 一案的多数意见为基础,Bajakajian 一案使惩罚理论得以成熟。Bajakajian 案中,政府主张没收本案所有现金的主要理由有两个:一是对本案没有申报的所有现金予以没收,是为了预防此类非法转移现金出境行为的发生、能够实现重要的补偿目的。因此,基于补偿理论,该笔现金理应没收。二是此案中未申报的现金是本案指控犯罪的实行工具,因为这些现金不仅"促进"了本案中的犯罪行为,并且其属于犯罪行为本身,因为如果不存在转移这些现金,本案也就不存在。因此,基于有罪财产理论,该笔现金也应没收。多数法官认为:第一,"预防"一直被认为是刑罚的目的,因而对本案现金的没收不具有补偿的性质。第二,由于本案政府是在追究被告人刑事责任的同时,再欲没收本案未申报的现金的,实际上是对"人"追究被告人刑事责任,而不是对"物"追究现金的责任。随后,法院多数意见在认定对本案现金的没收具有惩罚性质的基础上,提出对其全部没收属于"严重不均衡"(gross disproportionality),因而维持了下级法院没收其中 15000 美元的判决。由此可见,惩罚理论关于没收是否过度的判断,首先建立在区分原则(principle of deference)的基础上,即应当首先区分该没收是惩罚性的还是补偿性的。补偿性的没收,即使被没收的财产数倍于政府因为物主没有履行法定义务遭受的损失,也不受罚金畸重条款的限制;但如果没收的目的不在于补偿而具有惩罚的性质,就应当受罚金畸重条款的限制。因此,惩罚理论从传统对物没收的"补偿性"中分离出现代对物没收的"惩罚性"。

有罪财产理论来源于传统的赎罪物没收制度,而赎罪物没收制度的正当性有着强烈的宗教背景——直接或者间接导致国王的臣民意外死亡的物作为有罪的一方,应当予以没收,该物用于民众抚慰伤逝的灵魂或者其他宗教活动。在价值多元的现代社会,其正当性受到很大程度的动摇。由于财产权利受到宪法保护,对其没收缺乏正当理由自然违宪,补偿理论以政府查处犯罪需要开销为由来论证没收的正当性,强权色彩过于浓重,很难令人信服。惩罚理论触及了没收制度的根基,但显然还未完全摆脱有罪财产理论、补偿理论的纠缠;并且在已经按照法律规定对被告人予以刑罚处罚(包括财产刑)的同时,又以犯罪工具为由将被告人的财产予以没收,是否有违禁止双重危险原则尚待解释。

2.三种方法:由单一到综合

由于最高法院在 Bajakajian 案中既没有正面回答"实行工具"是否应当受罚金畸重条款的限制,也没有就如何判断"适度"提出具体的标准,导致三种判断方法的出现:"比例法"(proportionality approach)、"工具法"(instrumentality approach)和综合法(multifactor approach)。

所谓"比例法",是指判断对财产的没收是否过度时,应当对没收对象的经济价值和行为人的社会危害性大小进行比较。比例法以惩罚理论为基础,认为没收的严厉程度应当与行为人社会危害性的严重程度成比例,不能违反禁止罚金畸重条款、禁止双重危险条款、禁止残忍和异常刑罚条款(Cruel and Unusual Punishment Clause)。比例法中又存在"总量不均衡"和"严格均衡"(strict proportionality)之别。最高法院在 Bajakajian 一案中确立了"总量不均衡"方法。最高法院认为,比例原则是禁止罚金畸重条款的必然要求,意味着没收的财产价值与罪行的严厉程度的关系应当正常、适当;如果没收财产的整体价值与罪行严厉程度之间的关系明显与一般的均衡观念相违背,则违反了禁止罚金畸重条款。由于依据《联邦量刑指南》的规定,此案被告人该罪的最长刑期为 6 个月、罚金最高为5000 元,对被告人携带的所有现金予以没收明显违反一般均衡观念。"总量不均衡"方法的最大贡献在于:其确定了没收应当受到禁止罚金畸重条款约束的原则。当然,其缺陷也十分明显,因为其实际上并没有提出具体的判断方法,也正因为如此,下级法院的具体判断方法才出现分歧。"严格均衡"法为第八、第十一巡回法院所采用。所谓的"严格均衡",实际上就是严格遵循"刑罚的严厉程度"与"罪行的轻重"相适应这一普通法传统,判断没收是否过度,就是以法律规定的刑罚为参照物进行判断。"严格均衡"方法仅仅注重"法定的刑罚"与"财产的经济价值"之间的对应而忽略其他,显然具有一些弊端:第一,因为严厉打击毒品犯罪的需要,法律对某些犯罪设定的刑罚很重,以此为标准来判断没收是否过度对被告人不利。如因为贩卖不足 4 盎司的大麻而致价值 84000 美元的住宅被没收。第六巡回法院的理由是:按照法律规定,行为人因为该罪受到的罚金将达 500000 美元。第二,可能导致对穷人和富人的不公平。因为如果没收对象价值特别昂贵,那就不会没收,只有富人才有特别昂贵的财物;穷人不会有特别昂贵的财产,因而其财产一旦涉及犯罪就可能被没收,这明显不公平。

"工具法"是指依据某一物与犯罪是否有足够的联系而能否认定为"实行工具"来判断对某一财产应否没收。工具法是"有罪财产理论"的产物。采用该法的

第四巡回法院在 Chandler 案中明确拒绝采用"比例法",并认为"工具法"是与《管制物品法案》相关条文立法原意最相符合的方法,某一物如果与犯罪没有足够联系,对其没收即为过度。"工具法"显然有一些优势:其一,由于其在判断某物是否与犯罪有足够联系时提出了几个具体的因素,这大大限制了实行工具的范围,从而可以很大程度上限制政府滥用没收权力的可能性;其二,其运用"分离法",将实行工具予以进一步限制,能够防止没收过度。所谓"分离法",是指如果某一财产由若干部分组成,其中只有部分涉及犯罪的,应当将犯罪实施物与其他的部分进行分离,犯罪实施物才被认定为实行工具。但这一方法的弊端也是非常明显的:第一,由于法律对"足够联系"的标准较低,犯罪工具的认定不一定就能得到严格的控制;第二,这一方法显然将所有的实行工具的没收排除在禁止罚金畸重条款的限制之外。由于认识到这一方法的局限性,即便名义上继续坚持这一方法的法院如第四巡回法院,实际上在判断没收是否过度的时候,还考虑"物主在犯罪中的地位及其责任""分离法"两个因素,因而"工具法"实际上已经演变为"综合法"。

第三种方法是"综合法",也是大多数法院运用的方法,此种方法综合考虑实行工具的概念、比例的观念以及社会政策因素。Milbrand、Zumirez Drive 和 Little Canyon Road 等案对"综合法"的形成影响最大。加利福尼亚地区法院在 Zumirez Drive 一案中,认为判断没收是否过度,应当同等考虑三个因素并进行综合判断:一是罪行的严重程度、物主的责任大小与刑罚的严厉程度;二是财产是不是犯罪实施不可分割的一部分;三是该财产是否在时间、空间方面得到很大程度的使用。第二巡回法院在 Milbrand 一案中对"综合法"的贡献主要有两个方面:一是区分实行犯与非实行犯;二是针对实行犯与非实行犯,分别提出了判断某一财产与犯罪是否有"足够联系"时应当考虑的主要因素。第九巡回法院在 Little Canyon Road 一案中,对"综合法"从两个方面做出了贡献:一是关于判断没收的严厉性以及物主责任大小的主要因素。该法院认为下列因素是判断没收严厉性程度的重要因素:财产的公平市价;财产的无形价值、对物主的特别意义,如是否为住宅;没收对物主的影响包括对其家庭以及经济状况的影响。对物主责任大小的判断,主要考虑以下因素:物主许可他人将其财产用于违法犯罪活动的主观责任,如是疏忽(negligent)还是轻率(reckless);物主是否直接参与该违法犯罪活动,如果参与了,其参与的程度;违法犯罪行为导致危害的程度,如贩卖毒品罪中毒品的数量和价值、贩卖行为持续的时间、对当地治安形势的影响;等等。二是关于判断没收是否过度的程序方面。该法院认为:应当将是否为实行工具的判断与是否过度的判断分别进行。具体程序是:一旦申请者对没收以违反第八修正案为由提出申请,政府即承担证明该财产与犯罪有足够联系而成立实行工具的举证责任;如果政府证明了该物为实行工具,则申请者应当提供证据证明:与申请者的责任大小、财产的性质等方面比较,对该物的没收存在不当。综合法吸纳了工具法、比例法的优点,克服了两种方法的不足,具有明显的优势,但综合法在运用上依然为自由裁量留下很大的空间,并存在前述有关惩罚理论的弊端。

(二)适度判断的原则与方法

没收的性质就是惩罚,因为没收剥夺了物主的财产所有权。有罪财产理论、补偿理论或许一定程度上能够论证没收的正当性,这两种理论实际上也仅仅在讨论没收的正当性,因为这两种理论并没有回答没收的性质问题——没收对于物主意味着什么? 只有将没收的性质建立在惩罚的基础上,没收的程度才有得到规范的可能性,因为无论是出于宗教目的(有罪财产理论)还是为了补偿政府开销(补偿理论),二者本身都很难确定适当的限度;并且二者的需求缺口与具体个案没有直接关系,也无法从每一具体个案中寻找对其适当限制的评价因素,自然很难由这两种理论得出个案中没收的最高限度以及没收的程度与罪行的对应关系。既然对犯罪工具的没收具有惩罚的性质,借鉴美国宪法第五修正案及第八修正案规定的精神,对其适用就应遵循禁止双重危险原则和比例原则。

禁止双重危险原则要求对同一行为不得两次惩罚。对犯罪工具予以没收,在两种情形下可能涉及双重危险:其一,非实行犯仅因为向实行犯提供犯罪工具而构成犯罪的场合。非实行犯仅向实行犯提供犯罪工具,仅指单纯地提供工具,并在其他帮助行为方面未起任何作用的情形,具体包括两种类型:一种是向实行犯提供实行工具,如杀人所用的刀;另一种是向实行犯提供非实行工具,如提供到达犯罪地点的交通工具。向实行犯提供非实行工具,由于非实行工具并未直接侵害刑法所保护的法益,非实行犯因为提供非实行工具而构成犯罪并受到刑罚处罚,对其提供工具的行为已经予以惩罚,再对该工具予以没收,显然对同一行为予以两次评价、给予两次惩罚,因而应当禁止。向实行犯提供实行工具,由于该实行工具直接构成实行行为的侵害能力,因而该提供实行工具的行为在社会危害性方面就包括两个内容:既对实行犯的犯罪决意起到强化作用,又构成了犯罪行为侵害能力的一部分;既因为提供犯罪工具而反映了其对一般法秩序的漠视,又因为提供实行工具而侵害了刑法保护的具体法益。因此,在追究非实行犯提供实行工具这一行为刑事责任的同时,又对该实行工具予以没收,不违反禁止双重危险原则。其二,犯罪工具的所有权人在附加受到财产刑处罚的场合。刑法一般在两种情形下将财产刑作为附加刑:一是对于贪利性犯罪予以财产刑处罚,以告诫犯罪分子实施犯罪"无利可图",从而发挥刑法的预防作用;二是出于特别的刑事政策需要而对危害国家安全的犯罪、毒品犯罪、有组织犯罪等予以严厉打击以削弱其犯罪的经济能力。没收犯罪工具的主要理由也在于削弱犯罪分子实施犯罪的经济能力以及让犯罪分子明白犯罪"得不偿失"。对于一般的贪利性犯罪,如果犯罪分子因该罪在主刑之外已经附加受到财产刑处罚,对其使用的非实行工具就不能再予以没收,理由在于:刑法为了惩治"贪利动机"而将财产刑设定为附加刑,如果犯罪工具并非实行工具,对非实行工具的使用就融于该犯罪的一般行为之中,该工具没有发挥在实现"贪利目的"方面的特别作用。由于该犯罪的一般行为中包含的"贪利动机"已经由财产刑予以惩治,又将融于该犯罪一般行为的非实行工具予以没收,显然属于对同一行为予以两次惩罚而应当予以禁止。至于在"贪利"犯罪中使用实行工具的,因为该工具的使用能够直接实现"贪利目的",故而其有别于该犯罪的一般行为而可以没收。另外,对于危害国家安全的犯罪、毒品犯罪、有组织犯罪等国家出于特别刑事政策的考虑,为体现对这些犯罪更加严厉的态度,对这些犯罪中犯罪工具的没收不违反禁止双重危险原则,不过应当考虑比例原则。

比例原则在没收犯罪工具中的具体运用,在对前述"综合法"予以改造的基础上得以实现。在判断没收的严厉程度方面,应当综合考虑该财产价值的大小、对该财产的没收影响物主整体经济状况的程度、物主是否因为该罪受到财产刑处罚以及财产刑处罚的严厉程度、对与物主有特定关系的无辜第三人的影响大小、该财产是否具有特定意义,如是否为住宅等因素。在判断物主的责任大小方面,应当综合考虑整个犯罪社会危害性的大小,物主本人在犯罪中为实行犯还是非实行犯,物主参与犯罪的程度,也即物主在犯罪中的地位作用,物主许可使用该财产的主观心态,该财产对犯罪成功实施的作用大小,该财产在犯罪实施过程中空间、时间方面的强度;等等。通过比较判断没收的严厉程度以及判断物主的责任大小,对犯罪工具应否没收、予以全部或者部分没收、部分没收时的具体程度做出判断。在比例原则的执行过程中,如果对犯罪工具予以全部没收违反比例原则的,可以采用"分离法"没收其中的一部分;如果犯罪工具不具有可分割性或者分割将很大程度上降低犯罪工具经济价值的,则可以用与应当没收部分等值的被告人的其他财产予以替代。

三、没收的例外:律师费豁免权的正当性

某一物属于犯罪工具而处于没收之列,犯罪嫌疑人或者被告人没有其他财产的情况下,可否以犯罪工具(现金)或者变卖犯罪工具以支付律师费?或者已经用犯罪工具支付的律师费能否免予没收?本部分将这两个问题称为律师费豁免权。

(一)关于律师费豁免权的争论

几十年以来,在美国关于被告人能否用可能没收的财产支付律师费一直有着

激烈的争论。联邦法院的一些判例尽管朝着有利于被告人的方向前进了一步,如对没有其他财产可以支付律师费的被告人,案件开庭前应当对控方暂扣的财产举行听证。不少学者分别从第六修正案赋予被告人的律师帮助权、第五修正案赋予的正当程序权以及第四修正案关于公民人身、财产免予非法搜出、扣押的权利等不同角度,论证应当赋予律师费豁免权。

下列关于律师费豁免权的主要争点在最高法院 Caplin & Drysdale 一案中得以体现。

1.关于辩护权能否得到充分行使

Caplin & Drysdale 案的申请人认为:是否没收被告人财产影响到辩护权能否得到全面行使。没收制度使得被告人无法选择自己满意的律师,从而使得宪法第六修正案赋予的被告人有获得律师为其辩护的权利不能得到充分的行使。最高法院该案中的少数意见认为:第一,当事人与其自己选择的律师之间才能建立信任,而信任是律师帮助权得到充分发挥的基础。第二,没收实际上是以"贫穷"作为一种"刑罚"来打击被告人的信心。由于控辩双方没有势均力敌的同等武装,控方仅凭经济实力就可以打败辩方。有学者认为,不赋予律师费豁免权将使对抗制诉讼失去其本色,因为指定的律师很可能因为经验不足或者经费不够而不能胜任或者不愿尽力。

最高法院此案中的多数意见则认为:第一,只要法院为其指定了合适的辩护人,被告人就不能再坚持其选择律师的意愿。第二,没收制度下被告人仍然有选择最好律师的可能性,即被告人仍然可通过在被宣告无罪的情况下,可用尽管被扣押但实际上不会没收的财产来支付其选择的律师的律师费,或者可用将来的财产来支付律师费。也有学者认为:第一,无罪推定、排除合理怀疑、对证据的充分审查判断以及法律援助制度,已经在制度设计方面给予无辜被告人足够的保护,因而律师是指定的还是聘请的对被告人辩护权的行使影响不大;第二,实际上,很多案子并没有复杂到一般律师不能代理的程度,因此指定辩护人同样能够胜任案件的代理,能够充分维护被告人的合法权利。

2.关于可否导致律师违反职业道德

Caplin & Drysdale 案的申请人认为:第一,律师费不享有豁免权会导致律师违反职业道德。由于善意第三人(bona fide purchaser)以合理对价从被告人处取得的财产不适用没收,就可能促使律师故意不认真研究案情以制造"不明知"的事实。第二,在辩诉交易的情况下,律师为了保证其律师费的安全,以不没收或者少没收被告人的财产为交换条件,使得被告人受到更重的监禁刑,这明显以牺牲被告人的利益为代价。第三,不赋予律师费豁免权,实际上促使被告人与律师之间更多采用一种类似于风险收费的方式,而刑事案件中的风险收费方式显然违背了律师执业规则以及律师职业道德。

多数法官认为:请求人提出的不赋予律师费可能导致的矛盾实际上并不存在。因为:第一,由于善意第三人是以不知道财产可能被没收为前提的,而起诉书中已经将可能没收的财产列明,律师收到起诉书就已经知道哪些财产可能被没收,其不具备适用善意第三人的前提条件;第二,其提出的辩诉交易情况下产生的冲突实际上根本不会发生,并且这一理由已经在多个判例中被驳回;第三,即便在刑事案件中,律师事务所根据案件判决结果的情况收取律师费的现象很平常。

3.关于辩护权保障的价值位阶

Caplin & Drysdale 案法院的多数意见还从保障辩护权在价值上不具有优于其他价值的角度,论证了律师费不享有豁免权,其理由是:第一,宪法第六修正案尽管赋予被告人有获得律师为其辩护的权利,但并不赋予被告人用他人的财产支付律师费的权利,律师执业证不是接受赃物的许可证。第二,从来就没有哪一宪法原则赋予某人将他人的财产给予第三方。第三,刑事没收制度的一个重要目的就在于削弱有组织犯罪和毒品犯罪者的犯罪经济能力,而花高价聘请法律专家的能力显然是应当削弱的犯罪经济能力的一部分。

(二)律师费豁免权及其限制

笔者认为,应当赋以律师费豁免权,主要理由是:

第一,给予律师费豁免权是控辩式诉讼模式的对抗性本质之要求。律师费豁免权是保障被告人充分行使辩护权的必然选择。由于控辩式作为"对立双方的战斗",其存在价值源于"真理越辩越明"。尽管无罪推定、排除合理怀疑、对证据的充分审查判断以及法律援助制度等已经为被告人在法庭这一战场上给予一定的保护以及一定的防御和攻击能力;但剥夺被告人选择律师的权利,被告人无法充分相信指定辩护人的能力和立场,其和辩护律师之间也很难形成必要的配合和默契。特别是当被告人心存"指定辩护人是否为政府代理人"之虑的时候,其不得不琢磨律师在法庭上一举一动的目的、立场。因此,未取得被告人信任的指定辩护人的出现尽管能够实现"补缺",但永远无法超越"聊胜于无"。因此,被告人虽然确实也获得了律师帮助,但总有心存不甘之憾。对立双方由于欠缺充分的同等武装而无法形成平等对抗,控辩式诉讼模式的"对抗性"价值就大打折扣了。

第二,给予律师费豁免权是公众实现正义愿望的必要保障。如果律师费没有豁免权,自然会导致有能力、有资历的律师不愿进入刑事辩护律师队伍,因此不论是被告人还是普通民众,都会对留在刑事辩护人队伍中律师的能力产生怀疑。因为缺乏有能力律师的参与会导致错案率增加,这就会动摇民众对司法机关公平、公正处理案件的信任程度,并从整体上压抑民众实现正义的愿望。

第三,辩护权保障与打击犯罪在终极目标上具有一致性。Caplin & Drysdale 案的多数法官认为:刑事没收制度的一个重要目的就在于削弱有组织犯罪和毒品犯罪者的犯罪经济能力,包括削弱其聘请法律专家的能力。这一观点显然认为打击犯罪与律师费豁免权在目的上是冲突的。笔者不赞成这一观点,因为打击犯罪的目的就在于维护社会的正常秩序并增强民众的安全感。实际上,律师费豁免权的最终目的也是促进民众的安全感。因为社会民众的安全感一方面来自对外部侵害的自我保护能力,另一方面来自对司法机关惩治违法犯罪行为的期待。而后一方面又包括两项内容,一是民众期待司法机关对违法犯罪的打击、惩治,二是司法机关不会惩治无辜的民众。司法机关因为办错案而惩治无辜民众,无疑会极大程度上动摇民众对司法机关的信任,因为民众有理由担心自己是否也会被"法办"了,这反而与打击犯罪期待实现的增强民众的安全感目的背道而驰。如果给予律师费豁免权,则不仅给予了犯罪嫌疑人、被告人自我保护、自我武装的能力,同时由于律师的参与可以减少错案的发生,从而增强民众对执法、司法机关的信任,有利于维护社会秩序和增强民众的安全感。如果确实因为有能力律师的正常介入而导致罪犯逍遥法外,那也只能归咎于控方与法院。

第四,辩护权的充分保障有利于特殊预防的实现。如果被告人因为其财产被没收而不能聘请其满意的律师,其很可能对判决结果不满、失望,甚至产生对抗心理。被告人对判决结果不满甚至对抗,显然不利于其认罪服法、接受改造。给予律师费以豁免权让被告人穷尽其力所能及的一切手段来为其辩护,其抱怨判决结果的可能性大大降低,我们也更有信心期待其接受改造回归社会,从而实现特殊预防。

此外,美国联邦最高法院在 Caplin & Drysdale 一案中认为没收的财产都不具备合法来源,犯了以偏概全的错误。因为没收的财产中,除赃款外,还包括犯罪工具,而犯罪工具一般情况下属于物主的合法财产。因而以物主享有所有权的犯罪工具支付律师费,并没有处分他人的财产权利。

在我国,目前应当指定辩护人的案件仅限于可能判处死刑的案件、盲聋哑人以及未成年人犯罪的案件等特殊情形,对于经济困难的被告人进行法律援助的覆盖面也较为有限,给予律师费豁免权显然更为急迫。

当然,为防止被告人以律师费豁免权为由逃避对犯罪工具没收的制裁,或者以律师费名义将应当没收的犯罪工具用来行贿司法人员等非法活动,律师费豁免权也应受到一定程度的限制。以犯罪工具支付律师费的,可以各地制定的有关律师服务收费标准为参考,在程序上可以设置听证程序予以规范。

四、余论

在我国,犯罪工具的没收一直被理论界所忽视。对于被告人来说,与自由之争一样,财产之争也具有重要意义。被告人权利意识的增强和司法机关对犯罪工具没收力度的增大之间的矛盾呼唤着犯罪工具没收的规范化。因此,对犯罪工具没收理论研究的重视将成为必然,完善的没收规则也必将应运而生。除本文讨论的问题外,没收制度的性质及与财产刑的关系、第三人的权利保护、没收的程序及其在整个诉讼过程中的地位、没收物的替代等诸多问题,都有待理论界进一步关注。

（本文原载于《中外法学》2010 年第 4 期）

美国刑事法中的精神病辩护
制度及其借鉴

赖早兴

作者简介:赖早兴(1973—　　),男,汉族,湖南浏阳人;法学博士、法学博士后,湘潭大学法学院教授、博士生导师,中国刑法学研究会理事,湘潭大学法学院"企业法律风险防范与刑事合规研究中心"主任,深圳市合规专家委员会专家委员。已出版《刑法平等论》《证据法视野中的犯罪构成研究》《刑罚力度问题研究》《刑事诉讼法视野中的犯罪构成要件研究》《英美刑事法中的热点问题研究》《刑事辩护与代理实录》等专著 6 部;译著《死刑的任意性》1 部;在《中国法学》《法商研究》《现代法学》《法律科学》《法学家》《法学杂志》《环球法律评论》《法学评论》《法制与社会发展》《政治与法律》《中国刑事法杂志》《刑法论丛》《光明日报》(理论周刊)等刊物发表专业论文 70 余篇,其中中国人民大学复印报刊资料《刑事法学》全文转载 10 篇,其他刊物转载 2 篇;先后主持国家社科基金课题 2 项、最高人民法院司法研究重大课题 1 项、省社科基金课题 1 项、省教育厅青年课题 1 项;获湖南省级教学成果一等奖、北京市第十四届哲学社会科学优秀成果奖二等奖等多项奖励。

在英美法系国家中,许多学者将精神病辩护(Insanity Defense)视为刑法的关键因素。① 有学者认为:"很少有什么理论像精神病辩护这样饱受争议。"②"尽管精神病辩护已经作为一种辩护存在了几个世纪,但在刑法领域中恐怕没有其他的问题遭受如此多的争议。"③因此,精神病辩护是美国刑事法学界长期关注的焦

---

① Henry J.Steadman,Before and After Hinckley:Evaluating Insanity Defense Reform,New York: the Guilford Press,1993.p. 3.

② Joshua Dressler.Understanding Criminal Law.New York:Matthew Bender & Company,Inc.2001. p.335.

③ Rita J.Simon,David E.Aaronson,The Insanity defense,New York:Greenwood Press,Inc.1988,p.2.

点。本文试图对美国精神病辩护制度做初步探讨。第一部分为精神病辩护存废之争,阐述美国理论界关于精神病辩护存与废的争议及其对立法、司法的影响;第二部分为精神病的法律标准,从进化论的角度分述美国曾经适用过的或正在适用的各种精神病法律标准;第三部分为精神病辩护案件的审理,分析精神病辩护的提出、证明责任分配与证明标准、审理程序、裁定以及专家证人的作用;第四部分为因精神病而被判无罪者的关押与释放,探讨因精神病而被判无罪后精神病人的关押、治疗与释放等问题。

一、精神病辩护存废之争

美国曾经是英国的殖民地,其传统法律制度均具有英国的"血统",美国的精神病辩护制度无疑也可寻根于英国。虽然关于英国的精神病辩护法律制度确立于何时学者间存在分歧,但多数学者认为这一制度在英国确立于爱德华一世(Edward I,1272—1307)时期。例如,有学者认为:"在 13 世纪后期,也就是爱德华一世统治时期,精神病已经成为刑事指控的辩护理由。"①有学者认为:"尽管在犹太法典《塔木德经》(Talmudic)中建议对精神病人或智力发展迟缓者加以宽恕,而且有学者主张至迟于 12 世纪已经存在精神病辩护,但直到爱德华一世时精神病才作为无罪的辩护理由被确立。"②

自从精神病辩护制度确立以来,关于该制度存在的必要性的争议就没有停止过③,特别是一些针对政治名人的暴力实施者被裁定无罪后,废除精神病辩护的呼声就愈加高涨。1843 年的迈克纳顿(M'Naghten)刺杀英国总理案④和 1981 年约

---

① Anne C.Gresham,The Insanity Plea:A Futile Defense for Serial Killers,17 Law & Psychol.Rev. 193,193 (1993).

② Abraham L.Halpern,The Insanity Verdict,The Psychopath,and Post-Acquittal Confinement, Pacific Law Journal April,1125,1128(1993).

③ Julie E.Grachek,The Insanity Defense in the Twenty-First Century:How Recent United States Supreme Court Case Law Can Improve the System.81 Ind.L.J.1479,1479 (2006).

④ 迈克纳顿(M'Naghten)刺杀英国总理案。1843 年 1 月 20 日,苏格兰公民迈克纳顿试图刺杀大不列颠总理大臣罗伯特·皮尔(Robert Peel),但他误杀了总理大臣的秘书爱德华·德拉蒙德(Edward Drummond)。迈克纳顿因谋杀而在伦敦中心刑事法院接受审判。后来陪审团基于精神病的理由对迈克纳顿做了无罪裁定,法院因此做了无罪判决。然而,这一判决激起了英国公众的强烈抗议,并引发了关于精神病辩护有效性的法律和政治争论。

翰·欣克利(John Hinckley)刺杀美国总统案①就是很好的例子。

主张废除精神病辩护的理由主要集中于三个方面：一是认为精神病辩护被滥用。因为精神病是无罪辩护的理由，行为人实施危害行为后，为了逃避惩罚，会寻找各种借口或理由为自己开脱罪责，其中就包括提出精神病辩护。如果精神病辩护成立，行为人就无须对自己的危害行为承担刑事责任。正是这种诱惑，许多不符合精神病法律标准的行为人会重金聘请精神病学专家为其作证，聘请经验丰富的律师为其辩护，以开脱罪行。正因为如此，有人抱怨：被告人经常在刑事诉讼中提出精神病辩护，而且这种辩护总是获得成功。在1981年的一个全国性调查中，87%的公众认为被告过度使用精神病辩护且总是辩护成功。② 二是认为精神病辩护不利于刑法一般预防功能的发挥。既然精神病辩护可能被滥用，行为人（特别是那些具有一定程度精神缺陷但不符合精神病标准的人）就可能存在侥幸心理，认为自己实施危害行为后可以基于精神病的理由而逃脱惩罚。三是精神病辩护成立后行为人不能受到刑罚的惩罚和接受矫正，难以和其他犯罪人一样作为正常人回归社会，可能再次危害社会。有人认为："废除精神病辩护就可以使社会免予这些危险者的危害。"③

不过，精神病辩护保留论者对上述理由进行了反驳。首先，他们认为精神病辩护被滥用的观点是一种臆测，没有经验研究作为基础。相反，精神病辩护领域的众多经验研究表明，精神病辩护在审判中只是较为罕见的现象，成功的精神病辩护则更是极为罕见。以精神病辩护存废争论较为激烈的1980年为例，美国全国仅有2542个被告人因为精神病而被裁定无罪并被送往精神病医院。④ 对美国

---

① 约翰·欣克利(John Hinckley)刺杀美国总统案。1981年3月30日，罗纳德·里根(Ronald Reagan)前往位于华盛顿的希尔顿饭店，出席一个建筑工会大会并发表演讲。结束后，里根经侧门离开饭店，正待上车之时，混杂在记者群中的欣克利突然掏出手枪，瞄准总统连开数枪，导致多人重伤。当时电视对此场面进行了直播。但审理中，陪审团基于精神病的理由裁定欣克利无罪。公众对欣克利的无罪判决十分愤怒，电视和报纸上评论员几乎一致地谴责这一判决及其所依据的法律。无罪判决后紧接着的民意调查表明，约90%的公众赞同取消精神病辩护，主张惩罚实施了犯罪行为的被告人。许多政治人物包括总统里根和司法部长史密斯(Smith)，发表声明谴责陪审团的裁定和精神病辩护。

② Joshua Dressler.Understanding Criminal Law.New York：Matthew Bender & Company,Inc.2001. p.356.

③ Abraham L.Halpern,The Insanity Verdict,the Psychopath,and Post-Acquittal Confinement,24 Pac.L.J.1125（1993）.

④ Henry J.Steadman,Before and After Hinckley：Evaluating Insanity Defense Reform,New York：the Guilford Press,1993.p.5.

八个州的研究表明,提出精神病辩护的被告人不到所有刑事案件的百分之一。提出精神病辩护的被告人获得成功的只占提出精神病辩护案件的四分之一。① 其次,他们认为不但精神病辩护可能被不当利用而有损刑罚的必然性,其他的辩护理由也存在同样的缺陷。如果有这一缺陷就要废除的话,其他辩护理由存在的必要性均可受质疑。退一步说,"即使这样的理由正确,这也不是废除精神病辩护的理由,相反应当教育公众精神病辩护的实际意义之所在"②。再次,他们认为,因精神病而被裁定无罪者并不都被直接无罪释放,如果行为人危及他人的人身或财产安全,或行为人危及自身安全时,均应当被移交给精神病管理机构或监狱。这实际上就可以起到保护社会的作用。另外,他们认为,惩罚那些非在自由意志下实施错误行为的人是不人道的③;精神病辩护在美国已有相当长时间的历史,它已经成为美国广为接受的法律规则,也是一个值得宪法保护的基本规则。④

在1979年至1983年,爱达荷、蒙大拿和犹他州的立法机关通过法律将精神病学证据限于反驳公诉方对犯意的证明,此三州拒绝将精神病作为积极辩护,但允许被告人提出心理疾病或缺陷的证据以反驳公诉方关于被告人有犯罪定义所要求的心理状态的主张。这实际上就废除了刑事案件中基于精神病的无罪辩护。⑤ 1995年堪萨斯州制定法中同样结束了精神病辩护的历史。

废除精神病辩护的合宪性受到了诸多质疑。以蒙大拿州为例,在 State v. Byers 案中,被告人在上诉中称废除精神病辩护的立法违反了被告人所享有的正当程序权利,因为精神病辩护是法定自由制度最重要的组成部分,它是被告人的基本权利⑥;在 State v.Cowan 案⑦中,被告人认为,蒙大拿州精神病辩护导致了一

① See Lincoln Caplan, Not So Nutty: The Post-Dahmer Insanity Defense, The New Republic, Mar 30, 1992. p.18.

② Joshua Dressler. Understanding Criminal Law. New York: Matthew Bender & Company, Inc. 2001. p.357.

③ See Ira Mickenberg, A Pleasant Surprise: The Guilty but Mentally Ill Verdict Has Both Succeeded in its Own Right and Successfully Preserved the Traditional Role of the Insanity Defense, 55 U.Cin.L.Rev.943, 948 (1987).

④ Jenny Williams, Reduction in the Protection for Mentality Ill Criminal Defendants: Kansas Upholds the Replacement of the M'Naughten Approach With the Mens Rea Approach, Effectively Eliminating the Insanity Defense [State V.Bethel, 66P.3D 840 (KAN.2003)]. 44 Washburn L.J. 213, 238(2004).

⑤ 爱达荷、蒙大拿和犹他州并非首先考虑废除精神病辩护的州。在20世纪早期,路易斯安那、密西西比和华盛顿州曾制定法案禁止所有的心理状况的证据,不过因缺乏宪法基础,最主要的是违反了正当程序,这些法案最终没有成为法律。

⑥ State v.Byers, 861 P.2d 860, 866 (Mont.1993).

⑦ State v.Cowan, 861 P.2d 884, 887-88 (Mont.1993).

个无容辩驳的推定(a conclusive presumption),从而违反了正当程序条款(无容辩驳的推定是违宪的,因为它减轻了应当对某事实承担证明责任一方当事人的证明责任)。蒙大拿州最高法院驳回了被告人的诉求,因为它认为美国联邦最高法院并不认为被告人拥有提出精神病辩护的宪法权利,它不涉及基本公正问题;而且蒙大拿州最高法院还认为联邦最高法院已经将精神病辩护的特定问题交由各州立法机构自行决定。在蒙大拿州最高法院对 State v.Cowan 做出判决后,被告人向联邦最高法院申请调卷令(certiorari),但被该院驳回。驳回申请是否表明联邦最高法院认为废除精神病辩护合宪? 有人认为,联邦最高法院的驳回决定并不具有创造先例的作用,也没有表明其立场,不具有指导意义;也有人认为这为废除精神病辩护开了"绿灯"。又以堪萨斯州为例,在 2003 年的 State v.Bethe 案①中,Michael Bethel 认为堪萨斯州废除精神病辩护的制定法违宪,但该州最高法院认为废除精神病辩护的法律并没有违反正当程序条款,因为这种辩护不是刑事审判制度的基本原则。有学者认为,美国联邦最高法院在众多案件中均论及了精神病辩护问题,只是没有讨论精神病辩护是否为刑事司法的基本规则;联邦最高法院认为各州法院可以构建自己的精神病辩护制度,并不意味着精神病辩护不是刑事司法的基本规则。该学者认为,堪萨斯州不能废除精神病辩护。②

不过,废除精神病辩护并不是说精神病证据在刑事诉讼中不能采信。实际上,废除精神病辩护的州仍然承认精神病证据在刑事诉讼中的作用。以蒙大拿州为例,被告人有三个途径提交精神病或精神病缺陷的证据:一是确定被告人是否具有受审资格时,二是审判中确定犯意时,三是量刑程序中。依据该州法典规定,在审判中,表明被告人患有精神病或精神缺陷的证据可以用于证明被告人不具有作为某罪要素的犯意。③ 在诉讼中,被告人可以证明他在危害行为实施时患有精神病或有精神缺陷,以削减公诉方证明行为人具有犯意,即"故意"或"明知"("purposely" or "knowingly")的证据的证明力。

---

① State v.Bethe,66 P.3d 840,841 (Kan.2003).

② See Jenny Williams, Reduction in the Protection for Mentality Ill Criminal Defendants: Kansas Upholds the Replacement of the M'Naughten Approach With the Mens Rea Approach, Effectively Eliminating the Insanity Defense [State V. Bethel, 66P.3D 840 (KAN.2003)].44 Washburn L.J.213,241(2004).

③ MONT.CODE ANN. § 46-14-102 (1993).

二、精神病的法律标准

精神病的判定标准①在法律中具有核心地位,因为它决定了什么样的人对自己的危害行为因精神不正常而不负刑事责任。精神病的法律标准随着自然科学(精神病学和心理学)的发展而进化,"在过去150年的时间里,美国采用了数个标准"②。另外,美国实行联邦制,有联邦法和州法两个法律系统,各州的法制又存在程度不一的差异,各州精神病法律标准可能不一致。

(一)迈克纳顿规则(M'Naghten Rules)

虽然如前所述,在英王爱德华一世时精神病就是无罪辩护的理由,精神病辩护已经在英国法中确立,但精神病的法律标准是什么却一直不明确。③

英国精神病的法律标准确定于迈克纳顿(M'Naghten)案。在该案的审理中,法院第一次允许被告人基于精神病学领域的科学证据以确立因精神病而无刑事责任能力的辩护。法院对迈克纳顿的无罪判决不但引发了英国公众、政治家和学者的不满,还招致了维多利亚(Victoria)女王的谴责。维多利亚女王要求上议院召集普通法法官解释并证明无罪判决的正当性。被召集的15个法官中有14人维持了原判决,并且法官们宣布了迈克纳顿规则,确立了现在称之为刑事责任能力"对—错"检验标准。迈克纳顿规则的主要内容是,"在所有案件中法院均应当告诉陪审团成员,每一个人都被推定为精神正常,并且任何人均拥有足够的理性对自己的犯罪行为负责,除非相反的证明使他们相信行为人精神不正常。为了确立基于精神病的辩护,必须明确证明在行为实施时被告人受精神病的影响,以至

---

① 精神病有医学标准和法学标准。对于精神病标准的确定,法律工作者对医学工作者持怀疑和批判态度,医学工作者对法律和法庭持鄙视和轻蔑的态度。See Bernard Diamond, Criminal Responsibility of the Mentally Ill,14 STAN.L.REV.59,65 (1961).正如有学者所言,自从迈克纳顿案中将精神病学证据作为刑事责任问题的证据以来,法官、律师们总是抱怨并批评医学工作者们没有使其观念满足法庭的需要。See Block,The Semantics of Insanity, 36 OKLA.L.REV.561,563 (1983).医学工作者同样对法官、律师和立法者进行强烈的批评,因为后者没有提出为医学专家接受的法律标准。See Stone,The Insanity Defense on Trial,33 HOSP.& COMMUNITY PSYCHIATRY 636 ,638(1982).

② Henry J.Steadman,Before and After Hinckley:Evaluating Insanity Defense Reform,New York: the Guilford Press,1993.p.45.

③ 如果从历史上溯源的话,最早的精神病标准为13世纪时期的Tracy法官所确立。他认为:如果一个人完全没有理解能力和记忆力,对他所作所为完全不知,理解力不如婴儿、野蛮人、野兽,这样的人不应当作为惩罚的对象。Henry F.Fradella,From Insanity to Beyond Diminished Capacity:Mental Illness and Criminal Excuse in the Post-Clark Era.18 U.Fla.J.L.& Pub.Pol'y 7,13(2007).

不知道他所为行为的性质,或即使他知道行为的性质,他也不知道他的行为是错误的"①。

迈克纳顿案审判在英国法律上是具有划时代意义的事件,因为它第一次允许被告人依靠"全新领域"的精神病学的科学证据,证明自己因精神疾病而无责任能力的辩护理由成立。② 但迈克纳顿规则出台后也受到了诸多批评。其中最主要的批评是该规则仅仅关注被告人的意识能力,忽视了行为人的意志能力或自由意志,显得过于狭隘。因为精神病不仅仅或主要不是影响认识或智力机能,而是影响病者的整个个性,包括意志和情感。因此,精神病者通常知道他自己行为的性质,即行为是错误的、是被法律所禁止的,但因精神病还是实施了这一行为。而且有学者还指出:"该规则没有考虑因精神病而意识能力受影响的程度,它只是在被告人完全不知其行为的性质时才作出无罪裁定。"③

美国精神病法律标准就是发端于迈克纳顿案。在1954年以前美国几乎所有的州(除两个州外)均采纳了迈克纳顿规则。现在该标准仍是一些法院认定精神病的意识标准。不过,一些法院从意志方面对该标准进行修改,即为那些明知其行为是错误的,但屈从于一种不可抵抗的冲动,进而无法阻止自己去犯罪的被告人开脱罪行。④

(二)"无法控制"标准(Irresistible Impulse Test)

亚拉巴马州的法院在 Parsons v.Alabama 案⑤中认为迈克纳顿标准太狭隘,在该案中确立了"无法控制"标准。在案件的审理中,法院提出了这样一个问题:当某人受脑部疾病的影响,虽然能区别对与错,但事实上该疾病损害了他"对与错"的选择能力时,他难道不是精神病患者吗?该案的判决书阐明,如果因为自由意志受损,被告人无法在对与错中做出选择,无法避免做有疑问的事,他应当被判无

---

① Nicola Padfield.Criminal Law(3rd edition).Beccles and London:Reed Elsevier(UK) Ltd.2002. p.73.

② Ira Mickenberg,A Pleasant Surprise:The Guilty but Mentally Ill Verdict Has Both Succeeded in its Own Right and Successfully Preserved the Traditional Role of the Insanity Defense,55 U.Cin. L.Rev.943,944(1987).

③ Joshua Dressler.Understanding Criminal Law.New York:Matthew Bender & Company,Inc.2001. p.300.

④ [美]乔恩·R. 华尔兹:《刑事证据大全》(第2版),何家弘等译,中国人民公安大学出版社2004年版,第465页。

⑤ Parsons v.State,2 So.854,859(Ala.1887).

罪。该标准为那些因为心理疾病而无法控制自己行为的被告人提供了精神病辩护。① 也就是说,该标准认为,尽管行为人可能知道自己实施的是犯罪行为,即使他知道犯罪是错误的,但因为心理疾病或缺陷他们仍然不能控制他们的行为时,其对所实施的危害行为仍不负刑事责任。该标准用诸司法实践表明,法院有意保护那些拥有迈克纳顿规则所描述的意识能力、但缺乏意志能力以至无法控制或抵制某行为的被告人。

除亚拉巴马州适用"无法控制"标准外,美国其他法院很少采纳该标准。反对这一标准的理由在于:精神病的意识标准是充分的,因为那些控制能力存在缺陷的人意识能力也是有缺陷的;心理健康专家无法可靠地评估控制能力的缺陷(特别是与犯罪行为相联系时),也难以区分无法控制与难以控制,无法控制标准将会导致错误的精神病无罪判决;在运用无法控制标准时,裁判者所问的是"某人是否能控制自己的行为",这与人有自由意志、应当为自己的行为承担责任的法律上的推定背道而驰。②

(三)德赫姆标准(Durham Test)

1954 年美国哥伦比亚特区巡回上诉法院法官巴茨罗恩(David Bazelon)在 Durham v. United States 案③中适用了一个更宽广意义上的检测标准——德赫姆标准(Durham Test)④,即"如果被告人的不法行为是心理疾病或心理缺陷的结果,那么他不具有刑事责任能力"。在本案中,法院适用了"结果"标准,该标准免除"非法行为是精神病或精神缺陷结果"的被告人的刑事责任。在该案的审理中,巴茨罗恩法官认为陪审团所考虑的不应当仅仅限于被告人是否知道其行为的对与错方面的事实。该标准采纳了能影响或导致犯罪行为的被告人精神病所有方面的证据,而不是将证据限制在特定的无意识或无意志能力方面。该规则被认为反映了精神病学领域的进步,也扩大了精神病辩护运用的范围。

然而,德赫姆标准并没有得到美国法院的广泛应用,其原因在于它没有对"结果"(product)做出解释。哥伦比亚特区曾是美国适用该规则的司法区,但 1972 年

---

① See Richard E. Redding. The Brain-Disordered Defendant: Neuroscience and Legal Insanity in the Twenty-First Century. 56 Am. U. L. Rev. 51,81(2006).

② See Richard E. Redding. The Brain-Disordered Defendant: Neuroscience and Legal Insanity in the Twenty-First Century. 56 Am. U. L. Rev. 51,54(2006).

③ Durham v. United States,214 F. 2d 862 (D. C. Cir. 1954).

④ 有学者认为,新罕布什尔州最高法院第一次阐明了"结果"标准,只不过 Durham v. United States 案较为有名,众所周知。See Rita D. Buitendorp, A statutory Lesson From "Big Sky Country" On Abolishing the Insanity Defense,30 Val. U. L. Rev. 965,974(1996).

哥伦比亚特区上诉法院在 U.S.v.Brawner 案中放弃了该标准①,理由是该标准没有为法院和陪审团成员提供关于精神病不具有可责性的充分的指引。现在只有新罕布什尔州继续适用该标准。

(四)模范刑法典标准(Model Penal Code Test)

在 20 世纪 50 年代,美国法学会草拟了美国模范刑法典(以后逐步修订完善)。该法典规定了精神病免除被告人刑事责任的标准,法典规定:"如果在犯罪行为实施之时,这种行为是精神病或精神缺陷的后果,行为人不能理解行为的犯罪性(或违法性)或不能使其行为符合法律的规定,那么他不对该行为承担责任。"②这一标准包括两个方面的内容:一是与意识能力相关,即如果在行为时被告人受心理疾病的影响没有相应的能力认识到行为的犯罪性,那么他就没有刑事责任能力。二是与意志相关,即如果被告人受心理疾病或心理缺陷的影响无法使自己的行为符合法律的规定,那么他不负刑事责任。该法典还规定,在确定"心理疾病或心理缺陷"时不考虑犯罪习性或反社会行为。美国模范刑法典这一规则的第二个方面明显与原来的迈克纳顿规则不同。从该标准的内容看,这一标准实际上将迈克纳顿标准和不能控制标准结合在一起。

模范刑法典的标准得到了广泛的接受。在欣克利被判无罪前,除第一巡回审判区上诉法院排斥这一标准外,所有的美国联邦法院均适用这一标准,几乎美国一半的州也选择适用这一标准。支持者认为,美国法学会的标准比其他标准更能与关于精神病的医学证据一致;对于陪审员理解和适用而言,这一标准不那么僵硬和简单。一般认为,相对于迈克纳顿规则和德赫姆规则而言,美国法学会关于刑事责任能力的检验标准有几个方面的优点。首先,该规则承认精神病可能损害意识也可能损害意志,因而使法律决定建立于精神病学知识基础之上。其次,美国法学会的标准允许心理健康专家证人的广泛参与,但仍将最终的决定留给陪审团。最后,美国法学会的标准要求"实质缺陷"(substantial incapacity),这被认为比迈克纳顿标准要求全部缺陷更具有现实性。

(五)精神病辩护改革法标准(Insanity Defense Reform Act Test)

20 世纪 80 年代,美国刑事司法系统进入一个新的时代:新保守主义时代(the Neoconservative Era)。在这个时期,社会安全极受关注,以至牺牲了精神病的个人

---

① United States v.Brawner,471 F.2d 969 (D.C.Cir.1972).

② Model Penal Code § 4.01.

权利。① 欣克利案成功的精神病辩护对促进精神病辩护的修正者和废除者的立法议程产生了直接而深刻的影响。裁判宣判后的几个月内,以前关于精神病辩护的零星异议和分散的努力结合成了一致的努力,都希望对精神病辩护做点什么。有的主张废除精神病辩护,如美国医学会(the American Medical Association,AMA)主张直接废除精神病辩护。有的则主张保留精神病辩护并对其进行改革,如美国精神病学会(the American Psychiatric Association, APA)和美国律师协会(the American Bar Association,ABA)主张保留精神病辩护,不过他们放弃了原来支持的美国法学会的精神病标准,转而支持迈克纳顿标准。总体而言,欣克利案的无罪判决导致许多改革者倾向于主张保守的标准。

1984 年,美国国会制定了精神病辩护改革法(the Insanity Defense Reform Act),精神病辩护的联邦标准包含了迈克纳顿标准和模范刑法典中的意识标准部分。在该标准下,"作为严重精神病或精神缺陷的结果,无法理解行为的性质或错误"时,法院可以判决被告人无罪。联邦标准废除了模范刑法典标准的意志部分,要求被告人患有严重的精神病或精神缺陷。联邦法院以及大约 2/3 的州法院现在采纳了这一标准。

(六)其他标准

除上述标准外,美国有的州还采纳了其他标准。例如,能力减弱标准(diminished capacity),该标准允许被告人提交精神病学专家证据,以证明他缺乏指控犯罪所需的犯罪心态。如果辩护成功,那么患精神病的被告人将被无罪释放或被定较轻的罪并受到减轻的处罚。②

三、精神病辩护案件的审理

精神病辩护案件的审理是一个较为复杂的问题,由于篇幅的限制本部分仅从以下五个方面做粗略探讨。

(一)精神病辩护的提出

精神病辩护是基于被告人的利益提出的。但实践中,对于是否提出精神病辩护,被告人与其聘请的辩护人之间可能存在观念上的不一致。这种情况下,辩护律师应当告知法院他与被告人之间的这一分歧,由法院对分歧的原因进行调查。

---

① Julie E.Grachek,The Insanity Defense in the Twenty-First Century:How Recent United States Supreme Court Case Law Can Improve the System.81 Ind.L.J.1479,1483(2006).

② John Q.La Fond,Mary L.Durham,Conitive Dissonance:Have Insanity Defense and Civil Commitment Reforms Made a Difference? 39 Vill.L.Rev.71,79 (1994).

调查的方式仅仅是询问被告人。是否适用精神病辩护,由法院基于自由裁量权决定。①

如果被告方决定提出精神病辩护,美国大多数州要求被告方在审前告知公诉方他将在审判中提出精神病辩护,有的州要求被告方向公诉方提供将为被告人精神病作证的证人名单。联邦法院系统也采取了这一做法。例如,美国《联邦刑事诉讼规则》规定:"被告人意图以在被指控犯罪时精神不正常为由作辩护,被告人应当在规定的提出审判前申请的时限内或者在此后法庭指定的时间内以书面方式将此意图通知检察官,并将通知副本提交法院书记官,如果未遵守本规定的要求,则不能提出精神不正常的辩护。""如果被告人意图提供关于被告人患有精神病、精神缺陷或其他与承担刑事责任相关的精神状况的专家证言,被告人应当在规定的提出审判前申请的时限内或者在此后法庭指定的时间内以书面方式将此意图通知检察官,并将通知副本提交书记官。"这一规定的目的在于为公诉方提供充分的时间以便在审判中对被告人的精神病辩护加以反驳,也使法院有机会要求被告人提交精神病学鉴定。如果被告方准备提出精神病辩护,那么被告人将在审判前的一个特定时间内被移交给精神病者管理机构,通常是 60 天至 90 天,在这段时间内进行精神病鉴定。依据美国模范刑法典的规定,当被告方以书面形式告知其准备提出精神病辩护时,法院应当委派一名以上有资格的精神病专家或请求医院指定一名以上有资格的精神病专家鉴定被告人的精神状态。法院可以允许被告人委托的有资格的精神病专家会同诊断。② 为了避免违反宪法赋予被告人的特权,即在审判中反对自证其罪(Self-incrimination),一些司法区在审判中禁止公诉方援用被告人对精神病学专家所做的陈述,除非引用是针对精神病本身。

(二)精神病辩护案的审理程序

对于陪审团何时考虑精神病辩护,学者们多数主张只有在犯罪的所有要素均成立后才可能适用精神病辩护。例如,有学者认为,如果犯罪的某个要素不符合,被告人均可直接宣告犯罪不成立,没有必要提出精神病辩护。③ 有学者认为:陪审团做出的裁决的顺序是极其简单的……他们首先在每一争议问题上决定该问题是属于有罪还是无罪……然后,只有被告至少在一条罪状上被认为有罪时,他们

---

① Sara Longtain. The Twilight of Competency and Mental Illness: A Conciliatory Conception of Competency and Insanity. 43 Hous. L. Rev. 1563, 1592 (2006).

② Model Penal Code § 4.05.

③ Ira Mickenberg, A Pleasant Surprise: The Guilty but Mentally Ill Verdict Has Both Succeeded in its Own Right and Successfully Preserved the Traditional Role of the Insanity Defense, 55 U. Cin. L. Rev. 943, 952 (1987).

才接着去考虑精神失常这一问题。① 美国联邦最高法院也支持这样的观点。在 Leland v.Oregon 案中,联邦最高法院认为,陪审团只有在所有犯罪要素均被证明到排除合理怀疑的程度后才考虑因精神病而裁定无罪的问题。② 在 Patterson v.New York 案中,联邦最高法院再次确认:只有在所有的犯罪要素(包括所要求的犯罪心态)均被考虑后才考虑精神病辩护问题。③

正是因为这种辩护的阶段性存在,在美国刑事审判中如果有精神病辩护时,通常采用分别审理程序(the bifurcation of the trial)。正如有学者所言:如果法院确定有精神病辩护和其他可能的辩护存在时,法官应当适用分别审理程序。除精神病辩护外其他任何无罪辩护都应当在第一阶段程序中进行审理;只有这些辩护不成功后,才在第二阶段程序中审理精神病辩护。④ 分别审理的具体情况是:第一阶段中,由公诉方提出案件中除精神状况外的所有情况。在本阶段结束后,事实裁定者(陪审团或法院)对案件进行考虑并做出有罪还是无罪的判断。如果裁定是无罪,就无须考虑被告人的精神病问题。如果裁定被告人有罪,审理将进入第二个阶段。在本阶段中只解决被告人的精神病主张。审理中陪审团或法官(如果不是陪审团审判的话)考虑精神病学专家的证据,并做出第二个裁定,这个裁定可能是有罪裁定,也可能是因精神病而无罪的裁定。

一般认为,精神病辩护案件分别审理有四个方面的目的⑤:一是节约时间。如果陪审团在第一阶段程序中所做出的裁定是无罪裁定,就没有必要在精神证据方面浪费时间。二是减少混淆。如果陪审团能在第一阶段程序做出裁定的话,就无须考虑复杂的精神病学证据。三是减少做出妥协裁定的可能性。在单一的体系中,陪审团对被告人是否参与了犯罪存在合理怀疑,但确信他是精神病患者,陪审团可能会做出妥协裁定,即认定他有精神病而不是对他直接做出无罪裁定。四是,为被告人提供保护,以防止自证其罪。在单一体系中,被告人可能会被要求对其危害行为实施时的心理状态进行鉴定。在鉴定过程中,被告人要回答一些与心理状况无关的问题。而在分阶段进行的情况下,在第一阶段程序中被告人可以完

---

① Douglas N.Husak,philosophy of Criminal Law.New Jersey:Rowman & Littlefield Publishers,1987.at197.

② Leland v.Oregon,343 U.S.790,794(1952).

③ Patterson v.New York,432 U.S.197,206(1977).

④ Sara Longtain.The Twilight of Competency and Mental Illness:A Conciliatory Conception of Competency and Insanity.43 Hous.L.Rev.1563,1595(2006).

⑤ Joshua Dressler.Understanding Criminal Law(3rd edition).New York:Matthew Bender & Company,Inc.2001.pp.339-340.

全保持沉默,迫使公诉方运用独立的证据证明他实施了危害行为。

(三)精神病的证明责任分配与证明标准

从英美法系刑法学著作的表述看,犯罪成立包括两个方面的要件:表面要件和实质要件。表面要件包括两方面的要素:危害行为和犯意。正如有学者所言:"一般说来,犯罪包括两方面的要素:危害行为(actus reus),即犯罪的物理或外部部分;犯意(mens rea),即犯罪的心理或内在特征。"①还有学者认为:"通常将犯罪分为两个要素:危害行为和犯意,任何犯罪均可分解为这些因素。例如,谋杀是故意杀害他人的犯罪,谋杀罪的行为是杀人,犯意是故意。"②从这些学者的观点看,犯罪表面成立必须犯罪外部要素(危害行为)和内部要素(犯意)同时存在。犯罪实质成立要件即无罪辩护事由不存在。犯罪表面要件成立并不一定说明犯罪成立,只有于犯罪表面要件成立的前提下无罪辩护事由不成立,行为才构成犯罪。

犯罪的成立涉及证明责任的分配和证明标准问题。英美法系中刑事证明责任的确立具有里程碑式意义的是 Woolmitlgton v.DPP 案。在该案中英国上议院首席大法官三其(Sankey)伯爵说:"在英格兰整个刑事法网上总可以看到一根金线,即除了我已经说过的精神错乱辩护和一些法定例外情况,证明被告人有罪是公诉方的责任……无论指控的是什么罪行,也无论是在哪里审判,公诉方必须证明被羁押者有罪的规则是英格兰普通法的一部分,任何削弱或损害这一规则的企图都是不允许的。"③这就确立了一个规则,即在刑事审判中说服事实裁判者被告人有罪的责任由公诉方承担。这是英美法系刑事审判中的首要规则。该规则是法官必须发出的、每个陪审团必然接到的指示之一。在这一规则下,从审判开始到结束,证明责任都在公诉方,公诉方必须证明成立犯罪的某一犯罪行为的所有因素。被告人没有证明其无罪或证明构成所指控的犯罪的必要事实不存在的责任。陪审团对于被告人是否有罪没有确信或对被告人的罪行存在任何合理怀疑时,对于该怀疑必须做出有利于被告人的裁决。

美国刑事审判中完全遵循了这一规则,例如 1935 年美国联邦最高法院在 Leland v.Oregon 案中认为:"将案件证明到排除合理怀疑的程度是政府的责任,这是我们法律中的基本观念,是自由社会的基本要求,是法律正当程序的保障。"④在 In re Winship 案中,美国联邦最高法院再次确认,根据宪法正当程序条款的要求,

---

① Joshua Dressler.Understanding Criminal Law.New York:Matthew Bender & Company,Inc.2001. p.81.

② Nicola Padfield.Criminal Law.Beccles and London:Reed Elsevier(UK) Ltd.2002.p.21.

③ Raymond Emson,Evidence(2nd edition),New York:Palgrave Macmillan,2004.p.424.

④ 343 U.S.790,795,1005,1006 (1952),pp.802-803.

政府应当将指控犯罪的每一个要素证明到排除合理怀疑的程度。① 由于美国犯罪成立要求表面要件和实质要件同时成立,公诉方证明了表面要件后,被告方可以提出积极辩护主张自己无罪。精神病就是一种典型的积极辩护事由。②

在对抗式的诉讼中,当被告人以精神病为由主张自己无刑事责任能力或不具有所指控犯罪的犯意时,是由被告人证明精神病成立还是由公诉方证明被告人精神正常,这是法学家们争论的问题。有的学者从美国联邦最高法院的判例出发,基于宪法正当程序条款,认为精神正常是犯罪的要素,应当由公诉方承担被告人精神正常的刑事责任。他们认为,法律上的精神病否定了被告人形成犯意的能力,因此为了证明犯罪成立,公诉方应当证明被告人在实施危害行为时精神正常。而主张被告人应当承担证明责任的学者则认为,精神正常不是公诉方应当证明的犯罪成立的要素。例如,有人认为:"既然精神病不是所指控的犯罪的法定要素,那么将证明精神病的责任赋予被告人就是合宪的,正如美国联邦最高法院在判例中所认可的一样。"③相反,他们认为精神病辩护确认被告人不知道或不能理解其行为的错误性,即使他具有犯罪成立所要求的意图他也不具有可罚性。这些学者将否定犯意的证据与被告人精神正常的证据区别开来。因此,他们认为公诉方应当承担成立犯罪所要求的所有犯罪要素的证明责任,但被告人必须承担精神病的证明责任。④

从实践情况看,在 19 世纪一些法院要求公诉方必须承担被告人精神正常的证明责任。到 20 世纪中期,美国有 28 个司法区要求公诉方将被告人的精神正常证明到排除合理怀疑的程度,有 23 个司法区要求被告方以优势证据证明被告人精神不正常。⑤ 在公诉方承担证明责任的州,一旦被告人提出证据支持精神病辩护,公诉方就被要求排除合理怀疑地证明被告人精神正常。在欣克利案的审理中,公诉方承担证明欣克利在试图刺杀总统时精神正常,证明程度为排除合理怀疑。欣克利无罪判决的批评者认为,排除合理怀疑地证明任何人精神正常事实上是不可能的。他们认为,尽管在刑事案件中,将证明责任置于公诉方是传统做法,

---

① 　397 U.S.358（1970）,p.364.

② 　See Daniel J.Nusbaum,The Craziest Reform of　them all:a Critical Analysis of　the Constitutional Implication of "Abolishing" the Insanity Defense,87 Cornell L.Rev.1509,1517(2002).

③ 　Fernand N.Dutile,Thomas H.Singer,What Now For the Insanity Defense? 58 Notre Dame L.Rev.1104,1108(1983).

④ 　See Henry J.Steadman,Before and After Hinckley:Evaluating Insanity Defense Reform,New York:the Guilford Press,1993.p.64.

⑤ 　See Joshua Dressler.Understanding Criminal Law.New York:Matthew Bender & Company,Inc.2001.p.539.

但基于被告人无罪的推定,在精神病辩护的案件中,这样的要求是不合理的,因为精神病证据非常复杂,而且对精神正常又极易提出合理怀疑。

欣克利的无罪判决又重新点燃了精神病辩护案中到底由哪一方承担证明精神病成立或不成立责任合理分配的争论。从立法改革看,在欣克利被无罪判决后,在1982年至1990年,16个州改变了精神病案中的证明责任分配以及证明标准。改革后,联邦法院和大多数州法院(75%)均要求被告人以优势证据(preponderance of the evidence)或清晰而确信的证据(clear and convincing evidence)证明精神不正常。①

(四)精神病辩护案的裁定

当某被告人提出精神病辩护时,以前陪审团可能做出以下三个可能的裁定之一:(1)"无罪"(not guilty),这意味着无论被告人的精神状况如何,因公诉方没有证明犯罪的所有要素而使被告人无罪;(2)"因精神病而无罪"[not guilty by reason of insanity(NGRI)]②,这意味着公诉方已经证明了犯罪的所有要素,但被告人也符合精神病的法律定义,因此不具有可责性;(3)"有罪"(guilty),这意味着公诉方证明了所有的犯罪要素,被告人不符合精神病的法律标准。

根据上述三种裁定,精神病辩护通常只能适用于那些因精神病无法理解自己行为性质或无法使自己的行为符合法律要求的被告人,这无法免除或减轻那些因心理疾病而使意识能力或意志能力受损(但没有达到精神病法律标准)的被告人的刑事责任。这些被告人因为行为时能做出对与错的选择,应当承担刑事责任,但也应当承认他们因心理疾病而能力受到一定程度的损害,故应当宣告他们的行为构成犯罪时减轻或免除惩罚,但应当向他们提供心理疾病治疗,以期在释放后不再重新犯罪。基于此,美国部分州出现了第四种判决,即有罪但患有心理疾病[guilty but mentally ill(GBMI)]。这种判决是介于因应承担完全刑事责任而做出

---

① See Henry J. Steadman, Before and After Hinckley: Evaluating Insanity Defense Reform, New York: the Guilford Press, 1993. pp.63-64.

② 1800年James Hadfield案的判决开启了精神病无罪判决之窗。Hadfield相信他受上帝的派遣实施自我牺牲行为以拯救世界,在伦敦的一个剧院中向国王King George开枪射击。在审判中,如果他不是朝国王开枪射击而被指控构成叛国罪,很容易得到完全无罪的判决。在审判时Hadfield明显是一个精神病者,许多证人证明了他的疯狂心态。而且,在审判中一些医生认定他的发狂行为是由于脑部受伤(他在六年前法国的一场战斗中受伤)所致。陪审团对被告人做出无罪裁定。在公诉团一个成员的要求下,陪审团在"无罪"裁定中加了一句"在行为发生时受精神病的影响"。这就是"因精神病而无罪"裁定的开始。See Abraham L. Halpern, The Insanity Verdict, The Psychopath, and Post - Acquittal Confinement, Pacific Law Journal April, 1125, 1130(1993).

的有罪判决(guilty)和因精神病而做出的无罪裁定(NGRI)之间的一种判决。如果陪审团认为在危害行为实施之时被告人有心理疾病,但这种疾病又没有严重到符合精神病的法律标准,那么陪审团就可以对被告人做出"有罪但患有心理疾病"的裁定。

在这种判决下,犯罪者也应当被判处刑罚,但犯罪者将在监狱中或者精神病机构中得到精神病治疗。如果在所判刑期内犯罪者的心理疾病被治愈,他将要执行完毕剩余刑期。有学者认为,"有罪但患有心理疾病"的裁定可以被视为"部分成功"或"不成功"的精神病辩护。[1]

对于第四种判决,分别存在支持与反对的声音。支持者认为,这种判决是对"因精神病而无罪"裁定的一种补充而不是要取代这种裁定,它可以减少不恰当的因精神病而宣告无罪的判决;它使犯罪人得到精神病治疗;它可能防止精神病紊乱且具有危险性的人危害社会。一些州的法院和美国联邦最高法院认为,这种判决没有违反正当程序条款,没有违背平等保护原则,被告人的自由也没有受到宪法禁止的残忍和异常之刑的影响。[2] 反对者则认为,对陪审团而言,心理疾病与精神病难以区分;只要国家愿意,任何被判构成犯罪者均可以得到精神治疗;这种判决无法确保心理疾病患者得到治疗,尤其是国家财政危机之时;陪审团可能因这种判决的存在而做出折中判决,以致减少本应当做出的"因精神病无罪"的判决(甚至有人认为,这种判决实际上是废除了"因精神病而无罪"判决)。[3]

自从 1975 年密歇根州法律中首先确认了这种裁定以来,伊利诺伊、密歇根、阿拉斯加、印第安纳等 13 个州采纳了这种裁定。

(五)精神病辩护案中专家证人的作用

在精神病辩护的刑事案件中,精神病学、心理学等方面的专家证词[4]将是事实裁定者认定案件事实的重要依据,所以专家证人对于案件的处理结果通常具有重

---

[1]　See Ira Mickenberg, A Pleasant Surprise: The Guilty but Mentally Ill Verdict Has Both Succeeded in its Own Right and Successfully Preserved the Traditional Role of the Insanity Defense, 55 U.Cin.L.Rev.943, 989 (1987).

[2]　See Amy D.Gundlach-Evans, State V.Calin: The Paradox of the Insanity Defense and Guilty but Mentally Ill Statute, Recognizing Impairment Without Affording Treatment.51 S.D.L.Rev.122, 141(2007).

[3]　See Comment, Guilty But Mentally Ill: Broadening the Scope of Criminal Responsibility, 44 OHIO ST.L.J.797, 819 (1983).

[4]　在审判中提出关于精神正常与否的专家证词,不但要求提出者是具有适当资格的专家,而且要求这些证据遵循专家证词的其他规则。Henry F.Fradella, From Insanity to Beyond Diminished Capacity: Mental Illness and Criminal Excuse in the Post-Clark Era.18 U.Fla.J.L.& Pub.Pol'y 7, 50(2007).

要意义。如何正确处理专家证人在诉讼中的地位,长期以来是立法者、司法者和学者们思考的问题。对于精神病辩护案件中专家证人的地位,存在两种完全相对的观念。有的人主张完全排斥专家证言的运用。例如,有人认为:将对基本的法律和道德问题的回答交到那些未受训练的医学专家手中是一种无能的表现。① 有人认为,由于英美法系实行对抗制,对抗双方均会聘请精神病学专家作为己方证人,这样诉讼中就成了精神病学专家之间的"战斗",案件的证明与认定就不再是法律工作者的任务了。② 不过多数人则主张发挥专家证人的作用,因为没有专家证人的帮助则无法对实施危害行为的精神病人做出正确的处理。例如有学者认为,现实生活的复杂性和多样性,使陪审员在某些情况下需要专家的帮助才能处理案件,众多案件中对有关技术方面问题的理解和判断能力已远远超出需要做出罪行有无的陪审员的能力。让专家证人以意见或推论的形式做出证言是合理的,因为专家具有陪审员所不具有的专门知识和技能。③ 有人认为,专家证人的必要性在于,"依据专家们在特定领域中的专门知识,他或她有能力根据事实做出陪审团不能做出的推定"④。

实际上,要正确定位精神病学专家在刑事诉讼中的地位,就应当正确处理法学与精神病学、心理学之间的关系。因为只有正确构建法律概念和精神病学概念之间的关系,才能使精神病学相关信息能够为法律所用而又不危及法律的社会目标。

《美国联邦证据规则》(Federal Rules of Evidence)承认专家证人的法律地位,该规则第 702 条规定:"如果科学、技术或者其他专业知识有助于事实审判者理解证据或者确定争议事实,凭借其知识、技能、经验、训练或者教育有资格为专家的证人可以用意见或其他方式作证。"美国联邦最高法院在 Ake v.Oklahoma 案中对专家证人的作用做了正面的、积极的、肯定性的评价。美国联邦最高法院认为:没有精神病学专家运用他们的专业知识对被告人相关情况进行鉴定的帮助,提出专

---

① [美]乔恩·R. 华尔兹:《刑事证据大全》(第 2 版),何家弘等译,中国人民公安大学出版社 2004 年版,第 466 页。

② 有人甚至认为专家证人在刑事审判中起了过分的作用而主张废除精神病辩护。例如,蒙大拿州议员 Keedy 在 1979 年提出废除精神病辩护议案时称,精神病辩护使心理学专家占领了州的刑事审判。See Rita D.Buitendorp,A statutory Lesson From "Big Sky Country" On Abolishing the Insanity Defense,30 Val.U.L.Rev.965,974(1996).

③ [美]乔恩·R. 华尔兹:《刑事证据大全》(第 2 版),何家弘等译,中国人民公安大学出版社 2004 年版,第 430-431 页。

④ Glen Weissenberger & James J.Duane:Federal Evidence(4th edition),Anderson Publishing Co. 2001,p.360.

家证言,以确定精神病辩护是否合理,对被告人精神状况做出错误判断的风险就会极高。在精神病学专家的帮助下,被告人完全可以以有意义的方式为陪审团提供充分的信息,以确保陪审团做出合理的判断。①

不过,即使主张发挥精神病学专家作用的人也担心专家们会不当超越其本来的作用。例如,有人认为,精神病学专家会对最终的法律决定产生不当影响,使法律取决于非法律的概念。② 有人认为,精神病学专家和心理学专家在法庭上的作证可能不当地主导审判或可能通过提供结论性的意见而取代法官或陪审团的功能。

这种担心并非没有道理。英美法系的普通法传统认为,对案件争议的最终问题的决定权属于陪审团(或作为事实裁定者的法官),因此证据规则一直禁止证人对案件的最终问题发表意见,以防止意见证据侵蚀专属于事实裁定者的权力。在精神病辩护案中,精神病学专家对被告人的精神状态发表意见,会左右事实裁定者的判断;如果不对专家证人的言辞做出限制,专家证人甚至会取代事实裁定者而成为案件事实上的事实裁定者。

正确定位精神病专家在诉讼中的地位,就要在承认其积极作用的同时防止其作用的不当发挥。美国律师协会(ABA)、美国精神病学会(APA)和全国精神健康学会(National Mental Health Association,NMHA)以及大多数专家学者均认为,精神病学专家应当将他们的证词限制于他们专业知识领域,不应当对被告人在实施非法行为时是否属于法律上的精神病这一法律问题发表个人见解。为了防止精神病学专家在作证时事实上越俎代庖,发挥事实裁定者应有的功能,《美国联邦证据规则》第704条(b)款规定:"在刑事案件中,关于被告人精神状态或者境况的专家证人证词不能对该被告是否属于被指控的犯罪成立要素或相关辩护要素的精神状态或者境况表态,此类最终争议应由事实裁判者独立决定。"

四、因精神病而被判无罪者的关押与释放

从裁定种类看,精神病可能成为无罪的辩护理由,也可能成为罪轻的辩护理由。在判决后,对于符合精神病法律标准或不符合该标准但具有心理疾病者如何处理,即关乎行为人宪法性权利的保护又涉及公共安全。一般而言,对于具有精神病或患有心理疾病者存在一个关押、治疗与释放的问题。本部分仅拟对因精神

① Ake v.Oklahoma,407U.S.68,105S.Ct.1087(1985).
② See Peter Dahl,Legal and Psychiatric Concepts and the Use of Psychiatric Evidence in Criminal Trials,73 Calif.L.Rev.411,411(1985).

病而被判无罪者的关押和释放问题做简要分析。

(一)因精神病而被判无罪者的关押

1800 年以前,在英格兰的许多司法区,如果发现被告人因精神病而不负刑事责任时,就会直接做出无罪判决,没有特别规定约束他以确保社会的安全。这种做法激起了社会公众对精神病辩护的普遍反感,因为这种做法使社会公众处于精神病者实施危害行为的危险之中。1800 年英国通过了《精神错乱者犯罪法》(*Criminal Lunatics Act of* 1800)。依据该法的规定,所有基于精神病被裁定无罪者均应被关押于封闭场所直到精神正常为止。这种封闭场所包括精神病医院和监狱,实际上当时精神病医院的条件比监狱还差。在 19 世纪早期,绝大多数实施危害行为的精神病者被关押在监狱中。

美国关押因精神病而被裁定无罪者的方式从 Rex v.Hadfield 案发端。① 在美国,因精神病而裁定无罪者被关押在安全设施中,包括精神病患者治疗机构和监狱。为了保障社会的安全和使精神病患者得到治疗,强制关押这类人一直被一些法官、立法者视为一个合理的方式。例如,在 State v.Jones 案中,法院认为如果判决是因为精神病的理由而被判无罪,那么被告人不能被释放,为了安全起见,将行为人关押于精神病院或监狱是法院的责任。② 这种做法得到了社会的支持。在 20 世纪 50 年代,一个"精神病学的进步"的团体在其关于"刑事责任与精神病专家证言"的报告中建议:当因精神病而做出无罪的裁定后,法院应当立即将被告人委托给管理的公共机构,以便对其关押、看管和治疗。除非并且直到该被告人重新获得了判断能力和对自己事务、社会关系的控制能力,他才能被解除关押。

不过,到了 20 世纪 60 年代,一些改革约束了政府对精神病患者非自愿关押的权力,鼓励将精神病人置于社会中进行治疗。在未征得同意的情况下,只有那些患有精神病且具有危险性的人才可以被关押。20 世纪 70 年代至 80 年代美国社会逐渐保守化,以牺牲社会安全为代价保障精神病人权利这一做法受到了抨击。在 20 世纪 80 年代,将精神病犯人关押不再以治疗为首要目的,而在于确保他们受到适当的刑罚惩罚(尽管他们患有精神病)。③ 以华盛顿为代表的一些州在非自愿关押方面掀起了保守性的改革潮流,即通过立法或对法律做扩大解释,

---

① See Abraham L. Halpern, The Insanity Verdict, The Psychopath, and Post - Acquittal Confinement,Pacific Law Journal April,1125,1132(1993).

② State v.Jones,50 N.H.369,381 (1871).

③ See Julie E.Grachek, The Insanity Defense in the Twenty-First Century:How Recent United States Supreme Court Case Law Can Improve the System.81 Ind.L.J.1479,1486(2006).

扩大州政府的权力,以关押那些精神病患者,即他们对他们自己或其他的人没有危险。①

在美国,行为人因精神病而被裁定无罪后是否被关押有两种模式。一是自动移交模式。在此种模式下,行为人因精神病而被裁定无罪后无须经过决定其是否继续患有精神病或是否有人身危险性的听审程序,便将行为人移交给相关的机构。② 美国法学会在其草拟的模范刑法典中曾极力推崇这一模式,主张无论什么情况下,只要做出了因精神病而无罪的判决,就应当对判无罪的人强制性移交相关的机构,以便对其进行关押、照看和治疗。制定者认为:"自动移交的规定……不仅为公众提供了即时的保护,而且通过使无刑事责任能力辩护更能为社会公众和陪审员接受而有益于精神病错乱者或精神缺陷者。"还有人认为这种自动移交模式可以防止精神病辩护的滥用。二是区别移交模式。在这种模式下,行为人因精神病而被裁定无罪后,原审法官有权要求其被临时关押于精神病机构中,通过观察与鉴定,以决定他是否应当被不定期地关押。这就存在一个移交关押的标准问题,一般而言这一标准即因精神病而对自身或他人具有危险性。

(二)因精神病而被判无罪并被关押后的释放

精神病人被关押是有条件的,即行为人被关押是因为有精神病,或因为有精神病而对自己或他人具有危险性。如果其精神病被治愈或精神病没有治愈但对自己或他人没有危险性,那么他就应当被释放。至于精神病人被关押时间的长短,很大程度上取决于他是否达到了释放的条件。从实际情况看,精神病人被关押治疗的时间通常要比因犯罪而被关押在监狱的时间长。正如有学者所言:这种情况下,犯罪的严重性与关押时间长短不存在相称性,因为关押的目的在于治疗而不在于惩罚。③

关于释放程序各州存在较大的差异。从申请情况看有两种模式。一是精神

---

① 美国联邦最高法院虽然支持对因精神病而被判无罪者进行关押,但关押仍然以行为人存在人身危险性为基础。例如在 Jones v.United States 案中,联邦最高法院认为:"当刑事被告人以优势证据证明他因精神病的理由而不构罪时,宪法允许政府基于精神病判决,将被告人禁闭于精神病机构,直到他精神正常或不再危及自身或社会为止。"Jones v.United States,463 U.S.354 (1983).

② 美国联邦最高法院在 Addington v.Texas 案[441 U.S.418,426-27(1979)]中认为,除非政府以清晰而确信的证据证明某人正在患精神病并且对他自己或其他人存在危险,否则不应当将此人移交给精神病机构。不过,实行自动移交的州则认为刑事审判中的精神病裁定本身即是行为人正在患精神病并且具有危险性的可信依据,无须进行听证。

③ See Joshua Dressler.Understanding Criminal Law.New York:Matthew Bender & Company,Inc.2001.p.354.

病治疗机构可以基于被治疗者达到了释放条件而申请法院释放此人,原来命令将此人移交治疗的法院仍享有管辖权。① 根据美国模范刑法典的规定②,法院接到申请后应当委派两名以上有资格的精神病专家在 60 日内对被关押者进行鉴定并提出报告。如果报告认为被关押者达到了释放标准,法院就应当裁定将其无条件或附条件释放。如果法庭不能确信被关押者是否达到了释放标准的,就应当迅速召开听证会。在法院的庭审中,被关押者承担证明自己达到了释放条件的责任。二是被关押者自己申请。根据美国模范刑法典的规定,被关押者自己可以申请法院无条件释放或附条件释放,其程序与前一模式基本相同。不过,被关押者自己的申请如果在被关押的 6 个月内提出,法院具有完全的决定权,即使被关押者不同意该裁定,对该申请也无须庭审。无论哪种模式,法院的裁定可能是以下三种裁定之一,即无条件释放、附条件释放和不予释放。如果被关押者被附条件释放,在释放后的 5 年内,法院经听取有关证据后认为被释放者没有遵守该条件,为保护其本人或他人,法院应当撤销其释放决定,并立即命令将其再次关押。无论哪种模式,对于申请时间均有限制,即在特定时间内(通常是移交后 90 天至 1 年内)不得申请释放。

五、借鉴:我国精神病辩护制度构建的方向

我国《刑法》第 18 条规定,精神病人在不能辨认或者不能控制自己行为的时候造成危害结果,经法定程序鉴定确认的,不负刑事责任。因此,精神病是行为人无罪辩护的重要事由。近年来频发的重大刑事案件中均有精神病辩护事由的提出,如马加爵案、邱兴华案、黄文义案,辩护方均以精神病为辩护事由加以辩护。由于我国刑事法中的精神病辩护制度不完善,因而社会公众、学者和司法人员对于精神病辩护存在的合理性、精神病的标准、精神病案件的审理和因精神病而被判无罪者的关押与释放等方面,均存在理解上的不一致。

虽然美国也存在废除精神病辩护制度的声音,但实践表明,精神病辩护制度在美国刑事诉讼中仍发挥着重要的作用。我国司法实践中精神病辩护的成功案例极少,导致这种情况的原因是多方面的,但精神病辩护制度的缺失是其中一个重要原因。我们有必要尽快完善精神病辩护制度。一是明确精神病辩护的必要性,使社会民众认识到精神病辩护制度存在的合理性。二是思考我国精神病的法

---

① See Joshua Dressler.Understanding Criminal Law.New York:Matthew Bender & Company,Inc. 2001.p.354.

② Model Penal Code § 4.08.

律标准,加强法学与精神病学的联系,合理确定我国精神病的法律标准。三是完善精神病案件的审理。我国刑事诉讼法对于精神病辩护案件审理没有特殊的规定,实践中有无精神病辩护对于刑事诉讼没有任何影响,没有基于精神病辩护事由确立具有针对性的诉讼程序。美国刑事诉讼中精神病辩护案件的审理或许为我国刑事诉讼程序的完善提供了一个可资借鉴的样本。在完善中,我们应当重点考虑精神病辩护何时提出、精神病辩护案的审理程序是否应当分步进行、精神病的证明责任分配与证明标准与普通案例是否应当有差别、精神病辩护案的裁定有什么特殊内容,以及精神病辩护案中专家证人的作用如何定位等问题。四是完善因精神病而被判无罪者的关押与释放制度。我国刑法规定,对于因精神病而无法承担刑事责任的行为人,法院应当责令他的家属或者监护人严加看管和医疗;在必要的时候,由政府强制医疗。2012 年修正后的《刑事诉讼法》也有专章规定“依法不负刑事责任的精神病人的强制医疗程序”。但通常情况下,行为人被确定为完全无刑事责任能力的精神病患者后,大多数人是由其监护人领回,由监护人加以看管和医疗,只是在特殊的情况下才由政府负责医疗。《刑事诉讼法》还规定:“被强制医疗的人及其近亲属有权申请解除强制医疗。”我国监护人主导因精神病而被判无罪者的看管及治疗与美国政府主导的看管与治疗存在较大的差异。笔者认为,从社会安全和精神病人的治疗出发,政府应当肩负起这个责任。这对于解除民众对精神病人再次危害社会的顾虑,确立精神病辩护的社会基础也有裨益。

（本文原载于《中国法学》2008 年第 6 期）

生态修复的刑事判决样态研究

蒋兰香

作者简介:蒋兰香(1965—),女,湖南新宁人,湖南科技大学法学与公共管理学院刑法学教授,法学博士,1998 年度全国优秀教师。主持国家社科基金项目 3 项,国家社科基金重大项目"污染环境犯罪多元治理机制研究"子课题一项,湖南省社科基金等项目 14 项。出版专著 5 部,即《环境刑法》《环境犯罪基础理论研究》《环境刑法的效率分析》《污染型环境犯罪因果关系研究》《环境行政执法中刑案移送与司法承接的衔接机制研究》。在《法学家》《法学》等 CSSCI 期刊上发表有关环境资源犯罪方面的学术论文 80 余篇,获湖南省第十三届社会科学优秀成果奖 1 项。主要研究领域为环境法与刑法的交叉学科,研究内容是从实体法到程序法,运用刑事法律手段保护资源环境,实施生态环境法治,满足国家生态文明建设、绿色发展、高质量发展的需要。

2018 年 3 月 11 日,"生态文明"和"生态文明建设"已经写入我国宪法。环境修复工作已经引起党和国家的高度重视。党的十九大报告提出要"实施重大生态修复工程",李克强同志在 2018 年政府工作报告中提出要"加强生态系统保护和修复"。立法层面,《环境保护法》《水土保持法》等已经明确规定了生态修复责任和制度。司法层面,最高人民检察院曹建明检察长 2018 年在全国人大所作工作报告中提出要"突出惩治破坏生态环境,推动环境治理、生态修复"。最高人民法院院长周强 2018 年在全国人大所作工作报告中提出要"完善环境资源审判机制,促进绿色发展"。2014 年和 2016 年,最高人民法院已经先后出台《关于全面加强环境资源审判工作 为推进生态文明建设提供有力司法保障的意见》(法发〔2014〕11 号)和《关于充分发挥审判职能作用为推进生态文明建设与绿色发展提供司法服务和保障的意见》(法发〔2016〕12 号),要求审判机关通过依法审理有关环境污染、自然资源开发利用案件来保障自然资源和生态安全,有效维护人民群众的环境权益和环境公共利益。为了贯彻党和国家保护环境、修复生态的政策和法律,近年来我国审判机关在审判实务中积极开展恢复性司法活动,有效维护了生态利益和环境权益。环境刑事司法作为保障生态文明建设最具强制力的手段,在制裁破坏生态环境犯罪、保护生态环境权益方面也发挥了极为重要的作用,生态修复就是刑事恢复性司法最为有效的手段。本文拟通过对刑事审判中判决生态修复的样态进行实证研究,以厘清生态修复在刑事审判中的价值和意义,发现其中存在的问题,提出完善的对策。

一、生态修复概念的厘定

生态修复是生态学上的概念,是指"在人为的干预下,利用生态系统的自组织和自调节能力来恢复、重建或改建受损生态系统,目的是恢复生态系统的服务功能"[1]。随着环境资源破坏的加剧,生态修复逐渐被作为制度、举措在法律、法规、规定中进行规定,如《环境保护法》第 32 条、《水土保持法》第 30 条等。生态修复只有在成为法律制度的情况下,法律上对之研究才具价值和意义。

生态修复不同于生态恢复。二者虽然仅一字之差,但词义完全不同。生态修复主要是用人工措施为生态系统健康运转服务,加速已被破坏生态系统的恢复[2];而生态恢复是指"停止人为干扰,解除生态系统所承受的超负荷压力,依靠生态本身的自动适应、自组织和自调控能力,按生态系统自身规律演替,通过其休养生息的漫长过程,使生态系统向自然状态演化"[3]。尽管有学者将二者等同[4],但二者的区别显而易见:生态修复是通过人工手段加速恢复生态系统功能,而生态恢复是通过大自然生态系统自身推进功能恢复。当然,生态修复的目标最终有赖于生态恢复来完成。

生态修复也不同于民事责任中的恢复原状。生态修复与恢复原状非常相似,故有学者将二者完全等同[5],还有学者认为环境修复是民法中恢复原状的生态化表达。[6] 也有学者持不同见解,认为"生态修复与民法上的恢复原状是两个完全

---

[1] 盛连喜:《环境生态学导论》,高等教育出版社 2009 年版,第 315 页。

[2] 焦居仁:《生态修复的要点与思考》,载《中国水土保持》2003 年第 2 期。

[3] 焦居仁:《生态修复的要点与思考》,载《中国水土保持》2003 年第 2 期。

[4] 徐本鑫:《论生态恢复法律责任的实践创新与制度跟进》,载《大连理工大学学报》(社会科学版)2017 年第 2 期。

[5] 王立新、黄剑、廖宏娟:《环境资源案件中恢复原状的责任方式》,载《人民司法》2015 年第 5 期。

[6] 胡卫:《民法中恢复原状的生态化表达与调适》,载《政法论丛》2017 年第 3 期。

不同的概念。生态修复的过程及其社会意义显然要比恢复原状复杂而深刻得多"①。笔者认为,生态修复不能等同于恢复原状,二者有着本质不同,具体表现为:其一,救济对象不同。恢复原状以救济人身权或财产权为边界,以个人利益为本位;生态修复救济的是环境权,以公共利益为本位。其二,恢复标准不同。恢复原状的标准是"原状",即侵权行为或违约行为发生之前的状况,既容易确定,也比较容易恢复;生态修复是基于生态环境损害进行的修复,"生态环境损害不同于民法上的'具体损害'",其实质是环境要素的"不利改变"以及"系统服务功能退化"②,所以生态修复强调的目标主要是"生态功能恢复"③,但确定生态功能恢复与否是一个系统工程,需要科学技术和环境鉴定、综合判定等各种手段。其三,法律地位不同。恢复原状是《民法总则》第 179 条明确规定的民事责任方式,作为法律责任有明确的法律依据;生态修复从目前的法律来看更多的是一种制度、举措而非责任承担方式,如 2014 年修订的《环境保护法》第 32 条④,2011 年施行的《水土保持法》第 30 条⑤等。总之,生态修复和恢复原状是两个不同的概念,二者有着本质不同。但立法和司法上也有将恢复原状与生态修复视为相同概念的规定,如2015 年修正后的《固体废物污染环境防治法》第 85 条⑥、最高人民法院《关于审理环境民事公益诉讼案件适用法律若干问题的解释》第 20 条⑦将生态恢复规定为环境修复方式,但这种规定已经遭到了学者的质疑。⑧ 从法律层面看,不管是行政判决、民事判决还是刑事判决,对被告人判处所谓的恢复原状、生态恢复实际上都

---

① 吴鹏:《最高法院司法解释对生态修复制度的误解与矫正》,载《中国地质大学学报》(社会科学版)2015 年第 4 期。

② 吕忠梅:《"生态环境损害赔偿"的法律辨析》,载《法学论坛》2017 年第 3 期。

③ 高吉喜、杨兆平:《生态功能恢复:中国生态恢复的目标与方向》,载《生态与农村环境学报》2015 年第 1 期。

④ 该条规定:"国家加强对大气、水、土壤等的保护,建立和完善相应的调查、监测、评估和修复制度。"

⑤ 该条规定:"国家加强水土流失重点预防区和重点治理区的坡耕地改梯田、淤地坝等水土保持重点工程建设,加大生态修复力度。"

⑥ 该条规定:"造成固体废物污染环境的,应当排除危害,依法赔偿损失,并采取措施恢复环境原状。"

⑦ 该条规定:"原告请求恢复原状的,人民法院可以依法判决被告将生态环境修复到损害发生之前的状态和功能。无法完全修复的,可以准许采用替代性修复方式。人民法院可以在判决被告修复生态环境的同时,确定被告不履行修复义务时应承担的生态环境修复费用;也可以直接判决被告承担生态环境修复费用。生态环境修复费用包括制定、实施修复方案的费用和监测、监管等费用。"

⑧ 吴鹏:《最高法院司法解释对生态修复制度的误解与矫正》,载《中国地质大学学报》(社会科学版)2015 年第 4 期。

是生态修复。

刑法意义上的生态修复是指刑事司法强制犯罪人采取的旨在达到恢复生态功能的弥补性举措。本文研究的内容就是在恢复性司法理念下人民法院创新性地判决刑事被告人对自己犯罪行为破坏的生态环境权益进行修复,故均是人为的生态修复而非自然的生态恢复或针对人身权、财产权的恢复原状。

二、刑事审判中生态修复判决样态及表征

（一）刑事判决生态修复方式

目前,我国正在大力推进生态文明建设,践行绿色发展理念。作为为生态文明建设、绿色发展保驾护航的司法机关,运用司法职权保护生态环境的力度也在不断加大,刑事审判①更是如此。我国审判机关在对破坏生态环境犯罪人判处生态修复辅助措施时创新颇多,方式不一,种类繁多,概括起来主要有如下几类。

一是补种复绿(补植复绿)。补种复绿是通过补播种子、补种树苗等活动使被盗伐、滥伐、毁坏的森林资源达到生态修复的目的。这类生态修复方式在我国刑事判决中运用最为广泛,且主要在破坏生态资源类案件中判决。我国早在 20 世纪 90 年代就开始运用植树造林这种生态修复方式,但率先大规模在审判实务中运用这种修复方式的是福建省。2014 年 5 月,福建省高级人民法院率先在全国出台了《关于规范"补种复绿"建立完善生态修复司法机制的指导意见(试行)》,对部分破坏林木、林地等生态环境刑事案件,责令被告人以补种林木、恢复植被等方式修复受损生态环境。据统计,"从 2009 年至 2012 年,福建法院系统审结破坏生态环境资源的各类案件 9331 件,判处罪犯 7713 人,发出'补植令''监管令'等 270 余份,涉及涉林刑事被告人补种、管护林木达 3 万多亩"②。2011 年至 2014 年,古田县人民法院受理的 133 件破坏环境资源刑事案件中,有 74 件适用了"补种复

---

① 除了人民法院对刑事被告人判决补种复植外,司法实践中还有检察机关在不起诉被告人的情况下要求被告人补种复植的案例。如吉林省临江林区赵某为打烧柴,盗伐林木 2.2117 立方米,犯罪后主动投案自首,综合考虑案件事实情况,吉林省临江林区人民检察院对其做出了不起诉决定,同时要求其复绿补种相应面积的林木。参见临江林检:《临江林区人民检察院督促"复绿补种"助力生态修复》,http://www.lyjlinjiang.jcy.gov.cn/tpxw/201705/t20170512_1990398.shtml,访问时间 2018 年 2 月 11 日。

② 李晓郛:《恢复性司法在生态刑事案件中的法律困境和完善措施》,载《2015 年全国环境资源法学研讨会(2015.7.17~7.20·上海)论文集》第 111 页。

绿"①。福建补种复植模式开启后迅速在全国推广,其他省市对破坏生态环境犯罪案件判决补种复绿也开始全面铺开。由于这类案例实践中判决较多且具有一定的差异性,故本文选取了比较典型的 10 个判决进行研究。具体见下表。

判决案例

序号	判决年份	被告人	罪名	判决法院	主刑	附加刑	补植复绿判决情况
1	1992	张某林张某刚	盗伐林木	黑龙江省苇河林区人民法院	有期徒刑 1 年,缓刑 2 年	无	缴纳赔偿金 328.18 元,植造落叶松 5 亩(1000 株),抚育 3 年,成活率达到 90%以上②
2	2002	王某英	盗伐林木	湖南省临武县人民法院	有期徒刑 3 年,缓刑 4 年	无	植树 3024 株,且成活率达到 95%以上③
3	2007	郎某	盗伐林木	贵州省清镇市人民法院	有期徒刑 2 年	罚金 1000 元	赔偿安多村民委员会经济损失 6453 余元并在判决生效后 90 日内在案发地补种树苗 145 株④
4	2008	李某荣刘某密	盗伐林木	江苏省无锡市锡山区人民法院	分别为有期徒刑 1 年 6 个月、1 年,缓刑 2 年、1 年 6 个月	分别罚金 2500 元、2000 元	两被告补种中意杨树 19 棵(相同树龄),并从植树之日起管护 1 年 6 个月⑤

---

① 毋郁东:《恢复性司法视野下的环境刑事司法问题研究——以古田县法院"补种复绿"生态补偿机制为例》,载《福建警察学院学报》2016 年第 4 期。
② 王树义:《环境与自然资源法学案例教程》,知识产权出版社 2004 年版,第 153-183 页。
③ 雷鑫:《论环境犯罪刑事责任实现方式的多元化》,载《法学杂志》2011 年第 3 期。
④ 贵州省清镇市人民法院(2007)清环保刑初字第 1 号刑事判决书。
⑤ 雷鑫:《论环境犯罪刑事责任实现方式的多元化》,载《法学杂志》2011 年第 3 期。

续表

序号	判决年份	被告人	罪名	判决法院	主刑	附加刑	补植复绿判决情况
5	2011	陈某良曾某强	盗伐林木	一审:广东省惠州市惠城区人民法院,二审:广东省惠州市中级人民法院	一审:有期徒刑 4 年,二审:有期徒刑 3 年,缓刑 5 年	一审、二审均为罚金 5 万元	一审:无二审:义务造林 10 亩①
6	2011	樊某孟某某吉某	滥伐林木	江苏省连云港市连云区人民法院	有期徒刑 3 年,缓刑 3 至 5 年	罚金各 3 万元	补种指定树种林木 202 株(均为 3～8 年树龄),保证其存活,并从植树之日起管护 2 年②
7	2014	曾某某	失火	福建省漳州市中级人民法院	有期徒刑 2 年,缓刑 3 年	无	因无法在原地实施补种,法院决定改变就地复绿补植模式,在太极村的生态公益地段补种绿化③
8	2015	石某	非法占用农用地	四川省宝兴县人民法院	有期徒刑 2 年,缓刑 3 年	罚金 2 万元	判决生效后 6 个月内,按照林业行政主管部门指定的补栽补种地点、标准和要求,完成 182.27 亩林地的补种补栽④

① 林晔晗、游小勇、黄陈谦:《惠州对盗林者适用非监禁刑》,载《人民法院报》2010 年 12 月 31 日第 3 版。

② 江苏省连云港市连云区人民法院环境资源案件审理典型案件,http://blog.sina.com.cn/s/blog_dbae00f40102vz1c.html,访问时间 2018 年 2 月 11 日。

③ 杨艳娜:《漳州男子失火烧山外逃 11 年被判异地复绿补植》,http://www.chinadaily.com.cn/hqgj/jryw/2014-08-28/content_12282985.html,访问时间 2018 年 2 月 13 日。

④ 石兰兰:《非法占用农用地破坏生态,法院判决补栽树木》,载《四川日报》2015 年 2 月 3 日。

续表

序号	判决年份	被告人	罪名	判决法院	主刑	附加刑	补植复绿判决情况
9	2017	李某兵	滥伐林木	贵州省遵义市播州区人民法院	无	罚金1万元	民事诉讼被告单位遵义市红花岗区金鼎山镇板桥村村民委员会按其制定并由林业行政主管部门核准的补植复绿方案规定的地点、方式、内容、要求，履行补植复绿义务①
10	2018	时某黄某生	污染环境罪	江西省抚州市中级人民法院	有期徒刑1年6个月，缓刑2年；有期徒刑1年2个月，缓刑1年6个月	各处罚金1万元	二人被判承担生态环境修复费8万元，在焚烧危险废物的现场和周边40余亩土地上进行植树造林，并养护3年；对涉案全部危险废物及其残渣依法进行无害化处置，并承担已经发生的鉴定费、危险废物处理费等②

二是修复生态环境。即直接判处被告人修复被自己犯罪行为破坏了的生态和环境。如2016年4月1日，山东省济南市历城区人民法院对山东蓝星清洗防腐有限公司及其直接责任人员以污染环境罪进行了判决，判处蓝星公司罚金20万元，法定代表人姬某及其他直接责任人员承担相应的刑事责任。后来济南市人民检察院对此案又提起了民事公益诉讼，济南市中级人民法院判决蓝星公司一年内

---

① 贵州省遵义市播州区人民法院（2017）黔0321刑初547号刑事附带民事判决书。
② 《江西首例！抚州两人烧危险废物 被罚种树40余亩》，http://jx.sina.com.cn/news/s/2018-02-22/detail-ifyrvnsw6975991.shtml，访问时间2018年2月13日。

修复被污染的土壤,否则将承担鉴定报告中所评定的 98 万元的生态环境损害费用。① 2018 年 2 月 8 日,湖南省湘潭县人民法院对被告人许某忠、赵某军等九人犯环境污染罪分别判处 6 个月到 1 年不等有期徒刑或拘役,并处罚金,同时判令对环境损害进行修复,恢复原状。② 有些案件法院没有在判决书中直接判决生态修复,而是在判决前通过对附带民事诉讼进行调解解决生态修复问题。如 2017 年 5 月,贵州省遵义县人民法院以非法占用农用地罪判处闵福乐建材有限公司罚金 30 万元,对直接责任人王某香、张某权、王某英判处有期徒刑 2 年缓刑 2 年,并处罚金 2 万元。对于检察机关在该案中提起的刑事附带民事公益诉讼,法院在庭前就主持了调解,达成了生态修复协议。③④

三是土地复垦或土地恢复原状。即直接对破坏土地资源的犯罪人创新性的判决旨在恢复土地、土壤功能的生态修复。如 2014 年 7 月 25 日江苏省江阴市人民法院对王某以非法占用农用地罪判处有期徒刑 1 年,缓刑 1 年,并处罚金 1 万元,违法所得 2.5 万元予以没收,上缴国库;同时判决王某按照相关要求对被损毁耕地进行修复,并在判决生效后 3 个月内达到国家规定的耕地标准。⑤ 2017 年,海南省第二中级人民法院对李某犯非法占用农用地罪判处有期徒刑 2 年,缓刑 3 年,并处罚金 40 万元,责令被告人李某按期履行完毕其与临高县国土资源局签订的《土地复垦协议书》,修复被其犯罪行为破坏的生态环境。⑥

四是增殖放流。主要是购买鱼苗、虾苗等种苗放入水域来修复环境。这种修复实际上主要是生态要素的修复。如 2015 年 12 月,江苏省连云港市连云区人民法院对尹某山等六名被告人以非法捕捞水产品罪分别判处 3 年以下有期徒刑,部

---

① 赵正杰、庞玥:《一年内修复被污染环境,否则赔偿 98 万》,载《山东法制报》2017 年 12 月 27 日第 1 版。

② 何金燕、李晨曦:《形成公益保护合力守护"湖南蓝"》,载《湖南日报》2018 年 2 月 9 日第 7 版。

③ 生态修复协议内容有:(1)附带民事诉讼原告单位与被告遵义县闵福乐建材有限公司同意委托第三方遵义市林业局按照遵义市播州区国土资源局《关于遵义县龙坑镇详权水泥砖厂"矿山复绿"的函》规定的方式、内容,结合象山公园建设完成闭坑矿山"矿山复绿"工程;(2)限报告单位自行拆除公司机械设备、房屋等附属设施;(3)被告单位付给第三方播州区林业局生态修复治理费用人民币 30 万元。

④ (2017)黔 0321 刑初 120 号刑事判决书。

⑤ 窦玉梅:《一个非法占用农用地案引发的环保话题》,http://slqfy.hncourt.gov.cn/public/detail.php?id=634,访问时间 2018 年 2 月 13 日。

⑥ 刘麦、刘霞、薛逢侠:《男子非法占用临高农用地造成植被破坏,被判刑并责令修复环境》,http://news.k618.cn/society/201708/t20170803_12175223.html,访问时间 2018 年 2 月 13 日。

分被告人适用缓刑,并对各被告人的违法所得予以追缴;同时就该案的刑事附带民事部分判决六被告人通过增殖放流中国对虾苗 1365 万尾的方式修复被其破坏的海洋生态环境。① 2017 年 5 月,江西省鄱阳县人民法院以非法捕捞水产品罪对杨某义等 6 人判处拘役,并判决 6 人购买 3282 千克鱼苗,由家属在鄱阳湖水域放流。②

五是间接修复。是指不直接判决被告人进行生态修复,而是通过判决生态修复费用的方式要求其承担生态修复义务。③ 从刑事审判情况看,判决生态修复类费用主要体现为以下几种方式:(1)判处主刑,同时判处罚金,并且将生态修复费纳入赔偿损失范畴进行判决。如内蒙古自治区多伦县人民法院 2014 年 8 月 26 日以非法占用农用地罪对被告人刘某民判处有期徒刑 1 年,缓刑 1 年 6 个月,并处罚金 1 万元,赔偿蔡山木乡黑风河村恢复植被所需要的费用 9090.40 元。④ 在薛某、龙某某一案件中,因赔偿了非法采矿污染饮用水源修复费用 15 万元,福建南平市延平区人民法院以非法采矿罪判处薛某、龙某某有期徒刑 3 年,缓刑 4 年,并处罚金 5 万元。⑤ (2)直接判处生态修复费。这种判决主要有三类:一类是将罚金刑与生态修复费分开判决。如 2016 年,安徽省合肥市包河区人民法院对使用电瓶电鱼的魏某以非法捕捞水产品罪判处罚金 5000 元,生态修复费 6000 元⑥;浙江省温岭市人民法院以污染环境罪判处台州斯莱特机电设备有限公司罚金 7 万元,以污染环境罪判处林某志有期徒刑 7 个月,并处罚金 6 万元,经调解并获得法院确认,被告单位向温岭市环境保护局赔偿环境修复等费用共计 50 万元⑦;判处补植抚育杉树费用,如 2017 年 9 月,江西省婺源县人民法院判决被告人张某某犯滥伐

---

① 中国法院网:《江苏省连云港市连云区人民检察院诉尹宝山等人非法捕捞水产品刑事附带民事诉讼案》,http://www.chinacourt.org/article/detail/2017/06/id/2901503.shtml,访问时间 2018 年 2 月 13 日。

② 《江西:破坏生态者判罚增值放流补种复绿》,http://finance.jrj.com.cn/2017/08/30202623032799.shtml,访问时间 2018 年 2 月 15 日。

③ 我国司法机关在修复生态、追偿生态修复费方面取得了很大的成绩。根据最高人民检察院检察长曹建明 2018 年 3 月 9 日在全国人大会议上所作的工作报告,我国检察机关 2017 年"办理生态环境领域公益诉讼 1.3 万件,督促 5972 家企业整改,督促恢复被污染、破坏的耕地、林地、湿地、草原总面积 14.3 万公顷,索赔治理环境、修复生态等费用 4.7 亿元"。

④ 内蒙古多伦县人民法院(2014)多刑初字第 27 号刑事判决书。

⑤ 参见吴亚东:《福建南平非法采矿致水源污染,破坏资源价值百万元》,载《法制日报》2013 年 7 月 5 日第 6 版。

⑥ 参见程婷、张剑:《巢湖电鱼 3 斤多,合肥一学校厨师被判刑处罚金五千元》,https://news.qq.com/a/20161215/009656.htm,访问时间 2018 年 2 月 18 日。

⑦ 范跃红、邱佩虹:《浙江首例污染环境刑事附带民事诉讼案件宣判》,载《检察日报》2016 年 9 月 12 日。

林木罪,判处拘役 2 个月,并处罚金,限 1 个月内交纳补植抚育杉树费用。[①] 二类是判处主刑不判罚金,直接判处缴纳生态修复费,如江苏省青浦区人民法院对罗某等 19 名被告人在禁渔期大量捕捞螺蛳犯非法捕捞水产品罪,一审判处拘役 5 个月至 2 个月不等的刑罚,并责令缴纳生态修复费用。[②] 三类是将生态修复费置于罚金数额中进行判决,如德司达(南京)染料有限公司因偷排废酸 2698.1 吨,2016 年 10 月被江苏省扬州市中级人民法院判决构成污染环境罪,判处罚金 2000 万元。法官解释 2000 万元罚金就包括了污染修复费用。[③] (3)判处环境处置费。如湖南省湘阴县人民法院 2015 年对何某兵等人污染环境罪案判处财产损害费、应急处置费、事务性费用、预留三年环境监测费用、鉴定评估费,以及后期处置、仓储、改包装及装卸费 154.024 万元。[④]

(二)生态修复刑事判决的表征

综合以上判例可以看出,我国刑事审判中对刑事被告人判处生态修复具有如下几个表征。

一是件数成不断增长态势。随着生态文明建设进程加快,国家运用审判权判处刑事被告人生态修复,表明司法机关生态环境保护意识不断提高。我国对生态修复的判决历经从无到有、从少到多的过程,判决的罪名也从单一破坏森林资源犯罪向所有破坏环境资源保护犯罪拓展,生态修复的判决目前正在呈日益增长的趋势。20 世纪 80 年代基本没有发现这类判例,20 世纪 90 年代开始出现少量的判例,21 世纪初期案例也不是太多,但到了 2010 年以后,这类判决如雨后春笋般出现。

二是措施种类繁多,针对性强。从以上判决可以看出,刑事判决生态修复措施种类繁多,有针对破坏森林资源、土地资源犯罪案件的补种复绿,有针对污染环境、破坏环境案件的修复生态环境,有针对破坏土地资源案件的土地复垦或土地恢复原状,有针对非法捕捞水产品、污染水域的增殖放流,还有针对所有破坏环境资源保护案件的生态修复费用等。这些刑事意义上的生态修复与破坏环境资源

---

① 2017 年 9 月江西婺源县人民法院宣判首例环境资源刑事附带民事案,婺源县人民检察院以刑事附带民事诉讼方式对被告人张某某滥伐林木案提起公诉,婺源县人民法院判决被告人张某某犯滥伐林木罪,判处拘役 2 个月,并处罚金;限 1 个月内交纳补植抚育杉树费用。

② 参见《捕捞"水体生物净化器"淮安清浦公诉 19 人非法捕捞螺蛳案》,http://news.163.com/16/1230/08/C9H7U5RN00018AOQ.html,访问时间 2018 年 2 月 18 日。

③ 参见黄燕、兆明、赵磊:《江苏省环境污染罪最大罚单在扬开出 2000 万元罚金包含污染修复费用》,http://www.sohu.com/a/123655842_371533,访问时间 2018 年 2 月 20 日。

④ 湖南省湘阴县人民法院(2015)湘刑初字第 13 号刑事判决书。

保护犯罪直接相关。人民法院判处生态修复措施的罪名基本上都是针对破坏环境资源保护罪一节的相关罪名，常见的如盗伐林木罪、滥伐林木罪、非法捕捞水产品罪、污染环境罪等。此外，失火罪被判补植复绿的情况比较多。

三是方式灵活多样。由于生态修复不是刑罚，故其判决比较灵活，没有统一的称谓，生态修复名称比较随意。① 上述案例对生态修复的判决都没有固定模式，也没有固定的手段和方法，而是根据生态修复的需要进行裁判。生态修复刑事判决主要有三种情况：一是对破坏生态环境的犯罪行为定罪量刑后判处生态修复；二是对破坏生态环境的犯罪行为只定罪但免刑，然后直接判处生态修复；三是将积极修复生态的行为作为从宽处罚的情节。② 实践中将被告人主动修复生态的行为作为从宽处罚的情节非常普遍，如2014年6月，针对中华环保联合会提起的环境公益诉讼案，福建省龙海市人民法院认为被告人陈某已经购买了28万尾鱼苗进行了放养，修复了生态环境，可以酌情从轻处罚，遂以陈某犯污染环境罪判处其有期徒刑1年6个月，缓刑2年，并处罚金1万元。③ 湖南永州市冷水滩区人民法院熊某发非法捕捞水产品案件中，熊某发就主动购买了21斤合计3500条微鱼放归湘江。他主动修复生态的行为被作为量刑酌定从轻处罚的情节。④ 对刑事案件判决生态修复措施，既有通过刑事附带民事诉讼（含民事公益诉讼）在民事判决部分进行判决的情况，也有直接在刑事判决书中进行判决的情况。

四是刑罚轻缓化，刑罚和生态修复判决基本达到了协调和平衡。刑罚的功能是预防犯罪，修复被犯罪行为破坏了的法益。对破坏生态环境的犯罪人判决生态修复，可以恢复被破坏了的环境法益。从所选案件判决情况看，绝大多数都是对被告人判处了缓刑，有些甚至没有判处主刑，只判处了附加刑罚金⑤，只有贵州省清镇市人民法院对被告人郎某判处了2年有期徒刑实刑且被判处补种复植。可见，人民法院对判处了生态修复的案件所判刑罚呈轻缓化趋势，这表明司法机关

---

① 但这也是学界和媒体质疑判决的合法性所在。
② 最高人民法院、最高人民检察院2017年1月1日施行的《关于办理环境污染刑事案件适用法律若干问题的解释》第5条对之已经进行了明确规定："实施刑法第三百三十八条、第三百三十九条规定的行为，刚达到应当追究刑事责任的标准，但行为人及时采取措施，防止损失扩大、消除污染，全部赔偿损失，积极修复生态环境，且系初犯，确有悔罪表现的，可以认定为情节轻微，不起诉或者免予刑事处罚；确有必要判处刑罚的，应当从宽处罚。"
③ 参见陈旻：《我省首次微博直播生态环境案件庭审》，载《福建日报》2014年6月6日第2版。
④ 湖南省永州市冷水滩区人民法院(2017)湘1103刑初432号刑事判决书。
⑤ 国外对破坏生态环境犯罪案件的判决也基本如此。参见[荷兰]迈克尔·福尔、[瑞士]冈特·海因主编：《欧盟为保护生态动刑：欧盟各国环境刑事执法报告》，徐平、张浩、何茂桥译，中央编译出版社2009年版，第14-15页。

在贯彻罪刑相适应原则时既考虑了行为的社会危害性、国家法律的权威性,也斟酌了生态权益恢复情况。这种判决比较科学、合理。

五是可操作性强,责任基本得到了落实。从上述案例来看,人民法院判决生态修复非常切实可行:(1)确定了修复目标。刑事审判机关对生态修复判决都非常具体,切实可行,一般有多少株、多少亩、成活率多少等要求,修复目标非常明确。(2)签订了修复协议,明确了修复方式。如海南省李某非法占用农用地案,李某与临高县就签订了《土地复垦协议书》。(3)明确了修复主体。法院判决生态修复主体主要有以下四种方式:一是犯罪人自己修复。基于责任自负原则,这种判决最常见。二是判决被告人承担生态修复费,具体由政府修复。政府修复"源于公权力负有生态环境损害修复等事后被动应对环境侵害的义务"①,如湖南省湘阴县人民法院判决的何某兵等人污染环境案,判决受偿各种费用(含生态修复费)154.024万元的主体是湘阴县环保局,这意味着湘阴县环保局应该担当修复生态的职责。一般情况下,环境行政主体应在生态损害责任人无力担责的情况下组织修复受损生态环境。② 三是判决由第三方进行修复。第三方承担修复义务主要源于被告人与第三方签订的修复协议。由刑事被告人支付修复款,通过签订修复协议聘请第三方履行生态修复义务。四是单位犯罪中,判处直接责任人员承担刑事责任,由民事诉讼被告单位进行生态修复,如李某兵滥伐林木案。(4)进行了监管验收。如四川省石棉县人民法院在审理破坏环境资源犯罪刑事案件中开展补种复绿回头看行动。通过现场勘查、测量发现,复绿面积达400余亩,补种的2800余株树木存活率达85%,受损林地复绿情况良好。③ 四川省雅安市雨城区人民法院还邀请人大代表、政协委员以及林业、公安、乡政府、林业协会等部门进行现场查看,监督被告人张某滥伐林木案判决确定的补栽补种情况,共同见证修复性司法的成果。④ 上述李某林、刘某密案件中,江苏省锡山区人民法院判决在补种树木及管护期间由锡山区农林局负责监督。江苏省连云区人民法院对樊某、孟某、吉某案判决补种复绿时,判决要求补种树木及管护期间由连云港市海州区林业局负责监督。(5)规定了没有修复好的后果。如山东省济南市中级人民法院对蓝星公

---

① 王明远:《论我国环境公益诉讼的发展方向:基于行政权与司法权关系理论的分析》,载《中国法学》2016年第1期。

② 徐本鑫:《论生态恢复法律责任的实践创新与制度跟进》,载《大连理工大学学报》(社会科学版)2017年第2期。

③ 周恒旭、周昆:《石棉县法院开展补种复绿回头看行动》,载《雅安日报》2018年2月7日。

④ 李姣:《四川雅安:"补种复绿"获人大代表点赞》,https://mini.eastday.com/a/170601155547872.html,访问时间2018年2月20日。

司的判决。综上,司法机关对生态修复义务的监管、约束机制可谓全方位、全过程,可操作性非常强。

六是诉求公权化。上述案件中,个人提起附带民事诉讼要求判决生态修复的案件基本没有,公权力出面支持诉讼获判生态修复案件居多。这与生态环境权的公益性有关。由于"生态环境以提供生态系统服务功能的方式为人类的生存发展创造条件"①,所以破坏环境类犯罪侵犯的就是生态环境公共权利,即人类或者区域性群体共享的公共利益。破坏环境资源犯罪的案件大多没有明确的受害人,所以环境刑事附带民事诉讼大多由检察机关提起或者人民法院直接判决,基本没有受害者个人要求补种复绿的案件。2017 年 7 月 1 日前,生态修复基本通过刑事被害人或者国家机关提起刑事附带民事诉讼进行判决,或者人民法院直接以非刑罚处罚方法予以判处,实践中也有检察机关提起附带民事诉讼的案例②。2017 年修正的《民事诉讼法》③《行政诉讼法》赋予了检察机关提起公益诉讼权。此后检察机关提起民事公益诉讼更加合理合法,案件也大量增加。

三、生态修复刑事判决的定位

（一）生态修复刑事判决的法源依据之争及厘定

对刑事被告人判决生态修复的目的在于让污染环境者和破坏资源环境者为自己的污染行为和破坏生态环境行为付出代价,恢复因自己犯罪行为破坏的生态资源和环境权益。应该说这类判决已经取得了良好的政治效果和社会效果。法律效果上,学界对于刑事附带民事判决生态修复基本没有异议,但对于直接在刑事判决书中判决生态修复则存有质疑,认为生态修复刑事判决没有刑法法源、违反罪刑法定原则。这些质疑观点主要有:(1)认为生态修复"作为刑事判决书中的一项刑罚内容,违反罪刑法定原则,没有法律依据"④;(2)认为"以刑事裁决的方

---

① 朱晓勤:《生态环境修复责任制度探析》,《吉林大学社会科学学报》2017 年第 5 期。

② 如湖南省湘阴县人民法院 2015 年判决的何某兵等人污染环境案,附带民事诉讼就是由湘阴县人民检察院提起的。江阴市人民法院对王某非法占用农用地案判决修复被损毁的耕地,也是由江阴市人民检察院提起的公益诉讼。

③ 该法第 55 条规定:"对污染环境、侵害众多消费者合法权益等损害社会公共利益的行为,法律规定的机关和有关组织可以向人民法院提起诉讼。人民检察院在履行职责中发现破坏生态环境和资源保护、食品药品安全领域侵害众多消费者合法权益等损害社会公共利益的行为,在没有前款规定的机关和组织或者前款规定的机关和组织不提起诉讼的情况下,可以向人民法院提起诉讼。前款规定的机关或者组织提起诉讼的,人民检察院可以支持起诉。"

④ 《如何对待"合理不合法的判决"》,http://roll.sohu.com/20110113/n302096451.shtml,访问时间 2018 年 2 月 20 日。

式将'种树'作为现行法之外'刑罚'方式,就与罪刑法定原则发生了背离"①;(3)认为生态修复司法适用最大的法律困境是"法源依据不明确"②或者"没有直接的法律依据",而应通过刑事附带民事诉讼这一合法司法途径判决③;(4)认为《刑法》第36条④、第37条⑤以及民法、环境法有关生态修复的条文"只能算作恢复性司法在生态环境领域适用的间接法律依据"⑥;等等。

　　笔者认为,刑事审判判决生态修复没有违反罪刑法定原则。刑法没有将生态修复规定为刑罚方法,所以生态修复不是刑罚。正是由于生态修复不是刑罚,所以刑事被告人被判决生态修复自然没有违反罪刑法定原则,因为罪刑法定原则是针对定罪量刑而设定的基本原则,既然生态修复不是刑罚,且对被告人判决生态修复的目的是恢复被犯罪行为侵犯的法益,那么这类判决也就不存在违反罪刑法定原则的问题。

　　刑法判决生态修复具有法律根据。根据生态修复在刑事案件中的判决方式不同,其法源主要来自两个方面:第一,民事法律、行政法律和相关司法文件。如果刑事案件的生态修复是通过刑事附带民事诉讼予以判决,则民事判决生态修复的根据就是《环境保护法》《水土保持法》《最高人民法院关于审理环境民事公益诉讼案件适用法律若干问题的解释》等民事、行政的立法和相关司法文件。第二,《刑法》第36条和第37条。如果无人对破坏生态环境犯罪提起刑事附带民事诉讼,而是人民法院直接在刑事判决书中判决被告人进行生态修复,则法律根据应该是《刑法》第36条、第37条。虽然《刑法》第36条、第37条规定的非刑罚处理方法中并无生态修复的直接规定,但这两个刑法条文中规定的"判处赔偿经济损失"和"赔偿损失"显然蕴含了权益修复的内容。刑事案件中判处被告人生态修复与赔偿损失应该是对刑事被告人实施的法律性质相同的强制措施。当然,尽管《刑法》第36条、第37条可以作为生态修复判决的法源,最佳方法还是刑法将生

①　王琳:《"盗林犯被判种树"于法无据》,载《新京报》2011年1月10日第3版。
②　毋郁东:《恢复性司法视野下的环境刑事司法问题研究——以古田县法院"补种复绿"生态补偿机制为例》,载《福建警察学院学报》2016年第4期。
③　张霞:《生态犯罪案件中恢复性司法应用研究》,载《政法论丛》2016年第2期。
④　该条规定:"由于犯罪行为而使被害人遭受经济损失的,对犯罪分子除依法给予刑事处罚外,并应根据情况判处赔偿经济损失。"
⑤　该条规定:"对犯罪情节轻微不需要判处刑罚的,可以免予刑事处罚,但是可以根据案件的不同情况,予以训诫或者责令具结悔过、赔礼道歉、赔偿损失,或者由主管部门给予行政处罚或者行政处分。"
⑥　李晓郛:《恢复性司法在生态刑事案件中的法律困境和完善措施》,载《2015年全国环境资源法学研讨会(2015.7.17-7.20·上海)论文集》。

态修复明确规定在法律条文中。

(二)生态修复刑事判决的法律性质

刑事审判中,由于生态修复措施适用的对象是犯罪人,所以这种措施要么是刑罚措施,要么是非刑罚处罚措施。我国刑法规定的刑罚方法中没有生态修复,故生态修复不是刑罚方法。笔者认为,生态修复的刑法性质就是非刑罚处罚方法,理由如下:第一,刑事判决的生态修复属于非刑罚处罚方法中民事制裁措施的范围。我国刑事处罚体系由刑罚和非刑罚处罚方法组成。非刑罚处罚方法包括民事处罚措施、行政性处罚措施、教育性处罚措施和没收性处罚措施。生态修复的内涵和外延与民法责任中的恢复原状虽然不能等同,但性质相同。① 所以,生态修复理应属于民事辅助措施的范畴。第二,虽然《刑法》第 36 条、第 37 条没有明文规定生态修复这种非刑罚制裁措施,但第 36 条的"判处赔偿经济损失"、第 37 条的"赔偿损失"都蕴含了生态修复的内容。最高人民法院、最高人民检察院 2017 年 1 月 1 日施行的《关于办理环境污染刑事案件适用法律若干问题的解释》(下称《解释》)已经明确了这一点。《解释》第 17 条第 4、第 5 款规定:"本解释所称'公私财产损失',包括实施刑法第三百三十八条、第三百三十九条规定的行为直接造成财产损毁、减少的实际价值,为防止污染扩大、消除污染而采取必要合理措施所产生的费用,以及处置突发环境事件的应急监测费用。本解释所称'生态环境损害',包括生态环境修复费用,生态环境修复期间服务功能的损失和生态环境功能永久性损害造成的损失,以及其他必要合理费用。"该规定明确将环境修复费作为"公私财产损失"和"生态环境损害"的内容。第三,被告人支付环境修复费用和被告人自己修复环境是性质相同的处罚方法和法益恢复方式。判决生态修复费用的目的在于让他人修复生态环境,判决被告人进行生态修复是在不支付生态修复费用的情况下让被告人自己通过劳动修复生态环境,二者并无本质不同。第四,生态修复本来就是作为刑罚方法的补充措施而存在的,目的就是弥补刑罚处罚的不足。刑罚和生态修复等非刑罚处罚措施有些情况下可以调剂适用。当刑事案件中的被告人采取了生态修复措施修复了被自己损害的生态环境时,人民法院会适当从轻判处刑罚,反之则可能会适当从重判处刑罚。那么,被告人犯罪后若自愿修复生态环境,或者人民法院判决了生态修复的情况下,刑罚适当轻缓化完全符合罪刑相适应的基本原则。作为辅之刑罚实施的生态修复强制措施

---

① 人民法院对环境污染违法案件、破坏环境资源侵权案件判处的生态修复就是典型的民事处罚。参见王立新、黄剑、廖宏娟:《环境资源案件中恢复原状的责任方式》,载《人民司法》2015 年第 5 期;胡卫:《民法中恢复原状的生态化表达与调适》,载《政法论丛》2017 年第 3 期;等等。

应该属于刑罚辅助措施。第五,我国学界已基本认可生态修复系非刑罚处罚方法的观点。如有学者认为,判处植树造林这种修复性措施就是非刑罚处罚措施[①];有学者认为,刑法判决生态修复的法律依据是通过刑事附带民事责任来实现或者依据"刑法第 36 条、37 条规定的辅助性措施来实现的","当生态修复运用于环境司法领域之时就是一种修复性司法方式"[②];也有学者认为生态修复"可以看作特殊的非刑罚处罚方式"[③]。综上,生态修复的刑法性质就是刑事责任实现方式中的非刑罚处罚方法。

(三)生态修复在刑事判决中的法律地位

根据刑法的要求,司法实务对生态修复的判决主要是两种方式:一是罪行相对较重的情况下,既要对被告人定罪量刑,也要判处生态修复。这种方式一般通过刑事附带民事诉讼进行判决。二是对犯罪情节比较轻微不需要判处刑罚的案件免除刑罚,直接判处生态修复。在不同的判决方式中,生态修复的地位不同:(1)在刑事附带民事诉讼判决中,生态修复作为刑事责任的一种实现方式,在刑事判决中应当居于辅助地位。生态修复只要求被告人修复因自己犯罪行为破坏了的生态环境,无须对被告人进行羁押,也无须剥夺犯罪人人身权,是一种带有民事制裁性质的辅助刑罚实施的强制措施。刑事案件中被告人违法行为性质严重,构成犯罪的,法院自然不能仅用民事制裁方法,对犯罪行为定罪量刑才是常态。若破坏环境资源保护罪的主体是单位,则其刑事责任除刑罚和民事性的生态修复措施外,被告人还可能要承担行政性制裁责任。这种情况下生态修复仅是与量刑配合实施的辅助措施,在刑事责任中只可能居于次要、辅助地位而不可能居于主要地位。(2)在被告人没有被判处刑罚只判处生态修复措施的情况下,生态修复可以成为破坏生态环境犯罪主要的刑事责任方式。因为这种情况下犯罪人的犯罪情节比较轻微,没有必要动用刑罚予以制裁,犯罪人只需修复被自己破坏了的生态环境法益即可视为承担了其刑事责任,达到惩罚和教育的目的,此时生态修复成为承担刑事责任的主要方式,在刑事判决中居于主要地位。实践中,由于定罪免刑只判处生态修复的案件极少,故整体来说生态修复仍然是辅助刑罚的补充措施,在刑事判决中居于次要地位。

(四)刑事审判生态修复判决的效果

尽管学界对生态修复刑事判决有些质疑,但从判决效果来看无疑是多赢的:

---

① 王树义:《环境与自然资源法学案例教程》,知识产权出版社 2004 年版,第 180-220 页。
② 赵春:《生态修复机制在环境司法中的实现路径探究》,载《辽宁师范大学学报》(社会科学版)2017 年第 3 期。
③ 张霞:《生态犯罪案件中恢复性司法应用研究》,载《政法论丛》2016 年第 2 期。

第一，贯彻了恢复性司法理念，实现了环境司法的创新。生态修复判决是生态系统被犯罪行为破坏后对之进行恢复的一种补救措施，是保护生态环境最为有效的司法救济方式，是恢复性司法的重要体现。第二，满足了惩治破坏生态环境犯罪的需要。生态环境属于公共利益的范畴，需要全社会共同维护。在生态利益遭受犯罪行为侵害的情况下，让被告人承担修复之责，既符合"谁破坏谁修复"的环境司法一般原则，也救济、修复了被犯罪行为破坏的法益。第三，实现了惩罚与教育相结合的刑罚目的。通常情况下，大部分破坏生态环境的犯罪行为的危害性不是特别大，人民法院对这类犯罪行为若判处了生态修复则判处的刑罚都不是太重。这样判决既做到了罪责刑相适应，也可以实现刑罚与生态修复等非刑罚处罚方法的平衡；既惩罚了犯罪人，也教育了犯罪人，还对潜在的犯此类罪刑的人产生了震慑。第四，获得了良好的社会效果。这类判决发布后尽管还存在一些质疑，但受到了媒体、民众的赞扬，同时警示效果非常明显，因而满足了生态文明建设和绿色发展的需要。

四、生态修复刑事判决中存在的问题及弥补

（一）生态修复判决存在的问题

生态修复的刑事判决基本贯彻落实了恢复性司法理念，恢复了被犯罪行为侵害了的环境刑法法益，减少了监狱监管的压力，避免了犯罪人在监狱中被"交叉感染"，并且可以及时敦促生态环境犯罪人重新回归社会，实现了刑法惩罚与教育相结合的目的，对于保障生态文明建设和绿色发展具有开拓创新性价值。但由于判决没有明确的法律根据，司法审判也在不断探索之中，故判决中也存在一些问题，主要表现在：

第一，名称太多，不利于贯彻司法统一性。已经判决的生态修复案件中，有补种复绿、植树造林、修复生态环境、土地复垦、土地恢复原状、增殖放流等各种的称谓。除补种复植（补植复绿）这个名称已经被福建、四川等地司法文件进行了规范以外，其他生态修复方式比较随意，没有贯彻司法统一性。

第二，同时判决过多的经济制裁措施会加重被告人经济负担，导致执行上的困难。上述所选案例大多数既判处了主刑，又判处了罚金，还判处了生态修复，如陈某良和曾某强案；有些案件判处了主刑没有判罚金刑，但判处了缴纳赔偿金后再判处了生态修复，如张某林、张某刚案；还有些案件既判处了主刑，也判处了罚金刑，还在判处赔偿经济损失的情况下又判处了补种树苗的生态修复，如郎某盗伐林木案。罚金刑是财产刑，是人民法院"根据犯罪事实和情节，强制犯罪的单位

和犯罪人向国家缴纳一定数额金钱的刑罚"①,本质上具有经济性。赔偿经济损失的目的也在于补偿受害人因犯罪人的犯罪行为造成的损失,同样带有经济性。被判处生态修复的犯罪人显然既要花费金钱也要花费劳力去进行修复。若被告人既被判处罚金,又被判处赔偿经济损失、生态修复,其无疑遭受了双重甚至三重经济制裁,这种处罚虽然达到了惩治犯罪、恢复秩序和修复生态的目的,但却加重了被告人的经济负担,有失公正。

第三,判处实刑后再判处生态修复存在操作上的困难。如贵州省清镇市人民法院对郎某判处了 2 年有期徒刑,再要求其在判决生效后 90 日内补种树苗 145 棵,由于判决生效后 90 日尚在 2 年有期徒刑执行期,郎某处于被羁押的状态,要补种树苗,每次都必须由司法警察押解至补种地,这无疑增加了司法成本,且郎某已经被判处了赔偿村民委员会经济损失 6453 元,该案再判补种树苗尽管有利于环境修复,但需由警察陪同补种因而增加了执行负担。

第四,将生态修复费计入罚金刑中判决不妥。罚金刑是附加刑,本质在于"强制犯罪人无条件地向国家缴纳金钱,国家因而可以增加国库收入"②。一旦被收缴国库,罚金刑就变成了国家财产,不能随意用来修复生态。对生态进行修复需要从国库支出经费时,应当有严格的预算、审批、使用要求。所以,将生态修复费计入罚金刑中,既不能完全保证生态修复费专款专用,也可能达不到修复生态的效果。

第五,监督执行没有完全到位。尽管有些案件判决后人民法院对生态修复情况进行了跟踪、监督,有些法院还会同环保机关、林业部门等一起进行了检查,但大量生态修复案件法院判决后并未检查验收,原因在于:其一,法院的本职工作在于审判。目前各地法院审判任务非常繁重,基本上无暇顾及审判后案件的生态修复情况。③ 其二,生态修复判决笼统,很多案件没有详细的修复目标,大部分案件判决时没有明确验收标准、主体、程序,因而生态修复验收流于形式。其三,生态修复评估验收具有较强的专业性,仅靠法院一家难以检查验收到位。其四,许多法院与环保、林业、国土管理等部门的相关衔接机制、联动机制尚未完全建立,环保、林业等部门大多没有参与刑事案件生态修复的督查工作。

---

① 于天敏:《谈罚金刑的正确适用》,载《现代法学》1997 年第 5 期。

② 陈兴良:《本体刑法学》,商务印书馆 2005 年版,第 707 页。

③ 如陈某良、曾某强案件的审理方惠州中院刑一庭庭长陈健就认为,法院距离种树地点比较远,监督要靠其他部门联手合作。参见孔博、毛一竹:《盗窃犯承诺造林获缓刑惹争议:司法创新还是有损尊严》,http://news.163.com/11/0108/16/6PT044GS00014JB5.html,访问时间 2018 年 2 月 20 日。

(二)弥补路径

为了保证生态修复这种新型刑事责任承担方式有法可依,实施效果良好,我们认为需要从以下几个方面弥补目前刑事立法和刑事司法的不足。

第一,刑法将生态修复明确规定为非刑罚处理方法。为了回应学界和媒体对我国审判机关大量判处生态修复无法可依的质疑,有学者建议将其增加为附加刑。① 我们认为可以借鉴意大利刑法和荷兰刑法的立法方式②,将"生态修复"作为非刑罚处理方法纳入《刑法》第 36 条和第 37 条,将第 36 条修改为"由于犯罪行为而使被害人遭受经济损失的,对犯罪分子③除依法给予刑事处罚外,并应根据情况判处赔偿经济损失或者进行生态修复";将第 37 条修改为"对犯罪情节轻微不需要判处刑罚的,可以免予刑事处罚,但是可以根据案件的不同情况,予以训诫或者责令具结悔过、赔礼道歉、赔偿损失、进行生态修复,或者由主管部门给予行政处罚或者行政处分"。

第二,制定司法解释,规范生态修复名称。针对我国审判实践中对生态修复的判决名称繁多的情况,在刑法没有将"生态修复"明确规定为非刑罚处理方法的情况下,建议最高人民法院和最高人民检察院对破坏资源环境保护类犯罪出台生态修复方面的司法解释,规范各种生态修复名称以利于实现司法统一。

第三,审判机关进行科学合理的裁判。整体上说,我国环境刑事审判对破坏生态环境犯罪案件所判处的刑罚和生态修复措施还是比较公平、合理的,但也还存在前述瑕疵。笔者认为应当通过以下途径予以解决。

(1)案件判决应在刑罚和生态修复措施之间取得平衡。对于破坏生态环境类犯罪,人民法院判决时要平衡主刑与附加刑,主刑、附加刑与生态修复措施之间的关系:其一,被告人无能力缴纳罚金、赔偿经济损失、修复生态的,主刑可适当重判,反之主刑则可以适当轻判;其二,被告人有能力修复生态但不愿意修复,也不愿意赔偿经济损失或者支付生态修复费的,主刑和附加刑可适当重判;其三,被告人愿意修复生态或者积极缴纳生态修复费的,刑罚可适当轻判。很多司法机关实

---

① 张霞:《生态犯罪案件中恢复性司法应用研究》,载《政法论丛》2016 年第 2 期。

② 意大利刑事立法中对环境犯罪规定的刑事处罚措施中,刑罚有监禁加罚金,行政性处罚有罚款和违法案件的严重程度成比例,补充措施有暂停营业、损害赔偿和恢复原状。荷兰刑事立法中对环境犯罪规定的刑事处罚措施有:罚金,监禁,免除特定权利,关闭企业,没收,公布判决结果,没收非法所得,对受害者补偿,完成未完成活动,修复违法损害。参见[荷兰]迈克尔·福尔、[瑞士]冈特·海因主编:《欧盟为保护生态动刑:欧盟各国环境刑事执法报告》,徐平、张浩、何茂桥译,中央编译出版社 2009 年版,第 15 页。

③ 个人认为,刑法上规定"犯罪分子"这样带有强烈阶级立场的词语不妥,刑法将其修改为"犯罪人"更加妥当。

际上都在使用这种方式进行操作,并且制定了相关司法政策,如江苏镇江京口法院在审理非法占用农用地案件时,将刑事责任的轻重与耕地恢复的效果相结合①;在司法政策上,四川省高级人民法院 2016 年 9 月 20 日公布的《关于加强环境资源审判工作服务我省绿色发展意见》明确规定在依法审理破坏环境资源犯罪案件时,补种复绿、增殖放流等环境资源恢复行为将被纳入被告人的量刑情节予以考虑。

(2)在一个案件中不要同时判处多种经济处罚措施,即罚金刑、赔偿经济损失和生态修复措施不宜同时宣判。对破坏生态环境类刑事案件,判决时要适当考虑被告人承受罚金刑、赔偿经济损失和修复生态的能力。法院判决时可以采取以下几种方式:第一,主刑+罚金刑;第二,主刑+赔偿损失;第三,主刑+赔偿损失+生态修复。

(3)罚金刑和生态修复费应当分开判决,不能将生态修复费放在罚金刑中进行宣判。

(4)除确有必要外,对判决了实地生态修复的案件尽量不判实刑。若确需判处实刑,可以采取以下方式解决其刑事责任:其一,主刑+罚金刑;其二,主刑+罚金刑+赔偿损失。由于在监狱行刑时不宜时常外出进行生态修复,法院对被告人判处罚金刑时可适当考虑多判一点。目前各地司法机关已经意识到了判实刑与生态修复之间的矛盾,在一审法院判处了实刑的情况下,二审法院改判为缓刑但加重其生态修复责任的情况较为多见,如前述陈某良、曾某强盗伐林木案。此外,江西九江市邢某华滥伐林木案中,九江市彭泽县人民法院一审以滥伐林木罪判处邢某华有期徒刑 2 年 4 个月,并处罚金 2 万元。九江市中级人民法院考虑到一审判决后,邢某华向彭泽县林业局出具承诺书承诺补栽树苗 140 亩,并自愿缴纳了 10.4 万元作为造林款,所以二审改判其有期徒刑 2 年,缓刑 3 年,并处罚金 2 万元。②

(5)法院判决生态修复费应当量力而行。生态修复费应当根据被告人经济能力进行判决,不能无根据地判罚太高,否则会造成判决形同虚设,无法执行。

第四,拓展生态修复工作机制。人民法院执行的是审判职能。在对刑事案件判决了生态修复的情况下,如何督促被告人将自己破坏的生态环境修复好不是法

---

① 王晓红:《环境资源审判:为生态江苏提供强有力司法保障》,载《新华日报》2017 年 2 月 8 日第 13 版。

② 陶菁:《九江中院环资庭巡回开庭审理一起滥伐林木案》,http://www.jjxw.cn/jjsh/2018/0209/329660.shtml,访问时间 2018 年 3 月 8 日。中央电视台 2018 年 3 月 7 日《今日说法》栏目"公平正义在身边,为了青山绿水"一期对该案判决进行了高度评价。

院这个审判机关一家国家机关能够解决好的。为了解决执行上的难题,司法机关应当拓展和建立生态修复执行机制,与其他单位、社会组织、个人一起落实修复责任。

(1)建立专门机构与司法判决对接机制。目前司法机关所判处的生态修复案件大多与环保、林业、国土等行政主管部门对接。这些部门也较好地履行了监督职责,但也存在没有完全履行到位的问题。最佳方案是建立一个专门机构进行对接。党的十九大报告已经提出要"设立国有自然资源资产管理和自然生态监管机构",该机构统一履行的职责中就有"生态保护修复职责"。今年的全国人民代表大会已经正式确定要组建自然资源部这个专门机构。自然资源部及下属部门组建后,人民法院可以将判决直接与之对接,将生态修复判决直接交由该机构执行。

(2)建立生态修复跟踪机制。法院判决生态修复犯罪案件不能一判了之,应当实时跟踪判决执行情况。为了保证生态修复得到有效执行,首先应当明确相关义务;其次要确定环境修复规划,制定修复目标和方案;再次要明确切实可行的实施生态修复义务的路径和措施;最后要评价验收修复结果①。否则判决会虚置化,生态修复不能持续得到实施,修复方案也不能执行到位。

(3)拓展生态修复工作机制。② 生态修复时间长,专业性强,完全由人民法院这个审判机关来执行不太现实。为了达到生态修复效果,协调环境行政执法和环境刑事司法二者的关系至关重要。人民法院和人民检察院应当与环境行政主管部门建立联动和协调机制。生态修复主要由林业、环保、国土、水利等部门负责。法院、检察院可以与这些部门联动、协调,明确修复主体、修复方案、修复措施和路径。"法院通过司法和行政联动机制建议主管部门对环境修复进行监管,既是对行政权的尊重也是对行政权的监督"③。我国已有许多地方建立了这种衔接、联动机制,没有建立的地方应当借鉴这一经验尝试建立。如针对曾某某失火一案的补种复绿判决情况,福建省漳州市中级人民法院就联合了市检察院、林业局、森林公安等部门,对曾某某失火案复绿补植情况进行专项检查验收,取得了很好的效果。

(4)建立刑事生态修复与政府修复、社会修复合作机制。刑事被告人的犯罪行为对生态环境的破坏有时可能是毁灭性的,进行生态修复的费用高昂,难度巨大。基于"谁污染谁治理,谁破坏谁修复"的原则,被告人修复被其破坏的生态环

---

① 李挚萍:《环境修复法律制度探析》,载《法学评论》2013年第2期。
② 李挚萍:《环境修复的司法裁量》,载《中国地质大学学报》(社会科学版)2014年第4期。
③ 李挚萍:《环境修复的司法裁量》,载《中国地质大学学报》(社会科学版)2014年第4期。

境是其当然的义务。问题在于即使人民法院对被告人判处了生态修复制裁措施，靠被告人一己之力修复环境可能只是杯水车薪。因此，人民法院应当与政府部门、社会组织和个人合作，必要时建立共同修复机制以修复被破坏的生态环境。

五、结语

中国特色社会主义已经进入了新时代。党的十八大以来，我国加快了生态文明建设进程，党的十九大更是将生态文明建设提升到了事关"中华民族永续发展的千年大计"这样前所未有的高度，并且提出了推行绿色发展、着力解决突出环境问题、加快生态系统保护力度、改革生态环境监管体制等建设路径。近年来，我国运用审判职能强化生态环境保护的力度不断加大，法律手段在我国生态文明建设中发挥的作用日益显著。随着生态文明建设的加快，司法机关创新环境司法方式的力度也必然继续加大。对于生态修复类非刑罚方法来说，新型生态修复方式定将在人民法院的审判中出现。刑事立法中将生态修复规定为非刑罚处罚方法可以保证刑事司法有法可依，刑事司法中法院顺应生态文明建设和绿色发展潮流，与时俱进地践行、拓展恢复性司法理念，建立司法与行政等协调、联动工作机制，完善生态修复等创新性司法制度，可以更大程度上发挥审判为生态文明建设、绿色发展保驾护航的职能。目前，我国已经全面推行的环境"三审合一"制度为生态修复判决提供了方便条件。我们有理由相信，在全国各级各类机关的积极推动下，生态修复措施必将不断完善，生态文明建设制度将更加健全，通过全社会的共同努力，美丽中国建设目标定会更快实现。

［本文系国家社科基金项目"环境行政执法中刑案移送与司法承接的衔接机制研究"（16BFX404）前期成果。原载于《政治与法律》2018 年第 5 期，中国人民大学复印报刊资料《诉讼法学、司法制度》2018 年第 8 期全文转载。］

刑事裁判文书的"裁判理由"
与"裁判依据"之辨

——兼论指导性案例的效力定位

刘树德

作者简介:刘树德(1970—),男,湖南省新邵县人,现任最高人民法院审判管理办公室副主任,审判员(法官),湘潭大学法学院兼职教授、博士生导师。1990—2000 年先后就读于中国人民大学国际政治系和法学院,先后获得法学学士、硕士、博士学位;2001—2003 年于中国人民大学财政金融学院博士后流动站从事研究工作。2000 年至今,先后在最高人民法院刑一庭、刑二庭、研究室、司改办、审管办从事刑事审判、司法解释起草、司法调查研究、司法改革和审判管理工作;2004—2005 年、2012 年先后被借调中央司法体制改革领导小组办公室工作。曾兼任中国人民大学、北京师范大学、中南财经政法大学、中国青年政治学院等院校研究员、教授、硕士生或者博士生导师。出版专著《宪政维度的刑法思考》(荣获首届"钱端升法学研究成果奖"三等奖)、《实践刑法学》、《政治刑法学》、《司法改革热问题与冷思考》("方德法治研究奖"二等奖)、《无理不成书:裁判文书说理 23 讲》等 30 余部;合著《刑法分则专题研究》《规则如何提炼》《贪污贿赂罪类案裁判规则与适用》《侵犯财产罪类案裁判规则与适用》等 10 余部。发表论文《罪刑法定原则中空白罪状的追问》(载《法学研究》2001 年第 2 期)、《刑事司法语境的"同案同判"》(载《中国法学》2011 年第 1 期)等 150 余篇。

在中国司法语境中,"以事实为依据,以法律为准绳"实乃耳熟能详的司法原则或者司法政策,但是,该原则或者政策在裁判文书,特别是裁判说理中的具体化或者实践化仍衍生出了诸多具有"中国特色"的争论性问题。例如,此部分要论及的"裁判理由"与"裁判依据"两个范畴的内涵如何界定,究竟是何种关系,即种属关系、并列关系还是其他关系? 指导性案例在裁判文书中的效力究竟如何定位? 即其裁判要点只能作为裁判理由还是亦可以作为裁判依据,所有指导性案例的裁判要点均不能作为裁判依据还是部分指导性案例的裁判要点可以作为裁判依据等。

一、问题的提出

2009 年 11 月 4 日施行的《最高人民法院关于裁判文书引用法律、法规等规范性法律文件的规定》(法释〔2009〕14 号,以下简称《规定》)第 1 条规定:"人民法院的裁判文书应当依法引用相关法律、法规等规范性法律文件作为裁判依据。"第 6 条规定:"对于本规定第三条、第四条、第五条规定之外的规范性文件,根据审理案件的需要,经审查认定为合法有效的,可以作为裁判说理的依据。"2018 年 6 月 13 日施行的《最高人民法院关于加强和规范裁判文书释法说理的指导意见》(法发〔2018〕10 号,以下简称《释法说理意见》)第 13 条规定:"除依据法律法规、司法解释的规定外,法官可以运用下列论据论证裁判理由,以提高裁判结论的正当性和可接受性:最高人民法院发布的指导性案例;最高人民法院发布的非司法解释类审判业务规范性文件;公理、情理、经验法则、交易惯例、民间规约、职业伦理;立法说明等立法材料;采取历史、体系、比较等法律解释方法时使用的材料;法理及通行学术观点;与法律、司法解释等规范性文件不相冲突的其他论据。"2021 年 3 月 1 日施行的《最高人民法院关于深入推进社会主义核心价值观融入裁判文书释法说理的指导意见》(以下简称《价值观意见》)第 5 条规定:"有规范性法律文件作为裁判依据的,法官应当结合案情,先行释明规范性法律文件的相关规定,再结合法律原意,运用社会主义核心价值观进一步明晰法律内涵、阐明立法目的、论述裁判理由。"《规定》提出了"裁判依据"和"裁判说理的依据"范畴,《释法说理意见》提出了"论证裁判理由的论据"[①]范畴,《价值观意见》提出了"裁判依据"和"裁判理由"的范畴。"概念乃是解决法律问题所必不可少的工具。没有限定严格的专门概念,我们便不能清楚和理智地思考法律问题"[②],这些审判类规范性文件所提出的上述范畴是有其法理依据还是存有随意使用之嫌疑,进而有无必要从

---

① 英国学者拉兹关于"运作性依据"(即指那些抽象的、指示了行动类型的依据,这些依据内含了"应当/不应当"的规范性要求)和"辅助性依据"(即对特定的抽象行为依据进行具体化的依据,其任务是在运作性依据所指示的一些行动类型中,确定哪个具体的行动是妥当的)的区分及裁判地位的分析,值得借鉴。转引陈林林:《法律方法比较研究——以法律解释为基点的考察》,浙江大学出版社 2014 年版,第 32 页。

② 〔美〕E. 博登海默:《法理学:法律哲学与法律方法》,邓正来译,中国政法大学出版社 1999 年版,第 486 页。

"实践中的法理学"①视域进行辨析,并为裁判文书中指导性案例的效力定位,即裁判理由抑或裁判依据的争论提供统一的话语基础,可以说就是本文所要论及的问题之所在。

二、"裁判依据"与"裁判理由"的法理之辨

(一)什么是裁判依据②

2007 年 4 月 1 日施行的《最高人民法院关于司法解释工作的规定》第 27 条规定:"司法解释施行后,人民法院作为裁判依据的,应当在司法文书中援引。人民法院同时引用法律和司法解释作为裁判依据的,应当先援引法律,后援引司法解释。"③2009 年 11 月 4 日施行的《规定》将"裁判依据"(第 1 条)和"裁判说理的依据"(第 6 条)并列;2021 年 3 月 1 日施行的《最高人民法院关于适用〈中华人民共和国刑事诉讼法〉的解释》第 300 条规定:"裁判文书应当写明裁判依据,阐释裁判理由,反映控辩双方的意见并说明采纳或者不予采纳的理由",则将"裁判依据"和

---

① 所谓"实践中的法理学"是相对于"书本中的法理学"而言的,是指"法理学在法律实践中的运用,是以立法、用法、执法、司法等载体存在的法理学或者说法理"。参见张文显:《书本中的法理学与实践中的法理学》,载钱弘道主编:《中国法治实践学派》(2014 年第 1 卷),法律出版社 2014 年版,第 66 页。

② 与之类似的表述还有"判决依据""审判依据""裁决依据""规范依据""论证依据""理论依据"。例如,"判决依据是在后来案件中也要适用的原则,它宣示了对所有当事人有拘束力的法律"(参见陈林林:《法律方法比较研究——以法律解释为基点的考察》,浙江大学出版社 2014 年版,第 41 页);"形式正义与实质正义在个案中的冲突,主要集中表现为个案审判依据即司法标准的选择"(参见孙笑侠:《法的现象与观念——中国法的两仪相对关系》(修订 4 版),光明日报出版社 2018 年版,第 221-22 页);"政策或者政治主张可以指导立法但不能取代立法,可以作为适用法律的参照以补充法律遗漏,但不能直接作为审判依据"(参见孙笑侠:《法的现象与观念——中国法的两仪相对关系》(修订 4 版),光明日报出版社 2018 年版,第 316 页);"陪审团的裁决依据经常是一些不为法律所承认的实质性理由"(参见陈林林:《法律方法比较研究——以法律解释为基点的考察》,浙江大学出版社 2014 年版,第 71 页);"司法解释对各级人民法院裁判具有直接的法律拘束力,成了人民法院裁判案件时必须优先考虑和适用的规范依据"(参见陈林林:《法律方法比较研究——以法律解释为基点的考察》,浙江大学出版社 2014 年版,第 211 页);"对法官裁判依据的证成不能只局限于法律原则,比如情理在必要时可以作为论证依据"(参见胡君:《原则裁判论——基于当代中国司法实践的理论反思》,中国政法大学出版社 2012 年版,第 160 页);"审判规范是针对具体案件的个别规范","是法律解释的一种结果,是个案判决的理论依据"(参见陈金钊:《论审判规范》,载《比较法研究》1999 年第 3、4 期)。

③ 1997 年 7 月 1 日施行的《最高人民法院关于司法解释工作的若干规定》(法发〔1997〕15 号)第 14 条规定:"司法解释与有关法律规定一并作为人民法院判决或者裁定的依据时,应当在司法文书中援引。援引司法解释作为判决或者裁定的依据,应当先引用适用的法律条款,再引用适用的司法解释条款。"

"裁判理由"并列等。但是,上述司法解释或者非司法解释类规范性文件既未对这些范畴做进一步的细化与明确,也未对这些范畴的关系予以澄清。其实,无论是这些范畴的内涵界定,还是其关系辨析,均存有细究的必要。

就"裁判依据"而言,近期有学者认为,裁判依据是司法裁判推理论证最终做出决定的规范基础。根据最高法院发布的一系列裁判文书制作规范的相关规定,裁判依据在判决书中应以"依照……之规定,判决如下"的格式出现,且所援用条文一般须源于法律、法规等规范性文件。① 有学者认为,裁判依据是有效裁判得以做出的规范基础,是"依法裁判"之"法"的载体,通常情况下,法官只需在裁判文书中指明裁判所依据之法律规范的出处,即相关的制定法名称及其条款号即可②;"从形式上看,裁判依据在裁判文书中会被单独列明,表述为'依 X 法第 XX 条,判决如下……'"③。有学者认为,裁判依据首先指法律条文、司法解释等规范和法院认定的案件事实及相应的有真实性的证据,再延伸到包括指导性案例、学界的通说或主流学说、商业惯例等。④ 有学者认为,裁判依据既包括事实依据,也包括法律规则依据。⑤ 上述观点至少可以引发如下几点思考:一是裁判依据是仅限于规范依据,还是同时包括事实依据和规则依据;二是作为裁判依据的"规范基础"相对于裁判结论而言,是限于最终论证环节的,还是同时包括整个论证过程的;三是从论证层次而言,裁判依据是限于第一层次,还是同时延伸到第一层次以下的其他层次;四是裁判依据的外延宽于还是窄于裁判理由;五是裁判理由是仅指静态的推理理由,还是同时包括静态的推理理由和动态的推理过程。

---

① 余军等:《中国宪法司法适用之实证研究》,中国政法大学出版社 2018 年版,第 147 页。

② 雷磊:《从"看得见的正义"到"说得出的正义"——基于最高人民法院〈关于加强和规范裁判文书释法说理的指导意见〉的解读与反思》,载《法学》2019 年第 1 期。类似的观点,"法官解释法律的首要目的在于寻找裁判依据,也就是说,通过解释法律而确定解决纠纷所依据的法律规范",参见王利明:《法律解释学导论——以民法为视角》(第 2 版),法律出版社 2018 年版,第 51 页。

③ 雷磊:《"法的渊源"意味着什么?》,中国政法大学出版社 2021 年版,第 67 页。

④ 此系清华大学法学院王亚新教授通过微信(2018 年 11 月 13 日 18:52)对我提出的"'裁判依据'定义如何下? 如何与'裁判理由'区分?"的回复。他同时认为,裁判理由是运用这些依据进行的论证说理,是对法官推论的结构层次和逻辑的表述。

⑤ 此系吉林大学法学院宋显忠教授通过微信(2018 年 11 月 13 日 21:34)对我提出的"'裁判依据'定义如何下? 如何与'裁判理由'区分?"的回复。他同时认为,裁判理由则是裁判推理的根据,除事实和法律依据之外,还包括法官意见(即法官对证据和规则的选择、解释与判断)和法官的推理过程。裁判理由要比裁判依据范围大且宽泛,可以说裁判理由是对裁判依据的补充。

综上,"裁判依据"在不同的语境中有不同的界定,实乃正常。此处着重论及以下几点。

第一,从审判/诉讼原则而言,"裁判依据"包括事实依据和法律依据,就是"以事实为根据,以法律为准绳"。2017年修正的《民事诉讼法》第7条规定:"人民法院审理民事案件,必须以事实为根据,以法律为准绳。"2017年修正的《行政诉讼法》第5条规定:"人民法院审理行政案件,以事实为根据,以法律为准绳。"2018年修正的《刑事诉讼法》第6条规定:"人民法院、人民检察院和公安机关进行刑事诉讼,必须依靠群众,必须以事实为根据,以法律为准绳。"2018年修订的《人民法院组织法》第6条规定:"人民法院坚持司法公正,以事实为根据,以法律为准绳,遵守法定程序,依法保护个人和组织的诉讼权利和其他合法权益,尊重和保障人权。"

第二,从裁判文书样式而言,裁判依据是限于裁判结论所依据的最终的规范基础,即目前裁判文书样式中"依照……(参照……),做出如下判决"中的省略号所指的内容。① 民事、行政、刑事裁判的"最终的规范基础"是有所区别的。② 2020年5月28日全国人大通过的《民法典》第10条规定:"处理民事纠纷,应当依照法律;法律没有规定的,可以适用习惯,但是不得违背公序良俗。"2018年6月13日施行的《释法说理意见》第7条规定:"民事案件没有明确的法律规定作为裁判直接依据的,法官应当首先寻找最相类似的法律规定作出裁判;如果没有最相类似的法律规定,法官可以依据习惯、法律原则、立法目的等作出裁判,并合理运用法

---

① 2009年11月4日施行的《规定》第3条、第4条、第5条对刑事裁判文书、民事裁判文书、行政裁判文书引用法律规范性文件作为裁判依据进行了明确规定。即第3条规定:"刑事裁判文书应当引用法律、法律解释或者司法解释。刑事附带民事诉讼裁判文书引用规范性法律文件,同时适用本规定第四条规定。"第4条规定:"民事裁判文书应当引用法律、法律解释或者司法解释。对于应当适用的行政法规、地方性法规或者自治条例和单行条例,可以直接引用。"第5条规定:"行政裁判文书应当引用法律、法律解释、行政法规或者司法解释。对于应当适用的地方性法规、自治条例和单行条例、国务院或者国务院授权的部门公布的行政法规解释或者行政规章,可以直接引用。"

② 法理学界哈特和德沃金的著名论战中的一个核心问题就是疑难案件的最终裁判依据问题,德沃金反对哈特的实证主义规则模式论,主张"规则—政策—原则模式论",即在疑难案件审判中不仅依照规则,而且依照原则(即公平、正义的要求或者其他道德层面的要求)和政策(即关于社会的某些经济、政治或者社会问题的改善)(R.Dworkin,Taking Rights Seriously,Harvard University Press,(Seventeenth printing 1999),pp.22-23)。

律方法对裁判依据进行充分论证和说理。"①受"依法行政"的影响,行政裁判的
"最终规范基础"不完全等同于民事裁判的"最终规范基础",2017 年修正的《行政
诉讼法》第 63 条规定:"人民法院审理行政案件,以法律和行政法规、地方性法规
为依据。地方性法规适用于本行政区域内发生的行政案件。人民法院审理民族
自治地方的行政案件,并以该民族自治地方的自治条例和单行条例为依据。人民
法院审理行政案件,参照规章。"②而刑事裁判则受"罪刑法定原则"和现代刑事司
法理念的约束,"最终的规范基础"只能是现行有效的刑法规范(就具体定罪与刑
罚而言,必须存在刑法分则性规范)③。

　　第三,从裁判文书说理而言,"裁判依据"存有多层次的划分。裁判文书说理
是独任法官或者合议庭在制作裁判文书过程中围绕审查判断证据、认定案件事
实、法律适用等方面的争议焦点、裁判论点和推理过程,论证裁判主文的合法性和
正当性的活动。④ 此定义具体概括为以下方面:(1)裁判文书主要立足四个方面
或者环节进行说理:"审查判断证据"—"认定案件事实"—"法律适用"—"行使自
由裁量权";(2)裁判文书重点聚焦两个中心进行说理:"争议焦点"和"裁判论
点";(3)裁判文书着重围绕两个方面内容进行说理:"推理过程"和"合法性和正
当性的理由"。"裁判文书说理"既不同于"裁判说理""庭审说理""判后说理",
也不同于"裁判论证""裁判解释",更不同于"裁判理由"和"裁判文书说理部分"。
"裁判文书说理"具体包括"审查证据判断说理""认定案件事实说理""法律适用

---

① 《价值观意见》第 6 条规定:"民商事案件无规范性法律文件作为裁判直接依据的,除了可
以适用习惯以外,法官还应当以社会主义核心价值观为指引,以最相类似的法律规定作为
裁判依据;如无最相类似的法律规定,法官应当根据立法精神、立法目的和法律原则等作
出司法裁判,并在裁判文书中充分运用社会主义核心价值观阐述裁判依据和裁判理由。"
② 若行政诉讼个案没有这些规范性文件作为"最终规范基础"时,法院是否可以参照前述民
事裁判的做法? 对此,有必要结合行政诉讼最终裁判主文不同类型来加以具体分析。
③ 河北省固安县某法庭1991 年审理民事案件时,适用外国关于"藐视法庭罪"在程序上不同
于一般刑事诉讼的法律原则,追究孟某光等人刑事责任。参见中国应用法学研究所编:
《人民法院案例选》(第 3 辑),人民法院出版社 1993 年版,第 91 页。
④ 2018 年 6 月 13 日施行的《释法说理意见》第 1 条规定:"裁判文书释法说理的目的是通过
阐明裁判结论的形成过程和正当性理由,提高裁判的可接受性,实现法律效果和社会效果
的有机统一",间接地涉及了"裁判文书说理"的部分内涵。

说理"和"自由裁量权说理"四种类型或者四个方面内容。① 从裁判文书说理论证的层次来说,裁判文书最终的结论证成是奠基于系列不同层次论证的结果(论据、论证、论点或结论)之上的,即初端的论证服务于中端的论证,最后共同服务于终端的论证。此种论证贯穿于"审查判断证据""认定案件事实"和"法律适用"三个环节。例如,当事人提出某个关键或者争议证据,法官经过审查判断后得出是否采纳的结论,其中证据规则属于"论据"的范畴,审查判断过程属于"论证",关于证据是否采纳的结论属于"论点";法官运用证据证明和认定案件事实中,采信的证据属于"论据",遵循案件事实的规则与方法来认定事实的过程属于"论证",关于事实是否认定的结论属于"论点";法官针对已认定的事实来适用法律中,已认定的事实和找到的法律规范属于"论据",不断拉近和"耦合"案件事实和法律规范的过程属于"论证",最后得出的裁判结果属于"论点"。既然裁判文书说理是一个(就简单案件而言)或者多个层次(就疑难案件而言)论证裁判主文的过程,那么,在裁判主文("结论")的得出奠基于第二层次甚至第三层次(有时还有更多层次)的裁判"论点"之际,"裁判依据"也同样存在多个层次的划分,显然不能限定于"最终的规范基础"。

---

① 此处"认定案件事实说理"与"适用法律说理"的划分仅具有相对的意义,理由是,正如中外学者所言,"认定案件事实"与"适用法律"是不可切分的"往返"和"互动"过程。德国学者指出,法的适用是一个将事实与规范类比的过程,在此过程中,法律规范和案件事实相互诠释,通过对案件事实的分析,得出一个具体化了的"犯罪构成",通过对法律规范的解释,案件事实接近类型事实;比较的对象是"意义"(法的意义),在此意义中,犯罪构成与案件事实相互"适应",法律规范才能被适用(参见[德]考夫曼:《法哲学的问题史》,载[德]考夫曼、哈斯默尔主编:《当代法哲学和法律理论导论》,郑永流译,法律出版社 2002 年版,第186 页)。我国学者也认为,"事实归类与寻找、解释法律规范这两个步骤不是各自独立且严格二分的两个行为,而是一个互相关联、不断比对的互动过程"(参见任彦君:《刑事疑案适用法律方法研究》,中国人民大学出版社 2016 年版,第 66 页);"案件事实的确认和法律规范的解释是交互进行的,即以事实为依据确定规范的意义,以规范为依据认定和筛选案件事实"(参见任彦君:《刑事疑案适用法律方法研究》,中国人民大学出版社 2016 年版,第 39-40 页);"判断主体的目光不断流连往返于案件事实与法律规范之间,以规范为依据去筛选事实,以事实为依据去诠释或解释规范,以期能够使规范与事实相匹配"(参见任彦君:《刑事疑案适用法律方法研究》,中国人民大学出版社 2016 年版,第 109 页)。

（二）什么是裁判理由①

"裁判理由"是经历了一个历史发展过程的。据说在西欧,法官必须在判决书上写明理由的义务只是在 19 世纪才出现的。在 17、18 世纪,法国和日耳曼国家的法院都不写明判决理由,其理论根据是:（1）他们是经君主授权从事审判的;（2）直到 18 世纪中叶,日耳曼法律援引罗马法的传统,拒绝把判决理由告诉当事人。18 世纪的法国人约斯（Jousse）甚至劝告法官不要说明理由,以免败诉当事人挑剔而导致讼争重起,所以当时的判决只有主文（dictum）。理由空洞到了只有一句话——"考虑了应考虑的各点之后"②。进入现代民主法治时代,裁判文书说理乃普遍性③的司法样态,只是各国司法说理要求、说理方式、说理内容详略等有所不同而已。

裁判（文书）说理是由现代司法的本质属性所决定的。司法相对于其他纠纷解决机制,如调解、仲裁、决斗、抓阄等而言,最主要特点就是法院/法官遵循诉讼程序、以国家强制力为保障、居中做出裁判。"正当程序要求在强制方式下形成的结论,必须说明理由,即说服决定者主观思想的东西以及说服其他人的那些东西"④;"司法'定纷止争'功能的发挥,离不开相应的司法机制,包括程序的感染

---

① 与此类似的表述还有"判决理由"和"法律理由",例如,"现代司法制度要求法官作出裁判时必须阐明判决理由"（参见陈林林:《法律方法比较研究——以法律解释为基点的考察》,浙江大学出版社 2014 年版,第 213 页）;法律格言"法律的理由是其灵魂所在"（Tatio legis est anima legis）、"法律理由消失,法律本身也不存在"（Cessante ratione legis cessat et ipsa lex）;再如,有学者认为,规范性法律文件开头部分"为了……根据……制定本法"的表述部分就是"法律理由",具体分为法律性理由（是指表明该规定的合法性的理由,即该规定在效力上的基础）和事实性理由（是指表明该规定的合理性的理由,即该规定在道德上的基础）;"法律理由"是法律的柔性要素,有别于法律规范、法律注解等刚性要素。参见孙笑侠:《法的现象与观念——中国法的两仪相对关系》（修订 4 版）,光明日报出版社 2018 年版,第 16、18 页。
② 参见沈达明:《比较民事诉讼法初论》（下册）,中信出版社 1991 年版,第 245 页。
③ 当然,如今也存有这样的法律谑语,即"我愿给法官一个建议:在判决书里绝不要附理由。因为你的判决可能正确,但理由一定会弄错"（参见陈新民:《公法学札记》,法律出版社 2010 年版,第 357 页）。这也多少表明裁判文书说理的不易。
④ 参见孙笑侠:《法的现象与观念——中国法的两仪相对关系》（修订 4 版）,光明日报出版社 2018 年版,第 144 页。

力、判词的说理论证"①。司法权相对于立法权、行政权②而言,是一种判断权,但司法又并非一种纯粹的判断,按照菲特丽丝(Eveline Feteris)的观点,"任何提出法律命题的人都被期待提出论据去支持它"③,因而,司法裁判是一种举出理由支持某种主张或判断的活动④,是一种法律推理(legal reasoning)或法律论证(legal argumentation)的过程。可以说,作为"依(据)法裁判"⑤的司法裁判也是一种依(据)法裁判的论证活动。⑥ 我国学者同样认为,作为追求个案正义的司法裁判大体上具备以下三大要素:一是要具备规范基础,即法官的论证绝不能只是纯粹的道德论证或者价值诉求,而必须在现有的法律体系内寻找规范基础(如一般法律原则)作为这种价值的支撑;二是要运用法学方法,即通过运用法律人共同体所普遍承认的法学方法,保证裁判结论与主流价值或道德保持一致;三是要承担论证负担,即法官在超越依法裁判的层次去追求个案正义时,负有义务来证立其所采取的价值判断⑦具备规范基础,此种证立可以通过理性的论证来展开,从而使价值判断符合宪法和社会主流价值且可以适用于个案。⑧

就当下立法例而言,一些国家(地区)的宪法(基本法)和诉讼法专门对裁判说理进行了详略不一的规定。例如,《土耳其共和国宪法》第 141 条规定:"所有法院判决一律以书面形式作出,并附理由说明。"《比利时联邦宪法》第 149 条规定:

---

① 孙笑侠:《法的现象与观念——中国法的两仪相对关系》(修订 4 版),光明日报出版社 2018 年版,第 255 页。

② 在现代法治社会,无论是立法还是行政,同样也需要说明理由,只是说理要求、说理内容、说理方式等方面会表现出差异。行政官僚色彩最浓、程序传统最淡漠的法国,1979 年汲取行政程序法之精髓——说明理由的行政程序,制定《行政行为说明理由和改善行政机关和公民关系法》,该法规定,对当事人不利和对一般原则做出例外规定的具体行政处理必须说明理由。

③ 雷磊:《从"看得见的正义"到"说得出的正义"——基于最高人民法院〈关于加强和规范裁判文书释法说理的指导意见〉的解读与反思》,载《法学》2019 年第 1 期。

④ 参见颜厥安:《法、理性、论证——Robert Alxey 的法论证理论》,载颜厥安:《法与实践理性》,台湾允晨文化实业股份有限公司出版社 2003 年版,第 98 页。

⑤ [美]庞德:《法理学(第 2 卷)》,邓正来译,中国政法大学出版社 2007 年版,第 134 页。庞德使用了"权威性资料体系"的表述。

⑥ 泮伟江:《当代中国法治的分析与建构》,中国法制出版社 2012 年版,第 35 页。

⑦ 正如有学者所言,"在多样化和多元化的社会背景下,法律适用不再是田园诗般的静态的逻辑推演,而必须加入多样化的社会价值的考量"(参见孔祥俊:《论法律效果与社会效果的统一——一项基本司法政策的法理分析》,载《法律适用》2005 年第 1 期)。此种"加入多元化的社会价值的考量"无疑是最高人民法院提出的司法政策"坚持法律效果和社会效果(法律效果、政治效果、社会效果)有机统一"的本质要求,只是随之裁判论证负担会加重。

⑧ 舒国莹、王夏昊、雷磊:《法学方法论》,中国政法大学出版社 2018 年版,第 174-175 页。

"所有判决均须说明理由。"《荷兰王国宪法》第 121 条规定:"除议会法令规定的情形外,审判应公开进行,判决应说明其所依据的理由并向社会公布。"《西班牙王国宪法》第 120 条规定:"判决必须包含判决理由,并公开宣判。"《希腊宪法》第 93 条规定:"每一法院判决必须详细地和完整地说明理由并且必须公开宣判。"《巴西联邦共和国宪法》第 93 条规定:"司法机构的判决均应公开进行,所有判决必须理由充分,否则无效。"《苏里兰共和国宪法》第 136 条规定:"所有判决都应陈述其所依据的理由,刑事案件的判决还应写明作出处罚所依据的法律条文。"《德国民事诉讼法典》第 313 条规定:"1.判决书应记载:……(4)判决主文;(5)事实;(6)裁判理由。……3.裁判理由项下,应简略地、扼要地记载从事实和法律两方面作出裁判所依据的论据。"①《日本民事诉讼法》第 253 条规定:"判决书应记载下列事项:主文、事实、理由、口头辩论的终结日期、当事人及法定代理人、法院。"②《日本刑事诉讼法典》③第 44 条规定:"裁判,应当附具理由。"《韩国民事诉讼法》第 208 条规定:"1.判决书应记载下列事项:……(2)主文;(3)请求的主旨及上诉的主旨;(4)理由;…… 2.判决书的理由应记载对当事人的主张以及其他攻击、防御方法作出的判断,以致可以将主文认定为正当的程度……"《韩国刑事诉讼法》第 39 条规定"裁判应明示理由。但是,不允许上诉的决定或者命令除外";第 323 条规定"1.宣告刑罚的,应在判决理由中记载构成犯罪的事实、证据的要旨及法律的适用"。《俄罗斯联邦刑事诉讼法典》④第 303 条规定"1.……刑事判决用法庭审理时使用的语言制作,由开始部分、叙事和理由部分及结论部分组成";第 305 条规定"1.无罪判决书的叙事和理由部分应该叙述以下内容:(1)所提出指控的实质;(2)法庭所确认的刑事案件情节;(3)宣告受审人无罪的根据和证明这些根据的证据;(4)法院推翻指控方所提交的证据的理由;(5)对附带民事诉讼作出判决的理由

---

① 据我国学者介绍,德国的判决书分为前文、主文、事实说明、判决理由、法官的签名,其中,"事实说明"指简单的学术双方当事人同意的事实、当事人主张的事实以及法院调查到的证据提要,"判决理由"包括法院评论证据的价值,指出判决所依据的法律理由。参见沈达明:《比较民事诉讼法初论(上册)》,中信出版社 1991 年版,第 185-186 页。

② 陈刚主编:《比较民事诉讼法》(总第 6 卷),中国法制出版社 2007 年版,第 340 页。

③ 《日本刑事诉讼法典》,宋英辉译,中国政法大学出版社 2000 年版。

④ 《俄罗斯联邦刑事诉讼法典》,黄道秀译,中国政法大学出版社 2003 年版。其第 297 条规定:"1. 刑事判决应该是合法的、根据充分的和公正的。2. 刑事判决的做出如果依照本法典的要求并正确适用刑事法律,刑事判决被认为是合法的、根据充分的和公正的。"与之对应的是,修改之前的《俄罗斯联邦刑事诉讼法典》第 301 条规定,"法院的刑事判决必须是合法的和有根据的。法院必须将刑事判决建立在审判庭已经审查过的证据的基础之上。法院的刑事判决必须是说明理由的"(《俄罗斯联邦刑事诉讼法典》,苏方遒等译,中国政法大学出版社 1999 年版)。

……"。第 307 条规定:"有罪判决书的叙事和理由部分应该包括:(1)描述法庭认为得到证明的犯罪行为,并指出实施犯罪的地点、时间和方式,罪过的形式,犯罪的动机、目的和后果;(2)法庭据以对受审人做出结论的证据,以及法庭推翻其他证据的理由;(3)指出减轻和加重刑罚的情节,而如果认为某一部分的指控证据不足或者确认定罪不正确,则还要说明变更指控的根据和理由;(4)解决所有与判处刑罚、免除刑罚或免于服刑、适用其他感化措施有关的问题的理由;(5)说明解决本法典第 299 条所列其他问题的根据。"我国台湾"民事诉讼法"①第 226 条规定:"1.判决,应制作判决书,记载下列各款事项:……(4)主文;(5)事实;(6)理由……3.理由项下,应记载关于攻击或防御方法之意见及法律之意见。4.一造辩论判决及基于当事人就事实之全部自认所为之判决,其事实及理由得简略记载之。""刑事诉讼法"②第 223 条规定:"判决,应叙述理由,得为抗告或驳回声明之裁定亦同"。2017 年修正的《中华人民共和国民事诉讼法》第 152 条规定:"判决书应当写明判决结果和作出该判决的理由。判决书内容包括:(一)案由、诉讼请求、争议的事实和理由;(二)判决认定的事实和理由、适用的法律和理由;(三)判决结果和诉讼费用的负担;(四)上诉期间和上诉的法院。"第 154 条第 3 款规定:"裁定书应当写明裁定结果和作出该裁定的理由。"

结合上述各国(地区)诉讼法的规定来看,裁判理由可做不同的分类。一是按照裁判理由的说服受众来分,即德国埃塞尔(Esser)的观点,判决的理由这一术语可做两种解释:指判决所根据的理由(Begründung);指判决的心理动机(Motivation)。③ 二是按照裁判理由的属性来分,裁判理由包括裁判事实性理由和裁判规范性理由。"司法裁判的结论建立在恰当的法律规范和被正确陈述的案件事实(亦即证据事实)的基础之上"④,因此裁判事实性理由就是裁判依据证据所认定的案件事实及其根据和理由,裁判规范性理由既包括裁判所依据的法律规范,也包括适用法律规范的理由(如类推适用所依据的法律理由或立法理由、法学界围绕相关条款的适用所提出的法教义学观点,尤其是通说)等。三是按照裁判理由

① 中国台湾地区"司法院"公共关系室编:《简易小六法》,中国台湾地区"司法院"2009 年印行。

② 中国台湾地区"司法院"公共关系室编:《简易小六法》,中国台湾地区"司法院"2009 年印行。

③ 不过,比利时学者班来门认为,两者是不能等同的,前者是客观的,指怎样说服其他人;后者是主观的,指什么东西说服了法官。参见沈达明:《比较民事诉讼法初论》(下册),中信出版社 1991 年版,第 245 页。

④ 雷磊:《从"看得见的正义"到"说得出的正义"——基于最高人民法院〈关于加强和规范裁判文书释法说理的指导意见〉的解读与反思》,载《法学》2019 年第 1 期。

在裁判论证中的位阶层次来分①,包括最终结论的裁判理由和论证最终裁判理由的理由。以裁判规范性理由为例,从法律规范的证立而言,具体可分为"权威理由"和"实质理由"两类。前者是指因其他条件而非其内容来支持某个法律命题的理由(例如,法律渊源是最重要的权威理由),目的是为法律命题及依据法律命题得出的裁判结论提供权威性和合法性。后者是一种通过其内容来支持某个法律命题的理由,目的是增强司法裁判的说服力和裁判结论的正当性。② 显然,此处的"权威理由"有的是"最终结论的裁判规范性理由"(裁判文书样式中"依照……,作出如下判决"的省略号所表述的内容,亦即作为"最终的裁判规范性依据"的规范性文件),有的是"论证最终裁判理由的理由"(亦即裁判说理部分所援引的规范性文件等),而"实质理由"往往就是"论证最终裁判理由的理由"。此种二分法,不仅与法律论证的内部证成(按照司法三段论,经由大前提、小前提推理出结论)和外部证成(证明大、小前提的成立)的划分相契合,更是与当下司法哲学从严格规则主义向司法能动主义(或者自由裁量主义)③、从形式公正向实质公正④、从形式理性向实质理性转变相呼应。⑤

(三)"裁判依据"和"裁判理由"的关系框定

综上,"裁判依据"和"裁判理由"的关系,宜在同一的语境中来加以框定,否则会得出似是而非的、经不起推敲和追问的结论。2009 年 11 月 14 日施行的《规

---

① 奥地利学者认为,"裁判理由"(ratio decidendi)是"支撑(促使产生)裁判的论证的总结"。参见[奥]恩斯特·A. 克莱默:《法律方法论》,周万里译,法律出版社 2019 年版,第215 页。

② 雷磊:《从"看得见的正义"到"说得出的正义"——基于最高人民法院〈关于加强和规范裁判文书释法说理的指导意见〉的解读与反思》,载《法学》2019 年第 1 期。

③ 孙笑侠:《法的现象与观念——中国法的两仪相对关系》(修订 4 版),光明日报出版社2018 年版,第 212 页以下。

④ 美国学者昂格尔认为当代("后自由主义社会")"福利国家"和"合作国家"的发展对法治的影响主要表现为以下三种趋势:一是在立法、行政、审判中,迅速地扩张使用无固定内容的标准和一般性条款;二是从形式主义向目的性或政策导向的法律推理转变,从关注形式公正向关心程序公正或实质公正转变;三是私法与公法界限的消除,出现了社会法。参见[美]昂格尔:《现代社会中的法律》,吴玉章、周汉华译,中国政法大学出版社 1994 年版,第 181 页。

⑤ 其实,这也是"合法(性)"与"合理(性)"的关系问题,"马克思精辟地分析了'合理'与'合法'之间的内在关系,……'合法'必须以'合理'为前提条件,'合理'则是'合法'的内在根据;'合理'必须得到法律的承认,而'合法'则体现了法律对合理性事物的保障。换言之,只有合理的法律(权利已变成法律),才具有普遍性和必然性"。参见公丕祥:《马克思法哲学思想论述》,河南人民出版社 1992 年版,第 259 页。

定》第 1 条和第 6 条分别使用了"裁判依据"和"裁判说理依据"①的表述,只有从裁判结论的"最终的规范基础"(最终的裁判规范性理由)及"最终的裁判理由的理由"的区分角度而言有一定的合理性,若不作此种限定而广义地理解,就会显示出不妥之处,理由是,无论是"裁判依据"还是"裁判说理的依据"相对于"裁判结论"而言应该都是"裁判理由"("裁判结论的论据"或者"裁判结论的说理依据")②。因为从论证的层次来说,裁判文书最终的结论证成是奠基于系列不同层次论证的结果(论据、论证、论点或结论)之上的,即初端的论证服务于中端的论证,中端的论证又服务于终端的论证。

综上,就裁判文书中"裁判依据"和"裁判理由"的关系框定而言,具体应当注意以下几点:一是要区分事实性依据/理由和规范性依据/理由。二是要注意不同论证层次③的裁判依据/理由,具体分为最终的裁判理由和强化或者补强最终裁判理由的理由。④ 据此,裁判文书样式中"依照……作出如下判决"⑤的省略号所表述的内容仅限于"最终的规范性理由",即得出裁判结论的最终的规范基础。

---

① 此种划分可从德国学者将法律渊源划分为法律认知的渊源和法律创设的渊源受到启发。参见[德]马蒂亚斯·耶施泰特:《法理论有什么用?》,雷磊译,中国政法大学出版社 2018 年版,第 99 页。

② 正如美国学者指出的,"概念是解决法律问题所必需的和必不可少的工具,没有限定严格的专门概念,我们便不能清楚和理性地思考法律问题"。参见[美]博登海默:《法理学——法哲学与法律方法》,邓正来译,中国政法大学出版社 1999 年版,第 488-489 页。"裁判依据"与"裁判说理的依据"两个范畴显然不属于并列关系。

③ 例如,麦考密克的"一阶—二阶证成"模型(即一阶证成是指法官如何依据某条法律来证明判决结论的正确性,这往往是一个形式推理的过程;二阶证成是指在判决依据的选择上,法官如何证明自己的选择是正确的),转引陈林林:《法律方法比较研究——以法律解释为基点的考察》,浙江大学出版社 2014 年版,第 207 页。

④ 有学者"将作为判决结果的依据称为判决理由中的第一性依据,将作为援引、选择这些依据的依据称为判决理由中的第二性依据"。参见陈林林:《裁判的进路与方法》,中国政法大学出版社 2007 年版,第 9 页;另见陈林林:《法律方法比较研究——以法律解释为基点的考察》,浙江大学出版社 2014 年版,第 69 页。

⑤ 此处"依照……"不同于《宪法》第 131 条"人民法院依照法律规定独立行使审判权"中的"依照法律"。按照宪法学者的观点,此处"依照法律"是"狭义的,具体是指《宪法》《人民法院组织法》《刑事诉讼法》《民事诉讼法》和《行政诉讼法》等。它包含两方面含义:一是法院的独立审判权依法取得,并依法获得保障;二是要对独立审判权作出限制或干涉,也应有法律的规定"(参见蔡定剑:《宪法精解》(第 2 版),法律出版社 2006 年版,第 441 页)。也就是说,此处"依照法律"指的是法院审判权的来源为法律授权,而不是法院依据法律、法规做出个案裁判。参见余军等:《中国宪法司法适用之实证研究》,中国政法大学出版社 2018 年版,第 119 页。

三、刑事指导性案例"裁判要点"的效力定位①

2010 年 11 月 26 日最高人民法院制发的《关于案例指导工作的规定》第 7 条规定:"最高人民法院发布的指导性案例,各级人民法院审判类似案件时应当参照。"②2015 年 5 月 13 日施行的最高人民法院《〈关于案例指导工作的规定〉实施细则》第 10 条规定:"各级人民法院审理类似案件参照指导性案例的,应当将指导性案例作为裁判理由引述,但不作为裁判依据引用。"2016 年 8 月 1 日施行的《人民法院民事裁判文书制作规范》"裁判依据"部分仍然强调,"指导性案例不作为裁判依据引用"③。这两个司法文件同样提出了"裁判依据"和"裁判理由"的范畴,并对指导性案例在裁判文书中的效力与功能做了官方的正式表达。

近期,实务界代表人士对此有了认识上的变化,即曾经认为指导性案例的裁判要点可以作为裁判说理依据引用,不宜作为裁判依据引用,理由是,如果说指导性案例的裁判要点可以作为裁判依据引用,容易产生把指导性案例当作类似于英美法系国家判例的误解;现在则认为指导性案例的裁判要点既可以作为说理的依据引用,也可以作为裁判的依据引用,理由是指导性案例是最高人民法院审判委员会讨论确定的,其裁判要点是最高人民法院审判委员会总结出来的审判经验和裁判规则,可以视为与司法解释具有相似的效力。其同时主张,指导性案例的裁判要点像司法解释一样可以在裁判文书中引用,引用的顺序可以放在引用法律、行政法规和司法解释之后。比如,某人民法院审结一起国家工作人员受贿案件,其裁判文书在引用刑法和司法解释相关条文后,认为有必要参照指导性案例 3 的,就可以这样表述:"依照中华人民共和国刑法第三百八十五条,最高人民法院、最高人民检察院关于办理贪污贿赂刑事案件若干问题的解释第一条,参照最高人民法院第 3 号指导性案例,判决如下:……"④

---

① 此处拟不对英美法系判例法和德国、日本、意大利等大陆法系国家实行的判例制度进行法理层面的比较研究,而仅立足于当下我国推行的案例指导制度的实际运行展开分析。

② 2010 年 7 月 29 日通过、2015 年 12 月 9 日第一次修订、2019 年 3 月 20 日第二次修订的《最高人民检察院关于案例指导工作的规定》第 15 条规定:"各级人民检察院应当参照指导性案例办理类似案件,可以引述相关指导性案例进行释法说理,但不得代替法律或者司法解释作为案件处理决定的直接依据。"

③ 此种定位也得到了学界的认同,例如,王利明教授认为,"参照的含义首先意味着其(即指导性案例——引者注)不是法律渊源,不能直接作为裁判依据","参照的含义还表现在,法官可以在说理部分直接援引指导性案例。……从这个意义上讲,指导性案例可以成为说理的理由"。参见王利明:《法律解释学导论——以民法为视角》(第 2 版),法律出版社 2018 年版,第 753 页。

④ 胡云腾:《关于参照指导性案例的几个问题》,载《人民法院报》2018 年 8 月 1 日。

在笔者看来,上述认识的变化确实值得从"裁判理由"和"裁判依据"的关系框定角度加以申论。① 其一,"裁判理由"和"裁判依据"的区分必须严格限定在同一语境中,不宜笼统地、大而化之地宣称指导性案例只可作为裁判说理依据(裁判理由),不宜作为裁判依据。理由是,正如前文所论述的,在此语境中,"裁判理由"和"裁判依据"均是裁判结论的"裁判理由",而在彼语境中,"裁判依据"仅是指裁判结论的"最终的规范性理由",而"裁判理由"同时包括裁判结论的最终的理由以及"最终理由"的证成理由。

其二,要"类型化"地看待指导性案例的裁判要点的功能。从最高人民法院目前公布的指导性案例②来看,"裁判要点"具体包括三种。

一是"裁判规则型",如,"王召成等非法买卖、储存危险物质案"的"裁判要点",即"'非法买卖'毒害性物质,是指违反法律和国家主管部门规定,未经有关主管部门批准许可,擅自购买或者出售毒害性物质的行为,并不需要兼有买进和卖出的行为";"杨延虎等贪污案"的"裁判要点",即"贪污罪中的'利用职务上的便利',是指利用职务上主管、管理、经手公共财物的权力及方便条件,既包括利用本人职务上主管、管理公共财物的职务便利,也包括利用职务上有隶属关系的其他国家工作人员的职务便利"等。

二是"裁判理念型",如,"李飞故意杀人案"的"裁判要点","对于因民间矛盾引发的故意杀人案件,被告人犯罪手段残忍,且系累犯,论罪应当判处死刑,但被告人亲属主动协助公安机关将其抓捕归案,并积极赔偿的,人民法院根据案件具体情节,从尽量化解社会矛盾角度考虑,可以依法判处被告人死刑,缓期二年执行,同时决定限制减刑";"王志才故意杀人案"的"裁判要点",即"因恋爱、婚姻矛盾激化引发的故意杀人案件,被告人犯罪手段残忍,论罪应当判处死刑,但被告人具有坦白悔罪、积极赔偿等从轻处罚情节,同时被害人亲属要求严惩的,人民法院根据案件性质、犯罪情节、危害后果和被告人的主观恶性及人身危险性,可以依法判处被告人死刑,缓期二年执行,同时决定限制减刑,以有效化解社会矛盾,促进社会和谐";"董某某、宋某某抢劫案"的"裁判要点",即"对判处管制或者宣告缓刑的未成年被告人,可以根据其犯罪的具体情况以及禁止事项与所犯罪行的关联

---

① 需指出的是,在德国,"先例之所以值得适用,主要是因为先例的说理论证能力而非形式拘束力"(参见陈林林:《法律方法比较研究——以法律解释为基点的考察》,浙江大学出版社2014年版,第180页),因此此种延伸思考只有立足于我国当下立法权与审判权的宪法定位及各种国家权力具体运行的现实语境,方有其意义。

② 自2011年12月20日发布第1批指导性案例,至2021年12月3日发布第31批指导性案例,最高人民法院累计发布了178个指导性案例(注:其中有2个已被废止)。

程度,对其适用'禁止令'。对于未成年人因上网诱发犯罪的,可以禁止其在一定期限内进入网吧等特定场所"等。

三是"裁判方法型",如,"潘玉梅、陈宁受贿案"的"裁判要点",即"……受贿数额按照交易时当地市场价格与实际支付价格的差额计算"等。

正如胡云腾大法官所指出的那样,"指导性案例的裁判要点本质上属于对法律法规条文或者法律规范的一种解释(即'裁判规则型'——引者注),通常是对法律法规进行一定程度的细化、明确或补充,而不是修改或新立,故一般不能独立作为司法裁判的规则或者准据"①。立足于此,笔者认为,即使属于"裁判规则型"的"裁判要点","一般"均不能作为裁判结论的"最终的规范性理由",除非其"例外"地属于"造法性解释"或者"法律漏洞填补"(民事、行政审判领域)②,换言之,只有属于此种情形的"裁判要点"方可作为裁判结论的"最终的规范性理由"(当然,大多数情形需依附于具体的、完整的蕴含"法律后果"的法渊源或者法规范)。例如,"贾国宇诉春海餐厅人身伤害纠纷案"③,北京市海淀区人民法院采用填补法律漏洞④的方法,弥补了《民法通则》(注:已废止)第119条(侵害健康权)并没有规定精神损害赔偿的缺失,形成了"侵害健康权的,可以判处精神损害赔偿"的裁判规则,此先例就可与《民法通则》(注:已废止)第119条(在立法没有做出补

---

① 胡云腾:《关于参照指导性案例的几个问题》,载《人民法院报》2018年8月1日。

② 就刑事审判领域而言,在1997年实行罪刑法定原则之前的"类推时代",最高人民法院公布了两宗以制造、贩卖有毒酒的危险方法致人伤亡的案例,克服了1979年刑法中对以营利为目的的制造、贩卖有毒食品致人伤亡行为无明文规定的不利因素,用判例的形式创制了"以制造、贩卖有毒酒的危险方法致人伤亡罪"的新罪名与量刑标准。参见《最高人民法院公报》1985年第3期。

③ 案情及判决情况:1995年3月8日19时许,原告贾国宇与家人及邻居在被告春海餐厅聚餐,在就餐期间,春海餐厅使用的石油气气罐发生爆炸,致贾国宇面部、双手烧伤。贾国宇向法院提起诉讼,要求气罐的生产者气雾剂公司和厨房用具厂以及春海餐厅承担赔偿责任。北京市海淀区人民法院认为,事故发生时,贾国宇尚未成年,但身心发育正常。烧伤造成的片状疤痕对其容貌产生了明显影响,并使之劳动能力部分受损,严重地妨碍了她的学习、生活和健康。除肉体痛苦外,无可置疑地给其精神造成了终身悔憾与痛苦,甚至可能导致其心理情感、思想行为的变异,其精神损害是显而易见的,必须给予抚慰与补偿。参见最高人民法院中国应用法学研究所编:《人民法院案例选》(总第21辑),人民法院出版社1997年版。

④ 法律漏洞的填补又称法律补充或法律续造,是指在存在法律漏洞的情况下,由法官根据一定的标准和程序,针对特定的待决案件,寻找妥当的法律规则,并据此进行相关的案件裁判。法律漏洞填补的方法包括:类推适用、目的性扩张、目的性限缩、基于习惯法的填补漏洞、基于比较法的填补漏洞、基于法律原则的填补漏洞。参见王利明:《法律解释学导论——以民法为视角》(第2版),法律出版社2018年版,第563-566页。

充完善之际)共同成为判决此类案件的裁判依据。① 再如"张成银诉徐州市人民政府房屋登记行政复议决定案"②,法院判决理由适用正当程序原则来弥合法律漏洞,为具体行政管理领域树立起法律的界碑③,即"行政复议法虽然没有明确规定行政复议机关必须通知第三人参加复议,但根据正当程序的要求,行政机关在可能作出对他人不利的行政决定时,应当专门听取利害关系人的意见"。又如最高人民法院指导性案例 2 号"深圳市斯瑞曼精细化工有限公司诉深圳市坑梓自来水有限公司、深圳市康泰蓝水处理设备有限公司侵害发明专利纠纷案",采用类推和目的性扩张方法④弥补了《专利法》存有的专利临时保护期内的实施行为及其后续行为的法律定性方面的"开放的法律漏洞"⑤,明确主张"专利权人无权禁止他人对专利临时保护期内制造、销售、进口的被诉专利侵权产品的后续使用、许诺销售、销售"⑥。

四、结论

综上,无论是最高司法机关制定的司法解释及非司法解释类审判业务规范性文件,还是理论界与实务界针对指导性案例的"裁判要点"在裁判文书中的实践效力的讨论,均存在对"裁判理由"和"裁判依据"的混淆理解和泛化使用,进而导致实务界、理论界以及实务界与理论界之间存有"无谓争论"或"片面正确"。可以说,此种因不同学者基于不同的视角或者语境各自提出"新论断""新观点""新命题",随之基于相互之间的非同一语境或者视角进行"商榷"或者"争鸣",造成一番学术热闹景象,绝非仅此一例。例如,刑法学界的"形式解释论"与"实质解释

---

① 在大陆法系国家,往往通过判例,尤其是最高法院的判例确认一些新的民事权利,以补充民法典等之漏洞,例如,德国的"一般人格权"就是通过其联邦最高法院的判例发展起来的。参见徐国建:《德国民法总论》,经济科学出版社 1993 年版,第 21 页。

② 参见《最高人民法院公报》2005 年第 3 期。

③ 何海波:《司法判决中的正当程序原则》,载《法学研究》2009 年第 1 期。

④ 孙光宁:《漏洞补充的实践运作及其限度——以指导性案例 20 号为分析对象》,载《社会科学》2017 年第 1 期;另见孙光宁:《中国司法的经验与智慧——指导性案例中法律方法的运用实践》,中国法制出版社 2018 年版,第 312-314 页。

⑤ 所谓"开放的法律漏洞"是相对于"隐藏的法律漏洞"而言的,前者是指"针对某一特定案件事实,依据法律的目的应当运用法律规则对其进行调整,而此时法律规范未作规定的情形";后者是指"针对某一特定事件,虽然已经有相关的法律规范进行调整和规制,但此种规制对评价和裁判该事件并不合适的情形"。参见[德]拉伦茨:《法学方法论》,陈爱娥译,商务印书馆 2003 年版,第 254-255 页。

⑥ 《最高人民法院关于发布第五批指导性案例的通知》,载《人民法院报》2013 年 11 月 23 日。

论"之争①,法理学界的"形式法治"与"实质法治"之争②、"法治反对解释"与"法治不反对解释"之争③,诉讼法学界的"客观真实"与"法律真实"之争④、"职权主义"与"当事人主义"之争⑤等,均多少存在非同一语境的争论。显然,此实乃需要理论界和实务界共同努力来避免的不良现象。

（本文系对刊载于《法治现代化研究》2020 年第 3 期的《"裁判依据"与"裁判理由"的法理之辨及其实践样态》一文部分内容修改完善而成,谨对该刊表示谢意。）

---

① 刘树德:《司法改革热问题与冷思考》,人民法院出版社 2014 年版,第 165 页以下。
② 夏勇:《法治是什么? ——渊源、规诫与价值》,载《中国社会科学》1999 年第 4 期。
③ 范进学:《"法治反对解释"吗? ——与陈金钊教授商榷》,载《法制与社会发展》2008 年第 1 期;陈金钊:《对"法治反对解释"命题的诠释——答范进学教授的质疑》,载《法制与社会发展》2008 年第 1 期。
④ 陈瑞华:《刑事证据法》(第 3 版),北京大学出版社 2018 年版,"导论"部分。
⑤ 陈瑞华:《刑事诉讼的前沿问题》(第 4 版),中国人民大学出版社 2013 年版,"前言"部分。

第六章

06

犯罪学问题

犯罪本源理论的综合及其方法论

谢　勇

作者简介:谢勇(1958—　　),男,汉族,湖南省祁阳县人。湘潭大学法学院教授、博士生导师。第十三届全国人大代表,全国人大监察和司法委员会委员。曾任湘潭大学法学院院长,湖南省高院副院长,民进湖南省主委,民进中央常委,湖南省政协副主席,全国政协委员,湖南省人大常委会副主任。多年从事社会学、犯罪学和司法改革以及立法领域的教学与研究,出版《犯罪学研究导论》、《法人犯罪学》、《犯罪学原理》(合著)、《宏微之际:犯罪研究的视界》等多部著作;发表《论我国当前法人犯罪现象的社会实质与政治危害》、《有组织犯罪与社会结构》、《犯罪本源理论的综合及其方法论》、《从审判方式改革到全面司法改革——关于深化司法改革的若干思考》(合著)、《概念的成长:破除地方立法"不抵触""有特色"的理论困境》、《信用修复的社会内涵及其表达形式》、《便利与约束:守信激励与失信惩戒机制的功能定位》(合著)等论文二十余篇;2018年主持承担国家社科基金重大研究专项"中国守信激励与失信惩戒机制立法研究"。

在我国的犯罪原因研究中,犯罪本源问题自始至终是引人关注的焦点问题。多数犯罪原因论者在立论之初,都自觉或不自觉地以某种关于犯罪本源的判断作为自己理论的方法论前提。在这一点上,我们与现代西方犯罪学家也许正成对照。西方犯罪学自迪尔凯姆之后实际上已放弃了对犯罪本源的追询。在多数现代西方犯罪学研究者心目中,"人类为什么会有犯罪""犯罪现象的根源是什么"这类问题已不再具有科学意义。在他们看来,传统的有关犯罪原因的问题应该转换成这样两个不完全相同的问题,即"个人为什么会犯罪"和"这个地区、这个人群为什么会有比较高的犯罪率"。纵观21世纪以来西方犯罪学的主流,我们可以清晰地看到,在实证主义方法论思想的支配下,西方犯罪学对犯罪原因的探讨多集中于局部、直观和具体的层面,认为只有在这一层面上讨论问题才可望找到确切的、有意义的答案,因而研究才有价值。至于人类为什么会有犯罪,即犯罪本源问题,在现代西方犯罪学主流看来,如果不是像人类社会为什么会存在这种问题一样超出了犯罪学的研究范围,就是像人与人为什么会有差异这种问题一样空洞乏味。

但是,现代西方犯罪学对犯罪本源问题的冷漠态度,自 20 世纪 70 年代以来在其内部已受到严重的挑战。被称作"激进派犯罪学"的现代西方马克思主义犯罪学重新把犯罪本源问题纳入了西方犯罪学的研究视野。① 不仅如此,他们还公开声明,他们的学术使命之一就是要根据他们对犯罪本源的理解,对当代西方实证主义犯罪学进行批判,并对当代资本主义社会中的犯罪原因做出新的解释。事实上,细察现代西方犯罪学中实证派与激进派在这方面的对立,分歧的焦点并不在于是否回答了犯罪本源问题,而在于怎样回答,即答案是什么。从表面上看,实证派的犯罪学不屑于讨论犯罪本源问题,但实际上它的各种犯罪原因理论都或明或暗地透露出对犯罪本源的这样一种理解,即认为犯罪是人类社会固有的现象,有人类社会就有犯罪现象,如果硬要追溯犯罪现象的本源,那么这本源就是人类社会自身。正是基于对犯罪本源的这样一种理解,当代美国实证派犯罪学家赫希在建立其罪因理论时,干脆以这样的问题为其出发点:有些人为什么不去犯罪。因为按照这样的犯罪本源观,人类的犯罪是不足为奇的,值得惊讶的倒是为什么有人未犯罪。

由此可见,现代西方实证犯罪学对犯罪本源问题的忽视,与其说是根据其方法论准则,将这类问题列入了"形而上"之列而有意加以排斥,还不如说是由于其对犯罪本源问题的隐含的答案本身已使这一问题不再具有探讨的余地。这就好像实证犯罪学之前的古典犯罪学,由于把犯罪的原因归结为人的自由意志,因此犯罪原因问题在古典犯罪学的视野中已不成其为问题,不再具有研究价值。当今天的实证犯罪学把犯罪本源归结为人类社会自身的存在时,犯罪本源问题自然也不再成其为问题,除非你把人类社会本身的存在就视为一个错误,当成一个问题。因此,现代西方实证犯罪学并未真正排除犯罪本源问题,它暗地里也有自己对犯罪本源问题的回答,只是它的回答过于草率和陈腐,妨碍了它在这个带根本性的问题上做深入、细致的探索,并最终限制了它研究犯罪原因的视野。

因社会背景和学术传统上的差异,我国当代犯罪学研究对待犯罪本源问题的态度,一开始就有别于现代西方犯罪学。我国的犯罪学研究者始终自觉地把犯罪

---

① 当然,几乎与此同时兴起的社会生物学也促成了这一转变,尽管其思路与激进派犯罪学完全不同。(参见谢勇:《社会矛盾、本能异化及犯罪学方法论的更新》,载《青少年犯罪研究》1994 年第 12 期。)

本源问题置于犯罪原因研究的核心,强调其重要意义。尤其是自 1982 年中国青少年犯罪研究会成立以后,学界有关犯罪本源的研究更是呈现出百花齐放、百家争鸣的气象,一方面新的观点层出不穷,另一方面传统的见解日见精致。时至今日,无论从业已积累的思想材料看,还是从学术论争中成长起来的学术勇气和气度以及犯罪学研究进一步发展的客观需要看,对国内前一段时期已有的研究成果进行综合的时机已成熟。下面,我们就不妨来尝试做做这方面的工作。

一、犯罪本源概念的方法论含义

我国当代犯罪学理论中关于犯罪的"本源"的概念直接来自马克思主义犯罪学思想传统。恩格斯于 1845 年发表的《英国工人阶级状况》一书,是犯罪学界公认的马克思主义犯罪学诞生的标志。在这部著作中,恩格斯针对当时资产阶级学者对工人中的犯罪现象所做的原因分析,明确指出:工人中存在的种种犯罪虽然与酗酒、缺乏教养、道德低下等因素有直接的关系,但是所有这些消极现象从根本上看都不足以解释工人群众中的犯罪现象。因为事实上,工人中的这些消极现象本身也跟工人中的犯罪现象一样有待解释。从归根结底的意义上说,犯罪连同导致犯罪的那些直接的、具体的原因,都是根源于这样一个事实,即在资本主义既成的社会体制下,工人阶级的赤贫以及他们劳动的强制性。[①]

从恩格斯的上述思想中我们可以看出,马克思主义经典作家们在解释他们所看到的犯罪现象时,在方法论立场上与当时的资产阶级学者以及后来的实证主义犯罪学者明显不同。具有实证主义方法论立场的犯罪问题观察者,往往从个别的犯罪事实或犯罪人着眼,把犯罪作为既存的社会现实接受下来,然后再去探寻犯罪之所以存在的"原因"。他们习惯于这样的思考模式:

因为……,所以……。

因为他们酗酒、缺乏教养等,所以他们陷入犯罪;因为这些儿童父母离异、未受学校教育、加入帮会活动等,所以他们陷入犯罪。诸如此类的罪因分析层出不穷。然而这种思维模式有一个致命的缺陷,这是由蕴含关系固有的逻辑特性所决定的,即在这里作为蕴含关系后项的结果事项在逻辑上是不周延的。举例来说,即使"因为他们酗酒,所以他们犯罪"这一解释成立,那它也未能断定,导致这些人犯罪是否还有别的原因;或者说,如果他们不再酗酒,是否就一定不再犯罪。正是因为在方法论和思维模式上存在这种致命的缺陷,所以实证主义者对于罪因的解释呈现出令人厌倦和气馁的零乱、繁杂。这种情况在 20 世纪 50 年代以前的西方

---

① 《马克思恩格斯全集》,第 2 卷,人民出版社 1957 年版,第 395~405 页。

犯罪学界表现得最为突出。在"多因素论"的旗帜下,犯罪学家们发现了连他们自己也数不清的"犯罪原因"。然而所有这些研究及其成果,对于减少犯罪似乎并没有起到多少作用。

马克思主义犯罪学的创始者们的方法论立场和思考方式,与上述实证主义者完全不同。他们首先不是专注于具体的、个别的犯罪行为或犯罪人,而是专注于犯罪现象存在于其中的那个社会;不是把犯罪及其社会背景作为凝固不变的现实原封不动地接受下来,而是以历史辩证法的眼光将它们视为一个过程。因此,在《英国工人阶级状况》一书中,恩格斯对资产阶级学者们那种"因为……,所以……"式的解释颇不以为然。尽管他对英国工人中的生活情形有十分丰富的直接观察经验①,但他并不让自己沉溺于那种表面的、肤浅的、随手拈来的对犯罪原因的列举,他希望透过这些表面的、具体的因果关系去把握更深刻、更本质的联系。要做到这一点,当然不能像实证主义者所期望的那样,依靠归纳、积累点点滴滴的"犯罪原因因素"来实现,而需要在历史唯物主义的视野下,通过对人类社会历史发展规律的把握来达到这种认识高度。正是由于立足于这样的认识高度的缘故,马克思主义犯罪学的创始人才得以发现:"犯罪——孤立的个人反对统治关系的斗争,和法一样,也不是随心所欲地产生的。相反地,犯罪和现行的统治都产生于相同的条件。"②这一条件就是生产资料私有制度,以及与这种制度相伴而来的两极分化和阶级压迫。

恩格斯在他的调查报告中以这样的方式来剖析工人犯罪的"原因":"当人们谈论'私有财产神圣不可侵犯'的时候,一切都讲得很冠冕堂皇,资产阶级听起来也很入耳。但是对没有任何财产的人来说,私有财产的神圣性也就自然不存在了。金钱是人间的上帝。资产者从无产者那里把钱抢走,从而真的把他们变成了无神论者。如果无产者成了无神论者,不再尊重这个人间上帝的神圣和威力,那又有什么奇怪的呢!当无产者穷到完全不能满足最迫切的生活需要,穷到要饭和饿肚子的时候,蔑视一切社会秩序的倾向也就愈来愈增长了。"③马克思在他的《人口、犯罪率和赤贫现象》一文中也指出:由私有制和竞争带来的两极分化,使得

---

① 该书写成之后,恩格斯这样谈到自己的调查过程:"我抛弃了社交活动和宴会,抛弃了资产阶级的葡萄牙红葡萄酒和香槟酒,把自己空闲时间几乎都用来和普通的工人交往。""……在二十一个月内从亲身的观察和亲身的交往中直接研究了英国的无产阶级,研究了他们的要求、他们的痛苦和快乐,同时又以必要的可靠的材料补充了自己的观察。"(《马克思恩格斯全集》第2卷,人民出版社1957年版,第273、278页。)
② 《马克思恩格斯全集》第3卷,人民出版社1960年版,第379页。
③ 《马克思恩格斯全集》第2卷,人民出版社1957年版,第400页。

犯罪率上升成为资本主义社会固有的特征。①

　　初看上去，马克思、恩格斯在此处也跟实证主义犯罪学家一样，也是在讨论犯罪之所以产生的"原因"，他们的思想在逻辑形式上似乎也可以概括成"因为……，所以……"的格式。但是不应忘记，马克思主义经典作家们在讨论犯罪问题时从来不是就犯罪论犯罪，从来没有把眼光仅仅局限在具体、个别的犯罪上，而是从社会客观历史发展过程的角度对犯罪现象做整体的把握，把他们所处社会中的犯罪现象整个地看成资本主义生产资料私有制不合理性的明显标志。因此，他们虽然也是讨论犯罪原因，但他们关于犯罪原因的思想和论述在逻辑形式上不是实证主义式的"因为……，所以……"，而是"只是因为……，所以才……"。按照这个表述格式，马克思、恩格斯关于犯罪原因的思想可以做如下简要的归纳：只是因为存在生产资料资本主义所有制，所以才存在资本主义社会的犯罪现象。

　　在这里，"因为……，所以……"式的思维模式，与"只是因为……，所以才……"式的思维模式在逻辑性质方面的差异是十分明显的。如我们前面分析过的那样，实证主义犯罪学者惯于用"因为……，所以……"式的思维来分析犯罪原因，而在这个思想公式中，犯罪作为结果项是不周延的。这就是说，在"因为……，所以……"中，犯罪原因与犯罪之间是蕴含关系，根据蕴含关系的逻辑性质，作为前项的"犯罪原因"仅仅是作为后项的"犯罪"的充分条件。即如果犯罪原因 P1、P2…Px…确实是犯罪行为 q1、q2…qx…的原因，那么我们也只能断定如果犯罪原因存在，则犯罪行为 q1、q2…qx…产生；而不能断定，当犯罪原因 P1、P2…Px…不存在时，犯罪行为 q 系列是否也会随之消失。因为在这里研究者虽然认识到了某些犯罪行为得以产生的充分条件，但对它们得以产生的必要条件并无认识，没有把握住特定社会中犯罪得以产生的最本质的、根本性的联系，所以这种水平上的认识有很大的局限性，它不仅对犯罪原因缺少整体上的把握，而且由于缺少这种把握而使得它已有的认识成果难以在控制犯罪的实践中奏效。但是，"只是因为……，所以才……"式的思维就不同了。在这里作为前项的犯罪原因，与作为后项的犯罪现象之间的逻辑关系，不再只是充分条件关系，而是充分必要条件关系。作为后项的"犯罪"在充分必要条件关系中是周延的，即如果犯罪原因 P 存在，犯罪现象 q 就存在；一旦犯罪原因 P 消失，犯罪现象 q 也随着消失。正因为在这里存在着这样的逻辑关系，所以当列宁循着马克思和恩格斯的思想走下去时，便自然而然地得到了这样的结论："我们知道，产生违反公共生活规则的捣乱行为的社会根源是群众受剥削和群众贫困。这个主要原因一消除，捣乱行为就必然开始

---

①　《马克思恩格斯全集》第 13 卷，人民出版社 1962 年版，第 551 页。

'消亡'。虽然我们不知道消亡的速度和进度怎样，但是，我们知道这种行为一定会消亡。国家也会随着这种行为的消亡而消亡。"①

现在让我们对上面所说的做一小结。在这里我们并不打算对马克思主义犯罪学创始人的犯罪本源理论的内容本身展开分析，而仅仅希望搞清楚这些创始人在观察、研究犯罪现象时的方法论立场，即搞清楚在他们的思想中犯罪的"本源"或"根源"概念的方法论含义，辨明其逻辑特征。通过前面的分析，现在我们可以得出结论："本源"概念在马克思主义犯罪学中具有特殊的方法论意义，它与实证主义犯罪学的"原因"概念完全不同。"原因"概念在实证主义犯罪学中通常只是指时间上前后两种现象之间的蕴含关系或充分条件关系；"本源"概念则指的是现象之间的充分必要条件关系。按照"本源"概念的内在的逻辑要求，当我们探索犯罪之所以产生的原因时，不能仅仅满足于对部分犯罪现象的充分条件（即一般所谓的原因）的认识，还应该更进一步把握其得以产生的必要条件；反过来也如此，即不能仅仅满足于对特定社会中犯罪现象的必要条件的领悟，还必须进一步探明特定犯罪现象得以存在的充分条件。②

马克思主义犯罪学的创始人关于犯罪现象的社会根源的思想对我国犯罪学理论研究有着深入、持久的影响。对犯罪本源的探讨一直是我们的罪因研究的首要课题，建立和完善犯罪本源理论自始至终是我国犯罪学基本理论研究的支点。应该承认，这些都是我国犯罪学理论研究的长处，值得保持和发扬。同时，这样做也有利于我们扬弃和超越西方实证主义犯罪学近百年的历史传统，站在当代世界犯罪学的讲坛上与西方犯罪学的最新发展——"新犯罪学"或"批判犯罪学"建立和发展对话关系。但是，也不能不看到，在深入理解经典作家们关于犯罪本源的思想、准确把握其方法论含义方面，目前还有许多工作要做。这方面一个最明显的例证就是，关于"犯罪本源"的理论目前国内竟有十余种之多。出现这种情况，一方面固然表明了犯罪学界理论思维的活跃，另一方面也暗示，在这个问题上学界内部目前尚缺少某些必要的、共同的立足点。即使是在"本源"一词的使用上，目前也仍然显得有些模糊不清。

① 《列宁全集》第25卷，人民出版社1958年版，第450页。
② 有必要指出，目前国内犯罪学界对"原因"与"充分条件"、"必要条件"以及"充分必要条件"等概念的关系尚未予以足够的注意。依笔者目前的理解，"原因"即"充分条件"，"必要条件"即"本质联系"或"规律"。在事实形态上，必要条件总是包含在充分条件之中共同完成因果过程；但在思想形态上，必要条件未必总是在因果陈述中出现，而多半表现为未予明示的立论前提（参见卡尔纳普：《因果性和决定论》，载洪谦主编：《逻辑经验主义》上册，商务印书馆1982年版，第346-350页）。

有的学者把它界定为"最终的原因""原因的原因",有的则把它界定为"最普遍的原因""根本原因"等。① 从这些界定在字面上的意思来看,基本上符合马克思主义犯罪学创始人赋予"本源"的内涵,即指的是充分必要条件。因为这些界定几乎一致明确地肯定了本源作为必要条件所具有的普遍性、一般性、极终性和稳定性等;与此同时,他还都认定,本源也就是"原因"之一种。然而,仔细推敲起来,这些界定又存在模糊的地方。这主要是指在"原因"一词的使用上。目前国内犯罪学界有许多人不是在"充分条件"的含义上使用"原因"一词,而是把"原因"简单地理解为"因素""要素",或者理解为"决定性因素""本质联系"②。如果是这样来定义原因概念,那么显然,当人们说"本源"是某种"原因"时,本源概念便已失去了作为充分条件的含义,而仅仅作为必要条件概念被人们理解和运用。

事实上,正是因为在理解和界定"本源"时存在着上面那种模糊不清,所以在理解和把握经典作家们的犯罪本源理论的具体内容时,在完善和发展马克思主义犯罪学的犯罪本源理论的过程中,学者们在一些基本问题上的意见分歧长期不能弥合,人们无法沟通。关于这一点,我们在下文将做专门的分析和探讨。在此我们只想再一次强调,把"本源"理解为"充分必要条件",这对于马克思主义犯罪学理论建设来说具有十分重要的方法论意义。这种意义就在于,只有借助于作为"充分必要条件"的"本源"概念,我们才可望顺利地将马克思科学研究方法的精髓——"由抽象上升到具体"的方法用于犯罪本源理论研究,并可望在此基础上谋求实现现有各家理论之间的沟通和融合。

下面就先让我们对目前国内存在的几种颇具影响的犯罪本源论作一些必要的梳理,以使下一步的沟通、接轨较为顺畅一些。

二、犯罪本源理论诸说之异同

在这一部分里,我们将对目前国内犯罪学中的主要的犯罪本源理论进行剖析,比较其异同。在正式着手分析之前,有几点要首先加以说明。

第一,关于剖析对象选择问题。十几年来,犯罪学者们围绕犯罪本源问题发表了许多意见,有不少颇具特色的观点。限于篇幅,在这里无法对所有这些观点一一加以分析,就本部分的目的而言,事实上也无此必要。我们只能对其中主要

---

① 曹子丹主编:《中国犯罪原因研究综述》,中国政法大学出版社 1993 年版,第 140 页。

② 但近年来这种情况已经发生变化。譬如有的学者主张区分"因素"和"原因",并认为原因应该是一个完整的因素系统:"能引起、促成和影响犯罪的诸现象及其过程,均为犯罪因素;各犯罪因素按其作用层次和作用机制构成的系统便是犯罪原因"(康树华主编:《犯罪学通论》,北京大学出版社 1992 年,第 357 页)。

的一些观点加以分析。所谓"主要",这里是指这些观点目前在国内犯罪学界所产生的影响而言,确切地说,是指它们目前在国内犯罪学界已引起了较多的注意。按照这个标准,在具体操作时我们选择主要以曹子丹主编的《中国犯罪原因研究综述》一书①收录的为对象范围,共计有 11 种理论观点。由于考虑到其中"阶级说"一段实际上是把针锋相对的几种观点合并一处叙述,为便于分析,这里将其拆为"阶级说""生产方式内部矛盾说"和"史前发生说"三种观点。所以,列为剖析对象的总计 13 种犯罪本源理论。

第二,关于"犯罪"定义问题。正如有的犯罪学家所说的,目前国内犯罪学界在犯罪本源问题上的分歧,其思维的或逻辑的根源在于对犯罪概念有不同的理解和界定。② 如有的强调"犯罪"应该只限于指刑法规定的犯罪;而有的则认为,犯罪学的犯罪概念应该超越刑法的犯罪定义;有的甚至主张把"犯罪"与一般的"越轨"等同起来,探讨它们共同的本质或根源。既然"犯罪"定义尚不统一,对"犯罪本源"便难免各执一词。学术讨论中存在的这样一种状况,从形式逻辑的观点来看显然是不正常的。但是,从辩证逻辑的角度看,当一个学术领域刚刚形成时,或者在它经历迅速而重大的变迁中,暂时存在这种状况又是很正常,甚至很有必要的。当然,即使是在这种情况下,也不是说我们的思维、我们的讨论便可以去触犯形式逻辑的规则,去"犯罪"。恰当的做法应是:首先,讨论、对话的各方要清楚地意识到,各自的犯罪概念在外延上并不重合,所指不完全相同;其次,讨论中应该努力探明发生用语歧义的主客观原因,各方都有义务说明和充分论证坚持自己的用法的理由;最后,应该建立理论竞争的规则,以便讨论双方以及后来加入的讨论者得以据此决定对理论及其概念用法的取舍。基于以上种种考虑,在下面的叙述中我们将不对"犯罪"做一致的界定,而让其保持开放状态。只有在可能导致误解的情况下我们才做一些特别的说明或注解,如在介绍、评论每一种理论之前,首先指出它对"犯罪"的特定用法等。采取这种做法,虽然在一定程度上有违我们走向综合的目的,但根据目前本领域学术思维的态势,这是接近我们的目标的较妥当的方式。

第三,为了叙述和分析上的方便,我们对将要剖析的 13 种犯罪本源理论做了分类。分类所依据的准则,是每种理论自身出发点的特征。根据我们的观察分析,上述各种理论都或明或暗地以某种关于人类个体的初始描述作为自己的逻辑前提。这些逻辑前提按其特征可分为五类:抽象个体、生物个体、文化个体、社会

① 曹子丹主编:《中国犯罪原因研究综述》,中国政法大学出版社 1993 年版。
② 储槐植:《犯罪原因研究中的几个关系问题》,载《青少年犯罪研究》1990 年 11 月。

个体和具体个体。我们下面将按照这个分类体系对各个犯罪本源理论分别加以评述。

（一）抽象个体类理论

非平衡因素论①属于这类理论。把该理论列入抽象个体类中，并不是说在该理论主张者看来人类个体仅仅是一种抽象的存在，而是说他们认为或者他们的理论本身暗示，人类个体在该理论中可以作为一种抽象的存在来处理。这种做法在科学研究中是完全允许的，有时也是必要的。我们这里特别提到"理论本身暗示"，是因为我们在此对作者意思的判断，有时可能不是源于作者自觉的申明（许多作者往往不会做这种似乎多余的说明），而是根据其理论自身的逻辑推知的。②对后面各种理论的划类，也是依据这种程序，对此我们将不再一一加以说明。

非平衡因素论倾向于把"犯罪"等同于"反社会行为"。它借鉴自然科学中的耗散结构理论，以"开放的自组织系统""涨落""非平衡因素"等概念作为分析工具，将犯罪本源归结为：作为开放的自组织系统的社会，在迅速变迁的过程中涌现的非平衡因素的作用。

这一分析思路很有价值。第一，它把犯罪现象置于社会系统的历史变迁之中加以考察，研究其本源与社会发展过程的关系，这不仅体现了马克思主义社会分析方法的特色，同时也符合作为一种社会历史现象的犯罪现象的实际。第二，耗散结构理论或开放的自组织系统理论在自然科学中代表了一种新的思想潮流，即由只重视共时研究转向也重视真正的历时研究。虽然这种理论方法最早来自物理化学研究，但它对其他传统研究领域，包括社会科学研究领域的辐射力，近年来引起学界广泛关注。它在自然科学领域，尤其是非生物科学领域内已取得的巨大成功，使人们相信，以往主要用于非生命领域的定量分析方法，现在应该也可以用于生物领域和社会领域，在这些领域中，演化或发展是最为根本的问题。因此，我们有理由相信，当把犯罪现象严格地视为一种社会历史过程，并企图用定量方法来对它进行研究的时候，非平衡因素论所倡导的理论方向应该是有希望的方向之一。

当然，应该承认，这个研究方向上的工作，目前在国内尚处于起步阶段，还有

① 武伯欣等：《我国犯罪问题宏观预测的理论思考》，载《青少年犯罪研究》1987年6月。

② 如果以"非平衡因素论"为例，这个推理过程是这样的：凡由元素集合而成的开放系统，转变中伴有非平衡因素；（理论大前提）由人类个体集合而成的社会，也是这种开放系统；（理论小前提）所以，社会在转变中也会伴有非平衡因素。（理论结论之一）显然，立论者在此实际上是用抽象的元素概念作为人类个体的属概念，强调二者在某些方面相似，并以此相似关系为前提展开理论。

许多工作要做。按照该理论内在的逻辑要求,有些该提出的问题尚未提出,一些已提出的问题尚无明确的答案。例如,根据该理论的逻辑起点,立论者把"犯罪"界定为"反社会行为"应是允许的;但是这也给论者提出了一个问题,即同为反社会行为,在作为高级阶段的阶级社会应较低级阶段的原始的无阶级社会有新质出现。这种新质的性质是什么? 在该理论中应如何解释? 这些都是需要回答的问题。

(二)生物个体类理论

当前,在我国犯罪学关于犯罪本源的种种理论中,生物个体类理论显得格外富有生气。在这一研究方向上,不仅仅新论迭出,而且其理论上的震撼力也令人刮目相看。在我们拟讨论的各种本源理论中,可归入这类理论的有犯罪张力场论、非规范行为论、差异论之一部分(三大差异说、身心差异说)和文化论之一部分(文化本性说、文化同源说)。

这一类理论的共同特征有二。第一,它们都以人作为生物之存在为理论的出发点,立足于人的生物性与社会性(文化、规范、文明等)的现实冲突来说明犯罪的本源;第二,与此相联系,它们的"犯罪"也倾向于与"反社会行为"同一。生物个体类理论与抽象个体类理论的主要区别在于,前者的人性模型较之于后者的人性模型更为丰富。在抽象个体类理论中,人类个体实际上是作为一种无内容、无深度、无独立自主性的实体来处理的,它是莱布尼茨的"单子",经典力学的"质点",布朗运动中的"分子"。这种个体的根本特征就在于它们彼此之间没有差异,是完全同质的。此个体与彼个体可以任意置换,因为各个体内部都不具有各自的特异性,是单调同一的,不具有内在的复杂性。这样一来,这些个体的行为就自然完全取决于他们彼此间的相互作用,取决于个体之外的其他环境因素的作用;而个体的变化也就必然仅仅涉及个体外在行为的差异,并且只能以个体外在环境方面的变化和差异来说明和解释。在生物个体类理论中,人类个体的形象变了,变得丰满厚实了,或者说变得较为具体了。在这里,人类个体新形象中的一个最突出的特征,就是他已由一个平面的、无内容的抽象的点,变成了一个立体的、有自身内在复杂性的活动主体。活动主体与抽象的点相比,根本的差别就在于前者相对于周围环境是独立的、自主的;而后者与其环境之间看似分立,实则一体。换句话说,作为抽象个体,其行为是完全由外界环境直接决定的(事实上,此处使用"外界"一词并不准确,因为对于这种无内部可言的抽象个体,其所谓外部仅具象征意义,这里内、外实际上是未分化的);而作为生物个体,人的行为则不是对外界环境刺激的直接反应,而是经由主体特有的内在过程中介、过滤、变换之后才产生的间接反应。

虽然在对"犯罪"的界定上,生物个体类理论与抽象个体类理论有大致相同的取向,即二者都倾向于把"犯罪"宽泛地理解为个体对其存在于其中的那个整体的背离,但是,对于这种背离,或对于个体与整体之间的这种矛盾的描述,生物个体论与抽象个体论却有很大的不同。在抽象个体论的视野中,个体与整体之间的矛盾或相互作用是机械的、简单的,即没有特异性。这里所谓"没有特异性"有两层含义。其一,指个体与整体之间相互作用的性质或意义不因个体之不同而有差异。A 个体与整体的矛盾,同 B 个体与整体的矛盾在性质上完全等价。其二,指个体与整体之间相互作用的性质或意义,在矛盾双方是彼此对称的,不因双方各自的"内在性"而有差别。但是,在生物个体论的视野中事情就不是这样了,个体与整体之间的矛盾开始具有了特异性。这种特异性的主要标志,是矛盾的解决不再表现为个体被整体单纯同化,而表现为个体能动地适应整体的要求。因此,在生物个体论看来,"犯罪"或个体对整体的背离,不是指孤立的个体对机械的外在同一的抗拒,而是指独立的个体对外界环境要求的适应不能,即不能将外在的环境要求加以内化,以实现内在同一。

如上所述,生物个体论的人性模型不同于抽象个体论的关键之处,就在于其"个体"已具有了某种"内在复杂性",并因此而产生了一定程度的自主性或能动性。值得注意的是,在生物个体论看来,人类个体所具有的这种内在复杂性不是别的什么东西,就是人类作为动物所具有的生物属性。在这种观点下,生物个体论往往把人类个体在现象上显示出来的另一些可称作"社会属性"的特征,归之于个体的"外在"世界。在这里,他们的逻辑很简洁:人类个体的生物属性是个体与生俱来的,因而是其固有的、内在的;而个体的社会属性是个体在后天的社会生活环境中获得的,因而是外来的或外在的。通观各种生物个体论犯罪本源理论,无不是从人类个体之生物性与社会性的对立来论述犯罪的本源,并且在论证的逻辑上往往是把这种对立归结为个体内在属性与外在环境之间的关系。概要地说,生物个体类犯罪本源理论一般都遵循以下解释模式:人类个体是生物性与社会性的对立统一体,其中生物性是人类个体与生俱来固有的,而社会性不过是后天社会生活影响逐步内化的结果。犯罪的根本原因就在于这种内化的失败,即生物的人对其社会生活环境的不适应。

上述解释模式在犯罪张力场论中是以下面的形式存在的:在人性的深层结构中,存在着一个张力场。即以人的动物性的原欲为一极,伦理学上称之为"恶",和以人的社会性为另一极,伦理学上称之为"善"。"人的社会化过程,实际上就是人性中二极相互对立、斗争,引诱与反引诱,制约与反制约的过程。我们说一个人有高尚的精神生活和道德品质,行为符合社会规范,就是说他在自我意识深处'善'

战胜了'恶';而违法犯罪,具有反社会倾向的人,则是'恶'战胜了'善'。"①这里所谓的社会化,是指个体"对集体行为规范、道德和准则的认同与内化"。"一个未经适当的社会教化熏陶过的人,他的行为就可能是更接近于由本能冲动直接驱使的本能行为。人的本能冲动是不顾忌外界条件和社会规范的,所遵循的唯一原则是'快乐原则'和'自我中心主义'。"②虽然持论者也承认现实社会环境并非就代表善本身,其中也有恶的信息刺激,并会对个体产生"消极社会化"效果;但是,其主导性的思路仍然是,"恶"或生物性主要根源于个体之"内",而"善"或社会性则完全根源于个体之"外"。故"善"与"恶"的矛盾,或社会性与生物性的矛盾,基本上可以归结为个体之环境与其本性的冲突。这是该理论解释模式的"硬核",至于在个体外部环境中可以观察到的那些"恶"的信息刺激则可以视为特例,在理论硬核周围的保护带层面上加以消融。例如,将这些外在于人类个体的"恶"的信息界定为人的生物性原欲的某种形式的"外化",即所谓"感官文化"或"犯罪亚文化"③。对此有人可能会问,这是不是表明犯罪张力场论也可包括在我们后面将要谈到的文化个体类理论中呢? 因为该理论所依据的主要事实就是主导文化与亚文化之间的冲突。我们的回答自然是否定的,理由很简单:生物个体类理论与文化个体类理论虽然都可能涉及"亚文化"现象,但由于二者的理论硬核不同,使得"亚文化"在两种理论中具有完全不同的逻辑地位。关于这一点,在下面将做更详细的论述。

非规范行为论也具有与上述犯罪张力场论大致相同的思路。该论把犯罪界定为违反法律的"非规范行为",并且指出,犯罪和任何别的非规范行为一样,根源于特定个体的内化障碍。在内化过程中出现的这种个体差异,实质上就是运用社会的、外在的因素控制和改造人类个体内在的生物性时遭遇的失败。④

三大差异说以其简洁明了的形式更集中地说明了生物个体类理论的解释模式或逻辑思路。该说将犯罪本源归结为人类个体身上体现的三类差异,即个体内部生物性与社会性的差异、此个体与彼个体间的差异,以及个体与其外在环境的差异。虽然"以上所述三大差异的焦点,就是人的生物性与社会性的对立统一"⑤;但是,根据该理论试图回答的问题——为什么在同一环境中有人犯罪而有

---

① 周良沱:《张力场:罪因论新说》,载《青少年犯罪研究》1989 年 10 月。
② 周良沱:《张力场:罪因论新说》,载《青少年犯罪研究》1989 年 10 月。
③ 曹子丹主编:《中国犯罪原因研究综述》,中国政法大学出版社 1993 年版,第 73 页。
④ 王曙光:《试论非规范行为产生的原因》,载《科学·经济·社会》1987 年 2 月。
⑤ 肖剑鸣等主编:《犯罪学引论》,警官教育出版社 1992 年版,第 137 页。

人不犯罪①,该理论必然会要求在"个体内在本性"与"个体外在环境"的二分逻辑格式中,来描述、分析和理解个体生物性与社会性的对立统一过程。因此,内在本性与外在环境的区分是三大差异说深层的解释模式,它显示了生物个体类理论独具的特征。

从这一角度来看,犯罪张力场论以及文化本性说都可以看作在"内在本性—外在环境"解释模式下,对个体生物性与社会性对立统一关系的说明。譬如文化本性说认为:"一个人降临于人世,起初只是一个动物体,自然会具备动物的各种特性",随后才开始社会化过程。"青少年的社会化过程,其动物性和文化性强化或弱化过程,都是在一定的文化环境中实现的。因此,探讨青少年犯罪的成因,必须高度重视环境的作用。在这方面,必须彻底摒弃生物成因论和遗传决定论。事实上,任何遗传也都要有赖于后天文化环境的作用。"②

依同样的观察角度,非规范行为论以及身心差异说也可以视为在"内在本性—外在环境"解释模式下,对个体与个体之间内在差异的说明。非规范行为论把犯罪本源归结为特异个体在适应外在环境要求时的无能,身心差异说同样把青少年犯罪的根源归结为特异个体在身心非平衡发展中,对环境的病态反应或选择。③

对于以上生物个体类犯罪本源理论,这里可以做如下小结:生物个体类理论有别于抽象个体类理论的地方,或者,在一定的程度上,也是有别于后面要讲到的文化个体类、社会个体类理论的地方,就在于它强调个体内在的复杂性和自主性,立足于人类个体固有的"本性"来看个体与环境的互动关系,据此阐释犯罪本源之所在。生物个体论之所以能够做到这一点,并且在逻辑上能够始终保持同一立场不变,关键的一步就在于它把个体具有的这种内在性和自主性首先归结为人类个体的生物性。人类个体生来时只不过是一个动物——这是人们在日常生活中获得的朴素的直观印象。这种朴素的直观,一方面最有效地说明了人类个体在外界环境压力下的内在性、自主性,具有很强的逻辑上的直觉优势;另一方面它隐含着一种危险,即被庸俗化、简单化的可能。这正如唯物主义于20世纪末在欧洲思想界的地位,一方面它代表着一种有生命力的世界观和方法论,另一方面它面临着

---

① 曹子丹主编:《中国犯罪原因研究综述》,中国政法大学出版社1993年版,第79页。

② 李锡海:《文化、文化环境与青少年犯罪》,载《青少年犯罪研究》1991年第[4-5]。

③ 曹子丹主编:《中国犯罪原因研究综述》,中国政法大学出版社1993年版,第81-82页。

被庸俗化的危险。① 围绕生物个体论所产生的上述矛盾正好能够说明,这类观点目前在我国犯罪学理论界为什么会既激起那样多的希望,又惹来那样多的批评。对此处的矛盾和问题做出解释,是本部分在后面分析中的主要任务之一。

(三)文化个体类理论

可归入这类理论的,主要有文化论中的文化冲突说、文化与犯罪人格说以及文化功能说等。文化冲突说是文化个体类理论的典型代表,其基本思路是用在社会生活中占主导地位的行为规范,与同时存在的、性质相反的非主流行为规范之间的差异或对抗,来说明犯罪的本源。按照这一思路,"犯罪"既可指严格的刑法意义上的犯罪,也可指一般的越轨行为。当论者用刑法规范来定义主文化规范时,"犯罪"就是指刑法意义上的犯罪行为;当论者对主文化规范做较宽泛的界定时,他也就会在较宽泛的含义上使用"犯罪"一词。因为按照文化个体类理论的思路,犯罪在本质上就是违反主文化规范的行为。

就像其他各类犯罪本源理论一样,文化个体类理论的研究思路也是以其特有的人性模型为立足点。文化个体类理论中的人类个体是一种"文化人"。在这里,人是什么,不取决于其生物学上的联系,而取决于其文化上的联系,取决于其接受文化熏陶的经历。个人受到什么样的文化的影响,将什么样的文化规范内化于心,他就成为什么样的人。在这个意义上,犯罪行为的产生,实际上也是犯罪人接受文化影响的结果,只是他所接受的不是主文化规范,而是与主文化相对抗的亚文化规范。

与前述生物个体论的人性模型相比,这里文化个体论的人性模型有一个关键性的特征需要注意。对于"文化人"来说,"人的本性"是一个完全没有意义的概念,因为个人生来就具有的特征,在文化个体论的解释框架内并不是必不可少的因素,不仅如此,它们常常还很容易被视为理论解释中的干扰因素,从而遭到立论者的有意贬斥、忽略。既然为生物个体论所看重的、由生物遗传决定的个人先天特征在"文化人"的解释逻辑中没有地位,那么文化个体论实际上是主张:人的行为决定于后天生活环境的影响。因为被"文化人"内化于心的文化规范并不是人类个体生来具有的,而是预先(先于人类每一具体的个体)存在于社会生活环境中的;个人学习、接受这些外在的规范的过程,就如同符号接受定义的过程,所谓"近朱者赤,近墨者黑",就是这个意思。

---

① 19 世纪末,一些欧洲思想家在摆脱了黑格尔唯心主义思想的影响,转而支持唯物主义观点时,对唯物主义做了一些简单化的理解和说明,如认为大脑产生思维就如同胆分泌胆汁一样,等等。

由于人性模型不同,所以文化个体论与生物个体论对犯罪现象中的许多问题都有不同的解释。关于犯罪本源,生物个体论立足于社会性与生物性的矛盾,将其归结为由此矛盾导致的内化失败;然而文化个体论争辩说,其实不是由于规范内化失败,而恰恰是因为规范内化成功,只不过被内化的不是主文化规范而是犯罪亚文化规范罢了。应该承认,发现社会中亚文化规范的存在,并阐明其对犯罪现象的影响,这是文化个体论思路对犯罪学的贡献;但是,这一理论范式也有其与生俱来的弱点,即不能说明:为什么学习和接触同一类文化规范的人时,有些人能对此文化规范产生内化,有些人却不能。

(四)社会个体类理论

应该说目前社会个体类犯罪本源理论在我国犯罪学界占有举足轻重的地位,说它代表了当前的主流观点也不为过。阶级说、生产方式内部矛盾说、史前发生说、环境论、利益差异说、逆序现象论、行为理论和抑制系统功能弱化论,都与社会个体论特有的解释模式密切相关。

社会个体类理论从表面上看,其内部存在尖锐的对立。这首先表现在"犯罪"的界定上。在阶级说看来,"犯罪"是一个严格的法律概念,即须具有社会危害性、刑事违法性和应受处罚性三个要素,缺少三个要素中的任何一个都不构成犯罪。显然,这是刑法意义上的"犯罪"①。与此相反的观点认为,犯罪学的犯罪概念应有别于刑法的犯罪概念,社会危害性是其要义,而刑事违法性则不一定是其必须具备的。② 生产方式内部矛盾说、史前发生说以及逆序现象论的"犯罪"概念都属后一种。环境论、利益差异说、行为理论以及抑制系统功能弱化论,就它们各自内在的逻辑要求而论,对上述两种相异的犯罪概念都无特定的偏好,即既能够在刑法的犯罪概念下展开理论,也能够在非刑法的犯罪概念下展开理论。这一事实表明,社会个体类犯罪本源理论内部在"犯罪"定义问题上存在的分歧或对立,相对于该类理论的硬核来说,只具有较表面的意义。而最直接、最集中地体现了该类理论的硬核,即其特有的人性模式和解释逻辑的,是环境论、利益差异说、行为理论和抑制系统功能弱化论。

社会个体类理论的人性模式可以做如下勾画:人的行为是其环境中优势刺激的产物,即行为主体将会有什么样的行为,完全取决于其社会生活环境中占优势地位的刺激作用的性质。因此,如果一个人生活环境中守法的刺激作用占优势,他就会成为守法公民;如果环境中违法的乃至犯罪的刺激作用占优势,那

---

① 曹漫之主编:《中国青少年犯罪学》,群众出版社 1986 年版,第 26—27 页。

② 储槐植:《犯罪原因研究中的几个关系问题》,载《青少年犯罪研究》1990 年 11 月。

么他就会成为犯罪分子。从这个意义上说,犯罪不过是人类个体对不正常的社会环境刺激的一种完全正常的行为反应,即个人的社会存在决定其自我意识和行为。

从表面上看,社会个体论的上述人性模式与文化个体论的人性模式如出一辙,即都强调后天生活环境对人性的决定作用。的确,若与生物个体论强调人类个体先天的生物素质的倾向相比,社会个体论与文化个体论都可归入环境决定论。但是,值得注意的是,社会个体论与文化个体论相互之间毕竟还有质的区别。如前所述,文化个体论是从"内化"的角度来理解人类个体与其外界环境的关系,即把人类个体的主观世界看成是外界环境刺激"内化"的结果。这是文化个体论的环境决定论。然而,社会个体论是从"反应"的角度来理解人类个体与其外界环境的关系,即把人类个体的外部行为看成是对外界环境刺激的"反应"。这是社会个体论的环境决定论。两种环境决定论的共同之处在于它们都把环境因素作为自变量,用来解释人类个体主观世界或其外部行为的变差。两种环境决定论的不同之处在于,文化个体论是着眼于人类个体主观世界的成因,循此来理解环境的作用,必然把个体与其环境的关系理解为历时的关系(环境之于旧我、新我的关系),即环境造就了人;而社会个体论是着眼于人类个体的外部行为的成因,循此来理解环境的决定作用,则必然把个体与其环境的关系理解为共时的(环境之于同一自我的)关系,即个体对环境刺激做出反应而产生即时的行为。

因此,我们不妨把文化个体论称作历时的环境决定论,而把社会个体论称作共时的环境决定论。有趣的是,当我们立足于历时的环境决定论来观察人类个体与其环境的共时关系时,我们会发现人类个体必然具有其自主性,即作为已完成"内化"的主体,人类个体对环境刺激所做出的反应不再是一种完全被动的机械反应。与此类似,当我们立足于共时的环境决定论来观察人类个体与其环境的历时关系时,也会发现人类个体在逻辑上必然具有自主性。因为共时的环境决定论以环境变量为自变量,以主体外部行为变量为因变量,而要求主体内在的主观世界为一个常量。这意味着,按照共时的环境决定论的逻辑要求,人类个体内在的主观世界应该是永恒的、不变的,看上去是具有了某种自主性,能够以不变应万变,从而使人类个体外在的行为成了环境变差的简单的函数。

这是一组悖论:历时的环境决定论必然要求共时的主体自主性与其相配,而共时的环境决定论也同样要求历时的主体自主性与其相合。必须认识到,上述悖论绝不是无聊的文字游戏,它们具有深刻的认识论意义和方法论价值①,对此第三部分还将做进一步的分析,但在这里还是先让我们运用已经得到的初步的结论,来分析社会个体类犯罪本源理论的人性模型,发现其内在的解释逻辑。

如上面所分析的那样,作为共时的环境决定论,社会个体类理论必然会要求人类个体具有某种一成不变的内在的主观性或自主性。事实上也正是如此。细察社会个体类理论中的各派学说,我们不难发现,这些理论都或明或暗地假定,人类个体的主观世界具有唯一的并且也是永恒不变的特征,即所谓"趋利避害"(行为理论、抑制系统功能弱化论),而"趋利避害"的实质不过是"利益选择"(利益差异说)。"利益选择"不仅可以说明阶级斗争时期的利益冲突(阶级说),而且可以一般地说明生产力、生产关系矛盾运动过程中其他历史阶段上的利益冲突(生产方式内部矛盾说、史前发生说)。由此可见,在社会个体类理论中,不论各派学说的抽象程度如何,不论其外围的概念体系如何复杂,作为其理论硬核的是一个能自主地权衡利弊得失的"理性人"。理性人的理性是万古不变的,故当他一成不变地对千变万化的外界环境刺激做出"理性的"反应时,其行为就会直接伴随环境刺激的变化而发生可依理性做出推断的变化。这样一来,由这种一成不变的理性支配的所谓"理性人"实际上也就成了"环境人"或"社会人",而根据这种人性模式来理解犯罪的本源,自然会得出犯罪根源于社会历史环境的结论。这种"社会历史环境",在行为理论中指的是"社会存在的不合理利益因素和规则体系之缺陷"②;在利益差异说中指的是"不合理的利益结构"③;在阶级说指的是由私有制引起的个人利益与社会利益的对立冲突;在史前发生说指的是个人利益与社会利益的一般意义上的对立;在生产方式内部矛盾说指的是生产力与生产关系的矛盾,以及在这种矛盾制约之下的个人利益与社会利益的冲突。④

应该指出的是,上面我们对社会个体论以及文化个体论所做出的分析,是从其各自理论硬核内在的逻辑关系着眼。我们说社会个体论是一种共时的环境决定论,它内在地蕴含着历时的个体自主性;而文化个体论作为历时的环境决定论,

---

① 例如,在讨论古典犯罪学的代表人物贝卡利亚的思想矛盾时,笔者曾认为其机械的环境决定论,与其立足于自由意志假定的个人刑事责任理论无法调和(谢勇:《犯罪学研究导论》,湖南出版社 1992 年版,第 84 页)。但也有人认为,事实上在贝卡利亚的思想中已实现了这种调和,即把自由意志看成是在外界的利、害之间进行选择的能力(陈兴良:《刑法的人性基础》,中国方正出版社 1996 年版,第 37 页)。如果运用我们在上面阐述的悖论,贝卡利亚思想中实现的上述调和,便更加一目了然。

② 孙晓雳:《犯罪行为与改革中的社会变动》,载《青少年犯罪研究》1988 年 9 月。

③ 曹子丹主编:《中国犯罪原因研究综述》,中国政法大学出版社 1993 年版,第 81 页。

④ 曹子丹主编:《中国犯罪原因研究综述》,中国政法大学出版社 1993 年版,第 67-72 页。

则内在地蕴含着共时的个体自主性。我们的这些分析结论或说法，并不表明社会个体类理论或文化个体类理论中的任何一种观点或学说，都严格地分别对应于上述两种思路或解释模式中的一种，泾渭分明，互不交杂。事实上我们看到，上述两类理论中的各种学说多半没有严格地将其内在的逻辑要求贯彻到底，在常识和经验的压力之下，它们常常自觉或不自觉地、公开或隐蔽地将对立的解释模式中的一部分嫁接到自己的理论中来，而不顾由此带来的逻辑矛盾。如文化个体类理论从历时的环境决定论出发达到共时的个体自主性之后，为了回答"并不是所有接受了犯罪亚文化的人都实施了犯罪"这类问题，会转而求助于共时的环境决定论，并用一种表面的辩证法将二者统一起来：犯罪一方面是犯罪人特殊内因（其个体自主性）的结果，另一方面是其所处环境作用的结果。当文化个体类理论在日常生活经验的挑战面前，对其理论做如此折中变通的时候，从表面上看似乎并未危及其理论硬核，因为无论就历时的环境决定论与共时的环境决定论的关系看，还是就共时的个体自主性与历时的个体自主性的关系看，彼此看上去都还能够融通；但是，若就环境论与个体自主性内在的逻辑联系看，我们不能不承认，社会个体论的历时的个体自主性对文化个体论的历时的环境决定论构成了直接的否定。

在社会个体类理论中同样存在类似情况，其中尤以抑制系统功能弱化论表现得最为突出。抑制系统功能弱化论作为社会个体类理论之一种，它自然是以共时的环境决定论为理论硬核，并由此派生出历时的个体自主性。它认为人类个体生来具有趋利避害的本能，犯罪实际上不过是这种本能的特定后果，即如果犯罪较之于守法对个体更为有利，则人类个体自然会选择犯罪。由此可见，决定个人行为的是利与害的大小；而"'利'与'害'，谁重谁轻，主要取决于抑制系统功能的强弱"。正是在这里，抑制系统功能弱化论开始引入了文化个体论的观点。它认为人类个体趋利避害的本能受两种抑制系统调节。一是社会外部的抑制系统，即社会、国家、村庄、家庭及其他社会群体对个体的制约。这无疑跟其理论硬核共时的环境决定论相吻合。二是个体内部的抑制系统，即外在的社会规范"通过德性修养变成内在的道德力量"而形成的抑制系统[1]，则显然是移植了文化个体论的历时的环境决定论及其共时的个体自主性。在这里，虽然文化个体论的历时的环境决定论与社会个体论的共时的环境决定论表面上相安无事，前者的共时的个体自主性与后者的历时的个体自主性相互间也还能够融通，但是若就理论内在的逻辑关系，即环境的作用与个体的自主性之间的关联来看，文化个体论的共时的个体自主性对社会个体论的共时的环境决定论同样构成了直接的否定。

---

[1] 庄智伟：《抑制系统功能弱化与青少年犯罪》，载《青少年犯罪研究》1989 年 9 月。

综上,文化个体类理论与社会个体类理论都具有环境决定论的色彩,但二者是两种不完全相同的环境决定论,并且,按照其各自内在的逻辑要求,分别有不同的个体自主性与其相照应。这表明人们已普遍意识到,环境的外在作用与个体的内在自主,是制约个人行为的两种相反相成的力量。

但是,这两种力量究竟是怎样相反相成,既对立又统一的?犯罪本源与这两种力量之间究竟存在着怎样一种联系?人们在理论上应如何才能恰当地、准确地叙述这种对立统一关系,从而对犯罪本源做出完备的理论解释?这些问题都还有待解决。事实上,目前存在于文化个体类犯罪本源理论与社会个体类犯罪本源理论之间的差别,以及人们试图超越这种差别时带来的逻辑矛盾,都表明上述问题是目前犯罪本源理论思维中的重大障碍。根据前面已完成的分析,我们发现有两个结论对于我们克服这些障碍是颇具启发性的:第一,社会个体类理论与文化个体类理论都具有环境决定论的色彩,二者的区别似乎主要在于立足的时态不同,前者立足于共时态来看环境的决定作用,后者却是立足于历时态来看环境的决定作用。第二,环境决定论与个体自主性之间的对立并不像有些理论所假定的那样绝对,事实上,这种对立只存在于同一时态的分析中,只要环境决定论与个体自主性分别立足于不同的时态,或共时或历时,则二者在逻辑上就会形成互补的关系。从以上两个结论可以得到的启发是:要克服目前在犯罪本源理论思维中存在的主要障碍,恐怕需要从时态的角度着眼,即要在过程、进化和发展这类概念的框架内来深入讨论问题和建立理论,化解社会个体论与文化个体论之间的隔阂。在我们看来,这就是下面将要讨论的具体个体类犯罪本源理论所遵循的思路。事实上,这一思路将为我们的理论综合指明方向。

(五)具体个体类理论

"具体个体类犯罪本源理论"之所以被称作"具体"的,是因为这类理论所看到和理解的人性,不是某种抽象的、片面的、一成不变的特征或属性,而是一个历史的、丰富的、变动不居的过程。简单地说,"具体个体论"也可以被称为"历史个体论"。在《中国犯罪原因研究综述》一书列出的种种犯罪本源理论中,"本能异化论"可归入这一类理论。

和抽象个体论、生物个体论、文化个体论以及社会个体论一样,本能异化论也是从人与环境关系的角度来思考犯罪的本源问题。但是与阶级说不同的是,本能异化论的"犯罪"定义是非刑法的定义,因为在它看来,个人与其环境的冲突并非阶级社会独有的现象,也不是只有在阶级社会中这种冲突才需要用刑法之类的社会强制来控制或消弭。值得指出的是,在我们已经论及的各种犯罪本源理论中,多数对"犯罪"定义做了较刑法犯罪概念更为宽泛的理解。当然,这并不意味着这种超刑法的犯罪概念业已成为我国犯罪学界的共识,并不意味着在我国犯罪学中"犯罪"的刑法定义与社会学定义之间的对立已经消除。不过,毫无疑问,现有的各种犯罪本源理论要彼此融合,实现综合,首先必须在"犯罪"定义方面求同存异,找到相互对话的共同的立足点或共同的基本话语。近年来,随着犯罪学理论研究的深入,有越来越多的迹象表明,这种共同的基本话语正在形成,对此本部分在下面将做更进一步的分析说明。

本能异化论的根本特征在于它用历史发展的眼光来分析人类个体与其环境的互动关系,在此基础上阐释人类社会犯罪现象的本源或"终极原因"。持论者强调指出,该说"力求证实人在环境面前是一种具有历史主动性和能动性的社会生物"。"如果把犯罪看作文明的对立物,是文明演进过程的一个客观标志,那么对犯罪本源的探究必然伴随着对社会文明起源的探究;如果把犯罪看作人的兽性的显露,看作人未能实现社会化所发生的危害行为,那么对犯罪本源的探究就应当以人的意识尚待开发、尚处于蒙昧状态的那个时期为起点。"因此,本能异化论对犯罪本源的探索,"是遵循属系发生史和个体发生史两条线索展开的。前者指人类社会诞生、演变、发展的历史,后者指人出生之后社会化的历程。两条线索的共同点是以'人之初'为发端(这里的人指的是本能的人,既指早期野蛮时代的人类,也指文明社会中的婴儿),以'生物人向社会人的转化过程'为线索,来查证人类社会中非规范行为产生之根源何在"①。循属系发生史的线索来看,人类基于满足本能欲求而形成最初的群体时,一种为这种群体所必需但却又与人类本能相对立的东西也随即出现了,这就是群体内的规范。人类个体"赖以生存的这个群体社会从产生的那一天起,就向群体中所属的每一个个体施加着一种强大的异己力量。为了维持群体中必需的生产生活秩序,这个群体接连创造出一系列被称为'规范'的东西,来限制每个成员在满足个人欲求上的任性"。在人类群体生活中需要规范,这一事实本身就表明人类群体内部存在着反规范的行为,而且这种反规范的行为不会因为规范的出现而自动消失。②

按照本能异化论的观点,"生物人向社会人的转化过程"在人类个体的层面上,还可从个体发生史的角度来观察、分析。"人生伊始,他的生存所遵循的唯一准绳是快乐原则,他不管外界条件是否允许,而一味要求得到满足。……人的本能冲动是不顾忌外界条件和社会规范的,这是一种有目的但不识目的的活动。"然而,为了社会群体生活的存续,同时归根结底也是为了群体中个体本身的生存,社

---

① 皮异军:《本能异化论——关于犯罪本源的新思考》,载《青少年犯罪研究》1989 年 2 月。
② 皮异军:《本能异化论——关于犯罪本源的新思考》,载《青少年犯罪研究》1989 年 2 月。

会必然会从婴儿阶段就开始,对每一新生的人类个体实施教化。"于是,对个体的生物属性来说是完全合理的、完全符合其发生发展规律的本能行为,在遇到社会环境之后,就受到了严厉的、不徇私情的压制和约束,本能的愿望不再能依从自己的意志去实现,而要去遵从身外的力量决定这一愿望能否实现、何时实现、以何种方式实现。"就这样,"在环境的影响下,幼儿的内部心理过程在发生着变化,原本是统一和谐的、以自我中心主义来支配的内心世界变得紊乱起来,一种与本能相抗衡的异己力量开始在心中生成"。于是在其人格发展过程中,人类个体将不断地经历自我认同上的危机,而只有"在自我同一性混乱被克服之后,幼儿才能实现自我心理认同以及同外部环境的认同。本能冲动占主导地位的内部世界逐渐让位于理智的统治,人由此进入成熟时期"。然而,个人成年之后并不意味着他已完全摆脱了本能冲动的支配,事实上对于有些人,在某些时候,其行为仍会受本能的控制和引导,从而被社会视为越轨。①

无论从属系发生史的角度看还是从个体发生史的角度看,人类社会中之所以会存在或产生非规范行为(犯罪是其极致),皆根源于以下两大差异,"一种是人与人之间在生理、心理素质上的差异,一个人比另一个人更容易感到饥饿、更富有性欲冲动、更富于攻击性。一个人比另一个人更缺乏意志力,更不容易控制这些原始欲求,更情愿听从本能的驱使。于是也就造成了他比别人更不情愿遵从群体规范。与个人差异密切相关的另一种差异,是个人欲求的期望值与社会所提供的满足度之间的差异。一个急于满足个人欲求的人,不一定及时得到社会给予的满足(生产力发展的实际水平和满足能力总是落后于人的欲求水平),或是个人欲求的满足妨碍了其他欲求的实现,社会因此而不允许其得到满足"②。由于存在上述差异,因而从本能异化中产生的矛盾,即人类个体的生物本能与外在于它的社会规范之间的冲突,就会于某些时候在某些人类个体身上变得激烈,一旦发生"规范疏漏"(存在于个体内、外的监督控制机构发生功能弱化),本能冲动就会突破规范的限制而引发非规范行为。

在具体个体类犯罪本源理论中,本能异化论是目前唯一比较系统的理论,它较充分地体现了具体个体类理论特有的思考方式。虽然与前述各类犯罪本源理论一样,具体个体类理论也是从人类个体与其环境的对立、冲突的角度来观察和理解犯罪的本源,也是以某种人性模型或有关人性的假定作为理论的出发点或逻辑前提,但是,当具体个体类理论这样行事时,其具体的做法毕竟已有了许多与众

---

① 皮异军:《本能异化论——关于犯罪本源的新思考》,载《青少年犯罪研究》1989 年 2 月。
② 皮异军:《本能异化论——关于犯罪本源的新思考》,载《青少年犯罪研究》1989 年 2 月。

不同的特色。首先,在对人性的理解上,具体个体类理论不是把人性理解为某种一成不变的特征或状态,而是把它视为一个活生生的过程。在抽象个体论中,个体是一个个绝对封闭的"单子",个体的外在行为完全取决于个体与个体、个体与其环境的相互作用,而个体的内在世界与这种相互作用几乎毫不相干,故个体对于其外在行为毫无自主性可言,个体的行为完全服从力学规律或统计学规律。在生物个体论中,个体已不再是"单子",其内在的主观世界对其外在的客观行为的制约,这时已被纳入理论的视野之中,个体的外在行为被看作内、外因交互作用的结果。但是,由于这里的"内因"实质上是在种的进化史上预先(相对于特定个体的出生而言)存在的,不是特定个体本身自主活动的产物,故具有先天性,服从遗传律。在文化个体论中,个体的"内因"不是被看作预成的,即不是被理解为种的进化史的产物,而是被理解为个体本身生活经历的结晶,故个体相对于环境的自主性不再是种的独特性,而具有个体化的特征。但是,由于自主性在这里仅仅被看作个体自身以往经历,尤其是生命早期不自觉阶段上的生活经历的产物,故相对于现时的个体而言,这种自主性仍具有某种类预成的性质,服从传统律。社会个体类理论虽然也把个体的"内因"或自主性理解为个体自身活动的产物,但它并不像文化个体论那样强调个体以往生活经历的制约作用,而是强调个体现时社会地位的制约关系。由于社会地位之间的关系具有相对稳定性和普遍约束力,故个体的自主性在此也带有某种类预成的性质,服从众数律。可以说,唯独具体个体类理论的人性模型,不仅突出了人类个体内因的存在和作用,而且显示出这种内因或自主的超预成的本质特征。而具体个体论之所以能够做到这一点,又主要得益于它的这样一个方法论观点:人性或人的内因不是某种僵死不变的特性,而是一种流动不止的历史过程。本能异化过程以及这一过程在属系进化和个体成长两个层面上的展开模式,便是具体个体理论人性模式的合适的范例。

其次,具体个体类犯罪本源理论的历史的、发展的眼光,也使得其对个体与环境关系的分析、论述变得富于启发性,进而使犯罪学对犯罪本源的思考上升到了一个更新的高度。从前面对我国犯罪本源理论的简略回顾中可以看出,以往对犯罪本源问题的思考多陷于以下几方面的困惑:人类个体与其外在环境的分离和对立是犯罪现象的根源吗?应该从个体的角度还是从环境的角度来分析和理解这种对立?在这种对立关系中处于主导地位的方面是个体还是环境?当我们把犯罪看成是个人反抗统治秩序的斗争时,我们实际上就已选择从个体的角度来理解个体与环境的冲突,因而也就必然要把个体之间的变差作为解释犯罪成因的基础。这时,在理论上显然已不能再继续把人类个体作为无深度、无内在世界的抽象的"单子"来处理,因而如何理解和把握人类个体的自主性或其外在行为的"内因",就成了解释犯罪本源的焦点——是服从遗传律的生物性？抑或是服从传统律的文化性、服从众数律的社会性？围绕着这些问题，犯罪学理论界长期以来争论不休，于是便有了各种各样的犯罪本源理论。现在当我们运用具体个体类理论的历史的、发展的眼光来重新审视这些曾令人困惑的问题时，我们感到眼前豁然一亮，一条通畅的大道，把犯罪本源理论研究中原来孤立或对立的观点合乎逻辑地连贯成一体，成为同一条思想大道上依次排列的里程碑。犯罪本源理论的综合之途就存在于具体个体类犯罪本源理论内在的逻辑之中。

然而，应该指出的是，目前在具体个体论范式下进行的理论探索工作尚处于起步阶段，该范式所拥有的巨大的包容力尚未引起理论界的广泛注意。当然，这与如下事实紧密相关，即本能异化理论作为该范式目前最好的表述，至今也尚未来得及将其内在的逻辑充分展开。但是我们相信，只有努力开发、完善和利用这一范式，马克思主义经典作家寄托于"犯罪本源"范畴的方法论意图才能得以实现，他们为社会科学理论研究和叙述而创设的"由抽象上升到具体"的方法，才能够得以比较顺利地引入犯罪学理论研究；而只有在引入了"由抽象上升到具体"的研究方法及叙述方式之后，我国犯罪学基本理论研究中存在的各种犯罪本源理论，才可能按照犯罪学思想自身的发展轨迹真正实现综合。

在下面的部分里，就让我们对这一可能的发展进行初步的探讨。

三、犯罪本源理论走向综合之途

前面我们一再指出，我国犯罪学理论研究中目前存在的各种犯罪本源理论要走向综合，要真正实现马克思主义经典作家赋予"犯罪本源"或"根源"这一范畴的方法论使命，就必须引入"从抽象上升到具体"的研究方法。那么，何为"从抽象上升到具体"的方法呢？这种研究方法是马克思首创的，并且因为在《资本论》中的成功运用而广为人知，成为马克思主义方法论的重要组成部分，成为辩证逻辑的一种主要研究方法和叙述方法。关于这种方法，马克思在《〈政治经济学批判〉导言》中做了系统的描述：理论研究，"从实在和具体开始，从现实的前提开始，因而，例如在经济学上从作为全部社会生产行为的基础和主体的人口开始，似乎是正确的。但是，更仔细地考察起来，这是错误的。如果我抛开构成人口的阶级，人口就是一个抽象。如果我不知道这些阶级所依据的因素，如雇佣劳动、资本等等，阶级又是一句空话。而这些因素是以交换、分工、价格等为前提的。比如资本，如果没有雇佣劳动、价值、货币、价格等，它就什么也不是。因此，如果我从人口着手，那么这就是一个混沌的关于整体的表象，经过更贴近的规定之后，我就会在分析中达到越来越简单的概念；从表象中的具体达到越来越稀薄的抽象，直到我达到一些最简单的规定。于是行程又得从那里回过头来,直到我最后又回到人口,但是这回人口已不是一个混沌的关于整体的表象,而是一个具有许多规定和关系的丰富的总体了"。在这里,马克思指出了由两条思维路径构成的一个科学认识循环:"在第一条道路上,完整的表象蒸发为抽象的规定;在第二条道路上,抽象的规定在思维行程中导致具体的再现。"在这里,"具体之所以具体,因为它是许多规定的综合,因而是多样性的统一。因此它在思维中表现为综合的过程,表现为结果,而不是表现为起点,虽然它是现实中的起点,因而也是直观和表象的起点"①。

谈到这种理论研究的逻辑方法与实在的关系时,马克思强调指出,"从抽象上升到具体的方法,只是思维用来掌握具体并把它当作一个精神上的具体再现出来的方式。但决不是具体本身的产生过程"。任何具体的东西在事实上总是特定历史关系的产物。不仅如此,就是抽象概念本身,"哪怕是最抽象的范畴,虽然正是由于它们的抽象而适用于一切时代,但是就这个抽象的规定性本身来说,同样是历史关系的产物,而且只有对于这些关系并在这些关系之内才具有充分的意义"。最抽象的范畴,"在历史上只有在最发达的社会状态下才表现出它的充分的力量",它"总只是产生在最丰富的具体的发展的地方"②。

马克思关于"从抽象上升到具体"的以上论述,对于我们理解"犯罪本源"概念和建立统一的犯罪本源理论,具有重要的方法论价值。

孤立的个人对统治关系的反抗——这是自近代以来人们对犯罪本质的概括,从此有关个人或人性的抽象规定或假定,便成了理解犯罪及其原因的出发点。首先是古典犯罪学从抽象的个人的"自由意志"出发论证犯罪的刑事责任③,然后是形形色色的实证主义犯罪学从个人的生物的、文化的、社会的不同层面讨论犯罪的原因和根源。于是,在有关犯罪本源的种种理论学说中,我们可以分析出诸如抽象个体、生物个体、文化个体以及社会个体等关于人性的假定。既然犯罪不过是个人与其环境冲突的产物,那么为说明犯罪本源所需要的人性模型的关键部分,自然是能表明个人相对其环境的独立存在状态的个人自主性。在上述诸人性

---

① 《马克思恩格斯选集》,人民出版社 1972 年版,第 2 卷,第 102—103 页。
② 《马克思恩格斯选集》,人民出版社 1972 年版,第 2 卷,第 103、107—108、105、107 页。
③ 古典犯罪学派虽为"古典",但其有关人性的"自由意志"论并非前文所说的"抽象个体"论,就其"趋利避害"的假定来看,倒更接近于"社会个体"论。依照前文所列的人性模型系谱,古典犯罪学派的人性模型显然不是马克思所说的"最抽象"的那一个。原因也很简单,因为古典犯罪学派所处的社会,在今天看来既不是"最发达的社会状态",也不是原初社会状态。

模型之间,个人自主性的概念无疑组成了一个由抽象到具体、由模糊到清晰、由贫乏到丰富的递进的序列。在抽象个体模型中还根本谈不上什么个人自主性;而生物个体模型中的个人自主性也只不过是一种生物本能,与其说它是个体的自主性,还不如说是类的"自主性";文化个体中的个体自主性虽然已初具雏形,但仍然是"自发"多于"自觉";只是在社会个体模型中,个人自主性才真正获得了完整的含义,即指独立的个人在面对选择情境时,根据自己的需要进行判断和抉择的能力。

值得特别强调的是,个人自主性概念上述的发展过程,事实上是对如下历史发展过程的一种反映:人类是自然界长期进化的结果,在动物界出现之前的自然界中,所谓"个体"只不过是世界中某个单调的部分而已,当然无自主性可言;动物界出现之后,尤其是包括人类在内的高等动物出现之后,比较直观的个体的概念便开始有了具体的事实形态,而比较抽象的个人自主性的概念这时则还不具有完整的、具体的事实形态。从世界史的角度来看,个人自主性的事实形态最早发生在 18 世纪的西欧,发生在始于 16 世纪、成熟于 18 世纪的资本主义社会。在此之前,个人自主性在事实形态上只能是作为特例或例外呈现出来,因而在概念形态上它也就只能表现为比较简单和贫乏的抽象的规定,而不可能表现为众多规定性的综合,不可能表现为思维上的具体。

对于个人及其自主性在事实形态和概念形态上的如上发展过程,长期以来我国犯罪学理论界并未引起重视。这主要表现在,对隐含在各种犯罪本源理论中的不同的人性模型既未做系统的分析、鉴别和反思,更未明确限定它们各自的效力范围。正因为如此,所以各派理论之间的对立长期得不到解释,在这些表面的对立背后掩藏着的、各种理论本身彼此间可能具有的逻辑联系也无从得以揭示。现在根据具体个体论(如本能异化论)的提示,按照"由抽象上升到具体"的方法来观察和分析存在于我们现有的各种犯罪本源理论之间的差异和对立,我们会发现,虽然一般地说,犯罪是孤立的个人反抗统治关系的斗争,是个人与其环境的冲突的产物,但是这种斗争和冲突,首先,只有在现时代,即自资本主义社会产生以来的时代才具有充分的意义;其次,在资本主义社会以前的各社会形态中,上述斗争或冲突虽不具有完整的意义,但也有其特定的具体存在形态。因此,社会个体类理论适合于解释近代以来社会的典型犯罪现象,而生物个体、文化个体类理论则主要适合于解释近代以前社会的典型犯罪现象。

根据马克思的分析,关于"孤立个人"的观念实际上是近代以来人们头脑中的一个错觉,因为"产生这种孤立个人的观点的时代,正是具有迄今为止最发达的社会关系的时代"①。这就是说,"孤立个人"实际上并不是荒岛上的大大小小的鲁滨孙,而只不过是"在这个自由竞争的社会里,单个的人表现为摆脱了自然联系等等,而在过去的历史时代,自然联系等等使他成为一定的狭隘人群的附属物"②。当近代出现的"孤立个人"走出狭隘的人群,如氏族、种族、家族或地方社会之后,他便摆脱了传统的对人的依附,而在一个更广阔、更开放的世界里与他人结成不再具有固定身份特征的联系,即一般意义上的契约关系。在这种被梅因称为"由身份到契约"的历史发展过程中,个人虽然只不过是用"对物的依赖"取代了"对人的依赖"③,但个人自主性较以往时代却有了极大的提高。以现实的利益选择为核心的社会个体模型,恰好概括了自近代以来人类个体的这一本质特征,因此从这种人性假定出发的诸犯罪本源理论,如阶级说、生产方式内部矛盾说、环境论、利益差异论、逆序现象论、行为理论和抑制系统功能弱化论等,能比较好地说明自近代以来社会中具典型意义的犯罪现象。

那么,是否生物个体模型、文化个体模型对于说明近现代社会中的犯罪就毫无用处呢? 当然不是。按照具体个体论的内在的逻辑要求,现代社会中的个人作为人类社会以往历史的产物,其具体的存在形态应该是多样性的统一,即不仅仅是社会个体,同时也是文化个体和生物个体。只是对于这一发展阶段上的具体个体而言,社会个体特征是其本质上的特征,在多种规定或特征中据主导地位,而"那些早期形式的各种关系,在它里面常常只以十分萎缩的或者漫画式的形式出现"④。根据同样的逻辑,虽然文化个体论、生物个体论较适合于解释近代以前各社会形态中的犯罪或越轨现象,但这也并不意味着社会个体论对于那些时代中的犯罪毫无解释力,只是它不像在后来的社会形态中那样总占主导地位罢了。在这里完全可以套用马克思在讨论占统治地位的生产方式时所说的一段话:在一切社会形态中都有一种一定的人性模式支配着其他类型的人性模式的地位和影响,因而它的关系也支配着其他一切关系的地位和影响。这是一种普照的光,一切其他色彩都隐没其中,它使它们的特点变了样。⑤ 当然,这是仅就人类个体自身在人类社会不同发展阶段上的具体存在而言,不涉及这些具体存在所必须依赖的那些经济的、政治的条件。

根据具体个体论的内在逻辑,不同的人性模式除了在人类的历史发展过程中

---

① 《马克思恩格斯全集》,人民出版社 1979 年版,第 46 卷,上册,第 21 页。
② 《马克思恩格斯全集》,人民出版社 1979 年版,第 46 卷,上册,第 18 页。
③ 《马克思恩格斯全集》,人民出版社 1979 年版,第 46 卷,上册,第 104 页。
④ 《马克思恩格斯选集》,人民出版社 1972 年版,第 2 卷,第 108 页。
⑤ 《马克思恩格斯选集》,人民出版社 1972 年版,第 2 卷,第 109 页。

有不同阶段的具体存在外,在人的个体一生成长过程中也应有不同阶段的具体存在。对于婴幼儿来说,生物个体是具体存在的;对于青少年来说,文化个体是具体存在的;而对于成年人来说,社会个体则是具体存在的。毫无疑问,此处的具体存在同样是某种多样性的统一。

上面的分析、描述也许会遭到质疑,尤其对社会个体具体存在于近代以来的社会、文化个体和生物个体具体存在于近代以前或更远古的社会这种说法,可能会让人感到迷惑。对此我们不准备再次重复我们在前面为避免这种质疑已做的申明,而只想指出犯罪学思想史上的如下事实:作为常识,从孤立个人与统治关系的对立,或从个体与其环境的对立中来理解或解释犯罪,事实上是近代以来的事。在此之前的时代里,个人本身尚是一个不甚清晰的概念,离开他所属的氏族、家庭或社区,他便徒具躯壳一副。那时的越轨或犯罪行为除被看成是生理上的疾病外,就是被解释为魔鬼附体、上帝施罚或前世造孽。今天当我们从个人与其环境对立的角度来理解近代以前的犯罪现象,进而断定当时具体存在的个人是文化个体甚或生物个体的时候,我们实际上是从近代以来个人自主性所达到的前所未有的高度去分析和解释近代社会之前的犯罪。在此重温马克思下面的论断是有益的,尽管他谈的并不直接涉及人性模式问题。马克思指出:"资产阶级社会是历史上最发达的和最复杂的生产组织。因此,那些表现它的各种关系的范畴以及对于它的结构的理解,同时也能使我们透视一切已经覆灭的社会形式的结构和生产关系。资产阶级社会借这些社会形式的残片和因素建立起来,其中一部分是还未克服的遗物,继续在这里存留着,一部分原来只是征兆的东西,发展到具有充分意义,等等。人体解剖对于猴体解剖是一把钥匙。低等动物身上表露的高等动物的征兆,反而只有在高等动物本身已被认识之后才能理解。因此,资产阶级经济为古代经济等等提供了钥匙。但是,决不是像那些抹杀一切历史差别、把一切社会形式都看成资产阶级社会形式的经济学家所理解的那样。"①

人性模式或人之存在状况在历史上的变迁,当然不如生产方式或社会形态这样为我们耳熟能详。但是,鉴于人性模式已日益成为当代社会科学研究的基本出发点之一②,故对其在历史上的变迁过程做系统考察实属必要。正如人性模式是历史的、发展的,在思维形态上须按照"由抽象上升到具体"的方法才能科学地加以把握一样,犯罪根源在人类社会发展过程中也是历史的、具体的,无法一般地用个人与环境或个人与社会规范的冲突来一言以蔽之。而要按照"由抽象上升到具

---

① 《马克思恩格斯选集》,人民出版社 1972 年版,第 2 卷,第 108 页。
② [美]科尔曼:《社会理论的基础》,邓方译,社会科学文献出版社 1992 年版,第 19 页。

体"的方法来研究和描述犯罪根源,除先要依此方法考察人性模式外,还须以同样的方法先对人类社会的规范加以考察和分析。只有对个人与社会规范这一对立的双方都有历史的、具体的把握,犯罪根源才会系统地、完整地在我们的思维层面上清晰呈现,马克思主义经典作家们关于犯罪与现行统治关系都源于同样的条件的论断①,也才会得到合乎逻辑的理解。

如果我们把犯罪简单地视为对规范的违反,那么社会规范在这里实际上就意味着对犯罪的界定,即凡是为社会规范所禁止的行为就是犯罪。当然,严格地说,上述说法只是在以下限度内才是合理的:规范不是代表了任何个人或集团的任意,而是代表了社会生产力在特定历史阶段上的客观要求。因此,为了建立犯罪本源理论,我们对社会规范的了解不能止于规范的一般特征,而应该循着"由抽象上升到具体"的道路,对规范在人类不同历史时代的具体形态有所了解,进而才能对各历史时代的犯罪及其根源有具体的把握。

按照"由抽象上升到具体"的方法对人类社会有史以来的规范加以分析、描述,这本身无疑就是一项巨大的学术工程,它需要在以后的犯罪本源理论研究中加以完成。但是,为了便于读者了解我们的研究思路,在此我们尝试提供一个粗糙的、甚至可能是错误的分类体系,对社会规范在历史上的演进稍加说明。在我们的分类体系中,分类准则是比照前面人性模式的分类准则建立的。在我们看来,社会规范的进化在某种程度上也跟人类个体的进化一样,伴随着某种自主性逐步增强的发展趋势。在人类个体,这种发展趋势表现为由自发到自觉;在社会规范,则表现为由自在到自为,由绝对规范到相对规范。据此,我们把社会规范划分为三种类型,同时这也是社会规范在历史上的三个发展阶段。

第一,超人规范。社会规范被视为神意或自然规律,因而不受人的意志支配,并且万古不变,普遍有效。

第二,传统规范。社会规范被视为特定社会的根基,是在该社会诞生之日就已确立的,因而不受该社会中任何成员意志的支配,与该社会共存共亡。

第三,目的规范。社会规范被视为特定人群内部达成的合意,它在现实的人际交往中产生并得以维持,它随这种合意的改变而发生变化。它实际上被特定的人群自觉地当成了实现一定目的、协调成员关系的控制工具。

目的规范跟人性模型中的社会个体一样,也是自 16 世纪以来,随着资本主义生产方式的发展,逐渐在近现代社会规范形态中占据了支配地位。这一趋势早在资产阶级启蒙时代就已开始。当启蒙思想家们从过去时代接过"自然法"这一概

---

① 《马克思恩格斯全集》,人民出版社 1957 年版,第 2 卷,第 379 页。

念时,他们赋予该概念的新内涵就是人的理性,而人的理性的根本特征就是人的目的性。至今为止,社会规范内的上述发展趋势已得到相当程度的展现,1978 年由诺内特和塞尔兹尼克提出的"迈向回应型法"的口号①,代表了这一发展趋势的最新水平。

自近代以来,目的规范在社会规范形态中、社会个人在人之存在状况中都越来越占有主导地位,这两个发展过程之间的契合当然不是偶然的巧合,其背后一致的动因是私有制在近代最终完成了纯粹的形态。1789 年《法国人权宣言》关于私有财产神圣不可侵犯的申明是最明显的标志。在这种社会条件下,犯罪就成了经常性的、不可避免的事情。一方面是社会个人,他的自我意识空前高涨,而这种独立自主的意志充其量又只不过是用"对物的依赖"取代了"对人的依赖",物欲主宰了人心;另一方面,社会规范在超人规范的神性、传统规范的德性渐次衰退之后,目的规范的物性便成了社会规范的新的支柱。当物欲的孤立个人与物性的社会规范发生冲突时,我们显然再也无法期望个人去抬头望望"头顶的星空",或低头想想"心中的道德律"。在这种冲突中,个人只要有利可图、有隙可钻,便会毫不犹豫地去越轨犯禁。这就是近代以来资本主义社会犯罪本源之所在,也正是在这个意义上马克思说犯罪与"现行的统治"都产生于同样的条件,这个条件就是"消除了国家对财产发展的任何影响的纯粹私有制"。

因此,按照马克思、恩格斯本来的意思,私有制是资本主义社会形态中的犯罪根源,是资本主义社会产生犯罪现象的充分必要条件,但并不一定也同样是其他社会形态中犯罪现象产生的充分必要条件。同理,说消灭了私有制,犯罪现象就会趋向消亡,也是针对典型的资本主义社会而言的。奴隶社会、封建社会、非典型的资本主义社会以及半封建半殖民地社会在私有制基本消灭之后,犯罪现象并不一定趋向消亡,这已为历史经验所证实。

以上我们运用"由抽象上升到具体"的方法,对资本主义社会的犯罪本源做了某些初步的分析、讨论。事实上,运用同样的方法我们还可以对其他社会形态下的犯罪或越轨的本源,形成新的、富有成果的理解。一旦我们最终完成了这一系列研究,就会发现,现有的各种有关犯罪本源的理论,实际上并不是绝对对立、无法协调的。在人类社会发展的不同阶段,在个人一生成长的不同时期,各种犯罪本源理论都有各自合适的位置,或适宜的解释范围。当回过头去看时,我们会惊讶地发现,原本对立的理论实际上已沿着上述两条发展线索结成了一个统一的体

---

① [美]诺内特等:《转变中的法律和社会:迈向回应型法》,张志铭译,中国政法大学出版社1994 年版。

系,而这一逻辑体系的中心原则就是由抽象向具体过渡。

这就是我们领悟到的走向综合之途。

当读者试图追随我们踏上这条综合之途时,除谨慎、怀疑和批判精神之外,还应该特别记住以下三点。

第一,"犯罪本源"并不意味着属于普遍范畴的某一"必要条件",而是意味着属于具体范畴的某一"充分必要条件"。

第二,"由抽象上升到具体"的方法不是探寻普遍而贫乏的抽象法则的方法,而是探求特殊而丰富的具体真理的方法。它的核心要旨是历史的眼光和对多样性的统一的追求。

第三,当我们顺着具体个体论指示的两条线索(像本能异化论已初步显示的那样)顽强地、甘于寂寞地走下去时,一个统一的犯罪本源理论就会出现。

当然,特别记住以上三点,首先还是为了便于怀疑,因为它们是本部分内容的要害。

（本文原载于陈兴良主编:《刑事法评论》1998 年第 2 卷,中国政法大学出版社 1998 年版,第 344—386 页。编入本书时个别文字有修改。）

构建中国特色的科学反腐制度

王明高

作者简介:王明高(1957—　　),男,湖南君山人,中共党员,博士;资深教授,湖南工商大学学术委员会主任,全国优秀社会科学普及专家,湖南省廉政建设协同创新中心首席专家、湖南省华夏廉洁文化研究会会长,湖南省优秀社会科学专家,湖南省智库领军人才,牛津大学高级访问学者。1996 年开始系统研究腐败犯罪与廉政学,重点研究中国特色的反腐败对策:中国家庭财产登记申报制度、中国金融实名制度、中国公民信用保障号码制度、中国遗产税和赠与税制度等 12 项制度。1999 年写成《关于采取特别行动惩治腐败的思考与建议》一文,先后被新华社《国内动态清样》、中央纪委《信息要情专报》、中组部《党建研究参考资料》、人民日报《思想理论动态参阅》和国家社科规划办《成果要报》等内刊以内参形式刊发,受到中央有关部门高度重视,并为后来反腐倡廉课题的系列研究奠定了坚实基础。学术研究成果先后被《人民日报》《光明日报》、中央电视台以及新加坡和美、日等国外媒体刊发,从 2003 年到 2016 年,受邀多次出席国际反腐败大会。先后主持国家社科基金项目"新世纪惩治腐败对策研究"和三项湖南省社科基金重大委托项目,其研究成果有的已进入国家决策。专著和论文先后获国家级和省部级一等奖、二等奖多项。

在世界范围内,腐败犯罪早已超越国界、种族、文化传统和社会制度,成为各国现代化建设和人类文明发展的一大障碍。有学者断言,如果说癌症是目前危害人类生理躯体的难治之症的话,那么腐败则是侵蚀人类社会肌体的"政治之癌"。

面对腐败犯罪的严重威胁,世界各国都加大了预防和惩治的力度。我国正处在社会转型的关键时期,腐败现象的滋生和蔓延有其历史原因和现实条件。面对腐败,我们不能被吓倒,要寻求科学的反腐战略和反腐制度,这是历史赋予我们的使命。

中共十八届四中全会强调全面推进依法治国,在这一基本治国方略的背景下,加强反腐领域的制度建设和立法,做到反腐败于法有据、立法主动适应科学反腐的需要,是值得我们认真思考的重大问题。

一、腐败的定义及其产生的原因

关于腐败的定义,政治学、经济学、社会学和法学都有着不同的阐释,笔者认为,用"腐败——利用公权谋取私利"来阐释,既简洁又可谓一语中的。因为利益永远是腐败的终极目的。在人、权力和利益这三个因素中,人是腐败的主体,权力是腐败的载体,利益是腐败的目的。任何腐败行为的产生都离不开这三个因素,同样,任何遏制腐败、惩治腐败的措施也无不围绕这三者展开。人与权力、利益的结合为什么会产生腐败? 这是因为:其一,人的天性是有缺陷的。在人区别于动物的一系列高级心理活动中有一根本特征,即占有和支配心理,这一心理既是权力存在的心理基础,也是腐败产生的根源。其二,权力本身蕴藏着导致腐败的因素。权力本质上具有强制性、支配性、扩张性和任意性。权力的这种本性往往与人类自身的弱点联姻,从而使双方互相强化,并诱惑人们去扩张权力、滥用权力。法国启蒙思想家孟德斯鸠曾经说过:"一切有权力的人都容易滥用权力,这是万古不易的一条经验。"①其三,高回报的利益是引发腐败的催化剂。人类的绝大多数行为无不在追求利益的最大化。"如果有 10%的利润,它就保证到处被使用;有 20%的利润,它就活跃起来;有 50%的利润,它就铤而走险;有 100%的利润,它就敢践踏世间一切法律;有 300%的利润,它就敢犯任何罪行,甚至冒绞首的危险。"②腐败犯罪意识和行为的演变过程,往往循此路径发展。

二、反腐败的四种主要方式

数千年来,世界各国与腐败犯罪的斗争大体遵循两条路径:一是通过道德建设,在道德自律上下功夫,把人的行为约束寄托在主体的道德良知上,可称之为伦理型反腐或人治型反腐;二是求助于法律制度,在权力制约和制度控制上下功夫,把人的行为约束寄托在外在的强制性规范的压力上,可称之为法理型反腐或法治

---

① [法]孟德斯鸠:《论法的精神》,许明龙译,商务印书馆 2012 年版,第 25 页。
② [德]马克思:《资本论(第三卷)》,人民教育出版社 1995 年版,第 263 页。

型反腐。两条路径互相交叉,各有侧重,衍生了清官反腐、重典反腐、运动反腐、制度反腐四种主要方式。这四种方式各有特色,在特定的历史条件下都体现了独特的存在价值,产生了积极的效应。

一是清官反腐。千百年来,包拯、海瑞等一批批有良知的官员以其刚正不阿、秉公执法、舍生请命、除暴安民的政治品格留下了千古美名,深受世人的爱戴和称颂。清官的出现,为历代士大夫树立了道德的标杆,对于封建政权的维系和巩固,有着一定的积极意义。但封建社会的官吏,由于其剥削阶级的本性,大多贪赃枉法。清官反腐的实质是理想的人治期待,试图以一人之力对抗一个体制,挽救一个王朝,其成效不但取决于清官本人的道德、能力、地位、精力和寿命,更取决于统治者的认识和决心。在"家天下"的封建王朝,清官反腐的最终目的也是维护统治者的地位,是否要反腐,如何反腐,一切都要遵从统治者的旨意。这就决定了清官反腐只能是隔靴搔痒、昙花一现,不可能真正带来政治的清明和社会的公正。

二是重典反腐。面对腐败对统治秩序的侵害,为了达到根治腐败犯罪的目的,统治者不得不动用严刑酷法,这就是重典反腐。重典反腐以其手段的严酷,常常使许多官吏慑于刑罚的威严,不敢越雷池一步。这对于革除时弊、缓和社会矛盾、维护政权的运转,在一定时间内能起到立竿见影的作用。但血淋淋的惩罚手段可以震慑于一时,不能适用于长久。事实证明,重典肃贪决心最大、手段最残酷的明朝,仍然是中国历史上最腐败的朝代。开国皇帝朱元璋曾百思不得其解,叹曰:"吾欲除贪赃官吏,为何朝杀而暮犯?"①究其原因,主要是重典反腐缺乏法律的普适性、稳定性、公平性等特点,既无法制约统治者,也无法惩罚皇亲国戚,而常常沦为政治斗争的工具。重典反腐的不彻底、不严密、不可行由此可见一斑。

三是运动反腐。国际上比较典型的反腐运动,有意大利的"净手运动"、韩国的"庶政刷新运动"等。中国比较典型的反腐运动,有20世纪50年代的"三反""五反"运动等。国内外运动反腐的实践表明,发动群众与腐败现象作斗争影响大,震慑力强,能对腐败分子形成巨大的打压态势,能及时遏制腐败现象的滋长,同时能引导和培养公民的自治意识和民主意识,净化政治环境和社会风气。但是,在现代化进程的大背景下,运动反腐存在着诸多严重不足:一是反腐败成为一阵风,无法保证反腐的稳定性和长期性;二是人治因素和主观随意性大,反腐"过头"与反腐"无力"并存;三是侧重于事后打击,疏于事前防范,往往事倍功半;四是

---

① 王春瑜:《中国反贪史》,四川人民出版社2000年版,第125页。

降低经济效率,影响社会发展进程。

四是制度反腐。当清官反腐、重典反腐和运动反腐不可能从根本上惩治腐败时,制度反腐便成了人类文明由人治反腐到法治反腐的必然选择。这是人类历史上预防和惩治腐败理念的一次飞跃。所谓制度反腐,就是通过制度和法律手段,制约和监督权力异化。世界各国的反腐经验表明,制度反腐是从源头上遏制腐败产生的最佳方法,具有普适性、根本性、稳定性、权威性和科学性。

三、制度反腐的几点反思

在人类几千年的反腐实践中,历朝历代也制定过许多制度,为什么最终还是难免因腐败而亡? 笔者认为主要原因有三。

一是制度设计不科学。正如法有良法、恶法一样,制度也有好和坏、优与劣之分。就我国目前的制度设计而言,虽然也注重权力的制约,但没有形成权力制衡的有效机制。造成这种现象,首先是因为部门立法现象的大量存在。部门立法,往往只注重本部门权力的设计,忽视本部门责任的设计,宁可设计得粗一点,不愿设计得细一些,好扩充部门的行政自由裁量权,好给部门多留一点"活动空间"。部门立法不可避免地、本能地回避权力制衡机制的设计。这些由制度设计本身而带来的问题,使制度本身充满可钻的"空子",给制度执行者的腐败提供机会。其次是法律条文内容紊乱、形式分散,或见之于刑事法律,或见之于行政经济法规,或见之于部门规章制度,在反腐败斗争中难以操作,随意性强,在一定程度上影响了反腐工作的进展。

二是制度执行没有刚性。制度的生命在于执行,再好的制度不执行,就会形同虚设;执行不到位,就会如同一纸空文。就执法需要而言,现在惩治腐败犯罪的法律明显滞后。现有刑法既没有对国家机关工作人员在廉洁自律方面的法律责任和义务做出特殊规定,对腐败犯罪的惩处也明显低于一般的盗窃犯罪;没有贯彻罪刑相适应的原则,难以起到应有的惩戒和威慑作用。意大利著名刑法学家贝卡利亚有一句名言:"制止犯罪发生的最有效的手段并不在于刑罚的残酷性,而在于刑罚的不可避免性。"①邓小平同志曾认为:"这些年来党内确实滋长了过分容忍、优柔寡断、畏难手软、息事宁人的情绪,这就放松了党的纪律,甚至保护了一些

---

① [意]贝卡利亚:《论犯罪与刑罚》,中国法制出版社 2005 年版,第 55 页。

坏人。"①可见制度执行缺乏刚性所带来的后果是十分严重的。

三是反腐败工作没有一部统一的纲领性法律。目前,我国防治腐败的法律法规种类繁多,各种法律、规章制度多达1200余件。但是,这些法律、规章、制度没有统一的规范要求,很多规章、制度缺乏科学论证,制度与制度之间互相抵触、互相矛盾、缺乏系统性,各反腐机构之间职能重叠,对一些具体法律条款解释不一,严重影响和削弱了法律的严肃性和权威性。要改变这一状况,必须出台一部纲领性的反腐败法来协调各反腐败机构的关系,解决反腐败机构职能交叉重叠、反腐败法律互不统属、同一案件参照法律自由度较大等问题。

综上所述,要提高反腐倡廉制度的执行力,必须提高制度的质量和执行的刚性。一是制度设计必须持定"无赖原则"。在制度设计时,应有这样一个假设,就是每个人都是"无赖",只有以硬性的制度制约,才能让其规规矩矩服从公共利益。二是制度操作必须具有可行性。制度是运用于实践的,不是用来装饰的,它必须具体、可操作,具有内在逻辑性,既有实体性要求,又有程序性规定;既有宏观架构,又有微观措施。要在实际工作中行得通、用得上。三是好的制度应该上升为法律。只有把制度变为法律,上升为国家意志,才能强化制度的权威性和惩治性,让遵纪守法者在全社会畅通无阻,使破坏法律者在全社会无路可逃。这样的制度才称得上科学的反腐制度。

四、中国特色的反腐制度的重要内容

科学的反腐制度是政治制度的重要组成部分,涵盖了政治、经济、法律等方方面面。基于对人性的缺陷、权力的滥用和利益的催化三个关键因素的限制,世界各国从加强对人的教育、对权力的制衡和对个人财产的监督考虑,建立了一系列预防和惩治腐败的制度,如家庭财产申报制、金融实名制、公民信用保障号码制等经济社会管理制度。此外,芬兰、瑞士、英国、德国、新加坡、韩国等国,也都形成了具有各自特色的反腐败机制,这些制度的运用,对于政治权力的制约和腐败犯罪的预防惩处,起到了至关重要的作用。

中国的反腐败有中国的特殊性,因此中国应走中国特色的反腐败之路。借鉴世界各国的反腐成果,中国特色的科学反腐制度,主要应包括家庭财产申报制度、金融实名制度、遗产税和赠与税制度、公民信用保障号码制度、反腐败国际合作制

---

① 《邓小平文选》(第三卷),人民出版社1993年版,第38页。

度,并以此为核心内容,制定和出台《中华人民共和国反腐败法》。

家庭财产申报制度,是有关家庭财产申报、登记、公布的制度,是科学反腐制度体系的核心内容,是体现"终端治腐"理念的一项重要措施。其理论基础在于公共利益优先,其实践价值在于反腐高效。目前世界上已有近百个国家推行了这一制度,家庭财产申报制已成为世界各国共同的反腐利器。

金融实名制度是家庭财产申报制度的孪生兄弟,反腐败的实践证明,它是目前世界上最好、最有效的惩治和预防腐败的制度。金融实名制度的实践价值在于,任何反腐败制度的设计和实行,都必须依赖反腐败对象金融资料的真实性,而不透明、不规范的金融制度是滋生腐败的主要土壤。金融实名制度的推行,使个人收入的来源更加透明,使腐败行为在透明的金融交易中难以遁形。

家庭财产申报制和金融实名制的实施必然面临三大难题:一是鉴于中国目前没有公开、统一、标准的公民信用保障系统,个人资信难以查实,反腐败工作缺乏坚强的技术支撑;二是腐败分子为了逃避财产申报和资金核查,必然会将大量腐败资金和非法收入转移到他人名下,或馈赠亲朋好友,逃避法律的制裁;三是腐败分子在国内无法藏身,必然想方设法外逃,势必给国家财富造成巨大损失,破坏法律的实施,损害社会的公正,影响党和政府的形象。

为了解决上述三大难题,必须出台三项配套制度和一部法律,即出台遗产税和赠与税制度、公民信用保障号码制度、反腐败国际合作制度和《中华人民共和国反腐败法》。

遗产税和赠与税制度,是世界上许多国家普遍开征的税种。作为财产课税体系中的重要分支,其在现实生活中对平均社会财富、调节收入分配、抑制社会浪费、促进生产投资等有着十分积极的作用。在中国实行遗产税和赠与税制度,有利于淡化腐败动机,有利于将部分灰色收入和非法所得转化为国家收入、增加国家财富,有利于缩小贫富差距,维护社会稳定。

公民信用号码保障制度是许多发达国家实行的一种制度,其主要特点是一人一号,终生不变。它以全国性的信用数据库为基础,通过关键号码的设立,建立完善的社会信用体系,政府对其实行严密的交叉网络管理。一旦某人实施违规行为,将被记录于信用保障号码对应的档案中,从而对该人的切身利益产生影响。设立公民信用保障号码,不仅有助于重塑社会信用,完善社会保障体系,降低社会犯罪率,而且有助于切断腐败分子处理非法所得的途径,打击贪官外逃。

法律是制度权威的最高表现形式。世界各国的反腐败经验表明,惩治腐败,必须依靠科学的制度和完备的法律体系。据不完全统计,目前制定了反腐败法的国家有 30 多个,如新加坡的《防止贪污法》和《没收贪污所得利益法》、韩国的《腐败防止法》与《反腐败法》,以及英国的《反腐败法》等。这些反腐败的专项法律制度,对腐败犯罪的认定、定罪、量刑以及惩治方式都做出了详尽规定,不仅便于执法机关执法操作,更重要的是对腐败分子产生巨大的震慑作用。因此,我国应着手制定《中华人民共和国反腐败法》,旨在通过构建一套系统有效的法律制度,界定反腐败机构的职能职责、腐败犯罪的侦查取证和定罪量刑等内容,为我国的反腐败斗争提供必要的法律依据和手段,从而对腐败行为进行预防和惩治,达到从根本上遏制和铲除腐败的目的。

五、推行科学制度反腐的意义

在中国特色社会主义市场经济的变革时期,推行科学制度反腐,对于顺应世界各国的反腐潮流,对于社会主义民主政治建设,对于提升中国的整体形象和综合竞争力,有着重要而深远的意义。

第一,推行科学制度反腐,是发展社会主义民主政治的必然要求。依法治国是社会主义民主政治的基本要求,实践证明,反腐败靠法治比靠人治更可靠、更有效、更长久。而我国现在的反腐败工作,很大一部分措施还停留在规定和政策的层面上,并没有上升为法律。这对于推进反腐败事业极为不利。推行科学制度反腐,出台反腐败法,在法律的框架下反腐败,做到有法可依、有法必依、执法必严、违法必究,这是依法治国的具体体现,也是发展社会主义民主政治的必然要求。

第二,推行科学制度反腐,是世界反腐败潮流的必然趋势。世界反腐败工作的发展趋势,一是公开,二是法治。体制的公开和透明是腐败的天敌,暗箱操作则是腐败的温床。在操作公开和透明的基础上,通过制度建设铲除滋生腐败的体制性土壤,消除孕育腐败的温床,是反腐败工作取得成效的必由之路。推行科学制度反腐,把中国的反腐败工作纳入全球视野,对于借鉴世界各国的反腐经验,加强国际合作,赢得世界各国的尊重、理解和国际社会的支持有着重要意义。

第三,推行科学制度反腐,是提升中国竞争力的必由之路。国家的竞争力分硬实力和软实力两种。国家制度属于软实力的重要部分。当今世界,国家之间的竞争不仅体现在经济、科技、军事领域的竞争,也体现在制度上的竞争。制度竞争力强则国强,制度竞争力弱则国弱。科学的反腐制度是国家制度体系建设的重要内容。推行科学制度反腐,从软实力上讲是国家制度建设的重大飞跃,是从根本上提高党免受腐败侵蚀的免疫力,解除腐败这一心腹大患的重要举措;从硬实力上讲能创造巨大的经济效益,增强国家的经济实力,加速中华民族伟大复兴的步伐。

推进制度反腐,是将中国的反腐工作从治标推向治本的重要举措。科学的反腐制度必将开启中国反腐新的征程。只有加快推进反腐败国家立法,完善惩治和预防腐败体系,让依法治国成为惩治腐败的国之利器,形成不敢腐、不能腐、不想腐的有效机制,才能从根本上遏制和预防腐败。

(本文原载于《湘潭大学学报(哲学社会科学版)》2015 年第 1 期)

关于构建腐败犯罪学的几个问题

马长生　蔡雪冰

作者简介:蔡雪冰(1954—　),男,湖南省南县人。1982 年毕业于湖南师范学院,先后在湖南省政法干校、湖南省政法管理干部学院从事犯罪学的教学和研究工作。2002 年起任湖南师范大学法学院教授、刑法学专业硕士生导师。从教期间,先后发表法学论文 40 余篇。主持法学研究省级课题两项,为主撰写《律师法学》。协助马长生教授主持省级重点课题《腐败犯罪学研究》,于 2000 年在北京大学出版社出版,为该书主要撰稿人之一。曾担任湖南省犯罪学研究会常务理事、湖南省法治反腐研究会常务理事。

构建腐败犯罪学,是客观形势的需要,是建设社会主义法治国家的需要,是历史发展的必然。本文就建构腐败犯罪学的几个问题做一些初步的探讨。

一、构建腐败犯罪学是历史的必然

腐败犯罪是一种历史的丑恶现象,是旧时代的一种痼疾,是旧社会的一种不治之症。揭开人类文明史的一页页篇章,人们可以看到腐败犯罪随着历史车轮的滚动而留下的一串串阴影。我国虽为举世公认的"文明古国",但各种贪官污吏腐败犯罪之事却是史不绝书,一位著名学者曾把中国的"二十四史"称作"一部贪污史"[①]。据有文字可查的材料记载,大禹王的儿子启杀死原定的接班人伯益,自己继承了王位,开腐败犯罪之先河。[②] 秦汉以后,官吏贪赃已日趋猖獗,明清之际,腐败犯罪达到登峰造极的地步。臭名昭著的明代大奸臣严嵩,被抄家时竟查出黄金 3 万余两,白银 200 余万两,查抄的清单达 6 万余字。[③] 清代大贪官和珅,得势 20

---

① 杨敏之:《中国历代反贪全书》,湖南大学出版社 1996 年版,第 8-9 页。
② 徐建:《青少年犯罪学》,上海社会科学院出版社 1998 年版,第 1 页。
③ 杨敏之:《中国历代反贪全书》,湖南大学出版社 1996 年版,第 9 页。

年,聚敛私产达 8.8 亿两白银以上,相当于当时朝廷 20 年收入之总和。① 实在令人震惊。

可以说,腐败犯罪是随着私有制和阶级、国家的出现而出现的,至今仍普遍存在着。当今无论是发展中国家还是发达国家,官员腐败犯罪问题都很严重。一位英国记者在他的《第三世界——苦难、曲折、希望》中,把官员的腐败犯罪称作"第三世界国家的恶性肿瘤"②。在我国,特别是在刚刚走上社会主义市场经济之路时,腐败犯罪之风来势之猛、范围之广、危害之烈,均出乎人们的意料。公职人员腐败犯罪的问题已经成为我国现代化建设的最大障碍,引起国人上下同忧。面对腐败犯罪的严重威胁,中国共产党和人民政府下大决心,严厉打击。据中纪委报告,从 1992 年 10 月至 1997 年 6 月,全国纪检监察机关共立案 731000 多件,结案 670100 多件,给予党纪政纪处分的有 669300 多人,其中开除党籍的有 121500 人,被开除党籍又受到刑事处分的有 37492 人;在受处分的党员干部中,省部级干部 79 人,厅局级干部 1673 人,县处级干部 20295 人。据最高人民检察院报告,从 1993 年 1 月至 1997 年 10 月,全国检察机关共立案侦查国家工作人员贪污、贿赂等职务犯罪案件 290513 件,其中贪污案 100655 件,贿赂案 69415 件,挪用公款案 60537 件;在立案侦查的案件中,有涉嫌犯罪的党政领导机关工作人员 13299 人,行政执法人员 7890 人,司法人员 14542 人,经济管理部门人员 10528 人。以上统计数字一方面表明,我们党和政府加大了惩治腐败犯罪的力度;另一方面反映了我国公职人员腐败犯罪问题的严重性。因此,党的十五大把惩治腐败犯罪的斗争当作一场关系党和国家生死存亡的严重政治斗争。江泽民同志代表党中央提出,在党内决不允许腐败分子有藏身之地③,既表达了中国共产党惩治腐败犯罪的信心和决心,也是客观现实的深切呼唤。作为研究腐败犯罪现象产生发展变化规律、寻求最佳防治对策的腐败犯罪学,已呼之欲出,即将担当起为惩治和预防腐败犯罪提供科学依据的历史重任。

二、长期历史经验的积累为腐败犯罪学的诞生准备了条件

一门学科的建构,不仅要以社会需要为前提,而且要有经验材料的积累过程。人类社会在长期同腐败犯罪相抗衡的过程中,积累了比较丰富而宝贵的经验,这

---

① 杨敏之:《中国历代反贪全书》,湖南大学出版社 1996 年版,第 9 页。
② 刘春:《权力的答卷:当代中国反腐败论》,中共中央党校出版社 1998 年版,第 1-2 页。
③ 江泽民:《在中国共产党第十五次全国代表大会上的报告》,中国社会科学出版社 1979 年版,第 5 页。

些经验为腐败犯罪学的建构准备了材料。如中国古代的管仲最先倡导"修以成廉"①,用孔子所述"欲而不贪"②,作为从政的美德。唐太宗认为"廉俭兴国,贪奢丧邦"③,明代于谦有"清风两袖朝天去,免得闾阎话短长"的千古绝唱。④ 清康熙提出"治国莫要于惩贪"⑤,左宗棠认为"察吏之外,尚有训吏","训之使不至为恶"⑥。这些思想和主张,对当时统治者稳定政局和后世统治者进行政权建设无疑产生极其重大的影响,今天看来仍然值得我们研究和借鉴。

中国共产党从成立伊始,就在探索一条跳出历史"周期率"的新路。1945年7月,毛泽东在与民主人士黄炎培先生谈到"人亡政息"的一幕幕历史循环剧时,非常肯定地说:我们已经找到新路,我们能跳出这"周期率"。这条新路就是民主,只有让人民来监督政府,政府才不致松懈,只有人人起来负责,才不会人亡政息。⑦在实行改革开放的新时期,中国共产党人在总结以往经验教训的基础上,确定了坚持党的基本路线,以经济建设为中心,"一手抓改革开放,一手抓惩治腐败"的指导思想。然而,实践告诉我们,找到一条道路与沿着这条道路走下去是两回事,后者的实现要更为艰难。

综观世界各国,特别是经济文化比较发达国家惩治腐败犯罪的种种措施,最成功的莫过于"权力制衡"。值得注意的是,权力制衡不等于西方的"三权分立"。"三权分立"只是资产阶级运用"权力制衡"原则而采取的一种统治形式。我国不采用"三权分立"的形式,但对于权力相互制衡的原则却是可以借鉴的。"权力制衡"原则是人类社会几千年积累下来的政治统治和国家管理的经验总结,是防止权力过分集中、权力被滥用和权力腐败的重要规则,是任何民主政治发展的必然要求,也是我国在健全和不断完善社会主义民主政治管理制度和运行机制以及防治腐败犯罪时必须认真加以吸取和借鉴的政治文明成果。当然,在资产阶级执政的资本主义国家,所谓"权力制衡"只能运用于保护资产阶级的利益,而无产阶级的利益是不可能通过资产阶级的权力制衡得到有效保护的。

---

① 《管子·牧民》,中国社会科学出版社1979年版。
② 《论语·尧曰》,中国社会科学出版社1979年版。
③ 《贞观政要·俭约》,中国社会科学出版社1979年版。
④ 于谦:《入京》,中国社会科学出版社1979年版。
⑤ 《康熙政要·论贪鄙》,中国社会科学出版社1979年版。
⑥ 《左文襄公全集·书牍(卷八,答徐树人中丞)》,中国社会科学出版社1979年版。
⑦ 杨继亮:《腐败论》,中国社会科学出版社1979年版。可参见马长生:《刑事法治的多方位思考》,法律出版社2013年版,第238页。

三、腐败犯罪学的构建是科学发展的必然结果

构建腐败犯罪学,也是社会科学自身发展的内在要求。当代科学发展的趋势,有两个鲜明的特征。第一是向综合性和融合化的方向发展,就是说要探讨一个问题、研究一种现象,必须求助多学科融合战略共同来攻关,这就导致新的跨学科研究领域的出现,最终形成了具有特殊概念、内容和方法论的新学科和新领域,并开辟了一个全新的研究系列。这是由研究对象的多学科性和学科的多对象性决定的。腐败犯罪学的建构也一样,它涉及心理学、教育学、伦理学、政治学、社会学、犯罪学、法学等学科领域,腐败犯罪的专门研究必须综合运用相关学科的成就和方法,形成多学科在腐败犯罪问题研究上的相互交叉、相互渗透、相互融合。腐败犯罪学的建构正是适应了科学向综合性和融合化方向发展的趋势。

科学发展的第二个特征是,向分化性和专业化方向发展。如研究犯罪的科学,从近代意大利龙勃罗梭创立犯罪人类学开始,到当代从犯理学中独立出来的研究犯罪原因的有犯罪生物学、犯罪心理学、犯罪社会学、犯罪精神病理学;研究犯罪预测和预防的有犯罪预测学、犯罪预防学或犯罪对策学;研究不同性别、年龄犯罪主体的有女性犯罪学、未成年人犯罪学、老年人犯罪学;还有研究不同犯罪类型的经济犯罪学、暴力犯罪学、智能犯罪学、财产犯罪学、职务犯罪学;等等。腐败犯罪是一种犯罪类型,由于其主体的特殊性,其行为的社会危害性和现象的复杂性,均超过一般类型犯罪。就腐败犯罪的主体而言,比起其他类型的犯罪主体,在心理结构、行为方式、社会交往、认识水平、教育程度等方面有许多差异。对于腐败犯罪的许多问题仅在犯罪学和其他相关学科中做一般的研究讨论,是远远不够的,是不能得到有效解决的。因此,对于腐败犯罪问题必须要有专门的学科做专门的研究,以深化其内容,提高其水平。腐败犯罪学从犯罪学中独立出来,正是体现和适应了科学的分工愈来愈细、研究的内容愈来愈专的必然趋势。

四、腐败犯罪的特征和分类

腐败犯罪是国家公职人员违反或偏离公共职责、滥用公共权力,且一般是故意地实施带腐败性质的、致使国家和人民的利益遭受重大损失的犯罪行为的总称。根据这一概念,腐败犯罪具有如下四个特征:一是构成腐败犯罪的主体只能是国家公职人员,即担任公共职务、行使公共权力、履行公共职责的人员。从我国现行法律的有关规定来看,国家公职人员包括国家机关工作人员;国有公司、企业、事业单位、人民团体中从事公务的人员;受国家机关、国有公司、企业、事业单位委派到非国有公司、企业、事业单位、社会团体从事公务的人员;其他依照法律

从事公务的人员。这些人员都是担任某一特定职务、掌握某项特定权力、履行某些特定职责、具有某种特定身份的特殊主体，其他一般主体都不能构成腐败犯罪的主体。二是腐败犯罪的客体是复杂客体，即同时侵犯了两种或者两种以上的社会关系。腐败犯罪不仅侵犯了国家和公共管理职能、管理秩序，更重要的是侵犯了社会公共职务和公共权力的廉洁性。如果侵犯的不是社会公共职务和公共权力的廉洁性，尽管是公职人员所为，也不能认定是腐败犯罪。三是腐败犯罪在客观方面必须具备利用职务上的便利实施了违反或偏离公共职责、滥用公共权力而致使国家和人民的利益遭受重大损失的行为。如果没有这种行为，而实施的是其他犯罪行为，则不构成腐败犯罪的客观要件。四是腐败犯罪在主观方面一般是故意，也有少量的可能是过失。其犯罪的目的和动机主要具有贪利的性质，这是腐败犯罪的又一个基本特征。如在贪污罪中，行为人利用本人管理、经手公共财物的便利条件，侵吞、盗窃、骗取或者以其他非法手段占有公共财物，这一非法占有公共财物的行为无疑受行为人主观上的贪利目的和动机的支配。

如上所述，腐败犯罪最本质的特征就是以权谋私、权钱交易。腐败达到了触犯刑律的程度，就构成腐败犯罪。腐败犯罪多种多样，表现形式各异，从我国新刑法的罪名设置情况看，主要集中在刑法分则第八章贪污贿赂罪、第九章渎职罪、第十章军人违反职责罪和第三章破坏社会主义市场经济秩序罪的第三节妨害对公司、企业的管理秩序罪中，第三章第四节破坏金融管理秩序罪的某些罪名和第五章侵犯财产罪的某些罪名，也属于腐败犯罪。从腐败犯罪的罪名来分类，主要包括贪污犯罪、贿赂犯罪、挪用犯罪、私分犯罪、渎职犯罪等。从腐败犯罪的主体来分类，主要包括一般国家机关工作人员的犯罪、一般国家工作人员的犯罪、司法人员的犯罪、行政执法人员的犯罪、经济管理部门人员的犯罪、国有公司和企业管理人员的犯罪、金融工作人员的犯罪以及其他公职人员的犯罪等。从腐败犯罪表现的特征来分类，主要有以权谋私犯罪、权钱交易犯罪、徇私舞弊犯罪、玩忽职守犯罪、滥用职权犯罪等。以权谋私犯罪包括贪污犯罪、挪用犯罪、私分犯罪等；权钱交易犯罪就是指贿赂犯罪；滥用职权犯罪和玩忽职守犯罪除一般国家机关工作人员的滥用职权罪和玩忽职守罪外，还包括军队指挥人员的滥用职权罪和玩忽职守罪；徇私舞弊犯罪牵涉的罪名最多，除一般国家机关工作人员的徇私舞弊罪，还包括其他公职人员的徇私舞弊罪，如徇私舞弊造成破产、亏损罪，徇私舞弊低价折股、出售国有资产罪等。

此外，还有一种特殊的、危害最大的腐败犯罪，那就是政治腐败犯罪。例如，掌握公权力的官员或军职人员，为了一己私利，出卖国家或者中华民族的利益，出卖国家机密，甚至叛变投敌，引狼入室，分裂国家，危害国家安全，是特别危险的民族败类。这种犯罪主要规定在危害国家安全类的犯罪中。

腐败犯罪可用不同标准、从不同角度进行分类,我们提出的分类只是其中的几种。腐败犯罪学研究的对象,就是上述各种类型的具有腐败性质的犯罪。腐败犯罪学对腐败犯罪类型的研究,可以深入揭示同类腐败犯罪的特征、规律,提高包括腐败犯罪学在内的犯罪科学研究的水平,使社会对腐败犯罪的预防和矫治更具有科学性和针对性,使惩治腐败犯罪的斗争更加有力和有效。

五、腐败犯罪学的研究对象

腐败犯罪学的研究对象是什么? 简单地说,就是研究公职人员腐败犯罪这一特定的社会现象。通过研究腐败现象,揭示腐败犯罪发生、发展变化的规律和特点,探索腐败犯罪产生的根源、原因和条件,寻求预防、减少腐败犯罪的措施和途径。具体地说,腐败犯罪学要研究腐败犯罪现象、腐败犯罪原因、腐败犯罪对策、腐败犯罪类型等。

腐败犯罪现象是腐败犯罪学研究的起点和出发点。腐败犯罪学研究腐败犯罪现象,主要是探讨其本质,揭示不同历史时期腐败犯罪的状况、特点和发展变化规律。揭示腐败犯罪的本质是腐败犯罪学直接追求的重要目的之一。腐败犯罪由于受多种因素的制约和影响,在不同历史时期、不同社会形态下会呈现不同的形式和特点,因此在掌握大量材料的基础上,全面、系统地来研究腐败犯罪现象发展变化的基本特点和规律,应是腐败犯罪学之要义。

腐败犯罪原因的研究,是腐败犯罪学的核心和主干,也是腐败犯罪学的难点和疑点。腐败犯罪学的原因研究,主要包括揭示腐败犯罪产生的社会历史根源、滋长蔓延的社会现实条件和个体主观要素等。社会历史根源是指产生腐败犯罪带根本性的原因,属于原因结构的最高层次,决定和影响着其他诱发腐败犯罪的因素和条件,也决定了腐败犯罪这一现象在短时间内不仅难以消灭,而且将会长期存在,甚至有时会出现恶化的状况。这些年我国出现腐败犯罪滋长蔓延的严重形势,足以说明了这一点。

腐败犯罪对策是腐败犯罪学研究的最终目的和归宿。无论是对腐败犯罪现象和类型的研究,还是对腐败犯罪原因的探讨,归根到底最终还是为了寻求预防、惩治、遏制腐败犯罪的措施和对策,防止腐败犯罪的发生。对腐败犯罪对策的研究,应通过总结古今中外人类社会与腐败犯罪做斗争的经验和教训,尤其要总结我国改革开放以来我们党开展的惩治腐败犯罪政治斗争的宝贵经验,使这些经验上升为理论,着重探寻现阶段和未来一段时间遏制腐败犯罪的具体途径和措施,最大限度地减少腐败犯罪及由此带来的损失和危害。由于腐败犯罪的隐蔽性大、腐蚀性强、涉及面广、危害性大,必须着力探讨运用政治的、经济的、文化的、教育的、法律的、行政的、道德的、纪律的等多种手段,实行标本兼治、综合治理腐败犯罪的社会系统工程的战略和策略,以筑起一道坚不可摧的反腐败"钢铁长城"。

腐败犯罪类型的研究,包括对腐败犯罪的分类及类型变化、不同类型腐败犯罪产生的特殊原因和条件,以及腐败犯罪新类型、新形态的研究等。腐败犯罪类型研究,对于更加具体地把握腐败犯罪的本质及其演变规律,科学而深刻地概括其产生的一般原因,促进和改进刑事立法和司法,防治腐败犯罪,都具有重要的理论和实践意义。

除上述之外,我们还认为,腐败犯罪学还要研究公职人员一般的腐败现象和行为。这是因为,从一般腐败到腐败犯罪仅是一步之差,而不是一条不可逾越的鸿沟。因此,把一般的腐败现象和腐败行为作为腐败犯罪学研究的对象,不是没有道理的。

六、腐败犯罪学的结构体系

我们认为,构建我国腐败犯罪学的结构体系,至少要考虑以下三个问题:一是腐败犯罪学的体系和结构应服从基本内容的要求,具有整体性和严密性。也就是说,各个章节的内容不是孤立的互不关联的专题,而是由一条主线贯穿起来的,各个章节内容之间具有内在联系并逐步推进的科学而严密的体系。二是腐败犯罪学的体系和结构应从我国的现实国情出发,具有鲜明的时代特色和深刻的实践特征。这就要求各个章节的确定,不仅要体现我国的历史传统和特点,更重要的是要反映我国现阶段腐败犯罪的特点和变化的规律性,总结新时期与腐败犯罪做斗争的宝贵经验和研究成果。当然,对于国外一些治理腐败犯罪的经验和研究成就也要借鉴。三是腐败犯罪学的体系结构应是理论和实践相统一的、揭示原因和发展规律与提出预防和治理对策相结合的、符合人类认识逐步深化规律的科学体系,既不能从理论到理论,也不能搞材料堆砌,要能以腐败犯罪学的科学理论体系指导实践,更好地为惩治腐败犯罪的斗争实践服务。

鉴于上述,我国的腐败犯罪学不宜照搬传统型犯罪学结构体系的模式,而以有层次、由浅入深、逐步深化的专题结构体系较为理想。这一结构体系,从研究一般性原理逐步深入研究各种不同类型的腐败犯罪的特点和对策,从描述腐败犯罪的历史、现状、发展趋势到提出预防战略的设想等,使理性认识不断深化。这一结构体系也有一定的灵活性,适应于初创时期腐败犯罪学不够成熟完善的特点,便于今后不断修改、补充和完善。

我们设想,腐败犯罪学的基本框架如下:

一是绪论篇。简述腐败犯罪学研究的对象、任务、方法、体系结构及其性质和与相关学科的关系;概述中国和国外历史上的腐败犯罪的特点,总结与腐败犯罪作斗争的经验;论述我国新时期公职人员腐败犯罪的现状、特点、危害和发展趋势。

二是原因篇。把腐败犯罪作为一种社会现象,探讨其与改革开放、市场经济的关系,揭示出腐败犯罪产生、滋长、蔓延的经济根源、政治根源、思想文化根源;把腐败犯罪作为一种个体行为,从动机、需要结构以及价值观、利益观、权力观等心理因素揭示腐败犯罪发生的心理机制。

三是对策篇。从犯罪预测学的角度阐述腐败犯罪预测的根据和意义、种类和内容、方法和步骤;从教育是基础、法制是保证、监督是关键、惩罚是手段等标本兼治、综合治理的方针出发,寻求防治公职人员腐败犯罪的对策。

四是类型篇。按罪名划分,重点探索贪污贿赂犯罪、渎职犯罪的特点、原因和对策;按领域划分,重点探索司法腐败犯罪、金融腐败犯罪、国企腐败犯罪以及政治腐败犯罪的特点、成因和对策。

我们还认为,一门学科的结构体系不可能是一成不变的,腐败犯罪学的结构体系将随着科学和实践的发展而变化,并不断地完善和丰富起来。我们提出的腐败犯罪学的结构体系,只是抛砖引玉而已。

七、腐败犯罪学的研究方法

科学的研究方法是完成科学研究任务的必要手段。腐败犯罪学一定要以辩证唯物主义和历史唯物主义的方法论作为研究方法的理论基础。腐败犯罪学主要采用的研究方法有比较研究法、调查研究法和统计研究法。

比较研究法,从方法轮上讲,就是确定事物同异关系的思维过程和方法。腐败犯罪学,只有采用比较研究的方法,通过横向和纵向的各种比较对照,才能使其建立在古今中外理论和实践的科学基础之上,以确立具有中国特色的与腐败犯罪作斗争的完整理论体系和切实有效的对策。

调查研究法是一种针对某一局部或某一专题进行深入细致调查的常用方法。在腐败犯罪学领域内,运用调查研究法可查清个体腐败犯罪心理形成的机制以及各种主观和客观条件,概括出一般规律,为预防腐败犯罪提供可靠依据。如腐败犯罪行为人的素质、生活境遇、教育程度、个性品质、走上腐败犯罪的原因和经过、改造过程与效果等,均有深入调查的必要和价值。运用调查研究法,首先要有明确的目的。其次要注意调查内容的客观性和全面性,忌带主观性和片面性。腐败犯罪学的调查研究是一个调查了解、分析研究的过程。通过调查研究,就可以从质和量两个方面使腐败犯罪现象得到比较精确的本质的说明。

统计研究法是一种对已经获得大量材料数据和多种相关因素进行统计运算处理和定量、定性分析的数学方法。在腐败犯罪学领域内,也可采用这一方法,进行有关专题的科学统计研究。目前,统计研究法已经愈来愈被人们所重视和青睐,愈来愈被应用于社会科学领域,因为它采用数学的方法,具有高度的科学性和精确性,更能说明现象和问题的实质。

(本文原载于《中国青年政治学院学报》2000 年第 3 期)

"制度反腐"沉思

杜雄柏

作者简介：杜雄柏(1958—　)，男，湖南临湘人。湘潭大学法学院教授，博士生导师。中国犯罪学会常务理事，中国法律逻辑专业委员会常务理事；国家社科基金项目通讯评委、成果鉴定专家(7 次获国家社科基金办授予的"认真负责的鉴定专家"称号、6 次受到湖南省社科基金办表扬)。湖南省犯罪学研究会副会长，湘潭市犯罪学研究会副会长。长期从事"犯罪学""刑法学""犯罪学研究方法""逻辑学"的教学与研究。主持或参与各类课题 20 多项。出版个人学术专著《现代认识论问题探索》(1998)、《市场经济与基础教育改革研究》(2000)、《传媒与犯罪》(2005)、《围剿象牙塔里的罪恶——学校人员违法犯罪问题研究》(2011)、《防治腐败：问题与思考》(2017)、《追名逐利到违法犯罪——犯罪行为产生机制研究》(2020)6 部，主编教材《逻辑学教程》(2001)，参编《公共逻辑》(1998)。在《国外社会科学》《佛学研究》等刊物上发表译作和学术论文 110 余篇，其中 9 篇被中国人民大学复印报刊资料全文转载。

防治腐败应当依靠制度，甚至有人认为，有了好的制度就能根治腐败。对"腐败"和"制度"之间关系的这种看法，近年来几乎成为社会的共识，其中还有不少人对制度防治腐败的作用顶礼膜拜，大加赞赏，达到近乎痴迷、疯狂的程度。① 我们

---

① 如有人提出："我们不能只期望某一个人不腐败，我们只能期望依靠制度不让人腐败。"另外，一些人在强调加强"制度反腐"的意义而历数"运动式反腐"弊端时认为，在"运动式反腐"中，一些人有所收敛，但往往风头一过，故态复萌，"治标不治本"；并认为，做很多事都是靠领导权威，靠一些政策命令，掀起高潮。背后的重要原因是一些人包括一些官员还是不习惯法治、不接受法治。法治强调方式方法的根本性、全局性、长远性和稳定性，要形成制度安排，靠制度来解决这种问题，而不是靠个人的威信和觉悟。我们认为，忽视制度之作用肯定是不妥当的，但如果完全寄希望于"制度"而忽视其他(且不说道德教化、人文关怀这类被实践证明行之有效的对策措施，就是一些人不以为然的诸如领导者个人的权威、威信、胆识和决心，甚至颇受诟病的"突击性"的、"运动式"的惩治方式，等等)，同样也不是恰当的。

认为,简单、含糊、笼统地说,这种理解和认识似乎并无不妥。不过,就其精准性而言,即如果把防治腐败必须依靠制度仅仅理解为,只要制定出一套制度便可一劳永逸,万事大吉,那么就是大谬不然,很成问题了。因为它不仅表明我们对治理腐败之痼疾毕其功于一役的想法十分幼稚天真,表达问题的逻辑思维异常混乱,同时也反映出我们对问题的认识和理解是何等简单和肤浅。因为就解决问题而言,即便是已制定出一套完整的制度规定也是远远不够的,接下来还有许多问题值得我们去思考,还有许多具体工作需要我们去落实。诚然,制定出一套完好的制度也不容易,但是,同制度的贯彻与落实相比,制度的制定无论是所需要付出的成本和代价,还是所产生的作用效果都要小得多。有鉴于此,本文拟就防治腐败为何需要"制度"但又不应当迷信制度,以及如何充分发挥制度的作用等问题做些思考,以期对制度与防治腐败二者之间的关系形成正确的认识,进而为在我国建立一套完整科学的防治腐败的对策、方略有所补益。

一、防治腐败需要制度

所谓制度,一般地说,是指在一个社会组织或团体中要求其成员共同遵守并按一定程序办事的规程、规则或行为准则。新制度学创始人、美国学者道格拉斯·C. 诺斯(Douglass·C. North)认为,"制度是一个社会的游戏规则,更规范地讲,它们是为人们的相互关系而人为设定的一些制约"①。由于人的行为表现方式和所产生的作用效果各不相同,因而规范、制约人的行为之制度也具有多样性。因此,诺斯根据制度对人的行为的制约力之强弱,将制度分为:正式规则、非正式规则和这些规则的执行机制三种类型。正式规则,即正式制度,是指政府、国家或统治者等按照一定的目的和程序有意识地创造的一系列政治、经济规则及契约等法律法规,以及由这些规则构成的社会的等级结构,包括从宪法到成文法与普通法,再到明细的规则和个别契约等,它们共同构成人们行为的激励和约束;非正式规则是人们在长期实践中无意识形成的、具有持久的生命力,并构成世代相传的文化的一部分,包括价值信念、伦理规范、道德观念、风俗习惯及意识形态等因素;执行机制就是为了确保上述规则得以贯彻落实的相关制度安排,它是制度安排中最为关键的一环。上述三个部分不可分割,共同构成一个完整的制度内涵。在我国,不少学者根据制度约束对象范围之大小,还将制度区分为:用以约束规范某一特定类型活动和关系的行为准则(即具体、特定的制度安排),以及各不相同但具

---

① [美]道格拉斯·C. 诺斯:《制度变迁与经济绩效》,杭行译,三联书店出版社 2008 年版,第113 页。

有内在逻辑联系的多种制度所形成的体系(即制度结构)两个层次。

防治腐败需要制度的理由在于:一是公权力在运用中极易越轨逾矩而滋生腐败;二是制度的运作的确能在一定程度上限制公权力的滥用,从而对腐败产生预防和抑制作用。

(一)权力的实际运作极易滋生腐败

权力究竟为何物?尽管人们对之有许多不同的理解和表述①,但都认为是一种"力",一种不同寻常的"力"。同其他"力"(如自然力)相比较,权力的独特之处除主要是对人内隐的精神(或心理)而不是外显的肉体(或躯体)产生影响作用之外,还表现在两个方面:一是作用领域的广泛性,二是越轨逾矩的自发性。

就作用范围而言,一般自然力只针对某个特定的事物对象,使之产生某种程度的影响和变化(狂风扫落叶、雷电击高楼),而权力则可对所有事物对象(既可以是具体有形的,也可以是抽象无形的)产生作用,使之产生广泛而深刻的影响。权力发生作用的领域之所以如此广泛,其原因就在于它是一种具有社会性的"力"。这里所说的"社会性"当然不是指它仅仅在社会生活中存在和只能在社会领域发生作用,而是说它主要地是由具有社会性的人所体现、所引发和所掌控。尽管现实中的每一个人都受制于一定社会,事实上,也不能离开社会而生存,但由于构成社会的每一个人都是具有自主意识的(或者说"主观能动性""意志自由"),因而社会的形成不但没有阻止或禁锢人的意志和行为,而且交往领域的极大扩展还为某些人的意志和行为自由选择提供了更为便利的条件和更加广阔的空间。比如,某些人可通过非法的,甚或凭借某种合法的方式便可极大地扩充其权力的作用范围,形成更大的作用效果。所以说权力具有其他自然力无法比拟的作用功能:既

---

① 著名社会学家、德国学者马克斯·韦伯(德文 Max Weber,1864—1920)认为:"权力意味着在一定社会关系里哪怕是遇到反对也能贯彻自己意志的任何机会,不管这种机会是建立在什么基础之上。"([德]马克斯·韦伯:《新教伦理与资本主义精神》,阎克文译,上海人民出版社 2010 年版,第 198 页。)美国社会学家塔尔科特·帕森斯(1902—1979)则认为,"权力是一种保证集体组织系统中各单位履行有约束力的义务的普遍化能力"。([美]塔尔科物·帕森斯:《社会行动的结构》,张明德等译,译林出版社 2011 年版,第 27 页。)法国思想家米歇尔·福柯(Michel Foucault,1926—1984)认为,"权力是各种力量关系的集合"。([法]福柯:《规训与惩罚》,刘北成等译,生活·读书·新知三联书店 2007 年版,第 142 页。)美国学者乔·萨托利认为:"权力是发号施令,国家权力依靠合法的暴力垄断而发号施令。权力,至少是政治权力,一般与强制与可强制性,惩罚与可惩罚性有关。"([美]乔·萨托利:《民主新论》,冯克利等译,东方出版社 1997 年版,第 39 页。)在我国,一般将权力理解为主体以威胁或惩罚的方式强制影响和制约自己或其他主体价值和资源的能力。国家权力(狭义的权力)是统治阶级为了实现其阶级利益和建立一定的统治秩序而具有的一种组织性支配力。

可直接作用于当前的具体事物［如某些领导干部为了排除异己,树立"权威",借助其"管理权""领导权"对其下属进行打压(如训斥,责骂,或惩罚),使下属、同僚"认错""服输"而俯首称"臣"］,也可通过对具体事物的作用而间接地对其他事物,包括对那些难以捉摸的抽象事物产生影响(如司法部门利用执法权对违法犯罪者予以惩处,便可警示其他潜在的违法犯罪者,使之打消违法犯罪的意念,或"中止"违法犯罪的行为等)。

公共权力,作为一种权力类型,不少人认为,同所有其他权力一样,在现代民主社会也是同"义务"相对而产生、相伴而存在的,也就是说无论是单个人,抑或是一个社会团体组织,要想拥有、掌握某种公共权力,一般地说,都必须承担相应的责任,或者说履行相应的、体现为职责的义务。换言之,只有尽了义务(也就是履行职责)才能拥有这种权力。然而,这也仅仅是人们的一种"想当然",或善良愿望。因为二者毕竟不是同一码事,"只要权力而不尽任何义务",或"只有义务而无任何权力"——权力和义务二者相互背离、脱节则是司空见惯——是常有的事情。也就是说它们的协调一致是要具备一定条件的。其缘由就在于,权力的存在和作用的发挥都必须借助或依赖于某个(或某些)特定的、具体的个人,而现实中任何一个掌握公权力的人无不是集公权与私权于一身的综合体。作为持有公权力的单个人,他不仅天然地具有满足自身利益需求的强烈欲求和愿望,同时也具备了假公济私,或者说以权谋私满足这些欲求的便利条件。二者兼备,便使公共权力的滥用,即腐败滋生,显得那样见怪不怪,"自然而然"。

权力与义务之间的最大区别在于:"权力"标志着一种财富、资源,或享受;而"义务"则意味着一种奉献、责任,或付出。在现实社会生活中人与人之间,就如何看待和处理二者之间的关系,尽管存在巨大的个体差异,但尽可能地不尽义务或尽少量的义务(或者说小的"成本"和"付出")而获得尽可能大的权力(或者说"收益"和"享受")仍然是一种最基本、最普遍的情形和法则。其原因就在于:权力可转化为权利,或者说有了"权"这种"力"就能比较容易地获得某些"利"。而"获利"则不仅是作为一种生物体的人与生俱来的一种自然天性,或本能,同时也是从一般生物体进化到真正意义上的"人"的阶段之后的一种行为自觉。人类发展史一再表明,人之"求利"本性并不因为社会文明进化程度的高低不同而在性质上会发生多大改变,如果说有什么变化的话,至多的也就是求"利"的手段、方式存在差别,或"利"之具体内容有所不同而已。① 有言道,没有永恒的朋友,没有永恒的敌

---

① 简略地区分:手段有"暴力"与"平和"的不同,方式有"直接"和"间接"的差异,"利"之内容有"物质性的"和"非物质性的"(一般称为"精神性的")区别。

人，只有永恒的利益。对此，我们认为，只要我们不带任何偏见——客观地审视一下社会现实，恐怕谁都不得不承认这么一个事实：小到个人之间的矛盾和纠纷，大到国与国或国家集团之间的摩擦、冲突和战争，莫缘于此。因此，可以说，获利是人类一切行为的出发点和最终归属，换句话说，人所做出的一切行为，或直接，或间接都无不与某种利益相关联。在人之个性极其张扬、暴露的现代社会，人类行为中所呈现出的这一特点似乎更加明显和突出。面对熙来攘往、劳碌奔波的人群，包括我们自身，难道我们可以视若无睹地否认人的许多行为的出发点和落脚点不是在追求某种利益吗？法国启蒙思想家孟德斯鸠为什么说"一切被授予权力的人都容易滥用权力"？① 这句话为什么又能赢得社会民众的广泛认可，并被一些人视为有如牛顿所提出的"万有引力"那样的科学"真理"②？ 其缘由就在于拥有权力就意味着能较轻易地获得相应的利益。而获利，获得更多、更大的利，既然是人的一种自发的也是自觉的行为，那么由此也就不难理解掌握了一定权力的人为什么会越规犯矩，"自发"地借助权力谋取私利了。

（二）制度在一定程度上能预防和抑制腐败

人与人之间的各种交互关系，如果借用经济学语言来描摹和表述，那么我们认为在很大程度上也可视作一种类似于商品交换，或交易的关系。将制度与腐败防治二者之间的关系放置于这一语境中加以考查、分析，便不难发现，制度之所以能在一定程度上对公权力的滥用，亦即对腐败滋生和蔓延产生预防和抑制作用，就在于制度具有如下三个方面的独特功能。

第一，制度能为交易的协调提供机制保障，从而阻止公权力对交易行为的非法干预。考察人类社会的发展历史，我们看到，制度是一个随着集体、社会的产生而产生的范畴。旧制度经济学家凡勃伦认为，制度系统的形成是看不见手势的，又是设计式的；新制度经济学就制度的起源有"契约论"说和"博弈均衡"说。但无论学术界怎样"说"，制度是社会的产物，这一点却是毫无疑义的。在鲁滨孙的生活中，他的一切行为都只受自己意愿的支配，不需要也没有执行力来保障任何约束和规范其行为的规则，也就是说制度在他的生活环境中完全没有存在的必要。鲁滨孙式的生产活动在现实中是不可能存在的。因为如马克思所言，人们"只有以一定的方式共同活动和相互交换其活动，才能进行生产。为了进行生产，人们相互之间便发生了一定的联系和关系；只有在这些社会联系和社会关系的范

---

① ［法］孟德斯鸠：《论法的精神》，张雁深译，商务印书馆 1982 年版，第 150 页。
② 《西方法学名著提要》，江西人民出版社 1999 年版，第 158 页。

围内,才会有他们对自然界的影响,才会有生产"①。随着人类社会的进步、经济的发展,人们之间的交换和合作日益增多,亦即相互之间的交往交易日益频繁。然而,由于社会分工的出现及细化,交易内容和形式的多样化和复杂化,以及人们的认知能力的有限性,且生活在一种信息不完全和不对称的环境中,于是在交易的过程中隐瞒、欺诈,尤其是某些人凭借某种身份或地位对交易物强行占有等行为开始出现。也就是说在复杂交易中各行为主体的意愿发生抵触的情况不断发生,因此而导致的利益冲突和摩擦致使交易无法顺利进行,这时便特别希望有一种协调机制来促进交易的实现。最初可能是具有威望的人做出协调或判决,或人们就具体问题达成共识,或以成文的方式规定下来,当再遇到类似的情况时依据前例或既定的原则、方式来处理。这样,渐渐地一系列协调机制便产生了,并以一定形式的执行力来约束各交易主体,消除信息不对称,维护交易各方利益,以保障交易的顺利进行。而这正是契约论说所描述的制度自然形成的过程,以及制度所起到的作用。因此,我们可以说制度实质上就是一种交易的协调保障机制。正是由于制度的这种功能作用的发挥,也就在一定程度上阻止了权力拥有者对交易活动的非法干预,从而降低了一些官员滥用职权、贪赃枉法、谋取私利之类腐败行为发生的概率。

第二,制度能为交易中主体间利益的分配和交易费用的分摊提供指导,从而使权力的介入成为多余。从交易过程来看,人们彼此间若想要合作,不言而喻,首先就需要弄清楚他们各自都有什么资源,也就是进行产权的界定。产权界定是交易发生的前提和保障,既包括权利的授予,也包括责任的限定,直接关系到交易中主体的成本与收益,它是一种行为主体之间相互博弈或竞争的结果。然而产权界定本身也需要花费成本,因此这个博弈结果需要以某种具有约束力的方式即契约或制度确定下来,以保障之后的交易能够按着前期博弈结果进行。所以说,契约与制度存在着一定的共性,这就是在交易中起到权利分配和义务分摊的指导作用。产权界定后一般会以制度的方式确立下来,即产权制度。在产权制度的基础上,人们之间的合作或交换,就可以看作产权的交易。交易的发生,必然会给人们带来成本与收益,二者也是人们做出行为决策的基础。这样制度协调交易进行的过程,实质上就是一个指导交易行为主体之间的成本分摊和利益分配的过程。而这里所说的成本,也就是新制度经济学中的所谓交易费用。交易费用即人与人之间的交互行动所引起的成本,交易中所发生的一切成本都属于交易费用的范畴。因此,可以说制度在交易中起着指导交易主体间的利益分配和交易费用分摊的作

---

① 《马克思恩格斯全集》(第 1 卷),人民出版社 1956 年版,第 28 页。

用,换言之,制度的本质就是交易中具有执行力的指导交易中主体间利益分配和交易费用分摊的协调保障机制,这种机制既可以是在交易中自发形成的,也可以是由占绝对利益优势的行为主体制定形成的。制度既然能为交易主体间利益的分配和交易费用的分摊提供指导,也就使公权力介入交易成为多余,自然也就大大缩减甚或排除了权力拥有者以权谋私的可能性。

第三,制度所具有的强制力,使得意欲越轨逾矩者不免心生疑惧而对自己的行为有所收敛。制度之所以有利于社会交易行为的进行,即能够对个人思想和行为起到一定的规范、约束作用,就是因为它具有让人难以抗拒的执行力,即有强制力保证其贯彻和落实,否则制度的约束力将无从实现,对人的行为也将起不到任何规范作用。事实上,只有通过执行的过程,制度才成为现实的制度。因此,对制度完整准确的理解,决不能仅仅将其视作单纯的规则条文,而必须把规则条文的贯彻落实,即有效执行这一至关重要的内容涵括在其中,并予以特别重视。因为规则条文是死板的、静止的,而制度对人的行为发生作用不仅是动态的,而且是操作灵活、时常变化的,是执行力将规则条文由静态转变成为动态,赋予了其能动性,使制度在执行中得以实现其约束作用,实现和证明了其规范、调节能力,从而得以被人们遵守,才真正成了制度。因此,我们说,制度是在通过其执行力对人们的行为起到规范作用的时候才成为制度的,使其从纸面、文字或是人们的语言中升腾出来,成为社会生活中人们身边不停发生作用的无形锁链,约束、指引着人们的行为和尺度。无论是正式制度还是非正式制度都须有其执行力,只不过差别在于正式制度的执行力由国家、法庭、军队等来保障,而非正式制度的执行力则是由社会舆论、意识形态等来保障。我们认为,认识到制度所具有的执行力是把握制度之本质及其作用功能的重要一环。由此可以说,有无执行力,或执行力之大小,便成为评价和辨别一项制度是优是劣的一个主要标准。完善制度所具有的强大执行力使得意欲利用公权力为非作歹的人不得不心生恐惧,从而打消已萌发的邪念,或收敛和放弃已经着手和实施的丑行。

二、防治腐败不能仅仅依靠"制度"

防治腐败需要制度,这是任何人也无法否认,或者说不得不承认的事实。不过,我们认为,要想根治腐败又不能迷信——完全依靠或寄希望于制度。对此,我们既可从理论上做出有力的论证,也可用生活事实给予充分的说明。

(一)依靠制度根治腐败在理论论证上遇到难以克服的难题

用来规范公权力运作的制度,无论是正式的、非正式的,还是其实际执行力的形成与实现,如上文已经指出的都是人的一种构造物,是智慧的人们根据前人防治腐败的经验事实,结合当时公权力的运行状况而摸索和总结出来的。这样,即便根据以往控制权力、防治腐败所积累的一些经验及由此而形成的一些科学理论,我们能够做到使所制定出的制度规定具有一定的超前性,但无论如何也不能过多地超越现实,相对于不断变化着的权力运作方式,制度的滞后性在任何情况下都是无法避免的。加之无论哪一种制度都不可能不存在概略性,或曰抽象性,也就是说,即便是制定得再精巧细密的制度也不可能将掌握公权力者已做出过以及虽尚未做出但完全有可能做出的大大小小、五花八门的职务行为无一遗漏地做出规定,充其量也只能对某一行为类型做出一般性的规定。由此可想而知,所谓完善的制度,或者说制度的完善,都是相对而言的,就其绝对性和现实性来说,永远都是一个可望而不可即的"彼岸世界"——我们可以不断接近它,但不可能真正地贴近、拥抱和占有。具体地说,这是因为:

第一,横向而言,即对用以约束规范某一特定类型活动和关系的行为准则,即具体、单个、特定的制度设计来说,从表面上看所针对的对象比较单一——只是特定的行为或关系种类,但这并不意味着其所涉及的内容就一定稀少,各种内容之间的关联性就一定简单而易于捏拿、把握,加之无论是行为活动的内容、方式,还是与之相关联的各种关系盘根错节并始终都处在一种不停的变化状态之中,以至于我们无法穷尽其所有可能而实际地掌握。比如,关于"领导干部个人财产的申报公开制度"的制定,就会遇到诸如"哪些财产应该申报""向谁申报""以何种方式申报""以何种方式公开""在多大范围内公开""对不同的申报(如虚报、瞒报、谎报)情况如何做出处理"等,这样一些众说纷纭、莫衷一是的问题。因为诸如财产的数量、类型、构成方式、权属等都不仅是不断变化着的,同时也是一桩见仁见智,难以言说清楚的事。而对诸如此类基础性的问题如果不作出明确的规定,并取得基本一致的认同,则完全有可能导致处罚不公。而这种情况一旦出现,且不说所制定的制度达不到防治腐败的作用效果,相反还很有可能产生一系列的消极性影响。比如财产权属认定不当而侵犯相关人员的权利(如夫妻个人财产和共同财产的认定如果有误,就很有可能加剧家庭关系的紧张、恶化,甚至导致家庭破裂、解体),非物质性财产认定不准就有可能使财产数量的计算出现大的误差,从而导致申报公开失去应有的意义。

从一个方面制定防治腐败的具体、特定的制度,其目的是通过精细的规定尽可能地保证公权力在这一范围之内的规范行使而不至于越规犯矩,滋生腐败。因此,对其具体条文的设计,包括体式的安排和内容表达所使用的语言都应尽可能做到简洁、规范、严谨和科学。而要做到这一点,事实上也是一项"只有更好,没有最好"——永无止境的工作。

第二,纵向来看,将具有内在逻辑联系但内容侧重和阶位各不相同的多个制度连接成一个完整、严密的制度体系,也是一个需要不断剪裁、对接和融合的过程。单一的制度,即便内在结构严密,内容表述规范、完整,毕竟也只是对某一个方面所做的规定,更何况制定这些不同制度的主体在制定制度时所秉承的价值(实质为各自力图保护和争取的利益,或称"利益诉求")往往存在分歧难以协调,因而使制度的整体安排举步维艰。譬如建构防治腐败的制度体系,从类别上讲,既有党纪,也有国法;从阶位上看,有部门或组织制定的一般条例、规章,也有国家层面上的法律法规;从内容上说,至少也有"家庭财产申报公开制度""任职、离任审计制度""用人失察责任追究制度",以及不少人提出在我国特别需要增补的如"重大决策程序条例"(以约束和规范领导干部的重大决策权)、"政务公开法"(全面公开政务让腐败没有藏身之地)、"行政组织法"(划清政府部门之间的权力关系)、"金融实名制度""遗产税和赠与税制度"(使官员的财产及变动情况透明清晰)、"公民信用保障号码制度"(为查寻、了解和掌握相关信息提供便利)和"反腐败国际合作制度"(以遏制相关人员潜逃国(境)外,规避打击和惩处)等。而要将这类目标追求基本一致但所涉内容各异、阶位层次不一的多个制度连接成为一个严密的制度体系,绝不是一件很容易的事,同样也是一个需要不断修订、完善和超越的过程。

(二)依靠制度根治腐败在实际操作中碰到无法超越的障碍

先贤孟子说过,徒法不足以自行。意思是说,仅有法律制度的条文规定还是解决不了任何实际问题的。防治腐败的制度自然也是这样。就是说,防治腐败的制度要产生实际作用还需要外在于制度条文的诸多其他因素共同发挥作用。在这些因素中,我们认为,最为重要的因素莫过于制度的执行力了。防治腐败制度的执行力,也就是使防治腐败的制度得以贯彻执行的能力,或力量。防治腐败的制度之所以能产生一些实际作用效果,可以说,全依仗着这种力量的作用。不过,我们在强调必须重视制度执行力的同时,也应当明白,任何一种制度无论是其执行力的形成还是其效用发挥,都少不了制度为其提供保障。也就是说,制度与其执行力之间的关系,事实上类似于人的左右手之间的相互依赖关系——洗左手需要右手,洗右手需要左手。按一般的理解,制度是静态性的条文规定,执行力则是为了使所制定的制度得以贯彻与落实的机制或方式。在一些人看来,执行力是不包含在制度之内的。正是这种外在的并具有强制性的"力",使得制度规定不至于被束之高阁——仅仅存在于人们的思想观念中,或纸张文件里,而发挥不出应有作用。我们常说,所有制度都具有或多或少,或大或小的强制性,其言的确不谬,但须知这种强制性并不是来自制度条文本身,而是依据制度而建立的执行机制(包括人员、机构设置、设备设施、实施步骤、措施和办法等)。由于执行力主要也是由人或与人密切相关的因素(如机构或组织)组合而成的,所以它要在实际生活中发挥作用,或产生效果,其实也少不了制度的引导和约束。在我国,像纪检、监察和检察机关及其工作人员,无疑是构成防治腐败之执行力的基本要素,但是这些部门和人员的职务(防治腐败)行为不是同样需要制度的监管和约束吗? 也就是说防治腐败者同样需要制度来防治其行为违规,约束权力者同样需要制度来约束其行为。这种防治、监督或约束,如果能形成一种严密的、完整的且相互监督制衡的体系或链条,那么对制度的落实到位,其意义之大自然是不言而喻的,这显然也是我们刻意追求的理想境界。然而,很大程度上这也仅仅是一种纯理论的推导,或社会民众一厢情愿的心理企盼。事实上,某些环节的缺失或断裂是司空见惯、十分平常的现象。这些机构部门及其人员失职渎职——不作为、乱作为的事例在我们的现实生活中并不鲜见。近些年,这些部门的人员因此而遭受查处的也并非个别,便是有力的证明。权力的行使需要制度来约束,制度需要执行力来落实,执行力的运作又需要制度提供保障和约束,约束执行力运作的制度又需要执行力来落实……如此这般,制度与其执行力之间始终都处在一种犬牙交错的关系之中。这种关系状态不仅使得我们分辨、廓清和处理二者之间的关系变得困难重重,而且由此也为某些心术不正的人"浑水摸鱼"——实施腐败,遮掩丑行,或逃避惩处提供了"便利"或机会。

执行力在制度贯彻落实中的作用如此之大,以至于一些社会管理制度健全的国家几乎无一例外地将其纳入制度体系的建设之中,作为其不可或缺的重要内容,予以特别关注。然而,在我国无论是在一般人的思想观念里,还是在制度(包括防治腐败制度)体系的实际构建中,执行力并未得到应有的重视——重制度条文的设计而轻制度执行力的打造和实际效用的发挥之类的倾向不仅存在,而且十分明显,以至于各种制度从数量上看,林林总总、多如牛毛,形式设计似乎也很精致、很完满,但实际效果并不显著。人们形象地将其比喻为"墙壁上的画虎——摆设"。这种状况很有必要进行彻底的扭转或改变。不过,在认识和强调制度执行力的作用的同时,也应当看到执行力的实际形成和作用发挥也是需要一个根据当时的环境条件不断进行强化、调整和充实的过程,绝非一蹴而就,更非一成不变、一劳永逸。

防治腐败的制度是用来约束人的,然而无论是制度的制定还是制度的执行,都离不开人。人高度发达的大脑和对利益的无穷追求使得任何一种试图约束他人思想和行为的制度都不可能做到滴水不漏、万无一失。更何况拥有制度制定权的人在现实生活中几乎都是拥有其他许多权力且并非完全清心寡欲、不食人间烟火的超人、圣人。所以，正如一位学者所说，官员以权谋私搞腐败，只是一种法律制度不允许的行为。对那些信奉个人主义的官员而言只有值不值、敢不敢搞腐败的考虑，不存在该不该搞腐败的问题。因此，就惩治腐败而言，无论是单纯地依靠法律之类制度的硬约束，还是单纯依赖伦理道德（"定力"）的软约束，都是不能根本性地解决问题的，而必须多管齐下，即运用制度（包括部门规章、组织纪律、国家政策法令等）、道德、教育、信仰、报酬、监督，甚至"严打"等方式来进行，而不能左支右绌，顾此失彼。

事实胜于雄辩。就我国防治腐败的实际情形来看，在制度，尤其是在法律制度的建设方面，时下与前些年相比，全国各地的情况应该说并无太大的差别，然而其效果却有极大的不同。当寻思形成这种巨大反差的主要原因时，我们认为，无论如何也不得不承认，这同各地领导干部在思想情感、责任意识，尤其是在决心、胆识、魄力和意志品质等方面所存在的差别密切相关。然而，这些方面的差别，显然并不是依靠什么"制度"规定所能够"培养"起来，或者消除得了的。

三、充分发挥制度在防治腐败中的作用

就防治腐败来说，我们并不否认制度的作用，相反，还会承认它具有其他方式和方法无法替代的独特效用（我们所反对的是对制度作用的过分迷恋和崇拜）。正是由于制度对于防治腐败具有必不可少的作用，所以我们不仅不能忽视，而且必须充分发挥它的作用。其缘由就在于，根治腐败需要多方面的努力，方能奏效。而要充分发挥制度的作用，我们认为，除尽可能地打造出一套完整、科学的制度体系之外，还应当狠抓制度的贯彻与落实，亦即努力提高制度的执行力。

（一）进一步提高制度设计的科学性和可行性

任何一项制度的设计如果做到了科学、可行，那么也就为其高效力的贯彻落实，即具体执行打下了坚实基础。因而制度建设无论是单个制度的设计还是整个制度体系的安排，都必须遵循科学合理、具体实用的原则。

为此，根据我国防治腐败之制度建设的现实情况，我们认为，在制度设计上应在以下几个方面做出进一步的努力。

一是在结构体系方面，尽可能做到更为系统，更具完整性和严密性。对领导干部管理和监督之制度，在标准上要进一步严格起来，在内容上要进一步系统起来，在措施上要进一步完善起来，在环节上要进一步衔接起来。做到不漏人，不缺

项,不掉链,使观望者不再犹豫,侥幸者丢掉幻想,投机者没有市场。① 因此,在制订任何一项制度前,都要认真调研,广征民意,严格论证,系统规划;在制订过程中,条文规定宜细不宜粗、宜严不宜松;在试行一段时间之后,要认真总结经验教训,及时修订完善,解决所存在的问题。在作制度体系的安排时,不能"只见树木,不见森林",而必须统筹安排,进行顶层设计——在认真甄别、揣摩每一个具体制度长短、优劣的基础上,细心剪裁,精心拼接,认真打磨,努力做到:既使各个制度间衔接紧密,无空隙、无死角,又能使整个体系运转自如,功能发挥正常。

应当看到,我国防治腐败的制度体系并不健全,存在"真空区、弹性大"的问题。这突出表现为:一是与新形势下防治腐败的要求还有差距,对制度落实过程中出现的新情况、新问题的研究处理还很不及时、不到位。有的制度明显滞后于当前形势而没有废止,存在漏洞没有修补和完善。二是有些制度存在管理真空,比如对腐败行为的追究主要是追究当事人,而对当事人领导的责任追究极少;只设立了廉政的个人负责制,没有建立廉政领导责任制和责任连带制。三是结合单位部门实际的具体条款少,照搬照抄上级规定多,缺少明确的操作流程,可操作性不强,执行起来弹性比较大,如对公务接待和会议地点没有做出具体的标准和硬性规定,致使公款吃喝和公款旅游的现象难以遏制等。

在制度体系建构方面存在不完整、不严谨的问题。部门规章之间、党纪与国法之间、不同法律之间不同程度上还存在一些漏洞或冲突。比如,领导干部个人财产申报公示,到目前为止,还仅仅作为一种党纪或政纪要求,并未上升到国家法律规制的层面;纪检监察机关不移送违法案件,自行从轻处理——以罚代刑,却很少追究相关部门和人员的法律责任(行政或刑事责任);对行为人实施"双规"应否视为"拘留"也没有一个明确的说法;等等。制度与制度间的这种不匹配、不协调,在一定程度上造成制度空转,带来权力运行中的监管漏洞,从而为权力腐败提供可乘之机。因此,惩腐督廉的制度安排必须从系统功能实现的角度,高度重视各项制度的配套建设和科学对接。

二是在内容表述方面,努力做到更加清晰明了、更具可操作性。防治腐败的制度是对掌握公权力者的职务行为进行具体的规范、制约,因而规定什么可行、什么不可行,必须清清楚楚;做什么、怎么做,必须明明白白;何人、何时、何地,任务、条件、目标、标准、责任、措施等,必须具体明确,让人一目了然。就是说,制定制度所使用的语言要具体、准确、清晰,力戒空洞、含糊。对过于原则化的制度要制定

---

① 广州日报:《使观望者不再犹豫,侥幸者去掉幻想,投机者没有市场》,载大洋网 http://news.hexun.com/2014-11-03/169972388.html,2014 年 11 月 4 日。

实施细则,所表述的内容不能模棱两可、似是而非,既要有实体性要求,又要有程序性规定;既要有宏观目标,又要有微观措施,以确保制度行得通、管得住、可操作。

例如,为了预防和惩治某些领导干部在婚丧嫁娶等活动中借机敛财的腐败行为,有人提议将"收受礼品"规定为违规违纪,甚至是违法犯罪行为。我们认为,对此类行为进行规制,的确有其现实的必要,不过在具体司法实践中如何操作,会遇到不少棘手的问题,故而要制定出此类制度规定,就需要提出严格概念定义和详尽的实施细则,否则将适得其反——导致执纪执法不平等,进而削弱法纪的权威性和严肃性。

三是要对制度的贯彻执行做出具体、明确的规定。在制度的建构中,无论是单个制度的设计还是制度体系的安排,都不能仅仅关注于有关规制公职人员的职务行为之制度条文的设计,还必须对制度的执行提出具体、细致、严格的要求。如,要求相关部门必须建立一支强有力的执行队伍,并保证其人员、机构、经费、职责、权力落实到位;必须健全制度执行情况信息反馈机制,疏通反馈渠道,以及时了解掌握执行过程中存在的问题,适时进行修改完善;必须建立制度执行力评价体系,对制度进行认真的清理、评估、完善,已经过时的要及时废止,存在缺陷的要进行修正,人为原因不能落实的要提出纠偏措施,需要配套的要尽快制定实施细则,使制度在执行过程中能与时俱进、日趋完善。

(二)最大限度地增强制度的执行力

相比较而言,应该说我们并不缺乏制度建设与创新的能力,但严重缺乏贯彻与落实制度的措施与力度。从我国现实情况来看,有关防治腐败的一些制度之所以得不到有效执行,其原因除上文指出的——所制定出的制度本身设计不够科学,不够具体明确,不便于操作之外,还有两个更为重要的原因:一是一些人受利益的驱使,对自己有利的就执行,不利的就推三阻四,在执行制度时搞实用主义;二是一些上不得台面的"潜规则",使得违反制度者得利受益,执行制度者蒙怨遭损,从而造成社会民众对制度的信任危机。

1.防治腐败制度之执行状况堪忧

根据对我国防治腐败制度之落实情况的观察和分析,我们认为,就总体而言,现今较以往有明显的进步,但并不能让人感到十分满意和乐观,存在的问题依然比较严重。其中突出的问题有:

一是执行制度的自觉性不强,存在"推推动动、不推不动"的现象。一些领导干部对防治腐败之制度建设的重要性、紧迫性和长期性认识不足,抓制度落实的自觉性和主动性不足,时至今日,仍有人认为贯彻落实制度规定是"虚"的,抓出经济效益才是"实"的;一些人,尤其是一些从事行政、业务工作的人员片面认为,落实防治腐败制度是党委、纪委的事,与自己关系不大,甚至无关;更有人认为制定出制度就大功告成,万事大吉了。观念认识上的糊涂、片面,心态上的慵懒、消极,导致制度的制定与执行二者之间严重分离和脱节。

二是执行制度的随意性大,存在"领导一句话、制度算个啥"的现象。有顺口溜云:"制度千万条,不如领导的批条;制度原则的话,不如领导的半句话。"这在一定程度上反映出制度被某些领导干部随意摆布、嘲弄、践踏的事实。的确,一些领导干部,尤其是"第一把手"不但不是率先垂范,带头遵守和执行制度,往往还是制度的违反者、破坏者,如对人事、资金等重要事项以各种理由回避集体决策,搞个人说了算。有的视制度为儿戏,搞权力至上,制度规定不能办的事,只要他的一句话,制度就会变成废纸,一切可以特事特办。有的存在变通执行,钻漏洞空子、打擦边球,对己有利的执行,不利的不执行;有难度的则设法规避执行,搞"上有政策、下有对策"。还有的以"潜规则"代替显规则,譬如,为规避用车标准的规定,便低价购车后再进行豪华装潢;为规避高档吃喝接待,便变少数人为多数人,一餐为多餐开票报销;还有的将礼品费开成办公费、将公费旅游变为公务考察等,变着花样巧周旋。

三是对制度执行的监督乏力,存在"单打独斗、监督作秀"的现象。首先是监督力量薄弱。各级纪检监察机关,尤其是基层单位普遍存在人员配备不到位的问题。不少部门(如乡镇纪委和县直单位派驻纪检组)几乎是"光杆司令"。仅有的力量时常还存在"兼职"或"被借用"。人员过少,力不从心,致使监督徒有其名,成为摆设。其次是监督不到位。由于地方保护主义的严重阻挠以及一些监督部门和人员责任心不强,一些上级监督和外部监督机构对一些单位和部门制度执行情况的监督流于形式,很难具体深入,即存在不少监管"空白区";由于"好人主义"作祟,单位内部相互之间对违规违纪,甚至是违法行为不能正确地批评指正,加之内部监督措施不多、乏力,监督往往徒有其名——走过场。再次是监督渠道不畅。由于缺乏公开透明的监督平台和渠道,普通民众,包括一些党员干部对一些重大情况知之甚少,从而形成了想监督却又无法监督的局面。

四是对违反制度的行为处理追究不严,存在"大事化小,小事化了"的现象。一些领导干部严重地存在狭隘地方(或单位)保护主义观念和极不负责任的"老好人"思想,办事不讲党性,不讲原则。对本单位一些违法乱纪行为采取宽容、隐瞒,甚至包庇的态度,搞人情化执行——该作纪律处分的不作纪律处分,该移交司法部门的案件不移交。如有的领导干部不敢担担子,怕得罪人,对违反制度的人和事不愿管、不敢管;有的对违规违纪现象处理不及时、不严格,雷声大雨点小,好搞"下不为例""手下留情",从而导致制度的权威性、严肃性大打折扣,更为严重的是,由此使得一些人思想麻痹,好坏不分,即产生一种"破窗效应"——他违反我也违反,即使被发现、被查处也不过如此尔尔。这样一来,不仅宽恕和放纵了现有的违法乱纪者,同时由此也孕育和催生出更多更为严重的腐败现象。

上述现象必须改变,因为它的存在,不仅会导致社会民众对党和政府的信仰危机,更为严重的是,它会加速腐败现象的滋生和蔓延。所以说,增强防治腐败制度的执行力,就我国现实情况而言,不仅是非常必要的,而且是十分紧迫的。

2.提高防治腐败制度执行力的举措

面对不断变化着的腐败新动态、新特点及社会防治腐败的新形势和新任务,全社会各部门,尤其是各级党委、政府和纪检、监察、检察机关务必认清形势,明确责任,不辱使命,既要为打造防治腐败的完整制度体系尽心竭力,更要为已有制度的贯彻与落实出硬招,使实劲。为此,应从如下几个方面做出努力。

一是设法提升广大党员干部对党的忠诚度,以增强其自觉执行制度的原动力。实践证明,一个对党的事业无限忠诚、理想信念十分坚定的人,一个以国家和人民的利益为重、乐于奉献的人,往往不仅仅是制度的模范执行者,而且是制度的自觉维护者。因此,为了提高防治腐败的效果,应当认真探讨解决新形势下党员干部在政治信仰、政治立场等方面所存在的问题,引导他们进一步坚定对马克思主义的信仰、对中国特色社会主义的信念、对现实中华民族伟大复兴的中国梦的信心、对党的领导的信赖,以切实增强其贯彻执行党和国家各项制度的使命感和自觉性。为此,要在培育和弘扬社会主义核心价值观的过程中进一步强化广大党员干部立党为公、执政为民的责任意识。因为强烈的责任感既是执行力的前提,也是执行力的内在动力。责任感源于正确的价值观、利益观和事业观。在各种关系的处理中,最为关键,也是最具决定意义的是能否正确对待和处理个人、单位利益与党和国家利益的关系,自觉把人生理想和价值追求同党和人民的事业紧密联系起来,自觉摆脱个人和小团体狭隘利益的束缚,以对党和人民的事业高度负责的态度严格执行各项制度。

二是加强有关制度的宣传与教育,以增强党员干部的制度意识和执行制度的自觉性。有言道,只有心中有规矩,其行为才能有方圆。防治腐败的历史经验表明,尽管明知故犯者在贪腐犯罪总量中占据绝对多数的比例,但这并不排斥或否定也有相当一部分人"不知而犯"这一事实。社会生活实践也证明,任何一种制度只有当被限制或约束者明了、知晓时,其贯彻执行才有最深厚而牢靠的根基,可以说这是提高制度执行力的基本条件之一。2013 年 11 月,习近平总书记在湖南考察时指出:"要加强对党员、干部特别是领导干部的教育,让大家都明白哪些事能做、哪些事不能做,哪些事该这样做、哪些事该那样做,自觉按原则、按规矩办事。"①因此,各级党、政组织应切实抓好各种制度的宣传教育,以提高党员干部的制度意识,并把制度转化为行为准则和自觉行动。为此,一方面要把制度宣传纳入反腐倡廉"大宣教"格局之中,广泛深入地进行宣传。为了实现这一目标,可搭建两大宣传平台:其一,以现代传媒为载体,通过电视、网站播放廉洁自律规章制度,联通、移动发送党纪条规短信等形式,创建网络宣传平台;其二,以廉政文化"六进"为载体,通过图片书画展、文艺演出等形式,创建社会宣传平台。另一方面要采取经常性教育和特色教育相结合的方式,定期开展学习制度活动,促进党员干部学懂学透——既能全面了解制度的具体要求,又能深刻领会制度的精神实质。为此,可利用两大教育阵地:其一,以党委中心组为阵地,抓好各级领导班子、领导干部防治腐败制度的学习;其二,以党校为阵地,将《廉政准则》等制度纳入干部培训的重要内容。在此,需要指出的是,在宣传教育中务必强调执行制度的强制性,让广大党员干部,尤其是领导干部明白:对他们来说,贯彻执行制度既是政治纪律,也是组织纪律,而不是想不想执行的问题,从而重视党纪法规学习。要求他们不仅能把制度之内容要求了然于胸,而且能把制度转化为行为准则和自觉行动。另外,对党员干部进行制度学习和培训要务求实效,故而其形式务必丰富多彩并不断有所创新。亦即,既要进行制度灌输教育,又要进行自我教育;既要运用现代技术手段开展教育,又要以喜闻乐见的艺术形式进行宣传教育;既要注意分类别分层次开展教育,又要通过测试的方式定期不定期进行检查,真正使防治腐败制度入脑入心,切实形成人人学制度、个个守制度的良好风气。

三是责令领导干部带头学习和执行制度,以充分发挥他们的导向、引领、表率作用。领导干部,尤其是主要领导干部作为社会民众的领头雁、引路人,其言行作为社会生活的指示牌、风向标,能否身体力行,率先垂范——带头学习和执行制度,既是检验制度执行力的"试金石",也是提高制度执行力的动力源、关节点。领导干部言行的示范力具有鲜明的引领、导向作用。因此,要把领导干部带头学习、执行制度当作其一项基本职责要求:要带头学习制度,切实领会制度精神、熟知制度内容,自觉做制度的"明白人";要带头执行制度,其行动先于群众、标准高于群众、要求严于群众,切实做到感情面前不突破、利益面前不变通、干扰面前不迁回、

① 《习近平十八大后八论"规矩"》,载新华网,http://news.ifeng.com/a/20141025/42296526_0.shtml,访问时间:2015年1月5日。

难题面前不退缩,带动和促进制度的有效落实;要提高依法决策和指导的能力,自觉把法规制度作为想问题、做决策、抓工作的依据;要提高创造性贯彻落实的能力,不墨守成规,不固守经验,不生搬硬套,坚持与时俱进、改革创新抓落实;要提高协调化解矛盾的能力,尤其要提高解决复杂棘手问题的能力,确保各方力量协调一致贯彻落实好制度规定;要带头改进作风,坚持真抓实干,扑下身子抓具体、抓落实,力戒形式主义、官僚主义,以扎实的作风推动制度的有效落实。所以,各级领导干部必须清醒地认识到制度执行力的重要性,切实增强带头执行意识,牢固确立在制度面前没有特权、制度约束没有例外、制度贯彻没有变通的思想,不能因为级别高、权力大就可以漠视制度,肆意违反和践踏制度。要充分发挥表率作用,以身作则,带头学习好、贯彻好、执行好廉洁自律各项规章制度,要求别人做到的,自己首先要做到;要求别人不做的,自己坚决不做,这不仅是对制度的最好维护,同时也有利于营造一种人人遵守和维护制度的良好氛围。毛泽东同志讲过,世界上怕就怕"认真"二字,共产党就最讲"认真"。鉴于我国防治腐败所面对的严峻形势及各种相关制度的执行情况,应该说已是各级领导干部必须认认真真、规规矩矩"从我做起"的时候了,抛弃投机、幻想和侥幸,戒除犹豫、观望和徘徊。这既是自身之职责、民众之期待,也是社会之必须。

四是做好制度执行情况的检查与监督,以防止制度在贯彻落实中变形走样。纪检监察机关作为党内监督专门机关,务必充分依靠监督检查这个重要手段,强力推动制度执行和落实。在实际工作中,要突出督查重点,紧紧围绕"权、钱、人"三个方面,对主要对象、重点领域、关键环节的制度执行情况进行监督检查,特别是要对单位"第一把手"在"三重一大"事项、公务消费方面执行制度情况,对职能部门的股、科、处级干部和重要岗位的重要人员执行制度情况,对干部任用、工程建设、土地出让、资源开发等领域的制度执行情况进行监督检查等。要尽快完善上级、同级、下级对制度执行的监督检查机制,把日常督查、专项检查和年终督查结合起来,采用党内、人大、政协、群众和舆论联合监督的方式对制度执行情况进行督查。既要注重督查结果,更要注重督查过程;既要注重集中督查,更要注重经常督查;既要注重静态督查,更要注重动态督查;既要注重综合督查,又要注重专项督查。要通过督查及时发现和解决问题,促进各项制度执行到位。要创新督查办法,强化科技手段监督,运用"制度+科技"的办法,把科技手段融入制度设计中、运用到制度执行上,借助"无情"的电脑代替"有情"的人脑,确保执行过程公平、公开、公正。要积极推广电子监察系统,对行政审批和办事程序进行全程监控。要发挥网络媒体和群众的监督作用,广泛搭建监督平台,使制度执行得到多渠道的监督。此外,对在监督检查中发现的问题必须认真加以解决,决不容许文过饰非、包庇掩盖之类的现象出现。

五是紧紧抓住责任追究这个手段不放,并加大对违反制度行为的处罚力度。事实一再表明,对制度执行不力的情况进行责任追究,使领导干部内心深处形成和保持一种对制度的敬畏感,是形成良好执行环境最为关键的一环。因此,要把严肃法纪、加强责任追究作为制度执行的重要手段,切切实实抓紧抓牢。各级纪检监察机关要切实担负起监督检查制度落实情况的职责,拿出铁的心肠,使出铁的手腕,用出铁的纪律,真正做到有纪有法必依、执纪执法必严、违纪违法必究。为此,要建立完善的制度执行责任追究制和制度执行考评体系,将防治腐败的各项制度落实情况作为重要内容列入党风廉政建设责任制的考核之中,明确落实制度的责任单位和责任人,并把考核结果作为干部选拔任用、评先评优、业绩考核的主要依据,做到奖罚分明。要严肃追究党员干部,尤其是领导干部带头干扰破坏制度的行为。对于违反制度的党员干部,要进行批评教育,情节严重的依规依纪依法进行严肃处理;对领导干部特别是"第一把手"带头破坏制度、有意干扰制度的行为严厉追究责任,坚决依规依法从快从重处理,情节严重的要移送至司法机关,真正形成制度面前人人平等、制度面前没有特权、制度约束没有例外的社会氛围。要严肃追究变通执行制度、打擦边球的行为。对于不敢明目张胆地"闯红灯""触高压线",但却存在变通执行、选择执行以及打擦边球的行为,不能因为事小就不予追究。要把责任追究与领导干部问责紧密结合起来,问责既要对事,更要对人,要"问"到具体人头上,对那些不正确执行相关制度、不认真履行相应职责的领导干部,要根据有关法纪规定,及时采取相应的方式(如谈话教育、责成书面检查、通报批评、组织处理、纪律处分、移送司法机关等)进行问责,从而促使人人敬畏制度、个个严守制度。

六是加强督查队伍建设,切实提高监督执行的能力和水平。纪检监察机关和人员作为制度执行的监督检查专门机构和人员,一定要从严要求自己,狠抓自身素质的提高。为此,要加强队伍力量建设,结合纪检监察派驻机构统一管理改革,做好人员力量的匹配,充实督查力量,特别是要增强基层纪检监察力量,明确专职监督职责,强化制度执行效果;要加强能力素质建设,通过教育、管理、监督等措施,进一步强化自身修养,不断提高整个干部队伍的综合素质,使其中的每一个人都能认真履职、公正执法,从而达到政治立场坚定、纪律严明、作风正派、业务精湛、廉洁奉公的基本要求;要加强对督查队伍的考核管理,对不怕"得罪"人、敢于同腐败现象做斗争的纪检监察干部,要积极鼓励和支持,大力表彰和启用,并切实做好安全保护工作;对畏畏缩缩、害怕得罪人的人,要及时调离纪检监察岗位;对于违纪违法的害群之马,要根据相关法纪严加惩处。总之,要通过强化督查队伍自身建设,切实提高监督人员的政治素质和履职能力,力争以奋发进取的精神和求真务实的作风抓好各项制度的落实,努力把防治腐败制度执行力建设提高到一个全新的水平。

（本文原载于《南华大学学报》2015年第4期,中国人民大学复印报刊资料《中国共产党》2015年第12期全文转载）

美国有组织犯罪惩治策略及其启示

王燕飞

作者简介:王燕飞(1972—　　),男,湖南新宁人,湖南大学法学院教授、犯罪学研究所所长,湖南省犯罪学研究会会长,法学博士(武汉大学)、法学博士后(中国政法大学)、访问学者(犯罪学,美特纳华大学)。主要研究方向:犯罪学与中国刑法学。出版专著《恐怖主义犯罪立法比较研究》《犯罪学基础理论研究导论——以国际化与本土化为线索》《犯罪学生命历程研究》《犯罪学教科书知识反思与重构》《中国社区矫正实证研究》,合著/主编著作 3 部,发表论文近 100 篇。学术兼职:中国刑法学研究会会员、湖南省法学会刑法学研究会常务理事、中国法学会犯罪学研究会理事、中国预防青少年犯罪研究会常务理事。

美国于 20 世纪 70 年代开始成功地控制了有组织犯罪,不仅传统的意大利裔家族型黑社会(Mafia)大大削弱了,而且其他结构松散型犯罪组织群体(Less-well-organized Crime Groups)也得到了大幅度减少甚至消除。① 迄今为止,美国虽然对有组织犯罪的斗争活动一直持续进行着②,并且随着形势与社会变化,惩治策略有些变化或者完善③,但是基本上一直沿袭着历史型构的应对方略体系。④ 本文着重对 20 世纪 50 年代至 90 年代这一特定阶段美国有组织犯罪惩治策略进行较全面的梳理和总结,并探讨其启示价值。

---

① Letizia Paoli,The Oxford Handbook of Organized Crime.Oxford:Oxford University Press,2014,p.529.

② 如进入 21 世纪以来,美国针对青少年黑社会犯罪重新抬头设立了专门机构,采取相关预防措施。参见周国文:《新世纪以来美国的青少年黑社会犯罪及其预防对策研究》,载《青少年犯罪问题》2011 年第 5 期,第 20—24 页。

③ Felia Allum,Francesca Longo,Daniela Irrera,Panos A.Kostakos.Defining and Defying Organized Crime:Discourse,perceptions and reality [M].London:Routledge 2010:83.

④ Jay Albanese,Philip Reichel.Transnational Organized Crime:An Overview from Six Continents [M].Los Angeles:Sage publications,2014:35.

一、主要内容:四维策略体系

美国有组织犯罪惩治策略内涵丰富,并且显示出一个不断发展成熟的动态历史演进过程,是国家或者政府应对此类犯罪现象所做出的多方面、多维度的整体性反应,也是政治、法律、刑事司法与有组织犯罪博弈的历史构建的结果。因此,美国有组织犯罪惩治策略所呈现的是一种立法、执法、司法等多层面、结构性综合融通的应对体系。

1.根据形势需要,设立专门性、权威性、最高层的调查决策机构,及时发挥对有组织犯罪公共政策等方面的影响。

公众在观念上一般认为,美国有组织犯罪源起于意大利的黑社会(Mafia)。① 然而,这种认识的嬗变是在国家设立的高层次组织机构直接作用下渐次推进而发挥指引性作用的。② 这具体表现在 1950 年和 1963 年议会早期控制的努力,以及 1967 年和 1983 年总统授权的两次有组织犯罪调查。③

第一,基福弗罪行委员会(The Kefauver Crime Committee)。1950 年议员基福弗牵头建立了专门委员会,对有组织犯罪进行调查,以追踪非法赌博活动及相关的腐败影响。④ 但是,这项调查主要是针对当时热议的问题:是否存在一个全国的阴谋黑社会? 该委员会进行了广泛的公众听证,一年之中在 14 个州举行了听证,有多达 800 名证人参与。这项工作引发了公众广泛的关注,媒体观众达到 2000 万。⑤ 由于受到政治的影响,该委员会断然肯定美国存在一个种族阴谋的黑社会,但事实表明,这似乎存在一种别有用心的政治图谋。⑥

第二,麦克莱伦委员会(The McClellan Committee)。1957 年议员麦克莱伦创立了劳动或管理领域不当活动的专责委员会(Select Committee),负责调查在卡车司机联盟中的敲诈勒索问题。但是其中偶尔涉及调查参加阿帕拉契(Apalachin)

---

① Jay Albanese. Organized Crimes in American (2nd Edition) [M]. Anderson: Anderson Publishing Co.,1989:18.

② Howard Abadinsky. Organized Crimes(6th Edition) [M]. San Francisco: Wadsworth Thomson Learning,2000:438.

③ Patrick J.Ryan.Organized Crime:A Reference Handbook [G].America:ABC-CLIO Inc.,1995: 70-75.

④ Timothy S.Bynum. Organized Crim in American:Concepts and Controversies [M].Ann Arbor: Willow Tree Press Inc.,1987:73.

⑤ Patrick J.Ryan.Organized Crime:A Reference Handbook [G].America:ABC-CLIO Inc.,1995: 71.

⑥ Howard Abadinsky.Organized Crimes(6th Edition) [M].San Francisco:Wadsworth Thomson Learning,2000:442.

会议的五个成员劳动敲诈勒索问题,从而与黑社会联系起来。① 1960 年这个委员会到期,但其主席执掌了其所成立的有组织犯罪永久性调查分支委员会。1963 年通过对黑社会成员沃洛奇(Valachi)的调查及其证词,揭露了暴徒内部的工作机制,确证一个有劳动分工、官僚性组织模式的全国性黑手党(La Cosa Nostra)。

第三,总统执法和司法委员会(President's Commission on Law Enforcement and the Administration of Justice)。1967 年,这个专门设置的组织集中对黑社会进行了调查,并形成调查报告,呈给时任总统杰克逊(Johson)。该报告批评当时一些执法机构的调查人员和检察官把负责调查黑社会犯罪作为一项短期任务,并且在地方当局,甚至各种联邦执法机构之间缺乏协调。此外,对有组织犯罪的认识是,该类黑社会犯罪是由 24 个群体、约 5000 名意大利裔人所组成,赌博与高利贷是其主要经济来源等。② 这个调查工作组所提出的许多建议,体现在 1968 年《综合防控犯罪和街道安全法》(Omnibus Crime Control and Safe Streets Act)与 1970 年《有组织犯罪控制法》(the Organized Crime Control Act)之中。③ 可见,其对于当时的立法产生了一定的推动作用。

第四,有组织犯罪总统委员会(President's Commission on Organized Crime)。1983 年美国总统罗纳德·里根(Ronald Reagan)创立了一个分析有组织犯罪的委员会,该委员会不仅对于传统的黑社会进行调查,还关注当时正在形成的新型有组织犯罪,如洗钱、劳动敲诈。与 1967 年的委员会相比较,该委员会对于当时的法律与政策没有产生多大的影响,但成功地确定了较大数量的有组织犯罪的新领域,并提出了提高执法效力的问题。④

2.先后创制多种法例,确立以《反勒索与受贿组织法》(The Racketeer Influenced and Corrupt Organizations Act)为核心的有组织犯罪控制法律体系。

第一,国内税收法典(Internal Revenue Code)。1927 年,美国最高法院裁定"美国诉沙利文"案(United State v.Sullivan),否定自证其罪的权利,要求对不是非法获得的收益缴纳所得税。这一决定使联邦政府能够成功起诉阿尔·卡彭(Al Capone)和他的组织成员,因为有组织犯罪的人有义务纳税,故意不缴纳联邦所得

---

① Patrick J.Ryan.Organized Crime:A Reference Handbook [G].America:ABC-CLIO Inc.,1995:72.

② Jay Albanese.Organized Crimes in American(2nd Edition)[M].Anderson:Anderson Publishing Co.,1989:76 -78.

③ Patrick J.Ryan,Organized Crime:A Reference Handbook [G].America:ABC-CLIO Inc.,1995:74.

④ Jay Albanese, Organized Crimes in American (2nd Edition) [M]. Anderson: Anderson Publishing Co.,1989:84.

税或隐瞒资产意图进行诈骗、帮助其他人逃税等五种行为受到追诉。① 这是具有创新的检察官利用有关法律资源控告有组织犯罪的领导者的范例。相应的,诸如调整酒精与毒品的区分的法律、限制卖淫行为的法规也适用于有组织犯罪人。②

第二,1946 年《霍伯斯法》(*Hobbs Act*)。从 1946 年到 1970 年,这个法令是最常用的反诈骗法,是第一个专门针对减少有组织犯罪活动的联邦立法。该法规定,妨碍或者阻碍州际商业的,为联邦罪(Federal Crime)。例如,政治家若从另一个州的承包供应商处接受贿赂,可被控告为刑事阴谋(Criminal Conspiracy)。相关主要规定有:禁止以恐吓或者暴力手段干预州际的商贸活动;杜绝诈骗"企业"资助下的任何国际旅游或运输业务;禁止作为赌注的个人财产在各州之间流动。③ 尽管后来检察官已越来越多地转向 1970 年出台的《反勒索与受贿组织法》(RICO),但是《霍伯斯法》仍然有效,因为它是有 20 年徒刑、相对严厉的惩罚,并提供了没收犯罪活动带来的个人资产收益的法律规定。

第三,1968 年《综合犯罪控制和街道安全法》(*Omnibus Crime Control and Safe Streets Act*)。在有组织犯罪案件中,电子监控技术搜集证据是至关重要的,1967 年专案组提议由议会制定专门处理窃听的立法。这些具体建议以法律形式颁布在 1968 年《综合犯罪控制和街道安全法》的第三篇中。其中规定,这种调查令的限期为 30 天,要以"尽量减少截取"的方式执行在调查令中没有明确的通讯窃听。这意味着对于使用窃听的调查人员,窃听器必须一天 24 小时监视,并且当监视对话时听到特权对话(Privileged Conversation)必须及时断开。对于没有授权的调查令,听到丈夫与妻子、律师、代理人谈话时也要断开窃听,否则,所搜集的证据在法院是不被认可的。大多数州使用这项法律,但是考虑到执行费用而受到限制。相对而言,美国联邦调查局和其他联邦机构继续使用本法规定。④

第四,有组织犯罪控制法:证人安全项目(Organized Crime Control Act:Witness Security Program)。在追查有组织犯罪中,一个最引人关注的有效工具是证人保护计划,这是生成于 1967 年工作组的建议。该法案授权美国联邦检察官对在联邦案件起诉中作证的证人搬迁时提供新的身份和"以其他方式提供健康、安全和

---

① Howard Abadinsky. Organized Crimes(6th Edition)[M]. San Francisco:Wadsworth Thomson Learning,2000:363 -364.

② Frank Schmalleger. Criminology Today:An Integrative Introduction(3rd Edition)[M]. New York:Pearson Education Inc.,2002:377.

③ 李忠信:《国外有组织犯罪》,群众出版社 1997 年版,第 132 页。

④ Patrick J.Ryan.Organized Crime:A Reference Handbook[G].America:ABC-CLIO Inc.,1995:83.

福利",保护他们免遭报复。① 同时,证人仅仅是看到犯罪发生的人,不一定是一个好市民。更多的时候进入这一计划的是"坏蛋"("Bad Guy"),转向国家佐证(State's Evidence)。

第五,有组织犯罪控制法:《反勒索与受贿组织法》(RICO)。作为有组织犯罪法的一部分,RICO彻底改变了有组织犯罪的起诉。该法专门针对有组织犯罪的"企业",而不是个人。该法极为宽泛地界定了敲诈勒索(Racketeering),认为除一般意义的敲诈勒索之外,其他"任何行动或造成的威胁,涉及谋杀、绑架、赌博、纵火、抢劫、行贿受贿,或经营麻醉药品及其他危险药物,并根据国家法律可受到控告,惩处监禁一年以上"的行为,也都属于敲诈勒索。另外,《霍布斯法》中的违规行为、贿赂、伪造、欺诈、走私卷烟、淫秽等,都被定义为"敲诈"的罪行。该法提供了联邦政府的司法权,联邦调查局(FBI)成为有组织犯罪执法机构。在传统的共谋法中,起诉有组织犯罪参加者,需要参加者之间具体犯罪的协议作为证据支持,而在RICO中,代替证明一系列各自共谋,犯罪属于参与敲诈勒索模式的企业,比如有组织犯罪家族或者摩托车帮会,即便敲诈勒索由其他成员实施。该法对违法的刑事处罚与民事没收以及冻结被告财产等方面做出了特别规定。② 可见,这是迄今为止美国追诉有组织犯罪最有影响力的法律。

第六,其他相关立法。除上述列举的立法外,有组织犯罪的相关立法还有与RICO目的相似的限于非法毒品活动的《持续犯罪规约》(Continuing Criminal Enterprise Statute,CCES),打击高利贷的《消费者信用保护法》(Consumer Credit Protection Act,CCPA),有关洗钱的法律,如1970的《银行保密法》(the Bank Secrecy Act)、1992年的《阿农齐奥—怀利反洗钱法》(The Annunzio-Wylie Money Laundering Act)、1994年的《洗钱取缔法》(the Money Laundering Suppression Act)、《贩卖人口法令》(Trafficking in Persons Statutes)等。

3.在司法、行政部门设立相应的专门职能机构,形成反有组织犯罪的联合执法,在社会各个领域构筑起以有组织犯罪和敲诈勒索处(OCRS)引领的科层化的组织体系,全面共同抗击有组织犯罪。

美国在全国范围内打击有组织犯罪的努力,开始于1954年7月由总检察长罗伯特·肯尼迪(Robert Kennedy)推动在司法部刑事司内设立的反有组织犯罪和

① Freda Adler,Gerhard O.W.Mueller,William S.Laufer.Criminology (3rd Edition)〔M〕.Los Angeles:The McGraw-Hill Companies,1998:302.

② Howard Abadinsky.Organized Crimes(6th Edition)〔M〕.San Francisco:Wadsworth Thomson Learning,2000:368-370.

敲诈勒索处（the Organized Crime and Racketeering Section within the Criminal Division of the Department of Justice,OCRS），其目的是协调打击有组织犯罪的执法活动，发起并监督调查，积累和整合情报数据，制定总体起诉的政策，在全国各地协助联邦检控官。1967—1971 年，该机构建立了 18 个联邦打击力量分支。至 1976 年，这些分支在波士顿、芝加哥等 13 个城市运行。除这一领头机构外，参与的主要联邦执法机构（Primary Federal Law Enforcement Agencies）包括司法部、财政部、国土安全部、劳工部、国防部，以及国际刑事警察组织的相关机构。

第一，司法部（Department of Justice, DOJ）的四个机构。其一，联邦调查局（Federal Bureau of Investigation,FBI）。在美国，这是最接近联邦警察部队的机构。它成为打击有组织犯罪的主要执法机构和使用 RICO 法律的领导机构。其二，缉毒局（Drug Enforcement Administration,DEA）。1973 年，执行联邦毒品法的责任转移到司法部的缉毒局，这是一个负责执行联邦法令、处理通过调查指称或涉嫌重大毒贩的受控物质的单一任务机构。其三，美国法警服务（U.S Marshals Service）。这是美国最古老的联邦执法机构，可追溯到 1789 年。相对于打击有组织犯罪，它的最重要任务是承担管理证人安全项目的责任。其四，酒精、烟草、枪支和爆炸物局（Bureau of Alcohol, Tobacco, Firearms and Explosives, ATFE）。该机构有权没收和销毁走私和非法白酒生产设施，负责打击从一个低税收地区到一个高税收地区烟草走私和免税烟草产品的非法销售。酒精、烟草等非法生产销售往往是有组织犯罪人参与其中的活动。此外，该机构通过执行联邦枪支和爆炸物法规和规章，对摩托车帮会进行了调查。

第二，财政部（Department of the Treasury）的国税局（Internal Revenue Service, IRS）。财政部雇用的执法人员在国税局处理有组织犯罪时有重要作用。国税局的使命是鼓励并实现最大程度自愿遵守税收法律法规，当这种遵守没有着落或不可行，如有人卷入有组织犯罪活动，刑事调查司（the Criminal Investigation Division, CID）雇用约 3000 名特别代理员工办理此类案子。1982 年，允许国税局更好地与其他联邦机构努力合作调查有组织犯罪，特别是毒品贩运；1990 年，在财政部恐怖主义和金融情报办公室创建金融犯罪执法网络（Financial Crime Enforcement Network, FinCEN），执行 1970 年《银行保密法》（之后修订）、2001 年美国爱国者法案和其他法律。它使用反洗钱法以及提供情报和分析案例，支持联邦、州、地方和国际调查人员和监管机构，成为美国抗击恐怖主义和有组织犯罪国际战略的一个重要部分。①

第三,国土安全部(Department of Homeland Security,DHS)的四个机构。其一,移民和海关执法局(Immigration and Customs Enforcement,ICE)。这个机构是"9·11"事件后的移民和归化局(the Immigration and Naturalization Service)及海关总署重组的结果。移民和海关执法局的移民执法部门的主要作用是防止外籍人员非法进入美国,并逮捕那些非法进入者。其二,海关总署与边境保护局(Customs Service and Border Protection,CSBP)。海关总署建立于1789年,职责是收取各种进口关税,并由检查员检查货物和行李、佩戴或携带的个人物品,以及进入或者离开的船舶、车辆和飞机。1981年建立了情报办公室,以更好地收集信息和目标嫌疑人,从而抗击毒品中的有组织犯罪。其三,海岸警卫队(Coast Guard)。这个机构主要负责海上缉毒,连续在水面上巡逻,并在感兴趣的水域频繁地侦察飞行,海岸警卫队队员在海上登船并搜查船只。其四,特勤局(the Secret Service)。该机构除行政保护的主要作用外,还负责调查货币和信用卡伪造。

第四,劳工部(Department of Labor)。监察长办公室(Office of the Inspector General,OIG)、调查办公室(Office of Investigations)、反劳动敲诈司(Division of Labor Racketeering)执行三个一般领域:员工福利计划、劳资关系,以及工会内部事务。在这一宽泛的调查范围中,当务之急的调查是传统有组织犯罪所统治的工会和员工福利计划,其次是有组织犯罪所影响或者操纵的工会和员工福利计划。监察长办公室(OIG)雇用特别代理执行调查任务。

第五,国防部(Department of Defense)。在美国军事干预阿富汗和伊拉克之前,国防部抗击毒品走私的角色是很有争议的。1988年,联邦反对在打击空中毒品走私中与海关总署海岸警卫队队员进行协同合作,但允许国防部使用雷达帮助侦查走私者。之后,议会指定国防部为共同努力的领导机构。

第六,国际刑事警察组织(International Criminal Police Organization,INTERPOL)。国际刑事警察组织,通过其电台命名国际刑警而众所周知,协助执法机关进行跨越国界的调查活动,于1923年通过维也纳警察局长的努力而建立。国际刑事警察组织是一个协调机构,并没有自己独立的调查执法人员。

4.运用多元调查与执法工具,渐次形成高效、专门性调查技术与组织机构。

早在20世纪初,纽约市警察局就专门成立了调查意裔犯罪组织的部门,在20世纪30年代的禁酒令期间,联邦政府介入黑手党的调查。20世纪50至60年代,

---

① Howard Abadinsky.Organized Crimes (6th Edition) [M].San Francisco:Wadsworth Thomson Learning,2000:393.

国会专门成立数个针对有组织犯罪的特别调查委员会。① 然而,在实践中由于众多有组织犯罪具有渗透或者阴谋而不会被被害人报案,对其调查的启动常常基于合理的犯罪嫌疑或者告密者的提示,所运用的调查与执法的工具也渐次专门化。

第一,情报(Intelligence)。所搜集的有组织犯罪信息,涵盖了对其评估、整理、分析、报告和传播等方面。情报资料的搜集主要基于战术与战略两个目的,前者是用于直接逮捕或追诉调查对象的执法活动,后者是为了做出长远的正确执法判断。通常,情报资料来源于法院记录、商业记录、报纸、期刊与书籍等11个方面。

第二,电子监控(Electronic Surveillance)。针对有组织犯罪,识破其阴谋的重要防范途径就是电子监控。1969—1986年,窃听、房间麦克风是法院授权的电子监控的主要形式。② 随着科技发展,议会扩展了合法电子监控的领域,可以窃听手机、电脑、电子邮件和基于互联网的电话服务。③

第三,线人和卧底特工(Informants and Undercover Agents)。秘密调查在美国是非常敏感的事情,因为秘密调查要求政府雇员欺骗性地伪装成刑事调查的对象,以便邀请他们从事政府可以监督的犯罪行为。④ 从线人处获得信息通常是用于调查较严重的犯罪案件,而卧底调查由于耗时长、持续危险性等,不会在有组织犯罪案件调查中大量使用。

第四,大陪审团(Grand Jury)。根据罗伯特(Robert Stewart)的观点,这是打击传统有组织犯罪最有用的工具。⑤ 由于大陪审团成员不是政府工作人员,他们直接代表公民,刑事被告通常享有的广泛的正当程序权利不一定与大陪审团程序有关。他们的活动是秘密的,美国只有16个州允许大陪审团的调查对象的律师在场,然后提供意见。多年来,这个机构在调查有组织犯罪中发挥了积极作用。⑥

---

① [美]G.罗伯特·布莱基、[美]罗纳德·戈德斯道等:《美国有组织犯罪概况》,何秉松,陆敏译,载《全球化时代有组织犯罪与对策》,中国民主法制出版社2010年版,第136页。

② Jay Albanese. Organized Crimes in American (2nd Edition) [M]. Anderson:Anderson Publishing Co.,1989:111.

③ Letizia Paoli,The Oxford Handbook of Organized Crime [G].Oxford:Oxford University Press, 2014:535.

④ Dina Siegel,Hans Nelen,Organized Crime:Culture,Markets and Policies [M].Berlin:Springer-Verlag,2008:194.

⑤ Howard Abadinsky. Organized Crimes(6th Edition) [M].San Francisco:Wadsworth Thomson Learning,2000:407.

⑥ Jay Albanese. Organized Crimes in American (2nd Edition) [M]. Anderson:Anderson Publishing Co.,1989:116.

二、特色与效能：循实求是与首恶专斗

美国建构的有组织犯罪惩治策略体系，在整体上不仅呈现出循实求是、遵循有组织犯罪现象的客观现实与规律而予以全面惩治的鲜明特色，而且彰显出在黑社会滋长严重的特定历史背景下一改传统的常态性惩治活动而开创首恶专斗的模式。① 从实践上看，其惩治策略的总体特色及其产生的效能是显著的。

（一）循实求是

这是美国有组织犯罪惩治策略在历史演进过程中呈现出的最为突显的特色及效能，主要表现在以下三个方面。

第一，务求实际，根据有组织犯罪演化多形态规律予以全面打击。美国自始至终坚持多方调查，立足于有组织犯罪现象的现实变化情况，形成从初始对传统型的有组织犯罪惩治走向对现代型的全面打击对策。美国有组织犯罪起源于1900年至1911年间，有210万意大利人来到美国，其中80%以上来自秘密犯罪组织活跃的南方。② 这些新收容的移民中，有的在美国渐次组织了黑手党分支集团并实施犯罪活动，该组织由意大利裔控制的二十几个犯罪家族组成，他们自称"拉考萨·诺斯特拉"（La Cosa Nostra，意为"我们的事业"），其总人数在1700人左右，外加17000人左右的帮手。③ 因此，20世纪70年代初，美国联邦调查局和司法部将"有组织犯罪"与意大利裔的美国犯罪家族大致等同起来。④ 这种全国性共谋的有组织犯罪一度成为惩治的对象，直到1986年后才发生实质性转变：一方面，作为地方的、族裔群体的有组织犯罪成为打击对象，这也就表明分散在各地的、具有一定种族渊源关系的有组织犯罪活动被纳入官方的治理视野；另一方面，与传统有组织犯罪不同，企业性质的有组织犯罪是与广泛的社会非法需求密切关联、渗透到社会众多领域的一种现代型犯罪形态，并逐渐成为打击对象。由此可见，当这些不同类型的有组织犯罪在复杂多变的社会环境或历时不同成长阶段中出现不同的演变形态时，就需要立足于现实，对其进行全面、彻底的惩治，这才是取得成功的基本保障。值得指出的是，我国有学者将美国出现的这种不同种类的有

---

① 张远煌、赵赤：《美国有组织犯罪观念的变迁及其启示》，载《法商研究》2010年第5期，第134-142页。

② David Critchley，The Origin of Organized Crime in American：The New York Ctiy Mafia（1891-1931）［M］.London：Routledge，2009：14.

③ Larry J.Siegel，Criminology（9th Edition）［M］.America：Thomson Wadsworth，2007：414.

④ Letizia Paoli，The Oxford Handbook of Organized Crime［G］.Oxford：Oxford University Press，2014：530.

组织犯罪形态,仅仅区分为狭义的有组织犯罪和广义的有组织犯罪①,显然是奉行某种单一进化论的观点,将不同形态的有组织犯罪简单地进行划分的结果。② 其实,这种界定是与其多形态的有组织犯罪滋生并存、多元演化发展的客观历史相违背的。事实上,当美国联邦调查局将有组织犯罪界定为"任何团体,具有某种形式的正规结构,其主要目的是通过非法活动获得资金……"时③,实质上是从惩治传统型的有组织犯罪之策向全面打击多种形态有组织犯罪之道转变。

第二,基于有组织犯罪腐蚀蔓延、迅猛渗透之势,权力机构全面开展联合执法,实现全覆盖、高效能的彻底清除。美国应对有组织犯罪的权力机构几乎涉及各个职能部门,在全国范围内组建各类执法机构。其中,最为突出的是在司法部刑事司内设立专门性的反有组织犯罪和敲诈勒索处(OCRS),发挥领导、监督作用,形成垂直性、科层化的组织机构体系,并且通过立法赋予其在各自的部门职权领域进行专项追查活动时相对自主的具体职责与职权。④ 由此可见,一些特定的职能部门或机构参与了有组织犯罪的惩治活动,利用各自的优势,更为便捷、有力地发挥其追查活动的能量。另外,这种执法活动是在基福弗罪行委员会等议会多次调查决策的推进下进行的,能够更为准确、更有针对性地应对不断蔓延与发展的有组织犯罪,也能够更为灵敏、快速地对现实做出科学反应。实践表明,这种联合执法策略是追查有组织犯罪最为有效的模式,不仅提高了打击效率,而且在各权力机构控制的范围内进行全面主动应对,发挥整体性自我净化的功能,高效地打击腐化渗透的犯罪组织,并在一定程度上削减了有组织犯罪寄生的权力真空地带,提高了各权力机构开展积极惩治的反应效能。

第三,鉴于有组织犯罪寄生活动领域的规律性,对其生成、发展的土壤与空间进行全面治理,不留死角。有组织犯罪具有很强的寄生能力,它渗透到社会利益分配的体系之中,在社会各领域、各行业、各地域不断滋生发展,涵盖合法与非法各种活动,涉及赌博、高利贷与劳工诈欺等白领犯罪,以及吸毒、卖淫、货物盗取、色情文学和淫秽物生成与传播等底层犯罪,几乎遍布社会各阶层。⑤ 因此,构筑起

---

① 赵赤:《美国有组织犯罪基础观念的考证、反思与启示》,载《法学评论》,2013 年第 4 期,第140-149 页。

② Felia Allum,Francesca Longo,Daniela Irrera,Panos A.Kostakos.Defining and Defying Organized Crime:Discourse,perceptions and reality [M].London:Routledge 2010:18-21.

③ Felia Allum,Francesca Longo,Daniela Irrera,Panos A.Kostakos.Defining and Defying Organized Crime:Discourse,perceptions and reality [M].London:Routledge 2010:18-21.

④ Letizia Paoli,The Oxford Handbook of Organized Crime[G].Oxford:Oxford University Press,2014:531-532.

⑤ 李忠信:《国外有组织犯罪》,群众出版社 1997 年版,第 67-68 页。

铜墙铁壁,全面整治其腐蚀或侵蚀的灰色、新兴地带,提高社会自我抗御能力,成为当时美国惩治有组织犯罪策略的一个鲜明特色。① 例如,RICO 为打击有组织犯罪及其经济根源提供规模空前的"新武器",即针对有组织犯罪的"企业",宽泛地界定敲诈勒索。② 此外,打击洗钱也是遏制有组织犯罪群体企图对其所攫取的大量财富进行市场漂白的有效途径。③ 1986 年通过的《洗钱控制法》首次将洗钱规定为联邦法上独立的犯罪,同时配置了更重的刑罚;1992 年的《阿农齐奥—怀利反洗钱法》和 1994 的《打击洗钱法》还授予美国财政部门在监督和控制洗钱活动方面更大的权限,这彰显了美国政府彻底扼杀有组织犯罪集团向合法经济领域渗透和摧毁其经济基础的政策导向。④

(二)首恶专斗

针对有组织犯罪这种特定的犯罪现象,美国果断决定将其作为排在首位予以专门应对与重点惩治的对象,与其他类型犯罪区别开来。这不仅表现在美国一开始广泛地奉行外国阴谋理论(The Alien Conspiracy Theory)⑤,针对流入美国本土的意大利黑手党分支采取特别措施、专业性应对策略,而且表现在随着惩治有组织犯罪活动的推进与深化,将矛头对准恐怖主义犯罪,更显示出继承与发扬其专项斗争性。⑥ 这种实践保持着持续发展,并在这一过程中不断建构起较为稳定的专项性法律制度,使得这种惩治活动得到持久有力的推进。

第一,专门应对。美国一度深受有组织犯罪的严重危害,也就不得不将其作为首恶予以重点惩治,并建构独特的反应机制。这与美国对有组织犯罪社会危害的本质认识不断深化有着密切的关系。伴随着美国有组织犯罪的滋长蔓延和不断演化,对其的见解也逐渐深刻与独到。对于有组织犯罪问题,美国决策层开始在质疑这样一个问题,即美国是否存在一个规模庞大、内部具有森严家族式结构的有组织犯罪。在惩治过程中,面对各地分散的、逐利性犯罪企业或者各种犯罪

---

① Kelly Frailing, Dee Wood Harper. Fundamentals of Crimnology：New Dimensions ［M］. Pittsburgh：Carolina Academic Press，2013：242.

② Emilio C.Viano.Global Organized Crime and International Security ［M］.Aldershot，Hampshire： Ashgate Publishing Ltd，1999：195.

③ Alan Wright.Organized Crime［M］.Maharashtra，Pune：Willan Publishing，2006：68.

④ 张远煌、赵赤:《美国有组织犯罪观念的变迁及其启示》,载《法商研究》2010 年第 5 期,第 134~142 页。

⑤ Petter Gottschalk.Policing Organized Crime：Intelligence Strategy Implementation［M］.Boca Raton：CRC Press，，2009：11~12.

⑥ Jay Albanese，Philip Reichel.Transnational Organized Crime：An Overview from Six Continents ［M］.Los Angeles：Sage publications，2014：29~35.

群体的现实,这是否属于其演化的新形态,进而需要予以严厉打击?① 为此,美国先后组织了 4 次(如前提及的 2 次是议会的努力,2 次是总统授权)规模较大的全国性官方调查活动,并进行专门性的专业分析,犯罪学家卡曾巴赫(Kazenbach)与唐纳德·克雷西(Donald R.Cressey)均参与其中。多年的不懈努力和屡次打击而步履艰难、收效甚微的残酷现实,扭转了美国民众从组织结构层面认识有组织犯罪社会危害本质的传统观点,逐渐转变到对有组织犯罪更为本质的社会危害性的认识上。有组织犯罪严重破坏了美国的现行制度,而且是社会珍视的正当与正直的核心价值,侵蚀了社会的诚信原则与勤劳上进的精神,鼓动穷困的人去冒险、去做违法的事情,或者生活在违法或者灰色的地带中,导致社会蜕化颓废、堕落糜烂。② 无疑,这种文化上的腐化产生了深重灾难,侵蚀了国家与社会的根基,由此理当成为美国要清除的"首恶"。基于这种认识与迫于潜藏的深层危机,美国不得不快速做出专门性应对。诸如,在追查上,多维并举,采取多种特别措施,诸如电子监控、线人与卧底、情报、大陪审团等特别侦查、调查手段,大大提高侦查能力;对惩治队伍进行专门训练,包括一些行业的专家等,由此具备了专门性、专职化的特别反应能力。

第二,持续推进。美国对有组织犯罪惩治进行专门的法治化建设,不仅有利于促进持续打击有组织犯罪,而且为其稳定的惩治提供法律根据。从其立法历史看,呈现出两个明显的趋向。一方面,不断地广泛创新发展惩治性立法。从其初始的《国内税收法典》到成熟的 RICO,从证人保护程序立法到特别处罚的实体立法,从国内专门立法到国际多边合作的国际条约③,均是针对有组织犯罪的滋生、演化而做出的立法反应,涉及社会、经济、政治三个层面的控制问题,其立法可谓非常完善。另一方面,针对惩治的特定性问题进行单项性立法。其立法往往是针对惩治中的特定问题做出单项性或者专门性的立法反应,具有明显的历史性与针对性。美国这种根据有组织犯罪的演化发展状况,富有针对性地开展的专门性立法,反映出打击有组织犯罪法治化的特点,也表明紧急应对的客观现实。需要指出的是,美国对于有组织犯罪的惩治活动,是基于其实证研究、倚重于事实渐次展开的,表现出一种"自下而上"的现实关怀,而且官方的界定也是与时俱进、较为明确的,并受到宪法限制、管辖限制。从这个意义上讲,专项惩治是较为理性的,是

---

① Jay Albanese.Organized Crimes in American (2nd Edition)[M].Anderson:Anderson Publishing Co.,1989:89-104.

② U.S.Congress.House Government Opertion,Legal and Monetary Affairs,Federal Efforts Against Organized Crime[R].Report of Agency Operation,June 1968.

③ Alan Wright.Organized Crime[M].Maharashtra,Pune:Willan Publishing,2006:191-193.

一个严密的法治化过程,而非运动式战役。

(三)综合效应

如果按照通常的数理逻辑"1+1=2",那么,循实求是与首恶专斗的有机综合作用则不是按一般逻辑得出的常态结果,两者的效应远远大于"2",呈现出非常态。

第一,内外夹击,整合一体,实现联动的统合性惩治力量。对有组织犯罪的全面惩治,不仅突出对其在经济、社会与政治领域的渗透而竭力予以铲除,消除其滋生、发展的土壤,而且广泛运用专业化技术措施"直捣黄龙",突出对其幕后隐藏的核心内层实行严厉的清除行动,并通过法制化实现对"共谋"与"组织体"基本概念的界定,合理确定了惩罚的法律尺度,达到对后台老大的"斩首"效果。由此,两者有机结合,既全方位治理有组织犯罪寄生的空间,彻底清扫其在各地区滋生的各种形态,又突出对组织者、幕后老板的专门出击,力图做到"零容忍"。

第二,全国范围推进行政化防控措施,增强积极的自主性治理与专门性重点刑事打击相结合,大大提高了惩治的法治效能。美国针对有组织犯罪的发展规律,在不同领域或行业通过法治化赋予了有关机构相应的权力,以遏制有组织犯罪滋生的各种社会因素,防治潜在有组织犯罪的重点后备人群。各地的情报中心通过多种途径获取其犯罪动态,实现精准打击,全面实施预防。尤其是美国有组织犯罪的主要经济来源从赌博业向毒品行业转变,犯罪形态从单一的传统黑手党向有组织的犯罪企业化等多元形态演化发展,逐渐适应了惩治重心的快速转变,对此,美国有关机构积极反应,做出相应的职能调整,从而实现防控的成功转型。[①]这大大凝聚了根除有组织犯罪的向心力,增强了铲除有组织犯罪的主动性。

第三,在推进反有组织犯罪斗争中,国家自下而上务实求是,根据有组织犯罪演变规律,推动政治上独立和联邦调查局、司法部发挥法定职能的积极作用[②],凸显循证刑事司法活动,力争民众形成共识,消除市民生活的不安,获得了更为广泛的社会支持,极大地分化瓦解了有组织犯罪。同时,在有组织犯罪滋生与蔓延过程中,为了精准有力地惩治、消除地方或官方腐败侵蚀,在上层不断推进各种调查、听证等一系列活动,成立了包括总统委员会(Presidential Commission)的相应

① Emilio C.Viano.Global Organized Crime and International Security[M].Aldershot,Hampshire:Ashgate Publishing Ltd,1999:203-204;Patrick J.Ryan.Organized Crime:A Reference Handbook[G].America:ABC-CLIO Inc.,1995:91-92;Letizia Paoli,The Oxford Handbook of Organized Crime[G].Oxford:Oxford University Press,2014:540-541.

② Letizia Paoli,The Oxford Handbook of Organized Crime[G].Oxford:Oxford University Press,2014:532.

组织机构,积极调动了各种资源,自上而下凝聚共识,形成了一股推进反有组织犯罪的强大力量,激发了社会公众支持的积极性,更大程度上对有组织犯罪进行分化瓦解。

但是,美国应对有组织犯罪也存在不少问题。事实上在美国,有组织犯罪、黑恶势力一直层出不穷,甚至像其他跨国有组织犯罪一样进入企业化和"正规化",就连在韩国和日本活动猖獗的邪教组织"统一教"也曾染指美国。

三、启示:惩治策略转型升级

通过对美国惩治有组织犯罪的历史经验进行总结,比照我国历经的"打黑除恶"专项斗争以及当下进行的"扫黑除恶",我们可以从多个维度对惩治有组织犯罪的实践进行考量。鉴于我国的集体主义、乡土社会与美国的个人主义、移民社会在社会结构上的巨大差异①,以及中美刑事司法性质上呈现的犯罪控制模式与适法程序模式的显著不同②,在此,笔者主要在惩治策略层面上展开比较,探讨相应的启发意义。

1.树立循证反"黑"、除"恶"理念,紧密依靠人民群众,建立顺畅、安全的举报机制与纠错机制,避免运动式扩大化速战模式,统筹谋划"扫黑除恶"的善治工作。

我国对于有组织犯罪惩治一直是以"黑、恶"为主要对象,先后经历了 2000 年 12 月至 2001 年 10 月的全国"打黑除恶"专项斗争、2001 年 4 月至 12 月的全国"严打"整治斗争、2002 年 3 月至 2003 年 4 月部署的继续深化严打整治斗争、2006 年 2 月至 2009 年 2 月的全国"打黑除恶",以及 2018 年年初中共中央与国务院部署的、目前正在开展的扫黑除恶专项斗争,共计已经有 5 次。③ 从所历经的前四次看,取得了较大的战果,如 2006 年至 2009 年,全国检察机关共审查批捕黑恶势力犯罪案件 10550 件 51286 人,提起公诉 8503 件 49969 人。④ 然而,黑社会性质组织犯罪现象依然处于活跃态势⑤,为此,2018 年以来开展的专项斗争是在我国迈入新时代这一历史新起点上再次发动的,并正在努力开创扫黑除恶新格局,具有明确的总体要求与目标任务,强调要坚持党的领导、发挥政治优势,坚持人民主体地

---

① [美]费正清(John King Fairbank):《费正清文集:美国与中国》(第 4 版),张理京译,世界知识出版社 1999 年版,第 4-14 页。

② 蔡德辉、杨士隆:《犯罪学》(第 4 版),五南图书出版有限公司 2006 年版,第 325-326 页。

③ 熊选国:《打黑除恶办案手册》,法律出版社 2011 年版,第 1 页。

④ 于天敏等:《黑社会性质组织犯罪理论与实务问题研究》,中国检察出版社 2010 年版,第 2 页。

⑤ 西南政法大学课题组:《防治黑社会性质组织犯罪的长效机制建设研究报告》,载《现代法学》2010 年第 5 期,第 177-183 页。

位、紧紧依靠群众,坚持综合治理、齐抓共管,坚持依法严惩、打早打小,坚持标本兼治、源头治理等。① 此次专项部署具有专门的政策体系,为新时代开展扫黑除恶指明了方向,规划了路线图,提供了保障条件。② 可以肯定,这次扫黑除恶专项斗争比以往更为深入、更为彻底,也应该会取得更大的成功。很显然,这种专项斗争的方式是充分发挥"专门政策体系"的整体功能,具有政策导向的强大优势,并运用自上而下强大的政治动员,为专项斗争的持续深入推进发挥着决定性作用。在这个意义上讲,这是中国共产党领导下所累积的政治优势,也是其惩治犯罪所形成的体制与机制的独有强项。然而,这种类似运动式的声势浩大的专项斗争在层层推进之中,也出现了有待解决的问题。

一是举报机制还不够顺畅。由于黑恶势力背后有"保护伞",往往造成部分民众不敢举报,而有些受害者的举报又往往石沉大海,甚至个别地方出现举报者被打击陷害的情况。所以,如何建立顺畅、有效、安全的举报机制,还是有待相关部门通过深入调查研究加以认真解决的问题。只有解决了这个问题,黑恶犯罪才会在人民群众监督之下及时被发现、被打击,从而难以形成气候。

二是在扫黑除恶斗争中,往往可能呈现出扭曲走向,出现层层加码,忽视证据的严格审查,只强调刑事司法中公检法之间的互相配合,忽视了应有的互相监督,提高了律师介入的门槛,甚至通过有关部门对律师提出要求,"不得为涉黑涉恶案件作无罪辩护",从而弱化了纠错机制,造成刑事错案。还有的地方应对上级的扫黑部署只习惯于"一阵风",未能对犯罪现实通过深入、细致的调查做出适度而精准的反应,未能持续稳定地保持恰当的惩治态势,将"黑恶"有效地加以遏制、铲除。事实上,一方面,这种专项斗争要保持一种长效机制是有困难的,由于国家与社会资源有限,可能难以持续坚守。另一方面,由于我国各地区发展的不充分性、不平衡性,以及各种特殊情势,这种专项斗争轰轰烈烈造势所形成的威慑力与严

---

① 此次扫黑除恶专项斗争的总体要求与目标任务是:要全面贯彻党的十九大精神,以习近平新时代中国特色社会主义思想为指导,牢固树立以人民为中心的发展思想,针对当前涉黑涉恶问题新动向,切实把专项治理和系统治理、综合治理、依法治理、源头治理结合起来,把打击黑恶势力犯罪和反腐败、基层"拍蝇"结合起来,把扫黑除恶和加强基层组织建设结合起来,既有力打击震慑黑恶势力犯罪,形成压倒性态势,又有效铲除黑恶势力滋生土壤,形成长效机制,不断增强人民获得感、幸福感、安全感,维护社会和谐稳定,巩固党的执政基础,为决胜全面建成小康社会、夺取新时代中国特色社会主义伟大胜利、实现中华民族伟大复兴的中国梦创造安全稳定的社会环境。参见《中共中央国务院发出〈关于开展扫黑除恶专项斗争的通知〉》,载新华网:http://www.xinhuanet.Com/legal/2018-01-24/c_1122309773.htm.最后访问时间:2020年11月2日。
② 张远煌:《依法严惩黑恶势力创造安全稳定社会环境》,载《检察日报》,2018年1月25日第3版。

打气氛,难免会激发一些地区或地方的社会过度反应,甚至产生紧张与冲突。① 尤其令人担忧的是,黑恶势力在多次专项斗争后可能逐渐适应并掌握应对办法,甚至变形演化,逃避罪责。②

为此,扫黑除恶需要的是在理念上进一步创新发展,树立循证反"黑"、除"恶"的理念,将运动式的惩治模式革新转化为日常性预防型治理模式。具体而言,主要是把握好以下三点。

第一,重新厘定"黑""恶"社会危害性本质的观念。对于黑恶势力社会危害性本质的认识,社会民众普遍集中在中国社会结构及其整合机制上所呈现出的对官员腐化、基层政权侵蚀、非法社会控制等政治化的社会危害性方面。这种认识成为推动专项斗争的发动根据与提高政治站位的社会基础。然而,这种认识一定程度上有应急之策的意味,不完全是遵循"黑恶"演变的规律来实行源头性、系统性、综合性治理等善治活动,从而遏制、铲除这种犯罪现象。因此,在黑恶势力的社会危害性本质的问题上仍应该关注"为非作恶、欺压百姓"社会层面的问题,这样才能坚守依据其犯罪现实状况与发展变化规律做出惩治的适时反应,也就是将"以事实为根据"作为基本原则,并且这一铁律需要在各地区深入下去。只有这样,所谓的"黑恶事实",不是凭借主观上的建构与界定,而是深入调查了解社会公众反应的应然结果。

第二,提升持续性自主反应,避免"作秀"式的政绩工程。扫黑除恶要立足"黑恶"的现实状况,积极做出持续性的反应,需要具有主动性、能动性、持久性,而不是单靠上级推动或消极被动的功利化反应。从这个意义上讲,需要赋予各地合理的自主性职权,以应对各种不同情势的黑恶势力犯罪。这种自主反应意味着需要根据当地黑恶势力的演变、分布等客观现实及具体规律进行惩治,以保障民众的安全感和幸福感。由此,针对黑恶势力的"早、小"与"熟、大"不同发展形态,需要分阶段持续予以打击与防范,消除相应的社会矛盾与冲突,从而实现治理现代化,促进社会和谐发展。从这个意义上看,为期三年的扫黑除恶专项斗争只是治理的首期工程,在"后扫黑除恶"时代,将面临更为繁重的"清扫"后遗留的善治工作。

第三,扫黑除恶是法治化的惩治活动,需要随着"黑恶"的演变而与时俱进。反"黑恶"是根据法律规定做出的惩治反应,这种法律规定应该是全方位的,不仅

---

① 赵秉志、彭新林:《关于重庆"打黑除恶"的法理思考》,载《山东警察学院学报》2011 年第 1 期,第 5-9 页。

② 莫洪宪:《我国有组织犯罪的特征及其对策》,载《河南财经政法大学学报》2012 年第 6 期,第 38-47 页。

对于各种职能机构的职责规定是明确的,对于"黑恶"程度与对象也都有明确的限定,是一种社会保护与人权保障双重功能的发挥。但是,由于黑恶势力不断演变、蜕化、转型,惩治活动需要不断修改调整,以适应其变化。① 因此,必须不断推进"黑恶"惩治的法律体系建设,从而实现惩治活动的常态化、制度化。

2.结合有组织犯罪历史演变规律,将扫黑除恶斗争升级为对多元演化形态的有组织犯罪的全面治理活动,从而实现"后扫黑除恶"时代预防工程的理性设计和规划。

对于扫黑除恶与惩治有组织犯罪两者之间的内在关系问题,有学者早就指出:"如果缺乏有组织犯罪统一体的对策观念,人为地割裂有组织犯罪各发展阶段之间的内在逻辑联系,在制度设计上只专注于有组织犯罪演进的高端形态,则必然放弃对有组织犯罪的初级形态和中级形态的应有反应,从而难以及时阻止有组织犯罪由低级形态向高级形态演进的内在趋势。实践中出现的'等到有组织犯罪基本成型后才打'或'把犯罪团伙养大了再打'的被动局面和恶性效应,正是现行立法不明确事理所必然产生的负面功能。"②这种观点不无道理,但是从美国惩治有组织犯罪的历史看,其存在一定的不足,仍需要完善。

第一,对于有组织犯罪演变形态判断上存在单一进化论的理论预设。事实上,有组织犯罪在演化历史上是多形态的,从性质上有种族结构与等级森严的传统型黑社会,也有结构分散、灵活结伙的现代型有组织犯罪,其寄生在不同的社会环境之中,随着社会变迁与国家惩治态势在各自演变着。因此,实践上不可将后者即现代型的有组织犯罪错误地作为低级形态的有组织犯罪。考虑到我国社会发展的不平衡性、不充分性等多因素,对于扫黑除恶专项斗争,尚需进一步扫除在现代市场经济建设中出现的各种新形态的有组织犯罪,以消除其对社会治安的严重危害与威胁,更重要的是防范其对我国社会主义核心价值观和制度的侵蚀与破坏。③

第二,扫黑除恶的斗争模式需要转变为常态性的全面预防性治理模式。在将黑恶势力作为我国有组织犯罪的一种形态进行惩治的同时,尚需结合其他形态的有组织犯罪,根据其滋生、蔓延、蜕变的特征规律,在推进惩治对策常态化发展与

---

① 我国有学者提出有关反"黑"检视的主张,包含了立法与司法方面的不断改革与推进。参见王利荣:《检视"打黑"对策》,载《法制与社会发展》2014 年第 3 期,第 21—32 页。

② 张远煌、林德核:《试析有组织犯罪的演变特征及存在形态》,载《法学杂志》2012 年第 3 期第 9—13 页。

③ 张远煌:《美国惩治有组织犯罪的法治实践及其对我国的借鉴与启示》,载《山东警察学院学报》,2011 年第 1 期第 14—21 页。

专门性惩治机构持续运行的过程中逐渐建构长效的预防机制,从而整体性实现较为彻底的"扫除"目标。这无疑也是应对新时期有组织犯罪国内、国际演变态势之需要。① 从这个意义上看,我国通过总结为期三年的扫黑除恶专项斗争实践经验,逐渐开启常态化全面预防治理的新征程,之前精准的"扫除"专斗,仅仅是中国特色社会主义现代化强国建设征途上对"黑恶"的一次特殊清除"手术",未来更需要针对"黑恶"的特征规律全面开展"强身健体"式的预防活动。而且,应该认识到其后续工程更是责任重大,任务艰巨。

3.推进扫黑除恶专业化职能力量的建设,进一步促进配套制度体系的法治化建设。

尽管我国"打黑除恶"的专业力量建设已迈出了步伐,在法制建设上也取得很大进步②,但是有两个方面值得重视。

第一,专业化职能提升问题。我国扫黑除恶实践中如何运用现代科学技术展开侦查,如何加强卧底、电子监控等专门性技术力量的培养和手段的建设,是值得进一步研究的。我国法治建设的实践证明,对于黑恶势力的侦查、起诉等更需要具有专门性知识的专业人才,更需要运用现代科学技术手段来处理问题,诸如运用司法大数据发现黑恶势力,总结其演变规律,甚至依法获取其成员身份、犯罪轨迹情报等。从这个角度上讲,扫黑除恶是搜集黑恶势力犯罪证据的司法过程,是需要逐渐摆脱运动式、扩大化的惩治旧寨,以精准、缜密的法治思维方式对其进行刑事司法活动。因此,这对于扫黑除恶的现有专业力量职能提升提出了很高的要求。

第二,进一步促进有关配套的政策性文件的法治化制度建设。我国出台了众多内部政策性文件,以规范、推进"打黑除恶"工作的开展。笔者对某省 2005—2010 年"打黑除恶"内部政策性文件做了汇总,以说明相关问题(见下表)。

X 省"打黑除恶"内部规范性文件汇总表

年份	主体	文件名
2005	省纪委等	关于在打击黑恶势力犯罪工作中加强协作、深挖"保护伞"的通知
2006	省高级人民法院	关于办理黑社会性质组织犯罪案件若干问题的意见(试行)

---

① 谢勇、王燕飞:《有组织犯罪研究》,中国检察出版社 2005 年版,第 337-367、480-489 页。

② 赵颖:《当代中国黑社会性质组织犯罪分析》,辽宁人民出版社 2009 年版,第 196-201 页。

续表

年份	主体	文件名
2007	省打黑领导小组	X省直政法部门打黑除恶执法办案联席会议制度（2018年后稍有修改）
2009	省委政法委	关于贯彻《中央政法委员会关于建立办理黑社会性质组织犯罪案件通报制度的工作意见》的实施意见
2009	省委政法委	X省打黑除恶工作责任制规定（2018年后稍有修改）
2010	省打黑领导小组	X省打黑除恶工作重点县市区挂牌整治办法（2018年后稍有修改）
2010	省打黑领导小组	X省打黑除恶工作重点县市区检查验收办法（2018年后稍有修改）
2010	省打黑办	X省"打黑办"办理黑恶势力举报线索工作流程（2018年后有修订）

我国各地各部门出台的这些政策性文件（包括此次扫黑除恶中出台的通知、意见等①），有些是政策导向性的通知，有些是职责分工的内部规定，有些是侦查案件的流程规范等，在实践中发挥了重要作用。这些政策性文件无疑是我国针对黑恶势力的应急对策，也是实践经验的总结，但是如何在惩治有组织犯罪法治体系中进一步转型、提升、完善，也是一项重要而急迫的任务。这不仅能更有效地推动惩治有组织犯罪的法治化进程，提升法治化水平，更为重要的是消除内部文件存在的低效力、内在性、临时性等诸多不足，从总体上促进配套制度体系建设，推动制度体系的不断科学完善，从而最终建立起我国法治化惩治有组织犯罪的现代型法律体系。从这个意义上讲，美国惩治有组织犯罪过程中先后创立的众多"法例"，可以为我们提供一定的经验和启示。事实上，我国学界一直在倡导制定一部统一的"反有组织犯罪法"②。现在我国也已经制定《中华人民共和国反有组织犯罪法》，但其实际上是针对反黑恶势力犯罪的专项立法，而并不是一部统一的、针对包括结伙犯罪在内的有组织犯罪的专门性立法，在现实上这种努力似乎还有相

---

① 具体为2018年起先后出台的相关文件：中共中央、国务院发出的《关于开展扫黑除恶专项斗争的通知》，最高人民法院、最高人民检察院、公安部、司法部联合印发的《〈关于办理黑恶势力犯罪案件若干问题的指导意见〉的通知》《关于办理实施"软暴力"的刑事案件若干问题的意见》《关于办理"套路贷"刑事案件若干问题的意见》《关于办理黑恶势力刑事案件中财产处置若干问题的意见》《关于办理恶势力刑事案件若干问题的意见》等。

② 靳高风：《当前中国有组织犯罪现状与对策》，中国人民公安大学出版社2012年版，第227页。

当长的路要走。惩治黑恶势力实践的复杂性与突变性导致立法稳定性与整体性创制的难度也很大,因此酌情借鉴美国这种单行、分散、专项的"法例"模式,并结合我国司法实践加以创新发展,或是一条切实可行的路径。

（本文原载于《公安学刊（浙江警察学院学报）》2021 年第 5 期,收入本书后主编对个别字句有修改）

后　记

在新中国刑法学的主要奠基人、获国家级荣誉的人民教育家高铭暄先生的热情关注、支持与指导下，这部约80万字的《湖湘刑法学家论文精粹》很快就要由光明日报出版社出版了。回想十几个月的征稿、选编过程，我非常感谢彭新林和田兴洪、贺志军这三位青年教授。他们三位在疫情肆虐、工作繁忙的情况下承担了大量的工作，有效地减轻了我的负担，从而使我得以在同一时期还主持了另一部书稿《刑事疑难案例精析》（即将由法律出版社出版）的编选整理工作。而"精析"一书的大量工作，则是由上海市审判业务专家罗开卷博士承担主要任务，辜志珍、伍志坚两位优秀的学者型律师协助完成的。完全可以说，这两本书的编选团队都很优秀，他们高度的责任心、事业心与出色的能力都是值得充分肯定的。

这部书稿共编入了40位湖湘刑法学家的高质量论文。其实，湖湘刑法学家包括已经离世的学者在内，并非只有40位，由于种种原因，还有几位刑法学家没有报送论文，他们是：孙昌军教授，余松龄教授，谭志君教授，罗开卷研究员。

孙昌军教授是武汉大学法学院培养的刑法学博士，还在中国政法大学做过法律史学博士后研究，曾先后担任湖南大学法学院副院长和长沙理工大学法学院院长，现在仍兼任湖南大学教授、博士生导师，在刑法学研究方面曾有不少佳作，先后出版著作多部，在权威刊物上发表论文50多篇，主持国家级与省级课题多项，其中多项获奖。孙昌军教授还是湖南省法学会刑法学研究会现任会长，也是本书编委会的副主任，本应有论文入编本书。但是，他或许因为已经担任中联重科副总裁兼总法律顾问多年，工作实在繁忙，尽管有编委会成员提请他赐稿而最终亦未能如愿，这不能不说是一件令人遗憾的事情。

余松龄教授生于1934年，曾在湖南大学法学院任教多年，担任刑法专业硕士生导师，并曾长期担任湖南省法学会刑法学研究会副会长，著述颇丰，主要有《刑法学通论》《刑法学说与案例研究》《中国刑事司法实务》等个人独著与合著

18 部,发表论文 120 多篇。余松龄教授是改革开放后湖南省第一位刑法学教授,是我省很有影响力的资深刑法学者,是理所当然的论文入编学者。但是,余松龄教授退休后住在外地子女家里,编委会几经打听未能找到联系电话,实为遗憾。

谭志君教授曾经在湘潭大学法学院任教多年,在吉林大学法学院获刑法专业博士学位,后来调入湖南工商大学,现在担任该校法学院党委书记,曾先后出版学术专著《证据犯罪研究》以及教材等,参与国家社科课题 3 项,主持省社科规划项目等省部级课题 5 项,在《政法论坛》《社会科学研究》等刊物发表论文 40 多篇。谭志君教授多年来一直担任行政职务,这对他的教学科研肯定有所影响,但是他的科研成果无论质量还是数量都还是相当不错的,但遗憾的是,他也没有向编委会提交论文。

罗开卷研究员系湖南隆回人,先后就读于湖南师大法学院、吉林大学法学院,分别获得法学硕士、法学博士学位,入职后又在华东政法大学进行博士后研究,先后担任上海高级法院刑二庭副庭长、刑庭副庭长、浦东新区法院副院长,被华东政法大学、上海政法学院分别聘为研究生实务导师,被长沙理工大学、湖南工商大学先后聘为兼职法学研究员。罗开卷于 2022 年被评为上海市法院审判业务专家,2023 年 5 月入选第十届"全国杰出青年法学家"推荐候选人公示名单。罗开卷是个特别勤奋的人,迄今已经出版个人独著 3 部,合著 10 余部,发表论文 100 余篇。罗开卷研究员很早就收到了论文入编邀请,但他认为自己并非专职刑法学教授,亦非专业刑法学研究人员,最终谢绝了邀请,当然也是不无遗憾的事情。

其实,以上四位都是名副其实的湖湘刑法学家,虽然没有提供论文入编,但他们的名字和学术成就应当归入湖湘刑法学家之列,都是湖湘法律文化的组成部分。

编写任何一本书,都很难不留下一点遗憾,看来,本书这些遗憾也只能留待今后弥补了。

最后,我要代表本书全体作者向尊敬的高铭暄先生表示崇高的谢意,向光明日报出版社及其参与本书编辑工作的各位同志表示真诚的感谢!我还要特别对青年企业家兼律师吴童博士对《湖湘刑法学家论文精粹》和《刑事疑难案例精析》两部书的出版给予资助的慷慨行为表示真诚的感谢!

在这篇后记已经付交出版社之后,湖南几位同事在出席中国刑法学年会时发现学会的常务理事、复旦大学法学院院长、博士生导师杜宇教授是湖南省长沙市人,是很有成就的湘籍刑法学家,但因杜宇同志在长沙读完高中后即到省外就读本科和硕士、博士并一直在省外工作,较长时间里与家乡刑法学界没有联系,这使得本书漏编了一位很有成就的年轻刑法学家的大作,实为本书编辑工作的又一点遗憾与美中不足。不过,本书的编委会成员还是补上了杜宇教授的名字。

马长生

2023 年 9 月 12 日